CHINE MODERNE

OU

DESCRIPTION HISTORIQUE,

GÉOGRAPHIQUE ET LITTÉRAIRE

DE CE VASTE EMPIRE, D'APRÈS DES DOCUMENTS CHINOIS.

PREMIÈRE PARTIE,

GÉOGRAPHIE, ORGANISATION POLITIQUE ET ADMINISTRATIVE
DE LA CHINE, LANGUES, PHILOSOPHIE.

PAR M. G. PAUTHIER,

MEMBRE DE PLUSIEURS SOCIÉTÉS SAVANTES.

SECONDE PARTIE,

ARTS, LITTÉRATURE, MOEURS, AGRICULTURE,
HISTOIRE NATURELLE, INDUSTRIE, ETC.

PAR M. BAZIN,

PROFESSEUR DE CHINOIS A L'ÉCOLE DES LANGUES ORIENTALES

PARIS,

FIRMIN DIDOT FRÈRES, ÉDITEURS,

IMPRIMEURS DE L'INSTITUT DE FRANCE,

RUE JACOB, 56.

M DCCC LIII.

L'UNIVERS.

HISTOIRE ET DESCRIPTION
DE TOUS LES PEUPLES.

CHINE MODERNE.

PARIS — TYPOGRAPHIE DE FIRMIN DIDOT FRÈRES, RUE JACOB, 56.

L'UNIVERS,

OU

HISTOIRE ET DESCRIPTION

DE TOUS LES PEUPLES,

DE LEURS RELIGIONS, MOEURS, COUTUMES, ETC.

CHINE MODERNE,

PAR M. G. PAUTHIER,

MEMBRE DE PLUSIEURS SOCIÉTÉS SAVANTES.

AVANT-PROPOS.

Avant que d'entreprendre la description de la Chine moderne, nous avons cru devoir donner, dans un premier Volume, un *Résumé étendu de l'histoire et de la civilisation chinoises depuis les temps les plus anciens jusqu'à nos jours*, afin que le lecteur eût une idée quelque peu exacte des faits qui se sont passés depuis quatre mille ans sur un vaste et lointain théâtre, vers lequel les regards de l'Europe sont tournés avec une curiosité inquiète, un intérêt croissant, et afin qu'il pût mieux comprendre l'état actuel d'un peuple qui diffère si extraordinairement par ses lois, ses mœurs, ses arts et son langage, de tous les autres peuples anciens ou modernes qui ont pris place sur la scène du monde.

Le présent volume, qui est le complément du premier, comprendra donc un aperçu détaillé de la géographie, des mœurs, du gouvernement, de la littérature et des arts de la nation chinoise telle qu'elle existe de nos jours et telle que les diverses relations des Européens, et surtout les ouvrages des Chinois eux-mêmes, ont pu nous la faire connaître.

DIVISION POLITIQUE DE LA CHINE.

Une société n'est pas plutôt constituée sous un gouvernement régulier, que le sol sur lequel cette société s'est établie reçoit aussitôt l'empreinte de l'administration civile ou militaire qui la régit, et comme la forme même de ce gouvernement. La nécessité de diviser l'action du pouvoir régulateur, pour la rendre plus efficace, fit établir de tout temps des divisions administratives qui n'avaient presque jamais aucune réalité dans la configuration du sol; et ces divisions administratives n'ont eu le plus souvent d'autre durée que celle du gouvernement qui les établit. C'est ce qui fait que la géographie des États est si variable, si mobile, si changeante, tandis que la nature est immuable. Aussi, ceux qui ont voulu, dans ces derniers temps, constituer la géographie sur des bases plus stables, et l'élever à l'état de science, se sont-ils efforcés de n'établir dans leurs ouvrages d'autres divisions que celles que la nature, dès le jour de la création, a imposées au domaine de l'homme. Mais ce système, qui peut avoir ses avantages quand on veut étudier la terre dans son ensemble, ne nous semble pas applicable à la description politique d'un peuple. Nous suivrons donc, dans la description géographique de la Chine, la division politique établie par la dynastie régnante, telle qu'elle est donnée dans la grande géographie impériale, publiée à Péking vers le milieu du dernier siècle (*), et dans le grand ouvrage chinois intitulé : *Recueil des statuts administratifs de la dynastie régnante, avec cartes et plans*(*), livre 87 et suivants, Section *yû-ti*, ou *Description de la terre.*

La division territoriale de la Chine a changé sous les différentes dynasties qui l'ont gouvernée; c'est même un usage admis que la nouvelle dynastie parvenue au pouvoir modifie la distribution et la circonscription des provinces par un premier acte de souveraineté. La division de la Chine en quinze provinces, comme on la trouve encore indiquée dans la plupart des géographies européennes, est celle qui existait il y a deux cents ans, sous la dynastie

---

(*) Ce grand et magnifique ouvrage est intitulé : 大清一統志 *Tá-thsing-i-thoùng-tchi.* « Géographie historique » et statistique complète de l'empire de la « Chine pour la dynastie régnante (des Tar-« tares-Mantchoux). » Il est divisé en 356 livres dans la première édition publiée en 1744, et que nous possédons. Il est si détaillé et fait avec tant de soins, qu'aucune nation européenne ne pourrait mettre en parallèle un ouvrage de la même nature. La description de chaque province est précédée d'une carte générale, et de plusieurs cartes particulières des divisions et subdivisions de la province décrite. Les 342 premiers livres de cet ouvrage sont consacrés à la description des 18 provinces dans lesquelles l'empire chinois a été divisé par la dynastie régnante, et les 14 derniers à celle des royaumes étrangers. Chaque grande division de l'ouvrage est décrite d'après la méthode suivante :

1° Tableau synoptique des changements successifs et des dénominations diverses que les lieux décrits ont subis depuis la dynastie des *Han*, deux siècles avant notre ère, jusqu'à nos jours (*Thoùng-poù-piào*).

2° Carte géographique du lieu décrit, sans indication des degrés de longitude et de latitude (*thoù*).

3° Ensemble de la province avec l'indication des distances de toutes les villes à celle du premier ordre dont elles dépendent, et de leur situation relativement à *Péking* (*Thoùng-poù, kiáng-yû*).

4° Positions astronomiques, ou situation des lieux relativement au ciel (*Fên-yè*).

5° Géographie ancienne ; changements à diverses époques dans la circonscription et la dénomination des lieux (*Kièn-tchi-yén-kĕ*).

6° Positions géographiques; configurations des lieux; localités remarquables (*Hing-chi*).

7° Mœurs et usages (*Foûng-sou*).

8° Villes fortifiées, étangs et fossés (*Tching-tchi*).

9° Écoles, établissements littéraires (*Hiŏ-hiaò*).

10° Tableaux de population (*Hoù-kheoù*).

11° Recensement des terres cultivées et en friche (*Thiên-foù*).

12° Administration civile (*Tchĭ-kouán*).

13° Montagnes et fleuves (*Chán-tchouán*).

14° Vestiges d'antiquités (*Koù-tsi*).

15° Forteresses et moyens de défense (*Kouán-yaì*).

16° Ponts et gués (*Tsín-liáng*).

17° Digues et jetées (*Ti-yèn*).

18° Tombeaux ou tertres et monuments (*Líng-moù*).

19° Temples et salles consacrés au culte par le gouvernement (*Tsé-miào*).

20° Temples et monastères des sectes de Fo et du Tao (*Ssé-kouán*).

21° Fonctionnaires qui se sont distingués dans l'administration de la province (*Ming-hoùn*).

22° Hommes et choses célèbres (*Jín-wĕ*).

23° Bandits et vagabonds célèbres (*Lieoù-yú*).

24° Femmes illustres par leur noblesse ou leur vertu (*Liĕ niù*).

25° Saints et immortels (*Sian-chĭ*).

26° Produits du sol (*Thoù-tchán*).

(*) 大清會典圖 *Tá-thsing-hoeï-tièn-thoù*, publié à Pé-king, en 1818, in-f°.

des *Ming* (*) et dans le commencement de la dynastie actuelle, époque à laquelle remontent les premières notions de la Chine communiquées à l'Europe par les missionnaires catholiques.

La Chine actuelle est divisée en *dix-huit provinces*, qui comprennent tout le vaste territoire de l'ancien empire chinois, renfermé dans les limites que nous avons indiquées ailleurs (t. I, p. 5 et suiv.). De ces dix-huit provinces, dont plusieurs offrent une étendue et une population égales à celles de la France, dépendent encore d'immenses territoires beaucoup moins peuplés, situés dans les contrées limitrophes de la Chine, et que la dynastie régnante, d'origine tartare, s'est adjoints depuis deux cents ans, soit par la conquête, soit par l'influence seule de sa civilisation, qui est incontestablement la plus avancée de toutes celles qui couvrent les vastes régions de l'Orient. Par ses possessions de l'Asie centrale, la Chine, située à l'extrémité du continent asiatique, où elle a vieilli isolée depuis plus de quatre mille ans, comme dans un monde à part, touche à l'empire de Russie, né d'hier, et qui déjà pourrait l'envahir; par sa suzeraineté sur le Thibet, elle touche aux possessions de l'empire Britannique: deux voisinages plus dangereux pour elle, nation industrieuse et riche, que toutes les hordes tartares contre lesquelles elle éleva jadis ce fameux rempart de cinq cents lieues de longueur, qui deviendrait impuissant contre l'avidité civilisée de ses nouveaux voisins.

Voici comment les géographes officiels chinois qui ont publié, en 1818, le grand *Recueil des statuts administratifs de la dynastie régnante, avec cartes et plans*, décrivent les principales divisions politiques de leur vaste empire, et les principaux fleuves qui l'arrosent:

« La capitale (*King-sse*) est située

(*) C'est la division suivie dans la grande géographie des *Ming*, intitulée *Tá-ming-i-thoũng-tchí*, en 40 cahiers et 90 livres, qui a servi de base à celle de la dynastie régnante. C'est aussi la division suivie dans l'*Atlas sinicus* du P. **Martini**, dans la *Description de la Chine du P. Duhalde*, et dans la *Chine de l'abbé Grosier*, etc.

dans le milieu du monde; à l'occident est la province que l'on nomme *Tchi-li*: c'est le territoire impérial (*ki-fou*). A l'orient est *Ching-king* (ou *Moukden, la ville pleine d'abondance*).

« Au nord de *Ching-king* est *Ki-lin* (*Ki-rin, forêts du bonheur*), et encore au nord *Hé-loung-kiang* (*le fleuve du dragon noir*) : ce sont les trois provinces les plus orientales de l'empire.

« Au midi du territoire impérial, il y a trois provinces : ce sont *Chan-toung* (*orient de la montagne*), *Chan-si* (*occident de la montagne*), et *Ho-nán* (*midi du fleuve*). Au midi de la province de *Chan-toung* sont les deux *Kiang* (*les deux grands fleuves*), qui forment trois provinces : ce sont *Kiang-sou* du *Kiang-nán*; *Ngan-hoeï* du *Kiang-nán* et *Kiang-si* (*occident du Kiang*). Au sud-est des deux *Kiang* est le *Min-tche*, qui forme deux provinces : ce sont *Fou-kien* (*heureux établissement*) et *Tché-kiang* (*fleuve Tché*).

« Au sud-ouest de la province de *Ho-nán* est le *Hou-kouang* (*le vaste territoire des lacs*) qui forme deux provinces : ce sont *Hou-pé* (*partie nord des lacs*) et *Hou-nán* (*partie méridionale des lacs*).

« A l'ouest de la province de *Chan-si* est le *Chen-kan*, qui forme deux provinces : le *Chen-si* (*ouest du passage*) et *Kan-sou* (*crainte salutaire*).

« Au midi du *Chen-si* est une province que l'on nomme *Sse-tchouan* (*les quatre fleuves*). Au midi des provinces de *Kiang-si* et de *Hou-nán* est le double *Kouang*, qui forme deux provinces. L'une est *Kouang-toung* (*l'orient du Kouang*) et l'autre *Kouang-si* (*l'occident du Kouang*).

« Au midi de la province de *Sse-tchouan* est le *Yün-kouei*, qui forme deux provinces : l'une est *Yün-nán* (*le midi nuageux*), et l'autre *Kouei-tcheou* (*l'arrondissement distingué*).

« A l'occident de la province de *Kan-sou* est le *Thsin-haï* ou la *mer Verte* (en mongol *Koko-noor*). A l'occident de la province de *Sse-tchouan* est le *Si-thsang* (*le secret trésor occidental*, c'est-à-dire, le *Thibet*), situé en dehors de la grande muraille.

« *Ching-king* ou *Moukden*, avec le nord des provinces de *Tchi-li*, de *Chan-si*, de *Chen-si*, forme les quarante-neuf bannières, distinguées par six serments de fidélité, des *Mong-kou* ou Mongols intérieurs; et les bergers nomades, divisés en huit bannières, des *Tchaho-eurh* (*) (*Tchakhar* ou *Tsakhar*), avec la partie nord du pays qui est situé au delà de la mer de Sable (*Hanhaï*, désert de la Tartarie), forment les bergers nomades divisés en quatre-vingt-six bannières et quatre commandements des *Khe-eurh-khe* (*Khalkha*) (**) des Mongols extérieurs. A l'ouest de ces derniers sont les *Ko-pou-to* (*Kopto* ou *Kobto*), et au nord de ceux-ci sont les *Thang-nou-ou-Liang-haï* (***).

« Au nord de la province de *Kansou* sont des bergers nomades formant deux bannières; les *O-la-chen* et les *Khe-thsi-na*. Au delà de la *mer de Sable* (désert de *Kobi*) et à l'occident est *I-li* (****).

FLEUVES ET RIVIÈRES. « Le grand *Kiang* ou *grand fleuve* sort de la montagne nommée *Min-chan* du *Sse-tchouan*;

(*) Tribu mongole dont le territoire touche, à l'est, à la frontière des *Kéchikten*, à l'ouest à celle des Toumét de *Koukou-khotò*, au sud, aux haras de l'empereur et à la province de *Chan-si*, et au nord aux Sounit et aux Dourban-kéouket. L'étendue de ce territoire est de mille *li*. (Voyez *Timkouski*, Voyage à *Pé-king* à travers la Mongolie, tome II, p. 258.)

(**) Cette tribu est la plus importante par l'étendue des steppes qu'elle occupe, par sa population et par son voisinage de la Sibérie. Elle confine au nord avec les gouvernements d'*Irkoutsk*, de *Ieniseisk*, de *Tomsk* et de *Tobolsk* en Sibérie. Vers l'ouest, elle s'étend jusqu'au Turkestan oriental et au territoire d'*I-li*, où elle est bornée par le mont Bogda et le lac *Balkach*, etc. Son territoire a 5,000 *li* d'étendue de l'est à l'ouest, et 3,000 du sud au nord, à 200 au degré. (Voy. *Timkouski*, Voyage; tome II, p. 224 et suiv.)

(***) Nommés aussi *Ouriankhaï* (*Timkouski*, tome I, p. 180), tribus samoyèdes et turques qui habitent les pays situés sur le *Jénisri* supérieur et ses affluents.

(****) *Tá-thsing-hoeï-tièn-thoù*, L. 87, f° 2-3.

il dirige son cours à l'orient, et il traverse les provinces de *Hou-pé*, *Hou-nán*, *Kiang-si*, *Ngan-hoeï*, *Kiang-sou*, et se jette dans l'Océan. Son cours occidental se nomme *le fleuve au sable d'or* (*Kin-cha-kiang*), et il prend sa source dans la mer *Verte* (*Thsing-haï*, le *Koko-noor*). Il coule d'abord au sud-est, traverse la province de *Yûn-nán*, fait un détour au nord, arrive dans le *Sse-tchouan*, et vient se réunir au *Kiang*. C'est à partir de cette dernière province qu'il porte seulement le nom de *Kiang* ou *fleuve*.

« Le *Han-chouï* (*rivière Han*) sort de la montagne *Pò-moung* du *Chen-si*; il coule au sud-est, et il arrive dans le *Hou-pé*, où il se réunit au *Kiang*.

« Le *Hoang-ho*, ou *fleuve Jaune*, sort de la montagne *Ko-ta-sou-thsi-lao*, de la *mer Verte* (*Koko-noor*); il dirige sa course au nord-est, traverse la province du *Kan-sou*, passe au delà de la grande muraille, fait un détour à l'est et ensuite au midi, entoure les bannières des *O-eurh-to-sse* (*Ortous* ou *Ordos* *), où il devient le fleuve *Thao* (*Ho-thao*), rentre dans la grande muraille, traverse la province du *Chen-si* à l'est, celle du *Chan-si* à l'ouest, fait un nouveau coude pour se diriger à l'orient, traverse le *Ho-nán*, sort à l'orient du *Kiang-sou* pour se jeter dans la mer.

« Le *Hoaï* sort de la montagne *Thoung-pé* (*aux arbres à vernis et aux cyprès*), se dirige à l'est, traverse les provinces de *Ngan-hoeï* et de *Kiang-sou*, et se réunit au *Hoang-ho*.

« Le *Thsi* sort de la montagne *Wang-wo* (de la *demeure royale*) du *Ho-nán*; il dirige son cours au midi, et se réunit aussi au *Hoang-ho*.

« Le *Ya-lou-kiang*, ou fleuve *Ya-lou*, sort du territoire de *Kie-lin* (*Kirin*), dirige son cours au sud-ouest traverse *Ching-king* ou *Moukden*, et entre dans la mer.

(*) Cette tribu est divisée en sept bannières. Leur principal campement est à 285 *li* à l'ouest de *Koukou-khotó*. Leur pays touche, à l'est, à celui des Toumet de *Koukou-khotò*; vers l'ouest, aux *Khalkha*, et vers le sud à la province de *Chan-si*. Elle est à 1100 *li* de *Péking*. (Voy. *Timkouski*, Voyage; tome II, p. 268.)

« Le *Si-liáo-ho* (fleuve *Liáo* occidental) sort d'au delà des frontières de la province de *Tchi-li*, dirige son cours à l'est, traverse le territoire de *Kirin*, se réunit au *Liáo* oriental, fait un détour au sud-ouest, rentre dans les frontières, traverse *Ching-king*, et se jette dans la mer.

« Le fleuve *Louan* sort d'au delà des frontières du *Tchi-li*, se dirige au midi, entre dans la grande muraille, et se jette ensuite dans la mer.

« Le fleuve *Hoën-thoung* a deux branches principales : le *Soung-hoa-kiang* (fleuve aux fleurs de pin (*)) et le *Nùn-kiang* (fleuve *Nùn* ou *Nouni*). Le premier sort du territoire de *Kirin*, se dirige au nord, et franchit la frontière ; il fait un coude en se dirigeant au nord-est, traverse *Pé-tou-na* (*Bédouné*), et se réunit au *Nun-kiang*. En outre, il traverse le territoire des trois clans *La-lin*, *O-le-tsou* (*Ortsou*), *Khéhou-lán*, et se jette dans la mer. Le *Nun-Kiang* sort du territoire de *Mé-eurh-kan* (*Merghen*) appartenant au *Hé-loung-kiang* (fleuve du dragon noir), se dirige au sud, traverse *Pou-te-ho-thsi*, *Thsi-ho-eurh* (*Tchitchichar*), et se réunit au fleuve *Soung-hoa* (*soungaria*).

« Le *Hé-loung-kiang*, ou *fleuve du dragon noir* (*Saghalien-oula*), sort du gouvernement du *Tche-tchin-han* (*Tse-tsén-khan*, ou chef principal) des *Khe-eurh-khe* (*Khalkha*), se dirige à l'est, traverse *Ni-pou-tsou*, *Hou-lun-peï-eurh*, *Ya-khe-sa*, fait un détour au sud-est, traverse les trois clans de *Ou-lou-sou-mou-tan* (*Ourousamouden*), *Hé-loung-kiang* (*Saghalien*) et *Ngaï-kiun*; il se réunit avec le fleuve *Hoën-thoung*.

« Le *Yùn-ho* (rivière à nombreux détours) est une rivière du *Tché-kiang* et du *Kiang-sou* ; elle se perd dans le grand lac nommé *Taï-hou*.

« Le *Yù-kiang* se perd dans le lac *Khoung-tse*.

« Le *Yù-hoang-ho* (fleuve jaune *Yù*) traverse les provinces de *Chan-toung* et de *Tchi-li*; il s'introduit successivement dans le *Y-ho*, le *Wen-ho*, le *Weï-ho* et le *Tchang-ho*, et se réunit au *Tien*.

« Le *Sáng-khiën-ho* (fleuve du ciel des mûriers) sort du *Chan-si*, se dirige

(*) En mantchou *Soungari*.

à l'est, parcourt la province de *Tchi-li*, fait un détour au sud-est, et traverse la capitale à l'ouest, où il forme le *Young-ting-ho* (fleuve éternellement fixé); il se réunit aussi au *Tien*.

« Le *Tche-kiang* sort du *Ngan-hoeï*, se dirige à l'est, traverse la province du même nom, et se jette dans la mer.

« Le *Min-kiang* sort du *Fo-kien*, se dirige à l'ouest, où il entre dans la mer.

« Le *Youé-kiang* a trois branches : la branche occidentale (*Si-kiang*, nommé *Tigre* par les Européens, à son embouchure dans le golfe de Canton) sort du *Yún-nán*, se dirige à l'est, traverse les provinces de *Kouei-tcheou*, *Kouang-si* et *Kouang-toung*, et se réunit à la branche septentrionale (*Pé-kiang*) et à la branche orientale (*Toung-kiang*) avant de se jeter dans la mer.

« Les rivières *Sse-ling-khe* (*Sélingga*) et *Tcha-pou-ko* (*Dzabkan*) sont situées chez les bergers nommés, du nom de *Khe-eurh-khé* (*Khalkha*). La rivière *Ta-khe-mou* coule dans le *Thang-nou-ou-liang-haï*. La rivière *Khe-eurh-thsi-sse* (l'*Irtich*) a son cours dans le pays de *Kopto*. La rivière *I-li*, celle de *Tá-li-mou*, coulent dans le territoire de *I-li*. Celles qui sont à l'ouest du fleuve au sable d'or (*Kin-cha-kiang*), du nom de *Lan-tsang* (vaste étendue d'eau à grandes vagues), de *Khe-sa-ou-sou*, de *Ya-lou-thsang-pou*, coulent toutes dans le Thibet. »

POSITIONS ASTRONOMIQUES DES LIMITES DE L'EMPIRE.

« A l'orient du méridien de *Pé-king*, le territoire qu'habitent les trois clans ou tribus, au milieu de la mer, dans une grande île (*Tarrakaï* ou *Segalien*), est situé à 31° 20′ de longitude orientale. A l'ouest du même méridien, *Khe-chi-ko-eurh* (*Kachegar*), à l'occident des monts *Thsoung-ling*, est situé à 47° de longitude occidentale. Vers le nord, *Tchang-nou-ou-liang-haï*, *To-lo-sse-ling*, sont à 56° 40′ de hauteur du pôle nord (à 56° de latitude nord); au midi, *Yaï-tcheou* de *Khioung-tchéou-fou* (île *Haï-nán*), de la province de *Kouang-toung*, est à 18° 23′ de hauteur du pôle nord. Ce qui fait que de l'est à l'ouest (l'empire chinois, en 1818), embrasse une étendue d'environ 78° (mille neuf cent cinquante lieues de vingt-cinq au degré (*)]; et du midi au nord, il comprend 38° [neuf cent cinquante lieues] (**). »

Cette immense domination des empereurs chinois, que les géographes officiels de l'empire résument ainsi avec orgueil, est plus nominale qu'effective dans les contrées barbares qui avoisinent la Sibérie et le Turkestan; mais néanmoins cet empire chinois-tartare est le plus vaste, le plus populeux et le plus ancien empire du monde. A ces trois titres différents il mérite donc éminemment l'attention des géographes, des hommes d'État et des historiens.

Nous ajouterons ici quelques observations à l'esquisse un peu trop concise des géographes chinois qui précède.

L'aire de l'empire chinois, si l'on en excepte peut-être celle de l'empire russe, à cause de la Sibérie, est la plus étendue, la plus vaste de la terre. Il n'en est aucune qui possède autant de côtes maritimes sur un océan, il est vrai, très-dangereux, mais par cela même renfermant plus d'obstacles aux agressions de flottes étrangères. Le grand Océan est, pour la Chine, une grande et admirable frontière (surtout si le gouvernement chinois possédait jamais une marine comme les États européens), de plus de mille lieues de développement. Au nord, l'empire chinois confine à la Sibérie russe. Ce sont les montagnes que les Chinois nomment *chaînes du repos élevé extérieures (Aï-hing-gan-ling)*, et quelques géographes européens, monts *Stanovoï, Yablonnoï, Alpes daouriennes*, qui forment la limite la plus septentrionale de la domination chinoise du côté de la mer d'*Okhotsk*(***).

(*) Plus du cinquième de la circonférence du globe.

(**) *Ta-tsing-hoeï-tien-thou*, L. 87, f° 3-5.

(***) Un traité passé, en 1691, entre la Chine et la Russie, à *Nertchinsk*, a déterminé ces limites de la manière suivante : Le fleuve *Amour* ou *Saghalien-oula* (en chinois *Héloung-kiang, fleuve du dragon noir*) et toute la Mongolie demeurent aux Chinois. La chaîne de *Stanovoï (aï-hing-gan-ling)*, habitée

Les monts *Altaï* (en chinois, *Kin-chan, monts d'or*) forment sa limite septentrionale, là où l'Irtich et l'Obi prennent leur source. A l'ouest, où les géographes chinois placent les *Go-sa-khe* ou *Kosaks*, sont les frontières occidentales de l'empire chinois. Ces *Gosakhe* sont les *Kirghiz*, ou *Kara-kirghiz* du *Turkestan*. Le lac Balkach, sur cette extrême frontière, appartient encore à l'empire chinois. C'est du versant sep-

par des *Toungous*, les uns indépendants, les autres tributaires de l'un ou de l'autre empire, fixe la limite septentrionale entre l'empire chinois et l'empire russe. Les Mantchoux appartenant à la Russie sont cédés à la Chine. La Russie s'engage à ne jamais les recevoir comme transfuges. Les sujets respectifs, munis de passe-ports, ont la liberté d'aller d'un pays à l'autre, d'y acheter, d'y vendre tout ce qui leur conviendra. Des différends étant survenus entre les deux grands empires, un nouveau traité fut passé entre la Chine et la Russie, le 21 octobre 1727, ratifié en 1728; c'est celui de *Kiakta*. Il ne fait que confirmer celui de 1691, relativement aux limites entre les deux empires. On y stipule seulement que la Russie pourra envoyer tous les dix ans à *Péking* une caravane ou mission qui séjournera dans cette dernière ville. L'article 5 de ce traité est ainsi conçu :

« Les Russes occuperont à l'avenir à Pé-
« king, le *Kouan* ou édifice qu'ils occupent
« en ce moment. D'après le désir de l'am-
« bassadeur russe, il sera construit une église
« avec l'assistance du gouvernement chinois.
« Le prêtre qui réside à Péking et les trois
« autres qu'on y attend selon les conventions,
« seront logés dans le *Kouan*, ou édifice ci-
« dessus mentionné... Il sera permis aux
« Russes d'adorer leur Dieu, selon les rites de
« leur religion. On recevra encore dans cette
« maison quatre jeunes étudiants, et deux
« d'un âge plus avancé, sachant les langues
« russe et latine, que l'ambassadeur désire
« laisser à *Pé-king*, pour apprendre les lan-
« gues du pays. Ils seront nourris aux frais
« de l'empereur, et auront la liberté de re-
« tourner dans leur pays, aussitôt qu'ils au-
« ront fini leurs études. »

C'est par cette clause adroite, de la part du plénipotentiaire de la Russie, que cette dernière puissance s'est ménagé un grand moyen d'information en Chine, et s'est ouvert le chemin de la capitale de cet empire, entièrement fermé aux autres puissances européennes.

tentrional des diverses chaînes de montagnes qui forment cette immense frontière que sortent plusieurs grands fleuves pour se rendre dans la mer polaire, à travers la Sibérie, et quelques-uns au couchant, dans la mer d'Aral. Les monts Célestes (*Thian-chan*) dont la direction, comme celle des autres chaînes de montagnes que nous avons mentionnées ci-dessus, est généralement et principalement d'orient en occident; les *monts Célestes*, dis-je, qui séparent la *Soungarie* de la petite *Bouckharie*, aboutissent sur la chaîne des *Bolor-tagh* (ou monts *Bolor*), qui joignent les monts *Altaï* à l'*Hindou-Kouch*. Ils constituent la frontière occidentale des possessions chinoises de l'Asie centrale avec le *Badakchan*, l'*Hindou-kouch*, le pays de *Kafirs*, le royaume de *Kachemire* et de *Lahore*, qui avoisinent le petit Thibet dépendant de la Chine. Les hautes chaînes de l'*Himâlaya*, qui séparent le *Népal* et le *Boutan* du grand Thibet, constituent une des frontières les plus imposantes et les plus sûres que la main du Créateur ait jetées entre des nations. Au sud-ouest, l'empire chinois confine à l'empire birman et au royaume d'*Annam* (*Youë-nân*) ou Cochinchine, dont la civilisation est en grande partie chinoise. Une petite rivière et une muraille assez faible séparent la Chine du royaume de *Toung-king* et du Laos.

Comme la Chine ancienne, la Chine proprement dite diffère essentiellement, sous tous les rapports, des autres possessions de l'empire dont nous venons de décrire les limites; il est, par cela même, indispensable, pour ne pas donner une fausse idée des choses, de diviser l'empire chinois en *Chine propre* et en *Dépendances ou possessions chinoises*. Quoique ces dernières soient de beaucoup supérieures en étendue à la Chine propre, bornée au midi et à l'est par la mer Jaune, à l'ouest par la grande muraille, et au nord par le Kokonoor, le Thibet et l'empire birman, sous les autres rapports, ces possessions lui sont très-inférieures, étant pour la plupart des contrées sauvages ou désertes, habitées par des populations barbares ou peu civilisées, d'où cependant s'échappèrent autrefois ces grandes armées qui firent trembler l'Europe et l'Asie. Les habitants de ces contrées diffèrent donc des habitants de la Chine propre en mœurs et en civilisation, comme ils en diffèrent en races et en langages. Ces deux divisions de l'empire sont aussi opposées l'une à l'autre que l'extrême civilisation et l'extrême barbarie. Il y a lieu d'être surpris de l'unité qui préside au gouvernement de cet immense empire, composé d'éléments si hétérogènes.

Dans les sociétés anciennes comme dans les sociétés modernes, en Orient comme en Occident, les villes capitales ont toujours été considérées comme de la plus haute importance. C'est là qu'est le foyer de l'action et de la pensée qui rayonnent dans toutes les directions; c'est le siège du pouvoir législatif, administratif et exécutif, et par conséquent le moteur qui imprime le mouvement et la vie à tout le corps social, qui lui impose ses formes et sa direction. Aussi le plus souvent l'histoire d'un peuple a été absorbée dans celle de sa capitale, quoique à tort selon nous; car l'histoire de Rome, toute grande qu'elle a été, a eu le fatal inconvénient de laisser dans l'oubli une très-grande portion du genre humain, qui certes, pour avoir été gouvernée par la *ville éternelle*, ne méritait pas moins sa place dans l'histoire.

Avant que de faire connaître en détail chacune des *dix-huit provinces* qui constituent l'empire chinois proprement dit, et les territoires qui en dépendent, nous commencerons, ainsi que l'ont fait les rédacteurs de la grande *Géographie impériale* et ceux du *Recueil des statuts administratifs de l'empire, avec cartes et plans*, précédemment cités, par donner une description de *Pé-king*, la *Cour du Nord*, que les écrivains chinois nomment plus souvent King-sse, *Capitale*, Chun-thien-fou, *Ville principale obéissant au ciel* (*).

(*) Les autorités que nous avons principalement suivies dans cette notice sont le *Ta-thsing-i-thoung tchi*, et l'ouvrage chinois traduit par le P. Hyacinthe Bitchourin, qui l'a accompagné d'un magnifique plan de *Pé-king*, levé, en 1817, par des officiers russes, et dont nous publions une réduction revue sur un

DESCRIPTION DE PÉ-KING.

Selon des observations astronomiques faites à *Pé-king* par les missionnaires français, la latitude de cette ville a été déterminée à 39° 42′ 15″ nord, et sa longitude à 114° est du méridien de Paris.

Elle est située dans la partie septentrionale de la province de *Tchi-li*, à quatre cents *li* (quarante lieues) de la grande muraille (*) : à trente *li* (**) à l'ouest s'élève une chaîne de hautes montagnes, qui se dirigent du nord au sud-ouest, et d'où sortent de petites rivières qui arrosent une partie de la plaine; l'une d'elles entre dans la résidence impériale. Sa partie septentrionale se sépare en plusieurs bras, environne le palais impérial, forme plusieurs lacs, la plupart artificiels, entoure toute la ville *chinoise*, et, réunie en un seul bras sous le nom de *Canal de transport* (*Yun-ho*), elle se jette dans le *Fleuve septentrional* (*Pé-ho*), à plus de vingt-cinq *li* à l'est de *Pé-king*.

Cette ville (que l'on nomme aussi *Chun-thien-fou*, « *Ville du premier ordre ou départementale obéissant au ciel*, ») se divise en deux parties distinctes : l'une est la *Ville intérieure* (*Neï-tching*), l'autre la *Ville extérieure* (*Waï-tching*). La première contient encore une autre ville, entourée de murailles, que l'on nomme *Ville impériale* (*Hoang-tching*), au sein de laquelle se trouve encore une troisième ville, ceinte de murs, que l'on nomme *Ville interdite* (*Tseu-kin-tching*) (***).

---

plan chinois de la même capitale. L'ouvrage chinois traduit par le P. Hyacinthe a pour titre *Chin-youan-chi-lio*, « Notice abrégée de la résidence impériale, » en 16 livres, dont l'auteur se nomme *Ou-tchang-youan*. Il fut publié en 1788, sous le règne de *Khian-loung*. N'ayant pas le texte chinois à notre disposition, nous avons été obligé de nous en rapporter presque constamment à la traduction du P. Hyacinthe (traduction française de M. Ferry de Pigny).

(*) On trouvera une vue de *Pé-king* dans notre premier volume, pl. 65.

(**) Nous continuerons à employer cette dénomination chinoise pour mesure de distance, en prévenant que l'on en compte 250 pour un *degré*, et 10 pour une ancienne lieue de France.

(***) Voy. le *Plan*, pl. 1.

ASPECT GÉNÉRAL.

La situation de *Pé-king* peut être envisagée sous deux rapports : sous le point de vue politique et sous le point de vue physique. La province de *Tchi-li*, dans laquelle se trouve *Pé-king*, n'est point centrale (*), si l'on ne considère que la Chine proprement dite, mais elle semble avoir été destinée par la nature à devenir le siége d'un puissant empire. Quand un danger est prochain et toujours menaçant, la vigilance doit être sans cesse éveillée et la protection active : c'est ce qui fait que, dans de pareils cas, la sûreté d'un pays est mieux assurée quand le gouvernement siége près des lieux menacés : voilà pourquoi, aux deux extrémités du monde, *Pé-king* et *Paris* furent choisis originairement près des frontières septentrionales des deux empires pour les protéger contre leurs ennemis du Nord, les Tartares et les Anglais.

L'aspect extérieur de *Pé-king* est formidable, disent les auteurs de la grande *Géographie impériale* (**); son territoire est très-étendu ; la vaste mer l'entoure à l'orient; une grande chaîne de montagnes (*Taï-hang*) forme sa limite occidentale ; les nombreux défilés fortifiés des *Pics joyeux* (*Hi-foung*) protégent sa frontière du nord ; au midi il s'appuie sur le sol de l'empire, et se trouve entouré de toutes parts comme d'une ceinture.

Pé-king (***) est situé au milieu d'une

(*) Il est rare que la capitale d'un empire soit placée au centre du territoire. Paris, Londres, St-Pétersbourg, Vienne, etc., ne sont pas des villes centrales. Le choix qui a été fait de ces positions pour siége du gouvernement, a été quelquefois dû au hasard, d'autres fois ce sont des considérations politiques ou militaires qui les ont déterminées.

(**) *Kiouan* I, f° 1.

(***) Le P. Hyacinthe : *Description de Pékin*. Cet archimandrite russe, qui a demeuré quatorze ans dans cette ville, aurait pu en donner une description plus détaillée et plus instructive peut-être que celle qu'il a livrée au public, laquelle n'est guère que la traduction abrégée de l'ouvrage chinois précédemment cité. Ce sont quelques maigres extraits, toutefois beaucoup moins intéressants que celui-ci, qui ont fait dire légèrement à Malte-Brun : « Les géographies chinoises ne sont que d'« rides nomenclatures qui ne nous appren-

vaste plaine sablonneuse et fangeuse en plusieurs endroits. Les temples qui se trouvent hors de ses murs, par leur immensité; les monastères, par leur magnificence; les cimetières des grands, par leur exposition pittoresque, formeraient d'admirables points de vue, sans l'usage qu'ont les Chinois d'ensevelir leurs édifices dans les enclos de leurs cours (*), ce qui détruit toute la majesté extérieure des lieux les plus dignes d'admiration. Les campagnes environnantes, couvertes de moissons en été, offrent dans leur inégalité montueuse des paysages variés dont l'effet plaît à l'œil; mais en hiver, elles sont défigurées par les ravins, par les excavations et par les collines. La ville elle-même, du haut des monts qui la dominent au loin, se présente comme si elle était au milieu d'une épaisse forêt; cet effet est produit par la disposition oblique des bouquets de bois attenant aux différents cimetières, puis des arbres plantés en avenue, près des couvents et de l'enceinte de la ville. Lorsque le voyageur approche de la capitale du côté du nord, la hauteur des murailles arrête son regard impatient. Les formes extraordinaires et gigantesques des tours surprennent par leur nouveauté; mais dès qu'on a pénétré dans l'intérieur de Pé-king, l'étonnement absorbe tout sentiment. On n'aperçoit point de ces beaux, de ces superbes édifices, et ces rues propres et régulières qui font l'ornement principal des capitales des États de l'Europe. Au lieu de rues se découvrent de longues files de marchandises étalées; au lieu d'hôtels et de palais, un mélange de boutiques, d'auberges et de couvents. On rencontre rarement même, dans les rues de premier ordre, quelques palais ou quelques cours de justice. Les bâtiments de cette espèce, de même que les maisons des habitants, sont dans de petites rues, dans d'étroits passages. A la vérité, les principales rues, et même le plus grand nombre des rues communes, sont assez larges et assez droites, mais, dans quelques endroits, les maisons sont mal alignées et délabrées; ailleurs, se trouvent des puits au milieu même des rues, qui sont, en outre, bordées d'égouts infects (*). En général, l'inégalité, le mauvais entretien des rues, ou plutôt des sentiers qu'on est obligé de suivre dans les rues, est un juste sujet de blâme contre la police chinoise; et l'insupportable puanteur d'urine (**) qui sort des trous pratiqués dans les petites rues, presque à chaque recoin, est une chose qui implique contradiction lorsqu'on songe à l'extrême délicatesse des Chinois sur les autres objets. Mais comme la partie antérieure de chaque boutique ou magasin est disposée d'une façon particulière et avec des ornements variés selon la nature des marchandises qu'on y vend, cette diversité de constructions, embellies par le cinabre, le bleu de montagne, le vernis et la dorure, comme aussi par l'arrangement symétrique et remarquable des marchandises, enfin les arcs de triomphe qui décorent les places publiques, ces choses-là, dis-je, attirent souvent l'attention de l'étranger, et lui font oublier les désagréments dont j'ai parlé.

Parmi les plus beaux endroits qui puissent s'offrir aux regards du public, on cite le lac *Thaï-i-tchi* (***), avec l'île de marbre, et les sommets ravissants du mont *King-chan* (****), ainsi que la magnifique entrée qui se trouve au sud; mais l'accès de ces endroits est interdit. Il n'y a autour de *Pé-king* aucune rivière navigable, et qui mérite

« vent que peu de chose. » Une géographie comme la *Géographie impériale*, composée de plus de *trois cents* volumes, une *aride nomenclature!* Les écrivains devraient bien être sûrs de ce qu'ils disent avant de porter si légèrement des jugements si tranchants.

(*) En Chine les appartements sont bâtis dans l'intérieur d'une cour, et quelquefois, après avoir franchi le seuil extérieur, on a encore à franchir deux ou trois portes cochères pour arriver aux appartements intérieurs.

(*) Il n'y a pas longtemps que Paris offrait encore aux yeux de pareils égouts.

(**) Paris encore n'a rien à envier à Pé-king sous ce rapport, malgré les mesures que l'on a déjà essayées de prendre contre un tel inconvénient.

(***) N° 77.
(****) N° 73.

d'être nommée. Un seul petit canal, honoré du nom de rivière, *Yu-ho*, traverse la ville, et encore les eaux qu'il apporte ne sont-elles destinées qu'à alimenter les étangs et les canaux du palais. Les habitants du moins ont de l'eau à discrétion, mais en général cette eau, dans l'intérieur de la ville, se trouve être salée, et il faut envoyer au delà des barrières pour se procurer de l'eau douce et potable. Les puits qu'on trouve au dela des barrières du nord donnent une eau parfaite en tout point.

Ainsi *Pé-king* n'a qu'à se louer des avantages de son *emplacement* et des proportions colossales de ses murailles; mais, d'autre part, cette ville ne reçoit que par le sud-est toute sa subsistance; le *Canal de transport (Yun-ho)* par où arrivent dans *Pé-king* les vivres et le combustible, se dessèche quelquefois à la suite des grandes chaleurs; et dans le temps des discordes civiles, il est facile d'en fermer le passage; cette dernière circonstance, qui met cette capitale pour ainsi dire à la merci de la force extérieure, fut une des principales causes de la chute de la dynastie *youan* ou mongole.

Après avoir décrit l'aspect général de Pé-king et de son territoire, il nous reste à jeter un coup d'œil sur la distribution intérieure de cette capitale de l'empire. La dynastie tartare *très-pure (ta-thsing)*, qui règne aujourd'hui en Chine, aussitôt qu'elle se fut affermie sur le trône des *Ming*, imposa à cette capitale son organisation militaire, en la divisant en *huit bannières* ou corps d'armée, qui sont tous répartis dans l'intérieur de la ville pour la défense du palais impérial. La bannière jaune occupe un quartier situé entre la *porte de la victoire vertueuse (te ching-men)* (*) et la *porte de la grande perfection (feou-tching-men)* (**) dans la *ville intérieure*; la *bannière jaune à bordures* occupe le quartier oriental de la *ville extérieure*. La *bannière blanche* occupe le quartier oriental de la *ville intérieure* entre le mur d'enceinte et la *porte du soleil levant (tchao-yang-*

(*) N° 163 du Plan.
(**) N° 136.

men) (*); une autre *bannière blanche à bordures* occupe le quartier occidental de la *ville intérieure*. La *bannière rouge* occupe le quartier sud-est de la *ville intérieure*, et la *bannière rouge avec bordures* le quartier sud-ouest. La *bannière bleue* occupe le quartier central de la partie ouest de la *ville extérieure*; la *bannière bleue avec bordures* est située près de la *porte de la guerre proclamée (siouan - wou-men)* (**).

Les sections de la ville ont été établies d'après cette répartition en quartiers militaires. Sous le rapport de l'administration civile, la *ville intérieure* a été divisée conjointement avec la ville dite *extérieure*, en cinq quartiers, qui tous dépendent, non pas d'un préfet de police, mais du ministère de la justice. Dans le ressort de ces quartiers se trouvent plusieurs arrondissements. Par exemple : le quartier du centre a neuf de ces arrondissements; le quartier de l'est cinq; le quartier sud sept; le quartier ouest six, et le quartier nord neuf. Ces quartiers dépendent de la police pour la partie militaire.

TOPOGRAPHIE DE PÉ-KING. Les murs de la *Ville de la cour (King-tching)* (***), qui forment presque un carré parfait, ont quarante *li* de circonférence ou quatre lieues, et trente-cinq pieds cinq pouces de hauteur (****). La *Ville impériale (Hoang-tching)*, située dans l'intérieur de la précédente, a dix-huit *li* de circonférence; la muraille

(*) N° 126.
(**) N° 113. Cette situation des *bannières* est très-récente, mais elle n'a rien de permanent. Leur emplacement est figuré sur les plans chinois de *Pé-king*, par les teintes diverses de leur dénomination.
(***) Non compris la *ville extérieure*, qui est figurée sur le plan, sous le chiffre romain IV.
(****) *Ta-thsing-i-thoung-tchi; Kiouan I*, f° 1. L'ouvrage chinois traduit par le P. Hyacinthe ajoute que les murs ont soixante-deux pieds de largeur à la base, et cinquante au sommet; auxquels il faut encore ajouter cinq pieds huit dixièmes pour les créneaux ou parapets à embrasures. *Timkouski* dit (Voyage à *Pé-king*, tome II, p. 130) que ces murs n'ont que 21 pieds d'épaisseur. Pour que le lecteur puisse se former une idée plus exacte

d'enceinte a 2325 *tchang* [7,750 mètres] de développement. La *Ville interdite* (*Tseu-kin-tching*), le *Kremlin* de *Pé-king*, est située dans l'intérieur de la *Ville impériale*; elle a six *li* de circonférence. Sa muraille d'enceinte a de chacun des deux côtés, sud et nord, 236 *tchang* et 2 pieds chinois de longueur [787 mètres environ], et de chacun des deux côtés, est et ouest, 302 *tchang*, 9 pieds chinois [1,009 mètres] (*).

I. Ville rouge interdite
[*Tseu-kin-tching*].

Cette partie intérieure de *Pé-king* (**), essentiellement destinée à la résidence de l'empereur et de sa cour, a quatre portes, une de chaque côté de son enceinte carrée. A voir la distribution intérieure de cette enceinte fortifiée, la beauté, la grandeur et le nombre des édifices symétriquement isolés qu'elle renferme, on la prendrait pour une ville de palais construite par la baguette magique d'une fée enchanteresse. On ne trouverait pas, dans aucune ville du monde, un ensemble aussi vaste, aussi imposant, aussi merveilleux d'édifices royaux et d'un aspect aussi pittoresque. Un coup d'œil jeté sur le plan pris à vol d'oiseau en donnera une idée (***).

des lieux décrits, nous figurons ici les diverses enceintes de *Pé-king* proprement dit :

(*) *Tá-thsing-i-thoung-tchi*, K. I., f. 2.
(**) Voy. le Plan, pl. I, Section I.
(***) Voy. la traduction citée du P. Hyacinthe Bitchourin.

Toute la partie extérieure est entourée d'un large canal, dont les bords sont relevés perpendiculairement en granit. Sur la rive opposée, située entre la forteresse et les eaux du canal, a été bâti de trois côtés, à l'exclusion du côté sud, un corps prolongé de bâtiment qui s'élève jusqu'à la moitié de la hauteur du mur. Les terrasses, les glacis et les esplanades de la forteresse sont couverts d'une aire de briques dites briques de ville, tandis que le chemin qui conduit droit aux grandes salles est formé par de gros morceaux de pierre grise et blanche. L'intérieur de la ville sacrée se divise en trois parties : orientale, moyenne et occidentale. La partie moyenne occupe tout l'espace qui s'étend de la porte sud à la porte nord, et renferme un palais nommé *Palais impérial*, subdivisé en plusieurs vastes palais distincts, dont chacun a un nom et une destination particulière. Il règne une symétrie parfaite parmi les édifices grands et petits, soit dans les palais, soit dans les parties ou quartiers d'orient et d'occident; et, quant à la hauteur respective des bâtiments, on y remarque encore un plan régulier et harmonieux. Pour éviter des longueurs, nous diviserons chacune des trois parties de la *Ville interdite* en deux subdivisions : le nord et le sud. Le sud de la partie orientale renferme diverses chambres de justice et autres hôtels d'un genre analogue; le nord n'offre aux yeux que des palais pour l'héritier présomptif et pour le séjour passager de l'empereur, ainsi que des temples. Le sud de la partie occidentale renferme aussi les hôtels de différents ministères et autres administrations, parmi lesquelles est celle de l'intendance de la cour avec tous les bâtiments qui en dépendent. Le nord de cette partie ne renferme que des bâtiments pour les femmes, ou des sérails pour les plaisirs de l'empereur, puis des pavillons pour le séjour momentané qu'il lui plaît d'y faire, et enfin des temples. Nous commencerons donc l'examen de l'intérieur de la *Ville interdite* ou *sacrée* par la partie sud du quartier central; voici ce qu'il y a de plus remarquable (*):

(*) Toute l'enceinte intérieure carrée figu-

(1°. *Wou-men.*) *Porte méridionale.* Elle a trois entrées, et est surmontée d'une tour à deux étages sur neuf spirales. Devant cette porte sont du côté de l'est un cadran lunaire, et du côté de l'ouest un cadran solaire. Sur les flancs de cette tour, dans des galeries ouvertes à l'ouest, se trouve une timbale, et aux angles sont de hautes tours à jour. Les fonctionnaires publics appartenant soit à l'ordre civil, soit à l'ordre militaire, se rendent au palais et en reviennent par le passage de l'est; il n'y a que les princes du sang impérial qui aient droit de passer par le passage de l'ouest. Chaque jour la cloche et la timbale retentissent durant la marche de l'empereur se rendant au conseil; à sa sortie et lorsqu'il passe par la *porte du midi*, la cloche tinte, et lorsqu'on offre le sacrifice dans le grand temple, on fait retentir la timbale. Lorsque les troupes, après une expédition heureuse, rentrent en triomphe et vont au palais présenter les prisonniers, l'empereur se rend sous la *porte méridionale* pour achever la cérémonie de la réception desdits prisonniers. C'est près de cette porte qu'annuellement, le premier jour de la dixième lune, sont distribués des *calendriers* pour l'année suivante. C'est aussi sur la place qui s'étend au delà de cette porte, que sont distribués les présents que l'empereur fait aux princes étrangers et à leurs ambassadeurs, ainsi qu'à ses vassaux.

(2. *Taï-ho-men.*) *Porte de la souveraine Concorde.* Cette porte a neuf entre-colonnements (**). Elle consiste proprement en trois portails. L'escalier de devant, de même que l'escalier de derrière, offre trois sorties dans le portail du milieu; les deux portails latéraux n'ont, à leur escalier, qu'une sortie chacun.

Au nord de cette porte et dans la même direction est situé :

(3. Le *Taï-ho-tian*) ou *la salle du trône* (***) *de la souveraine Concorde.* Pavillon destiné aux assemblées importantes et aux jours d'apparat. Le soubassement est haut de vingt pieds, et tout l'édifice a cent dix pieds de hauteur. Il a onze entre-colonnements de longueur, sur cinq de largeur avec une double avance et avec des proues ou patins aux angles. Le perron qui conduit à cette salle d'audience est bordé de balustrades en marbre blanc ; il se divise en cinq escaliers, chacun desquels a trois rampes et trois paliers, où sont dix-huit trépieds, deux grandes écailles de tortue et deux ibis, tous en bronze et servant à brûler des parfums ; enfin deux cadrans, l'un solaire, l'autre lunaire.

L'empereur se rend à cet édifice au premier jour de l'an pour recevoir les félicitations d'usage ; puis au solstice d'hiver, puis au jour anniversaire de sa naissance et pour les audiences solennelles (*). Il y vient encore lorsque tous les grands de sa cour y donnent un festin, lorsque le généralissime de ses troupes doit prendre congé de lui, lorsqu'on examine les *Han-lin* ou docteurs de l'*Institut impérial*, et pour entendre l'expression de la reconnaissance des fonctionnaires qui lui sont présentés après avoir été nommés à quelque nouvel emploi.

Devant la salle, sur la terrasse, est un lieu où les officiers civils et militaires font la cérémonie des génuflexions, cérémonie pour laquelle ont été disposés, sous la forme de tertres, des espèces de piédestaux en bronze, où est gravée l'indication du degré qui convient à chaque rang depuis le premier jusqu'au neuvième. Il en a été fait par ligne pour chaque rang à l'est et à l'ouest de la voie impériale, ou de la chaussée de pierre ; à l'est, pour les officiers civils ; à l'ouest, pour les chefs militaires. Chacune de ces lignes est faite pour dix personnes.

(4. *Tchoung-ho-tian.*) *Salle du trône de la moyenne Concorde.* En sortant de la salle précédente on arrive dans celle-ci en suivant

rée sur le plan n° 1 avec l'indication I, nommée en chinois *Tseu-kin-tching*, *ville rouge interdite*, est ce que les Européens nomment indistinctement *Palais impérial*.

(*) N° du plan. pl. I; voyez *Ta-thsing-i-thoungtchi*, K. 1, f. 2, et la *Description de Péking* citée.
(**) On juge, en Chine, de la grandeur des édifices d'après le nombre des entre-colonnements.
(***) Le terme chinois *tian*, que nous traduisons par *salle du trône*, signifie proprement une *salle vaste et élevée*, où se trouve placé un trône pour recevoir l'empereur dans tel jour de cérémonie. Ce terme s'applique aussi à l'édifice entier ou pavillon dans lequel se trouve la *salle tian*. Une telle salle ne sert jamais que pour donner audience pendant une heure ou deux, dans telle ou telle circonstance spécifique. On appelle aussi *tian* quelques temples, par la raison que les idoles de FO ou BOUDDHA y sont vues assises sur un trône, la face tournée au sud, comme le sont les empereurs mêmes lorsqu'ils donnent audience.

(*) C'est aussi dans cette *salle du trône* que l'empereur de la Chine reçoit les ambassadeurs des puissances étrangères, qui se rendent à *Péking*. La plus ancienne vue que l'on en ait publiée en Europe est celle qui se trouve dans la *Relation de l'ambassade de la Compagnie hollandaise vers l'empereur de la Chine*, en 1656, publiée par NIEUHOFF; Paris, 1665, in-f°. Nous la reproduisons ici (pl. 3), en observant que cette vue a été trouvée très-exacte 140 ans plus tard par l'historien de la dernière ambassade hollandaise vers l'empereur de la Chine, en 1794 et 1795, par VAN BRAAM HOUCKGEEST. Philadelphie, 1797, 2 vol. in-4° avec pl., t. I, p. 163. Cette vue de NIEUHOFF représente la *façade intérieure* du palais impérial. Une autre vue de la *salle du trône* ou d'audience du même palais (pl. 6) a été publiée dans la *Relation du voyage de* YSBRANTS IDES, *ambassadeur du czar de Moscovie en Chine*, en 1695. Cette vue diffère tellement de la précédente, que l'on peut supposer que ce n'est pas la même salle d'audience et les mêmes bâtiments qui y sont représentés. Dans la sixième planche, on voit figurer sur le premier plan, au milieu de la cour du palais, le cortège de l'introduction de l'ambassadeur moscovite dans la salle d'audience.

Les voitures, en forme de *palanquin*, que l'on voit dans la gravure n° 6 et traînées ou portées par des éléphants, des chevaux ou des mulets, sont encore en usage. Ce sont de pareilles voitures qui transportent au palais impérial les ambassadeurs étrangers et autres personnes de distinction.

toujours la direction du nord ; elle a trois entre-colonnements de longueur sur autant de largeur ; c'est-à-dire que c'est un pavillon carré, surmonté à la corniche d'une avance quadrangulaire, au-dessus de laquelle s'élève un toit rond. Les perrons au nord et au sud ont chacun trois issues ; ceux de l'ouest, une seule. A l'est et à l'ouest se trouvent deux ailes contiguës, chacune de deux entre-colonnements et qui servent de garde-meubles pour les objets en bronze.

L'empereur vient dans cette salle examiner les prières concernant les sacrifices, les blés et les instruments aratoires préparés pour la cérémonie du labourage. C'est là aussi qu'on lui présente le tableau des généalogies de sa famille.

(5. *Pao-ho-tian.*) Salle du trône de la Concorde protectrice. C'est, toujours dans la même direction au nord, une troisième salle du trône de neuf entre-colonnements, avec une double avance, terminée aux angles par des proues ou patins. Le perron de la façade est aussi à trois rampes et en parfaite symétrie avec le perron de la salle ou du pavillon de *la souveraine Concorde;* le perron tourné au nord a trois rampes avec trois repos.

L'empereur se rend tous les ans dans ce pavillon la veille du nouvel an pour y fêter les étrangers ; il s'y rend aussi pour l'examen des licenciés aspirant au grade de docteur. C'est encore là que les biographes des ancêtres de l'empereur se rendent en pompeuse cérémonie pour lui présenter leur ouvrage.

Voici comment Van Braam décrit l'édifice impérial dans lequel fut reçu l'ambassadeur de la compagnie hollandaise et sa suite, le 20 janvier 1795 (*) :

« A sept heures (du 20 janvier 1795), on nous a conduits vers les bâtiments impériaux par une porte comme toutes celles dont j'ai déjà parlé, et placée sur la même ligne. En dedans de cette porte nous avons trouvé une cour très-spacieuse, pavée en pierres de taille et environnée de bâtiments, dont les principaux sont situés au midi et sur une élévation vers laquelle nous nous sommes dirigés par son centre, au moyen d'un escalier de quarante-cinq marches.

« Cette hauteur de quarante-cinq marches est interrompue par une première terrasse (voy. la Pl. 7) de dix pieds de profondeur ; puis l'on trouve une seconde portion d'escalier que suit aussi une seconde terrasse de la même dimension. Ces deux terrasses forment des galeries au moyen d'une balustrade en pierre qui règne sur leur longueur, et dont

(*) Cet auteur, qui était le second de l'ambassade hollandaise, avait rassemblé une collection très-précieuse de dessins chinois de toutes sortes, dont il n'a malheureusement fait graver qu'un très-petit nombre pour accompagner son *Voyage.* Nous reproduisons ici (pl. 7) ceux qu'il a publiés de la salle d'audience du palais de l'empereur.

les pilastres, placés à environ douze pieds d'intervalle, portent des figures de lions ou d'autres animaux. Ces deux terrasses placées ainsi l'une au-dessus de l'autre offrent, avec la balustrade qui les decore, un coup d'œil très-pittoresque.

« L'escalier étant monté, nous nous sommes trouvés sur une surface entièrement pavée en pierres de taille, ayant au sud un escalier et des terrasses égales à celles que je viens de décrire. Sur la surface unie se trouvent placés trois édifices, dont deux, semblables entre eux, situés à l'est et à l'ouest, ont la forme d'un carré long et deux étages, tandis que le troisième forme au milieu un pavillon carré, dont le toit en pointe se termine par une boule dorée.

« Ce pavillon correspond aux escaliers entre lesquels il est placé, et il a, selon le goût chinois, une galerie extérieure supportée de chaque côté par six colonnes.

« Les deux grands bâtiments placés entre les deux escaliers, ont, au rez-de-chaussée, de larges salons ouverts, et au-devant desquels règnent des galeries où l'on arrive par des marches placées dans trois points différents. L'extrémité des toits de ces galeries est soutenue par dix fortes colonnes. Au reste, ces bâtiments sont construits, ornés, dorés, vernissés et couverts comme tous ceux dont j'ai déjà parlé. Le salon de l'est, appelé *Pau-au-tien* (*Pao-ho-tian*) était préparé pour l'audience et le déjeuner.

« Au milieu de cette salle (voy. Pl. 6 et 7) est le trône impérial, sur une plate-forme élevée de six pieds. On y arrive par trois gradins placés, l'un au milieu, et les deux autres sur les côtés. La plate-forme, couverte d'un tapis, est bordée d'une balustrade qui est sculptée ainsi que le fauteuil impérial et la rampe dont chaque gradin est accompagné : toutes ces parties sont en outre entièrement dorées. Derrière le trône pendait une tapisserie jaune, et sur les côtés de la plate-forme on avait placé quelques vases remplis de fleurs naturelles, aux suaves émanations desquelles deux autres vases de métal, où brûlaient des parfums, mêlaient l'odeur du santal et d'autres substances asiatiques.

« Les deux extrémités de la galerie, en dehors du salon, sont pavées entièrement avec des pierres d'une surface très-polie. Là sont rangés les volumineux instruments de musique, tels que celui composé de seize petites cloches ; celui formé de seize pièces de métal, le grand tambour, et plusieurs instruments du même genre. Une riche dorure couvre tous les objets ainsi que les piédestaux qui les portent (*). »

Un peu plus loin au nord se présente aux regards la porte par où l'empereur rentre dans son propre palais.

(*) *Voyage en Chine,* vol. 1, p. 174-8.

Monuments remarquables dans la partie orientale du quartier sud :

(6. *Neï-khe.*) *Édifice du conseil privé.* C'est là où se réunissent les membres du conseil privé de l'empereur. Cet édifice est situé près de la muraille même du sud, et sa façade est exposée au midi. Vers le nord se trouvent le *département intérieur des équipages de la cour* et le *département intérieur des finances.*

(7. *Wen-hoa-tian.*) *Salle du trône des fleurs littéraires.* Sa façade est exposée au sud. L'escalier a neuf marches. C'est là que l'empereur, dans la seconde lune, se rend une fois l'année pour interpréter les livres sacrés.

(8. *Tchouan-sin-tian.*) Autre salle du trône où l'on porte des offrandes et où l'on offre des sacrifices au feu instituteur des princes et des souverains (le grand philosophe KHOUNG-TSEU), aux savants et aux maîtres qui ne sont plus. A l'est de cette salle est un puits couvert, dont l'eau, après celle de la source appelée de jaspe, est réputée la meilleure.

(9. *Wen-youan-khe.*) *Bibliothèque impériale.* Ce bâtiment, qui est derrière le précédent, consiste en trois corps de logis de six entre-colonnements chacun, couverts de tuile d'un vert sombre. Devant la salle du trône se trouve une citerne carrée revêtue en pierres et traversée par un pont de pierre. L'eau y est amenée par le canal *Iu-ho.* On conserve dans cette salle du trône un exemplaire de la grande collection intitulée : *Livres complets des quatre magasins : Sse-khou-thsiouan-chou* (*), collection la plus

(*) Cette collection, que l'empereur *Khian-loung* fit commencer en 1772, et qui, selon son expression, devait composer *cent soixante mille volumes*, n'est pas encore achevée. On continue à l'imprimer ; nous avons eu un instant entre les mains le catalogue, en quatre volumes publiés à *Pé-King* par ordre de l'empereur, des livres qui composeront cette collection. M. Neumann a donné, d'après le *Ta-thsing-hoeï-tien*, ou *Recueil des statuts administratifs de la dynastie régnante en Chine* (liv. LXXX, f°° (1-15), la liste suivante des livres qui composent déjà cette collection :

1° KING.

Ouvrages classiques ou regardés comme sacrés, avec tous les commentaires qui y sont relatifs.

	Volumes.
Le *Livre des changements* (Y-king)	1,743
Le *Livre des Annales* (Chou-king)	650
Le *Livre des Vers* (Chi-king)	941
Le *Livre des Rites* (Tcheou-li, I-li, Li-ki)	2,168
Le *Livre des Annales de Lou* (le Printemps et l'Automne, Tchun-thsiou)	1,801
Le *Livre de la Piété filiale* (Hiao-king)	17
Table des matières, figures sur bois, etc.	50

2° SSE-CHOU.

Les quatre livres de philosophie morale et politique.

La *Grande Étude*, l'*Invariabilité dans le milieu*, les *Entretiens philosophiques*, et *Meng-tseu* 752
Ouvrages sur la musique (*Yo*) 489
Livres scolastiques et élémentaires (*Siao-hio*) 913

Ouvrages historiques.

Recueil des histoires de toutes les dynas-

vaste et la plus complète de livres qui ait jamais été entreprise en aucun pays du monde. C'est dans cet édifice qu'aujourd'hui, après l'interprétation des livres sacrés, l'empereur fait servir du *thé* aux interprètes.

(10. *Ko-chi-Kouan.*) *Maison de la Société historique.*

OBS. Au nord et à l'est se rencontrent en différents endroits le *Bureau des écuries de la cour*, les *Magasins aux vivres de la cour*, et le *Dépôt impérial des substances médicinales.*

(11. *Toung-hoa-men.*) Porte fleurie orientale de la *ville interdite.*

(12. *Wou-ing-tian.*) *Salle du trône*, à l'ouest de la porte de la *Concorde occidentale.* Elle a un haut escalier de neuf marches et des portes de trois entre-colonnements ; sa façade est tournée au sud. Ce pavillon est entouré d'un fossé sur lequel on a jeté trois ponts de pierre. Il consiste en deux corps de logis où l'on conserve les planches en bois qui servent à l'impression des livres, comme les *clichés* dans les imprimeries européennes. Derrière ces corps de logis, au nord, se trouvent les *ateliers des relieurs* (*Yu-te-thang*), ou plutôt des brocheurs de l'imprimerie impériale qui est établie dans cet édifice.

A l'ouest de ces bâtiments on trouve :

(13. *Chang-i-kian.*) Le département des vêtements impériaux. Ils y sont confectionnés selon les rites et conservés en garderobe. Dans l'intérieur se trouve une salle du trône divisée en deux corps de logis, où se réunit la commission chargée de traduire les livres sacrés de *Bouddha* (*).

ties	3,631
Annales	2,066
Histoires générales	1,203
Histoires particulières	1,483
Histoires mêlées	275
Recueil des ordonnances et des décisions impériales	1,474
Biographies	949
Documents historiques	10
Notices de districts particuliers	589
Chronologie	29
Géographie et relations de voyages, descriptions de pays étrangers	4,768
Administration et gouvernement	592
Institutions politiques, lois, édits	5,785
Bibliographie et inscriptions	700
Critiques d'histoires particulières	382
Religion, philosophie et autres sciences	
École de Confucius	1,694
Science militaire	155
Jurisprudence	91
Économie politique	195
Médecine	1,910
Astronomie et arithmétique	615
Physique, physiognomonie, astrologie et autres arts magiques	412
Peintures, notes (de musique), imprimerie et danse	1,102
Sciences naturelles, diététique et ustensiles, en figures	565
Mélanges	9,200
Moindres écrits (*Siao-choué*), comme histoires merveilleuses, etc.	1,385
Écrits bouddhiques	12
Écrits de la secte de LAO-TSEU	442
Poèmes de divers genres et toutes sortes de recueils littéraires	28,098
Total général	78,731

(*) Le P. Hyacinthe dit que cette commission a été

(14. *Sian-an-koung.*) Le *Palais de la tranquillité générale.* C'est une école ou collége pour les enfants des officiers supérieurs servant dans les huit bannières.

Obs. Au nord de ce palais se trouvent les écoles du Turkestan et d'*Ava* et le département des arts.

(15. *Neï-wou-fou.*) L'*Intendance de la cour.* Ce bâtiment se trouve au nord de la *Porte de fleurs occidentales* (Si-hoa-men, n° 18.) La façade est tournée du côté de l'orient. Cette administration consiste en *trois cours* et *sept bureaux*; elle a dans ses attributions le règlement des recettes et des dépenses de la cour, les sacrifices, les banquets, les récompenses, les amendes, et tout ce qui tient aux arts, aux métiers et à l'industrie.

(16. *Kouang-tchou-sse.*) *Commissariat des vivres,* sur la même ligne que l'intendance de la cour, à l'extrémité nord. C'est le principal magasin de la couronne. On y dépose tous les objets appartenant aux six dépôts de l'intendance de la cour : l'argent, les fourrures, les étoffes de soie, les habits, le thé et la porcelaine.

(17. *Nan-hiun-tian.*) *Salle du trône,* située contre la muraille du sud. On y voit réunis les portraits des souverains des précédentes dynasties.

Non loin de cette salle on trouve au nord :

(18. *Si-hoa-men.*) La *Porte fleurie de l'Occident,* de la *Ville rouge interdite,* ayant trois ouvertures fermées par des portes de bois rouge, ou peintes en rouge, garnies de clous dorés; celle du milieu, comme dans les autres portes, ne s'ouvre que pour l'empereur(*).

(19. *Khian-thsing-men.*) La *Porte de la pureté céleste.* Elle a cinq entre-colonnements, trois issues, et l'escalier qui est en avant, le même nombre de rampes, chacune de neuf marches. Devant l'escalier sont placés deux lions de grandeur colossale. L'empereur s'y rend ordinairement pour se faire rapporter et pour décider les affaires de l'État.

(20. *Khian-thsing-koung.*) *Palais de la pureté céleste.* Il a neuf entre-colonnements en longueur et cinq en largeur. L'empereur s'y rend lorsqu'il veut délibérer sur un objet quelconque avec les grands de sa cour, ou voir les fonctionnaires présentés soit pour des places, soit pour l'avancement. C'est là que, chaque année, au jour de l'an, l'empereur reçoit et traite les princes. C'est là que dans la cinquantième année du règne nommé *Khang-hi* (en 1711), l'empereur donna un festin solennel auquel furent invités tous les vieillards de soixante ans et plus, soit fonctionnaires, soit simples particuliers. L'empereur *Khian-loung* donna aussi une fête semblable dans le même palais, en 1785, mais le nombre des conviés fut deux fois plus grand. Les nonagénaires furent admis à la table même de l'empereur, où ils mangèrent en se tenant debout. L'empereur leur parla avec bienveillance et leur fit des présents magnifiques.

(21. *Kiao-thai-tian.*) *Salle du trône,* située au nord du palais précédent. Elle est construite sur le modèle de la *Salle du trône de la Concorde moyenne.* On y conserve les sceaux de l'empereur, au nombre de vingt-cinq.

Au nord de cette salle est situé :

(22. *Kiun-ning-koung.*) Le *Palais de l'impératrice,* de neuf entre-colonnements de longueur.

(23. *Kiun-ning-men.*) La *Porte du palais de l'impératrice,* derrière laquelle est le jardin impérial.

Obs. C'est dans le palais précédent que réside l'impératrice, et le jardin est destiné à ses promenades. Ce jardin est tout rempli de pavillons élégants, de temples et de bosquets. Deux de ces bosquets sont placés au milieu de deux lacs, et un autre est formé sur la cime d'une montagne artificielle en rochers, montagne dans laquelle a été pratiquée une grotte ou caverne portant inscrits de la main impériale ces mots : *Source des nuages* (*Yûn-yoûan*) A l'est de ce dernier bosquet, dans l'un des édifices du jardin, est une collection complète des livres publiés dans l'empire. Ce jardin est fermé au nord par une grande porte à pavillon, derrière laquelle on trouve :

(24. *Chin-wou-men.*) La *Porte du guerrier divin,* qui ferme l'entrée de la forteresse sacrée.

A l'est de cette porte se trouve une longue rue (26) qui mène à différents palais (27, 28, 29, 30, 31, 32). C'est dans l'un de ces palais (n° 32) que l'on conserve les manuscrits du *Livre des Vers,* copiés de la main même des empereurs *Kao-tsoung* et *Kiao-tsoung,* de la dynastie des *Soung* (1127 et 1163 de notre ère), et douze rouleaux de dessins pour ce même livre sacré, exécutés par le peintre *Ma-ho.*

Tous ces palais, portant leurs dénominations diverses inscrites au-dessus de leurs grandes portes d'entrée, sont séparés l'un de l'autre par des rues, et tous ont la façade tournée au sud. Ils servent de résidence à l'héritier du trône et aux autres princes.

A l'est de ces palais on trouve une longue rue étroite (33), à l'est de laquelle on a construit le bâtiment du Trésor impérial (34. *Neï-khôu*). C'est dans l'intérieur de la porte *Khin-hao-men* (35) que se trouve le temple dans lequel on sacrifie au ciel suprême ou souverain maître.

A l'extrémité méridionale de la première longue rue (25) est le *Palais de la purification* (37. *Tchai-koung*) ou *du jeûne.* L'empereur, avant chaque grand sacrifice, s'y retire pour faire abstinence. On y voit

---

supprimée, et qu'à sa place, il fut créé, en 1821, une commission pour composer la biographie de l'empereur JIN-THSOUNG-JOUÏ-TI, mort en 1820. Quant aux livres de BOUDDHA, ils sont depuis longtemps traduits de la langue sanskrite en chinois et en langue thibétaine.

(*) Voyez la pl. II, qui offre une vue de cette *porte de l'Ouest* prise à l'intérieur.

deux appartements chauds, l'un à l'ouest de l'autre, et derrière ces deux divisions est la salle du trône, aussi divisée en deux parties, dont l'une, celle qui est située à l'ouest, est disposée pour servir de chambre à coucher.

A l'est, au delà d'une autre longue rue, se trouve le palais de la *pureté de jade* (38. *Yu-thsing-koung*), et au midi de ce dernier une salle du trône. Ces deux édifices sont donnés pour habitation à des princes du sang impérial. A l'est au delà de la *Porte des nuages purs* (*Thsing-yun-men*) se trouve le temple où l'empereur va bénir la mémoire de ses parents décédés (39. *Foung-sian-tian*); la façade en est tournée au sud. Les deux corps de bâtiments, celui de devant et celui de derrière, ont chacun sept entre-colonnements.

Dans l'intérieur du temple sont placées des tablettes encadrées, sur lesquelles sont inscrits les noms des aïeux de l'empereur, qui se rend dans ce lieu avant toutes les grandes cérémonies, c'est-à-dire, avant les jours où l'on offre des sacrifices; puis lorsqu'il sort de sa capitale et qu'il y rentre. Dans les quatre saisons de l'année, et même le 1er et le 15 de chaque mois, il y dépose des offrandes, renouvelées par trois fois dans les vingt-quatre heures.

A l'est de ce temple, de l'autre côté de la rue, on rencontre un palais (40. *Ning-cheou-koung*), dont les murailles ont de l'est à l'ouest 86 mètres de longueur, et 423 du nord au sud. Il a six portes, dont la principale est au sud et se nomme *Hoang-tsi-men*. Derrière cette porte est la salle du trône nommée *Hoang-si-tian*; puis au nord est le palais même, derrière lequel est une rue que l'on doit traverser pour entrer dans une autre salle du trône (41), au nord de laquelle est une cour (42) à la disposition des princes impériaux.

Dans la partie occidentale, se trouve une longue rue, parallèle à celle de la partie orientale, et à l'ouest de laquelle sont construits plusieurs palais (44, 45, 46, 48, 49, 50), séparés par une autre rue (47). Tous ces palais, placés dans une symétrie parfaite avec ceux de la partie orientale, ont aussi leurs dénominations inscrites sur leurs grandes portes d'entrée, et sont séparés l'un de l'autre par des rues; tous ont leur façade tournée vers le sud. Ils sont habités par les femmes de l'empereur. L'impératrice, comme nous l'avons dit plus haut, habite son propre palais.

A l'extrémité nord de la seconde grande rue est un édifice (51) dont on n'indique pas la destination, et à l'extrémité méridionale de la première grande rue orientale, se trouve une *Salle du trône* (52), où l'empereur va quelquefois chercher le repos après avoir vaqué aux affaires de l'État. Ce palais est composé d'une foule d'édifices de structure variée.

A l'ouest, on voit deux palais (53, 54), le premier ayant trois portes, l'une exposée à l'est, une autre à l'ouest, et la troisième au sud. Devant la porte du sud sont deux superbes lions dorés. Ce palais compte aussi un grand nombre de bâtiments, et il a un jardin. Le second de ces palais est celui où l'empereur, accompagné de tous les grands dignitaires, vient complimenter l'impératrice douairière le jour anniversaire de sa naissance.

Au nord de ce dernier palais, se trouve encore un autre palais (55), au milieu duquel est une *Salle du trône*, et dans la même enceinte une triple scène (*).

Derrière ces édifices est une montagne artificielle formée de rochers entassés.

Au nord de ce palais, s'en trouve un autre avec un temple d'architecture thibétaine (56. *Yng-hoa-tian*). On y remarque un arbre précieux de l'Inde que les Chinois nomment *phou-thi* (**). Il a été planté par l'impératrice veuve, mère de *Chin-tsoung*, empereur de la dynastie des *Ming*. Cet arbre a aujourd'hui plus de deux siècles d'existence.

Au nord de ce palais, est situé le temple du dieu protecteur de la ville (57. *Tching-hoang-miao*), construit aux dépens du trésor en 1726. A l'est de ce temple, est la porte de la *ville interdite*, nommée *Porte du guerrier divin*, au nord de laquelle se trouve un long bâtiment (58), situé entre le mur d'enceinte et le canal. Le mur de derrière de cet immense bâtiment s'élève sur l'extrémité même du quai. Il ceint la *ville interdite* de trois côtés : à l'est, à l'ouest et au nord. C'est dans ce bâtiment que l'on tient en magasin, dans la partie du sud, le riz fait de blé sarrasin destiné à la subsistance des eunuques, et dans la partie du nord, de la vaisselle de divers genres.

Au delà de ce bâtiment est le *canal de la cour* (59. *Tchhi-tseu*), qui environne des quatre côtés les murs de la *Ville sacrée*. Il est large, profond et bordé perpendiculaire-

(*) En Chine, ajoute le P. Hyacinthe, les théâtres privés sont mobiles et consistent en une scène ouverte de trois côtés, sur le derrière de laquelle est une chambre réservée aux comédiens. Cette chambre se trouve séparée de la scène par un rideau, et une porte pratiquée à droite sert pour la sortie; une autre, à gauche, pour l'entrée des acteurs. Ces issues ont aussi des rideaux. Les musiciens se tiennent au bas du grand rideau et jouent de mémoire. Au théâtre de la cour, la scène est double et triple, c'est-à-dire à deux et trois étages, où les acteurs, répartis d'après le sujet représenté, jouent une seule et même pièce, dans le même temps, avec un tel accord de musique et de paroles, qu'ils ne pourraient mettre plus d'ensemble sur une seule avant-scène.

(**) En sanskrit *bôdhi*. C'est le *ficus religiosa* arbre sacré, employé dans les cérémonies religieuses, et dont il est souvent fait mention dans les poëmes religieux de l'Inde. Voir à ce sujet la traduction que nous avons faite de la *Description de l'Inde* par les voyageurs chinois, p. 82, sous le titre de *Examen méthodique des faits qui concernent le Thian-tchu ou l'Inde*.

ment sur les deux rives d'énormes pierres de granit soigneusement taillées. Le fond de ce canal est comme tapissé de nénuphar, et il reçoit ses eaux du grand canal.

II. HOANG-TCHING. — VILLE IMPÉRIALE.

Cette ville se trouve renfermée dans la *Ville intérieure*, et environne de toutes parts la *ville* précédemment décrite. Elle a dix-huit *li* de circonférence, ou 32,250 pieds chinois (*). Ses murs ont dix-huit pieds de hauteur, six et demi de largeur à la base, et cinq pieds deux pouces à la partie supérieure. Ils sont construits avec des briques de ville, maçonnés à bain de mortier et teints en rouge ; de là vient que les Russes la nomment quelquefois la *Ville rouge* ; les toits sont couverts de tuiles jaunes.

La *Ville impériale* a huit portes, dont une à l'est, une à l'ouest, et une au nord ; les cinq autres sont du côté du sud, dont trois grandes et deux petites. La porte placée le plus directement au sud se nomme la *Porte de la grande pureté* (*Tai-thsing-men*) comme la dynastie régnante ; celle opposée à la première, et tournée directement au nord, se nomme *Porte du repos céleste* (*Thian-'an-men*). Cette dernière a sur ses côtés deux portes latérales, savoir, à l'est, la *Porte de droite du long repos* (*Tchang-'an-tso-men*), et à l'ouest, la *porte de gauche du long repos* (*Tchang-'an-yeou-men*). Il y a encore plusieurs autres portes que nous ne mentionnerons pas ici.

Cette ville a été construite spécialement pour loger les nombreux serviteurs et employés de la cour. C'est ce qui a valu à cette vaste division de *Pé-king* le nom de *Ville impériale*. Néanmoins, une grande partie de cette ville est peuplée aujourd'hui de Chinois qui y ont formé de nombreux établissements de commerce. Elle est divisée sur le plan en deux arrondissements : la partie orientale et la partie occidentale.

PARTIE ORIENTALE. — Les édifices et les lieux les plus remarquables de ce quartier, en commençant par le sud, sont :

(60. *Tai-thsing-men*.) La *Porte de la grande pureté* : elle a trois entrées. Devant cette porte est une place quadrangulaire environnée d'une balustrade de pierres grises. En dehors de cette porte sont deux lions de granit, et un peu plus loin deux larges pierres élevées, où l'on doit descendre de cheval ; c'est pourquoi on les nomme *Hia-ma-phaï*. Il n'est permis qu'aux piétons de traverser la place. A droite et à gauche s'étendent deux longues ailes de bâtiments, dont chacune a cent dix entre-colonnements du sud au nord, et après avoir doublé l'angle, on trouve que chaque aile a encore trente-quatre entre-colonnements faisant face au nord. C'est dans ces corps de logis que se rassemblent les employés des différentes administrations : savoir, les employes des cours héraldique et militaire, tant ceux qui sont déjà en fonction que ceux qu'on doit élire ; les employés de la cour de justice pour assister au grand *Jugement d'automne* ; enfin les employés de la cour des cérémonies pour examiner les compositions des élèves aspirant au grade de bachelier et de licencié.

Directement en face, et au nord de la porte précédente, on trouve :

(61. *Thian-'an-men*), la *Porte du repos céleste*, ayant cinq issues. Au-dessus de cette porte s'élève une tour à deux étages, qui a neuf entre-colonnements de longueur. C'est proprement la porte de la *Ville impériale* ; devant cette porte a été creusé un canal sur lequel sont jetés sept ponts de marbre, dont cinq vis-à-vis des cinq issues de la porte, et les deux autres à droite et à gauche des premiers, à une distance moyenne.

En avant des ponts s'élèvent deux hautes colonnes, et deux autres semblables au delà de la porte à droite et à gauche ; chacune d'un seul bloc de marbre blanc, mais d'un travail grossier. Ces colonnes sont indiquées sur le plan par des points. La porte que l'on trouve ensuite et que l'on nomme *Porte des principes* (62. *Touan-men*), a été construite sur le même plan que la précédente.

(63. *Tai-miao*.) Le *Grand temple* que l'on remarque à droite est dédié aux ancêtres de la famille régnante. Il est couvert de tuiles jaunes et entouré d'une haute muraille. Il a trois grandes portes dans sa partie intérieure, et deux autres du côté de la façade, qui sont indiquées sur le plan. Les portes de l'intérieur, construites sur des soubassements élevés, ont cinq entre-colonnements avec un double toit. Toutes les colonnes y sont de bois d'aigle (*aquilea arbor*) ; l'escalier a trois rampes, bordées chacune d'une balustrade en marbre ; celui qui est tourné directement au sud et les deux escaliers latéraux ont chacun cinq rampes. La première compte quatre marches, la seconde cinq, et la troisième onze ; les rampes latérales neuf.

A la fin de l'année, au jour du grand sacrifice, les deux plus âgés d'entre les princes, en accompagnant ceux de la maison impériale, offrent dans ce temple le sacrifice prescrit devant les tablettes sacrées des ancêtres des empereurs et des impératrices ; c'est-à-dire, au père, à l'aïeul et au bisaïeul de l'empereur régnant. Au temps des oblations qui se font pour les quatre saisons de l'année, on ne rend les honneurs que dans le palais du milieu. Les souverains maîtres (c'est ainsi que l'on nomme les tablettes portant les noms des ancêtres décédés) des ancêtres exclus du grand temple n'ont aucune part aux oblations.

Le palais du milieu a neuf entre-colonnements comme le palais de devant. La salle

(*) *Ta-thsing-i-thoung-tchi*, K. 1, folio 2.

en est commune pour tous les souverains, et, cependant, on a établi entre eux des divisions suivant lesquelles ils sont séparés. On trouve à part les empereurs et impératrices, ancêtres plus anciens que le bisaïeul. Les saintes tablettes sont tournées vers le midi.

Quant au palais de derrière, il est construit sur le modèle de celui du milieu; les portraits des ancêtres exclus y sont également tournés la face au sud. Devant la salle antérieure, et sur les côtés, s'étendent deux ailes ou pavillons de quinze entre-colonnements de longueur. Dans l'aile orientale, on sacrifie aux princes, et dans le pavillon occidental, aux grands qui ont bien mérité de l'État. Devant chacune de ces ailes est un trépied où l'on brûle des parfums. A droite et à gauche des salles sont encore deux pavillons ayant neuf entre-colonnements; ces pavillons servent au dépôt des vases sacrés. Aux deux côtés de la principale porte se trouvent deux puits couverts, l'un à l'est, l'autre à l'ouest; au delà de ces puits, cinq ponts de pierre, au sud desquels sont, du côté de l'est, le bâtiment contenant les ustensiles sacrificatoires, et du côté de l'ouest, celui où l'on prépare les victimes. Au sud-est des portes du grand temple est le lieu où l'on égorge les victimes, et un puits couvert. La muraille extérieure du grand temple a un développement de deux mille neuf cent dix-sept pieds chinois (environ 972 mètres).

(64. *Che-tsi-than*.) Autel où l'on adore les esprits *Che* et *Tsi*, situé à l'ouest de la *Porte des principes* (*Touan-men*). Il y a là un autel quadrangulaire, dont le devant regarde le nord; il présente deux carrés l'un sur l'autre, ayant chacun cinq pieds de haut. La partie supérieure a cinquante pieds et la partie inférieure cinquante trois pieds de diamètre. Les perrons ont quatre rampes, chacune de quatre marches, le tout en marbre blanc. Le pavé de l'autel est formé de terres battues de cinq couleurs représentant symboliquement les cinq contrées du monde (*). La muraille formant l'enceinte intérieure a sept cent soixante-quatre pieds de circonférence, quatre pieds de haut et deux de large. Elle est revêtue de briques vernissées de quatre couleurs, dont chacune répond à une couleur d'une contrée; et le dessus est également couvert de tuiles de quatre couleurs. Le mur d'enceinte a quatre portes avec deux colonnes chacune. Ces colonnes, les linteaux et les seuils, sont de marbre blanc; les battants sont en bois et peints avec du cinabre. Au nord-ouest de cette muraille intérieure sont

(*) L'an 1809 avant J. C., la dynastie des *Tcheou* fit ériger dans la capitale un temple en l'honneur des illustres personnages *Che* et *Tsi*. L'enceinte de ce temple était couverte, du côté de l'ouest, d'une terre verdâtre; au sud, de terre rouge; à l'ouest, de terre blanche; au nord, de terre noire, et le centre était couvert de terre jaune. Cet usage est resté en vigueur jusqu'aujourd'hui, comme propriété spéciale du temple dédié aux esprits *Che* et *Tsi*.

deux fossés pour brûler les victimes. Derrière l'autel, au nord, est un temple où l'on va faire ses adorations. Les principales portes intérieures ont chacune cinq entre-colonnements; elles sont couvertes de tuiles jaunes; la porte de la façade et celle qui lui est opposée ont un perron à trois rampes. Au sud-ouest de la muraille intérieure se trouvent le conservatoire et la cuisine sacrificatoire, chacun de cinq entre-colonnements, et un puits. La muraille qui environne tout cela a deux mille six cent quatre-vingt-quatre pieds de tour; elle est teinte en rouge et couverte de tuiles jaunes. Elle a trois portes au nord, une à l'est, une à l'ouest et une au sud. Hors de la porte occidentale est l'endroit où l'on tue les victimes, et un puits. En dehors de la porte du nord, à l'angle nord-ouest, est une grande porte avec ses deux entrées latérales. Ce temple fut fondé en 1410 de notre ère, et restauré en 1656.

(65. *Hoang-tchi-tching*.) A la partie sud-est de la *Ville impériale* et du grand temple on trouve le *Dépôt des biographies* de la dynastie régnante. On y conservait les biographies des souverains sous la dynastie des *Ming*, qui le fit construire pour cette destination en 1538. Au nord on rencontre :

(66. *Phou-tou-sse*), le *Monastère de* BOUDDHA, qui, sous la dynastie des *Ming*, était l'un des palais de la ville méridionale. Cet édifice, sous le règne de *Khang-hi*, a été changé en couvent en faveur des *Lamas* de la Mongolie qui pratiquent la religion de Fo ou BOUDDHA.

(67. *Thoung-an-men*.) Porte de la tranquillité orientale. Cette porte est placée dans l'axe de la *Porte de la fleur orientale*, de la *Ville interdite*, près de laquelle on trouve :

(68. *Wou-pei-youan*), le *Dépôt militaire*. L'administration de ce dépôt étend sa juridiction sur l'arsenal, la fouterie, la tannerie, la sellerie, etc. Tous les ateliers appartenant au dépôt sont disposés dans un bâtiment prolongé près de la muraille.

(69. *O-lo-sse-wen-kouan*.) École russe. Cette école est située au nord du bâtiment précédent; on y enseigne à traduire du *mantchou* en russe, et réciproquement. Le complet de l'école est de vingt-quatre élèves; chaque bannière en fournit trois. Les maîtres sont choisis parmi les anciens élèves et ne savent pas plus de russe (1) que le dernier venu de l'école. Ces jeunes gens sont pour la plupart des fils d'employés.

(70. *Siouan-jin-miao*.) Temple élevé au génie des vents.

(71. *Ning-ho-miao*.) Temple élevé au génie de la foudre.

(72. *Soung-tchou-sse*.) Monastère thibétain, situé dans la partie nord-est de la *Ville impériale*, près de la muraille orientale et

(1) C'est le P. Hyacinthe qui parle.

sur le canal. Dans le principal temple de ce couvent, élevé en l'honneur de Fo ou Bouddha, on conserve le portrait de l'empereur Khian-loung. Il y a dans la même enceinte trois couvents, qui peuvent être considérés comme ne formant qu'un seul monastère, quoique séparés par des murailles. On voit par des inscriptions qui se trouvent sur d'anciennes cloches, que, sous la dynastie de Ming, on y traduisait et on y imprimait les livres sacrés du Thibet. Ce monastère a encore aujourd'hui une imprimerie thibétaine.

(73. *King-chan*.) C'est la *montagne de la capitale*, autrement nommée : *montagne des dix mille années* (*Wan-soui-chan*). Elle est située à la sortie de la porte septentrionale de la *ville interdite*. Elle commande le palais impérial et lui sert en même temps de point de vue et d'abri contre les vents du nord. Le mur qui entoure cette colline a deux *li* de circonférence. En passant par la porte qui fait face à celle de la ville sacrée pour gagner la colline, on trouve un édifice magnifique, et d'une architecture admirable; c'est derrière ce bâtiment que s'élève la colline avec ses cinq sommets symétriquement disposés de l'est à l'ouest, et sur lesquels ont été placés autant de pavillons, dont quatre ont un toit à double étage, et celui du milieu à triple avance. Ces pavillons sont pleins d'idoles, comme le sont les temples. La montagne est couverte de divers arbres et bordée au pied d'allées de cyprès. On y entre par deux portes situées à l'est et à l'ouest; et il existe dans la partie du nord de cette vaste enceinte, un lieu particulier où s'élève une foule d'édifices, parmi lesquels on distingue plusieurs salles du trône.

Cette montagne s'appelle encore *Montagne de charbons de pierre* (*Mei-chan*); elle est couverte de bois, principalement à sa base. On dit qu'elle est formée de charbon fossile pour servir d'approvisionnements en fait de combustibles dans le cas où la ville serait assiégée. D'après une opération géométrique faite en octobre 1734, cette montagne a 70 mètres du sommet à la base, et 49 mètres de hauteur perpendiculaire. Par la disposition symétrique de ses sommets, elle est un ornement peu commun, et attire les regards des différents points de la ville. C'est dans cette montagne que le dernier empereur de la dynastie des *Ming* alla terminer misérablement sa vie (*).

(74. *Tu-kao-siouan-tian*.) A l'ouest de la colline précédente on trouve un édifice construit avec tout l'art imaginable. Les jeunes personnes qui veulent remplir les fonctions à la cour, doivent auparavant venir en ce lieu apprendre l'étiquette et les différents ouvrages propres à leur sexe. Tous les ans,

(*) Voyez t. I, p. 419-420, et la pl. 9 du present volume empruntée à la *Relation de l'ambassade de lord Macartney*.

le sept de la septième lune, elles présentent à l'empereur des échantillons de leur savoir.

75. Non loin de la *porte fleurie de l'occident* (18) de la *Ville sainte*, se trouve un édifice qui contient une imprimerie à caractères mobiles (*). Ce fut l'empereur *Khang-hi* qui le premier fit fondre en cuivre des caractères chinois mobiles pour l'impression des livres. On imprima ainsi sous son règne une collection de livres anciens et modernes qui formaient en tout 10,000 cahiers ou volumes chinois. Cette collection se partageait en deux divisions, regardées comme composant une encyclopédie, et chaque division se partageait encore en un certain nombre de chapitres : ce qui formait en tout 6,109 chapitres et 520 volumes, et deux autres volumes d'introduction. Plus de la moitié de ces caractères mobiles ont été détruits. En 1773, on fut obligé d'en graver en bois, pour les suppléer, et c'est avec ces caractères en bois que l'on a réimprimé toute la collection. Cette édition est appelée *Tsiu-tchin*.

(76. *Tchao-sian-miao*.) Temple où l'on sacrifie au dieu de la foudre, et dont la façade est tournée au sud. Il fut construit aux frais du trésor en 1732.

PARTIE OCCIDENTALE. Dans cette partie de la ville impériale le lieu le plus remarquable est le *jardin de l'ouest* (*Si-youan*). Il s'étend du côté occidental de la forteresse, dans toute la longueur de la ville impériale, et il fut établi sous la dynastie des *Kin*. Celles des Mongols et des *Ming* qui lui succédèrent (1260-1573) l'embellirent. Du temps des *Kin*, ce jardin n'était qu'une dépendance du palais *Li-koung*. Les souverains de la dynastie des *Ming* transportèrent leur palais plus à l'est.

Les choses qui, dans ce jardin, attirent plus particulièrement l'attention, sont :

(77. *Thai-i-tchi*.) *Grand lac* qui se trouve au centre même du jardin. Il s'appelait autrefois lac de l'ouest, lac d'or. Ce lac est coupé par des chaînes de fer attachées à des pieux, et un pont de marbre favorise la communication d'une rive à l'autre. Sur les rives les plus éloignées de ce lac s'élèvent en groupes des ormes touffus, des tilleuls et d'antiques *hoai* ou arbres du genre des *acacias*, et au sein de leur sombre verdure brillent les toits élevés des temples, des hôtels et des pavillons. Pendant les jours du solstice et de la canicule, le lac se couvre de fleurs de châtaigniers d'eau (*tribulus*) et de nénuphar, dont le parfum se répand dans tout le jardin. En un mot, la variété infinie des sites que présente ce lac de tous les côtés en fait un des lieux les plus enchanteurs qui soient au monde.

(78. *Ing-thaï*.) Jardin particulier sur le bord oriental de la partie sud du lac. Il y a là une salle du trône à cinq entre-colonnements,

(*) *Wou-ing-tian-ho-tseu-pan-tchou*.

et à l'extrémité d'une chaussée de pierre une quantité d'édifices que l'on nomme *Ing-thai*, entourés d'eau de trois côtés. Là, des rocs élevés transportés de main d'homme égalent en hauteur les plus hauts arbres, dont la plupart, lorsqu'ils sont en fleur, parfument au loin les airs; les bois sont disposés par la nature même de la façon la plus pittoresque. L'empereur se rend souvent en ce lieu pour s'occuper d'affaires ou pour s'y livrer au repos.

(79. *Tseu-kouang-ke.*) Édifice construit sur la rive occidentale du lac et entouré d'un grand nombre d'autres bâtiments. L'empereur s'y rend pour voir s'exercer à cheval les *licenciés militaires* au tir de l'arc; et le jour du nouvel an, il y régale les étrangers des mets de sa table. C'est dans cet édifice qu'en 1761, après la conquête de la *Dzoungarie* et du *Tourkestan* oriental, on admit les portraits de cent généraux et officiers dont la moitié s'étaient distingués par des faits d'armes glorieux, et dont l'autre moitié ayant déployé une activité extraordinaire dans l'exécution des différents ordres, contribuèrent particulièrement au succès des armées. De plus, on a suspendu aux murailles des tableaux représentant sous différents aspects les batailles de l'armée de l'ouest en 1776. Après la fin de la guerre, les plus habiles peintres d'entre les missionnaires européens firent encore les portraits de cent généraux et officiers, dont cinquante avaient brillé par d'éclatants faits d'armes et cinquante par d'actifs et importants services.

(80. *Tsiao-youan.*) *Jardin des bananiers* sur la rive orientale du lac moyen au nord, près du pont de marbre. Il ne reste plus de ce jardin que la partie inférieure. Cet endroit est couvert d'arbres fruitiers et d'arbustes odoriférants. Parmi les bâtiments qui l'environnent on remarque un pavillon qui passe pour l'une des huit beautés de la capitale, et qui se nomme le *pavillon du petit vent d'automne*. Ce pavillon ou plutôt les quatre parties dont il se compose sont entourées d'eau, tant en dedans qu'en dehors. En été la surface de ces eaux est couverte comme d'un tapis de nénuphar et de châtaigniers d'eau. Quelquefois l'empereur dans ses moments de loisir vient s'y promener en bateau, et en hiver il s'y rend pour voir patiner les soldats, qu'il récompense selon le degré d'habileté qu'ils ont déployée. Il y a même en hiver un jour désigné pour cet exercice (*).

(*) Voyez pl. 10. Cette planche est tirée du *Voyage à Pé-king* de M. Deguignes fils. Voici comment il raconte la scène de l'exercice du patin dont il fut témoin : « Ramenés dans le jardin où était l'empereur, nous y trouvâmes beaucoup de personnes, mais toutes appartenant au palais. Les rangs « étaient confondus ; mandarins, coulis, esclaves, « tous se poussaient à l'envi pour nous considérer. « Nous vîmes pour la première fois des Chinois patiner ; ils s'en acquittent fort bien, mais leurs patins « ne valent pas ceux d'Europe, et le fer étant trop

(81. *Kin-ao-iu-toung.*) Pont en marbre blanc construit sur le lac, ayant seize pieds de largeur et environ deux cents pas de longueur. Il a neuf arches et est bordé de garde-fous également en marbre. À chaque entrée de ce pont s'élève une porte triomphale dont les forts battants en bois sont peints en cinabre.

(82. *Tching-kouang-tian.*) Salle du trône située près de ce même pont. Elle est entourée d'une haute muraille circulaire à créneaux, et au-dessus de laquelle elle s'élève en forme de coupole, comme pour figurer la voûte céleste. On dit que du temps des *Kin* (de 1123 à 1260) il se trouvait en ce lieu trois cèdres blancs; il n'en reste plus qu'un aujourd'hui; il est très-haut et ses branches sont très-étendues.

(83. *Young-'an-sse.*) Monastère du repos éternel. Il est situé au sommet d'une île co-

« en dessous du talon, ils ont de la peine à s'arrêter.
« La forme et la monture du patin est à peu près la
« même que la nôtre, excepté que le fer se trouvant
« carrément à l'avant. L'épaisseur du fer est d'une
« ligne, et la largeur, de six à sept ; il est mal trempé. On attache fortement ces patins au pied et à
« la jambe avec des rubans : ce sont les Russes qui
« les ont introduits il y a environ cent ans. Les soldats de l'empereur peuvent seuls patiner ; nous
« n'avons jamais vu d'autres Chinois le faire.
« Nos mandarins, sachant que les Hollandais savaient patiner, invitèrent l'ambassadeur à le faire ;
« il s'en excusa ; MM. Van-Braam le jeune et Bozy
« seulement coururent pendant quelque temps sur
« la glace.
« Durant ce spectacle, nous étions entourés des
« principaux seigneurs de la cour, assis sur des
« traîneaux, ou plutôt sur des rivières couvertes de
« peaux ; l'un d'eux était jeune et fort bien de figure ; des mandarins à boutons bleu clair et à
« plumes de paon s'empressaient autour de lui et
« dirigeaient même son traîneau ; mais trois coups
« de boîte ayant annoncé l'empereur, il se leva avec
« précipitation et se retira à pied.
« S. M. étant entrée dans un palanquin de couleur
« jaune, supporté par deux grands dragons dorés,
« on la fit avancer sur la glace. Plusieurs mandarins ayant le bouton rouge et la plume de paon
« entouraient sa chaise, et beaucoup d'autres se tenaient un peu en arrière sur les côtés. Ils avaient
« tous des habits de pelleteries, le poil tourné en
« dehors. Nous étions debout, comme tout le monde,
« ayant le chapeau sur la tête. On commença par
« jeter une grosse boule blanche garnie d'une poignée en bois, que des Chinois habillés de jaune
« reçurent pour se la jeter entre eux. Les patineurs
« s'avancèrent ensuite ; l'un d'eux, qui venait rapidement, ayant été retenu par un des assistants,
« ils tombèrent tous les deux, ainsi que ceux qui
« le suivaient. »
Le second de l'ambassade hollandaise (qu'accompagnait M. Deguignes) donne plus de détails, dans la relation de son voyage (2 vol. in-4°, avec planches, Philadelphie, 1797), sur l'exercice décrit ci-dessus:
« Alors on vit venir, deux à deux, des soldats qui
« couraient en tenant un arc et une flèche, et qui,
« en passant par la porte, tiraient, l'un sur la boule
« de cuir et l'autre sur une espèce de chapeau de
« la même substance, qui était posé sur la glace, à
« une petite distance de la porte. Ils furent suivis par
« une troupe de jeunes garçons et d'enfants armés
« également d'un arc et d'une flèche, dont ils firent
« le même usage que les soldats. L'ordre accompagna cet exercice, et presque tous furent assez
« adroits pour toucher le but, quoiqu'ils marchant
« très-vite et en se dessinant comme les tireurs
« d'arc à l'européenne. Les enfants surtout montrèrent une grande dextérité. »

nique offrant partout à la vue les pierres admirables de la montagne *Keng-yeou* que fit élever la dynastie des *Soung*, dans la ville nommée aujourd'hui *Kaï-foung-fou*, de la province du *Ho-nan*. Les matériaux de cette montagne furent transportés par terre à *Péking* sous la dynastie des *Kin*. Cette île est placée au nombre des huit beautés de *Péking* sous la dénomination de *Ombrages printaniers de l'île de marbre*. Elle offre l'aspect d'une colline en pente douce, couverte de bosquets, d'édifices somptueux, de temples nombreux et de pavillons élégants ; le sommet est couronné par un obélisque blanc appelé *paï-tha*, appellation propre aux monastères bouddhiques. Sous la dynastie mongole (1260-1341), à la hauteur moyenne de la montagne étaient trois salles du trône, et sur le sommet une quatrième plus vaste que les autres. On contemplait de là les vues admirables que ce jardin présente sur tous les points et sous tous les aspects. La dynastie actuelle a changé l'ancien nom de l'île en y fondant un monastère pour les *Lamas* ou prêtres bouddhistes du Thibet, et à la place de l'ancienne et vaste salle du trône elle a érigé le *saint obélisque* ou la *sainte tour*, la *sainte pyramide*, avec cinq mâts pour hisser les drapeaux, le premier et le quinze de chaque mois. L'obélisque et les bâtiments du monastère bouddhique ont été érigés en 1651 et réparés à neuf en 1679. Le couvent a été restauré de nouveau en 1745, et c'est à cette dernière époque qu'on lui a donné le nom qu'il porte aujourd'hui.

(84. *Sian-thsan-than.*) *Temple consacré à l'inventeur de la soie.* Ce temple est situé à l'angle nord-est du jardin de l'ouest, et il fut fondé en 1742. Près de ce temple est un autel de forme quadrangulaire, la façade tournée au sud. Cet autel a quarante pieds de diamètre et quatre pieds de haut. Sur le devant est un perron avec quatre rampes, chacune de neuf marches. Au bas, du côté nord-ouest, est la fosse aux victimes. Au sud-est est le temple dédié à l'inventeur de la soie, la façade tournée à l'ouest. Cette façade a trois entre-colonnements. Les portes de ce temple sont peintes en cinabre, et le toit est couvert de tuiles vertes ; le soubassement est élevé. A l'est de l'autel se trouve une terrasse carrée destinée à la récolte des feuilles de mûrier, ayant trente-deux pieds de diamètre et quatre pieds de hauteur. Devant cette terrasse est un jardin tout planté de mûriers, et derrière est un palais destiné à renfermer les instruments relatifs à la culture de la soie, et des costumes. Il est formé de cinq entre-colonnements, ayant sa façade exposée au sud, avec un perron à trois rampes, chacune de cinq marches. Les deux palais latéraux ont trois entre-colonnements chacun ; celui qui se trouve derrière en a cinq, et les palais situés à l'est et à l'ouest ont chacun trois entre-colonnements ; tous sont couverts de tuiles jaunes vernissées. C'est dans ce lieu qu'on offre tous les ans un sacrifice, le premier jour du dernier mois du printemps (avril). L'impératrice régnante vient en personne accomplir cette cérémonie, ou bien elle se fait représenter par une des femmes du souverain. Le bâtiment où l'on conserve et où l'on fait éclore les vers à soie est exposé au sud ; il a vingt-sept entre-colonnements. La muraille qui environne l'autel a seize cents pieds de tour.

(85. *Ou-loung-ting.*) *Les cinq pavillons des dragons*, situés à l'extrémité nord du lac. Ils sont construits dans l'eau en ligne directe de l'est à l'ouest. Chacun d'eux a un nom particulier, outre leur dénomination commune. Ils ont été construits en 1460.

(86. *Tchang-fou-sse.*) Monastère à l'angle nord-ouest du lac et des cinq pavillons des dragons. Derrière ce couvent sont encore quelques édifices.

(87. *Si-thian-fan-tsing-tchang.*) *Monastère renfermant les livres sacrés du Thibet*, et situé à l'angle nord-est du lac.

(88. *Thian-tchou-thang.*) *Temple du Seigneur du ciel*, ayant appartenu aux missionnaires français. Il y avait près de ce temple une verrerie qui en dépendait ; elle n'existe plus depuis longtemps (*). L'église est surmontée de la croix.

(89. *Si'an-men.*) *Porte du repos occidental*, à l'ouest de la ville impériale.

(90. *Ti'an-men.*) Porte du nord de la même enceinte.

III. NEÏ-TCHING. — VILLE INTÉRIEURE.

Cette partie de *Péking* (**) est la ville proprement dite ; elle renferme trois cent quatre-vingt-quatre grandes rues et vingt-neuf petites. Les grandes rues ont généralement vingt-quatre pas de largeur, et les petites douze. Cette ville, qui présente la forme d'un carré régulier, comme presque toutes les villes chinoises, est entourée d'une enceinte continue, construite en briques dites de ville, et composée de deux murs parallèles en talus, dont l'intervalle est rempli par de la terre glaise comprimée. Du côté extérieur cette muraille a des bastions saillants, distants l'un de l'autre d'une portée de fusil. Ces bastions sont quadrangulaires ; ils ont environ soixante pieds de diamètre, et s'élèvent à la même hauteur que le mur. Sur la plate-forme de chaque bastion sont des corps de garde pour les sentinelles. Les portes d'entrée de la ville ne sont autre chose qu'un passage voûté percé dans l'épaisseur de la muraille. Les panneaux de ces portes sont recouverts de madriers épais doublés à l'extérieur de plaques de fer. Au-dessus des

---

(*) Le P. Hyacinthe remarque à ce sujet qu'il ne se trouve plus un seul missionnaire français dans ce monastère : il n'y a qu'un franciscain portugais chargé de veiller à l'entretien des bâtiments.

(**) Voyez le plan, planche 1.

portes, sur la muraille, on a construit [des tours, qui consistent en un édifice ayant la forme d'un parallélogramme à deux ou à trois étages, avec un toit double ou triple (*). L'aspect du dehors et la forme intérieure de ces tours sont complétement en harmonie avec les règles observées dans la construction des autres bâtiments. Les portes du côté extérieur sont entourées d'un petit fort semi-circulaire, qui a la même hauteur que les murailles. Les tours qui s'élèvent sur ce fort ont, de trois côtés, plusieurs étages d'embrasures pour des bouches à feu. Il existe des tours semblables aux angles des murs de ville, mais sans porte inférieure ; ces dernières ont, sur le toit, un enfoncement dans lequel on allume soit un fanal, soit des feux servant de signaux.

PARTIE ORIENTALE. C'est dans cette partie de la ville que sont les divisions mantchoue, mongole et chinoise de la bannière bleue et de la bannière blanche à bordure. En voici les lieux les plus remarquables :

(91. *Tching-yang-men.*) *Porte tournée directement au sud*, appelée aussi *porte qui précède* (*Thsian-men*). Il existe trois passages dans les fortifications en demi-lune de cette porte. L'empereur seul a le droit de passer par celui du sud pour aller offrir des sacrifices ; le peuple sort par les deux autres passages, l'un à l'est, l'autre à l'ouest.

(92. *Khi-phan-khiai*.) *Grande place* toute pavée en briques de ville, entourée d'une palissade en pierre ; du côté de l'est et du côté de l'ouest s'étendent deux longs bâtiments qui sont devenus des séries de boutiques.

Au nord-est de cette place se trouvent les édifices consacrés aux différents ministères qui gouvernent les affaires de l'empire, dans l'ordre suivant (ils ont tous la façade tournée à l'ouest) :

93. *Tsoung-jin-fou.*) *Régence des princes.* Cette haute cour se compose d'un président et de deux conseillers, tous trois princes du sang. Les copistes sont presque tous Chinois de naissance. Les princes du sang ne sont justiciables que de ce seul tribunal, ne pouvant être jugés que par leurs pairs.

(94. *Li-pou.*) *Cour des comptes ou des offices.* Cette cour a deux présidents et quatre conseillers, moitié Mantchoux, moitié Chinois de naissance (**). Ce ministère a quatre bureaux ; il a pour attributions de régler les rites et les cérémonies, et d'or-

donnancer les nominations des employés ou fonctionnaires de l'État désignés par l'empereur.

(95. *Hou-pou.*) *Ministère des finances.* Il est composé de six membres et de quatorze bureaux ; il a, dans sa compétence, outre tout ce qui tient à la perception des impôts et aux dépenses de l'État, tous les procès concernant la possession des terres.

(96. *Li-pou.*) *Ministère des rites.* Il est composé de quatre bureaux. C'est ce ministère qui règle les cérémonies, etc.

(97. *Ping-pou.*) *Ministère de la guerre.* Il est composé de quatre bureaux. Sa juridiction s'étend sur toutes les affaires militaires, à l'exception des accusations capitales. Il a aussi dans ses attributions le service de la poste de l'intérieur, la délivrance des feuilles de route et le transport des prisonniers.

(98. *Koung-pou.*) *Ministère des travaux publics.* Il est divisé en quatre départements ; il règle tous les travaux qui se font dans l'empire aux frais du trésor, excepté ceux dont se charge le cabinet.

(99. *Houng-lou-sse.*) *Comité chargé du cérémonial de la cour.*

(100. *Khin-thian-kian.*) *Tribunal astronomique.* Il a deux présidents (l'un mantchou, l'autre européen) ; deux premiers membres assistants, l'un mantchou, l'autre chinois, et deux autres membres inférieurs, tous deux européens. Ce tribunal s'occupe de tout ce qui a rapport à l'astronomie. Il dirige l'observatoire et rédige diverses sortes de calendriers.

(101. *Thaï-i-youan.*) *Académie de médecine.* Cette académie a un président et deux vice-présidents ; les membres se composent de plusieurs médecins de la cour, de professeurs et d'autres fonctionnaires. A gauche de la salle d'audience est un temple dédié aux inventeurs de la médecine. On y révère les images sacrées des trois premiers empereurs. Outre ce temple, il en existe encore un autre dédié au prince *Yo-wang*, c'est-à-dire *Prince de la médecine* ; on y sacrifie au printemps et en automne. Dans le temple des trois empereurs est un livre de médecine, nommé en chinois *Tchen-chi-king*, et qui est gravé sur une pierre.

(102. *Hoeï-thoung-kouan.*) *Hôtel de la mission russe.*

(103. *Kao-li-kouan.*) *Hôtel des Coréens.* C'est dans cette enceinte que résident les habitants de la Corée qui viennent tous les ans payer le tribut de leur nation à la cour de la Chine.

(104. *Hoeï-thoung-kouan.*) *Hôtel ou plutôt Enceinte des Mongols.* C'est là que les Mongols du sud, qui arrivent à *Pé-king*, séjournent l'hiver sous leurs yourtes ou tentes.

(105. *Yu-ho-khiao.*) *Pont sur le canal de transport.*

(*) Voyez pl. II. Les toits inférieurs ne sont autre chose que des rebords qui, solidement liés au corps principal de l'édifice, forment un assez large pourtour couvert. La pl. IX, tirée de l'ambassade de lord Macartney, représente une des portes occidentales de cette partie de Pé-king.

(**) Dans les autres ministères ou tribunaux on trouve ce même nombre de membres et ce même partage égal de l'autorité entre les Chinois et les Mantchoux.

(106. *Tchan-chi-fou.*) Régence de l'héritier du trône.

(107. *Sou-thsing-wang-fou.*) Palais du prince *Sou-thsing* avec un grand et beau jardin.

(108. *Han-lin-youan.*) Académie impériale des *Han-lin*. C'est le nom que l'on donne en Chine aux lettrés de premier ordre, qui forment un corps des plus savants docteurs ès-lettres de l'empire. Ces mots *Han-lin* signifient en chinois *forêt de pinceaux*, par allusion au grand nombre de lettrés qui composent cette académie, et dont la principale occupation est de manier *le pinceau*, et non pas, comme on pourrait le croire, pour couvrir des toiles de leurs peintures; mais pour composer ou compiler des livres; car c'est avec *le pinceau* que l'on écrit en Chine.

Cette académie politique et littéraire fut instituée par l'empereur *Hiouan-tsoung*, de la dynastie des *Thang*, dans le commencement du septième siècle de notre ère. Elle fut composée d'abord de *quarante* membres choisis parmi les plus habiles docteurs ou lettrés de l'empire, dans le but de présider à la renaissance et au développement des études littéraires et à entretenir les saines doctrines.

C'est parmi les membres de l'académie des *Han-lin* que sont choisis les historiographes de l'empire chargés de transmettre à la postérité tous les faits contemporains, les censeurs impériaux, dont la personne est sacrée, et qui ont droit de remontrance dans tous les temps et dans tous les lieux, aussi bien à l'égard de l'empereur que du dernier de ses sujets. Tous les travaux nationaux sont dirigés par les membres de cette académie, qui exerce une grande influence dans le gouvernement de l'État. Tous ceux qui en font partie appartiennent au second des neuf rangs de fonctionnaires qui existent en Chine : ce qui prouve assez la haute considération dont ils jouissent (*).

(*) On voit que le corps des *Han-lin*, véritable Institut impérial de la Chine, tient un des premiers rangs dans l'empire. L'une de ses nombreuses attributions est la révision, la correction et la publication d'ouvrages importants sur toutes les matières que les empereurs ordonnent de temps à autre de publier. L'une des plus importantes publications de ce corps de lettrés est la grande collection d'ouvrages choisis sur différents sujets, appelés *Sse-Khou, les quatre magasins* (voyez précédemment, p. 14, la notice qui en a été donnée). Une autre publication de la même académie est une compilation de morceaux choisis dans tous les livres, qui y sont abrégés de deux tiers. Treize ans ont été employés à arranger et à copier tous ces livres. Cette collection complète renferme 5,460 ouvrages en 78,831 volumes ou cahiers chinois. Toutes les publications faites par ce corps célèbre sont revues avec une attention si scrupuleuse, on mesure si peu le temps qu'on y met, tant de savants concourent à les perfectionner, qu'il est presque impossible qu'il s'y glisse des fautes ou des méprises. Ce corps ne tient à aucun système ni à aucune opinion, et, à moins que le gouvernement n'opprime sa liberté, ce qui n'ar-

(109. *Li-fan-youan.*) Chambre ou ministère des relations extérieures. Le président, deux vice-présidents et tous les employés sont Mantchoux et Mongols, à l'exclusion des Chinois. On y traite les affaires qui ont rapport à la Mongolie, à la Dzoungarie, au Turkestan, au Thibet, au Kokonoor, et à toutes les autres possessions étrangères du nord-ouest de la Chine.

(110. *Thang-tseu.*) Temple bouddhique, où l'on va honorer les aïeux de la dynastie tartare qui gouverne aujourd'hui la Chine.

La porte extérieure est au nord, la porte intérieure est tournée à l'ouest. Au milieu de la seconde cour est un temple où l'on offre des sacrifices aux mânes. Ce temple n'a que trois entre-colonnements dans sa largeur; on n'y voit aucune sorte d'ornements, ni au dedans, ni au dehors. Seulement, près de la paroi intérieure, on remarque une longue table servant à déposer les offrandes, et au-dessus de cette table, descend un rideau de soie près du mur. A quelque distance de ce temple, au sud, est un petit temple circulaire, offrant l'aspect d'un pavillon rond, où l'on adore le ciel. Ce temple, du côté de la rue, est entouré de cyprès.

(111. *Tchao-tchoung-thseu.*) Temple des hommes qui se sont couverts de gloire par leur dévouement. Il fut fondé en 1724. On y immole des victimes en l'honneur des princes, des grands et des simples fonctionnaires, appartenant à la dynastie actuelle, et qui ont fait preuve, jusqu'à leur mort, d'un dévouement sans bornes aux divers souverains de cette maison.

rive jamais que dans des temps de trouble et d'anarchie, il entre dans toutes les voies qui peuvent lui faire découvrir la vérité.

Ainsi, chaque année, l'Académie des *Han-lin* publie des livres d'une grande correction, quelquefois des éditions magnifiques d'ouvrages anciens avec des commentaires. Il est rare même que l'empereur régnant ne décore pas d'une préface de sa main les grands ouvrages qui sont complétés ou rédigés par les membres de l'Institut impérial, et dont quelques-uns sont toujours commandés par lui. Tel est le célèbre dictionnaire dit de *Khang-hi*, en 32 vol. chinois, dont la préface, imprimée en *fac-simile* dans toutes les éditions, est de la main même du célèbre empereur contemporain de Louis XIV (voyez la notice qui sera donnée de ce dictionnaire à l'article *Langue et littérature chinoises*). Tel est aussi le grand et magnifique ouvrage historique, en 100 livres, dont l'auteur de cette notice possède un des deux exemplaires connus en Europe, intitulé : *Yu-fing-li-tai-ki-sse-nian-piao*, publié en 1713, avec la préface de l'empereur *Khang-hi* en *fac-simile*, et le nom de tous les *Han-lin* qui ont contribué à sa rédaction.

Tous les ouvrages composés, rédigés ou compilés par ce corps savant sont imprimés aux frais du gouvernement par les presses impériales, souvent avec une grande magnificence, toujours avec une grande correction. L'empereur les distribue en présents aux ministres, aux princes, aux grands de l'empire, aux présidents des tribunaux, aux gouverneurs de province, aux plus célèbres lettrés. Parmi les livres chinois de la Bibliothèque royale de Paris, il en est qui ont été donnés par l'empereur *Khang-hi* lui-même aux missionnaires français pour recevoir cette destination. (Voyez *Lettres du P. de Fontaney à M. Thevenot*, 1693.)

(112. *Yu-thsin-wang-fou.*) Palais du prince *Yu-thsin.*

(113. *Tchoung-wen-men.*) Porte méridionale vers l'est de la ville intérieure.

(114. *Phao-tseu-ho.*) Lac situé à l'angle sud-est de la ville, près du mur d'enceinte. Il est environné de *hoaï* et de saules pleureurs.

(115. *Kouan-siang-thaï.*) Tour de l'Observatoire. Cet édifice fut fondé en 1279 par le premier empereur mongol qui régna en Chine. (Voy. t. 1, p. 350.) Dans l'enceinte des bâtiments de l'Observatoire est la salle du trône, où se trouvaient autrefois tous les instruments de mathématiques, rassemblés sous la dynastie mongole par l'astronome *Ko-cheou-tsing* (t. 1, p. 363). Sous la dynastie actuelle (en 1673), comme les anciens instruments n'étaient déjà plus en état de servir, il en a été fait six nouveaux par ordre du gouvernement. On observe tous les jours et en toutes saisons le cours des astres et les météores célestes à l'Observatoire de *Pé-king* (*).

(116. *Koung-youan.*) Collége des examens. Outre les employés, les inspecteurs et

---

(*) Notre pl. XII offre une vue de cet Observatoire. Voici comment le P. Lecomte, à la fin du dix-septième siècle, décrit, dans ses *Mémoires*, l'observatoire de *Pé-king*, dont il a aussi donné une vue :

« Après être entrés dans une cour d'une médiocre grandeur, on nous montra un petit corps de logis ou demeurent ceux à qui on a confié la garde de l'Observatoire. A droite, en entrant, on monte par un escalier fort étroit sur une tour carrée, semblable à celles dont nous avions coutume de fortifier autrefois les murailles de nos villes. Elle est, en effet, attenante en dedans aux murs de Pé-king, et élevée seulement au-dessus du rempart de dix ou douze pieds. C'est sur la plate-forme de cette tour que les astronomes chinois avaient placé leurs machines qui, quoiqu'en assez petit nombre, en occupaient tout l'espace ; mais le P. Verbiest, directeur de l'Observatoire, les ayant jugées inutiles pour les observations astronomiques, persuada à l'empereur de les retirer, pour faire place à plusieurs instruments de sa façon. Ces machines, mises de côté par l'astronome européen, sont encore dans une salle qui joint la tour, ensevelies dans la poussière et dans l'oubli, nous ne les vîmes qu'au travers d'une fenêtre grillée ; elles nous parurent fort grandes et bien fondues, d'une forme approchant de nos anneaux astronomiques : c'est tout ce que nous pûmes en découvrir. On avait néanmoins jeté dans une cour écartée un globe celeste de bronze, de trois pieds environ de diamètre ; nous le vîmes de plus près ; sa forme était un peu ovale, les divisions peu exactes, et tout l'ouvrage assez grossier.

« On a, tout auprès, dans une salle basse, pratiqué un gnomon. La fente par où passent les rayons du soleil, élevée environ de huit pieds, est horizontale et formée de deux pièces de cuivre soutenues en l'air, qui peuvent, en tournant, s'approcher ou s'éloigner l'une de l'autre, pour agrandir ou rétrécir l'ouverture. Plus bas est une table garnie de bronze, dans le milieu et sur la longueur de laquelle on a tracé une ligne méridionale de quinze pieds, divisée par des lignes transversales, qui ne sont ni finies ni fort exactes. Tout autour de la table, on a creusé de petits canaux pour recevoir l'eau qui sert à la mettre de niveau : c'est, en matière d'ouvrage chinois, ce que j'ai vu de moins mauvais, et qui pourrait être de quelque usage entre les mains d'un bon observateur ; mais je doute fort que les Chinois sachent prendre toutes les précautions qui sont nécessaires pour s'en bien servir.

« Cet Observatoire, peu considérable par les anciennes machines, beaucoup moins encore par sa situation, par sa figure et par le bâtiment, est, à présent, enrichi de plusieurs instruments de bronze que le P. Verbiest y a placés. Ils sont grands, bien fondus, ornés partout de figures de dragons, très-bien disposés pour l'usage qu'on en doit faire ; et la finesse des divisions répondait au reste de l'ouvrage, et qu'au lieu de pinnules, on y appliquât des lunettes, selon la nouvelle méthode de l'Académie royale, nous n'aurions rien en cette matière qui leur pût être comparé. Mais quelque soin que ce Père ait pris de faire diviser exactement les cercles, l'ouvrier chinois, ou s'est beaucoup négligé, ou n'a pu suivre fidèlement ce qu'on lui avait marqué ; de sorte que je compterais plus sur un quart de cercle de la façon de nos bons ouvriers de Paris, qui n'aurait qu'un pied et demi de rayon, que sur celui de six pieds qui est à la tour.

« Peut-être qu'on sera bien aise d'en voir tout d'un coup la disposition dans une figure. Le dessin que j'en ai fait est très-conforme à l'original ; et même, bien loin que la gravure le flatte, comme il arrive presque toujours en matière de portraits et de taille-douce, je puis dire qu'elle n'en exprime pas toute la beauté.

« En voici la description :

« 1° *Sphère armillaire zodiacale de six pieds de diamètre.*

« Cette sphère porte sur quatre têtes de dragons, dont les corps, après divers replis, s'arrêtent aux extrémités de deux poutres d'airain mises en croix, afin de soutenir tout le poids de la machine. Ces dragons, qu'on a choisis parmi les autres animaux, parce qu'ils composent les armes de l'empereur, sont representés selon les idées que les Chinois s'en forment, enveloppés de nuages, couverts, au-dessus des cornes, d'une longue chevelure, portant une barbe touffue sous la machoire inférieure, les yeux allumés, les dents longues et aiguës, la gueule béante et vomissant toujours un torrent de flammes. Quatre lionceaux de même matière sont chargés des extrémités des poutres, dont les têtes se haussent ou se baissent, selon l'usage qu'on en veut faire, par le moyen des vis qui y sont engagées. Les cercles sont divisés sur leurs surfaces extérieure et intérieure en 360 degrés ; chaque degré en 60 minutes par des lignes transversales, et les minutes de dix en dix secondes par le moyen des pinnules qu'on y applique.

« 2° *Sphère équinoxiale de six pieds de diamètre.*

« Cette sphère est soutenue par un dragon qui la porte sur son dos courbé en arc, dont les quatre griffes, qui s'étendent en quatre endroits opposés, saisissent les extrémités du piédestal, formé, comme le précédent, par deux poutres croisées à angles droits et terminées par quatre petits lions, qui servent à le mettre de niveau. Le dessin en est grand et bien exécuté.

« 3° *Horizon azimutal de six pieds de diamètre.*

« Cet instrument, qui sert à prendre les azimuts, n'est composé que d'un large cercle posé de niveau dans toute sa surface. La double alidade, qui en fait le diamètre, court tout le limbe, selon les degrés de l'horizon qu'on y veut marquer, et emporte avec soi un triangle *filaire*, dont le sommet passe dans la tête d'un arbre élevé perpendiculairement sur le centre du même horizon. Quatre dragons repliés courbent leur tête sous le limbe inférieur de ce grand cercle pour l'affermir. Deux autres, entortillés autour de deux petites colonnes, s'élèvent en l'air, chacun de son côté, presque en demi-cercle, jusqu'à l'arbre du milieu, où ils s'élèvent inébranlablement, afin de rendre le triangle tout à fait immobile.

« 4° *Grand quart de cercle de six pieds de rayon.*

« Cette portion de cercle est divisée de dix en dix secondes. Le plomb qui marque sa situation verticale pèse une livre, et pend du centre par le moyen d'un fil de cuivre très-délicat. L'alidade est mobile et coule aisément sur le limbe. Un dragon replié et entouré de nuages va de toutes parts saisir les bandes de l'instrument, de peur qu'elles ne sortent de leur plan commun. Tout le corps du quart de cercle est en l'air, traversé par le centre d'un arbre immobile, autour duquel il tourne vers les parties du ciel qu'on veut observer ; et parce que sa pesan-

les valets, ce collège contient plus de dix mille individus qui viennent y subir des examens à l'effet d'obtenir le grade de *Docteur*.

(117. *Sian-liang-thseu*.) *Temple* élevé en l'honneur d'hommes illustres.

118. Palais d'un prince du sang.

(119. *Thoung-thang*.) Temple de l'est qui appartenait aux missionnaires portugais, et que le gouvernement chinois a acheté pour le démolir.

(120. *Teng-chi*.) *Marché aux lanternes*. C'est le nom d'une grande rue, originairement le premier lieu de divertissement de *Pé-king*. Des deux côtés s'élevaient des boutiques remplies d'objets précieux. Sous la dynastie des *Soung*, le Marché aux lanternes s'ouvrait dès le neuvième mois de l'année; mais aujourd'hui ce n'est que la veille ou la surveille du nouvel an.

(121. *Lou-mi-thsang*.) *Magasin des blés de la couronne*, au nord-est de la porte du *Repos oriental*.

Les lieux les plus remarquables, dans cette partie de *Pé-king*, sont :

(122. *Toung-sse-phai-leou*.) *Quadruple porte triomphale*, située à l'endroit où deux grandes rues se coupent à angle droit.

(123. *Loung-fou-sse*.) *Monastère du dragon* ; bâti à grands frais en 1452. Les terrasses de cet édifice sont pavées et bordées de balustres de marbre, apportés des pavillons qui existaient dans les dépendances du palais méridional. Il appartient aux *Lamas* de la Mongolie.

124. Palais d'un prince du sang.

125. Autre palais d'un prince du sang.

(126. *Tchao-yang-men*.) *Porte méridionale vers l'est*. Plus loin au nord on trouve :

(127. Quatre magasins au blé formant un grand et vaste parallélogramme.

128. Autres magasins au blé.

(129. *Toung-tchi-men*.) Porte de la ville à l'est, près de l'angle nord-est du mur d'enceinte.

(130. *Pei-thang*.) *Église russe de l'Assomption*. C'est un ancien petit monastère chinois qui fut donné aux Russes quand ils vinrent à *Pé-king*, des bords de l'Amour. Elle a quatre entre-colonnements.

131. Palais du quatrième prince avec un vaste jardin.

(132. *Fan-thsing-kouan*.) *Imprimerie thibétaine*. On y traduit et on y imprime les livres en langue thibétaine, mongole, mantchoue et chinoise.

(133. *Young-ho-koung*.) *Monastère des Tangoutains* (*). C'était autrefois le palais où demeurait l'empereur *Young-tching*, avant son avènement au trône. Cet édifice mérite d'être regardé, par son étendue et par la magnificence des bâtiments qui le composent, comme le premier couvent de *Pé-king*. Il renferme dans son enceinte un palais où l'on reçoit l'empereur.

(134. *Ko-hio*.) *École impériale*. C'est un temple fondé en l'honneur du philosophe Khoung-tseu. On le nomme encore *Temple de la littérature* (*Wen-miao*).

(135. *Ko-tseu-kian*.) *Université*. Parmi les bâtiments qu'elle possède, on remarque un palais construit en 1785, entouré, sur ses quatre côtés, d'un large fossé sur lequel sont jetés quatre ponts. Devant la façade sont deux pavillons renfermant chacun un monument en pierre. Au premier jour de la seconde lune, l'empereur visite l'École impériale précédente,

---

5° *Sextant dont le rayon est environ de huit pieds.*

« Cette figure représente la sixième partie d'un grand cercle porté sur un arbre, dont la base forme une espèce de large bassin vidé, qui est affermi par des drageons et traversé dans le milieu d'une colonne de bronze, sur l'extrémité de laquelle on a engagé une machine propre à faciliter par ses rouës le mouvement de l'instrument. C'est sur cette machine que porte, par son milieu, une petite traverse de cuivre qui représente un des rayons du sextant et qui y tient immobilement attaché. Sa partie supérieure est terminée par un gros cylindre, c'est le centre autour duquel tourne l'alidade ; l'inférieure s'étend environ d'une coudée au delà du limbe, pour donner prise à la *moufle* qui sert à l'élever ou à l'abaisser, selon l'usage qu'on en veut faire. Ces grandes et lourdes machines sont ordinairement difficiles à mouvoir, et servent plutôt d'ornements sur les plates-formes des observatoires que d'instruments pour les observateurs.

6° *Globe céleste de six pieds de diamètre.*

« Voici, à mon sens, ce qu'il y a de plus beau et de mieux exécuté parmi les instruments dont je parle. Le corps du globe est de fonte, très-rond et parfaitement uni ; les étoiles bien formées et placées selon leur disposition naturelle, et tous les cercles d'une largeur et d'une épaisseur proportionnée. Au reste, il est si bien suspendu, que la moindre impression le détermine au mouvement circulaire, et qu'un enfant le peut mettre à toute sorte d'élévation, quoiqu'il pèse plus de deux mille livres. Une large base d'airain, formée en cercle et vidée en canal dans tout son contour, porte sur quatre points également distants quatre dragons informes, dont la chevelure hérissée soutient en l'air un horizon magnifique par sa largeur, par la multitude de ses ornements et par la délicatesse de l'ouvrage. Le méridien qui soutient l'axe du globe est appuyé sur des nuages qui sortent du centre de la base, entre lesquels il coule par le moyen de quelques roues cachées, de sorte qu'il emporte avec lui le ciel, pour lui donner l'élévation qu'il demande. Outre cela, l'horizon, les dragons et les pontres de bronze qui se croisent dans le centre du bassin, se meuvent comme on veut, sans faire changer de situation à la base, qui demeure toujours immobile ; ce qui donne la facilité de placer l'horizon de niveau et de lui faire couper le globe précisément par le milieu. Je ne pouvais assez admirer que des gens, éloignés de nous de six mille lieues, eussent pu faire un ouvrage de cette force ; et j'avoue que si tous les cercles qui sont chargés de divisions, avaient été retouchés par nos ouvriers, on ne saurait rien désirer en cette matière de plus parfait. Au reste, toutes ces machines sont environnées de degrés de marbre taillés en amphithéâtre pour la commodité de l'observateur, parce qu'elles ont, la plupart, plus de dix pieds d'élévation. »

(*) Ce terme dérive d'une tribu du Thibet oriental, appelée par les auteurs chinois *Tang-hiang*, puis *Tang-tou*. Le *Tangout* est maintenant nommé *Ho-si*, Occident du fleuve Jaune.

afin de rendre hommage au philosophe Khoung-tseu, et ensuite il se rend au palais de l'*Université* pour expliquer les livres sacrés. Les vieux cyprès que l'on voit en ce lieu ont été plantés par un recteur qui vivait sous la dynastie mongole.

(136. *An-ting-men.*) *Porte du repos et de la tranquillité.*

(137. *Chun-thien-fou.*) *Gouvernement de Chun-thien* ou *Pé-king.*

(138. *Sian-yeou-koung.*) Temple où l'on va offrir des sacrifices en l'honneur de l'étoile polaire.

139. Bâtiment de la police centrale. Cette administration veille au maintien de la tranquillité des habitants et à la propreté de la ville; elle dépend de l'inspecteur des armées chinoises (*Thi-tou*), à la garde duquel sont confiées les neuf clefs de la *Ville intérieure*.

140. Pont où commence le canal *Yu-ho* ou de transport.

(141. *Kou-léou.*) *Tour avec une tymbale*, construite en 1272. Il y avait autrefois sur cette tour une clepsydre du travail le plus délicat et le plus savant. Elle consistait en quatre bassins remplis d'eau, qui coulait de l'un dans l'autre toujours en égale quantité.

Au-dessus de ces bassins, on avait placé un génie qui, par le moyen d'un ressort, apparaissait au moment de marquer les heures. Lorsque les bassins étaient vides, on les remplissait de nouveau, l'hiver avec de l'eau chaude.

(142. *Tchoung-léou.*) *Tour de la cloche.* Elle fut construite en l'année 1410. Brûlée par un incendie, elle fut reconstruite en 1745. Cette tour s'élève à une assez grande hauteur; elle est ouverte à tous les vents. La cloche placée à l'étage supérieur se fait entendre de fort loin.

PARTIE OCCIDENTALE DE LA VILLE INTÉRIEURE.

Les lieux les plus remarquables de cette partie de *Pé-king* sont :

(143. *Tou-tchu-youan.*) *Comité des procureurs* ou *censeurs impériaux*. On y reçoit les requêtes ou suppliques adressées à l'empereur. Chacun des membres de ce comité porte le titre de *Yu-sse*, *Historiographe impérial*. Leur devoir est de signaler à l'empereur tout ce qui se passe de scandaleux, non-seulement dans *Pé-king*, mais dans tout l'empire. Ils ont également le droit de s'enquérir de toute exaction, prévarication, déni de justice, abus et infraction faite aux lois. Ils peuvent siéger en personne dans plusieurs tribunaux et cours de justice, mais uniquement comme inspecteurs, et non comme juges. Ils exercent aussi leur surveillance dans les provinces par leurs agents.

(144. *Hing-pou.*) *Ministère de la justice.* Près de ce bâtiment sont les prisons du nord et du sud.

(145. *Hoei-tseu-yng.*) *Casernes des hommes du Turkestan.* Au centre de ces casernes est une mosquée d'un aspect magnifique. Les casernes ont cent quarante-sept entre-colonnements. Les hommes du Turkestan forment un corps d'artisans appartenant à la cour. Ils furent amenés à *Pé-king*, à la suite de la dernière conquête du Turkestan oriental, faite en 1758.

(146. *Thian-tchou-thang.*) *Monastère catholique du seigneur du ciel*, appartenant aux missionnaires portugais. Il fut fondé en 1600. Cet édifice, tant par son étendue que par sa magnificence, l'emporte sur tous ceux des autres communautés religieuses. L'église, et plus particulièrement la salle de réception, est décorée de belles peintures.

(147. *Siouan-wou-men*). *Porte du sud vers l'ouest.*

(148. *Siang-fang.*) *Demeure des éléphants.* Elle fut construite vers l'an 1500 de notre ère. On y entretint primitivement un nombre considérable d'éléphants, il n'y en a plus aujourd'hui que dix-huit. Ces animaux sont employés dans les cérémonies solennelles où assiste l'empereur. On leur apprend à faire des exercices d'adresse.

149. Palais d'un prince du sang impérial.

(150. *Chouang-tha-sse.*) *Monastère bouddhique*, fondé vers l'an 1200. On y voit deux tours pyramidales, l'une de neuf étages, l'autre de sept. Elles ont été érigées en l'honneur des patriarches lamaïques du Thibet dont les noms y sont inscrits.

(151. *Tou-tching-hoang-miao.*) Un des plus beaux temples de *Pé-king*. Il contient sept monuments en pierre avec des inscriptions qui remontent au temps des Mongols.

(152. *Phou-cheou-sse.*) *Mosquée turque.*

153. Palais d'un prince impérial.

(154. *Feou-tching-men.*) *Porte occidentale de la ville intérieure.*

(155. *Li-taï-li-wang-miao.*) *Temple dédié aux souverains de toutes les dynasties.* Il fut construit en 1522. On y offre des sacrifices à tous les empereurs décédés et aux mânes de tous les hommes illustres. Ce temple a été agrandi sous la dynastie actuelle qui l'a couvert de tuiles jaunes.

(156. *Pé-tha-sse.*) *Monastère de l'Obélisque blanc*, fondé vers 1100. Il a été reconstruit à neuf en 1819(*).

(*) Il y a dans l'enceinte de ce monastère un obélisque, ou plutôt un *sthoupa*, peint en blanc de chaux, qui fut érigé sous la dynastie Liao, pour y conserver des reliques de *Câkya - mouni*, fondateur du bouddhisme de l'Inde. On y déposa vingt grains du *Sarira* ou corps de *bouddha*, deux mille *thsa-thsa* ou petits obélisques d'une matière odoriférante et cinq exemplaires des livres sacrés de *Bouddha*. En 1271, le fameux *Hou-pi-laï* (*Koubilaï-khan*) fit ajouter à ce sthoupa, qu'il avait fait ouvrir, des ornements magnifiques. Toutes les parties formant des angles furent couvertes de jaspe; l'escalier reçut des balustres de marbre, et on ajouta aux parties saillantes du toit des ornements d'un travail et d'un goût exquis; le monument lui-même

(157. *Si-sse-phai-leou.*) *Quadruple porte triomphale.*

(158. *Ai-fan-koung-kouan.*) *Hôtel des étrangers*, ordinairement appelé *Hôtel des quatre régions barbares* (*Sse-i-kouan*). Ce sont les Turks, les Tangutains, les habitants des îles *Lieou-khieou*, les Siamois et autres peuples de l'occident de la Chine arrivant à *Pé-king* pour acquitter le tribut, qui descendent à cet hôtel. On l'arrangea aussi en 1816 pour y recevoir l'ambassade anglaise.

159. Palais d'un prince impérial avec un grand parc.

(160. *Si-tchi-men.*) *Porte occidentale.* Cette porte est remarquable par ses fortifications quadrangulaires.

(161. *Soui-youan-kouan.*) *Monastère* fondé sous la dynastie des *Ming*. Du premier au dixième jour de chaque nouvelle année, il y a foire et promenade à ce monastère; on y trouve un concours immense de personnes de toutes conditions.

(162. *Hou-ko-sse.*) *Monastère bouddhique* où l'on tient une foire le 7 et le 8, le 17 et le 18, le 27 et le 28 de chaque mois. Les marchandises y affluent de toutes les parties de la ville. Ce monastère fut construit du temps de *Hou-pi-lai*, et depuis le temps de sa fondation il a toujours appartenu aux Lamas du Thibet.

(163. *Te-ching-men.*) *Porte septentrionale* à l'ouest.

164. *Lac de la cour.* Ce lac, depuis le mur du nord de la *ville intérieure*, jusqu'à la *ville impériale* même, constitue un vaste réservoir. Ses eaux, qui proviennent des montagnes de l'ouest et du nord, ont deux sources.

IV. AI-TCHING. — VILLE EXTÉRIEURE. (*)

Cette ville n'est autre que le faubourg méridional de *Pé-king*; en effet, elle n'est ceinte d'une muraille qu'à cause des deux autels qu'elle renferme et du grand concours des marchands et des voyageurs qui s'y arrêtent. Malgré son étendue, elle contient peu d'objets dignes de remarque. Les militaires, aussi bien que les employés appartenant à des familles militaires, n'ont pas le droit d'y demeurer, ni même d'y passer la nuit.

Comme la *Ville intérieure*, précédemment décrite, passe pour une place de guerre, et quoiqu'elle soit convertie en place de commerce, cependant la rigueur des règlements militaires s'y maintient encore. Les lieux d'amusements sont concentrés dans la *Ville extérieure*, l'entrepôt de toutes les marchandises qui se débitent dans *Pé-king*

et dans la banlieue; c'est ce qui la rend si populeuse.

La *Ville intérieure* est divisée en huit sections ou arrondissements d'après le nombre des bannières qu'elle renferme. La *Ville extérieure* n'est pas soumise aux mêmes lois qui régissent la précédente.

Les objets remarquables de la *Ville extérieure* sont:

(165. *Kouan-yin-ta-chi-miáo.*) *Temple de la déesse Kouan-yin*, situé dans l'enceinte des fortifications de la porte méridionale (n° 91) de la *Ville intérieure*. On y trouve une pierre qui porte une inscription concernant les réparations faites sous le règne de *Wan-li*, le dernier empereur de la dynastie des *Ming*, au commencement du seizième siècle.

(166. *Kouan-ti-miáo.*) *Temple* érigé en l'honneur du génie *Kouan-yu* dans le même emplacement (*).

(167. *Tching-yang-khiao.*) *Pont de pierre* à trois passages sur le canal qui entoure la ville.

(168. *Yu-tshao-tchi*), ou plus communément *Kin-yu-tchi*, *les étangs aux poissons d'or.* Ils sont situés au nord de l'autel du ciel; on y favorise la multiplication des poissons d'or, afin de les vendre en plus grande quantité.

(169. *Toung-siao-chi.*) *Petit marché oriental.*

(170. *Tsing-tchoung-miáo.*) *Temple* consacré au chef d'armée *Yo-fei*, mis à mort innocemment par l'ordre d'un ministre que l'on accuse d'avoir trahi sa patrie.

(171. *Thian-tan.*) *Autel* ou *Temple du*

fut orné d'un filet de perles. Ce sthoupa a la plus grande analogie de forme avec les pagodes de l'Inde. En 1463, on distribua symétriquement autour de ce monument cent huit petits pilastres de briques pour soutenir un même nombre de lampes.

(*) Voyez pl. I, n° IV.

(*) Le P. Hyacinthe dit que le premier et le quinzième jour de chaque mois, un grand nombre de fonctionnaires publics et de particuliers se rendent dans le dernier temple desservi par des moines, que l'on nomme *Ho-chang*, pour adorer *Kouan-ti*, et il est peu de ces adorateurs qui ne tirent en même temps les baguettes divinatoires: ce sont principalement les fonctionnaires publics et les savants qui croient à la divination. La dynastie actuelle, à l'exemple de celles qui l'ont précédée, a décrété qu'on doit adorer en tous lieux seulement deux grands hommes, à savoir: le philosophe KHOUNG-TSEU et KOUAN-YU, général d'armée. Elle regarde exclusivement le dernier comme le protecteur de la maison impériale; c'est pourquoi le gouvernement a fait élever dans toutes les villes des temples en son honneur. A *Pé-king*, dans l'enceinte de chaque tribunal, et dans l'hôtel même de la légation russe, se trouve un de ces temples. Les fonctionnaires publics et les lettrés honorent uniquement ces deux hommes. A la vérité, LAO-KIUN (ou LAO-TSEU, philosophe antérieur à KHOUNG-TSEU) a toujours été jugé par le gouvernement comme digne des plus grands honneurs; mais on ne laisse pas que de le regarder en même temps comme le fondateur d'une philosophie aussi fausse que spécieuse, philosophie dont les principes, une fois reçus, ne tarderaient pas à dissoudre tous les liens de la société.

Ce dernier jugement est mal fondé. Voyez, au sujet de ce philosophe, notre 1er vol., p. 110; et l'édition *chinoise-tatare-française* que nous avons publiée de son ouvrage intitulé: *Tao-te-king* ou *le Livre de la raison suprême et de la vertu*; Paris, 1838-1842.

ciel (*). Il fut construit en 1420; il est entouré d'un mur d'enceinte qui a 9 *li* et 13 pas de circonférence (environ une lieue).

On trouve dans l'enceinte de l'*Autel du ciel* :

a. La *Colline ronde* (*Youan-khiéou*). C'est ainsi que l'on nomme l'*Autel même du ciel*. Cet autel est de forme ronde pour mieux représenter la forme apparente du ciel ; la façade est tournée au sud ; il consiste en trois étages ou *corps* (**) placés pyramidalement l'un sur l'autre ; l'étage supérieur a 59 pieds de diamètre et 9 pieds de hauteur (***) ; le second a 90 pieds de diamètre ; l'étage inférieur servant de soubassement aux deux autres a 120 pieds de diamètre et 9 pieds 1 pouce de hauteur, ainsi que le second. L'étage supérieur est pavé de neuf rangées de dalles, chacune également formée de neuf morceaux, en tout 81. Le second étage a 62 de ces carreaux, et le troisième 243. Chaque étage a un escalier à quatre rampes de 9 degrés, en marbre blanc. L'étage supérieur a 72 balustres de marbre, le moyen étage 108, et l'étage inférieur 180, formant en tout 360, nombre égal à celui des degrés de la sphère du ciel. Le mur d'enceinte intérieur est de forme circulaire ; il a 1,064 pieds de circonférence ; 5 pieds et 9 pouces de hauteur. Il y a dans ce mur d'enceinte intérieur quatre portes, dont chacune a six colonnes formant trois passages, c'est-à-dire que chaque porte en a deux plus petites de chaque côté. Les colonnes et l'architrave sont en marbre blanc ; les panneaux des portes sont en bois teint de cinabre. Derrière le mur, au sud-ouest, se trouve un foyer servant aux sacrifices ; il a 9 pieds de haut et 7 de tour ; il est pavé de carreaux vernissés. Il n'y a qu'une seule fosse aux victimes. A droite et à gauche de la porte située au sud-est se trouvent quatre vases destinés à brûler des parfums.

En dehors de la porte septentrionale est situé :

b. (*Hoang-kioung-yu*), le *Temple du ciel* dont la façade est tournée au sud ; il a aussi une forme ronde pour figurer le ciel. Il est formé de huit colonnes disposées circulairement et surmontées d'un toit rond sur lequel s'élève une boule d'or ; il a 59 pieds 9 pouces de diamètre, et le soubassement 9 pieds de hauteur ; il est environné de quarante-neuf balustres en pierre. A l'est et au sud sont des escaliers avec trois rampes, chacune de quatorze degrés. Sur ses côtés s'étendent deux corps de bâtiments, chacun formé de cinq entre-colonnements, avec des escaliers sur les côtés. Le temple et les ailes sont couverts de tuiles d'un beau noir de jais. Le mur d'enceinte de ce temple est de forme circulaire ; il a 566 pieds 8 pouces de circonférence. Du côté sud de ce mur sont trois portes sur un soubassement élevé et ornées d'une balustrade en pierre. Devant et derrière ces portes sont des escaliers avec trois rampes, chacune de neuf degrés. Derrière la porte orientale de la muraille extérieure, à l'angle du nord-est sont le dépôt et les fourneaux en deux bâtiments qui ont chacun cinq entre-colonnements. En outre, un puits couvert, un dépôt pour les vases sacrés, un autre pour les instruments de musique, et un troisième pour les offrandes ; tous ces bâtiments ont trois entre-colonnements chacun. Il se trouve encore à l'est un abattoir où l'on tue les victimes, et un puits couvert. Derrière cette muraille est encore un mur intérieur qui a quatre portes, toutes avec des panneaux peints de cinabre, ornés de clous à tête d'or, placés neuf par neuf, en tous sens. Hors de la porte du sud sont deux arcs de triomphe en marbre blanc, l'un à l'est, et l'autre à l'ouest.

c. (*Thsi-nian-tian.*) *Temple des propitiations pour les céréales.* Il renferme un autel de forme circulaire, dont la face est tournée au sud. Cet autel a trois étages ; celui du haut a 215 pieds de circonférence, celui du milieu 232 2/5, et celui du bas 250. Il est revêtu de carreaux de briques ; la balustrade qui l'entoure a 420 balustres. Les escaliers du sud et du nord ont trois rampes ; ceux de l'est et de l'ouest n'en ont qu'une. Les rampes de l'étage inférieur ont dix degrés, ceux des deux autres étages de l'autel n'en ont que neuf. Sur cet autel s'élève un temple rond qui a, tant intérieurement qu'extérieurement, douze piliers ou colonnes ; le toit est à trois parties saillantes avec un globe d'or sur le faîte. A droite et à gauche de cet autel s'étendent deux ailes ou bâtiments latéraux composés chacun de neuf entre-colonnements ; ils sont couverts de tuiles couleur de jais. Dans l'intérieur est la porte *Thsi-nian-men*, dont le seuil repose sur un soubassement élevé ; elle est ornée de balustres en pierre ; les perrons de devant et de derrière ont trois rampes de onze degrés chacune. Près de cette porte, au sud-est, se trouve un foyer où brûle le bois des sacrifices, puis une fosse aux victimes et cinq vases à brûler des parfums. Le mur d'enceinte a 1,907 pieds et 2 pouces de circonférence, avec quatre portes.

d. (*Hoang-thsian-tian*) ou *Temple au ciel très-sublime.* Il est couvert de tuiles

---

(*) La planche XIII représente la plate-forme de l'Autel ou *Temple du ciel* ; elle est tirée du *Recueil des Statuts administratifs de la dynastie régnante avec cartes et plans.* (*Ta-thsing-hoei-thien-thou*), publié à Pé-king en 118. Voy. ci-devant, p. 2.

(**) En chinois *tching*, *parfait*.

(***) *Ta-thsing-i-thoung-tchi*, K. 1, f° 4. Chaque année, au solstice d'hiver, on fait le grand sacrifice au ciel sur la *Colline ronde*. Le soleil, la lune, les planètes, les étoiles, les nuages, la pluie, les vents, le tonnerre, en quatre divisions, ont là aussi leurs autels.

vernissées, et la façade en est tournée au sud. Du côté de la façade, l'escalier a trois rampes; l'escalier de l'est et celui de l'ouest n'en ont qu'une seule, dont toutes ont neuf degrés; la balustrade a soixante-neuf balustres. Derrière la porte orientale de l'enceinte intérieure il y a deux longues ailes, dont l'une a soixante-douze, l'autre vingt-deux entre-colonnements, les fourneaux des sacrifices et un puits couvert. Près de ces bâtiments est une autre aile de dix-sept entre-colonnements et un abattoir. Ces bâtiments servent de dépôt aux vases sacrés, et de refuge aux hommes en cas de pluie ou de neige. Derrière cette muraille il en est une seconde qui a une porte à l'est, une autre à l'ouest et une troisième au nord.

e. (*Tchaï-koung.*) *Palais des purifications.* C'est une salle du trône, qui a cinq entre-colonnements, bâtie sur un haut soubassement, ornée de balustrades; l'escalier est à trois rampes. Devant cet escalier, à gauche, est un pavillon en pierre où se trouve une statue de bronze représentant un homme livré à la contemplation; à droite est un autre pavillon renfermant le monument du *Temps.* L'arrière-salle du trône a cinq entre-colonnements, les bâtiments latéraux en ont trois. Le mur intérieur a 1,239 pieds 9 pouces de diamètre. Au milieu de cette muraille sont trois portes, et, un peu plus loin, de chaque côté de celles-ci, une autre moins grande. Derrière la muraille intérieure est un canal sur lequel, du côté de la façade, sont trois ponts de pierre, et deux autres, l'un du côté de la partie à droite du bâtiment, l'autre du côté opposé. A l'angle nord-est est une tour avec une cloche. Le mur d'enceinte extérieur de ce palais a 1,985 pieds de circonférence. Ce mur est entouré d'un couloir ou sentier couvert composé de cent soixante-trois entre-colonnements et d'un canal profond. A la porte, dite porte de la cour de ce palais, sont des ponts de pierre semblables à ceux du palais impérial même. Dans l'enceinte de ces bâtiments est la salle du trône formée de cinq entre-colonnements, et derrière celle-ci une autre, formée de sept entre-colonnements. Ce lieu renferme encore beaucoup d'autres bâtiments, au nombre desquels se trouvent deux temples entourés ensemble de six murailles. Le mur intérieur a 11 pieds de hauteur, 9 pieds d'épaisseur à la base, 7 pieds à la partie supérieure.

Le puits de l'*Autel du ciel* fournit une eau aussi douce que fraîche. L'asperge, qui ne réussit nulle part, croît à merveille en cet endroit.

L'*Autel de la terre* (*Thi-than*) est situé au delà de la *Porte du repos fixe et tranquille* (n° 136) au nord de Pé-king. Chaque année, au solstice d'été, on y célèbre le grand sacrifice. La citerne, ou le grand réservoir d'eau qui est près de l'autel, est de forme carrée, comme la terre est supposée l'être. Ses parois ont 494 pieds 4 pouces de développement, 8 pieds 6 pouces de profondeur et 6 de largeur. Les eaux y sont entretenues avec soin. Cet autel est élevé de la même manière que celui du ciel, excepté que la forme *carrée,* au lieu de la forme *ronde,* est partout appliquée. A l'étage inférieur, sur le côté exposé au sud, on a placé, à droite et à gauche, cinq pierres taillées de manière à figurer des montagnes et à représenter les *cinq* montagnes sacrées de la Chine. A droite et à gauche de la partie exposée au nord sont figurés quatre mers et quatre fleuves gravés sur le soubassement en pierre. A l'est et à l'ouest, au bas de la pierre où l'eau est représentée, sont pratiqués des réservoirs qui en contiennent effectivement dans le temps des sacrifices. Chaque côté du mur d'enceinte intérieur a 270 pieds 2 pouces de longueur, 6 pieds de hauteur et 2 d'épaisseur. A la partie nord de ce mur d'enceinte il y a trois portes avec six colonnes; à l'est, à l'ouest et au sud une seule porte pour chaque côté avec deux colonnes. Les colonnes, l'architrave et le seuil sont de marbre blanc, les panneaux sont de bois dur enduit de cinabre. Au nord-est, en dehors des portes du nord, est un phare au sommet d'un mât; au nord-ouest est la fosse aux victimes; il s'y trouve aussi cinq vases à brûler des parfums. Le mur d'enceinte extérieur a 420 pieds de longueur de chaque côté, 8 pieds de hauteur, et 2 pieds 4 pouces d'épaisseur; la forme de ses portes est la même que celle des portes du mur extérieur. Près des portes de l'ouest et de l'est sont deux fosses aux victimes.

Derrière cette muraille, près de la porte du sud, est le *Temple dédié au très-sublime génie de la terre* (*Houang ti-tchi-chin*), dont la façade contient cinq entre-colonnements. Ce temple est couvert de tuiles jaunes, et il est entouré d'une muraille qui a 440 pieds de tour et 11 de haut, avec une seule porte au nord. Derrière la porte occidentale du mur extérieur est le dépôt sacrificatoire, puis l'office des victimes, puis le dépôt d'instruments et de vases sacrés, et un autre encore pour les instruments de musique; chacun de ces bâtiments est formé de cinq entre-colonnements; enfin, deux ponts couverts. Un peu plus loin, vers l'ouest, est l'abattoir où l'on immole les animaux sacrés, à droite et à gauche duquel sont deux puits couverts.

Au nord-est est le *palais de la purification* (*Tchaï-koung*), la façade tournée à l'orient; elle est formée par sept entre-colonnements construits sur un soubassement élevé; les balustres sont de pierre, et l'escalier est de cinq rampes. A droite et à gauche de ce temple s'étendent deux salles du trône, ou plutôt deux ailes ayant cinq entre-colonnements chacune. Les portes intérieures de ce palais occupent trois entre-colonnements; il en existe encore une autre de chaque côté. Le mur extérieur de ce palais a 1,100 pieds 2 pouces de tour; trois portes tournées à l'orient, au nord-ouest desquelles est une tour avec une cloche. C'est en 1530 que ce temple a été fondé.

(172, 173, 174, 175.) Portes orientales de la ville extérieure.

(176. *Lieou-li-tchang.*) *Fabrique de faïence et tuilerie*, où l'on cuit l'argile en cinq couleurs différentes, selon la distinction des commandes. La dynastie actuelle a institué deux commissaires permanents pour la régie de cette fabrique. Elle ne sert plus maintenant que d'entrepôt aux produits des autres tuileries. Les briques, les tuiles, la faïence se fabriquent dans les monts de l'ouest, sur des dessins donnés.

(177, 178.) Portes occidentales de la ville extérieure.

(179 *Fa-youan-sse.*) Monastère fondé en 645, à l'est et à l'ouest duquel se trouvent deux obélisques d'environ 100 pieds de hauteur, érigés par deux généraux chinois qui, depuis, se révoltèrent.

(180. *Thao-jan-thing.*) Lieu de plaisance que les lettrés et les fonctionnaires publics visitent fréquemment comme lieu de promenade. C'est maintenant un monastère. Il est situé sur une éminence d'où l'on a des points de vue charmants. Les lieux qui environnent ce monastère consistent en tertres ou plaines couvertes de maisons et en marécages couverts de roseaux verdoyants.

(181. *Hé-loung-than.*) *Autel du dragon noir*. C'est le nom d'un temple où l'empereur va demander de la pluie dans les sécheresses, et du beau temps pendant les pluies trop abondantes. Il y a deux autres autels du même nom sur le territoire de *Pé-king*, l'un situé à l'ouest, sur une montagne, et l'autre plus éloigné. Cet autel ou temple est placé au milieu d'un lac creusé de main d'homme dans une forme carrée.

(182. *Sien-noung-than.*) *Autel du premier cultivateur*. On l'appelle encore *Autel des montagnes et des rivières*. Il est situé près de la porte méridionale, parallèlement à l'autel du ciel. Il est entouré d'une muraille qui a 6 *li* de tour. Dans cette enceinte se trouvent quatre autels:

Le premier est l'*Autel de l'esprit du Ciel*;

Le second est l'*Autel de l'esprit de la Terre*;

Le troisième est l'*Autel de la planète de Jupiter*;

Le quatrième est l'*Autel de l'inventeur de l'Agriculture*.

a. (*Sien-noung-than*) Autel élevé en l'honneur du premier agriculteur ou de l'inventeur de l'Agriculture. Il est de forme quadrangulaire, ayant une seule plate-forme de 47 pieds de diamètre et de 4 1/2 de hauteur. L'escalier a quatre rampes parallèles, chacune de huit degrés. Au sud-ouest est un autel avec une fosse aux victimes; au nord, un temple formé de cinq entre-colonnements, dans lequel est érigée une tablette sacrée; à l'est, un dépôt de vases sacrés; à l'ouest, les fourneaux, tous de cinq entre-colonnements; à droite et à gauche un puits couvert.

b (*Thsin-keng-thaï.*) *Terrasse de labour de l'empereur*, de forme quadrangulaire, ayant 55 pieds de diamètre. Du côté de la façade on l'a revêtue de briques jaunes; des autres côtés, de carreaux jaunes et verts. Cette terrasse a, au sud, à l'est et à l'ouest, un escalier à trois rampes, de huit degrés; elle est entourée d'une balustrade en marbre. Devant la terrasse est un champ à cultiver, et derrière, une salle du trône servant de vestiaire, formée de cinq entre-colonnements. La façade en est tournée au sud, avec un escalier à trois rampes, celle du milieu ayant neuf degrés, et les latérales seulement sept. Au nord-est se trouve le grenier sacré, et devant le grenier un bâtiment pour engranger le blé. Aux flancs de ce bâtiment sont des ailes composées de douze entre-colonnements, et par derrière est le dépôt des ustensiles sacrés employés dans la cérémonie du labourage. Ce lieu est entouré d'une muraille percée d'une seule porte. A chaque labour, lorsque c'est l'empereur lui-même qui accomplit la cérémonie, les chantres entonnent un hymne de trente-six strophes en l'honneur du premier agriculteur.

c. (*Thaï-souï-than.*) *Autel de la planète de Jupiter*. Il est situé au nord-est de l'autel élevé en l'honneur du premier agriculteur. Le temple central a sept entre-colonnements; la façade, au sud; l'escalier à trois rampes, chacune de sept degrés. Les ailes s'étendent à l'est et à l'ouest ont chacune onze entre-colonnements. Un peu en avant est le temple pour faire les adorations; il a sept entre-colonnements. Au sud-est se trouve une cassolette à brûler des parfums. Le mur d'enceinte a trois portes sous chaque aspect solaire.

Derrière le mur d'enceinte de l'*Autel du premier agriculteur*, il en est un autre érigé aux *Esprits du Ciel et de la Terre* (*Chin-tchi-than*); il a, directement au midi, trois portes contiguës, et il est entouré d'une double muraille. Dans cette enceinte, à l'est, se trouve l'autel à l'esprit du ciel; il est quadrangulaire, la façade tournée au midi; il a un seul étage de 50 pieds de diamètre et 4 pieds 5 pouces de hauteur. L'escalier a quatre rampes, toutes de dix marches. Au nord de l'autel sont placées quatre pierres de granit gris sur lesquelles sont gravés des dragons dans les nuages. Chacune de ces pierres a 10 pieds 2 pouces de hauteur. On offre en cet endroit des victimes à cinq montagnes sacrées, à cinq montagnes dominantes et à cinq montagnes ordinaires. Sur deux autres pierres en granit sont encore gravées des images de rivières, et dans le bas sont creusés à l'entour des réservoirs qui se remplissent d'eau au temps des sacrifices. C'est là que l'on offre des sacrifices aux esprits des quatre mers et des quatre grandes rivières. Chaque pierre a 8 pieds 2 pouces de hauteur. A l'est de l'autel, non loin des pierres sacrées, on trouve une image des eaux et une des montagnes devant lesquelles on offre des victimes aux esprits des montagnes et des rivières célèbres qui sont dans les environs de Pé-king. A l'ouest, non loin des mêmes pierres, se trouve encore une image de l'eau et une des montagnes devant lesquelles on sacrifie aux esprits des monts et des rivières célèbres de tout l'empire chinois. Chacune de ces images a 7 pieds et 8 pouces de hauteur. Le mur d'enceinte intérieur comprend un diamètre de 240 pieds; il a 5 pieds et 5 pouces de hauteur. Dans ce mur sont pratiquées trois portes, directement au nord, avec six colonnes; à l'est, à l'ouest et au sud, il n'y a qu'une porte avec deux colonnes. Les colonnes, l'architrave et le seuil sont partout en marbre blanc; les battants de bois des portes sont peints avec du cinabre.

En dehors de la porte orientale est un palais dont la façade est tournée au sud; la salle du trône du centre a cinq entre-colonnements sur un soubassement élevé avec des balustres en pierre. Les salles du trône latérales ont trois entre-colonnements chacune. Devant le corps principal est un pavillon et un cadran solaire.

(183.) Porte occidentale du côté sud de la ville extérieure.

ENVIRONS DE PÉ-KING.

En dehors des murs d'enceinte de la capitale de l'empire chinois, dont la description précède, comme d'ailleurs aux environs de tous les grands centres du pouvoir et de la richesse, se trouvent un grand nombre de monuments et d'établissements curieux à connaître, comme révélant une des faces nombreuses de la vie politique et privée d'un peuple.

A l'est de la *Ville intérieure*, à deux li de distance de la porte de la ville, on trouve un temple magnifique de *Tao-sse*, fondé sous la dynastie mongole, vers l'année 1317 de notre ère. On y voit un mulet en bronze, qui est un objet de dévotion. On y voit aussi un grand nombre de monuments en pierre portant des suscriptions relatives à divers événements. Près de là est un autre temple dédié au *soleil levant*. On y sacrifie une fois l'an, le jour de l'équinoxe du printemps, à six heures du matin. On place sur l'autel une tablette d'or où sont inscrits ces mots en caractères rouges : *Place de l'esprit de la grande lumière*. Là aussi, et sous les murs mêmes de la ville, sont les magasins de blé de l'empereur. Ce sont les principaux greniers de Pé-king. Le blé qu'on en retire est distribué aux troupes et aux officiers civils.

A l'ouest de la même *Ville intérieure* est l'*Autel de la lune du soir*; c'est le temple de l'ouest. Il renferme un autel quadrangulaire dont la façade est tournée à l'est. Il n'est formé que d'une seule plate-forme ayant 40 pieds de diamètre et 2 pieds 6 pouces de hauteur. Il est revêtu de briques jaunes vernissées; l'escalier a quatre rampes de marbre blanc, chacune de six degrés. L'enceinte intérieure forme aussi un tétragone régulier. Tous les ans on y offre un sacrifice le jour de l'équinoxe d'automne, à six heures de l'après-midi. Pour cette cérémonie on place sur l'autel, tourné à l'est, une table jaune portant une inscription de couleur brune, signifiant : *Place de l'esprit de la lumière des nuits*; trois autres tablettes vertes portent les inscriptions suivantes :

Place des esprits de vingt-huit constellations;

Place des esprits des étoiles du firmament;

Place des esprits des cinq planètes Jupiter, Mars, Saturne, Vénus et Mercure. Cet autel fut fondé la même année que l'autel du soleil.

Du même côté de la ville on voit une chaussée en pierres, à l'usage de l'empereur, qui part de la *porte occidentale* et s'étend sur un espace de deux lieues et demie jusqu'au palais de plaisance des empereurs, que l'on nomme *Youan-ming-youan* ou *Jardins d'une lumière sphérique, d'une clarté parfaite*, dont on donnera la description ci-après.

On trouve encore dans la même direction plusieurs monastères célèbres, des châteaux de plaisance appartenant à des princes de la famille impériale, la montagne des *Dix mille vies (Wen-cheou-chan)* dont les flancs sont couverts, au nord et au sud, de jolis kiosques et d'autres bâtiments élégants, avec des toits de diverses couleurs et vernissés, dont le sommet est couronné par un palais d'architecture italienne, et au pied duquel se trouvent le lac *Si-hou*(*), les *jardins de l'a-*

(*) Le P. Benoist, dans une lettre de *Pé-king*, datée du mois d'octobre 1786, dit de ce lieu de plaisance : « *Young-tching* a orné cette montagne de quantité de beaux bâtiments chinois; il y en a de différentes hauteurs : la cime est couronnée d'un palais superbe qui se voit de plusieurs lieues. Au bas de cette montagne, du côté du midi, il y a une nappe d'eau de l'étendue de près d'un quart de lieue; elle baigne en partie une terrasse par laquelle finit le pied de la montagne. Au milieu des eaux, il s'élève je ne sais combien de bâtiments chinois de toutes formes. On tient sur cette espèce de lac des barques magnifiquement ornées, semblables à de petits vaisseaux; elles donnent quelquefois le spectacle d'un combat naval. L'empereur régnant

gréable printemps (*Tchang-tchün-youan*), situés à 12 *li* de la porte *Si-tchi-men* ou *Occidentale directe*, ayant environ dix *li* ou une lieue de circonférence, sur un territoire que l'on nomme *Hai-tien*, et où habite l'impératrice mère ; les jardins de *la Fleur occidentale*, où se trouve un étang rempli de nénuphars ; les *Jardins d'une clarté tranquille* (*Thsing-ming-youan*), situés au pied de la *montagne de la source de Jade* (*iu-thsiouàn-chàn*), que l'empereur *Khang-hi* fit construire la dix-neuvième année de son règne (*) ; le tombeau du célèbre *E-lin-tchou-thsaï*, ministre de *Tchinghis-khan*.

Au nord-est de la *Ville extérieure* on trouve un canal creusé pour l'alimentation de la capitale, en 1229, sous la direction de l'astronome et mathématicien *Ko-cheou-king* (voyez vol. 1ᵉʳ, p. 363), de quatre lieues de longueur, avec cinq écluses de pierre. A chacune de ces écluses sont préposés cent quatre-vingts hommes, et trois cents grosses barques sont entretenues sur ce canal pour le transport du blé.

Au sud est un monastère que l'on nomme ordinairement *Tranquillité méridionale*, appartenant aux *Tao-sse*, entretenu aux frais du gouvernement. Tous les ans, au premier jour de la cinquième lune, il se fait une procession sacerdotale de la *Ville extérieure* à ce monastère, avec des bannières et des encensoirs (que le diable, ajoute le P. Hyacinthe, leur a appris sans doute à fabriquer et à employer comme font les chrétiens !).

PALAIS IMPÉRIAL DE YOUAN-MING-YOUAN OU
JARDINS D'UNE CLARTÉ PARFAITE.

Ce palais, ou plutôt cette collection de palais, a déjà acquis une telle célébrité en Europe que nous ne pouvons nous dispenser d'en donner une description un peu détaillée.

Les empereurs de la dynastie des *Ming*, dit un missionnaire français (**), avaient leurs parcs et leurs maisons de plaisance à une lieue et demie de la capitale, du côté du midi. L'endroit qu'ils avaient choisi était bien boisé, bien arrosé et bien aéré, pour y réunir tous les agréments de la campagne. Les princes de la dynastie présente n'en ont plus voulu, et ils ont fait choix, à l'ouest de *Péking*, d'une plaine qui, étant au pied des montagnes, a un air plus pur et des eaux plus vives.

Ce fut l'empereur *Young-tching*, fils du célèbre *Khang-hi*, contemporain et émule de Louis XIV, qui a fait construire les *Jardins d'une clarté parfaite* (*Youan-ming-youan*) dans l'espace de vingt années. L'empereur chinois ne dut pas dépenser moins d'argent à cette création de fantaisie que Louis XIV à Versailles. Le frère *Attiret*, missionnaire jésuite, né à Dôle en Franche-Comté, et peintre en titre de l'empereur *Kien-loung*, en a donné, dans le recueil des *Lettres édifiantes**, une description très-détaillée, dont nous extrayons les passages suivants :

« On a élevé, dans le vaste terrain de ce parc, des montagnes hautes seulement de 20 jusqu'à 50 et 60 pieds, ce qui forme une infinité de petits vallons. Des canaux d'une eau claire, provenant des hautes montagnes qui dominent l'emplacement des jardins, arrosent le fond de ces vallons, et après s'être divisés vont se rejoindre en plusieurs endroits pour former des bassins, des étangs et des mers.

« Les montagnes, les collines, leurs pentes sont couvertes d'arbres à fleurs, si communs à la Chine. Les canaux n'ont aucun alignement ; les pierres rustiques qui les bordent sont posées avec tant d'art qu'on dirait que c'est l'ouvrage de la nature. Tantôt le canal s'élargit, tantôt il est resserré, ici il serpente : les bords sont semés de fleurs qui sortent des rocailles, et chaque saison a les siennes.

« Outre les canaux, il y a partout des chemins ou plutôt des sentiers qui sont pavés de petits cailloux et qui conduisent d'un vallon à l'autre, en prenant une route tortueuse en s'approchant des canaux, puis s'éloignant d'eux.

« Arrivé dans un vallon, on aperçoit les bâtiments. Toute la façade est en colonnes et en fenêtres ; la charpente dorée, peinte et vernissée ; les murailles de briques grises bien taillées, bien polies. Les toits sont couverts de tuiles vernissées, rouges, jaunes, bleues, violettes, qui, par leur mélange et leur arrangement, font une agréable variété de compartiments et de dessins. Ces bâtiments n'ont presque tous qu'un rez-de-chaussée ; ils sont élevés de terre de 2, 4, 6 ou 8 pieds. On y monte par des rochers qui semblent être des degrés faits par la nature, et auxquels la main des hommes n'a pas travaillé. Rien n'a plus de rapport à ces palais de fées qu'on suppose au milieu des déserts, élevés sur un roc, dont l'avenue est raboteuse et va en serpentant.

« Chaque vallon a sa maison de plaisance, petite, eu égard à l'étendue de tout l'enclos, mais assez considérable pour loger le plus grand de nos seigneurs avec sa suite. Plusieurs de ces maisons sont bâties en bois de cèdre qu'on amène de 500 lieues. L'étonnement s'accroîtra, quand on dira qu'il y a dans

---

aime beaucoup ce site ; il avait envie d'en faire sa maison de plaisance ; mais l'étiquette et la coutume, qui ont tant d'empire sur l'esprit des Chinois, se sont opposées à son goût et à son désir. Un empereur doit lui-même bâtir son palais, et il ne peut pas demeurer dans aucun de ceux qu'ont habités ses prédécesseurs. »

(*) *Ta-thsing-i-thoung-tchi*, K. 1, f° 10.
(**) Le P. Gerbillon, *Lettres édifiantes*.

(*) *Lettres édifiantes*, t. XXIV, p. 379 et suivantes, nouv. édit.

les différents vallons de cette vaste enceinte plus de deux cents de ces palais, sans compter autant de maisons pour les eunuques : car ce sont eux qui ont la garde de chaque palais, et leur logement est toujours à quelques pas de distance. Les bâtiments sont séparés entre eux par des canaux et des montagnes factices.

« Les canaux sont coupés par des ponts de formes très-variées et tels que nous les avons décrits. Les balustrades de quelques-uns de ces ponts sont en marbre blanc travaillé avec art, et sculpté en bas-relief; plusieurs vont aussi en tournant et en serpentant.

« On a dit que les canaux vont se décharger dans des bassins, des étangs, des mers. Il y a, en effet, un de ces bassins qui a près d'une demi-lieue de diamètre en tous sens.

« Au milieu de ce grand lac s'élève, sur un rocher, un petit palais au point central, que l'architecte a choisi pour que l'œil découvre toutes les beautés de ce parc, lesquelles, dans le cours de la promenade, ne peuvent être vues que l'une après l'autre. Là, le spectacle est entièrement déployé, et la grande décoration se découvre; on a l'aspect de toutes les montagnes qui s'y terminent, de tous les canaux qui y aboutissent, pour y porter ou recevoir leurs eaux, de tous les ponts qui sont à l'extrémité ou à l'embouchure de ces canaux, de tous les pavillons et arcs de triomphe qui ornent ces ponts, de tous les bosquets qui séparent ou couvrent les palais. L'effet que cet ensemble présente est admirable.

« Les bords de cette grande étendue d'eau offrent une variété unique, à savoir : quais de pierres de taille où aboutissent des galeries et des chemins; quais de rocailles construits en espèces de degrés ou belles terrasses, et de chaque côté un degré pour monter aux bâtiments qu'elles supportent; puis d'autres terrasses supérieures avec d'autres corps de logis en amphithéâtre; des bois d'arbres à fleurs; plus loin, un bosquet d'arbres sauvages qui ne croissent que sur les montagnes les plus désertes; enfin, des arbres de haute futaie, etc.

« On parcourt les plus grandes pièces d'eau sur de magnifiques barques; et telle de ces barques est souvent assez spacieuse pour tenir lieu d'une belle et grande maison. »

Lorsque l'empereur donne des fêtes, ces barques sont illuminées de même que les palais, les pavillons, les arcs de triomphe, les quais, les grottes, etc.

C'est dans ces jardins que le P. Benoist, autre missionnaire français, pour plaire à l'empereur alors régnant, déploya tous ses talents dans la science hydraulique. L'empereur *Kien-loung* avait fait construire un château de plaisance européen, sur les dessins et sous la direction du frère Castiglione, et il voulut en orner de jets d'eau l'intérieur et l'extérieur. L'exécution en fut confiée au P. Benoist qui, dès 1747, deux années après son arrivée de France à *Pé-king*, se livra tout entier à ce soin. A force de travaux, de patience et d'obstacles vaincus, cet habile missionnaire parvint à faire exécuter, depuis 1750, la belle machine hydraulique du *Val Saint-Pierre* (c'est ainsi que les missionnaires français la nommèrent), à l'aide de laquelle il alimenta les fontaines, les cascades et les jets d'eau les plus variés, qui embellissent les environs de ce château de plaisance qu'on appelle le Versailles de la Chine (*).

(*) Le P. Bourgeois, missionnaire français, dans une lettre de *Pé-king*, datée de 1786, donne des détails curieux sur la partie construite à l'européenne des palais *Youan-ming-youan*. « Ce parc, dit-il, est d'une enceinte d'environ deux lieues, sans compter une autre enceinte fort vaste, nommée *Ouan-cheou-chan*, où allait quelquefois le père de l'empereur régnant.

« C'est dans sa circonférence de deux lieues (et selon d'autres relations, d'une lieue de tour) que sont renfermés non-seulement les palais de *Kien-long* et les maisons de plaisance, mais encore les trois autres palais dont parle le frère Attiret (*Lettres édifiantes*, t. XXIII et XXIV), et en particulier celui où logeait l'impératrice mère avec toute sa cour.

« Vous verrez donc, Monsieur, 1° qu'il ne s'agit pas de trois ou quatre palais; car je vous envoie les planches *gravées en bois* de cinquante maisons impériales, qui sont toutes situées dans le même endroit, dont *Youan-ming-youan* n'occupe qu'une partie. Cependant, comme c'est à *Youan-ming-youan* que l'empereur se plaît le plus, et que c'est là qu'il a fait bâtir des palais où il demeure quand il n'est pas à *Pé-king*, on donne à toute l'enceinte le nom de *Youan-ming-youan*.

« ...... C'est dans ce quartier seul (des maisons à l'européenne) que l'on voit des jets d'eau, des gerbes, des cascades, des nappes, etc.; ailleurs il n'y en a pas.

« L'empereur est sur son trône partout où il se trouve : chaque maison européenne en a un ; ce trône consiste en une grande estrade ornée et élevée de quelques degrés. Ci-devant je vous ai envoyé le revêtement ou la garniture, en étoffe jonquille et brodée, de ces trônes-fauteuils ou canapés, elle est composée de cinq morceaux, etc.

« Vous jugerez mieux de ces maisons européennes par les vingt planches gravées qui les représentent, que je vous enverrai. C'est le premier essai de gravure sur cuivre fait en Chine sous les yeux et par les ordres de l'empereur. Ces maisons européennes n'ont que des ornements européens, pour en montrer le costume. Il est incroyable combien ce souverain est riche en curiosités et en magnificences en tout genre venues de l'Occident.

« Vous me demandez si l'empereur a des glaces de Venise et de France. Il y a plus de trente années qu'il en avait déjà un si grand nombre, que, ne sachant où les placer, il en fit couper une quantité de la première grandeur pour en faire des carreaux de croisée à ses bâtiments européens. Dans la salle qu'il a fait nouvellement bâtir pour placer les tapisseries de la manufacture des Gobelins, que la cour de France lui a envoyées en 1767, il y a partout des trumeaux magnifiques, d'une dimension de soixante-dix pieds de long sur une largeur proportionnée, est si rempli de machines, qu'à peine trouve-t-on au milieu un petit chemin pour passer; et telle de ces machines a coûté 2 ou 300,000 livres, parce que le travail en est exquis, et que les pierres précieuses dont un les a enrichies sont en grand nombre. »

Le même missionnaire ajoute que les jets d'eau et les cascades, établis par le P. Benoist, sont un peu détériorés, mais qu'on les fait encore jouer dans les fêtes que donne l'empereur. La machine hydraulique, qui remplit d'eau le grand réservoir, est dérangée; mais on fait remplir ce réservoir à bras d'hommes.

La construction de la première maison européenne ayant beaucoup plu à l'empereur chinois, il en désira une seconde, et on lui fit un pavillon à l'italienne. On le décora de très-belles eaux; il y a des pièces de fort bon goût, et la grande, au dire des missionnaires, soutiendrait le parallèle avec celles de Versailles et de Saint-Cloud. Lorsque l'empereur est sur son trône (tous les édifices, quels qu'ils soient, destinés à recevoir l'empereur, ne fût-ce qu'une seule fois, ont, en Chine, une salle du trône), il voit des deux côtés deux grandes pyramides avec leurs accompagnements, et, devant lui, un ensemble de jets d'eau distribués avec art et donnant un jeu qui représente l'espèce de guerre que sont censés se faire les poissons, les oiseaux et les animaux de toute espèce qui sont dans les bassins, sur les bords et au sommet des rochers, placés, ce semble, par hasard et formant un hémicycle d'autant plus agréable qu'il est plus rustique et plus sauvage.

Les Chinois ont personnifié les *douze* heures du jour par *douze* animaux; le P. Benoist imagina, sur cette donnée, de faire une horloge d'eau continue, en ce sens que chaque figure des douze heures vomit un jet d'eau pendant ses deux heures, et il a placé ce buffet hydraulique au bas de la seconde maison. Ce fut un des travaux qui lui coûta le plus de peine.

La grande *Géographie impériale* que nous possédons, publiée avant les agrandissements et les embellissements exécutés à l'aide des missionnaires français, ne consacre que quelques lignes à la description du *Youan-ming-youan*. « Dans le milieu de ces jardins, y est-il dit (*), est la grande *salle du trône de la droiture brillante et lumineuse*; à l'est est la *salle du trône de l'administration diligente*; c'est là où l'empereur vaque en tout temps aux affaires de l'État. »

L'étendue de terrain occupé par *Youan-ming-youan* n'est pas déterminée pour nous d'une manière certaine. Le P. Gerbillon, un des missionnaires français qui levèrent la carte de la Chine, sous le règne de *Khang-hi*, lui donne dix lieues de circonférence. Van Braam (**) dit qu'on lui a assuré que ce lieu de plaisance des empereurs chinois avait 300 *li* ou 30 lieues de circonférence, ce qui doit être d'une grande exagération. Voici comment cet ambassadeur en second de la Compagnie hollandaise parle de ce palais :

« Après avoir marché un quart d'heure le long du grand chemin, nous sommes parvenus à un vaste et magnifique palais(***) au devant duquel est une place très-considérable. Sur chacun des côtés de cette place est une cour pavée et assez spacieuse, qui correspond à l'une des ailes du bâtiment. Ces ailes semblent destinées à loger les officiers de la cour et les mandarins inférieurs. Deux piédestaux de marbre blanc, placés dans la cour, portent deux très-grands lions de bronze, et qui peuvent passer pour être bien exécutés par l'artiste, parce qu'ils le sont d'après les idées que les Chinois se forment de cet animal inconnu à leur pays.

« Le premier salon, placé au levant du bâtiment, est fort grand et garni de beaucoup de lanternes à la chinoise. Au milieu, sur une estrade, est un fauteuil ou trône impérial. Après avoir traversé ce salon, nous nous sommes trouvés sur une cour intérieure pavée et de forme carrée. Au nord et à l'ouest elle offre, dans les bâtiments qui la bordent, une vue aussi belle et aussi riche que celle de l'est, par laquelle nous étions arrivés, tandis que le côté sud n'a que la grande porte d'entrée et à chacun de ses côtés des logements de domestiques.

« Intérieurement à cette porte qui correspond à la façade du nord, et comme pour la couvrir, est un rocher considérable d'un seul bloc placé sur un banc de pierres. Le transport de ce rocher doit avoir occasionné une peine et un travail immenses, ainsi que l'opération de le mettre sur sa base, car il forme une masse prodigieuse par son volume et par sa pesanteur. Des inscriptions de la main même de l'empereur, et de celle de plusieurs autres personnes du plus haut rang, à l'imitation du prince, décorent et embellissent ce rocher de toute part. Dans quelques points on y a mis de petits arbres et des fleurs.

« Cette cour montre, au milieu de la façade septentrionale, deux petits cerfs et deux grues de bronze, dont l'exécution est médiocre. Le bâtiment, au nord, renferme un salon d'audience impériale, ayant un trône au centre et des lanternes à tous les points. Notre conducteur nous a fait remarquer, du côté gauche du trône, contre la muraille, le carrosse dont le lord Macartney a fait présent à l'empereur l'année dernière. Il est peint avec une grande délicatesse, parfaitement verni, et tout le train en est doré; les harnais et le reste même de l'équipage sont dans le coffre même de la voiture que recou-

---

(*) *Ta-thsing-i-thong-tchi*, K. 1, f° 10 verso.
(**) Dans la relation du *Voyage de l'ambassade de la Compagnie des Indes orientales hollandaises vers l'empereur de la Chine*, en 1794 et 1795. Philadelphie, 1797. 2 vol. in-4°. T. I, p. 220 et suiv.
(***) Voyez la pl. 15, tirée de l'ambassade de lord Macartney, qui représente une vue du péristyle de la salle du trône de ce même palais. « On arrive à ce palais, dit sir George Staunton, après avoir traversé trois cours carrées, environnées de bâtiments séparés les uns des autres. La salle est placée sur une plate-forme de granit élevée de quatre pieds au-dessus du niveau de la cour. Son toit avancé est soutenu de chaque côté par deux rangs de colonnes de bois. Le fût de ces colonnes est peint et vernissé, et le chapiteau orné de cartouches et de devises très-brillamment coloriés, et portant tous des dragons dont les pieds sont armés de cinq griffes (caractère distinctif du dragon impérial). »
(*Relation authentique de l'ambassade du roi de la Grande-Bretagne près de l'empereur de la Chine*, etc.; traduction française, t. III, p. 149; et édit. anglaise, t. II, p. 127.)

vre une grande chemise de toile. J'aperçus avec surprise, vis-à-vis du carrosse et du côté opposé du salon, une chose qui contrastait fort avec cette voiture, c'est-à-dire un chariot chinois, à quatre roues égales, fort commun, peint en vert et ayant en tout la forme des chariots avec lesquels on va chercher le fumier en Hollande.

« J'avoue que ce spectacle fit travailler mon imagination. Avait-on placé à dessein ce chariot dans ce lieu comme un sujet de critique, en voulant opposer l'idée de son utilité à celle de la superfluité d'une voiture somptueuse, du moins, quant à la Chine? Je me livrais ainsi aux conjectures lorsqu'on m'apprit que ce chariot est celui dont on fait usage lors de la cérémonie annuelle où l'empereur rend un hommage solennel à l'agriculture dans le temple de la Terre.

« Derrière ce salon sont quelques petits appartements que l'empereur occupe lorsqu'il est ici.

« En traversant ces appartements nous avons gagné le troisième corps de logis ou bâtiment de l'ouest, qui a seulement un petit salon dans sa partie centrale. Le surplus est composé d'un grand nombre de pièces resserrées, très-irrégulières, et ouvrant l'une dans l'autre, ce qui semble en faire un labyrinthe.

« Lorsque nous les avons eu toutes considérées, le mandarin nous a introduits dans le cabinet de l'empereur, portant le nom de *Thian* (*le ciel*). C'est réellement le lieu le plus agréable de tous ceux qu'on nous a montrés, tant à cause de sa situation que par les différents aspects qu'il fait découvrir. Rien n'égale la perspective dont l'empereur peut y jouir lorsque, étant assis dans son fauteuil, il dirige sa vue vers une grande fenêtre que remplit une seule glace : perspective dont le lecteur pourra lui-même prendre une idée par la suite de cette description. Ce cabinet est dans une partie du bâtiment placé sur un lac fort étendu qui en baigne les murs.

« Ce lac a été le premier objet qui ait attiré nos regards. Au milieu est une île assez grande sur laquelle on a construit plusieurs bâtiments qui dépendent de ce séjour impérial et qu'ombragent de gros arbres. Cette île communique au continent qui l'avoisine par un superbe pont de dix-sept arches, faites de pierres de taille, et placé à l'est. Ce pont a eu notre second hommage.

« En tournant vers l'ouest, l'œil découvre un lac plus petit que le premier, dont il n'est séparé que par un large chemin. Au milieu du second lac est une espèce de citadelle de forme ronde, et au centre de laquelle est un bel édifice. Une ouverture pratiquée dans un point du chemin qui partage les deux lacs, fait communiquer leurs eaux, tandis qu'un pont en pierre, d'une hauteur considérable et d'une seule arche, supplée à ce que cette ouverture ôte à la communication terrestre.

« Encore plus à l'ouest, et à une grande distance, deux tours arrêtent la vue au-dessus de hautes montagnes.

« Enfin, au nord-ouest, s'offre une magnifique suite d'édifices appartenant à des temples construits au pied, au milieu et au sommet d'une montagne entièrement formée par l'art, avec des fragments de rochers naturels; ce qui, indépendamment de la dépense des bâtiments, doit avoir immensément coûté, puisque ce genre de rocher ne se trouve qu'à de grandes distances de ce lieu. Ce travail semble même retracer l'entreprise des géants qui voulaient escalader les cieux; du moins, des rochers accumulés sur des rochers jusqu'à une hauteur considérable, en rappellent-ils la fable à l'esprit. La réunion des bâtiments et les embellissements pittoresques de cette montagne elle-même forment un tableau dont il est impossible de faire partager l'effet. C'est donc avec raison que ce cabinet fait les délices du vieux monarque.

« Son intérieur est orné par une bibliothèque et par une armoire ouverte où sont rassemblées les productions chinoises les plus précieuses et les plus rares en pierres et en antiques; et, certes, elles sont bien dignes de l'attention que nous avons donnée à leur examen.

« Après nous être occupés très-longtemps et avec un véritable intérêt, dans ce bâtiment, nous en sommes sortis. Arrivés au devant de la façade du midi, nous y avons trouvé un traîneau à glace qui nous a transportés vers les temples dont je viens de parler.

« Ce sont cinq pagodes séparées : deux sont au pied de la montagne, tournées l'une au nord et l'autre au sud; deux autres, placées vers le milieu, ont la même direction, et la cinquième est à son sommet.

« Le premier temple du bas, regardant le midi, renferme une idole qui est l'image de la sensualité. Elle est très-grande et entièrement dorée. Elle représente une personne d'une immense corpulence dans la position de quelqu'un assis sur un coussin, avec un air qui exprime la satisfaction et la gaieté. Il y a encore dans cette pagode quantité d'autres idoles, mais de moindre dimension et de moindre importance.

« Dans le temple du midi, au milieu de la montagne, l'idole principale est une figure de femme ayant environ soixante pieds de hauteur, six faces et mille bras, et semblable à celle du temple de *Pé-king*.

« Ce temple forme, en quelque sorte, trois portions ou nefs, au moyen de deux rangs de soutiens ou pilastres posés dans sa longueur. L'on a imité partout, le long des murs et des pilastres, des rochers avec des cavités où les idoles et les saints sont placés par centaines, ce qui compose un spectacle frappant et singulier.

« De ce point de la montagne, que nous avions atteint par cent quatre-vingts marches au moins, nous avons grimpé vers la cime au moyen d'un sentier tortueux pratiqué entre ses rochers, et en montant encore quarante-huit marches, dont les moins hautes avaient au moins un pied. Notre fatigue a été bien payée par la vue ravissante d'une immense étendue qui se présentait de toutes parts, excepté à l'ouest, où elle était bornée par de hautes montagnes. Nous découvrîmes Pé-king au sud-est, et nous pouvions distinguer dans cet intervalle plusieurs habitations ou établissements dépendants de la campagne de *Youan-ming-youan.*

« Le cinquième temple est au sommet de la montagne. Sa construction est, en beaucoup de choses, analogue à celle d'une tour. On y trouve trois images assises, d'une grandeur excessive et totalement dorées; ce sont les principales idoles de ce temple. Dans l'un des étages inférieurs, et vis-à-vis ces grandes images, sont neuf déesses, aussi assises et dorées, mais plus petites, tandis que de chaque côté on voit neuf statues de saints de bronze, toutes d'une grandeur au-dessus de la naturelle et très-bien exécutées.

« Les murs, en arrière des grandes idoles, sont tapissés, d'un côté et de l'autre, par des espèces de placages ou grands tableaux dont chacun contient plusieurs figures de dieux faites de bronze et placées dans des niches.

« Les murs extérieurs du temple sont revêtus de briques vernissées, et elles ont une figure de *Fo* en bas-relief à leur milieu.

« Après avoir examiné ce temple, nous avons descendu la montagne sur la face nord, par un escalier de pierres raboteuses, et nous sommes venus au temple du milieu de la montagne, tourné au septentrion. Sa principale idole, toute dorée, est une déesse à plusieurs bras. La partie inférieure de ce temple est, comme dans le second que nous avons vu sur cette montagne, divisée en trois portions. Sur les murs et les pilastres on a tracé des peintures que surmontent des images de *Fo* et dont l'ensemble forme un effet piquant.

« De ce temple nous sommes descendus vers celui du bas, tourné au nord, où est une statue colossale d'environ quatre-vingt-dix pieds de hauteur avec quatre faces et quarante-quatre bras. A ses côtés, mais un peu en avant, on voit deux autres idoles qui ont au moins quarante-cinq pieds de hauteur, et qui semblent adorer la déesse. Dans ce temple sont deux superbes pyramides quadrangulaires posées sur des piédestaux de marbre et dont les faces sont couvertes de *Fo* de bronze.

« Le mur extérieur est absolument recouvert en briques, où sont des fleurs en bas relief de différentes couleurs et toutes vernissées. Des colonnes adossées au mur ont, dans leur hauteur, qui est de six pieds au-dessus de leur base, des plaques de bronze.

« Les cinq temples ont, en outre, quantité de vases à parfums et d'autres objets consacrés au culte, tous supérieurement faits et de bronze. Il n'est pas une seule de ces pièces qui ne mérite la même attention que celles qu'on voit dans les temples de *Pé-king*, par la beauté du sujet, le fini et la délicatesse du travail.

« Chacun de ces temples a encore une avant-cour et un portail, et quelques embellissements en marbre dans l'intérieur de son avant-cour.

« Sur le sommet des rochers gigantesquement entassés, dont j'ai parlé, sont deux pavillons carrés et ouverts, symétriquement construits, ainsi que deux petites maisons en forme de tour, et plusieurs autres petits appartements. Leurs toits sont embellis par des tuiles jaunes, vertes et bleues vernissées, formant quelquefois des carreaux ou compartiments, où ces diverses nuances sont combinées, ou n'ayant qu'une seule et même couleur. Quelques-uns de ces petits bâtiments sont même revêtus au dehors de tuiles carrées et unies, mais vernissées, de manière que le soleil y reflétait tout l'éclat de ses propres rayons. »

Le même écrivain hollandais dit dans un autre endroit de sa relation (t. I, p. 321) :

« Non, on ne peut pas faire une peinture fidèle d'une maison de plaisance chinoise. Tout y est entremêlé, et semble prêt à se confondre; mais le triomphe du génie est de sauver le plus petit désordre dont un œil délicat pourrait être blessé. A chaque instant une combinaison nouvelle offre une nouvelle variété, d'autant plus agréable et surprenante qu'il a été moins possible de la prévoir, et la surprise s'entretient sans cesse, parce que chaque moment d'examen produit une scène qui la renouvelle. »

DIVISION ADMINISTRATIVE DE LA CHINE EN 18 PROVINCES.

S'il était donné à l'homme d'embrasser d'un seul coup d'œil l'ensemble des phénomènes sensibles qui frappent successivement ses regards, et de concentrer, comme dans un seul foyer, tous les objets qu'il cherche à connaître en les divisant; s'il pouvait condenser l'espace et rendre le temps simultané en les comprenant l'un et l'autre dans une vaste intuition, sa science serait moins imparfaite et ses jugements moins erronés; mais dans la nécessité où il se trouve de procéder par des fractions minimes d'espace et de temps, et d'établir, pour soulager son intelligence, des divisions arbitraires qui ne sont pas dans la nature, il en est réduit à ne pouvoir se former qu'une idée très-imparfaite des choses, et à ne constituer qu'une science également très-imparfaite et soumise aux conditions bornées de son intelligence.

Dès la plus haute antiquité, la Chine a été partagée administrativement en plusieurs provinces. L'an 2286 avant notre ère, Yu (*) divisa la Chine en *neuf* provinces, bornées, autant que possible, par des limites naturelles. La 81ᵉ année du règne de Yao [2277 av. notre ère (**)], elle fut divisée en douze provinces, trois ayant été ajoutées aux neuf précédentes déterminées par Yu. Nous ne pouvons nous empêcher de faire remarquer ici un fait qui n'est pas sans quelque importance : c'est que, dans les plus anciens monuments géographiques qui nous restent de l'antiquité indienne et chinoise, les divisions administratives sont nommées *Îles* (en chinois *Tchéou*, en sanskrit *Dwipa*), comme si on eût voulu désigner les premières terres habitables après la retraite des grandes eaux, qui, comme on le sait par la tradition et par la science géologique, ont couvert anciennement presque toute la surface de la terre (***).

Sous la dynastie des *Tchéou* (de 1134 à 256 av. J. C.), la Chine fut divisée en quinze royaumes féodataires, que *Thsin-chi-hoang-ti* (221) réunit tous sous sa vaste domination. Les *Han* (de 202 av. à 220 apr. J. C.) rétablirent la division des *neuf* provinces dans la partie septentrionale de la Chine qu'ils occupaient exclusivement. Plus tard, lorsque toute la Chine fut réunie en un seul empire, la division administrative comprit *quinze* provinces. C'est cette division qui existait sous la dynastie des *Ming*, à l'époque où les premiers missionnaires européens pénétrèrent en Chine (*); division qu'ils ont décrite dans leurs ouvrages, et qui a été suivie jusqu'à nos jours par la plupart des géographes européens, quoiqu'une nouvelle division en *dix-huit provinces* (non compris les populations tributaires) ait été établie dès les premiers temps de la dynastie tartare actuelle, dans le commencement du dix-septième siècle. C'est cette dernière division, telle qu'elle a été déterminée officiellement par les publications les plus récentes du gouvernement chinois, qui sera suivie dans cet ouvrage.

Chaque province de la Chine est divisée administrativement, à beaucoup d'égards, comme la France actuelle, c'est-à-dire, en circonscriptions territoriales déterminées qui répondent à celles que nous nommons *départements*, *arrondissements* et *cantons*; mais il y a cela de particulier en Chine, que certains *arrondissements* ou *cantons* ne sont pas soumis à l'autorité hiérarchique de la province dans laquelle ils sont situés, mais ressortissent au gouvernement central de l'empire. Ainsi, les premières grandes divisions se nomment *Sang*(**)[*provinces*]; les premières grandes subdivisions d'une province se nomment *Foù* [*départements*]; les secondes grandes subdivisions se nomment *Tchéou* [*arrondissements*], et les subdivisions de troisième ordre, *Hién* [*cantons*]; les districts se nomment *Ting*. Le *département* porte le nom de la ville qui en est le chef-lieu, laquelle ville est toujours qualifiée de *foù*,

---

(*) Voy. t. I, p. 47 ; et dans le même volume un aperçu de la géographie physique de la Chine, p. 5.

(**) *Li-tai-ki-sse*, k. 1, f° 22.

(***) Nous trouvons dans le *Choué-wen*, le plus ancien dictionnaire chinois, la confirmation la plus positive de cette conjecture. Le caractère *tchéou* y est défini : « Espace, « au milieu des eaux, qui peut être habité. » Il ajoute : « Autrefois, du temps de *Yao* « (2297 av. notre ère), les populations s'étant « rencontrées avec le débordement des « eaux, ces populations se réfugièrent « sur les terres les plus élevées au milieu des « eaux ; c'est pourquoi on nomma alors ces « retraites les *neuf tchéou*, ou les *neuf plateaux entourés d'eau*. » Les *Pourânas* indiens ne comptent que *sept dwipas* ou îles habitées. Voy. t. I, p. 12 et 13.

(*) Voy. t. I, p. 411.

(**) Ce mot signifie littéralement *Inspection*, *Surintendance*. Il est composé en chinois ancien des signes figuratifs *œil* et *main*, symbole d'une bonne administration.

et est de *premier ordre*; il en est de même pour les *arrondissements* et les *cantons*, dont les chefs-lieux sont aussi qualifiés de *tchéou* et de *hién*, et qui sont de *second* et de *troisième ordre*.

Le plus souvent une seule province forme un *gouvernement*; mais quelquefois un gouvernement comprend *deux* provinces.

1ᵉʳ GOUVERNEMENT.

PROVINCE DE TCHI-LI OU PE-TCHI-LI.

La province de *Tchi-li* [qui ne relève que d'elle-même] est aujourd'hui beaucoup plus étendue que du temps de la rédaction de la grande géographie impériale que nous avons citée (p. 2). A cette époque [1744], cette province ne s'étendait pas au nord plus loin que la grande muraille (*). Elle avait 1228 *li* de l'est à l'ouest et 1628 du midi au nord (**), ou 122 $\frac{8}{10}$ lieues sur 162 $\frac{8}{10}$. Maintenant (***) elle est bornée au nord-est par le territoire de *Ching-king*, la *ville sainte* ou *Moukden*, par le fleuve *Liao*, à sa section nommée occidentale, et à celle où le même fleuve est nommé *fleuve Jaune*. Cette province touche aux frontières de la *bannière du milieu de l'aile gauche* des *Kortsin* (grande tribu de *Kalkas* mongols), et à la frontière de la *bannière des Or-kortsin*. Elle s'étend au nord-ouest jusqu'à la chaîne du *repos élevé* [*Hing-gán*] et aux frontières de la *bannière de l'aile droite* des *O-pa-o-nar* [*Abaganar*, tribu mongole], et aux quatre *bannières de l'aile gauche* des *Tcha-ko-eurh* [*Tchakar* ou *Tsakar*]. Les provinces de *Chan-si*, de *Ho-nan* et de *Chang-toung*, la bornent au sud-ouest; la *barrière des pieux* la sépare à l'orient du territoire de la *ville sainte*, où elle est aussi limitée par le golfe de *Pé-king* (****).

(*) Voy. t. I, p. 221, et pl. I, 49.
(**) Le *li* chinois actuel équivaut à $\frac{1}{25}$ de notre ancienne *lieue* de 25 au degré. Comme cette dernière dénomination peut faire naître dans l'esprit du lecteur une idée plus exacte, plus claire de la distance que celle du *li*, même défini, nous réduirons dorénavant ces derniers en lieues de 25 au degré.
(***) D'après le *Taï-thsing-hoei-tien-thou*, k. 87, f° 11, qui en donne la carte avec une description des situations et des distances seulement.
(****) *Tai-thsing-hoei-tien-thou*, lieu cité.

CIRCONSCRIPTIONS ADMINISTRATIVES (*). Cette province comprend *onze* départements [*foú*], *dix-neuf* arrondissements [*tchéou*], plus *six* arrondissements et *cent vingt et un* cantons [*hién*] ressortissant directement au chef-lieu du gouvernement.

APERÇU GÉNÉRAL DE LA PROVINCE. A l'*orient*, ses frontières maritimes sur le golfe de *Pe-tchi-li* et le grand canal de transport qui communique à la mer, construit sous les Mongols (voy. t. I, p. 365), lui assurent un avantage considérable sur les autres provinces, et en font comme l'*organe vital* (**) de l'empire, en la constituant le grand marché et la grande place de communication de la terre avec la mer. Au *midi*, elle communique avec toutes les provinces méridionales de l'empire, qui envoient leurs tributs à la capitale en traversant la province de *Chan-toung*, au moyen de chars, de chevaux et de bateaux qui naviguent sur le grand canal. A l'*occident*, elle est protégée par la montagne nommée *Taï-hing*, qui a quelque centaines de lieues de circonférence. Au *nord*, elle confine au désert de *Cha-mo*, dans la Mongolie chinoise.

Ses montagnes les plus célèbres sont: *Héng-chán*, la montagne sacrée du nord, dans le *Choû-king*, et *Taï-hing-chán*, dont nous venons de parler, et qui plonge une de ses bases dans le *fleuve Jaune*. On compte aussi le grand rocher nommé *Kié*, dont il est parlé dans le *Choû-king*. Au nombre de ses fleuves, le *Pé-hó*, qui a son embouchure

(*) Rien n'est si peu fixe que ces circonscriptions. La grande Géographie impériale fait connaître (à l'article *Kièn-tchi-yén-ké*, de chaque province), aux *considérations générales*, les nombreux changements que ces circonscriptions ont subis, sous les différentes dynasties, et même sous les différents règnes de la même dynastie, depuis les premiers temps de l'histoire. Elle donne aussi des cartes sans degrés de longitude et de latitude, de toutes les provinces de la Chine ainsi que des *départements* et des *arrondissements* de chaque province. Ces cartes sont au nombre de 280 dans l'édition de 1744.
(**) L'*Organe de l'aspiration et de la respiration*, Yèn-hèou. *Taï-thsing-i-thoung-tchi*, k. 2, f° 5.

dans le golfe de *Pé-tchi-li*, et que les vaisseaux de haut bord peuvent remonter jusqu'à la ville départementale de *Thien-tsin*, est le plus important. On l'appelle aussi fleuve des mouvements du nord : *Pé-yün-hô*.

POPULATION DE LA PROVINCE en 1743. Contribuables chefs de famille inscrits aux rôles ; 3,340,544.

TERRES CULTIVÉES en 1743. 643,769 *King*, 85 *méou*, qui équivalent à 3,840,430 *hectares*.

Territoire adjoint du canton *Kouang-tchang* de la province du *Chan-si*, 1881 *k*. 35 *m*. = 11,194 *hectares*.

IMPOTS FONCIERS, *en argent*. 2,422,128 *liang*, 3 *tsièn*, équivalant en francs à 19,377,024 (*).

IMPOTS *en nature*. Riz 109,329 *chi* ou *hectolitres*.

— Riz mondé........ 58 —
— Froment........ 42 —
— Légumes, *fèves*, etc. 8,133 —
— Foin, 95,607 *cho* ou *bottes*.

POPULATION en 1812. Contribuables et bouches, 27,990,871.

TERRES IMPOSÉES, 958,743 *k*. 23 *m*. = 5.704,523 *hectares*.

IMPÔTS FONCIERS, *en argent*, 3,346,283 *liàng*. = 26,770,264 *francs*.

— *en nature*, grains, riz, légumes, etc., 205.164 *chi*.

— bottes de foin, 511,687.

DÉPARTEMENTS.

D'après une carte chinoise récente publiée en Chine, et qui est en notre possession, la province de *Tchi-li* comprendrait actuellement *onze* départements (*foù*), *dix-neuf* arrondissements (*tchéoù*) : *six* de ces derniers ne ressortissant qu'à la capitale ; et *cent vingt et un* cantons (*hién*) également indépendants de toute autre juridiction.

1ᵉʳ DÉPARTEMENT. CHUN-THIEN-FOU (**).

Ce département a 60 lieues d'étendue de l'est à l'ouest, et 48 du midi au nord.

Il comprend six *arrondissements* et dix-neuf *cantons*.

CONFIGURATION GÉOGRAPHIQUE. A l'orient ce département confine au *Leao-toung* et à la Corée ; au nord-ouest il est borné par la grande muraille ; son territoire est très-étendu ; il est élevé et d'une situation agréable ; sa surface est droite et généralement unie.

MŒURS ET USAGES. Les habitants de ce département sont d'un caractère vif et entreprenant. Tous ceux qui ont parlé de valeur et d'héroïsme, depuis l'antiquité, leur ont attribué ces qualités. Toutefois, depuis l'époque des anciennes dynasties jusqu'à nos jours, il y a eu beaucoup de lettrés qui ont brillé dans les compositions littéraires ; beaucoup qui ont chanté leurs émotions et leurs chagrins. Les habitants de ce département, à quelque chose qu'ils s'appliquent, y emploient toutes leurs forces et tout leur génie ; ils sont graves, réservés, mais ils permettent facilement ce qui est convenable. Les hommes de *Yeou-ki* (nom de la province de *Tchi-li*, sous les *Han*) sont obtus et épais comme des aiguilles, dit un ancien écrivain chinois. Leurs mœurs sont simples, franches et ouvertes ; ils suivent les traces de l'équité et de la justice, et ils en sont récompensés par une bonne renommée (*).

La première ville de ce département est *Chun-thien* (ville obéissant au ciel), autrement nommée *Pé-king* (capitale septentrionale). Cette ville, dont nous avons donné le plan (pl. 1) avec une description appropriée, réclame encore ici quelques observations méthodiques qui se graveront plus facilement dans la mémoire.

On remarque, dans *Pé-king* (**), neuf grands *Autels* en plein air, dans de vastes enceintes entourées de murs. Ce sont, dans l'ordre de prééminence :

1° L'Autel du Ciel (*Thién-thán*)(***) ;
2° L'Autel de la Terre (*Thi-thán*) ;
3° L'Autel des invocations (*Ki-kô-thán*) (****) ;

(*) Nous assimilons le *liàng* ou *taël* chinois à 8 fr. au lieu de 7 fr. 50 c. que nous avions admis jusqu'ici ; le premier chiffre, eu égard au titre de l'argent chinois, qui est généralement de l'argent fin, sans alliage, étant plus près de la vérité.

(*) *Tai-thsing i-thoung-tchi*, k. 3-8.

(*) *Tai-thsing-i-thoung-tchi*, k. 3, f° 11.

(**) *Ibid.*, k. 1, f° 4 et suiv. On peut voir aussi le *Thai thsing-hoëi-tien-thou*, k. 1-4, et l'édit. in-12 du *Tai-thsing-hoëi-tien*, à la section *Li-póu*, où ces autels sont représentés.

(***) Conférez ci-dev. p. 28 et sqq.

(****) Ou l'Autel de la prière (*ki*) pour ob

4° L'Autel du soleil levant (*Tchaó-ji-thân*);

5° L'Autel de la lune nocturne (*Si-youeï-thân*);

6° L'Autel de longue vie (*Tái-sóuï-thân*); N° 181°.

7° L'Autel du premier laboureur (*Siên-noûng-thân*); N° 182.

8° L'Autel des esprits qui président aux fruits de la terre (*Chè-thsi-thân*);

9° L'Autel de l'inventeur de la soie (*Siên-thsàn-thân*), fondé en 1742. N° 84.

Neuf grands *Temples*:

1° Le temple des ancêtres de la dynastie régnante (*Taï-miao*); N° 63.

2° Le temple dédié aux souverains de toutes les dynasties (n° 155);

3° Le temple du premier instituteur des hommes ou de Confucius (*Siên-ssé-miào*), etc.

Ce dernier temple, situé à l'intérieur de la porte nommée *Ngan-ting*, « est destiné à honorer par des sacri-« fices le plus éminent de tous les insti-« tuteurs des hommes (*Siên-ssé*), le phi-« losophe *Khoung-tseu*. Chaque année, « au printemps et à l'automne, dans le « second mois de chacune de ces sai-« sons, le premier et le dernier jour, « on y offre des sacrifices (*). »

Entre tous les monuments publics, qui sont nombreux et considérables, on distingue les hôtels des Ministères, celui des Censeurs de l'empire (*Toù-tchá-youàn*, n° 133); l'Académie impériale (*Hán-lin-youàn*, n° 108); le Collège des astronomes (*Kin-thiên-kiên*); l'Académie de médecine (*Taï-i-youan*, n° 101); l'hôtel des voyageurs (*Hâng-jin-ssé*), dépendant du Ministère des rites.

Parmi les monuments anciens, on remarque : 1° L'ancien palais des *Liáo*, fondé en 938; 2° l'ancien palais des *Kin*, fondé en 1153; 3° l'ancien palais des *Youan*, fondé en 1274; 4° la bibliothèque nommée *Kouëï-tchâng-kö*, fondé en 1329; et 5° la bibliothèque, que l'on nomme l'*abîme* ou *le gouffre de la littérature* (*Wên-youàn-kö*, n° 9), fondée sous la dynastie des *Ming*, et où l'on voit quatre statues de *Khoung-tseu*. En 1403 de notre ère, on choisit quatre bibliothécaires pour rédiger le catalogue de cette grande bibliothèque, et pour se procurer, à prix d'argent, tous les livres que le temps avait épargnés. Les plus habiles lettrés furent réunis pour mettre en ordre cette grande collection. Ce fut dans les provinces méridionales que le plus grand nombre des livres envoyés à la bibliothèque *Wên-youàn* fut recueilli. A cette époque, les livres existant dans cette bibliothèque formaient plus de *vingt mille* classes (*), ou environ un million de livres (*Kiôuan*), dont la plupart s'étaient conservés cachés dans les bibliothèques sous les dynasties *Soûng* et mongole. La sixième année *tching-toung* (1441), le catalogue des livres de cette bibliothèque présentait un total de *quarante-trois mille deux cent et tant* de volumes (*tsi*). Par la suite, ces livres ne furent pas conservés soigneusement. Bien des années après qu'ils eurent été dérobés, la 33° année *wên-li* (1605), on fit le catalogue des livres conservés que l'on avait pu réunir, et qui étaient en petit nombre. Depuis lors, les guerres et les incendies s'étant succédé, la plupart de ces anciennes éditions ont été perdues ou dispersées (**).

POPULATION DE PÉ-KING.

Nous n'avons trouvé dans aucun livre chinois une indication, même approximative, de la population de *Pé-king*. Le P. Gaubil, qui a fait une description de cette grande ville, lui donne 2,000,000 d'habitants. D'autres missionnaires du dernier siècle, qui avaient aussi résidé longtemps à *Pé-king*, lui attribuent une population de 3,000,000 d'âmes.

VILLES PRINCIPALES FORTIFIÉES(***).

Après le chef-lieu du département viennent :

1° *Liang-hiang*, chef-lieu de *canton*,
2° *Kou-ngan*, id.
3° *Young-thsing*, id.

(*) *Chi-choû-tchi-tsái-ko-chè*, *yö-éulh-wén-yù-pou*.

(**) *Tai-thsing-i-thoung-tchi*, k. 1, f° 19.

(***) Toutes les villes en Chine, auxquelles on donne ce nom (*tching* signifie proprement *murailles*), sont entourées de *murs*, et généralement de *fossés* pour les défendre contre l'ennemi.

tenir les fruits de la terre (*ko*) en abondance. Voy. ci-dev. *Description de Pé-king*. N° 117°.

(*) *Taï-thsing-i-thoung-tchi*, k. 1, f° 7.

4° *Toung-gan*, id., fossés.
5° *Hiang-ho*. id.
6° *Thoung*, chef-lieu d'*arrond*.
7° *San-ho*, chef-lieu de *canton*.
8° *Wou-thsing*, id.
9° *Pao-ti*, id.
10° *Tchang-ping*, chef-lieu d'*arrondissement*, fossés extérieurs de 9ᵐ 450ᵐᵐ de largeur.
11° *Chun-i*, chef-lieu de *canton*, fossés de 12ᵐ 600ᵐᵐ de largeur, creusés sous les *Ming*.
12° *Me-yun*, chef-lieu de *canton*, fossés extérieurs.
13° *Hoai-jéou*, id.
14° *Tcho*, chef-lieu d'*arrondissement*, fossés de 6ᵐ 300ᵐᵐ de largeur.
15° *Fang-chan*, chef-lieu de *canton*, fossés extérieurs.
16° *Pa*, chef-lieu d'*arrondissement*.
17° *Wen-gan*, chef-lieu de *canton*, fossés de 9ᵐ 450ᵐᵐ de largeur.
18° *Ta-tching*, chef-lieu de *canton*, fossés de 18ᵐ 900ᵐᵐ de largeur.
19° *Pao-ting*, chef-lieu de *canton*.
20° *Ki*, chef-lieu d'*arrondissement*.
21° *Ping-kou*, chef-lieu de *canton*, fossés de 6ᵐ 300ᵐᵐ de largeur.
22° *Tsun-hoa*, chef-lieu d'*arrondissement*, fossés de 9ᵐ 450 de largeur, creusés et revêtus de pierres sous les *Ming*.
23° *Ta-hing*, chef-lieu de *canton*.
24° *Youen ping*, id.

COLLÉGES. Le département de *Chun-thien* comprenait, en 1744, lors de la première édition de la grande Géographie impériale, 24 colléges (*hiŏ*) (liv. III, f° 12, *et sqq*.), répartis dans les principales villes, et où l'on enseigne les doctrines de l'école de *Khoung-tseu* (Confucius); cinq instituts ou colléges (*youèn*), consacrés à l'enseignement des doctrines des bouddhistes et des *Tào-sse*. Le plus grand nombre de ces colléges ont été fondés sous les dynasties des *Soung*, des Tartares occidentaux, des Mongols et des *Ming*.

POPULATION en 1743. Contribuables chefs de famille inscrits aux rôles. 142,670
Colons militaires. 14,874
TERRES CULTIVÉES en 1743, 59.879 *kìng*, équivalant à 356,280 *hect*.
IMPOTS FONCIERS, *en argent*, 202,989 *liàng*, ou 1,623,912 *francs*.
— en nature, riz 352 *chĭ* ou *hect*.
— en légumes noirs 3,510 *chĭ*, id.

MONTAGNES et RIVIÈRES. On compte 182 montagnes plus ou moins remarquables, et dont la Géographie impériale donne la description géographique et historique, y compris quelquefois la hauteur verticale; 19 montagnes moins élevées (*ling*), accessibles aux voyageurs; 6 vallées profondes (*thoúng*); 65 fleuves (*hŏ*); 10 lacs, (*hoù*), etc.

ANTIQUITÉS. 36 villes anciennes, entourées de murs, dont la plupart ont été fondées sous les *Han*, vers le commencement de notre ère; 10 anciennes villes du 3ᵉ ordre; 40 autres petites villes anciennes; 2 anciens campements militaires (*kiùn*), établis dans le sixième siècle de notre ère; 9 anciens forts (*tchin* et *wéi*) pour la garde des frontières; 1 vieux bourg remontant au commencement de la monarchie chinoise (*); 6 palais anciens (*koúng*); 27 anciennes tours (*thàï*), à plusieurs étages à jour, et dont l'une, nommée *la tour ou pagode d'or* (*hoáng kin thàï*), remonterait, selon la Géographie impériale (**), au quatrième siècle avant notre ère; 5 autres anciens édifices à plusieurs étages (*leóu*); 2 anciens observatoires; 2 anciens temples (*thàng*); 14 anciens pavillons (*ting*); 1 ancien karavansérai (*kiài*); 3 anciennes hôtelleries (*koùan*); 13 anciens parcs (*youàn*), au nombre desquels on compte le parc aux cerfs (*loù-youàn*); le parc aux fleurs d'abricotiers (*hing-hoà-youàn*); le parc des châtaigniers (*li-youàn*); le parc des dix mille printemps (*wén-tchŭn-youàn*); le parc de la feuille du riz (*mi-kià-youàn*); le parc des mûriers (*séng-youàn*).

DOUANES. Le département de *Chun-thien* compte *vingt-huit* douanes principales, ou établissements défensifs où l'on perçoit des droits d'entrée et de sortie, et beaucoup d'autres établissements de ce genre, qui servent en même temps à défendre les passages des frontières, tels que des *campements* militaires, des forteresses, des marchés et des postes pour recevoir les mandarins voyageurs : ces dernières ont toutes été établies sous la dynastie des *Ming*. Nous

(*) *Taï-thsing-i-thoung-tchi*, k. 4, f° 35 verso.
(**) Ibid., f° 36 verso.

ferons remarquer ici que l'établissement de ces postes en Chine date du règne de la dynastie des *Ming*, de 1368 à 1384 de notre ère.

PONTS. Il y avait en 1744 dans le même département, 54 ponts (*khiaó*), dont l'un, situé à l'est de la ville de *Toung-gan*, sur le fleuve *Tcháo-má*, est nommé le *pont de huit li* de longueur (environ 3 kilomètres). La plupart de ces ponts ont été construits sous la dynastie des *Ming*. Nous négligeons les gués, les digues et les écluses (*toú, ti, tchá*).

TOMBEAUX. Parmi les tombeaux célèbres, les plus anciens ne remontent qu'à la dynastie des *Han*, vers le commencement de notre ère.

TEMPLES. On compte 33 grands temples, élevés en l'honneur, l'un de l'ancien empereur *Hoáng-tí*; les autres, en l'honneur du *Génie qui apaise éternellement les flots* (*young ting hó-chīn-miáo*), de divers empereurs des dynasties historiques, de différents héros et personnages célèbres, etc.

MONASTÈRES. On compte aussi 50 monastères bouddhiques, dont *huit* ont été fondés sous les *Thang*; *un* sous les *Liao*; *trois* sous les *Kin*; *sept* sous les Mongols; *douze* sous les *Ming*; et *huit* sous la dynastie régnante. Les monastères des *Tao-sse* ne sont qu'au nombre de 4, dont *trois* remontent à la dynastie des *Kin*, l'autre à celle des Mongols. L'un de ces monastères (le *Niên-hóa ssé*, le *monastère où l'on cueille les fleurs*) est bâti avec des énormes blocs de pierre; on le nommait autrefois le *temple des mille Fö*. Il fut construit en 1575 de notre ère. Il y a le « monastère de la *pagode blanche* » (*pé-thá-ssé*), dont la forme ressemble à une bannière; le monastère de la *Source de la loi* et celui des trois pagodes (*sán-thá-ssé*), bâtis sous les *Thang* (645); le monastère de *la charité et de la compassion*; le monastère du *repos céleste*; le monastère de la déesse *Kouan-yin*, dans le temple duquel on voit une ancienne statue indienne de la déesse; le monastère du *pur Fan*; le monastère de la *vertu et des bonnes œuvres*, que l'on nommait autrefois le monastère des *saints qui ont reçu et qui conservent la félicité*

du ciel : ce dernier fut fondé par les Mongols (1329), et restauré sous les *Ming*; il renferme trois tours beaucoup plus anciennes; le monastère de *la source de Fö*; le monastère *des dix mille vies*; les monastères du *nuage de la loi*, de la *mer de la loi*, du *repos de la vie* : devant le temple de ce dernier, fondé sous les Mongols, on voit deux figuiers d'Inde, nommés par les Chinois *po-lo*, que la tradition raconte avoir été apportés de l'Inde; le monastère de la *montagne odorante*, fondé dans le 10ᵉ siècle de notre ère, et reconstruit de nouveau dans le milieu du 12ᵉ : on y trouve une riche bibliothèque due en grande partie à la munificence de l'empereur *Khang-hi*.

Le monastère *tao-sse* du *nuage blanc*, au sud-ouest de *Pé-king*, était nommé autrefois le *Palais du Tāi-ki* ou PREMIER PRINCIPE. Il fut fondé sous les *Kin*, et restauré sous les *Ming*.

Le plus ancien de tous ces monastères est celui du « *temple de briques*, » situé à près d'une lieue à l'est de *Hoai-jéou*, lequel existait déjà du temps des *Han*, sous le nom de *monastère de la source des nuages étendus* (*thán-thsiouán-ssé*).

FONCTIONNAIRES PUBLICS CÉLÈBRES. Ces fonctionnaires sont au nombre de 95; les plus anciens remontent à la dynastie des *Han*. Ils se sont tous distingués par leurs talents, leur désintéressement, leur amour du peuple et leur dévouement au bien public.

HOMMES ET FAITS CÉLÈBRES. Cette section de la *Grande Géographie impériale* ne peut être en aucune façon résumée dans ces colonnes. Nous dirons seulement que les faits et gestes de 351 hommes célèbres y sont décrits, dont 207 pour les dynasties qui ont précédé la dynastie tartare mantchoue actuellement régnante, et 144 pour la dynastie mantchoue, au nombre desquels sont 24 princes.

PASSAGERS OU VOYAGEURS CÉLÈBRES. Quatre seulement sont énumérés; l'un qui vivait à l'époque des trois royaumes (de 221 à 264 de notre ère); un autre sous les *Soung*; le troisième sous les Mongols, et enfin le quatrième sous les *Ming*.

FEMMES ILLUSTRES. On en compte 96, dont 52 ont vécu sous la dynastie actuelle. Toutes se sont distinguées par des vertus extraordinaires, au nombre desquelles on place, non-seulement celle de rester fidèles à leur époux décédé, mais encore la résolution de ne pas lui survivre. La plupart de ces femmes célèbres ont été déclarées *hautement honorables* par des décrets impériaux.

SAINTS ET IMMORTELS. Notre département n'en compte que *huit*, nombre bien inférieur à celui des hommes et des femmes célèbres.

PRODUITS NATURELS DU SOL. On trouve des mines de *sel* dans le canton de *Ning-ho*; celui de *Tsun-hoá* produit du *fer*; plusieurs autres fabriquent des *étoffes de soie* avec lesquelles ils payent leurs impôts; le canton de *Tchang-ping* produit du *cristal de roche*. Le sol de ce département produit en outre la fameuse plante nommée *jin séng*, qui, dit-on, prolonge la vie, et qui se paye excessivement cher, plus que son poids d'or; des *fruits* de plusieurs espèces, des châtaigniers, des melons, des jujubes (*tsao*), des raisins; des pêchers, des saules, des pivoines, des plantes potagères de diverses espèces; des pierres précieuses transparentes comme le verre (*liéou-li*). Il y a aussi des mines de *charbon de terre* (*méi*) dans les cantons de *Youen-ping* et de *Fang-chan*; on trouve aussi la pierre qui sert à peindre les sourcils (*hou-méi-chi*) dans le voisinage du premier de ces cantons. Parmi les objets d'industrie on remarque des queues de léopards et des arcs ornés de cornes.

2e DÉPARTEMENT. YOUNG-PING-FOU (*).

Ce département, situé à 55 lieues à l'est de *Pé-king*, a 34 lieues de l'est à l'ouest, et 22 du sud au nord; il comprend un *arrondissement* et sept *cantons*.

SITUATION ET CONFIGURATION GÉOGRAPHIQUE. Le département de *Young-ping* s'appuie sur de nombreuses montagnes, et l'eau l'entoure comme d'une ceinture. Au nord et à l'est, il est borné par la grande muraille; et au midi, par les golfes de *Liao-toung* et de *Tchi-li*.

MŒURS ET USAGES. Les habitants de ce département ont beaucoup d'énergie et de droiture. Ceux qui cultivent les terres sont laborieux et économes; les lettrés sont très-enclins à la renommée; les méchants ne laissent voir que la surface de leurs vices. Les laboureurs consacrent tous leurs efforts à la culture des terres, et ils ne sont point adonnés à la débauche et à la fourberie; ils ne se laissent point entraîner au mal par l'appât du gain; ils reconnaissent que la sécheresse et la pluie dépendent du ciel (*). Le sol en culture est peu fertile et donne peu de produits. Les arts et les sciences y sont très-peu cultivés.

VILLES PRINCIPALES :

1° *Young-ping*, ville de 1er ordre, chef-lieu du département; elle a près d'une lieue de circonférence, 4 portes, et des fossés de 15^m 750^{mm} de largeur, revêtus de briques sous les *Ming*.

2° *Tsien-gan*, chef-lieu de *canton*, 3 portes; fossés de 9^m 450^{mm} de largeur.

3° *Fou-ning*, chef-lieu de *canton*, 4 portes; fossés de 15^m 750^{mm} de largeur.

4° *Tchang-li*, chef-lieu de *canton*, 4 portes; fossés de 12^m 600^{mm} de largeur.

5° *Lo*, chef-lieu d'*arrondissement*, 4 portes; fossés de 9^m 450^{mm} de largeur.

6° *Lo-ting*, chef-lieu de *canton*, 4 portes; fossés de 9^m 450^{mm} de largeur.

7° *Yu-tien*, id.

8° *Foung-jun*, chef-lieu de *canton*, 4 portes; fossés de 6^m 300^{mm} de largeur.

COLLÉGES ET ÉTABLISSEMENS LITTÉRAIRES. Il y a un collége dans chacune des villes énumérées ci-dessus. Ceux de la première et de la quatrième ont été fondés sous les Mongols; ceux de la deuxième, de la troisième et de la septième sous les *Ming*; les autres sous les *Liao* et les *Kin*. Il y a aussi un collége à *Lou-loung*, faubourg de *Young-ping*, fondé sous les *Ming*; un autre dans la ville de *Chan-haï*, près de la grande muraille, sur la frontière du *Liao-toung*, fondé aussi sous les *Ming*. Il y a aussi deux autres grands établissements d'instruction publique,

(*) Taï-thsing-i-toung-tchi, k. 9.

(*) Taï-thsing-i-toung-tchi, k. 9, f° 4.

fondés sous les *Ming*, près du faubourg cantonal de *Lou-loung*, et près de la douane occidentale de la ville de *Lo*.

Population en 1743. Contribuables chefs de famille inscr. aux rôles, 127,393

Terres cultivées. 34,505 *k*. 95 *m*. ou 205,310 *hectares*.

Impots fonciers, *en argent* : 111,151 *l*. 5 *ts*. = 835,132 *fr*.
— *en nature*, riz : 13,951 *chï* ou *hectolitres*.
Légumes noirs, 4,002 id.
Foin 95,607 *chŏ* ou *bottes*.

Montagnes et fleuves. Montagnes (*) 128, dont une, la montagne *Tou*, a 30 *li* de hauteur ; collines 7 ; versants 6 ; îles importantes 3 ; grandes cavernes 2 ; fleuves et rivières 46 ; baies 2.

Antiquités. Anciennes villes murées, la plupart mentionnées par les historiens des *Han* (quelques-unes le sont par *Khoung-tseu*, dans son histoire de la principauté de *Lou*), 36 ; ancien camp, 1 ; anciens forts destinés à protéger les frontières, 6 ; ancien palais, 1 ; ancienne forêt maintenant obstruée, 1 ; anciennes tours ou pagodes, 4. La tradition fait remonter la construction de l'une de ces tours à l'empereur *Wou-ti*, des *Han* (140 ans avant notre ère) : cette dernière est située à l'est de *Lou-loung*.

Douanes, 15.
Autres établissements destinés à percevoir les taxes, 20.
Arènes pour des exercices publics, 4 ;
Établissements de postes appartenant au gouvernement, et datant de la dynastie des *Ming*, 8.
Ponts, 18.
Le plus grand nombre de ces ponts sont très-remarquables par leur longueur et la solidité de leur construction. Sous quelques-uns les bateaux ne passent qu'en été et en automne. Dans l'origine, ils étaient construits en bois flottants ; on les a construits depuis en pierre.

(*) Les montagnes, comme la plupart des noms en Chine, ont une signification qui, à elle seule, caractérise l'objet nommé. Les descriptions qui en sont faites principalement sous le rapport géologique et minéralogique, si elles ne sont pas toujours nulles, laissent beaucoup à désirer.

Tombeaux. Les anciens tombeaux célèbres ne sont qu'au nombre de *trois*, dont deux remontent à plus de mille ans avant notre ère ; tel est celui de *Tchao-wang*, roi de l'État de *Yen*, situé dans la ville cantonale de *Yu-tien*.

Temples. Ces derniers, la plupart fondés sous les *Ming*, ne sont qu'au nombre de *cinq*.

Monastères. Bouddhiques, 9.
Id. *Tao-sse*, 3.
Ils ont été fondés pour la plupart sous les *Ming*.

Mandarins célèbres. On en compte, depuis les *Han* jusqu'à la dynastie actuelle, *douze* ; et sous la dynastie régnante, *six*.

Un de ces fonctionnaires, natif de *Tchang-gan*, nommé *Thien-jin-hoéï*, qui vivait en 650 de notre ère, et qui était juge criminel de *Ping-tcheou*, dans une année de longue sécheresse, obtint par ses prières une grande pluie. Les biens de la terre ayant fructifié, les populations exprimèrent leur joie par le chant suivant :

« Notre père et notre mère nous ont élevés et nourris !

« Les campagnes ont envoyé un messager au prince ;

« Les purs esprits, les bons génies sont venus à notre secours !

« Le ciel suprême nous a entendus ;

« Au milieu des champs la pluie est descendue !

« Les montagnes ont produit des nuages ;

« Les greniers publics sont remplis !

« La politesse et le bon ordre, les rites et les cérémonies ont prévalu de nouveau.

« Nous désirons que notre prince vive longtemps,

« Et que les calamités et la misère ne puissent plus nous atteindre (*).

Hommes et faits célèbres. Depuis les *Han*, 47.

Femmes illustres. Depuis les *Thang*, seulement 16.

Produits du sol. Tous les cantons qui avoisinent la mer produisent du *sel* ; celui de *Tsien-gan* a des fleuves et des rivières qui produisent de l'*or* ; ceux de *Lo* et de *Tsien-gan* renfermaient autrefois de l'*étain* et du *cinabre* ; mais on n'y en trouve plus maintenant. Le *fer* se rencontre dans les

(*) *Taï-thsing-i-thoung-tchi*, k. 9, f° 33 v°.

cantons de *Tsien-gan* et de *Lou-loung*; on fabrique du *papier* dans les districts de *Tsien-gan* et de *Lo*. La *chaux* se trouve dans le canton de *Fou-ning*.

3ᵉ Département. Pao-ting-fou(*).

Ce département, situé à 35 lieues au sud-ouest de Pé-kîng, a 27 lieues de l'est à l'ouest, et 49 du midi au nord; il comprend deux *arrondissements* et quinze *cantons*.

Configuration géographique. Le sol de ce département est plat et uni; deux rivières principales l'arrosent. Au nord, il a trois portes de douanes; au midi, il communique avec toutes les provinces. Son sol réunit tous les genres de fertilité.

Mœurs et usages. Anciennement les habitants de cette contrée étaient surnommés des héros (*hão-kie*), leur force et leur bravoure primitives se sont changées en une grande modération de tempérament. Leur caractère maintenant est plus porté à l'étude des lettres, auxquelles ils se livrent de préférence. Leur humeur guerrière s'est cependant conservée aussi vive, au dire de *Ma-touan-lin*. Leurs arts d'agrément sont la littérature et la poésie. En résumé, leurs mœurs ne sont ni turbulentes, ni violentes; leurs habitudes ne sont point légères et superficielles, et ils consacrent tout leur temps à la culture des terres et au tissage des étoffes. Le sol est fertile et produit en abondance ce qui sert à l'entretien de la population. « Quand une terre ne produit « point de choses extraordinaires, dit « une ancienne géographie chinoise, la « population consacre ses labeurs au la-« bourage et à la culture des mûriers(**). »

Villes principales :

1° *Pao-ting*, chef-lieu du *département*, a 1 lieue $\frac{2}{15}$ de circonférence, 4 portes et des fossés de 15ᵐ 750ᵐᵐ de largeur, revêtus de pierres sous les *Ming*.

2° *Man-tching*, chef-lieu de *canton*, 2 portes et des fossés.

3° *Gan-sou* id. id.
4° *Ting-hing*, id. id.
5° *Sin-tching*, id. id.
6° *Thang*, id. 3 portes.

(*) Ibid., k. 10-11.
(**) *Tai-thsing-i-thoung-tchi*, k. 10, f° 8.

7° *Po-ye*, id. id., fossés.
8° *Khing-tou*, id. 2 portes.
9° *Young-tching*, id. 3 portes, fossés.
10° *Youen*, id. id.
11° *Li*, id. 2 portes, fossés.
12° *Hioung*, id. 3 portes, fossés.
13° *Ki*, chef-lieu d'*arrond*. id.
14° *Sou-lou*, chef-lieu de *canton*, 4 portes et fossés extérieurs, creusés sous les *Ming*.
15° *Gan*, chef-lieu d'*arrond*. id.
16° *Kao-yang*, chef-lieu de *canton*. id.
17° *Sin-gan*, id., 5 portes et fossés extérieurs, creusés sous les *Ming*.

Colléges. Ils sont au nombre de 23, distribués dans les villes énumérées ci-dessus ou aux environs, et ont été fondés presque tous sous les Mongols et sous les Ming; plusieurs d'entre eux ont été restaurés sous la dynastie actuelle. Un seul, le collège de la ville cantonale *Thang*, fut fondé sous la dynastie de ce nom (de 713 à 724), reconstruit de nouveau sous les *Kin*, et restauré sous la dynastie régnante.

Population en 1743. Contribuables chefs de famille inscrits, 423.652.

Terres cultivées. 44,944 *k*. 92 *m*. = 267.422 *hect*.

Impots fonciers, *en argent* : 271,869 *l*. 8 *ts*. = 2.174,952 *francs*.

— *en nature*, riz 5 *chi* ou *hect*.
— Grains 23 *chi* ou *hectolitres*.
— Légumes noirs 159 *chi* ou *hect*.

Montagnes et rivières :
Montagnes et pics............. 50
Fleuves et rivières.............. 37
Marais..................... 2
Rivières guéables.............. 41
Grands puits................. 3

Antiquités. Anciennes murailles de villes fortifiées, dont la plupart sont mentionnées par les historiens des *Han*, dans le second siècle avant notre ère. 66
Retranchements, forteresses, douanes..................... 3
Portiques publics (*ting*)........ 12
Villages et hameaux........... 3
Maisons de campagne.......... 3
Palais...................... 2
Édifices à plusieurs étages...... 5
Petits temples (*tháng*)........ 2
Tours ou pagodes, dont deux élevées sous les *Soung*................ 5

DOUANES. Grands établissements. 7
Petits...................... 27
Postes pour le service des mandarins et datant de la dynastie des *Ming*. 6
PONTS. La plupart fondés sous les *Ming*.................. 34
Digues et jetées............. 34
TOMBEAUX. Antérieurs aux *Han*. 6
Depuis les *Han*.............. 40
Au nombre des premiers, on compte le tombeau de la mère de l'empereur *Yao* (2350 avant notre ère); il fut restauré sous les *Ming*.
TEMPLES..................... 29
Au nombre de ces temples, on compte ceux des empereurs *Yao* et *Yu*, le premier fondé sous les Mongols (1266); ceux des empereurs *Kao-ti* et *Kouang-wou* des *Han*; celui du *Génie des fleuves*, fondé sous les *Ming*; celui des *deux droitures*, fondé sous les *Ming*; celui de la *droiture* et de la *piété filiale*; celui des *deux sages*, etc.
MONASTÈRES. Bouddhiques..... 13
Id.   de *Tao-sse*...... 3
Les premiers fondés pour la plupart sous les Mongols et sous les *Ming*; quelques-uns sous les *Thang*; les *Tao-sse* sous les *Soung*.
MANDARINS CÉLÈBRES. Depuis les *Han*....................... 96
HOMMES CÉLÈBRES. Depuis les *Han* jusqu'à la dynastie régnante...211
Princes tartares............. 24
Hommes célèbres sous cette dynastie....................... 127
PASSAGERS VOYAGEURS CÉLÈBRES. On n'en compte qu'un *seul* sous les Mongols; il se nommait *Hô-king*; ne se nourrissait que de riz cuit, et était très-versé dans les livres, qu'il connaissait parfaitement.
FEMMES CÉLÈBRES. Depuis l'époque des trois royaumes (221), on en compte 32. La première fut générale d'armée en second. Cette héroïne de la famille *Youen* fut, comme notre Jeanne d'Arc, très-intelligente et très-sage, disent les auteurs chinois.
ANACHORÈTES. On en compte 4.
PRODUITS DU SOL ET INDUSTRIE. Fer; *étoffes de soie*, de l'espèce du taffetas; plante médicinale nommée *tsoung-yoũng*; ver extraordinaire nommé *tchen*; beurre fait de lait de vache et de brebis.

4ᵉ DÉPARTEMENT. HO-KIEN-FOU (*).

Ce département, situé à 41 lieues au midi de *Pé-king*, a 16 lieues de l'est à l'ouest et 34 du midi au nord; il comprend un *arrondissement* et dix cantons.

CONFIGURATION GÉOGRAPHIQUE. Neuf fleuves arrosent ce département, que cinq places fortifiées protégent. A l'est, il confine avec les bords de la mer; à l'ouest, il touche les monts *Taï-hing*; au midi, il s'étend jusqu'à la rivière nommée *Hou-to*; au nord, il s'appuie sur le fleuve *Kao*. Partout on peut circuler par eau; on la trouve de tous les côtés, où elle surabonde. Au nord, il y a trois douanes.

MŒURS ET USAGES. La population du *Hô-kien* a le naturel honnête, non corrompu; son caractère est très-sociable. Il est de plus très-libéral et généreux. Cette population est principalement appliquée au labourage et à la culture des mûriers; ceux qui se livrent à la littérature sont peu nombreux, et la plupart d'entre eux s'appliquent à la science des *King*. Généralement parlant, les habitants de ce département ont un caractère mâle et un esprit plein de justice et d'équité. On les a surnommés *opiniâtres et pleins de ressentiments* (*Kiāng-tchi*).

Le sol de ce département est égal et uni près de ses frontières; il a été habitué aux guerres et aux dévastations de toute espèce. Anciennement on avait surnommé ce pays le *royaume des rites et de la musique*. Les différents vêtements et les choses littéraires ont le privilége d'occuper beaucoup la population; on peut la comparer, sous ce rapport, aux anciens habitants de la ville de *Tsieóu*, dans le royaume de *Lou* (patrie du philosophe *Meng-tseu*). Ceux qui sont dans la pauvreté ne cherchent point querelle aux autres. Ils ont à cet égard les mœurs des hommes de l'antiquité. Ils sont très-portés à la prière, et ils ont une grande confiance dans les esprits et les génies (**).

VILLES PRINCIPALES:
1° *Ho-kien*, chef-lieu du départe-

(*) *Taï-thsing-i-thoung-tchi*, k. 12.
(**) *Taï-thsing-i-thoung-tchi*, k. 12, f. 6.

ment, a une lieue et demie de circonférence, 4 portes, et des fossés de 15ᵐ 750ᵐᵐ de largeur, creusés sous les *Soung*, revêtus de briques sous les *Ming*.

2° *Hien*, chef-lieu de *canton*, 4 portes, fossés de 9ᵐ 450ᵐᵐ, creusés sous les *Kin* et réparés sous les *Ming*.

3° *Féou-tching*, chef-lieu de *canton*, 4 portes, fossés.

4° *Sou-ning*, chef-lieu de *canton*, 2 portes, fossés de 12ᵐ 600ᵐᵐ de largeur; en dehors est un rempart de terre de 8 *li* de circuit.

5° *Jin-kiu*, chef-lieu de *canton*, 4 portes, fossés de 15ᵐ750ᵐᵐ de largeur, remplis d'eau.

6° *Kiao-ho*, chef-lieu de *canton*, id.

7° *Ning-tsin*, chef-lieu de *canton*, 4 portes, fossés creusés sous les *Ming*.

8° *King*, chef-lieu d'*arrondissement*, 4 portes; fossés de 6ᵐ 300ᵐᵐ de largeur, creusés sous les Mongols.

9° *Wou-kiao*, chef-lieu de *canton*, 4 portes: fossés de 6ᵐ 300ᵐᵐ de largeur, creusés sous les Mongols.

10° *Thoung-kouang*, chef-lieu de canton, 4 portes; fossés de 9ᵐ 450ᵐᵐ de largeur.

11° *Kou-tching*, chef-lieu de *canton*, 4 portes; fossés de 7ᵐ 875ᵐᵐ de largeur, creusés sous les *Ming*.

Collèges. Ils sont au nombre de 14. Chaque chef-lieu en possède un. Ils ont été tous fondés sous les Mongols et sous les Ming; quelques-uns ont été restaurés sous la dynastie régnante.

Population en 1743. Contribuables chefs de famille inscrits, 238,991.

Terres cultivées. 68,389 *king* 6 *mèou*, = 406,949 *hectares*.

Impôts fonciers, en argent: 239,390 *liang* 8 *tsiën*, = 1,915,120 *fr*.

Impôts en riz et en millet: 1,056 *chi* ou *hectolitres*, et 2 boisseaux.

Montagnes et rivières :
Montagnes 4
Rivières 14

Antiquités. Anciennes fortifications de villes 39
Autres monuments 18

Les plus anciennes de ces villes sont citées par les historiens des *Han*. D'autres furent fondées sous les *Han* postérieurs (x° siècle). Des trois anciennes pagodes, l'une, située au nord du canton de *Jin-kiu*, est antérieure au premier siècle de notre ère.

Douanes 17
Établissements de postes .. 8
Toutes ces postes ont été établies sous les *Ming*.
Ponts 13
Digues et jetées 7
Tombeaux célèbres. Depuis les *Han* 31
Temples 11
Monastères. Bouddhiques ... 7

L'un de ces monastères, situé dans le canton de *Kiao-ho*, est l'asile de la famille *Sie*. Il est nommé le *monastère de la ville des Conversions*. Ces monastères ont été fondés sous la dynastie des *Ming*.

Mandarins célèbres. Depuis les *Han* 66
Hommes célèbres. Depuis les *Han* 76
Voyageurs célèbres. Du temps des *Soung* 2
Femmes célèbres 20
Anachorètes. Depuis les *Han*. 2
Produits du sol et industrie. Différentes étoffes de soie; soie écrue; toile; nattes de bambou; plantes médicinales; poissons, etc.

5° Département. Thien-tsin-fou(*).

Ce département, situé à 25 lieues au sud-est, de *Pé-king*, à 18 lieues de l'est à l'ouest, et 33 du midi au nord; il comprend un *arrondissem.* et six *cantons*.

Configuration géographique. A l'est, ce département est bordé par la grande mer; à l'ouest, différents fleuves coulent du midi au septentrion, non loin de ses frontières; au nord, il est à proximité du territoire de *Péking*, qu'il semble contempler avec respect, comme le séjour de tout ce qui est célèbre; au midi, il touche à la province de *Chan-toung*. Le sol est bien partagé sous le rapport des fleuves et des canaux de transport; il a des voies de communication, par eau et par terre, avec sept provinces.

C'est dans ce département que coule le fleuve *Ta-kou*, ou *Tchi-kou*, que les vaisseaux européens de haut bord venant de la mer Jaune peuvent remon-

(*) *Tai-thsing-i-thoung-tchi*, k. 13.

ter jusqu'à *Thien-tsin*, chef-lieu du département. Ce fleuve prend différents noms selon les lieux qu'il traverse et les affluents qu'il reçoit. Dans son cours méridional, c'est le fleuve *Weï*; dans son cours septentrional, c'est le *Pé-hó*, ou le *fleuve blanc*; à l'ouest, il porte le nom de *Kou*, c'est le *Si-kou*. Son ancien nom était *Tchi-kou*.

MŒURS ET USAGES. Le sol du département étant bien partagé sous le rapport des voies de communication, les habitants sont un mélange des natifs de toutes les parties de l'empire. La population la plus ancienne est au premier rang, pour les sentiments de bienveillance et de charité; même lorsqu'ils ont perdu leur autorité et leurs dignités, ils ne peuvent perdre ces bons sentiments. Le peuple se livre principalement au labourage et à la culture des mûriers. Il s'adonne aussi à la littérature et à la poésie.

VILLES PRINCIPALES. 1° *Thien-tsin*, chef-lieu du *département*; elle a près d'une lieue de circonférence (9 *li*), 4 portes, et des fossés à l'extérieur creusés en 1404 (*).

Les maisons de *Thien-tsin* sont bâties en briques bleues, ou couleur de plomb. Plusieurs de ces maisons, contrairement à l'usage des Chinois, ont deux étages. La ville est bâtie sur un plateau élevé, quoique, de chaque côté, la campagne soit fort basse, et présente, comme la mer, une surface plane et uniforme qui n'est bornée que par l'horizon (**).

2° *Tsing-haï*, chef-lieu de *canton*, 3 portes; fossés de 8ᵐ 820ᵐᵐ de largeur.

(*) Il faut que cette ville ait reçu un grand accroissement en étendue et en population depuis 1744, pour que, en 1793, les Anglais de l'ambassade de lord Macartney, qui la traversèrent, l'aient jugée *aussi grande que Londres*, et pour que les mandarins leur aient assuré qu'elle contenait une population de 700,000 âmes. L'augmentation extraordinaire de la population donnée par les derniers recensements officiels confirme la première conjecture. On peut en conclure que les récits des Chinois, loin d'être exagérés, comme on le suppose ordinairement, sont toujours plutôt *au-dessous* qu'*au-dessus* du vrai.

(**) Relation de l'ambassade de lord Macartney en Chine.

3° *Tsing*, chef-lieu de *canton*, 3 portes; fossés de 6ᵐ 300ᵐᵐ de largeur, creusés sous les *Soung*.

4° *Tsang*, chef-lieu d'*arrondissement*, 5 portes; fossés extérieurs de 14ᵐ 173ᵐᵐ de largeur.

5° *Nan-pi*, chef-lieu de *canton*, 4 portes; fossés extérieurs, creusés sous les *Ming*.

6° *Yen-chan*, chef-lieu de *canton*, 3 portes; fossés extérieurs, creusés sous les *Ming*.

7° *King-yun*, chef-lieu de *canton*, 3 portes; fossés de 6ᵐ 300ᵐᵐ, creusés sous les *Ming*.

COLLÉGES. 2 dans *Thien-tsin*, et 1 dans chacun des autres chefs-lieux, la plupart fondés sous les *Ming*; en tout 8.

POPULATION en 1743. Contribuables chefs de famille inscrits, 33,301 (*).

TERRES CULTIVÉES. 40,133 *king* 67 *mèou* 7 *fen*, = 239,179 hectares.

IMPÔTS FONCIERS, en argent: 77,461 *liang* 8 *tsièn*, = 619,688 *francs*.
— en grains, 2757 *chi* ou *hectol*.
— en millet, 2,423 *chi* ou *hectol*.
— en légumes, 452 *chi* ou *hectol*.

MONTAGNES ET COURS D'EAU:
Montagnes.................... 8
Fleuves et rivières........... 17
Baies........................ 2
Puits célèbres............... 2

ANTIQUITÉS. Anciennes fortifications de villes, de citadelles, etc., au nombre desquelles sont sept anciennes tours ou pagodes, dont l'une, la *Tour de la mer de l'espérance* (*Wāng-haï-thaï*), située au nord-est de l'arrondissement de *Tsang*, a 189 mètres de hauteur (**), 43 mètres de plus que la plus haute des pyramides d'Égypte. On en attribue la construction à l'empereur *Wou-ti* des *Han* (de 140 à 86 avant notre ère), dont elle a aussi conservé le nom. Ces antiquités sont au nombre de 44.

DOUANES. 26.

Postes établies sous les *Ming*, 5.

(*) Le texte porte bien ce nombre; il y a probablement une erreur en moins.

(**) 60 *tchāng* chinois; le *tchāng* étant de 10 pieds chinois, et ce dernier équivalant à 315 mm., d'après la figure officielle donnée dans le *Taï-tshing-hoeï-tien-thou*, section *Yo-ki*, édition de 1818, k. 27, fol. 1 et 2.

Ponts....................... 12
Digues et jetées.............. 3
Tombeaux célèbres......... 11
au nombre desquels on compte celui de *Phan-kou*, le premier homme, selon quelques croyances chinoises.

Temples, 7. Dans ce nombre on distingue celui de l'*Esprit* ou *génie des mers* (*haï-chin*), situé à l'est du canton de *Thien-tsin* près du rivage de la mer, et construit en 1697, par l'empereur *Khang-hi*.

Monastères, 5. Ils sont tous bouddhiques, et deux ont été construits sous le règne du célèbre *Khang-hi*. Dans l'un de ces monastères, on voit une grosse cloche fondue en 1299 de notre ère, sous la dynastie mongole, et dont on entend le son, lorsque l'air est très-pur, à la distance de plusieurs lieues. Dans un autre que l'on nomme le *Monastère de l'origine primordiale*, situé dans la ville de *Tsang-tchéou*, il existe un lion de bronze qui a 5^m 355^{mm} de hauteur et près de 5 mètres de longueur. La tradition rapporte que ce lion est du dixième siècle de notre ère.

Mandarins célèbres. Depuis les *Han* 33
Hommes célèbres........... 38
Femmes célèbres........... 15
Anachorètes................ 2

Produits. Etoffes de soie de différentes sortes; soie écrue; toile de chanvre, nattes de bambou; paniers d'osier, poissons, sel gemme dans le voisinage de *Thien-tsin* et de *Tsang-tchéou*; vin, sur le territoire de cette dernière ville.

6° Départem^{nt}. Tching-ting-fou (*).

Ce département, situé à 61 lieues sud-ouest de *Pé-king*, a 45 lieues de l'est à l'ouest, et 37 du midi au nord; il comprend un *arrondissement* et 13 *cantons*.

Configuration géographique. Ce département est borné au nord par le territoire de *Kouang-tchang*, à l'ouest par la province de *Chan-si*; son territoire, arrosé par plusieurs fleuves et rivières qui circulent dans tous les sens, a de faciles communications; les marchands et les négociants s'y rendent des quatre parties de l'empire; c'est toujours là leur rendez-vous du Nord. Il est en quelque sorte le passage perpétuel de toutes les provinces.

Mœurs et coutumes. Le territoire de ce département est restreint, mais la population nombreuse; celle-ci aime le mouvement pour se procurer des amusements et des plaisirs. Si elle a de la peine, elle chante pour mieux supporter ses chagrins. Son caractère insouciant tient les lettrés en grand honneur. Les habitants sont généralement droits, sincères et généreux; un petit nombre se livre à la culture des lettres, et la plupart de ces derniers s'appliquent à la science des *King*. Les choses nécessaires à la vie sont là en grande abondance. Le territoire étant découvert, l'air y est pur et fortifiant. Ceux qui ont l'habitude de se livrer à la culture des lettres, joignent la simplicité à l'élégance; ceux qui ont l'habitude de suivre le métier des armes, ont toutes les qualités militaires (*).

Villes principales :

1° *Tching-ting*, chef-lieu du *département*, a 2 lieues et demie de circonférence, 4 portes; des fossés de plus de 31^m 500^{mm} de largeur.

2° *Tsing-king*, chef-lieu de *canton*, 5 portes.

3° *Hoë-li*, chef-lieu de *canton*, 3 portes; fossés extérieurs de 6^m 725^{mm} de largeur.

4° *Youen-chi*, chef-lieu de *canton*, 3 portes.

5° *Ling-tcheou*, chef-lieu de *canton*, 3 portes; fossés extérieurs de 6^m 300^{mm} de largeur.

6° *Loan-tching*, chef-lieu de *canton*, 4 portes; fossés d'eau courante de 9^m 450^{mm} de largeur.

7° *Ping-chan*, chef-lieu de *canton*, 4 portes; fossés.

8° *Feou-ping*, chef-lieu de *canton*, 4 portes; fossés.

9° *Hing-thang*, chef-lieu de *canton*, 3 portes; fossés de 6^m 300^{mm} de largeur.

10° *Tsan-hoang*, chef-lieu de *canton*, 3 portes; fossés pleins d'eau.

11° *Tsin*, chef-lieu d'*arrondissement*; anciennement, murailles en terre, élevées sous les Mongols; 2 portes; fossés d'environ 3^m de largeur.

(*) *Ta-thsing-i-toung-tchi*, k. 14.

(*) Ibid., fol. 6.

12° *Wou-ki*, chef-lieu de *canton*, 3 portes; fossés de 6ᵐ 300ᵐᵐ de largeur, creusés sous les *Ming*.

13° *Kao-tching*, chef-lieu de *canton*, 2 portes; canal à l'intérieur.

14° *Sin-lo*, chef-lieu de *canton*, 2 portes.

POPULATION en 1743. Contribuables chefs de famille inscrits, 436,234.

TERRES CULTIVÉES. 34,228 *king* 11 *méou*, = 203.657 *hectares*.

IMPÔTS FONCIERS, *en argent*: 308,399 *liàng*, = 2,467,192 *francs*.

MONTAGNES et COURS D'EAU.
Montagnes.................. 67
Fleuves et rivières............. 20
Autres cours d'eau............. 20

De ce nombre est le canal d'arrosement construit sous les *Thang*.

ANTIQUITÉS. Anciennes fortifications de villes, citadelles, tours, etc. 76. Un grand nombre de ces antiquités remontent à plusieurs siècles avant notre ère. La plupart sont des villes ou des monuments cités dans les livres des *Han*, ou fondés à cette époque. Il en est qui sont mentionnés dans le *Tchun-thsieou*. La tradition fait remonter la construction d'une tour ou pagode, située sur la montagne *King*, du canton de *Tsing-king*, et nommée la *Tour de la chasse* (*hĕ-thāi*), au fameux roi chasseur *Mou-wang*, qui régnait 1000 ans avant notre ère (*). Une autre, la *Tour de la justice* (*i'-thāi*), est attribuée à *Wou-ling*, roi du petit royaume de *Tchao*, qui régnait 325 ans avant notre ère. Une autre, la *Tour du cerf blanc* (*pĕ-loŭ-thāi*), existait déjà lorsque l'empereur *Wou-ti* (140 ans av. notre ère) la visita, suivi d'un cerf blanc, d'où elle a tiré son nom.

DOUANES..................... 38
Postes établies sous les *Ming*... 5
PONTS PRINCIPAUX........... 17
TOMBEAUX CÉLÈBRES......... 28

Trois d'entre eux appartiennent à l'ancienne dynastie des *Tchéou*; un temple y est attenant.

TEMPLES CÉLÈBRES........... 12

On remarque le temple des *Trois premiers empereurs*, à l'est du chef-lieu; celui du *grand Yu*; celui de l'*Esprit du fleuve Hou-to*, dans lequel on offre des sacrifices deux fois par an, au prin-temps et en automne; il fut fondé dans le 15ᵉ siècle.

MONASTÈRES. Bouddhiques, 11.
Id. de *Tao-sse* 3.

Dans l'un des monastères bouddhiques situé à l'intérieur de la porte orientale de *Tching-ting*, et que l'on nomme le « Monastère du grand *Fŏ*, » fondé en 586 de notre ère, on remarque un beau portique de neuf entre-colonnements à cinq étages, dont la hauteur est de cent trente pieds chinois. Au milieu de ce portique est une statue en cuivre de *Bouddha*, haute de 70 pieds chinois. Ce monastère a été restauré par *Khang-hi*. Plusieurs de ces monastères remontent au 5ᵉ et au 6ᵉ siècle de notre ère.

MANDARINS CÉLÈBRES. Depuis les *Han*........................ 69
HOMMES CÉLÈBRES, id...... 107
FEMMES CÉLÈBRES, id....... 27
ANACHORÈTES CÉLÈBRES..... 5

PRODUITS ET INDUSTRIE. Nids d'oiseaux, poires, champignons d'arbres; plantes médicinales, etc.

7ᵉ DÉPARTEMENT. CHUN-TE-FOU (*).

Ce département, situé à cent lieues au sud-ouest de *Pé-king*, a 28 lieues de l'est à l'ouest, et 15 du midi au nord; il comprend neuf *cantons*.

CONFIGURATION GÉOGRAPHIQUE. La partie méridionale de ce département touche à la province du *Hô-nán*; il s'appuie au nord-ouest sur des montagnes escarpées. Le canton de *Kiu-lou* est un lieu de passage pour toutes les parties de l'empire.

MŒURS ET USAGES. Le caractère des habitants de ce département est très-libéral et généreux; le labourage et la culture du mûrier sont la principale occupation des habitants; ils aiment aussi beaucoup à se livrer à l'étude des lettres, et ils sont singulièrement affectés de la lenteur de leur avancement. Le peuple est d'un commerce agréable et facile; il ne s'occupe que d'agriculture; il n'est point querelleur et procédurier. Le riche et le pauvre ont beaucoup d'égards l'un pour l'autre (**).

VILLES PRINCIPALES:

1° *Chun-te*, chef-lieu du *départe-*

(*) Conférez t. I, p. 94 et suiv.

(*) *Tai-thsing-i-thoung-tchi*, k. 16.
(**) Ibid., fol. 5.

ment, a 13 *li* de circonférence, 4 portes; fossés de 15ᵐ 750ᵐᵐ de largeur.

2° *Cha-ho*, chef-lieu de *canton*, 2 portes; fossés de 6ᵐ 300ᵐᵐ de largeur, creusés sous les *Ming*.

3° *Nân-ho*, chef-lieu de *canton*, 4 portes; fossés de 6ᵐ 300ᵐᵐ de largeur, creusés sous les Mongols.

4° *Ping-hiang*, chef-lieu de *canton*, 6 portes; fossés de 6ᵐ 300ᵐᵐ et plus de largeur, creusés sous les *Ming*.

5° *Kiu-lou*, chef-lieu de *canton*, 4 portes; fossés de 6ᵐ 300ᵐᵐ de largeur, creusés sous les *Ming*.

6° *Kouang-tsoung*, chef-lieu de *canton*, 4 portes; fossés de 6ᵐ 300ᵐᵐ de largeur, creusés sous les *Ming*.

7° *Thang-chan*, chef-lieu de *canton*, 2 portes; fossés de 6ᵐ 300ᵐᵐ de largeur, creusés sous les *Ming*.

8° *Neï-kiu*, chef-lieu de *canton*, 4 portes; fossés de 6ᵐ 300ᵐᵐ de largeur, creusés sous les *Ming*.

9° *Jin*, chef-lieu de *canton*, 3 portes; fossés de 9ᵐ 450ᵐᵐ de largeur, creusés sous les Mongols, revêtus en briques et en pierres sous les *Ming*.

10° *Hing-taï*, chef-lieu de *canton*.

COLLÉGES. 11, dont un dans chacun des chefs-lieux. Ils furent établis sous les *Soung*, sous les *Mongols*, et sous les *Ming*.

POPULATION en 1743. Contribuables chefs de famille inscrits...... 902,942
Colons militaires.......... 1,866

TERRES CULTIVÉES : 51,403 *king* 36 *méou*, = 305,847 hectares.

IMPÔTS FONCIERS, *en argent* : 215,598 *liàng*, 8 *tsién*, 7 *fén* = 1,724,784 *francs*.

MONTAGNES ET GRANDS COURS D'EAU. Montagnes.......................41
Fleuves et rivières............15
Grand canal d'irrigation creusé sous les *Thang* (*Tà-tháng-khiû*.)
Lac *Ta-lou*, dans lequel se perdent trois rivières.

ANTIQUITÉS.
Anciennes fortifications de villes...21
Tours ou pagodes............... 6
Quelques-unes sont antérieures au 2ᵉ siècle avant notre ère.

DOUANES.................. 15
POSTES.................... 2
PONTS IMPORTANTS.......... 14

TOMBEAUX CÉLÈBRES, 20, dont 2 remontent au temps des *Tchéou*.

TEMPLES CÉLÈBRES, 11. L'un de ces temples est érigé en l'honneur de l'empereur *Yao*; un autre en l'honneur de l'empereur *Kouang-wou* des *Han*.

MONASTÈRES, 7, fondés sous les *Thang*, les *Soung* et les Mongols.

MANDARINS CÉLÈBRES, depuis l'époque des trois royaumes........ 37
HOMMES CÉLÈBRES, depuis les *Han*........................ 39
FEMMES CÉLÈBRES, *id*......... 16

PRODUITS ET INDUSTRIE. Étoffes de soie, poterie, coutellerie, pierres d'ornement, pierres de touche pour éprouver l'or (*wén-chi*), sable à polir le jaspe, fer dans le canton de *Cha-ho*, vin dans celui de *Nan-ho*.

8ᵉ DÉPARTEMᵗ. KOUANG-PING-FOU (*).

Ce département, situé à 95 lieues sud-ouest de *Pé-king*, a 16 lieues de l'est à l'ouest, et 13 du sud au nord; il comprend un *arrondissement* et neuf *cantons*.

CONFIGURATION GÉOGRAPHIQUE. Ce département touche au sud-ouest à la province de *Chan-toung*, à l'ouest à celle du *Hó-nân*; le fleuve *Tchang* et d'autres grands cours d'eau le traversent dans la direction de l'ouest à l'est et du sud au nord.

MŒURS ET COUTUMES. Le sol de ce département est ouvert; les usages sont mêlés; mais le caractère général des habitants est une vivacité d'esprit, une humeur audacieuse et entreprenante singulières. Ce caractère leur était déjà connu dans le premier siècle de notre ère.

En outre, ils sont d'un naturel bienveillant et généreux; ils se livrent principalement au labourage et à la culture du mûrier; ils aiment aussi beaucoup les études littéraires. Le sel est très-répandu dans ce département, au sol duquel il se trouve mêlé; aussi ce sol est-il très-propre à nourrir des troupeaux.

VILLES PRINCIPALES :

1° *Kouang-ping*, chef-lieu du *département*, ayant neuf *li* de circonférence, 4 portes, et des fossés de 37ᵐ 800ᵐᵐ de largeur, qui furent creusés sous les Ming.

(*) *Taï-thsing-i-thoung-tchi*, k. 17.

2° *Khiou-tchéou*, chef-lieu de canton, 4 portes; rivière formant fossés de 12ᵐ 600ᵐᵐ de largeur, creusée sous le dernier empereur des *Ming*.

3° *Feï-hiang*, chef-lieu de canton, 4 portes.

4° *Ki-tsi*, chef-lieu de canton, 4 portes; fossés de 15ᵐ 750ᵐᵐ de largeur, creusés sous les *Ming*.

5° *Kouang-ping*, chef-lieu de canton, 3 portes; fossés de 6ᵐ 300ᵐᵐ de largeur, creusés sous les *Ming*.

6° *Han-tan*, chef-lieu de canton, 4 portes; fossés de 6ᵐ 300ᵐᵐ, creusés sous les *Ming*.

7° *Tching-gan*, chef-lieu de canton, 3 portes; fossés de 6ᵐ 300ᵐᵐ, creusés sous les *Ming*.

8° *Weï*, chef-lieu de canton, 4 portes; fossés extérieurs creusés sous les *Kin* et les Mongols.

9° *Thsing-ho*, chef-lieu de canton, 3 portes; fossés extérieurs creusés sous les *Ming*.

10° *Tseu*, chef-lieu d'arrondissement, 4 portes; fossés de 6ᵐ 300ᵐᵐ de largeur, creusés sous les *Ming*.

11° *Young-nien*, chef-lieu de canton.

COLLÉGES 15, la plupart fondés sous les *Kin* et les *Ming*.

POPULATION en 1743. Contribuables chefs de famille inscrits...... 359,724
Colons militaires.......... 10,913

TERRES CULTIVÉES : 71, 353 *king* 94 *méou*, = 424,555 *hectares*.

IMPÔTS FONCIERS en argent : 359,555 *liang* 8 *tsien*, = 2,876,440 francs.

MONTAGNES ET RIVIÈRES.
Montagnes 13. De ce nombre est la montagne de *la clarté pénétrante*, (*thsoung ming chân*), sur laquelle est un temple élevé en l'honneur de *l'Esprit* de cette montagne.

Rivières.................. 11

ANTIQUITÉS. Anciennes fortifications de villes 42; beaucoup de ces villes ont une origine qui remonte à la dynastie des *Tchéou*.

Autres anciens monuments 18, dont 7 tours ou pagodes.

DOUANES................... 22
POSTES.................... 3

PONTS, 14. Un de ces ponts, situé en dehors de la porte occidentale de *Han-tan*, fut construit, selon la tradition, à l'époque des guerres qui désolèrent la fin de la dynastie des *Tchéou*, dans le 3ᵉ siècle avant notre ère.

DIGUES ET JETÉES........... 22
TOMBEAUX CÉLÈBRES......... 37

TEMPLES, 13. On remarque dans le nombre le temple du célèbre *Thseng-tseu* (*), disciple de *Khoung-tseu*, situé au midi de la ville cantonale de *Weï*; celui des *Trois sages*; celui des *OEuvres méritoires*.

MONASTÈRES. Bouddhiques.... 6
— *Tao-sse*......... 2

Au nombre des premiers est le « monastère de l'empreinte figurée de *Bouddha* » (*Thoû-ming-ssé*), fondé sous les *Thang*.

MANDARINS CÉLÈBRES........ 64
HOMMES CÉLÈBRES........... 85
VOYAGEURS CÉLÈBRES. Sous les *Han* et les *Thang*............ 2
FEMMES CÉLÈBRES........... 28
ANACHORÈTES CÉLÈBRES...... 2

PRODUITS DU SOL ET INDUSTRIE. Taffetas de soie, étoffe et feutre de laine, vêtements huilés, racine de *jin-séng*, riz de marais, nénufar, plante qui produit une couleur bleue pour la teinture (*lân*, indigo?), pierres fines, aimant (*tséu-chi*), porcelaine fine, moutons.

9ᵉ DÉPARTEMENT. TA-MING FOU (**).

Ce département, situé à 112 lieues au sud-ouest de *Pé-king*, a 12 lieues de l'est à l'ouest, et 36 du sud au nord; il comprend un *arrondissement* et sept *cantons*.

CONFIGURATION GÉOGRAPHIQUE. « Le sol de ce département est élevé et « montagneux; les montagnes arrêtent « les rivières de tous côtés, » disent des vers chantés sous les *Soung*; il se présente élevé comme une digue, il y a beaucoup de torrents et de gués à franchir. Les rivières se relient entre elles, et s'y cachent en quelque sorte comme dans mille refuges. A l'est, il touche la province de *Chan-toung*; à l'ouest, à celle du *Ho-nan*; au nord il s'appuie sur le fleuve *Tchang*, qui présente beaucoup de dangers.

MŒURS ET COUTUMES. Les mœurs des habitants, selon *Sse-ma-tsien*, se rapprochaient autrefois (il y a 2,000 ans) beaucoup de celles des petits

(*) Conférez t. I, p. 183.
(**) *Taï-thsing-i-thoung-tchi*, k. 18 et 19.

royaumes de *Liang* et de *Lou*. Les habitants, selon le même historien, sont réservés et graves, et attachés à leurs principes. Ils sont durs et robustes, et ont l'humeur éminemment guerrière; les hommes connaissent à fond le labourage et la culture des mûriers; ils encouragent beaucoup les établissements littéraires. Leurs mœurs sont très-bonnes généralement; elles sont comme inspirées par le souffle moral de l'antiquité.

VILLES PRINCIPALES :

1° *Ta-ming-fou*, chef-lieu du *département*, ayant 8 *li* de circonférence, 4 portes, et des fossés extérieurs de 23^m 625^{mm} de largeur, creusés sous les *Ming*, en 1400 de notre ère, et revêtus de briques en 1535.

2° *Taï-ming*, chef-lieu de *canton*, 3 portes; fossés de 3^m 900^{mm} de largeur, creusés sous les *Ming*.

3° *Weï*, chef-lieu de *canton*, 6 portes; fossés de 7^m 560^{mm} de largeur, creusés sous les *Ming*.

4° *Nan-lo*, chef-lieu de *canton*, 4 portes ; fossés de 3^m 150^{mm} de largeur, creusés sous les Mongols et revêtus de briques sous les *Ming*.

5° *Thsing-foung*, chef-lieu de *canton*, 4 portes; fossés de 9^m 450^{mm} de largeur, creusés sous les *Ming*, réparés et revêtus de briques sous la dynastie actuelle.

6° *Thoung-ming*, chef-lieu de *canton*, 4 portes; fossés de 18^m 900^{mm}, creusés sous les *Ming*, revêtus de briques et réparés sous la dynastie actuelle.

7° *Kaï*, chef-lieu d'*arrondissement*; murailles anciennes en terre, de 24 *li* de circonférence, 4 portes; fossés de 3^m 150^{mm} de largeur, établis sous les *Soung*.

8° *Tchang-hiouen*, chef-lieu de *canton*, 4 portes; fossés de 14^m 490^{mm} de largeur, creusés sous les *Ming*, revêtus de briques et réparés plusieurs fois sous la dynastie actuelle.

COLLÉGES, 12, dont 2 fondés sous les Mongols, et 10 sous les *Ming*.

POPULATION EN 1743. Contribuables chefs de famille inscrits, 422,960.

TERRES CULTIVÉES : 65,888 *king* 50 *méou*, = 392,331 *hectares*.

IMPÔTS FONCIERS en argent : 378,287 *liang* 9 *tsièn*, = 3,016,296 *francs*.

IMPÔTS FONCIERS *en nature* : millet, 42 *chi*, ou *hectolitres*; froment, 42 *chi*.

MONTAGNES ET RIVIÈRES :

Montagnes 13, dont l'une est nommée la montagne *au sable d'or*; une autre, la montagne *des nuages blancs*; une autre, le *sommet de la salle d'étude*. A propos de cette dernière montagne, située à une lieue au nord de *Tchang-hiouen*, la tradition rapporte que KHOUNG-TSEU y passa quelque temps à enseigner sa doctrine. Il y a maintenant un temple fondé sous les *Ming*, de 1457 à 1465 de notre ère.

Fleuves et rivières, 11, au nombre desquels on compte l'ancien *Hoâng-hô* qui a trois branches (*), le *Wéï-hô*, le *Tchâng-hô*. On trouve aussi dans ce département le lac *Si-hôu*, ou lac *occidental*, qui a plusieurs centaines de *méou* d'étendue. Il est situé au sud-ouest de *Kaï-tchéou*. Dans les anciens temps les eaux s'écoulaient ; mais elles se sont ensuite accumulées et ont formé un lac.

ANTIQUITÉS. Anciennes fortifications de villes, 49, dont un grand nombre existaient au temps des *Han*.

Autres monuments, 42, au nombre desquels sont 8 tours ou pagodes dont plusieurs remontent à 3 siècles avant notre ère.

DOUANES.................. 20

PONTS, 10. La plupart établis sous les *Ming*.

DIGUES ET JETÉES........... 20

TOMBEAUX CÉLÈBRES, 30, dont 12 sont de personnages célèbres antérieurs à la dynastie des *Han*. Le premier est celui de *Thsâng-kiĕ*, auquel les Chinois attribuent l'invention de leur écriture (**); il est situé à 35 *li* à l'ouest de *Nan-lo*; on y compte aussi celui de *Tseu-lou*, disciple de KHOUNG-TSEU, et ceux d'autres disciples de ce philosophe et de *Meng-tseu*.

TEMPLES, 16, au nombre desquels est celui de *Tseu-lou*, fondé sous les *Ming*; la plupart des autres ont été aussi fondés à la même époque.

(*) Voy. sur les différents cours du fleuve *Hoâng-hô*, t. I, p. 373-4.
(**) Voy. sur ce personnage un ouvrage de l'auteur, intitulé : *Essai sur l'origine et la formation similaire des écritures figuratives chinoise et égyptienne*. Paris, 1842.

MONASTÈRES. Bouddhiques 6, dont 4 fondés sous les *Soung;* la tradition fait remonter la fondation d'un autre, situé au sud-ouest de *Weï-hien*, à une époque antérieure aux *Kin* et aux *Mongols;* un seul est du temps des *Thang*.

MANDARINS CÉLÈBRES....... 100
HOMMES CÉLÈBRES.......... 95
VOYAGEURS CÉLÈBRES....... 6
FEMMES CÉLÈBRES 22
ANACHORÈTES 1

PRODUITS ET INDUSTRIE. Taffetas de soie, arcs ornés de cornes, nattes pour coucher, papier (*tchi*), tissus de petits roseaux teints en rouge, fard de diverse nature, nitre ou salpêtre, poires, cerises, dattes.

10ᵉ DÉPARTEMᵗ. SIOUEN-HOA-FOU (*).

Ce département, situé à 34 lieues nord-ouest de *Pé-king*, a 36 lieues de l'est à l'ouest, et 27 du midi au nord. Il comprend trois *arrondissements* et sept *cantons*.

CONFIGURATION GÉOGRAPHIQUE. Ce département, le plus septentrional de la Chine proprement dite, est comme enfermé dans deux ailes de la grande muraille, qui le bornent au sud-est et au nord-est; il est aussi comme enclavé dans une ceinture de montagnes; les fleuves *Sáng-kiĕn* et *Yáng* circulent dans la partie sud-ouest de son territoire.

MŒURS ET USAGES. Les habitants de ce département frontière ont le naturel brave et courageux; ils ne redoutent point les guerres ou invasions étrangères; ils se plaisent à rester dans leur état et leur condition. Actifs, laborieux et économes, ils s'appliquent principalement à l'agriculture; leurs mœurs ne donnent pas dans les extrêmes. Le territoire de ce département comprend cent lieues carrées. Les montagnes sont hautes, les eaux rapides; les vents violents, l'air froid. Le caractère des habitants est hardi et ferme, généreux, sincère et plein de droiture; c'est pourquoi les habitants sont extrêmement attachés aux bons principes (**).

(*) *Taï-thsing-i-thoung-tchi*, K. 20 et 21.
(**) Ibid., f° 6.

1° VILLES PRINCIPALES. *Siouen-hoa*, chef-lieu de département, ayant deux lieues et demie de circonférence et 7 portes. « La muraille crénelée qui l'en- « toure, dit *Timkouwski*, qui l'a visité « en 1820, est haute de trente pieds; « elle nous rappela les murs du Krem- « lin : elle ressemble à celle de plu- « sieurs villes de la Russie. Elle con- « siste en deux petits murs parallèles, « en briques; l'espace intermédiaire « est rempli d'argile et de sable; la « muraille est flanquée de tours. On « passe par trois portes pour entrer « dans la ville : la première est cou- « verte de fer et de grands clous; à la « seconde est le corps de garde; on « trouve ensuite une rue large bordée « de boutiques de quincaillerie et de « magasins de chariots, et l'on arrive « à la porte triomphale... Les rues « sont larges et propres... On fabrique « dans cette ville les meilleurs feutres « et autres objets en laine, par exemple, « des bonnets qui sont d'un usage ha- « bituel parmi les paysans chinois (*). »

2° *Tchi-tching*, chef-lieu de *canton*, 2 portes, autrefois forteresse; 3 *li* de circuit.

3° *Wen-tsiouen*, chef-lieu de *canton*, 3 portes; 6 *li* 3 *pou* de circuit.

4° *Loung-men*, chef-lieu de *canton*, 2 portes; 4 *li* 53 *pou* de circuit.

5° *Hoaï-laï*, chef-lieu de *canton*, 3 portes; appuyée au nord-est sur une montagne; 7 *li* de circuit.

6° *Weï-tchéou*, chef-lieu d'*arrondissement*, 3 portes; 7 *li* de circuit.

7° *Weï-lien*, chef-lieu de *canton*.

8° *Si-ning*, chef-lieu de *canton*, 4 portes; 4 *li* 13 *pou* de circuit.

9° *Hoaï-ngan*, chef-lieu de *canton*, 4 portes; 9 *li* 30 *pou* de circuit; fossés de 6ᵐ de largeur, revêtus de briques sous les *Ming*.

10° *Yen-king*, chef-lieu d'*arrondissement*, 3 portes; 4 *li* de circuit; fossés de 9ᵐ 450ᵐᵐ de largeur, revêtus de briques sous les *Ming*.

11° *Pao-ngan*, chef-lieu d'*arrondissement*, 4 portes; 4 *li* de circuit; fossés de 6ᵐ 930ᵐᵐ de largeur, revêtus de briques sous les *Ming*.

COLLÉGES, 11, distribués dans cha-

(*) Traduction française, t. 1. p. 297.

cun de ces chefs-lieux ; l'un, celui de *Weï-tchéou*, fondé sous les *Mongols*, les dix autres fondés sous les *Ming*.

Population en 1743. Contribuables chefs de famille inscrits 63,898.

Terres cultivées. 68,458 *king* 85 *méou*, = 407,350 *hectares*.

Impôts fonciers en *argent*. 82,422 *liâng* 1 *tsien* = 659,376 *francs*.

— en *nature*. 85,833 *chï* ou *hectolitres* de blé, riz et autres grains.

Montagnes et rivières :
— Montagnes............... 132
— Pics et hauts sommets..... 40
— Fleuves et rivières........ 23
— Autres grands cours d'eau, marais, puits célèbres.......... 49

Antiquités. Anciennes fortifications, tours, etc., dont un grand nombre existaient déjà du temps des *Han* 68

Douanes..................... 5

Portes pratiquées dans la *grande muraille* (*), forts et postes fortifiés........................... 57

Postes pour les mandarins en voyage, la plupart établies sous les *Ming*. 9

Ponts........... 14

Tombeaux célèbres 3

Temples..................... 8

L'un est celui de l'empereur *Hoang-ti*, situé au sud-est de *Pao-ngan-tcheou*, et construit l'an 400 de notre ère ; un autre, celui de l'empereur *Wen-ti* des *Han*, construit, selon une tradition du temps, au dixième siècle de notre ère ; les autres ont été fondés sous les *Ming*.

Monastères. Bouddhiques 2, fondés, l'un sous les *Kin*, l'autre sous la dynastie régnante.

— *Tao-sse*................. 1
Mandarins célèbres........ 40
Hommes célèbres.......... 46
Voyageurs célèbres........ 1
Femmes célèbres........... 12
Anachorètes.............. 2

Produits et industrie. On trouve dans ce département de l'or et de l'argent, du quartz cristallisé (*choui-tsing*), ce dernier dans une montagne située au nord du chef-lieu du département ; des pierres de cornaline (*ma-nao-chï*) ; de l'alun rouge dans la montagne *Ma-ngan*, située au nord de la même ville ; une autre pierre nommée *hòa-pàn-chï*, ornée de couleurs variées et à fleurs (espèce de marbre) ; de l'aimant, du charbon en pierre (*chï-tán*) ; ce dernier se rencontre dans les cantons de *Pao-ngan*, *Si-ning* et *Weï*, ainsi que dans celui de *Wen-tsiouen* ; de la houille ou du charbon de terre (*meï*), de l'alun de plusieurs couleurs ; des pommes de pin ; des léopards (*pao*), des ours, des moutons bleus (*thsing-yáng*), du fiel d'ours, des cornes de cerf.

11° Département. Tching-te-fou.

Ce département, qui, dans l'édition de 1744 de la Grande Géographie impériale, n'est qu'un *arrondissement* ressortissant directement au gouvernement central, a été élevé en 1778 au rang de *département*, comprenant un *arrondissement* et six *cantons* qui sont :

1° *Pin-tsiouen*, chef-lieu d'*arrondissement*.

2° *Louan-ping*, chef-lieu de *canton*.
3° *Tchi-foung*,   id.
4° *Kien-tchang*,   id.
5° *Tchao-yang*,   id.
6° *Foung-ning*,   id.

Il fait partie de l'ancienne Tartarie et confine à l'est avec le territoire de *Ching-king* ou Moukden, au sud avec la grande muraille, à l'ouest avec *Tchakar*. Il est situé à 42 lieues au nord-est de *Pé-king* ; il a 120 lieues de l'est à l'ouest et 86 du sud au nord.

C'est dans ce département qu'est située la célèbre résidence impériale d'été, que l'on nomme *Jé-hol*, et qui fut construite en 1703, sur le plan du palais de *Pé-king*, ayant près de deux lieues de circuit ; à gauche de ce palais, il y a un lac ; à droite s'élèvent des montagnes, qui lui forment comme une ceinture. On a publié à *Pé-king* des gravures représentant 36 vues de cette résidence impériale, accompagnées d'une description en vers, imprimée avec une rare élégance.

Population. On compte dans ce département 109,805 familles chinoises.

Terres cultivées. Les *bannières* ou milices tartares occupent 17,791 *king*, ou 105,856 *hectares* ;

(*) Voyez t. I, p. 221 et pl. 1 et 49.

Les paysans chinois 3,440 *king*, ou 20,468 *hectares*.

IMPÔTS, levés sur les terres des six bannières, en argent, 13,332 *liàng* = 106,656 *francs*.

— Levés sur les terres des paysans, 6,669 *liàng* = 53,352 *francs*.

TEMPLES. On en voit de magnifiques à *Je-hol*; le plus remarquable est le temple de *Bouddha* (*) que l'empereur *Kien-loung* fit construire en 1770, d'après le plan du temple de *Boudala*, qui est le palais du *Dalaï-Lama* au Thibet, près de la ville de *H'Lassa*. Il consiste en un grand et en plusieurs petits édifices. Le principal, dit Staunton, est d'une forme carrée, et a 200 pieds de chaque face : il est très-élevé; on y compte onze rangs de fenêtres, ce qui annonce un pareil nombre d'étages. Cet édifice a dans le milieu, un carré, au centre duquel est la chapelle dorée, qu'on appelle ainsi d'après l'or qui y abonde, du moins en apparence. Dans le milieu de la chapelle il y a une estrade entourée d'une balustrade. Là sont trois autels richement ornés, sur lesquels on voit les statues colossales de Fo, de sa femme et de son fils (**). Derrière l'autel et dans un endroit obscur, est placé le tabernacle, qu'une lampe solitaire éclaire faiblement, comme si l'on voulait inspirer par là une terreur religieuse.

Arrondissements ressortissant directement au gouvernement central (***).

1° Y-TCHÉOU. Cet arrondissement est à 22 lieues au sud-ouest de *Pé-king*; il a 28 lieues de l'est à l'ouest et 18 du midi au nord; il comprend deux cantons, et touche au nord à la grande muraille.

Les lettrés y ont en général l'esprit éclairé et libéral, et ne s'occupent point de futilités; les mœurs du peuple sont franches et honnêtes; son occupation est le labourage et la culture des mûriers.

(*) Voy. la gravure XIII, tirée de l'*Ambassade* de lord Macartney.

(**) Ceci est une erreur; Fo ou Bouddha, d'après toutes les traditions, n'eut ni *femme*, ni *fils*; il n'eut que des *disciples*.

(***) *Taï-thsing-i-thoung-tchi*. k. 22-26.

VILLES PRINCIPALES. Les *villes principales fortifiées* sont : 1° *Y-tchéou*, chef-lieu d'*arrondissement*; 2° *Laï-choui* et 3° *Kouang-tchang*, chefs-lieux de *canton*.

COLLÉGES. Chacune de ces villes a un *collége*; fondés tous les trois du temps de la dynastie mongole.

POPULATION en 1743. Contribuables chefs de famille inscrits, 51,451.

TERRES CULTIVÉES, 5,735 *king* 48 *méou*, = 22,116 *hectares*.

IMPÔTS FONCIERS *en argent* : 34,680 *liàng* 9 *tsân* = 277,240 *francs*.

— en nature : riz mondé, 2,609 *hectolitres*.

MONTAGNES ET RIVIÈRES :
— Montagnes 40
— Fleuves et rivières 18

ANTIQUITÉS. Anciennes fortifications, tours, etc., 25; plusieurs antérieures aux *Han*.

DOUANES.................... 18
POSTES..................... 3
PONTS...................... 4
DIGUES ET JETÉES.......... 3

TOMBEAUX CÉLÈBRES, 6, au nombre desquels est celui de *Tchao-wang* du royaume de *Yen*, qui régnait dans ce pays 311 ans avant notre ère.

TEMPLES.................... 7
MONASTÈRES BOUDDHIQUES... 3
MANDARINS CÉLÈBRES....... 13
HOMMES CÉLÈBRES.......... 22
FEMMES CÉLÈBRES.......... 6

PRODUITS ET INDUSTRIE. Soie fine, taffetas, châtaignes, miroirs, vins.

2° KI-TCHÉOU. Cet arrondissement est à 63 lieues au midi de *Pé-king*; il a 11 lieues de l'est à l'ouest et 15 du sud au nord; il comprend cinq cantons, et confine à la province de *Chantoung*.

Les habitants de cet arrondissement se livrent peu à la littérature; ils ont le caractère droit, mais l'humeur guerrière et entreprenante; on les a surnommés *violents* et *obstinés*.

VILLES PRINCIPALES :
1° *Ki-tchéou*, 24 *li* de circuit; chef-lieu de l'*arrondissement*.
2° *Nan-koung*, chef-lieu de canton.
3° *Sin-ho*, id.
4° *Tsao-kiang*, id.
5° *Wou-yi*, id.
6° *Hang-choui*, id.

COLLÉGES. Un collége dans chacun de ces chefs-lieux ; fondés, 2 sous les Mongols et 4 sous les *Ming*.
POPULATION en 1743. Contribuables chefs de famille inscrits 314,514.
TERRES CULTIVÉES. 39,853 *king* 28 *méou* = 237,127 *hectares*.
IMPÔTS FONCIERS, *en argent* : 185,269 *liang* = 1,482,152 *francs*.
MONTAGNES ET RIVIÈRES :
— Montagnes.............. 2
— Fleuves, rivières et canaux. 12
— Lac *Wou-kiang*.
ANTIQUITÉS. Anciennes villes fortifiées, tours, etc., 25, dont la plupart existaient du temps des *Han*.
DOUANES................... 11
PONTS..................... 5
DIGUES ET JETÉES.......... 7
TOMBEAUX CÉLÈBRES........ 7
TEMPLES................... 2
MONASTÈRES *bouddhiques*... 4
— *Tao-sse*...... 1
Ce dernier fondé sous les *Mongols*, les autres sous les *Souï*, les *Soung* et les *Ming*.
MANDARINS CÉLÈBRES........ 33
HOMMES CÉLÈBRES........... 35
FEMMES CÉLÈBRES........... 13
ANACHORÈTES. Depuis les *Han*. 1
PRODUITS ET INDUSTRIE. Taffetas de soie, sel.

3° TCHAO-TCHÉOU. Cet arrondissement est à 74 lieues au sud-ouest de *Pé-king* ; il a 10 lieues et demie de l'est à l'ouest, et 10 du sud au nord ; il comprend cinq *cantons*.

Sa situation géographique en fait un lieu de passage pour toutes les autres provinces. Les habitants aiment à se livrer à la littérature et aux sciences positives.

VILLES PRINCIPALES :

1° *Tchao-tchéou*, chef-lieu d'arrondissement ; a une lieue trois quarts de circonférence, 4 portes et des fossés de 31^m 500^{mm} de largeur, creusés sous les *Ming*, et réparés sous *Khang-hi*.

2° *Pe-hiang*, chef-lieu de canton ; 4 portes, fossés de 9^m 450^{mm} de largeur, creusés sous les *Souï* et réparés sous les *Ming*.

3° *Kao-yi*, chef-lieu de canton ; 4 portes, fossés de 9^m 450^{mm} de largeur, creusés sous les *Ming*.

4° *Lin-tching*, chef-lieu de canton ; 3 portes.

5° *Ning-tsin*, chef-lieu de canton ; 3 portes, fossés de 9^m 300^{mm} de circuit, creusés sous les *Ming*.
COLLÉGES, 9, dont 2 fondés sous les *Soung* et 5 sous les *Ming*.
POPULATION en 1743. Contribuables chefs de famille inscrits, 153,592.
TERRES CULTIVÉES. 27,820 *king* 45 *méou* = 165,531 *hectares*.
IMPÔTS FONCIERS, *en argent* : 125,732 *liang*. = 1,005,856 *francs*.
MONTAGNES ET RIVIÈRES :
— Montagnes.............. 7
— Rivières et canaux........ 19
De ce nombre est le torrent de la *Sainte mère*, à l'embouchure duquel est un temple en son honneur. Ce dernier est à 3 lieues au nord-ouest de *Lin-tching*.
ANTIQUITÉS. Anciennes villes fortifiées, tours, etc., 26 ; la plupart remontent aux cinq derniers siècles avant notre ère.
DOUANES et POSTES......... 8
PONTS..................... 8
TOMBEAUX CÉLÈBRES........ 10
TEMPLES................... 4
dont un en honneur du fondateur de la dynastie des *Han*, à 2 lieues au nord-ouest de *Lin-tching*, et deux en l'honneur de l'empereur *Kouang-wou*, de la même dynastie.
MONASTÈRES *bouddhiques*, 2, dont un en l'honneur de l'ancien *Fó*, situé à 2 lieues au nord-ouest de *Lin-tching*.
MANDARINS CÉLÈBRES....... 31
HOMMES CÉLÈBRES.......... 58
VOYAGEURS CÉLÈBRES....... 1
FEMMES CÉLÈBRES.......... 18
ANACHORÈTES. Depuis les *Soung*. 2.
PRODUITS ET INDUSTRIE. Étoffes de soie, pommes-grenades, poudre pour noircir les sourcils.

4° CHIN-TCHÉOU. Cet *arrondissement* est à 61 lieues au sud-ouest de *Pé-king* ; il a 12 lieues de l'est à l'ouest et 11 et 1/2 du sud au nord ; il cromprend trois *cantons*.

VILLES PRINCIPALES :

1° *Chin-tchéou*, chef-lieu de l'arrondissement, a 8 *li* de circuit, 4 portes, des fossés de 6^m 300^{mm} de largeur, creusés et revêtus de briques sous les *Ming*.

2° *Wou-kiang*, chef-lieu de *canton*, 4 *li* de circuit, 4 portes.

3° *Jao-Yang*, chef-lieu de *canton*, 4 *li* de circuit, 3 portes; fossés de 6ᵐ 300ᵐᵐ de largeur, creusés sous les *Ming*.

4° *Gan-ping*, chef-lieu de *canton*, a 2 murs d'enceinte, l'un intérieur et l'autre extérieur; 4 portes.

COLLÉGES. 4, un dans chaque chef-lieu, fondés, trois sous les Mongols et un sous les *Ming*.

POPULATION en 1743. Contribuables chefs de famille inscrits, 200,088.

TERRES CULTIVÉES. 24,695 *kìng* 62 *méou*, = 146,938 *hectares*.

IMPÔTS FONCIERS, *en argent* : 123,184 *liàng* 8 *tsièn*; = 985,472 *fr.*
— *en nature*, riz, 26 *chĭ* ou *hectol.*

MONTAGNES ET RIVIÈRES :
— Montagnes 0
— Rivières 8

1 lac, celui de *Lien-hoa* ou de la *fleur du nénufar*, situé à 4 lieues à l'est de *Chin-tchéou*.

ANTIQUITÉS. Anciennes villes fortifiées, tours, etc. 15
DOUANES 6
PONTS 3
DIGUES ET JETÉES 7
TOMBEAUX CÉLÈBRES 11
MANDARINS id 19
HOMMES id 53
VOYAGEURS id 1
FEMMES id 16

PRODUITS ET INDUSTRIE. Soie, pommes-grenades, sel.

5° TING-TCHÉOU. Cet arrondissement est à 50 lieues sud-ouest de *Pé-king*; il a 10 lieues de l'est à l'ouest, et 9 du sud au nord; il comprend deux *cantons*; il embrasse à l'ouest les monts *Taï-ling*.

MŒURS ET COUTUMES. Les mœurs des habitants sont simples et pures. Les hommes se livrent au labourage et à la culture des mûriers; ils sont économes et diligents; ils ont le caractère éminemment libéral et généreux.

VILLES PRINCIPALES :

1° *Ting-tchéou*, chef-lieu de l'arrondissement, a 2 lieues et 1/2 de circonférence, 4 portes, des fossés de 31ᵐ 500ᵐᵐ de largeur, creusés sous les *Ming*.

2° *Chin-tsi*, chef-lieu de *canton*, 3 portes.

3° *Kio-yang*, chef-lieu de *canton*, 5 portes.

COLLÉGES. 3, un dans chaque chef-lieu, fondés tous trois sous les *Soung*.

POPULATION en 1743. Contribuables chefs de famille inscrits, 136,451.

TERRES CULTIVÉES. 8,360 *kìng* 96 *méou*, = 49,747 *hectares*.

IMPÔTS FONCIERS en argent, 94,714 *liàng* 5 *tsien*, = 757,712 *francs*.

MONTAGNES ET RIVIÈRES :
— Montagnes 11
— Fleuves et rivières 9

1 *lac*, nommé *lac du puits céleste*, à 4 lieues et 1/2 au sud-est du chef-lieu de l'arrondissement; il a 6 lieues de circonférence.

ANTIQUITÉS. Anciennes villes fortifiées, tours, etc. 15
DOUANES, POSTES, etc 7
PONTS 4
DIGUES ET JETÉES 4
TOMBEAUX CÉLÈBRES 3
TEMPLES id 3
MONASTÈRES *bouddhiques* 2
MANDARINS CÉLÈBRES 42
HOMMES id 24
FEMMES id 11
ANACHORÈTES id 1

PRODUITS ET INDUSTRIE. Étoffes de soie pour robes, prunes, vases de terre.

II° GOUVERNEMENT ; LE KIANG-NAN (*),

aujourd'hui provinces de KIANG-SOU *et de* NGAN-HOEÏ.

Cette ancienne grande province, qui en forme actuellement deux, est décrite dans la Géographie impériale, immédiatement après la précédente et celle de *Ching-king* ou *Moukden* (réservée pour la description de la *Tartarie* et de la *Mongolie*), quoiqu'elle en soit séparée par celle de *Chan-toung*.

La ville capitale de cette ancienne province, *Kiâng-ning*, plus connue sous le nom de *Nân-king*, capitale *du midi*, comme *Pé-king* signifie *capitale du nord*, est à 240 lieues au midi de *Pé-king*, et le *Kiâng-nân* embrasse une étendue de 163 lieues de l'est à l'ouest, et 170 du midi au nord.

(*) *Taï-thsing-i-thsoung-tchi*, k. 37-56.

Ce gouvernement comprend *seize départements, sept arrondissements* et *soixante-deux cantons*; plus *quatre* arrondissements et *cinquante* cantons qui ressortissent directement à *Tchi-li*, ce qui fait 16 villes de 1er ordre, 10 du 2e, et 112 du 3e; en tout 138 villes fortifiées.

CONFIGURATION GÉOGRAPHIQUE. A l'est, la mer baigne ses côtes de plus de cent lieues d'étendue, au midi; elle confine au grand lac (*Taï-hoû*) qui la sépare de la province de *Tché-kiáng*; à l'ouest, elle est bornée par les provinces du *Hoû-kouáng* et du *Hó-nán*, et au nord par celle de *Chán-toúng*. Les principales montagnes sont: la montagne nommée *Tchoung*, située au nord-est de *Nán-king*; la montagne *Hoáng* ou jaune, située à 23 lieues au nord-ouest de *Hoeï-tchéou-foû*; les deux montagnes nommées *Liang*; celles nommées *Tsiao*, *Hien*, et *Ho*. Les principaux fleuves sont le grand *Kiáng* (*Tá-kiáng*), le *Hóang-hó* ou fleuve jaune, le *Hoaï*, le *Thsing-hó* et le *Yûn-hó* ou grand canal de transports. Les principaux lacs sont: le *Tháo-hoû*, qui a douze lieues de circonférence; le *Taï-hoû*, qui a 38 lieues de diamètre, et qui est environné de montagnes pittoresques.

POPULATION en 1743 (*). A. Contribuables chefs de famille inscrits des *huit* départements et des *trois* arrondissements dépendants du receveur ou trésorier général de la province de *Kiáng-soû*.................. 2,917,707

B. Contribuables chefs de famille inscrits des *huit* départements et des *cinq* arrondissements de la province de *Ngán-hoéï*.............. 1,435,566

IMPÔT TERRITORIAL. A et B. Terres cultivées des *seize* départements et des *huit* arrondissements dépendants des deux *receveurs* généraux de la province de *Kiáng-soû* et de celle de *Ngán-hoéï* : 1,023,568^k 24^m = 6,090,231 *hect*.

Terres des colons militaires, 45,032^k 51^m = 267,943 *hect*.

Impôts fonciers *en argent*, ensemble 5,248,930 *liáng*, = 41,991,440 *francs*.

Argent provenant de diverses sources, 72,120 *l*. = 576,960 *francs*.

Impôts en *nature*: riz 3,001, 684 *chi* ou *hectolitres*.

Froment, 78,712 *chi* ou *hectolitres*.
Légumes, 31,728 *chi* ou *hectolitres*.
Bottes de foin, 28,226.

POPULATION en 1812. A. Province de *Kiáng-soû*, individus 37,843,501.

B. Province de *Ngan-hoeï*, 34,168,059.

IMPÔT TERRITORIAL. A et B. Terres cultivées, 1,135,263 *kìng*, 61 *méou* = 6,754,818 *hectares*.

Impôts fonciers *en argent*. A et B. 5,558,372 *liáng*, = 44,466,976 *francs*.

Impôts fonciers *en nature*. A et B. 497,490 *chi* ou *hectolitres*.

Le *Kiáng-nán* est la contrée de la Chine la plus belle, la plus fertile, la plus riche et la plus populeuse de tout l'empire chinois. Elle doit tous ces avantages à sa position heureuse, aux faveurs de la nature et à l'industrie de ses habitants. « De toutes les provin-
« ces de la Chine (dit M. Louis de
« Besi, évêque apostolique de *Nán-*
« *king* (*), (dans une lettre datée de
« cette ville le 15 mai 1843), le *Kiáng-*
« *nán* est peut-être la plus belle et la
« mieux cultivée. Le *Kiang*, ce fleuve
« majestueux que les indigènes appel-
« lent *le fils de la mer*, la divise en
« deux parties; dans celle de droite se
« trouve la capitale, qui a donné à
« toute la province son nom de *Nán-king*
« ou cour méridionale, par opposition
« à *Pé-king* situé plus au nord. De l'au-
« tre côté du *Kiang*, le chef-lieu est
« *Sou-tchéou*, la plus gracieuse et la
« plus polie des cités. Tout favorise la

(*) Dans la description de la province de *Tchi-li*, nous avons reproduit les sections : POPULATION ET IMPÔTS TERRITORIAUX de chaque département, telles que les donne le *Taï-thsing-i-thoung-tchi*, édit. imp. de 1744, dont nous traduisons ce qui nous paraît le plus important à connaître. Pour abréger des détails qui peuvent être d'une certaine utilité, mais qui sont en même temps fort arides pour des lecteurs européens, nous nous bornerons dorénavant à la reproduction de ces mêmes *sections générales* pour chaque province, en y ajoutant le résultat des recensements officiels de 1812, traduits du *Taï-thsing-hoeï-tien*, édition impériale de 1818, publiée à *Pé-king*, dont nous donnerons les détails à la section du *Ministère des finances*.

(*) Annales de la Propagation de la foi, septembre 1844, p. 429.

« culture de ce beau pays, la fertilité
« du sol comme l'activité intelligente
« de ses habitants, les pluies fréquen-
« tes qui l'arrosent aussi bien que les
« nombreuses rivières qui le sillonnent
« en tous sens. Néanmoins, ni l'indus-
« trie vraiment prodigieuse des Nanki-
« nois, ni la fécondité inépuisable du
« terrain, ne peuvent suffire à alimen-
« ter la population, qui est encore plus
« considérable ici que dans toute au-
« tre province. Pour fournir à sa con-
« sommation annuelle, on tire une
« grande quantité de riz du *Hou-*
« *kouang*, auquel le *Kiang-nan* em-
« prunte aussi la plupart de ses bois
« de construction. »

A. DÉPARTEMENTS DE LA PROVINCE DE KIANG-SOU, 8.

1ᵉʳ DÉPARTEMENT. KIANG-NING-FOU ou *Nân-king* (*).

Ce département, situé à 244 lieues au midi de *Pé-king*, a 34 lieues de l'est à l'ouest, et 38 du midi au nord; il comprend *sept* cantons.

MŒURS ET USAGES. Le sol de ce département est uni et découvert, et les fleuves qui descendent des montagnes, larges et profonds ; c'est pourquoi les habitants, dans les choses de la vie, attachent beaucoup d'importance à ce qui est grave, solide et droit (**). Rarement ils s'abandonnent à la ruse, au mensonge et à la fausseté. Leurs mœurs sont patientes, et les lettrés, qui surpassent tous les autres en talents, se font une grande renommée dans l'opinion publique par la pureté et l'élégance de leur style. Le territoire est étendu et les talents aussi. Les hommes supérieurs appliquent leur intelligence à observer les rites, respectent ce qui est respectable; les hommes du commun appliquent leurs for-

(*) *Taï-thsing-i-thoung-tchi*, k. 38.
(**) On voit par ce passage, traduit littéralement, que les Chinois attribuent une influence très-réelle aux circonstances géologiques et climatériques sur l'homme ; et cette doctrine, très-récente en Europe, est fort ancienne dans un pays où l'on n'a jamais séparé l'homme de l'ensemble harmonique du monde physique et de la solidarité universelle des êtres.

ces physiques au labourage et à la plantation des mûriers. Ils ont les mêmes usages aujourd'hui qu'ils avaient anciennement.

VILLES PRINCIPALES. 1° *Kiâng-ning*, ou *Nân-king* (*), chef-lieu du département; elle a 9 lieues et demie de circonférence (96 *li*), neuf portes monumentales, plusieurs beaux ponts.— Elle est de figure très-irrégulière, située à 60 lieues de la mer, et à une lieue du grand fleuve *Yang-tseu-kiang*, qui peut porter des vaisseaux de haut-bord, et qu'ont remonté depuis quelques années les flottes anglaises et françaises. On nomme aussi cette ville *Kin-ling* ou la *Colline d'or*.

2° *Kiéou-young*, chef-lieu de *canton*; 7 *li* de circuit, 5 portes; fossés autour des murs d'enceinte.

3° *Li-choui*, chef-lieu de *canton*, une demi-lieue de circuit, 6 portes; enceinte de fossés revêtus de pierres sous les *Ming*.

4° *Kao-chun*, chef-lieu de *canton*.
5° *Kiang-pou*, chef-lieu de *canton*.
6° *Lou-ho*, chef-lieu de *canton*, 6 *li* de circuit, 6 portes; fossés creusés sous les *Ming*.
7° *Chang-youen*, chef-lieu de *canton*, 6 *li* de circuit; fossés creusés sous les *Ming*.

La première des villes énumérées ci-dessus, la plus grande de l'empire après *Pé-king*, est trop célèbre en Europe, pour ne pas ajouter ici quelques détails à ceux, beaucoup trop concis, que donne la Grande Géographie impériale chinoise. Le P. Matthieu Ricci, qui la visita lorsqu'elle était encore la résidence impériale des empereurs de la dynastie des *Ming*, à la cour de l'un desquels il fut admis en 1601 (**), en fait une magnifique description. « Cette ville, dit-il, au jugement des Chinois, surpasse en beauté et en grandeur toutes les autres villes du monde. Et certes, elle peut être jugée inférieure à peu d'autres. Car elle est pleine de très-grands palais, temples, tours et ponts : toutes lesquelles choses néanmoins

(*) Voy. dans le t. I, pl. 55, une vue de cette grande ville.
(**) L'empereur qui régnait alors était *Chin-tsoung-hien-ti*, dernier empereur de la dynastie des *Ming*. Voy. t. I, p. 407-411.

sont presque surmontées par celles de notre Europe de pareille espèce, mais elle surpasse en d'autres choses plus les nôtres. Elle excelle aussi en température d'air, en fertilité de terrain, en bonté d'esprits, en douceur de mœurs, en élégance de langage, et en multitude d'habitants de toutes qualités, du vulgaire, des gens de lettres et des magistrats, dont les derniers sont à comparer à ceux de *Pé-king* en nombre et en dignité, d'autant plus que l'absence du roi rend cette égalité inégale.

« Cette ville est aussi environnée de trois murailles ; la première est celle du palais royal, en vérité très-magnifique. Ce palais est aussi entouré de trois murs en forme de citadelle, et de fossés creusés en rond, qui sont tous remplis d'eau. Il a de circuit quatre ou cinq milles d'Italie. Et certes j'ose dire qu'il n'y a roi en aucune part du monde, qui ait un plus beau palais, non-seulement conférant chaque partie l'une avec l'autre, mais encore faisant comparaison du tout au tout. L'autre muraille environne derechef ce même palais et la plus grande et principale partie de la ville. Elle est entr'ouverte de douze portes (il n'y en a plus que *neuf* maintenant), lesquelles sont garnies de barres de fer et munies de canons placés dedans la ville à l'opposite d'icelles. Cette seconde muraille comprend pareillement en son circuit *dix-huit milles* d'Italie(*). La troisième muraille extérieure n'est pas continue partout ; mais aux endroits où l'on a jugé qu'il pouvoit y avoir quelques dangers, l'art a suppléé les défenses de la nature. A peine peut-on savoir combien elle a de circuit. Encore qu'en l'enclos de cette muraille y ait de grands entre-deux de jardins, montagnes, bois et lacs, néanmoins la plus grande partie d'icelui est très-peuplée.

« Cette seule ville est gardée par quarante mille soldats de garnison ordinaire. La rivière coule vers les parties occidentales d'icelle, et on pourroit douter si l'utilité qu'elle apporte décore davantage la ville, que la récréation et le plaisir qu'on en tire, ne lui donne de beauté. Et non-seulement elle coule le long des murs, mais encore plusieurs canaux d'icelle, que leurs ancêtres ont artificieusement creusés, sont conduits en la ville et donnent entrée en icelle à plusieurs grands bateaux. C'est pourquoi anciennement elle a été nommée la capitale de tout le royaume, et le siége commode des anciens rois durant plusieurs siècles. Et encore que le roi ait depuis transporté sa demeure à *Pé-king* (pour mieux surveiller et repousser les Tartares Mantchoux qui menaçoient et conquirent bientôt son empire), néanmoins cette ville n'a rien perdu de sa splendeur ou fréquentation : ou s'il lui défaut quelque chose, on peut de là juger qu'elle a autrefois été encore plus somptueuse et plus digne d'admiration (*). »

Le P. Le Comte, qui visita *Nan-king* près de cent ans plus tard, la trouva déjà déchue de sa splendeur. « On voit encore quelques vestiges de ses anciennes murailles, dit-il, et il semble que ce soient plutôt les bornes d'une province que celles d'une ville. Quand les empereurs y tenoient leur cour, il est certain que le nombre de ses habitants étoit infini. Sa situation, son port, la fertilité des terres qui l'environnent, les canaux qui facilitent le commerce, tout cela contribuoit à sa splendeur. Depuis ce temps-là elle a beaucoup déchu de son premier état ; cependant si l'on compte ses faubourgs et les habitants de ses canaux, il s'y trouve encore plus de monde qu'à *Pé-king*. Et, quoique les collines incultes, les terres labourées, les jardins et les vides considérables qu'on voit dans son enceinte, en diminuent la grandeur, ce qui est habité fait néanmoins une ville d'une prodigieuse étendue.

« Les rues en sont médiocrement larges, mais bien pavées ; les maisons

---

(*) Ce sont des milles de 60 au degré. Les 18 milles d'Italie équivalent donc à 7 lieues 1/2. La circonférence de 96 *li* ou 9 lieues 1/2 donnée par la *Géographie impériale* au mur d'enceinte extérieur de *Nan-king*, qui est la *troisième muraille* décrite par le P. Ricci, n'est donc pas exagérée.

(*) Histoire de l'expédition chrestienne en la Chine, etc., rédigée par le P. Trigaut. Traduite du latin en français. Paris, 1618, p. 447 et suiv.

basses et propres, les boutiques riches et fournies de toutes sortes d'étoffes et d'autres ouvrages de prix. C'est là que les docteurs les plus fameux et les mandarins hors de charge viennent ordinairement s'établir; les bibliothèques en sont nombreuses, et les livres choisis; l'impression plus belle; les ouvriers plus habiles; le langage plus pur, et l'accent meilleur que nulle part.

« Il y a encore diverses choses qui la rendent célèbre parmi les Chinois.

« La première est le fleuve *Kiáng* sur lequel elle est située (*), le plus grand, le plus profond, et le plus navigable de tous ceux qui arrosent l'empire de la Chine. Il a vis-à-vis de la ville près d'une demi-lieue de large.

« La seconde est l'observatoire royal, placé sur une haute colline. On y avoit autrefois pratiqué une plate-forme et dressé des machines propres aux observations; mais les instruments ont été transportés à *Pé-king*, et l'on n'y voit plus que quelques bâtiments anciens, et une grande salle carrée, nouvellement bâtie en reconnoissance de l'honneur que l'empereur *Khang-hi* a fait à la ville de la visiter.

TOUR DE PORCELAINE, *près de Nân-king* (**). « La troisième est la grande tour ou la *Tour de porcelaine*. Il y a hors de la ville, et non pas au dedans, comme quelques-uns l'ont écrit, un temple que les Chinois nomment le *Temple de la reconnaissance* (***), bâti il y a 300 ans (de 1403 à 1425) par l'empereur *Young-lo* (****). Il est élevé sur un massif de briques qui forme un grand perron entouré d'une balustrade de marbre brut; on y monte par un escalier de dix à douze marches, qui règne tout le long. La salle qui sert de temple a cent pieds de profondeur, et porte sur une petite base de marbre haute d'un pied, laquelle en débordant laisse tout autour une banquette large de deux. La façade est ornée d'une galerie et de quelques colonnes. Les toits (car, selon la coutume de la Chine, il

tails sur cette *tour de porcelaine*, nommée en chinois *thă*. Il est dit seulement que cette tour a *cent et quelques tcháng* de hauteur, c'est-à-dire, 315 mètres, et qu'elle fut réparée la 3ᵉ année *Khang-hi*, c'est-à-dire en 1664. Elle fut visitée par ce même empereur, qui monta jusqu'à son sommet, dans le voyage qu'il fit au midi de son empire.

Il y a évidemment une erreur dans la hauteur indiquée de cette tour, à moins qu'on ne donne au *tcháng* une valeur beaucoup inférieure à celle qu'on lui attribue ordinairement. D'après une autorité chinoise citée dans le *Chinese Repository* (Macao, mai 1844, p. 262), cette tour aurait juste 329 *tchí* 4 *fen* 9/10 de hauteur, ou 103 m. 635 mm. Ce qui est beaucoup plus vraisemblable et se rapproche de la hauteur approximative donnée par le P. Le Comte.

Lors de l'expédition anglaise de 1842, le lieutenant Fitz-James mesura la tour de porcelaine et lui trouva 261 pieds anglais de hauteur, et 96 pieds 10 pouces de diamètre à sa base; ce qui, réduit en mètres, donne 79 m. 550 mm. pour la hauteur, et 29 m. 259 mm. de base.

Ce genre de monuments, très-nombreux en Chine, n'y date que de l'époque de l'introduction du bouddhisme vers le commencement de notre ère. Quoiqu'ayant pris à quelques égards la forme de l'architecture chinoise, ces monuments n'en ont pas moins conservé leur caractère originaire d'édifices à nombreux étages (toujours impairs, variant de *cinq* à *treize*), représentant symboliquement, dans les idées bouddhiques, les sphères superposées des cieux. On ne trouve plus de ces monuments dans l'Inde, où ils ont été détruits après l'expulsion des bouddhistes; mais on en a découvert récemment des vestiges dans le Caboul, dans l'Afganistan, c'est-à-dire, dans l'ancien empire indo-bactrien, dont la population à l'époque de leur érection professait la religion bouddhique, laquelle religion s'est étendue autrefois dans une grande partie de l'Asie occidentale.

(*) Le P. Le Comte se trompe; ce n'est pas le *Kiáng* même qui passe à *Nân-king*, mais un de ses affluents; le grand fleuve *Tá-kiáng* en est, comme nous l'avons dit, éloigné d'environ une lieue.

(**) Voy. la *Planche* 14 de ce volume.

(***) En chinois *Tá-páo-ngăn-ssé*. Le *Temple de la gratitude et de la reconnaissance extrêmes*. *Tai-thsing-i-thoung-tchi*, k. 29, f° 31 *verso*.

(****) C'est encore ici une erreur : c'est pendant la période d'années de règne nommée *young-lo*, de l'empereur *Tching-tsou-wen-ti*, des *Ming*, que ce monument fut *reconstruit*, sur le même emplacement où en existait un précédent élevé sous les *Tçin*, de 265 à 420 de notre ère. Voir le *Tai-thsing-i-thoung-tchi*, lieu cité, où il n'est donné que très-peu de dé-

y en a deux, l'un qui naît de la muraille, l'autre qui la couvre), les toits, dis-je, sont de tuiles vertes, luisantes et vernissées ; la charpente qui paroît en dedans est peinte et chargée de pièces différemment engagées les unes dans les autres ; ce qui n'est pas un petit ornement pour les Chinois. Il est vrai que cette forêt de poutres, de tirants, de pignons, de solives, qui règnent de toutes parts, a je ne sais quoi de singulier et de surprenant ; parce qu'on conçoit qu'il y a dans ces sortes d'ouvrages du travail et de la dépense, quoiqu'au fond cet embarras ne vienne que de l'ignorance des ouvriers qui n'ont encore pu trouver cette belle simplicité qu'on remarque dans nos bâtiments, et qui en fait la solidité et la beauté.

« La salle ne prend jour que par ses portes : il y en a trois à l'orient, extrêmement grandes, par lesquelles on entre dans la fameuse tour dont je veux parler, et qui fait partie de ce temple. Cette tour est de figure octogone, large d'environ 40 pieds, de sorte que chaque face en a quinze. Elle est entourée par dehors d'un mur de même figure, éloigné de quinze pieds, et portant, à une médiocre hauteur, un toit de tuiles vernissées qui paroît naître du corps de la tour, et qui forme au-dessous une galerie assez propre. La tour a neuf étages, dont chacun est orné d'une corniche de trois pieds à la naissance des fenêtres, et distingué par des toits semblables à celui de la galerie ; à cela près qu'ils ont beaucoup moins de saillie, parce qu'ils ne sont pas soutenus d'un second mur ; ils deviennent même beaucoup plus petits à mesure que la tour s'élève et se rétrécit.

« Le mur a au moins sur le rez-de-chaussée douze pieds d'épaisseur, et plus de huit et demi par le haut. Il est incrusté de porcelaine posée de champ ; la pluie et la poussière en ont diminué la beauté ; cependant il en reste encore assez pour faire juger que c'est en effet de la porcelaine, quoique grossière ; car il y a apparence que la brique, depuis trois cents ans que cet ouvrage dure, n'auroit pas conservé le même éclat.

« L'escalier qu'on a pratiqué en dedans est petit et incommode, parce que les degrés en sont extrêmement hauts ; chaque étage est formé par de grosses poutres mises en travers, qui portent un plancher et qui forment une chambre dont le lambris est enrichi de diverses peintures ; si néanmoins les peintures de la Chine sont capables d'enrichir un appartement. Les murailles des étages supérieurs sont percées d'une infinité de petites niches qu'on a remplies d'idoles en bas-reliefs, ce qui fait une espèce de marquetage très-propre : tout l'ouvrage est doré et paraît de marbre ou de pierre ciselée. Mais je crois que ce n'est en effet qu'une brique moulée et posée de champ, car les Chinois ont une adresse merveilleuse pour imprimer toutes sortes d'ornements dans leurs briques, dont la terre, extrêmement fine et bien passée, est plus propre que la nôtre à prendre les figures du moule.

« Le premier étage est le plus élevé ; mais les autres ont la même hauteur entre eux ; j'y ai compté cent quatre-vingt-dix marches, presque toutes de dix bons pouces, que je mesurai exactement ; ce qui fait cent cinquante-huit pieds. Si on y joint la hauteur du massif, celle du neuvième étage qui n'a point de degrés, et le couronnement, on trouvera que la tour est élevée sur le rez-de-chaussée de plus de 200 pieds.

« Le comble n'est pas une des moindres beautés de cette tour ; c'est un gros mât qui prend au plancher du 8e étage, et qui s'élève plus de trente pieds en dehors. Il paraît engagé dans une large bande de fer de la même hauteur, tournée en volute et éloignée de plusieurs pieds de l'arbre ; de sorte qu'elle forme en l'air une espèce de cône vide et percé à jour, sur la pointe duquel on a posé un globe doré d'une grosseur extraordinaire. Voilà ce que les Chinois appellent la « Tour de porcelaine. » Quoi qu'il en soit, c'est assurément l'ouvrage le mieux entendu, le plus solide et le plus magnifique qui soit dans l'Orient. Du haut de la tour on découvre presque toute la ville, et surtout la grande colline de l'observatoire qui est à une bonne lieue de là (*). »

(*) *Mémoires sur l'état présent de la Chine*, par le P. Louis Le Comte ; 3e lettre. Paris, 1701.

Lors de l'expédition anglaise de 1842 dans les eaux de *Nân-king*, la tour de porcelaine fut l'objet principal de la curiosité des Européens, qui endommagèrent tellement à coups de marteau et de ciseau le revêtement extérieur en porcelaine, que le plénipotentiaire anglais, si renommé à juste titre par son esprit de loyauté et d'équité, crut convenable d'affecter une somme d'argent pour réparer les dégradations faites à cet édifice (*).

Dès l'origine, huit chaînes de fer, auxquelles étaient suspendues 72 clochettes d'airain, partant du faîte de la tour, descendaient sur chacun des huit angles en saillie, et de là 80 autres clochettes étaient suspendues aux angles des toits de chaque étage, depuis le neuvième jusqu'au premier. Et en dehors des neuf étages étaient aussi suspendues 128 lampes ; en bas, dans le pavillon octogone, et dans le centre de la pagode, étaient suspendues 12 autres lampes de porcelaine. Au sommet étaient placés deux grands bassins de cuivre, pesant 600 kilogrammes, et un vase céleste pesant 300 *kilogrammes*.

COLLÉGES. Ce département en a.. 10
Celui de *Nân-king* fut fondé en 1381 sous les *Ming*, pour être l'établissement destiné à donner l'éducation aux *fils du royaume*, c'est-à-dire aux fils de l'empereur et des autres princes du sang. Cette destination lui fut retirée dès le commencement de la dynastie tartare régnante ; il n'a plus été dès lors qu'un collége départemental. Celui de *Changyouen*, fondé sous les *Soung*, de 1034 à 1038 de notre ère, comme collége départemental, fut élevé au rang de collége royal au commencement de la dynastie des *Ming* ; il est redevenu collége cantonal. Les autres, presque tous fondés sous les *Ming*, sont des colléges cantonaux.

MONTAGNES ET RIVIÈRES.
— Montagnes................ 64
Plusieurs de ces montagnes sont renommées pour avoir été visitées par des empereurs qui y ont laissé des souvenirs. Il y a la montagne blanche (*Pé-chân*), célèbre par la retraite d'un

(*) Chinese Repository, mars 1844, p. 262.

Tao-sse; la montagne de cuivre (*Thoûngchân*), ainsi nommée parce qu'autrefois on en extrayait du cuivre ; il y en a plusieurs dans le même cas ; elle est située à 7 lieues au sud-est de *Nânking*, et a près de 2 lieues de tour ; la montagne de la pagode du phénix (*foûngtaï-chân*), sur laquelle est une tour ou pagode de ce nom ; la montagne du lac (*Hoû-chân*), près de *Nân-king*, et au sommet de laquelle est un grand lac ; la montagne du temple des ancêtres (*Tsoûthâng-chân*), à une lieue et demie au midi de *Nân-king*, où un temple de ce nom fut construit sous les *Soung* ; la montagne de l'Indien (*thiên-tchŭ-chân*), ainsi nommée par suite de la retraite qu'y fit un bonze *indien* en 675 de notre ère ; la montagne du lac de l'Espérance (*Wânghoû-chân*), etc.

— Fleuves et rivières.......... 17
— Lacs remarquables......... 17
Grands affluents, canaux, marais, etc....................... 59
Iles........................ 11
ANTIQUITÉS. Anciennes fortifications de villes, 50. Palais, anciens temples, pavillons, forteresses, grandes ménageries, tours, autels, arcs de triomphe, résidences, etc......... 102
Dans ce nombre on remarque, « l'Autel du labourage » (*Khéng-thân*), situé à l'est de *Chang-youen*, élevé sous les *Soung* du nord, l'année 443 de notre ère ; « l'Autel du génie de la terre et des grains, sous les Tçin » (*Tçin-chétsi-thân*), élevé par l'empereur *Youan-ti* des *Tçin* (317-323 de notre ère). Ce fut cet empereur qui transporta sa cour ou sa résidence habituelle de *Hô-nânfoû*, ville départementale de la province du *Hô-nân*, où elle était auparavant, à *Kiâng-ning* ou *Nân-king*, ce qui fit donner à ses successeurs le nom de *Tçin* orientaux, cette dernière résidence étant plus *orientale* que la première. Cet autel est en dehors de la ville nommée *Kou-tou*, du canton de *Chang-youen*; « l'*Autel* de la terre et du « ciel resplendissant » (*Ming-thiên-thithân*), élevé en dehors de la porte *Houng-wou* de la ville de *Chang-youen*, par le premier empereur des *Ming* (1368) qui, d'après le *Ming-king-tching-tchoûtchí*, « Description accompagnée de cartes et de plans de la ville capitale des

Ming, » considérait le *Ciel* comme le père, et la *Terre* comme la mère de ceux qui règnent, et qui, ne trouvant aucune différence dans la raison des sacrifices qu'on doit leur offrir, leur éleva un seul et même Autel, afin qu'on leur sacrifiât en même temps et dans le même lieu (*). Le môle de cet autel a quatre ouvertures, et il est entouré d'un mur d'enceinte, rouge, de peu d'élévation, en dedans duquel est un second mur. L'*Autel* ou môle est elevé au milieu ; au sommet du môle se trouve « le temple des « sacrifices, » devant lequel était un palais qui est maintenant en ruine (**).

(*) *Tai-thsing-i-thoung-tchi*, k. 39, f° 12 verso.

(**) Nous ne pouvons nous empêcher de remarquer ici, à propos de ce dernier Autel, *thán*, que M. Bazin est encore tombé dans une erreur grave, en prétendant (Préface de sa traduction du *Pi-pa ki*, p. XVI) que « de « grandes transformations s'étaient opérées « dans le culte national des Chinois » sous la dynastie des *Ming*, comme, selon le même sinologue (Journal asiatique, nov. 1839, p. 367, et Appendice à la trad. de la *Chine de* Davis), du temps de Confucius, de *grandes altérations* avaient été faites à ce même culte par le philosophe. Nous avons déjà prouvé ailleurs (*Esquisse d'une histoire de la philosophie chinoise*, p. 41, Paris, 1844, et *Vie de Confucius*, dans le *Dictionnaire des sciences philosophiques*, par une société de professeurs de philosophie. Paris, Hachette, 1844), que cette dernière accusation était, du moins en ce qui concerne les faits articulés, sans aucune espèce de fondement. Nous regrettons d'être obligé de dire que la nouvelle allégation de M. Bazin n'est pas mieux fondée. Voici la preuve qu'il donne des prétendues *grandes transformations du culte chinois sous les Ming :* « Il existait à *Pé-king*, « dit-il, au commencement de la dynastie « des *Ming*, un temple qu'on appelait *Thien-* « *ti-thán*, « temple du ciel et de la terre, » « dans lequel chaque année, au solstice d'hi- « ver, les petits-fils de Gengiskan offraient « des sacrifices au ciel et à la terre. Ce tem- « ple subsista jusqu'à la 9° année *Kia-tsing* « de la même dynastie (1530), époque à la- « quelle l'empereur Chi-tsoung institua des « *règlements* pour les *sacrifices distincts que* « *l'on doit offrir au ciel et à la terre.* Le « temple *commun* du ciel et de la terre fut « *démoli par ordre de Chi-tsoung.* On cons- « truisit alors deux temples *séparés*, le tem- « ple du Ciel et le temple de la *Terre*. » Il

On compte aussi *dix* grandes tours ou plates-formes (*tháï*), au nombre des-

résulte de cette citation textuelle : 1° qu'au commencement de la dynastie des *Ming*, il existait à *Pé-king* un temple qu'on appelait *temple, du ciel et de la terre ;* 2° qu'il fut démoli à l'époque où *Chi-tsoung* fit rendre un culte distinct au ciel et à la terre. Mais il n'en résulte nullement qu'à cette époque *il se soit opéré de grandes transformations dans le culte national*, comme le soutient M. Bazin ; la conséquence n'est aucunement renfermée dans les prémisses. Il y a mieux : c'est que l'empereur *Chi-tsoung*, loin de *transformer* le culte des Chinois ; loin de lui faire subir de grandes modifications, *ne fit simplement que de le rétablir*, pour le fait en question, dans la *forme primitive* qu'il avait déjà sous les *Tchéou* (Voy. le *Tchéou-li*), et que son ancêtre *Tai-tsou*, le fondateur de sa propre dynastie, avait, lui, *modifié*, 154 ans auparavant, à l'exemple des empereurs *Kouang-wou-ti* des *Han*, et *Hiouan-tsoung* des *Thang*. Ce fut, en effet, cet empereur, sorti des rangs les plus obscurs d'un couvent de Bonzes, * qui, ainsi qu'on le voit par le passage du *Ming-king-tching-thou-chi*, cité dans le texte, vraisemblablement dominé par une pensée *bouddhique*, comme les empereurs ci-dessus nommés, réunit en un seul le culte du Ciel et celui de la Terre, qui étaient *séparés* avant lui. Les *petits-fils* de Gengiskan ne pouvaient donc pas, ainsi que le dit M. Bazin, *offrir, comme chefs suprêmes de l'État et de la religion*, *des sacrifices au ciel et à la terre, dans un seul et même temple*, puisque ces deux cultes ne furent *réunis* qu'après la chute de leur dynastie. Ce fait est positivement affirmé dans le *Tai-thsing-i-thoung-tchi*, k. 1, f° 4 verso (édit. de 1744), où il est dit, à propos de l'*Autel Ki kó-thán*, ou *Autel de la prière pour obtenir les fruits de la terre en abondance :* « Cet Autel est le « *Temple de la grande immolation (tá-hiàng-* « *tiàn)*, situé dans l'enceinte de l'Autel du Ciel. « Chaque année, au commencement de la « nouvelle lune du premier mois, on y offre ré- « vérencieusement un sacrifice au *Chàng-ti*, « pour l'implorer en faveur des grains de la « terre de l'année. *Dans la période young-lo* « *des Ming* (1403-1425), *on réunit en un seul* « *le sacrifice du Ciel et celui de la Terre ;* on « construisit ce temple qui fut nommé le « *Temple du grand sacrifice (tá-ssé-tiàn).* « Dans la 9° année *Kia-thsing* (1530), on « divisa l'emplacement en deux parties : l'une « méridionale et l'autre septentrionale. Dans

* Voy. t. I, pp. 376 et 387.

quelles est « la tour du fanal » (*foûng hò thàï*), construite dans le 3e siècle de notre ère, sur un lieu élevé près de *Chang-youen*; « les tours de la lecture des livres de *Tchao-ming* (*Tchaô ming toû-choû-thàï*), situées, l'une près de la même ville, et l'autre à une lieue et demie au sud-est de *Kéou-yoûng*; « la tour du phénix » (*foûng hoáng tháï*), située au midi de *Nân-king*, construite en 437 de notre ère; la « tour de la justice » (*ï thàï*), située au sud-ouest de *Kieou-young*, et construite sous les *Thang*.

On remarque encore parmi les anciens monuments, le palais du *Tàï-kï*, ou premier principe des choses (*Tàï-kï tién*) (*), situé au nord de *Chang-youen*, et construit de 376 à 397 de notre ère; il fut reconstruit de nouveau en 513; il fut brûlé depuis par des soldats, puis reconstruit en 558.

Douanes. Établissements grands et petits. 36
Postes pour les mandarins. . . . 4
Ponts. 41
Digues et jetées. 16
Tombeaux célèbres. 58

De ce nombre sont les tombeaux de plusieurs empereurs célèbres.

Temples. 28

De ce nombre sont : « le temple du philosophe *Khoung-tseu*, » situé à 3 lieues à l'est de la ville cantonale de *Kao-chun*; le « temple des ministres qui ont eu des mérites éclatants » (*Ming-koúng tchin miâo*), fondé en 1387 de notre ère; le « temple de *Tching*,

« la partie méridionale, on construisit l'*Autel du Ciel*, et le temple (celui du *grand sacrifice*, qui n'était lui-même que celui du *Ciel* et de la *Terre* réunis) fut alors consacré à la prière, pour obtenir les fruits de la terre en abondance, etc. »

En rapportant ces autorités, ce n'est pas que nous prétendions ici que le culte chinois n'a subi aucune modification depuis l'origine de la monarchie. Nous ferons connaître ses variations à l'article *Culte et Religions des Chinois*, de ce volume; nous avons seulement voulu démontrer qu'il ne faut pas se hâter de porter des allégations à la légère sur des passages pris au hasard, et qui en définitive prouvent le contraire de ce qu'on a voulu leur faire dire.

(*) *Taï-thsing*, etc., k. 39, f° 14 verso.

surnommé *Ming-tao*, la « raison brillante » (*Tching ming táo tsé*), célèbre commentateur des *King*, fondé en 986; ce dernier est situé à l'est du gouvernement du canton de *Chang-youen*.

Monastères. Bouddhiques. . . . 19
              Tao-sse. 5

De ce nombre est celui dans l'enceinte duquel se trouve la célèbre « Tour de porcelaine, » décrite précédemment. Un grand nombre de ces monastères sont situés dans le canton de *Chang-youen*; et leur fondation remonte pour quelques-uns au 4e et au 5e siècle de notre ère. Plusieurs furent visités par le célèbre *Khang-hi*.

Nân-king, renferme aussi beaucoup de temples. On en remarque deux grands près de la porte par où l'ambassade de lord Amherst entra dans cette ville. « Celui dédié à la déesse *Kwan-« yin*, dit M. Ellis, et appelé *Thsing-« haï-tsé*, ou le temple de la mer « tranquille, est intéressant par le fini « précieux des portraits de philosophes « chinois et de saints qui ornent la « grande salle. Quoiqu'au nombre de « plus de vingt, ils sont tous dans des « attitudes différentes et pleines d'ex-« pression. Il y en a deux qui, quant « aux traits et aux costumes, ressem-« blent assez aux sages de l'ancienne « Rome. Le pouvoir de l'un est désigné « par une bête sauvage rampante à ses « pieds..... Quelques vases de métal « destinés à brûler de l'encens fixè-« rent notre attention par l'élégance de « leurs formes et le fini du travail ; « l'un d'eux a beaucoup de rapport avec « les vases étrusques, etc. »

Mandarins célèbres. 82
Hommes célèbres. 74

Passagers célèbres. De ce nombre est le célèbre poëte *Li-pé*, qui vivait sous les *Thang*.

Femmes célèbres. 34
Anachorètes célèbres. 18

Produits du sol. Cuivre, fer, toile de filaments de la plante nommée *kö*; aimant, ou pierre d'aimant (*tseú-chï*); poissons de différentes espèces et en abondance que l'on envoie jusqu'à *Pé-king*; étoffes de coton renommées en Europe sous le nom de *nankin*. Salines abondantes sur les bords de la mer.

POPULATION en 1743 (*). Contribuables, chefs de famille inscrits 209,064.

TERRES CULTIVÉES. Montagnes et marais, 52,614 *king* 9 *méou;* = en hectares 313,062.

— Terres des établissements militaires, 11,849 *k.* 27 *m.* = *hect.* 70,501.

IMPÔTS FONCIERS en *argent*. 281,554 *l.* 6 *ts.* = en *fr.*, 2,252,432.

— *en riz*, 162,420 *chi* ou *hectolitres*.

— *en légumes*, 3,000 —

2° DÉPARTEM^{NT}. SOU-TCHÉOU-FOU (**).

Ce département, situé à 272 lieues de *Pé-king*, a 22 lieues de l'est à l'ouest et 25 du midi au nord. Son chef-lieu, *Sou-tchéou*, est à 45 lieues au sud-est de *Nân-king*. Il comprend *dix cantons*.

CONFIGURATION GÉOGRAPHIQUE. Ce département jouit du bénéfice de trois grands fleuves et de cinq lacs; les trois premiers l'arrosent et le fécondent; les cinq derniers l'enrichissent aussi considérablement. Il confine à l'ouest au grand lac *Taï-hoû* et au nord au fleuve *Kiâng*.

MŒURS ET USAGES. Les hommes distingués sont polis, c'est-à-dire, très-observateurs des lois de la politesse et des cérémonies; et la foule du peuple n'est guère moins attachée à ces usages. Les mœurs sont généralement très-pures. La doctrine du *Tao* y est florissante et y entretient la paix et l'harmonie (Histoire des *Soŭ*). Ce département est une véritable pépinière de lettrés. Son territoire n'est pas très-étendu; les habitants sont très-actifs, très-diligents, mais aussi très-peu économes ou parcimonieux. Ils sont vains, mais braves, et aiment la prodigalité. Tels ils étaient autrefois, tels ils sont encore maintenant.

VILLES PRINCIPALES, 1° *Sou-tchéou*, chef-lieu du département; elle a 4 lieues et demie de circonférence, 6 portes par terre, et 5 par eau; un canal environne son mur d'enceinte, lequel canal fut creusé sous les *Thang* en 875; il fut recreusé sous les Mongols en 1351, et réparé sous le règne de *Khang-hi*.

2° *Kouen-chân*, chef-lieu de *canton*; murailles d'enceinte de 1 lieue ⅓ de circonférence; 6 portes par terre, 5 par eau; fossés de 18^m 900^{mm} de largeur, creusés en 1357 pour construire le mur d'enceinte de la ville, et revêtus de briques en 1539.

3° *Sin-yang*, chef-lieu de *canton*, comprise dans l'enceinte de la ville précédente.

4° *Tchang-chou*, chef-lieu de *canton*; muraille d'enceinte d'une lieue environ de circonférence; 6 portes par terre, 5 portes par eau; appuyée sur une montagne au nord-ouest, et entourée au sud-est de trois côtés par de larges fossés, creusés sous les Mongols.

5° *Tchao-wen*, chef-lieu de *canton*, comprise dans l'enceinte de la ville précédente.

6° *Wou-kiang*, chef-lieu de *canton*; une demi-lieue de circonférence, 4 portes par terre, 5 par eau; fossés de 9^m 450^{mm} de largeur, creusés sous les Mongols et réparés sous le règne de *Khang-hi*.

7° *Chin-tsi*, chef-lieu de *canton*, comprise dans l'enceinte de la ville précédente.

8° *Tchang-tchéou*, chef-lieu d'*arrondissement*.

9° *Youen-ho*, chef-lieu de *canton*.

10° *Taï-hou-ting*, chef-lieu de district, situé au milieu du grand lac *Taï-hoû*.

La ville de *Sou-tchéou*, où réside le lieutenant-gouverneur du *Kiâng-nân*, est une des plus belles et des plus agréables villes de la Chine; les Européens qui l'ont vue la comparent à Venise, avec cette différence que Venise est au milieu de la mer, tandis que *Sou-tchéou* est construit au milieu d'une quantité de cours d'eau, qui prennent leur source

---

(*) Le désir de rendre aussi complète que possible, dans les limites qui nous sont accordées, cette *première statistique européenne* de l'empire chinois, puisée aux sources chinoises les plus authentiques, nous a fait revenir sur la détermination prise ci-devant, page 59, de supprimer les sections POPULATION et IMPÔTS TERRITORIAUX OU FONCIERS des DÉPARTEMENTS et ARRONDISSEMENTS DIRECTS. Nous espérons qu'on nous saura gré, en faveur de la science, de cette détermination nouvelle qui ne fait qu'ajouter, pour nous, des labeurs de plus à des travaux déjà suffisamment ingrats.

(**) *Taï-thsing-i-thoung tchi;* k. 41-43.

ou qui se perdent dans plusieurs lacs environnants.

Cette ville fait un grand commerce, non-seulement avec toutes les provinces de l'empire, mais encore avec le Japon. Tout ce qui peut servir aux commodités de la vie s'y trouve en abondance. Les Chinois ont un proverbe qui dit : *En haut est le temple du ciel, en bas est Sou-tchéou et Hang-tchéou* (*), dans le *Tché-kiàng*. C'est aussi une des villes chinoises où il y a le plus de lettrés, où il se publie le plus de livres, et où ces derniers s'impriment au meilleur marché. Cependant les éditions de *Nán-king* sont plus correctes et plus recherchées des savants.

« La ville de *Sou-tchéou* (dit sir G. Staunton, dans sa relation de l'Ambassade de lord Macartney) paraît extrêmement grande et extrêmement peuplée. Les maisons y sont bien bâties et agréablement décorées. Les habitants qui, pour la plupart, sont vêtus de soie, ont l'air d'être riches et heureux... Les Anglais trouvèrent les femmes de *Sou-tchéou* plus belles, plus jolies, et vêtues avec plus de goût que la plupart de celles qu'ils avaient vues dans le nord de la Chine. »

COLLÉGES. On en compte 11, dont *cinq* sont des établissements que l'on nomme des « demeures littéraires » (*choù youén*), dans lesquelles de grandes bibliothèques sont toujours à la disposition des hommes studieux.

Le collége de *Sou-tchéou* fut construit en 1034 sous les *Soung*, de même que ceux de *Kouen-chan*, de *Tchang-chou*, de *Wou-kiàng*, etc.; un seul, « le collége ou institut des études littéraires » (*Wên hiö choù youén*), situé à l'est de *Tchang-chou*, fut fondé par les Mongols (en 1332), et deux autres par les *Ming* (1432 et 1541).

POPULATION en 1743. Contribuables chefs de famille inscrits, 463,846.

TERRES CULTIVÉES. 62,665 k. 39 m. = hect. 372,856.

IMPÔTS FONCIERS *en argent*, 668,392 l. 7 ts. = fr. 5,347,136.
— *riz*, 901,070 *hectolitres*.
— *blé*, 1,765
— *légumes*, 662. —

MONTAGNES ET RIVIÈRES.
Montagnes. 52
Fleuves et rivières, dont le principal est le grand *Kiàng*. 4
Lacs. 16

De ce nombre est le grand lac nommé *Taï-hoù*, situé sur la limite sud-ouest du département de *Sou-tchéou*, l'un des plus célèbres de la Chine. On donne à sa superficie une contenance de 36,000 *king* ou 214,200 hectares.

C'est de ce lac dont parle Staunton quand il dit : « A peu de distance de *Sou-tchéou* est le superbe lac de *Taïhou*, environné d'une chaîne de montagnes pittoresques. Ce lac fournit beaucoup de poissons aux habitants de *Sou-tchéou*; et, en outre, il est pour eux un lieu de rendez-vous public et d'amusement. Beaucoup de canots, qui servent aux promenades de plaisir, sont conduits par une seule femme. Chaque canot a une chambre très-propre; et on prétend que celles qui le conduisent exercent plus d'une profession. » Ce lac est bordé, à l'est, d'un pays fertile et romantique. Les montagnes y sont cultivées jusqu'au sommet.

Le grand canal de transport (*Yún-hó*) traverse aussi ce département avant d'arriver à *Nán-king*.

ANTIQUITÉS. Anciennes fortifications de villes. 30
Autres monuments anciens. . . . 63

De ce nombre sont 6 tours anciennes, dont l'une « la tour de l'ancien *Sou* » (*Kou sou thái*), domine le lac *Taï-hoú*. On lui donne 300 *tchàng* de hauteur (*),

---

(*) *Chàng yeòu thién thàng ; hia yeòu Sou Hang* : ce qui signifie que les villes de *Sou-tchéou* et de *Hang-tchéou* sont sur la terre ce que le paradis est dans le ciel. C'est là, dit le P. Martini, « où ces gens qui se « croient nés pour le plaisir, s'abandonnent « au vin et aux femmes avec tant d'excès, « qu'ils y perdent souvent la vie. Il y a là « quantité de navires qui ne sont destinés « que pour le seul plaisir et divertissement, « tous enrichis d'or et peints des couleurs les « plus vives, plus semblables à des maisons « magnifiques qu'à des vaisseaux.—In his helluones isti, *dit-il*, ac combibones Baccho « Venereque sese mergunt et perdunt. » Les *navires* dont parle le P. Martini, les Chinois les nomment des *bateaux de fleurs*.

(*) *Taï-thsing-i-thoung-tchi*. k. 41. f' 25.

et de son sommet la vue s'étend à 30 lieues de distance; 9 temples (*thâng*), dont l'un se nomme le « temple des trois sages » et l'autre celui des « quatre sages. »

Douanes, grands et petits établissements. 33

Ponts, dont un grand nombre fondés sous les *Soung*................. 37

Un de ces ponts, construit en pierres sur le *Grand canal*, a quatre-vingt-dix arches.

Digues et jetées............ 4

Tombeaux célèbres. Depuis le commencement de la monarchie... 68

Un de ces tombeaux appartient à la dynastie des *Chang* (1783 — 1134 avant J. C.), treize à celle des *Tchéou* (1134 — 255), et quatre à celle des *Han*.

Temples. On en compte 41. Dans ce nombre on distingue le « temple de la suprême vertu » (*tchï të miáo*), fondé sous les *Han* (147—168 de notre ère); le « temple des sages éminents » (*siēn hiēn tsé*), situé dans l'enceinte du collége de *Sou-tchéou*, et dans lequel on offre des sacrifices aux lettrés les plus éminents des dynasties *Thang*, *Soung* et des *Youan*, tels que *Nghéou-yang-siéou*, *Sou-che*; le « temple de *Tchéou-lien-ki*, » célèbre écrivain du temps des *Soung*, fondateur du fameux système de philosophie de la nature, intitulé *Séng-li* (*); le « temple des deux *Tching-tseu*, » disciples du philosophe précédent, et maîtres de *Tchou-hi*. Le premier de ces temples est situé dans le lieu de naissance de *Lien-ki*, du canton de *Tchang-tchéou*, et le second est situé à l'est de *Hou-kieou*.

Monastères bouddhiques...... 71
Instituts bouddhiques.......... 4
Monastères des *Tao-sse*........ 7
Cloîtres de femmes des *Tao-sse*. 7

ces derniers fondés sous les *Soung* et sous les *Ming*. La tradition fait remonter la fondation du monastère *Tao-sse* de la « suprême vérité » (*chàng tchin kouán*) au commencement de la dynastie des *Han*, 200 ans avant notre ère; les autres sont du temps des *Liang*, des *Thang*, des *Soung* et des *Mongols*. Parmi les 71 monastères bouddhiques on remarque le « temple de la gratitude et de la reconnaissance » (*paó-ngán-ssé*), situé à l'angle nord du chef-lieu du département, et fondé dans la première moitié du 3e siècle de notre ère; « le monastère de l'Inde ou indien » (*sĭ tchû ssé*), situé au sud-ouest du canton de *Ou*, construit sous les *Thang*; le « monastère des dix mille vies » (*wén chéou ssé*), situé au nord-est de *Sou tchéou*; le « monastère des accumulations précieuses » (*páo thsĭ ssé*), fondé de 502 à 520 de notre ère; le « monastère de la forêt des lions » (*ssé-tseŭ lĭn ssé*), et celui de la double pagode (*choáng thă ssé*), fondés le premier sous les *Mongols*, et le second sous les *Thang* (de 860 à 874); les deux pagodes furent construites en briques cent ans plus tard. — Il n'est peut-être aucun département de la Chine dans lequel il existe autant de monastères que dans celui qui nous occupe; ce fait est digne d'attention.

Mandarins célèbres........ 100
Hommes célèbres............ 222
Passagers célèbres......... 15
Femmes célèbres............ 42
Anachorètes. Depuis les *Han*. 7

Produits et industrie. Étoffes de soie brochée et autres de différentes espèces, dont quelques-unes à fleurs sans couleurs; damas, taffetas, crêpes, nankin, toile, souliers de roseaux; lanternes; argile blanche; pierre à broyer l'encre; pierres du lac *Taï-hoù*; poissons de diverses espèces; riz d'eau; plusieurs espèces d'oranges; poires et châtaignes aquatiques.

3e Département. Soung-kiang-fou (*).

Ce département est situé à 295 lieues au midi de *Pé-king*, à 62 lieues au sud-est de *Nán-king*; il a 16 lieues d'étendue de l'est à l'ouest, et 15 du midi au nord. Il comprend *huit* cantons.

Configuration. Ce département confine d'un côté à la mer, et de l'autre au grand fleuve *Kiáng*; le sol est

---

Cette hauteur est nécessairement idéale, car en donnant au *tcháng* 3 m. 150 mm., elle aurait 945 m. de hauteur, ce qui est impossible.

(*) Voir ci-après la section : *Philosophie chinoise*.

(*) *Taï-thsing-i-thoung-tchi*, k. 44.

généralement uni et bien arrosé par les eaux.

MŒURS ET USAGES. Les habitants de ce département aiment beaucoup à se distinguer des autres, principalement ceux du canton de *Hoa-ting*; c'est pourquoi les lettrés s'élèvent aux degrés éminents dans les études. La population est très-portée à la bienfaisance. Les mandarins lettrés y jouissent d'un doux loisir; le peuple se livre avec assiduité et beaucoup de persévérance aux travaux du labourage et au tissage des étoffes; il se livre aussi avec la plus grande ardeur au commerce du sel et du poisson, pour en tirer des profits.

VILLES PRINCIPALES. 1° *Soung-kiang*, chef-lieu du *département*, a près d'une lieue de circonférence, 4 portes ; murs et fossés de 31^m 500^{mm} de largeur creusés sous les *Ming*. — Ville très-commerçante, bâtie sur de nombreux canaux, et qui a des relations fréquentes avec le Japon.

2° *Foung-hien*, chef-lieu de *canton*, 4 portes ; murs et fossés.

3° *Kin-chan*, chef-lieu de *canton*, 12 *li* de circonférence, 4 portes ; murs et fossés de 37^m 800^{mm} de largeur.

4° *Chang-haï*, chef-lieu de *canton*, neuf *li* de circonférence, 6 portes ; fossés de 18^m 900^{mm} de largeur, creusés sous les *Ming*. — Ville maritime très-commerçante située à quelques lieues du fleuve Wou-soung (*Wou-soung-kiang*), sur lequel est un port de ce nom où les Anglais font *clandestinement* le commerce public de l'*opium*. Elle fait un si grand trafic de toiles de coton, que plus de 200,000 tisserands sont continuellement occupés à les confectionner.

Le port de *Chang-haï* est un des *cinq* ports chinois ouverts au commerce européen par le traité de *Nan-king*, du 27 octobre 1842, et après celui de Canton, c'est le port chinois où il s'est opéré le plus de transactions commerciales dans ces dernières années. Voy. ci-après la section intitulée *Commerce de la Chine avec l'Europe*.

5° *Nan-hoaï*, chef-lieu de *canton*, neuf *li* de circonférence, 4 portes ; fossés de 31^m 500^{mm} de largeur.

6° *Thsing-pou*, chef-lieu de *canton*, six *li* de tour, 5 portes ; fossés de 9^m 450^{mm} de largeur, creusés sous les *Ming*.

7° *Hoa-ting*, chef-lieu de *canton*.
8° *Léou*, chef-lieu de *canton*.
9° *Sin-yang*, chef-lieu de *canton*.

COLLÉGES. On en compte 11.

Ils ont été fondés sous les *Soung*, sous les Mongols, sous les *Ming*, et quelques-uns sous la dynastie régnante.

De ce nombre est « l'institution de la demeure de *Khoung-tsëu*, » au nord de la ville cantonale de *Thsing-pou*. Anciennement il y avait dans le même emplacement un temple dédié au célèbre philosophe. Le collége date du temps des *Soung*. Sous les Mongols un habitant de l'endroit, nommé *Tchang-pi*, fit reconstruire l'ancien temple.

POPULATION en 1743. Contribuables chefs de famille inscrits, 215,196.

TERRES CULTIVÉES, 40,875 *k*. 48 *m*. = *hect*. 243,206.

IMPÔTS FONCIERS *en argent*, 525,246 *l*. 7 *ts*. = *fr*. 4,201,968.
— *en riz* 443,296 *hectolitres*.

MONTAGNES ET RIVIÈRES.
Montagnes.................... 22
Fleuves et rivières............ 7
Lacs........................... 6
Les petits cours d'eau et les marais sont très-nombreux.

ANTIQUITÉS. Anciennes fortifications de villes................... 10
Autres monuments divers...... 37

Parmi ces derniers, on doit distinguer la maison de *Khoung-tsëu*, située à neuf *li* au nord de la ville de *Thsing-pou*. Cette ancienne demeure du plus grand des philosophes chinois est au nord de la rivière *King*; le temple dédié au même philosophe est au midi. Le célèbre empereur *Khang-hi* visita ces vénérables antiquités, la 46e année de son règne (en 1705).

DOUANES, campements, etc..... 30
PONTS, établis sous les *Soung*, les Mongols, les *Ming*.............. 14
DIGUES ET JETÉES............ 4

De ce nombre est un grand marais salant, creusé de main d'homme, et que l'on nomme *Haï-thâng*, le « marais de la mer. » Il est situé au bord de la mer, sur la limite de cinq cantons.

TOMBEAUX CÉLÈBRES. Depuis les Han........................... 9
TEMPLES. On en compte....... 15
MONASTÈRES, bouddhiques..... 9
    id.   de *Tao-sse*...... 5

Ils ont été fondés depuis le 4ᵉ siècle de notre ère.
MANDARINS CÉLÈBRES......... 25
HOMMES CÉLÈBRES,........... 63
PASSAGERS CÉLÈBRES......... 4
FEMMES CÉLÈBRES............ 29
ANACHORÈTES CÉLÈBRES....... 8
PRODUITS ET INDUSTRIE. Étoffes de soie à fleurs sans couleurs, toiles de coton de diverses sortes très-renommées, recherchées dans tout l'empire, et qui s'exportent même au dehors; tapis de laine à fleurs, sel, cigognes, poisson nommé *lou*, à petites écailles et à large gueule, châtaignes d'eau, pêches, broderies.

4ᵉ DÉPARTEMENT. TCHANG-TCHÉOU-FOU (*).

Ce département est situé à 27 lieues au sud-est de *Nán-king* et à 253 de *Pé-king*. Il a 19 lieues de l'est à l'ouest, et 28 du midi au nord; il comprend *huit* cantons.

CONFIGURATION. Il est abondamment arrosé par les eaux; au nord il est coupé par le grand fleuve *Kiáng*, et à l'est il confine au grand lac *Taï-hoù*.

MŒURS ET USAGES. Les habitants de ce département ont les mœurs élégantes, et ils s'appliquent en grand nombre à la littérature. Leur naturel est sincère et droit; le peuple, quoique se livrant à la boisson, conserve un caractère tranquille et pacifique.

VILLES PRINCIPALES. 1° *Tchang-tchéou*, chef-lieu du *département*, a une lieue de circonférence, des murs de 7ᵐ 955ᵐᵐ d'élévation, 7 portes par terre et 4 portes par eau; elle est située près du canal de transport par où les barques se rendent de *Sou-tchéou* dans le fleuve *Yang-tse-kiang*; les bords de ce canal sont revêtus de belles pierres de taille; la ville est ornée de plusieurs arcs de triomphe.

2° *Wou-yang*, chef-lieu de *canton*, a 1 lieue 8/10 de circonférence, 4 portes par terre et 3 par eau.

3° *Kin-kouéï*, chef-lieu de *canton*, est comprise dans l'enceinte de *Wou-yang*.

4° *Kiang-yin*, chef-lieu de *canton*, a 9 *li* de circonférence, 4 portes.

(*) *Taï-thsing-i-thoung-tchi*, k. 45.;

5° *I-hing*, chef-lieu de *canton*, a 9 *li* de circonférence, 4 portes.

6° *King-ki*, chef-lieu de *canton*, comprise dans l'enceinte de la ville précédente.

7° *Thsing-kiang*, chef-lieu de *canton*, a 7 *li* de circonférence, 4 portes.

8° *Yang-ou*, id.
9° *Wou-tsin*, id.

COLLÉGES. Ils sont au nombre de 9, fondés la plupart sous les *Soung*, les autres sous les Mongols, les *Ming* et la dynastie actuelle. On y compte également *six* autres grandes institutions littéraires, dont 4 fondées sous les *Ming*.

POPULATION en 1743. Contribuables chefs de famille inscrits, 599,025
TERRES CULTIVÉES, 62,350 *k*. 62 *m*.
= en *hect*. 370,982.
IMPÔTS FONCIERS, *en argent* : 580,072 *l*. = *fr*., 4.640.576.
— *en riz*, 356,032 *hectolitres*.
— *en blé*, 7,975 —
MONTAGNES ET RIVIÈRES.
Montagnes.................... 51
Fleuves et rivières............ 12
De ce nombre sont le *Kiáng* et le *Yun-hó*, ou grand canal de transport, qui, venant de *Sou-tchéou*, coule au nord-ouest du canton de *Wou*.

Grands lacs y compris le *Taï-hoù*. 9
ANTIQUITÉS. Anciennes fortifications de villes...................... 23
Autres édifices et monuments anciens............................ 33
† Dans ce nombre on distingue le « temple des livres publics » du célèbre poëte *Li-taï-pé*, qui vivait sous les *Thang* et qu'il a chantés dans ses vers (*Li koùng choù tháng*), situé non loin de *Wou-yang*; la « plate-forme de la perspective du lac » (*Wáng hoù kò*), près du même lieu, élevée aussi sous les *Thang*.

DOUANES. Établissements divers, 26
PONTS principaux............. 9
DIGUES ET JETÉES............. 11
TOMBEAUX CÉLÈBRES. Depuis les *Tchéou*....................... 30
MONASTÈRES. En tout......... 5
MANDARINS CÉLÈBRES......... 83
HOMMES CÉLÈBRES............. 210
PASSAGERS CÉLÈBRES.......... 6
FEMMES CÉLÈBRES............. 36
ANACHORÈTES................. 10

PRODUITS ET INDUSTRIE. Taffetas croisés, toiles, argent nommé *ou*, employé dans l'orfévrerie, vases de fonte, souliers ou sandales de roseaux, nattes pour se coucher, *thé*, papier, cire, poissons, petit insecte qui dévore les livres, poterie très-estimée, fabriquée à *I-hing*, et qui rend l'eau qu'elle contient d'un goût très-agréable.

5ᵉ DÉPARTEMENT. TCHIN-KIANG-FOU (*).

Ce département est situé à 18 lieues un peu au nord de *Nân-king* et à 233 lieues de *Pé-king*. Il a 22 lieues de l'est à l'ouest et 13 du midi au nord; il comprend quatre *cantons*.

CONFIGURATION. Il est entouré de fleuves et de montagnes comme d'une ceinture. Les montagnes lui forment des remparts et les fleuves des limites naturelles.

MŒURS ET USAGES. Les lettrés ainsi que les magistrats de ce département, après avoir occupé honorablement leurs emplois, retournent dans leur pays purs et considérés. Ils ont de la noblesse dans leurs sentiments et de la régularité dans leur conduite. Le peuple tout entier se conforme aux lois de la politesse et des rites prescrits. Il conserve son état sans chercher à se faire une meilleure place aux dépens des autres par la ruse ou la violence.

VILLES PRINCIPALES. 1° *Tchin-kiáng*, chef-lieu du département, a environ une lieue de circonférence, 4 portes, 2 douanes sur la rivière, des fossés réparés sous les *Ming*, et de nouveau dans le siècle dernier.

Cette ville, quoique petite, doit à son heureuse situation près du grand fleuve *Kiáng*, qui a, dans cet endroit, une demi-lieue de largeur, d'avoir un commerce considérable et d'être une des places les plus fortes et les plus importantes de l'empire. Ses murailles ont 10 mètres d'élévation et sont construites en briques. Les rues de la ville sont pavées de marbre, ainsi que celles des faubourgs, qui sont très-peuplés. Les médecins de *Tchin-kiáng* sont très-renommés parmi les Chinois.

2° *Tan-yang*, chef-lieu de *canton*,

(*) *Taï-thsing-i-thoung-tchi*, k. 46.

environ une lieue de circuit, 6 portes par terre et 2 par eau, fossés de peu de largeur creusés sous les *Ming*.

3° *Li-yang*, chef-lieu de *canton*, 4 portes par terre et 2 par eau, fossés de 15ᵐ 750ᵐᵐ de largeur, creusés sous les *Ming*.

4° *Kin-than*, chef-lieu de *canton*, 6 portes par terre, 2 par eau, fossés de 6ᵐ 300ᵐᵐ de largeur.

5° *Tan-tou*, chef-lieu de *canton*.

COLLÉGES et autres grands établissements littéraires................ 9

Les premiers, au nombre de quatre, ont été fondés sous les *Ming*; les derniers l'avaient été sous les *Soung*.

POPULATION en 1743. Contribuables chefs de famille inscrits, 138,176.

TERRES CULTIVÉES, 5,750 *k*. 12 *m*. = *hect*. 301,962.

IMPÔTS FONCIERS *en argent* : 313,120 *l*. 8 *ts*. = *fr*. 2,404,960.
— *en riz*, 217,005 *hectolitres*.
— *en blé*, 6,277.

MONTAGNES ET RIVIÈRES. Montagnes...................... 63

De ce nombre est la « montagne d'or » (*Kin-chân*), située au milieu du grand fleuve *Yang-tse-kiang*, et qui présente l'aspect le plus pittoresque. Les bords très-escarpés sont couverts de jardins et de maisons de plaisance.

Fleuves et rivières, 8, y compris le *Kiáng* et le grand canal de transport, *Yun-hó*, comme pour le département précédent.

Lacs...................... 6

ANTIQUITÉS. Anciennes fortifications de villes................ 12
Autres monuments anciens, dont 3 pagodes...................... 41
DOUANES et autres établissements, 20
PONTS. On en compte........ 17
POSTES pour les mandarins en voyage...................... 3
DIGUES ET JETÉES.......... 15
TOMBEAUX CÉLÈBRES. Sépulcres et tertres élevés d'empereurs...... 10
— Tombeaux d'hommes célèbres, 26
TEMPLES. On en compte...... 11
MONASTÈRES bouddhiques..... 10
— tao-sse.......... 4

Au nombre des premiers est le « monastère de la colline d'or, » situé au sommet de la montagne de ce nom, fondé du temps des *Tçin* (de 265 à 420);

ce monastère est d'une grande magnificence et renferme des temples ornés de statues dorées de la plus grande richesse. Il fut visité par l'empereur *Khang-hi*, lors de son voyage dans les provinces méridionales de la Chine. Il l'a été aussi récemment par plusieurs Européens qui ont été enchantés des sites pittoresques dont on y jouit et de l'urbanité des Bonzes qui l'habitent. Les autres monastères, fondés également, les uns sous les *Tçin*, les autres sous les *Soung* et les *Ming*, occupent aussi des positions très-pittoresques.

MANDARINS CÉLÈBRES........	73
HOMMES CÉLÈBRES..........	72
PASSAGERS CÉLÈBRES.......	10
FEMMES CÉLÈBRES..........	20
ANACHORÈTES CÉLÈBRES.....	3

PRODUITS ET INDUSTRIE. Taffetas brodé, toile, instruments et vases de cuivre, fer, poissons, cerises, etc.

6ᵉ DÉPARTEMENT. HOAÏ-GAN-FOU(*).

Ce département, situé à 50 lieues au nord de *Nân-king*, à 197 lieues de *Pé-king*, a 44 lieues de l'est à l'ouest, et 26 du midi au nord; il comprend *six* cantons.

CONFIGURATION. Les cours d'eau et les collines s'entremêlent tellement sur le territoire de ce département, que les parties les plus arides sont arrosées et offrent des produits abondants à l'industrie avide de gain. Des barques ou bâtiments de transport circulent partout sur les fleuves et les canaux. A l'est, ce département est baigné par la mer, et il confine à la province de *Chan-toung*; il est traversé par le fleuve Jaune.

MŒURS ET USAGES. Les habitants de ce département sont braves et courageux, mais ils ont des habitudes querelleuses. Cependant ils sont réellement très-attachés à la justice. Ils se livrent avec beaucoup d'ardeur au labourage et au sarclage des champs cultivés. Quoique les mœurs du plus grand nombre soient frivoles et légères, les lettrés conservent un maintien grave et composé. Petit à petit, dit l'écrivain chinois, les saintes habitudes pénétreront dans la masse, qui acquerra peu à peu les mœurs des lettrés.

(*) *Taï-thsing-i-thoung-tchi*, k. 47-48.

VILLES PRINCIPALES. 1° *Hoaï-gan*, chef-lieu du département, a 3 enceintes entourées de murs et de fossés : la première, celle du midi, que l'on nomme la *vieille enceinte*, fondée du temps des *Tçin* (265-420), réparée sous les *Soung* (de 960 à 1120), et revêtue de briques sous les *Ming* (1370), a une lieue et plus de circonférence, et des murs hauts de 9ᵐ 450ᵐᵐ; 4 portes par terre et 2 par eau. L'enceinte du nord, éloignée d'un *li* de la première, et que l'on nomme l'*enceinte nouvelle*, construite en terre sous les *Soung*, réparée sur la fin de la dynastie mongole, et revêtue de briques sous les *Ming*, a 7 *li* et plus de circonférence, 8ᵐ 820ᵐᵐ de hauteur, 5 portes par terre et 2 par eau. Entre ces deux enceintes est la troisième, construite en 1560 de notre ère (qui sert à relier la vieille enceinte à la nouvelle), ayant 4 portes par terre et autant par eau. La vieille enceinte est contiguë, au midi, au grand canal (*Yûn-hô*); la nouvelle l'est, au nord, au fleuve *Hoaï*, et a un fossé de 12ᵐ 600ᵐᵐ de largeur et de 3ᵐ 780ᵐᵐ de profondeur.

2° *Féou-ning*, chef-lieu de *canton*.
3° *Yen-tching*, id.
4° *Thsing-hô*, id.
5° *Ngan-toung*, id.
6° *Tsiao-youan*, id.
7° *Chan-yang*, id.

Le canton de *Yen-tching*, ou « de « la ville au sel, » situé sur le bord de la mer, est, comme l'indique son nom, très-riche en *salines*.

COLLÉGES. On en compte 7, un dans chacune des villes énumérées ci-dessus, fondés sous les *Soung*, les *Mongols* et les *Ming*; plus 3 institutions littéraires établies dans le chef-lieu du département, dont 2 fondées sous les *Ming*.

POPULATION en 1743. Contribuables inscrits, 272,146.

TERRES CULTIVÉES, 90,753 k. 63 m. = hect. 539,980.

IMPÔTS FONCIERS en argent : 186,723 l. 3 ts. = fr. 1,493,784.
— en riz, 69,281 hectolitres.
— en blé, 6,009

MONTAGNES ET RIVIÈRES. Montagnes, 3, dont une est nommée la *montagne de Lao-tseu*.

Fleuves et rivières, 30. De ce nombre, sont : la *mer*, comme baignant les côtes de *Haï-tchéou* à *Gan-toung*; le *Hoâng-hô* ou fleuve Jaune, qui a plusieurs branches et dont les digues sont d'un entretien fort coûteux; le *Hoaï-hô*, qui a donné son nom au département, et le *Yûn-hó* ou grand canal. Ces fleuves et canaux sont décrits très au long dans la Géographie impériale.

Lacs. On en compte 17. L'un de ces lacs, le *Hoâng tsë hoû*, situé à six lieues au midi de la ville cantonale de *Thsing-hô*, a 80 *li* ou 8 lieues de longueur.

Antiquités. Anciennes fortifications de villes.................. 24
— Autres monuments anciens.. 20
Douanes et autres établissements de ce genre.................... 70
Ponts...................... 35

Digues et jetées, 38, dont quelques-unes sont très-importantes, comme, par exemple, celle du *Grand canal*, qui a 41,235ᵐ de longueur.

Tombeaux célèbres......... 16

Temples. On en compte 17, dont un dédié au « génie des vents » (*Foûng-chin-miao*), reconstruit en 1732; un autre dédié au fondateur de la dynastie des *Han*.

Selon le P. du Halde, les mahométans ont, dans ce département, plusieurs mosquées fort élevées, de l'architecture qui leur est propre, et qui ne sont nullement du goût des Chinois.

Monastères, 9, dont 7 bouddhistes et 2 *tao-sse*, fondés sous les *Thang*, les *Tçin*, les *Mongols* et les *Ming*.

Mandarins célèbres........ 45
Hommes, id. 58
Passagers, id. 3
Femmes, id. 22

Produits et industrie. Fer, sel, toile, poissons de mer et d'eau douce.

7° Département. Yang-tchéou-fou (*).

Ce département est situé à 21 lieues au nord-est de *Nân-king*, à 227 lieues de *Pé-king*; il a 47 lieues de l'est à l'ouest et 30 du sud au nord; il comprend deux *arrondissements* et six *cantons*.

Configuration. Le sol de ce département est très-uni et découvert, et il est arrosé par un grand nombre de cours d'eau.

Mœurs et coutumes. Les habitants de ce département ont été surnommés les *vaniteux* (*fân-tchi*); ils ont les mœurs légères, et ils recherchent les plaisirs avec excès. Cependant ils aiment aussi l'étude, et cultivent la littérature. Le peuple des campagnes se livre au labourage et au tissage des étoffes; il retire beaucoup de profit de l'eau de mer, qu'il réduit en sel par la cuisson; le commerce est la principale occupation de sa vie.

Villes principales. 1° *Yang-tchéou*, chef-lieu du département, divisée en deux villes, que l'on nomme la *ville ancienne* et la *ville nouvelle*. La première a une lieue environ de circonférence, 5 portes par terre et 2 par eau; la ville nouvelle a aussi une lieue et plus de circonférence, et 7 portes. Cette dernière est située sur le *Grand canal*, lequel communique avec l'*ancienne ville* par un fossé plein d'eau.

Cette ville, au rapport des missionnaires, est très-marchande et aussi très-peuplée, puisqu'il y a plus de cent ans on y comptait déjà 2 *millions* d'âmes. Elle est entrecoupée de nombreux canaux, et elle est très-renommée dans tout l'empire pour ses fleurs de toute espèce (*), et surtout pour ses pivoines, dont l'odeur est exquise et supérieure aux plus précieux parfums (**).

(*) Un auteur chinois, nommé *Wang-koung*, a publié un *Dictionnaire des fleurs et des plantes* des environs de *Yang-tchéou*.

(**) « *Yang-tchéou*, dit un missionnaire « (M., t. VIII, p. 298), est une des plus belles « et des plus grandes villes que nous ayons « vues. Les fermiers du sel y ont bâti pour « l'empereur une maison de plaisance, qui « surprend d'autant plus, que jusqu'alors on « n'a rien vu qui l'égale. C'est la copie de « *Haï-tien*, autre maison de plaisance, à deux « lieues de *Pé-king*, où l'empereur demeure « ordinairement, et dont le F. Attiret, cet « excellent peintre, qui a osé refuser le bou- « ton de mandarin, a donné une belle des- « cription.

« La maison de plaisance de *Yang-tchéou* « occupe plus de terrain que la ville de Ren- « nes. C'est un amas de monticules et de « rochers qu'on a élevés à la main, de val- « lons, de canaux, tantôt larges, tantôt étroits,

(*) *Taï-thsing-i-thoung-tchi*, k. 49-50.

2° *I-tching*, chef-lieu de *canton*; une lieue de circonférence, 4 portes, fossés creusés sous les *Soung*, haute tour ou pagode.

3° *Kao-yu*, chef-lieu d'*arrondissement*, une lieue et plus de circonférence; 4 portes par terre, 3 par eau; fossés autour du mur d'enceinte, creusés sous les *Soung* et revêtus de pierres sous les *Ming*.

4° *Hing-hoa*, chef-lieu de *canton*, une demi-lieue de circonférence, fossés de 7^m 875^{mm} de largeur, creusés sous les *Soung*, et revêtus de pierres sous les *Ming*.

5° *Pao-yng*, chef-lieu de *canton*, environ une lieue de circonférence, 5 portes par terre, 3 par eau.

6° *Taï*, chef-lieu d'*arrondissement*, une lieue $\frac{7}{10}$ de circonférence, 4 portes, 2 douanes par eau.

7° *Kiang-tou*, chef-lieu de *canton*.
8° *Kan-tsiouen*, id.
9° *Toung-taï*, id.

COLLÉGES. On en compte 9, tous établis ou reconstruits sous les *Ming*.

POPULATION en 1743. Contribuables chefs de famille inscrits, 274,868.

TERRES CULTIVÉES, 81,721 *k*. 75 *m*. = hect. 486,239.

TERRES DES COLONIES MILITAIRES, 1,057 *k*. 13 *m*. = hect. 6,289.

IMPÔTS FONCIERS *en argent* : 272,160 *l*. = *fr*. 2,177,280.
— *en riz*, 111,735 *hectolitres*.
— *en blé*, 6,542. —

« tantôt bordés de pierres de taille, tantôt
« de roches rustiques semées au hasard, d'une
« foule de bâtiments tous différents les uns
« des autres, de salles, de cours, de galeries
« ouvertes et fermées, de jardins, de par-
« terres, de cascades, de ponts bien faits,
« de pavillons, de bosquets, d'arcs de triom-
« phe. Chaque morceau n'est que joli et de
« bon goût, mais c'est la multiplicité des objets
« qui frappe, et qui fait dire à la fin : *Voilà*
« *une demeure pour un grand maître*. »

M. H. Ellis dans sa « Relation de l'ambassade de lord Amherst, » dit qu'ils furent près d'une heure à longer la muraille de *Yang-tchéou*, qui fait face au grand canal, sur lequel naviguait l'ambassade. Les maisons des faubourgs sont à deux étages et à cheminées; sur le bord opposé est la tour ou pagode de *Yang-tchéou*, à sept étages. Au delà de cette tour le canal s'élargit considérablement.

MONTAGNES ET RIVIÈRES. Montagnes.......................... 25

Fleuves et rivières, 25. De ce nombre sont : la *mer*, comme baignant les côtes des salines du département précédent jusqu'au nord-est de *Taï-tchéou* et de *Hing-hoa*; le grand fleuve *Kiáng*, le grand canal, ou canal impérial (*Yûn-hô*), et le canal qui sert à transporter le sel (*Yûn-yén-hô*); ce dernier part du chef-lieu du département pour se rendre à la baie, au moyen d'écluses.

Lacs. Ils sont au nombre de 29, plus ou moins considérables.

ANTIQUITÉS. Anciennes fortifications de villes.................. 24
— Autres monuments anciens.. 62
DOUANES et établissements de ce genre............................ 34
PONTS......................... 19
DIGUES ET JETÉES............ 24
TOMBEAUX CÉLÈBRES.......... 24

TEMPLES, 29. Dans ce nombre, on compte le « temple dédié aux eaux du grand fleuve *Kiang* » (*Kiáng choûï tsé*); le « temple dédié à l'esprit des vagues de la mer et du fleuve *Kiang* » (*Kiáng haï tchảo chin tsé*), situé au midi de la ville de *Kiang-tou*; le « temple de la réunion de la mer et du *Kiang* » (*Kiáng haï hóeï tsé*); le « temple des trois sages » (*Sân hién tsé*), situé dans le collége de la ville de *Kao-yu*; le « temple des trois généraux d'armée » (*Sân thsiáng kiûn tsé*), situé au nord-est de la ville de *I-tching*.

MONASTÈRES. Bouddhiques.... 11
Id.   *Taó-sse*........ 2

Au nombre des premiers, on distingue le « monastère de l'intelligent *Fan* » (*Fân kió ssé*), situé près de la ville de *Kiang-tou*, remarquable par sa grandeur et sa magnificence, et qui reçut des dons, comme la plupart des autres monastères de cette province, de la munificence du célèbre empereur *Khang-hi* dont on voudrait aujourd'hui faire un zélé protecteur de la religion chrétienne; il fut fondé sous les *Soung* (de 990 à 995); le « monastère du repos céleste» (*Thiên ning ssé*), situé en dehors de la porte du même nom de la ville de *Kan-tsiouen*, que l'empereur *Khang-hi* honora de sa présence, lorsqu'il visita ses provinces méridionales; le « monastère de la grande lumière » (*Tá míng* *ssé*), situé au nord-ouest, et le « monastère de la pagode de pierre » (*Chï thà-ssé*), situé sur une montagne, à l'ouest de la même ville. On distingue encore « le monastère de la haute compassion » (*Kao min ssé*), situé au midi de la ville cantonale de *Kiang-tou*, sur la rive occidentale du fleuve. Ce monastère fut fondé la 42ᵉ année *Khang-hi* (1703 de notre ère), et fut honoré de la visite du célèbre empereur de ce nom (*).

Le « monastère de la montagne septentrionale » (*pé chân ssé*), situé en dehors de la porte septentrionale de *Taï-tchéou*, fut fondé sous les *Thang* (en 825).

MANDARINS CÉLÈBRES. Depuis les *Han*, 148. Dans ce nombre, on distingue plusieurs écrivains célèbres du temps des *Soung*, entre autres *Nghéou-yang-siéou* et *Sou-che* (**), *Wang-han-chi* (***), etc.

(*) C'est de ce monastère dont parle M. Ellis, dans sa relation de l'ambassade de lord Amherst : « Le 11 octobre, nous mouillâmes à *Kao-min sse*, vis-à-vis d'un temple et d'une tour qui sont sous la protection spéciale de l'empereur. On y entretient deux cents prêtres, qui coûtent annuellement dix mille dollars au trésor impérial. Le temple est dédié à *Fo*, dont on voit trois statues colossales assises, représentant ce dieu au moment de sa manifestation... Nous fûmes très-obligeamment reçus par le grand prêtre, dont la robe de soie, le bonnet et le rosaire nous rappelèrent le costume des prêtres catholiques. Accroupi sur une chaise, il me parut très-ressemblant, en petit, à la statue du dieu qu'il adore. On nous servit des rafraîchissements, parmi lesquels nous ne vîmes rien de remarquable, si ce n'est des boules jaunes renfermant des fruits confits, auxquels on attribue une vertu particulière lorsqu'ils sont donnés par un des prêtres.

« Ce temple est très-ancien (voyez le texte ci-dessus), et a jusqu'à présent reçu de constantes largesses de la dynastie régnante... Les degrés des divers temples sont d'une espèce de marbre commun... Les appartements des prêtres sont propres et commodes... La tour (ou pagode) a sept étages; les dimensions en sont désagréables à l'œil, sa hauteur n'étant pas proportionnée à sa base; chaque côté a trente pieds d'élévation. »

(**) Voy. t. I, p. 341 et suiv.; et *Mém. sur les Chinois*, t. X, p. 70-1.

(***) Ibid., p. 343.

HOMMES CÉLÈBRES.......... 103
PASSAGERS id. 7
FEMMES id. 41
ANACHORÈTES CÉLÈBRES..... 5

PRODUITS ET INDUSTRIE. Crêpes blanches en soie, taffetas et autres étoffes de soie, toiles de roseaux, miroirs en cuivre, sel, espèce de châtaigne d'eau, poissons de plusieurs espèces.

8ᵉ DÉPARTEMENT. SIU-TCHEOU-FOU (*).

Ce département est situé à 73 lieues nord-ouest de *Nân-king*, et à 116 de *Pé-king*; il a 34 lieues de l'est à l'ouest, et 24 du midi au nord. Il comprend un *arrondissement* et sept *cantons*.

CONFIGURATION. Ce département est borné au midi par le fleuve *Hoaï*, au nord par la province de *Chan-toung*; le fleuve Jaune le traverse dans sa plus grande largeur.

MŒURS ET COUTUMES. Les habitants de ce département estiment peu le commerce; ils consacrent tout leur temps à la culture des terres (**). Ils honorent les lettres et chérissent l'étude; ils ont en quelque sorte pris les habitudes des paisibles rivières *Tchou* et *Sse* (qui arrosent la partie septentrionale de ce département). Ce pays est peu abondant en forêts et en marais; les habitants ont conservé en parlant, et à un haut degré, l'accent propre à l'ancien royaume de *Tsou*, dont ce département faisait partie sous les *Han*.

VILLES PRINCIPALES. 1° *Siû-tchéou*, a près d'une lieue de circonférence; des murs d'enceinte de 10ᵐ 395ᵐᵐ de hauteur et autant de largeur; 4 portes, dont 3 font face au fleuve Jaune. On ne peut pénétrer dans la ville avec des

(*) *Taï-thsing-i-thoung-tchi*, k. 51-2.
(**) Cette remarque, qui est tirée des *livres historiques* de la dynastie des *Souï* (581-617), section de la *Géographie*, est confirmée par l'ancien et célèbre voyageur européen Marco-Polo, qui dit presque dans les mêmes termes, en parlant des habitants de ce département, nommé par lui *province de Succuir*, « Vivunt autem de fructu terrae, nec intromittunt se de mercationibus; » ou, comme s'exprime la vieille version française : *Ils vivent du frout qu'ils traient de la terre, mès de mercandies ne se travaillent-il guieres.*

voitures et des chevaux que du côté du midi, où il y a des fossés de 6ᵐ 300ᵐᵐ de largeur et autant de profondeur.

2° *Siao*, chef-lieu de *canton*, 4 portes, fossés de 22ᵐ de profondeur, qui communiquent au midi avec les eaux d'un lac et qui furent creusés sous les *Ming*.

3° *Yang-chang*, chef-lieu de *canton*, 3 portes par terre, 2 par eau; fossés de 15ᵐ 750ᵐᵐ de largeur, creusés sous les *Ming* (1600).

4° *Foung*, chef-lieu de *canton*, 4 portes, élevées en 1551.

5° *Peï*, chef-lieu de *canton*, 4 portes; fossés de 6 ᵐ 300ᵐᵐ de largeur, creusés en 1543.

6° *Peï-tchéou*, chef-lieu d'*arrondissement*, 4 portes.

7° *Sou-tsien*, chef-lieu de *canton*, 4 portes.

8° *Choui-ning*, chef-lieu de *canton*, 4 portes.

9° *Thoung-chán*, chef-lieu de *canton*, 4 portes.

COLLÉGES. On en compte 9, distribués dans chacune des villes énumérées ci-dessus; plus 5 établissements littéraires, la plupart fondés sous les *Ming*; en tout 14.

POPULATION en 1743. Contribuables chefs de famille inscrits, 238,371.

TERRES CULTIVÉES, 126,118 *k*. 31 *m*. = hect. 750,402.

IMPÔTS FONCIERS *en argent* : 235,338 *l*. = *fr*. 1,882,704.

— *en riz*, 66,715 *chi* ou *hectolitres*.

— *en blé*, 19,921

MONTAGNES ET RIVIÈRES :
Montagnes 60
Fleuves et rivières............ 16
De ce nombre sont le fleuve Jaune et le grand *Canal de transport*.
Lacs 9

ANTIQUITÉS. Anciennes fortifications de villes................. 42
Autres monuments........... 27

De ce nombre sont 5 anciennes tours (*thái*), dont l'une, « la Tour de l'air comprimé » (*Yë khï thái*), située dans le canton de *Foung*, fut construite par l'empereur *Thsin-chi-hoáng* (V. t. Iᵉʳ, p. 208 et suiv.), ce qui lui a fait aussi donner le nom de *Tour de Thsin*. On trouve également, parmi ces antiquités, « l'ancienne demeure de *Kao-tsou* » ou du fondateur de la dynastie des *Han* (*Han-Kao-tsou kôu-tsě*), située dans le canton de *Foung*.

DOUANES.................. 18
POSTES pour les mandarins en voyage........................ 7
PONTS..................... 22
DIGUES ET JETÉES........... 17

Au nombre de ces digues sont celles du *Hoâng-hó* ou « fleuve Jaune, » qui traverse le département dans sa plus grande étendue, et celles du « grand canal de transport (*Yün-hó*), » dont la Géographie impériale donne une description historique (K. 51, f° 31 et s.). Ce sont des ouvrages très-considérables et d'un grand entretien.

TOMBEAUX CÉLÈBRES........ 26,
dont 6 remontent à la seconde et à la troisième dynastie.

TEMPLES de noms différents... 17

Deux de ces temples sont élevés en l'honneur de *Kao-tsou*, fondateur de la dynastie des *Han*, et de *Kouang-wou*, autre empereur de la même dynastie; il y en a même *quatre*, en différents endroits, dédiés au premier de ces empereurs, né dans un village du canton de *Peï*, de ce département. Un autre de ces temples, situé à 3 lieues au sud-ouest de la ville cantonale de *Siao*, est dédié au « second saint » (*Yá ching miáo*), c'est-à-dire, au philosophe *Meng-tseu*, le *second*, après *Khoung-tseu*, dans l'estime des Chinois.

MONASTÈRES. Bouddhiques... 11
  Id.   *Tao-sse*....... 2

Ces monastères ont été fondés sous les *Thang*, sous les *Kin*, les Mongols et les *Ming*.

MANDARINS CÉLÈBRES....... 77
HOMMES   id.......... 148
VOYAGEURS   id........ 7
FEMMES   id.......... 24
ANACHORÈTES   id......... 9

Dans ce nombre on compte *Youen-tseu*, disciple de *Lao-tseu*, qui vivait sous les *Tchéou*, et qui avait composé un ouvrage philosophique en treize livres; *Ho-kouan-tseu*, autre philosophe de la même école, qui habita la montagne nommée *Chin* (*).

PRODUITS ET INDUSTRIE. Ce dé-

(*) Voy. ci-après *Philosophie chinoise*, section *École du Tao*.

partement produit du fer; on y fabrique du taffetas de soie à fleurs, on y trouve des pierres veinées de plusieurs teintes, des terres des cinq couleurs (*où-ssé-thoù*), du charbon minéral (*chi-thàn*).

ARRONDISSEMENTS DU KIANG-NAN, *ressortissant directement au gouvernement central* (*).

1° TAI-TSANG-TCHÉOU. Cet arrondissement est situé sur le bord de la mer Jaune, à 56 lieues au sud-est de *Nán-king*, à 284 lieues de *Pé-king* : il a 21 lieues de l'est à l'ouest, et 10 du midi au nord ; il a plusieurs îles dans sa juridiction, entre autres celle que l'on nomme *Thsoung-ming*, séparée du continent par un bras de mer peu profond, qui n'a pas plus de 5 ou 6 lieues de largeur. Cette île est représentée sur les cartes chinoises comme entourée d'une multitude d'autres *îles de sable,* ce qui ferait penser que toutes ces îles sont dues aux sables charriés par le grand fleuve *Kiáng,* quoiqu'elles soient situées assez loin de son embouchure.

Il est dit dans la Géographie impériale (K. 53, f° 9, v°), qu'anciennement cette île était *une terre de sable* au milieu de la mer. Ce ne fut que sous les *Soung,* de 1208 à 1225, que l'on commença à y établir des *salines*.

Cet arrondissement comprend 4 cantons.

MŒURS ET COUTUMES. Les habitants de cet arrondissement maritime redoutent beaucoup les châtiments prescrits par les lois. Ils honorent la littérature, à laquelle ils rougiraient de ne pas attacher de l'importance. Les lettrés ne se livrent à aucun travail corporel ; les gens du peuple pratiquent l'agriculture et le commerce. Leurs habitudes sont rangées, et ils respectent facilement l'opinion publique. Quand le pays est tranquille, ils n'aiment pas à voyager au loin.

VILLES PRINCIPALES : 1° *Taï-tsang,* chef-lieu de l'*arrondissement,* a 1 lieue de circonférence, 8 portes par terre et 3 par eau; des fossés de 25ᵐ 300ᵐᵐ de largeur, creusés sous les Mongols.

2° *Kia-ting*, chef-lieu de *canton,*

(*) *Taï-thsing-i-thoung-tchi*, k. 53-55.

1 lieue environ de circonférence; 4 portes par terre et 3 par eau.

3° *Pao-chán*, chef-lieu de *canton* ; 4 portes.

4° *Tchin-yang,* chef-lieu de *canton.*

5° *Tsoung-ming,* chef-lieu de *cant.*, 5 portes; fossés de 9ᵐ 450ᵐᵐ de largeur, construits sous les *Ming* et réparés sous *Khang-hi.*

Cette ville est le chef-lieu de l'île de ce nom, qui a environ 5 à 6 lieues de longueur, 2 lieues de largeur, et à laquelle M. Gutzlaff (*) donne 2,000,000 d'habitants. Une partie de l'île est employée exclusivement à la culture du riz, une autre à la production de diverses sortes de grains, et une troisième, totalement improductive en végétation, fournit d'énormes quantités de sel, dont une grande partie est exportée. Les habitants de cette petite île sont très-industrieux ; ils sont d'excellents pêcheurs et de bons marins.

COLLÉGES.................. 6

Celui de *Tsoung-ming,* situé au sud-est et en dehors des fossés de la ville, fut fondé en 1622 de notre ère.

POPULATION en 1743. Contribuables chefs de famille inscrits, 186,078.

TERRES CULTIVÉES ET MARAIS : 35,016 *k.* 99 *m.* = *hect.* 208,344.

IMPÔTS FONCIERS *en argent* : 329,165 *liáng* = *fr.* 2,633,220.

— *en riz*, 160,997 *chĭ* ou *hectol.*
— *en blé*, 611 —
— *en légumes*, 229 —

MONTAGNES 7
RIVIÈRES.................... 4
ANTIQUITÉS................. 17
DOUANES et autres établissements de ce genre.................. 22

Plusieurs sont des postes militaires destinés à protéger la sûreté publique, et d'autres à prélever les droits sur le sel.

PONTS...................... 10

La plupart fondés sous les *Soung* et les Mongols.

TOMBEAUX CÉLÈBRES......... 5
TEMPLES.................... 6
MONASTÈRES. Bouddhiques.... 5
Id.   Tao-sse......... 1
MANDARINS CÉLÈBRES........ 22
HOMMES   id.......... 33

(*) *China opened*, t. I, p. 82.

PASSAGERS CÉLÈBRES......... 1
FEMMES   id.......... 12
ANACHORÈTES   id.......... 1
natif de l'Inde.
PRODUITS ET INDUSTRIE. Toiles de chanvre, tissus de roseaux jaunes, souliers ou sandales de roseaux.

2° HAÏ-TCHÉOU. Cet *arrondissement* est éminemment maritime, comme l'indique son nom; il est situé à 82 lieues au nord-est de *Nân-king*, à 170 de *Pé-king*; il a 27 lieues de l'est à l'ouest, et 30 du midi au nord; il confine, à l'est, à la mer Jaune, et au nord à la frontière du *Chan-toung*; il comprend deux *cantons*.

MŒURS ET COUTUMES. Les habitants de cet arrondissement ont des mœurs rudes, mais sincères (comme le sont généralement dans tous les pays celles des populations maritimes). Ils s'appliquent à l'agriculture et à la pêche. Le territoire est étendu, mais peu fertile. Le bas peuple ne se livre ni au commerce, ni aux arts et aux sciences; c'est pourquoi le peuple de cet arrondissement est des plus pauvres.

VILLES PRINCIPALES :
1° *Haï-tchéou*, chef-lieu de l'*arrondissement*, a environ 1 lieue de circonférence; 4 portes; 4 douanes par eau; lac.
2° *Han-yu*, chef-lieu de *canton*.
3° *Mou-yang*,   id.

COLLÉGES. 3, 1 dans chaque chef-lieu, tous les trois fondés sous le règne du premier empereur des *Ming* (1369-1372).

POPULATION en 1743. Contribuables chefs de famille inscrits, 29,042.

TERRES CULTIVÉES, 28,969 *k.* 64 *m.* = hect. 171,365.

IMPÔTS FONCIERS en *argent* : 63,367 *l.* = fr. 506,936.
— en riz, 23,746 *chi* ou *hectolitres*.
— en blé, 9,927   —

MONTAGNES ET RIVIÈRES :
Montagnes................... 32
Au nombre de ces montagnes on compte « la montagne de la contemplation du philosophe *Khoung-tseu* » (*Khoung wâng chân*); « la montagne du jade blanc » (*Pé yü chân*), ainsi nommée parce que les pierres qu'on y rencontre, étant nettoyées, sont blanches comme du jade; il y a aussi « la montagne d'argent » (*Yin chân*), voisine de la mer, et « la montagne d'or » (*Tâ kin chân*), située au nord du canton de *Han-yu*. On trouve dans la première de ces dernières montagnes, du côté de la mer, beaucoup de pierres qui étincellent au soleil et ont la couleur de l'argent (ce sont vraisemblablement des pierres à plâtre cristallisées).

Fleuves et rivières............ 10
Lacs........................   2

ANTIQUITÉS. Anciennes fortifications de villes.................. 27
Autres monuments............ 12

Au nombre de ces derniers est « la pierre monumentale de la dynastie des *Thsin* » (*Thsin-pie*), située au nord-est du canton de *Han-yu*. Cette pierre a 5ᵐ 670ᵐᵐ de longueur, 1ᵐ 575ᵐᵐ de largeur, 2ᵐ 525ᵐᵐ d'épaisseur; elle porte une inscription en trois colonnes de treize caractères. On attribue ce monument au célèbre empereur *Thsin-chi-hoang-ti*, l'incendiaire des livres.

DOUANES................... 12
PONTS...................... 11
DIGUES ET JETÉES........... 9
TOMBEAUX CÉLÈBRES......... 3
TEMPLES.................... 7
MONASTÈRES. Bouddhiques... 4
     Id.   *Tao-sse*........ 2

Deux de ces monastères ont été fondés sous les *Thang*, les autres sous les *Soung*.

MANDARINS CÉLÈBRES........ 16
HOMMES   id.   12
PASSAGERS   id.   2
FEMMES   id.   13
ANACHORÈTES id.   2
Ce sont deux sectateurs du *Tào*.

PRODUITS ET INDUSTRIE. Sel, plantes potagères variées; espèce particulière de riz, nommée *i-i-jin*; roseaux de diverses sortes.

3° THOUNG-TCHÉOU. Cet *arrondissement* est situé à 53 lieues à l'est de *Nân-king*, à 369 de *Pé-king*; il a 47 lieues de l'est à l'ouest, et 12 du midi au nord, et comprend deux *cantons*.

Cet arrondissement est placé sur la rive gauche de l'embouchure du grand fleuve *Kiâng*, et la mer borne ses limites au nord-est.

MŒURS ET USAGES. Les habitants

de cet arrondissement tirent leurs principaux bénéfices de la pêche du poisson et du commerce du sel; il en résulte que la presque totalité de la population est livrée au commerce; toutefois elle n'en aime pas moins les chants et la musique. La politesse des manières est poussée à l'extrême dans cet arrondissement; les esprits y sont enclins au culte des génies. La présence toujours menaçante de la mer et du grand fleuve rend rares les contestations et les procès.

Villes principales : 1° *Thoung*, chef-lieu d'arrondissement, 4 portes; un canal, creusé en 958 de notre ère, environne les murs d'enceinte de cette ville.

2° *Jou-kao*, chef-lieu de *canton*, 4 portes; canal.

3° *Taï-hing*, chef-lieu de *canton*, 5 portes; canal.

Collèges 6
fondés sous les *Soung*, sous les Mongols et les *Ming*.

Population en 1743. Contribuables chefs de famille inscrits, 176,571.

Terres cultivées, 54,950 k. = hect. 326,952.

Impôts fonciers *en argent* : 99,737 *l*. = *fr*. 797,896.
— *en riz*, 15,875 *chi* ou *hectolitres*.
— *en blé*, 4,849. —

Montagnes et rivières :
Montagnes 6
Fleuves 12
De ce nombre sont le grand *Kiáng*, « le fleuve qui transporte le sel » ( ) *ún-yen-hó*), « le fleuve au sable d'or » (*Kin-cha-hó*), etc.

Antiquités 13
Douanes 17
Ponts 8
Digues et jetées 7
Tombeaux célèbres 6
Temples 10
De ce nombre est « le temple dédié à l'esprit de la mer et du grand fleuve *Kiáng* » (*Kiáng haï chin tsé*), situé sur la montagne du Loup (*Lâng chán*), au midi de l'arrondissement. Tous les ans, le 19e jour de la 7e lune, on y offre des sacrifices.

Monastères 8
La plupart ont été fondés sous les *Thang* et les *Soung*.

Mandarins célèbres 26
Hommes id. 18
Passagers id. 4
Femmes id. 12

Produits et industrie. Soie grége, sel, poissons de diverses espèces, riz.

District de Haï-mên. Ce district, comme l'indique son nom, est un district maritime (*Haï mên*, « porte de la mer »), qui ressortit directement au gouvernement central. Il est formé d'une île située dans l'embouchure du *Kiáng*, au nord-ouest de l'île plus grande de *Thsoung-ming*. Ce district est de récente création.

B. Départements de la province de Gan-hoéï (*).

1er Département. Gan-king-fou.

Ce département, situé à 270 lieues de *Pé-king*, a 45 lieues de l'est à l'ouest, et 27 du midi au nord; il comprend *six cantons*.

Configuration. Il est borné au sud-est par le grand fleuve *Kiáng*, à l'ouest par la province de *Hou-kouang*.

Mœurs et coutumes. Le naturel des habitants de ce département est vif et opiniâtre; leur caractère est très-décidé, et en même temps très-franc et très-sincère. Ils aiment peu le commerce et se livrent de préférence à l'agriculture. Le climat est sain et agréable, l'air pur; le riz, dans ce département, croît en abondance.

Villes principales. 1° *Gan-king*, chef-lieu de la province de *Gan-hoéï* et du département qui porte ce nom, a environ une lieue de circonférence, cinq portes et des fossés creusés sous les *Soung*. — Ville riche, visitée par l'ambassade de lord Amherst (**). Son commerce consiste principalement en porcelaine, en lanternes de corne, en draps, en bonnets et autres articles de mercerie. Ce qui rend cette ville très-vivante, c'est que toutes les marchandises qui se rendent à *Nân-king* des provinces méridionales passent par *Gan-king*. Près de cette ville est une

(*) *Taï-Thsing-i-thoung-tchi*, k. 56-70.
(**) On trouve dans la *Relation* de cette ambassade, par M. Ellis, une vue de *Gan-king-fou*.

pagode à sept étages qui produit l'effet le plus pittoresque.

2° *Toung-tching*, chef-lieu de *canton*; 6 *li* de circonférence, appuyée au nord-ouest sur une montagne.

3° *Tsien-chan*, chef-lieu de *canton*.
4° *Taï-hoû*, —
5° *Sou-soung*, —
6° *Wang-kiang*, —

COLLÉGES. On en compte 14, la plupart fondés sous les *Ming*. De ce nombre sont *sept* grands *établissements littéraires*, renfermant de riches bibliothèques, et nommés *Choû-youén*, lesquels, comme dans tous les départements, sont distingués des *Colléges* proprement dits, situés dans chaque chef-lieu. L'un de ces établissements littéraires est celui de la montagne *Houán*, dont il sera question ci-après; un autre est celui du « Lac de la miséricorde » (*tseû hoû choû youén*) que l'on nomme aussi : « Établissement littéraire de la fleur du nénuphar. »

POPULATION en 1743. Contribuables chefs de famille inscrits, 53,127.

TERRES CULTIVÉES, *hect.* 128,561.
TERRES DES COLONIES MILITAIRES : 949 *k.* = en *hect.* 5,646.
IMPÔTS FONCIERS, *en argent*, en *francs* 1,395,272.
— *riz*, *hect.* 111,278.
MONTAGNES.................. 72
FLEUVES ET RIVIÈRES...... 18
LACS......................... 18
ANTIQUITÉS. Anciennes fortifications.................... 17

Autres monuments anciens, tels que pavillons, tours, pagodes, arcs de triomphe, etc............... 35

Tous ces monuments sont célèbres à divers titres, et remontent pour la plupart à des époques assez reculées.

DOUANES, postes, etc........ 36
PONTS....................... 19
DIGUES ET JETÉES.......... 7
TOMBEAUX CÉLÈBRES........ 20
TEMPLES..................... 15

De ce nombre sont : « Le temple dédié aux cinq espèces de céréales » (*Oû kö miao*), situé à deux lieues au nord-est de la ville cantonale de *Sou-soung*, où l'on offre des sacrifices au « laboureur divin » (*Chin-noûng*) et à la reine ou déesse des céréales (*Héoû-tsi*), la Cérès chinoise.

MONASTÈRES *bouddhiques*... 7
— *Táo-ssé*........ 2
MANDARINS CÉLÈBRES........ 64
HOMMES CÉLÈBRES........... 65
PASSAGERS CÉLÈBRES........ 11

Au nombre de ces derniers, on cite le prêtre ou bonze *thsán* (le *brillant*) qui vint de *Ta-mo* (Damas?) dans le *royaume du milieu*, sous le règne de *Youen-thsoung* de la dynastie des *Thang* (de 713 à 756 de notre ère). Ce religieux de Damas n'avait, selon la tradition, que ses vêtements de religieux et un vase pour recevoir sa nourriture. Ce fut à *San-thsou* que *Thsan* arriva pour communiquer et propager sa doctrine, et il expliqua cette doctrine, cette loi (*fa*), dans une vallée déserte de la montagne *Houán* (*). Il finit ses jours et fut enterré au sein d'un monastère situé dans une vallée de la montagne en question. L'empereur *Youen-thsoung* (nommé aussi *Hiouen-thsoung*), des *Thang*, lui conféra le titre honorifique posthume de « maître de la contemplation spirituelle

(*) Cette montagne, très-célèbre chez les Chinois, est située au nord-ouest du *canton* de *Tsien-chán*; on lui donne 3,700 *tchâng* ou 11,655^m d'élévation, ce qui est nécessairement très-exagéré*, et 25 lieues de tour. Cette montagne a trois pics élevés : le pic oriental, qui est nommé « la colonne du ciel » (*thién tchu*) est continuellement couvert de neige, c'est pourquoi on le nomme aussi « la Montagne de neige » (*Siuë chán*); le pic occidental se nomme *ho chán*; la secte des *Táo-ssé* y a quatorze retraites qu'elle appelle « les cieux de l'origine dominatrice des colonnes du ciel » (*thién tchu ssé youén tchi thién*). Il y a sur cette montagne quatre tours (*thaï*), trois lacs, et des choses merveilleuses innombrables, disent les rédacteurs de la Géographie impériale. Le célèbre poète *Li-taï-pé*, de la dynastie des *Thang*, en naviguant sur le grand fleuve *Kiang*, aperçut la montagne *Houán*, et il l'a chantée dans la pièce de vers intitulée : *Koúng-chán chí*.

* Les Chinois ne sachant pas faire des opérations trigonométriques, ni barométriques pour mesurer les hauteurs verticales, n'arrivent qu'à des données empiriques excessivement imparfaites et sur lesquelles on ne peut avoir aucune confiance. Il est à présumer qu'ici la hauteur indiquée est la mesure du versant de la montagne, de la base au sommet, prise dans une ascension sinueuse et non en ligne droite.

et miroir de la sagesse » (*tchi kién chén ssé*) (*).

Le religieux dont il est ici question fut vraisemblablement un des nestoriens de Syrie qui se rendirent en Chine pour y prêcher le christianisme, dans le septième et le huitième siècle de notre ère, et dont le *Monument* de *Si-gan-fou*, érigé en 781 (voy. t. I, p. 297 et suiv.), porte témoignage.

Au nombre des passagers célèbres on compte aussi le célèbre poëte *Li-pé*.

FEMMES CÉLÈBRES............ 38
ANACHORÈTES CÉLÈBRES..... 5

PRODUITS ET INDUSTRIE. Étoffes de soie unies, vases à boire, vases en bronze, cire, thé, espèce de fruit nommé *pé-tchü*, dont on fait du vin, etc.

2ᵉ DÉPARTEMENT. HOEÏ-TCHÉOU-FOU.

Ce département, situé à 57 lieues au sud-est de *Gan-king*, et à 285 lieues de *Pé-king*, a 39 lieues de l'est à l'ouest, et 22 du midi au nord; il comprend *six cantons*.

CONFIGURATION. Il est borné à l'est et au sud par la province de *Tchékiang*, à l'ouest par celle de *Kiáng-si*, et au nord par le département de *Taïping*.

MŒURS ET COUTUMES. Le caractère des habitants de ce département est hardi et entreprenant à l'excès; ils aiment à se rencontrer sur les champs de bataille. Les hommes distingués s'appliquent de toutes leurs forces à faire des actions d'éclat pour occuper un rang élevé dans la société, et ils ne rougissent point d'arriver à leur but par des moyens contraires à la justice. (*Tchou-hi*.)

Le sol de ce département est peu étendu, et la population très-nombreuse; la culture des terres est sa principale occupation, mais elle ne suffit pas pour l'alimenter et l'entretenir; aussi cette population se répand, pour subvenir à ses besoins, dans les quatre parties de l'empire.

(*) *Tai-thsing-i-thoung-tchi*, k. 56, f° 44, verso. Voir aussi la *Géographie spéciale* du *Chen-si*, en 60 vol. chinois, k. 77, f° 26.

Les montagnes sont en grand nombre dans ce département, et les champs cultivés peu nombreux; mais les habitants, par leur avidité du gain, en rendent la production en quelque sorte perpétuelle. Les femmes sont soigneuses, diligentes et économes, et le plus grand nombre a des mœurs chastes et pures.

VILLES PRINCIPALES. *Hoeï-tchéou*, chef-lieu du département, a 1 lieue de circonférence, 5 portes; des fossés à l'est, au nord et à l'ouest. Selon le P. Martini, *Hoeï-tchéou* passe pour une des villes les plus riches de l'empire, car elle a un négoce considérable. L'air y est fort bon et tempéré; les habitants sont industrieux et avisés, principalement dans le commerce; et il n'y a point de ville en Chine, tant soit peu marchande, où il ne se trouve des négociants de *Hoeï-tchéou*, ni de banque ou de change où les habitants de cette ville ne comptent parmi les principaux intéressés. C'est dans cette ville que se fait la meilleure encre de la Chine, et où s'approvisionnent les marchands de *Nán-king*. C'est aussi à *Hoeï-tchéou* que se fabriquent les plus beaux ouvrages en vernis.

Chefs-lieux de canton fortifiés :

1° *Hi*.   4° *Ki-men*.
2° *Hiéou ning*.   5° *I*.
3° *Wou-youen*.   6° *Tsi-ki*.

COLLÉGES en 1743. On en comptait 7, un dans chacun des chefs-lieux, fondés sous les *Soung*, les *Mongols* et les *Ming*; plus deux grands établissements littéraires, dont l'un, situé à l'est du chef-lieu du département, sur une montagne, et nommé *Tsé-yáng-chóu-youén*, fut fondé de 1241 à 1253 de notre ère, en l'honneur du célèbre philosophe *Tchou-hi*, qui florissait quatre-vingts ans auparavant.

COLLÉGES et autres écoles (*hiŏ-hiaó*) dans l'année 1844 (*).......... 137

(*) *Tsio-tchi-thsiŏuan-làn*, Almanach impérial, édition *d'Été*, de 1844, imprimé à *Pé-king*. Quoique la dénomination des établissements d'instruction publique (*hiŏ-hiaó*) soit la même dans ce dernier ouvrage officiel que dans la grande Géographie impériale, on doit penser, à cause de la grande

POPULATION en 1743. Contribuables chefs de famille inscrits, 219,137.

TERRES CULTIVÉES, montagnes et marais, 122,361 *hectares*.

IMPÔTS FONCIERS *en argent :* 1,505,664 *fr.*
— *en riz*, 29,345 *hectolitres.*
— *en légumes*, 1,625 —

MONTAGNES, 107, dont la plus remarquable est la montagne *Hoâng* ou montagne *Jaune*, qui a trente-deux sommets très-élevés.

On remarque aussi la montagne nommée *Ki*, située à 6 lieues à l'ouest de la ville cantonale de *Hiéou-ning*, dont le sommet est très-élevé, et sur laquelle est appuyé un *pont de pierre* qui traverse une profonde vallée.

Grands cours d'eaux........... 27
Lacs....................... 2
ANTIQUITÉS. Anciennes fortifications de villes. 14
Autres monuments............ 28
DOUANES ou forts détachés..... 29
PONTS..................... 19
DIGUES ET JETÉES............ 4
TOMBEAUX CÉLÈBRES......... 30

Dans ce nombre on distingue ceux des ancêtres de *Tchou-hi*, surnommé le *Prince de la littérature*, lesquels sont au nombre de six.

TEMPLES................... 22

Dans ce nombre on remarque quatre temples, nommés « les temples des trois philosophes » (*Sân foŭ-tseŭ-tsé*); l'un de ces temples est situé sur le territoire de la ville cantonale de *Hi*; on y offre des sacrifices en l'honneur des deux frères *Tching*, et de *Tchou-hi*; un autre temple du même nom, situé dans le canton de *Wou-youen*, est destiné à honorer les trois philosophes : *Tchéou-lien-ki*, et les deux frères *Tching*; un autre temple, situé sur la montagne *Tseŭ-yâng*, du canton de *Hi*, est consacré à honorer le *sapin* du père du philosophe *Tchou-hi* (*ssé-tchoŭ-tseŭ-foŭ-soûng*); un autre, situé au midi de la ville cantonale de *Wou-youen*, est dédié à ce même philosophe; il est nommé « le temple du séjour pas-

augmentation du chiffre, que l'énumération de 1844 comprend les *écoles de tous les degrés*, dont on y donne le nombre par *arrondissement* et par *canton*.

« sager de *Tchou-hi*, le prince de la littérature » (*tchoŭ wén koûng kioûë li miào*); chaque année, au milieu du printemps et de l'automne, on y offre des sacrifices. Sous le règne de *Khang-hi*, ce célèbre empereur fit placer sur la façade de ce temple l'inscription suivante : « Par l'étude, on pénètre à fond « la nature de l'homme et les secrets du « ciel » (*hiŏ tà sîng thiên*). Ce temple fut reconstruit de nouveau la 13ᵉ année (*young-tching*) (1735). — Il y en a encore deux autres ailleurs du même nom.

MONASTÈRES. *Bouddhistes*..... 11
— *Táo-ssé*........ 5

La plupart ont été fondés sous les *Thang*, les autres sous les *Soung*.

MANDARINS CÉLÈBRES........ 72
HOMMES id. 107

Ce fut principalement sous la dynastie des *Soung* que fleurirent le plus grand nombre de ces personnages célèbres, au premier rang desquels on place le philosophe *Tchou-tseŭ* ou *Tchou-hi*, et les deux frères *Tching*, renommés tous trois pour leurs écrits philosophiques, et surtout pour leurs commentaires, restés *classiques*, des anciens *livres*.

PASSAGERS CÉLÈBRES......... 2
FEMMES CÉLÈBRES............ 27
ANACHORÈTES CÉLÈBRES...... 6

PRODUITS ET INDUSTRIE. Toile de chanvre, chanvre blanc (*pè tchoŭ*), paniers de bambous, papier, argent et plomb dans le canton de *Tsi-ki*, et dans la montagne nommée *Ta tchang*; ébène, pierres pour faire des encriers à délayer l'encre, encre très-renommée, *thé* très-recherché et de première qualité, bois considérables, cire, bambous, poissons volants, plantes médicinales.

3ᵉ DÉPARTEMENT. NING-KOUE-FOU.

Ce département, situé à 43 lieues à l'est de *Gan-king*, à 274 lieues de *Pé-king*, a 22 lieues de l'est à l'ouest, et 33 du midi au nord; il comprend *six cantons*.

CARACTÈRE PHYSIQUE. Le caractère montagneux de ce département fait que l'air y est très-pur et le climat très-agréable; les nombreuses chaînes de collines qui le divisent en tous sens y ménagent des retraites profondes; ce qui fait que ce département est en quelque sorte le boulevard du *Kiâng-nân*.

MŒURS ET COUTUMES. Le territoire en est vaste et la population nombreuse; ce territoire étant fort agréable, la population y est très-pacifique; les mœurs des habitants sont naturelles et faciles.

VILLES PRINCIPALES. *Ning-kouë* est le chef-lieu du département. Cette ville, qui a près d'une lieue de circonférence, est située à une demi-lieue au nord de la rivière *Hâng*, laquelle conduit les navires jusque dans le grand fleuve *Kiâng*, où elle se perd. La ville renferme des coteaux boisés et de fort beaux édifices; elle a des fabriques de papier de roseaux.

Chefs-lieux de cantons fortifiés :
1° *Siouan-tching.*   2° *King.*
3° *Nan-ling.*   4° *Ning-kouë.*
5° *Thsing-te.*   6° *Taï-ping.*

COLLÉGES en 1743. On en compte 7, un dans chacune des villes énumérées ci-dessus; plus 4 instituts littéraires. Ces colléges furent fondés sous les *Soung* et les *Ming*.

ÉCOLES de tous les degrés en 1844, 155.

POPULATION en 1743. Contribuables chefs de famille inscrits, 62,283.

TERRES CULTIVÉES, 165,618 *hect.*

IMPÔTS FONCIERS *en argent* : 1,573,616 *fr.*

— *en riz*, 62,236 *hectolitres.*
— *en légumes*, 9,124 —

MONTAGNES.................... 92

De ce nombre est la montagne *Ling-yang*, qui est comprise dans l'enceinte même de la ville départementale.

Rivières..................... 29
Lacs........................ 2

On remarque aussi le *Puits de Khoung-tseu*, situé à 11 lieues au sud-est de *Ning-kouë*.

ANTIQUITÉS. Anciennes fortifications de villes.................... 18

Autres monuments, comme tours, temples, pavillons, arcs de triomphe. 24

FORTS DÉTACHÉS............. 20
PONTS...................... 11

De ce nombre est le « Pont du Phé-« nix » (*foung hoâng kiáo*), situé en dehors de la porte orientale de la ville cantonale de *Siouen-tching*, sur la rivière *Youen*, et qui a 94ᵐ 500ᵐᵐ de longueur. Un autre de ces ponts, situé à 3 *li* à l'ouest de la ville cantonale de *Ning-kouë*, et qui traverse la *rivière occidentale* (*Si-khi*), a 126ᵐ de longueur.

DIGUES ET JETÉES............ 4
TOMBEAUX CÉLÈBRES......... 27
TEMPLES CÉLÈBRES.......... 18

Dans ce nombre on distingue « le « temple des jeunes femmes au cœur « odorant » (*Hiâng-sin-foû-jin-miáo*), situé à 6 lieues à l'est de la ville cantonale *King*. Sur la fin de la dynastie des *Thang*, au milieu des troubles de cette époque, la ville ayant été prise par des brigands, cinq jeunes filles de la famille *Hoâng-ching* jurèrent de mourir plutôt que de se voir déshonorées par ces brigands, qui les tuèrent. C'est pour honorer leur mémoire que ce temple leur a été élevé.

MONASTÈRES. Bouddhiques..... 10
— *Táo-ssé*........ 2
MANDARINS CÉLÈBRES........ 66
HOMMES CÉLÈBRES........... 84
PASSAGERS, id., au nombre desquels on compte le poëte *Li-taï-pé*. 8
FEMMES CÉLÈBRES........... 32

De ce nombre sont les cinq héroïnes dont il est question ci-dessus.

ANACHORÈTES, depuis les *Han*.. 4

PRODUITS ET INDUSTRIE. Argent, cuivre, dans les deux cantons de *Ning-kouë*; plomb, dans celui de *Siouen*; fer, damas de soie, et autres étoffes de ce genre; bonnets de feutre; corbeilles et paniers de jonc ou bambou; papier; pinceaux pour écrire; thé; plantes médicinales; poires et châtaignes; renards.

4ᵉ DÉPARTEMENT. TCHI-TCHÉOU-FOU.

Ce département, situé à 12 lieues au nord-est de *Gan-king*, à 280 lieues de *Pé-king*, a 37 lieues de l'est à l'ouest, et 23 du midi au nord. Il comprend *six cantons*.

CARACTÈRE PHYSIQUE. Ce département est situé sur la rive droite du fleuve *Kiang*, et il touche à la province de *Kiang-si*.

MŒURS ET COUTUMES. Les villages et les villes sont communément rares et éloignés les uns des autres. Le climat est pur et tempéré; la population a des mœurs simples et pures, un caractère facile, et vit dans une parfaite union ; l'aisance s'y augmente sans cesse; et, quoique tout ce qui sert à la vie de l'homme y abonde, on n'y entend point parler de procès; quoique les impôts en argent et en nature soient aussi élevés, on n'entend point parler de contrainte.

VILLES PRINCIPALES. *Tchi-tchéou* est le chef-lieu du département. Cette ville a quatre kilomètres et demi de circonférence, et sept portes.

Chefs-lieux de cantons fortifiés :
1° *Kouei-tchi.*   4° *Chi-taï.*
2° *Tsing-yang.*   5° *Kien-te.*
3° *Toung-ling.*   6" *Thoung-liéou.*

La deuxième et la cinquième de ces villes furent visitées, en 1816, par l'ambassade anglaise de lord Amherst.

COLLÉGES. On en compte 7, un dans chacune des villes énumérées ci-dessus; la plupart fondés sous les *Soung* et sous les *Ming*; plus 3 grands *instituts littéraires.*

ÉCOLES de tous degrés en 1844.. 133
POPULATION en 1743. Contribuables chefs de famille inscrits, 37,084.
TERRES CULTIVÉES, 42,738 hect.
IMPÔTS FONCIERS *en argent* : 742,336 *francs.*
— *en riz*, 52,302 *hectolitres.*
— *en légumes*, 7,845 —
MONTAGNES.................. 111
FLEUVES ET RIVIÈRES......... 26
LACS....................... 10
ANTIQUITÉS. Anciennes fortifications de villes................ 14

Dans ce nombre on compte la ville de l'ancien empereur *Yao*, située au midi du canton de *Kien-te.*

Autres anciens monuments, comme temples, pavillons, tours, arcs de triomphe, etc.................... 37
FORTS DÉTACHÉS............. 25
PONTS, dont plusieurs fondés sous les *Soung*................... 14
DIGUES ET JETÉES............ 16
TOMBEAUX CÉLÈBRES......... 18
TEMPLES................... 23

Dans ce nombre on distingue « le « temple de l'empereur *Yao* » (*Yao-miào*), situé à 3 *li* au midi de la ville cantonale de *Kien-te*; le « temple du « poëte *Li-taï-pé* », situé au midi de la ville cantonale de *Thoung-ling*, etc.

MONASTÈRES. Bouddhiques... 10
—   *Tao-ssé*....... 2
MANDARINS CÉLÈBRES....... 64
HOMMES   id........... 69
PASSAGERS   id........... 11
FEMMES   id........... 39
ANACHORÈTES id.......... 11

PRODUITS ET INDUSTRIE. Cuivre, fer, papier, thé, gingembre, arbre à vernis, nommé *tsi*; ces deux derniers produits naturels se trouvent dans les cantons de *Thoung-ling*, *Thsing-yang*, *Kouei-tchi* et *Kien-te.*

5ᵉ DÉPARTEMENT. TAÏ-PING-FOU.

Ce département, situé à 49 lieues au nord-est de *Gan-king*, à 246 lieues de *Pé-king*, a 9 lieues de l'est à l'ouest, et 22 du midi au nord; il comprend *trois cantons.*

CARACTÈRE PHYSIQUE. Ce département se trouve placé sur la rive droite du fleuve *Kiang*; et il est sillonné, comme le précédent, par de nombreux affluents du grand fleuve.

La campagne cultivée est riche et fertile, et les mûriers de l'espèce nommée *chi* y sont de toute beauté. Des ruisseaux nombreux arrosent de grandes plaines cultivées, où ils semblent se donner mutuellement rendez-vous. Là s'élèvent des habitations fréquentes construites en briques. Des chaussées, élevées au milieu des champs de riz, ressemblent à une immense broderie. Les bénéfices de la terre sont si considérables, qu'ils dépassent du double ceux que l'on obtient en d'autres lieux. Les produits, consistant en châtaignes, en figues, en bambous, en poissons, principalement en cancres, suffisent à l'entretien de chaque famille.

MŒURS ET COUTUMES. Le vêtement et la nourriture sont d'une facile acquisition. C'est pourquoi savoir beaucoup n'est pas un sujet d'orgueil. Les mœurs sont libérales, généreuses, franches et ouvertes : c'est pourquoi on y voit rarement des querelles.

Les lettrés y ont des principes solides auxquels ils tiennent fortement, et ils mènent une vie tranquille et calme. Le peuple est économe, et en même temps simple, franc et ouvert; il est prodigue pour se construire des habitations élevées; et les lettrés, qui ont du savoir, se livrent à l'étude avec beaucoup d'assiduité.

VILLES PRINCIPALES. 1° *Taï-ping*, chef-lieu du département.

2° *Thang-tou*, partie nouvelle de la ville précédente. *Chef-lieu de canton.*

3° *Wou-hou*, chef-lieu de *canton*; murailles d'enceinte construites sous les *Ming*, ayant 2 kilomètres 327 millimètres de circonférence (739 *tcháng*), et cinq portes.

4° *Fan-tchang*, chef-lieu de *canton*.

COLLÉGES. On en compte 4, fondés sous les *Soung* et sous les *Ming*; plus 3 grandes institutions littéraires, fondées sous les *Soung* et les Mongols.

ÉCOLES de tous degrés en 1844... 81
POPULATION en 1743. Contribuables chefs de famille inscrits, 60,044.
TERRES CULTIVÉES, 87,072 *hectares*.
IMPÔTS FONCIERS *en argent* : 956,272 *francs*.
— *en riz*, 37,206 *hectolitres*.
— *en légumes*, 2,212 —
MONTAGNES............... 42
FLEUVES ET RIVIÈRES....... 10
LACS.................... 4
ANTIQUITÉS de toutes sortes... 44

Dans ce nombre on remarque la maison du célèbre poëte *Li-taï-pé*, située sur une montagne au sud-est de la ville de *Thang-tou*.

FORTS DÉTACHÉS............ 17
PONTS.................... 6
DIGUES ET JETÉES.......... 4
TOMBEAUX CÉLÈBRES........ 17

De ce nombre est le tombeau de *Li-taï-pé*, qui vivait sous les *Thang*. Il est situé sous la montagne Verte (*thsing-chán*), au sud-est de *Thang-tou*.

TEMPLES................. 15

Dans ce nombre on remarque le « temple du Génie qui apaise les flots « du grand *Kiáng* » (*ting kiáng chin tsé*), situé sur une montagne au nord-ouest de *Thang-tou*; « le temple du « poëte *Li-taï-pé* » (*Li-pé-tsé*), situé sur la montagne Verte, au sud-est de la même ville, etc.

MONASTÈRES. Bouddhiques..... 8
— *Táo-ssé*......... 5
MANDARINS CÉLÈBRES........ 45
HOMMES id............. 60
PASSAGERS id............. 6
FEMMES id............. 15
ANACHORÈTES id............. 1

PRODUITS ET INDUSTRIE. Cuivre, fer, gaze, plantes aquatiques, poissons divers.

6e DÉPARTEMENT. LOU-TCHÉOU-FOU.

Ce département, situé à 46 lieues au nord de *Gan-king*, à 246 de *Péking*, a 31 lieues de l'est à l'ouest, et 36 du midi au nord; il comprend un *arrondissement* et quatre *cantons*.

CARACTÈRE PHYSIQUE. Ce département est borné au midi par le grand fleuve *Kiáng*, au nord par la rivière *thsao*; des lacs et des cours d'eaux considérables enrichissent son territoire.

MOEURS ET COUTUMES. Les hommes et les choses, dans ce département, sont en parfaite harmonie; le climat en est très-sain et l'air pur. Les habitants ont le caractère plein de raison, de sincérité et de droiture; ils méprisent le commerce et honorent beaucoup l'agriculture.

VILLES PRINCIPALES. *Lou-tchéou*, chef-lieu du département, a des murs de 1 myriamètre 4 kilomètres 823 m. de circonférence, et 7 portes.

Wou-wei, chef-lieu d'*arrondissement*.

Chefs-lieux de cantons fortifiés :
1° *Ho-féi*.   3° *Chou-tching*.
2° *Lou-kiang*.   4° *Thsao*.
COLLÉGES en 1743............ 6
Grandes institutions littéraires. 6
ÉCOLES diverses en 1844...... 108
POPULATION en 1743. Contribuables chefs de famille inscrits, 277,207.
TERRES CULTIVÉES, 399,060 *hectares*.
IMPÔTS FONCIERS, *en argent* : 1,593,640 *francs*.
— *riz*, 41,185 *hectolitres*.
— *froment*, 803 id.
MONTAGNES................. 72
FLEUVES ET RIVIÈRES....... 28
LACS..................... 4

Le lac *Tchao*, situé à 6 lieues au sud-est de *Ho-féi*, a 40 lieues et plus de circonférence.

ANTIQUITÉS de tous genres.... 55

Dans ce nombre on distingue « la « Tour de la porte de la justice » (*i mén thái*), située à environ deux lieues à l'ouest de *Ho-féi*; « la Tour du philo- « sophe *Khoung-tseu* » (*Khoung-tseú-*

thāi), située à cinq lieues au nord-ouest de la ville de *Thsao*. La tradition rapporte que le grand philosophe, dans le voyage qu'il fit au midi de la Chine, visita ce lieu avec ses disciples.

FORTS DÉTACHÉS............ 26
PONTS..................... 12
DIGUES ET JETÉES.......... 8
TOMBEAUX CÉLÈBRES......... 15
TEMPLES................... 12

L'un de ces temples est dédié à l'esprit du lac *Tchao*.

MONASTÈRES. Bouddhiques... 7
       —   Tāo-ssé........ 2
MANDARINS CÉLÈBRES........ 74
HOMMES   id............ 80
PASSAGERS id............ 2
FEMMES   id............ 19
ANACHORÈTES id............ 4

PRODUITS ET INDUSTRIE. Étoffes de soie, taffetas, cire blanche; vernis naturel; alun (*fán*); mesures de capacité en pierre.

7ᵉ DÉPARTEMENT. FOUNG-YANG-FOU.

Ce département, situé à 67 lieues au nord de *Gan-king*, à 198 de *Pé-king*, a 42 lieues de l'est et à l'ouest, et 48 du midi au nord; il comprend deux *arrondissements* et sept *cantons*.

MŒURS ET COUTUMES. Les habitants ont le caractère plein de raison, de sincérité et de droiture; ils méprisent le commerce et donnent tous leurs soins à l'agriculture. Leur nourriture se compose de riz commun et de riz d'eau; leurs vêtements sont faits de toile et de soie. Le territoire du département est entouré de fleuves et de rivières comme d'une ceinture; il s'ensuit que tous les produits sont facilement transportés, par des bateaux, d'une extrémité à l'autre du département.

VILLES PRINCIPALES. *Foung-yang*, chef-lieu du département, a environ une lieue de circonférence, et 4 portes. L'ancien mur d'enceinte fut construit en 1372 de notre ère; mais il y avait en outre une muraille extérieure, construite en terre en 1374, et qui avait cinq lieues environ de circonférence; elle est maintenant détruite.

1° *Lin-hoaï*, chef-lieu de *canton*.
2° *Hoaï-youen*,   id.
3° *Ting-youen*,   id.
4° *Houng*,   id.

5° *Chéou*, chef-lieu d'*arrondissement*.
6° *Foung-taï*, chef-lieu de *canton*.
7° *Sou*, chef-lieu d'*arrondissement*.
8° *Ling-pi*, chef-lieu de *canton*.

COLLÈGES. On en compte 10, presque tous fondés sous les *Ming*.
ÉCOLES diverses en 1844...... 158
POPULATION en 1743. Contribuables chefs de famille inscrits, 175,733.
Colons militaires, 6,156.
TERRES CULTIVÉES, 561,108 *hectares*.
Terres des colons militaires, 30,202 *hectares*.
IMPÔTS FONCIERS *en argent*: 2,042,296 *francs*.
— *riz*, 41,704 *hectolitres*.
— *blé*, 8,557   id.
— *légumes*, 2,512 id.

MONTAGNES................. 72
FLEUVES ET RIVIÈRES....... 28
LACS......................
ANTIQUITÉS de toutes sortes... 96
FORTS DÉTACHÉS............ 34
PONTS..................... 22
DIGUES ET JETÉES.......... 8
TOMBEAUX CÉLÈBRES......... 22

Dans ce nombre on compte celui du célèbre fondateur de la dynastie des *Ming*.

TEMPLES................... 18

Trois de ces temples sont érigés en l'honneur de l'empereur *Yu*. Chaque année, au 6ᵉ jour de la 6ᵉ lune, on y offre des sacrifices. Deux autres ont été érigés, l'un en l'honneur du philosophe *Min-tseu*, et l'autre en l'honneur de *Thoung-tseu*.

MONASTÈRES. Bouddhiques.... 4
       —   Tāo-ssé........ 1
MANDARINS CÉLÈBRES........ 105
HOMMES   id............ 155
PASSAGERS id............ 4
FEMMES   id............ 32
ANACHORÈTES.............. 5

Dans ce nombre on compte le célèbre philosophe *Hoaï-nán-tseu*, roi de *Hoaï-nán*, qui vivait dans le second siècle avant notre ère. (Voy., ci-après, *Philosophie des Chinois*.)

PRODUITS ET INDUSTRIE. Cuivre, taffetas de soie, autres étoffes de soie, toile confectionnée avec les filaments de la plante *ko*; toile de chanvre, thé, nacre de perle, stalactites, pierres sonores, vases en pierre pour mesures de capacité; plantes appelées *tsien-tsao* « rubia cardifolia », plantes caustiques de couleur pourpre.

8° DÉPARTEMENT. YING-TCHÉOU-FOU.

Ce département, situé à 84 lieues au nord-ouest de *Gan-king*, à 182 lieues de *Pé-king*, a 28 lieues de l'est à l'ouest, et 35 du sud au nord; il comprend *un* arrondissement et *cinq* cantons.

MŒURS ET COUTUMES. Le peuple, ayant des mœurs pures et droites, a peu de procès; les produits du sol sont beaux et abondants. Sur ce sol fertile, les eaux sont douces, les vents tempérés et salutaires. L'instruction est propagée et répandue jusque dans les plus petits hameaux. Dans les festins publics, les hommes et les femmes mangent et boivent séparément. (Géographie historique des Mongols.)

VILLES PRINCIPALES. 1° *Ying-tchéou*, chef-lieu du *département*.

2° *Po-tchéou*, chef-lieu d'*arrondissement*.

3° *Ying-chang*, chef-lieu de *canton*.
4° *Ho-kiu*,   id.
5° *Taï-ho*,   id.
6° *Moung-tching*, id.
7° *Féou-yang*, id.

COLLÉGES. On en compte..... 6
Ils furent tous fondés au commencement de la dynastie des *Ming*.

ÉCOLES diverses en 1844...... 115

POPULATION en 1743. Contribuables chefs de famille inscrits, 202,357

TERRES CULTIVÉES, 237,476 *hectares*.

IMPÔTS FONCIERS, *en argent* : 1,208,280 *francs*.
— *en riz*, 11.953 *hectolitres*.
— *en blé*, 997   —

MONTAGNES................. 10
FLEUVES ET RIVIÈRES....... 29
LACS...................... 7

De ce nombre est le lac occidental (*Si-hoù*), situé à 3 *li* au nord-ouest de *Féou-yang*; il a une lieue de longueur et deux *li* de largeur. Ce lac est renommé pour sa beauté chez les poëtes chinois. Sous les *Soung*, le célèbre historien *Nghéou-yang-sieou* (*) et *Sou-*

(*) Auteur de la grande histoire des *Thang*, comprise dans la collection des 22 historiens.

che (*) se retirèrent sur les bords de ce lac poétique pour s'y reposer l'esprit dans la solitude.

ANTIQUITÉS de tout genre.... 71
FORTS DÉTACHÉS............ 14
PONTS VOUTÉS.............. 13
DIGUES ET JETÉES.......... 1
TOMBEAUX CÉLÈBRES........ 16
TEMPLES................... 12

Dans ce nombre on en distingue deux élevés à l'empereur *Kouang-wou*, des *Han*; un autre érigé en l'honneur des quatre sages (*ssé-hièn-tsé*) ou philosophes de la dynastie des *Soung*, auxquels on offre des sacrifices : ce sont *Gan-tchou*, *Liu-koung-tcho*, *Nghéou-yang-sieou* et *Sou-che*: ce dernier temple est situé sur les bords du lac *Si-hou*; un autre temple, situé au midi de la ville départementale, est érigé en l'honneur de *Nghéou-yang-sieou*.

MONASTÈRES............... 12

L'un de ces monastères, nommé le *Palais du repos céleste* (*Thièn thsing koûng*), est situé à 12 lieues à l'est de *Po-tchéou*, où, selon la tradition, le célèbre philosophe *Lao-tseu* (voy. t. I, p. 110) commença à se faire connaître. Ce temple fut érigé en 164 de notre ère. Un autre temple, dédié au même philosophe, nommé le *Palais de la grande pureté* (*Taï thsing-koûng*), est situé à 4 lieues à l'ouest de *Po-tchéou*. Ce dernier temple occupe l'emplacement où naquit *Lao-tseu*.

MANDARINS CÉLÈBRES........ 60

Dans ce nombre on compte les quatre lettrés célèbres que nous venons de mentionner à l'article *Temples* (**).

(*) Nommé aussi *Sou-tseu-yéou*, l'un des meilleurs commentateurs de LAO-TSEU.

(**) *Gan-tchou*, *Liu-koung-tcho*, *Nghéou-yang-sieou* et *Sou-che*. Le 1ᵉʳ était natif de *Lin-tchéou*, département de *Fou-tchéou*, province de *Kiang-si*; il fut préfet de *Yng-tchéou*, du temps de l'empereur *Jin-tsoung* (1023 à 1056). Le 2ᵉ était natif de *Chéou-tchéou*, département de *Foung-yang*, province de *Gan-hoëi*; il fut aussi préfet de *Yng-tchéou*. Il est célèbre par son opposition persévérante aux mesures politiques du fameux ministre *Wang-'an-chi* (voy. t. I, p. 343-345). Le 3ᵉ était natif de *Lou-ling*, département de *Kin-gan*, province de *Kiang-si*; il était préfet de *Yng-tchéou*, l'an 1049. Aussi grand administrateur que grand écrivain, il

HOMMES CÉLÈBRES............ 53
Dans ce nombre on compte *Sie-hoeï*, natif de *Po-tchéou*, comme l'ancien philosophe *Lao-tseu*, et l'un des meilleurs commentateurs de son livre (*).
PASSAGERS CÉLÈBRES.......... 2
FEMMES CÉLÈBRES............. 31
PRODUITS DIVERS. Étoffes de soie; espèce de gaze nommée *tséou-cha-kiouen*; indigo.

Arrondissement ressortissant directement au gouvernement central de Pé-king, 5.

1° *Tchu-tchéou*. Cet arrondissement est situé à 22 lieues du chef-lieu de la province, et à 220 lieues de *Pé-king*; il comprend deux *cantons*, qui sont *Tsiouan-tsiao* et *Laï-gan* (**).

2° *Ho-tchéou*. Cet arrondissement ne comprend qu'un canton : *Han-chan*.

3° *Kouang-te*. Cet arrondissement est situé à 50 lieues du chef-lieu du département, et à 278 lieues de *Pé-king*. Il comprend 1 canton : *Kien-ping*.

4° *Lou-gan*, id. 2 cantons : *Yng-chan* et *Ho-chan*.

5° *Sse-tchéou*, id. 3 cantons : *Hiu-i*, *Thien-tchang* et *Wou-ho*.

III° GOUVERNEMENT; 4° PROVINCE.
CHAN-SI (***). CAPITALE : *Taï-youen-fou*.
POPULATION en 1812.. 14,004,210

APERÇU GÉNÉRAL. La province de *Chan-si* (occident des montagnes) a pour capitale *Taï-youen-fou*, ville située à 120 lieues au sud-ouest de *Pé-king*; elle a 88 lieues de l'est à l'ouest, et 162 du sud au nord (*). Elle comprend *neuf départements*, *six arrondissements* et *quatre-vingt-cinq cantons*; plus *neuf arrondissements* ressortissant directement à la province de *Tchi-li*.

LIMITES. A l'est, elle est bornée par la province de *Tchi-li*; à l'ouest, par le *Chen-si*; au midi, par le *Ho-nan*, et au nord, par la grande muraille.

CARACTÈRE PHYSIQUE. A l'est, cette province s'appuie sur la grande chaîne de montagnes nommée *Taï-hing*; le grand fleuve Jaune la borne au sud-ouest, et la grande muraille, avec le désert de *Chá-mò*, forme sa frontière du nord. Ses montagnes les plus renommées sont « la montagne au sommet « tonnant » (*loûl chéou chân*); « la mon- « tagne des Cinq-Tours » (*où thäi chân*), etc. Ses principaux fleuves sont le *fén-choüi* et le *thsin-choüi*. Ses principaux forts de défilés sont la forteresse de *Phou-tsin*, située sur le bord occidental du fleuve Jaune, et au delà de *Phou-tchéou* (forteresse visitée par *Marco-Polo*, dans laquelle il dit qu'existait le beau palais du roi *d'Or*, c'est-à-dire, de la dynastie des *Kin*, qui régna de 1123 à 1260 de notre ère), et celle du « Puits céleste » (*thién thsing*), située au sommet de la grande montagne *Taï-hing*.

POPULATION en 1743. Contribuables chefs de famille inscrits aux rôles, 1,799,895 (**).

TERRES CULTIVÉES ET IMPOSÉES, 419,427 *king* = 2,456,522 hect. (***).

employa plus de 10,000 hommes à réparer les désastres causés par le *Hoang-ho*, et fit creuser des fossés pour dériver ses eaux dans le lac *Si-hou*; il les employa aussi à la fertilisation des terres. Toujours animé de l'intérêt public, il fonda des établissements littéraires pour donner de l'instruction aux enfants du peuple. Le 4°, natif de *Meï-chan*, fut également nommé préfet de *Yng-tchéou*, l'an 1091.

(*) C'est son commentaire que nous avons suivi dans l'interprétation du *Tao-te-King*, en traduisant *intégralement* ce même commentaire. Le texte chinois a été aussi reproduit presque entier. Voir la 1re livraison parue en 1838, Paris, gr. in-8°.

(**) Étant forcé d'abréger notre description géographique, nous renvoyons au *Taï-thsing-i-thoung-tchi*, k. 66 et suiv., pour cet arrondissement. Il en sera de même pour les autres.

(***) *Taï-thsing-i-thoung-tchi*, k. 71-95.

(*) *Tsio-tchi-thsiouan-làn*; 2° édition de 1844, imprimée à *Pé-king*; et l'ouvrage ci-dessus cité.

(**) Dans ce nombre sont compris 1° 438 soldats contribuables, cultivant des terres; 2° 625 chefs de familles mobiles, destinés dans cette province à protéger les communications sur les frontières ; 3° 873 autres destinés à servir d'escorte au besoin; 4° enfin 356 officiers généraux commandant des troupes mobiles.

(***) Pour plus de simplification, nous compterons dorénavant le *king* pour 6 hectares, au lieu de 5 hectares 95 ares 20 cen-

IMPÔT FONCIER, *en argent* : 2,889,977 *liang* = 23,019,816 *fr.*
— *en grains*, 36,205 *hectolitres.*
Terres des colons militaires, 65,018 *king* = 520,124 *hect.*
IMPÔT FONCIER, *en argent* : 53,347 *liang* = 426,776 *fr.* (*).
— *en grains*, 58,252 *hect.*, etc.
POPULATION en 1812, 14,004,210 individus.
TERRES IMPOSÉES, 553,212 *k.* = 3,319,272 *hectares.*
IMPÔT FONCIER, *en argent* : 3,143,080 *l.* = 25,144,640 *fr.*
— *en nature*, *grains*, 126.085 *hect.*
— *bottes de foin*, 28,226 id.

1ᵉʳ DÉPARTEMENT. TAÏ-YOUEN-FOU.

Ce département, dont la capitale est située à 120 lieues de *Pé-king*, a 57 lieues de l'est à l'ouest, et 73 du sud au nord ; il comprend *un* arrondissement et *dix* cantons.

MŒURS ET USAGES. Les produits de ce département étant abondants, la population aisée a une conduite droite et régulière. Les pauvres et les riches ne se jalousent point.

VILLE PRINCIPALE. *Taï-youen*, chef-lieu du département, ville fortifiée, de deux lieues et demie de circonférence. En 1649 de notre ère, la dynastie actuelle fit construire une ville tartare à l'angle sud-ouest de l'ancienne ville. Cette dernière fut autrefois, et à plusieurs reprises, la capitale de la Chine. L'empereur *Ming-ti* des *Thang* y établit sa cour en 723 de notre ère ; et, en 742, il lui donna le nom de *Pé-king*, « capitale du nord. » Cette ville, quoique bien déchue de son

ancienne splendeur, en conserve encore cependant quelques traces. Elle fut visitée par Marco-Polo, qui en parle (sous le nom de *Taianfu*) comme d'une ville superbe, grande et belle, dans laquelle il y avait des fabriques d'armes assez considérables pour fournir aux besoins de tout l'empire ; des vignes et du vin en si grande quantité, qu'il suffisait pour en approvisionner tout le Cathay. C'était, de toute la Chine, le seul département qui alors produisit du vin, selon le voyageur vénitien (*).

Aujourd'hui encore, la vigne est très-cultivée dans ce département, et ses mines de fer sont toujours les plus riches de la Chine. On façonne très-bien ce métal à *Taï-youen* ; on y fabrique des sabres, des poignards, des couteaux, des ciseaux, etc., qui se vendent dans tout le nord de la Chine et en Mongolie.

Villes cantonales, ou chefs-lieux de cantons fortifiés :

1° *Yang-kio*,   6° *Siu-kieou*,
2° *Taï-youen*,   7° *Kiao-tching*,
3° *Yu-tseu*,   8° *Wen-choui*,
4° *Taï-kou*,   9° *Lan*,
5° *Ki*,   10° *Hing*.

Ko-lan, chef-lieu d'arrondissement.

COLLÉGES et autres établissements littéraires. En 1743............. 19
Écoles de tous degrés en 1844. 204
MONTAGNES................... 78
FLEUVES ET RIVIÈRES....... 38
LACS........................ 2
ANTIQUITÉS de toute nature... 80

(*) M. Abel Rémusat, en rendant compte de l'édition anglaise de Marco-Polo par Marsden, objecte que l'identification des noms de *Tainfu* et *Pianfu*, cités par le voyageur vénitien, avec les noms actuels de *Taï-youan-fou* et *Phing-yang-fou*, est mal fondée, puisque ces villes ne se nommaient pas ainsi du temps où Marco Polo aurait pu les visiter. — C'est une erreur. Selon la grande Géographie impériale que nous analysons, la première de ces villes fut constamment nommée *Taï-youan*, depuis les *Han* jusqu'à l'année 1270 de notre ère, sous les Mongols, et la seconde fut nommée *Phing-yang* jusqu'à l'année 1305, sous la même dynastie. Or, Marco-Polo parcourut la Chine entre ces deux dates : de 1274 à 1295 ; il a donc pu et dû employer les noms usités alors. Voy. aussi Magaillans, p. 6.

tiares, que nous lui avons attribués précédemment.

La grande Géographie impériale porte ici 40,909,427 *king* ou 240,056,562 hectares ; mais il y a évidemment une erreur grave dans l'un des numérateurs qui est écrit 1,000 (*tsien*), au lieu de 10 (*chi*).

(*) Nous négligerons ici de donner l'énumération de toutes les natures de terres cultivées de cette province, que l'on trouvera plus loin, pour l'année 1812. La nécessité d'abréger cette statistique nous force de revenir à la détermination que nous avions déjà prise ci-devant p. 59. La note, p. 67, doit être considérée comme non avenue.

Un grand nombre de ces monuments anciens date des dynasties *Tçin* et *Thang*, qui fixèrent leur cour à *Taï-youen*.

Ponts remarquables	20
Digues et jetées	7
Tombeaux célèbres	32

Plusieurs de ces tombeaux remontent, dit-on, aux premiers temps de l'empire; et il y en a d'une haute magnificence, construits en marbre ou en pierre de taille; ils sont accompagnés d'arcs de triomphe, de statues, de différentes figures d'animaux, de lions, et surtout de chevaux. Ces sépulcres, situés dans les montagnes voisines de *Taï-youen*, existaient encore dans un parfait état sous la dynastie des *Ming*, au dire du P. Martini, qui dit les avoir vus, ainsi que de superbes forêts de cyprès, auxquels la hache n'avait jamais touché. Il compare ces sépulcres aux plus beaux de l'ancienne Rome.

Temples	22

Il y a le temple de l'empereur *Yao*, et celui de l'empereur *Wen-ti*, des *Han*, fondés sous les Mongols; le temple dédié à l'Esprit du fleuve *Fen*, qui passe à *Taï-youen*; etc.

Monastères. On en compte	14

Le plus célèbre de ces monastères est celui du « Repos éternel » (*yoùng-ning-ssé*), situé à deux lieues et demie au nord-ouest de *Kiao-tching*, et qui fut fondé l'an 265 de notre ère. On y voit mille chambres consacrées à Fo.

Mandarins célèbres	123

Dans ce nombre on distingue les deux célèbres historiens : *Ssé-ma-tan*, et son fils *Ssé-ma-kouang*, qui florissaient sous les *Soung*.

Hommes célèbres		131
Passagers	id.	18
Femmes	id.	43
Anachorètes	id.	12

Ce sont des Bouddhistes ou des *Tao-ssé*. On remarque un prêtre du *Si-yu*, ou de l'Inde, nommé *Pan-te-ta* (*pandita*, pandit?), qui se donnait comme ayant le pouvoir de faire mouvoir à son gré le tonnerre et la pluie, et de soumettre les esprits et les génies.

PRODUITS DIVERS. Fer, sel, chanvre, miroirs de cuivre et d'acier; selles de chevaux; peaux d'ours tannées; os de dragon; musc, alun, miel, vin de raisin. La culture de la vigne, dans les environs de *Taï-youen*, était très-appliquée sous les Thang; le vin qu'on en faisait était envoyé en tribut à la cour des empereurs. Sous la dynastie mongole, l'usage du vin de raisin se répandit beaucoup. L'histoire chinoise rapporte qu'en 1296, un grand de la cour de *Pé-king* fit, à ses frais, clore de murs les vignobles des départements de *Taï-youen* et de *Phing-yang*.

Selon l'Almanach impérial de 1844, ce département produit aussi de la houille ou charbon de terre, et on y fait le commerce de peaux de léopards.

2° DÉPARTEMENT. PING-YANG-FOU.

Ce département, dont le chef-lieu est situé à 56 lieues au sud-ouest de *Taï-youen*, à 180 lieues de *Pé-king*, a 23 lieues de l'est à l'ouest, et 36 du sud au nord. Il comprend *un* arrondissement et *dix* cantons.

MŒURS ET USAGES. Le peuple de ce département est fort et robuste, et les lettrés estiment beaucoup le mérite et la gloire (*).

VILLES PRINCIPALES. *Ping-yang*, chef-lieu du département; ville fortifiée et très-ancienne, située sur le bord de la rivière *Fen*. On dit que l'empereur *Yao* y tint sa cour 2357 ans avant notre ère (**).

Chefs-lieux de cantons fortifiés :

1° *Lin-fen*,	6° *Yo-yang*,
2° *Siang-ling*,	7° *Kio-yu*,
3° *Houng-thoung*,	8° *Y-tching*,
4° *Feou-chan*,	9° *Fen-si*,
5° *Taï-ping* (*hien*),	10° *Hiang-ning*.

Ki-tchéou, chef-lieu d'*arrondissement*.

Colléges en 1743	23
Écoles de tous degrés en 1844.	185
Montagnes principales	64
Fleuves et rivières, id	31
Antiquités de toute nature	68

De ce nombre est une ancienne tour que l'on dit avoir été habitée par *Fou-hi*.

Forts détachés	56
Ponts importants	21
Digues et jetées	3
Tombeaux célèbres	36

(*) *Tsio-tchi-thsiouèn-lân*, édit. de l'Été, 1844.

(**) Voy. *Li-taï-ki-sse*, k. 1, f° 1 v°.

Dans ce nombre on compte le tombeau de l'empereur *Hwa* ou *Niu-hwa*, des règnes anté-historiques (voy. t. I, p. 22), que quelques écrivains ont voulu identifier avec *Noé* ; celui de l'ancien empereur *Yao*, qui vivait 2357 ans avant notre ère, et celui de *Li-wang* des *Tchéou* (878 ans av. J. C.). Le second de ces tombeaux, celui de *Yao*, est situé à 17 *li* à l'est de la ville cantonale de *Lin-fen* ; ce tombeau, selon la *Géographie impériale* (*), a 150 *tcháng* ou 472^m 500^{mm} de hauteur, et plus de 200 *póu* ou pas de largeur.

TEMPLES CÉLÈBRES.......... 26
Il y en a trois dédiés aux trois premiers empereurs de la Chine (*sán hoáng miáo*), un à *Niu-hwa*, un autre à l'empereur *Yao* (dans le canton de *Lin-fen*), trois à l'empereur *Chun*, deux à l'empereur *Yu* (**), un à l'empereur *Wen-ti* des *Han*, deux à l'empereur *Taï-thsoung* des *Thang*. Un autre est élevé en l'honneur du « génie de la rivière *Fen* », la principale du département ; ce dernier est situé à l'ouest de la ville cantonale de *Lin-fen*.

MONASTÈRES................ 32
Quelques-uns de ces monastères ont été fondés sous les *Han* ; mais la plupart l'ont été sous les *Thang*, les *Soung* et les Mongols.

MANDARINS CÉLÈBRES....... 95
HOMMES id........ 86
PASSAGERS id........ 7
FEMMES id........ 50
ANACHORÈTES(***) id........ 26

(*) K. 74, f° 31 v°. Cette hauteur de 150 *tcháng*, en attribuant au *tcháng* 3^m 150^{mm}, doit être beaucoup exagérée.

(**) Voy. t. I, p. 37 et suiv.

(***) Au nombre de ces derniers, on compte *Ho-chang-koung*, le premier commentateur du *Tao-te-king* de *Lao-tseu*. Son nom de famille étant resté inconnu, on lui donna celui qui précède, parce qu'il habitait une petite hutte de roseaux sur le fleuve Jaune, où il vendait pour vivre des plantes médicinales. L'empereur *Wen-ti* des *Han* (180 ans av. J.C.), ayant vivement désiré le voir, lui fit une visite ; mais à peine le char impérial eut-il atteint la hutte de l'anachorète, que celui-ci disparut. Il se retira ensuite dans la montagne *Pao-chan*, où il commenta le *Tao-te-king* de *Lao-tseu*.

PRODUITS DIVERS. Cuivre, fer, alun, charbon de terre (*chǐ-thán*), dans les cantons de *Lin-fen*, *Koung-thoung*, *Feou-chan*, *Yo-yang*, *H-tching* ; toile de chanvre, bougie, poterie noire recherchée, raisins, plantes médicinales.

3e DÉPARTEMENT. LOU-NGAN-FOU.

Ce département, dont le chef-lieu est situé à 45 lieues au sud-est de *Taï-youen*, à 130 lieues de *Pé-king*, a 31 lieues de l'est à l'ouest, et 28 du sud au nord ; il comprend *sept* cantons.

MŒURS ET COUTUMES. Le peuple s'applique principalement au labourage et à la culture des mûriers. Son caractère est porté à l'ordre et à l'économie. Les lettrés sont fort studieux.

VILLES PRINCIPALES. *Lou-ngan*, chef-lieu de département, ville fortifiée, de 2 lieues et demie de circonférence.
1° *Tchang-tchi*, ch.-l. de cant. fortifié.
2° *Tchang-tseu*, id. id.
3° *Tun-lieou*, id. id.
4° *Siang-siouen*, id. id.
5° *Lou-tching*, id. id.
6° *Li-tching*, id. id.
7° *Hou-kouan*, id. id.

COLLÉGES en 1743........... 15
ÉCOLES de tous degrés en 1844. 116
MONTAGNES................ 90
FLEUVES ET RIVIÈRES....... 29
ANTIQUITÉS DIVERSES....... 34
FORTS DÉTACHÉS........... 40
PONTS IMPORTANTS......... 22
DIGUES ET JETÉES.......... 2
TEMPLES.................. 14

Il y en a deux dédiés au laboureur divin (*chin-noùng*) ; un à l'empereur *Yao*, dans lequel on sacrifie chaque année, le 28e jour de la 4e lune ; six au grand *Yu* ; plusieurs autres aux premiers empereurs de la dynastie des *Tchéou*.

MONASTÈRES................ 9
TOMBEAUX CÉLÈBRES......... 16
MANDARINS id.......... 55
HOMMES id.......... 53
PASSAGERS id.......... 5
FEMMES id.......... 32
ANACHORÈTES, dont deux femmes 8

PRODUITS DIVERS. Cuivre, fer, poterie, soie, toile de chanvre, miel, encre, roseaux rouges, pierre de jais, etc.

4ᵉ Département. Fen-tchéou-fou.

Ce département, dont le chef-lieu est situé à 22 lieues au sud-ouest de Taï-youen, à 138 lieues de Pé-king, a 43 lieues de l'est à l'ouest et 10 du sud au nord. Il comprend *un arrondissement (tchéou) et sept cantons (hien)*.

Mœurs et usages. Le caractère des habitants de ce département incline à la simplicité et à la franchise. Les lettrés y sont observateurs des rites et des usages anciens.

Villes principales. *Fen-tchéou*, chef-lieu du département, est une ville fortifiée, d'une lieue environ de circonférence, située non loin de la rivière qui lui a donné son nom.

1° *Fen-yang*, ch.-l. de *cant. fort.*
2° *Hiao-i*,   id.
3° *Ping-yao*,   id.
4° *Kiaï-hiu*,   id.
5° *Chi-léou*,   id.
6° *Lin*,   id.
7° *Ning-hiang*,   id.
Young-ning, ch.-l. d'*arrondissem*.

Collèges en 1743............ 13
Écoles de tous degrés en 1844. 130
Montagnes 61
Fleuves et rivières......... 30

De ce nombre est le *Hoang-ho*, ou fleuve Jaune, qui forme la limite occidentale de ce département.

Antiquités diverses....... 55

Dans ce nombre on remarque trois anciennes tours, et un *tha* ou pagode bouddhique nommée *Thsin-wáng-tha*, et située à environ 2 lieues au sud-ouest de *Kiaï-hiu*.

Forts détachés............. 44
Ponts 18
Digues et jetées............ 5
Tombeaux célèbres.......... 24
Temples   id......... 14
Monastères.   id......... 30

Ces monastères sont nommés : « monastère du repos céleste; » « monastère du palais du ciel ; » « monastères de la pagode de pierre; » « du Bouddha de pierre, » « du Bouddha de bronze, » « du royaume tranquille, » « de la salle d'or, » « du printemps éternel, » etc.

Mandarins célèbres....... 55
Hommes   id........ 49
Femmes   id........ 34
Anachorètes   id........ 6

Produits divers. Chanvre, fer, nattes, cire, miel, musc, bois de sapin, plantes médicinales, eaux thermales.

5ᵉ Département. Taï-thoung-fou.

Ce département, dont le chef-lieu est situé à 62 lieues au nord de *Taï-youen*, et à 72 de *Pé-king*, a 26 lieues de l'est à l'ouest, et 22 du sud au nord. Il comprend *deux arrondissements et sept cantons*.

Mœurs et coutumes. Le peuple de ce département est droit et honnête, mais rustique, peu familiarisé avec les rites de la politesse et avec la littérature. Il aime mieux se livrer aux plaisirs de la chasse. (Géographie des *Han*.) Les lettrés ont un caractère ferme et persévérant.

Villes principales. *Taï-thoung*, chef-lieu du département; ville fortifiée par des fossés et par une double muraille d'enceinte sur trois côtés ; celui de l'ouest étant protégé par une montagne.

1° *Hoan-youen*, ch.-l. d'*arrondissem*.
2° *Yng*,   id.   id.
1° *Ta-thoung*, ch.-l. de *cant. fortifié*.
2° *Hoaï-jin*,   id.   id.
3° *Chan-yin*.   id.   id.
4° *Yang-kao*,   id.   id.
5° *Thien-tchin*, id.   id.
6° *Kouang-ling*, id.   id.
7° *Ling-kiéou*,   id.   id.

Collèges en 1743............ 14
Écoles diverses en 1844...... 106
Montagnes................... 85
Fleuves et rivières......... 32

De ce nombre est la rivière *Sang-kan*, traversée sur un beau pont, près de *Pé-king*, par Marco-Polo, qui l'appelle *poulisangan*, « pont (en persan *poul*) de la rivière *Sang-kan*. »

Antiquités diverses.......... 67

Ces antiquités, à cause de la position de ce département à la frontière septentrionale de la Chine, consistent principalement en anciennes fortifications. On y compte cependant six hautes tours (*thâï*), un ancien « temple de la lumière » (*ming-thâng*), situé à l'est de la ville de *Ta-thoung*.

Forts et fortins pour la garde des frontières................. 72

Un grand nombre de ces forts sont placés au nord sur la ligne et à quelque distance de la *grande muraille*.

PONTS	12
TOMBEAUX CÉLÈBRES	23
TEMPLES id.	10

Dans ce nombre on distingue le « temple de l'autel de la raison (*Tào-thàn-miáo*), » situé à l'est de la ville de *Ta-thoung*.

MONASTÈRES..................... 26

Plusieurs de ces monastères sont remarquables par leur construction, leur étendue et leurs richesses. L'un d'entre eux, nommé le « monastère du palais de Fo » (*Fŏ-koúng-ssé*), situé à l'angle sud-ouest de la ville de *Yng-tchéou*, a une pagode en bois de sapin de cinq étages, au fronton de laquelle on lit l'inscription suivante : « Pagode de *Che-kia* (*Che-kia-thă*). » Cette pagode a 36 *tcháng* de hauteur, ou 113^m 400^{mm}. C'est, selon la Géographie impériale, la première pagode de tout l'empire (*). Le monastère date de l'an 940 de notre ère. Dans un autre de ces monastères, fondé de 477 à 500 de notre ère, et situé à 3 lieues au sud-est de *Ling-kiéou*, existe une statue de Bouddha de 30 *tcháng* de hauteur (94^m 500^{mm}).

MANDARINS CÉLÈBRES	70
HOMMES id.	118
PASSAGERS id.	5
FEMMES id.	33
ANACHORÈTES id.	4

PRODUITS DIVERS. Cuivre, fer, cornaline (*mà-nào*), marbres de diverses couleurs, porphyre, jaspe, sel, chameaux blancs (*pĕ tŏ*), chevaux, moutons, pelleteries, plantes médicinales et autres de différentes espèces et très-recherchées.

6° DÉPARTEMENT. SO-PING-FOU.

Ce département, dont le chef-lieu est situé à 67 lieues au nord de *Taï-youen*, à 96 de *Pé-king*, a 23 lieues de l'est à l'ouest, et 31 du sud au nord. Il comprend *un arrondissement* et *trois cantons*.

MŒURS ET COUTUMES. Le peuple est adonné à l'agriculture. Les lettrés sont actifs et persévérants dans leur voie.

VILLES PRINCIPALES. *So-ping*, chef-lieu du département; ville fortifiée,

(*) *Taï-thsing-i-thoung-tchi*, k. 78, f° 32.

ayant une lieue environ de circonférence.

1° *Yéou-yu*, ch.-l. de *canton fortifié*.
2° *Tso-yun*. id. id.
3° *Ping-lou*, id. id.
4° *Fo-tchéou*, ch.-l. d'*arrondissem*.

COLLÉGES en 1743	5
ÉCOLES diverses en 1844	66
MONTAGNES	48
FLEUVES ET RIVIÈRES	24
ANTIQUITÉS DIVERSES	34

De ce nombre est la partie de la grande muraille qui forme la frontière septentrionale de ce département.

FORTS DÉTACHÉS	40
PONTS	5
TOMBEAUX CÉLÈBRES	2
TEMPLES	3

Un de ces temples est dédié au génie du fleuve *San-kan*.

MONASTÈRES	5
MANDARINS CÉLÈBRES	49
HOMMES id.	54
PASSAGERS id.	4
FEMMES id.	14

PRODUITS DIVERS. Queues de léopards, ailes de faucons blancs, plantes médicinales.

7° DÉPARTEMENT. NING-WOU-FOU.

Ce département, borné au nord par la grande muraille, dont le chef-lieu est situé à 34 lieues nord-nord-ouest de *Taï-youen*, et à 95 lieues de *Pé-king*, a 15 lieues de l'est à l'ouest et 17 du sud au nord. Il comprend quatre *cantons*.

MŒURS ET COUTUMES. Les habitants de ce département ont l'habitude d'estimer beaucoup la force corporelle ; rarement la littérature est considérée et encouragée par eux.

VILLES PRINCIPALES. *Ning-wou*, chef-lieu du département, ville entourée de murs d'enceinte de 7 *li* de circonférence.

1° *Ning-wou*, ch.-l. de *cant. fortifié*.
2° *Chin-tchi*, id. id.
3° *Pien-kwan*, id. id.
4° *Ou-tchaï*, id. id.

COLLÉGES en 1743	5
ÉCOLES diverses en 1844	54
MONTAGNES	31
FLEUVES ET RIVIÈRES	7
ANTIQUITÉS DIVERSES	7
FORTS DÉTACHÉS	28

Ponts.....................	8
Tombeaux célèbres.........	2
Temples..................	6
Monastères................	4
Mandarins célèbres........	19
Hommes id..........	6
Femmes id..........	9

Produits divers. Filatures de soie, plante médicinale nommée *kié-kang*, raisins (*).

8ᵉ Département. Tsi-tchéou-fou.

Ce département, dont le chef-lieu est situé à 62 lieues au sud-est de *Taï-youen*, à 180 de *Pé-king*, a 46 lieues de l'est à l'ouest, et 24 du sud au nord. Il comprend cinq *cantons*.

Mœurs et coutumes. Les habitants de ce département ont les mœurs simples et ils aiment la justice. Ils ont des habitudes d'ordre et d'économie.

Villes principales. *Tsi-tchéou*, chef-lieu du département, ville forte ayant environ une lieue de circonférence.

1° *Foung-taï*, chef-lieu de *cant. fort.*
2° *Kao-ping*, id.
3° *Yang-tching*, id.
4° *Ling-tchouen*, id.
5° *Tsin-choui*, id.

Collèges en 1743...........	10
Écoles diverses en 1844......	110
Montagnes................	105
Fleuves et rivières........	23
Antiquités diverses.......	24
Forts détachés............	43
Ponts.....................	16
Digues et jetées...........	1
Tombeaux célèbres........	14
Temples..................	9
Monastères................	20
Mandarins célèbres.......	42
Hommes id..........	56
Passagers id..........	5
Femmes id..........	39
Anachorètes...............	4

Produits divers. Cuivre, étain, fer, toile de chanvre, charbon de terre, miel, cire, poules sauvages, pierres à chaux.

9ᵉ Département. Phou-tchéou-fou.

Ce département, dont le nom signifie

(*) *Tsio-tchi-thsiouan-làn.*

île des roseaux, et dont le chef-lieu est situé à 110 lieues au sud-ouest de *Taï-youen*, à 220 de *Pé-king*, a 9 lieues et demie de l'est à l'ouest, et 22 du sud au nord. Il comprend *six cantons*.

Mœurs et coutumes. Les habitants de ce département, qui est comme renfermé dans un coude du fleuve Jaune, sont économes et rustiques, disait le philosophe *Tchou-hi*; mais ils ont le caractère honnête et droit. La littérature est en honneur parmi eux.

Villes principales. *Phou-tchéou*, chef-lieu du département, ville fortifiée.

C'est au sud-est de cette ville, dans un lieu nommé *Phou-fan*, où l'on voit encore les vestiges d'une ancienne ville fortifiée, que l'on place la cour de l'empereur *Chun*. A 3 lieues au sud-est, se trouve un lac qui a deux lieues et demie de longueur sur une lieue environ de largeur.

1° *Young-tsi*, ch.-l. de *cant. fortifié.*
2° *Lin-tsin*, id. id.
3° *Yu-hiang*, id. id.
4° *I-chi*, id. id.
5° *Wen-thsiouen*, id. id.
6° *Young-ho*, id. id.

Collèges en 1743...........	10
Écoles diverses en 1844......	106
Montagnes................	13
Fleuves et rivières........	6

Y compris le fleuve Jaune et le *Fen-choui*.

Antiquités diverses........ 41

Au nombre de ces antiquités on cite quatre taureaux et quatre hommes de bronze placés à l'ouest de *Phou-tchéo*; ils datent de l'année 724 de notre ère.

Forts et fortins............	24
Ponts.....................	8

L'un de ces ponts, situé en dehors de la porte occidentale de *Young-tsin*, est très-ancien; il remonte à plusieurs siècles avant notre ère.

Tombeaux célèbres........ 17

Dans ce nombre on compte le tombeau des deux femmes de l'empereur *Chun*, situé dans la vallée des tombeaux azurés au sud-est de *Young-tsi*; celui du fondateur de la seconde dynastie (*Tching-thang*, 1766 avant notre ère), situé au nord de la ville de *Young-ho*.

Temples................... 13

Ce sont : le temple de la terre souveraine (*Héou-thoù-tsé*), situé au nord de la ville de *Young-ho*; le temple dédié au Génie du grand fleuve Jaune; le temple de l'empereur *Chun*, situé dans la ville de *Young-tsi*; celui de l'empereur *Yu*, situé en dehors de la même ville; celui de l'empereur *Tching-thang*, etc.

Monastères		23
Mandarins célèbres		90
Hommes	id.	132
Passagers	id.	3
Femmes	id.	30
Anachorètes	id.	20

Produits divers. Fer, étoffes de soie brochées, chanvre, tapis de feutre (*tchën*), sel, vin, pêches, lentilles sauvages (*thsao*).

Arrondissements ressortissant directement au gouvernement central de Pé-king, 9.

1° *Ping-ting-tchéou*,	2 cant.	54	écoles.
2° *Hin-tchéou*,	2 id.	40	id.
3° *Taï-tchéou*,	3 id.	65	id.
4° *Hó-tchéou*,	3 id.	39	id.
5° *Kiaï-tchéou*,	4 id.	79	id.
6° *Kiang-tchéou*,	5 id.	94	id.
7° *Féi-tchéou*,	3 id.	36	id.
8° *Tsin-tchéou*,	2 id.	35	id.
9° *Liao-tchéou*,	2 id.	35	id.

IVᵉ Gouvernement. 5ᵉ province (*). Chan-toung. Capitale : *Tsi-nán-fou*.

Population en 1812 : 28,958,764.

Aperçu général. La province de *Chán-toúng* (orient des montagnes) a pour capitale *Tsi-nán-fou*, ville située à 80 lieues au midi de *Pé-king*; elle a 164 lieues de l'est à l'ouest, et 81 du midi au nord. Elle comprend dix *départements*, deux *arrondissements* ressortissant à la province de *Tchi-li*, neuf *arrondissements* ordinaires et quatre-vingt-seize *cantons*.

Limites. A l'orient, cette province est bornée par la grande mer Jaune; à l'occident et au nord, par la province de *Tchi-li*, et au midi, par celle de *Kiang-sou*.

Caractère physique. A l'est, le territoire de cette province s'avance dans la mer comme une grande péninsule, escortée d'îles nombreuses; au midi, elle est traversée par le grand canal Impérial, qui est pour elle une source de richesses. Ses montagnes les plus renommées sont les montagnes *Taï-chán* et *I-chán*; ses principaux fleuves sont le *Hoáng-hó*, ou fleuve Jaune, et le grand canal Impérial de transport, auquel se réunissent plusieurs rivières.

1ᵉʳ Département. Tsi-nan-fou.

Ce département, dont le chef-lieu est situé à 96 lieues au midi de *Pé-king*, a 36 lieues de l'est à l'ouest, et 28 du midi au nord; il comprend un *arrondissement* et quinze *cantons*.

Mœurs et coutumes. Les habitants de ce département se livrent en grand nombre au tissage des étoffes; les lettrés font tous leurs efforts pour acquérir des mérites et de la renommée.

Villes principales. *Tsi-nán*, chef-lieu du département, ville fortifiée, ayant deux lieues de circonférence. On la dit riche et bien peuplée, ayant de beaux bâtiments. Elle est située à environ une lieue de la rivière *Ta-thsing-hó* (la rivière très-pure), avec laquelle elle communique par un affluent.

1° *Li-tching*,	ch.-l. de cant.	fort.
2° *Tchang-kiéou*,	id.	id.
3° *Tséou-ping*,	id.	id.
4° *Tse-tchouen*,	id.	id.
5° *Tchang-chán*,	id.	id.
6° *Sin tching*,	id.	id.
7° *Tsi-hó*,	id.	id.
8° *Tsi-toung*,	id.	id.
9° *Tsi-yang*,	id.	id.
10° *Yu-tching*,	id.	id.
11° *Lin-i*,	id.	id.
12° *Tchang-thsing*,	id.	id.
13° *Ling*,	id.	id.
14° *Te-ping*,	id.	id.
15° *Ping-youan*,	id.	id.

Te-tchéou, chef-lieu d'*arrond*.

Colléges en 1743	22
Écoles diverses en 1844	275
Montagnes	70
Fleuves et rivières	38
Lacs	7

Ces lacs abondent en poissons de toutes sortes, entre autres le lac *Pé-*

(*) *Taï-thsing-i-thoung-tchi*, k. 96-111.

yûn, ou des nuages blancs, situé à moins d'une lieue de *Tchang-kiéou*.

ANTIQUITÉS DIVERSES	102

dont 74 anciennes fortifications de ville, et 6 tours.

FORTS DÉTACHÉS	35
PONTS	29
DIGUES ET JETÉES	7
TOMBEAUX CÉLÈBRES	44

Plusieurs de ces tombeaux remontent aux premiers temps de la monarchie chinoise.

TEMPLES	16

L'un de ces temples est dédié au génie du fleuve Jaune.

MONASTÈRES	16
MANDARINS CÉLÈBRES	100
HOMMES id.	153

Dans ce nombre on compte le célèbre *Fou-seng* (*), lettré qui vécut à l'époque de l'incendie des livres, et à qui la Chine doit la conservation du plus beau de ses anciens livres, le *Chou-king*.

PASSAGERS CÉLÈBRES	6
FEMMES id.	47
ANACHORÈTES id.	7

PRODUITS DIVERS. Soie filée, taffetas, crêpes blancs et à fleurs, étoffes faites avec l'écorce de la plante nommée *Kô*, riz mondé et non mondé, plantes médicinales.

2ᵉ DÉPARTEMENT. YEN-TCHÉOU-FOU.

Ce département, dont le chef-lieu est situé à 32 lieues au sud de *Tsi-nân*, et à 123 de *Pé-king*, embrasse 51 lieues de l'est à l'ouest, et 26 du sud au nord ; il comprend dix *cantons*.

MŒURS ET COUTUMES. Il est dit dans l'histoire des *Han*, par *Pan-kou*, que *Khoung-tseu* (**) (Confucius, né dans ce département, de son temps royaume de *Lou*) mit en ordre les six *King*, afin de développer et de propager la doctrine des anciens empereurs *Yao* et *Chun*, ainsi que des trois premières dynasties. C'est pourquoi la population de ce département natal du grand philosophe aime l'étude et apprécie les règles de la politesse et de la justice ; elle estime peu le commerce et l'industrie. Le ca-

(*) Voy. son portrait, t. I, pl. 35, n° 4, et la *note*, p. 236.

(**) Voy. son portrait, t. I, pl. 22, et sa Vie, p. 120 et suiv.

ractère des habitants est franc et sincère ; leurs mœurs sont celles des lettrés.

VILLES PRINCIPALES. *Yen-tchéou*, chef-lieu du département, ville fortifiée, de quatre lieues et plus de circonférence, située entre deux affluents du canal impérial. Climat doux et tempéré.

1° *Tseu-yang*,	ch.-l. de *cant. fort.*	
2° *Khio-féou*,	id.	id.
3° *Ning-yang*,	id.	id.
4° *Sse-choui*,	id.	id.
5° *Tang*,	id.	id.
6° *Yi*,	id.	id.
7° *Tséou*,	id.	id.
8° *Yang-ko*,	id.	id.
9° *Chéou-tchang*,	id.	id.
10° *Wen-chang*,	id.	id.
COLLÈGES en 1743		22

Dans ce nombre on compte les institutions littéraires qui portent les noms de *Yen-tseu*, de *Tseu-sse*, de *Thseng-tseu*, disciples de KHOUNG-TSEU. Ces grandes écoles ont été établies là où la tradition rapporte que ces disciples du grand philosophe enseignèrent sa doctrine après la mort de leur maître.

ÉCOLES DIVERSES en 1844	186
MONTAGNES	90
FLEUVES ET RIVIÈRES	30
LACS	8

L'un de ces lacs, nommé *Liu-meng*, situé au midi du grand canal, est la réunion de quatre lacs qui ont ensemble huit lieues de longueur. Le lac *Tchao-yang*, situé à 7 lieues au sud-ouest de *Yang*, en forme deux : le grand a huit lieues d'étendue ; le petit n'a que 13 *li* (1 lieue 3/10). Ces lacs se communiquent. Le lac *Nan-wang*, situé à trois lieues et demie au sud-ouest de *Wen-chang*, et sur la rive occidentale du grand canal, est encore plus considérable : on lui donne plus de neuf lieues d'étendue.

La grande Géographie impériale cite ici plusieurs puits célèbres, entre autres le « puits de l'eau sainte » (*Ching-chouï-tsing*), situé à quelque distance nord-est de *Tseu-yang*, à l'est de la porte d'entrée d'un monastère bouddhique que l'on nomme le monastère du *Fô* de pierre (*Chi-fo-ssé*). Au fond de ce puits est une inscription sur pierre en vieux caractère *tchouan*.

Lorsqu'arrive une sécheresse, on sort la pierre du puits, et la pluie tombe aussitôt, dit-on.

Il y a encore « le puits des vestiges de la maison de KHOUNG-TSEU » (*Khoung-tsé-i-tsing*), « le puits de *Yen-tseu*, etc. Le premier est situé dans la ville de *Khio-féou*, à l'est du temple élevé en l'honneur du philosophe. Selon la tradition, c'est là que le grand maître puisait de l'eau pour boire. Le second de ces puits est situé au sud-ouest du temple de *Tchéou-koung*, au nord-est de la même ville.

ANTIQUITÉS DIVERSES........ 124

On comprend qu'un département qui a été anciennement le centre d'un royaume illustre par les plus grands personnages intellectuels de la Chine, auxquels elle doit sa civilisation; on comprend, dis-je, que ce pays soit plein de vestiges de l'antiquité, et leur rende un culte. Aussi nous trouvons ici décrits : « L'ancienne ville du royaume de *Lou*, actuellement la résidence du sous-préfet de *Khio-féou*; l'ancienne ville de ce nom, à une lieue à l'est de la ville moderne; le village ou hameau nommé *Khioué*, où, selon le *Kia-yu*, KHOUNG-TSEU commença son enseignement : il est maintenant compris dans l'enceinte de la moderne *Khio-féou*; ce lieu fut visité en 1684 par le célèbre empereur *Khang-hi*, qui voulut offrir lui-même en personne un sacrifice dans le temple du saint par excellence (*ching*), comme les Chinois nomment leur grand philosophe; « la tour du Printemps et de l'Automne » (*Tchūn-thsieòu-thāi*), construite dans l'emplacement où l'on dit que KHOUNG-TSEU composa l'ouvrage historique qui porte ce nom. On cite encore parmi les antiquités un vieil arbre de l'espèce du pin, que l'on remarque devant le temple de KHOUNG-TSEU, et que l'on dit avoir été planté par les propres mains du philosophe il y a plus de 2,000 ans! Lors de la visite du célèbre *Khang-hi*, ce prince, arrivé devant l'arbre en question, fut si frappé de sa majestueuse antiquité, qu'il composa des vers en son honneur (*).

(*) *Taï-thsing-i-thoung-tchi*, k. 100, f° 17. Voy. aussi le t. I du présent ouvrage, p. 181, et la pl. 33.

FORTS DÉTACHÉS............ 28
PONTS...................... 30

Le plus remarquable de ces ponts est celui que l'on nomme *Ssé-choui-khiào*, situé à une demi-lieue au sud-est du chef-lieu du département. On dit qu'il fut construit sous *Hoeï*, roi de *Lou*, 676 ans avant notre ère. Il a quinze arches, chacune de plus de cinq *tchang* de largeur (15^m 750^{mm}), ce qui porterait la longueur totale du pont à 75 *tchang* ou 236^m 250^{mm}. Un autre pont, situé en dehors de la ville cantonale de *Yi*, a 110^m de longueur et 9^m de largeur; il a quinze arches.

DIGUES ET JETÉES............ 17
TOMBEAUX CÉLÈBRES......... 65

De ces tombeaux 31 sont de personnages antérieurs à la dynastie des *Han* (200 ans avant notre ère). Ce sont les tombeaux de *Niu-hwa*, *Fou-hi*, *Hoang-ti*, *Chao-hao*; celui du philosophe KHOUNG-TSEU, nommé *Khoûng-lin*, « tombeau entouré d'arbres, » situé à deux *li* au nord de *Khio-féou* (*). Ce tombeau, en forme de dôme, à la manière chinoise, a trois mètres et demi de hauteur au centre; sur la façade on lit une inscription sur pierre, ainsi conçue : *Tombeau du roi proclamé de la littérature, du saint le plus grand, le plus parfait, le plus accompli* (**). Sur le devant est un autel en pierre qui a trois pieds carrés; la façade regarde l'orient. Tout autour de ce tombeau, et comme pour lui former un glorieux et éternel cortège, sont les tombeaux des principaux disciples du philosophe. Celui de *Pé-yu* est à quelques pas à gauche; celui de *Tseu-sse* est en face, à quelques dizaines de pas. Au sud-est du tombeau sphérique, existe un pavillon derrière lequel on voit encore l'arbre nommé *kiaï*, planté par *Tseu-koung*.

Lorsque l'empereur *Khang-hi* visita

(*) Voy. la représentation de ce tombeau, t. 1, p. 33.

(**) En chinois : *Taï-tching-tchi chang-wén-siouén-wâng-moú*. Voy. *Taï-thsing-i-thoung-tchi*, k. 100, f° 22. — Le titre de *Wén-siouén-wâng*, « roi proclamé de la littérature, » est un titre posthume qui lui fut donné la 27e année *Kaï-youen*, 738 de notre ère, par l'empereur qui régnait alors, *Ming-hoang-ti*.

ce tombeau en 1684, arrivé en présence, il ordonna à tous les ministres de sa suite de descendre de cheval; lui-même descendit de sa chaise, franchit la porte de l'enceinte, et là, devant le tombeau du *premier instituteur des hommes* (*siân ssé*), le visage tourné vers le nord, il fléchit trois fois le genou en faisant une libation, et accomplit la cérémonie des *trois prosternements* (*khó theóu*) (*), après laquelle il visita la forêt sacrée des tombeaux.

TEMPLES.................. 28

Les principaux de ces temples sont les temples de *Fou-hi*, de *Yao*, de *Tcheou-koung*, l'un des plus anciens et des plus illustres sages de la Chine (**). Lors de la visite déjà signalée précédemment de l'empereur *Khang-hi*, ce prince fit officier dans ce temple le président du *Ministère des rites*.

On remarque encore les temples de *Tseu-ssé*, disciple et petit-fils de KHOUNG-TSEU; celui de *Yan-tseu*; celui de la mère de *Meng-tseu*, situé au midi de la ville de *Tséou*, et celui de *Meng-tseu* lui-même (***), nommé par les Chinois *le second saint* (*yá ching*), c'est-à-dire, celui qui vient immédiatement après KHOUNG-TSEU. Ce dernier tombeau est situé à gauche de la grande route, au midi de la ville cantonale de *Tséou*.

Mais le temple le plus célèbre, celui dont la description occupe près de huit pages in-4° dans la grande Géographie impériale, c'est le « Temple du premier « saint et du premier instituteur des « hommes (****) » (*tchi chíng siân ssé miáo*), situé dans l'enceinte de la ville cantonale de *Khio-féou*. Aucun monument européen ne peut en donner une idée.

L'empereur *Khang-hi*, lors du voyage qu'il fit dans les provinces méridionales de la Chine, passa par *Khio-féou*, se rendit dans ce temple, et offrit un sacrifice en personne à KHOUNG-TSEU, le « *premier instituteur des hom-« mes;* » il y accomplit les cérémonies des *trois génuflexions* (*sân-kouëi*) et des *neuf prosternements* (*kieoù khó théóu*). Ces rites accomplis, il se rendit dans la grande salle des cérémonies, où il ordonna qu'on expliquât devant lui les œuvres du grand philosophe.

Ce temple, dont les bâtiments nombreux occupent un vaste terrain, est desservi par un grand nombre de fonctionnaires. L'Almanach impérial de 1841 énumère *quarante* descendants de KHOUNG-TSEU, parmi les premiers desservants du temple de leur glorieux ancêtre.

MONASTÈRES................ 13
MANDARINS CÉLÈBRES....... 70
HOMMES   id............ 151

Dans ce nombre on compte beaucoup de descendants de KHOUNG-TSEU; mais le plus célèbre de tous est KHOUNG-gan-koué, descendant du philosophe à la onzième génération, et qui fut, sous les *Han*, l'un des plus ardents et des plus habiles restaurateurs des anciens livres et de l'ancienne doctrine (*).

PASSAGERS CÉLÈBRES......... 3
FEMMES   id............ 64

PRODUITS DIVERS. Fine soie; pierre à grain fin et brune pour la fabrication des encriers chinois; poterie noire; fer, étain; arbre nommé *kiaï*; plante nommée *fou-ling*, employée dans les maladies vénériennes; talc; améthyste cristallisé (*tse chi ying*).

3° DÉPARTEMENT. TOUNG-TCHANG-FOU.

Ce département, dont le chef-lieu est situé à 22 lieues à l'ouest de *Tsi-nân*, et à 94 de *Pé king*, a 22 lieues de l'est à l'ouest, et 28 du midi au nord; il comprend un *arrondissement* et neuf *cantons*.

CARACTÈRE PHYSIQUE. Le territoire de ce département est généralement uni et découvert, et le sol arrosé par de nombreux cours d'eaux qui le rendent

---

(*) Géographie impériale citée. Voy. ci-après: *Ministère des rites*. C'est cette cérémonie que plusieurs ambassadeurs européens n'ont pas voulu faire devant l'empereur de la Chine.

(**) Voy. t. I, p. 86 et suiv.

(***) Voy. le portrait de ce philosophe, t. I, pl. 22, p. 187.

(****) Il est représenté, d'après un plan chinois sur étoffe de soie, dans la pl. 3 de notre premier volume.

(*) Voy. *Tai-thsing-i-thoung-tchi*, k. 101, f° 7 v°; et *Y-king*, ex latina interpretatione P. Regis, t. I, p. 103 et sq.

très-fertile. Au midi, il communique avec les deux départements précédents.

MŒURS ET COUTUMES. Les habitants de ce département estiment beaucoup la littérature, et ceux qui la cultivent; leur caractère est ferme, plein de droiture, et très-attaché à la justice; ils ont conservé la pureté des mœurs antiques. Le peuple est rude, mais franc et généreux; il aime beaucoup la culture des terres, et il se livre aussi à la nourriture des vers à soie et au tissage des étoffes.

VILLES PRINCIPALES. *Toung-tchang*, chef-lieu du département, ville fortifiée de sept *li* de circonférence, sur le fleuve *Hoeï-thoung*.

1° *Lieou-tching*, ch.-l. de c. fortifié.
2° *Thang-i*, id.
3° *Pó-ping*, id.
4° *Tchouang-ping*, id.
5° *Thsing-ping*, id.
6° *Sin*, id.
7° *Kwan*, id.
8° *Kwan-tao*, id.
9° *Gan*, id.

Kao-thang, chef-lieu d'*arrondissement*.

COLLÉGES en 1743............ 19
ÉCOLES DIVERSES en 1844.... 161
MONTAGNES.................. 7
FLEUVES ET RIVIÈRES........ 11

Au premier rang sont le *Yün-hó* ou canal Impérial, le fleuve Jaune et le *Weï-hó*.

ANTIQUITÉS DIVERSES........ 68
FORTS DÉTACHÉS............. 29
PONTS...................... 22
DIGUES ET JETÉES........... 13
TOMBEAUX CÉLÈBRES.......... 26

On cite dans ce nombre le tombeau de l'ancien philosophe *Tchouang-tseu*, lequel est situé à l'ouest de *Lieou-tching*.

TEMPLES.................... 13

Un de ces temples, situé au nord-est de *Tchouang-ping*, est dédié au philosophe *Meng-tseu*.

MONASTÈRES................. 8
MANDARINS CÉLÈBRES......... 58
HOMMES id.   115
PASSAGERS id.   1
FEMMES   29

PRODUITS DIVERS. Soie filée, crêpes unis, tapis de feutre, sel, coton, poires, dattes, bœufs en grand nombre.

4° DÉPARTEMENT. THSING-TCHÉOU-FOU.

Ce département, dont le chef-lieu est à 33 lieues à l'est de *Tsi-nán*, et à 100 de *Pé-king*, a 27 lieues de l'est à l'ouest, et 34 du sud au nord; il comprend onze *cantons*.

CARACTÈRE PHYSIQUE. Au nord-est, la mer Jaune baigne ses rivages; au sud-ouest, il a pour limite les monts *Taï-chan*, célèbres dès les premiers temps de la monarchie chinoise. Contrée fertile.

MŒURS ET COUTUMES. Les habitants de ce pays, dit l'ancien philosophe *Kouan-tseu*, sont timides, et ils aiment beaucoup la force; ils aiment aussi beaucoup à discuter et à s'instruire, dit l'historien *Sse-ma-thsian*. Le peuple se livre au labourage et à la culture des mûriers; les lettrés se distinguent dans la carrière littéraire.

VILLES PRINCIPALES. *Thsing-tcheou*, chef-lieu du département; ville fortifiée d'environ une lieue et demie de circonférence.

1° *Yi-tou*, chef-lieu de *canton fortifié*.
2° *Pó-chan*,   id.   id.
3° *Pó-hing*,   id.   id.
4° *Lin-tseu*,   id.   id.
5° *Kaó-youen*,   id.   id.
6° *Ló-gan*,   id.   id.
7° *Cheou-kouang*, id.   id.
8° *Tchang-ló*,   id.   id.
9° *Lin-kiéou*,   id.   id.
10° *Gan-kiéou*, id.   id.
11° *Tchou-tching*, id.   id.

COLLÉGES en 1743............ 17
ÉCOLES DIVERSES en 1844.... 182
MONTAGNES.................. 88
FLEUVES ET RIVIÈRES........ 43

Dans ce nombre on compte l'ancien cours du fleuve Jaune, qui est au nord de *Kao-youen*, d'où le fleuve fut dérivé sous l'empereur *Ming-ti* des *Han*, l'an 69 de notre ère; mais si, comme quelques écrivains chinois le pensent, l'ancien cours du fleuve Jaune n'est autre que le grand fleuve actuel *Thsing-hó* (et cette opinion nous paraît très-vraisemblable) (*), les géographes im-

(*) Ce fleuve ne communique maintenant avec le *Hoáng-hó* que par le *Yün-hó* ou grand canal Impérial. C'est à l'époque de la

périaux n'auraient pas dû faire de l'ancien cours du *Hoáng-hó* un fleuve à part.

ANTIQUITÉS DIVERSES...... 106

La plupart sont des ruines de villes fortes; on compte aussi douze tours, dont une, située au nord-est de *Chéou-kouang*, se nomme la « Tour de Thsang-« hié » (*Thsang-hié-thaï*), l'inventeur de l'écriture.

FORTS DÉTACHÉS............ 23
PONTS...................... 34

L'un de ces ponts, situé sur la rivière *Yang-choü*, au midi de la ville cantonale de *Yi-tou*, a 63ᵐ de longueur et 6ᵐ 300ᵐᵐ de largeur.

DIGUES ET JETÉES......... 6
TOMBEAUX CÉLÈBRES......... 48

Le plus ancien est celui supposé de *Thsang-hié*, l'inventeur de l'écriture, 3000 ans avant notre ère.

TEMPLES................... 24

Dans ce nombre on distingue le « temple de l'empereur *Yao* »; le « temple « de l'arrangement céleste « (*thién thsi ssé*), situé au sud-est de *Lin-tseu* (*), au bord de l'abîme de ce nom; le « temple du dieu qui préside aux grains » (*héou-thsi-tsé*), situé sur la montagne *Thsi*, au sud-ouest de *Lin-tseu*; le « temple des quatre saisons » (*Ssé-chi-tsé*).

MONASTÈRES............... 9
MANDARINS CÉLÈBRES....... 93
HOMMES   id........ 164
PASSAGERS   id........ 5
FEMMES   id........ 40
ANACHORÈTES id........ 7

construction de ce grand ouvrage d'art que le fleuve Jaune a pu être détourné de son ancienne et longue direction pour se jeter plus directement dans la mer par son embouchure actuelle. Voir au surplus, sur les variations du cours du *Hoàng-hó*, notre premier volume, p. 373-374.

(*) Selon le *Sse-ki* de *Sse-ma-thsien* (k. 28, fᵒ 10). La dynastie des anciens *Thsin* (255-206 av. J. C.) sacrifiait à huit Esprits ou Génies, dont le premier était nommé le *maître du ciel : thién-tchoü* (nom que porte en chinois le Dieu des chrétiens depuis la prédication du christianisme en Chine). On lui sacrifiait au *thién-thsi* dont il est ici question; le second était le *thi-tchoü*, ou le *maître de la terre*; on lui sacrifiait à la montagne *Thaï-chan*, etc.

PRODUITS DIVERS. Crêpes de soie à fleurs, toile, sel, fer, denrées maritimes, terre de cinq couleurs (*ou ssé thoü*), petites dattes, plantes médicinales, bœufs jaune brun.

5ᵉ DÉPARTEMENT. TENG-TCHEOU-FOU.

Ce département, dont le chef-lieu est situé à 92 lieues au nord-est de *Tsi-nán*, à 186 de *Pé-king*, a 56 lieues de l'est à l'ouest, et 35 du sud au nord; il comprend un *arrondissement* et neuf *cantons*.

CARACTÈRE PHYSIQUE. Le territoire de ce département forme comme une presqu'île dans la mer Jaune, qui l'entoure de trois côtés; ses principales productions, les principaux objets de son industrie, sont le sel et le poisson.

MŒURS ET COUTUMES. Les habitants ont des mœurs pures; et ils agissent avec sincérité; mais le sol est pauvre, infertile, et la population est également pauvre. Beaucoup subissent les examens, mais peu réussissent dans la littérature.

VILLES PRINCIPALES. *Teng-tcheou*, chef-lieu du département, ville fortifiée, d'une lieue environ de circonférence.

Cette ville, qui est presque séparée du continent, a un port très-commode qui pourrait abriter une armée navale (*).

1ᵒ *Foung-laï*, ch.-l. de *cant. fortifié.*
2ᵒ *Hoang*,   id.
3ᵒ *Fou-chan*,   id.
4ᵒ *Tsi-hia*,   id.
5ᵒ *Tchao-youen*, id.
6ᵒ *Laï-yang*,   id.
7ᵒ *Wen-tang*,   id.
8ᵒ *Haï-yang*,   id.
9ᵒ *Ying-tching*, id.

Ning-haï, ch.-lieu d'*arrondissement*.
COLLÉGES en 1743.......... 10
ÉCOLES DIVERSES en 1844.... 165
MONTAGNES.................. 90
FLEUVES ET RIVIÈRES........ 22

(*) Le P. Martini, dans son *Novus atlas Sinensis*, dit que dans le territoire de cette ville les roseaux y sont carrés, contre l'ordre de la nature, au lieu d'être ronds, et qu'il y a aussi quantité d'huitres qui font les délices des tables de la Chine : « *Quod visu rarum arundines hic sunt quadratæ, præter naturæ ordinem, quæ in rotundum plerûque efformat. Ostrea hic copiosa helluonum deliciæ.* »

ANTIQUITÉS DIVERSES	36
FORTS DÉTACHÉS	17
PONTS	22
TOMBEAUX CÉLÈBRES	13
TEMPLES	13

Deux de ces temples les plus anciens sont dédiés au *maître du soleil* et au *maître de la lune*. Un autre est dédié à une jeune fille célèbre par sa piété filiale.

MONASTÈRES	12

La plupart ont été fondés sous les *Kin*.

MANDARINS CÉLÈBRES		35
HOMMES	id	51
PASSAGERS	id	2

Le premier est *Tchang-kien*, un des principaux lettrés proscrits sous *Ling-ti*, des *Han*.

FEMMES CÉLÈBRES		11
ANACHORÈTES,	id	6

PRODUITS DIVERS. Fer, sel, pierres sphériques; pierres noires dont on fait des encriers, pierre à savon (*hoŭ chi*), thé, toiles fines, cire, bœufs jaunes, ânes de mer (*haï loŭ*).

6° DÉPARTEMENT. LAÏ-TCHÉOU-FOU.

Ce département, dont le chef-lieu est à 68 lieues au nord-est de *Tsi-nán*, et à 140 lieues de *Pé-king*, a 29 lieues de l'est à l'ouest, et 43 du midi au nord; il comprend deux *arrondissements* et cinq *cantons*.

CARACTÈRE PHYSIQUE. Ce département est baigné par la mer au nord et au midi; il a des montagnes élevées et des mers profondes, dit le *Kouang-yu-ki*.

MŒURS ET COUTUMES. Le naturel des habitants est énergique et dur; mais ils ont le caractère lent et peu entreprenant; c'est le résultat de l'influence de la terre et des eaux. Les hommes commercent sur le poisson et le sel; les femmes s'occupent à filer et à tisser des étoffes.

VILLES PRINCIPALES. *Laï-tcheou*, chef-lieu du département, ville fortifiée d'une demi-lieue de circonférence, et située sur un promontoire, bordée de trois côtés par la mer, et de l'autre par une montagne.

1° *Ping-tou*, ch.-l. d'arr. *fortifié*.
2° *Kiao*, id.
1° *Y*, chef-lieu de *canton fortifié*.
2° *Hoeï*, id.
3° *Tchang-yé*, id.
4° *Kao-mi*, id.
5° *Tsi-mé*, id.

COLLÉGES en 174	13
ÉCOLES DIVERSES en 1844	152
MONTAGNES	59
FLEUVES ET RIVIÈRES	29
ANTIQUITÉS	52

Dans ce nombre on distingue la « tour de la contemplation de la mer » (*wăng-hàï-thàï*), située au nord-est de la ville cantonale de *Hoeï*, et au sommet de laquelle on dit que le célèbre empereur *Thsin-chi-hoang-ti* se rendit pour contempler la mer; ce qui lui a fait donner son nom.

FORTS DÉTACHÉS	32
PONTS	24
DIGUES ET JETÉES	6
TOMBEAUX CÉLÈBRES	17
TEMPLES	17

Il y a le « temple du génie de la mer orientale» (*Toŭng-hàï-chin-miáo*), situé à deux lieues environ à l'ouest du chef-lieu du département; les « temples des « philosophes *Sun-tseu*, *Yen-tseu*; « celui du premier de tous les sages, » c'est-à-dire, du philosophe KHOUNG-TSEU, situé dans le collège cantonal de *Tsie-mé*.

MONASTÈRES		32
MANDARINS CÉLÈBRES		56
HOMMES	id	77
PASSAGERS	id	3
FEMMES	id	20
ANACHORÈTES	id	2

PRODUITS DIVERS. Sel, vases en pierre, bœufs jaunes, lentilles de mer, soie fine nommée *mien*, taffetas de soie, toiles fines.

7° DÉPARTEMENT. WOU-TING-FOU.

Ce département, dont le chef-lieu est situé à 20 lieues de *Tsi-nán*, a 70 de *Pé-king*, a 28 lieues de l'est à l'ouest, et 17 du sud au nord; il comprend un *arrondissement* et neuf *cantons*.

CARACTÈRE PHYSIQUE. Ce département est ouvert de tous les côtés et présente une surface plane. Il communique par sa frontière orientale avec le golfe de *Pe-tchi-li*.

MŒURS ET USAGES. Les habitants ont le caractère simple et franc; ils respectent beaucoup les rites et honorent l'éducation.

VILLES PRINCIPALES. *Wou-ting*, chef-lieu du département, ville fortifiée de deux lieues de circonférence.

1° *Hoeï-min*,	ch.-l. de cant. fort.	
2° *Thsing-tching*,	id.	id.
3° *Yang-sin*,	id.	id.
4° *Haï-foung*,	id.	id.
5° *Lo-ling*,	id.	id.
6° *Chang-ho*,	id.	id.
7° *Li-tsin*,	id.	id.
8° *Tchen-hoa*,	id.	id.
9° *Phou-taï*,	id.	id.

Pin, chef-lieu d'*arrondissement*.

COLLÉGES en 1743............	11
ÉCOLES DIVERSES en 1844....	169
MONTAGNES..................	5
FLEUVES ET RIVIÈRES.........	7
BAIES.......................	3
ANTIQUITÉS DIVERSES.........	31
FORTS DÉTACHÉS.............	18
PONTS.......................	9
DIGUES ET JETÉES............	2
TOMBEAUX CÉLÈBRES.........	21
TEMPLES....................	6
MONASTÈRES.................	5
MANDARINS CÉLÈBRES........	42
HOMMES id..............	49
FEMMES id..............	27

PRODUITS DIVERS. Taffetas de soie, sel, plantes médicinales.

8° DÉPARTEMENT. I-TCHÉOU-FOU.

Ce département, dont le chef-lieu est situé à 66 lieues au sud-est de *Tsi-nán*, à 165 de *Pé-king*, a 52 lieues de l'est à l'ouest et 51 du sud au nord; il comprend un *arrondissement* et six *cantons*.

CARACTÈRE PHYSIQUE. Ce département communique avec la mer par sa frontière orientale, et au nord-ouest une chaîne de montagnes lui distribue de nombreux cours d'eau sur ses deux versants.

MŒURS ET COUTUMES. Le tempérament des habitants est vif et même violent, mais leur caractère a de l'honnêteté et de la franchise.

VILLES PRINCIPALES. *I-tchéou*, chef-lieu de département, ville fortifiée d'une lieue environ de circonférence.

1° *Lin-chan*,	ch.-l. de cant. fort.	
2° *Yen-tching*,	id.	id.
3° *Feï*,	id.	id.
4° *I-choui*,	id.	id.
5° *Ji-tchao*,	id.	id.
6° *Moung-yin*,	id.	id.

Kiu, chef-lieu d'*arrondissement*.

COLLÉGES en 1743............	16
ÉCOLES DIVERSES en 1844....	121
MONTAGNES..................	96
FLEUVES ET RIVIÈRES.........	34
LACS........................	9
ANTIQUITÉS DIVERSES.........	58
FORTS DÉTACHÉS.............	20
PONTS.......................	14
TOMBEAUX CÉLÈBRES.........	16

Dans ce nombre on compte ceux des philosophes *Than-tseu*, *Khiu-tseu*, *Ki-wen-tseu*, de la mère de *Meng-tseu*, tous de la dynastie des *Tchéou*.

TEMPLES....................	13
MONASTÈRES.................	6
MANDARINS CÉLÈBRES........	36
HOMMES id..............	135
PASSAGERS id..............	5
FEMMES id..............	21
ANACHORÈTES id..............	5

PRODUITS DIVERS. Toile de chanvre, pierres sonores et de diverses couleurs, améthystes, sel, thé.

9° DÉPARTEMENT. TAÏ-GAN-FOU.

Ce département, dont le chef-lieu est situé à 18 lieues au midi de *Tsi-nân*, à 120 de *Pé-king*, a 43 lieues de l'est à l'ouest et 17 du midi au nord; il comprend un *arrondissement* et sept *cantons*.

CARACTÈRE PHYSIQUE. Au nord, ce département a pour limite centrale la célèbre montagne *Taï-chân*, et la rivière nommée *Wen* forme sa limite méridionale; c'est le département le plus central de toute la province.

MŒURS ET COUTUMES. Les habitants ont le caractère simple, mais franc et libéral; ils ont dans leurs habitudes beaucoup de considération pour la littérature et les lettres; ceux qui s'y livrent étudient par-dessus tout l'ancien *Livre des Vers* (*Chi-king*), et le *Livre des Annales* (*Choû king*). Le peuple est très attaché à sa profession.

VILLES PRINCIPALES. *Taï-gan*, chef-lieu du département, ville fortifiée de moins d'une lieue de circonférence.

1° *Taï-gan*,   ch.-l. de *cant. fort.*
2° *Feï-tching*,   id.   id.
3° *Sin-taï*,   id.   id.
4° *Laï-wou*,   id.   id.
5° *Toung-ho*,   id.   id.
6° *Ping-yin*,   id.   id.
Toung-ping, chef-lieu d'*arrondissement*.
Collèges en 1743.......... 12
Écoles diverses en 1844.... 127
Montagnes................. 94

La montagne *Taï-chân*, qui se trouve dans ce département, à une demi-lieue au nord du chef-lieu, est la plus célèbre de la Chine (*). C'est de cette montagne sacrée dont il est question dans le *Chou-king*, et où les anciens empereurs allaient faire une visite à la seconde lune de chaque année. On dit que de son sommet on découvre la ville de *Tchang-gan* ou *Si-ngan-fou*, capitale de la province de *Chen-si*, qui en est distante de plus de 200 lieues. Cette montagne a 16 lieues de circonférence et 4 lieues environ de hauteur à partir de sa base. L'empereur Khang-hi, la 33° année de son règne (1684), visita cette montagne célèbre; il gravit ses plus hauts sommets, et il y composa des vers à sa louange.

Fleuves et rivières........ 26
Y compris le *canal Impérial*.
Antiquités diverses........ 56

Dans ce nombre on compte l'ancien et célèbre « Temple de la lumière » (*Ming-thâng*), situé à l'est de *Taï-gan*. Dans les poésies du suprême empereur *Hoâng-ti* (**) (2637 avant notre ère), on voit la figure du « *Temple de la lu-* « *mière*. » Au milieu de ce temple ouvert des quatre côtés, se trouve une salle du trône (***).

Au nombre des antiquités de ce département, on compte encore trois anciennes *inscriptions sur pierre* placées au sommet le plus élevé de la montagne *Taï-chân*. L'une de ces inscriptions est attribuée à *Li-sse*, célèbre ministre de *Thsin-chi-hoang-ti* (****); cette inscription est en caractère *tchouan*;

(*) Voy. t. I, p. 219.
(**) *Châng-Hoâng-ti-chi*. Voir *Taï-thsing-i-thoung-chi*, k. 110, f° 23.
(***) Voir aussi t. I, p. 88, et la *planche* 17 du même volume.
(****) Voy. même volume, p. 223.

une autre est attribuée à l'empereur *Thsin-chi* lui-même (*).
Forts détachés............ 19
Ponts.................... 16
Digues et jetées.......... 9
Tombeaux célèbres........ 25

Le plus ancien de ces tombeaux est celui de l'empereur *Yao*, situé à deux lieues au nord-est de la ville de *Toung-ping*.

Temples.................. 12
Monastères............... 11

L'un de ces monastères, celui de la « Pagode de bronze » (*thië-thâ-ssè*), situé au nord de *Toung-ho*, possède une série de treize statues de *Bouddha*, hautes de 12 *tchâng* (37 ^{m} 800 ^{mm}); il fut fondé sous les *Soung*, de 1068 à 1078 de notre ère.

Mandarins célèbres....... 92
Hommes   id............ 96
Passagers id............ 7
Femmes   id............ 18
Anachorète id........... 1

Cet anachorète, dont on ignore le nom, est appelé « Le vieillard de la montagne *Taï-chân*; il vivait sous les *Han*.

Produits divers. Améthystes, pierre ponce, fer, cuivre, or dans le canton de *Ping-yin*.

10° Département. Tsao-Tchéou-Fou.

Ce département, dont le chef-lieu est situé à 58 lieues au sud-ouest de *Tsi-nân*, à 120 lieues de *Pé-king*, a 19 lieues de l'est à l'ouest et 28 du sud au nord; il comprend un *arrondissement* et dix *cantons*.

Caractère physique. Ce département est borné à l'est par un pays stérile et au midi par le fleuve Jaune; quoique son territoire ne présente point de passages infranchissables, ses communications ne sont cependant pas des plus faciles.

Mœurs et coutumes. Les habitants, comme ceux du département précédent, ont le caractère simple, mais franc et libéral; ils ont beaucoup de considération pour la littérature et les

(*) Ce témoignage de la grande Géographie impériale confirme en tout point ce que nous avons dit à ce sujet, dans le 1re vol., p. 219, d'après d'autres autorités.

lettrés. Le peuple est très-laborieux et attaché au sol natal ; il ne se livre point au commerce. Les impôts se lèvent facilement. La population s'y rapproche beaucoup des mœurs antiques.

VILLES PRINCIPALES. *Tsao-tchéou*, chef-lieu du département, ville fortifiée, de plus d'une lieue de circonférence.

1° *Ho-tsi*,   ch.-l. de *cant. fort.*
2° *Kiu-yaï*,   id.   id.
3° *Chen*,   id.   id.
4° *Tching-wou*,   id.   id.
5° *Yun-tching*,   id.   id.
6° *Ting-tao*,   id.   id.
7° *Tsao*,   id.   id.
8° *Fan*,   id.   id.
9° *Kouan-tching*, id.   id.
10° *Tchao-tching*, id.   id.

Pou, chef-lieu d'*arrondissement*.
COLLÉGES en 1743............ 15
ÉCOLES DIVERSES en 1844.... 196
MONTAGNES 20
FLEUVES ET RIVIÈRES........ 15

Le *Hoâng-hô* et le canal Impérial sont les principaux.

ANTIQUITÉS DIVERSES........ 68

La *Ville* de l'empereur *Yao* et celle de *Tching-thang* y sont comprises, de même que sept tours fort anciennes.

FORTS DÉTACHÉS 10
PONTS...................... 12
DIGUES ET JETÉES........... 9
TOMBEAUX CÉLÈBRES.......... 42

Dans ce nombre on compte celui de l'empereur *Yao*, situé à une lieue et demie au nord-est de *Ho-tsi*; ce tombeau a 14ᵐ 175 ᵐᵐ de hauteur et 63ᵐ de diamètre. Un temple est construit à son sommet.

TEMPLES.................... 18

On distingue parmi ces temples ceux des anciens empereurs *Yao* et *Chun*. Du temps des *Han*, il existait encore quatre inscriptions sur pierre dans le premier; le second fut construit sous les *Ming*. On distingue aussi celui de l'ancien philosophe *Tchouang-tseu*, situé à quatre lieues au nord-ouest de *Ho-tsi*. On le nomme aussi « l'Observatoire de *la fleur méridionale*, » du nom donné au livre du philosophe. Il fut fondé en 627 de notre ère.

MONASTÈRES 5
MANDARINS CÉLÈBRES....... 90

HOMMES CÉLÈBRES.......... 105
PASSAGERS   id........... 5
FEMMES   id........... 26
ANACHORÈTES 8

PRODUITS DIVERS. Sel, étoffes de soie, taffetas uni, fleur nommée *méoutan*.

Iles dépendantes du Chan-toung.

Ces îles sont assez nombreuses ; les plus remarquables sont celle de *Chamen*, dépendante du département de *Tang-tchéou*; île fort peuplée, la plus grande de toutes, située dans le golfe de *Tsâng*; son port offre une relâche fort commode pour les navires qui se rendent facilement de là en Corée, à *Pé-king* et dans le *Liao-toung*. On dit que cette île est fort riche en mines d'or, et qu'elle possède encore d'autres mines très-considérables que l'on empêche soigneusement d'être exploitées, de crainte de tenter la cupidité des étrangers.

On distingue encore l'île de *Soumen*, celle des Trois montagnes (*Sánchán*), et enfin celle de *Tien-heng*, d'où, lors de la persécution des lettrés sous l'empereur *Thsin-chi-hoang ti*(*), cinq cents d'entre eux se précipitèrent, dit-on, dans la mer.

VIᵉ PROVINCE. HO-NAN. CAPITALE : *Kaï-foung-fou* (**).

POPULATION en 1812 : 23,037,171 habitants.

APERÇU GÉNÉRAL. La province du *Hô-nán* (*midi du fleuve Jaune*) a pour capitale *Kaï-foung-fou*, ville située à 154 lieues au sud-ouest de *Pé-king*; elle a 122 lieues de l'est à l'ouest, et 129 du midi au nord. Elle comprend neuf *départements*, quatre *arrondissements* ressortissant à la province de *Tchi-li*; six *arrondissements* ordinaires, et quatre-vingt-seize *cantons*.

Les *départements* sont :
1° *Kaï-foung-fou*;
2° *Tchin-tchéou-fou*;
3° *Kouëi-te-fou*;
4° *Tchang-te-fou*;
5° *Weï-hoeï-fou*;

(*) Voy. t. I, p. 228.
(**) *Taï-thsing-i-thoung-tchi*; k. 112-135.

6° *Hoaï-king-fou*;
7° *Ho-nan-fou*;
8° *Nan-yang-fou*;
9° *Jou-ning-fou*.

CARACTÈRE PHYSIQUE. La douceur du climat, la fertilité des terres de la province du *Hô-nân*, la font regarder par les Chinois comme l'une des contrées les plus favorisées de l'empire. On y trouve en abondance un grand nombre de produits : le froment, le riz, des oranges de toutes les espèces, des grenades, la plupart des fruits de l'Europe; le sol, généralement uni, excepté du côté de l'occident, où il se trouve des montagnes couvertes de forêts, est arrosé par de nombreux cours d'eaux. Les montagnes les plus renommées de cette province sont la montagne nommée *Soung-kao*, qui est considérée comme la montagne centrale de la Chine; la grande chaîne nommée *Taï-hing*. Ses principaux fleuves sont le grand fleuve Jaune, le *Weï-chouï*, le *Lo-chouï* et le *Jo-chouï*. Au nombre de ses passages les plus dangereux, on compte le « parc des tigres » (*hoù laó*), situé dans le canton de *Fen-chouï* (*).

CAPITALE. *Kaï-foung-fou*, la capitale de la province, n'est guère éloignée que d'une lieue du fleuve Jaune. C'est une ville bien bâtie, de deux lieues environ de circonférence, avec enceinte fortifiée, ayant un commerce florissant et une population très-industrieuse; elle était la capitale de l'empire sous la dynastie des *Soung*. Par suite de l'endiguement du fleuve Jaune et de plusieurs de ses bras qui entourent la ville, les eaux du fleuve sont depuis longtemps plus élevées que le sol sur lequel elle est bâtie; aussi, malgré les digues qui la protégent, la ville est exposée aux inondations du grand fleuve. Lors de la conquête de la Chine par les Tartares mantchous, actuellement régnant, les digues du fleuve Jaune ayant été rompues, *Kaï-foung* fut submergée, et trois cent mille hommes périrent dans ses murs (voy. t. I, p. 418).

Ho-nan-fou, chef-lieu du département qui porte son nom, est aussi une des villes les plus remarquables de la Chine, quoiqu'elle ait moins d'une lieue de circonférence. Elle fut, à différentes époques, la résidence des empereurs, et elle est célèbre dans l'histoire chinoise sous le nom de *Lo-yang*. Ses faubourgs, ainsi que ses environs, sont ornés de magnifiques jardins, et l'on y voit encore un grand nombre de tombeaux des anciens empereurs.

VIIe PROVINCE. CHEN-SI. CAPITALE : *Si-ngan-fou*.

POPULATION en 1812 : 10,207,256 h.

APERÇU GÉNÉRAL. La province du *Chen-si* (ouest des limites difficiles à franchir) a pour capitale *Si-ngan-fou*, ville célèbre, située à 265 lieues au sud-ouest de *Pé-king*; elle a 93 lieues de l'est à l'ouest, et 242 du midi au nord. Elle comprend sept *départements*, cinq *arrondissements* ressortissant directement à la province de *Tchi-li*, cinq *arrondissements* ordinaires, et soixante-treize *cantons*.

Les *départements* sont :
1° *Si-ngan-fou*;
2° *Yen-ngan-fou*;
3° *Foung-thsiang-fou*;
4° *Han-tchoung-fou*;
5° *Yu-lin-fou*;
6° *Hing-ngan-fou*;
7° *Thoung-tchéou-fou*.

CARACTÈRE PHYSIQUE. A l'est, cette province est bornée dans presque toute sa longueur par le fleuve Jaune; au midi par la rivière *Han*; à l'ouest par la Tartarie, et au nord par la grande muraille. C'est la province la plus occidentale de la Chine, et celle qui, selon les traditions historiques (voy. t. I, p. 56 et 109), fut la première habitée par une peuplade de race civilisatrice venue de l'occident de la Chine, laquelle peuplade conserva longtemps des coutumes qui accusent son origine. C'est aussi dans cette province que l'ancienne dynastie des *Tchéou* établit le siége de son empire, et c'est là aussi où était situé cet ancien État de *Thsin*, dont les rois, plus de 1,000 ans avant notre ère, eurent des relations avec l'Asie occidentale (circonstance qui fit donner à tout l'empire le nom de *Thsin*, dans les lois indiennes de *Manou* : *Tchina*, voy.

(*) Des considérations qui nous sont étrangères nous obligent à supprimer dorénavant l'analyse de la grande Géographie impériale.

t. I, p. 2), et d'où sortit le fameux empereur incendiaire des livres, 249 ans avant notre ère.

Les montagnes les plus renommées de cette province sont les montagnes *Tchoung-nan, Taï-hoa, Ou-yo, Loung-li* et *Loung-men* ; ses principaux fleuves sont le *Hoang-ho* ou fleuve Jaune ; les *Han, Weï, King* et *Lo-choui* ; ses passages les plus difficiles sont les *Thoung, Wou* et *San-kouan*. Il y a, dit-on, dans cette province, de riches mines d'or qu'il est défendu d'exploiter ; le sable des rivières et des ruisseaux en est si chargé, qu'une population considérable subsiste du profit qu'elle retire en lavant le sable pour en séparer les parcelles d'or qui s'y trouvent mêlées.

CAPITALE. *Si-ngan-fou*, la capitale de la province, est une grande ville fortifiée, de quatre lieues de circonférence, située dans une vaste plaine à quelque distance de la rivière *Weï*. Elle a de magnifiques portes, qui rappellent qu'elle fut autrefois le séjour des empereurs des dynasties *Soŭ* et *Thang*. Les murs d'enceinte ont 9ᵐ 450ᵐᵐ de hauteur ; ils sont flanqués, à de petites distances d'une portée de flèche, de tours nombreuses, et entourés d'un fossé qui a 6ᵐ 300ᵐᵐ de profondeur, et 26ᵐ 200ᵐᵐ de largeur. C'est là que réside le commandant en chef des huit bannières ou de l'armée tartare destinée à protéger les frontières. La garnison occupe, comme dans les autres villes chinoises, un quartier de la ville que l'on nomme le quartier tartare. Les environs de la ville sont embellis par des tours bouddhiques à neuf étages, appartenant à de riches monastères, et qui sont d'un effet des plus pittoresques.

MONUMENT SYRIEN. C'est dans le voisinage de la ville de *Si-ngan-fou* qu'en 1625, des ouvriers chinois découvrirent, en creusant les fondations d'un nouvel édifice, une inscription gravée sur une table de pierre, et accompagnée des insignes de la religion catholique. Cette *Inscription*, dite de *Si-ngan-fou*, est bien connue en Europe par la publication qu'en ont faite les missionnaires jésuites, et par les traductions qu'ils en ont données (voy. t. I, p. 297 et suiv.), et peut-être plus encore par la suspicion dont cette inscription ancienne a été l'objet dans le dernier siècle. Il faut convenir que jusqu'ici, sans avoir des motifs peut-être suffisants de révoquer en doute l'authenticité de cette célèbre inscription, on n'avait, pour l'admettre, que le seul témoignage des missionnaires qui l'avaient publiée. Et, quelque respectable que fût ce témoignage, il n'avait pas pour certains esprits toute la certitude historique désirable. Personne, jusqu'à ce jour, ni parmi les partisans les plus prononcés de l'authenticité du monument, ni parmi ses adversaires, qu'ils aient été missionnaires, savants, philosophes ou historiens, n'avait fourni des *preuves pour* ou *contre* cette authenticité (*). Nous sommes heureux d'avoir été le premier Européen qui ait découvert, dans les livres chinois, un *témoignage certain, irréfragable*, de la *réalité du monument* en question. Ce témoignage se trouve dans la grande Géographie impériale que nous avons analysée. Voici comment il est conçu :

« MONASTÈRE DE LA VICTOIRE D'OR
« (*Kin ching ssë*). Ce monastère (boud-
« dhique) est situé en dehors du fau-
« bourg occidental de *Tchang-ngan*
« (aujourd'hui *Si-ngan*) ; c'est le mo-
« *nastère de la sublime humanité*
« (*thsoŭng jin ssë*) ; il fut fondé sous les
« *Thang*. Ce monastère possède les
« inscriptions (bouddhiques) de la pa-
« gode du *maître de la loi*, du temps
« des *Thang*, gravées sur du bois de
« santal ; il possède aussi l'*Inscription*
« *sur pierre*, intitulée : *King kiáo lieóu*
« *hing tchoŭng-koué pie* : « *Inscription*
« *sur pierre de la religion de King* (**),

(*) Nous n'en exceptons pas l'auteur des *Lettres chinoises*, qui fait raconter gravement par un Chinois (*Lettres* 145 et 146) la prétendue supercherie des jésuites relativement à cette découverte. S'il y a quelque part *invention*, c'est chez le marquis d'Argens ; et nous ne sommes pas plus porté à approuver cette dernière *invention*, que nous n'eussions approuvé celle des missionnaires, si elle eût été réelle. Aucune cause, selon nous, ne peut s'autoriser de la supercherie et du mensonge, quels qu'en puissent être les résultats.

(**) Ce caractère ne doit pas être traduit, comme l'ont fait les missionnaires, pour *qualifier* le substantif *kiáo*, religion, loi, doctrine

« propagée dans le royaume du Mi-
« lieu. » Dans les années *thiên chûn*
« (1457-1464), les étrangers de *Thsin* la
« réparèrent (*). »

Par pays de *Thsin* ou de *Tà-thsin*
(grande Chine), les Chinois entendaient
l'empire romain de Constantinople, qui
comprenait la Palestine, la Syrie, la
Mésopotamie, etc., c'est-à-dire, les pays
où la nouvelle doctrine religieuse portée en Chine avait pris naissance, et
s'était d'abord propagée. C'est ce qui
résulte clairement de la description
que les historiens et les géographes
chinois font du pays en question.

Selon les missionnaires (**), lors de
la découverte de ladite inscription, le
gouverneur de la ville de *Si-ngan-fou*
ordonna que la pierre qui portait cette
inscription (laquelle pierre avait *dix
pieds de long sur cinq de large*) fût
déposée dans l'enceinte d'une pagode
ou couvent de bonzes, à un quart de
lieue de la ville de *Si-ngan-fou*; ce
qui s'accorde parfaitement avec la Géo-

graphie impériale. Le P. Le Comte
ajoute que les bonzes de ladite pagode
où se trouve le monument chrétien
ont élevé vis-à-vis une longue table de
marbre semblable à la première, avec
un éloge des divinités du pays (c'est-à-
dire, des saints *bouddhiques*), pour
« diminuer en quelque façon la gloire
« que la religion chrétienne y a reçue. »
C'est là une erreur; les inscriptions
bouddhiques que possède la même pagode ne furent point gravées et érigées
dans l'intention supposée, puisqu'elles
datent de la dynastie des *Thang*,
c'est-à-dire, de la même époque que
l'inscription chrétienne.

Le département de *Si-ngan* est plein
de vestiges de l'antiquité chinoise; on
y remarque, à chaque pas, des restes
de monuments qui rappellent le souvenir des faits historiques dont ce pays
fut anciennement le théâtre, et du séjour de différentes dynasties. Parmi ces
antiquités, nous ne citerons ici que
l'*édition* (si on peut l'appeler ainsi), sur
tables de pierre, des *King* ou livres
sacrés chinois (*), datant de l'année
714 de notre ère, et qui est conservée
dans l'intérieur du collége de *Si-ngan*,
et une autre inscription sur pierre,
conservée dans le même collége, appelée *Koû-pie*, inscription ancienne, tirée du temple de l'ancien philosophe
Khoung-tseu.

TOMBEAUX. On trouve aussi, dans
ce département, les tombeaux de la plupart des anciens empereurs de la dynastie des *Tchéou*; celui du célèbre
Tchéou-koung (**); ceux des rois du
petit royaume de *Thsin*, qui existaient
déjà plus de mille ans avant notre ère;
celui de *Thsin-chi-hoang-ti*, l'incendiaire des livres, qui descendait de ces

---

(ils ont traduit LA TRÈS-ILLUSTRE *loi*), parce
que c'est la première syllabe du nom propre
King thsing, nom qui est donné en tête de
l'inscription, au *prêtre* d'un *monastère du
Tà-thsin (tà thsin ssè sang)* , qui apporta et
propagea cette religion en Chine.

On peut consulter, au sujet de la propagation de la religion chrétienne en Chine, une
lettre intéressante de M. Reinaud à M. Ch.
Lenormant, sur plusieurs passages d'écrivains
arabes qui y sont relatifs.

(*) *Tai-thsing-i-thoung-tchi*; k. 132, f° 23.
Il y a ici une difficulté que nous n'avons
pu lever qu'en supposant une *faute* d'impression dans le texte chinois, et qu'au lieu
des années *thiên-chûn*, époque de la réparation du monument par les *étrangers de
Thsin*, on doive lire *thiên-khi* (1624-1626),
époque qui coïnciderait avec celle de sa découverte. Mais nous devons dire que rien ne
nous autorise à supposer une faute d'impression dans le texte chinois. La *Géographie
spéciale* de la province du *Chen-si*, en 60
vol., publiée la 6ᵉ année *Khang-hi* (en 1667),
ne parle pas du monument de *Si-ngan-fou*;
mais la 2ᵉ édition de la grande Géographie
impériale, publiée en 1764, k. 180, f° 4 v°,
porte la même date que l'édition de 1744
que nous possédons.

(**) Voy. Alvarez Semedo, Histoire universelle de la Chine, traduction française, p. 228,
et le P. Le Comte, Lettre XIᵉ.

(*) Cette édition sur pierre comprend le
Y-king des *Tchéou*; le *Chang-chou* ou le
Livre des annales de la dynastie des *Chang*;
le *Mao-chi* ou le *Livre des Vers*; le *Y-li* et
le *Li-ki*, « Livres des Rites; » le *Tchun-
thsieou*, Annales du royaume de *Lou*, écrites
par KHOUNG-TSEU; le *Tso-chi-tchouan*, ou
Commentaire de *Tso-chi* sur le précédent
ouvrage; les Commentaires de *Khoung-yang*
et de *Kho-liang* sur le même livre; le *Hiâo-
king* ou « Livre sur la piété filiale »; enfin, le
Lûn-yû et le *Eulh-ya*.

(**) Voy. t. I, p. 84 et suiv.

mêmes rois ; ceux des empereurs de la dynastie des *Han*. On y trouve aussi les tombeaux d'un grand nombre d'hommes célèbres, entre autres celui de l'ancien philosophe LAO-TSEU, lequel est situé au sud-est de la ville cantonale de *Tchéou-wo*.

TEMPLES. Il y a, dans ce département, soixante-six temples dédiés aux anciens empereurs des dynasties dont on voit les tombeaux, et à des personnages ou philosophes célèbres, comme LAO-TSEU. Un temple dédié à ce dernier philosophe est situé au midi de la ville cantonale de *Tchéou-wo*; il fut érigé en l'honneur de LAO-TSEU par le célèbre empereur *Thsin-chi-hoang-ti* (plus de 200 ans avant J. C.); il fut restauré en 295 de notre ère.

MONASTÈRES. Les monastères y sont au nombre de quarante-sept. Dans ce nombre on compte le « monastère des « cent *Pagodes* » ou Tours bouddhiques, situé à cinq lieues au sud de *Tchang-gan*, ou *Si-ngan-fou*; celui dont il a été question ci-dessus, et qui renferme l'inscription dite de *Si-ngan-fou*. La plupart de ces monastères sont bouddhiques.

VIIIe PROVINCE. KAN-SOU. CAPITALE : *Lan-tchéou-fou*.

POPULATION en 1812 : 15,193,125 h.
APERÇU GÉNÉRAL. La province de *Kan-sou*, qui faisait autrefois partie de celle du *Chen-si*, a pour *chef-lieu Lan-tchéou-fou* (*), ville située à 404 lieues au sud-ouest de *Pé-king*; elle a 212 lieues de l'est à l'ouest, et 241 du midi au nord; elle comprend neuf *départements*, sept *arrondissements*, et cinquante et un *cantons*.

Les *départements* sont :
1° *Lan-tchéou-fou*;
2° *Phing-liang-fou*;
3° *Koung-tchang-fou*;
4° *King-yang-fou*;
5° *Ning-hia-fou*;
6° *Si-ning-fou*;
7° *Liang-tchéou-fou*;
8° *Kan-tchéou-fou*;
9° *Tchin-si-fou*.

(* Cette ville est nommée *Lin-thao-fou* dans la *Géographie impériale*; l'*Almanach* officiel impérial de 1844 la nomme *Lan-tchéou-fou*.

CARACTÈRE PHYSIQUE. La province de *Kan-sou* forme le prolongement de celle du *Chen-si* dans la Mongolie et le désert de *Kobi*, où finit la grande muraille. C'est un pays montagneux et plein de défilés qui ont été appropriés à la défense de la frontière chinoise ; à l'ouest, cette province confine au Thibet, et au nord aux *Liéou-cha* ou « sables mouvants; » elle est traversée par le fleuve Jaune.

CAPITALE. *Lan-tchéou-fou*, la capitale, est une ville fortifiée, peu remarquable, d'environ une lieue de circonférence, située à quelque distance du fleuve Jaune. Son commerce consiste principalement en peaux de diverses sortes, provenant de la Tartarie, et en étoffes de laine grossière fabriquées dans le pays.

C'est dans la ville départementale de *Koung-tchang*, entourée de montagnes presque inaccessibles, que l'on voit un temple élevé à *Fou-hi*.

IXe PROVINCE. TCHÉ-KIANG. CAPITALE : *Hang-tchéou-fou*.

POPULATION en 1812 : 26,256,784 h.
APERÇU GÉNÉRAL. Cette province est l'une des plus riches et des plus intéressantes à connaître pour un Européen. C'est aussi l'une des plus fertiles de l'empire chinois, et où il se fait le plus de commerce. Elle a pour capitale *Hang-tchéou-fou*, ville située à 330 lieues au midi de *Pé-king*, et a 88 lieues de l'est à l'ouest, et 128 du midi au nord. Elle comprend onze *départements*, un *arrondissement*, et soixante-seize *cantons*.

Les *départements* sont :
1° *Hang-tchéou-fou*;
2° *Kia-hing-fou*;
3° *Hou-tchéou-fou*;
4° *Ning-po-fou*;
5° *Chao-hing-fou*;
6° *Taï-tchéou-fou*;
7° *Kin-hoa-fou*;
8° *Khin-tchéou-fou*;
9° *Yen-tchéou-fou*;
10° *Wen-tchéou-fou*;
11° *Tchou-tchéou-fou*.

CARACTÈRE PHYSIQUE. Cette province est bornée, à l'orient, par la mer, qui baigne quatre de ses départements :

Kia-hing, *Ning-po*, *Taï-tchéou* et *Wen-tchéou*; au midi, par la province de *Fo-kien*; à l'ouest, par de hautes montagnes, et, au nord, par la réunion des cinq lacs que l'on nomme *Taï-hoû* (*), le grand lac. Ses montagnes les plus renommées sont la montagne *Hoeï-ki*, la montagne *Thién-moû*, « l'Oreille du « ciel; » la montagne *Sse-ming* ou des « quatre clartés; » les montagnes *Thien-taï*, et *Kin-hoa*, ou de la « fleur d'or. » Ses fleuves les plus considérables sont le *Tché-kiáng*, qui a donné son nom à la province, lequel n'est lui-même qu'un bras du grand *Kiáng*; le *Fou-yang-kiáng*, et le *Yûn-hô*, ou canal Impérial. Tout le pays est couvert de montagnes dont le soulèvement semble n'avoir aucun caractère systématique; mais ces montagnes sont presque aussi bien cultivées que les plaines ou les vallées les plus fertiles. Outre le grand nombre de cours d'eau naturels, l'industrie des Chinois a construit de nombreux canaux qui contribuent encore à répandre partout la fertilité et la vie.

CHEF-LIEU DE LA PROVINCE. La capitale de la province de *Tché-kiáng* est *Hang-tchéou-fou*, situé près du célèbre lac *Si-hoû*, qui a deux lieues de circonférence. Cette ville fortifiée a trois lieues et demie de circuit; dix portes par terre, et quatre par eau. La population a été estimée à plus d'un million par les missionnaires catholiques. « Cette population, dit Staun-« ton (**), est immense, car on prétend « qu'elle égale presque celle de *Pé-king*. « Cependant la ville n'a en apparence « rien de grand que les murailles qui « l'entourent. Les maisons sont basses. « Il n'y en a point qui ait plus de deux « étages. Les rues sont étroites et pa-« vées avec de grands quartiers de « pierre dans le milieu, et de petites « pierres plates sur les côtés. Toutes « les maisons des principales rues ont « des boutiques ou des magasins sur le « devant; et plusieurs de ces magasins « ne sont point inférieurs aux plus « brillants de ceux qu'on voit à Lon-« dres, dans le même genre. On fait, à « *Hang-tchéou-fou*, un commerce très-« étendu et très-actif de soieries; on y « vend aussi beaucoup de fourrures et « de large drap d'Angleterre. » Ce sont des hommes qui tiennent les boutiques, et non des femmes; celles-ci sont occupées en quantité immense dans les manufactures de soieries et d'étoffes brochées d'or, qui sont plus nombreuses à *Hang-tchéou* que dans aucune autre ville de la Chine.

Van Braam (*) décrit ainsi la même ville: « *Hong-tchéou* a soixante *li* (**) de circonférence (*six* lieues). Sa forme est irrégulière; tantôt le rempart est circulaire, tantôt droit, tantôt encore il se courbe à cause de hautes montagnes. L'intérieur de la ville est assez bien bâti, et renferme plusieurs belles maisons. Divers fossés la coupent. Les rues ne sont pas fort larges, mais elles sont bien pavées avec de fortes pierres de taille. En les traversant, j'ai remarqué de grandes boutiques bien assorties, et des magasins de toutes sortes de marchandises, et, entre autres, à mon grand étonnement, *trois boutiques d'horlogerie*, et un grand nombre d'autres remplies de jambons fumés.

« J'ai vu plusieurs arcs de triomphe de pierre très-jolis, et deux considérablement grands et magnifiques, placés immédiatement l'un à côté de l'autre, et en dedans de la porte de la ville. Près de cette porte, on a mis deux pièces de canon, d'environ six livres de balles, montées sur des affûts à trois roues.

« Dans l'une des rues, j'ai remarqué une mosquée mahométane. Sur la frise est peinte une inscription arabe, qui signifie:

« *Ce temple a été élevé uniquement* « *pour prier Dieu. Tous ceux qui y* « *entrent ne doivent penser qu'à lui.* « L'essence d'un temple est telle, que « tout lieu où l'on invoque et sert

---

(*) Voir ci-devant, p. 68.
(**) Relation de l'ambassade de lord *Macartney*.

(*) Voyage de l'ambassade de la Compagnie des Indes orientales hollandaises, vers l'empereur de la Chine, dans les années 1794-1795; Philadelphie, 1797, 2 vol. in-4°; t. I, p. 376.
(**) La Géographie impériale que nous possédons ne lui donne que 45 *li*, ou 4 lieues et demie.

« Dieu devient un lieu saint. Il est
« plus avantageux pour l'homme d'être
« sans cesse occupé de l'idée de Dieu,
« que de celle des choses d'où peut
« naître le mal. »

Plusieurs écrivains, à commencer par le P. Martini et le P. de Magaillans, ont soutenu que la ville capitale, nommée *Quinsaï* par *Marco-Polo* et *Rachid-Eddin*, était *Hang-tchéou-fou*, capitale de la Chine sous la dynastie des *Soung* (qui fut renversée par les Mongols), et que, pour cette raison, on surnommait *King-sse*, la *Ville capitale*, la *Cour souveraine*. Cela est très-vraisemblable; mais il y a une grande, une immense exagération dans le nombre de *ponts* que le voyageur vénitien donne à la ville chinoise, qu'il porte à 12,000. Ces *douze mille* ponts de *Marco-Polo* sont aussi vrais que les *dix mille* autres ponts donnés récemment à *Sou-tchéou* (*), rivale de *Hang-*

(*) Voy. ci-devant, p. 67-69. La grande Géographie impériale de 1744 n'énumère que *trente-sept ponts* à arches voûtées dans tout le département de *Sou-tchéou*, et dont l'un, construit en pierre sur le grand canal, a 90 arches. A propos de ce pont, que l'on pourrait croire aussi une invention des rédacteurs de la Géographie impériale, voici ce qu'en dit John Barrow, que l'on n'accusera pas de crédulité, dans son Voyage en Chine. « C'est dans les environs de *Sou-tchéou-fou* « qu'on voit, sur le bras d'un lac qui commu- « nique au canal Impérial, le pont de *quatre-* « *vingt onze arches* dont j'ai fait mention. Je « regrette beaucoup d'avoir passé pendant la « nuit devant ce pont extraordinaire. Il attira « l'attention d'un Suisse qui était au nombre « de nos domestiques. Tandis que les yachts « longeaient le pont, cet homme se mit à « compter les arches; et, voyant que le nom- « bre allait toujours croissant, il courut dans « la chambre avec beaucoup de vivacité, et « nous dit: — Messieurs, venez, je vous prie, « sur le tillac; il y a là un pont comme je « n'en ai jamais vu; il ne finit pas. — Nous « montâmes aussitôt sur le tillac, et, malgré « l'obscurité, nous distinguâmes assez bien, « du côté de l'est, les arches d'un pont qui « s'étendait, parallèlement avec le canal Im- « périal, sur le bras d'un vaste lac affluent. » (Voy. ci-devant, p. 69.) La même Géographie impériale n'énumère que 21 ponts dans le département de *Hang-tchéou*, dont *deux* dans la ville même.

tchéou, par un envoyé officiel français, qui lui attribue aussi une population de *dix millions* d'âmes (*)!

LAC SI-HOU, ou « lac occidental (**). » Ce lac, l'un des plus célèbres de la Chine, est situé à une petite distance de *Hang-tchéou-fou*; il est peu d'ouvrages d'imagination dans lesquels ce lac ne figure ou ne soit cité. Il a été le sujet d'une foule de traditions plus ou moins extraordinaires, qui ont défrayé l'imagination des poëtes et des romanciers chinois. Situé à une petite distance à l'*ouest* de *Hang-tchéou-fou*, il est entouré de trois côtés par des montagnes. A l'époque où le célèbre *Sou-che* était préfet de *Hang-tchéou*, il fit construire une longue digue au milieu du lac, pour servir de voie de communication, laquelle voie comprend six ponts. On la nomme maintenant la digue du grand *Sou*. Voici de quelle manière en parle M. Barrow.

« Après avoir navigué une grande partie de la journée, à travers une forêt de mûriers, plantés avec beaucoup de régularité, nous arrivâmes, le 10 novembre (1793), à *Hang-tchéou-fou*, capitale de la province de *Tché-kiáng*. Ici, le bras du canal Impérial qui communique avec le *Yang-tsé-kiáng*, se termine en un bassin vaste et commode, qui, à notre passage, était rempli de jonques et de bateaux. De ce bassin sortent plusieurs petits canaux qui passent sous des arches, traversent la ville dans différentes directions, et se jettent, au delà des remparts, c'est-à-dire, du côté du couchant, dans un lac qu'on appelle le *Si-hou*.

« La beauté naturelle et artificielle de ce lac surpassait de beaucoup tout ce qui avait jusqu'alors frappé nos regards en Chine. Les montagnes qui l'environnaient étaient fort élevées, variées dans leurs formes et extrêmement pittoresques; et les vallées remplies d'arbres

(*) La plupart des journaux français ont, à propos d'une exhibition d'articles chinois, répété ces fables, ce que l'on n'aurait plus cru possible de nos jours.

(**) Voir la planche XV, tirée de l'ambassade de lord Macartney. Cette belle vue représente, sur le premier plan, la vallée des Tombeaux, et, dans le lointain, le *Lou-foung-tha*, ou « la Tour des vents tonnants. »

de différentes espèces, parmi lesquelles nous en remarquâmes trois singulièrement frappantes, non-seulement à cause de leur beauté intrinsèque, mais par le contraste qu'elles formaient avec le reste de la forêt. Ces trois sortes d'arbres étaient le camphrier (*laurus camphora*), l'arbre à suif (*croton sebiferum*), et l'arbre de vie (*thuya orientalis*). Le feuillage clair et brillant du premier, entremêlé avec les feuilles pourprées du second, et dominé par le vert très-foncé du grand et majestueux arbre de vie, produisait un effet très-agréable à la vue. Ce qui nous rendait ce paysage encore plus intéressant, était la variété singulière de plusieurs monuments consacrés au repos des morts, et placés sur la déclivité des coteaux voisins. Là, ainsi qu'on le voit ailleurs, le cyprès mélancolique croissait près des tombeaux. Plus haut, on avait ouvert des allées dans les bois où étaient construits des rangs de petits édifices peints en bleu, avec des colonnades blanches. Nous reconnûmes, en les examinant, que c'étaient aussi des demeures des morts. Des cercueils nus, et d'une épaisseur extraordinaire, étaient déposés çà et là sur la terre.

« Le lac s'étend des murs de la ville au pied des montagnes, et forme divers bras qui arrosent de nombreuses vallées couvertes d'arbres. Non-seulement il procure de grands avantages aux habitants de *Hang-tchéou-fou*, mais il est le théâtre de leurs amusements. A la vérité, ces amusements qui consistent, en grande partie, à se promener en bateau, n'appartiennent guère qu'à l'un des sexes. Peu de femmes, excepté celles qui trafiquent de leurs charmes, se joignent à ces parties. »

EXCURSION SUR LE LAC SI-HOU. « Nous fîmes avec notre excellent compagnon de voyage, *Wang-ta-jin*, une partie de plaisir sur le lac *Si-hou*. Nous nous embarquâmes dans un superbe yacht, auquel on en avait attaché un autre pour nous servir de cuisine. Le dîner commença au moment où nous mîmes le pied à bord, et ne cessa que lorsque nous descendîmes à terre. On nous servit successivement au moins *cent plats différents*, parmi lesquels il y avait d'excellentes anguilles, pêchées dans le lac, et préparées tout de suite, de diverses manières. L'eau du lac était aussi claire que du cristal.

« Nous rencontrâmes un nombre infini de bateaux qui allaient ou venaient, tous agréablement ornés de peintures, de dorures, de pavillons et de banderoles flottantes. Les bords du lac étaient couverts d'édifices très-légers, parmi lesquels on en distinguait un plus solide et plus considérable, qu'on nous dit appartenir à l'empereur. Les terrains étaient entourés de murs, et, pour la plupart, couverts de légumes et d'arbres fruitiers. Il y en avait où l'on cultivait les fleurs et les arbustes les plus estimés dans le pays.

« Parmi les arbustes les plus remarquables du lac *Si-hou*, étaient la ketmie changeante (*hibiscus mutabilis*), la ketmie de Syrie (*hibiscus syriacus*), le lilas (*syringa vulgaris*), et le mûrier à papier. Nous y vîmes aussi une espèce d'acacia (*mimosa*), la crotalaire (*crotularia*), l'alisier (*cratægus*), le rosier, le nerprun (*rhamnus*), le sureau (*sambucus*), le genévrier et le cotonnier.

« Il y avait des pavots doubles, couleur de pourpre, dont la beauté nous frappa; des lotus fleuris (*nelumbium*), qui croissent dans tous les lacs et les étangs, et une espèce de pivoine (*pæonia*) dont les Chinois peignent souvent la fleur sur les grands papiers avec lesquels ils tapissent leurs appartements. Nous remarquâmes plusieurs sortes de jolis baumes, une espèce d'amarante, une immortelle (*xeranthemum*) et le *gnaphalium.* »

On compte, dans ce département, 34 grands temples et 30 monastères.

NING-PO. La ville la plus importante de la province de *Tché-kiáng*, après *Hang-tchéou*, est *Ning-po*, appelée par les Portugais *Liam-po*, de près de deux lieues (18 *li*) de circonférence. C'est une ville maritime située à six lieues (60 *li*) du rivage de la mer, au confluent de deux petites rivières dont la jonction forme le canal navigable qui relie *Ning-po* à la mer Orientale, et fait de cette ville un excellent port de mer. Aussi est-il un de ceux qui ont été ouverts aux Européens par le traité anglais de *Nan-king*, en date du 27 octobre 1842. C'est le port principal du commerce chinois avec le Japon, Nangasaki n'en étant qu'à deux journées de navigation.

Ting-haï. Le canal de *Ning-pò* est assez large et assez profond pour porter des vaisseaux de deux cents tonneaux. L'embouchure de la rivière est défendue par une forteresse et par une petite ville nommée *Ting-haï*, située dans une petite île à 26 lieues (260 *li*) à l'est-nord de *Ning-pò*, autrefois chef-lieu de canton (*hien*), mais maintenant (d'après l'Almanach impérial de 1844) chef-lieu d'un district (*ting*)) ressortissant *directement* au gouvernement central de l'empire. Cette ville est environnée de fortes murailles de 3,830^m 400^{mm} de circonférence, lesquelles furent reconstruites en pierre la 28e année *khang-hi* (1689).

C'est là que l'autorité chinoise reconnaît les vaisseaux qui entrent dans la rivière de *Ning-pò*. Les passes du port de *Ting-haï* sont difficiles, à cause de la violence des vagues et du peu de largeur du port. L'entrée qui contourne la colline de la Tour, et qui passe entre les îles de la Cloche et du Thé, est celle dans laquelle on n'a pas encore découvert d'écueils cachés.

Soieries de Ning-pò. On fabrique à *Ning-pò* des soieries extrêmement estimées dans les pays étrangers, et surtout au Japon, où les Chinois vont les échanger pour du cuivre, de l'or et de l'argent. On en exporte également dans toutes les provinces de l'empire.

Tchéou-chan. Dans le département de *Ning-pò*, et en quelque sorte dans les eaux de *Ting-haï*, se trouve le groupe d'îles que les Anglais ont nommé l'*Archipel de Tchou-san*, du nom de l'île qu'ils ont occupée plusieurs années par suite du traité de *Nân-king* (*).

Cette île n'est éloignée que d'environ deux lieues des côtes de *Ting-haï*. Elle fut visitée, en 1793, par lord Macartney, lors de son ambassade à *Pé-king*, et l'on peut présumer que, dès cette époque, ce fut la pensée constante de la politique anglaise de s'en emparer pour

(*) Ce nom de *Tchou-san* ou *Chou-san* est une altération de *Tchéou-chán*, « montagne « en forme de navire, » qu'elle porte dans les livres et les cartes géographiques chinoises.

8e *Livraison*. (Chine moderne.

en faire une de ses innombrables stations dans les mers des deux mondes, stations destinées à soumettre à son empire jaloux l'industrie et les ressources de toutes les nations.

Chao-hing-fou. La ville départementale de *Chao-hing* mérite d'être mentionnée ici comme offrant une grande ressemblance avec Amsterdam et Venise. Elle est située, au dire de ceux qui l'ont vue, dans une des plus belles plaines du monde. Chacune de ses rues est formée par un canal revêtu en pierres de taille blanches, et accompagné des deux côtés d'un large trottoir pavé des mêmes pierres. Beaucoup de ponts fort élevés, et presque tous d'une seule arche, facilitent les communications. Les murailles de la ville ont deux lieues de circonférence.

Tombeau de Yu. Au sud-ouest de la ville cantonale de *Hoeï-ki*, sur la montagne de ce nom, est un tombeau que l'on dit être celui du grand *Yu* (*). À côté de ce tombeau fort modeste, le célèbre empereur *Khang-hi*, lors de son voyage dans la partie méridionale de l'empire, la 28e année de son règne, fit élever un superbe édifice pour honorer la mémoire de ce grand homme, qui fut le premier ingénieur de la Chine, et peut-être du monde

X^e province. Kiang-si. Capitale : *Nan-tchang-fou*.

Population en 1812 : 23,046,999 habitants.

Aperçu général. La province de *Kiáng-si* (occident du *Kiáng*) a pour chef-lieu *Nan-tchang-fou*, ville située à 385 lieues au sud-ouest de *Pé-king*, elle a 97 lieues de l'est à l'ouest et 180 du midi au nord ; elle comprend treize *départements*, un *arrondissement* et soixante-quinze *cantons*.

Les *départements* sont :
1° *Nan-tchang-fou*,
2° *Jao-tchéou-fou*,
3° *Kouang-sin-fou*,
4° *Nan-khang-fou*,
5° *Kiéou-kiang-fou*,
6° *Kien-tchang-fou*,
7° *Fou-tchéou-fou*,

(*) Voy. t. I, p. 40 et suiv.

8

8° *Lin-kiang-fou*,
9° *Ki-gan-fou*,
10° *Soui-tchéou-fou*,
11° *Iouan-tchéou-fou*
12° *Kan-tchéou-fou*,
13° *Nan-gan-fou*.

CARACTÈRE PHYSIQUE. Cette province est bornée à l'est par les provinces de *Tché-kiáng* et de *Fo-kien*, au midi par celle de *Kouang-toung*, au couchant par celle de *Hou-kouang*, et au nord elle s'étend jusqu'au grand fleuve *Kiáng*. Elle est montagneuse, mais fertile, et a toujours été renommée pour sa nombreuse population. Ses montagnes les plus importantes sont la montagne *Liù*, la montagne *occidentale* (*Si-chán*), située à l'occident du chef-lieu de la province; la montagne *Jang-yu*. Ses principaux fleuves sont : le *Kiéou*, qui, au nord de la ville départementale de *Kiéou-kiáng*, n'est autre que le grand *Kiáng*; le *Koung* ou *Kan-chouï*, et enfin le grand lac *Po-yang*, situé au nord-est de la ville cantonale *Li-kien*, et à 15 lieues aussi au nord-est de *Nan-tchang-fou*. Ce lac a 30 lieues (300 *li*) de longueur, et 4 lieues (40 *li*) de diamètre.

Au dire de John Barrow, qui le visita en 1793, le lac *Po-yang* peut être considéré comme l'égout de la Chine, dans lequel viennent se jeter les rivières de toutes les parties de l'horizon. Il est presque impossible à l'imagination de se représenter un désert plus triste et plus horrible que les environs du *Po-yang*. Dans un rayon d'environ dix milles autour de ce lac, on n'aperçoit que des roseaux et de grandes herbes, au milieu desquels sont beaucoup d'étangs et de flaques d'eau, sans la moindre trace d'habitation.

CAPITALE. *Nan-tchang-fou*, chef-lieu de la province, de forme ovale, a des murs de 6 kilomètres 520 mètres de circonférence; elle n'est remarquable que par le grand commerce de porcelaine qu'elle entretient avec toutes les provinces de l'empire. — *Jao-tchéou-fou*, chef-lieu du département de ce nom, est une ville fortifiée d'environ une lieue de circonférence, située à une petite distance du lac *Po-yang*; elle a dans sa juridiction la célèbre manufacture impériale de porcelaine de *Kin-te-tchin*, située dans le canton de *Féou-liang*, et où se trouve agglomérée, dit-on, une population active de plus d'un million d'habitants. Nous reviendrons sur cette célèbre manufacture, à l'article *Porcelaine*.

Kiéou-kiáng-fou est une ville riche, marchande et fort peuplée, située sur la rive méridionale du fleuve *Kiáng*, à peu de distance de l'endroit où ce grand fleuve entre dans le lac *Po-yang* (comme le Rhône dans le lac de Genève), qu'il contribue à former.

Il existe dans cette province plusieurs ponts de bateaux flottants, dont l'établissement remonte à la dynastie des *Soung*.

XI° PROVINCE. HOU-PÉ. CAPITALE : *Wou-tchang-fou*.

POPULATION en 1812 : 27,370,098 habitants.

APERÇU GÉNÉRAL. La province de *Hoû-pé* (*nord du lac*) qui, avec celle de *Hoû-nán* (*midi du lac*), formait autrefois une seule province, sous le nom de *Hoû-kouáng* (*province du grand lac*), a pour chef-lieu *Wou-tchang-fou*, ville située sur la rive méridionale du grand *Kiáng*, à 315 lieues au sud-ouest de *Pé-king*; elle a 244 lieues de l'est à l'ouest, et 68 du midi au nord; elle comprend dix *départements*, sept *arrondissements* et soixante *cantons*.

Les *départements* sont :
1° *Wou-tchang-fou*,
2° *Han-yang-fou*,
3° *Hoang-tchéou-fou*,
4° *Gan-lou-fou*,
5° *Te-gan-fou*,
6° *King-tchéou-fou*,
7° *Siang-yang-fou*,
8° *Yun-yang-fou*,
9° *Yi-tchang-fou*,
10° *Chi-nan-fou*.

CARACTÈRE PHYSIQUE. La province de *Hoû-pé* est une des provinces les plus arrosées et les plus fertiles de la Chine. Elle forme, avec celle de *Hoû-nán*, un immense bassin, traversé de l'ouest à l'est par le grand fleuve *Kiáng*, et que les Chinois nomment communément le *Grenier de l'empire*.

CAPITALE. *Wou-tchang-fou*, chef-lieu de la province, est une ville fortifiée de deux lieues de circonférence. Sa position sur la rive droite du *Kiâng* la rend une des plus commerçantes de l'empire. Le fleuve en cet endroit a une lieue de largeur et assez de profondeur pour porter de forts bâtiments, quoiqu'il soit à 150 lieues de la mer. On n'y compte jamais moins de huit à dix mille bâtiments de toutes grandeurs.

Le département de *Wou-tchang-fou*, qui n'a que 53 lieues de l'est à l'ouest, et 47 du midi au nord, est assurément l'un des plus accidentés de toute la Chine. On y compte 225 montagnes, 8 fleuves ou grandes rivières, et 48 lacs. On y compte aussi 30 grands ponts, dont quelques-uns à bateaux flottants, et la plupart d'une construction très-remarquable.

XIIe PROVINCE. HOU-NAN. CAPITALE : *Tchang-cha-fou*.

POPULATION en 1812 : 18,652,507 habitants.

APERÇU GÉNÉRAL. La province de *Hoû-nân* (*midi du lac*) offre à peu près le même aspect de montagnes, de fleuves, de rivières et de lacs, que la province précédente. Son chef-lieu, *Tchang-cha-fou*, est situé à 455 lieues au sud-ouest de *Pé-king*; elle a 142 lieues de l'est à l'ouest et 115 du midi au nord; elle comprend neuf *départements*, trois *arrondissements*, et soixante *cantons*, plus quatre *arrondissements* et trois *districts*, ressortissant directement au gouvernement central de l'empire.

Les *départements* sont :
1° *Tchang-cha-fou*,
2° *Pao-king-fou*,
3° *Yo-tchéou-fou*,
4° *Tchang-te-fou*,
5° *Heng-tchéou-fou*,
6° *Young-tchéou-fou*,
7° *Tchin-tchéou-fou*,
8° *Youan-tchéou-fou*,
9° *Young-chun-fou*.

CARACTÈRE PHYSIQUE. Cette province est limitée, du côté du midi et du côté du couchant, par des chaînes de montagnes dont les versants dirigent leurs eaux vers le grand lac *Thoung-ting*, qui est le point central le plus déprimé de cette province et de la précédente. Ce lac, qui est situé dans le département de *Yo-tchéou-fou*, a 80 lieues et plus de circonférence (*). Les lettrés de la dynastie des *Soung* regardaient ce lac comme celui où le grand *Yu* avait fait écouler les eaux du déluge, lequel lac porte la dénomination des neuf *Kiâng*, dans le chapitre *Yu-koung* du *Chôu-king*.

Outre ce lac, on en compte encore trente autres de moindre étendue, dans le seul département de *Yo-tchéou*.

XIIIe PROVINCE. SSE-TCHOUAN. CAPITALE : *Tching-tou-fou*.

POPULATION en 1812 : 21,435,678 habitants.

APERÇU GÉNÉRAL. La province de *Sse-tchouan* (ou *des quatre fleuves*) a pour chef-lieu *Tching-tou-fou*, ville située à 570 lieues au sud-ouest de *Pé-king* ; elle a 300 lieues de l'est à l'ouest, et 320 du sud au nord; elle comprend douze *départements*, onze *arrondissements*, cent onze *cantons* et trois *districts* ; plus huit *arrondissements* et six *districts* ressortissant directement au chef-lieu du gouvernement de l'empire.

Les *départements* sont :
1° *Tching-tou-fou*,
2° *Tchoung-khing-fou*,
3° *Pao-ning-fou*,
4° *Chun-king-fou*,
5° *Siu-tchéou-fou*,
6° *Khouëi-tchéou-fou*,
7° *Loung-gan-fou*,
8° *Ning-youan-fou*,
9° *Ya-tchéou-fou*,
10° *Kia-ting-fou*,
11° *Thoung-tchouan-fou*,
12° *Soui-ting-fou*.

CARACTÈRE PHYSIQUE. Cette province est bornée à l'est par celle de *Hoû-kouâng*, au midi par celles de *Kouëi-tchéou* et de *Yûn-nân*, à l'ouest par les peuplades du Thibet, et au nord par le *Chen-si*. Ses montagnes les plus renommées sont : la montagne *Min-chan*, les montagnes *Go-mei*, *Thsing-*

(*) 800 *li* et plus. Voy. le *Tai-thsing-i-thoung-tchi*, k. 227, f° 12.

8.

tching et *H'oŭ-chân*. Ses principaux fleuves sont le *Min-kiáng*, le *Lo-kiáng*, le *Féou-kiáng*, le *Kia-ling-kiáng*, le *Pa-kiáng*, tous affluents du grand *Kiáng*, qui traverse toute la province ; le *Liu-choui* et le *Ta-thou-hó*, ou « fleuve au grand gué. »

Cette province, l'une des plus étendues de toutes celles qui forment l'empire de la Chine, est aussi l'une de celles où le sol et les productions de ce sol sont le plus variés. Elle est très-riche en mines d'or, de cuivre, de fer, de plomb et d'étain. Placée sur les confins du Thibet, elle participe déjà, par ses nombreuses chaînes de montagnes, dont quelques-unes sont couvertes de neiges perpétuelles, à cette formation des soulèvements himâlayens, sous lesquels l'imagination la plus audacieuse reste comme ensevelie !

CAPITALE. La capitale de la province est *Tching-tou-fou*, ville fortifiée de deux lieues de circonférence, qui fut autrefois le siége de la principauté de *Chou* (depuis les premiers *Han* jusqu'aux *Thang*), et plus tard (de 891 à 925 de notre ère) le séjour des princes de l'État de *Chou*, où l'art de l'imprimerie prit naissance. C'était autrefois une des plus belles villes de la Chine ; mais elle fut presque entièrement détruite pendant les guerres qui précédèrent l'élévation de la dynastie tartare régnante (*).

Le département de *Tching-tou* est le plus uni et le plus fertile de la province, quoique l'on y compte encore 96 montagnes, dont quelques-unes sont l'objet de légendes merveilleuses. Il est coupé et arrosé par de nombreux canaux artificiels qui portent partout la vie et la fécondité.

On compte, dans le département de *Tchoung-khing*, 125 montagnes, sur l'une desquelles, nommée « la montagne de la porte du dragon » (*loûng-mén-chán*), située à sept lieues au nord-est de la ville cantonale de *Thoungliang*, existe une institution littéraire dans laquelle on conserve une bibliothèque chinoise qui comprend trente mille *kiouan* (ou divisions de livres chinois).

C'est dans le département de *Paoning* qu'existe un pont qui, s'il faut en croire la *Grande géographie impériale* (*), est composé de *quinze mille trois cent seize entre-colonnements* (**). Il est situé au nord de la ville cantonale de *Kouang-youan*, au midi du précipice des *dix mille Fô ou Bouddhas*. On nomme ce pont « le pont des balustrades de pierre » (*chi-lán-khião*).

Cette province renferme beaucoup de sources jaillissantes, des sources intermittentes, dues sans aucun doute à sa constitution géologique et à sa nature montagneuse. Il y a aussi un grand nombre de mines.

XIVᵉ PROVINCE. FO-KIEN. CAPITALE : *Fou-tchéou-fou*.

POPULATION en 1812 : 14,777,410 habitants.

APERÇU GÉNÉRAL. La province de *Fo-kien* (établissement heureux) est l'une des moins étendues, mais cependant l'une des plus riches de la Chine. Elle a pour chef-lieu la ville de *Fou-tchéou-fou*, située à 613 lieues au midi de *Pé-king* ; elle a 95 lieues de l'est à l'ouest, et 98 du sud au nord ; elle comprend dix *départements*, soixante-deux *cantons* et trois *districts* ; plus deux *arrondissements* ressortissant directement au gouvernement central.

Les *départements* sont :
1° *Fou-tchéou-fou*,
2° *Tsiouan-tchéou-fou*,
3° *Kien-ning-fou*,
4° *Yen-ping-fou*,
5° *Ting-tchéou-fou*,
6° *King-hoa-fou*,
7° *Chao-wou-fou*,

(*) *Tching-tou-fou* est la cité dont parle Marco-Polo, sous le nom de *Sindofu*, *Sindifu*, et dont il fait une si brillante description.

(*) *Taï-thsing-i-thoung-tchi*, k. 240, f° 17 v°.

(**) En chinois *kièn*, littéralement *intervalle*, entre-colonnement, et nou *arches de ponts* ou *arcades*, comme l'ont écrit quelques missionnaires. Le monument en question, (les *arches* ou *arcades*, ainsi comprises comme des interstices offrant un passage à l'eau), n'en serait pas moins extraordinaire, et le plus extraordinaire peut-être du monde entier.

8° *Tchang-tchéou-fou*,
9° *Fou-ning-fou*,
10° *Thaï-wan-fou* (île Formose).

CARACTÈRE PHYSIQUE. La province de *Fo-kien* est bornée à l'est et au sud par la mer, à l'occident par les provinces de *Kiâng-si* et de *Kouang-toung*, au nord par celle du *Tché-kiâng*. On la nommait autrefois *Mân*, « principauté ou gouvernement de *Mân*; » c'est encore maintenant le nom poétique de la province de *Fo-kien*. A l'époque de la conquête de la Chine par les Mongols, les troupes du dernier empereur des *Soung* s'étant retirées dans la province actuelle de *Fo-kien* (voy. t. I. p. 349-350), les Mongols et *Marco-Polo*, qui fut à leur service, appelèrent les Chinois « hommes de *Mân*, de *la province de Mân* (*Mânjin*); » c'est là l'origine de cette appellation de *Mangi*, qui a tant embarrassé les géographes dans la célèbre relation du voyageur vénitien.

Il y a beaucoup de ports sur les côtes du *Fo-kien*; la plupart sont spacieux, commodes et sûrs. Deux d'entre eux, celui de *Fou-tchéou-fou* et celui d'Amoy, en chinois *Hia-men*, ont été ouverts au commerce européen par le traité de *Nân-king*. Ses montagnes, par l'effet de l'industrie des Chinois, sont presque partout disposées en espèce d'amphithéâtres et de terrasses placées les unes au-dessus des autres et toutes couvertes de riz. Une de ces chaînes de montagnes s'étend du sud au nord, et forme une ligne de démarcation presque infranchissable entre le *Fo-kien* et la province de *Kiâng-si*.

CAPITALE. *Fou-tchéou-fou*, la capitale de la province, est une ville fortifiée, d'une lieue de circonférence, située sur le fleuve *Min* (ou *Mân*, selon la prononciation fo-kinoise, qui diffère beaucoup, comme nous le verrons plus tard, de la prononciation de *Péking* et même de *Nân-king*). Son commerce avec le *Japon*, les îles *Liéou-khiéou*, Formose, les îles Philippines, Java, etc., est très-considérable; les étoffes de soie, les pierres précieuses et le thé forment les principaux objets d'exportation.

PONT DE FOU-TCHÉOU. C'est à *Fou-tchéou*, dans le faubourg de *Mân*, que se trouve le « pont des dix mille années » (*Wén-chéou-khiáo*), jeté sur le bras du fleuve que l'on nomme « fleuve de la tour méridionale » (*nân-thai-kiâng*), et qui a 945 mètres de longueur et trente-neuf *portes* ou *arches*, pour laisser passer les eaux. Ce magnifique pont de pierre, qui a des balustrades aussi en pierre, fut construit en 1303 de notre ère, au commencement du règne de la dynastie mongole. On en voit encore beaucoup d'autres d'une grande beauté dans toute la province, mais surtout dans le département de *Tsiouan-tchéou*. Nous ne citerons que celui qui est au sud-ouest de cette dernière ville et qui a 2,520 mètres de longueur. Ce pont, construit aux frais d'un gouverneur de la ville, forme 362 passages à l'eau. Il est supporté par des piliers de pierre noirâtre, taillés à angles aigus pour rompre plus aisément la violence du courant.

C'est aussi dans cette dernière ville que l'on remarque un magnifique monastère bouddhique, nommé *Kaïyouan* (*), fondé sous les *Thang*, et qui présente à la vue deux tours, de chacune sept étages d'élévation et de la plus grande beauté.

PORT D'AMOY (*Hia-men*). Amoy, Émouy, est une île dépendant du canton de *Thoung-ŋan*, département de *Thsiouan-tchéou* (**). Son port, qui n'est proprement qu'une rade, est un des meilleurs ports du monde. Il peut contenir plusieurs milliers de vaisseaux. La mer y est si profonde, que les plus gros navires peuvent s'approcher du rivage avec toute sécurité.

Ce port, déjà ouvert aux Européens au commencement du dernier siècle, fut ensuite abandonné pour celui de Canton.

L'île d'Amoy ou d'Émouy est célèbre aussi par la magnificence d'une pagode bouddhique.

Cette pagode, dans laquelle on voit une statue colossale de Fô, qui y attire toute l'année de nombreux adorateurs,

(*) Nom des années du règne de l'empereur *Ming-hoang-ti*, des *Thang* (713-742), sous lequel il fut fondé. Le monastère se nommait d'abord le « Monastère de la fleur « lien ou du Lis d'eau. »

(**) Géographie impériale, k. 264.

se distingue de loin par ses tours caractéristiques du culte bouddhique, qui sont d'une grande élévation.

Amoy ou *Hia-men* est la résidence de nombreux marchands chinois, qui y possèdent plus de 300 grandes jonques, et qui font un commerce étendu, non-seulement avec tous les ports de la Chine, mais encore avec ceux de l'archipel Indien et du Japon. Ce port est considéré comme le grand marché de la province de *Fo-kien*. La plus forte partie du commerce de Formose, qui est très-étendu, se fait avec les jonques appartenant aux négociants d'Amoy. Ces dernières se rendent dans tous les ports occidentaux de Formose, et elles s'en retournent chargées de riz, ou elles se rendent dans le nord de la Chine avec des cargaisons de sucre.

THAÏ-WAN (la Baie de la tour), nommée par les Européens ILE DE FORMOSE.

Ce département, placé à une certaine distance des côtes de la Chine, n'a fait partie intégrante de l'empire que vers la fin du XVIe siècle. La capitale de la partie occidentale de l'île, qui est soumise au gouvernement chinois (la partie orientale, séparée de la précédente par une forte artère de montagnes, appartenant encore aux indigènes), et de tout le groupe d'îles connu sous le nom d'« îles des Pêcheurs, » est *Thaï-wân*, éloignée de 725 lieues de *Pé-king*, et distante de 54 lieues de *Fou-tchéou-fou*. La partie chinoise de l'île, vis-à-vis les îles *Pheng-hoû* « îles des Pêcheurs, » a 10 lieues de largeur de l'est à l'ouest, et 284 lieues du sud au nord (*) ; c'est là,

(*) *Tai-thsing-i-toung-tchi*, k. 271, f° 1 ; et *Tsio-tchi-thsiôuan-lân*, province de *Fokien*, f° 35. Cette grande étendue paraît difficile à admettre ; cependant les deux autorités chinoises citées dans le texte, autorités officielles, donnent bien 2,845 *li* et 2,800 *li* d'étendue à *Thaï-wân* dans sa plus grande longueur. Mais, d'un autre côté, les meilleures cartes géographiques européennes ne donnent pas à l'île de Formose plus de 4 degrés et demi de longueur, c'est-à-dire, 112 lieues et demie d'étendue, de 25 au degré. Nous répéterons ici, à ce sujet, une remarque que nous avons déjà faite ailleurs : c'est que les mesures géographiques indiquées

du moins, l'étendue que lui donne la grande *Géographie impériale chinoise* (édit. de 1743). L'*Almanach impérial* de 1844, imprimé à *Pé-king*, lui attribue 2800 *li* ou 280 lieues. Elle est divisée en quatre *cantons*, et le préfet de ce département reçoit 1,600 *liâng* ou 12,800 fr. de traitement.

Les *cantons* sont :

1° *Thaï-wân-hien*, 13 écoles, 20 villages chinois, 3 villages indigènes.

2° *Foung-chan-hien*, 13 écoles, 73 villages.

Situé à huit lieues au midi du précédent.

3° *Kia-i-hien*, 13 écoles, 4 villages chinois et 32 villages indigènes.

Situé à douze lieues au nord de *Thaï-wân-fou*.

4° *Tchang-hoa-hien*, 13 écoles, 13 villages chinois, 132 fermes chinoises et 51 villages indigènes.

Situé à quarante lieues au nord de *Thaï-wân-fou*.

La ville de *Thaï-wân* fut enceinte de murs la troisième année *young-tching* (1725 de notre ère). Ces murs ont 6,763 mètres de circonférence ; ils sont percés de sept portes, au-dessus de chacune desquelles est une tour crénelée.

Les autres villes, chefs-lieux de cantons, sont aussi fortifiées.

POPULATION. La population de l'île Formose était, en 1743, de 19,822 chefs de famille contribuables inscrits aux rôles (*).

IMPÔT FONCIER. En arg., 245,760 fr.
— En riz, 169,440 hect.

Ces impôts ont été diminués de beaucoup, par suite d'un grand ouragan qui, en 1782, ravagea toutes les côtes de l'île. Voici, d'après l'*Almanach impérial* de 1844, le chiffre actuel des divers impôts que paye chaque canton :

par les Chinois, lorsque ces mesures ne sont pas le résultat d'opérations trigonométriques faites par les anciens missionnaires jésuites, sont très-peu exactes, et ne doivent inspirer que très-peu de confiance.

(*) C'est par erreur que, dans le t. III de l'*Océanie*, p. 577, la population de Formose n'est portée qu'à 1,748 individus, pour la population chinoise seulement ; c'est à peine la population d'un village.

	1° *Chi ou hectolitres de riz.*	2° *Impôt en liang, valant 8 fr.*	3° *Hectolitres de grains.*	4° *Salaires en liang valant 8 fr.*
1° *Thaï-wân-hien*........	50,991........	2,326........	17,555........	1,000
2° *Foung-chan-hien*......	43,748........	1,710........	7,140........	800
3° *Kia-i-hien*............	47,686........	2,146........	15,042........	800
4° *Tchang-hoa-hien*......	42,492........	1,119........	3,815........	800
TOTAUX.......	184,917	7,301	43,552	3,400

Le *premier* de ces impôts est un impôt foncier proportionnel ; le *second* est un impôt indirect, dont sont frappés les marchandises et objets de consommation de diverses natures : ils s'élèvent à 58,408 fr. de notre monnaie ; le *troisième* est une charge fixe et déterminée pour l'entretien des fonctionnaires publics ; et le *quatrième* est le traitement en argent de ces mêmes fonctionnaires : il se monte à 27,200 fr.

L'île *Thaï-wân*, ou *Formose*, fut visitée par l'infortuné La Pérouse en 1787, ainsi que plusieurs parties des côtes orientales de la Chine. Cette île a eu tour à tour quelques-uns de ses ports occupés par les Japonais, les Hollandais et les Anglais. Selon la *Géographie impériale*(*), elle fut, dans l'antiquité, comprise par les Chinois dans ce qu'ils nommaient « le territoire nommé *Hoang-fou*, — le domaine vague de l'empereur, » qui n'avait aucune communication avec la Chine. Plus tard, les Chinois nommèrent les habitants de l'île *Thaï-wân*, « barbares orientaux. » Sur la fin de la dynastie des *Ming* (de 1621 à 1624), alors qu'elle appartenait aux Japonais, et que les étrangers aux *cheveux rouges*, les Hollandais, en occupaient un port, elle fut nommée *Ki-loung*, du nom même du port.

Les principales productions de l'île Formose sont le riz, le sucre, dont une grande quantité est expédiée dans toutes les provinces de la Chine, même à *Pé-king*; les différentes espèces de grains ; presque tous les fruits des Indes, tels que les oranges, les bananes, les ananas, etc.; plusieurs de ceux d'Europe, tels que les pêches, les abricots, les figues, les raisins, les châtaignes, les grenades et les melons d'eau. Le thé vert y vient aussi en abondance ; le sel y suffit à la consommation ; le soufre y est abondant et de bonne qualité ; on en expédie beaucoup en Chine. La nature volcanique de l'île fait qu'on y trouve peu d'eau bonne à boire, du moins pour les étrangers, sur lesquels celle des sources et des rivières a un effet dangereux, et quelquefois mortel.

Dans un projet de conquête de l'île Formose, présenté au gouvernement anglais, on lisait : « La possession de « Formose et des *Pescadores*, ou « îles « des Pêcheurs » (*Pheng-hou*), paraît « devoir assurer, à ceux qui l'obtien- « dront, le commerce de la Chine. « Cette île est située sur une partie « vulnérable de l'empire, et sa position « insulaire la met à l'abri de toutes « les tentatives de ce pays.

« Le commerce de Formose est nécessaire à la Chine, car cette île fournit à deux des provinces de cette contrée une grande partie de leurs subsistances ; elle est à trente lieues de *Fo-kien*, province qui fait tout le commerce extérieur de la Chine, excepté avec les Européens, et la plus grande partie du commerce de cabotage de l'empire.

« Ainsi, étant maîtres de Formose, nous le serions aussi directement ou indirectement d'une grande partie du commerce du Japon, de la Corée, de la Cochinchine, de Siam, et des îles de l'archipel Indien; et même l'avantage décidé de la position pour le commerce de la Chine nous mettant en état de vendre à meilleur marché, nous en aurions, par conséquent, un plus grand débouché, et de même nous obtiendrions le thé et les autres objets à plus bas prix... *Il n'y a pas dans tout le monde un point à occuper qui, sous le rapport des entreprises commerciales, offre un champ si vaste et si important.*

(*) *Tai-thsing-i-thoung-tchi*, k. 271, f° 1.

« Formose possède tant d'autres « avantages, que l'on a peine à concevoir comment les idées ont pu se « porter sur un autre endroit, etc. »

Il faut bien que le gouvernement anglais (qui, on doit lui rendre cette justice, s'occupe assez bien des intérêts de sa nation) n'ait pas trouvé la réalisation du projet exposé ci-dessus sans inconvénients, puisqu'il ne l'a pas encore mis à exécution. Il est probable toutefois qu'il n'est pas resté complétement dans l'oubli ; mais il est probable aussi que le gouvernement chinois, qui a su se faire rendre *Tchéou-chan* (*Tchou-san*), malgré les journaux anglais qui voulaient conserver cette île en dépit du traité de *Nân-king*, a aussi l'œil ouvert sur Formose (*).

XVe PROVINCE. KOUANG-TOUNG.

CAPITALE : *Kouang-tchéou* (ou *Canton*).

POPULATION en 1812 : 19,174,030 habitants.

APERÇU GÉNÉRAL. La province de *Kouang-toung* (*orient étendu*) a pour capitale *Kouang-tchéou-fou*, appelée par les Européens *Canton*, ville située à 757 lieues (7,570 *li*) au sud-ouest de *Pé-king*. Elle a 250 lieues de l'est à l'ouest, et 108 du midi au nord (**) ; elle comprend neuf *départements*, sept *arrondissements*, et soixante et dix-huit *cantons*; plus quatre *arrondissements* ressortissant directement au gouvernement central de l'empire.

Les *départements* sont :

1° *Kouang-tchéou-fou*,

2° *Chao-tchéou-fou*,
3° *Hoeï-tchéou-fou*,
4° *Tchao-tchéou-fou*,
5° *Chao-khing-fou*,
6° *Kao-tchéou-fou*,
7° *Lian-tchéou-fou*,
8° *Louï-tchéou-fou*,
9° *Khioung-tchéou-fou*.

CARACTÈRE PHYSIQUE. La province de *Kouang-toung* est l'une des provinces méridionales les plus importantes de la Chine. C'est la plus connue des Européens, et celle avec laquelle ils font le plus grand commerce. Elle est bornée, à l'est, par la province de *Fo-kien*; au nord, par celle de *Kiâng-si* et les *Ou-ling*, ou Cinq chaînes de montagnes, dont l'une, nommée *Meï-ling*, est la plus célèbre ; à l'ouest, par le *Gan-nân* (*Annam* ou *Tonquin*), et au midi, par la mer. On compte plus de deux mille montagnes dans cette province ; mais les plus renommées sont : la chaîne des montagnes Jaunes (*Hoâng-ling*); le *Lô-féou*, qui a 50 lieues de largeur, et 11,340^m (3,600 *tchâng*) de hauteur (?). Ses principaux fleuves sont : le *Si-kiâng*, le *Pé-kiâng* et le *Toûng-kiâng*.

Le territoire de cette province est très-fertile ; il produit de l'or, de la soie, des pierres précieuses, de l'étain, du vif-argent, du cuivre, du fer, de l'acier, du salpêtre, du sucre, et des bois odoriférants très-recherchés; la plupart des fruits d'Europe, beaucoup de poissons, etc.

CHEF-LIEU DE LA PROVINCE. La capitale de la province est *Kouang-tchéou*, ou Canton, nommée aussi poétiquement *Yang-tching* « la ville du « bélier, » ville avec enceinte fortifiée, située sur le bord du fleuve *Tchou-kiâng*, ou « fleuve des perles, » que les écrivains européens nomment ordinairement le *Tigre*, du nom chinois de son embouchure : *Hoû-mên*, « portes « du Tigre » (*bocca Tigris*). Anciennement Canton avait trois murailles d'enceinte; du temps des *Ming*, dans les années 1368-1397, des trois on n'en fit qu'une seule, qui eut 11,957 *mètres* de circonférence (trois lieues), percée de huit portes ; un fossé plein d'eau, de 7,121^m d'étendue, longe ce mur d'enceinte. Dans les années *kia-thsing*

(*) Nous renvoyons, pour plus de détails relatifs à l'importante île de *Formose* (sur laquelle Louis XVI avait des projets qu'il avait confiés à La Pérouse, deux hautes destinées tranchées avant le temps!), aux *Voyages* de Valentyn, t. VI; à ceux de la Compagnie hollandaise dans les *Indes orientales*, t. V; à la Relation du P. Maillot, publiée dans les *Lettres Édifiantes*, t. XIV, etc. La Notice sur *Formose*, t. III de l'*Océanie*, p. 577, offre un résumé très-court des principales notions données par des Européens sur cette île célèbre.

(**) L'*Almanach impérial* de 1844 porte 180 lieues, 1,800 *li*, au lieu de 1,080 *li* que donne la *Grande géographie*.

(1522-1566), un nouveau rempart ou mur d'enceinte, de 3,540^m de développement, fut élevé en face de la *rivière des perles*, à quelque distance en avant de l'ancien. C'est près de ce dernier que sont situées les factoreries européennes.

La ville de Canton se trouvant décrite plus ou moins exactement dans beaucoup d'ouvrages européens, nous y renvoyons nos lecteurs (*), en nous bornant à dire ici que la population donnée à Canton par plusieurs écrivains est purement hypothétique, aucun document officiel chinois n'ayant servi de base à cette estimation.

Canton renferme plusieurs beaux édifices publics, au nombre desquels on distingue plusieurs temples et monastères bouddhiques ou *tao-ssé*, avec des tours à huit ou neuf étages; une mosquée mahométane comprise dans la vieille ville chinoise; le grand collége situé au midi de la ville, et qui fut fondé sous les *Soung*, en 1096 de notre ère. On compte ordinairement dans ce collége quatre mille étudiants.

Parmi les temples, on remarque principalement le « temple de la mer méri-« dionale » (*Nân-haï miaó*), situé au sud-est de la ville. Ce fut sous les *Soui* (14e année *kaï-hoang*, 594 de notre ère) que l'on y établit le sacrifice au *génie de la mer méridionale*.

Dans le nombre des monastères, on distingue celui de « l'éclatante piété « filiale » (*koüang hiao ssé*), situé au nord-ouest de Canton, et dont la fondation remonte aux premiers siècles de notre ère. Ce n'était alors qu'une espèce de jardin ou d'ermitage-champêtre. Dans le quatrième siècle (en 362), un prêtre bouddhique du pays de *Ki-pin* (Cophène des anciens, le Caboul actuel) commença à en faire un monastère qu'il nomma le « monastère de « l'enclos royal » (*wâng weï ssé*). Depuis lors, cette retraite bouddhique reçut diverses dénominations.

Deux autres monastères bouddhiques : celui de « la pure intelligence » (*thsing hóeï ssé*), situé non loin du précédent, et celui de « la forêt de « fleurs » (*hóa lin ssé*), situé au sud-ouest de la ville, furent fondés sous les *Liang* (de 520 à 540). Les autres furent fondés, pour la plupart, sous les *Thang* et les *Soung*.

C'est à une petite distance de Canton que se trouve, au milieu du *Tchoü-kiâng*, ou « fleuve des perles, » l'île de *Whampoa* (*Hóang-póu*), où relâchent ordinairement les vaisseaux qui remontent la rivière de Canton, et où fut signé, le 24 octobre 1844 (*), le *Traité* conclu entre la France et la Chine, dit Traité de *Whampoa*, qui reproduit les principales clauses du Traité anglais de *Nân-king*, du 29 août 1842, et du Traité américain de *Wâng-hía*, du 23 juillet 1844.

Le département de *Kouang-tchéou* comprend un district et quatorze cantons; il est arrosé par de nombreux cours d'eau qui fécondent d'immenses rizières. Dans le département de *Chao-tchéou*, situé au nord du précédent, et que traverse la grande voie fluviale de communication de Canton à *Pé-king*, se trouve le célèbre et riche monastère bouddhique que l'on nomme « le mo-« nastère de la fleur méridionale » (*nân-hóa ssé*), à six lieues au midi de la ville cantonale de *Kio-kiang*; il fut fondé par un bonze indien l'année 502 de notre ère.

On voit aussi, dans ce département, un collége ou grande institution littéraire, qui porte le nom du célèbre philosophe *Lien-ki* (*Tchéou-tseu*), fondateur du fameux système de philosophie naturelle que l'on vit fleurir sous les *Soung*.

PASSAGE DE MEÏ-LING. C'est dans *l'arrondissement* de *Nan-hioung* (qui était autrefois un *département*), que se rencontre le passage difficile de la montagne *Meï-ling*, que l'on est obligé de franchir pour se rendre de Canton à *Pé-king*. Selon M. Ellis (**), la route pavée qui traverse le passage de *Meï-ling*,

(*) La description la plus exacte de Canton se trouve dans le *Chinese Repository*, vol. 2, Canton, 1833-34, p. 145 et suiv.

(*) Ce traité, dans l'insertion au *Bulletin des lois* (n° 1256) porte, nous ne savons pour quels motifs, la date du 24 septembre, tandis que le 13e jour de la 9e lune de la 24e année *Táo-kouang*, répond réellement au 24 octobre 1844.

(**) *Journal de l'ambassade* de lord Amherst, t. II, p. 218.

de *Nan-hioung-tchéou* (province de Canton) à *Nan-gan-fou* (province de *Kiâng-si*), est l'ouvrage public qui, excepté le grand canal Impérial, est le plus remarquable et le plus complet qu'il ait vu en Chine. Cette route est pavée en larges pierres de taille ; une partie a été creusée dans des rochers à pic qui s'élèvent des deux côtés comme de hautes murailles. La partie la plus élevée de la gorge est fermée par un mur au milieu duquel est une porte où l'on a établi un poste militaire chargé de faire la police de ce défilé tellement fréquenté, que l'on se croirait au milieu de la ville la plus commerçante. On ne doit pas s'étonner de ce mouvement de la population, lorsque l'on considère que tous les voyageurs et toutes les marchandises qui vont de Canton à *Pé-king*, ou de *Pé-king* à Canton, par la grande voie fluviale qui réunit les deux extrémités de l'empire, sont obligés de sortir de la voie fluviale pour franchir ce haut défilé.

ÎLE DE HAÏ-NAN. Près des côtes de la province de Canton se trouvent des îles nombreuses qui en dépendent. La principale est l'île de *Haï-nân*, ou « de « la mer méridionale, » qui forme un département, dont le chef-lieu est *Khioung-tchéou-fou*, et qui est divisé en treize *cantons*. Cette île, située à 900 lieues de *Pé-king*, à 170 sud-ouest de Canton, a, selon la Géographie impériale, 97 lieues (970 *li*) de l'est à l'ouest, et autant du midi au nord. Elle comprend trois *arrondissements* et dix *cantons*.

Khioung-tchéou, le chef-lieu, est une ville fortifiée, de 3 kilomètres 36 mètres de circonférence, bâtie sur un grand promontoire, dans la partie la plus septentrionale de l'île ; les murs d'enceinte, percés de trois portes, sont entourés d'un fossé plein d'eau, de 13 mètres de largeur.

Le port de *Khioung-tchéou*, formé par la rivière nommée *Li-môu* (*Li-môu-kiâng*, « la rivière mère de populations « aux cheveux noirs »), est très-fréquenté.

L'île de *Haï-nân* est riche en productions naturelles ; on y compte plus de 100 montagnes, dont quelques-unes sont très-élevées, et 31 fleuves ou rivières. On y trouve des mines d'or, d'argent, des perles, des pierres précieuses, des arbres rares, comme le bois d'aigle et le *calamba* très-estimé des Orientaux, ainsi que le *hoa-li*, espèce de poirier, que les Européens, à cause de son odeur, ont nommé *bois de rose*. L'île produit aussi du sucre, du tabac, de l'indigo, des noix d'arec, de coco, des pamplemousses, etc.

Le climat de la partie méridionale de l'île est, dit-on, très-malsain ; les eaux surtout sont mauvaises à boire. Le centre de l'île est hérissé de hautes montagnes, et habité par des indigènes que les Chinois nomment *Li jin*, « les « hommes aux cheveux noirs. » Ces hommes ne reconnaissent point l'autorité chinoise. Ils entretenaient autrefois des relations suivies avec les nouveaux habitants de l'île, auxquels ils livraient de l'or et de l'argent provenant des mines que renferment ces montagnes, ainsi que des bois précieux, contre des produits manufacturés ; mais l'empereur *Khang-hi*, informé de la quantité considérable d'or que ce commerce d'échange faisait passer dans les mains des préfets et autres mandarins de l'île, défendit, sous peine de mort, à tous les Chinois d'avoir aucune communication avec les indigènes. Cette défense singulière a ralenti, mais non supprimé, le commerce de l'or de l'île de *Haï-nân*, qui est encore maintenant, dit-on, assez considérable.

NATURELS DE HAÏ-NAN. Selon Du Halde, les naturels de l'île, hommes et femmes, portent leurs cheveux passés dans un anneau sur le front, et pardessus un chapeau de paille ou de rotin, d'où pendent deux cordons qu'ils nouent sous le menton. Leur vêtement consiste dans un morceau de toile de coton noir, ou bleu foncé, qui les couvre depuis la ceinture jusqu'aux genoux. Les femmes sont vêtues d'une espèce de chemisette de la même étoffe, et se distinguent encore par des raies bleues qu'elles se font avec de l'*indigo*, depuis les yeux jusqu'au bas du visage. Les uns et les autres portent des boucles d'oreilles d'or et d'argent, façonnées en forme de poire, et très-bien travaillées. Leurs armes sont l'arc et la flèche, et une espèce de coutelas qu'ils portent dans un petit panier attaché derrière eux à la ceinture. C'est le seul instrument tranchant dont ils se servent pour tous les usages.

Les mœurs, le costume et le genre de vie des indigènes de l'île de Haï-nán ont une grande analogie avec ceux des *Miao-tseu*, ou des anciens habitants de la Chine, retirés depuis plus de trois mille ans dans les montagnes presque inaccessibles du *Yün-nán*, de *Kouëi-tchéou*, et de quelques autres provinces de la Chine; il est probable qu'ils ont la même origine.

ILE DE HOUNG-KOUNG. L'île de *Hong-kong* (*hiáng kiáng*, « ondes « odorantes, » dans le dialecte de *Péking*), cédée aux Anglais par le traité de *Nán-king*, dépendait antérieurement du canton de *Sin-gan*, département de *Kouang-tchéou*; c'est une île assez malsaine, et où les Anglais pourront difficilement se maintenir à cause de son insalubrité. Elle est hérissée de montagnes, et a environ trois lieues d'étendue dans son plus grand diamètre.

XVI° PROVINCE. KOUANG-SI. CAPITALE: *Kouëi-lin-fou*.

POPULATION en 1812 : 7,313,895 habitants.

APERÇU GÉNÉRAL. La province de *Kouang-si* (occident étendu) a pour capitale *Kouëi-lin-fou*, ville située à 746 lieues (7,460 *li*) au sud-ouest de *Péking*. Elle a 281 lieues de l'est à l'ouest, et 296 du midi au nord; elle comprend onze *départements*, seize *arrondissements*, et quarante-sept *cantons*; plus deux *arrondissements* ressortissant directement au gouvernement central de l'empire.

Les départements sont :
1° *Kouëi-lin-fou*,
2° *Liéou-tchéou-fou*,
3° *King-youan-fou*,
4° *Sse-ngan-fou*,
5° *Sse-tching-fou*,
6° *Ping-lo-fou*,
7° *Wou-tchéou-fou*,
8° *Sin-tchéou-fou*,
9° *Nan-ning-fou*,
10° *Tai-ping-fou*,
11° *Tchin-ngan-fou*.

CARACTÈRE PHYSIQUE. La province de *Kouang-si* est l'une des plus étendues, et, en même temps, l'une des moins peuplées de la Chine. Elle est située entre celles de *Kouang-toung*, *Hou-kouang*, *Kouëi-tchéou* et *Yün-nán*; au midi elle touche au *Kiao-tchi* ou *Tonquin*. De nombreuses montagnes hérissent son territoire; celle qui est la plus renommée est la montagne *Kéou-léou*, située dans le département de *Wou-tchéou*. Ses plus grands fleuves sont le *Li-kiáng* et le *Tsang-ko kiáng*. La partie septentrionale de cette province, la plus élevée et la plus montagneuse, qui est en quelque sorte adossée à cette grande chaîne de montagnes élevées, prenant naissance dans la mer Orientale, entre les provinces de *Fo-kien* et de *Tché-kiáng*, et allant rejoindre les hautes chaînes de l'Himâlaya, en séparant les provinces de *Fo-kien*, de *Kouang-toung*, de *Kouang-si* et de *Yün-nán*, des autres provinces de la Chine; cette partie septentrionale de la province de *Kouang-si*, disons-nous, est couverte d'épaisses forêts; et les nombreuses rivières auxquelles ces forêts donnent naissance, suivant la déclivité du sol, se dirigent presque toutes vers la partie orientale, où elles portent la fécondité. Il y a, dans cette province, des mines d'or, de mercure, d'argent et de cuivre; des pierres précieuses, etc. On n'en exploite qu'un petit nombre.

CAPITALE. *Kouëi-lin-fou*, la capitale de la province, est une ville fortifiée de douze *li* de circonférence. Ses remparts, élevés sous les *Soung* et les Mongols, ressemblent, en partie, aux fortifications du moyen âge; ce qui ferait supposer que quelque Européen au service des conquérants mongols, comme Marco-Polo, ne fut pas étranger à leur construction.

PASSAGE DE LA CHINE AU TOUNG-KING. C'est dans le département de *Tai-ping* que se trouve le célèbre passage par où l'on se rend de la Chine dans le royaume du *Toúng-king*; on le nomme *Tchin nán kouán*, « passage « du midi surveillé, » ou « les colonnes « de cuivre » (*thoúng tchóu*). C'est par ce passage que les ambassadeurs du Tonquin portent leurs tributs à l'empereur de la Chine.

XVIIᵉ PROVINCE. YUN-NAN. CAPITALE : *Yŭn-nân-foŭ.*

POPULATION en 1812 : 5,561,320 habitants.

APERÇU GÉNÉRAL. La province de *Yŭn-nân* (midi nuageux) a pour capitale *Yŭn-nân-foŭ,* ville située à 820 lieues (8,200 *li*) au sud-ouest de *Péking.* Elle a 251 lieues de l'est à l'ouest, et 150 lieues du sud au nord. Elle comprend quatorze *départements,* vingt-six *arrondissements,* et trente-neuf *cantons;* plus quatre *arrondissements* ressortissant directement au gouvernement central.

Les *départements* sont :
1° *Yŭn-nân-foŭ,*
2° *Ta-li-foŭ,*
3° *Lin-gan-foŭ,*
4° *Thsou-hioung-foŭ,*
5° *Tching-kiang-foŭ,*
6° *Kouang-nan-foŭ,*
7° *Chun-ning-foŭ,*
8° *Kio-tsing-foŭ,*
9° *Li-kiang-foŭ,*
10° *Phou-eul-foŭ,*
11° *Young-tchang-foŭ,*
12° *Khaï-hoa-foŭ,*
13° *Thoung-tchouan-foŭ,*
14° *Tchao-thoung-foŭ.*

CARACTÈRE PHYSIQUE. La province de *Yŭn-nân,* qui forme l'extrémité sud-ouest du grand empire de la Chine, est bornée au nord par le *Ssé-tchouan* et le *Thou-fan,* ou *Thibet;* à l'ouest, par les royaumes d'Assam, et de *Mien* ou d'*Ava;* au midi, par le Laos et le *Toŭng-king.* Ses montagnes les plus renommées sont la montagne *Tiën-thsäng,* ou « bleu d'azur, » située à une demi-lieue à l'ouest de la ville départementale de *Ta-li;* la montagne *Ki-tsoŭ* ou du « pied de poule, » située à 10 lieues au nord-est de la même ville; les montagnes *Kao-li-koung* et *Yŭ-loŭng* ou « dragon de jaspe, » cette dernière située à deux lieues au nord-ouest de *Li-kiang-foŭ.* Ses fleuves les plus considérables sont : le *Kin-chä-kiäng,* ou « fleuve au sable d'or, » qui prend sa source dans la montagne de la Vache (*joŭ-nieoŭ-chân*), située dans le Thibet, d'où, se dirigeant au sud-est, il pénètre en Chine par la frontière nord-ouest du département de *Li-kiang,* en passant à l'ouest du fort que l'on nomme *Thä-tching-kouán,* « le fort à la tour bouddhique, » et se rend dans le *Sse-tchouan;* le *Lân-tsäng-kiáng* prend également sa source dans le Thibet, au pied de la montagne nommée *Loŭ-chi-chân,* « la montagne de « la roche des cerfs; » ce fleuve, se dirigeant au sud-est, pénètre aussi en Chine par la frontière nord-ouest de *Li-kiang-foŭ,* et, après avoir traversé toute la province du *Yŭn-nân,* sort des frontières de la Chine en coulant au sud-est dans le *Kiao-tchi,* ou *Toŭng-king,* pour se jeter enfin dans la mer méridionale (*nân häï*). Le troisième grand fleuve du *Yŭn-nân* est le *Loŭ-kiáng,* que l'on nomme aussi *Noŭ-kiáng.* Ce fleuve, selon la grande Géographie impériale (*), prend sa source dans les contrées nommées *Si-yu,* « contrées occidentales » (pour la Chine), partie nord-est des États du *Dalaï-Lama,* selon l'empereur *Khang-hi,* où se trouve le lac *Kara-noor.* Il traverse la partie occidentale de *Li-kiang-foŭ,* puis la partie sud-ouest de *Young-tchang-foŭ;* et enfin, après avoir coulé au sud-ouest, dans la province de *Yŭn-nân,* sort de la frontière de l'empire pour entrer dans le *Mien-tien,* ou royaume d'Ava, et se rendre, de là, dans la mer méridionale.

Un autre grand fleuve passe aussi dans la partie la plus occidentale de la province de *Yŭn-nân* : c'est le fleuve nommé *Pin-lâng-kiáng* (**), ou « de « l'arbre qui porte l'arec, le Bétel, » dont le cours inférieur, traversant le royaume d'Ava, reçoit le nom indien d'*Irávati,* qui signifie, en sanskrit, *plein d'eau,* étant dérivé d'*Irá,* la *terre,* l'eau, la *parole !* C'est ce fleuve dont le major Rennel a le premier reconnu l'identité sur la fin du dernier siècle, et qui porte, dans le Thibet, le nom de *Yaeroudzangbotchou,* « grand « fleuve du *Dzang* ou Thibet. » Ce même fleuve, dès le temps des *Thang,* est nommé, dans les géographies chinoises, *Tá kin cha kiáng,* « le grand « fleuve au sable d'or. » On trouve dans son lit, disent-ils, du *yu,* ou jade orien-

---
(*) *Tai-thsing-i-thoung-tchi,* k. 304, f° 4.
(**) *Ibid.,* k. 322, f° 12.

tal, de couleur verte, de l'or en grains et en paillettes, la pierre précieuse appelée *thsing chi*, du *yu* ou jade noir, du cristal de roche, et quelquefois aussi du *yu* blanc. Au pied des montagnes qu'il traverse, on recueille de l'ambre jaune.

La province du *Yûn-nân* ne faisait pas anciennement partie de l'empire chinois. Sous les *Thsin* (255-206 av. J. C.), cette province était nommée le royaume de *Tchin des barbares de l'ouest* (*si-i-tchin kouë*). Ce fut seulement sous l'empereur *Wou-ti*, des *Han* (109 avant notre ère), que ce royaume fut annexé à l'empire, sous le nom de principauté de *I-tchéou*.

Cette province renferme des mines d'or, de cuivre et d'étain, des rubis, des saphirs, des agates, et autres pierres précieuses; des perles, de l'ambre rouge, etc. Au nombre des mines de cuivre, il en est qui produisent du cuivre *blanc*, nommé par les Chinois *pé thoúng*. On plaçait autrefois, parmi les productions du *Yûn-nân*, des éléphants; il paraît qu'il n'y en existe plus aujourd'hui, car la grande Géographie impériale n'en fait pas mention.

MŒURS ET COUTUMES. Les mœurs et coutumes des habitants de la province de *Yûn-nân*, comme celles de tous les peuples qui habitent des pays frontières, participent de celles de la nation à laquelle ils appartiennent, et de celles du peuple qui les avoisine. Tout ce qui tient à la vie publique est et doit être chinois; mais ce qui tient à la vie privée se rapproche plus des mœurs indiennes. Ainsi, un trait saillant de ce dernier caractère, c'est que les femmes, dans le *Yûn-nân*, ont plus la liberté de leurs actions que dans l'intérieur de la Chine, dans la vieille Chine enfin: dans le *Yûn-nân*, elles se montrent dans les rues, aux promenades publiques, et se mêlent familièrement dans la société des hommes. Une partie de la population y brûle aussi les morts. La population de cette province, qui habite les montagnes, ayant diverses origines, a conservé les principaux traits de ses mœurs primitives.

CHEF-LIEU DE LA PROVINCE. La capitale de la province de *Yûn-nân* est *Yûn-nân-fou*, ville fortifiée, d'une lieue de circonférence, située près du bord septentrional du lac que l'on nomme *Tchin*, auquel on donne cinquante lieues de circuit. On fabrique dans cette ville une étoffe particulière de soie torse, qu'on nomme *Toung hai touan-tse*, « satin de la mer orientale; » nom qui dérive probablement d'une épithète du lac précité, appelé aussi *hai*, « mer, » lequel, par la qualité spéciale de ses eaux, a pu donner son nom à l'étoffe en question. On fabrique aussi, dans cette ville, des tapis qui sont considérés comme les meilleurs de tout l'empire.

LE DÉPARTEMENT DE *Li-kiàng-fou*, le plus septentrional de la province, a son chef-lieu situé à 1,176 lieues (11,760 *li*) de *Pé-king*; il s'étend au nord-ouest jusqu'au Thibet, et à l'ouest, jusqu'au fleuve nommé *Loû-kiàng* ou *Noû-kiàng*, qui forme sa frontière, et dont la rive droite est occupée par des peuplades que les Chinois nomment *Noû-i*, « barbares noû. » Ce département est arrosé par les trois grands fleuves *Kin-cha-kiàng*, *Lân-thsâng-kiàng* et *Noû-kiàng*. On y voit la célèbre montagne *Siouë-chân*, couverte de glaciers et de neiges perpétuelles; elle est située à deux lieues au nord-ouest de *Li-kiàng*.

PONT SUSPENDU EN CHAÎNES DE FER. Dans l'arrondissement de *King-toûng*, l'un de ceux qui ressortent directement au gouvernement de *Pé-king*, on voit un pont suspendu par des chaînes de fer, lequel est vraisemblablement le plus ancien de ce genre qui existe dans le monde entier! On le nomme *Lân-tsin-khiáo*, « pont traversant le *Lân*, » c'est-à-dire, le grand fleuve *Lân-tsâng kiâng*, au nord-est de *King-toûng*. Il fut construit dans les années 58 à 76 de notre ère, sous le règne de l'empereur *Ming-ti*, des *Han*, et fut ensuite réparé sous les *Ming*, au commencement du quinzième siècle. Selon la grande Géographie impériale (*), ce pont est élevé, dans toute sa largeur, à une hauteur de mille *jin* (**), c'est-à-

(*) *Tai-thsing-i-thoung-tchi*, k. 328, f° 4 recto.

(**) Le *jin* est une mesure de longueur locale sur la dimension de laquelle les opi-

dire, de plus de deux mille mètres. Il est appuyé sur des rochers escarpés qui dominent les bords du fleuve, et sur des colonnes en fer fondu ; des chaînes de fer, suspendues dans la direction du sud au nord, forment le pont sur lequel est établi un radier en bois. On le nommait anciennement *Khiū kien*, « le grand ouvrage d'art jeté sur de « profonds précipices (*). »

nions ne sont pas d'accord. Les uns la disent être égale à 8 pieds chinois, d'autres à 6, d'autres encore à 5.

(*) Il existe dans les provinces occidentales de la Chine, le *Yūn-nán*, le *Sse-tchouan* et le *Chen-si*, un grand nombre de *ponts suspendus en fer*, dans le genre de celui représenté dans la planche 50 de notre premier volume. Ces ponts sont nommés en chinois *Thië-khiáo*, « ponts de fer, » ou *Thië-sŏ-khiáo*, « ponts en chaines de fer. » Outre celui dont il est question dans le texte, appartenant à l'arrondissement de *Kíng-toung*, il en existe deux autres dans le département de *Young-tchang*, qui avoisine le royaume d'Ava. Le premier de ces ponts, construit sur le grand fleuve *Làn-thsāng*, à huit lieues au nord de la ville cantonale de *Páo-chán*, remonte aussi à l'époque de la dynastie des *Han* (208 de notre ère) ; il fut construit, ainsi que plusieurs autres ponts et monuments par le général chinois *Tchou-kouo-liang*, pendant son expédition dans le midi de l'empire. Les pièces de suspension, qui n'étaient d'abord qu'en bois, furent ensuite formées de chaînes de fer ; on nomme ce pont *Tsi-hoũng-khiáo*, « le pont du brillant arc-en-ciel ; » il fut réparé sous les Mongols, qui lui donnèrent ce nom.

Le second pont de fer suspendu est situé à 7 lieues à l'est de *Tăng-yuĕ-tchéou*, sur le fleuve *Loung-tchouan-kiāng* ; quoiqu'on ait employé le bois et la pierre dans sa construction et les ouvrages d'art, des chaînes de fer, placées des deux côtés, supportent le radier en bois sur lequel peuvent passer les hommes et les chevaux.

Les parties en bois ayant été brûlées en 1659 de notre ère, le pont fut reconstruit de nouveau en 1723 ; et les assemblages furent si solidement et si élégamment faits, que ce pont ressemble, pour la forme, au pont précédent jeté anciennement sur le *Lán-tsáng-kiāng*. En dehors du pont (à chaque extrémité?) est une tour élevée, et entre les deux tours, dix-neuf *entre-colonnements* à arches volantes. Les deux côtés du pont sont soutenus par cinq chaînes ou

DÉPARTEMENT *de Lin-ngan.* Ce département, placé sur la frontière du *Toũng-king*, a son chef-lieu situé à 1,100 lieues de *Pé-king*. Son territoire, parfaitement arrosé, est très-fertile, et offre presque toutes les productions de l'Inde. Il renferme une ligne de places fortes érigées sur la frontière du *Toũng-king*.

DÉPARTEMENT *de Young-tchang.* Ce département, placé sur la frontière du royaume de *Mien* ou d'*Ava*, a pour chef-lieu *Young-tchang*, que Marco-Polo nomme *Uncian*, *Vociam*, *Nocian*, selon les divers manuscrits de son curieux voyage. Les mœurs que le voyageur vénitien attribue aux habitants de la province dont *Uncian* est la *mestre cité*, comme il la nomme, conviennent parfaitement aux habitants du département de *Young-tchang* (prononcez *youñ-tchañ*), même jusqu'à l'usage de recouvrir leurs dents d'une feuille d'or ; usage mentionné par les écrivains chinois, comme ayant eu lieu anciennement parmi les habitants de cette partie de la province du *Yūn-nán*, voisine du royaume d'*Ava*, dont les habitants ont en partie conservé les mœurs (*).

câbles de fer (*páng-wéi-i-thië-làn-oũ*) ; les deux têtes du pont sont maintenues par deux autres chaînes de fer (*liāng-twán-niĕ-i-thië-làn-eúlh*). Depuis que ce pont a été ainsi autrefois solidement établi, on y a toujours passé sans aucune espèce d'inconvénient. (*Tai-thsing-i-thoung-tchi*, k. 322, f° 21, édit. de 1744.) Il existe encore un *pont en fer* suspendu, dans le *district* de *Moung-hoa*, autrefois *département*. Ce dernier pont, que l'on nomme *Yáng-phi-khiáo*, « le pont des eaux rugissantes, » et aussi *Yáng-phi-thië-sŏ-khiáo*, « le pont en chaines ou câbles de fer des eaux rugissantes, » est situé à environ dix lieues au nord-ouest de la ville de *Moung-hoa*. (*Ib.*, k. 327, f° 5 v°.)

On voit aussi des *ponts suspendus en chaines de fer*, dans le Thibet. (Voir la *Notice* sur ce pays.)

(*) La ville de *Unciam* est placée par Marco-Polo dans la province de *Zardandan*, mot persan qui signifie *dent d'or* ; la province de *Zardandan* est donc la province des hommes à *dents d'or !*

XVIIIe PROVINCE. KOUEÏ-TCHÉOU.
CAPITALE : *Kouei-yang-fou.*

POPULATION en 1812 : 5,288,219 habitants.

APERÇU GÉNÉRAL. La province de *Kouei-tchéou*, la dernière et la moins importante des provinces de la Chine, a pour capitale *Kouei-yang-fou*, ville située à 764 lieues sud-ouest de *Pé-king*. Elle a 109 lieues de l'est à l'ouest, et 77 du sud au nord ; elle comprend douze *départements*, treize *arrondissements*, et trente-quatre *cantons* ; plus un *arrondissement* ressortissant directement au gouvernement central.

Les *départements* sont :
1° *Kouei-yang-fou*,
2° *Sse-nan-fou*,
3° *Sse-tchéou-fou*,
4° *Tchin-youan-fou*,
5° *Thoung-jin-fou*,
6° *Li ping-fou*,
7° *Gan-chun-fou*,
8° *Hing-i-fou*,
9° *Tou-yun-fou*,
10° *Chi-tsien-fou*,
11° *Ta-ting-fou*,
12° *Tsun-i-fou*.

CARACTÈRE PHYSIQUE. La province de *Kouei-tchéou* se trouve située au sud-ouest du territoire de l'empire, entre les provinces de *Hou-kouang*, *Sse-tchouan*, *Yun-nan* et *Kouang-si*. Elle renferme un grand nombre de montagnes inaccessibles, dans le sein desquelles se sont réfugiées, depuis plus de trois mille ans, les premières peuplades indigènes de la Chine, lorsque des émigrations de races déjà civilisées entrèrent dans ce pays par la province occidentale du *Chen-si*, et refoulèrent les indigènes dans les provinces montagneuses qu'ils ont continué d'occuper pendant cet immense laps de temps, en conservant leurs mœurs primitives aussi intactes, aussi *incorrompues* (si l'on peut s'exprimer ainsi, pour qualifier cette civilisation contemporaine de Nemrod), que s'ils avaient été dès lors complétement isolés du reste du monde ! C'est là qu'habitent les *Lo-lo*, blancs et noirs, qui paraissent être de la même race que les habitants du royaume d'*Ava*, et les *Miao-tseu*, « fils des champs incultes, » comme les appelaient déjà les Chinois il y a plus de trois mille ans (*), débris très-curieux pour l'histoire du genre humain, de cette grande race primitive de l'ancien continent asiatique, qui n'a pas été assez étudiée, et qui mériterait de trouver son historien dans la race civilisée avec laquelle il semble que c'est sa destinée d'être en lutte sur toute la surface de la terre jusqu'à son entière destruction!

Les montagnes du *Kouei-tchéou* renferment des mines d'or, d'argent et de cuivre ; celles de mercure y sont abondantes. Les chevaux élevés dans les vallées de cette province sont ardents et robustes ; ils passent pour les meilleurs de la Chine. On y fabrique des étoffes d'une plante nommée *ko*, qui ressemble au chanvre.

CHEF-LIEU DE LA PROVINCE. La capitale de la province de *Kouei-tchéou* est *Kouei-yang-fou*, ville fortifiée, de près d'une lieue (9 *li*) de circonférence. Ses maisons sont construites en partie de terre, et en partie de briques ; un bras de rivière la traverse. Il s'y fait peu de commerce.

PONTS REMARQUABLES. On remarque, dans le département de *Taï-ping*, deux ponts qui méritent d'être mentionnés. L'un de ces ponts, nommé *Thiên séng khiáo*, « pont produit par « le ciel, » est situé à dix lieues au nord-est de *Weï ning tchéou*. Ce pont consiste en une seule pierre d'une énorme dimension, jetée sur un torrent, et ap-

(*) Voy. t. I, p. 56. La *Grande géographie impériale* donne plusieurs *Notices* sur les *Miao-tseu*, à la suite de la description de chaque *département* de la province de *Kouei-tchéou* (voy. k. 330-341), sous le titre général de : *Miao-mán* « barbares miao, » qu'elle appelle aussi *thoù-jia*, « hommes de la terre, du sol, » c'est-à-dire *indigènes*. Ces *Notices* viennent immédiatement après celles qui sont données sur les productions naturelles de chaque département, comme l'or, l'argent, le fer, le cuivre, l'étain, le sel, etc. D'après ces mêmes notices, les *Miao-tseu* seraient divisés en un grand nombre de *tribus*, comme les Arabes et, au reste, tous les peuples primitifs ; et chacune de ces tribus aurait quelque caractère distinctif des autres tribus. Nous regrettons que l'espace ne nous permette pas d'entrer ici dans de plus grands détails à ce sujet.

puyée des deux côtés de ce torrent sur des rochers escarpés. Cette pierre se trouve ainsi placée à plus de 31^m 500^{mm} (plus de 10 *tcháng*) d'élévation au-dessus du torrent, et elle a bien 1 *li* (400 mètres) de longueur (*). Cette pierre est justement assez large pour le passage d'un homme (*kin yoŭng ï jïn*). Si deux hommes se rencontrent sur ce pont, ils ne peuvent avancer ni l'un ni l'autre, et sont obligés de rétrograder. Ceux qui entreprennent de le passer portent une torche allumée pour éclairer leur marche (**).

L'autre *pont*, situé à 9 lieues à l'ouest de la ville cantonale de *Pie-tsie*, est jeté sur le fleuve nommé *Tsĭ-sing*, ou des *sept étoiles*; et le pont porte aussi le nom de *Tsĭ-sing khiâo*, « pont des « sept étoiles. » Il reposait primitivement sur des *colonnes de fer*, et des *chaînes de fer suspendues* supportaient le radier du pont. Depuis, on l'a remplacé par un pont flottant, composé de *sept bateaux*.

POSSESSIONS DE L'EMPIRE CHINOIS.

Après avoir ainsi donné un aperçu des *dix-huit provinces* de la Chine propre, il nous resterait à faire connaître les autres territoires réunis à l'empire par la dynastie tartare régnante, ou qui reconnaissent sa suzeraineté. Mais nous renvoyons, à la description de la *Mantchourie* et de la *Mongolie* (faisant partie de l'*Univers*) ce qui concerne ces pays, ainsi que les *possessions coloniales* de la *Chine* dans l'*Asie centrale*, en nous réservant de consacrer, à la fin de ce volume, une courte *Notice* sur les autres *dépendances* de l'empire chinois qui n'auraient pas encore été décrites.

Nous ajouterons seulement ici que la *Mongolie* est divisée en *quatre* parties : 1° la *Mongolie intérieure* ou *méridionale*, comprise entre le désert de *Kobi* et la grande muraille; 2° la *Mongolie extérieure*, au nord de *Kobi*; 3° le territoire qui avoisine le lac que l'on nomme *Kokonoor* (en chinois, *Thsing-haï*, ou *mer Verte*), à l'ouest de la Chine et au nord du Thibet; et

(*) *Taï-thsing-i-thoung-tchi*, k. 340, f° 15.
(**) Ibid.

4° le territoire d'*Ou-lia-sou-taï*, à l'ouest de la *Mongolie* extérieure, et sur la frontière russe. La *Mongolie* intérieure comprend 24 *aimak* ou tribus, rangées sous six bannières ou corps d'armée; la *Mongolie* extérieure est divisée en quatre *lou*, « routes » ou « cercles. »

Le territoire d'*I-li* forme un gouvernement qui comprend *deux provinces* : la *Dzoungarie*, et le *Turkestan* chinois.

Le *Thibet* est divisé en *deux provinces* : la partie orientale est nommée le *Thibet antérieur* (*Tsien thsang*), et la partie occidentale, le *Thibet ultérieur* (*Heou thsang*); la première division comprend *huit subdivisions*, et la seconde *sept*.

GRANDS ÉTATS SOUMIS A UNE CERTAINE VASSALITÉ.

Indépendamment de ces *possessions coloniales* ou *dépendances* de l'empire chinois, la grande *Collection des statuts administratifs* précédemment citée (p. 2) considère (*), comme *contrées vassales*, la *Corée*, les îles *Liéou-khiéou* et la *Cochinchine*. Les rois de ces contrées sont nommés « *Rois vassaux* » *Kouï-wáng*; ils sont assujettis à des *tributs périodiques*, et ils doivent recevoir l'*investiture* de l'empereur qui réside à *Pé-king*, auquel ils vont rendre foi et hommage lorsqu'ils montent sur le trône.

Voici le TABLEAU RÉCAPITULATIF des DIVISIONS ADMINISTRATIVES, PRINCIPALES et SUBORDONNÉES de la Chine propre, avec l'indication des degrés de latitude et de longitude des chefs-lieux de province, tels que ces degrés ont été calculés par les missionnaires catholiques.

(*) *Taï-thsing-hoeï-thien*, k. 31, f° 1 et suiv. Les États qui y sont énumérés, comme ayant coutume d'envoyer des tributs à l'empereur de la Chine, sont : 1° la *Corée*; 2° les îles *Liéou-khiéou*; 3° le *Toüng-king*; 4° la *Cochinchine*; 5° *Siam*; 6° les *Iles Philippines*; 7° la *Hollande*, comme maîtresse de *Java*; 8° *Ava*, et 9° les *Royaumes de l'Océan occidental*, ou de l'Europe. De ce nombre sont le *Portugal*, l'*Italie* et l'*Angleterre*.

PROVINCES (sǎng).	CAPITALES de chaque province.	POSITION GÉOGRAPHIQUE.		NOMBRE de départements (foŭ) et de préfectures.	ARRONDISSEMENTS (tchéou).	CANTONS (hiên).	SOUS-PRÉFECTURES (thoŭng-tchi).	RESSORTISSANTS directement à la province de Tcheli.	
		Latitude N.	Longitude M. de P.					Sous-préfectures.	Arrondissements.
TCHÉ-LI (*)	Pé-king	39° 54′	113° 8′ 36″	11	17	123			6
KIANG-SOU	Nán-kíng	32 04	116 27 00	8	3	62			3
NGAN-HOUÉI	Ngan-king-fou	30 37	114 13 13	8	4	50			2
CHAN-SI	Taï-youen-fou	37 53	110 07 00	9	6	85			6
CHAN-TOUNG	Tsi-nan-fou	36 41	114 13 00	10	9	96			2
HO-NAN	Kai-foůng-fou	34 52	112 13 00	9	5	96			
CHEN-SI	Si-ngan-fou	34 16	105 37 00	7	5	73	11		5
KAN-SOU	Lán-tchéou-fou	36 03	101 33 00	9	6	50			
TCHÉ-KIANG	Hang-tchéou-fou	30 20	117 07 34	11	1	75			
KIANG-SI	Nan-tchang-fou	28 37	113 13 00	13	1	73			1
HOU-PÉ	Hoŭ-tcheng-fou	30 34	111 53 36	10	3	60			1
HOU-NAN	Tchang-cha-fou	28 12	110 26 37	9		64	8	3	8
SSÉ-TCHOUAN	Tching-tou-fou	30 40	101 58 00	12		112			2
FO-KIEN	Fou-tchéou-fou	27 56	113 13 00	10	3	62			5
KOUANG-TOUNG	Kouang-tchéou-fou	23 08	110 56 30	10	7	78	8	4	6
KOUANG-SI	Kouéi-lin-fou	25 12	107 33 54	11	16	47		3	1
YUN-NAN	Yun-nan-fou	25 06	100 16 10	14	26	39	5		21
KOUÉI-TCHÉOU	Kouéi-yáng-fou	26 30	104 16 10	12	13	34			1
	TOTAUX			182	134	1281	32	12	68

(*) L'ordre suivi dans le classement des provinces est celui de la *Grande géographie impériale*. Il est un peu différent dans le *Ta-tsíng-hoei-tien*, ou *Annuaire impérial de 1844*. C'est d'après cette autorité et d'après d'autres récentes que nous avons indiqué ici le nombre des départements, arrondissements, cantons et districts de chaque province, nombre qui diffère aussi quelquefois de celui indiqué dans notre texte, d'après la première de ces autorités.

Chacune de ces divisions et subdivisions administratives correspondant, en Chine, à une ville fortifiée où résident les autorités civiles et militaires, et ces mêmes villes portant le même nom que leurs circonscriptions administratives, il résulte de là qu'il y a actuellement en Chine :

1° *Vill. fort.*, ch.-l. de *dép.* (*foŭ*). 182
2° id. id. d'*arr.* (*tchéou*). 134
3° id. id. de *cant.* (*hièn*). 1,281
4° id. id. de *s.-p.* (*thoŭng-tchi*). 32
5° id. id. id. directes. 12
6° id. id. d'*arr. directs*. 68
Total des villes administratives entourées de remparts et de fossés............ 1,709

On y compte en outre :
1° *Colléges* de 1ᵉʳ et de 2ᵉ *ordre*, établis dans les *chefs-lieux* de *provinces*, de *départements*, d'*arrondissements*, etc................. 2,338
2° *Montagnes* ayant des noms différents. 14,607
3° *Fleuves et rivières* navigables........................ 1,472
4° *Lacs*................. 765
5° *Antiquités* de toutes natures. 10,809
6° *Forteresses* de 1ᵉʳ ordre, nommées *Kouân*.................. 627
7° *Forteresses* de 2ᵉ ordre, nommées *Wéï*..................... 567
8° *Forteresses* de 3ᵉ ordre, nommées *Ssé*..................... 311
9° *Forteresses* de 4ᵉ ordre, nommées *Tchín*................... 300
10° *Forteresses* de 5ᵉ ordre, nommées *Paò*.................... 150
11° *Forteresses* de 6ᵉ ordre, nommées *Poû*.................... 100
12° *Forteresses* de 7ᵉ ordre, nommées *Tchaï*.................. 300
13° *Tours* (*thâï*) et *châteaux forts*..................... 3,000
14° *Tours*, arcs de triomphe, et autres monuments publics élevés aux personnages illustres dans divers genres. 1,159
15° *Bibliothèques célèbres* par la beauté et le nombre des volumes qu'elles renferment................... 272
16° *Tombeaux* ou mausolées remarquables, soit par leur architecture, soit par le nom des personnages.... 688
17° La surface totale des *terres cultivées* (*) dans les 18 provinces, est de 7,915,251 *king*, ou en *hectares* 52,661,753

(*) Voir ci-après l'énumération des *terres cultivées* par chaque province. La totalité des *terres cultivées* en Chine, indiquée ci-dessus, n'équivaut qu'au nombre d'hectares qui composent la totalité du territoire français, et que l'on porte à 52,768,600. Mais les *terres labourables* en France, c'est-à-dire, celles qui sont employées spécialement à produire les *substances alimentaires*, sont portées seulement à environ 25,500,000 hectares. Il en résulte, toutefois, que la proportion des *terres labourables* en France, par rapport à la population, est beaucoup plus grande qu'en Chine, où la population était déjà, en 1812, de

ORGANISATION POLITIQUE ET ADMINISTRATIVE DE LA CHINE.

Après avoir décrit (sinon avec tous les détails que nous eussions désirés, du moins avec une exactitude peut-être trop scrupuleuse pour la majorité de nos lecteurs) le territoire si vaste, si curieux, si varié de l'empire de la Chine, ses divisions politiques et administratives, les plus importants des monuments qui le couvrent, les modifications qu'il a subies pendant la plus longue suite de siècles qui ait été dévolue à une même nation, nous devons maintenant, pour rester fidèle à la pensée logique de notre œuvre laborieuse, chercher à faire connaître comment l'ordre est maintenu dans la population qui couvre cet immense territoire; quelle est l'organisation de son gouvernement, et par quels moyens la société chinoise, la plus ancienne, la plus nombreuse et la plus vaste communauté politique du monde, a pu arriver à cet état de civilisation, sans modèle dans nos sociétés européennes, et qui n'est peut-être pas aussi dépourvu de bon sens et de raison que nous sommes portés à le penser.

Et en effet, pour qu'une société quelconque puisse subsister, il faut que cette société ait en elle un principe de vie qui résiste aux causes incessantes de destruction agissant sur tout ce qui est organisé. Plus ce principe de vie est fort, plus sa durée se prolonge. De toutes les organisations politiques, anciennes et modernes, il n'en est aucune qui puisse être comparée, pour la durée, à l'organisation politique de la Chine. Et c'est en Chine seulement que l'on peut retrouver les traces encore vivantes, l'image peut-être plus ressemblante qu'on ne pourrait le croire, de ces institutions politiques primitives

plus de 361,000,000 h.; tandis qu'en France elle n'est que de 35,000,000 h.! Mais nous verrons, plus loin, qu'il faut aussi *beaucoup moins* de superficie de terre pour alimenter un Chinois, qu'il n'en faut, dans l'état actuel des choses, pour subvenir à la subsistance d'un Français. En tenant compte de ces faits, la population chinoise, quelque élevée, quelque *fabuleuse* même qu'elle puisse paraître, n'a cependant rien qui doive surprendre.

des vieilles monarchies de l'Orient, maintenant ensevelies dans la tombe, et dont l'histoire n'a conservé que des lambeaux épars. Dans l'exposition que nous nous proposons de faire ici, de l'organisation du gouvernement chinois, nous prendrons pour guide la grande *Collection des Statuts administratifs de la dynastie régnante*, édition impériale, publiée à *Pé-king*, en 1825 (*).

(*) Ce grand et magnifique ouvrage, d'un prix fort élevé en Chine (1,500 à 2,000 fr.), parce qu'il n'a été imprimé au palais impérial que pour l'usage des grands mandarins, et qu'il ne se trouve qu'accidentellement dans le commerce, est divisé en trois parties, comprenant ensemble 920 *kiouan* ou livres, dont 80 pour ce qui concerne la maison de l'empereur, le conseil privé, les divers ministères, etc. Il a eu quatre éditions : la 1re fut donnée en 1684 ; la 2e en 1724 ; la 3e en 1747, et la 4e en 1825. Cette dernière, qui est celle dont nous nous sommes servi, est augmentée d'un grand commentaire, de nombreuses planches, et d'additions telles, que c'est un ouvrage tout à fait neuf, et tel qu'il n'existe rien de semblable chez les nations européennes. Il y est dit, dans la préface, que l'antiquité et les temps modernes ont été mis à contribution, dans des mesures différentes, pour la composition de ce grand recueil, afin de servir de règle à tous les fonctionnaires de l'empire. Cet ouvrage officiel fut primitivement rédigé sur le modèle de la *Collection des statuts administratifs de la dynastie des Ming* (*Ta ming hoeï tien*), par une espèce de *conseil d'État* composé d'un grand nombre de mandarins choisis dans tous les ministères ou bureaux des services publics, associés aux plus savants *Han-lin*, ou membres de l'académie impériale de *Pé-king*, et fait profession de ne renfermer que des principes conformes aux doctrines des premiers législateurs de la Chine. Cette édition est accompagnée d'une espèce d'atlas avec texte explicatif, comprenant 1430 gravures sur bois, représentant toutes sortes d'objets figurables, destinés à *illustrer*, comme on dit maintenant, les choses exposées et décrites dans le texte. C'est dans cette partie de la *Collection des statuts* que nous avons trouvé la figure du *pied officiel* chinois, cité page 48 de cet ouvrage, et dont la dimension est égale à 315 millimètres. On y voit la représentation des *Autels* du Ciel, de la Terre, du Soleil, de la Lune, du premier Laboureur, etc. ; des temples, des palais, des sphères, des cartes de l'empire, de ses provinces et de toutes

Cet ouvrage officiel, qui règle, jusque dans les plus petits détails, les devoirs de tous les corps politiques, de tous les fonctionnaires publics de l'empire, s'il était traduit intégralement, ferait mieux connaître la Chine à l'Europe que toutes les relations passées, présentes et futures, des missions plus ou moins officielles qui laissent toujours plus de traces dans les budgets de l'État que dans la science.

Dès la plus haute antiquité, la science du gouvernement des peuples, la science politique, a été considérée en Chine comme la première de toutes les sciences, la science par excellence, celle qui, aux yeux de tous les philosophes chinois, constitue le plus haut, le plus complet, le plus parfait développement des facultés humaines. On fait dire à l'empereur *Hoang-ti*, dont on place le règne plus de 2,600 ans avant notre ère, ces paroles : « Le gouvernement des hommes est comme l'eau
« qui coule dans les vallées, sans remonter à sa source. Son action est incessante et ne s'arrête jamais. C'est
« pourquoi, pourvoir aux besoins des
« populations, et ne pas montrer envers elles de l'indifférence ou du
« mépris ; faire la part de chacun,
« c'est-à-dire, tracer à chacun ses devoirs selon la position qu'il occupe, et
« ne pas multiplier sans nécessité les
« obligations de chacun, voilà le seul
« et véritable gouvernement. C'est pourquoi encore, appliquer ces principes
« à l'empire, et ne jamais les oublier,
« est le seul et véritable gouvernement. »

Le philosophe *Lao-tseu* a dit : « Si
« le gouvernement d'un État ne fait pas
« sentir son action sur le peuple, par
« des mesures oppressives et tyranniques, alors le peuple vit dans la prospérité et l'abondance ; si, au contraire,

ses dépendances ; des vases et instruments employés dans les sacrifices et autres cérémonies publiques ; des habits de cérémonie, tels que doivent les porter l'empereur, l'impératrice, les princes du sang, et les neuf ordres de mandarins, etc. L'ouvrage complet, relié à l'européenne, forme 72 volumes petit in-folio. La préface impériale porte la date *kia-king*, *wou yin* (1818) ; mais l'ouvrage ne fut réellement publié qu'en 1825.

9.

« le gouvernement a constamment sur
« lui un œil inquisitorial et tyrannique,
« alors le peuple tombe dans la pauvreté
« et la misère. » (*Tâo-tĕ king*, ch. 58.)
Le même philosophe a dit encore
(*ib.*, ch. 60) : « L'action de gouverner un
« royaume est comme celle de cuire un
« petit poisson. » Si on traite ce dernier avec peu de ménagement, si on le
tourmente, alors on occasionne un
trouble dans l'opération. Cette dernière
comparaison, assez vulgaire, semble
être familière aux anciens philosophes
chinois, car *Wen-tseu* dit aussi : « Si
« l'eau dans laquelle se trouve le pois-
« son est trouble, épaisse, alors il sort
« sa gueule hors de l'eau (pour respirer);
« si le gouvernement est oppresseur,
« tyrannique, alors le peuple se livre
« aux troubles et à la révolte. »
C'est surtout par les philosophes de
l'école de *Khoung-tseu* ou Confucius,
que la science de gouverner a été cultivée et enseignée avec une persévérance
et une prédilection extraordinaires,
comme étant la science la plus élevée
et en même temps la plus importante
pour le bonheur et la prospérité des
peuples. On peut dire que le gouvernement de la Chine, ou plutôt les lois politiques qui le constituent, sont, à l'exception des innovations apportées par
les conquérants tartares, l'œuvre de
ses anciens philosophes. C'est principalement à KHOUNG-TSEU que l'on
doit attribuer la plus grande part dans
l'œuvre de la constitution politique et
morale de la Chine. C'est lui qui a dit
ces belles paroles : « Gouverner son
« pays avec la vertu et la capacité néces-
« saires, c'est ressembler à l'étoile po-
« laire, qui demeure immobile à sa place,
« tandis que toutes les autres étoiles
« circulent autour d'elle, et la prennent
« pour guide. » Selon lui, « le gouver-
« nement est ce qui est juste et droit. »
(*Lûn-yû*, ch. 22, § 17.) C'est la réalisation des lois éternelles qui doivent faire
le bonheur de l'humanité, et que les
plus hautes intelligences, par une application incessante de tous les instants
de leur vie, par une abnégation complète, un dévouement absolu aux intérêts de tous, sont seules capables de
pratiquer et d'enseigner aux hommes.
Au contraire, dans la conception moderne, le gouvernement n'est plus qu'un
acte à la portée de tout le monde, auquel tout le monde veut prendre part,
comme à la chose la plus triviale, la
plus vulgaire, et à laquelle on n'a pas
besoin d'être préparé par le moindre
travail intellectuel ou moral.

Une idée prédominante et fondamentale dans l'ancienne politique chinoise,
c'est l'action, l'intervention du ciel, ou
de la raison supérieure qui y réside,
dans les événements du monde, dans
les rapports des souverains avec les populations, ou des gouvernants avec les
gouvernés; et cette intervention est
toujours en faveur de ces derniers,
c'est-à-dire, du peuple. L'exercice de la
souveraineté, qui, dans nos sociétés
modernes, n'est le plus souvent que
l'exploitation du plus grand nombre au
profit de quelques-uns, n'est, aux yeux
du philosophe chinois, que l'accomplissement religieux d'un mandat céleste au profit de tous, qu'une noble et
grande mission confiée au plus dévoué
et au plus digne, et qui doit être retirée, dès l'instant que le mandataire
manque à son mandat. Ce que nous allons dire paraîtra sans doute un paradoxe, tant les idées que l'on s'est faites,
en Europe, du peuple chinois et de ses
institutions sont fausses, erronées;
mais c'est cependant la vérité : nulle
part, peut-être, les droits et les devoirs
respectifs des rois et des peuples, des
gouvernants et des gouvernés, n'ont été
enseignés d'une manière aussi élevée,
aussi digne, aussi conforme à la raison.
C'est bien là qu'est mise en pratique
cette grande maxime de la démocratie
moderne : *Vox populi, vox Dei!* « La
voix du peuple est la voix de Dieu! » —
« Ce que le ciel voit et entend, dit un
« des livres sacrés des Chinois (le *Choû-
« king*), c'est ce que le peuple voit et
« entend. Ce que le peuple juge digne
« de récompense et de punition, c'est
« ce que le ciel veut punir et récompenser. Il y a une communication intime entre le ciel et le peuple; que
« ceux qui gouvernent soient donc attentifs et réservés! » — Ailleurs (*La
Grande Étude*, ch. x, § 5), *Khoung-
tseu* a ainsi formulé cette maxime :

« Obtiens l'affection du peuple, et tu
« obtiendras l'empire.

« Perds l'affection du peuple, et tu
« perdras l'empire ! »

On croit généralement, en Europe, que le gouvernement chinois est un gouvernement absolu comme celui que l'on suppose avoir existé dans les anciennes grandes monarchies de l'Orient; il n'en est rien : la forme a bien quelque chose qui y ressemble, mais le fond ne répond pas à la forme. Ce n'est pas que les tendances du pouvoir, en Chine comme ailleurs, même en Europe, ne soient quelquefois portées vers l'arbitraire et la tyrannie ; mais les institutions politiques y sont combinées de telle sorte, que l'arbitraire et la tyrannie peuvent rarement être impunément exercés. D'ailleurs, le corps des lettrés, quoique n'étant pas un corps politique, n'en exerce pas moins un contrôle souvent assez gênant pour le pouvoir, en invoquant l'autorité des anciens livres (que le pouvoir n'a jamais osé ouvertement enfreindre ou dédaigner), et en s'appuyant sur l'intérêt du peuple. Il n'y a pas, d'exemple, en Chine, où cependant le nombre des écrits politiques est infiniment plus nombreux que partout ailleurs, que des écrivains aient souillé leur pinceau en le consacrant à l'éloge de l'oppression et de la tyrannie. On n'y trouverait pas un seul écrivain qui ait eu l'audace, pour ne pas dire l'impiété, de nier les droits de tous aux dons de Dieu, c'est-à-dire, aux avantages qui résultent de la réunion de l'homme en société, et de les revendiquer au profit d'un seul ou d'un petit nombre, comme ayant des droits supérieurs aux autres, et des privilèges exclusifs. Le pouvoir le plus absolu que les écrivains politiques et les moralistes chinois aient reconnu aux chefs du gouvernement, n'a jamais été qu'un pouvoir délégué par le ciel, ou la raison supérieure, ne pouvant s'exercer que dans l'intérêt de tous, pour le bien de tous, et jamais dans l'intérêt d'un seul et pour le bien du petit nombre. Des limites morales infranchissables sont posées à ce pouvoir en apparence absolu ; et, s'il lui arrivait de les dépasser, d'enfreindre ces lois morales, d'abuser de son mandat, alors, comme l'a dit un célèbre philosophe chinois du douzième siècle de notre ère, *Tchou-hi*, dans son *Commentaire* sur le premier des *Quatre livres classiques*, enseigné dans toutes les écoles et tous les collèges de l'empire, le peuple serait dégagé de tout respect et toute obéissance envers ce même pouvoir, qui pourrait être renversé immédiatement pour faire place à un autre pouvoir légitime, c'est-à-dire, s'exerçant uniquement dans l'intérêt de tous (*).

Aperçu historique. Aux yeux des Chinois, le gouvernement le plus parfait, celui qui porte le caractère le plus profond d'une origine supérieure, et qui ne peut être surpassé, est celui de leurs anciens rois *Yao* et *Chun*, qui furent en même temps des législateurs. Le gouvernement des trois dynasties qui leur succédèrent se distingua, celui des *Hia*, par la *droiture* et l'*honnêteté* (*tchoūng*); celui des *Chang*, par l'*ensemble de ses solides institutions* (*tchi*); celui des *Tchéou*, par son *caractère littéraire* (*wén*). Celles qui les suivirent s'écartèrent plus ou moins de ces premiers et grands modèles du gouvernement. La dynastie des *Thsin* (250 avant notre ère) se distingua par sa haine contre les anciennes institutions qu'elle voulut abolir, ainsi que les monuments qui en perpétuaient les maximes. Celle des *Han* fut la restauratrice de l'ancienne doctrine. Le temps, qui n'est pas plus immobile en Chine que dans les autres contrées du monde, a apporté successivement d'assez nombreuses modifications aux institutions primitives. On pourra s'en convaincre à la lecture de notre premier volume, dans lequel nous nous sommes efforcés

---

(*) Voici les propres paroles du philosophe chinois : « Le *texte* signifie que celui qui est « dans la position la plus élevée de la société « (le souverain) ne doit pas ne pas prendre « en sérieuse considération ce que les populations demandent et attendent de lui ; s'il « ne se conformait pas dans sa conduite aux « droites règles de la raison, et qu'il se livrât « de préférence aux actions vicieuses ou con« traires à l'intérêt du peuple, en donnant un « libre cours à ses passions, alors sa propre « personne serait exterminée, et le gouvernement périrait ; c'est la grande ruine de « l'empire. » (*Commentaire* sur la *Grande Étude*, ch. x, § 4, page 78, de notre édition, accompagnée du texte chinois.)

de tracer l'esquisse du développement de la civilisation chinoise, depuis les temps les plus anciens jusqu'à nos jours.

Quoi qu'il en soit des modifications que le temps a fait subir aux anciennes institutions chinoises, les monuments qui ont été conservés de ces anciennes institutions ont toujours été, excepté sous les *Thsin*, la base fondamentale et révérée du gouvernement chinois. Le grand philosophe KHOUNG-FOU-TSEU (Confucius), qui fut le principal rédacteur de ces anciens codes de lois politiques, morales et religieuses, soit qu'il se fût borné à mettre en ordre les fragments épars laissés par les anciens législateurs; soit qu'il ne fît que représenter la tendance et les idées de son temps; soit, enfin, qu'il les devançât de toute la puissance de sa haute raison, imprima un tel caractère de bon sens, de droiture et d'équité à ses préceptes, que, à peu d'exceptions près, et au bout de deux mille cinq cents ans, ils pourraient encore être acceptés de nos jours, par la civilisation européenne, comme l'expression de la vérité morale la moins contestable et la plus pure.

C'est une opinion généralement admise, en Europe, que le gouvernement chinois est le despotisme porté à son plus haut degré de perfection. Aristote, qui avait jeté un regard si profondément analytique sur presque toutes les formes de gouvernement connues de son temps, croyait la monarchie absolue inhérente au climat de l'Asie, et cette espèce de royauté ne différait, selon lui, de la tyrannie, que parce qu'elle était légitime et héréditaire. Il disait (*Politique*, l. 3, ch. 9) « qu'un es-« prit inné de servitude, disposition « beaucoup plus prononcée chez les « barbares que chez les Grecs, dans les « Asiatiques que dans les Européens, « fait supporter le joug du despotisme « sans murmure. » Cette distinction, établie par Aristote, n'est pas rigoureusement vraie, car il y a encore aujourd'hui, en Asie, des peuplades aussi jalouses de leur liberté et de leur indépendance qu'en Europe (témoin celles qui habitent les montagnes du Caucase, et plusieurs contrées de la Perse et de l'Inde); et, en Europe, des peuples aussi soumis au joug du despotisme qu'en Asie. Une distinction, peut-être plus véritable, est celle qui dirait que la disposition à la servitude est beaucoup plus prononcée dans les habitants des plaines que dans les habitants des montagnes, et que la nature avait plutôt destiné le plateau de l'Iran à être le théâtre des vastes monarchies des Mèdes et des Perses, que les montagnes de la Thrace et les îles de la mer Égée. Une raison semblable a dû, dès les temps anciens, concourir à faire, des vastes plaines arrosées par le *Yang-tseu-kiang* et le *fleuve Jaune*, un vaste empire soumis à une autorité souveraine; tandis que les contrées montagneuses du sud-ouest de la Chine ont continué, depuis plus de quatre mille ans, à offrir un asile aux peuplades indépendantes des *Miao-tseu*. Il est bien vrai aussi que le sang de certaines races est plus ou moins porté, par sa nature, à la servitude, comme le dit Aristote; mais, dans tous les cas, nous croyons que les circonstances extérieures agissent plus sur la forme des gouvernements, que les dispositions innées des individus ou des races, surtout lorsqu'une longue habitude n'a pas fait de tel ou tel régime social comme une seconde nature plus forte et plus persévérante que la première.

Montesquieu, adoptant en quelque sorte le principe d'Aristote, a dit que « la servitude politique ne dépend pas « moins de la nature du climat que la « civile et la domestique. » (L. XVII, ch. 1.) Les peuples du nord de la Chine, ajoute-t-il, sont plus courageux que ceux du midi; et il ne faut pas être étonné que la lâcheté des peuples des climats chauds les ait presque toujours rendus esclaves, et que le courage des peuples des climats froids les ait maintenus libres. Il en donne ensuite pour preuve que l'Asie, sur *treize* fois qu'elle a été subjuguée, l'a été *onze* fois par les peuples du Nord, et *deux* fois seulement par ceux du Midi. Ces distinctions sont aussi plus spécieuses que fondées. Si des peuples du Midi ont été conquis par des peuples du Nord, le contraire aussi a eu lieu; les invasions n'ont pas toujours suivi une direction perpendiculaire à l'équateur. La loi des invasions n'est pas dans les degrés de latitude ; elle est soumise à des conditions plus complexes : aussi rien n'est moins conforme à l'histoire, rien n'est moins vrai que ces axiomes politiques qu'il est plus facile de formuler que de justifier. Tel est encore celui-ci de Montesquieu, renouvelé d'Aristote, que « il règne en « Asie un esprit de servitude qui ne l'a « jamais quittée ; et que, dans toutes « les histoires de ce pays, il n'est pas « possible de trouver *un seul trait qui* « *marque une âme libre*, et qu'on n'y « verra jamais que l'héroïsme de la ser- « vitude. » (*Esprit des Lois*, l. XVII, ch. 6.)

Il suffit de lire l'histoire de la Chine pour se convaincre qu'il y a eu chez ce peuple, considéré en Europe comme un foyer de servitude, plus de traits de *courage civil marquant une âme libre*, que dans toutes les monarchies européennes ! Nous croyons qu'il est convenable de rappeler ici ces paroles d'un missionnaire, que ses connaissances et son long séjour en Chine autorisaient à porter un tel jugement : « Il ne faut « pas juger de la Chine par ce qu'en « racontent ceux qui ne l'ont vue que « sur les bords de la rivière de Canton, « et moins encore par ce qu'ils y achè- « tent. » (*Mém. sur les Chinois*, t. IX, p. 361.)

DE LA FORME DU GOUVERNEMENT CHINOIS. DEVOIRS DU SOUVERAIN.

La forme du gouvernement chinois peut être comparée à cette *cinquième royauté* dont parle Aristote, « laquelle « à de grands rapports avec le pouvoir « domestique, sorte de royauté du père « sur sa famille ; de même la royauté « en question est une administration de « famille s'appliquant à une nation. » Dans l'esprit des institutions politiques de la Chine, la famille est le prototype de toute l'organisation sociale. Les droits et les devoirs du père de famille sont transportés au chef suprême de l'État, qui est considéré comme ayant les mêmes droits, sur tous les sujets de l'empire, que le père de famille sur tous les membres qui la composent ; et l'un et l'autre ont les mêmes devoirs à remplir ; ces devoirs ne diffèrent que du plus au moins. L'empereur a, comme le père de famille, un pouvoir absolu sur tous les sujets de son empire (pouvoir qui ne peut s'exercer cependant que par des corps et des ministres responsables, on ne doit pas l'oublier !), mais il a aussi toute la responsabilité de ce dernier. Les philosophes chinois, anciens et modernes, tout en reconnaissant à l'empereur les droits du père de famille, n'ont jamais manqué de lui en rappeler les devoirs, à tel point qu'ils le rendent responsable de la misère des populations, et même des calamités publiques.

Le premier et le plus célèbre de ces philosophes, KHOUNG-TSEU, a ainsi formulé sa doctrine à cet égard :

« Les anciens princes qui désiraient développer et mettre en évidence, dans leurs États, le principe lumineux de la raison que nous recevons du ciel, s'attachaient auparavant *à bien gouverner leur royaume* ; ceux qui désiraient bien gouverner leur royaume s'attachaient auparavant *à mettre le bon ordre dans leur famille* ; ceux qui désiraient mettre le bon ordre dans leur famille s'attachaient auparavant *à se corriger eux-mêmes* ; ceux qui désiraient se corriger eux-mêmes s'attachaient auparavant *à donner de la droiture à leur âme* ; ceux qui désiraient donner de la droiture à leur âme s'attachaient auparavant *à rendre leurs intentions pures et sincères* ; ceux qui désiraient rendre leurs intentions pures et sincères s'attachaient auparavant *à perfectionner le plus possible leurs connaissances morales* ; perfectionner le plus possible ses connaissances morales consiste à pénétrer et approfondir les principes rationnels de toutes nos actions. »

Dans la politique des publicistes chinois, chaque famille est une nation ou État en petit ; et toute nation ou tout État n'est qu'une grande famille : l'une et l'autre doivent être gouvernés par les mêmes principes de sociabilité, et soumis aux mêmes devoirs. Ainsi, de même qu'un homme qui ne montre pas de vertus dans sa conduite privée et n'exerce point d'empire sur ses passions, n'est pas capable de bien administrer une famille ; de même un prince qui n'a pas les vertus et les qualités qu'il faut pour bien administrer une famille, est par cela même incapable de bien gouverner une nation. Ces doctrines ne sont pas ce que nous appelons *constitutionnelles*, parce qu'elles sont en opposition avec la doctrine qui pose en principe que *le chef de l'État règne et ne gouverne pas*, et qu'elles lui attribuent un pouvoir exorbitant sur ses sujets, celui d'un père sur ses enfants; pouvoir dont les princes, en Chine, sont aussi portés à abuser que partout ailleurs. Mais, d'un autre côté, ce caractère d'assimilation au père de famille leur impose des devoirs que les chefs des États constitutionnels ne regardent pas toujours comme obligatoires pour eux, et que les premiers trouvent quelquefois assez gênants pour se décider à les enfreindre. Alors, d'après la même politique, les membres de la grande famille nationale ont le droit, sinon toujours la force, de déposer les mauvais rois qui ne gouvernent pas en vrais et *bons pères de famille*, comme s'exprime notre Code civil. On en a vu des exemples.

Le plus grand éloge que les écrivains chinois croient faire du prince qui les gouverne, c'est de dire qu'*il est le père et la mère du peuple*. Cette doctrine, exprimée en propres termes dans l'ancien *Livre des vers*, a été ainsi expliquée par KHOUNG-TSEU: « Ce que le « peuple aime, l'aimer; ce que le peuple « hait, le haïr : » voilà ce qu'on appelle *être le père et la mère du peuple!* (La *Grande Étude*, ch. x, § 3.)

Tous les commentateurs dont les explications sont enseignées dans toutes les écoles de l'empire, s'attachent à développer cette doctrine d'une manière qui ne laisse aucun doute sur leurs sentiments. « Aimer ainsi le peuple, dit « l'un d'eux, c'est ne pas considérer le « peuple comme peuple, mais c'est le « considérer comme son propre fils. » Et le *Commentaire impérial* ajoute : « Le philosophe dit que la loi du devoir « ou la règle de conduite d'un prince « consiste à *ne pas faire peu de cas* des « sentiments du peuple. »

« Celui qui possède l'empire » (dit un disciple de KHOUNG-TSEU, développant la pensée de son maître) « ne doit « pas négliger de veiller attentivement « sur lui-même, pour pratiquer le bien « et éviter le mal ; s'il ne tient compte « de ces principes, alors la perte de son « empire en sera la conséquence. »

Un commentateur moderne dit à ce sujet : « La fortune du prince dépend « du ciel, et la volonté du ciel réside « dans le peuple. Si le prince obtient « l'affection et l'amour du peuple, le « Très-Haut le regardera avec complai- « sance, et affermira son trône; mais « s'il perd l'affection et l'amour du « peuple, le Très-Haut le regardera avec « colère, et il perdra son royaume(*). »

Aux yeux des Chinois, la conduite du prince influe puissamment sur celle de ses sujets. Il est donc du plus grand intérêt social qu'il possède toutes les qualités et les vertus qui peuvent en faire un prince accompli. Au nombre des principales vertus que le prince doit posséder, ils placent le *désintéressement* et le *dévouement au bien public*.

« Traiter légèrement ce qui constitue « la base fondamentale de tout bon gou- « vernement (dit *Thseng-tseu*, dans la « *Grande Étude*, ch. x, § 7, 8, 9 et « 10), c'est-à-dire, la pratique des ver- « tus morales, et faire beaucoup de cas « de l'accessoire, ou des *richesses*, c'est « *pervertir* les sentiments du peuple, et « l'exciter, par l'exemple, au vol et aux « rapines.

« C'est pour cette raison, ajoute-t-il, « que, si un prince ne pense qu'à amas- « ser des richesses, alors le peuple, pour « l'imiter, s'abandonne à toutes ses pas- « sions mauvaises ; si, au contraire, il « dispose convenablement des revenus « publics, alors le peuple se maintient « dans l'ordre et la soumission. »

On lit dans l'*Encyclopédie historique*, rédigée par ordre et sous l'*inspection* de l'empereur *Khang-hi* (*Youan-kian-loui-han*) : « Le fils du Ciel, ou « l'Empereur, a été établi pour le bien « et dans l'intérêt de l'empire, et non « l'empire établi pour le bien et dans « l'intérêt du souverain. (*Li thiên- « tseü wéi thiên-hià yé : féi li thiên- « hià wéi thiên-tseü yé.*) » Trouverait-

(*) (La *Grande Étude*, ch. x, § 6, note de notre édition, où le texte chinois de ce commentateur se trouve cité.)

on dans tous les publicistes européens un axiome politique plus rationnel et plus *libéral !*

« Il est dit, dans l'ancien *Livre des « Annales : Le mandat du ciel qui « donne la souveraineté à un homme « ne la lui confère pas pour toujours.* « Ce qui signifie qu'en pratiquant le « bien et la justice, on l'obtient; et « qu'en pratiquant le mal ou l'injustice, « on le perd. »

Il n'y a certainement aucun pays où l'on ait tant écrit et publié d'ouvrages sur les devoirs et la conduite des princes qui se trouvent appelés à gouverner un empire. Il n'y en a pas non plus (et cela paraîtra peut-être un paradoxe) où des avertissements plus sévères leur aient été adressés. L'un des défauts contre lesquels les philosophes chinois ont cherché le plus à prémunir leurs gouvernants, a été le désir d'accumuler des richesses. « Ceux qui gouvernent un « royaume (dit encore *Thseng-tseu*, « *Grande Étude*, ch. x, § 21-22) ne « doivent point faire leur richesse pri« vée des revenus publics; mais ils doi« vent faire de la justice et de l'équité « leur seule richesse.

« Si ceux qui gouvernent les États, « ajoute-t-il, ne pensent qu'à amasser « des richesses pour leur usage person« nel, ils attireront indubitablement au« près d'eux des hommes dépravés; ces « hommes leur feront croire qu'ils sont « des ministres bons et vertueux, et ces « hommes sans principes gouverneront « le royaume. Mais l'administration de « ces indignes ministres appellera sur « le gouvernement les châtiments divins « et les vengeances du peuple ! Quand « les affaires publiques sont arrivées à « ce point, quels ministres, fussent-ils « les plus justes et les plus vertueux, « détourneraient de tels malheurs ? — Ce « qui veut dire que ceux qui gouver« nent un royaume ne doivent point « faire leur richesse privée des revenus « publics, mais qu'ils doivent faire de « la justice et de l'équité leur seule ri« chesse. »

Un commentateur chinois résume ainsi la doctrine de KHOUNG-TSEU sur ce sujet : « Le grand but, dit-il, le sens « principal du texte, signifie que *le « gouvernement d'un empire consiste « dans l'application des règles de droi« ture et d'équité naturelles, que nous « avons en nous, à tous les actes d'ad« ministration publique, ainsi qu'au « choix des hommes que l'on emploie, « lesquels, par leur bonne ou mau« vaise administration, conservent ou « perdent l'empire. Il faut que, dans « ce qu'ils aiment et dans ce qu'ils ré« prouvent, ils se conforment toujours « au sentiment du peuple.* »

Un principe constamment professé par *Meng-tseu* et par d'autres philosophes chinois, dont les écrits sont enseignés dans les écoles de l'empire, avec l'autorisation du gouvernement, c'est que, « toutes les fois qu'un prince ré« gnant perd l'affection de la grande « majorité du peuple, en agissant con« trairement à ce que ce dernier re« garde comme le bien général, ce « prince est rejeté ou désavoué par le « ciel, et peut être détrôné par celui « qui, au moyen d'un saint et généreux « accomplissement de ses devoirs, a ga« gné le cœur de la nation. »

L'ancien philosophe KHOUNG-TSEU a formulé ainsi les principaux devoirs du souverain : « Tous ceux qui sont pré« posés au gouvernement des empires « ou des royaumes ont neuf règles in« variables à suivre : la première est de « travailler constamment au perfection« nement de soi-même; la seconde est « de révérer les sages; la troisième est « d'aimer ses parents; la quatrième, « d'honorer les premiers fonctionnaires « de l'État ou les ministres; la cin« quième, d'être toujours en parfaite « harmonie avec les autres fonction« naires et magistrats de l'empire; la « sixième, de traiter et de chérir le « peuple comme un fils; la septième, « d'attirer près de sa personne les sa« vants, les artistes et les artisans de « mérite; la huitième, d'accueillir avec « cordialité les hommes qui viennent « de loin, c'est-à-dire, les étrangers; la « neuvième, enfin, de traiter avec ami« tié les grands vassaux. » (*Tchoùngyoùng*, ch. xx, § 11.)

L'hérédité du pouvoir par droit de primogéniture n'existe pas en Chine. L'empereur régnant choisit son successeur parmi ses enfants mâles, en arrêtant ordinairement son choix sur celui qui lui paraît réunir le plus des qualités qui sont indispensables pour faire un bon souverain, ou qui a le moins des défauts qui en font un mauvais. Cette faculté qu'a l'empereur de choisir son successeur corrige, jusqu'à un certain point, ce que l'hérédité du pouvoir a d'aveuglement fatal, par l'exercice, très-restreint sans doute, mais enfin quelquefois utile, de la volonté et de la raison souveraine.

L'exercice de la souveraineté est, aux yeux des philosophes et des publicistes chinois, la plus haute, la plus noble et la plus sainte mission dont un homme puisse être revêtu sur la terre. Cette mission, comme nous l'avons déjà dit, n'est pas un droit, un privilége, un apanage appartenant à un homme, à une famille, à une race, pour en disposer selon leur bon plaisir; c'est une délégation, un mandat de la raison ou du pouvoir supérieur qui préside aux destinées des nations; lequel mandat ne leur est conféré que pour veiller constamment aux intérêts et aux besoins de tous, comme un père et une mère veillent aux intérêts et aux besoins de leurs enfants, et faire régner la justice. Aussi l'autorité souveraine, en Chine, est-elle environnée des signes les plus nombreux, les plus éclatants d'un respect et d'une vénération en quelque sorte sans limites. Ce sont ces formes extérieures de la majesté souveraine, ces manifestations en apparence si profondément serviles de la part des populations asiatiques, et principalement de celles de la Chine, qui ont fait porter sur elles des jugements si sévères par un grand nombre d'écrivains européens, lesquels n'ont voulu voir en elles que des populations esclaves, absolument dépourvues de toute dignité humaine. Il est sans doute très-beau d'avoir assez de respect de soi-même, de dignité de caractère, pour ne pas s'abaisser jusqu'à rendre à un homme, fût-il couronné, des hommages avilissants, une espèce de culte fanatique qu'il ne conviendrait pas même de rendre à Dieu; il serait beau de voir les peuples ne se prosterner que devant la loi, ne flatter que la loi, n'attendre des faveurs que de la loi; mais la loi est un être trop abstrait pour la généralité des hommes; et, jusqu'à ce que les habitudes et les mœurs de l'Europe soient arrivées à ce dernier état de civilisation, il lui siéra assez mal d'accuser de servilité et de bassesse les mœurs orientales, et principalement les mœurs chinoises.

Ce n'est pas, cependant, que nous voulions faire ici l'apologie de la société chinoise telle qu'elle est maintenant constituée, et que nous l'offrions pour modèle à la société européenne; non, assurément. Depuis cinquante ans, surtout, la loi a déjà trop remplacé la volonté arbitraire de quelques hommes pour que nous puissions avoir cette pensée. D'ailleurs, notre société est loin, surtout à notre époque, d'avoir pour base le principe de la famille, principe sur lequel, comme nous l'avons dit, repose, avec tous ses avantages comme avec tous ses inconvénients, la société chinoise.

L'empereur, en Chine, est censé tenir du ciel son mandat souverain; c'est pourquoi il est souvent nommé « le fils « du Ciel » (*thiên tseü*). On l'appelle aussi le *fils du Ciel*, parce que, disent des écrivains chinois, le *Ciel* est son père, et la *Terre* sa mère. Les lieux qu'il habite sont nommés: le *Palais de la Cour*, la *Salle d'or*, l'*Avenue* et la *Cour de vermillon*, la *Salle interdite*, le *Palais défendu*, la *Cour céleste*, etc. Dans l'ordre religieux comme dans l'ordre politique, l'empereur est revêtu de l'autorité suprême; toutefois cette autorité est limitée par des *Conseils* ou grands tribunaux, auxquels ressortissent toutes les affaires du gouvernement.

Sa suprématie religieuse ne peut toutefois s'exercer qu'en ce qui concerne le culte de l'État, le culte dit de *Confucius*, à l'exclusion de tous les autres; et, sous ce rapport, l'empereur est réellement dépendant du grand *Tribunal* ou *Conseil des Rites*, chargé de conserver les traditions et les usages religieux de l'antiquité (*). Professant lui-même, comme étant d'origine tartare, la religion bouddhique, il ne peut lui rendre qu'un culte privé.

(*) On verra plus loin en quoi consiste ce culte religieux officiel de la Chine, qui n'a pour prêtres et officiants que les différents fonctionnaires de l'ordre civil.

Cette autorité de l'empereur, que l'on croit si absolue, ne va pas aussi loin, sur beaucoup de points, que celle des souverains de l'Europe, même des souverains constitutionnels. Sa personne aussi est inviolable et sacrée; et ses ministres sont responsables, mais d'une responsabilité qui, pour n'être pas écrite dans une charte, n'en est pas moins réelle, et quelquefois même terrible, puisqu'il arrive assez souvent que des ministres sont dégradés, exilés en Tartarie, et condamnés à mort pour des actes de leur ministère. Dans ce dernier cas, la peine prononcée par le *Tribunal des peines* ou *Haute cour de justice*, est presque constamment commuée en un exil perpétuel ou temporaire par l'empereur, qui a, comme les chefs d'État en Europe, la haute et sainte prérogative du droit de grâce.

Il n'est peut-être aucun État dans le monde où la volonté du souverain s'exerce plus rarement d'une manière directe qu'en Chine; où cette volonté, avant de se manifester, passe par plus de filières, où il soit plus difficile d'arriver à elle, et d'en obtenir directement, soit faveur, soit justice. Les rouages du gouvernement sont si multipliés, que le mouvement s'accomplit souvent avec une extrême lenteur, hors les cas d'urgence; mais ces rouages sont si bien combinés, si adroitement coordonnés, qu'ils fonctionnent tous, dans leur sphère d'action, avec une régularité pour ainsi dire machinale. Si tous les mouvements de l'activité humaine ont jamais été soustraits à toute spontanéité pour être soumis à des règles fixes, on peut dire que c'est en Chine, où, jusqu'aux plus simples rapports des hommes entre eux, tout a été réglé, formulé par des édits qui font loi, ou des usages qui sont aussi inviolables.

DES DIFFÉRENTS POUVOIRS DE L'ÉTAT. Nous avons dit que l'*autorité souveraine* résidait dans l'empereur, au nom duquel s'exerce le *pouvoir exécutif*. Tous ses *Décrets*, rédigés en conseil et promulgués en son nom, par les ministres et autres agents responsables, ont force de loi. Ces décrets sont publiés dans une espèce de *Bulletin des lois* ou *Moniteur de la cour*, comme il est nommé, que le gouvernement fait paraître journellement à *Péking*, et qui est envoyé à tous les principaux mandarins ou fonctionnaires publics de l'empire. Ceux-ci en font part immédiatement à leurs administrés, par des affiches publiques. Aussitôt cette publicité donnée, tous ces décrets sont obligatoires.

Le *pouvoir législatif* ne réside point dans des corps constitués, comme les chambres électives ou héréditaires de quelques États de l'Europe, mais seulement dans la personne du souverain, avec l'avis et sous la responsabilité de *Conseils spéciaux*, qui sont chargés de branches distinctes du pouvoir exécutif. Ce sont ces conseils spéciaux, dont nous parlerons ci-après, qui élaborent et préparent les projets de loi ou de décrets dont ils partagent l'initiative avec le souverain, mais que ce dernier seul peut rendre exécutoires. Quoique tous les décrets, édits, proclamations, etc., de l'autorité souveraine soient ainsi élaborés, la formule dont ils sont revêtus dans la promulgation ferait croire qu'ils sont l'expression absolue, exclusive de la volonté impériale, et rappelle, en termes presque identiques, le: *Tel est notre bon plaisir*, de quelques royautés européennes; c'est la formule du pouvoir absolu qui, lorsqu'il ne l'exerce pas en réalité, aime toujours bien à en conserver les apparences.

1° *Classes privilégiées. Ministère de la maison impériale.*

Les lois, édits, décrets promulgués au nom de l'empereur, sont obligatoires pour tous, à l'exception des membres de la famille impériale, qui sont très-nombreux, et qui sont placés sous la dépendance exclusive d'un conseil particulier, nommé *Ministère de la maison impériale* (*Tsoüng jin foü*); à l'exception aussi des personnes composant sept autres classes de privilégiés non héréditaires, et que la loi place en dehors du commun des individus, pour lesquels elle n'a plus qu'un même niveau. Ces sept dernières classes de citoyens sont ceux qui ont été placés ainsi au-dessus de la loi commune, 1° par *le privilège des longs services dans de hautes fonctions publiques* (*);

(*) Cette classe, dit le commentaire, com-

2° par *le privilége de grandes actions, honorables et utiles au pays* (*); 3° par *le privilége d'une sagesse non commune, qui s'est rendue profitable à la société* (**); 4° par *le privilége de grands talents manifestés dans l'état militaire ou dans l'administration civile* (***); 5° par *le privilége du zèle et de l'assiduité apportés dans l'accomplissement des devoirs publics* (****); 6° par *le privilége du rang occupé dans l'État* (*****); et, enfin, 7° par *le privilége d'être né d'un père qui s'est distingué par une haute sagesse, ou qui a rendu des services éminents à l'État*. Ce dernier privilége ne s'étend qu'à la seconde, et rarement à la troisième génération. Ces sept classes de priviléges, réunies à la première qui comprend les membres de la famille impériale, composent ce que l'on nomme en chinois *pa i*, « les huit règles ou priviléges (*): »

Ces priviléges, pour les sept dernières classes surtout, s'étendent principalement à l'application des peines, en enlevant ceux qui en sont revêtus, ainsi que leurs parents, ascendants et descendants, à la juridiction des tribunaux ordinaires, qui ne peuvent les juger que sur un ordre exprès de l'empereur.

La première de ces classes privilégiées, qui comprend tous les membres et les parents à tous les degrés de la famille impériale, forme une nombreuse tribu gouvernée par un conseil ou ministère spécial, composé d'un *président*, proche parent de l'empereur, et ayant le titre de *roi* ou prince du sang; de deux vice-présidents, ces derniers revêtus du titre tartare de *Bey*, et de deux assesseurs, occupant quelques-unes des plus hautes fonctions de l'État, et appartenant tous à la parenté de l'empereur. Cette parenté est divisée en deux grandes classes : la première, nommée *Tsoŭng-chi*, « maison impériale, » parenté la plus proche et en ligne droite du fondateur de la dynastie; la seconde, nommée *Kioro* ou *Gioro*, membres de la *tribu d'or*, surnom de la famille régnante, composée des branches collatérales, descendance des oncles et des frères de ce même fondateur, et parenté la plus éloignée. Les fonctions de ce ministère spécial de la maison de l'empereur sont nombreuses; elles consistent à tenir des registres exacts des mutations qui s'opèrent dans cette tribu impériale, c'est-à-dire, à enregistrer les naissances des enfants nés de sang impérial, et des enfants adoptifs qui doivent être proclamés publiquement; les mariages, les décès, les promotions et

prend les anciens et fidèles serviteurs de la couronne ou *famille impériale*, comme s'exprime le texte chinois, ayant reçu des distinctions honorables dans les hautes charges qu'ils ont remplies sans interruption.

(*) Cette classe comprend ceux qui ont fait des actions d'éclat en abattant la tête du général ennemi, en lui enlevant son étendard, en lui brisant son glaive, en le poursuivant à une longue distance; elle comprend aussi ceux qui ont rendu la tranquillité à leur pays, en faisant rentrer la multitude dans l'ordre et la soumission; de même que ceux qui ont étendu les frontières de l'empire. Toutes ces actions d'éclat seront gravées sur des tables de marbre pour en conserver le souvenir aux générations futures.

(**) Cette classe comprend ceux qui, possédant de grandes vertus, les ont mises en pratique, et, par leurs paroles ou leurs avis, aussi bien que par leurs actions, ont inspiré au gouvernement une meilleure direction, et se sont faits d'excellents modèles à imiter et à suivre.

(***) Cette classe comprend ceux qui ont de grands talents, et qui, par cela même, sont aptes à commander des armées, à diriger les affaires de l'État, en devenant ministres. Ces hommes d'action sont souvent plus rares et plus utiles que ceux qui se bornent à pratiquer la vertu et la sagesse.

(****) Cette classe comprend ceux qui, dans le commandement des armées, dans l'accomplissement de leurs fonctions civiles, y portent jour et nuit, loin ou près, un zèle, une assiduité, des soins qui ne se démentent jamais.

(*****) Cette classe comprend ceux qui occupent le premier rang parmi les mandarins; en même temps que ceux qui occupent, dans le second rang, des emplois civils ou militaires; et enfin ceux qui, n'étant que du troisième rang, ont un commandement civil ou militaire qui le place au-dessus de ceux du second rang.

(*) *Ta thsing liu li*, ou *Code pénal de la Chine*, K. III, f° 14.

les dégradations; les honneurs, les dignités conférées; en un mot, à tenir de véritables *Registres de l'état civil* de la famille et de toute la parenté impériale. Tous les dix ans, ces registres sont gravés sur des tables de marbre. L'un de ces registres, qui concerne spécialement la parenté de l'empereur en ligne droite, est nommé le *registre jaune;* l'autre, qui concerne spécialement les *branches collatérales*, est nommé le *registre rouge*.

La famille actuellement régnante étant d'origine tartare, la plupart des titres conférés aux membres qui la composent sont *mantchous;* ils correspondent aux titres connus en Europe de roi, prince, duc, grand maréchal, maréchal, général, etc. (*). Les femmes reçoivent aussi des titres. Ceux qui n'en ont point sont classés dans l'un des neuf rangs (*pin*) que nous ferons connaître ci-après. Les fils aînés reçoivent le titre de *princes héréditaires* (*chi-tseū*), ou celui de *fils aînés* (*tchăng-tseū*).

Tous ces titres divers sont conférés, 1° pour récompenser des services éminents, 2° par faveur spéciale (*), 3° héréditairement, 4° par suite d'examens sur certaines aptitudes, que les fils des dignitaires subissent à l'âge de vingt ans, et qui concernent principalement l'art militaire, l'équitation, le tir de l'arc, etc. Ces titres sont au nombre de douze. Ils n'ont commencé à être conférés que par les empereurs *Khang-hi* et *Khien-loung*, qui ont, sous ce rapport, comme sous plusieurs autres, beaucoup innové dans les mœurs et habitudes chinoises, pour se mettre au niveau des grandes monarchies de l'Occident, dont ils étaient contemporains, et avec lesquelles les missionnaires jésuites s'efforcèrent de les familiariser.

Les titres ainsi conférés comme il vient d'être expliqué, ne donnent à ceux qui en sont revêtus d'autres priviléges que ceux qu'ils tiennent de leurs fonctions ou de leur sang impérial, c'est-à-dire, de n'être, dans certains cas, soumis qu'à la juridiction du *ministère spécial* de la famille impériale. Mais lorsqu'ils occupent des emplois publics, civils ou militaires, c'est aux *ministères des offices civils* (*li-poù*) et de la *guerre* (*ping-poù*) à statuer sur ce qui les concerne. Les proches parents de l'empereur (*tsoùng-chi*), et les parents collatéraux éloignés (*gioro*), ne sont pas exemptés de cette subordination. Les contestations qui s'élèvent entre eux, ou qu'ils soutiennent avec d'autres particuliers, sont déférées aux *ministères des finances* (*hoù-poù*) et de la *justice* (*hing-poù*), qui statuent sur elles; le premier en ce qui concerne les propriétés foncières, le second en ce qui concerne les personnes. S'il y a crime ou délit, et que ce crime ou ce délit ne

(*) En voici l'énumération :
1° *Ho-chi-tlsin wăng*, }
2° *To-lo-kiun wăng*, } ....*rois*.
3° *To-lo-pei-le*, }
4° *Ko-chen-pei-tseu*, } *beys* ou *princes*.
5° *Foung-găn-tchin-kouē-kong*, }
6° *Foung-găn-fou-kouē-kong*, } *ducs*
7° *Pou-ji-pa-fen-tchin-kouē-kong* } et
8° *Pou-ji-pa-fen-fou-kouē-kong*, } *comtes*.
9° *Tchin-kouē-tsiang-kiun*, }
10° *Fou-kouē-tsiang-kiun*, } *généraux*.
11° *Foung-kouē-tsiang-kiun*, }
12° *Foung-găn-tsiang-kiun*. }

Tous ces titres, conférés du vivant de ceux qui les obtiennent, ou après leur mort, comme titres posthumes, le sont par rang de préséance, et ils ont entre eux des nuances de *supériorité* ou d'*infériorité* que nous n'avons pu rendre par des titres équivalents.

Les titres donnés aux femmes sont divisés en deux classes. La première, qui est la supérieure, comprend deux titres différents: les *Kou-lun-koung-tchou*, et les *Ho-chi-koung-tchou*, équivalents à celui de *princesses*, et donnés, le premier aux filles légitimes de l'empereur, et le second aux filles de ses concubines. La seconde classe comprend cinq titres différents, qui sont : 1° les *Kiun-tchou*, 2° les *Hien-tchou*, 3° les *Kiun-kiun*, 4° les *Hien-kiun*, et 5° les *Hiang-kiun*. Ces cinq derniers titres de la seconde classe sont donnés aux filles des hauts titulaires de la famille impériale, et de la parenté collatérale. Toutes les filles qui ne portent pas un de ces titres sont nommées en général *filles de la famille impériale* (*tsoùng-niū*).

(*) Les fils de l'empereur, parvenus à l'âge de quinze ans, reçoivent un titre de leur père; ils ne le reçoivent pas, comme dans les monarchies européennes, au moment de leur naissance. On attend en Chine, pour le leur conférer, qu'ils puissent déjà comprendre les devoirs et la dignité de l'homme.

soit pas grave, alors ces pouvoirs décident sur la peine à appliquer ; si le crime ou le délit est grave, alors ils prononcent la condamnation, en allant jusqu'à l'emprisonnement et l'interdiction de certains droits et de certaines fonctions. Enfin, si le crime est très-grave, alors il en est référé à l'empereur, qui prononce en dernier ressort. Tout membre de la famille de l'empereur qui a été condamné à l'emprisonnement est déchu de son rang. À la fin de chaque année, on passe la revue de ceux qui sont ainsi en prison, et on en rend compte à l'empereur (*).

Par une politique assez adroite, le privilége du sang impérial, quand il n'est pas soutenu et en quelque sorte justifié par des mérites réels, ou par une faveur spéciale, cesse de protéger les privilégiés, qui descendent alors au rang du simple peuple, sans titre et sans pouvoir même porter l'insigne de l'un des *neuf rangs* de mandarins.

Les membres de la famille impériale appartenant à la ligne directe, et ceux qui appartiennent aux branches collatérales, se distinguent, les premières (les *tsoúng-chí*), par le port d'une *ceinture jaune et or*, et les seconds (les *gioro*), par le port d'une *ceinture rouge*. Lorsque des individus appartenant à l'une ou à l'autre classe sont dégradés de leurs honneurs, titres ou rang, les premiers portent alors une *ceinture rouge*, comme ceux de la seconde classe, avec lesquels ils se confondent, et les seconds une *ceinture de couleur violette* (*tszè*).

À la fin de chaque année, dans le douzième mois, après en avoir obtenu l'agrément de l'empereur, les mutations survenues dans la famille impériale sont opérées sur le *registre auguste* (*hoáng-tsï*) ; les nouveau-nés sont portés sur le *livre du vermillon* (*tchoù-choù : registre des naissances*), et les morts sur le *livre noir* (*mē-choù : registre des décès*).

Liste civile de la famille impériale.

L'empereur, comme chef souverain du pouvoir administratif et du pouvoir exécutif, a à sa libre disposition les recettes de l'État, sous la condition de faire face, avec ces recettes limitées, à tous les services publics. Il n'en est pas de même pour les membres de sa famille. Tous ceux à qui des titres ont été conférés, reçoivent du trésor public des émoluments ou revenus fixes et annuels en argent et en riz, déterminés de la manière suivante :

1° Pour un *thsìn-wáng* ou *roi*, proche parent de l'empereur, 10,000 *liáng* ou 80,000 fr., et 5,000 hectolitres de riz ;

2° Pour un *kiûn-wáng*, ou roi d'une parenté plus éloignée, la moitié des chiffres précédents ;

3° Pour un *bey*, le quart de ce qui est alloué au *thsìn-wáng* ;

4° Pour les *foùng-gǎn-tsiǎng-kiûn*, ou *généraux honoraires*, 110 *liáng* (880 fr.) et 55 hectolitres de riz ; ainsi de suite pour tous les membres composant la famille et la parenté de l'empereur, selon le rang, le titre, l'âge et le sexe de chacun d'eux, et même son état de santé (*). La maison de ces dignitaires de la famille impériale est aussi composée selon leur rang et leurs titres. Les princesses du sang, tant qu'elles ne sont pas mariées, reçoivent, celles de la première classe (les légitimes), 160 *liáng* (1280 fr.) et 80 hectolitres de riz par an pour leur entretien ; celles de la seconde classe (les illégitimes), 100 *liáng* (800 fr.) et 50 hectolitres de riz ; celles du dernier rang, 30 *liáng* (240 fr.) et 15 hectolitres de riz.

Les membres de la famille qui ont été dégradés et déchus de leur rang pour une cause quelconque, et par cela même réduits à la condition et au niveau du peuple, reçoivent encore 3 *liáng* (24 fr.) par mois, et une quantité de riz suffisante pour leur subsistance.

2. *Conseil des ministres* ou *Cabinet* (*Neï-Kô*).

Après le *Ministère de la maison impériale*, le premier corps constitué chargé des intérêts généraux de l'empire, que fait connaître le *Hoeï-tien* (**),

(*) *Ta-thsing-hoeï-tien*, K. 1, f° 14.

(*) Voy. à ce sujet le *Ta-thsing-hoeï-tien*, K. 1, f° 12.

(**) *Ta-thsing-hoeï-tien*, K. 2.

est le *Conseil des ministres* (*Nei-kŏ*, litt. : *pavillon, cabinet intérieur*). Ce conseil est composé d'anciens serviteurs éprouvés de la couronne, et appartenant pour la plupart à l'une ou à l'autre des huit bannières tartares (*).

(*) Selon l'*Almanach impérial* de 1844, imprimé à *Pé-king*, le *Conseil* en question était alors ainsi composé :
1° TÁ-HIŎ-SSÉ, ou *Docteurs en grande science* (*politique*) : les premiers fonctionnaires de l'Empire :
Mou-tchang-a, Mantchou de la *bannière à bordure bleue*, l'un des présidents de l'académie impériale des *Hán-lín*, l'un des membres principaux de la chambre historique, etc., etc.
Pwan-chi-ngan, Chinois du *Kiang-sou*, l'un des présidents de l'académie impériale des *Hán-lín*, etc.
Pao-hing, Mantchou, de la *bannière à bordure jaune*.
(Un 4ᵉ *Tà-hiŏ-ssé*, Chinois, manque dans l'*Almanach*, la place étant alors vacante.)
2° HIĔ-PAN-TA-HIO-SSÉ, *Docteurs en grande science*, de second rang :
King-tching, Mantchou de la *bannière à bordure blanche*.
Tcho-ping-tien, Chinois du *Sse-tchouan*.
3° HIO-SSE. *Simples docteurs en science politique* :
King-ting, Mantchou, de la *bannière à bordure jaune*.
King-king, id., de la *bannière jaune*.
Tsai-tsang, id., de la *bannière à bordure bleue*.
Soui-tchang, Mongol, de la *bordure rouge*.
Yi-yuh, Mantchou, de la *bordure bleue*.
King-si, id. id.
Tchao-kouang, Chinois du *Yun-nan*.
Lo-wen-tsiun, id. du *Kouang-toung*.
Tchang-fei, id. de *Kiang-sou*.
Wang-kouang-yin, id. id.
Ainsi, sur 15 membres de ce grand *Conseil*, 9 sont *Mantchous* et *Mongols*, et 6 seulement sont *Chinois*.
Le nombre des *Chí-toŭ-hiŏ-ssé*, ou *Docteurs en science politique, assistants lecteurs*, attachés à ce *conseil*, est de *huit*, dont *six* Mantchous ; celui des simples *assistants lecteurs* (*Chí-toŭ*) est de *seize*, dont *quatorze* Mantchous ; celui des *greffiers* (*tien-tsĭ*) est de *six*, dont *quatre* Mantchous. Le nombre des *secrétaires particuliers* (*tchoung-choŭ*) est de *quatre-vingt-quatorze* Mantchous et de *trente* Chinois ; les *gardes des archives* (*tchoung-choŭ-fŏ*) sont de *cinq*, dont deux chefs et trois sous-chefs, sur lesquels *deux* sont Mantchous ; les *écrivains rédacteurs* (*pië-tie-chĭ*) sont au nombre de *dix*, et tous Mantchous.

Ses attributions sont ainsi définies dans les *Statuts* : « Ce conseil, qui doit avoir quatre grands chanceliers (*tà-hiŏ-ssé*), *deux mantchous* et *deux chinois*, plus deux grands chanceliers coadjuteurs (*hiĕ-pan-tà-hiŏ-ssé*), *mantchous* ou *chinois*, ou l'un et l'autre à volonté, délibère sur le gouvernement et l'administration de l'empire, promulgue les ordonnances de l'empereur, préside à l'exécution des lois de l'État, et, en général, veille à ce que les fonctions respectives des différents pouvoirs soient maintenues dans leurs justes limites, afin d'aider l'empereur dans la direction des affaires de l'État. Toutes les fois qu'une grande cérémonie doit avoir lieu, ce conseil en avertit les mandarins, pour que chacun d'eux y remplisse les fonctions qui lui sont attribuées. (Suivent les détails du cérémonial.)

« Toutes les fois que la volonté de l'empereur doit être manifestée, elle l'est, ou par un *règlement* (*tchi*) (*), ou par une *déclaration* (*tchaŏ*), une *proclamation* (*kào*), ou par une *ordonnance* (*tchhi*). Dans tous les cas, la forme des publications doit être déterminée et arrêtée par le conseil, avant d'être présentée à l'empereur. Il en est de même pour ce qui concerne la liturgie ou les observances que l'on doit suivre dans les sacrifices publics, dont quelques-uns sont réglés par l'académie de *Hán-lin*, et d'autres par le *conseil des ministres* ; il en est de même aussi des cartes de congratulation, si ces cartes doivent contenir quelques phrases. Chaque fois que le conseil reçoit l'ordre de faire connaître au public la volonté de l'empereur, si c'est une réponse faite à un mémoire, à une pétition, et que cette réponse ait déjà été expédiée, le conseil doit la transmettre à l'administration qu'elle concerne, pour y être transcrite selon les formes usitées.

« Tous les documents officiels, soit

(*) Le *règlement* (*tchi*) est usité pour annoncer et régler les dispositions prises pour les grandes cérémonies ; la *déclaration* (*tchaŏ*) et la *proclamation* (*kào*) sont usitées pour annoncer aux mandarins et au peuple les choses qui concernent la grande administration de l'État ; l'*ordonnance* (*tchhi*) est employée quand il s'agit de conférer des rangs et des titres.

qu'ils aient été apportés par le *Service des dépêches* (fait par la cavalerie du département de la guerre, mise à la disposition des gouverneurs et lieutenants-gouverneurs de provinces), ou par l'entremise de l'un des six départements ministériels, doivent, avant d'être présentés à l'empereur (*), être soumis à l'examen du *conseil des ministres*, qui en fait faire des *duplicata*. S'il y a des plans, des devis, des notes ou *petits billets* annexés à ces documents, ils doivent les accompagner (**).

« Les décisions proposées par le *conseil* étant arrêtées, des *cédules* ou petits billets sont préparés : s'il y a deux décisions sur un même sujet, on les transcrit chacune sur une cédule différente; s'il y en a trois, on fait trois cédules; s'il y en a quatre, on en fait quatre. Lorsqu'elles sont ainsi toutes préparées, on les range en ordre pour attendre la décision impériale.

« Les raisons sommaires qui ont motivé les décisions prises par le *conseil* sont exposées sur une petite carte ou feuille de papier ; et lorsque la volonté ou le bon plaisir de l'empereur a été obtenu sur les décisions proposées, alors les documents sont envoyés aux six secrétariats.

« Quand l'empereur se présente dans la salle d'audience du conseil pour s'occuper des affaires du gouvernement, le président du conseil lui présente alors les documents décachetés et ouverts (***).

_____
(*) Le Commentaire fait connaître les jours fériés de l'année, pendant lesquels, soit pour une cause, soit pour une autre, aucun document ne peut être présenté à l'empereur.

(**) Selon le Commentaire, les *plans*, les *devis*, dont il est question dans le texte, concernent les bâtiments et ouvrages publics; les *cédules* sont des *petites cartes* ou morceaux de papier, attachés aux documents, et concernant lesquels, diverses décisions, quelquefois contradictoires, sont proposées par le conseil, dans le sens qu'il suppose que l'empereur pourrait décider. Le but de ces *cédules* ou *petits billets* est d'économiser le temps dans l'expédition des affaires, lorsque l'empereur travaille avec son conseil, car un simple trait du *pinceau de vermillon*, sur l'un de ces petits billets, est décisif ; il indique que c'est celui qui répond à la volonté impériale.

(***) Selon le Commentaire impérial, voici

« Les décisions prises en présence de l'empereur, après une mûre délibération; celles portées aux sessions d'automne (qui sont des sessions de révision des jugements à des peines capitales portées par les tribunaux) étant adoptées (*tchŏ-kiué*) par le conseil, alors, après avoir obtenu l'agrément de l'empereur, ces décisions sont marquées du signe exécutoire.

« Tous les documents présentés sont expédiés en deux jours, et retournés à qui de droit (*). S'ils ont rapport à des affaires pressées, ils sont expédiés et retournés le jour même. » (Suit l'énumération descriptive très-minutieuse comment les affaires se traitent dans le conseil : « Après qu'un document ou demande quelconque a été adressé au conseil par un département ministériel, et avant d'avoir obtenu à son sujet la décision de la volonté impériale, le document est ouvert par le conseil, qui le renvoie à la section qu'il concerne. Les documents (pétitions, demandes, lettres, dépêches, etc.) ainsi reçus chaque jour, sont réunis dans *dix sections* ou bureaux spéciaux, quelquefois dans *onze* ou *douze*. L'heure de l'audience ou de la tenue du conseil pour vaquer aux affaires du gouvernement arrivée, l'empereur se rend à la *Porte de la Pureté céleste* (nom du pavillon du palais où se réunit le conseil), monte sur son trône, et là, chaque département ministériel lui communique les affaires qui le concernent pour les expédier. Deux des lecteurs assistants se placent devant une table destinée à cet usage, et reçoivent, de chaque département ministériel représenté dans le conseil, la liasse des affaires à expédier. Un des dix *hiŏ-ssĕ* ou *docteurs en science politique*, membres du conseil, reçoit la liasse des documents décachetés et ouverts, et les dépose silencieusement sur la table. Après les avoir classés selon un certain ordre méthodique, il fait part de leur contenu à l'empereur. Ensuite un des membres *tá-hiŏ-ssĕ* reçoit la décision impériale. Chaque décision, inscrite à part sur une cédule, est annexée aux documents ou pétitions présentées.

« Lorsque l'empereur est à son parc de plaisance de *Youan-ming-youan*, les choses se passent de même dans la salle impériale consacrée à l'expédition des affaires du gouvernement. » (*Ta-thsing-hoei-tien*, K. 2, f° 8.)

(*) Cette célérité, dans l'expédition des affaires, pourrait servir d'exemple à bon nombre de départements ministériels en Europe.

des *vingt-cinq sceaux* de l'empereur, employés chacun dans des circonstances spéciales (*).

« Toutes les fois qu'il est question de faire connaître publiquement la volonté de l'empereur, les membres du conseil privé, chargés de cette fonction, demandent les sceaux pour les appliquer. Lorsque l'empereur se rend dans un lieu quelconque hors de la capitale, ces mêmes personnages reçoivent les sceaux pour le suivre. A la fin de l'année, tous les sceaux sont nettoyés et remis en un parfait état. »

§ 3. *Conseil privé* (*Kiûn-ki-tchoù*).

Ce conseil, disent les *Statuts* (**), est composé de grands fonctionnaires de l'État (***), préposés à la direction de la *machine gouvernementale*, comme s'exprime le texte chinois. Il préside à la confection des édits impériaux, des ordonnances de l'autorité souveraine, en même temps qu'il veille aux besoins généraux de la nation et de l'armée, afin d'aider l'empereur dans le gouvernement de l'empire.

Tous les jours il se rend dans l'enceinte du palais impérial interdit au public, pour y être à la disposition de l'empereur (****).

(*) Tous ces différents sceaux, la plupart formés de pierres précieuses de diverses couleurs, sont tous de forme carrée, et varient de 2 à 6 lignes sur 2 pouces et plus de dimension. Ils sont tous ornés de la figure du dragon, qui est l'emblème de la puissance impériale.

(**) *Ta-thsing-hoeï-tien*. K. III.

(***) Les ministres d'État qui composent ce grand conseil sont en nombre illimité; mais ceux qui résident dans la capitale sont au nombre de trente-deux, seize Mantchous et seize Chinois. Ils sont choisis parmi les *ta-hio-ssé*, Mantchous et Chinois, les présidents des divers ministères, les vice-présidents et autres grands fonctionnaires résidant à Péking.

(****) La salle où le conseil se réunit, dit le Commentaire, est située à l'intérieur de la *Porte des ancêtres éminents* (*loung-tsoung-men*). Chaque jour, à l'heure *yin*, comprise entre trois et cinq heures du matin, les membres de ce conseil se rendent dans ce lieu de leur réunion. Lorsque les affaires ont été expédiées, et que les eunuques de service ont fait connaître les intentions

Lorsque Sa Majesté se rend à sa résidence de *Youan-ming-youan*, ou qu'elle est en voyage, les choses se passent de même.

Chaque fois que des *édits* ou des *manifestes de la volonté impériale* doivent être promulgués, après avoir été rédigés dans les formes voulues par le *conseil des ministres d'État*, ils sont ensuite transmis au *conseil des ministres* ou *Cabinet* (*Neï-kö*) (*).

Lorsqu'un acte public, sorti du sein du *Conseil privé*, est destiné à être de l'empereur, chaque membre se retire. Il n'y a point d'heure fixe pour l'audience de l'empereur. Quelquefois l'empereur ne convoque ce conseil qu'une fois par jour, quelquefois plusieurs. Quand ces ministres d'État arrivent en présence de l'empereur, ils étendent une natte par terre, sur laquelle Sa Majesté leur permet de s'asseoir. Ensuite, les matières sur lesquelles doivent s'ouvrir les délibérations sont soumises à chaque membre, qui reçoit en même temps les différentes cédules sur lesquelles on a exprimé une décision différente : chacun donne son avis, en indiquant la décision qui lui paraît préférable; et avant que l'empereur ait fait connaître sa volonté par l'empreinte du pinceau de vermillon, tous les membres du conseil lui présentent respectueusement, avec les deux mains, la cédule qu'ils ont adoptée, et se retirent à leur place pour y attendre la décision souveraine.

Toutes les décisions étant ainsi reçues, les membres du conseil sortent de la salle d'audience de la manière indiquée.

(*) Selon le Commentaire, les documents publics qui découlent de l'initiative impériale, sont appelés *Édits* (*yü*) ; ceux qui sont une décision prononcée sur une demande, une pétition, un placet, etc., sont appelés *Manifestes de la volonté impériale* (*tchi*). Si cependant ces derniers répondent à un intérêt général, et que, par conséquent, leur promulgation doive être faite d'une manière solennelle dans tout l'empire, ils prennent le nom d'*Édits*. Leur formule est celle-ci : *Édit impérial reçu du conseil des ministres* (*Neï ko foung chàng yü*); l'autre formule porte : *Manifeste reçu de la volonté impériale* (*foùng-tchi*). Chacun de ces documents porte le jour, le mois et l'année dans lesquels il a été reçu. Si on juge qu'il doive être imprimé, on en réfère à l'empereur; et, après avoir obtenu son assentiment, on ajoute au document ces mots : *Par ordre de l'empereur, respectez ceci:* (*kìn-tíng*).

mis à exécution (sans passer par le *conseil des ministres*), cet acte public, après avoir été bien et dûment examiné, est scellé, et ensuite expédié (*).

Toutes les fois qu'un ordre impérial doit être réservé pour des circonstances déterminées, il est inscrit sur un registre spécial, et conservé soigneusement. Lorsque le temps est arrivé, il est alors extrait du registre, et représenté à l'empereur (**).

Le Conseil privé a encore beaucoup d'autres attributions, telles que celles de délibérer sur les affaires les plus importantes du gouvernement; d'éclairer en temps de guerre les opérations militaires, après s'être procuré les renseignements les plus exacts possibles sur les montagnes, les fleuves, les routes, les distances des pays qui doivent être le théâtre de la guerre; de fournir à l'armée en campagne les armes, les chevaux, les provisions dont elle pourrait avoir besoin; de présenter à l'empereur les noms des mandarins civils et militaires, portés sur les listes de promotion, ou mentionnés pour des actes méritoires, afin que Sa Majesté choisisse dans ces noms ceux auxquels elle doit accorder des faveurs. Ce conseil est aussi chargé de distribuer les présents accordés annuellement aux résidents politiques envoyés dans les États dépendants de la Mongolie intérieure, comprenant quarante-neuf bannières, et de la Mongolie extérieure, y compris le Turkestan chinois et le Thibet. La distribution des présents aux envoyés des princes mongols et autres est aussi dévolue à ce conseil, à l'exception de certains dons fixes et déterminés réservés au département des rites.

Plusieurs bureaux spéciaux dépendent du conseil privé : 1° un bureau pour préparer les documents politiques du conseil, nommé *fâng-liö-koudn*, et composé de quatre Mantchous et de quatre Chinois; 2° un bureau pour traduire les édits, et autres documents, du chinois en mantchou et du mantchou en chinois : une copie de chaque document sorti du conseil des ministres (*Néï-kö*) est envoyée à ce bureau pour y être traduite; les traducteurs y sont au nombre de quarante; 3° enfin, un troisième bureau, nommé *châng-yü-tchoù*, a pour fonction de veiller à ce que les édits impériaux soient exécutés.

Ministères spéciaux.

Après les deux grands Conseils dont nous venons d'exposer les attributions d'après les *Statuts* impériaux, ces derniers donnent l'organisation (*Livres* 4-48) de six grands *ministères* ou *tribunaux* (*), comme les missionnaires les ont appelés (*Lò-poù*), qui sont décrits dans l'ordre suivant : 1° le *ministère des fonctionnaires civils* (*Lì-poù*); 2° le

---

(*) Si un *édit*, ajoute le Commentaire, exige d'être promptement expédié, ou s'il doit être tenu secret, il ne passe pas comme les autres par le *conseil des ministres* pour être promulgué par ce dernier; c'est alors une *dépêche du palais* (*ting-khi*), qui passe par le grand *conseil des ministres d'État*, avec le cachet duquel il est scellé, et remis ensuite au bureau spécial du ministère de la guerre chargé des dépêches (que portent des cavaliers tartares), pour être expédié à sa destination; et, selon la plus ou moins grande urgence, le document est porté par des courriers, qui font quatre cents, cinq cents, six cents, et, dans les circonstances graves, jusqu'à plus de six cents *li* (60 *lieues*) par jour! Sa formule est celle-ci : *Dépêche expédiée par le ministre de la guerre*.

(**) Un registre spécial, soigneusement tenu, dit le Commentaire, est destiné à conserver la teneur des actes de l'autorité souveraine. Toutes les fois qu'un édit ou manifeste de la volonté impériale, concernant une affaire quelconque du gouvernement, a été reçu et doit être conservé, il est inscrit, en présence de Sa Majesté, sur un registre. L'époque de son exécution arrivée, le document est extrait du registre, et présenté de nouveau à l'empereur, pour lui demander son bon plaisir. Si l'affaire est d'une nature qui demande le secret, alors le document est scellé du sceau de l'État; et quand le moment est arrivé, le sceau est brisé, et l'édit reçoit alors son exécution.

(*) Les attributions de ces *six* ministères ne sont pas purement *administratives*, comme chez nous; mais elles sont aussi *judiciaires* dans certains cas, relativement aux fonctionnaires qui en dépendent. Malgré cette extension de leurs attributions, nous avons pensé que la dénomination de *Ministère* convenait mieux à ces pouvoirs que celle de *Tribunaux*, qu'on leur a donnée jusqu'ici.

ministère des *finances* (*Hôu-poù*);
3° le *ministère des rites* (*Li-poù*);
4° le *ministère de la guerre* (*Ping-poù*);
5° le *ministère de la justice* (*Hing-poù*);
et 6° le *ministère des travaux publics* (*Koûng-poù*).

Les attributions de ces ministères sont d'une nature plus spéciale que celles des deux grands conseils qui embrassent les affaires générales de l'administration de l'empire.

1° *Ministères des fonctionnaires civils* (LI-POU) (*).

Ce ministère, l'un des plus importants de l'empire, peut être comparé à notre *Ministère de l'intérieur*, sauf que le ministère chinois a beaucoup plus d'attributions que le nôtre, et qu'il n'a pas celle de diriger, tous les cinq ans, les élections politiques. Ce ministère, qui a deux présidents, quatre vice-présidents, deux de droite et deux de gauche, les uns Mantchous et les autres Chinois, a pour attribution le gouvernement et la direction de tous les fonctionnaires ou mandarins civils, pour aider l'empereur à gouverner les nombreuses populations qui sont sous sa dépendance(**).

Tout ce qui concerne la distribution des emplois civils, l'ordre ou le rang des fonctionnaires ou mandarins; l'examen des causes qui déterminent la promotion ou la dégradation de ces mêmes mandarins; la confection des listes de promotion et de récompenses, selon des règles équitables; l'application des lois concernant les congés et les retraites des fonctionnaires, appartient à ce ministère, sous la dépendance duquel sont tous les fonctionnaires civils de l'empire. Les affaires de ce département sont mises en délibération en présence des deux présidents et des quatre vice-présidents. Si ces affaires sont très-importantes, elles sont soumises à l'empereur; si elles sont d'une importance ordinaire, elles sont traitées et expédiées par ce ministère dans la forme indiquée, afin de faire fonctionner d'une manière régulière l'administration civile.

Les détails très-minutieux et très-complets dans lesquels entrent les *Statuts* concernant tous les rouages de cette grande administration, et les devoirs spéciaux de chaque mandarin à tous les degrés de l'échelle administrative, ne peuvent trouver place ici, et n'intéresseraient peut-être que médiocrement nos lecteurs. On y voit les formalités observées dans la présentation des mandarins à l'empereur, dans les promotions des gradués (*kiù-jin*), ou dans leur changement de résidence, après trois années passées dans une certaine localité, etc.

Au nombre des attributions les plus importantes de ce ministère, est celle de conférer tous les emplois qui appartiennent à l'administration civile des dix-huit provinces de l'empire, et cela, toutefois, avec la sanction de l'empereur; ces emplois, comme on peut se l'imaginer, dans un État aussi grand que la Chine, sont très-nombreux.

Des Mandarins ou fonctionnaires civils de l'empire.

Toute l'administration de l'empire, c'est-à-dire, de ce que l'on nomme le territoire *de la capitale* ou la *résidence impériale* (*king khi*), le *territoire de Moukden* (*ching king*), et les *dix-huit provinces* (*sêng*), reçoit son impulsion de grands fonctionnaires nommés *yin*, gouverneurs ou administrateurs spéciaux des circonscriptions territoriales où réside ordinairement l'empereur; de *thsoùng tou*, « gouverneurs ou vice-rois de provinces », et de *foù youén*, « lieutenants gouverneurs », qui relèvent tous du ministère civil (*li poù*).

Les *gouverneurs spéciaux* qui commandent et administrent le territoire de Pé-king, où est la cour, et le territoire tartare de *Moukden*, partagent leurs fonctions administratives entre des fonctionnaires subordonnés que l'on

---

(*) *Ta thsing hoei tien*. K. IV–IX.

(**) Depuis le règne de la dynastie mantchoue actuelle, toutes les hautes fonctions en Chine ont été doublées d'un *Tartare mantchou*, dans le but de surveiller et de contrebalancer l'esprit national chinois dans toutes les fonctions du gouvernement de l'empire. Ainsi, dans l'exemple ci-dessus, il y a *deux* présidents, l'un *Mantchou* et l'autre *Chinois*: quatre vice-présidents, dont *deux* de la droite: l'un *Mantchou* et l'autre *Chinois*, et *deux* de la gauche: l'un *Chinois* et l'autre *Mantchou*.

nomme *préfets* (*) (*foŭ*), *sous-préfets* (*tchéou*), *chefs de cantons* (*hién*) et de *districts* (*ting*).

Les *gouverneurs* et *lieutenants gouverneurs de provinces* partagent leurs attributions entre des fonctionnaires subordonnés que l'on nomme *receveurs généraux des finances* (*poŭ tching ssé*), *grands juges criminels* (*gān tchā-ssé*), *ingénieurs en chef et inspecteurs des ponts et chaussées* (*fēn chéou*, *fēn siūn táo*). Ces trois autorités spéciales (les *ssé* et les *táo*), qui, dans chaque province, viennent immédiatement après les *gouverneurs* et *lieutenants gouverneurs*, dont ils sont les subordonnés, partagent à leur tour leurs attributions entre les *préfets* de départements (*foŭ*), entre les *chefs de districts* (*ting*) et d'*arrondissements* (*tchéou*), qui ressortissent, pour le payement de leurs impôts seulement, ou pour leur *receveur des finances*, à la province de *Tchi-li*.

Les *préfets*, en troisième lieu, partagent leurs attributions entre les *chefs de districts* (*ting*), d'*arrondissements* (*tchéou*) et de *cantons* (*hién*). Enfin, les *chefs de districts* et les *chefs d'arrondissements*, qui ressortissent, pour leur receveur des finances, à la province de *Tchi-li*, partagent de nouveau leurs attributions entre des *chefs de cantons*, et les investissent des fonctions relatives aux six grands ministères des *offices civils*, des *finances*, des *rites*, de la *guerre*, de la *justice*, et des *travaux publics*. Les mandarins secondaires ou *adjoints*, ainsi que ceux qui leur sont encore inférieurs, jusqu'au dernier, sont tous soumis aux précédents, dont ils dépendent (**).

(*) Il y en a un à *Foung-tien*, territoire de *Moukden*.

(**) *Ta-thsing-hoeï-tien*, K. IV, f° 2-3. Les mandarins *secondaires* ou *adjoints* des *préfets* sont les *thoŭng-tchi*, et les *thoŭng-pwán* qui administrent ou dirigent une branche importante des services publics; ceux des *sous-préfets* et des *chefs de cantons* sont également des fonctionnaires *adjoints* pour des services d'*arrondissements* et de *cantons*. Les uns et les autres forment une magistrature mixte (*tsŭ tchi*), soit dans les villes, soit dans les campagnes, qui sert, en quelque sorte, d'intermédiaire entre le premier ordre de fonctionnaires et les habitants, comme

Nombre des mandarins ou fonctionnaires civils nommés par le pouvoir exécutif. Le personnel des fonctionnaires ou mandarins préposés à l'administration des deux résidences impériales et des provinces, se compose ainsi qu'il suit :

Mandarins de l'ordre administratif.

2 grands intendants ou gouverneurs spéciaux des territoires de *Pé-king* et de *Moukden en Tartarie* (*foŭ yĭn ssé tá tchĭn*);

2 vice-gouverneurs (*foŭ yĭn*);

8 gouverneurs généraux de provinces (*thsoŭng toŭ*);

18 lieutenants gouverneurs (*foŭ youĕn*);

19 receveurs généraux de province (*pou tching ssé*) (*);

18 juges criminels de province (*gān tchā ssé*); *un* par province.

82 ingénieurs en chef (*fēn chéou*) et inspecteurs (*fēn siŭn táo*), ayant des circonscriptions territoriales déterminées.

182 préfets de départements (*tchi foŭ*),

22 chefs de districts (*ting thoŭng tchi*);

67 chefs d'arrondissem. (*tchi tchéou*)(**);

47 chefs de districts subordonnés aux gouvernements provinciaux (*ting thoŭng tchi*);

31 juges de paix de districts ou magistrats locaux (*thoŭng pwán*);

147 sous-préfets d'arrondissements (*tchi tchéou*);

1293 chefs de cantons (*tchi hién*) (***).

nos officiers municipaux, mais avec des fonctions plus variées et plus étendues.

(*) Il y en a *deux* dans la province de *Kiang-sou*, et *un* dans chacune des autres provinces. Le nom de ces fonctionnaires signifie *qui reçoit et promulgue les décisions de l'autorité supérieure* dans chaque province. C'est lui qui est aussi chargé de la confection des listes décennales de la population de la province dont il administre les finances.

(**) Ces deux dernières circonscriptions administratives ressortissent à la province de *Tchi-li*.

(***) Ces chiffres du *Ta-thsing-hoeï-tien* diffèrent un peu de ceux que nous avons donnés dans le tableau précédent, page 129, d'après l'*Almanach impérial* de 1844. Cette dernière autorité étant plus récente, des changements de circonscriptions administratives ont dû avoir lieu depuis l'impression des *Statuts*.

Mandarins locaux secondaires ou *adjoints* (*tsŏ eŭlh*). Après cette série de mandarins nommés directement par le *Ministère des offices* publics, et subordonnés les uns aux autres, série qui forme le cadre de toute l'administration civile, vient une autre série de fonctionnaires destinés à « seconder » (*eŭlh*), à « assister » (*tsŏ*) les premiers. Cette seconde série, dont l'origine n'est pas clairement indiquée par les *Statuts*, est composée de magistrats qui sont pour la plupart, d'après les mêmes *Statuts*, des *mandarins locaux* ayant droit de connaître de toutes les affaires qui concernent leur localité (*thĭ fāng toŭng tchĭ*). Voici l'énumération de cette seconde série de mandarins (*) :

2 conseillers assistants du préfet de *Pé-king* (*tchi-tchoŭng*);
2 procureurs impériaux (*thoŭng-pwàn*) (**);
116 préfets adjoints aux préfets de provinces (*foŭ toŭng tchĭ*);
108 procureurs impériaux, id. (*thoŭng pwàn*);
22 sous-préfets adjoints aux sous-préfets des arrondissements qui ressortissent à la province de *Tchi-li* (*tcheŏu thoŭng*);
35 procureurs id. (*tcheŏu pwàn*);
32 sous-préfets adjoints aux sous-préfectures ordinaires (*tcheŏu thoŭng*);
44 procureurs, id. ;
2 chefs de cantons adjoints pour le territoire de *Pé-king* (*hien tching*);
350 chefs de cantons adjoints pour les cantons ordinaires (*hien tching*) ;
58 greffiers en chef ou conservateurs des actes publics (*tcheŭ pŏ*);
949 inspecteurs dépendant des préfectures, des sous-préfectures, des cantons et des districts (*siŭn kien ssé*).

(*) Pour cette seconde série aussi bien que pour la première, nous devons prévenir que nous ne garantissons pas la parfaite synonymie des noms des fonctionnaires; ce ne sont très-souvent que des dénominations approximatives, correspondant à peu près aux dénominations de nos fonctionnaires de même ordre. Il doit y avoir souvent, on le conçoit, une assez grande différence dans la manière dont les mêmes fonctions sont remplies dans les deux pays.
(**) Ces fonctionnaires ont des attributions analogues, sous certains rapports, avec les magistrats dont nous leur avons donné le nom ; ils doivent poursuivre la répression des délits commis contre la propriété, etc.

Chefs subalternes de différentes branches de services publics (*cheŏu lĭng*).

15 secrétaires des receveurs généraux de province (*kīng lĭ*) ;
7 secrétaires des commissaires de finances, id. (*lĭ wèn*) ;
2 gérants, id. (*toŭ ssé*) ;
7 gardiens des sceaux, id. (*tchào mŏ*) ;
14 secrétaires généraux des juges criminels de chaque province ;
1 sous-secrétaire, id. (*tchĭ ssé*);
6 gardiens des sceaux, id. (*tchào mŏ*) ;
2 secrétaires généraux du préfet de *Pé-king* ;
167 secrétaires généraux des préfets de province ;
9 sous-secrétaires généraux, id. ;
28 gardiens des sceaux, id. ;
3 examinateurs (*kien kiáo*) ;
10 secrétaires de districts ;
6 sous-secrétaires , id. ;
21 gardiens des sceaux, id. ;
219 secrétaires en chef de sous-préfectures (*lĭ moŭ*) ;
3 autres, id.
1294 officiers de paix de cantons (*hien tien lĭ*) (*).

Instruction publique (*hiŏ tching*) (**).

Les fonctionnaires préposés à l'éducation publique sont en grand nombre, et se divisent en différents degrés, selon qu'ils appartiennent à des collèges de *départements*, de *districts*, d'*arrondissements* ou de *cantons*. Il y a dans chaque province un *directeur-administrateur des études*, qui ne relève pas du gouverneur général, et qui partage ses attributions entre des subordonnés. Voici le nombre de ces fonctionnaires :

18 directeurs administrateurs des études (*hiŏ tching*), un par province ;
189 directeurs départementaux des études ou proviseurs (*kiáo cheŏu*) ;
210 principaux de collèges d'arrondissements (*hiŏ tching*);
1111 principaux de collèges de cantons (*kiáo yŭ*) ;
1521 chefs de grandes institutions officielles (*hiūn táo*) placées dans l'une ou l'autre des circonscriptions administratives précédentes.

(*) *Ta-thsing-hoeï-tien*, K. IV, f° 28.
(**) *Ta-thsing-hoeï-tien*, K. V.

Administration des Subsistances (*).

1 gouverneur ou administrateur général des transports des grains par les fleuves, rivières et canaux (*tsáo yùn thsoùng toŭ*)(**);
12 commissaires inspecteurs des grains (*liáng tchoŭ táo*)(***).

Ces derniers partagent leurs attributions entre un grand nombre de subordonnés locaux.

Administration des Salines.

L'usage du sel en Chine, comme dans les États européens, a été soumis à un impôt qui a nécessité tout un personnel de fonctionnaires. Les gouverneurs et lieutenants gouverneurs de province ont la haute administration des salines qui se trouvent placées dans les limites de leur gouvernement; mais il y a en outre:

8 commissaires impériaux des salines (*kién tchá yú ssè*);
5 directeurs de transport (*yùn ssé*);
13 inspecteurs;
3 assesseurs aux transports;
1 délégué, id.;
7 délégués assistants, id.;
3 régulateurs des prix (*ti kiŭ*);
121 préposés principaux à la perception des droits;
3 contrôleurs assistants;
14 sous-contrôleurs;
6 secrétaires;
3 sous-secrétaires;
2 inspecteurs ambulants.

(*) C'est-à-dire du transport à la capitale des impôts en nature levés sur les provinces les plus fertiles de l'empire. Ce service ne relève pas des gouverneurs généraux de provinces.

(**) Cet administrateur général des transports des grains n'a que *huit* provinces dans son ressort. Pour les *dix* autres, les transports ne se faisant pas par les mêmes voies, il y a des chefs particuliers.

(***) Les provinces de *Chan-toung* et du *Hó-nan* en ont chacune un; celle de *Kiang-sou* en a *deux*; il y en a aussi un dans chacune des provinces de *Kiang-si*, *Tché-kiang*, *Hou-pé*, *Hou-nan*, *Chen-si*, *Kouang-toung*, *Yun-nan*, *Kouei-tcheou*. Les provinces de *Chan-si*, *Fo-kien*, *Kan-sou*, *Sse-tchouan*, *Kouang-si*, n'en ont point: ce sont les trésoriers ou receveurs généraux de ces provinces qui leur en tiennent lieu.

Ponts et chaussées.

Ce service est sous la direction spéciale de trois *gouverneurs-généraux des fleuves et des routes*, l'un des fleuves du nord, l'autre des fleuves de l'est, et le troisième des fleuves du midi. Ces gouverneurs-généraux partagent leurs attributions entre des ingénieurs-divisionnaires, qui, à leur tour, partagent les leurs entre d'autres subordonnés ou ingénieurs ordinaires, qui font exécuter les travaux nécessaires. On compte:

3 gouverneurs ou directeurs généraux des fleuves, rivières, routes et canaux (*hó táo thsoùng toŭ*);
14 ingénieurs divisionnaires (*kwàn hó táo*);
30 co-ingénieurs locaux (*toùng tchi*);
30 assesseurs délégués (*thoùng pwán*);
11 ingénieurs ordinaires d'arrondissements;
17 assesseurs délégués, id.;
1 secrétaire général;
70 délégués de districts (*hién tching*);
72 greffiers ou conservateurs des cartes et plans (*tchoù pŏ*);
30 inspecteurs (*siùn kièn*);
1 lieutenant gouverneur ou directeur général des digues et jetées de la province de *Tché-kiâng*;
2 inspecteurs des routes de la même province;
2 co-inspecteurs locaux;
1 assesseur.

Direction des côtes maritimes.

Il y a aussi un lieutenant gouverneur (*siùn foù*) des digues maritimes, qui partage ses attributions entre deux ingénieurs divisionnaires des côtes, lesquels subdivisent les leurs entre trois ingénieurs ordinaires. Le lieutenant gouverneur est celui de la province de *Tché-kiâng*.

Mandarins divers (*tsă kouán*).

19 surintendants ou trésoriers des recettes générales des provinces (*koù tá ssè*);
5 trésoriers de l'administration des transports du sel;
3 id. des taxes sur le sel;
1 id. des taxes sur le sel et le thé;
10 id. des droits perçus sur les routes;
1 id. des droits perçus aux passages des frontières;
1 id. des districts ressortissants à la province de *Tché-li*;

20 surintendants des greniers publics dans les villes de la Mantchourie, *Kirin, Hé-loung-kiang*, etc.;

5 id. en divers autres lieux;

17 intendants de douanes et autres impôts indirects;

1 surintendant du thé;

18 intendants des prisons (un pour chaque province);

53 directeurs des prisons départementales;

8 directeurs des prisons de districts;

68 maîtres de postes (*yĭ tching*);

44 intendants des écluses (*tchá kouàn*);

2 id. des barques et bateaux.

Mandarins aborigènes (thoù kouàn).

Ces mandarins ou chefs de départements, districts, arrondissements et cantons, sont des mandarins de races aborigènes réfugiées dans quelques parties presque inaccessibles de certaines provinces, comme celles de *Yun-nan* et *Koueïtchéou*. On compte :

4 chefs de départements;

3 co-administrateurs locaux;

1 assesseur, id.;

2 secrétaires généraux;

30 sous-préfets ou chefs d'arrondissements habités par les aborigènes;

4 assesseurs, id.

3 assistants;

1 secrétaire en chef;

4 chefs de cantons aborigènes;

5 id. assesseurs;

1 greffier ou conservateur des actes publics;

1 juge de paix aborigène;

25 inspecteurs id.;

1 maître de postes id.;

1 mandarin chargé du classement des autres mandarins dans les neuf rangs.

Le chiffre total des mandarins ou fonctionnaires publics dépendant du *Ministère des offices*, et dont nous venons de faire l'énumération, s'élève à 9,355, répartis de la manière suivante:

1° *Mandarins de l'ordre administratif,* 1,938
2° id. *secondaires adjoints,* 1,700
3° *Chefs subalternes de divers services,* 1,814
4° *Instruction publique,* 3,049
5° *Subsistances,* 13
6° *Salines,* 189
7° *Ponts et chaussées,* 284
8° *Côtes maritimes,* 6
9° *Mandarins divers,* 276
10° id. *aborigènes,* 86

Total général, 9,355

Le *Ministère des offices civils* se divise en quatre grandes sections (*thsing li ssé*), qui sont :

La *Direction du mouvement du personnel;* la *Chambre des informations,* la *Chambre du personnel;* et le *Bureau des titres.*

1° *Direction du mouvement du personnel* (*wén sioüen thsing li ssé*).

Cette direction, qui a cinq directeurs, *trois* Mantchoux, *un* Mongol et *un* Chinois (l'élément tartare y a, comme on le voit, une forte majorité) (*); quatre directeurs adjoints: *deux* Mantchoux et *deux* Chinois: et trois sous-directeurs: *un* Mantchou et *deux* Chinois, est chargée du classement éclairé des mandarins dans l'un des *neuf rangs* ou *ordres de préséance* que nous allons énumérer en détail, en même temps que de faire donner de l'avancement, ou subir une dégradation, à ceux qu'elle aura reconnu les avoir mérités. Elle est aussi chargée de la présentation des mandarins à la cour.

Les neuf rangs de mandarins.

Tout le personnel des fonctionnaires civils en Chine, soit à l'intérieur, soit à l'extérieur, depuis le premier jusqu'au dernier, est classé en *neuf rangs* (*pin*), subdivisés chacun en deux classes, première et seconde, ce qui forme *dix-huit* classes ou catégories (**). Ces *rangs* ont pour marques distinctives des boutons ou plutôt des globules de différentes substances et de diverses couleurs, portés au sommet du bonnet officiel.

1ᵉʳ RANG. 1ʳᵉ *classe* [signe caractéristique: *pierre précieuse rouge*]. Ceux qui font partie de cette catégorie sont: les premiers fonctionnaires de l'empire; le grand précepteur (*taï ssé*); le grand gouverneur (*taï foù*); le grand chancelier ou grand gardien de l'empire (*taï pao*); les membres du conseil privé (*la hio ssé*).

Les trois premières dignités ne sont

(*) C'est dans l'organisation de cette *direction*, la plus importante assurément de toutes celles qui constituent le gouvernement chinois, que la dynastie tartare actuellement régnante en Chine, a montré le plus de défiance de l'esprit patriotique des Chinois.

(**) *Ta-thsing-hoeï tien,* K. VI, f° 1.

remplies que dans les circonstances extraordinaires, et lorsque l'âge de l'empereur appelé à régner exige un conseil de régence. Il en est de même des trois premières dignités suivantes :

1ᵉʳ RANG. 2ᵉ *classe* [*globe de corail*]. Ceux qui appartiennent à cette catégorie sont : les vice-précepteurs (*chào ssé*); les vice-gouverneurs (*chaó foú*); le vice-chancelier (*chaó paó*) de l'empire; le précepteur de l'héritier présomptif (*tài tseú tài ssé*); son gouverneur (*tài foú*); son gardien (*tài paó*); les membres adjoints du conseil privé (*hië pàn tà hiö ssé*); les présidents ou secrétaires d'État des six principaux ministères (*châng choù*), s'ils ne sont pas membres du conseil privé ; les censeurs impériaux ou grands informateurs de la droite et de la gauche, ne relevant que de l'empereur (*toù tchä youèn yù ssé*).

2ᵉ RANG. 1ʳᵉ *classe* [*pierre précieuse inférieure rouge*, ou *corail ciselé en forme de fleurs*]. Ceux qui font partie de cette catégorie sont : les vice-précepteur de l'héritier présomptif, vice-gouverneur, vice-gardien ; les gouverneurs de province (*thsoùng loù*), et les assesseurs ou sous-secrétaires d'État des six grands ministères (*chi láng*).

2ᵉ RANG. 2ᵉ *classe* [mêmes *insignes*, mais de moindre dimension]. Ceux qui font partie de cette classe sont : les lieutenants gouverneurs des provinces (*foú youèn*); les simples docteurs ou membres de second rang du conseil privé (*hiö ssé*); les membres de l'académie impériale des *Hán-lìn* (*tcháng youèn hiö ssé*); les receveurs ou trésoriers généraux des provinces (*poù tching ssé*).

3ᵉ RANG. 1ʳᵉ *classe* [*pierre précieuse sphérique bleue*]. A cette classe appartiennent : les censeurs ou informateurs impériaux adjoints de la droite et de la gauche (*foú toù yù ssé*); les assistants mandarins supérieurs de l'Intendance de la maison impériale (*Tsoúng jin foù Foù tching*); le grand référendaire près du conseil privé (*thoúng tching ssé*) (*);

les deux premiers présidents de la haute *Cour de justice*) (*) (*tà-lí-ssé King*); le directeur du bureau des réviseurs, attaché au collège national (**) (*tchén-ssé-foú Tchén ssé*); les deux présidents de l'intendance des sacrifices (***) (*Tài-tchâng-ssé King*); les gouverneurs spéciaux de *Pé-king* et de Moukden (*foù yìn*); les juges criminels de chaque province (*Gán tchä ssé*).

3ᵉ RANG. 2ᵉ *classe* [mêmes *insignes*, mais de moindre dimension]. A cette classe appartiennent : les deux directeurs de l'intendance des provisions de bouche pour la maison impériale, et des victimes pour les sacrifices (*Kwâng loù ssé king*); les deux intendants des écuries impériales, ou grands écuyers (*Tài-pó ssé king*); les inspecteurs des salines (*yin-yùn ssé*).

4ᵉ RANG. 1ʳᵉ *classe* [*petite pierre précieuse bleue*, ou *petit globule en verre de même couleur*]. A cette classe appartiennent : les référendaires en second (*foù ssé*) près du conseil privé; les vice-présidents (*chào king*) de la haute cour de justice; les sous-chefs (*chào tchén ssé*) du bureau des réviseurs des documents publics; les vice-présidents (*chaò king*) de la cour des sacrifices; les deux grands maîtres des cérémonies de la cour impériale (*hoùng loù ssè king*); le vice-grand écuyer de l'empereur; les préfets adjoints de *Pé-king* et de Moukden (*foù tching*), et les inspecteurs des provinces (*tào*).

4ᵉ RANG. 2ᵉ *classe* [mêmes *insignes*, mais de moindre dimension]. A cette classe appartiennent : les lecteurs impériaux (*chí toù hiö ssé*), membres de l'académie des *Hán-lìn*; les explicateurs impériaux (*chi kiang hiö ssé*) de la même académie; les deux grands proviseurs (*Kouë-tsèu tsi-tsièou*) du collège national; les lecteurs appartenant au conseil privé; les préfets de départe-

---

veux du conseil privé ou des membres du cabinet, après les avoir corrigés, s'il y a lieu.

(*) *Cour suprême*, et en même temps *Cour d'appel*, siégeant à *Pé-king*.

(**) Ce bureau littéraire prépare les documents destinés à la publicité, sous la présidence de membres de l'Académie impériale.

(***) Cette cour a la direction des sacrifices, et autres cérémonies publiques et religieuses qui ont lieu à *Pé-king*.

ments (*tchí foŭ*) ; les préfets aborigènes (*thoŭ tchí foŭ*) ; les inspecteurs adjoints des salines.

5ᵉ RANG. 1ʳᵉ *classe* [*globule de cristal blanc ou de verre*]. A cette classe appartiennent : les académiciens du rang de *Tchŭn fàng*, de la droite et de la gauche (*litt.* : allées du printemps de gauche et *id.* de droite) ; les conseillers (*tsàn i*) de la cour des référendaires près du conseil privé ; les sous-directeurs de l'intendance des provisions de bouche de la maison impériale ; les messagers de l'empereur (*ki ssè tchoŭng*) ; les mandarins attachés à l'intendance de la maison impériale (*li ssè kwàn*) ; les huissiers introducteurs près les divers ministères (*làng tchoŭng*) ; les archivistes, *id.* (*tchi tchoŭng*) ; les deux directeurs présidents de l'observatoire impérial *Kin-tien-kièn Kièn tching* ; le directeur président de l'académie de médecine (*Tái-i-youèn youèn ssè*) ; les chefs de districts (*toŭng tchi*); les chefs de districts aborigènes (*thoŭ thoŭng tchi*) ; les sous-préfets de la province de *Tchi-li*.

5ᵉ RANG. 2ᵉ *classe* [mêmes *insignes*, mais de moindre dimension]. A cette classe appartiennent : les lecteurs et les explicateurs de l'académie impériale des *Hàn-lìn* ; les officiers des haras de l'empereur ; les grands maîtres en second (*chào king*) des cérémonies de la cour impériale ; les censeurs ordinaires ou informateurs impériaux de province (*yù ssè*) ; les mandarins subalternes de l'intendance de la maison impériale ; les écrivains (*youèn wài làng*) ; les sous-préfets d'arrondissements (*tchí tcheoŭ*) ; les sous-préfets aborigènes (*thoŭ tchi tcheoŭ*) ; les assistants inspecteurs des transports des grains (*yùn foŭ*) ; les régulateurs du prix des grains (*ti kiu*).

6ᵉ RANG. 1ʳᵉ *classe* [*globule en pierre précieuse blanche*]. A cette classe appartiennent les lecteurs du conseil privé ou du cabinet ; certains membres de l'académie impériale, du collège national, des divers ministères, de la cour des censeurs, de l'observatoire impérial, de l'académie de médecine, de la direction des haras impériaux, de l'intendance des sacrifices ; les principaux membres de l'académie impériale de musique (*chin-yo-tchí Tchi tching*) ; les procureurs de districts (*thoŭng pan*) : les maîtres en doctrine des prêtres bouddhiques et *Taó-ssé* (*).

6ᵉ RANG. 2ᵉ *classe* [mêmes *insignes*]. A cette classe appartiennent : les assistants officiels aux sacrifices ; les correcteurs et compilateurs (*siéou tchouèn*) de l'académie impériale ; les mandarins inférieurs de l'intendance des provisions, de l'observatoire impérial, Mantchoux et Mongols ; les secrétaires des recettes générales ; les sous-préfets adjoints ; les docteurs de la loi des religions bouddhique et *Taó-ssé*.

7ᵉ RANG. 1ʳᵉ *classe* [*globule d'or ou doré*]. A cette classe appartiennent : les compilateurs de l'académie impériale ; les mandarins inférieurs de la haute cour de justice, de l'intendance des sacrifices, du collège impérial ; les greffiers ou archivistes du conseil privé ; les secrétaires de la chambre des référendaires ; les sous-secrétaires ; les greffiers de l'intendance des sacrifices ; les mandarins inférieurs de plusieurs autres administrations ; les récitateurs de prières de l'intendance des sacrifices et de la direction des cérémonies religieuses publiques ; les chefs de cantons (*tchí hièn*) ; les secrétaires des chefs de justice de chaque province ; les directeurs des études de districts.

7ᵉ RANG. 2ᵉ *classe* [mêmes *insignes*.] A cette classe appartiennent : les membres de l'académie impériale nommés (*kièn táo*) ; les secrétaires de la carrosserie impériale ; les secrétaires particuliers du cabinet de l'empereur (*tchoŭng-choŭ-kó Tchoŭng choŭ*) ; les secrétaires particuliers du conseil privé (*nèi-kó tchoŭng choŭ*) ; les greffiers du bureau des réviseurs des documents publics ; ceux de l'intendance des provisions impériales ; les membres inférieurs du collège national ; les inspecteurs assistants des études (*tsóu kiao*) ; les secrétaires du préfet de *Pé-king* ; les membres inférieurs de l'observatoire impérial ; de l'intendance des sacrifices ; de l'académie impériale de musique ; les gardes des receveurs généraux ; les secrétaires des inspecteurs du sel, les sous-préfets adjoints.

(*) Les chefs supérieurs des bouddhistes se nomment *Sĕng loŭ ssé tsò yéou chén chí* ; ceux des *Taó-ssé* : *Taó loŭ ssé tsò yéou tching í*.

8ᵉ RANG. 1ʳᵉ *classe* [mêmes *insignes*]. A cette classe appartiennent : les directeurs de l'arrivée et du départ des dépêches (*ssé woù*); les lettrés habiles dans la connaissance des cinq *King* (*woù king pŏ ssé*); les professeurs du collége national (*Kouĕ tseŭ kièn hiŏ tching*); les historiographes (*tchoù pŏ*) de l'observatoire impérial; les médecins impériaux (*yŭ ĭ*) de l'académie de médecine; les mandarins inférieurs de l'intendance des sacrifices; les trésoriers (*khoù tá ssè*) des receveurs généraux de province; les intendants des greniers à sel placés sous l'autorité des inspecteurs généraux des salines, des magasins publics de sel livré à la consommation; les inspecteurs particuliers de la même administration; les employés principaux (*tchi ssé*) des receveurs généraux de province; les secrétaires (*king lù*) des préfets; les assistants des chefs de canton (*hièn tching*); les chefs des institutions littéraires, nommés *ssè-chi-hiŏ Hiŏ loù*; les principaux des colléges d'arrondissements; les principaux des colléges de cantons (*kiào yŭ*); les principaux des colléges bouddhiques; ceux des colléges des *Taó-ssé*.

8ᵉ RANG. 2ᵉ *classe* [mêmes *insignes*]. A cette classe appartiennent : les archivistes (*tièn poŭ*) de l'académie impériale, ceux du collége national, ceux de l'intendance des cérémonies; certains membres de l'observatoire impérial, de l'intendance des sacrifices, et de l'académie impériale de musique; les gardiens des sceaux des receveurs généraux de province; les employés principaux (*tchi ssé*) des inspecteurs des salines; les chefs de grandes institutions littéraires(*hiun taó*); les prêtres bouddhiques nommés *kiŏ ĭ* (*d'une vertu manifeste*); les prêtres (*taó-ssé*) nommés *tchi ĭ* (*d'une vertu parfaite*).

9ᵉ RANG. 1ʳᵉ *classe* [mêmes *insignes*]. A cette classe appartiennent : les principaux traducteurs du bureau de traduction attaché au ministère des rites (*lĭ poŭ ssé yĭ hŏeĭ thoŭng koŭan tá ssè*); certains membres de l'observatoire impérial; les chefs des clercs (*ssé choŭ*) dans toutes les administrations; les assistants officiels chinois de l'intendance des sacrifices; les gardiens des sceaux des présidents de cour de justice de province; les employés principaux des préfets (*foŭ tchi ssé*), et les greffiers des chefs de cantons (*hièn tchoŭ pŏ*).

9ᵉ RANG. 2ᵉ *classe* [mêmes *insignes*]. A cette classe appartiennent : les huissiers (*taĭ tchào*) de l'académie impériale; les traducteurs en second du bureau du ministère des rites; les archivistes du collége national; les hérauts d'armes de l'intendance des maîtres des cérémonies; les geôliers du tribunal des peines, ou ministère de la justice; les astronomes (*ssé chin pŏ ssé*) de l'observatoire impérial; les agents médicaux (*lĭ moŭ*) de l'académie de médecine; les employés (*ssé yŏ*) de l'intendance des sacrifices; les agents du ministère des travaux publics (*koŭng-poŭ ssé tsiang*); les gardiens des sceaux des départements et des districts; les employés (*lĭ moŭ*) des sous-préfectures; les inspecteurs du trésor ou des finances (*taó koŭ tá ssè*); les principaux officiers de police (*siouèn-khŏ-ssé tá ssè*); les receveurs d'octrois (*choŭĭ-khŏ-ssé tá ssè*); les geôliers en chef des départements et des districts; les conservateurs des greniers publics des mêmes circonscriptions territoriales; les chefs de villages (*siùn kièn*); les chefs de villages aborigènes (*thoù siùn kièn*).

Tous les employés qui ne sont pas compris dans ces *neuf rangs* sont dits *non encore entrés dans les classes distinctes officielles* (*wèĭ jĭ liĕou*) (*).

Ces derniers sont encore très-nombreux; nous nous dispenserons d'en faire ici l'énumération. Celle que nous venons de donner, d'après les *Statuts* impériaux, pourra ne pas être d'une lecture agréable; mais nous pensons qu'elle contribuera puissamment à faire connaître à fond l'organisation séculaire du gouvernement chinois.

Les mandarins qui ne sont pas compris dans l'un ou l'autre de ces neuf ordres de distinction, et qui cependant occupent des fonctions dépendantes du gouvernement, sont les employés inférieurs qui rentrent dans la classe ordinaire des salariés.

Le titre de *mandarin* ou de fonctionnaire du gouvernement est en Chine, encore plus qu'ailleurs peut-être, l'ob-

---

(*) *Ta-thsing-hŏeĭ-tien*, K. VI, fᵒ 1—2.

jet de bien des convoitises, parce que, outre la perspective d'un traitement ou revenu assuré, sans que l'on soit obligé de se donner beaucoup de peine, il y a aussi en perspective la possibilité de satisfaire des sentiments de vanité et d'orgueil, que fait naître, dans les esprits étroits, l'exercice d'une portion déléguée, tant minime soit-elle, de l'autorité administrative ou judiciaire. Le gouvernement chinois a trouvé bon de tirer parti, au profit du trésor, de cette faiblesse puérile; et il vend quelquefois, mais chèrement toujours, à de riches négociants qui se retirent des affaires, ou à d'autres particuliers n'occupant aucun emploi public, le droit de porter l'un des insignes des *neuf ordres* de mandarins. Mais ces mandarinats personnels ainsi achetés inspirent fort peu de respect au peuple chinois, qui en connaît l'origine (*).

Toute infraction à la loi, toute action qu'elle punit, emporte préalablement la dégradation du rang et le retrait de l'emploi.

La carrière des emplois publics est soumise à des règlements que la *Direction* dont nous nous occupons est chargée de faire observer. C'est surtout des Chinois que l'on pourrait dire, à juste titre, qu'*ils sont tous admissibles aux emplois civils et militaires* (*Charte constitutionnelle*, art. 3). Cependant, pour pouvoir remplir des fonctions publiques en Chine, il faut appartenir à l'une ou à l'autre des *huit* catégories suivantes:

1° Avoir le grade littéraire de *tsin ssé*, litt. *docteur avancé dans ses grades*, équivalent à celui de *docteur*(**);
2° Avoir celui de *kiŭ jin* (homme recommandé, équivalent à celui de *licencié* (***);

(*) D'après un mémoire fort curieux adressé à l'empereur régnant, en 1821, à l'époque de son avènement, et que nous reproduirons ailleurs, la vente des offices avait procuré au trésor, pendant vingt ans (de 1800 à 1821), *trois cent mille* taëls ou 2,400,000 fr.

(**) Des *Mantchous* et des *Mongols*, employés comme traducteurs du chinois en mantchou et en mongol, sont placés dans cette catégorie.

(***) Même observation. Le nombre de ces *docteurs* et *licenciés* est si considérable, que beaucoup d'entre eux ne peuvent parvenir à

3° Être *koŭng séng*;
4° Être *yin séng*;
5° Être *kien séng*;
6° Être *séng youen*;
7° Être *kouân hiŏ séng*, disciple d'un fonctionnaire;
8° Être du grade de *li*, ou de lettré subordonné.

} espèces de *bacheliers*, candidats aux grades supérieurs, et compris ordinairement sous le terme générique de *sin tsaï*, *hommes de talent* (*);

Ceux qui exercent des emplois dans l'art médical, ou parmi les sectes bouddhiste et *Taó-ssé*, restent chacun dans leur sphère d'action, sans concourir, pour l'avancement, avec les autres employés civils.

Nous n'entrerons pas ici dans les détails donnés par les *Statuts* sur les autres attributions de la *Direction du personnel* du *Ministère des emplois publics*. Ces détails, qui concernent les règlements à observer dans l'admission aux emplois, les promotions, les permutations, les époques fixées pour la présentation des mandarins à l'empereur, sont plus intéressants pour des Chinois que pour des lecteurs européens, quoiqu'ils aient encore le même caractère d'ordre et de régularité qui forme l'essence des mœurs chinoises,

obtenir des emplois publics. En 1821, il y avait plus de 5,000 *tsin-ssé* ou *docteurs*, et plus de 27,000 *kiŭ-jin* ou *licenciés* sans emplois!

(*) Les *koŭng séng* sont des *siŭ tsaï*, qui prennent rang immédiatement après les *kiŭ jin* ou *licenciés*. Il y a six sortes de bacheliers *koŭng séng*:
1° Ceux qui le sont par une faveur spéciale de l'empereur; on les nomme *gân koŭng séng*;
2° Ceux qui sont choisis dans un canton pour leur mérite supérieur, une fois en douze ans; on les nomme *pă koŭng séng*;
3° Ceux qui sont bacheliers *siŭ tsaï* par accession, et en seconde ligne; on les nomme *fou koŭng séng*;
4° Ceux qui sont admis dans ce grade, selon de certaines règles, dans un certain nombre d'années; on les nomme *soŭi koŭng séng*;
5° Ceux qui sont patronnés par le doyen du canton, en considération de leur bonne conduite et de leur zèle laborieux; on les nomme *yeou koŭng séng*;
6° Ceux qui payent certaines taxes exigées par la loi; on les nomme *li koŭng séng*.

Les *kien séng* sont aussi des 1re, 5e et 6e classes précédentes. Voy. ci-après l'*Exposé des études chinoises*.

et qui manque peut-être un peu trop aux nôtres.

Il y a certaines lunes fixées pour les *nominations* et *promotions*. Toutes les lunes paires sont appelées lunes de *grandes promotions*; les lunes impaires sont des lunes de *promotions urgentes* (*). Aucune nomination ni promotion n'a lieu dans la *lune intercalaire*. Les nominations et promotions des mandarins mantchous et mongols, ainsi que des mandarins militaires chinois, ont lieu le cinquième jour de la première *décade* (*siun*); celles des mandarins chinois dans la dernière *décade*, le vingt-cinquième jour du mois; celles des *Piē tiē chi*, secrétaires interprètes mantchous et mongols, attachés aux divers ministères et aux nombreux mandarins de ces nations exerçant leur autorité en Chine, ont lieu dans la seconde *décade* de chaque lune, le vingtième jour du mois.

Il est dit, dans les règlements concernant les nominations des mandarins : « *Un homme* plein de vertus et « de capacité, fût-il votre ennemi, doit « être présenté et promu; un homme « vicieux, fût-il votre ami, doit être « écarté. »

Nous ne voudrions pas soutenir que cette belle maxime est toujours observée en Chine. Là, comme ailleurs, l'injustice prévaut souvent sur la justice, et la faveur sur le mérite et le droit; mais c'est contrairement à l'esprit, sinon à la lettre de la loi. Néanmoins, il serait difficile de trouver dans le monde un État où le mérite et la capacité, le travail enfin, aient autant d'accès à tous les emplois publics, même aux plus élevés. Il n'y a guère que l'empire ottoman, lequel est encore tout empreint de son origine scythique, dont il a conservé l'emblème caractéristique sur son étendard (**), qui offre, comme la Chine, des exemples assez fréquents d'hommes parvenus de l'état le plus humble aux plus hautes fonctions publiques.

Tout mandarin nommé ou promu à un nouvel emploi doit être présenté à l'empereur, avant que d'entrer en fonctions. Les formalités prescrites dans ces circonstances sont décrites en grands détails dans les *Statuts* (K. VI, f° 27 et suiv.).

Voici le résumé qu'a fait un missionnaire de cette partie de la seconde édition des *Statuts* (*) :

« Si ceux qui ont obtenu le grade de docteur, soit de lettres, soit d'armes, ou qui ont déjà été en charge, ont une conduite répréhensible, on en présentera la liste, pour que leur nom, qui est sur le tableau des candidats, ne puisse passer aux promotions qu'après avoir eu des preuves de leur amendement.

« On abrège le temps du service et la durée des emplois dans les endroits où l'air est malsain. On donne des emplois plus près de leur pays aux mandarins qui ont passé soixante ans. On propose de préférence, pour rentrer en charge, ceux qui ont interrompu leur service, ou à raison de maladie, ou pour cause d'un deuil, ou qui seraient allés assister et soigner la vieillesse de leurs parents âgés.

« Le père, le fils, le frère, l'oncle ou le petit-fils, ne peuvent pas faire partie d'un même tribunal. Cette défense a lieu dans les provinces pour quatre degrés de parenté ou affinité, soit directe, soit indirecte, ou collatérale. Aux raisons de politique de ce règlement, il faut ajouter celle de la piété filiale; la convenance (*li*) ne permettant pas aux fils, aux neveux, etc., de contredire un père, un oncle, etc., ni même de s'asseoir en leur présence, surtout au même rang.

(*) La 2ᵉ, la 4ᵉ, la 6ᵉ, la 8ᵉ, la 10ᵉ et la 12ᵉ lunes sont des lunes paires; la 1ʳᵉ, la 3ᵉ, la 5ᵉ, la 7ᵉ, la 9ᵉ et la 11ᵉ sont des lunes impaires.

(**) Les Turcs, qui tirent leur origine du nord de la Chine, ont encore un assez grand nombre de coutumes qui ont beaucoup de rapport avec celles des Chinois; mais le signe symbolique de leur étendard, le *croissant de la lune*, accuse d'une manière frappante une origine scythe, cette dernière nation, que les Chinois nommaient *youë tchi* (en sanskrit *tchandra vansa*), de *race lunaire*, ayant eu aussi pour emblème sur ses étendards, et même sur ses monnaies, le *croissant de la lune*.

(*) *Mémoires sur les Chinois*, tom. IV, p. 131.

« Il est accordé aux gouverneurs, lieutenants gouverneurs, généraux et autres grands mandarins du premier ordre, de proposer leurs fils pour des emplois, sans que ces derniers aient obtenu aucun grade. La loi suppose que l'éducation qu'ils ont reçue y supplée, et que les parents n'oseraient les présenter s'ils ne pouvaient pas remplir des charges avec honneur. Du reste, cette exception ne peut avoir aucun mauvais effet, parce qu'elle n'a lieu que pour les petits emplois, et qu'on ne monte aux autres qu'autant qu'on a fait preuve de mérite.

« On accorde un congé aux mandarins tartares pour aller au-devant de leur père ou de leur mère, de leur grand-père ou de leur grand'mère qui reviennent malades des provinces, ou à la rencontre du corps de leur frère, ou pour assister à ses funérailles. On a dérogé à la loi du deuil de trois ans pour eux, et on l'a réduit à cent jours. Les Tartares ne sont pas en assez grand nombre pour pouvoir la garder.

« Tous les mandarins d'armes et de lettres chinois se démettent de leur emploi à la mort de leur père ou de leur mère, de leur grand-père ou de leur grand'mère du côté du père, et observent rigoureusement la loi du deuil de trois ans. Cacher, différer d'annoncer ces morts est un crime punissable. Ces mandarins ont droit de demander à se retirer pour aller servir leurs parents, lorsque ceux-ci ont passé soixante et dix ans, et on ne peut pas le leur refuser. Quand ils sont en voyage, à moins d'un ordre exprès de se presser, ils ont droit de se détourner de dix jours pour aller à la sépulture de leur famille. »

Un mandarin agirait contrairement à la loi, s'il contractait mariage avec une personne dont la famille serait placée sous son autorité, ou qui appartiendrait à une condition servile. L'avancement des mandarins est soumis à des règles fixes et déterminées, lesquelles, malgré leur apparente sévérité, laissent encore plus d'une porte ouverte à la faveur.

2° *Chambre des informations* (*Kaŏ koúng ssé*). Cette chambre comprend dans ses attributions, ainsi que le disent les *Statuts* (K. 8.), de tenir des notes exactes et détaillées des méfaits commis par les mandarins civils dans l'exercice de leurs fonctions (*tchoŭ fén*), en même temps que de signaler leurs mérites ou leurs bonnes actions (*i siù*). Tous les trois ans, un examen approfondi (*tchà*) de la conduite des mandarins a lieu à Pé-king, en même temps que se tiennent les grandes assises triennales, concernant les mandarins, et que l'on nomme la *grande instruction générale* (*tà ki*) (*). C'est alors que la *Chambre des informations* met à exécution les ordres du gouvernement relatifs au mouvement du personnel résultant de cet examen général des mandarins.

Les peines qui sont infligées, par suite de l'examen de la conduite officielle des mandarins, sont rangées sous trois chefs principaux : le premier consiste dans une *amende* (*fa foúng*) de sept espèces différentes (**) ; le deuxième consiste dans la *dégradation du rang* à des degrés inférieurs (*hiāng ki*), laquelle dégradation est de trois espèces pour ceux qui conservent leur mandarinat, et de cinq pour ceux qui ne le conservent pas ; le troisième consiste dans la *privation de tout rang* (*ké tchi*), avec ou sans retrait d'emploi.

Ceux qui sont descendus de leur rang, mais qui ont conservé leur emploi, recouvrent ce rang au bout de trois ans, s'ils n'ont point commis de nouvelles fautes. Ceux qui ont perdu tout rang le recouvrent au bout de quatre ans, s'ils ont eu une conduite irréprochable.

Quand la perte du rang et la suspension de l'emploi ne suffisent pas, la révocation ou la destitution a lieu ; et enfin, si le mandarin est accusé de délits criminels considérés comme *délits privés*, il est renvoyé devant le *Tribunal des peines* (***).

(*) Cet *examen général* de la conduite de tous les mandarins de l'empire, tous les trois ans, est une coutume très-ancienne, que l'on trouve déjà prescrite sous la troisième dynastie. Voy. le *Tchcou-li*.

(**) La peine est proportionnée à la faute commise. Ainsi il y a l'amende à la perte d'un mois de solde, celle à la perte de deux mois, de trois, de six, de neuf, d'un an, de deux ans, etc.

(***) Voyez ci-après la notice sur le *Code*

Tout mandarin traduit devant un tribunal, pour un crime ou délit, doit attendre le bon plaisir de l'empereur, auquel le jugement est toujours déféré. Il a ensuite le recours en grâce (*tsân thsiéou*) près du même empereur; puis le pourvoi en révision, par une supplique détaillée (*tchin thsing*) (*).

Les moyens employés pour récompenser les mérites des mandarins, par suite du même *grand examen*, sont aussi classés sous deux chefs principaux : 1° la mention honorable (*ki loù*), de trois espèces ; 2° l'avancement en degrés (*kià ki*), aussi de trois espèces, c'est-à-dire, l'avancement d'*un*, de *deux* ou de *trois* degrés, dont la marque distinctive se porte à la ceinture ; enfin, 3° la réunion de ces deux chefs, comprenant douze espèces.

Voici les règles observées dans les grands examens triennaux des mandarins de l'empire (**) :

L'examen des mandarins de la capitale se nomme *Examen de la capitale* (*king tchhà*); celui des mandarins de provinces, *Grande information générale* (*tá ki*). Dans l'*examen de la capitale*, le conseil est composé de hauts fonctionnaires de l'État, qui sont : les présidents, vice-présidents des différents ministères, les censeurs et vice-censeurs impériaux d'un côté ; le gouverneur et le lieutenant-gouverneur de la province de l'autre, lesquels forment une espèce de cour d'assises (*liĕ thi*). Un membre du *ministère des offices* expose l'accusation, en même temps qu'il retrace la généalogie et la vie de l'accusé avec la plus grande impartialité. L'exposé de l'affaire ayant été présenté ainsi dans tous ses détails (*kiu thi*), on attend qu'il plaise à l'empereur de faire juger la cause. Alors le fonctionnaire accusé est introduit à l'audience, où il présente sa défense personnelle (*hŏei foŭ*), soit de vive voix, soit par écrit, à laquelle le ministère public peut répliquer (*).

Dans la *grande information générale* des provinces, la cour est une commission d'examen (*khaò thi*), composée du receveur général trésorier et du grand juge criminel de chaque province. Le gouverneur ou lieutenant gouverneur remplit les fonctions de ministère public, en place d'un membre du *Ministère des offices*. L'affaire instruite et jugée, on attend qu'il plaise à l'empereur de statuer sur le sort de l'accusé. Ce dernier a aussi la faculté de faire revenir sur son jugement par un appel à l'autorité supérieure. Tous les trois ans, cette vérification publique et solennelle des mandarins se renouvelle.

Dans l'*examen public* de la capitale, chaque mandarin a pour *examinateurs* (*tchóu khào*) des fonctionnaires du département ou de la branche d'administration à laquelle il appartient. Cet examen porte sur trois chefs différents, pour savoir : 1° si la conduite officielle du mandarin a été convenable et digne d'éloges (*tching tchi*) ; 2° si elle a été diligente (*kin tchi*) ; 3° s'il a rempli tous les devoirs de sa charge (*koŭng tchi*). Et, pour s'éclairer sur ces trois points, on fait des recherches pour savoir : 1° quelle est la tenue, l'application aux affaires du mandarin (*chéou*) (**) ; 2° quelles sont ses capacités (*thsài*) (***); 3° quelle

---

pénal des Chinois. La loi en Chine a fait une distinction entre les délits commis par les fonctionnaires publics *comme fonctionnaires* ou *hommes publics*, et comme *hommes privés* ou *simples particuliers*. Les premiers sont du ressort du *Ministère des offices publics*, et les derniers du ressort de *la justice ordinaire*. Les *délits publics* sont nommés *koŭng tsoŭi*, et les délits privés *ssé tsoŭi*. Ces deux espèces de délits encourent les mêmes peines que les délits de tous les autres particuliers, et sont passibles des mêmes châtiments corporels en usage à la Chine ; mais ces derniers sont remplacés par les équivalents suivants :

Amende d'*un mois* de solde p.	10 coups de bambou.
— *deux mois* —	20	—
— *trois mois* —	30	—
— *six mois* —	40	—
— *neuf mois* —	50	—
— *une année* —	60	—
Dégradation d'*un rang* —	70	—
— *deux rangs* —	80	—
— *trois rangs*, en conservant ses fonctions,	90	—
— *quatre rangs*, en perdant ses fonctions,	100 (1)	—

(*) *Ib*.
(**) *Ta-thsing hŏei tien*, K. VIII, f° 7.
(1) *Ta-thsing-hŏei-tien*, K. VIII, f° 5.

(*) *Ib*. K. VIII, f° 7, 8.
(**) Est-elle pure, pleine de dignité, ordinaire ? (*Comm*.)
(***) Sont-elles grandes, ordinaires? (*Id*.)

est sa manière d'administrer (*tching*) (*); 4° quel est son âge (*nién*) (**). Ces informations étant obtenues sont ensuite envoyées au *ministère des offices*, où elles servent à ranger tous les mandarins en trois classes différentes, selon les notes qui les concernent. Ceux sur lesquels on n'a pas eu de renseignements préalables sont classés selon le résultat de leur examen seulement. Les mandarins âgés, les infirmes sont dispensés de se présenter à l'audience des examinateurs.

Dans la *grande information générale* des provinces, les choses se passent à peu près de même, sauf que les chefs civils des *départements*, des *arrondissements*, des *cantons*, examinent les mandarins qui dépendent de leur circonscription administrative. Cet examen est répété par le gouverneur et le lieutenant gouverneur de chaque province, qui se rendent partout où leurs investigations doivent avoir lieu. Si le cas est extraordinaire, ils doivent en prendre acte, et l'écrire sur un registre particulier. Le tribunal des examinateurs en ayant pris connaissance, en réfère au ministère. Les mandarins qui ont bien rempli leurs devoirs sont seulement consultés à ces examens, c'est-à-dire qu'ils ne font pas partie de ceux dont la conduite est l'objet d'une instruction approfondie. Ceux qui ont la faculté d'en appeler à l'empereur pour des cas extraordinaires, sont les mandarins de tous grades, jusqu'au *chef de canton* seulement (***).

Les points principaux sur lesquels la délibération a lieu dans ces examens triennaux, sont au nombre de six : 1° défaut de gravité et de dignité dans la conduite; 2° négligence, insouciance, paresse dans l'exercice de ses fonctions; 3° légèreté de caractère, conduite inconsidérée; 4° incapacité par rapport aux fonctions exercées; 5° grand âge; 6° infirmités. Le premier et le troisième de ces chefs étant bien démontrés et vérifiés, sont punis du retrait de l'emploi, toujours néanmoins avec la faculté

(*) Est-elle diligente, est-elle ordinaire? (*Id.*)
(**) Est-il vert, fort, actif? (*Id.*)
(***) *Ta-thsing hoeï tien*, K. VIII, f° 10.

d'en appeler à la clémence de l'empereur. Les mandarins avaricieux et pleins de convoitise (*thán*), ceux qui sont durs et cruels (*khŏ*) ne sont point classés dans les catégories précédentes : on statue à part sur leur compte (*)

3° *Chambre du personnel* (*Ki hiūn ssé*) (**). Cette chambre s'occupe des affaires personnelles des mandarins; de la manière dont ils doivent se comporter dans certaines circonstances de la vie; de leur succession, s'ils n'ont point d'héritiers directs (ceux qui se trouvent dans ce cas sont inscrits sur un registre spécial); de leur changement de noms ou de la prise d'un surnom, toutes choses qui ressortissent à cette direction.

Si un mandarin chinois perd son père ou sa mère, il en porte le deuil en se retirant pendant trois ans des fonctions publiques. Si c'est un mandarin mantchou ou mongol employé dans la capitale, il ne le porte de la même manière que pendant cent jours; encore, dans ce dernier cas, ceux qui sont à la cour, ou employés dans les cérémonies religieuses, ne quittent pas même momentanément leurs fonctions.

Les mandarins mahométans, ou qui appartiennent à l'une des bannières, n'observent également le deuil que pendant cent jours.

Les mandarins qui désirent rentrer momentanément dans leur famille, pour soutenir leurs parents, père, mère et grands parents, reçoivent un congé d'un an. S'ils ne rentrent pas dans leurs fonctions au bout de ce temps, ils sont passibles de certaines condamnations. L'entrée en fonctions des mandarins et leur sortie sont du ressort de cette *direction*, qui publie quatre fois par an la liste de tous les fonctionnaires de l'empire, en indiquant tous les mouvements du personnel (***).

(*) *Ib.* K. VIII, f° 14.
(**) *Ib.* K. VIII, f° 15.
(***) C'est une de ces listes ou *Almanach impérial*, qui est en même temps une véritable *statistique administrative* de l'empire chinois, portant la date de l'*été* de 1844, que nous avons déjà cité précédemment (p. 82 et *passim*), et que nous aurons encore occasion de citer bientôt.

Cette publication officielle a quelque ana-

4° *Chambre des brevets et diplômes* (*Yén foŭng ssé*), ou, pour employer une phraséologie consacrée, *Bureau du sceau et des titres.* Ce bu-

logie avec l'*Almanach général* de MM. Didot. Elle est divisée en 4 cahiers ou volumes chinois, format in-8. Le 1er volume donne la composition et le personnel de tous les *ministères*, à commencer par celui de la *maison impériale*, en indiquant soigneusement le rang, les grades, les dignités, et jusqu'au lieu de naissance (en se bornant au *canton* ou à la *bannière* seulement) des fonctionnaires. L'*Académie impériale* des *Han-lin* vient immédiatement après le *Conseil des ministres* (*Neï-ko*) et avant les divers *ministères*. (Nous ferons connaître ailleurs cette grande institution.) Après l'indication du personnel des *six* grands ministères, viennent les autres branches des services publics; en un mot, ce 1er volume est un tableau du personnel de tous les mandarins résidant à *Pé-king*, classés dans les administrations diverses auxquelles ils appartiennent, et selon le rang qu'ils y occupent.

Les trois autres volumes sont consacrés aux *dix-huit* provinces de l'empire. Voici comment elles y figurent. Immédiatement après le nom de la province on donne le chiffre du *traitement* du *gouverneur*, s'il y en a un, du *lieutenant gouverneur* et du *chancelier littéraire*. Sous le titre de *Délimitation*, la capitale de la province est indiquée comme le *chef-lieu* de l'administration, et on fait connaître à quelle distance de la capitale elle est située. On donne ensuite le nombre des *départements*, *arrondissements*, *cantons* et *districts*, s'il y en a, qui forment la province; les dimensions de cette province; ses limites aux quatre points cardinaux, et aux points intermédiaires.

Sous le titre de *fonctions publiques*, on énumère toutes les fonctions publiques, occupées dans la province avec le *nombre* des titulaires de chaque espèce. Puis, sous le titre d'*impôts directs*, on donne le chiffre des impôts fonciers payés annuellement par la province en *argent* et en *nature*; de ceux qui sont imposés d'une manière *fixe* sur différents objets de consommation, comme le *sel*; des impôts fixes de diverses espèces; on indique la quotité des impôts prélevés par le trésor local de la province pour être *expédiés* à la capitale, et la quotité de ces mêmes impôts *retenus* pour les besoins de la province. Ensuite on fait connaître le *revenu fixe* des *douanes* de la province. Puis on donne le nom et les titres des premiers mandarins de la province, avec le lieu de leur origine. Ensuite, sous le titre de *trésorerie*, on

fait connaître le chiffre et la quotité de tous les *traitements* des fonctionnaires de la province, ordonnancés par le *trésorier.* Le *grand juge criminel* vient ensuite avec l'indication pareille de son traitement, ainsi que quelques autres services spéciaux, s'il y en a, comme, par exemple, celui des salines.

Voilà les documents que donne sur chaque province l'*Almanach impérial* de *Pé-king*, sous le titre de *Renseignements généraux* (*thsoung lio*). Viennent ensuite des détails spéciaux sur chaque *département* pris à part, ainsi que sur chaque *arrondissement* et *canton* compris dans ce même département. Après l'énonciation du *département*, les *limites* en sont indiquées, comme elles l'ont été pour la province, ainsi que sa distance en *li*, du chef-lieu de l'empire, le nombre des *arrondissements* et des *cantons* qui en dépendent, en même temps que le montant des *traitements* des fonctionnaires qui l'administrent, et dont le siège est au chef-lieu. Sous le titre de *Mœurs et usages*, on donne quelques définitions concises et caractéristiques, qui s'appliquent aux traits les plus saillants du caractère et des mœurs des habitants. Ensuite, sous celui de *Colléges*, on indique le nombre des colléges et établissements de ce genre qui existent dans chacune des subdivisions administratives; enfin, sous le titre de *Produits du sol*, on indique les principales productions du département.

Puis viennent les noms du *préfet*, du *préfet adjoint*, et des autres fonctionnaires, avec *l'indication abrégée de leurs services, le lieu de leur naissance, et le nombre d'années passées dans les grades inférieurs.* Ensuite vient l'énumération des *arrondissements* et des *cantons* qui composent le *département*. Après l'énonciation de chacun de ces cantons et arrondissements, l'*Almanach impérial* de *Pé-king* donne le montant des *impôts* en argent et en nature que payent ces *arrondissements* et ces *cantons*, en même temps que le montant des *traitements* à payer aux mandarins de ces circonscriptions administratives. Ensuite vient le nom de ces mêmes fonctionnaires, avec l'indication de leurs titres, de leurs services antérieurs et du lieu de leur naissance, comme pour les fonctionnaires du chef-lieu.

On voit, par cet aperçu, combien une pareille *publication officielle* renferme de renseignements utiles, et que l'on est bien loin d'attendre, en Europe, d'un gouvernement que l'on y considère comme le *type* du *pou-*

reau a sous sa direction la collation des titres héréditaires (*chí tsiò*), en même temps que les magistratures et rangs aussi héréditaires conférés à des chefs aborigènes (qui commandent aux *Miao-tseu* et aux *Lo-lo*, dans les provinces de *Kouang-si*, *Sse-tchouan*, *Yun-nan* et *Kouëi-tchéou*).

Tout fonctionnaire *civil* qui soupire (*) après la collation d'une mar-

voir le plus arbitraire et le plus absolu qui existe, et dont les actes d'administration, surtout en *matière d'impôts*, sont enveloppés, pour le peuple des administrés, des plus épaisses ténèbres. Eh bien! il y a *des siècles* que cet *Almanach impérial*, avec de semblables renseignements, est publié officiellement quatre fois par an à *Pe-king*, et à un prix tellement bas qu'il est accessible à tous ceux qui veulent s'instruire de la chose publique. Chaque Chinois (sans avoir le bonheur de vivre sous un gouvernement représentatif, où les charges publiques, pour être imposées par cinq cent quarante-neuf représentants du pays, n'en sont pas moins lourdes et mieux connues de la masse), les Chinois, disons-nous, connaissent tous, non-seulement la quotité de l'impôt pour tout l'empire, mais encore ce que chaque *province*, chaque *département* et chaque *canton* paye dans la répartition de l'impôt général; la quotité qui est expédiée à la capitale pour les besoins du gouvernement central, et la part qui est retenue dans le trésor provincial pour payer des mandarins dont il connaît le *nombre*, et des *traitements* dont il connaît le *chiffre*. Après avoir étudié sérieusement la Chine et son histoire, on reste frappé d'une chose : c'est du *soin extrême* que, dans ce pays, le gouvernement a toujours pris, depuis plus de *quatre mille ans*, de *rendre compte*, en quelque sorte, au peuple de tous ses actes, de ne lui rien laisser ignorer de tout ce qui le concernait, en lui témoignant ainsi une déférence toute paternelle; tandis que la plupart des gouvernements européens ont presque toujours affecté le plus grand dédain pour ces sortes de communications.

(*) C'est le seul mot que nous ayons trouvé pour rendre à peu près la signification du terme employé dans les *Statuts : siŭ «afflictio, tristari.»* Il paraît que, contre l'opinion communément admise, les Chinois sont aussi avides de distinctions que les Européens. Ce qui le ferait croire, c'est qu'une section du livre V du *Code pénal* des Chinois (*Ta-thsing liu li*, K. V.) défend aux *fonctionnaires civils* du gouvernement de solliciter des distinctions

que distinctive ou titre héréditaire, les mandarins civils et militaires auxquels cette faveur est accordée, ont affaire au *Bureau du sceau et des titres*.

Il y a cinq espèces de titres héréditaires (*). La première est celle qui est accordée au mérite éminent, afin de rehausser encore son éclat aux yeux du monde par un signe permanent de la satisfaction du souverain (*tchéou yoŭng*); la deuxième est celle qui est accordée pour encourager les actes de dévouement et de fidélité au souverain (*tsiang tchoŭng*), afin d'honorer dans leurs descendants la mémoire de ceux qui sont morts en le servant; la troisième est celle qui est accordée comme marque de faveurs (*thaï gun*), allant atteindre des relations de parenté extérieure (comme les parents d'une impératrice étrangère); la quatrième est celle qui est accordée pour ajouter encore à la gloire (*kiā yoŭng*) des hommes d'une haute sainteté, d'un savoir éminent (comme l'ancien philosophe *Khoung-*

héréditaires (*wén kouān poŭ hiŭ foŭng koŭng*). « Tous les *mandarins civils*, y est-il dit, qui « n'auront pas pour eux de grands mérites, « ou de grands services rendus à l'État, et « qui auront sollicité des distinctions hé- « réditaires; de même que ceux qui auront « trompé le pouvoir supérieur en les recom- « mandant aux bonnes grâces de l'empereur, « pour leur faire obtenir des distinctions : « ces mandarins, et ceux qui les auront re- « commandés, seront les uns et les autres, « les impétrants et ceux qui les auront ap- « puyés, *condamnés à avoir la tête tranchée* « (*kiā tchān*).

« Cependant, ceux qui seront nés de pa- « rents ayant commandé une armée ou oc- « cupé les fonctions de ministre, et, dans « ces qualités, se seront sacrifiés au bien de « l'empire et dévoués à son service, en « même temps que par leurs éminents talents « ils auront contribué à la gloire et à la pros- « périté de l'État, à ceux-là, disons-nous, en « considération du mérite de leurs auteurs, « et pour les récompenser dans leur personne, « la loi précitée ne sera point applicable. »

(*) Les titres héréditaires des membres de la famille impériale, ceux des *Gioro*, concernent le *Ministère de la maison impériale*; ceux des Mongols extérieurs, le *Bureau des frontières étrangères* (*li-fan-yuen*); ceux des royaumes étrangers (*gaï koue*) concernent le *Ministère des rites* (*li-poù*).

11ᵉ Livraison. (CHINE MODERNE.) 11

tseu (*)), afin de faire briller leur sainteté, leurs vertus au delà des frontières; la cinquième, enfin, est celle qui est accordée pour inspirer le respect (*pie khŏ*), dans le but de servir à l'élévation et à la prospérité de l'État.

Toute collation de titres a lieu par un édit spécial ou *lettres patentes* (*tchhi*) de l'empereur, délivrées par le *Bureau des titres*; et à la fin de chaque année le nom des personnes ainsi anoblies monte (*tĕng*) au *livre jaune* ou registre impérial.

Les titres héréditaires (*chi tsiŏ*) sont au nombre de *neuf*, lesquels se subdivisent en vingt-sept degrés différents. Ces titres sont les suivants :

Titres.	Degrés.	Équivalents.
1º *Koung*,	3 degrés;	*duc*.
2º *Héou*,	4 degrés;	*marquis*.
3º *Pé*,	4 degrés;	*comte*.
4º *Tseu*,	4 degrés;	*vicomte*.
5º *Nán*,	4 degrés;	*baron*.
6º *King tche-tou wéi*,	3 degrés;	
7º *Ki toŭ wei*,	2 degrés;	*chevaliers*.
8º *Yún ki wéi*,	1 degré;	
9º *Gan ki wei*,	1 degré;	

Les cinq premiers de ces titres datent en Chine de onze cent vingt ans avant notre ère, c'est-à-dire, du commencement de la troisième dynastie (**).

(*) La plupart des empereurs chinois se sont plu à honorer la mémoire de ce grand philosophe, en lui décernant des titres posthumes, et en les transmettant à ses descendants. Ainsi, *Khoung-tseu* est nommé officiellement *Ching koung*, le *saint duc*; et son descendant actuel (qui a plus de seize quartiers, sa noblesse datant de 2,397 ans) est nommé *Khoung koung*, le *duc Khoung*.

(**) Voy. le *Chou-king*, ch. III, p. 88, dans notre édition des *Livres sacrés de l'Orient*. La signification primitive de ces noms de titres et dignités est assez remarquable. Le nom de *Koung* signifie : qui *est dévoué à l'intérêt public, grand, généreux, juste, équitable*; le nom de *Héou* signifiait originairement qui *attend* et *espère*; celui de *Pé*, *homme blanchi dans l'exercice de ses talents et de ses lumières*; celui de *Tsèu*, *fils, brillant, généreux fils de famille* (on donne aussi ce titre en Chine à tous les philosophes ou écrivains moralistes qui se sont distingués par leurs écrits, etc.); celui de *Nán* signifie : *homme courageux, viril, capable de soutenir une partie du fardeau du gouvernement*. Ce terme serait bien rendu par celui de *baron* du moyen

C'étaient alors des titres féodaux, comme à l'époque de l'établissement de la noâge. Les quatre derniers titres sont parfaitement rendus par celui de *chevaliers*, car ils signifient : *qui maintient l'ordre et la paix parmi les hommes à chars ou équipages, qui maintient l'ordre et la paix parmi les cavaliers*, etc. Ils sont donnés principalement aux chefs des peuplades *mantchoues*, *mongoles*, *turques*, etc., de la Tartarie et de l'*Asie* centrale. D'ailleurs, nous devons dire ici, pour ne pas se former une fausse idée de la Chine, qu'un *très-petit nombre d'individus chinois* sont revêtus de *titres* héréditaires. Un aperçu de l'histoire des titres nobiliaires en Chine, donnée dans la grande Encyclopédie historique de l'empereur *Kang-hi* (*Youên kien loui hán* : « *Recueil par ordre de matières servant à voir dans les abîmes*, » K. 118-121), ne sera pas ici déplacé.

L'institution de titres nobiliaires remonte, selon *Tou-chi*, à l'empereur *Hoang-ti*, dont le règne est placé 2,637 avant notre ère. Du règne de cet ancien empereur jusqu'à *Yao* et *Chun* (2,200 avant J.-C.), les titres nobiliaires furent de *cinq* espèces, maintenus par *Yu* (Voir le *Li-tai ki-ssé*, K. III, fº 2), les mêmes, et avec les mêmes dénominations que les cinq premiers de la noblesse actuelle. Ces cinq degrés de noblesse furent créés pour répondre à l'idée favorite d'alors : celle d'*imiter les cinq éléments* (Voy. t. I, p. 80), et de représenter l'éclat des *cinq pierres précieuses*.

La dynastie des *Hia* (2,205-1783 av. J.-C.), et celle des *Chang* (1784-1137) les réduisirent à trois, en supprimant les *deux* derniers ordres.

Les nobles de cette ancienne époque en Chine étaient, comme nous l'avons déjà dit, des seigneurs féodaux qui possédaient une certaine portion de territoire. Ceux dont le domaine n'atteignait pas cinq lieues d'étendue ne pouvaient pas s'associer à l'empereur, qui possédait un territoire de *cent* lieues d'étendue; mais ils se rendaient feudataires de chefs plus puissants qu'eux. La Chine à cette époque (de 1134 à 255 avant notre ère) était divisée en *neuf* provinces, qui comprenaient 1773 États ou seigneuries féodales.

Les titres et le pouvoir étaient alors héréditaires chez ces chefs de petits domaines féodaux; mais les titres de tous les fonctionnaires ne l'étaient pas.

L'empereur *Thsin-chi-hoang-ti*, de la quatrième dynastie, ce Napoléon de la Chine, qui abolit cette immense féodalité, et réunit toute la Chine sous son autorité puissante (voy. t. I, p. 208), institua vingt degrés de noblesse, pour récompenser les services et les

blesse européenne, qui comportaient une autorité en quelque sorte souveraine sur mérites. Mais les titres conférés par cet empereur furent purement *nominaux*, sans émoluments, revenus, terres, domaines ou États y annexés

A l'avénement de la dynastie des *Han* (202 av. notre ère), les premiers empereurs de cette dynastie créèrent deux degrés de noblesse : des *rois* (*wáng*), titre donné aux princes du sang, et des *héou*, titre donné aux ministres ou premiers fonctionnaires de l'État, en considération de leurs services et de leurs mérites. Cette institution des *Han* rentrait dans le système féodal ; car les plus puissants de ces derniers nobles avaient encore en propre une population qui ne dépassait cependant pas *dix mille* familles. Les plus petits avaient six cents familles. « Dans la haute « antiquité, remarque l'écrivain chinois, on « partageait la terre (pour la donner à des « privilégiés), mais on ne partageait pas le « peuple (*kóu fēn thóu éuh wou fēn mín*) ; « ce fut seulement sous les *Han* que l'on com-« mença à *partager le peuple*, pour le donner « en propre à des nobles ; c'est alors que les « *rois* (*wáng*), princes du sang) et les autres « nobles, se partagèrent en quelque sorte le « royaume, eurent chacun des dizaines de « cités en possession. »

Outre des titres de noblesse féodale, la dynastie des *Han* conféra encore des priviléges de *présentation* à la cour, et de *siéger* au rang des ministres. Il y eut une *noblesse* de cour (*tchāo héou*) créée par lettres patentes, portant des bonnets en forme de couronne, et des vêtements ornés de riches broderies.

Lorsque les princes du sang, portant le titre de *rois*, furent créés, ils reçurent un sceptre de roseau et une poignée de terre, et ils allèrent ensuite prendre possession de leur territoire, où ils érigèrent des autels au génie du lieu.

Sous la dynastie des *Wei* (dans le sixième siècle de notre ère), il y eut *six* degrés de noblesse : les *cinq* des *tchéou*, qui existent encore actuellement, et au-dessus desquels on ajouta celui de roi ou prince (*wáng*). Ensuite les fils des hommes titrés porteront des titres modificatifs de ceux de leur père. Comme beaucoup de titres nobiliaires furent alors accordés, et qu'il n'y eut point d'émoluments attachés à la plupart d'entre eux (sans doute à cause du trop grand nombre), il est dit que c'est de cette époque que datent les *titres vides* (*liù foáng tsiŏ*), c'est-à-dire, auxquels n'était attaché aucun traitement.

La dynastie de *Tchin* (357-580) établit neuf degrés de principautés, avec des rois pour une étendue limitée de pays. En Chine, les *koŭng* ou *ducs* étaient seigneurs d'un pays de *dix lieues* d'étendue ; les *héou* (*marquis*), de *sept lieues* ; les *pĕ* (*comtes*), de *six lieues* ; les *tséu* (*vicomtes*) et les *nán* (*barons*), de *cinq lieues*.

Des insignes particuliers, placés sur les vêtements d'apparat, sont affectés aux différents degrés de cette noblesse.

Les mandarins revêtus d'un titre héréditaire, et qui sont révoqués ou les régir, et douze autres degrés de noblesse.

La dynastie des *Soui* (581-617) eut d'abord *neuf* différents degrés de noblesse, qu'elle réduisit à *trois*.

Celle des *Thang* (618-905) eut aussi *neuf* degrés de noblesse. Les princes du sang furent nommés *Thsin wáng*, rois de proche parenté.

Le fondateur de la dynastie des *Soung* (960), qui obtint l'empire avec tant de facilité qu'il n'eut presque pas besoin de se servir de troupes, fut dispensé par là de récompenser des services militaires, et il s'attacha uniquement à honorer et à récompenser les *œuvres littéraires* (*wén ssé*) ; aussi la littérature fut-elle très-florissante sous les *Soung*. Tous les ministres de cette dynastie furent créés nobles, avec le *titre de ducs de l'empire* (*koué koung*). La loi rendue sous les *Han*, qui ne permettait d'anoblir que des *militaires* distingués par leurs services et leurs mérites, fut ainsi abrogée et violée.

La dynastie des *Ming* (1368-1573), qui a précédé la dynastie régnante, fut prodigue de titres de toutes sortes envers les membres de la famille impériale ; les princesses elles-mêmes en reçurent en grand nombre.

Les *titres* conférés par la dynastie régnante sont appelés des *ustensiles de renommée* (*ming khi*) ! Ces titres ont été moins prodigués par quelques dynasties que par d'autres, pénétrées de ce principe, dit l'historien chinois, qu'*un titre facilement obtenu est peu estimé du peuple* (*tsiŏ ï tĕ tsĕ min poú kouei*).

La notice historique sur la noblesse chinoise, de l'*Encyclopédie* citée, se termine par l'énumération de plusieurs personnages qui ont humblement refusé d'être anoblis. (Voy. *Youén-Kién loŭ hán*, K. 112-121. Ces trois livres de l'Encyclopédie historique de *Khang-hi* pourraient fournir matière à un fort volume in-8°, qui ne présenterait pas le côté le moins curieux de l'histoire chinoise. Il faut ajouter ici, pour que l'on ne se méprenne pas sur ce qui précède, que ce n'est guère que parmi les *Tartares mantchous* et les *Mongols* que des collations de titres ont lieu).

titués de leurs fonctions, pour cause de crimes ou délits, conservent leur noblesse, et ils en transmettent les insignes à leurs descendants. Mais s'ils se sont rendus coupables du crime de rébellion, ou de rapines et de concussions, alors ils entraînent leurs descendants dans leur dégradation. La noblesse de ceux qui n'ont pas de descendants finit avec eux.

Les commissions des mandarins aborigènes leur sont délivrées sur feuilles de papier (*chí*). Si ce sont des charges de préfets, de sous-préfets, de chefs de districts ou de cantons, on y ajoute le sceau de la charge. Tout mandarin aborigène porte les insignes de chef héréditaire.

Tous les insignes de noblesse doivent être portés à la connaissance du gouverneur ou du lieutenant-gouverneur de la province, qui en réfère au *ministère des offices*, pour être, par ce dernier, statué sur l'usage qui doit en être fait.

Nous avons vu précédemment que tous les fonctionnaires ou mandarins chinois sont classés en neuf *rangs* (*pín*) comprenant chacun deux classes, ce qui fait *dix-huit* degrés (*kiái*) dans les mandarinats. Il y a une appellation particulière pour chacun de ces degrés, que les mandarins inscrivent soigneusement sur leurs cartes de visites. En voici l'énumération :

1er degré : *Kouang loù tá foù* : Excellence au renom éclatant ;

2e — *Yoúng loù tá foù* : Excellence au renom glorieux ;

3e — *Tseù tching tá foù* : Excellence à l'administration méritoire ;

4e — *Thoúng foúng tá foù* : Excellence qui doit être reçue partout avec respect ;

5e — *Thoúng i tá foù* : Excellence jouissant d'une considération universelle ;

6e — *Tchoúng i tá foù* : Excellence jouissant d'une considération moyenne ;

7e — *Tchoúng hién-tá-foù* : Excellence de modèle moyen ;

8e — *Tchâo i tá foù* : Excellence considérée à la cour ;

9e — *Foúng tching tá foù* : Excellence dont l'administration inspire le respect ;

10e — *Foúng tchí tá foù* : Excellence dont la droiture a droit au respect ;

11e — *Tching tě láng* : Honorable d'une vertu assistante ;

12e — *Joú lín láng* : Honorable de la forêt des lettrés ;

Et *I tě láng* : Honorable d'une vertu convenable ;

13e — *Wén lín láng* : Honorable de la forêt littéraire ;

Et *I í láng* : Honorable d'une considération convenable ;

14e — *Tching ssé láng* : Honorable remplissant convenablement ses fonctions ;

15e — *Sieòu tchí láng* : Honorable s'occupant avec soin de son mandarinat ;

16e — *Sieòu tchí tsó láng* : Honorable en second (du précédent) ;

17e — *Těng ssé láng* : Honorable susceptible d'avancer en grades ;

18e — *Těng ssé tsó láng* : Honorable en second (du précédent).

Tous les mandarins de l'empire, depuis le premier jusqu'au dernier, sont classés d'après les fonctions qu'ils remplissent.

Les femmes de premier rang de tous les mandarins ont aussi des titres honorifiques de *neuf degrés*, correspondant à celui de leurs maris.

Nous nous sommes peut-être trop étendus sur le *ministère des offices*, qui compose toute l'administration du personnel des fonctionnaires publics ; et quelques-uns des détails dans lesquels nous sommes entrés, les derniers surtout, pourront sembler puérils à quelques-uns de nos lecteurs : nous n'avons pas pensé de même. Les mœurs d'un peuple se révèlent plus souvent et mieux dans les petites choses que dans les grandes. Chez nous, les *cartes de visites* même ne sont pas aussi indifférentes qu'on pourrait le croire ; un homme se révèle quelquefois tout entier dans sa carte de visite, et souvent ce ne sont pas celles qui portent le plus de titres qui indiquent le plus de mérites.

2. MINISTÈRE DES FINANCES
(*hoù poù*) (*).

Ce ministère, composé de deux présidents (**), l'un Mantchou, l'autre

---

(*) *Ta-thsing-hoeï tién* ; K. 10-18.

(**) Dans l'*Almanach impérial* de 1844, ce ministère, ainsi que celui des *offices civils* et celui des *travaux publics*, ont chacun un président supérieur aux deux présidents ordinaires, ce qui porte le nombre des membres

Chinois; de deux assesseurs de *droite* et de deux assesseurs de *gauche*, toujours l'un Mantchou et l'autre Chinois, comprend dans ses attributions tout ce qui concerne l'administration, le gouvernement *territorial* (*li tching*) de l'empire, en même temps que la tenue régulière des listes de population, afin, disent les *Statuts*, d'aider l'empereur à nourrir et entretenir ses peuples.

Tout ce qui concerne les règlements pour la levée des impôts et taxes de toutes natures; les dispositions à prendre pour le payement des salaires en argent, redevances en nature, alloués aux fonctionnaires publics; la détermination de la quantité d'argent et de denrées qui entrent dans le trésor ainsi que dans les greniers de l'État, et en sortent; les ordres pour les transports de fonds et de denrées, soit par terre, soit par eau : toutes ces attributions appartiennent à ce ministère, qui est constamment tenu au courant de l'exécution des ordres qu'il donne, et des mesures prises par les nombreux fonctionnaires qui en dépendent. Les décisions en tout ce qui concerne les attributions du ministère sont prises en *conseil*, formé des *sept* principaux membres. Si les affaires sont graves et importantes, il en est référé à l'empereur; si elles ne le sont pas, elles sont expédiées par le ministère.

C'est à ce département ministériel qu'appartient la faculté de répartir le territoire de l'empire en diverses circonscriptions *administratives*, *militaires* et *financières*. Les circonscriptions *administratives* proprement dites sont, comme nous l'avons déjà vu, les *départements* (*foù*), les *districts* (*ting*), les *arrondissements* (*tchéou*), et les *cantons* (*hién*); les circonscriptions *militaires* sont les *villes fortifiées* (*tching*) et les autres places fortes. Le territoire de Pé-king et celui de Moukden, en Mantchourie, ont une administration à

du conseil de ces ministères à *sept* au lieu de *six*. Ce *premier président*, de création nouvelle, était un Chinois, pour le *ministère des finances* (*pan chi ngan*), «grand gardien de l'héritier présomptif», membre du *cabinet*, de l'académie des *Han-lin*, etc., etc. Les premiers présidents des deux autres ministères étaient *Tartares*.

part, comme étant la résidence de l'empereur et de sa cour (*).

Une connaissance détaillée de ce ministère, aussi bien et encore plus que du précédent, nous paraissant d'une très-haute importance pour faire enfin justice de toutes les divagations écrites jusqu'à ce jour en Europe sur la *population chinoise*, et pour sortir de l'ignorance à peu près complète où nous sommes encore de tout ce qui concerne les finances de ce grand empire, nous continuerons de traduire ici les parties les plus importantes des *Statuts*.

Onzième livre du grand *Recueil des statuts administratifs de la dynastie régnante en Chine*, comprenant le *Recensement de la population*, le *dénombrement des terres*, et la *répartition des impôts* (**), les deux premiers constituant la base permanente et fondamentale de l'assiette des derniers. Ces trois parties forment un ensemble de renseignements si essentiels et si importants pour la connaissance du gouvernement et de la nation chinoise, qu'ils ne peuvent être suppléés par aucun autre (***).

(*) Le dixième livre des *Statuts* est consacré à faire connaître les diverses circonscriptions administratives, les principaux fleuves et les principales montagnes, etc., de la Chine, sur lesquels nous nous sommes suffisamment étendus précédemment.

(**) L'*Aperçu statistique de la Chine*, donné comme tiré de *documents originaux*, par feu Klaproth, à la suite de la traduction française du Voyage à Pé-king par Timkouski, Paris, 1826, n'est, à très-peu de chose près que, la traduction pure et simple de l'*Appendix* anglais que M. P.-P. Thoms a publié à la suite de son édition du *Hoa-tsien*, Macao, 1824, d'après des documents chinois déjà vieillis, puisque la population n'y est portée qu'à 143 millions, comme dans le *View of China* de M. Morrison, publié en 1817 à Macao. Tous ces chiffres, répétés dans presque tous les ouvrages de géographie et de statistique, ne représentent pas plus maintenant l'état réel des choses en Chine, que les *Oisivetés de Vauban* (composées, en 1786, à l'imitation des statistiques géographiques et politiques de la Chine, dont l'illustre écrivain eut connaissance par les relations des missionnaires) ne représentent l'état actuel des choses en France. Quoique l'on pense et que l'on écrive toujours le contraire, la Chine n'est pas plus *stationnaire* que l'Europe : son existence en est la preuve.

(***) La traduction de ce XI° livre du *Ta-thsing hoei-tien* avait déjà été publiée en 1841, par l'auteur de cet ouvrage, chez MM. Didot frères, avec la reproduction des dénominations en chinois, sous le titre de : *Documents statistiques officiels sur l'empire de la Chine*, tirés à 50 exemplaires.

I.

RECENSEMENT DE LA POPULATION.

[*Texte.*] Les registres de la population de l'empire seront exactement tenus.

[*Commentaire.*] Il y a des bureaux spéciaux, composés d'employés militaires mantchoux, mongols et chinois, placés sous la direction du *Ministère des finances*, qui tiennent ces listes, et s'en servent pour appliquer dans les différentes localités le salaire des huit bannières (l'armée chinoise). Les bureaux composés de militaires *fân*, qui tiennent les listes de la population extérieure *fân*, dépendante des *Tcha-tsa-khe* (*Dzassak*, chefs militaires mongols), ressortissent à la *Chambre des possessions étrangères* (*Li-fan-youan*).

[*Texte.*] Les familles et les personnes de toutes conditions de chaque province ont des chefs qui en contrôlent exactement le nombre, et chaque année ces chefs en font part au ministère. Le recensement se fait par *feux* ou *portes* (*). Les *portes* ou *feux* se divisent en plusieurs classes.

1° Il y a les feux (**) du peuple (*min-hoù*).

[*Comm.*] Ceux qui sont principalement attachés à la terre, ceux dont le séjour dans un lieu n'est que passager, mais qui sont inscrits sur les registres de recensement; les individus qui ont fait partie des huit bannières, et qui sont attachés aux bureaux des bannières; les militaires chinois qui sont sortis des bannières, et qui se sont établis dans des lieux fixes et tranquilles, où ils font partie du peuple; tous constituent les *feux du peuple*.

2° Il y a les feux militaires (*kiûn-hoù*).

Ce sont ceux qui étaient inscrits sur les listes du recensement primitif sous le nom de gardes ou colonies militaires (*tun wei*), destinées à protéger des frontières ou des passages); les uns sont retournés au milieu de leurs compatriotes dans leur district, leur arrondissement et leur canton; les autres ont continué comme auparavant à rester attachés au service des colonies militaires, où ils ont obtenu des commandements. Ceux d'entre eux qui sont astreints à payer l'impôt personnel militaire constituent les *feux militaires*. Tous ceux qui sortent de chez eux pour occuper un emploi militaire, ainsi que leurs fils et petits-fils, s'ils suivent la même carrière et vivent ensemble, constituent aussi des *feux militaires*.

3° Il y a les feux d'artisans (*thsiang-hoù*).

Ils étaient sur la liste de la contribution personnelle du recensement primitif. Il y a des *feux d'artisans* dans chacune des provinces de l'empire, lesquels artisans se succèdent dans le même service, la même profession qu'ils exercent ensemble. Si les descendants d'artisans viennent à changer de profession, l'état de la famille est soumis à un examen, et l'impôt en argent (que cette famille doit alors payer) est expédié à la capitale, au lieu du droit de la profession; on nomme cela argent de la profession d'artisan (*thsiang-pan-yin*): ensuite ils se répandent peu à peu dans chaque province, où ils finissent par entrer dans la masse des contribuables de l'impôt personnel et foncier. Ce n'est que dans les rôles complets des impôts et des charges publiques que la liste des artisans est conservée.

4° Il y a les feux des foyers (*thsáo-hoù*).

A chaque puits ou exploitation de sel, il y a des foyers sujets à l'impôt personnel : ce sont ces foyers que l'on nomme *feux* ou *familles des foyers*.

5° Il y a les feux des pêcheurs (*iû-hoù*).

Les *feux des pêcheurs* datent du recensement primitif; ils se trouvent partout où il y a des fleuves, des rivières, des baies où les barques peuvent aborder. Ensuite ceux qui les composent (après une plus ou moins longue absence) retournent peu à peu dans leur arrondissement et leur canton.

6° Il y a les feux des musulmans d'origine (*hóeï-hoù*).

La population d'origine musulmane se trouve disséminée dans divers lieux de chaque province; toute cette population est classée parmi les *feux du peuple* (pour le payement de l'impôt). C'est seulement dans la province de *Kan-sou* que se trouvent les familles musulmanes de la race *Sa-la-curh* (*Sarar*), placées sous les ordres des magistrats locaux indigènes, dépendant des autorités supérieures de la province. En outre, il y a dans l'arrondissement *Ti-hoa* du département de *Tchin-si* (de la même province) des maîtres de postes musulmans. Dans le district de *I-li*, la population est composée de

---

(*) *Yên hoù*, feux-portes.
(**) Dorénavant nous emploierons de préférence le mot *feu* pour *hoù*, « porte, » parce qu'il a l'avantage d'être souvent employé avec la même signification dans notre langue.

familles musulmanes indigènes, ainsi que toute celle qui dépend de chaque ville fortifiée de la route méridionale (qui communique de la Chine avec l'occident de l'Asie).

7° Il y a les feux des *fàn* ou étrangers (*fàn-hoù*).

Les familles *fàn* se trouvent dans les districts de *Siun-hoa*, *Tchouang-liang*, *Koueite*, *Tchao-tchéou*, de la province de *Kan-sou*; dans ceux de *Tsa-kou*, *Meou-Kourg* et *Taïsien-lou*, de la province de *Sse-tchouan*; dans ceux de *Tsa-si*, de *Tchoung-tien*, de la province de *Yun-nan*; dans les lieux qui dépendent des magistrats *fàn* de districts dans l'île de *Taï-wan* (Formose), de la province de *Fo-kien*. Toutes ces populations forment des *feux* ou *familles fàn*.

8° Il y a les feux des *Kiàng* ou Thibétains (*kiáng-hoù*).

Les populations qui dépendent de l'arrondissement de *Kiai* de la province de *Kan-sou*, celles qui dépendent de l'arrondissement de *Méou* de la province de *Sse-tchouan*, forment des *feux de kiáng* ou Thibétains.

9° Il y a les feux des *Miào* ou *Miàotseú* (*miáo-hoù*).

Il y a des *feux de Miào* dans les districts de *Foung-hoang*, *Young-sow*, *Tching-pou*, et *Soui-ning*, de l'arrondissement *Kien*, de la province de *Hou-nán*; dans ceux de *Si-tchang* et *Ying-chan*, de la province de *Sse-tchouan*; dans ceux de *Loung-ching*, de *Hoaï-youan*, de *Wou-youan*, et dans la ville de *Sse*, de la province de *Kouang-si*; dans les cantons de *Tou-yun*, de *Hing-hi*, du département de *Li-ping*, de *Soung-tao* et autres lieux qui en dépendent, dans la province de *Kouei-tcheou*.

10° Il y a les feux des *Yào* (*yàn-hoù*).

Les populations qui dépendent de magistrats locaux de districts de race *yao*, dans les provinces de *Hou-nan* et de *Kouang-toung*, forment des *feux de Yao*.

11° Il y a les feux des *Lí* ou noirs (*li-hoù*).

Il y a des *feux* ou familles de *Lí* dans l'arrondissement de *Kioung* de la province de *Kouang-toung*.

12° Il y a les feux des *I* ou barbares (*i-hoù*).

Il y a des *feux* ou familles de *I* dans les arrondissements de *Yun-loung*, de *Taug-yuè*, du canton de *Chun-ning*, dans la province de *Yun-nan*.

De tout ce qui compose la population proprement dite, les mâles (parvenus à l'âge viril) sont appelés *ting* ou hommes robustes, virils. c'est-à-dire, *contribuables*, parce qu'ils ont la force de *travailler* pour payer un impôt à l'État; les femmes sont nommées *keoù*, *bouches*, ne faisant que consommer. Les jeunes gens qui ne sont pas encore parvenus à l'âge viril (*) sont également classés parmi les *bouches*. Les hommes virils ou *contribuables* et les *bouches* (*ting-keoù*) seront inscrits sur des écriteaux suspendus aux portes des maisons, afin que chaque individu de la masse de la population compte parmi les hommes *virils* ou *contribuables* et les *bouches*.

Pour établir le chiffre exact de la population de chaque province, le gouverneur et le lieutenant gouverneur font recueillir dans tous les lieux qui sont de leur ressort, par des préposés nommés *Paò-kià* ou *chefs de dix feux*, les chiffres portés sur les tablettes en bois attachées aux portes des maisons (*mén-pài-tsé*), pour avoir le nombre réel des personnes qui les habitent. Chaque année, à la dixième lune, ces listes de recensement réunies sont envoyées au ministère, en même temps que la quotité des impôts qui sont prélevés sur cette même population. Le ministère des finances, vers la fin de l'année, réunit tous ces documents, qu'il met en ordre, et en forme la *Liste jaune* ou *impériale* (*hoáng-tsé*) des impôts et revenus de l'empire. Chaque année on examine l'accroissement de population qui est survenu, duquel accroissement il n'est tenu aucun compte, s'il est trop peu important.

Voici maintenant quel était le montant de la population des *Listes* de chaque province, envoyées au ministère des finances, la dix-septième année *Kia-king* (1812 de notre ère).

1° Province de *Tchi-li*, *tíng-keoù*, contribuables et bouches 27,990,671
    Foung-tien ou Moukden, Id . . 942,005
    Kirin, Id . . 307,781
2° Province de *Chan-toung*, Id . . 28,958,764
3° — Chan-si, Id . . 14,004,210
4° — Ho-nán, Id . . 23,037,171
5° — Kiang-sou, Id . . 37,843,501
6° — Ngan-hoei, Id . . 34,168,059
7° — Kiang-si, Id . . 23,046,999
8° — Fo-kien, Id . . 14,777,410
Contribuables *fàn* de l'île de *Taï-wan* ou Formose 1,748
9° Province de *Tche-kiang*, contribuables et bouches 26,236,784
10° — Hou-pe, Id . . 27,370,898
11° — Hou-nán, Id . . 18,652,507

A reporter : 277,336,706

(*) « Les mâles qui ont seize ans sont parvenus à l'âge viril ou contribuable, *tíng*. » (*Commentaire*.)

168   L'UNIVERS.

	Report.	277,538,706
12° Province de *Chen-si*,	id	10,207,286
13° — *Kan-sou*,	id	15,193,125
Parkol et *Ouroumoutsi* (dépendant de *Kan-sou*)		161,750
14° Province de *Sse-tchouan*, contribuables et bouches.		21,455,678
15° — *Kouang-toung*,	id	19,174,030
16° — *Kouang-si*,	id	7,513,894
17° — *Yun-nân*,	id	5,561,320
18° — *Kouei-tcheou*,	id	5,288,219
Total de la population de la Chine		561,695,479

Nota. On ne donne pas ici le nombre des contribuables des huit bannières tartares, qui résident à *Pé-king.* (*Comm.*)

[*Texte.*] Populations situées au delà des frontières de la Chine propre, mais dépendant de l'empire, dénombrées par portes ou feux :

[*Comm.*] Ces populations se composent de musulmans, de *fân*, de *li*, de *miào*, de *yào* et autres étrangers barbares, lesquels, longtemps errants, se sont enfin civilisés par l'exemple des Chinois (*hoà-tché*). Toutes ces populations, après le recensement fait des *contribuables* et des *bouches*, doivent entrer dans le chiffre de la population générale de l'empire.

Les populations qui dépendent du gouvernement de *Hé-loung-kiàng* (fleuve du dragon noir, en mantchou *Saghalien-oula*); les *So-lun* (ou *Sso-lon* archers), les *Ta-hou-eurh* (Daour), les *Go-lun-tchun* (Orotchun) (ou conducteurs de rennes), et les *Pie-li-eurh* (Pilar), comprenant les individus qui ont atteint l'âge de porter la peau de marte zibeline, et qui, par cela même, sont contribuables, s'élèvent, en les comptant par *feux* ou *portes*, à 4,497

Les populations qui dépendent des trois tribus (*san seng*) : les *Tchitche*, les *Feï-ya-khé*, les *Li-eurh-kou-ye*, les *Go-lun-tchun*, les *Go-khe-*

A reporter 4,497

* Le *Hoeï-tien* (*Kiouan*, XIII, fol. 4) donne en toutes lettres le montant général de la *population totale, civile et militaire, contribuables et bouches,* de toutes les provinces de l'empire de la Chine; le chiffre est de 561,691,291. (*Kia king chi tsi nien tsi pao chi tsui khé seng kha tching min tun ting keou : san wen lou tsien i pé lou chi khieou wen itsien euih pe san chi i.*) Il y a une différence en moins, avec le total ci-dessus, de 1,946, laquelle est due sans doute à l'admission, dans l'énumération des provinces, du chiffre de quelques populations étrangères à ces mêmes provinces, quoique en dépendant réellement. Les rédacteurs officiels du Recueil chinois ajoutent que, par suite du recensement que font chaque année, au milieu de l'hiver, les gouverneurs et les lieutenants gouverneurs des provinces pour connaître le nombre réel de la *population générale* de l'empire, et la *quantité de grains et riz* conservée dans les magasins ou greniers publics, la quantité de *chi* ou d'hectolitres de ces grains et riz, pour l'année indiquée ci-dessus (1812), conservée dans les greniers publics, s'élevait à 33,388,571 chi ou hectolitres.

Ces mêmes nombres pour la *population* de la Chine en 1812, et la quantité de *grains* et de *riz* conservée dans les greniers publics, sont répétés dans les *Statuts*, K. XIII, f° 4.

Report	4,497
la, formant en tout cinquante-six clans, sont au nombre de 2,398 *portes* ou *feux*, ci	2,398

Chacun de ces *feux* donne en tribut une quantité de 260 peaux de marte zibeline.

Les villes de *Ke-chi-go-eurh* (Kachegar), *Ye-eurh-kiang* (Yarkiang), *Ho-ten* (Khotan), *Ho-khé-sou* (Aksou), *Koutchaï* (Koutché), *Khe-la-cha-eurh* (Harachar), toutes mahométanes, dépendent d'un bey, ou *Pek* (*Pé-khé*). Elles forment avec le territoire spécial de *I-li*, habité par des tribus de race musulmane, une population de 69,644 *portes* ou *feux*, ci 69,644

Les populations *fân* qui dépendent de *Tchouang-lang* dans la province de *Kan-sou*, et dont chacune est soumise à un chef indigène, sont au nombre de 26,728 *feux*, ci 26,728

Les soldats contribuables des divers clans et pays du *Tou lou-fan* (Tourfan) ont 700 dénominations différentes; ceux de race musulmane forment 2,368 *feux*, ci 2,368

Ceux de race musulmane *la-pouno-eurh*, 183 *feux*, ci 183

Leur tribut consiste en 2,340 *ta* d'eaux (les *ta* d'eaux sont, selon les Chinois, des animaux ressemblant à des petits chiens, qui vivent dans l'eau et se nourrissent de poissons. Il est à présumer que ce sont des loutres.)

Les populations de race *fân*, gouvernées par des chefs indigènes qui dépendent de la province du *Sse-tchouan*, sont au nombre de 73,374 *feux*, ci 73,374

Celles qui dépendent de chefs indigènes de la *mer Verte* (ou Kokonor), au nombre de trente-neuf clans, forment 7,842 *feux*, ci . . . 7,842

Toutes celles qui dépendent de chefs indigènes du *Si-thsang* (ou Thibet), au nombre de trente-neuf clans, forment 4,889 *feux*, ci 4,889

Les populations qui dépendent d'*Ou-li-yaï-sou-taï*, les *Thang-nou* et les *Ou-liang-hai*, et qui donnent pour tribut des martes zibelines, sont au nombre de 595 *feux*, ci . . 595

Celles d'entre elles qui donnent pour tribut des écureuils sont au nombre de 412

A reporter 192,930

Report.... 192,930

Les populations qui dépendent de *Ka-pou-to* (*Kohto*), les *Ho-ewh-tai* et les *Ou-liang-hai*, qui donnent pour tribut des martes zibelines, sont au nombre de 256 *feux*, ci... 256

Celles d'entre elles qui donnent pour tribut des peaux de renards (*hou*) sont au nombre de 429 feux, ci.................................. 429

Les *Ho-ewh-hai*, les *No-heur*, les *Ou-liang-hai*, qui donnent en tribut des martes zibelines, sont au nombre de 147 *feux*, ci......... 147

Ceux d'entre eux qui donnent en tribut des écureuils sont au nombre de................... 61

Chaque *feu* doit payer en tribut 520 peaux de marte zibeline, ou 1,040 peaux de *hou*, ou 20,800 écureuils.

Il y a en outre des peuplades *fan* et autres qui dépendent de chefs indigènes, dont on connaît bien le nombre de camps et le nombre de clans, mais dont on ignore le nombre de *feux*. Il y a encore des populations payant impôt, mais situées au-delà des frontières, et dont on ne donne pas le dénombrement (*).

	feux.
Total des populations placées en dehors des 18 provinces....	193,823

[*Texte.*] Le nombre total des contribuables ou hommes payant l'impôt, est fixé d'après le recensement de la 50ᵉ année *Khang-hi* (1712).

[*Comm.*] Une proclamation de l'empereur, de la 52ᵉ année *Khang-hi* (1714 de notre ère), fit connaître publiquement le nombre réel des contribuables de l'empire, qui s'était accru à la suite des générations successives, et fixa les rôles des contributions pour l'avenir sur les listes de recensement des contribuables de la 50ᵉ année de *Khang-hi* (1712), n'ayant pas égard à l'accroissement annuel de la population, celle-ci pouvant augmenter sans que pour cela on dût jamais augmenter l'impôt (**). Voici ce recensement des contribuables de la 50ᵉ année *Khang-hi* (1712, un siècle avant le recensement de la population totale donné précédemment) :

(*) *Tai-thsing-hoei-tien*, K. XI, fol. 1-5.
(**) *Tai-thsing-hoei-tien*, K. XI, fol. 5. Ce passage très-curieux des *Statuts* prouve que *l'impôt foncier*, l'impôt direct, est resté le même en Chine depuis plus de cent ans, malgré l'accroissement énorme de la population, et sans doute aussi le surcroît des charges publiques, auxquelles le gouvernement aura fait face par les *impôts indirects*.

1º Province de *Tchi-li*, population contribuable *min ting*........		3,274,870
	Pays de *Foung-tien* ou *Moukden*, min ting...	85,450
	— *Kirin*, id.........	55,025
2º —	*Chan-toung*, population contribuable........	2,278,893
	Soldats contribuables cultivant des terres (*tun ting*)...	26,210
3º —	*Chan-si*, contribuables...	1,727,114
	Soldats contribuables cultivant des terres........	55,219
4º —	*Ho-nan*, contribuables...	3,094,430
5º — *Kiang-sou*.	1º Contribuables dépendant du receveur général de *Kiang-ning*.	1,036,950
	Soldats contribuables cultivant des terres.......	55,052
	2º Contribuables dépendant du receveur général de *Sou-tcheou*.	1,599,855
	Soldats contribuables cultivant des terres........	815
6º —	*Ngan-hoeï*, contribuables..	1,587,829
	Soldats contribuables cultivant des terres.........	40,834
7º —	*Kiang-si*, contribuables.	2,172,587
	Soldats contribuables cultivant des terres.........	6,179
8º —	*Fou-kien*, contribuables..	706,511
	Soldats contribuables cultivant des terres........	20,426
9º —	*Tche-kiang*, contribuables.	2,710,518
	Soldats contribuables cultivant des terres.........	4,977
10º —	*Hou-pé*, contribuables...	455,945
	Soldats contribuables cultivant des terres........	719
11º —	*Hou-nân*, contribuables..	553,054
	Soldats contribuables cultivant des terres........	1,290
12º —	*Chen-si*, contribuables..	2,150,686
	Soldats contribuables cultivant des terres.......	106,965
	Chefs de clans mobiles...	15
13º —	*Kan-sou*, contribuables. Soldats contribuables...	568,926
14º —	*See-tchouan*, contribuables.................	3,902,629
15º —	*Kouang-toung*, contribuables................	1,142,747
	Contribuables noirs (*li-ting*).	1,182
	Soldats contribuables cultivant des terres........	6,736
16º —	*Kouang-si*, contribuables.	210,674
17º —	*Yün-nân*, contribuables..	145,111
	Contribuables militaires (*kun ting*).................	29,895
	Population contribuable à demeures mobiles (*che ting*).	8,591
18º —	*Kouei-tcheou*, contribuables.................	57,754

Total général des contribuables . 29,042,192

(*) C'est ce recensement par *individu contribuable* qui a servi de base à tous les calculs plus ou moins erronés des écrivains européens sur la population chinoise, depuis l'époque où le P. Amiot le fit connaître dans les *Mémoires sur les Chinois*, t. VI, p. 279, après l'avoir extrait de la première édition de la Grande Géographie impériale *Tai-thsing-i-thoung-tchi* (1744), et que l'on retrouve avec quelques modifications dans la seconde édition du même ouvrage (1764). Dans celle-ci, comme dans celle de 1790, la population de certaines provinces est dénombrée en *contribuables* seulement, comme, par exemple, la province de *Tchi-li*, qui n'est portée que pour 3,104,058 contribuables (*jin-ting*) dans l'édition de 1764, et pour 3,301,058 dans l'édition de 1790 ; tandis que la province de *Kiang-sou*, qui n'est portée que pour 3,508,384 *contribuables* dans l'édition

[*Texte.*] L'accroissement annuel du nombre des personnes contribuables, et par chaque génération, ne fait pas augmenter les impôts (*poŭ kiá foŭ yén*) (*). Toute la population doit être inscrite sur des registres particuliers nommés *tsĭ*, lesquels se divisent en quatre classes. Ceux de la première classe sont nommés *Registres du peuple* (*mín tsĭ*).

[*Comm.*] Les individus de toutes conditions, de tout pays (*litt.* de toutes couleurs), s'ils ne sont ni dépendants d'autres personnes (*hi*), ni inscrits sur les registres des militaires, des marchands, des foyers mobiles, font tous partie des *registres du peuple*.

[*Texte*]. Ceux de la seconde classe sont nommés *Registres militaires* (*kiûn tsĭ*.)

[*Comm.*] Les feux ou familles militaires forment, par conséquent, les *Registres militaires*; et même il y a de ces *Registres* auxquels on donne la dénomination de *Registres des préposés à la garde des passages* (*weĭtsr*).

[*Texte.*] Ceux de la troisième classe sont nommés *Registres des marchands* (*cháng tsĭ*).

[*Comm.*] Les marchands, leurs enfants, et toute la suite qu'ils emmènent avec eux en parcourant les provinces dans lesquelles ils se partagent. Ce sont ceux qui forment les *Registres des marchands*.

[*Texte.*] Ceux de la quatrième classe sont nommés *Registres des foyers* (*thsáo tsĭ*).

[*Comm.*] Les feux des familles des foyers forment les *Registres des foyers*.

[*Texte.*] On recherchera avec soin quels sont les auteurs des personnes de ces différentes classes, ceux à qui elles auront été confiées ou de qui elles dépendront, et les lieux qu'elles habitent.

[*Comm.*] Les individus qui forment la population (*jin-hou*) doivent être inscrits sur les *Registres publics*, là où ils font leur séjour, où ils ont leur habitation, dans les régions et les localités où ils sont établis, où ils ont les tombeaux de leur famille, leur retraite, et où ils ont déjà passé vingt années. S'ils quittent leur famille pour occuper des emplois publics, et qu'ils acquièrent de l'éclat et de la renommée, ils cessent d'appartenir au Registre de leurs auteurs. Si un lettré quitte sa magistrature ou son mandarinat, il ne lui est pas permis de résider dans une province différente de la sienne; si les auteurs d'une famille ne sont plus, et que les fils et petits-fils de ces auteurs demeurent dans d'autres provinces où ils possèdent des terres et payent des contributions personnelles et foncières; s'ils désirent être inscrits sur les *Registres* (des localités où ils se trouvent), que cela leur soit accordé. Les fils et petits-fils de militaires, ainsi que de ceux qui n'ont point de position fixe, pour qu'ils puissent également être inscrits sur les Registres, il faut qu'ils soient soumis à un examen approfondi; et ils ne pourront être placés sur les Registres qu'après une résidence complète de dix années dans la localité. C'est par cette adjonction (aux Registres de la population) que les gouverneurs et lieutenants gouverneurs de province font parvenir au ministère des informations exactes.

Les marchands et négociants qui habitent le pays de *Foung-thien* (ou Moukden), et se livrent au commerce d'échange, ne sont pas astreints à se faire inscrire sur les Registres d'une localité fixe et déterminée. Les étrangers *I* de *Gan-tcha* et *Gan-nán*, de la province de *Kiang-sou*, auxquels on a accordé la faculté d'entrer sur les terres des fonctionnaires publics ou mandarins (pour les cultiver), si on leur permet de se marier avec des filles des habitants indigènes, seront inscrits sur les *Registres publics* de la population. Les étrangers *fan* ou Thibétains des huit camps retranchés de la tribu *liang-hoang* du *Sse-tchouan*, doivent se faire inscrire sur les *Registres du peuple* de l'arrondissement de *Méou*, en qualité de commissionnés ou employés du gouvernement (*Tchang-tchaï*).

[*Texte.*] On déterminera avec exactitude la parenté ascendante et descendante de ceux qui sont inscrits sur les registres des contribuables.

[*Comm.*] Les personnes sans enfants sont autorisées à adopter toute une parenté, pour

---

de 1764. l'est pour 25,049,828 *contribuables* et *bouches* dans l'édition de 1790. La différence énorme des deux nombres, à moins de 30 ans de distance pour la même province, ne peut se justifier que par la différence de *base* du dénombrement, de même que la différence de nombre de cette même province de *Kiang-sou* avec celle de *Tchi-li*, qui était plus peuplée en 1741 et 1764. On a cependant additionné ensemble ces *deux* espèces de recensements pour obtenir un chiffre général mensonger de la population de la Chine, d'environ 145 millions. Voyez les ouvrages cités de Morrison, P. P. Thoms et Klaproth. Le P. Amiot, pour obtenir son chiffre de 142 et de 149 millions, avait multiplié le chiffre de 29,042,492 par 5, qu'il considérait comme le multiplicateur approximatif propre à obtenir le chiffre de la population générale, comme étant le chiffre moyen des membres de chaque famille; ce qui ne donnait encore qu'un chiffre vague de cette même population.

(*) Ceci confirme l'avant-dernière note.

rétablir entre elles les rapports sociaux qui existent entre les père et mère et les enfants (*tchao-méou*), et ces devoirs réciproques entre les parents, afin de perpétuer leurs familles. D'abord il faut que les père et mère, et les plus proches parents (des enfants adoptés), n'existent plus; en second lieu, il faut que ces enfants, étant plongés, pour ainsi dire, dans le sein des *cinq sortes de deuil* (ou *fou tchi nei*), soient dépourvus de tout. Dans ces circonstances, il est permis à des personnes sans enfants de choisir et d'adopter une famille éloignée. Il en est qui choisissent et adoptent des personnes sages sur lesquelles ils puissent reporter leurs affections, et les aimer en même temps que leurs proches, pour ne pas être privés des rapports et des dispositions de famille; à ceux-là il n'est pas permis de désigner l'adopté comme membre de leur parenté, afin de ne pas donner lieu, dans l'ordre régulier de leur succession, à des discussions fâcheuses et à des querelles, etc.

[*Texte.*] On classera toutes les personnes inscrites en *honorables* et *viles* (*liang tsièn*).

[*Comm.*] Ces quatre sortes de populations (énumérées précédemment) sont *honorables* (*liang*). Les esclaves (*noù*), les serviteurs à gages (*poùh*), ainsi que les courtisanes (*tchàng*), les acteurs et actrices (*yéou*), étant astreints à des services publics, sont *viles* (*tsièn*). Dans les provinces de *Chan-si* et du *Chen-si*, les familles désignées sous le nom de *familles de plaisir* (*lǒ hoù*); dans celle de *Kiang-nan*, les familles désignées sous le nom de *familles mendiantes* (*kaï hoù*); dans celle de *Tché-kiang*, la population que l'on nomme *désoeuvrée*, *fainéante* (*thǒ hoù*): toutes ces familles, avant et après les premières, septième et huitième années *young-tching* (1723, 1729, 1730 de notre ère), furent placées sur les Registres des personnes viles, etc.

[*Texte.*] Les registres d'inscription des aventuriers (*mào tsi*), ceux des passagers (*koùa tsi*), ceux des individus qui traversent les frontières et logent dans les auberges, seront tenus avec beaucoup de surveillance. Chaque chef de section (*pào-kià*) préposé à la garde des listes de recensement, étant pourvu des écriteaux attachés aux portes de chaque famille (*mén pài*), écrira le nom du chef de ces familles avec le nombre des contribuables mâles, et chaque année il fera à ses registres les changements convenables (*). Dix familles constituent un *pài* (ou rôle de porte); chaque *pài* a un chef (*théou*); dix *pài* forment un *kià* (ou *décurie*); chaque *kià* (ou *décurie*) a un ancien (*tchàng*) qui est à sa tête; dix *kià* font un *pào* (ou *centurie*); chaque *pào* (ou *centurie*) a un directeur (ou *centurion*, *tching*) (**). Ces magistrats populaires surveilleront attentivement les infracteurs des lois, et ils les signaleront à l'autorité compétente.

Les bâtiments servant de marchés dans les villes, les logements de troupes dans les bourgades et les villages, les foyers des employés aux exploitations du sel, les abris couverts des mineurs, les temples et les monastères (des sectes de la *Raison* et de *Bouddha* non soutenues par l'État), les boutiques élevées sur les berges des fleuves et des rivières, les huttes situées dans les montagnes, les réduits d'une simple ouverture, les habitations des défilés des frontières, seront tous immatriculés (*piēn*); les bâtiments maritimes, et autres bateaux employés sur les fleuves, seront aussi enregistrés, et placés sous la surveillance des *kià* ou *décurions*.

II.

DÉNOMBREMENT DES TERRES.

[*Nota*. Avant de donner le dénombrement des terres, le *Hoeï-tien* (K. XI, f° 9) indique les positions de *Pé-king*, des dix-huit provinces et des principaux lieux de ces mêmes provinces, en degrés de longitude et de latitude, ces derniers comptés par la hauteur du pôle au-dessus de l'horizon de *Pé-king*. Nous croyons inutile de reproduire ici ces positions. Nous ajouterons seulement que, selon les *Statuts*, *cinq* pieds chinois (*tchhi*) font un *poù*; 360 *poù* font un *li*; les degrés de latitude et de longitude sont composés de 200 *li*. Il suit de là que le *pied* chi-

---

(*) Le *Commentaire* dit qu'il en éliminera ceux qui seront partis, et qu'il y fera entrer ceux qui y seront venus. Si une famille change de résidence, il en informera en temps convenable ceux qui dirigent les inscriptions des portes.

(**) Les noms de *pài*, de *theou* (chef), de *kià*, de *tchàng*, de *pào*, de *tchīng*, sont des noms de magistratures publiques et gratuites créées pour diriger et administrer le peuple, et pour faire connaître la véritable situation des choses. Ceux qui possèdent en propre leurs personnes et des maisons (des hommes libres et les propriétaires) remplissent ces fonctions, qui cessent à la fin de chaque année, époque où on les renouvelle. (*Commentaire.*) C'est notre *magistrature municipale*.

nois étant de 0,315 mm., le *poŭ* est de 1 m. 575 mm., le *li* de 567 m., le *degré* de 113,400 m.]

[*Texte.*] Toutes les terres cultivées sont appelées *champs* (*thiên*); les champs se nomment aussi *terres* (*thí*).

[*Comm.*] Dans les contrées méridionales, par exemple, les champs cultivés dont le sol est bas sont des *thiên*, champs; ceux dont le sol est élevé se nomment *thí*, *terres*. Dans les contrées septentrionales, les champs aqueux sont des champs; tout le reste du sol est désigné par le nom de *thí*, *terres*, etc.

[*Texte.*] La totalité des champs et des terres forme plusieurs divisions.

1° Il y a les *champs du peuple* (*min thiên*).

[*Comm.*] Parmi le peuple, ce qu'il possède à titre perpétuel est sa propriété; le sol qu'il est autorisé à acheter et à vendre constitue le *champ du peuple* (*).

2° Il y a les *terres apanagères* (*kéng ming thí*).

[*Comm.*] Ce sont les terres distribuées, du temps des premiers *Ming*, à des étrangers pour subvenir à leur subsistance.

3° Il y a les *champs des colonies militaires* (*tún thiên*).

[*Comm.*] Ce sont des champs situés dans des localités où des troupes sont stationnées pour la garde du territoire. Il y en a qui servent à payer en argent et en nature les commandants des lieux à protéger. Il y en a dont le produit réalisé retourne aux magistrats des arrondissements et des cantons. Les uns et les autres sont des *champs de colonies militaires* (*tún thiên*). Ces champs ayant été successivement cultivés (par la troupe), sont aussi nommés *terres concédées aux troupes* (*chen kiun thí*). Ces terres sont situées dans les districts de *I-li*, de *Ou-rou-mou-tsi*, de *Pa-li-chin*, de *Tour-fan*, de *Ha-mi*, de *Tou-pou-to* et ailleurs.

4° Il y a les *terres des foyers* (*thsao thí*).

[*Comm.*] Les terres qui produisent de grands roseaux dans les provinces de *Chan-toung*, de *Tche-kiang*, de *Fo-kien*, de *Kouang-toung*, terres dont l'impôt se paye par foyer, sont appelées *terres des foyers*.

5° Il y a les *terres des bannières* (*khi thí*).

(*) Voici le texte chinois: *Min kiên hêng thsán thíng khí mai mài tché; wéi min thiên.* Le droit de propriété, comme on l'entend en Europe, est positivement reconnu dans ce passage des *Statuts*.

[*Comm.*] Ce sont les terres que sèment les habitants des bannières des quatorze villes de *Ching-king* (ou pays de *Moukden*), ainsi que les terres situées dans un rayon rapproché de la capitale, lesquelles terres sont données à ferme aux bannières qui y tiennent garnison. Les unes et les autres sont appelées *terres des bannières*. *Foung-thien* (le territoire de *Moukden* proprement dit) et le *Chan-si* eurent d'abord des terres appartenant aux bannières; elles furent ensuite données à cultiver et à ensemencer au peuple : on nomme celles-ci *terres qui ont fait retour dans un rayon déterminé*.

6° Il y a les *champs fertiles* (du domaine privé) (*tchoŭang thiên*).

[*Comm.*] Les terres affermées par le conseil du domaine privé de l'empereur, pour en retirer un revenu en nature, sont des *champs fertiles*. Il y en a dans les arrondissements et cantons voisins de *Pé-king*, et chaque ville de la province de *Ching-king* (ou *Moukden*) en possède.

7° Il y a les *terres données gracieusement* (par les empereurs) (*gán cháng thí*).

[*Comm.*] Le fondateur de la dynastie (régnante), dans les arrondissements et cantons voisins de *Pé-king*, donna des terres aux huit bannières, pour y placer et entretenir leurs chevaux. Ensuite les bannières étant venues à se disperser, les établissements abandonnés ne servant plus à aucun usage, les successeurs du fondateur de la dynastie très-pure donnèrent les terres à cultiver au peuple. Ces terres changèrent alors de nom, pour porter celui de *terres données gracieusement par le souverain*.

8° Il y a les *terres des bergers* (*moŭ thí*).

[*Comm.*] Ce sont les terres de rebut, propres au pâturage des moutons, situées dans les provinces de *Tchi-li* et de *Chan-si*, ainsi que d'autres situées au delà des frontières, etc.

9° Il y a les *terres d'inspection* (*kiên thí*).

[*Comm.*] Le fondateur de la dynastie régnante, pour se conformer à l'administration de la dynastie *Ming* (qui l'avait précédée), établit dans la province de *Kan-sou* sept grandes ménageries, pour y élever des chevaux. Ensuite ces établissements ayant été supprimés, on donna les terres qui en dépendaient au peuple pour les cultiver. Ce sont les *terres d'inspection*.

10° Il y a les champs communs (*koûng thiên*).

[*Comm.*] La province de *Kiang-sou* en possède. Chacune des autres provinces a aussi des terres qu'elle possède de fondation, telles, par exemple, que des terres entourées de clôture et plantées d'arbres, des terres destinées à l'entretien des communautés. En outre, dans le district de *Kirin*, dans celui du *Fleuve du Dragon noir* (*Saghalien-oula*, dans la *Mantchourie*), on a donné à la population robuste des terres à ensemencer. On les nomme aussi *champs communs*.

11° Il y a les champs des études (*hiö thiên*).

[*Comm.*] Dans chaque province il y a des établissements pour l'instruction publique, qui ont des champs destinés à l'entretien de ces études; ces champs servent à la dépense commune de tous ceux qui font leurs études dans ces établissements. Les provinces de *Tchi-li*, de *Chang-toung*, de *Kiang-sou*, de *Ngan-hoeï*, de *Kiang-si*, de *Fo-kien*, de *Tche-kiang*, de *Hou-pé*, de *Hou-nân*, de *Sse-tchouan*, de *Yûn-nân*, ont constitué de pareils champs destinés à l'enseignement; ces champs rentrent, par conséquent, dans le nombre des *champs du peuple*. Les provinces de *Chan-si*, de *Ho-nân*, de *Chen-si*, de *Kan-sou*, de *Kouang-toung*, de *Kouang-si*, de *Koueï-tchéou*, ont des champs destinés à l'enseignement public en dehors et à part des *champs du peuple*; c'est autant d'épargné aux produits des *champs du peuple*.

12° Il y a des champs de secours (*tchin thiên*).

[*Comm.*] La province de *Koueï-tchéou* en possède.

13° Il y a les champs des grands roseaux (*loû thiên*).

[*Comm.*] Dans les provinces de *Kiang-sou*, *Ngan-hoeï*, *Kiang-si*, *Hou-pé*, *Hou-nân*, sur les bords des fleuves et des rivières, il y a des terrains qui, selon les saisons, sont inondés par les eaux; on les nomme *champs des grands roseaux*.

[*Texte.*] Tous ces terrains ont été mesurés, et il en est résulté que le nombre réel des *king* et des *méou* qu'ils contiennent a été inscrit sur les registres de dénombrement (*tsé*). Dans tous ces terrains mesurés, cinq *tchi* ou pieds font un arc (*koûng*); deux cent quarante *koûng* ou *poû* font un *méou* ou arpent.

[*Comm.*] Le *méou* est un carré de quinze *poû* (ou *koûng* = 24 mètres 975 millimètres, ou 623 mètres 75 centimètres carrés).

[*Texte.*] Cent *méou* font un *king* (*).

[*Comm.*] Le *king* est un carré de cent quatorze *poû* (environ 190 mètres de chaque côté).

[*Texte.*] Toutes les provinces et toutes les villes prises ensemble contiennent en nombres ronds et en champs cultivés...... *king.* 7,915,211 *méou.* 36 (**)

[*Comm.*] Les *champs* et les *terres* de chaque province réunis ensemble. Chaque année, les terres livrées nouvellement à la culture donnent un accroissement de sol cultivé. On rapporte ici la liste énumérative qui fut présentée à l'empereur *Kia-king*, la 17ᵉ année de son règne (1812 de notre ère).

1° *Tchi-li.*

Champs du peuple.....
Champs des colonies militaires..... } ensemble.... 684,726 69
Terrains couverts momentanément par les fleuves et rivières............ 15 95
Terres des huit bannières........... 37,555 21
Pour les quatre bannières de l'aile gauche des *Tchaho-eurh* (de la Mongolie), et pour la moitié de la première bannière jaune de l'aile droite; en outre, les terrains pris sur les eaux du fleuve dans le district de *Foung-hien*, et livrés à la culture............ 4,925 22
Champs et terres du domaine privé et des mandarins............ 19,674 36
Terres restant à la disposition du peuple.. 15,569 15
Terres qui ont fait retour au peuple dans un rayon déterminé.......... 7,468 94
Terres des bannières............ 146,664 84
Terres de surplus laissées aux bannières.. 10,258 87

A reporter. . 852,374 52

(*) Il résulte de ce texte officiel que le *king* chinois doit équivaloir à 6 hectares 66 ares 32 centiares, en prenant pour base la valeur de 0 m. 533 mm. pour le pied (*tchi*) employé par le gouvernement chinois. Le *koûng* (ou *poû*) vaudrait alors 1 m. 065 mm., et en carré 2 m. 772 mm. Le *méou* vaudrait 665 m. c. 528 mm., et le *king* 66,552 m. c., ou 6 hect. 66 ar. 32 cent.

Nota. D'après la figure du *pied officiel* chinois, donnée dans les *Statuts* (voyez ci-devant p. 46, note 2, colonne 2), ce pied, *tchi*, n'équivaudrait qu'à 0,315 mm; ce qui fait une trop petite différence avec le chiffre de 0.533 mm. admis dans ce travail, publié en 1818, pour mériter de refaire tous nos calculs de *réduction* des mesures chinoises en mesures françaises. Nous ajouterons seulement ici que, selon la figure précitée du pied chinois, le *king* équivaudrait à 2 hectares 98 ares 20 centiares, le *méou* à 29 ares 20 cent. le *poû*, ou le *koûng*, vaudra 1 m. 575 mm., et en carré 2 m. 480 mm. 625. Voy. ci-devant, p. 29, note.

(**) En adoptant les bases métriques de la note précédente (le *pied* ou *tchi* compte pour 0.555 m.), le nombre total des champs cultivés en Chine, en 1812, serait de 52,001,785 hectares. Ce chiffre, qui est en rapport avec la surface totale de la Chine (555,000,000 hect.), comme environ 1 à 6, doit être très-inférieur au chiffre réel des terres cultivées. La cause de l'erreur se trouverait alors, ou dans une fausse déclaration, par les cultivateurs à l'autorité chinoise, des terres qu'ils cultivent, ou, dans une fausse appréciation de la valeur en mesures européennes des mesures agraires des Chinois. La première cause d'erreur est plus probable que la seconde.

174 L'UNIVERS.

Report	952,574 32
Terres du domaine privé et des mandarins.	7,116 97
Terres encloses (pour les usages privés ou pour les sépultures)	266 32
Terrains de pâturage, ou *des bergers*	5,219 51
Possessions du district de *Kirin*, à *Ning-ou-ta* (*Ning-gouta*), *Pé-fou-na*; dans les trois clans des *Ho-eurh-tsou* (*Ortsou*), de *Ke-la-lin* (*Keralin*):	
a champs du peuple	14,582 81
b champs communs	840 »
c champs communs dans le district de *Hé-loung-kiang* (*Seghaïen-oula*)	816 »
Total général pour la province de *Tchi-li* et ses dépendances	988,743 45

2° *Chan-toung.*

Champs du peuple	956,471 61
Champs des colonies militaires	29,485 18
Champs des études	418 32
Total général	986,345 11

3° *Chan-si.*

Champs du peuple	497,497 80
En outre, terrains élevés, jamais arrosés par des eaux courantes, 16 *chang* (*).	
Terrains montagneux, 1 *tso* (*).	
Champs des colonies militaires	29,811 05
Terres qui ont fait retour au peuple	515 21
Terres concédées à l'armée	8,049 92
Terres de fondation appartenant à *Taï-youan-fou*	69 44
Terres non inscrites (*Khê-ngaï*), appartenant aux deux départements de *Taï-thoung* et de *Sou-ping*.	767 82
Terres devenues pures du département de *Taï-thoung*	117 62
Champs d'étude (ou appartenant aux établissements d'instruction publique)	277 98
Terres des quatre bannières de l'aile droite, des six bannières de la garde de droite de *Tcha-ho-eurh*; des *Taï-po* et autres du même genre, ainsi que les pâturages des bergers de la montagne très-verte	18,608 11
Total général	555,212 80

4° *Hô-nan.*

Terres du peuple	659,765 45
Champs donnés à des étrangers (*King-ming-tien*)	51,264 07
Champs des colonies militaires	60,044 19
Champs des études	72 25
Total général	721,145 92

5° *Kiang-sou.*

I. Champs du peuple, dépendant du receveur général de *Kiang-ning* (ou *Nan-king*)	401,945 26
Champs des colonies militaires (id.)	25,007 51
Terrains des fossés de la ville, d'origine très-ancienne, de *Kiang-ning* ou *Nan-king* (id.)	503 85
Champs des hauts roseaux (id.)	33,410 42
II. Champs du peuple, dépendant du receveur général du département de *Sou-tchéou*	246,322 64
Champs des colonies militaires (id.)	2,862 47
Champs communs dans le district de *Ou* (id.)	125 09
Champs de hauts roseaux (id.)	11,312 14
Total général	720,891 86

6° *Ngan-hoeï.*

Champs du peuple	310,905 35
Champs des colonies militaires	41,686 50
Champs des hauts roseaux	31,544 72
Champs des études	232 18
Total général	414,368 75

(*) Nous ignorons la valeur agraire de ces termes, qui indiquent sans doute des *mesures locales*.

7° *Kiang-si.*

Champs du peuple	469,469 35
Champs des colonies militaires	3,711 63
Champs des hauts roseaux	4,621 06
Total général	475,741 07

8° *Fou-kien*

Champs du peuple	128,629 19
Champs des colonies militaires	7,874 10
Champs de *Nân-gao* (ports méridionaux) et de *Fân-thsing-gao*	32 55
Champs de *Taï-wan-fou* (île de Formose), enclos	2,907 21
Il y a en outre 37,048 *kia*. (?)	
Total général	139,435 55

9° *Tche-kiang.*

Champs du peuple	459,449 90
Champs des colonies militaires	1,175 01
Terres vaseuses et sablonneuses	4,380 75
Total général	465,005 66

10° *Hou-pe.*

Champs du peuple	565,593 55
Champs des colonies militaires	20,471 70
Champs des hauts roseaux	18,719 85
Total général	605,185 36

11° *Hou-nan.*

Champs du peuple	278,065 04
Champs donnés à des étrangers	3,994 36
Champs des colonies militaires	50,982 42
Champs des hauts roseaux	2,773 21
Total général	335,814 96

12° *Chen-si.*

Champs du peuple	236,572 55
Champs des colonies militaires	40,071 27
Terres des départements de *Foung-tsiang*, de *Han-tchoung*, de *Hing-ngan*, du district de *Tchan-ngan*, abandonnées par les torrents et devenues productives	9 15
Terres données autrefois à des étrangers	8,065 43
Champs appartenant aux établissements d'instruction publique	53 45
Total général	306,775 22

13° *Kan-sou.*

Champs du peuple	113,176 70
Terres des colonies militaires	96,412 45
Terres concédées autrefois à des étrangers	15,115 12
Terres destinées à entretenir des communautés	1,619 10
Terres d'inspection (*Kien-thi*)	1,761 02
Terres des *fan* (étrangers limitrophes) dans les quatre départements de *Lan-tchéou*, de *Koung-tchang*, de *King-tchéou*, de *Si-ning*	986 65
Plus, 216,514 parcelles (formant chacune moins d'un *méou*).	
Champs des études	515 45
Champs du peuple dans l'arrondissement de *Ti-hoa*, du département de *Tchin-si*.	9,552 21
Total pour la province propre	237,395 39

[*Dépendances extérieures.*]

Champs cultivés par des colonies militaires	—	à *Pa-li-konan*;	303 56
Champs	—	à *Ha-mi*.	113 »
Champs	—	à *Tourfan*.	147 »
Champs	—	à *Ourounoutsi*.	334 »
Champs	à *I-li* et	à *Louying-chi-pa*.	396 »
Champs	—	à *Tarpango-taï*.	141 20
Champs	—	à *Karachar*.	85 55
Champs	—	à *Ou-chi*.	50 »
Total pour les colonies militaires extérieures			1,588 55

CHINE MODERNE.

14° Sse-tchouan.

Champs du peuple.	462,798 95
Champs d'automne cultivés par des soldats.	154 96
Champs à légumes du département de Ning-youan.	525 51
Champs de colons militaires, au nombre de cinq, du district indépendant de Méou-koung, et champs des territoires nouvellement conquis.	1,842 75
Terrains destinés au pâturage des chevaux.	174 48
Total général.	465,474 54

15° Kouang-toung.

Champs du peuple.	514,909 49
Champs des colonies militaires.	5,287 70
Champs des études.	151 16
Total général.	520,348 35

16° Kouang-si.

Champs du peuple.	89,596 "
Champs comptés en *pé* (*tien-pé*) 22 pé. (?)	
Champs comptés en *wei* (*Tien-wei*) 6,625 *wei* (?)	
Champs de première qualité pour 559 portes ou familles.	
Champs de fonctionnaires publics.	50 56
Champs des études.	154 07
Total général.	89,760 45

17° Yun-nan.

Champs du peuple.	85,974 54
Champs des étrangers l. 622 parcelles.	
Champs des colonies militaires.	9,150 46
Champs de la justice.	15 58
Champs d'étrangers, 2 parcelles.	
Champs des études.	" 90
Champs à des étrangers, 1 parcelle.	
Champs de la justice et des études.	2 15
Terrains pour pâturage, et exercice des chevaux.	9 81
Total général.	95,151 26

18° Kouei-tchéou.

Champs du peuple.	25,988 76
Terrains vagues.	865 96
Champs des colonies militaires.	654 50
Champs de secours.	151 46
Champs des études.	44 45
Champs du pays de *Kopto*, dépendant du commandement du lieutenant général des frontières.	115 85
Total général (*).	27,775 90

[*Nota*. Le *Hoeï-tien* donne ensuite (*kiouan* XI, f° 13) la contenance très-minime des terrains interdits au public, comme les lieux consacrés, etc. Il donne aussi la quantité de parcelles de terre des dix-huit provinces, qui constituaient des fractions de *mèou*; ces parcelles forment à peine quelque *mèou* pour plusieurs provinces. Nous n'avons pas cru devoir les rapporter ici. Vient ensuite l'énumération des terres exemptées d'impôt (*mièn-khô*); il y en a dans chaque province, dit le Commentaire, lesquelles terres sont

(*) Le chiffre des 18 provinces, que nous avons additionné séparément, ne s'élève qu'à 7,895,143 *king* et 1 *mèou*, tandis que le *Hoeï-tien* donne un total (voy. ci-dessus) de 7,915,251 *king* et 96 *mèou*, ce qui fait une différence en plus de 19,092 *king* 95 *mèou*. Il est probable que cette différence vient des quantités *non additionnées* par nous dans les provinces de *Chan-si*, de *Kouang-si* et de *Yun-nan*, faute de connaître la valeur des mesures locales indiquées.

consacrées aux génies des montagnes et des rivières, aux écoles publiques, aux temples, aux tombeaux élevés en l'honneur des saints et des sages de l'antiquité ; en un mot, ce sont tous les terrains des temples, des monastères, des tertres où l'on offre des sacrifices, des sépultures, des lieux consacrés à honorer les ancêtres, et qui ne sont point frappés d'impôts : en voici l'énumération :]

	king	*méou*
1° *Tchi-li*.	19	64
Foung-tien.	1	41
2° *Chan-toung*.	52	96
3° *Chan-si*.	58	67
4° *Ho-nan*.	101	74
5° *Kiang-sou*.	108	84
6° *Ngan-hoei*.	15	15
7° *Kiang-si*.	14	51
8° *Fou-kien*.	520	85
9° *Tche-kiang*.	76	54
10° *Chen-si*.	16	25
11° *Sse-tchouan*.	15	19

Total: 1,025 24

En outre, il y a encore : 1° Les terres plantées d'arbres consacrées à la mémoire de KHOUNG-TSEU, ainsi que les terrains primitifs et de fondation sur lesquels sont élevés des temples en l'honneur de ce philosophe, ci.............. 21 54

2° Les terrains continuellement soutenus par des moyens artificiels 11 14

3° Les champs consacrés à des sacrifices publics en l'honneur des saints les plus éminents 2,157 50

4° Les champs d'études affectés aux écoles des quatre familles. 50 "

5° Les champs de sacrifices, de sépultures, de temples, consacrés à des saints 54 15

6° Champs de sacrifices, de sépultures, de temples en l'honneur des saints ancêtres. 62 14

7° Champs de sacrifices consacrés aux saints du second ordre. . 59 76

8° — consacrés à d'anciens sages. 76 56

9° — consacrés au saint primitif *Tchéou-koung* (*). 50 "

Total général ... 2,541 79

Dans chacune des provinces de l'empire, si la population lettrée vient à éprouver des malheurs et tomber dans le besoin, on la place dans les habitations qui sont attenantes aux temples et aux sépultures (énumérées ci-dessus), et elle s'entretient avec les champs qui en dépendent.

[*Texte*.] On ne donne pas ici la con-

(*) Voy. sur ce personnage éminent, qui vivait dans le 11° siècle avant notre ère, le 1er volume de notre *Description de la Chine*, p. 84 et suiv.

tenance des terrains que l'on s'est épargné la peine de mesurer, de ceux qui ont été exceptés, ni de ceux qui servent aux pâturages des bergers nomades.

Le Commentaire ajoute que les terres que *l'on s'est épargné la peine de mesurer* sont celles des familles *fân* ou des étrangers voisins, dépendant des provinces de *Kan-sou* et de *Sse-tchouan*; celles des familles étrangères *I* du *Yûn-nán*; celles des familles mahométanes de chaque ville close de la route méridionale de *I-li*; les champs du peuple, des colonies militaires, des fonctionnaires publics, omis dans l'énumération (donnée précédemment), et d'une culture très-difficile, et qui, par cela même, sont placés en dehors de ceux qui rapportent des produits imposables. Les terres qu'ensemencent les étrangers barbares *fán* et *I*, de même que celles des musulmans, comptent toutes dans des familles qui donnent des tributs en nature; on s'est épargné la peine d'en déterminer la contenance.

Les terrains clos et plantés d'arbres *moulin*, ceux d'au delà des frontières, situés dans le pays de *Moukden*, de *Ki-rin* et autres lieux perdus dans les montagnes; tous les terrains qui dépendent des trois tribus de *l'Ou-te-go*, *Ning-kou-tcha*, et autres lieux, sont des terrains nouvellement ouverts à la culture, et *non compris* dans l'énumération des terrains mesurés et cadastrés.

Les terres des *Moung-kou* ou *Mongols* imposées, des habitants du district de *Tchang-tchun*, de celui de *To-lun-no-eurh*, de celui de *Tchao-yang*, de celui de *Tchi-foung*, de celui de *Kien-tchang*, de l'arrondissement de *Ping-youan*, avec les territoires des villes réunies et soumises des *Tcha-sa-khe* (*Tchassack*), *Moung-kou* intérieurs et extérieurs; les pâturages des bergers nomades de tous les *Tcha-go-eurh*, *Mé-te-so-lun*, *Ta-hou-eurh-pa*, *Eurh-hou-nghé-tou-te*, *Ming-ho-te*, *Tcha-go-tsin*, *Ou-liang-hai*, *La-lin* et autres, qui tous appartiennent au *Li-fan-youan* (ou *Bureau des Etats dépendants*); en outre les pâturages du *Ta-ling-ho* (ou *du fleuve aux grands glaçons*), de *Chang-tou-ta*, de *Pou-sun-no-rh*; ceux de *Ta-li-wang-ai*; les pâturages de bœufs et de moutons des trois bannières du *Neï-wou-fou* (ou *Bureau des affaires du palais impérial*); les pâturages appartenant aux princes et aux rois (*wang, koung*) des huit bannières; ceux de *Kopto*, de *Tcha-eurh-pa-o-taï*, de *I-li*, de *Pa-li-tchin*, de l'arrondissement de *Si-ning-sou*, de *King-tchéou*, *Kan-tchéou*; tous ces terrains, de peu de valeur, partagés et divisés entre des familles qui les possèdent de fondation, n'ont pas été mesurés et énumérés en *king* et en *mèou*.

III.

RÉPARTITION DES IMPÔTS.

[*Texte.*] Les impôts et les charges publiques sont également répartis dans tout l'empire. Voici la loi qui régit tous les impôts et toutes les charges publiques: chaque particulier doit déclarer exactement le nombre de contribuables (*tíng*), et la quantité de terres qui dépendent de lui; les uns et les autres seront distribués en *khó* et en *tsëu* (matière contribuable et matière imposable), sans quoi les délinquants seront passibles des peines du fouet.

[*Comm.*] Les *Khó-tseü* embrassent les listes complètes des contributions et des charges publiques. On en obtient l'état véritable par la connaissance des changements qu'ils subissent; c'est alors seulement que l'on fait la répartition des impôts et charges publiques, proportionnellement au nombre des contribuables (*tíng*) et à la quantité des terres. Pour que le bas peuple (*pie-min*) ne trompe pas, on a établi la loi qui rend passibles de la peine du fouet ceux qui seraient reconnus en contravention.

[*Texte.*] Voici l'énumération de tous les impôts:

Il y a l'impôt de la terre ou *l'impôt foncier* (*thi foü*).

[*Comm.*] C'est un impôt qui date de la repartition originaire (de la dynastie régnante), que *l'impôt de la terre*. Il y a la contribution d'été (*hia chouï*); il y a la contribution d'automne (*thsieou liang*); il y a la prestation pour les troupes; il y a la contribution mixte proportionnelle (*tsi-tching*).

La contribution d'été consiste en blé et en cocons de soie; la contribution d'automne consiste en grains de riz; la contribution mixte en nature comprend du foin et de la paille. Toutes ces contributions se payent en nature.

La contribution militaire se paye en argent. Dans la contribution mixte sont compris les tributs de choses adhérentes au sol, comme du *thé*, de la *cire*, tout ce qui peut servir à l'usage de la médecine et autres objets de ce genre. Ces objets se payent en nature. Les choses mixtes, comme le tribut de papier à écrire et à imprimer, les choses nécessaires à l'accomplissement des sacrifices, les pêches printanières, des victimes, des fruits de bouche et autres objets, sont payés en argent. Si l'été s'écoule sans que le tribut de la saison soit payé, alors il continue à être payé par les uns en nature, par d'autres en étoffes de soie et en argent, qu'ils donnent en échange de leur prestation en nature. Pour la contribution d'automne, les uns la payent en nature, les autres en argent. Quant à la contribution mixte, on ne lève en nature que ce qui sert à la consommation de l'année. Tout le reste se paye en argent.

[*Texte.*] Il y a l'impôt personnel (*ting fou*).

[*Comm.*] C'est un impôt qui date de la répartition originaire (de la dynastie régnante), que *l'impôt personnel*. Les populations (viriles) qui le supportent sont la population des marchés, la population des bourgs et villages, la population riche, la population qui cultive les champs, la population de passage. Chacune de ces populations est classée dans une des trois divisions suivantes dans les rôles : *classe supérieure*, *classe moyenne*, *classe inférieure*. En outre, une division générale est encore établie entre la population qui a atteint l'âge de la contribution personnelle et celle qui ne l'a pas encore atteint. La première est la population *consommant du sel* ; la seconde, la population de *petites bouches*. On en fait tous les cinq ans le recensement ; chaque année donne un surplus de cette population.

Par un édit de la 52e année *Khang-hi* (1713), il fut établi que, quel que fût à l'avenir l'accroissement de la population, l'impôt personnel continuerait à être perçu sur les rôles arrêtés pour la 5e année *Khang-hi* (1711), et qu'il serait ainsi à jamais invariable pour chaque province.

[*Texte.*] En fait de charges publiques, il y a les charges réparties également entre tous.

[*Comm.*] Cet impôt fut établi par une loi dans la répartition originaire (de la dynastie régnante); il consistait en un service dû aux fonctionnaires publics par toute la population qui se trouvait placée sous leur dépendance. C'était le service de force (*li-tcha*). Après, on changea ce service (ou corvée) de force en une contribution d'argent; on ordonna d'appliquer cet argent au service d'aide (*tsou-yu*). Ensuite, on fit encore un nouveau changement : on préleva cet impôt sur les terres, dont le produit fut également réparti et payé en argent. Toutes ces charges publiques sont exigées pour pouvoir subvenir, par une taxe en argent équitablement répartie, à l'entretien et à la nourriture des serviteurs à gages (des fonctionnaires publics).

[*Texte.*] Il y a le service des postes ou du transport des dépêches du gouvernement, par sections ou stages déterminés (*).

[*Comm.*] Dans la répartition originaire, le service des postes était fait de stage en stage par la population, qui recevait un salaire. Ensuite on changea ce mode de transport, et le service fut imposé à des fonctionnaires publics salariés, chargés d'exécuter ce service de la poste du gouvernement, moyennant un impôt proportionnel réparti en argent pour son usage.

[*Texte.*] Les impôts établis proportionnellement à la quantité de terre que l'on possède, et au nombre d'individus virils et contribuables dont on répond, se nomment *tching*, *impôt proportionnel* ; celui qui n'est pas établi proportionnellement à la quantité de terres que l'on possède, et au nombre de contribuables ou individus virils dont on répond, se dit *impôt mixte* (*tsa fou*) ; *l'impôt mixte* (ou indirect) est un droit établi sur les produits de diverses natures.

[*Comm.*] *Ching-king* (ou *Moukden*), *Kirin*, *Kiang-sou*, *Ngan-hoeï*, *Kiang-si*, *Fou-kien*, *Tché-kiang*, *Hou-pe*, *Hou-nàn*, *Kouang-toung*, *Sse-tchouan*, *Yün-nán*, *Kouei-tchéou*, supportent des droits établis sur la pêche; *Kiang-sou*, *Ngan-hoeï*, *Kiang-si*, *Hou-pe*, *Hou-nán*, ont des droits établis sur les grands roseaux ou *bambous*; *Chan-si*, *Hou nàn*, *Kouang-toung*, *Kouang-si*, *Yün-nán*, *Kouei-tchéou*, ont des droits établis sur les mines; *Kiang-si*, *Hou-pé*, *Hou-nán*, le district de *Jin-jang* de *Kouei-tchéou*, ont un droit établi sur le *thé* ; les droits sur le thé de *Kan-sou* et de *Sse-tchouan* sont compris dans les prestations en nature de ces provinces perçues pour la table (*de l'empereur*). Les droits sur le *thé de Kiang-sou*, de *Ngan-hoeï*, de *Tché-kiang*, rentrent dans les taxes des douanes ; le droit sur le *thé de Yün-nán* rentre et est compris dans l'impôt territorial de cette province. En outre, les droits sur le sel sont perçus par l'administration des salines, qui en rend compte au ministère des finances. Tous ces droits ne sont pas classés dans *l'impôt mixte* (ou indirect).

(*) On peut consulter à ce sujet le chap. V du *Code pénal de la Chine*.

[*Texte.*] Il y a le rentaire ou fermage (*tsou*).

[*Comm.*] La province de *Tchi-li* paye le fermage des terres des bannières en argent. Chaque année, ce fermage, proportionnel à la quantité de terres affermées, est recueilli et réparti dans la capitale (entre les bannières ou troupes tartares).

L'impôt militaire (*ping-tihg*), destiné primitivement à récompenser les huit bannières, est consacré dans les districts, cantons, arrondissements et départements de chaque province, à protéger l'instruction; et, dans tous, cet impôt est appliqué à la possession des *champs d'études*, dont le fermage sert à entretenir des maisons d'éducation (*hio-ché*), en même temps qu'à secourir ceux qui vivent dans la pauvreté et le besoin. En outre, les *champs communs* et les *terres communes* de chaque province, les champs des fonctionnaires publics, les terrains clos et les bâtiments de ces mêmes fonctionnaires, avec les boutiques des marchands ambulants de *I-li*, de *Tchar-pa-ngo-taï*, de *Ou-rou-moutsi*, de *Tourfan*, de *Késachar*, de *Kou-tche*, de *Aksou*, de *Ou-chi-khé-chi-ki-eurh*, de *Ou-li-yai-sou-taï*, de *Kopto*, de *Tcha-mi-eurh*, payent tous un impôt de fermage.

[*Texte.*] Il y a le droit sur les marchandises (*chóuï*).

[*Comm.*] Le droit sur les marchandises (*choui*) est *mixte* ou de diverses natures. Il y a le droit proportionnel (*tang-choui*); il y a le droit par dent ou tête (pour le bétail: *ya-choui*); il y a le droit de convention (*hie-choui*); chaque province les acquitte comme les impôts directs. Ces droits sont très-complexes dans la répartition originaire. En voici l'énumération : il y a le droit sur les bœufs (*nieou-choui*), le droit sur les chevaux (*ma-choui*), le droit sur les ânes et sur les mulets (*lou-lo-choui*); il y a le droit sur les forges (*lou-choui*); il y a le droit sur les boissons fermentées (*tsieou-choui*); il y a le droit sur les canaux (*ken-choui*); il y a le droit sur l'acier (*tie-choui*); il y a le droit sur le thé (*tcha-choui*); il y a le droit sur le bois et sur les fleurs (*mou-tsien-choui*); il y a le droit sur les foyers (*yen-choui*); il y a le droit sur le bleu de teinture (indigo, *tien-choui*); il y a le droit sur l'espèce d'orge *kiu*, avec laquelle on fait de la liqueurs fermentées (*kiu-choui*); il y a le droit sur le *chi-kao* (pierre huileuse: houille?); il y a le droit de terre morte (*lo-thi-choui*) sur les emplacements des marchés. Tous ces droits sont prélevés et employés selon les temps et les lieux; ils sont perçus sous la forme d'appendices aux impôts territoriaux et personnels. Quant aux droits de douane exigés à chaque *passage*, ce sont les surintendants des douanes (*kien-touh*) qui les perçoivent pour le compte du trésor; ces derniers droits ne sont pas classés dans l'*impôt mixte* (ou *indirect*).

[*Texte.*] Il y a le tribut (*koúng*).

(*Comm.*) Chaque barbare ou étranger *fan* de l'île de *Taï-wan* (ou Formose), dépendante de la province de *Fo-kien*, qui rend un culte à un génie *fan*, doit en tribut des peaux de daim; et la population *fan* ou étrangère de la province de *Kan-sou* doit un tribut de chevaux; la population *fan* ou étrangère du *Sse-tchouan* doit un tribut de chevaux, de bœufs, de nacre de perle, de peaux de renard; les chefs indigènes du *Kouang-si* doivent un tribut de chevaux; les barbares turbulents de *Yun-nán* doivent un tribut de peaux de daim, d'âne, des montagnes, de toile de chanvre et de cire vierge; les chefs indigènes de *Kouëi-tchéou* doivent un tribut de chevaux et de cire; les populations musulmanes de *Yiarkiyang*, de *Ke-chi-ki-eurh* (*Kachegar*), de *Ho-tien* et autres lieux, doivent un tribut d'étoffes d'or (*kiu-pou*), de raisins (*pou-tao*), de fils d'or et autres. Tous ces tributs sont susceptibles de perdre de leur prix, et les uns et les autres ont changé de valeur lorsqu'ils sont livrés et perçus.

[*Texte.*] Le montant des impôts inscrits sur les rôles, pour toutes les provinces et toutes les villes de l'empire, s'élève, en *argent*, à trente-deux millions huit cent quarante-cinq mille quatre cent soixante-quatorze *liáng* (*) ou onces d'argent en lingots, et, en *monnaies de cuivre* (*pou-eurh-tsien*(**)), à neuf millions cinq mille six cents,

ci... 32,845,474 *liáng* (246,341,056 f.).
9,005,600 *tsien* (360,224).

[*Comm.*] Les impôts en argent, ainsi que les impôts en nature de chaque province, ne sont pas chaque année intégralement payés; il en est fait généreusement remise annuellement d'une quantité que l'on ne peut dé-

---

(*) Le *liáng* ou *taël* vaut environ 7 fr. 30 c. de notre monnaie. Le *liáng* ou *taël* pèse 1 once 208 millièmes ou 38 grammes 782. — [Dans l'estimation actuelle du *taël* ou *liáng* à 1 fr. de notre monnaie, le montant des impôts énumérés ci-dessus équivaudrait, pour les *liáng*, à 262.765.792 *francs*.]
(**) Le *tsien* est la dixième partie du *liáng*, ou 0.73 c. Mais ici la *monnaie de cuivre* nommée *pou-eurh* est évidemment le *para* turc, qui est la monnaie dont se servent les populations musulmanes soumises à la domination chinoise, et avec laquelle ces populations payent leurs impôts. Ce *para* vaut 0,4 c. de notre monnaie.

terminer en bloc. Voici maintenant le rôle de répartition des impôts pour la dix-septième année *Kia-king* (1812) :

IMPÔTS FONCIERS ET PERSONNELS.

1° *Tchi-li.* en argent.

	(liang.)
Impôts fonciers en argent établis sur les champs du peuple et sur ceux des colonies militaires : *deux millions vingt mille sept cent quinze liang* ou taëls, ci.	2.020,715
Impôts personnels en argent établis sur le peuple et sur les colonies militaires imposables.	408,795
Impôts mixtes en argent.	84,164
Impôts en nature établis sur les champs des colonies militaires et soldés en argent (*Tche-yin*).	15,602
Fermage en argent des terres inondées temporairement par les courants d'eaux (*Ho-tan-thi*).	82
Impôts établis sur les terres des quatre bannières orientales des *Tcha-ho-eurh* (de la Mongolie), ainsi que sur celles de la première moitié de la bannière jaune, qui rentrent dans celles des magistrats ; en outre, impôts en argent établis sur les terrains enlevés aux fleuves dans le district de *Foung-hien* ; ensemble.	6,944
Fermage en argent des terres des huit bannières.	465,045
Fermage en argent des *champs d'étude* et de la justice.	2,768
Impôts en *tsien* ou monnaie de cuivre 81,400.	
FOUNG-THIEN (ou territoire sacré de *Mouk-den*).	
Impôts en argent établis sur les terres du peuple.	21,595
Impôts en argent sur les terres restant à la disposition du peuple (*Min-yu-thi*).	61,550
Impôts personnels établis en argent sur le peuple	14,817
Impôts en nature, mais payés en argent, établis sur les terres qui ont fait retour (au peuple) dans un rayon déterminé.	7,945
Impôts en argent établis sur les terres de surplus laissées aux bannières.	99,880
Impôts établis en nature, mais payés en argent, existant sur les terres du domaine privé et des fonctionnaires publics.	1,215
Impôts établis en argent sur les propriétés closes.	2,122
Impôts en argent établis sur les terrains de pâturages pour les chevaux.	12,877
Impôts mixtes en argent.	12,621
Impôts mixtes établis sur les villes murées de *Kaï-youan* et autres ; taxes en argent sur les marchandises qui sont transportées sur le *Kiang*.	13,196
Impôts en argent établis sur les terres du peuple dans les possessions du district de *Ki-rin*, à *Ning-kou-ta*, *Petou-na* (*Bedonne*), dans les trois clans des *Ho-eurh-tsou* (*Ortsou*), de *Ke-la-lin* (*Aerain*).	35,109
Impôts personnels (aux mêmes lieux) payés en argent.	6,692
Impôts en riz non mondé, payés en argent.	21,593
Droits mixtes, payés en argent, établis sur les marchandises.	6,100
Impôts mixtes payés en argent, établis sur les villes murées de *Thsi-thsi-ho-eurh*, du pays de *Ho-loung-Kiang*.	1,853
Total général pour la province de *Tchi-li*.	3,346,215

2° *Chan-toung.*

Impôts en argent établis sur les champs du peuple.	2,924,489
Impôts personnels en argent établis sur la population imposable (*ting*).	556,924
Impôts mixtes en argent.	96,574
Impôts en argent établis sur les champs des colonies militaires.	61,808
À reporter	3,119,795

Report.	3,119,795
Impôts personnels en argent établis sur la population militaire.	5,425
Impôts mixtes en argent établis sur les champs des colonies militaires.	9,214
Fermage en argent des *champs d'étude*.	1,316
Total général.	3,434,752

3° *Chan-si.*

Impôts en argent établis sur les champs du peuple.	2,536,561
Impôts personnels en argent établis sur la population imposable.	352,568
Impôts mixtes en argent.	170,827
Impôts en argent établis sur les champs des colonies militaires.	90,077
Impôts personnels en argent établis sur la population militaire.	15,558
Fermages en argent de certaines terres (*Thi-tsou*).	15,011
Fermage en argent pour les études (*Hio-tsou*).	287
Fermage en argent établi sur les terres de pâturage des districts de *Tshing-chouï-ho* (fleuve d'eau pure) de *Ho tin-khi-eurh*, de *Ning-youan* et de *Foung-tchin*.	34,831
Total général.	3,145,680

4° *Ho-nan.*

Impôts en argent établis sur les *champs du peuple*.	2,790,392
Impôts en argent établis sur les champs donnés à des étrangers (*Kung-ming*).	62,062
Impôts en argent établis sur les champs des colonies militaires.	185,741
Fermage en argent des *champs d'étude*.	2,512
Argent provenant de l'impôt personnel établi sur la population imposable.	114,721
Argent provenant de l'impôt sur la cote personnelle des étrangers apanagés (*Kung-ming*).	2,888
Argent provenant de l'impôt personnel établi sur la population militaire (*Chun-ting*).	6,129
Impôts mixtes en argent.	565,253
Total général.	3,854,028

5° *Kiang-sou.*

I. Impôts en argent établis sur les *champs du peuple*, dépendants du receveur général de *Kiang-ning*.

Impôts en argent établis sur les champs du peuple, dépendants du receveur général de *Kiang-ning*.	819,596
Impôts en argent établis sur les champs des colonies militaires (*id.*).	47,003
Taxe militaire en argent (*kiang-chouï-yin*) établie sur les champs laissés à la disposition publique dans la ville d'origine très-ancienne de *Kiang-ning* (Nan-king).	8,322
Impôts en argent établis sur les champs de hauts roseaux (bambous).	103,605
Impôts personnels en argent établis sur la population imposable.	131,516
Impôts personnels en argent établis sur sa population militaire.	10,900
Impôts mixtes en argent.	21,157
Droits mixtes en argent établis sur les marchandises.	113,505
Fermage en argent des études.	1,396
Total pour ce qui dépend du receveur général de *Kiang-ning*.	1,525,450

II. Dépendances du receveur général de *Sou-tcheou*.

Impôts en argent établis sur les *champs du peuple*.	2,063,135
Impôts personnels en argent établis sur la population virile imposable.	30,170
Impôts en argent établis sur les champs des colonies militaires.	10,105
Impôts personnels en argent établis sur la population militaire.	196
Fermage en argent des champs publics du district de *Ou*.	942
Produits en argent des grands roseaux ou bambous.	17,701
À reporter	2,205,046

Report	2,205,010
Impôts mixtes en argent.	92,599
Fermage en argent des études.	4,031
Total pour les dépendances du receveur général de *Sou-tcheou*.	2,299,460
— de *Kiang-ning*.	1,328,556
Total général des impôts et revenus de la province de *Kiang-sou*.	3.626,016

6° *Ngan-hoeï*.

Impôts en argent établis sur les *champs du peuple*.	1,420,070
Impôts personnels en argent établis sur la population imposable.	297,816
Impôts mixtes en argent.	142,562
Impôts en argent militaires (*chun-fou yin*).	107,557
Fermage en argent des études.	1,642
Produits en argent des grands roseaux ou bambous.	60,829
Total général des impôts et revenus de la province de *Ngan-hoeï*.	1,930,286

7° *Kiang-si*.

Impôts en argent établis sur les *champs du peuple*.	1,699,636
Impôts en argent établis sur les champs des colonies militaires.	46,405
Produits en argent des grands roseaux ou bambous.	6,074
Impôts personnels en argent établis sur la population imposable.	181,819
Impôts personnels en argent établis sur la population militaire.	1,526
Impôts mixtes en argent	220,915
Fermage en argent des études.	13
Total général des impôts et revenus de la province de *Kiang-si*.	2,156,216

8° *Fo-kien*.

Impôts en argent établis sur les *champs du peuple*.	950,968
Impôts en argent établis sur les champs des colonies militaires.	59,049
Impôts établis en argent sur les champs des *Nan-gao* (ports méridionaux) et des *Iun-thsing-gao*.	102
Impôts personnels en argent établis sur la population imposable.	171,230
Impôts personnels en argent établis sur la population militaire.	5,421
Impôts mixtes en argent.	181,406
Fermage en argent des études.	2,212
Impôts en argent établis sur les champs de *Tai-wan-fou*, dép. de *Tai-wan* ou île *Formose*.	29,559
Impôts en argent établis sur les contribuables de ce même département.	4,036
Impôts mixtes en argent, *id*.	16,414
Total général.	1,580,560

9° *Tche-kiang*.

Impôts en argent établis sur les *champs du peuple*.	2,527,092
Impôts en riz, maïs payés en argent, établis sur les champs des colonies militaires.	21,254
Argent payé par la population virile imposable personnellement.	236,565
Argent payé par la population militaire imposable.	486
Impôts en argent établis sur les terres vaseuses et sablonneuses.	12,995
Impôts mixtes en argent.	130,407
Fermage en argent des champs d'études.	5,050
Total général.	2,932,194

10° *Hou-pe*.

Impôts en argent établis sur les champs du peuple.	986,094
Impôts en argent établis sur les champs des colonies militaires.	32,589
Produits en argent des champs de grands roseaux ou bambous.	11,143
A reporter.	1,049,626

Report.	1,049,626
Argent provenant de l'impôt personnel établi sur la population.	20,213
Argent provenant de l'impôt personnel établi sur la population militaire.	159
Impôts mixtes en argent.	29,806
Fermage en argent des champs d'études.	1,845
Total général.	1,101,554

11° *Hou-nan*.

Impôts en argent établis sur les champs du peuple.	980,159
Impôts en argent établis sur les champs des étrangers apanagés (*Kang-ming-tien*.	10,715
Impôts en argent établis sur les champs des colonies militaires.	98,485
Argent provenant de l'impôt personnel établi sur la population virile.	76,527
Argent provenant de l'impôt personnel sur la population militaire.	493
Impôts mixtes en argent.	34,702
Produits en argent des hauts roseaux ou bambous.	1,716
Fermage en argent des champs d'études.	1,205
Total général.	1,204,002

12° *Chen-si*.

Impôts en argent établis sur les champs du peuple.	1,279,958
Impôts en argent établis sur les champs des colonies militaires.	66,713
Fermage en argent établi sur les terres des départements de *Foung-tsiang*, de *Han-tchoung*, de *Hing-ngan*, du district de *Tchang-ngan*, abandonnés par les torrents et devenues productives.	547
Impôts en argent établis sur les terres données en apanage.	9,490
Impôts personnels en argent établis sur la population imposable.	220,854
Impôts personnels en argent établis sur la population militaire.	9,612
Impôts personnels en argent établis sur les étrangers apanagés.	2
Impôts mixtes en argent établis sur les champs du peuple.	85,006
Impôts mixtes en argent établis sur les champs des colonies militaires.	602
Fermage en argent des champs d'étude.	151
Total général.	1,659,265

13° *Kan-sou*.

Impôts en argent établis sur les terres du peuple.	3,774
Impôts en nature payés en argent, *id*.	195,606
Impôts en argent établis sur les terres des colonies militaires.	13,457
Impôts en nature payés en argent, *id*.	5,839
Paille et foin payés en argent	2
Impôts en argent établis sur les terres données en apanage.	8,070
Impôts en nature payés en argent, *id*.	502
Impôts en argent établis sur les terres destinées à l'entretien de certaines communautés.	669
Impôts en argent établis sur les *terres d'inspection*.	6,152
Argent provenant de l'impôt personnel établi sur la population virile civile et militaire.	67,411
Impôts mixtes en argent.	42,581
Fermages en argent provenant des champs d'études.	65
Impôts en argent établis sur les terres du peuple dans l'arrondissement de *Ti-hoa*, du département de *Tchin-si*.	2,957
Impôts mixtes en argent (dans les mêmes localités).	42,087
Produits en argent des terres de la population marchande du *Tou-eurh-jan* (Tourfan).	128
Impôts mixtes en argent, *id*.	1,079
Impôts mixtes en argent de *I-li*.	21,694
A reporter.	591,401

Report. . . .	591,401
Impôts mixtes en argent établi sur la population marchande de *Ta-eurh-pa-ngo-tai* (*Tarpangotai*)	4,012
Impôts mixtes en monnaies de cuivre, *pou-eurh* (*para*) établis sur la population marchande *Khe-ta-cha-eurh*, *Kara-char*,—272,969 paras, ci.	272,969
Impôts mixtes en monnaies de cuivre *para*, établis sur la population marchande de *Kou-tche*.	42,760
Impôts mixtes en monnaies de cuivre *para*, établis sur la population marchande de *Ho-ke-soie* (*Aksou*)	235,868
Impôts réguliers (*tching-fou*) en monnaies de cuivre *para*, établis sur les familles musulmanes du *Yarkiyang*.	2,318.000
Impôts mixtes en monnaie *para*, id.	572,761
Impôts mixtes en monnaie *para*, établis sur la population marchande de *Ou-chi*.	156,461
Impôts mixtes en monnaie *para*, établis sur la population marchande de *Khe-chi-go-eurh* (*Khachegar*)	361,706
Impôts réguliers en monnaie *para*, établis sur les familles musulmanes du même pays.	2,899,847
Impôts en nature payés en monnaie *para*, id.	927,516
Impôts réguliers en monnaie *para*, établis sur les familles musulmanes du *Ho-tien*.	1,200,000
Tributs en chevaux, payés en argent par les clans barbares des hordes *Yu-chou*, qui dépendent du ministre en chef du *Thsing-hai* (mer Verte ou Kokonor).	627
Total des impôts et revenus en paras et en *liang* (*).	9,006,526 | 593,413

14° *Sse-tchouan*.

Impôts en argent établis sur les champs du peuple et sur la population virile contribuable.	664.615
Impôts en nature de fruits d'automne, payés en argent.	724
Impôts en nature établis sur les champs à légumes du département de *Ning-youan*, payés en argent.	14.408
Impôts mixtes payés en argent.	119.506
Impôts en nature établis sur la population *fan*, payés en argent.	2,177
Impôts dus par les salines réunies de *Tchang-la*, y compris les tributs de chevaux dus par les chefs indigènes de *Toung-pou*, payés en nature.	512
Impôts en argent payés par les chefs indigènes des bouches intérieures et des bouches extérieures du district de *Ta-tsien-lou*, du département de *Ya-tcheou*.	4,010
Fermage en argent des terres de pâturages pour les chevaux.	2,414
Total général.	807,904

15° *Kouang-toung*.

Impôts en argent sur les champs du peuple.	906.191
Impôts personnels en argent établis sur la population virile.	118.526
Impôts mixtes en argent.	48,755
Impôts en argent établis sur les champs des colonies militaires.	113
Impôt personnel en argent de la population militaire.	1,689
Fermage en argent des études.	1,950
Total général.	1,076,994

(*) La somme totale que nous trouvons pour les paras s'élève à 9,006,526, tandis que celle connue dans le texte ne s'élève qu'à 9,603,660. L'erreur se trouve dans le *texte* ou dans les détails donnés par le *Commentaire*.

16° *Kouang-si*.

Impôts en argent établis sur les champs du peuple.	347,570
Impôts personnels en argent établis sur la population virile.	46,300
Impôts mixtes en argent.	86,624
Fermage en argent des champs d'études.	1,075
Total général.	481,575

17° *Yün-nan*.

Impôts en argent établis sur les champs du peuple et sur ceux des barbares *I*.	165,713
Impôts personnels en argent établis sur la population virile.	28,693
Impôts en argent établis sur les champs des colonies militaires.	71,654
Impôts mixtes en argent.	113,935
Fermage en argent des champs d'études.	10
Fermage en argent des champs de la justice.	53
Fermage en argent des terrains de pâturages de chevaux.	91
Total général.	380,015

18° *Kouei-tcheou*.

Impôts en argent établis sur les champs du peuple.	107,862
Fermage en argent des champs de secours (*Tchin-tien*).	47
Impôts personnels en argent établis sur la population virile.	15,806
Impôts mixtes en argent.	23,561
Fermages en argent des champs d'études.	247
Total général.	147,523

[*Texte.*] Le montant des impôts *en grains* de différentes natures est de quatre millions trois cent cinquante-six mille trois cent quatre-vingt-deux *chi* (*), et en *fourrages*, de cinq millions quatre cent quatre-vingt quatorze mille sept cent quatre-vingt-deux *chŏ* ou bottes.

1° *Tchi-li*

	chī (hectol.)	*chŏ* (bott.)
Grains de première qualité fournis par les champs du peuple et les champs des colonies militaires.	93,539	
Grains de première qualité provenant de fermage des champs d'études et des champs de la justice.	1,908	
Fourrages de première qualité fournis par les champs du peuple et ceux des colonies militaires.		94,426
En outre : impôts inscr. pour être expédiés au min. des finances :		
Légumes farineux noirs (*hé-teou*, comme fèves, haricots, etc.).	259	
Sésame (*tchi-ma*).	99	
Châtaignes (*hsin-li*).	28	
FOUNG-THIEN, ou territoire sacré de Moukden :		
Riz de première qualité prélevé sur les champs du peuple.	45,828	
Légumes farineux de première qualité prélevés sur les terres qui ont *fait retour au peuple*.	34,744	417,261
Fourrages.		
Grains de première qualité prélevés sur les champs communs dans les trois clans de *Keralin*, *Ortsou*, à *Petouna* (*Bedoune*), *Ning-gouta*, dépendant du district de KI-RIN.	22,680	
Grains de première qualité prélevés sur les champs communs du *He-loung-liang* (fleuve du Dragon noir).	8,985	
Total des grains, légumes et fourrages pour la province de *Tchi-li*.	203,164	511,687

(*) Le *chi* est une mesure de capacité qui est égale à 5,160 pouces cubes chinois, il pèse 72 kilogrammes, ce qui l'assimile, à très-peu de chose près, à notre *hectolitre*, lequel, en froment, pèse, terme moyen, 75 kilogrammes.

2° *Chan-toung.*
Grains de première qualité prélevés sur les champs du peuple... 434,341
Fruits de diverse nature (*Ko*)... 808
Impôts en nature comptés, le *tiers* en riz et les *deux tiers* en fruits... 401
Grains de toutes qualités (*Tchi-sse*)... 78,633

Total général... 514,586

3° *Chan-si.*
Grains de première qualité prélevés sur les champs du peuple... 81,874
Grains de toute qualité... 15,006
Fourrages de première qualité... 3
Fourrages de toutes qualités... 9,030
Grains de première qualité prélevés sur les champs des colonies militaires... 15,215
Grains de toutes qualités (*id.*)... 14,541
Fourrages de toutes qualités... 19,135
Grains de première qualité provenant de terres affermées... 260
Grains de première qualité du fermage des champs d'études... 1,189

Total général... 126,085   28,226

4° *Ho-nan.*
Grains de toutes qualités prélevés sur les champs du peuple... 28,876

5° *Kiang-sou.*
I. Grains de première qualité prélevés sur les champs du peuple dépendants du revenu général de *Kiang-ning* (Nan-king)... 55,644
Grains de première qualité prélevés sur les champs des colonies militaires dépendants du même receveur général... 36,030
II. Riz de première qualité prélevé sur les champs du peuple dépendants du receveur général de *Sou-tcheou*... 241,265
Légumes farineux de première qualité, *id.*... 939
Légumes farineux de toutes qualités, *id.*... 1,547
Riz de première qualité prélevé sur les champs des colonies militaires... 10,401

Total général... 345,846

6° *Ngan-hoei.*
Grains de première qualité payés en impôts par le peuple... 27,864
Grains de toutes qualités, *id.*... 46,814
Grains de première qualité payés en impôts par les colonies militaires... 26,968
Grains de toutes qualités, *id.*... 52,898

Total général... 155,944

7° *Kiang-si.*
Grains de première qualité prélevés sur les champs du peuple... 50,144
Grains de toutes qualités, *id.*... 79,116
Fruits provenant du fermage (des champs) d'études... 6,854

Total général... 156,124

8° *Fo-kien.*
Grains de première qualité prélevés sur les champs du peuple... 100,874
Grains de première qualité prélevés sur les champs des colonies militaires... 25,223
Grains de première qualité prélevés sur les champs des *Nan-gao* et *Yun-thsin-gao*... 232
Grains de première qualité provenant d'impôts mixtes... 1,845
Grains de première qualité imposés sur les champs du département de *Tai-wan* (Formose)... 190,799
Riz de l'espèce *no* ou visqueux... 7

Total général... 318,979

9° *Tché-kiang.*
Grains de première qualité prélevés sur les champs du peuple... 242,108
Grains de toutes qualités, *id.*... 35,720

Total général... 277,828

10° *Hou-pé.*
Grains de première qualité prélevés sur les champs du peuple... 136,916
Grains de toutes qualités, *id.*... 45,167
Fruits provenant du fermage des champs d'études... 124

Total général... 182,207

11° *Hou-nan.*
Grains de première qualité prélevés sur les champs du peuple... 144,167
Grains de première qualité prélevés sur les champs des colonies militaires... 41
Grains de toutes qualités, *id.*... 170

Total général... 144,378

12° *Chen-si.*
Grains de première qualité prélevés sur les champs du peuple... 32,018
Fourrages, *ib.*... 6,064
Grains de première qualité prélevés sur les champs des colonies militaires... 129,616
Fourrages, *id.*... 9,381
Grains de première qualité prélevés sur les terres des trois départements de *Foung-tsiang*, de *Han-tchoung*, de *Hing-ngan*, du district de *Tchang-ngan*, qui ont été rendues à la culture... 854
Grains de première qualité prélevés sur les terres données autrefois en apanage à des étrangers... 39,666
Grains de première qualité prélevés sur les champs des études... 1,228

Total général... 203,062   15,652

13° *Kan-sou.*
Grains de première qualité prélevés sur les champs du peuple et sur ceux des colonies militaires... 29,883
Fourrage de première qualité, *id.*... 31,434
Grains de première qualité prélevés sur les terres des colonies militaires... 462,885
Fourrages de première qualité, *id.*... 4,937,783
Fourrages payés en grains, *id.*, 6 boisseaux.
Grains de première qualité payés sur les impôts mixtes... 61
Grains de première qualité prélevés sur les terres données en apanage... 22,189
Fourrages, *id.*... 59,060
Grains de première qualité prélevés sur les terres destinées à l'entretien de certaines communautés... 147
Grains de première qualité prélevés sur les terres des *fan*, dans les quatre départements de *Lan-tcheou*, *Koung-tchang*, *Ting-tcheou*, et *Si-ning*... 13,451
Fourrages, *id.*... 302
Grains de première qualité d'études... 1,294
Grains de première qualité prélevés sur les champs du peuple, dans l'arrondissement de *Ti-hoa*, du département de *Tchin-si*... 74,375
Grains des colonies militaires de *Pa-li-kouan*... 22,843
Grains des colonies militaires de *Ha-mi*... 6,916
Fourrages des colonies militaires de *Ha-mi*... 10,440

À reporter... 654,291   4,959,935

Report...	655,294	4,959,235
Grains des colonies militaires de Tourfan.	10,494	
Grains des colonies militaires musulmanes.	4,865	
Grains de diverses natures en acquit de certains droits.	2,036	
Grains des colonies militaires de Ouroumoutsi.	55,292	
Grains des colonies militaires de I-li.	14,559	
Grains des colonies militaires de musulmans (à I-li).	100,000	
Grains des colonies militaires de Tarpangotri.	14,199	
Grains des colonies militaires de Karachar.	6,104	
Grains de première qualité payés comme impôts par des familles musulmanes (à Karachar).	952	
Grains de première qualité payés comme impôts par des familles musulmanes de Kou-tche.	2,826	
Grains de première qualité livrés par les familles musulmanes de Aksou.	2,111	
Grains de première qualité payés comme impôt régulier par les familles musulmanes du Yarkiyang.	1,506	
Grains de diverse nature en acquit de certains droits.	92	
Grains des colonies militaires de Ou-chi.	5,112	
Grains de première qualité payés comme impôts par les familles musulmanes. id.	2,010	
Grains de première qualité livrés par les familles musulmanes de Kachegar.	8,480	
Grains de première qualité payés comme impôt régulier par les familles musulmanes de Ho-tien.	15,886	
Total général...	915,093	4,959,235
14° Sse-tchouan.		
Grains de première qualité payés en impôt par la population Jan ou étrangère.	1,256	
Grains de diverses espèces fournis par les cinq colonies militaires du district indépendant de Mcou-koung, et par les terres des territoires nouvellement acquis.	1,295	
Riz, fruits et grains de diverses espèces sur les terres des pâturages de chevaux.	2,151	
Total général...	4,692	
15° Kouang-toung.		
Grains de première qualité prélevés sur les champs du peuple.	236,252	
Impôt territorial en nature de source intérieure et en première qualité.	52,322	
Impôt en argent établi sur les terres, changé en impôt en nature.	224,112	
Somme compter en argent (ky-yin) 256,885 liáng (*).		
Grains de première qualité prélevés sur les champs des colonies militaires.	91,911	
Total général...	604,680	
16° Kouang-si.		
Grains de première qualité prélevés sur les champs du peuple.	78,787	
Grains de toutes qualités. id.	51,576	
Grains de toutes qualités prélevés sur les champs d'études.	52	
Total général...	130,163	

(*) Si l'on ajoute cette somme de liáng au chiffre général des impôts en argent précédemment énumérés, on aura 35,007,789 liáng, chiffre qui dépasserait alors celui donné dans le texte, de 162,283 liáng.

17° Yun-nán.		
Grains de première qualité prélevés sur les champs du peuple.	110,817	
Grains de première qualité prélevés sur les champs des colonies militaires.	27,217	
Fruits provenant du fermage des champs de la justice.	571	
Fruits provenant du fermage des champs des études.	20	
Fruits provenant du fermage des champs de la justice et des études.	124	
Total général...	138,749	
18° Kouei-tchéou.		
Grains de première qualité prélevés sur les champs du peuple.	122,168	
Fruits, id.	75	
Riz de première qualité prélevés sur les champs des colonies militaires	3,800	
Riz provenant du fermage des champs de secours.	210	
Fruits, id.	6,692	
Riz provenant du fermage des champs d'études.	505	
Fruits, id.	368	
Total général...	133,288	

[*Nota.*] Le Commentaire ajoute : « Les grains blancs (*pe-liang*), prélevés dans les provinces de *Chan-toung*, *Ho-nán*, *Kiang-nán*, *Tché-kiang*, *Kiang-si*, *Hou-kouang*, sont transportés par eau à *Pé-king*; ceux de la direction du *Yun-nán* ne sont point compris dans cette destination. »

[*Texte.*] Quant aux impositions non déterminées et fixées à l'avance, elles sont prélevées intégralement et employées de même.

[*Comm.*] Ce sont les droits divers établis sur les terres dégénérées (*lo-thi*) des provinces de *Tchi-li*, de *Chan-toung*, de *Ngan-hoei*, de *Tché-kiang*, de *Hou-nán*, de *Sse-tchouan* ; les droits en argent sur les marchandises dans les provinces de *Ngán-hoei*, de *Kan-sou*, de *Tchang-te-fou*, du *Hou-nán* ; les droits en argent établis sur les chevaux et les bœufs des cinq villes de *Thsi-tchi-ngo-eurh* (*Thsi-thsi-nagara?*), de *Hé-loung-kiang* ; les droits et autres taxes en argent pesé établis sur le thé et sur les marchandises du département de *Thsi-ning* et autres de la province de *Chan-toung* ; les droits divers en argent établis sur les dents de bœufs et d'ânes de la même province ; les droits divers établis sur les fleurs qui donnent le bleu indigo (*tién-hoa*), et ceux établis aux entrées de la capitale sur les mulets de la province de *Kiang-sou* ; le produit de la pêche et les droits en argent établis, à l'entrée des passages, sur les bœufs, les porcs de la province de *Fo-kien* ; les droits établis sur les troncs d'arbres jaunes nommés *nie*, sur les bœufs, les chevaux, les ânes et les mulets de la province de *Hou-pé* ; les droits en argent établis sur les terres dégradées de *Si-kouan*, de *Yun-yang-fou*, de la ville fortifiée nommée *fan* de *Jang-yang-fou*, sur les marchés aux fourrages, marchés aux sables intérieurs et extérieurs de la ville fortifiée de *Hing-king-tchéou-fou*, sur les marchés forains de *Gan-ling-fou*, et de vingt-sept autres localités consistant en grandes bourgades ou villages approvisionnés de la même province; les impôts en argent établis sur les champs des colonies militaires dans le district de *I-li*; les droits en argent établis sur les chevaux de la province de *Kouang-si*, etc.

[*Texte.*] Lorsqu'il y a des excédants sur les impôts territoriaux, alors ces excédants (soit en argent, soit en nature) profitent au public.

[*Comm.*] Les impôts territoriaux directs en argent, de même que les impôts territoriaux directs en nature, peuvent les uns et les autres avoir des excédants. Les grains qui sont prélevés et transportés par eau, s'ils ont des excédants, ces excédants rentrent dans le grand canal, où la direction de la province de *Yun-nán* les vérifie.

[*Texte.*] Les excédants des impôts de toute nature sont répartis d'après des règles constantes et fixes.

[*Comm.*] L'argent provenant des contributions foncières et personnelles est réparti, par chaque *liàng*, au *marc le franc*, d'après l'excédant des contributions foncières et personnelles.
[Les *Statuts* donnent ici en détail, par *provinces*, *départements*, *arrondissements*, *cantons* et *districts*, cette répartition proportionnelle, qui peut nous paraître, en Europe, quelque chose d'une simplicité par trop gouvernementale.]

[*Texte.*] Si quelqu'un détourne la dix-millième partie d'un *liàng* et même la dix-millième partie d'un *fên* (très-petite fraction de monnaie), il se rend coupable d'une faute punissable. Au milieu du printemps on commence la levée des impôts; au milieu de l'été on la discontinue; au milieu de l'automne on reprend les opérations de la levée des impôts, et au milieu de l'hiver la levée des impôts doit être terminée.

Dans le cas de non-payement, on examinera avec soin si les contribuables n'ont pas de grains cachés dans l'intérieur de leur habitation; on recherchera aussi avec soin si c'est leur indigence qui s'oppose au recouvrement de l'impôt.

Les impôts étant recueillis, sont placés dans les trésors et les magasins des préposés de l'administration, et on en fait connaître l'état au ministère. Si l'année est très-avancée, alors (les préposés de l'administration des finances) opèrent leurs versements, expédient leurs payements. Chacun vérifie les comptes pour compléter ses opérations.

Après les documents qui précèdent, documents qui ne peuvent, à notre avis, laisser aucun doute sur la confiance qu'on doit leur accorder en Europe, il ne sera pas inutile de placer ici, comme objet intéressant de comparaison, le *Budget des recettes de la Chine* pour l'année 1844. Ce *budget*, que nous avons extrait de l'*Almanach impérial officiel* publié à Pé-king pour le trimestre d'*été* de la même année, est plus détaillé dans l'Almanach, en ce sens qu'on y trouve le contingent des impôts payés, non-seulement par les *provinces* prises individuellement, mais encore par chaque *département*, *arrondissement*, *canton* et *district*. Nous nous sommes borné à traduire le contingent de ces impôts par *provinces*.

Iʳᵉ PROVINCE. TCHI-LI.

A. *Contributions directes.*

	liàng (*).
1° Impôts *foncier* et *personnel* du département capital de Pé-king..................	* 154,173
2° Impôts foncier et personnel portés sur les rôles du receveur général de la province.	* 2,334,475
3° Droits fixes établis sur des produits de diverses natures : *houille*, etc..............	* 32,520
4° Droits fixes établis sur divers genres de commerce, ou *patentes* de diverses natures..	* 42,093
5° Droits fixes produits par le fermage des salines.......	* 437,949

B. *Douanes.*

1° Droits proportionnels fixes portés aux rôles de la douane de *Chan-haï* (*)......	* 28,000
A reporter...	3,029,410

(*) Équivalant à 8 fr. de notre monnaie. — Pour que le lecteur puisse juger de la *stabilité* des impôts en Chine, nous avons fait

Report....	3,029,410
2° id. au passage Tchang-kia, de la grande muraille (*)..	*10,000
3° id. à la douane du port de Thien-tsin (**).........	*40,460
Total....	3,079,870

IIe et IIIe PROVINCES. KIANG-SOU et NGAN-HOEÏ.

A. *Contributions directes.*
Kiang-sou.

1° Impôts foncier et personnel portés sur les rôles du receveur général de la province de Kiang-sou...............	*liang.* *3,116,826
2° Droits fixes établis sur des produits de diverses natures..................	*46,930
3° Produit en argent des champs de hauts roseaux (*lou-ko*)......	*93,940

Ngan-hoeï.

1° Impôts foncier et personnel................	*1,718,824
2° Droits fixes établis sur des produits de diverses natures..	13,284
3° Produit en argent des champs de hauts roseaux....	38,584
4° Droits de diverses natures pour les deux provinces réunies.	25,492
5° Droits fixes sur diverses marchandises, patentes, etc., de la province de Ngan-hoeï....	46,611
6° Produit du fermage des salines................	*2,085,282

B. *Douanes.*

1° Droits fixes portés aux rôles des deux douanes de Loung-kiang et Si-sin.......	*33,684
2° Droits fixes établis sur les manufactures d'étoffes, etc....	*191,149
3° Droits fixes sur les produits manufacturés et les marchandises à la douane de Yang-tchéou................	*55,753
4° Droits fixes perçus à l'écluse de Koua-i............	*7,666
A reporter...	7,474,025

précéder d'un *astérisque* les chiffres des impôts qui n'ont pas varié depuis un *siècle*, ces chiffres se trouvant encore les *mêmes* qu'en 1744.

(*) Ces droits sont perçus par l'inspecteur-intendant des douanes (*Kien tou*).
(**) Voy. ci-devant, p. 47--48.

Report....	7,474,025
5° Droits fixes perçus sur le sel à Tchang-tchin et à la douane de Hoaï-ngan......	*201,960
6° Droits fixes perçus sur le sel aux douanes de Wou-hou et de Hou-koung.........	*194,026
7° Droits fixes de la douane de Foung-yang............	*79,820
8° Droits fixes de la douane de Chang-haï............	*25,516
Total....	7,975,347

Nota. Les impôts en nature des deux provinces, transportés à Pé-king sur 65 bâtiments de l'État, sont en *riz mondé*, de *1,431,273 chi* ou hectolitres.

IVe PROVINCE. CHAN-TOUNG.

A. *Contributions directes.*

1° Impôts foncier et personnel portés aux rôles, et formant le contingent fixe......	*liang.* *3,376,165
2° Produits des salines affermées...............	*120,720
3° Patentes et autres droits fixes................	*47,850
4° Droits de diverses natures................	*22,711

B. *Douanes.*

Produits fixes de la douane de Thsing-tchéou, sur le grand canal............	*29,680
Total....	3,597,126

Nota. Les *impôts en nature* prélevés sur la province, et transportés par eau à Pé-king sur 12 bâtiments de l'État, sont, en grains divers, de 353,963 *chi* ou hectolitres.

Ve PROVINCE. CHAN-SI.

A. *Contributions directes.*

1° Impôts foncier et personnel fixes................	*liang.* *2,990,675
2° Patentes et autres droits.	*31,100
3° Produits divers.......	*51,844
4° Produits fixes des salines.	*507,028

B. *Douanes.*

Produits fixes de la douane affermée du passage Cha-hou dans la grande muraille......	*10,919
Total....	3,591,566

VIᵉ PROVINCE. HO-NAN.

A. *Contributions directes.*

	liàng.
1° Impôts foncier et personnel fixes.................	*3,164,758
2° Patentes et autres droits fixes.....................	*12,650
3° Droits divers..........	*32,300

B. *Douanes* (néant).

Total..... 3,209,708

Nota. Un *impôt en nature* de *221,342 hectolitres de *riz* est prélevé sur la province, et transporté à *Pé-king* par les navires impériaux de la province du *Chan-toung*.

VIIᵉ PROVINCE. CHEN-SI.

A. *Contributions directes.*

	liàng.
1° Impôts foncier et personnel fixes.................	*1,658,700
2° Produits divers fixes...	*40,623

B. *Douanes.*
Ce produit n'est pas connu.

Total..... 1,699,323

VIIIᵉ PROVINCE. KAN-SOU.

A. *Contributions directes.*

	liàng.
1° Impôt foncier et personnel fixes..................	*280,652
2° Patentes, droits divers, produits des salines affermées.	*39,450
3° Produits divers........	*60,787

Total..... 380,889

Nota. Un *impôt en nature* de 218,550 hectolitres de grains est prélevé sur cette province.

IXᵉ PROVINCE. FO-KIEN.

A. *Contributions directes.*

	liàng.
1° Impôts foncier et personnel fixes.................	*1,074,489
2° Produits des salines affermées.................	*85,470
3° Droits divers........	*24,850
4° Produits de différentes natures.................	*27,775

B. *Douanes.*
Droits fixes de la douane de *Fo-kien*................. *73,549

Total..... 1,286,133

Xᵉ PROVINCE. TCHÉ-KIANG.

A. *Contributions directes.*

	liàng.
1° Impôts foncier et personnel fixes.................	*2,914,946
2° Patentes et droits divers.	*10,650
3° Produits des salines affermées.................	*501,034
4° Produits divers........	*38,437

B. *Douanes.*

1° Droits fixes de la douane de *Pé-sin*...............	*122,660
2° *Id.* de celle de *Nan-sin*..	*26,500
3° Droits fixes sur les marchandises de toutes natures, les produits manufacturés, etc., de la douane du port maritime de *Ning-po*...............	*32,030

Total..... 3,646,257

Nota. Un *impôt en nature*, de 611,720 hectolitres de *riz*, est prélevé dans les trois départements de *Hang*, *Kia* et *Hou*, ainsi que 66,600 hectolitres de *riz mondé*. L'État entretient 24 bâtiments pour leur transport à la capitale.

XIᵉ PROVINCE. KIANG-SI.

A. *Contributions directes.*

	liàng.
1° Impôts foncier et personnel fixes.................	*1,878,682
2° Produits divers........	*4,470
3° Produits des salines affermées.................	*5,150
4° Droits de diverses natures.	*34,123

B. *Douanes.*

1° Produits fixes des douanes de *Kieou-kiang* et *Ta-kou-thang*.................	*173,880
2° Produit de celle de *Hang-chéou*.................	*46,471

Total..... *2,142,776

Nota. Un *impôt en nature*, de 795,063 hectolitres de grains, est prélevé sur cette province, et expédié à *Pé-king*, sur 14 bâtiments de l'État.

XIIᵉ PROVINCE. HOU-PÉ.

A. *Contributions directes.*

	liàng.
1° Impôts foncier et personnel fixes.................	*1,174,110
2° Patentes et autres droits divers.................	*58,780

A reporter... 1,232,890

Report.....	1,232,890
3° Droits de certaines troupes (*tun-hiang*)............	32,640
4° Droits de postes.......	18,140
5° Produits divers........	*22,554

B. *Douanes.*

Produits fixes de la douane de *King-tchéou*............	*9,644
Total.....	1,315,868

Nota. Un *impôt en nature* de 96,934 hectolitres de grains est prélevé sur cette province, et transporté à *Pé-king* sur 12 bâtiments de l'État.

XIII° PROVINCE. HOU-NAN.

A. *Contributions directes.*

	liang.
1° Impôts foncier et personnel fixes.................	*882,745
2° Produits divers........	*30,530
3° Droits de certaines troupes.................	20,350
4° Droits de postes.......	*13,880
5° Droits divers.........	14,813
Total.....	962,318

Nota. Un *impôt en nature* de 96,214 hectolitres de grains est prélevé sur cette province.

XIV° PROVINCE. SSE-TCHOUAN.

A. *Contributions directes.*

	liang.
1° Impôts foncier et personnel fixes..................	*631,094
2° Droits divers..........	*20,520
3° Produits divers........	*11,242

B. *Douanes* (droits non spécifiés).

Total.....	662,856

XV° PROVINCE. KOUANG-TOUNG.

A. *Contributions directes.*

	liang.
1° Impôts foncier et personnel fixes..................	*1,264,304
2° Patentes et autres droits.	*5,990
3° Produits divers........	*59,530
4° Produits des salines affermées.................	*47,510

B. *Douanes.*

1° Droits fixes perçus à la douane de Canton.........	*43,750
A reporter...	1,421,084

Report.....	1,421,084
2° Droits fixes perçus à la douane de *Taï-ping-kiao*, du département de *Tchao-tchéou*.	*53,670
Total.....	1,474,754

XVI° PROVINCE. KOUANG-SI.

A. *Contributions directes.*

	liang.
1° Impôts foncier et personnel fixes.................	*416,399
2° Patentes et autres droits.	*25,880
3° Produits des salines affermées.................	*47,154
4° Produits divers........	*26,780

B. *Douanes* (néant).

Total.....	516,213

XVII° PROVINCE. YUN-NAN.

A. *Contributions directes.*

	liang.
1° Impôts foncier et personnel fixes.................	*209,582
2° Droits divers..........	*34,266
Total.....	243,848

Nota. Un *impôt en nature* de 227,626 hectolitres de grains, légumes, et autres produits d'été et d'automne, est prélevé sur cette province.

XVIII° PROVINCE. KOUEÏ-TCHÉOU

A. *Contributions directes.*

	liang.
1° Impôts foncier et personnel fixes.................	*101,268
2° Droits divers..........	*13,690
3° Produits des salines affermées...................	*6,234
4° Produits divers........	*13,742

B. *Douanes* (néant).

Total.....	134,934

Pour résumer les documents précédents, nous allons présenter, dans un *Tableau synoptique*, les principales données statistiques de la Chine proprement dite, en faisant abstraction de ses diverses dépendances qui ne sont pas dans les mêmes conditions de culture et de civilisation que l'ancien empire.

	des terres cultivées imposées		de l'impôt foncier et personnel		de l'impôt foncier en argent par hectare.	du fermage des salines.	salaires et droits divers.	BUDGET des douanes.	contributions fixes par province en 1844.	expédiés au gouvernement central.	retenus dans le trésor provincial de l'impôt foncier.	riz, grains, etc., en *chi* ou hectolitres expédiés à Peking.
	en *king* et *méou*.	en hectares.	en *liang* de 8 fr.	en francs.	fr. c.	*liang.*	*liang.*	*liang.*	*liang.*	*liang.*	*liang.*	*chi.*
	king. méou.	hectares.	*liang.*	fr.								
	958,743 43	5,752,460	2,488,648	19,909,18	3 06	457,949	74,613	78,600	3,079,870	1,930,941	621,811	353,963
	986,345 11	6,918,070	3,376,165	27,009,32	4 36	120,720	70,561	29,680	3,597,126	2,730,736	091,141	» »
	553,212 50	3,819,275	2,990,675	23,925,40	7 20	567,028	82,994	10,919	3,591,566	2,702,285	338,290	221,342
	721,145 92	4,320,875	3,164,758	25,318,00	5 85	»	44,930	» »	3,299,708	2,441,110	626,623	» »
	720,894 86	4,325,369	3,116,826	24,934,60	5 76	2,085,282	140,870	» »	2,504,728	1,446,051	» »	1,531,273
	414,368 75	2,486,212	1,718,824	13,750,59	5 53	395,986	123,971	393,588	7,975,347	1,194,914	622,709	» »
	473,741 07	2,842,446	1,878,682	14,829,45	5 21	5,150	38,593	220,351	2,142,776	1,062,031	540,705	795,063
	139,433 83	836,602	1,074,489	8,595,91	10 27	85,470	52,625	73,549	1,286,133	1,055,209	28,032	» »
	465,003 69	2,790,022	2,914,946	23,319,56	8 42	501,054	49,087	181,190	3,646,257	2,287,346	687,277	678,320
	605,185 56	3,631,113	1,177,110	9,392,85	2 58	»	132,114	9,644	1,315,868	776,173	333,543	96,034
	315,815 96	1,894,895	882,745	7,061,96	3 72	»	79,573	» »	952,318	944,022	265,379	96,214
	306,775 22	1,840,651	1,058,700	13,269,60	7 20	39,450	40,623	» »	1,699,323	1,344,548	265,498	» »
	237,393 59	1,424,361	280,552	2,245,21	1 58	» »	60,787	» »	388,889	182,644	72,274	218,350
	465,471 34	2,792,828	631,094	5,048,75	1 80	» »	31,762	» »	662,836	306,366	13,029	» »
	320,348 35	1,922,090	1,204,304	10,114,43	5 26	47,510	65,520	97,420	1,474,754	719,307	350,143	» »
	89,760 43	538,562	416,399	3,331,19	6 18	47,154	52,660	» »	516,213	278,559	86,945	227,625
	93,151 26	558,907	209,582	1,676,65	2 99	» »	34,366	» »	245,848	188,927	53,596	» »
	27,775 90	166,635	101,268	810,14	4 83	6,234	27,032	» »	134,934	53,346	13,314	» »
	7,894,566 77	47,367,293	29,302,867	34,732,93	Moy. 5 69	4,278,967	1,202,951	1,095,001	35,919,786	23,312,992	6,835,380	4,119,285

e pour 1844 (montant qui est de 23.919.786 *liang* ou 207.338.786,708 fr. d'impôts fixes; ce qui ne fait pas 1 fr. 1/2!)..., la valeur de l'impôt en *nature* supporté encore par neuf provinces, valeur que l'on peut fixer à 14 fr. le *chi* ou hectol!

Chine sous le règne de l'empereur *ang-hi*, et par son ordre (*).

(*) 1. Cette carte fut gravée en France en ... 2. Le P. de Mailla, qui y prit une grande ..., écrivit, à propos de cette carte : « La ... rte de la Chine et de la Tartarie, dans ... fait, est l'ouvrage des seuls missionnaires ... ançais. Les PP. Cardozo, Portugais, et ...rdély, Allemand, qui ont accompagné ...elques-uns de nous, n'y ont en guère

2° La *population* de ces *dix-huit provinces* est celle trouvée par le recensement de 1812. Elle a dû encore beaucoup augmenter depuis, si l'on en juge par la progression de la population en Europe et en Chine même, d'après les recensements antérieurs.

C'est un fait dont l'importance a déjà beaucoup préoccupé les économistes, que l'accroissement progressif et général des populations civilisées qui cou-

en suivant cette loi d'accroissement, on peut prévoir une époque, assez rapprochée même, où le sol ne suffira pas à leur subsistance. Pour étudier et résoudre ce problème, il n'y a pas de nation au monde qui offre des documents comparables à ceux que présente l'histoire chinoise. Cette histoire, sur l'authenticité de laquelle on peut consulter notre premier volume (p. 33 et *passim*), donne des recensements de population,

DATES.	EMPEREURS régnants.	DYNASTIES.	NOMBRES DONNÉS PAR LES ÉCRIVAINS CHINOIS.	
			Familles contribuables.	Bouches valides.
Avant J. C.				
2250	Chun. Yu............	Hia............	» »	13,553,923
1100	Tching wang..........	Tchéou........	» »	13,704,923
Après J. C.				
2	Hiao-ping-ti.........	Han..........	12,233.060	59,594,970
155	Hiouen-ti...........	» »	16,077,690	56,486,850
740	Ming-hoang-ti.......	Thang........	8,914,900	52,909,300
1106	Hoei-tsoung.........	Soung........	11,009,500	43,820,790
1290	Hou-pi-lie.\\Koubilai-khan......	Mongole.......	13,196,206	58,834,711
1380	Chin-tsoung.........	Ming.........	10,621,436	60,692,856
1652	Chun-tchi...........	Tai-thsing.....	14,883,858	» »
1683	Khang-hi............	Id...........	19,432,753	» »
1711	» »	» »	20,111,380	» »
1736	Kien-loung..........	» »	24,689,468	» »
1743	» »	» »	26,016,292	» »
1753	» »	» »	37,784,952	102,827,618
1761	» »	» »	» »	198,214,553
1792	» »	» »	» »	307,467,200
1812	Kia-king............	» »	» »	360,279,597

Les six premiers de ces recensements, ainsi que le huitième, sont tirés de l'*Examen de divers ouvrages et documents* (*Kiun-chou-pi-khao*), écrit sous les *Ming*; ceux de 1736 et 1743 sont tirés de la *Grande Géographie impériale*; celui de 1763, du *Taï-thsing hoeï-tien* (édit. de 1764); et celui de 1761, d'un manuscrit chinois qui existe à la Bibliothèque royale de Paris. Celui de 1792 fut communiqué à lord Macartney, ambassadeur à Pé-king, par un ministre d'État.

On voit, par ces divers recensements, que la population chinoise n'a pas suivi un accroissement toujours progressif. La cause en est due aux nombreuses révolutions politiques que la Chine a subies dans le cours des siècles; aux troubles survenus pendant les changements de dynasties, les conquêtes, et au régime plus ou moins favorable des gouvernements qui se sont succédé. Les divers recensements ont eu lieu par *familles contribuables* ou par *bouches*, selon l'assiette de l'impôt qui était établi tantôt par *familles*, tantôt par *bouches*; car ces recensements n'étaient faits que dans ce but, et non pour le simple plaisir de fournir des documents à des amateurs de statistique.

On pourra être surpris que, de 1761 à 1812, dans l'espace de cinquante et un ans, la population chinoise se soit accrue de 162,064,973 bouches. Quelques faits analogues pourront servir à expliquer cette énorme progression.

D'après le recensement de 1836, la population de la France était de .... 33,540,910 hab.
En 1846, elle était de.. 35,400,486

Augmentation....... 1,859,576 hab.
C'est près de *deux millions* en *dix* ans. Si la même progression se maintient, en *cinquante ans*, c'est-à-dire, en 1896, l'augmentation sera de 10 millions, et la population de la France sera alors de 45 millions d'habitants. On aura donc, pendant cinquante et un ans, pour la France, un accroissement de population de 30 pour cent, tandis qu'en Chine il est de 81. Mais il y a des pays, en Europe, où la population s'accroît beaucoup plus rapidement qu'en France, par des causes bien connues. En Irlande, par exemple, la population a *doublé* en *trente ans*; l'accroissement a donc été de cent pour cent dans cet espace de temps! Pourquoi, sous ce rapport, la Chine serait-elle moins privilégiée que l'Irlande (*)?

(*) Selon les *documents* présentés au parlement anglais en 1846, la population de la *Grande-Bretagne* (les trois royaumes) s'est

Il est une autre considération qui, à elle seule, doit faire tomber toutes les objections que l'on pourrait faire contre le chiffre de la population chinoise, laquelle, en prenant pour base la loi de son accroissement (d'environ 3 millions par an), doit être, au moment où nous écrivons, de 460 millions; c'est que, par suite de sa manière de vivre, principalement en *riz*, il faut beaucoup moins de *superficie de terre* pour subvenir à la subsistance d'un Chinois que d'un Européen, et qu'ensuite la plus grande partie du sol est consacrée, en Chine, à produire la subsistance de l'homme, et non celle des animaux, et qu'en outre les fleuves et les canaux dont la Chine abonde portent et nourrissent une très-nombreuse population.

« La surface entière de la Chine, » dit George Staunton, dans sa Relation de l'ambassade de lord Macartney (t. II, p. 544, *édition anglaise*), « à très-peu « d'exceptions près, est consacrée à « la production des subsistances pour « l'homme seulement. On n'y voit point « de prairies, très-peu de pâturages, au-« cun champ cultivé en *avoine*, en « *fèves* ou en *navets*, pour l'entretien « d'aucune espèce de bétail. On y voit « peu de parcs ou de jardins de plai-« sance, excepté ceux qui appartiennent « à l'empereur. Les routes, qui sont « rares et étroites, n'occupent que peu « de terrain, les principales communi-« cations ayant lieu par eau. Il n'y a « point de communaux; on n'y laisse « point de terres en friche par né-« gligence, par caprice, ou pour le plai-« sir des grands propriétaires; et les « terres arables n'y demeurent jamais « en jachère. Le sol, sous un chaud et « fertilisant soleil, donne annuelle-« ment, dans la plupart des cas, deux « récoltes, parce que ces récoltes sont « appropriées par la culture à la na-« ture même du sol, et, à son défaut, « par son mélange avec d'autres terres, « par l'application de différents engrais, « par l'irrigation, enfin par l'industrie « la plus active, la plus judicieuse et « la plus variée. »

3° La *population spécifique* par kilomètre carré, ou *cent hectares*, est le résultat de nos calculs. Cette *population spécifique* peut à elle seule faire juger de l'abondance et de la richesse *relatives* de chaque province. Celle où la population est la plus *dense* est celle du *Kiâng-nân*, dont *Nân-king* est le chef-lieu (comprenant actuellement celles de *Kiâng-sou* et de *Ngan-hoéï*), qui est effectivement la plus *riche*, la plus *fertile*, la plus *commerçante*; celle où la population est la plus *rare* est celle du *Yûn-nân*, située sur les frontières de la Cochinchine, de l'empire birman et du Thibet, où se trouvent beaucoup de montagnes et de terrains déserts. La province de *Tchi-li*, où réside la cour, ne vient qu'en troisième ordre, après celle de *Tché-kiâng*. En prenant la *population spécifique* la plus élevée, celle de *Kiâng-nân*, on trouve qu'elle n'est pas encore aussi *dense* que celle du département de la Seine, *Paris non compris*; et celle du département du *Nord*, d'après le recensement de 1846, étant de 195, est plus *dense* que celle de la province de *Chan-toung*, la *troisième* dans l'ordre des densités, qui n'est que de 173. Et, ce qui étonnera le plus, la *population spécifique* de la province du *Yûn-nân* est la même que celle du département le moins peuplé de la France : celui des Basses-Alpes! On voit donc que cette population de la Chine, qui paraît *im-*

accrue, en quarante-cinq ans, de 8,629,928; car en 1801 elle était de 10,942,646, et en 1845 de 19,572,574. En 1852, dans l'espace de cinquante et un ans, elle aura probablement *doublé*, l'accroissement étant d'environ 200,000 individus par an. L'accroissement de population pour la Grande-Bretagne, pendant le même intervalle de temps, sera donc *plus élevé* qu'en Chine, puisqu'il sera de 100 pour 100! On voit par là combien les objections faites contre le *fabuleux* accroissement de la population chinoise, et l'*exagération* prétendue des statistiques de son gouvernement, ont peu de valeur.

La petite différence que l'on remarque entre le chiffre de la population chinoise donné par le *document traduit*, et celui de notre *tableau synoptique*, provient de ce que, pour composer ce dernier, nous avons retranché la population additionnelle de quelques dépendances non comprises dans la *Chine propre*, et qui, par conséquent, ne devaient pas entrer dans les éléments de comparaison statistique.

possible à la sagacité de nos géographes, a ses équivalents, sous nos yeux, sur plusieurs points de la France. Et, si on prend seulement la population spécifique *moyenne* de la Chine, qui est de 100 $\frac{18}{18}$ par kilomètre carré, ou 100 hectares (1 habitant par hectare), on verra que la population est plus nombreuse en Belgique et en Irlande qu'en Chine(*).

4° Le chiffre des terres imposées comme donnant un produit par la culture, dans les 18 provinces de la *Chine propre*, paraît grandement en disproportion avec la *superficie absolue*. Cependant, d'après le dénombrement qui fut présenté à l'empereur *Kia-king* en 1812 (voy. ci-devant), les terres en culture quelconque, sur lesquelles est réparti l'impôt territorial, paraissent avoir été cadastrées avec beaucoup de soin, du moins d'après l'énumération qui en est faite. Malgré cela, ces *terres en culture* ne forment que le *septième* de la superficie absolue du territoire. Ici encore il nous faut chercher, comme pour la *population*, si ce qui, au premier aperçu, semble tout à fait *invraisemblable*, ne peut pas être à peu près la vérité.

D'après la *Statistique agricole* de la France, publiée par le ministère du commerce en 1841, la totalité des *terres imposables* est de 49,878,203 hectares, les terres non imposables n'étant que de 2,890,409 hectares : ensemble, 52,768,610 hectares. Il en résulterait que le chiffre des *terres imposées* est plus élevé de 2,510,910 hectares en France qu'en Chine. Ce résultat renverserait de fond en comble l'opinion admise jusqu'ici que la Chine est le pays le *plus* et le *mieux* cultivé du monde, et qu'il n'y a pas jusqu'aux pentes rapides des montagnes et aux rochers les plus stériles qui ne soient exploités par les industrieux Chinois. La question posée en ces termes, d'une manière générale, donne assurément une solution tout à fait contraire.

Ce n'est pas ainsi que la question doit être posée et résolue.

De même que la population est très-*dense* dans certaines provinces de la Chine et très-*rare* dans d'autres, la proportion des *terres cultivées* et *imposées* suit la même progression ascendante ou descendante. Ainsi, dans le *Kiáng-nán*, partie de l'empire la plus peuplée, les *terres* cultivées et imposées forment presque le *tiers* de la superficie absolue de la province; tandis que, dans celle de *Yûn-nân*, elles n'en forment que la 49ᵉ partie, et, dans celle de *Kouéi-tchéou*, la 99ᵉ ! Les écrivains européens qui ont parlé de l'extension extraordinaire de la culture chinoise l'ont fait après avoir vu seulement les contrées les plus riches, les plus fertiles, les plus peuplées; et ils ont eu le tort de généraliser un fait qui n'était qu'exceptionnel. Nous conviendrons cependant que les missionnaires français qui ont habité longtemps la Chine, et qui, par conséquent, auraient dû bien la connaître, ont soutenu que la presque totalité du sol, en Chine, était en culture. Le P. Amiot, entre autres, dit (*Mémoires sur les Chinois*, t. VI, p. 306) que « *partout où il y a un pouce « de terrain propre à la culture, il se « trouve un Chinois pour le cultiver.* » Et, récemment encore, le P. Lamiot, missionnaire lazariste, dans une lettre datée de Chine, 19 février 1820, dit, en parlant du *Chan-si*, qu'*une immense population habite ce pays de montagnes si peu fertiles, et qu'il est cultivé avec un si grand soin, qu'on y tire parti du plus petit espace de terrain.*

Ou ces assertions sont très-exagérées, ou il faut les restreindre à certaines provinces, et même à certaines portions de ces provinces; ou, enfin, le *dénombrement officiel* des terres cultivées et imposées est bien au-dessous de la vérité. Il est présumable que ces trois suppositions sont également vraies (*).

(*) D'après le dernier recensement fait en 1846, la population spécifique *moyenne* de la France serait de 65; la population totale étant de 35,400,486, et la superficie du territoire étant de 540,085 kilomètres carrés, c'est-à-dire 6 fois $\frac{22}{100}$ moins grand que celui des dix-huit provinces de la Chine, et la population de celles-ci 10 fois plus élevée que celle de la France.

(*) Ce qui confirmerait les deux premières, ce sont les lignes suivantes tirées de Duhalde : « Mais qui jugerait du gros de la Chine par

Quoi qu'il en soit, voici comment se répartissent les terres cultivées et imposées :

PROVINCES.	TERRES possédées par la population.	TERRES des colonies militaires.	TERRES des études publiques.
	king.	*king.*	*king.*
1. Tchi-li......	705,681	»	»
2. Chan-toung..	956,471	29,455	418
3. Chan-si.....	498,010	35,360	277
4. Ho-nan......	639,765	60,044	72
5. Kiang-sou...	647,465	25,869	»
6. Ngan-hoei...	340,965	41,686	232
7. Kiang-si....	462,408	5,711	»
8. Fo-kien.....	128,629	7,875	»
9. Tché-kiang..	459,449	1,173	»
10. Hou-pé.....	568,995	20,471	»
11. Hou-nán....	278,063	30,988	»
12. Chen-si	258,572	40,074	55
13. Kan-sou	122,728	96,412	313
14. Sse-tchouan .	462,798	1,842	»
15. Kouang-toung	314,909	5,287	151
16. Kouang-si ..	89,596	»	134
17. Yun-nán....	83,974	9,150	3
18. Kouei-tchéou	25,988	631	44
TOTAUX...	7,044,406	412,028	1,699
En hectares..	42,266,436	2,472,168	10,194

Nous avons négligé de placer, dans ce *Tableau*, les terres des *huit bannières tartares*, comprises dans les provinces de *Tchi-li* et de *Chan-si*, qui avoisinent la Tartarie, et qui s'élèvent à 225,209 *king* (1,351,254 hectares), ainsi que les terres du domaine privé de l'empereur, près de *Pé-king*, qui se montent à 26,820 *king* (160,920 hectares), de même que quelques autres terres que l'on trouve dans l'énumération du dénombrement précédent.

« cette contrée (*Hang-tchéou-fou* dans le
« *Tché-kiang*), s'en ferait certainement une
« fausse idée. La connaissance d'un certain
« nombre de villes fort étendues ne suffit pas
« pour en porter un jugement exact; et, sans
« l'occasion qu'ont eue les missionnaires de
« parcourir l'empire, pour en dresser la carte
« géographique, nous ignorerions encore que,
« dans la plupart des grands gouvernements,
« on *trouve des contrées de plus de vingt*
« *lieues très-peu peuplées, presque incultes,*
« *et assez souvent si sauvages, qu'elles sont*
« *tout à fait inhabitables.* » On voit que les chiffres sont inexorables !

On voit, par ce *Tableau récapitulatif*, que les terres possédées en propre et cultivées par le peuple chinois s'élèvent à 42,266,436 hectares. Ces terres, comme nous l'avons déjà dit, sont consacrées presque exclusivement à produire des fruits destinés à nourrir la population; tandis qu'en France, les terres consacrées à la nourriture de l'homme en *produits du sol*, c'est-à-dire, en grains d'automne, *froment*, *seigle*, *méteil*, et en *légumes secs*, *plantes sarclées*, etc., ne s'élèvent qu'à 10,378,966 hectares !

5° L'*impôt foncier* est encore, en Chine, le même aujourd'hui qu'il y a plus d'un siècle (*). Il n'a pas varié depuis l'époque où l'empereur *Khang-hi* (en 1709) substitua l'*impôt foncier* à la *capitation* qui était d'un recouvrement plus difficile; cette substitution eut lieu

(*) Voici le relevé synoptique de la quantité de terres possédées et cultivées par la population chinoise, en 1753, avec le montant des impôts en *argent* et en *nature* dont elles étaient frappées. Il est tiré du *Ta-thsing-hoei-tien*, édit. de 1764. C'est un document curieux à plus d'un titre, surtout comme point de comparaison.

En conférant ces chiffres avec ceux qui sont portés dans le grand *Tableau*, on trouve, pour le dénombrement des terres de 1812, une diminution de 554,007 *king* 09 *mèou* (ou 3,324,042 hectares) sur celui de 1753; tandis que l'impôt foncier de ce dernier budget présente au contraire un excédant de 771,891 *liang*, et de 4,287,510 hectolitres de grains et riz, sur celui de 1812. Cette différence tient à d'autres causes que celle d'avoir compris *Ching-king*, ou la province de *Moukden* en Tartarie, dans le relevé de 1753; ce que nous avons omis dans celui de 1812, pour ne représenter que la Chine propre. Ces causes sont trop peu importantes pour nous y arrêter ici.

Nous dirons seulement que le budget chinois est bien loin de suivre la marche ascendante des budgets européens qui tendent, avec le système des emprunts inconnus en Chine, à absorber complètement le revenu des particuliers, et par suite toute la richesse publique.

également afin que les revenus de l'Etat eussent une base solide et fixe, au lieu d'être sujets à toute la mobilité et à toute l'incertitude de l'impôt par tête, et afin aussi de diminuer les abus nombreux auxquels donnait lieu l'impôt de capitation, livré en quelque sorte à la discrétion des agents du ministère des finances. L'impôt foncier, ainsi établi, était en même temps pour les possesseurs des terres une sorte de redevance ou de fermage fixe envers l'État, à un taux très-modéré, comme on peut le voir dans la colonne où nous avons donné les chiffres proportionnels relatifs de l'impôt foncier en argent par hectare. Pour que ces chiffres représentassent la proportion relative réelle de l'impôt foncier pour une contenance donnée, il faudrait la valeur proportionnelle de la dernière colonne, où figure pour neuf provinces un impôt foncier *en nature*, y fût comprise ; ce que nous n'avons pas fait, parce que nous ignorons la valeur *réelle* de cet impôt en nature. D'ailleurs, le chiffre proportionnel reste vrai pour les provinces qui ne payent point d'*impôts en nature*.

Quant à l'*impôt sur le sel*, impôt très-peu populaire maintenant en Europe, on doit être surpris de le retrouver en Chine, établi comme il existait chez nous avant la révolution de 1790 ; c'est-à-dire, perçu par des fermiers qui donnent à l'État un revenu fixe, en profitant, comme on peut le croire, de l'excédant des recettes, ce qui fait que ces fermiers des salines acquièrent toujours de grandes richesses par leur industrie. On pourrait croire que cet impôt du sel en Chine a été une importation européenne, si on ne savait, par l'histoire de ce grand empire, que, dès les premiers temps de la monarchie, le sel a été soumis à une législation spéciale, et que son exploitation, ainsi que son usage, ont été l'objet d'une constante sollicitude de la part du gouvernement.

Pour que les fermiers des salines n'abusent pas trop de leur monopole, le gouvernement chinois a établi près d'eux des *commissaires régulateurs des prix (ti-kiu)* qui maintiennent la balance entre les frais de production des fermiers et le prix de vente pour le sel livré à la consommation, laquelle est

Tableau synoptique de la quantité de terres cultivées et imposées en 1753.

PROVINCES.	TERRES du peuple imposées.		IMPÔTS qu'elles supportent en argent.	IMPÔTS EN NATURE	
				grains.	paille, foin.
	king.	*mœou*	*liang.*	*chi.*	bottes.
1. Tchi-li................	657,191	87	2,411,286	101,229	94,404
Ching-king.............	25,243	21	38,110	76,206	»
2. Chan-toung............	970,054	07	3,546,257	507,680	»
3. Chan-si................	329,586	21	2,970,266	169,246	»
4. Ho-nan................	722,820	36	3,303,080	248,865	»
5. Kiang-sou.............	689,884	45	5,371,334	255,201	»
6. N'gan-hoeï............	338,120	92	1,688,000	845,248	»
7. Kiang-si..............	479,207	62	1,879,810	899,632	»
8. Fo-kien...............	128,270	87	1,177,899	168,453	»
9. Tché-kiang............	159,787	70	2,812,449	1,130,481	»
10. Hou-pé................	565,913	49	1,108,153	286,554	»
11. Hou-nan...............	312,287	98	1,163,063	277,641	»
12. Chen-si...............	252,371	03	1,530,907	168,453	»
13. Kan-sou...............	177,831	33	257,723	53,476	5,051,174
14. Sse-tchouan...........	459,146	67	659,075	14,329	»
15. Kouang-toung..........	328,832	93	1,257,286	348,095	»
16. Kouang-si.............	87,400	60	382,597	130,375	»
17. Yun-nan...............	69,499	80	153,750	230,848	»
18. Kouei-tchéou..........	26,691	76	100,156	154,590	»
Totaux............	7,081,142	88	29,611,201	8,406,422	5,145,578
Terres des colonies militaires.	259,416	80	503,557	373	
Total............	7,340,559	68	30,114,758	8,406,795	

énorme dans l'empire, comme peut le faire supposer une population de trois cent soixante millions d'âmes, dont le poisson, dans les provinces maritimes, et même dans les autres, qui sont arrosées par de nombreux courants d'eau, forme une partie considérable de la subsistance.

Le produit des *salines* fut, en 1753, de 5,560,540 *liàng* (44,484,320 fr.) (*); et celui des douanes, à la même date, fut de 4,324,005 *liàng* (34,592,040 fr.). Ces produits dépassent de beaucoup, le dernier surtout, la somme fixe portée par *prévision* au *Budget des recettes* (sommes *fixes de prévision* portées sur notre grand *Tableau*, d'après l'*Almanach impérial* de 1844, et que les résultats dépassent toujours plus ou moins, ce qui augmente considérablement le *chiffre général des impôts fixes*). Les autres *droits divers* s'élevèrent, à la même époque, à 1,052,706 *liàng* (8,421,648 fr.). Ce chapitre du *Budget des recettes* se trouve augmenté, en 1812, de 150,245 *liàng* (1,201,960 fr.) seulement.

Cette étude que nous venons de faire du *Budget des recettes* de la Chine, à différentes époques (dont la dernière est celle de 1844), d'après de nombreux documents officiels chinois, n'aura peut-être pas beaucoup captivé nos lecteurs; mais nous pensons qu'ils n'en auront pas méconnu l'importance; car ce côté de l'histoire d'une grande nation (**), qui est née et s'est développée en quelque sorte comme sur une planète isolée, pendant plus de quatre mille ans, présente un intérêt tout particulier, et montre comment l'esprit humain, avec des instruments et des moyens divers, arrive cependant presque toujours au même but. En contemplant ce phénomène, on ne peut s'empêcher de penser que l'homme, une fois entré dans la carrière de la civilisation, est soumis aux mêmes lois de développement progressif qui mènent toutes les sociétés comme à leur insu.

Si les limites de cet ouvrage nous l'eussent permis, nous aurions montré comment la propriété territoriale, l'impôt foncier et les autres impôts se sont établis successivement en Chine, depuis le commencement de la monarchie chinoise, c'est-à-dire, depuis plus de *quatre mille ans*; les modifications, les transformations qu'ils ont subies sous les différentes dynasties qui se sont succédé; on verrait que tous les modes possibles peut-être de possession et de payements d'impôts ont été expérimentés en Chine, et que le mode actuel, qui s'est dégagé de tous les autres, comme une résultante rationnelle, paraît être celui qui peut le mieux satisfaire tous les intérêts.

Nous passons maintenant au *Budget des dépenses*.

IV.

BUDGET DES DÉPENSES (*).

Tous les payements et toutes les dépenses qui ont lieu pour les besoins de l'État, se font au poids de l'argent (excepté dans certaines circonstances). On s'assure de la quantité d'argent qui est entré pendant l'année dans le trésor, afin de bien déterminer le montant des sommes qui devront être conservées dans les caisses provinciales, et de celles qui doivent être expédiées à la caisse centrale de *Pé-king*. C'est au printemps et à l'automne que l'on rétribue les services publics.

Dans chaque province, il y a une caisse publique. Chaque année, au printemps et à l'automne, on fait le relevé exact de ce qui est conservé en argent dans ces caisses provinciales, et on en fait des bordereaux que l'on envoie au ministère des finances. Celui-ci vérifie ce qui est sorti de la caisse et ce qui doit y rester, après avoir tenu compte des dépenses occasionnées par les besoins du service, à l'exception de la solde de l'armée. Ce qui reste dans les caisses provinciales est ensuite employé selon l'usage prescrit par le ministère des finances.

(*) *Taï-thsing-hoeï-tien*, k. XII.

(*) *Hoeï-tien*, édit. de 1764, K. XV, f° 3.
(**) De quel intérêt ne serait pas pour nous maintenant la connaissance intime de l'histoire territoriale et financière des grandes nations qui ont disparu de la surface de la terre, comme celle des Assyriens, des Mèdes, des Babyloniens, de l'Égypte, et même de la Grèce et de Rome, dont nous ne possédons que des lambeaux!

Toutes les dépenses annuelles sont classées sous douze titres ou chapitres spéciaux que nous allons énumérer.

CHAPITRE 1ᵉʳ. *Frais de culte ou service des sacrifices et cérémonies publiques* (*tsí-ssé-tchí-khouān*).

Dans la capitale, chaque autel ou temple (*) destiné aux sacrifices reçoit ses subsides de la *Cour des sacrifices* (*Taï-tchāng-ssé*), et cette dernière est sous la direction immédiate du ministère des rites. Tous les lieux où sont les tombeaux des empereurs et où l'on offre des sacrifices de riz et de blé dont la valeur est payée en *liāng* d'argent, tirent leurs subsides du ministère des rites sous la dépendance et la direction duquel ils se trouvent. Dans chaque province, les *liāng* en argent qui sont consacrés à l'entretien des sacrifices dans les temples et aux autels, sont prélevés sur les revenus qui proviennent des impôts foncier et personnel, et constituent une partie des dépenses générales.

Si, dans une province, il y a une réserve de fonds restés sans emploi au chapitre des *digues et chaussées* (non endommagées) et à celui des *réserves pour les temps de disette et de famine*, dans cette même province on conserve, comme argent ou fonds public, celui qui aurait été employé aux services spécifiés, et il est affecté, dans l'intérieur de la province, à constituer un fonds de secours pour être utilisé dans les années où les besoins l'exigent.

Voici le tableau de la quotité en argent que chaque province paye pour la branche de service indiquée ci-dessus :

		liāng.
1ʳᵉ	Tchi-li..................	26,210
	Foung-tien ou *Moukden*....	966
	Kirin.....................	93
2ᵉ	Chan-toung..............	11,774
3ᵉ	Chan-si.................	15,748
4ᵉ	Ho-nan...................	11,140
5ᵉ Kiang-sou	a. Trésorerie générale de *Kiang-ning* (*Nan-king*).	6,434
	b.id. de *Sou-tchéou*	5,854
6ᵉ	Ngan-hoeï...............	10,251
7ᵉ	Kiang-si.................	13,016
8ᵉ	Fou-kien................	10,550
	A reporter.....	112,036

(*) Voy. ci-devant, p. 39-40.

	Report........	112,036
9ᵉ	Tché-kiáng.............	18,004
10ᵉ	Hou-pé.................	11,144
11ᵉ	Hou-nan................	6,201
12ᵉ	Chen-si................	10,192
13ᵉ	Kan-sou................	7,365
	I-li....................	393
	Id. en paras....12,495	
14ᵉ	Sse-tchouan............	9,823
15ᵉ	Kouang-toung..........	15,115
16ᵉ	Kouang-si..............	1,941
17ᵉ	Yun-nan................	5,474
18ᵉ	Kouei-tchéou (*)......	1,006
	Total général.....	198,694
	En francs...1,589,552	

Dans chaque province, il y a de l'argent affecté aux sacrifices que l'on offre sur l'autel du Premier cultivateur (*Siēn-noūng*), en même temps qu'à encourager, à provoquer les améliorations agricoles, la culture des champs, par des prix donnés aux meilleurs produits en grains (**). S'il n'y a pas de fonds disponibles dans ces caisses spéciales, on y supplée par de l'argent provenant de l'impôt foncier. Le tout est employé selon le besoin.

CHAPITRE 2. *Service de la magistrature cantonale, dont les fonctions sont d'enseigner et de faire observer les lois au peuple* (*i-hien-tchi-khouān*).

Ce service se divise en plusieurs branches. Il y a 1° l'allocation pour le boire et le manger dans la célébration des fêtes de village ; il y a 2° les dépenses occasionnées par la confection de mannequins en baguettes flexibles représentant des bœufs ornés de fleurs employés dans les sacrifices du printemps ; il y a 3° les salaires à payer pour les artistes qui gravent, à des époques déterminées, les publications des magistrats cantonaux ; enfin il y a 4° le tribut annuel consacré au maintien de l'ordre dans les villages (*sóuī-koūng-fāng-i*). Dans chaque province, il y a un impôt proportionnel annexe inté-

(*) Y compris les frais de mannequins représentant des bœufs couronnés de fleurs, dont on se sert dans les sacrifices du printemps.

(**) *Kiū-thoúng-tchi-Kéng-tien-kŏ-kiá. Taï-thsing-hoeï-tien*, k. XII, f° 1.

rieur en argent (*yin-néi-piēn-tching*) imposé sur les propriétés foncières, comme aussi un impôt direct en nature converti en argent pour certaines branches de dépenses spéciales (*). Chaque année on en vérifie l'emploi. S'il y a un excédant, on en fait la répartition.

A. *Allocation en argent pour la célébration des fêtes de village.*

Provinces :		liàng
1re	*Tchi-li*	1,743
	Moukden	26
2^e	*Chan-toung*	359
3^e	*Chan-si*	1,279
4^e	*Ho-nan*	366
5^e	*Ngan-hoei*	427
6^e	*Kiang-si*	641
7^e	*Fo-kien*	99
8^e	*Tché-kiang*	577
9^e	*Hou-pé*	378
10^e	*Hou-nan*	368
11^e	*Chen-si*	190
12^e	*Kan-sou*	67
13^e	*Kouang-toung*	430
14^e	*Kouang-si*	50
	Total	7,000

B. *Dépenses en argent des mannequins pour les sacrifices.*

Provinces :		liàng
1re	*Tchi-li*	4
	Moukden	15
2^e	*Chan-si*	92
3^e	*Tché-kiang*	181
4^e	*Kouang-toung*	534
5^e	*Yun-nán*	204
	Total	1,030

C. *Frais en argent d'impressions pour les magistratures cantonales.*

Provinces :		liàng.
1re	*Tchi-li*	574
2^e	*Chan-toung*	176
3^e	*Chan-si*	1,122
4^e	*Ho-nan*	170
5^e	*Kiang-sou*	113
6^e	*Ngan-hoei*	221
7^e	*Kiang-si*	428
	A reporter	2,804

(*) Autant que l'on peut en juger par le texte, qui pourrait être plus explicite pour nous, les dépenses de ce *chapitre* ne sont pas prélevées sur les *Recettes* que nous avons énumérées précédemment, mais bien sur une espèce de budget *communal*, établi de la même manière que nos *centimes additionnels*, ajoutés pour certains besoins communaux au *principal des contributions foncières*.

	Report	2,804
8^e	*Fo-kien*	336
9^e	*Tché-kiang*	700
10^e	*Hou-pé*	498
11^e	*Hou-nan*	402
12^e	*Chen-si*	212
13^e	*Kan-sou*	212
14^e	*Sse-tchouan*	328
15^e	*Kouang-toung*	204
16^e	*Kouang-si*	75
17^e	*Yun-nán*	347
18^e	*Kouei-tchéou*	204
	Total	6,522

D. *Dépenses en argent pour le maintien de l'ordre dans les villages.*

Les provinces de *Ho-nan*, *Chen-si*, *Sse-tchouan*, sont exemptées de cette branche de contribution. Le restant des provinces, d'après les rôles proportionnels de leurs contributions en argent, déboursent, sous le nom de tribut, *koūng* (en dehors de l'impôt régulier), les sommes suivantes :

Provinces :		liàng.
1re	*Tchi-li*	415
2^e	*Chan-toung*	1,227
3^e	*Chan-si*	759
4^e	*Kiang-sou* {a. Trésorerie de Nán-king	13
	b. Id. de Sou-tchéou	755
5^e	*Kiang-si*	271
6^e	*Fo-kien*	103
7^e	*Tché-kiang*	317
8^e	*Hou-pé*	318
9^e	*Hou-nan*	4,444
10^e	*Kan-sou*	28
11^e	*Kouang-toung*, canton de *Po-lo*. (Le restant de la province ne paye aucune taxe extraordinaire pour cet objet.)	5
12^e	*Kouang-si*	309
13^e	*Kouei-tchéou*, canton de *Thien-tchou* et de *Yu-king*	12
	— Le restant de la province donne chaque année en argent.	183
	En outre, elle paye encore annuellement en argent	1,193
14^e	*Yun-nán*. Chaque notable (*ming*) de cette province paye 12 *liàng*. Le surplus se prend sur l'impôt foncier.	
	Total	10,352

Résumé de ce chapitre.

1er	Service A	7,000
2^e	Id. B	1,030
	A reporter	8,030

3ᵉ	Id. c................	Report........ 8,030
		6,522
4ᵉ	Id. d................	10,352
	Total général....	24,904
	En francs...	199,232

CHAPITRE 3. *Allocation en argent pour la nourriture et l'entretien des employés subalternes des diverses administrations et des divers services publics (foùng-chi-tchi-khouàn).*

Provinces :	liàng.
1ʳᵉ *Tchi-li*................	211,386
Moukden............	13,613
Kirin...............	1,050
2ᵉ *Chan-toung*............	145,972
3ᵉ *Chan-si*...............	118,966
4ᵉ *Ho-nan*...............	130,838
5ᵉ *Trésorerie de Nan-king*...	57,319
Id. de *Sou-tcheou*...	60,582
6ᵉ *Ngan-hoei*.............	99,360
7ᵉ *Kiang-si*..............	86,023
8ᵉ *Fo-kien*...............	71,656
9ᵉ *Tché-kiang*............	129,970
10ᵉ *Hou-pé*...............	94,880
11ᵉ *Hou-nan*..............	84,552
12ᵉ *Chen-si*..............	107,744
13ᵉ *Kan-sou*..............	94,444
I-li................	4,201
14ᵉ *Sse-tchouan*...........	109,951
15ᵉ *Kouang-toung*.........	116,757
16ᵉ *Kouang-si*............	77,360
17ᵉ *Yun-nân*..............	60,500
18ᵉ *Kouéi-tchéou*..........	38,514
Total.....	1,914,978
En francs.	15,319,824

CHAPITRE 4. *Allocation affectée aux examens publics des licenciés (khô-tchâng-tchi-khouàn).*

Les dépenses qu'occasionnent les examens publics à la capitale et dans les provinces, à la suite desquels on délivre les diplômes de gradués civils et militaires, sont de plusieurs sortes :

1° Il y a les frais de route des examinateurs triennaux (*tchoù-khaò*), envoyés de la capitale dans les provinces ;

2° Il y a les dépenses en argent occasionnées par l'entretien de ceux qui sont admis aux examens publics ;

3° Il y a les dépenses occasionnées par la nomination des nouveaux gradués du titre de *kiù-jin* ;

4° Il y a les dépenses pour frais de route occasionnés par les grands examens qui ont lieu à *Pé-king* ;

5° Il y a les dépenses pour les gradués des bannières ;

6° Il y a les dépenses pour les gradués du rang de *tsin-ssé* ;

7° Il y a les dépenses pour les bonnets de gradués.

Les frais de route des examinateurs impériaux sont prélevés sur les fonds spéciaux de chaque province. Seulement, au moment où ils sortent de *Pé-king*, le ministère des finances leur fait remettre préalablement à chacun une somme de 200 *liàng* ou 1,600 fr. Une partie des autres dépenses est également supportée par les provinces, soit par l'argent des caisses provinciales, soit à l'aide de budgets spéciaux.

Chaque gradué reçoit avec sa nomination une gratification en argent pour l'indemniser de ses frais de route et de déplacement.

Les gradués littéraires du premier rang, les *Tsin-ssé*, reçoivent 80 *liàng* (640 fr.) et une pièce d'étoffe pour se faire confectionner un costume de leur grade ; les autres gradués inférieurs 30 et 18 *liàng*. Les provinces donnent aussi des gratifications à leurs gradués.

Voici le budget spécial des provinces pour les examens publics :

Provinces :	liàng.
1ʳᵉ *Pé-king*................	10,585
Moukden...............	65
2ᵉ *Chan-toung*............	2,377
3ᵉ *Chan-si*...............	2,821
4ᵉ *Ho-nan* (pour chaque examen).	8,000
5ᵉ *Kiang-nan*.............	12,640
6ᵉ *Kiang-si*..............	10,344
7ᵉ *Fo-kien*...............	12,004
8ᵉ *Tché-kiang*............	11,200
9ᵉ *Hou-pé*...............	7,823
10ᵉ *Hou-nan*..............	5,697
11ᵉ *Chen-si et Kan-sou*.....	10,644
12ᵉ *Sse-tchouan*...........	5,000
13ᵉ *Kouang-toung*.........	9,170
14ᵉ *Kouang-si*............	2,500
15ᵉ *Yun-nân*..............	9,086
16ᵉ *Kouéi-tchéou*..........	5,896
Total.....	125,848
En francs.	1,006,784

Il est encore plusieurs autres dépenses relatives aux examens publics des gradués, à leurs frais de route pour se rendre soit au chef-lieu de leur province, soit à la capitale, et que nous ne reproduisons pas ici. Ces dépenses sont prélevées, soit sur les fonds des caisses provinciales, soit sur l'impôt foncier, soit enfin sur des budgets locaux.

CHAPITRE 5. *Solde et entretien de l'armée* (hiàng-khién-tchi-khouàn).

Les traitements des officiers des huit bannières tartares en garnison à *Péking* sont payés par le trésorier local des huit bannières.

Mais, à quelques exceptions près, la solde de la troupe en argent et en nature est entièrement supportée par l'impôt foncier. En voici la répartition par provinces pour les garnisons ou cantonnements stables (*lou-ying*) :

Provinces :	argent, liang	riz, chi.
1° Tchi-li	695,904	
2° Chan-toung	206,289	17,157
Cantonnements sur le fleuve Jaune	54,696	
3° Chen-si	460,604	67,568
4° Ho-nan	272,194	29,995
5° Trésorerie de Kiang-ning	82,046	5,915
id. de Sou-tchéou	420,802	65,505
Cantonnement sur le fleuve Jaune	44,336	4,163
id. sur le grand canal	79,774	7,388
6° Ngan-hoei	168,861	26,618
7° Kiang-si	258,624	30,145
8° Fo-kien	1,361,579	91,498
9° Tché-kiang	625,617	153,945
10° Hou-pé	598,705	80,897
11° Hou-nan	495,485	105,314
12° Chen-si	663,467	32,440
13° Kan-sou	1,772,365	511,293
I-li	124,888	
14° Sse-tchouan	780,329	15,856
15° Kouang-toung	1,115,777	211,530
16° Kouang-si	401,999	84,916
17° Yun-nân	763,134	148,604
18° Koueï-tchéou	636,211	127,490
Totaux	12,089,150	1,675,627

Les provinces de *Chen-si* et de *Kan-sou* doivent fournir en outre, la première 135,621 bottes de paille, et la deuxième 3,000,731 bottes de fourrages.

Voici maintenant la solde des troupes placées dans des campements de surveillance ou de sûreté.

Provinces :	argent, liang	riz, chi.
1° Tchi-li	445,289	17,182
Moukden	381,854	
Kirin	572,775	
He-loung-kiang	267,042	
2° Chan-toung (*)	105,049	11,159
3° Chen-si	242,959	40,069
4° Ho-nan	106,140	
5° Kiang-sou, Nan-king	239,623	73,057
id. King-keou	77,623	58,404
À reporter	2,456,856	212,151

(*) Dans cette province, comme dans les suivantes, ce sont les cantons où se trouvent les campements qui payent ces sommes et ces denrées sur leurs contributions foncières.

Report	2,456,856	212,151
6° Fo-kien	120,542	57,438
7° Tché-kiang	151,148	105,792
8° Hou-pé	274,004	55
9° Chen-si, Si-Ngan	375,515	91,454
10° Kan-sou	789,691	136,490
I-li	317,569	224,910
11° Sse-tchouan	184,510	
12° Kouang-toung	168,702	83,211
Totaux	5,155,794	966,559

La province de *Chen-si* fournit en outre 3,516,300 bottes de fourrages ; celle de *Kan-sou*, pays d'*Ouroumoutsi* et de *Tourfan*, 778,135 bottes.

Récapitulation de la solde de l'armée.

1° Pour les garnisons	12,089,150	1,675,627
2° Pour les campements	5,155,794	966,559
Totaux	17,244,944	2,640,186

En réduisant ces nombres en valeurs de notre monnaie, on a :

1° Pour 17,244,944 *liang* . . . 157,939,352 fr.
2° Pour 2,640,186 hectol. de grains, à 12 fr. l'hectolitre . . . 31,682,232
Total général . . . 169,641,784

On voit qu'en Chine, comme chez la plupart des nations européennes, l'armée absorbe la plus forte partie de l'impôt. Si la valeur des fourrages et autres prestations en nature, non comprises dans le chiffre ci-dessus, y étaient ajoutées, ainsi que le traitement de l'état-major, qui n'y est également pas compris, ce chiffre pour l'armée s'élèverait à plus de *deux cents millions de francs*.

CHAPITRE 6. *Service des postes et courriers du gouvernement* (yi-tchan-tchi-khouàn).

Ce service, loin d'être, comme en France et dans la plupart des États européens, une source d'importantes *recettes* (*), est très-onéreux aux contribuables chinois.

(*) En Europe, le service des postes est un service mixte qui tient de l'*administration publique* et de l'*industrie privée*. Les recettes obtenues pour le transport fort utile des lettres et autres objets des particuliers couvrent, et au delà, les *dépenses* du service ; de sorte que ce service n'est plus une charge pour l'État. Il arrive même qu'en France les *recettes* de ce service dépassent les dépenses du plus de *vingt millions*. En Chine, l'établissement des postes par courriers, ne servant qu'au gouvernement et non aux particuliers, ne donne lieu qu'à des *dépenses* qui sont à la charge des contribuables.

Les dépenses occasionnées par ce service sont prélevées sur les fonds des caisses provinciales provenant de l'impôt foncier. Chaque année, les dépenses en argent sont ordonnancées par le trésorier ou receveur général de chaque province, réuni au grand juge. Le bordereau détaillé des dépenses, rédigé par eux, est envoyé au ministère de la guerre, dans la dépendance duquel est placée l'administration des courriers de poste, qui sont ordinairement des cavaliers tartares, et renvoyé ensuite approuvé simplement, ou portant les modifications que l'on a trouvé convenable d'y faire.

La répartition de ces charges n'est pas la même pour chaque province. Comme cette répartition ne présente pour nous aucun intérêt, nous nous bornerons ici à présenter le chiffre général pour tout l'empire, y compris la Mongolie et les autres dépendances.

Les dépenses en *argent* sont de. . . . 1,931,791 *liang*.
— en *riz*. . . . . 32,877 *chi*
— en *fourrages* . . . . 35,808 *bottes*
Plus en *farine de froment* . 8,657 *kin*.
Ce qui peut équivaloir à peu près à 16,000,000 francs.

CHAPITRE 7. *Allocation de subsides aux gradués ou licenciés* (lin-chén-tchi-khouän).

Il existe dans chaque canton, arrondissement et département de chaque province, des licenciés qui n'ont pas encore pu obtenir d'emploi et qui sont souvent dans la gêne; les mandarins des circonscriptions administratives dans lesquelles ils se trouvent, dressent une liste de ces gradués, qu'ils envoient au Chancelier littéraire de la province. Celui-ci en fait part au gouverneur ou lieutenant-gouverneur, qui les fait inscrire sur le registre des allocations prévues de cette nature.

Voici le budget de cette allocation annuelle par provinces :

		liang.
1re	*Tchi-li*	11,177
	Moukden	316
	Kirin	8
2e	*Chan-toung*	22,385
3e	*Chan-si*	8,163
4e	*Ho-nan*	8,635
5e	*Kiang-sou*	17,904
6e	*Ngan-hoei*	6,320
7e	*Kiang-si*	4,197
	À reporter	78,505

	Report	78,505
8e	*Fo-kien*	4,424
9e	*Tché-kiang*	6,368
10e	*Hou-pé*	4,000
11e	*Hou-nan*	3,927
12e	*Chen-si*	7,331
13e	*Kan-sou*	4,109
14e	*Kouang-toung*	5,323
15e	*Kouang-si*	3,864
16e	*Sse-tchouan*	9,600
17e	*Yun-nan*	5,006
18e	*Kouei-tchéou*	795
	Total	122,252
	Plus en hectolitres de *riz* . . .	7,239

Ce qui équivaut en tout à environ 1,064,884 francs.

CHAPITRE 8. *Secours aux pauvres et aux établissements généraux de bienfaisance et de charité publique* (chang-siué-tchi-khouän).

Dans chaque canton, arrondissement, département des provinces constituées, il y a des fils dévoués à leurs père et mère, des filles chastes, des femmes d'une conduite irréprochable, en même temps que des vieillards des deux sexes qui ont atteint leur centième année. Les gouverneurs et les lieutenants-gouverneurs les font connaître publiquement par des proclamations élogieuses, et sollicitent pour eux de l'empereur des marques distinctives, c'est-à-dire, des lettres patentes honorifiques du souverain (tsing-piäo). Chaque personne nommée reçoit une gratification de trente *liang* en argent; les autres reçoivent du riz, et même quelquefois de certaines étoffes. Les fonds, ainsi que les denrées employés à cet usage, sont prélevés sur le produit direct des contributions foncières. Le budget annuel de ces dépenses n'est pas fixe. Les personnes qui dans leur localité sont comme délaissées et dans le besoin, les lettrés avancés en âge et dénués de tout, les veuves, les pauvres et les orphelins, les malades et les infirmes, ceux qui n'ont personne pour les réclamer, une fois leur état d'indigence et de besoin connu de l'autorité, sont inscrits sur la liste des indigents qui reçoivent des aliments et des secours dans les établissements publics de bienfaisance (yäng-tsi-youen). Si les personnes sont trop nombreuses pour être toutes inscrites sur les registres de ces établissements, elles reçoivent également des secours et des aliments, mais en dehors de ces établissements spéciaux. C'est sur l'impôt foncier que sont prélevées directement les dépenses en argent et en nature occasionnées par ces établissements de bienfaisance.

En outre, dans les grandes villes, il y a des *salles d'asile* (poù-tsi-thâng), des *hospices pour les orphelins* ou enfants abandonnés (yô-ying-thâng). La charité publique contribue à l'entretien de ces hospices ; les mandarins locaux sont chargés de la solliciter au besoin, et d'y consacrer des fonds qui resteraient en réserve ou qui auraient une destination moins urgente. Chaque année, le bordereau des dépenses occasionnées par ces établissements de bienfaisance est envoyé au ministère des finances, qui le vérifie.

Voici le tableau de la quantité d'*argent* et de *riz* donnés annuellement aux pauvres et aux orphelins, portés ou non portés sur les registres des pauvres de chaque province :

Provinces :		liang.	chi.
1° *Tchi li*.		29,884	1,583
Moukden.		249	1,942
2° *Chan-toung*		25,469	4,319
3° *Chan-si*		1,243	3,167
4° *Ho-nan*		7,855	
5° Trésorerie de *Nan-king* . .		3,914	1,240
id. de *Sou-tcheou* . .		3,755	13,516
Canton de *Tsoung-ming*		15	
6° *Ngan-hoeï*		9,167	2,216
7° *Kiang-si*		16,153	
id. pour les salles d'asile, somme annuelle fixe .		937	
id. pour les hospices des orphelins . . .		408	
8° *Fo-kien*		21,590	
id. pour les salles d'asile et les hospices d'orphelins, par an . .		2,820	
9° *Tche-kiang*		27,625	
— District de *Yu-iouan* . .		420	
— pour les hospices d'orphelins . . .		1,100	
10° *Hou-pé*		5,516	
— pour les salles d'asile		1,500	
La contribution annuelle pour les hospices d'orphelins non déterminée.			
11° *Hou-nan*		2,817	970
— pour les salles d'asile, par an		4,000	
12° *Chen-si*		10,734	970
13° *Kan-sou*		4,067	1,869
14° *Sse-tchouan*. La dépense n'est pas déterminée. En 1812, elle s'éleva pour cette destination à La dépense pour les hospices n'est pas également déterminée.		5,208	
15° *Kouang-toung*		18,255	
Pour deux hospices, l'un d'asile, l'autre d'orphelins . .		4,570	
Le surplus se prélève sur les re-			
A reporter. . .		209,644	55,822

Report. . . .		209,644	55,822
venus des douanes et sur les droits établis sur les navires d'Europe, dont une portion est affectée à cet usage			
— Pour deux hospices, l'un d'indigents et l'autre d'orphelins du département de *Tchao-king* et du canton de *Kioun-kiang*		2,312	
16° *Kouang-si*		1,052	258
17° *Yun-nan*		5,050	
— Pour deux hospices, l'un d'indigents, l'autre d'orphelins		1,280	
18° *Kouei-tcheou*. Les dépenses annuelles ne sont pas fixées. Le chef-lieu de la province, *Kouei-yang-fou*, consacre annuellement à un hospice d'orphelins		215	
Totaux		217,921	54,760

Ce qui équivaut en francs à 2,160,488

Ce sont là les *crédits* ouverts sur les contributions foncières pour chaque province ; mais il arrive toujours que ces crédits sont dépassés, et quelquefois de beaucoup, comme on le voit par le *bordereau* de ces allocations de la 17e année *Kia-king* (1812), dans laquelle elles se sont élevées à 97,327 *liang*, 8,285,000 *tsièn*, et 45,547 hectolitres de *riz* ; ce qui porte les dépenses de ce chapitre à environ 8,153,260 *francs*.

CHAPITRE 9. *Service de l'entretien et de la réparation des ponts et chaussées* (sieòu-chén-tchi-khouân).

Il n'y a point de budget fixe pour les dépenses annuelles de ce service. Les digues et les chaussées des lacs et rivières de chaque province sont placées sous l'inspection d'ingénieurs qui veillent à leur conservation. Les devis approuvés, les sommes nécessaires à l'entretien ou aux réparations sont ordonnancées par le trésorier provincial. Les mandarins civils et les mandarins militaires concourent, chacun en ce qui les concerne, à l'exécution des travaux. Chaque année, on énumère ce qu'ils ont coûté en argent.

Nous renvoyons au *Ministère des travaux publics* pour de plus amples détails sur ce *chapitre*.

CHAPITRE 10. *Dépenses diverses réunies* (tsaï-pân-tchi-khouân).

Voici l'énumération en argent de ce que chaque province paye pour certains produits locaux envoyés à l'empereur :

1er *Chan-toung*, tendons de bœuf, cire jaune, couleurs jaunes (*hoáng-*

tán) pour 632
2° *Chan-si*, haches en acier, papier en feuilles, taffetas de différentes sortes, pour 9,654
3° *Ho-nan*, étoffes de coton, tendons de bœufs, cire jaune, pour ... 3,063
4° *Kiang-sou*, feuilles d'or, produits résineux de l'arbre *thoung*, alun, etc., pour 64,408
5° *Ngan-hoei*, chanvre blanc, cuivre jaune fondu, haches en acier, vermillon pour le pinceau, pour 4,157
6° *Kiang-si*, vermillon pour écrire, produits résineux de l'arbre *thoing*, pour 4,719
7° *Fo-kien*, papier, écritoires, cuivre jaune fondu, pour 7,765
8° *Tché-kiang*, cire jaune, cuivre jaune fondu, produits résineux, thé de différentes espèces, vert et jaune, différentes soieries. Le bordereau annuel de ces dépenses n'est pas fixé : en 1812, les dépenses vérifiées pour ce chapitre ont été de .. 1,151
9° *Hou-pé*, cire blanche, pour .. 831
10° *Hou-nan*, cire blanche, plants d'arbres, pour 10,624
11° *Kouang-toung*, bois de santal, indigo, diverses espèces d'arbres, étain, pour 10,670
12° *Yun-nán*, lapis-lazuli, etc., pour 3,370

Total en *liáng* 121,044
En francs . 968,352

CHAPITRE 11. *Allocation pour les manufactures impériales* (tchi-tsào-tchi-khouán).

Les manufactures impériales de *Kiang-ning* ou *Nan-king*, de *Soutchéou* et de *Hang-tchéou*, dans le *Kiang-nan*, reçoivent des allocations sur le *Budget des dépenses*. Chaque année, les départements des *Finances*, des *Travaux publics*, et l'Intendance de la maison impériale, chacun en ce qui les concerne, s'occupent de ces manufactures qui fabriquent des étoffes de soie épaisses et fines de première qualité, pour l'usage de la cour et des mandarins. Chaque année on règle d'avance le budget de dépenses de ces manufactures.

	liang;	*riz hect.*
Celui de la manufacture de *Nau-king* est réglé à	45,555	10,600
Celui de la manufacture de *Soutchéou* a	64,500	9,788
Celui de la manufacture de *Hang-tchéou* n'est pas fixé ; la dépense en 1812 fut de	52,222	11,089
Totaux ...	140,055	30,877
Équivalent en francs à		1,190,96

CHAPITRE 12. *Traitements des mandarins civils et militaires ; allocations aux établissements d'instruction publique* (koúng-liên-tchi-khouán).

Ce chapitre est l'un des plus importants du budget chinois. Les mandarins de *Pé-king*, mantchous et chinois, sont payés sur les fonds publics (*koúng-féi*), ou par différentes caisses, selon les fonctions qu'ils remplissent. Quant aux mandarins civils des provinces, leurs traitements en nature sont prélevés sur les fonds tenus en réserve ou sans emploi par ces provinces (*).

Le traitement en argent des mandarins militaires en garnison est une dépense publique qui est prélevée sur les contributions foncières en argent ; le traitement en nature de ces mêmes mandarins, ainsi que celui de ceux qui sont dans les cantonnements, converti en argent, est payé sur les produits des salines ou des marchandises diverses. On distingue soigneusement ces payements de diverses natures ; à la fin de l'année, on en fait des bordereaux qui sont expédiés au ministère des finances. Tout mandarin en fonctions a un traitement correspondant, et on déduit (*khéou*) sur ce traitement l'équivalent des absences qu'ils peuvent faire.

Dépenses publiques pour les colléges principaux de chaque province.

Chacun de ces collèges reçoit des dons en argent de l'empereur ; les autres dépenses se prélèvent sur les fonds publics des provinces. Chaque année, on fait le bordereau de ces dépenses, qui est expédié au ministère des finances.

A. *Traitements en argent des mandarins de l'ordre civil* (wênt-chí-yáng-liên-yín (**)).

Provinces :	*liang*.
1re *Tchi-li*	135,836
Moukden	6,576
Kirin	856
A reporter	143,268

(*) C'est l'interprétation que nous avons cru pouvoir donner à l'expression composée *háo-sién*, que nous n'avons rencontrée dans aucun dictionnaire européen ou chinois.

(**) Littéralement : *argent destiné à entretenir* ou *alimenter la pureté, l'incorruptibilité* (*liên*) *des magistrats ou fonctionnaires civils.*

	Report........	143,268
2ᵉ	Chan-toung.............	278,016
3ᵉ	Chan-si................	211,150
4ᵉ	Ho-nan.................	102,554
5ᵉ	Kiang-sou..............	235,045
6ᵉ	Ngan-hoeï..............	109,953
7ᵉ	Kiang-si...............	183,140
8ᵉ	Fo-kien................	151,024
9ᵉ	Tché-kiang.............	127,213
10ᵉ	Hou-pé.................	171,500
11ᵉ	Hou-nan................	140,160
12ᵉ	Chen-si................	141,562
13ᵉ	Kan-sou................	131,170
14ᵉ	Sse-tchouan............	195,960
15ᵉ	Kouang-toung...........	161,456
16ᵉ	Kouang-si..............	100,175
17ᵉ	Yun-nán................	191,828
18ᵉ	Kouei-tchéou...........	86,271
	Total.....2,861,445	

B. Traitements en argent des mandarins de l'ordre militaire en garnison [loŭ-ying-woŭ-tchĭ-yáng-lién-yin (*)].

Provinces :		liáng.
1ʳᵉ	Tchí-li.................	114,162
2ᵉ	Chan-toung.............	42,296
3ᵉ	Chan-si................	50,754
4ᵉ	Ho-nan.................	26,060
5ᵉ	Kiang-sou..............	89,648
6ᵉ	Ngan-hoeï..............	20,958
7ᵉ	Kiang-si...............	31,936
8ᵉ	Fo-kien................	114,162
9ᵉ	Tché-kiang.............	85,823
10ᵉ	Hou-pé.................	52,634
11ᵉ	Hou-nan................	65,322
12ᵉ	Chen-si................	67,074
13ᵉ	Kan-sou................	149,594
	I-li...................	11,352
14ᵉ	Sse-tchouan............	85,508
15ᵉ	Kouang-toung...........	126,246
16ᵉ	Kouang-si..............	51,758
17ᵉ	Yun-nán................	80,592
18ᵉ	Kouei-tchéou...........	87,718
	Total.....1,353,398	

C. Traitements en argent des mandarins de l'ordre militaire en cantonnements [tchoŭ-fáng-yáng-lién-yin (**)].

Ces traitements, pour les *douze* provinces seulement (***) qui ont des cantonnements militaires, s'élèvent à........51,471 *liáng*.

(*) Même observation que précédemment.
(**) Même observation.
(***) Ces provinces sont : Tchi-li, Chan-toung, Chan-si, Ho-nan, Kiang-sou, Fo-kien, Tché-kiang, Hou-pé, Chen-si, Kan-sou, Sse-tchouan, Kouang-toung.

D. *Dépenses en argent de chaque province pour les traitements des mandarins militaires en garnison, prélevés sur les impôts fonciers* (loŭ-ying-koŭng-fĕi-yin).

À l'exception des provinces de *Kiang-sou* et de *Kiang-si*, qui n'ont pas à payer un contingent déterminé, et qui envoient chaque année au ministère le bordereau de leurs dépenses, les autres provinces payent annuellement les sommes suivantes :

Provinces.		liáng.
1ʳᵉ	Tchi-li.................	15,121
	Lorsque l'année a un mois intercalaire, on y ajoute.....	1,260
2ᵉ	Chan-toung.............	12,000
3ᵉ	Chan-si................	9,544
	Supplément pour l'année du mois intercalaire...........	274
4ᵉ	Ho-nan.................	2,000
5ᵉ	Ngan-hoeï..............	1,723
6ᵉ	Fo-kien................	23,869
7ᵉ	Tché-kiang.............	19,500
8ᵉ	Hou-pé.................	9,323
9ᵉ	Hou-nan................	12,198
10ᵉ	Chen-si................	13,218
11ᵉ	Kan-sou................	48,273
12ᵉ	Sse-tchouan............	33,000
13ᵉ	Kouang-toung...........	26,177
14ᵉ	Kouang-si..............	8,544
15ᵉ	Yun-nán................	26,959
16ᵉ	Kouei-tchéou...........	12,050
	Total.....275,033	

E. *Salaires des mandarins militaires en cantonnements* (loŭ-ying-tchoŭ-fáng-ping-ting).

Provinces :		liáng.
1ʳᵉ	Tchi-li.................	37,092
	Moukden................	56,497
	Kirin...................	14,611
	Hé-loung-kiang, Saghalien-oula.	9,057
2ᵉ	Chan-toung.............	10,471
3ᵉ	Chan-si................	16,000
4ᵉ	Ho-nan.................	6,388
5ᵉ	Kiang-sou..............	27,546
6ᵉ	Ngan-hoeï..............	4,000
7ᵉ	Kiang-si...............	4,800
8ᵉ	Fo-kien................	42,000
9ᵉ	Tché-kiang.............	10,000
10ᵉ	Hou-pé.................	17,240
11ᵉ	Hou-nan................	7,000
12ᵉ	Chen-si................	12,800
13ᵉ	Kan-sou................	25,000
	I-li...................	8,000
14ᵉ	Sse-tchouan............	25,000
15ᵉ	Kouang-toung...........	36,599
	À reporter.....370,101	

Report	370,101
16ᵉ Kouang-si	8,000
17ᵉ Yun-nan	17,243
18ᵉ Kouei-tchéou	12,846
Total	408,190

F. *Allocations en argent aux colléges (chou-youen-king-fei-yin).*

Provinces :	liáng.
Chun-tien ou *Pé-king* pour le collége (*i-hiŏ*)	400
1ʳᵉ *Tchi-li* (son budget spécial n'est pas fixé).	
Département de *Tching-te* pour son collége (*i-hiŏ*)	1,252
Moukden	3,060
2ᵉ *Chang-toung*, pour son collége principal	873
3ᵉ *Chan-si*, id.	1,059
4ᵉ *Ho-nan*, id.	2,400
5ᵉ *Kiang-sou*, id.	1,000
6ᵉ *Ngan-hoei*, id.	1,440
7ᵉ *Kiang-si*, id.	1,000
8ᵉ *Fo-kien*, id.	1,948
9ᵉ *Tche-kiang*, id.	1,260
10ᵉ *Hou-pé*, id.	900
11ᵉ *Hou-nan*, id.	2,406
12ᵉ *Chen-si*, id.	1,653
13ᵉ *Kan-sou*, id.	1,804
14ᵉ *Sse-tchouan*, id.	836
15ᵉ *Kouang-toung*, pour 3 colléges, y compris celui de *Macao*	6,933
16ᵉ *Kouang-si*, pour 2 colléges	1,905
17ᵉ *Yun-nan*, pour 1 collége	1,484
18ᵉ *Kouei-tchéou*, id.	702
Total	35,335

RÉCAPITULATION GÉNÉRALE DES DÉPENSES FIXES.

			En francs.
1ᵉʳ Chapitre.	*Frais de culte*		1,589,552
2ᵉ	»	*Magistrature cantonale.*	199,232
3ᵉ	»	*Employés subalternes.*	13,519,824
4ᵉ	»	*Examens des licenciés.*	1,006,784
5ᵉ	»	*Solde de l'armée*	169,641,784
6ᵉ	»	*Service des postes.*	16,600,000
7ᵉ	»	*Subsides aux licenciés.*	1,064,884
8ᵉ	»	*Secours aux indigents* (année 1812)	8,185,260
9ᵉ	»	*Services des ponts et chaussées*	»
10ᵉ	»	*Dépenses diverses.*	968,552
11ᵉ	»	*Manufactures impériales.*	1,490,964
12ᵉ	»	*Traitements des mandarins :*	
		A. Mandarins de l'ordre civil	
		B. C. D. E. id. de l'ordre militaire	22,891,360
		F. Colléges principaux	16,704,736
			282,680
Total général des dépenses fixes.			255,313,612

Nous avons vu précédemment (p. 189) que le montant total des impôts fixes en argent s'élevait, pour l'année 1844, à la somme de 35,919,788 *liáng* (de la valeur de 8 francs chacun), ou à 287,358,288 francs de notre monnaie. Les *Dépenses fixes* des 12 chapitres du budget chinois que nous venons d'énumérer, ne s'élèvent qu'à 255,313,612 fr.; ce qui laisse un excédant de *Recettes* de 32,044,676 francs. Cet excédant est sans doute absorbé par des services indéterminés (comme ceux du 9ᵉ chap.) ou dont l'énonciation n'est pas comprise dans le budget général donné par les *Statuts*, et que nous venons de faire connaître pour la première fois en Europe.

L'extrême modicité de ce budget, comparativement à l'étendue de l'empire et à son immense population, peut paraître phénoménale aux yeux des lecteurs européens; mais nous devons répéter ici que ce budget ne présente que les *recettes* et les *dépenses fixes*; que l'on doit ajouter aux premières, provenant uniquement des *impôts* et des *droits divers*, les produits des domaines de l'empereur, des mines de métaux précieux, dont l'État s'est réservé le monopole, etc., etc., que l'on doit ajouter aux secondes, les dépenses de la maison de l'Empereur, etc., non comprises dans notre énumération. En tenant compte de ces diverses omissions, le budget de la Chine n'en sera pas moins d'un exemple peu contagieux pour les gouvernements européens.

Nous trouvons dans les mêmes *Statuts* (*) la preuve que le budget en argent de la Chine ne s'éloigne pas beaucoup des chiffres énoncés ci-dessus. Nous y voyons que la 17ᵉ année *kia-king* (1812), les *Recettes réelles en argent* (*chi-ji-yin*, littéralement : les *rentrées réelles*)

furent de	40,136,194 *liáng* ou	320,089,552 fr.
Et les *Dépenses* ou *Sorties* en argent (*tchu-yin*), de	35,107,334 » ou	280,860,272 »
Excédant de Recettes (**)	5,028,860 *liáng* ou	40,229,280 fr.

Mais cette grande disproportion entre le budget de l'empire chinois, qui renferme plus de *trois cent soixante millions* d'habitants, et celui de la France, par exemple, qui n'en compte que *trente-cinq millions*, surprendra moins si l'on réfléchit que la Chine n'a point de *dette publique*, tandis que nous en avons une qui nous coûte par an plus de *trois cent trente-cinq millions* de

(*) *Taï-thsing-hoei-tien*, k. XII, f° 19 v°.
(**) Le texte ne porte que 4,832,862 *liáng*.

francs, et que nos *frais de régie*, de perception des impôts et autres revenus s'élèvent à plus de *cent vingt-cinq millions*, tandis qu'en Chine ces *frais de régie* n'existent pas, les *impôts indirects* étant la plupart perçus et versés gratuitement par les fermiers généraux, les chefs municipaux et des employés subalternes salariés; ce qui fait déjà pour ces deux catégories (*dette publique* et *frais de régie*) une différence de *quatre cent soixante millions*!

Il est vrai qu'il faut ajouter à cet impôt *en argent* l'impôt *en nature*, dont une partie est expédiée à *Pé-king* (voir le *Tableau*, p. 189), et dont l'autre, beaucoup plus considérable, est retenue dans les *greniers publics* des provinces. Cet impôt en nature, qui s'élève à plus de 50,000,000 d'hectolitres, équivaut à environ 600,000,000 de francs. Nous en donnons l'énumération ci-après.

Toutes les *dépenses publiques*, en Chine, sont classées sous quatre titres différents, et les bordereaux qui les représentent sont envoyés aux gouverneurs ou lieutenants-gouverneurs des provinces qui y apposent leur sceau et les expédient ensuite au ministère des finances. Après avoir été contrôlés et vérifiés dans l'une des quatorze *directions* du ministère, ces bordereaux sont retournés aux payeurs généraux des provinces.

GRENIERS PUBLICS. La Chine étant un pays exposé aux grandes calamités physiques des inondations qui détruisent souvent en un instant les produits de la terre destinés à nourrir une immense population, on a eu recours, pour prévenir en partie ces calamités, à l'établissement de *greniers publics*, disséminés dans les provinces et placés sous la direction du ministère des finances. Ils sont divisés en *cinq classes*, de même que les caisses publiques.

La 1re classe comprend les *greniers destinés à maintenir l'égalité des prix* (*tchāng-ping-thsāng*). Voici leur répartition et le montant de leurs approvisionnements permanents :

Provinces.	chi ou hectolit.
1re Tchi-li, grains divers	2,197,524
Moukden, riz	520,000
2e Chan-toung, grains divers	2,945,300
3e Chan-si, id	2,273,032
A reporter	7,935,856

	Report	7,935,856
4^e	Ho-nan, grains divers	2,725,999
5^e	Kiang-sou, id	1,538,000
6^e	Ngan-hoeï, riz	947,000
7^e	Kiang-si, grains divers	1,320,713
8^e	Fo-kien, id	2,962,559
9^e	Tché-kiang, id	2,926,561
10^e	Hou-pé, id	1,955,433
11^e	Hou-nan, id	1,487,712
12^e	Chen-si, id	3,903,011
13^e	Kan-sou, id	6,630,428
14^e	Sse-tchouan, id	2,887,917
15^e	Kouang-toung, id	2,860,730
16^e	Kouang-si, id	1,274,388
17^e	Yun-nān, id	836,674
18^e	Kouei-tchéou, id	2,000,009
	Total	43,192,990

La 2e classe comprend les *greniers de prévoyance* (*yù-pi-thsāng*). Voici l'énumération des provinces où il se trouve, avec le chiffre de leurs approvisionnements :

		hectolitres.
1re Ho-nan, grains divers		356,000
— riz et autres grains		697,000
2e Ngan-hoeï, grains divers		200,000
3e Sse-tchouan, id		800,000
4e Kouei-tchéou, id		10,000
Total		2,063,000

La 3e classe comprend les *greniers des bannières tartares* (*khi-thsāng*).

	hectolitres.
1re Ceux de la province tartare de Moukden renferment, en riz	200,000
2e Ceux de Kirin, en grains div	206,845
3e Ceux de Hélong-kiang ou Saghalien-oula, en grains div.	260,000
Id. en légumes	70,000
Total	736,845

La 4e classe comprend les *greniers consacrés au génie des productions de la terre* (*ssé-thsāng*).

Il y a de ces greniers dans toutes les provinces pour subvenir aux sacrifices que l'on fait au génie des productions de la terre.

La 5e classe comprend les *greniers des rites* ou *des cultes* (*i-thsāng*). Ils sont confondus avec les précédents.

La comptabilité de ces greniers publics est tenue régulièrement. A la fin de chaque année, on fait un relevé de l'*entrée* et de la *sortie* des denrées que l'on envoie au ministère des finances.

L'énorme quantité de grains de toute nature tenus en réserve dans les greniers publics de la Chine, est distribuée au peuple dans les grandes calamités qui lui arrivent, soit par des inondations, comme nous l'avons dit ci-dessus; soit par des incendies provenant du feu du ciel ou de toute autre cause; soit dans le temps de disette ou de grande cherté des vivres, etc. Ce sont les mandarins locaux qui sont chargés de constater les besoins du peuple et de lui faire obtenir ces secours en nature.

LES 14 DIRECTIONS DU MINISTÈRE DES FINANCES. L'esprit méthodique et compassé des Chinois leur a fait porter dans le département des finances plus d'ordre minutieux que de vues d'ensemble; ils ont divisé ce département en quatorze grandes *Directions*, qui forment comme autant de ministères particuliers. Voici l'énumération de ces *quatorze Directions*, avec l'indication de leurs attributions principales (*) :

1° *Direction du Kiàng-nân.* Elle comprend dans ses attributions tout ce qui concerne les *recettes* et les *dépenses* en argent et en nature de la trésorerie générale du *Kiâng-nân*, ainsi que les manufactures impériales de *Sou-tchéou*; elle est aussi chargée de vérifier les comptes financiers de toutes les provinces de l'empire, etc.

2° *Direction du Tché-kiâng.* Elle comprend dans ses attributions les *recettes* et les *dépenses* en argent et en nature de la trésorerie générale du *Tché-kiâng*, ainsi que les manufactures impériales de cette province. C'est cette direction qui est chargée du *recensement* général de la population et de la comptabilité des greniers publics.

3° *Direction du Kiâng-si.* Elle a dans ses attributions la trésorerie générale du *Kiâng-si*, et la solde en argent et en nature de l'armée dans toutes les provinces.

4° *Direction du Fo-kien.* Elle comprend dans ses attributions les deux trésoreries générales du *Fo-kien* et de *Tchi-li*, et la douane maritime de *Thien-tsin* (**), etc., etc.

(*) *Taï-thsing-hoeï-tien*, k. XIII.
(**) *Thien-tsin*, sur le *Pé-ho*, où abordent les navires européens des ambassades qui se rendent à *Pé-king* (v. p. 48), produisit en

5° *Direction du Hou-kouang.* Elle comprend dans ses attributions les trésoreries du *Hou-pé* et du *Hou-nan*, ainsi que le règlement des excédants des impôts pour toutes les provinces.

6° *Direction du Chan-toung.* Elle comprend dans ses attributions la trésorerie du *Chan-toung*, avec la comptabilité des trois provinces orientales, celle du traitement en argent et en nature des mandarins des huit bannières tartares, et celle du produit des salines (*).

7° *Direction du Chan-si.* Elle comprend dans ses attributions la trésorerie du *Chan-si* et l'apurement des comptes de *recettes* et de *dépenses* annuelles de chaque province (**).

8° *Direction du Ho-nan.* Elle comprend dans ses attributions la *trésorerie* du *Ho-nan*, avec les subsides en nature et en argent à la tribu mongole des *Tchakhar* (voy. précédemment p. 4).

9° *Direction du Chen-si.* Elle comprend dans ses attributions les trésoreries du *Chan-si* et de *Kan-sou*, avec les dépenses occasionnées par les nouvelles limites de la dernière de ces provinces; la culture et le commerce du *thé* (***), ainsi que les finances de la capitale, *Pé-king*.

1808 une somme déterminée de 40,000 *liâng*, dont 26,000 furent expédiés au ministère des finances, et 14,000 retenus et dépensés pour les besoins de la province. (Voy. *Taï-thsing-hoeï-tien*, k. XIII, f° 5.)

C'est aussi à cette *direction* qu'appartient la comptabilité des allocations de toutes sortes qui sont faites aux bannières tartares, aux monastères bouddhiques, aux *Lamas*, etc.

(*) Les *Statuts* font connaître tous les puits salins en exploitation par provinces, départements, arrondissements et cantons, en même temps que la *quantité* de sel qui doit en être extraite par année. (K. XIII, f° 11-17.)

(**) Voir ci-devant (p. 204) le résultat du *règlement définitif*, donné ici par les *Statuts*, des recettes et dépenses pour l'année 1812, d'après lequel les *recettes des impôts fonciers*, du *fermage des douanes*, etc., etc., s'élèvent à .... 40,136,194 *liâng*.
Les *dépenses*, à 35,107,534
Différence en plus sur les
recettes............. 5,028,660 *liâng*.

(***) On trouve ici, dans les *Statuts*, des

10° *Direction du Sse-tchouan.* Elle comprend dans ses attributions la trésorerie du *Sse-tchouan* et les revenus des douanes, etc.

11° *Direction du Kouang-toung.* Elle comprend dans ses attributions la trésorerie de *Kouang-toung*, avec l'administration des huit bannières tartares.

12° *Direction du Kouang-si.* Elle comprend dans ses attributions la trésorerie du *Kouang-si*, avec l'administration des mines de *cuivre*, d'*étain*, d'*argent*, d'*or* et de *fer*. Nous reviendrons aussi sur les faits consignés ici dans les *Statuts*, et qui sont de la plus haute importance pour connaître les ressources métalliques de l'empire chinois, dont on n'a eu jusqu'ici en Europe qu'une bien imparfaite idée.

13° *Direction du Yun-nán.* Elle comprend dans ses attributions la trésorerie du *Yun-nán*, avec le produit des mines, les transports des grains par eau, etc., qui sont très-détaillés dans les *Statuts*.

14° *Direction de Koueï-tchéou.* Elle comprend dans ses attributions la trésorerie de *Koueï-tchéou*, les produits des taxes aux passages des frontières pour l'importation et l'exportation des objets de commerce, et les tributs en nature payés par les provinces de l'empire.

Outre ces quatorze grandes *directions*, il y a encore quelques bureaux spéciaux dépendant du *ministère des finances*. Nous croyons inutile de les mentionner ici.

Nous nous sommes un peu trop étendu peut-être sur l'organisation et les attributions du *ministère des finances* de l'empire chinois ; mais nous avons pensé que tout ce qui se rattachait à la *population*, à la *culture des terres*, aux *impôts*, en un mot, aux *forces productives* d'un grand peuple et aux *produits* de ce même peuple, n'était pas moins digne d'intérêt que les autres côtés de sa civilisation, et que, puisque jusqu'ici tous les sinologues européens, officiels et autres, se sont bornés la plu-

détails fort curieux sur l'importance de la culture et du commerce du *thé* en Chine, ainsi que sur les traitements alloués aux membres de la famille impériale et aux grands fonctionnaires de l'État. Nous y reviendrons ailleurs.

part du temps à se copier les uns les autres, ou à à ne nous donner que des notions très-superficielles des choses les moins sérieuses, il serait assez piquant que celui que l'on s'est plu (sur le témoignage de quelque individu peu désintéressé dans la question) à ne considérer que comme un *amateur* en philologie orientale, fût le premier en Europe qui fît connaître, par des documents nouveaux et complets, le côté le plus sérieux de la civilisation chinoise ! Nous ne craignons pas d'avancer que l'on trouvera plus de documents nouveaux sur la Chine dans notre ouvrage que dans tous ceux qui ont été publiés jusqu'à ce jour sur le même sujet par des Européens. Ceci soit dit sans méconnaître leurs mérites et sans aucune espèce d'orgueil de notre part. Nous nous en rapportons d'ailleurs complétement à la justice distributive de l'avenir.

3° MINISTÈRE DES RITES.

Lî-poù (*).

Ce ministère, composé comme le précédent (p. 164), comprend dans ses attributions tout ce qui concerne l'examen et l'observation des *cinq rites* dans l'empire, afin d'aider l'empereur dans l'administration des populations qui lui sont confiées.

Les règlements relatifs à la préséance dans les cérémonies publiques et aux distinctions littéraires ; les prescriptions canoniques pour le maintien de la pureté, de la sincérité des lois morales ; les dispositions à prendre pour la réception des tributs, et pour entretenir des relations avec les étrangers ; le cérémonial à suivre dans les banquets et autres fêtes publiques, sont du ressort du *ministère des rites*.

Quand les membres qui composent ce ministère sont appelés par leurs chefs de *directions* à délibérer sur les affaires de leur département, ces affaires, si elles sont importantes, sont transmises au *conseil du cabinet* ; si elles sont peu importantes, elles sont expédiées par eux pour l'instruction du public.

Les *rites*, ou les prescriptions pour

(*) *Taï-thsing-hoeï-tien*, k. XIX-XXXII.

diriger la conduite de l'homme dans toutes les conditions sociales et dans toutes les circonstances de la vie, ont été de tout temps la grande affaire des Chinois. Ils sont pour eux l'expression en quelque sorte complète de la civilisation, et ils ont tellement pénétré dans leurs mœurs, qu'ils sont devenus pour eux comme une seconde nature. Quelque jugement que l'on en ait, on peut dire que la grande importance qu'ils y ont toujours attachée a été une des principales causes de la durée, et on pourrait ajouter de l'immuabilité de ce peuple comme nation, depuis plus de quatre mille ans, tandis que toutes les autres nations se transformaient ou disparaissaient de la surface de la terre !

Le code des *Rites* est maintenant divisé par les Chinois en *cinq* grandes sections ou classes, de la manière suivante (*) :

1° *Kiĕ-lĭ*, « Rites d'heureux auspices, au nombre de 123 ;

2° *Kiă-lĭ*, « Rites de joie, de satisfaction, de contentement, au nombre de 74 ;

3° *Kiŭn-lĭ*, « Rites militaires, au nombre de 18 ;

4° *Pin-lĭ*, « Rites d'hospitalité, au nombre de 20 ;

5° *Hiŏung-lĭ*, « Rites lugubres, au nombre de 15.

La première section, qui est considérée comme la plus importante, parce qu'elle comprend les sacrifices à toutes les puissances réelles ou fictives de la nature, honorées par les Chinois, est aussi la plus étendue et celle qui a le caractère le plus religieux.

L'idée prédominante des Chinois en accomplissant les cérémonies prescrites dans cette première section, c'est qu'ils se rendent favorables les puissances naturelles ou imaginaires en l'honneur desquelles lesdites cérémonies sont célébrées.

Les *Rites* de la seconde section sont les formules du cérémonial observé dans les fêtes publiques célébrées à l'occasion d'un événement considéré comme *heureux*, tel que l'avènement au trône d'un nouvel empereur, etc.

Les *Rites* de la troisième section comprennent le cérémonial observé dans les préparatifs de guerre, les revues de troupes, etc.

Les *Rites* de la quatrième section comprennent le cérémonial observé dans les relations avec les états étrangers, la présentation des tributs et la réception des envoyés ou ambassadeurs.

Les *Rites* de la cinquième section sont relatifs aux cérémonies funèbres.

LES QUATRE DIRECTIONS DU MINISTÈRE DES RITES.

Le *Ministère des Rites* est divisé en quatre grandes *directions*. La première, que l'on nomme *Direction de l'étiquette ou du cérémonial (i-chí-thing-li-ssĕ)* (*), dirige tout ce qui concerne le cérémonial observé à la cour dans les circonstances ordinaires et extraordinaires ; les rapports des membres de la famille impériale entre eux, et avec les ministres, ainsi qu'avec les autres fonctionnaires publics ; la matière, la forme et la coupe des vêtements ; les formules de salutation dans les receptions, etc. Elle a aussi dans ses attributions la surveillance de tous les établissements d'éducation publique, et le règlement des examens et des promotions des lettrés.

La seconde *Direction*, nommée *Direction des sacrifices (tsĕ-tsĭ-tching-lĭ-ssĕ)* (**), a dans ses attributions tout ce qui concerne la célébration des sacrifices. Les plus imposants, ceux que l'on nomme les grands sacrifices, sont : celui du *solstice d'hiver*, célébré en l'honneur du *Ciel auguste empereur suprême* (*hoăng-thien-cháng-tí*) sur la *colline ronde* ; et celui du *solstice d'été*, célébré en l'honneur de la *Terre auguste* (*hoăng-tí*) sur le *lac quadrangulaire*. Les plus importants, après ces sacrifices de premier ordre, sont ceux de second ordre que l'on célèbre en l'honneur des *premiers empereurs de la Chine*, du *premier laboureur*, et du *premier éleveur de vers à soie* ; du *premier instituteur des hommes* (*Khoung-tseu* ou Confucius). Tous les autres sont rangés dans une même classe de troi-

(*) *Taï-thsing-hoeï-tien*, k. XIX, f° 6 ; et *Taï-thsing-toung-lĭ*, édit. de 1736.

(*) *Taï-thsing-hoeï-tien*, k. XX-XXVII.
(**) *Ib.*, k. XXVIII-XXX.

sième ordre, au nombre desquels on remarque les cérémonies pratiquées lors des éclipses de soleil et de lune. Cette Direction a aussi dans ses attributions les rites funéraires et les règlements concernant le deuil, depuis ceux qui doivent être pratiqués à la mort des empereurs, jusqu'à ceux qui concernent le dernier des sujets.

La troisième Direction, nommée *Direction des hôtes* (*tchou khe thsing li ssé*) (*), règle tout ce qui a rapport aux relations avec les États étrangers, leurs envoyés ordinaires et extraordinaires, la présentation des tributs et l'investiture des princes tributaires. Elle règle aussi l'époque des payements des tributs de toute nature supportés par quelques provinces, l'itinéraire que doivent suivre les missions ou ambassades étrangères, et les présents qui leur sont donnés en échange par l'empereur.

ÉTATS ET ROYAUMES ÉTRANGERS CONSIDÉRÉS COMME TRIBUTAIRES PAR LES CHINOIS.

Cette partie des *Statuts* n'est pas la moins curieuse et la moins intéressante pour les Européens (**).

Les royaumes étrangers, dit le texte, qui envoient des tributs à la cour, sont : 1° la Corée; 2° les îles *Liéou-khiéou*; 3° le *Toung-king*; 4° la *Cochinchine*; 5° Siam; 6° les îles Philippines (***); 7° la Hollande (****) (*Ho-lan*); 8° *Ava*; et 9° les royaumes de l'Océan occidental (*****), ou de l'Europe.

(*) *Tai-thsing-hoei-tien*, k. XXXI.

(**) La Direction en question est composée de trois directeurs : *un* Mantchou, *un* Mongol et *un* Chinois; de *deux* sous-directeurs : *un* membre de la famille impériale, et *un* Mantchou; et de *deux* secrétaires : *un* Mantchou et *un* Chinois.

(***) « Le Commentaire dit que ce fut pendant la 4° année *Young-tching* (1726) que ces îles commencèrent à porter des tributs à l'empereur de la Chine. »

(****) « On nomme aussi les habitants de ce royaume, dit le Commentaire, *étrangers aux cheveux rouges*. Ce fut dans la 10° année *Chuntchi* (1653) qu'ils commencèrent à faire parvenir leurs tributs. La 3° année *Khang-hi* (1664), ils firent irruption à *Hia-men* (Amoy) avec une grande armée. »

(*****) « Ces royaumes, dit le Commentaire,

Les autres royaumes étrangers avec lesquels l'empire chinois a entretenu des relations commerciales, selon les *Statuts*, sont fort nombreux. Nous y avons reconnu le Japon, Cambodje, la Suède, le Danemark et la France. « Ce dernier royaume, dit le texte chinois, est situé au sud-ouest, dans l'Océan, après les îles de *Liu-soung* (Luçon). Presque toute la population qui habite les îles est une population franque. Il y a aussi beaucoup de naturels de ce pays qui habitent Macao, avec l'autorisation du gouvernement chinois. Chaque année, ils payent une certaine rétribution en argent, pour continuer d'y séjourner; mais il leur est interdit de pénétrer dans l'intérieur des provinces. Du royaume de France à la Chine, il y a par mer une distance d'environ cinquante mille *li* (ou cinq mille lieues). »

RÈGLEMENT CONCERNANT LES AMBASSADEURS ÉTRANGERS ET LES TRIBUTS.

L'époque de la présentation du tribut doit être fixée à l'avance (*), ainsi que

sont le Portugal (*Po-eurh-tou-kia-li-ya*), l'Italie (*I-ta-li-ya*), et l'Angleterre (*Ying-ki-li koue*). La 9° année *Khang-hi* (1670), le roi du premier de ces royaumes, *A-foung-sou* (Alphonse VI), commença à ouvrir les relations, en envoyant un ambassadeur avec une lettre de créance et des tributs. En 1727, le roi *Jou-wang* (Juan ou Jean V) envoya aussi un ambassadeur avec des tributs. En 1725, le roi d'Italie *Pe-na-ti-to* (Benedictus ou Benoît XIV, pape) envoya un ambassadeur apporter un tribut. En 1793, le roi d'Angleterre envoya aussi un ambassadeur apporter un tribut. »

(*) « La Corée doit quatre tributs par an; elle les fait présenter tous ensemble à la fin de l'année. — Les îles *Lieou-khiéou* ne doivent qu'un tribut annuel. — Le *Toung-king* doit un tribut tous les deux ans; mais comme tous les quatre ans il envoie un ambassadeur à la cour, l'ambassadeur présente en même temps les deux tributs. — La Cochinchine doit tous les dix ans un tribut; — Siam, tous les trois ans; — les îles Philippines apportent de l'extérieur, tous les cinq ans, un tribut. — La Hollande n'a point d'époque déterminée pour apporter ses tributs. — Ava apporte un tribut tous les dix ans. — Les royaumes de l'Europe n'ont point d'époque

la route à suivre par les ambassadeurs ou envoyés (*). Chaque ambassadeur ou envoyé fera connaître exactement le nombre et la qualité de toutes les personnes de sa suite (**).

Tout ambassadeur porteur de tribut, une fois arrivé à la frontière, doit en prévenir l'autorité (***). Parvenu à sa destination, il présente ses lettres de créance (*) (*tsin khi piào thsiéou*), et remet ses présents ou tributs (*ta khi hoüng wë*) (**).

---

déterminée pour apporter leurs tributs. » (Commentaire.)

(*) « Les routes que doivent suivre les porteurs de tributs pour entrer en Chine sont, 1º pour la Corée : de la ville de *Fonng-hoang* ou du *Phénix*, à Moukden en Tartarie, l'ambassade doit passer par la douane de *Chan-haï*; pour les îles *Licéu-khieou*, les tributs doivent passer par la province du *Fo-kien*; ceux du *Toung-king*, par la douane de *Tchin-nan*, de la province du *Kouang-si*; ceux de la Cochinchine, par *Phun cui-fou* du *Yun-nan*; ceux de Siam et des Hollandais passent par la *porte du Tigre*, de la province de *Kouang-toung*; ceux des îles Philippines entrent en Chine par *Hia-men* (Amoy) du *Fo-kien*; ceux d'Ava entrent par le *Yun-nan*, et ceux de tous les royaumes européens arrivent par *Macao* dans la province de *Kouang-toung*. » (Commentaire.)

(**) Le Commentaire chinois indique ici le nombre de personnes qui *peuvent* former la suite des ambassadeurs des pays énumérés précédemment. Nous ne citerons que ce qui concerne les Européens : la Hollande (considérée toujours comme partant de *Java*) a un ambassadeur en premier et un ambassadeur en second; quelquefois ce n'est qu'un envoyé extraordinaire. Leurs principaux fonctionnaires sont des secrétaires d'ambassade ou de légation; les autres sont des gens de leur suite. Toutes les personnes qui composent l'ambassade ou la légation apportant le tribut ne peuvent pas dépasser *cent*; et celles qui sont autorisées à se rendre dans la capitale ne peuvent dépasser le nombre de *vingt*.
— « Les ambassadeurs des royaumes européens apportant des tributs ne peuvent avoir plus de *trois* vaisseaux, et chaque vaisseau ne doit pas avoir plus de *cent* hommes d'équipage. L'ambassadeur en premier et les gens de sa suite, qui se rendent à la capitale, ne doivent pas excéder le nombre de *vingt-deux*. Le restant des hommes de sa suite est retenu à la frontière. » (*T. ths. h. t.*, k. XXXI, fº 4.)

(***) Les ambassadeurs venant de Siam, des possessions hollandaises et des États européens, se feront reconnaître par le lieutenant gouverneur de *Kouang-toung*, et par le gouverneur des deux *Kouang*. Comme c'est une faveur signalée dont les États étrangers doivent être reconnaissants, que celle d'apporter des tributs, les ambassadeurs doivent demander à chacun desdits gouverneur et lieutenant gouverneur l'autorisation de poursuivre leur route, en leur remettant une copie de leur lettre de créance originaire pour être envoyée au *ministère des Rites*, afin qu'il y soit statué sur son contenu.

Les ambassadeurs tributaires des royaumes étrangers une fois arrivés à *Pé-king*, il en est donné avis au surintendant des douanes (*Thsoüng-wén-mén-kién-toü*), qui vérifie les bagages et autres objets appartenant à l'ambassadeur et à sa suite.

(*) « L'ambassadeur tributaire (*Koüng-ssé*) arrivé à *Pé-king* présente d'abord ses lettres de créance au *ministère des Rites*. L'ambassadeur tributaire, avec toutes les personnes officielles de sa suite, revêtus des habits de cour ou de cérémonie de leur pays, partent de l'hôtel de l'ambassade pour se rendre au ministère, montent les degrés, puis font tous une génuflexion (*khoüei*). L'ambassadeur en premier tient à la main ses lettres de créance qu'il remet au chef du bureau général des interprètes (*Ssé-i-koüan-khing*), lequel, après en avoir fait une version, la remet à l'intendant de l'hôtel du ministère des Rites. L'ambassadeur en premier et toute sa suite accomplissent le cérémonial des *trois genuflexions* et des *neuf prosternements* (*king-san-khoüei kieou-kheöu-li*). La cérémonie accomplie, l'intendant de l'hôtel remet la lettre de créance à l'ambassadeur, et le reconduit ainsi que sa suite.

« Le second jour est celui de la présentation des objets apportés en tribut. Ces objets sont transportés, couverts d'étoffes à franges d'or, à l'hôtel du conseil des ministres. De l'hôtel du conseil des ministres (*Neï-ko*), où ils ont été reçus, ils sont repris et transportés de nouveau à l'endroit où ils doivent être définitivement présentés à l'empereur, après les avoir étalés aux regards du public.

« Du ministère des Rites, l'ambassadeur et sa suite sont accompagnés à l'hôtel de l'intendance de la cour (*Neï-vou-fou*), où l'ambassadeur est présenté aux princes du sang, auxquels il expose le sujet de sa mission, et auxquels il présente, s'il le désire, des objets de son pays. »

(**) « Les objets destinés à être offerts en tribut (*koüng-wë*) étant arrivés à *Pé-king*,

On s'occupera d'arrêter les dispositions de l'audience impériale (*). On remettra ensuite les présents donnés par l'empereur (**), en les distribuant, selon les rangs, à toutes les personnes qui composent l'ambassade. On fera un emploi judicieux, et conforme à leurs intentions, des libéralités (*tchéou siuĕ*) des ambassadeurs et de leur suite. L'assistance la plus active, la protec-

après avoir été examinés et vérifiés par le chef du bureau général des interprètes, à l'exception des tributs ou présents ordinaires, sont enregistrés et reçus, avec les remerciments et compliments d'usage, par le chef du bureau des interprètes, qui en exprime, au nom de l'empereur, toute sa satisfaction... »

(Après avoir donné la *liste détaillée* des tributs de différentes natures, produits manufacturés ou autres du pays, que doivent apporter les ambassadeurs de la Corée, du *Toung-king*, de la Cochinchine, etc., les *Statuts* disent : « Les tributs des royaumes d'*Ava* et de l'Océan occidental, ou de l'Europe, ne sont point *déterminés* et *spécifiés*; ceux d'Ava consistent principalement en étoffes d'usage, en feuilles d'or, et en dents d'éléphants. » — Ceux de la Hollande sont énumérés. — Les listes des *tributs* de la Corée, du *Toung-king*, de la Cochinchine, etc., données par les *Statuts*, sont curieuses. Je conseille aux gouvernements européens qui voudront, par la suite, envoyer des ambassades à *Pé-king*, de les consulter, afin de les égaler au moins en magnificence. Ils feront bien aussi de consulter les listes des *présents* offerts en retour, par l'empereur, aux ambassadeurs et aux gens de leur suite; ces listes n'offrent pas moins de magnificence.

(*) Le Commentaire dit que l'ambassadeur étant arrivé à *Pé-king*, on doit faire en sorte que le jour de l'audience solennelle de l'empereur coïncide avec un jour heureux, tel que le *jour de la naissance* de l'empereur, le *premier jour de l'an*, le *solstice d'hiver*, etc. On voit par là que les délais pour obtenir leur audience de l'empereur, dont se sont plaints plusieurs ambassadeurs européens, délais qu'ils attribuaient à de tout autres causes, se trouvent ici expliqués.

(**) Les Statuts énumèrent tous les présents qu'il est d'usage d'accorder en retour aux ambassadeurs de la Corée, du *Toung-king*, de la Cochinchine, etc.; ces présents sont brillants et nombreux. Ils consistent principalement en pièces d'étoffes de soie de toute espèce, en arcs, en flèches, en carquois d'or, en fourrures, etc.

tion la plus entière, leur seront accordées pendant tout le temps de leur séjour et de leur voyage dans l'empire.

Voilà le texte des *Statuts* concernant les ambassadeurs étrangers porteurs de tributs à l'empereur de la Chine, tel que l'a rédigé le *ministère des Rites*. Comme le sujet n'est pas sans importance pour les relations à venir des États européens avec la Chine, et qu'aucun écrivain ou sinologue de l'Europe n'a encore donné des éclaircissements à ce sujet, nous croyons devoir reproduire ici la traduction complète du *Cérémonial* usité en ces circonstances, que nous avons publiée en 1843 dans la *Revue de l'Orient*.

TRADUCTION DU CÉRÉMONIAL CHINOIS RELATIF AUX VISITEURS ET AMBASSADEURS ÉTRANGERS (*Pin-l*) (*).

Dans le *Rituel* ou *Cérémonial* de l'ancienne dynastie des *Tchéou* (de 134 à 256 avant notre ère), les hommes qui venaient de loin devaient observer le *cérémonial* qui est prescrit aux visiteurs et ambassadeurs étrangers. Tout ce qui était situé *en dehors des neuf provinces* (**), on le considérait comme étant encore *en dedans* des frontières. Chacune de ces populations (considérées ainsi comme dépendantes et vassales) faisait part à sa suzeraine (la Chine) de ce qu'elle avait de plus rare et de plus précieux.

Dès l'instant que l'instruction morale des familles et de l'État fut achevée, la doctrine concernant les barbares des quatre côtés (*ssé i*), qui viennent comme hôtes ou ambassadeurs (*pin*) de tous les royaumes maritimes et continentaux situés au delà des confins de la Chine, fut confiée au *ministère des Rites* (*Li-poù*). Plus de cent ans se sont écoulés (***) depuis que ce *ministère*

(*) Tiré du *Tai-thsing-thoung-li*, ou *Cérémonial de la dynastie régnante*, publié la 21ᵉ année Khien-loung, 1756 de notre ère; édition impériale. Le *Cérémonial* ci-dessus fait partie du XLIIIᵉ livre.

(**) La Chine était alors divisée en neuf provinces (*kiéou-tchéou*).

(***) Ce texte ayant été rédigé la première

14.

reçut la mission impériale de reviser toute la doctrine concernant le *cérémonial*. Tout ce qui avait rapport aux formes extérieures et à l'étiquette fut soigneusement examiné, et mis en harmonie avec le sujet ; on en retrancha et on y changea ce qui parut nécessaire pour constituer convenablement le *cérémonial des hôtes ou visiteurs étrangers*, ainsi que la manière la plus convenable pour les fonctionnaires publics, les lettrés et le peuple, de se visiter entre eux.

Le *cérémonial* spécial, dont il est ici question, est exposé dans les chapitres suivants.

§ 1. *Cérémonial concernant les tributs apportés à la cour.*

« Voici le *cérémonial* concernant les tributs (*koûng*) apportés à la cour. Tous les royaumes dépendants ou vassaux, situés dans les quatre régions barbares (des quatre côtés de l'empire chinois), à des époques déterminées pour payer leurs *tributs*, enverront leurs ambassadeurs présenter leurs *lettres de créance* et des *présents*, consistant en productions du pays.

« Pour se rendre à la cour, dans la capitale de l'empire, les *envoyés tributaires* (*koûng-ssé*) commencent par franchir la frontière. Si ce sont des envoyés de la Corée, deux délégués du *ministère des Rites*, instruits dans la langue et les usages des Coréens, iront au-devant d'eux, et les accompagneront à la ville impériale de Ching-king ou Moukden.

« Si ce sont des envoyés du Tounquin, des îles Liéou-khiéou, d'Ava, de Siam, de la Hollande, des îles Philippines ou de la Cochinchine, on surveillera attentivement les routes par lesquelles passeront les tributs de tous ces royaumes. Le gouverneur ou le lieutenant-gouverneur de la province frontière dépêchera un mandarin, employé assistant, connu par ses connaissances variées, pour aller à leur rencontre jusqu'à la frontière. Si ce sont des envoyés de l'océan occidental (l'Europe), l'un des directeurs de l'Intendance de la maison impériale (*neï-wou-fou*), avec l'un des Occidentaux ou Européens qui remplissent les fonctions d'astronomes à l'observatoire impérial de Pé-king, iront au-devant des ambassadeurs jusqu'à *Kouang-toung* (Canton). Ils seront munis l'un et l'autre de mandats sur les établissements de postes du gouvernement par où les envoyés doivent passer pour traverser le pays. Les chefs de ces établissements seront obligés de tenir dans leurs campements et leurs hôtelleries, à la disposition des envoyés, des provisions de bouche et autres, des chars, des bateliers et des chevaux. Pendant la marche de chaque journée, par terre ou par eau, à chaque station militaire que l'on rencontrera, les officiers et les soldats préposés à la garde des envoyés se remplaceront successivement, jusqu'à l'arrivée sur le territoire de la ville capitale de Pé-king. Le ministère des Rites (*Li-poû*) déterminera à l'avance tout ce qui devra concerner la marche de l'ambassade. Le ministère des travaux publics (*Koûng-poû*) aura soin de préparer pour elle un logement convenable, et décoré pour sa destination. Il aura soin aussi de lui procurer tous les meubles et ustensiles propres à son usage, ainsi que le bois à brûler et le charbon dont elle pourra avoir besoin. Le ministère des finances (*Hoû-poû*) la pourvoira de maïs ou blé d'Inde, de fourrages et de plantes légumineuses. L'Intendance des approvisionnements de la maison impériale (*Kouâng-loû-ssé*) la pourvoira de bestiaux, de poissons, de vins ou liqueurs spiritueuses, de sirops, d'herbes potagères, de fruits, et de tout ce qui dépend de cette administration. Le commandant en chef des troupes de *Pé-king* et des dignitaires du quatrième rang de la chambre des interprètes pour les quatre points cardinaux (*Ssé-i-koûan*), ainsi que de la cour de l'étiquette du palais (*Hoûng-loû-ssé*), feront et prescriront soigneusement tout ce qui dépendra de leur ressort, de près ou de loin ; ils entreront dans l'hôtel de l'ambassade, pour, selon les circonstances,

---

année Khien-loung (1736), l'établissement de la dynastie remontait déjà alors à cent vingt ans. Et c'est toujours à l'établissement d'une nouvelle dynastie que l'on revise toutes les lois et les règlements de celle qui l'a précédée.

surveiller et contenir leurs hommes et la foule, aussi bien que pour leur distribuer également le boire et le manger.

«Voilà pour la réception des arrivants.

§ 2. *Présentation des lettres de créance, des tributs et des productions du pays.*

« Les ambassadeurs tributaires se rendent à l'hôtel qui leur est destiné, et après quelques jours de repos ils se munissent des produits de leur pays, ainsi que de leurs lettres de créance ; et, accompagnés des officiers de leur suite, des secrétaires et attachés de l'ambassade, chacun d'eux revêtu des habits de cour de leur royaume, ils se rendent au palais pour attendre la présentation des lettres de créance. L'un des maîtres des cérémonies du ministère des Rites placera la table destinée à recevoir les lettres de créance, au milieu de la salle dans laquelle les officiers du palais se réuniront, revêtus de leurs habits de cour ou de celui de leur dignité. Conformément aux dispositions prises et à l'avis qui leur sera donné, les ambassadeurs tributaires s'avanceront ensuite jusque dans la cour publique, en entrant par la porte de corne de gauche ; et toute leur suite se rangera à leur gauche, en se tenant révérencieusement debout. Le premier de l'ambassade, qui doit présenter respectueusement les lettres de créance, précède toute la députation ; le second de l'ambassade le suit immédiatement ; tous les fonctionnaires de la suite viennent après. L'un des vice-présidents du ministère des Rites sort de l'intérieur et se rend près de la table, au côté gauche de laquelle il reste debout. Deux maîtres des cérémonies du même ministère, deux hérauts d'armes ou huissiers de la cour d'étiquette du palais, se placeront séparément au midi des colonnades de droite et de gauche. Revêtu complétement de ses habits de cour, le grand maréchal (*king*) du palais montera le premier dans la salle, et se tiendra debout, à droite de la colonnade de gauche. Ce héraut d'armes, élevant la voix, apportera les lettres de créance. Deux officiers de l'intendance des hôtes étrangers introduiront l'ambassadeur tributaire, en lui faisant monter les degrés pour se rendre dans la salle, où il restera debout ; l'ambassadeur en second le suivra, et se tiendra debout derrière, à quelque distance ; les autres attachés de l'ambassade se rangeront à la suite, en se tenant également debout.

« Le héraut criera : « Agenouillez-vous ! » (*khouëi*). — L'ambassadeur tributaire et toute sa suite s'agenouilleront. — Le héraut criera : « Prenez vos lettres de créance ! » (*tsiĕ piào*). — L'ambassadeur en premier saisira la lettre de créance. — Le grand maréchal du palais la prendra respectueusement de ses mains, pour la remettre à l'un des vice-présidents du ministère des Rites. Ce vice-président recevra la lettre de créance, la placera droit au milieu d'une table ou plateau de bois, et retournera vers le trône. — Le héraut criera successivement : « Prosternez-vous ! (*khéou*) ; — relevez-vous ! » (*hing*). — L'ambassadeur en premier et toute sa suite accompliront le cérémonial des *trois agenouillements* et des *neuf prosternements* (*), et, s'étant relevés, les officiers de l'intendance des hôtes étrangers les reconduiront ; le grand maréchal du palais, conformément à l'ordre de ses fonctions, les accompagnera jusqu'à leur sortie. Les maîtres des cérémonies du ministère des Rites porteront la lettre de créance au conseil privé (*nëi-khó*), où ils attendront l'ordre que Sa Majesté impériale fera transmettre au ministère des Rites, relativement à la destination et à l'usage qui devra être fait des objets apportés par l'ambassade.

«Voilà ce qui concerne la présentation des lettres de créance, des tributs et des productions du pays.

§ 3. *Audience solennelle de l'empereur.*

« La cérémonie de la présentation des lettres de créance de la part des ambassadeurs tributaires étant terminée, ceux-ci sont conduits révérencieusement dans la grande cour du palais. L'empereur, revêtu de ses habits de cour ordinaires, descend dans la grande

(*) On s'agenouille trois fois, et on frappe la terre du front trois fois à chaque agenouillement.

salle d'audience de la suprême concorde (*), où tous les ministres et les grands fonctionnaires de l'État se réuniront pour accomplir les cérémonies prescrites. Ces cérémonies terminées, les officiers de l'intendance des hôtes étrangers introduiront l'ambassadeur tributaire, avec tous les officiers de sa suite. Parvenus à l'extrémité occidentale du vestibule de vermillon, les fonctions des officiers de l'intendance des hôtes étrangers cessent. Les hérauts du palais sont avertis, et se présentent pour faire exécuter le cérémonial prescrit. Ils crient : « La faveur impériale vous permet de vous asseoir! — la faveur impériale vous accorde du thé! » — Selon qu'il est convenable alors (**), et si ce n'est pas un jour de réception rituellement reconnue, le ministère des Rites délibère et fixe le jour de la réception officielle. Il en est fait part à l'empereur, qui est prié de vouloir bien accorder cette audience. Le grand maréchal du palais impérial prépare tout pour la cérémonie en donnant les ordres nécessaires, et en prévenant l'ambassadeur tributaire, avec ses interprètes, de se préparer, par des répétitions, à exécuter le cérémonial prescrit.

« Le jour de l'audience arrivé, l'ambassadeur tributaire, conformément aux dispositions prises, vêtu des habits officiels ou publics (*koûng-fou*) de son pays, les interprètes revêtus de leurs habits accessoires (d'interprètes), se rendent à l'extérieur de la porte du palais, où ils attendent avec respect qu'on les introduise.

« L'empereur, vêtu de ses habits ordinaires (*tchâng fou*) (***), se rend alors à la salle d'audience, où se trouvent réunis les grands officiers du palais et la garde impériale, commandée à cet effet. Les grands officiers du palais et la garde impériale sont rangés debout à droite et à gauche, selon l'usage constant et habituel. L'un des présidents (*) du ministère des Rites, revêtu de ses habits de cour extraordinaires, à dragons brodés, entre en conduisant l'ambassadeur tributaire. Les interprètes entrent à la suite. Arrivés à l'occident du vestibule de vermillon, ils accomplissent le cérémonial des *trois agenouillements* et des *neuf prosternements*. Ce cérémonial étant accompli, on conduit l'ambassadeur vers la salle d'audience, en lui faisant monter les degrés par le côté occidental (**). Arrivé à l'extérieur de la porte de la salle ou du pavillon du trône, il *s'agenouille* (*khoüeï*). L'empereur daigne alors faire connaître son auguste volonté, et il interroge l'ambassadeur par des paroles bienveillantes et gracieuses.

« Le président du ministère des Rites reçoit les questions, et les transmet; les interprètes les traduisent, et les expliquent à l'ambassadeur tributaire. L'ambassadeur tributaire y répond; les interprètes traduisent ses paroles; le président du ministère des Rites les rend à l'empereur. Ce cérémonial terminé, on se lève; on dirige l'ambassadeur, en le faisant descendre du côté occidental. Étant sorti, on le reconduit, et, s'il veut attendre, on lui procure le divertissement du spectacle. Voilà le cérémonial de cette journée.

« Lorsque l'empereur se rend à la salle d'audience, il est accompagné de la garde impériale, comme il a été dit précédemment. Les premiers ministres

---

(*) Voir ci-devant p. 12, et le plan de *Pé-king*, ainsi que deux vues de cette salle d'audience, pl. 5 et 6.

(**) Voyez, pour plus d'explication, le *Kia-li*, ou les *Rites domestiques*, dans le même *Cérémonial général*, liv. XVII.
(*Note des Édit. chinois.*)

(***) Les vêtements extraordinaires sont réservés pour les cérémonies extraordinaires relativement à l'empereur, comme les sacrifices au ciel et à la terre, les cérémonies en l'honneur de Confucius, des ancêtres, etc.

(*) Il y a toujours en Chine deux présidents d'un ministère ou d'un tribunal, l'un chinois et l'autre tartare.

(**) Pour bien comprendre cette description, il faut se rappeler que le palais impérial de Pé-king, comme d'ailleurs tous les grands édifices chinois, ne consiste pas en un corps simple ou complexe de bâtiments, mais en bâtiments ou pavillons séparés, dont chacun a sa destination particulière, et auxquels on arrive ordinairement par plusieurs rampes ou escaliers en plein vent, qui font face ordinairement aux quatre points cardinaux.

appelés à délibérer sur les affaires du gouvernement, avec les commandants des huit bannières, tous revêtus de leurs habits de cour extraordinaires, à dragons brodés, entrent dans la salle d'audience, et prennent place sur les côtés en se tenant debout. Le président du ministère des Rites conduit l'ambassadeur tributaire, lequel, arrivé à l'occident du vestibule de vermillon, accomplit le cérémonial des *trois agenouillements* et des *neuf prosternements*. Lorsqu'il s'est relevé, on le conduit en le faisant monter à la salle d'audience par le côté occidental. Il entre dans la salle d'audience par la porte de droite, et se tient debout à l'extrémité de la file des premiers ministres d'État de l'aile droite. Les interprètes entrent à la suite. Des aliments sont placés derrière eux.

« L'empereur ayant accordé la faveur de s'asseoir, les commandants supérieurs de la garde impériale, les grands officiers du palais, les premiers ministres d'État appelés aux délibérations du conseil, les généraux commandant en chef des huit bannières, les généraux en second, le président du ministère des Rites, s'approchent du trône, devant lequel ils font un prosternement; puis ils s'assoient en ordre sur des sièges qui leur sont destinés. L'ambassadeur tributaire les suit; il *s'agenouille*, *se prosterne*, puis s'assied : c'est alors que la faveur impériale accorde le thé. Le premier échanson pour le thé le présente à l'empereur : toute l'assemblée se met à genoux et se prosterne. Les gardes du palais font le tour de la salle en présentant le thé aux premiers ministres et à l'ambassadeur tributaire. Tous s'agenouillent en recevant ce thé, et font un prosternement; puis ils se rassoient. Le thé étant bu, ils s'agenouillent de nouveau, et font un prosternement comme en commençant.

« L'empereur daigne manifester alors ses volontés (litt. *fait descendre ses ordres*), en faisant (à l'ambassadeur) des questions pleines d'aménité et de bienveillance. L'ambassadeur tributaire s'agenouille (*khòuei*), et prête l'oreille avec attention, afin de pouvoir répondre à Sa Majesté. Le président du ministère des Rites recueille toutes les questions faites par l'empereur, et les transmet (à l'ambassadeur). Les interprètes traduisent les paroles de l'un et de l'autre, comme il a été dit précédemment.

« Le cérémonial terminé, le président du ministère des Rites reconduit l'ambassadeur tributaire jusqu'au dehors du palais. Arrivés au secrétariat de la cour, le président reçoit communication des ordres de l'empereur, et des faveurs accordées par lui à l'ambassadeur tributaire. La collation terminée dans la salle destinée à cet usage, le grand maréchal du palais reconduit l'ambassadeur, en se conformant aux dispositions prescrites.

« Après quelques jours de repos, les étrangers sont invités à se rendre en dehors de la porte du sud pour remercier l'empereur des faveurs qu'il leur a accordées. Un huissier de la chambre de l'étiquette de la cour les introduit par séries. Les envoyés tributaires, arrivés à l'occident du vestibule de vermillon, le visage tourné vers le nord, accompliront le cérémonial des trois agenouillements et des neuf prosternements, selon qu'il est prescrit; puis ils s'en retourneront.

« Voilà ce qui concerne l'audience solennelle de l'empereur.

§ 4. *Remise des présents par l'empereur.*

« Le cérémonial concernant les tributs apportés à la cour ayant été accompli, le référendaire du ministère des Rites demande que des dons soient conférés aux rois vassaux (qui ont envoyé la députation), et qu'en même temps des faveurs spéciales soient accordées aux ambassadeurs tributaires, ainsi qu'aux attachés de l'ambassade et à toutes les personnes de la suite : en conséquence, il obtient à ce sujet un ordre de l'empereur pour faire transporter par chaque surintendant spécial tous les objets qui devront être offerts (dans le local destiné à cet usage); et, au jour final (au jour où l'ambassade prendra congé), les surintendants ayant tout disposé selon l'usage prescrit, la distribution des présents et des faveurs accordés par l'empereur se fera à gauche de la rue extérieure de la porte méridionale. Les peaux, les étoffes de soie unie, les toiles, les pièces de taffetas, les *métaux blancs*, sont disposés en ordre sur une table ; les chevaux sont rangés dans une salle, ainsi que les selles, les rênes, et tout ce qui concerne leur harnachement (*). Le grand maréchal du palais, revêtu de ses habits de cour, est présent. Conformément aux dispositions prises, l'ambassadeur tributaire, avec tous les attachés de sa suite, chacun revêtu des habits de cour de leur pays, passent par la porte du long repos de l'orient, par la porte du repos céleste, par la porte du vrai principe, et arrivent devant le secrétariat de la cour de l'ouest. Le visage tourné vers l'orient, ils se tiennent là debout, rangés en ordre, en attendant tranquillement d'être introduits. Un des vice-présidents du ministère des Rites se tient là debout au côté sud de la table, la face tournée vers l'occident. Le directeur général de l'intendance des hôtes étrangers se tient debout à sa suite. Quatre historiographes impériaux, deux hérauts de la cour du cérémonial ou de l'étiquette, se tiennent debout, partagés à droite et à gauche de la rue impériale, la face tournée à l'orient et à l'occident. Deux huissiers se tiennent debout au nord de l'ambassadeur tributaire, la face tournée à l'orient. Tout le monde indistinctement est revêtu de ses habits de cour. Des hérauts d'armes, faisant retentir leur voix, des officiers de police et des huissiers, conduisent l'ambassadeur tributaire jusque dans l'intérieur du vestibule de vermillon de l'ouest : là, ces officiers se placent au second rang, la face tournée au nord, et penchant vers l'orient. Les hérauts d'armes s'avancent ; tout le monde s'avance à leur suite. — Les hérauts d'armes crient : « Agenouillez-vous ! (*khoueï*) ; — prosternez-vous ! (*khéou*) ; — relevez-vous ! (*hing*) : » alors on accomplit le cérémonial des trois agenouillements et des neuf prosternements. Ce cérémonial accompli, le directeur général de l'intendance des hôtes étrangers remet aux rois vassaux les dons et les présents de l'empereur. Comme antérieurement, lorsque l'ambassadeur tributaire a présenté les tributs (*koung*) envoyés par son souverain, il s'agenouille pour recevoir les présents de l'empereur. D'autres présents sont distribués à la ronde à toute la suite de l'ambassade, c'est-à-dire qu'après le don des présents gracieux de l'empereur, destinés au roi qui a envoyé l'ambassade, il en est donné en second lieu à l'ambassadeur tributaire, ainsi qu'à tous les officiers ou attachés de l'ambassade, et à toutes les personnes de la suite (*).

« Pendant que le directeur général de l'intendance des hôtes étrangers offre et distribue ces présents, chacun s'agenouille en les recevant ; la distribution faite, le héraut d'armes crie : « Prosternez-vous ! (*khoueï*) ; — relevez-vous ! » (*hing*). On répète le cérémonial des trois agenouillements et des neuf prosternements, puis on se relève. Ensuite l'ambassade est reconduite. Le grand maréchal du palais, conformément à ses instructions, accompagne l'ambassadeur tributaire, les attachés et les personnes de sa suite, jusqu'à leur sortie. Des faveurs spéciales de l'empereur sont accordées au ministère des Rites, selon qu'il est convenable (**), et chacun s'en retourne.

« Voilà le cérémonial de la remise des présents conférés par l'empereur.

§ 5. *Reconduite de l'ambassade.*

« Les affaires de l'ambassadeur tributaire étant terminées, il se dispose à retourner dans son pays. L'intendance des provisions de la cour le pourvoit de bestiaux, de vins, de fruits et de légumes. L'un des vice-présidents du ministère des Rites fait garnir de nattes de bambous, et de tout ce qui est né-

---

(*) Ce n'est qu'aux rois et aux ambassadeurs de la Corée qu'on donne des chevaux en présents.   (*Note des Édit. chinois.*)

(*) On peut voir la liste détaillée des *présents* que donne l'empereur aux ambassadeurs tributaires de la *Corée*, des îles *Lièou-khieou*, du *Toung-king*, de *Siam*, de la *Cochinchine* et même de la *Hollande*, dans le *Taï-thsing-hoeï-tien*, k. XXXI, fᵒ 8 et suiv. On peut aussi y voir la liste des *tributs* que doivent porter ces mêmes ambassadeurs. *Ib.*, fᵒˢ 5-7.

(**) Voyez, pour plus de détails, le *Kia-li* ou les *Rites domestiques*.

(*Note des Édit. chinois.*)

cessaire pour se reposer, les hôtelleries dans lesquelles l'ambassadeur et sa suite s'arrêteront ; le tout conformément à l'usage du ministère. Si ce sont des ambassadeurs de la Corée ou du Tounquin, ils seront accompagnés, à leur départ, jusqu'à leur sortie de la frontière, comme on a envoyé au-devant d'eux, aussi jusqu'à la frontière, des mandarins pour les recevoir et les accompagner à la cour. Si ce sont des ambassadeurs de la Cochinchine, des îles Liéou-khiéou, d'Ava, de Siam, de la Hollande, des îles Philippines, ils seront accompagnés et reconduits par l'un des directeurs du ministère des Rites, chargé de rendre compte à l'empereur du résultat de sa mission. Si ce sont des ambassadeurs européens (*), deux fonctionnaires ou mandarins (**), natifs de leur pays, et préposés antérieurement pour aller à leur rencontre, leur fourniront des mandats sur les postes et les relais du gouvernement, dont ils pourront avoir besoin ; et, dans leur marche par terre ou par eau, ils leur procureront des hôtelleries, des chars et des bateaux, le boire et le manger. Les mandarins civils et les mandarins militaires veilleront à la sûreté de leur marche. On observera le même cérémonial qu'à l'arrivée des tributs, protégés sur toutes les routes où ils passent pour se rendre à leur destination. Les présents gracieux de l'empereur seront dirigés par un employé de l'intendance des routes, qui conformera ses instructions à celles du ministère des Rites. Un grand mandarin, préposé par le lieutenant gouverneur de chaque province, chargera plusieurs autres mandarins de conduire et d'accompagner l'ambassade jusqu'à sa sortie de la frontière. Les mandarins qui auront accompagné l'ambassade, leur mission terminée, se rendront à la cour pour rendre compte de leur mandat.

« Voilà le cérémonial qui concerne la reconduite des ambassadeurs. »

Tel est enfin le cérémonial officiel qui a été pratiqué envers tous les ambassadeurs européens qui se sont rendus en Chine jusqu'à ce jour, aussi bien qu'envers les ambassadeurs ou envoyés asiatiques. On est forcé de reconnaître qu'il y a peu de cours en Europe, s'il y en a, où l'étiquette en pareil cas soit aussi pompeuse qu'en Chine, et où un cérémonial aussi minutieux soit observé. On a pu voir si ce cérémonial est aussi avilissant que certains narrateurs officiels de relations ont voulu le faire croire en Europe, et si la partie de ce cérémonial qui exige des ambassadeurs et de leur suite les trois agenouillements et les neuf prosternements, dans telles circonstances données, n'est pas plutôt un cérémonial maussade et ennuyeux pour nous autres Européens, que toute autre chose, et si le refus obstiné de s'y soumettre n'est pas aussi puéril qu'impolitique. Aux yeux des Chinois, pour qui l'autorité impériale est la plus haute dignité dont un homme puisse être revêtu, ce refus européen est et doit être une grave injure. Dans les chapitres du cérémonial général, qui suivent ceux que nous venons de traduire intégralement, principalement dans celui qui concerne le cérémonial de l'investiture des rois vassaux, on y voit ces mêmes rois exécuter à plusieurs reprises le cérémonial des trois agenouillements et des neuf prosternements (*). L'empereur lui-même pratique ce cérémonial dans une foule de circonstances (**), avec cette modification cependant, que, pour lui, il exécute *trois agenouillements* (*san khouei*), et fait *neuf révérences* (*kieoŭ-péï*) au lieu de *neuf prosternements* (la différence n'est que du plus au moins.)

On pourrait peut-être croire que le cérémonial que nous venons de traduire

---

(*) Les Chinois ne considèrent pas les Hollandais comme des Européens, parce qu'ils ne les connaissent que comme maîtres de l'île de Java, d'où partent leurs envoyés pour la Chine.
(**) Ce sont ordinairement des Européens attachés au tribunal d'astronomie de Pé-king.

(*) *Taï-thsing-toung-li*, k. XLIII, f° 9. Ces *rois vassaux*, qui vont se faire donner l'*investiture* par l'empereur de la Chine, sont le roi de la Corée, le roi du Tounquin et de la Cochinchine, et le roi des îles Liéou-khiéou.
(**) Voir, entre autres, le cérémonial du sacrifice au ciel, du grand sacrifice au solstice d'été, etc., etc., *passim*.

intégralement, datant déjà de près de cent ans, a pu subir beaucoup de modifications nécessitées par le progrès des relations de la Chine avec des nations étrangères, principalement avec les nations européennes; il n'en est rien cependant.

Nous avons comparé ce cérémonial à celui qui est décrit dans les *Statuts* imprimés à Pé-king en 1825, *et nous n'y avons trouvé* que des différences insignifiantes. Les *trois agenouillements* et les *neuf prosternements* y sont les mêmes. Ce qui prouve que les difficultés soulevées par les ambassadeurs anglais en 1796 et en 1816 relativement à ce *cérémonial*, auquel ils ne voulurent pas se soumettre, préférant ne pas être reçus par l'empereur, ne l'ont point fait *modifier* par les Chinois ; et que si une ambassade européenne se rendait de nouveau à Pé-king, elle devrait, pour être admise près de l'empereur, observer le *cérémonial* dont nous avons donné la traduction.

Relations avec les Européens.

La *Direction des hôtes étrangers* du ministère des Rites a aussi dans ses attributions les relations commerciales avec les négociants étrangers; c'est elle, par conséquent, qui fait les règlements pour le commerce extérieur, donne ou retire aux négociants étrangers l'autorisation de trafiquer sur tel ou tel marché de l'intérieur, et d'y vendre telle ou telle marchandise (*). C'est aussi de cette *Direction* (qui est en réalité un *Ministère des affaires étrangères*) que dépendent les artistes ou hommes d'art européens qui veulent aller exercer leurs talents ou leur industrie en Chine, qu'ils soient *astronomes, mathématiciens, sculpteurs, ciseleurs, peintres*, etc. Ceux d'entre les Européens qui désirent aller exercer leurs talents ou leur industrie en Chine doivent en faire la demande au gouverneur des deux *kouáng* (**), résidant à Canton. Après en avoir obtenu l'auto-

(*) *Tai-thsing-i-thoung-tchi*, k. XXXI, f° 15.
(**) Le gouvernement des provinces de *Kouang-toung* et de *Kouang-si*.

risation de ce haut fonctionnaire, les étrangers en question sont dirigés sur Pé-king, s'ils le désirent (*).

Bureau des traducteurs. A cette *Direction* est attaché un *Bureau des traducteurs réunis* (Hoéi-toung-ssé-i-kouán), sous l'inspection de deux grands mandarins tartares et du commandant des forces militaires, qui est en même temps l'un des grands maîtres de la *Cour des cérémonies*. C'est à ce bureau qu'est réservé le soin de loger les ambassadeurs étrangers qui se rendent dans la capitale (**), et de leur procurer tous les ustensiles et autres objets dont ils peuvent avoir besoin pendant leur séjour, ainsi que toutes les provisions de bouche nécessaires à l'ambassadeur et à sa suite, de même que la consommation des chevaux (***), etc.

Lorsque les affaires qui ont motivé le séjour de l'ambassadeur et de sa suite dans la capitale de l'empire sont terminées, alors on règle les comptes de toutes les dépenses et fournitures faites, et le bordereau en est envoyé à la *Direction des hôtes étrangers*, qui ordonne le règlement de ces comptes. — Les ambassadeurs tributaires, de quelque État que ce soit (dit le commentaire des *Statuts*), qui viennent à Pé-king, à l'exception de ceux de la Corée, sont tous placés sous la direction et le contrôle (*king-li*) de l'Intendance de la maison impériale.

(*) *Tai-thsing-i-thoung-tchi*, k. XXXI, f° 16.
(**) L'ambassadeur de la Corée, qui réside continuellement à Pé-king, a un hôtel spécial, dont la description est donnée minutieusement dans les *Statuts*.
(***) Les *Statuts* entrent dans de curieux détails à cet égard. Ainsi il devra y avoir, dans l'hôtel de l'ambassadeur, tant d'appartements, tant de chambres à feu par appartement, ou plutôt tant de fourneaux à lits (*kháng*), car les lits sur lesquels on repose sont chauffés. Les provisions de bouche sont fournies chaque jour par l'Intendance de la maison impériale. Le combustible, qui est ordinairement, à Pé-king, du charbon de terre, est fourni par le ministère des travaux publics; le fourrage pour les chevaux, par le ministère des finances. La quantité et le poids en sont déterminés.

Le *Bureau des traducteurs* est aussi spécialement chargé de traduire en chinois les lettres de créance des ambassadeurs qui sont écrites en une autre langue (*).

La quatrième *direction* du ministère des Rites est la *Direction des repas et festins* (*Thsing-chèn-thsing-li-ssé*). C'est à elle qu'est réservé l'approvisionnement de la maison des ambassadeurs étrangers ; celui des festins publics donnés à l'occasion des fêtes solennelles du premier jour de l'an, de l'anniversaire de la naissance de l'empereur, de certains mariages, etc. C'est elle aussi qui pourvoit à l'approvisionnement de bouche des princes et des grands officiers de service auprès de l'empereur, ainsi qu'à celui qu'exigent les sacrifices périodiques célébrés dans le cours de l'année.

3° MINISTÈRE DE LA MUSIQUE.
Yŏ-poŭ.

Ce ministère n'est, à proprement parler, qu'une subdivision du ministère des Rites, placée sous la direction spéciale d'un haut fonctionnaire (*Kouan-li-tá-tchīn*). Quoique l'art musical soit loin d'être en Chine ce qu'il est en Europe (où cependant on ne lui fait pas l'honneur de lui donner un ministère), la musique a toujours été considérée par les Chinois, dès les temps les plus anciens (**), comme de la première importance dans l'État. Il en fut de même chez plusieurs peuples de l'antiquité. Il faut croire que, dans les premiers temps de la civilisation, l'influence de la musique sur l'esprit et les passions de l'homme fut très-grande, puisque les anciens législateurs la placèrent au premier rang dans les cérémonies publiques.

Les fonctions du *ministère de la musique* sont, comme s'exprime le texte, de diriger et de surveiller tout ce qui concerne le *nombre* et la *mesure* des *tons* et des *sons musicaux* ; de les adapter harmonieusement à des chants composés exprès ; de les faire résonner sur des instruments, et de les approprier aux fêtes et cérémonies publiques, aux réceptions de la cour et aux grands sacrifices, afin d'approfondir le clair et l'obscur, et d'unir par l'harmonie le haut et le bas (*).

Nous n'entrerons ici dans aucun détail relatif à l'organisation de la musique chinoise, que font connaître les *Statuts*. Ceux de nos lecteurs qui seraient curieux d'en savoir davantage à ce sujet pourront consulter le traité complet de la musique chinoise, du P. Amiot, publié dans le t. VI des *Mémoires concernant les Chinois.*

Nous nous bornerons à dire que la théorie de la musique chinoise repose sur une *octave de sons*, comme la musique européenne, lesquels huit sons différents sont réglés dans leurs combinaisons par *douze* lois fondamentales, nommées *liu*. Les instruments de musique sont variés et nombreux (**).

(*) Selon les *Statuts*, les lettres de créance des ambassadeurs de la *Corée*, des îles *Liéou-kiéou*, et du *Thoung-king*, sont écrites en langue chinoise. Les quarante-deux membres du *Bureau général des traducteurs interprètes* sont, à quelques exceptions près, tous Tartares-Mantchous, comme (ce qui est très-probable) si les *Tartares-Mantchous* avaient plus de facilité pour apprendre les langues étrangères que les *Chinois.*

(**) Voy. tom. I, p. 25, 31 et passim. On voit dans le *Choū-king*, ou *Livre sacré des Annales*, que l'empereur *Chun*, plus de 2,200 ans avant notre ère, institua un ministère de la musique. Voici le passage :
« L'empereur dit : *Kouei*, je vous nomme
« *surintendant de la musique* (tièn-yŏ) ; je
« veux que vous l'enseigniez aux enfants des
« princes et des grands. Faites en sorte qu'ils
« soient sincères et affables, indulgents, com-
« plaisants et graves ; apprenez-leur à être
« fermes, sans être ni durs ni cruels; donnez-
« leur le discernement, mais qu'ils ne soient
« point orgueilleux ; expliquez-leur vos pen-
« sées *dans des vers*, et composez-en des
« chansons *entremêlées de divers tons et de*
« *divers sons musicaux, et accordez-les aux*
« *instruments de musique.* Si les huit modu-
« lations sont gardées, et s'il n'y a aucune
« confusion dans les différents accords, les
« esprits et les hommes seront unis. — *Kouei*
« répondit : Quand je frappe ma pierre, soit
« fortement, soit doucement, les animaux les
« plus féroces sautent de joie. » (*Livres sacrés de l'Orient*, p. 52.)

(*) *Tai-thsing-hoei-tien*, k. XXXIII, f° 1.
(**) Voir la planche spéciale.

4° MINISTÈRE DE LA GUERRE.
Ping-poù (*).

Ce ministère, composé de deux présidents, l'un mantchou et l'autre chinois, de deux vice-présidents de gauche et de deux vice-présidents de droite, également mantchous et chinois, comprend dans ses attributions la direction du personnel de tous les mandarins militaires employés à l'intérieur ou à l'extérieur pour le service de l'Empire. Tout ce qui est relatif aux règlements concernant la nomination des officiers, la promotion à des grades supérieurs, ou les retraits d'emplois, ainsi que l'élévation à un titre héréditaire; les mesures à prendre pour le transport des dépêches de l'État par des relais de postes militaires (**); les règles à suivre dans l'examen des délits, et dans l'application des lois de discipline; enfin, la confection et la vérification des contrôles de l'armée, sont du ressort de ce ministère. Quand les membres qui le composent sont appelés par leurs chefs de *Directions* à délibérer sur les affaires de leur département, ces affaires, si elles sont importantes, sont transmises au *Conseil du cabinet;* si elles ne le sont pas, elles sont expédiées par eux pour accélérer la marche du gouvernement.

Les présidents de ce ministère (comme d'ailleurs les présidents des autres ministères pour leurs fonctionnaires respectifs) sont chargés des présentations à la cour des officiers de leur département. Ces officiers doivent être en costumes militaires, l'arc à la main et le carquois sur l'épaule. Ce sont eux aussi qui préparent les listes d'avancement, et qui répartissent l'armée chinoise dans tout l'Empire par garnisons stables ou cantonnements. On peut voir cette répartition très-détaillée dans les *Statuts* (liv. XXXV et XXXVI), ainsi que les règlements concernant les revues.

DIRECTIONS. Le ministère de la guerre est divisé en quatre grandes *Directions.* La première, nommée *Direction du mouvement militaire (Woù-siuèn-thsing-li-ssé)*, examine et classe les rangs et les grades des mandarins militaires, règle les droits de promotion ou d'avancement d'après les examens passés à cet effet à des époques fixes, et détermine l'emplacement des différentes garnisons et des campements le long des fleuves et canaux, ou sur les frontières.

Les rangs des mandarins militaires sont distribués, comme ceux des mandarins civils (voyez page 151 et suivantes), en *neuf rangs*, subdivisés chacun en *deux classes.* Les grades militaires sont en outre divisés en *trois ordres*, qui sont : 1° l'ordre des mandarins militaires à titre héréditaire *(chĭ-tchĭ)*; 2° l'ordre des mandarins militaires sortis des examens *(woù-kkó)*; 3° l'ordre des mandarins militaires dont la vie est obscure *(yin-sing).* — Dans le premier *ordre* sont compris ceux qui ont un titre de noblesse héréditaire (*); dans le second, ceux qui, dans leurs examens, ont obtenu les grades de *tsin-ssé* et de *kiu* militaires (voyez p. 155); dans le troisième sont placés tous les mandarins militaires qu'autrefois on aurait nommés chez nous *officiers de fortune*; il y en a du quatrième, du cinquième, du sixième, du septième et du huitième rang; il n'y en a pas des trois premiers.

Les *rangs militaires* correspondent aux *rangs civils.* Si un mandarin civil passe mandarin militaire, c'est avec son même rang.

La seconde direction, nommée *Direction des positions militaires (tchi-fàng-thsing-li-ssé)*, s'occupe de se pourvoir de tous les documents qui peuvent concourir à bien faire connaître les contrées où l'on doit placer des garnisons ou établir des campements; elle s'enquiert de la position des officiers dans tels corps, de leur rang, de leurs droits aux faveurs qu'ils demandent, en même temps que de la manière dont ils observent et font observer la discipline, de leur instruction militaire, et de leurs talents dans l'attaque et dans la défense. Elle constate aussi les actions d'éclat sur terre et sur mer, et statue sur les récompenses à décerner, etc. Les postes qui surveillent les passages des fron-

---

(*) *Tai-thsing-hoeï-tien*, k. XXXV-XL.
(**) Voy. ci-devant p. 199.

(*) Voy. ci-devant p. 162.

tières, les ports de mer, ou qui sont préposés à la défense de certaines places, dépendent aussi de cette direction.

C'est une opinion en Chine comme en Europe, que pour bien faire la guerre dans un pays, il faut bien connaître ce pays. Pour arriver à ce but, cette Direction a fait faire des cartes détaillées de toutes les possessions de l'empire chinois, lesquelles ont été distribuées en *divisions* ou *commandements militaires*, en *subdivisions*, etc.

La troisième *Direction*, celle *des chars et des chevaux (tché-kia-thsing-li-ssé)*, a dans ses attributions la cavalerie de l'Empire, les chars et les autres équipages militaires; le service des postes fait par la cavalerie, celui des remontes, etc. C'est cette direction qui répartit dans chaque province les garnisons et les postes de cavalerie, et qui fixe le nombre des hommes et des chevaux.

Il est alloué aux officiers généraux et autres en garnison :

	Chevaux.
A un général de division (*toŭ-toŭng* et *thsiáng-kiūn*)	20
A un général de brigade (*foŭ-toŭ-toŭng* et *tsoŭng-ping*)	16
A un colonel (*foŭ-thsiáng*)	12
A un lieut.-colonel (*tsáng-thsiáng*)	8
Aux chefs de bataillon (*yeoŭ-kié*)	6
Aux majors (*toŭ-ssé*) et capitaines (*cheoŭ-pié*)	4
Aux lieutenants (*tsieŭ-tsoŭng*) et sous-lieutenants (*pá-thsoŭng*)	2

La cavalerie chinoise est divisée en deux catégories : celle qui est répartie *en cantonnements*, et celle qui est répartie *en garnisons* (*). La cavalerie *en cantonnements (tchoŭ-fâng-má)* pour la garde de certains lieux ou la protection de certaines frontières, etc., se monte à 116,174 chevaux, répartis inégalement dans les provinces et dans les possessions chinoises situées au delà des frontières (**).

(*) Voir ci-devant p. 203.
(**) Voici l'indication des principales garnisons de cavalerie :

	Chevaux.
A Soui-youan-tching (Chan-si)	4,431
Id. — ibid. (mulets.)	1,000
A Kai-foung-fou (Ho-nan)	2,594
A Kiang-ning (Nan-king)	9,348

La cavalerie chinoise *en garnison (lou-ying-má)* s'élève à 109,891 chevaux. Elle est ainsi répartie dans chaque province :

Provinces :	Nombre de chevaux d'officiers.	de soldats.
1° Tchi-li	1,811	9,150
2° Chan-toung	706	3,717
3° Chan-si	828	4,895
4° Ho-nan	560	2,039
5°-6° Kiang-nan (Kiang-sou et Ngan-hoei)	1,758	4,570
7° Kiang-si	620	1,291
8° Fou-kien	1,812	4,502
9° Tché-kiang	1,268	2,575
10° Hou-pé	876	2,480
11° Hou-nan	1,072	2,552
12° Chen-si	857	7,728
13° Kan-sou	2,210	20,535
14° Sse-tchouan	1,351	5,901
15° Kouang-toung	2,014	4,650
16° Kouang-si	856	1,511
17° Yun-nan	1,242	2,983
18° Koui-tcheou	1,146	2,621
Totaux.	21,024	83,960
Total général		109,981

Ainsi la cavalerie chinoise, en cantonnements, est de 116,174 chevaux.
Id., en garaison, de 109,891
Total général de la cavalerie. 226,065 chevaux.

Les *Statuts* entrent dans des détails minutieux sur la manière dont la remonte de cette nombreuse cavalerie se fait dans l'Empire. C'est principalement dans les haras de l'empereur, lesquels sont placés sous la direction d'un bureau spécial, nommé *Tái-pô-ssé*; dans les contingents que doivent fournir les chefs indigènes de certaines provinces, tels que ceux des provinces du *Sse-tchouan* et du *Kan-sou*. Mais il s'achète aussi tous les ans beaucoup de chevaux sur les marchés du Turkestan chinois, où les amènent les Kirghis-kaïssaks. Les chevaux achetés ainsi portent un signe spécial, de même que ceux qui sont achetés dans les provinces de l'Empire.

Service des postes impériales. Nous avons déjà dit (page 199) que le service des postes n'était pas organisé en Chine comme en Europe. Dans le pre-

A Heng-tchéou (Tché-kiang)	4,513
A Fou-tchéou (Fo-kien)	4,022
A King-tchéou (Hou-pé)	13,031
A Si-ngan-fou (Chen-si)	14,184
A Ning-hia (Kan-sou)	4,591
A Tourfan (Barcoul)	1,427
A Ouroumoutsi (Soungarie)	8,481
A Y-li, ville Hoei-youan	10,632
Hoei-ning	5,412

mier pays, ce service, fait par des détachements de cavalerie placés dans tous les relais, est dirigé par un bureau spécial, dépendant de la troisième *Direction* du ministère de la guerre. Il n'est affecté qu'au transport des dépêches officielles du gouvernement; mais beaucoup de dépêches privées sont transportées sous le couvert des mandarins.

Le service des postes impériales se partage en quatre grandes routes partant de *Pé-king*, et se rendant aux extrémités différentes de l'Empire. Des relais sont établis à des distances convenables, et protégés par un poste militaire. Les dépêches, portées par des cavaliers tartares revêtus des insignes du service impérial (qui inspirent le plus grand respect), sont transmises avec une rapidité extraordinaire, et à de très-grandes distances.

4° *Direction.* La quatrième direction du ministère de la guerre est celle des provisions et fournitures militaires (*woŭ-khoŭ-thsing-li-ssé*). Elle est chargée de diriger l'approvisionnement des troupes en vivres, en effets d'armements et d'équipements, et en munitions de guerre; en même temps qu'elle dirige les inspections annuelles, les examens pour l'obtention des grades et l'avancement, ainsi que la tenue des contrôles.

Composition de l'armée chinoise. L'armée chinoise est divisée en *huit bannières* (*pa-khí*), distinguées entre elles par la couleur ou la bordure des étendards. Les troupes des trois premières bannières forment la *garde impériale* (*thsin-kiūn*); ce sont généralement des Tartares Mantchoux. Ces dernières troupes sont divisées en douze corps différents, dont l'*artillerie* fait partie; cependant il entre aussi des Chinois dans cette arme, qui ne connaît que médiocrement la manœuvre du canon.

Les troupes purement chinoises, distinguées par le nom de *troupes à bannières grises* (*loŭ-ying*), forment un corps spécial de *cavalerie* (*ma-ping*) portant une houppe au sommet de son casque, et le corps principal de l'*infanterie* (*poŭ-ping*), partagé en deux grandes divisions : la *division de guerre* (*chén-ping*), et la *division de garde intérieure* (*chéou-ping*) ou de réserve. Un contrôle exact doit être tenu de ces différents corps.

Nous avons pris la peine de faire, dans les *Statuts*, le dépouillement de l'armée chinoise cantonnée dans les dix-huit provinces. Nous avons trouvé pour chacune les chiffres suivants :

Provinces :	Cavalerie.	Infanterie.
1° *Tchi-li*	505	31,898
2° *Chan-toung*	128	20,616
3° *Chan-si*	436	23,378
4° *Ho-nan*	239	39,955
5° *Kiang-sou*	115	25,635
6° *Ngan-hoeï*	45	8,695
7° *Kiang-si*	68	17,770
8° *Fo-kien*	230	39,070
9° *Tche-kiang*	165	58,336
10° *Hou-pé*	106	22,654
11° *Hou-nan*	111	39,715
12° *Chen-si*	264	42,694
13° *Kan-sou*	571	52,142
14° *Sse-tchouen*	186	51,002
15° *Kouang-toung*	77	63,324
16° *Kouang-si*	81	25,527
17° *Yŭn-nan*	219	42,445
18° *Kouéi-tchéou*	197	45,250
Totaux	3,529	649,554

Si l'on réunit ce chiffre de l'infanterie à celui de la cavalerie, donné précédemment, on aura un effectif, pour l'armée chinoise, de 888,725 hommes. Cet effectif, qui remonte à l'année 1812, n'est pas considérable par rapport à la population; mais il paraissait suffisant, avant la guerre des Chinois avec les Anglais, pour le maintien de l'ordre dans l'intérieur de l'Empire. Il a pu être augmenté depuis (*).

L'effectif de l'armée chinoise est obtenu par les contrôles que les généraux de division sont obligés d'adresser au ministère de la guerre. Ces contrôles doivent mentionner l'augmentation et la diminution que l'effectif a subies; c'est-à-dire le nombre des recrues, et le chiffre des hommes rayés des contrôles par une cause ou par une autre.

RECRUTEMENT DE L'ARMÉE. L'armée chinoise se recrute par des enrôlements volontaires, et par les enfants

(*) M. P.-P. Thoms a publié en 1824, à *Macao*, des documents statistiques d'après lesquels l'armée chinoise s'élèverait à 1,263,000 hommes. Nous ignorons quelle confiance on peut accorder à ces documents, ainsi qu'à d'autres de même nature. Nous nous en rapportons de préférence à l'autorité des *Statuts officiels*.

des anciens soldats, qui restent au service jusqu'à un âge très-avancé. Chez les Tartares Mantchous et Mongols, le goût naturel pour l'état militaire fait en quelque sorte de chaque homme un soldat. Les Chinois préfèrent de beaucoup la carrière des lettres et des emplois civils.

On pourra se former une idée assez exacte des préférences pour l'état militaire chez les Tartares et les Chinois, par l'énumération suivante des individus appartenant à des familles de militaires, pour l'année 1812.

1º Dans la capitale et dans tous les cantonnements des provinces :

	bouches:
1º *Mantchous*................	222,968
2º *Mongols*...................	55,639
3º *Eleuths*...................	2,581
IIº Dans les dépendances du gouvernement de *Tchakhar*, habité par des tribus mongoles.......	16,489
— Commissionnés de *Mao-ming-gan*, id.	285
— Barkouls, dépendants du commandant militaire de *Hé-loung-kiang*	1,251
— Fils de musulmans dépendant de la première bannière blanche du ministère de la maison impériale, *et des cinq autres bannières*..............	123
— *Chinois militaires* des huit bannières	43,554
— Domestiques *mantchous et mongols*...................	50,163
Total..........	393,053

AVANCEMENT MILITAIRE. L'émulation dans l'état militaire, en Chine, est sollicitée par différents moyens. Les trois premières bannières, qui forment un corps d'élite et qui constituent la garde impériale, se recrutent dans trois autres corps de troupes tartares ; ceux-ci, dans d'autres, et ainsi de suite. Les autres moyens d'émulation sont encore nombreux ; ils s'étendent même jusqu'aux enfants, qui sont promus avantageusement dans des emplois civils ou militaires. Les moyens d'intimidation pour maintenir la discipline sont la dégradation, ou simplement de faire

* *Tai-thsing-hoeï-tien*, k. XII, fº 22

descendre d'un corps d'élite dans un corps moins considéré.

Le code militaire est très-sévère, surtout pour les officiers revêtus d'une autorité importante. Nous en ferons connaître les principaux traits à l'article *Code pénal des Chinois*.

REMPLACEMENT MILITAIRE. Le *remplacement* militaire est interdit sous des peines sévères, excepté par un fils, un petit-fils, un neveu, un frère, ou un autre parent habitant avec la personne obligée au service, et lorsque le *remplaçant* s'offre *volontairement* et sans *vue mercenaire*.

Les troupes chinoises sont encore en partie armées, comme l'étaient autrefois les Parthes ou les Scythes, avec des flèches, des carquois et des boucliers (*), sur lesquels sont peintes ordinairement des figures propres à faire peur aux enfants ; mais ils commencent à se servir des armes à feu européennes, dont ils ont été autrefois les inventeurs.

MARINE CHINOISE.

La marine chinoise, soit maritime, soit fluviale, dépend aussi du ministère de la guerre. Elle a à sa tête :

2 amiraux (*choui-ssé-tà-toŭ*) (**), l'un résidant dans la province de *Fo-kien*, l'autre dans celle de *Kouang-toung* ;
12 vice-amiraux (*thsoŭng-ping*);
11 contre-amiraux (*foŭ-thsiang*);
16 majors (*tsán-thsiang*);
49 capitaines de vaisseau (*yéoŭ-kĭ*);
28 lieutenants de vaisseau (*toŭ-ssé*)
94 capitaines (*chèou-pĭ*);
190 lieutenants (*tsièn-thsoŭng*);
359 enseignes (*pa-thsoŭng*);
562 sous-officiers (*waï-wéĭ*);
212 id. (*ghé-waï-waï-wéĭ*).

Chacun de ces officiers de marine, ou plutôt chacun de ces grades, sont affectés à des arrondissements maritimes déterminés dans les *Statuts* (***).

(*) Voy. la *planche spéciale*.
(**) Les noms de grades par lesquels nous avons exprimé les dénominations chinoises ne leur répondent qu'approximativement et dans l'ordre hiérarchique. Il en est de même pour l'armée de terre.
(***) *Tai-thsing-hoeï-tien*, k. XXXVI, fº 1-6.

POLICE MARITIME MÉTROPOLITAINE. Il y a une police maritime métropolitaine, comprenant toute la province de *Tchi-li*, qui ressortit aussi au ministère de la guerre. Elle est placée sous la direction d'un gouverneur général (*thsoùng-toù*), lequel a sous ses ordres *neuf* lieutenants de police (*tsien-thsoùng*), *neuf* sous-lieutenants (*pá-thsoùng*), *huit* brigadiers (*waï-wèï*), et *quatorze* sous-brigadiers.

NAVIGATION FLUVIALE. La navigation fluviale est très-importante en Chine, où la plupart des transports se font par eau. Cette navigation est placée sous les ordres d'un gouverneur général des voies fluviales (*hó-taó-thsoùng-toù*), dépendant aussi du ministère de la guerre. L'organisation de ce service est à peu près la même que celle du service maritime, sauf qu'il n'y a point d'officiers du grade de *vice-amiral* et de *contre-amiral*.

COMMANDANTS DES PLACES FORTES ET DES COLONIES MILITAIRES. Le ministère de la guerre pourvoit aussi à la nomination des commandants des places fortes, des passages fortifiés, et des possessions chinoises dans la Tartarie et les lieux circonvoisins; de même qu'à ceux des troupes préposées à la garde des tombeaux des empereurs.

INSTRUCTION MILITAIRE. L'art militaire a été très-cultivé en Chine dès la haute antiquité. Par une loi fatale qui semble inhérente à la nature humaine, l'art de se défendre a dû naître en même temps que l'art de se nourrir et de se vêtir. Mais cet art de l'attaque et de la défense a dû mettre bien des siècles avant d'arriver à l'état de perfection *relative* où il a été porté de nos jours, surtout en Europe. Il fut sans doute aussi très-cultivé par les nations de l'antiquité restées célèbres dans l'histoire; mais la Chine seule a conservé des traités spéciaux de cette science ancienne, traités dont les auteurs étaient contemporains de Cyrus. Le premier et le plus célèbre de ces traités fut rédigé par *Sun-tseu*, sur la fin du sixième siècle avant notre ère. Il est intitulé : « *Lois ou règles militaires de Sun-tseu* (*Sun-tseu-ping-fā* (*)). » On y

lit : « Les troupes sont la grande affaire d'un État; c'est d'elles que dépend la vie ou la mort des sujets, la grandeur ou la décadence de l'empire. » Il pose en principe que tout militaire qui veut que la gloire et les succès accompagnent ses armes, ne doit jamais perdre de vue *cinq* objets principaux, qui sont : la *Doctrine*, c'est-à-dire, la grande loi morale dont le philosophe *Khoung-tseu* s'était constitué l'apôtre le plus éclairé et le plus fervent; le *Ciel*, c'est-à-dire les lois et les phénomènes du monde physique, la connaissance des climats et des saisons; la *Terre*, c'est-à-dire la connaissance approfondie des pays et des contrées de la terre où il peut être appelé à conduire ses troupes; le *Commandement*, c'est-à-dire toutes les qualités qui constituent l'homme supérieur, capable et digne de commander aux autres; enfin la *Discipline*, c'est-à-dire l'art de disposer les troupes et de les soumettre aux règles de la subordination, sans laquelle il n'y a point de commandement possible et de succès durables.

L'ouvrage de *Sun-tseu* est divisé en treize chapitres ou livres. Le *premier* traite *des principes fondamentaux de l'art militaire*. Nous venons d'énumérer les *cinq principes* sur lesquels il le fait reposer. Le *second livre* traite *de l'entrée en campagne*. Après avoir dit qu'il faut avoir bien soin d'être approvisionné de tout ce qui est nécessaire pour l'entretien de l'armée en vivres et en munitions de guerre, il veut que ceux qui possèdent les vrais principes de la guerre la terminent dans une campagne, et le plus promptement possible. Ils ne doivent pas, pendant trois années entières, consumer des vivres inutilement. Ils doivent trouver les

---

(*) Celui qui écrit ces lignes en possède une très-belle édition, portant des annotations marginales, à l'*encre rouge*, du célèbre général *Wang-chi-tching*, qui vivait sous les *Souï*, au commencement du septième siècle de notre ère. L'ouvrage de *Sun-tseu*, qui comprenait primitivement 82 chapitres, n'en a plus que 13 maintenant. Le P. Amiot en a fait une traduction qui a été imprimée dans le t. VII des *Mémoires sur les Chinois*, ainsi que sa traduction des ouvrages de *Ou-tseu* et de *Sse-ma*.

moyens de faire subsister leurs armées aux dépens de l'ennemi, et épargner ainsi à leur pays les frais immenses que, dans un cas contraire, il serait obligé de faire lorsqu'il faut transporter au loin toutes les provisions. Ils n'ignorent pas que rien n'épuise tant un royaume que les dépenses de cette nature. Car que l'armée soit aux frontières ou dans les pays éloignés, le peuple en souffre toujours ; toutes les choses nécessaires à la vie augmentent de prix ; elles deviennent rares, et ceux qui, dans les temps ordinaires, sont le plus à leur aise, n'ont bientôt plus de quoi se les procurer.

Sun-tseu n'oublie pas ce qui constitue partout le *nerf* de la guerre, c'est-à-dire l'*argent* ; il veut que la solde des troupes soit toujours payée à temps, et avec la plus rigoureuse exactitude. Dans ce cas, dit-il, vous pouvez marcher droit à l'ennemi ; l'attaquer et le vaincre seront pour vous une même chose. Je dis plus : ne différez pas de livrer le combat ; n'attendez pas que vos armes contractent la rouille, ni que le tranchant de vos glaives s'émousse. S'il s'agit de prendre une ville, hâtez-vous d'en faire le siège ; tournez d'abord toutes vos vues de ce côté-là. dirigez là toutes vos forces; il faut ici tout brusquer. Si vous y manquez, vos troupes courent le risque de tenir longtemps la campagne ; dans ce cas, de combien de revers ne vous rendez-vous point responsable? etc. — Si l'armée ennemie a *une* mesure de grain dans son camp, ayez-en *vingt* dans le vôtre ; si l'ennemi a *cent* bottes de fourrages pour ses chevaux, ayez-en *deux mille* pour les vôtres. Ne laissez échapper aucune occasion de l'incommoder, de le harceler ; faites-le périr en détail ; trouvez les moyens de l'irriter, pour le faire tomber dans quelques pièges. Diminuez ses forces le plus que vous pourrez, en lui faisant diversion, en lui tuant de temps en temps quelque parti, en lui enlevant de ses convois, de ses équipages, et d'autres choses qui pourront vous être de quelque utilité.

On trouve dans le livre de *Sun-tseu* ces préceptes d'humanité à l'égard des prisonniers, qui ne sont pas toujours observés dans nos sociétés modernes, lesquelles se vantent cependant d'avoir été élevées et purifiées par les doctrines du christianisme. Voici comment en parle l'ancien général chinois :

« Traitez bien les prisonniers, nourrissez-les comme vos propres soldats ; faites en sorte, s'il se peut, qu'ils se trouvent mieux chez vous qu'ils ne le seraient dans leur propre camp, ou dans le sein même de leur patrie. Ne les laissez jamais oisifs ; tirez parti de leurs services avec les défiances convenables ; et, pour le dire en deux mots, conduisez-vous à leur égard comme si c'étaient des troupes qui se fussent librement enrôlées sous vos étendards. »

Le *troisième livre* traite de *ce qu'il faut avoir prévu avant le combat.*

« Il vous faut, dit *Sun-tseu*, conserver toutes les possessions et tous les droits du prince que vous servez ; les agrandir en empiétant sur les ennemis, c'est ce que vous ne devez faire que lorsque vous y serez forcé.

« Veiller au repos des villes de votre pays, voilà ce qui doit principalement vous occuper ; troubler celui des villes ennemies, ce ne doit être que votre pis-aller.

« Mettre à couvert de toute insulte les villages amis, voilà ce à quoi vous devez penser ; faire des irruptions sur les villages ennemis, c'est ce à quoi la nécessité seule doit vous engager.

« Empêcher que les hameaux, que les chaumières même des sujets de votre souverain ne souffrent le plus petit dommage, c'est ce qui mérite également votre attention ; porter le ravage dans les hameaux ou dans les chaumières de vos ennemis, c'est ce qu'une disette de tout doit seule vous faire entreprendre.

« Sans donner de batailles, tâchez d'être victorieux ; ce sera là le cas où, plus vous vous élèverez au-dessus du bon, plus vous approcherez de l'incomparable et de l'excellent. Les grands généraux en viennent à bout en découvrant tous les artifices de l'ennemi, en faisant avorter tous ses projets, en semant la discorde parmi ses gens, en les tenant toujours en haleine, en empêchant d'arriver les secours étrangers qu'ils pourraient recevoir, et en lui

15ᵉ *Livraison.* (CHINE MODERNE.)

ôtant toutes les facilités qu'il pourrait avoir de se déterminer à quelque chose d'avantageux pour lui.

« Un habile général ne se trouve jamais réduit à ses dernières ressources. Sans donner des batailles, il sait l'art d'humilier ses ennemis; sans répandre une goutte de sang, sans faire usage de ses armes, il vient à bout de prendre les villes; sans mettre les pieds dans les royaumes étrangers, il trouve le moyen de les conquérir; et, sans perdre un temps considérable à la tête de ses troupes, il procure une gloire immortelle au prince qu'il sert, il assure le bonheur de ses compatriotes, et fait que l'univers lui est redevable du repos et de la paix. *Tel est le but auquel tous ceux qui commandent des armées doivent tendre sans cesse, et sans jamais se décourager.* »

Jamais, assurément, on n'a énoncé en Europe, en fait de politique militaire, des principes plus élevés et plus dignes des nations civilisées. Aussi la nation chinoise, qui les professe depuis plus de *deux mille ans*, a été plutôt une nation conquise qu'une nation conquérante. Mais, cependant, telle est la force de la raison et de la justice, que les vainqueurs par les armes sont devenus aussitôt les vaincus par la civilisation!

« Pour être victorieux de ses ennemis, dit *Sun-tseu*, cinq choses sont nécessaires à un général : 1° savoir quand il est à propos de combattre, et quand il convient de se retirer; 2° savoir employer le *peu* et le *beaucoup*, selon les circonstances; 3° montrer autant d'affection aux simples soldats qu'aux principaux officiers; 4° profiter de toutes les circonstances prévues ou imprévues; 5° être sûr de ne point être désapprouvé par le souverain dans tout ce qu'on peut tenter pour son service et pour la gloire de ses armes. Avec cela, si vous joignez à la connaissance que vous devez avoir de vous-même, et de tout ce que vous pouvez ou ne pouvez pas, celle de tous ceux qui sont sous vos ordres, eussiez-vous cent guerres à soutenir, cent fois vous serez victorieux. Si vous ne connaissez que ce que vous pouvez vous-même, et si vous ignorez ce que peuvent ceux qui sont sous vos ordres, vous vaincrez une fois; une fois vous serez vaincu. Mais si vous n'avez ni la connaissance de vous-même ni celle de ceux à qui vous commandez, vous ne compterez vos combats que par vos défaites. »

Après ces trois premiers livres de principes généraux, qui sont une véritable *philosophie de la guerre*, l'auteur chinois traite, dans les dix livres suivants : 4° *de la disposition des troupes*; 5° *de l'habileté dans le gouvernement des troupes*; 6° *du plein et du vide* (*); 7° *des avantages qu'il faut se procurer*; 8° *des neuf changements*; 9° *de la conduite des troupes*; 10° *de la connaissance du terrain*; 11° *des neuf sortes de terrain*; 12° *de la manière de combattre par le feu*; 13° *de la manière d'employer les dissensions et de mettre la discorde.*

Les développements donnés par *Sun-tseu* à ces divers titres prouvent une grande expérience de la politique et de l'art militaire sous le rapport des combinaisons de guerre, et des moyens d'obtenir des avantages sur ses adversaires. Il est douteux qu'à cet égard la science ait fait des progrès depuis plus de deux mille ans. Il est même douteux que beaucoup de généraux européens soient aussi consommés dans cette philosophie de l'art que l'exige *Sun-tseu*.

Voici le portrait que l'auteur chinois fait d'un général :

« Un bon général ne doit jamais dire : *Quoi qu'il arrive, je ferai telle chose, j'irai là, j'attaquerai l'ennemi, j'assiégerai telle place.* La circonstance seule doit le déterminer; il ne doit pas s'en tenir à un système général, ni à une manière unique de se diriger. Chaque jour, chaque occasion, chaque circonstance demande une application particulière des mêmes principes. Les principes sont bons en eux-mêmes, mais l'application qu'on en fait les rend souvent mauvais.

« Un grand général doit savoir l'art des changements. S'il s'en tient à une connaissance vague de certains principes, à une application uniforme des règles de l'art, à certaines lois de discipline toujours les mêmes, à une con-

(*) C'est-à-dire de l'art de profiter des vides laissés dans les lignes de l'ennemi, etc.

naissance mécanique de la situation des lieux, et, si je puis m'exprimer ainsi, à une attention distincte pour ne laisser échapper aucun avantage, il ne mérite pas le nom qu'il porte, il ne mérite pas même de commander.

« Un général est un homme qui, par le rang qu'il occupe, se trouve au-dessus d'une multitude d'autres hommes; il faut par conséquent *qu'il sache gouverner les hommes; il faut qu'il sache les conduire;* il faut qu'il soit véritablement au-dessus d'eux, non pas seulement par sa dignité, mais par son esprit, par son savoir, par sa capacité, par sa conduite, par sa fermeté, par son courage, et par ses vertus personnelles. Il faut qu'il sache discerner les vrais d'avec les faux avantages, les véritables pertes d'avec ce qui n'en a que l'apparence; qu'il sache compenser l'un par l'autre, et tirer parti de tout. Il faut qu'il sache employer à propos certains artifices pour tromper l'ennemi, et qu'il se tienne sans cesse sur ses gardes pour n'être pas trompé lui-même. Il ne doit ignorer aucun des piéges qu'on peut lui tendre; il doit pénétrer tous les artifices de l'ennemi, de quelque nature qu'ils puissent être; mais il ne doit pas pour cela vouloir deviner...

« Ceux des généraux qui brillaient parmi nos anciens (*) étaient des hommes sages, prévoyants, intrépides, et durs au travail. Ils avaient toujours leurs sabres pendus à leurs côtés; ils étaient toujours prêts à tout événement. S'ils rencontraient l'ennemi, ils n'avaient pas besoin d'attendre du secours pour se mesurer avec lui. Les troupes qu'ils commandaient étaient bien disciplinées, et toujours disposées à faire un coup de main au premier signal qu'ils leur en donnaient. Chez eux, la lecture et l'étude précédaient la guerre et les y préparaient. Ils joignaient la prévoyance à la prudence, en même temps qu'ils montraient un véritable courage quand le devoir l'exigeait.

« Enfin, un bon général doit tirer parti de tout; il ne doit être surpris de rien, quoi que ce soit qui puisse arriver. Il n'est en état de tirer parti de tout que parce qu'il fait toutes ses opérations avec le plus grand secret, qu'il sait conserver son sang-froid, et qu'il gouverne avec droiture... Un habile général sait d'avance tout ce qu'il doit faire : tout autre que lui doit l'ignorer absolument. Avant que la campagne soit commencée, le général doit être comme une jeune fille qui ne sort pas de la maison; elle s'occupe des affaires du ménage, elle a soin de tout préparer, elle voit tout, elle entend tout, elle sait tout, elle ne se mêle d'aucune affaire en apparence. La campagne une fois commencée, le général doit avoir la promptitude d'un lièvre qui, se trouvant poursuivi par des chasseurs, tâcherait, par mille détours, de trouver enfin son gite, pour s'y réfugier en sûreté. »

Sun-tseu, le plus ancien auteur chinois sur l'*Art militaire*, qu'il connaissait par expérience, ainsi qu'il le dit lui-même, avait de la *guerre* une opinion qui ne serait pas répudiée par les plus grands penseurs de notre époque : « Faire la guerre, disait-il, est, en gé-
« néral, quelque chose de *mauvais en*
« *soi*. La nécessité seule doit la faire
« entreprendre. Les combats, de quel-
« que nature qu'ils soient, ont tou-
« jours quelque chose de funeste pour
« les vainqueurs eux-mêmes; il ne faut
« les livrer que lorsqu'on ne peut pas
« faire autrement (*). »

Il faut lire le traité de *Sun-tseu* en entier pour se faire une idée exacte de ce qu'était l'art de la guerre dans l'antiquité orientale; car nous pensons que cet ancien écrivain a réuni dans son ouvrage toute la science militaire non-seulement de son temps et de son pays, mais encore celle de toutes les grandes nations de l'antique Orient. On ne doit donc pas être surpris de trouver dans le septième livre des *Lois indiennes de Manou* des préceptes sur

(*) C'est un général chinois du *sixième siècle avant notre ère* qui parle.

(*) Le P. Amiot, dont nous empruntons ici la traduction (*Mémoires sur les Chinois*, t. VII, p. 149), a généralisé la pensée de *Sun-tseu*, qui avait seulement en vue *la guerre par le feu et par l'eau*, dont il venait d'exposer les principes (L. XII); voulant dire par là que l'on ne devait recourir à ce genre de guerre qu'à la dernière extrémité, parce qu'elle était quelquefois aussi nuisible aux vainqueurs qu'aux vaincus.

la guerre, d'une conformité parfaite, sur plusieurs points, avec ceux donnés par *Sun-tseu*; mais, dans *Manou*, on attribue au roi ce que le général chinois demande au général d'armée.

Si le temps et l'espace nous le permettaient, nous donnerions ici une idée de la tactique militaire des Chinois de nos jours; tactique qui est encore loin d'être à la hauteur de la tactique européenne actuelle, surtout dans les armes savantes. Nous dirons seulement que les idées cosmogoniques des Chinois prévalent dans l'art militaire comme dans toutes les autres conceptions de ce peuple. Ainsi la disposition d'un camp ou d'une armée en bataille doit imiter la *rondeur* ou la *sphéricité* du Ciel, et la *forme carrée* de la Terre. Le nombre *cinq* est le nombre de prédilection (à cause des *cinq éléments*, des *cinq planètes*, des *cinq vertus cardinales*, des *cinq points cardinaux*, des *cinq couleurs*, etc.); aussi, les soldats sont toujours groupés par *cinq*; dix de ces *groupes* ou *escouades* forment une compagnie de *cinquante* hommes, infanterie ou cavalerie, et *huit compagnies* (comme chez nous) forment un *bataillon*; chaque peloton est formé de *cinq* files de *cinq* hommes chacune, et chaque file a un porte-drapeau ou guide en tête. Ce sont là des règles générales qui souffrent beaucoup d'exceptions dans la pratique. Un corps d'armée ou une division est composé ordinairement de *huit bataillons*, rappelant les *huit koua* de *Fou-hi*. Ces *huit* bataillons forment un *carré* solide, au milieu duquel se tient le général avec sa tente et son état-major. Vingt-quatre bataillons sont rangés en demi-lune sur les flancs du *carré*, et semblent destinés à le couvrir comme les vélites des armées romaines. D'autres fois, c'est le contraire qui a lieu : le général est au milieu d'un *cercle* formé par deux rangs d'infanterie et un rang de cavalerie, lequel *cercle* est protégé par un *carré* de soldats porteurs de boucliers et de hallebardes, avec des canonniers à tous les *angles*; les quatre côtés de ce *carré* extérieur sont ensuite flanqués de fusiliers formant un angle, dont la base est le côté du carré. D'autres fois encore, les troupes sont divisées en *cinq* pelotons, chacun de forme *circulaire*; d'autres fois, en *dix* qui prennent encore entre eux la forme du *cercle*.

Lorsqu'un corps d'armée doit attaquer l'ennemi, les vingt-quatre bataillons qui couvrent, en forme de demi-lune, le *carré* au centre duquel est le général en chef, se divisent par moitié, et douze bataillons s'avancent à la rencontre de l'aile de l'ennemi. Chaque bataillon, par son organisation propre, se suffit à lui-même pour le commandement et le maintien de la discipline; et lorsqu'on le voit fléchir, il est immédiatement soutenu par un autre bataillon qui n'a pas encore donné. L'art du général chinois est de ne pas engager toutes ses forces à la fois, mais successivement, de manière à en avoir toujours de nouvelles à opposer aux avantages momentanés de l'ennemi. Cette tactique peut quelquefois réussir, lorsque la ruse et les combinaisons stratégiques font les principales ressources d'un général d'armée, comme cela a lieu en Chine; mais elle tiendrait difficilement contre la marche savante d'une armée européenne bien disciplinée. On a vu, dans la récente guerre des Anglais contre les Chinois, ces derniers donner des preuves nombreuses de bravoure individuelle, jusqu'à se faire tuer plutôt que de se rendre ou de souffrir l'humiliation d'une défaite; mais, par suite de l'infériorité de leur tactique et de leurs armes offensives, en présence de la tactique et des armes européennes, les troupes chinoises se trouvaient dispersées au premier choc, et ne pouvaient jamais résister en bataille rangée.

Ce n'est pas la crainte de la mort (les Chinois ne la craignent nullement) qui fait des Chinois d'assez mauvais soldats; c'est l'ignorance d'une bonne tactique, et des moyens perfectionnés de destruction aujourd'hui en vigueur dans les armées européennes. Les Chinois ont l'esprit assez imitateur pour que l'on puisse attendre d'eux un progrès assez prochain sous ce dernier rapport (*).

(*) Un ouvrage chinois moderne intitulé : *Kiaô-ping-soui-tchi*, ou le Manuel du Soldat,

Dans les temps anciens, presque toute la population mâle était assujettie, selon *Ma-touan-lin*(*), aux exercices militaires; et lorsque le besoin l'exigeait, on faisait des levées d'hommes dans la proportion d'*un* sur *seize* ou *dix-sept*. Plus il y avait d'hommes pour les exercices et les revues, plus il y avait de soldats instruits; et moins on levait d'hommes pour la guerre, moins les levées étaient lourdes pour le peuple.

Dans la suite des temps, les choses se passèrent autrement. Les *lettrés* formèrent une classe séparée, les *laboureurs* une autre; les *artisans* et les *marchands* furent classés dans les deux dernières. *Le peuple étant ainsi partagé en quatre classes, n'entendit plus rien aux cuirasses et aux armes; mais on forma des soldats, comme une cinquième classe ajoutée aux autres.* La conséquence fut la diminution du nombre des militaires, et une plus grande encore du nombre des soldats habitués au maniement des armes.

Les empereurs de la dynastie des *Thang* introduisirent l'usage d'employer seulement des *soldats enrôlés*; le peuple et les militaires formèrent alors deux classes entièrement distinctes. Le prétexte de cette innovation fut qu'il valait beaucoup mieux avoir des troupes élevées au service et disciplinées, pendant toute leur vie, afin qu'elles fussent prêtes à la première occasion. Cette innovation n'a pas été heureuse; car on peut assurer que, plus le nombre des soldats a augmenté, plus les conséquences malheureuses de ces armées au service permanent ont été vivement senties. Les troupes sont devenues arrogantes, rebelles, ou faibles et indisciplinées, et elles ont subi presque toujours la loi des conquérants.

Le système de recrutement des armées européennes, dans lequel le soldat fait son temps de service pendant les

en 18 chapitres, renferme d'excellents préceptes sur les devoirs du soldat dans toutes les circonstances dans lesquelles il peut se trouver, soit en garnison, soit en marche, soit en face de l'ennemi, etc. C'est encore de la *philosophie militaire* plutôt qu'une théorie du maniement des armes et des différentes évolutions, et des manœuvres.

(*) Préface du *Wen-hien-thong-khao*.

plus belles et les plus vigoureuses années de sa jeunesse, paraît être celui qui assure le mieux le succès des armées.

4° MINISTÈRE DE LA JUSTICE:
Hing-pou(*).

Le ministère de la justice, composé de *deux présidents*, l'un mantchou et l'autre chinois, de quatre *vice-présidents*, deux de *droite* et deux de *gauche*, également mantchous et chinois, comprend dans ses attributions tout ce qui concerne l'administration de la justice dans l'empire, afin d'aider l'empereur à maintenir l'ordre dans la population.

Tout ce qui est relatif aux moyens employés pour pourvoir à l'application des lois avec indulgence ou sévérité; au devoir d'écouter toutes les plaintes, d'accueillir toutes les justifications avant de prononcer les jugements; aux droits d'accorder des grâces ou d'appliquer des châtiments, ainsi qu'à fixer le taux des amendes pécuniaires, est du ressort de ce ministère. Les membres qui le composent doivent recevoir de leurs *chefs de directions* des rapports sur toutes les affaires de leur département. Si ces affaires sont importantes, elles sont transmises au *Conseil du Cabinet*; si elles ne le sont pas, elles sont expédiées par eux, pour favoriser la marche et la dignité du gouvernement.

On se fait généralement, en Europe, une idée peu exacte de la justice chinoise; on la considère comme étant l'expression d'un pouvoir absolu, par conséquent arbitraire, et n'offrant aucune garantie aux justiciables. Cependant il n'existe peut-être aucun pays en Europe où la justice prenne plus de précautions pour ne frapper que des coupables, surtout quand il s'agit de la *peine capitale*. Dans toutes ces circonstances, à peu d'exceptions près, les membres du ministère ou tribunal de la justice se réunissent en *Cour criminelle* suprême avec les membres des deux autres Cours criminelles : la *Cour des Censeurs impériaux* ou *Grands informateurs* (*Tou-tchă-youên*), et la haute *Cour*

(*) Tai-thsing-hoci-tien. K. XLI-XLIV.

judiciaire ou de *Cassation* (*tá-li-ssè*), et ils forment ce qu'on appelle la *Cour des trois pouvoirs judiciaires* (*sân-fà-ssè*). Cette cour examine de nouveau le procès en présence des accusés et des accusateurs, et souvent elle révoque la sentence. De plus, pour constituer les *grandes assises d'automne*, c'est-à-dire pour former le grand *Tribunal* qui se prononce définitivement sur toutes les sentences capitales portées par les tribunaux de province, un membre du ministère de la justice et huit autres membres pris dans chacun des cinq autres grands ministères, et dans les trois grandes cours souveraines: la *Cour des Censeurs*, la *Cour de Cassation* et la *Cour des Référendaires près du Conseil privé*, se réunissent pour délibérer sur les sentences capitales prononcées pendant l'année, et vérifier si les peines ont été justement appliquées. Aucune sentence capitale n'est exécutée sans avoir été examinée par cette *Cour suprême*. On voit que nos États constitutionnels de l'Europe n'offrent pas même autant de garanties, sous ce rapport, que la monarchie dite absolue de la Chine.

A plusieurs époques de l'histoire de la Chine, les lois pénales ont été très-sévères. Ce fut principalement sous la dynastie des *Thsin*, à laquelle appartient le grand incendiaire des livres (de 255 à 202 avant notre ère), que les châtiments furent les plus cruels, en raison, sans doute, de la résistance que le pouvoir d'alors trouvait dans la population qu'il s'était soumise. On dirait, en lisant l'histoire de cette dynastie, que ses chefs, Indiens d'origine, aient voulu réaliser la théorie que le législateur indien Manou fait, dans son livre des Lois (*), du roi et du châtiment:

7. « Le roi est le feu, le vent, le soleil, le génie qui préside à la lune, le *roi de la justice*, le dieu des richesses, le dieu des eaux, et le souverain du firmament par sa puissance...

14. « Pour *aider* le roi dans ses fonctions, le Seigneur, maître de toutes les créatures, produisit, dès le principe, le châtiment (*), protecteur de tous les êtres (**), la justice même (***), née de lui-même (****), et dont par conséquent l'essence est toute divine.

15. « C'est la crainte du *châtiment* qui permet à toutes les créatures mobiles et immobiles de jouir de ce *qui leur est propre*, et qui empêche les hommes de s'écarter de leurs devoirs (*****).

17. « Le *châtiment* est un roi plein d'énergie; c'est un administrateur habile, un sage dispensateur de la loi; il est reconnu comme le garant de l'accomplissement du devoir des quatre ordres (******).

18. « Le *châtiment* gouverne le genre humain; le *châtiment* le protége; le *châtiment* veille pendant que tout dort; le *châtiment* est la justice, disent les sages (*******).

19. « Infligé avec circonspection et à propos, il procure aux peuples la tranquillité et le repos; mais, appliqué inconsidérément, il les détruit de fond en comble.

20. « Si le roi ne châtiait pas sans relâche ceux qui méritent d'être châtiés, les *plus forts rôtiraient les plus faibles*, comme des poissons sur un gril.

21. « La corneille viendrait becqueter l'offrande du riz; le chien lècherait

---

(*) En sanscrit, *dandas*.

(**) *Sarwaboûtânâm-gôptâras*.

(***) *Dharmas*.

(****) *Atmadjas*.

(*****) *Tasya sarwâni bhoûtâni sthâvarâni tcharâni tcha;*

Bhayâd bhôgâya kalpante svadharmân na tchalanti tcha ||15||.

Le mot sanskrit *svadharma* signifie littéralement *sua virtus*, *suum bonum*, comprenant la double acception du mot latin *bonum*. C'est la *propriété* dans ce qu'elle a de plus parfait, de plus intime. Il y a plus de *trois mille ans* qu'il fallait déjà recourir dans l'Inde au *châtiment* pour la protéger. On voit que *nil sub sole novi*!

(******) *Sa râdjâ pouroûchô dandas; sa nétâ sâsitâ tcha sa;*

Tchatournâm âsramânâm tcha dharmasya pratibhoûh smritas ||17||.

(*******) *Dandas sâsti pradjâh sarwâ; danda évâbhiraxati;*

Dandas souptéchou djâgartti; danda dharmam vidour boudhas ||18||.

(*) *Mánavadharma-Sástra*, L. VII.

le beurre clarifié ; *il n'existerait plus de droit de propriété* (*) ; l'homme du rang le plus bas prendrait la place de l'homme du rang le plus élevé.

22. « Le *châtiment* régit tout le genre humain, car un homme naturellement droit et vertueux se trouve difficilement ; c'est par *la crainte du châtiment* que le monde peut jouir des biens qui lui sont accordés.

24. « Toutes les classes se corrompraient, toutes les barrières seraient renversées, *l'univers ne serait que confusion*, si le *châtiment* ne faisait plus son devoir (**).

25. « Partout où le *châtiment*, à la couleur noire, à l'œil rouge, vient effacer les fautes, anéantir les crimes, les hommes n'éprouvent aucune épouvante, si celui qui dirige le châtiment est guidé par la droiture et la justice...

28. « Car le *châtiment* est l'énergie la plus puissante ; il est difficile à soutenir pour ceux dont l'âme n'a pas été fortifiée par l'étude profonde des lois ; il détruirait avec toute sa race un roi qui s'écarterait de son devoir ! »

L'énergique sublimité de ces citations des anciennes *Lois* de MANOU n'a pas besoin de commentaires pour frapper encore aujourd'hui les esprits. Serait-il donc vrai, comme le dit le législateur indien, que « le *châtiment* régit le genre « humain ? » que, « sans lui, il n'existe- « rait plus de *droit de propriété ?* » que « les plus forts rôtiraient les plus fai- « bles ? » et que « l'univers ne serait que « trouble et confusion ? » S'il en est ainsi (et malheureusement *trois mille ans* semblent donner complètement raison à MANOU !), il faut, avec de Maistre, reconnaître la royauté imprescriptible et fatale du bourreau, et dire adieu, pour jamais, à toutes les utopies de sociétés meilleures, à tous les rêves perturbateurs de ces apôtres de l'humanité, anciens et nouveaux, qui ne peuvent aboutir qu'à jeter la société dans le *trouble et la confusion !*

(*) Le texte sanskrit porte : *Svâmyam tcha na syât ; suum-proprium non esset.*

(**) *Douchyévouh sarvavarnâstcha bhidyéran sarvasétavah ;*

Sarvaloka prakôpastcha bhavéd dandasya vibhramât [?].

Sous la dynastie des *Han*, qui suivit celle des *Thsin*, les lois pénales s'adoucirent ; effet naturel de la réaction qui s'opère toujours dans les esprits après avoir été entraînés dans un sens opposé. Cependant les meilleurs règnes n'ont pas toujours su se défendre de cruauté dans l'application des lois pénales. « J'ai toujours remarqué avec chagrin, dit *Ma-touan-lin* (*), que des punitions telles que celles de fendre le nez, de couper les oreilles, de mutiler et marquer le visage, qui sembleraient être le résultat de la tyrannie, ont cependant été en usage sous les règnes de *Yao* et de *Chun*. L'usage d'arrêter toutes les personnes de la famille d'un criminel, et de les envelopper dans la peine de mort, m'a également semblé une cruauté *digne des Thsin*, et qui n'aurait pas dû être pratiquée sous les *Han* et les *Wei*. J'ai été surpris de trouver que des princes sages et vertueux n'aient pu se défendre de suivre ces lois injustes et tyranniques. L'empereur *Wen-ti* (179-155 avant notre ère), de la dynastie des *Han*, abolit la peine de la *mutilation*, et y substitua celle du *fouet* et de la *tête rasée*. La dernière était trop douce pour corriger les coupables, mais le fouet causait souvent la mort du criminel, ce qui était trop sévère ; en conséquence, ce châtiment fut également supprimé. Dans la suite, la peine fut réduite uniquement à celle d'avoir la tête rasée. Les gens convaincus d'un délit qui n'emportait pas la peine capitale furent rasés et enchaînés, pour être employés aux travaux publics ; les offenses plus graves étaient punies de mort. Cependant des juges cruels et sévères ne manquaient pas de pencher pour les châtiments les plus graves ; de sorte

(*) Introduction au *Wen-hien-thoung-khao*. Voir *Nouveau journal asiatique*, 1832.

On peut consulter sur l'histoire de la *pénalité chinoise*, depuis les premiers temps de la monarchie jusqu'à la dynastie régnante un curieux traité de *Youan-liao-fan*, compris dans son *Khiun-chou-pi-khao*, k. III, fol. 19-32. On y verra que la nécessité, pour les gouvernements successifs de la Chine, de réprimer les désordres incessants, a fait toujours porter une grande sollicitude sur les moyens à employer pour atteindre efficacement ce but.

que, sous la dynastie des *Han*, le nombre des personnes condamnées à mort fut très-considérable. Sous les dynasties des *Tçin* et des *Weï* (de 220 à 420 après J. C.), qui vinrent ensuite, on désira faire cesser un pareil abus ; mais, au lieu d'adopter la punition du fouet, de *diminuer* le nombre des coups afin d'empêcher que la mort ne s'ensuivît, la peine de la mutilation fut remise en vigueur, dans l'intention d'épargner la vie. Mais on ne put atteindre au but qu'on se proposait, et l'usage de raser la tête et de condamner aux travaux forcés fut adopté de nouveau, comme la seule manière de punir qui pût effectuer ce que l'on souhaitait. Les juges ne manquaient jamais de prétexte pour condamner à cette punition les gens auxquels ils voulaient faire éviter la peine capitale.

On vit des exemples de personnes qui, après avoir blessé ou mutilé dangereusement leurs ennemis, en étaient quittes pour la perte de leur chevelure ; et d'autres, qui ne méritaient pas la mort, condamnées, par des juges iniques, à la subir. Les choses furent même poussées au point de mettre à mort toute la famille d'un criminel ; jamais on ne vit si grande iniquité dans l'administration de la justice.

Enfin, les dynasties des *Soui* et des *Thang* (581-905) instituèrent les *cinq* sortes de punitions encore aujourd'hui en vigueur, et qui sont :

1° La peine du *fouet*, ou du petit bout du bambou ;
2° La peine du *bâton*, ou du gros bout du bambou ;
3° La peine de l'*exil temporaire* ;
4° La peine du *bannissement perpétuel* ;
Et, 5°, la peine de *mort*.

Ces *cinq* punitions étaient un retour aux *cinq* espèces de châtiments en usage sous l'ancien empereur *Chun* (*) ; mais un saint roi n'aurait pas voulu les employer. Quant à ceux *qui désirèrent se faire un nom par la clémence*, et qui montrèrent envers les criminels une indulgence préjudiciable au bien général, par exemple, *de ne pas faire mourir les meurtriers* ; de ne pas châtier ceux qui ont blessé leur prochain ; le résultat de ce système fut que des personnes innocentes, qui étaient les victimes de la haine ou de la colère, ne purent obtenir que justice leur fût rendue. D'un autre côté, ceux qui ne respectent pas les lois, et qui cherchent à s'enrichir par toutes sortes de moyens, ne suivent pas l'exemple des anciens, qui s'appliquaient à l'amélioration des lois pénales et à la propagation des bonnes doctrines. »

Selon le *Code pénal* actuel des Chinois (*), les *cinq* châtiments auxquels sont condamnés les différents criminels sont :

1° La peine de la verge (*tchi tsóuï*) ;
2° La peine du bâton (*tcháng tsóuï*) ;
3° La peine du bannissement ou de l'exil temporaire (*toú tsóuï*) ;
4° La peine de la déportation perpétuelle (*liéou tsóuï*) ;
Et 5°, la peine de mort (*ssè tsóuï*).

La première de ces peines s'applique en frappant le coupable avec le petit bout d'une verge de bambou. Cette peine est de *cinq degrés*, c'est-à-dire, de 4, 5, 10, 15 et 20 coups réduits. La deuxième peine s'applique avec le gros bout du bambou ; elle est ensuite de cinq degrés, selon le nombre de coups, qui sont de 20, 25, 30, 35 et 40, réduits. La troisième peine est un exil temporaire loin de sa province natale, et à une distance qui ne doit pas excéder 500 *li*, ou environ 50 lieues ; cette peine est aussi de *cinq* degrés ; selon que le bannissement est de 1 an, 1 an 1/2, 2 ans, 2 ans 1/2, et 3 ans ; le tout avec accompagnement d'autant de coups de bambous que pour la peine précédente, proportionnellement au degré de culpabilité.

La quatrième peine consiste en 100 coups de bambous et en une déportation perpétuelle à 2,000, 2,500 et 3,000 *li*.

La cinquième peine est la mort, de deux façons : par strangulation et par décapitation.

Il est plusieurs autres peines, comme celle de l'emprisonnement, de la *cangue*, etc., qui sont appliquées aux différents délits.

(*) Voy. t. 1, p. 37 et 42.

(*) *Táï thsing liu li*, et le *Táï thsing hoeï tien* ; K. 41, f° 3.

Le *Code pénal* chinois compte *dix crimes capitaux* (*chi ŏ*), qui sont :

1° La *révolte* (*méou fan*), ou plutôt l'infraction des lois qui garantissent la sécurité publique et les produits de la terre ;

2° Le *brigandage* (*méou tá ni*), qui consiste à tenter la destruction des temples, des tombeaux, des palais impériaux ;

3° La *désertion* (*méou phán*), ou plutôt l'abandon de son pays natal pour un pays étranger ;

4° Le *parricide* (*ŏ ni*) ;

5° Le *massacre* d'une famille, ou de plusieurs personnes d'une même famille (*poŭ tào*) ;

6° Le *sacrilége* (*tá poŭ king*) ;

7° Le manque de *piété filiale* (*poŭ hiáo*) ;

8° La *discorde* dans les familles (*poŭ moŭ*) ;

9° L'*insubordination* poussée jusqu'à l'assassinat (*poŭ i*) ;

10° L'*inceste*, ou le trouble intérieur des familles (*néi louán*).

Les crimes rangés sous ces *dix chefs* étant distingués des autres par leur énormité, les lois les punissent avec la plus grande rigueur. Comme ils sont toujours des violences directes des liens qui maintiennent la société dans l'ordre, on en place le détail dans la partie introductive du Code, pour apprendre au peuple à les craindre et à les éviter.

Après l'énumération des *dix* espèces de crimes, le code chinois place les *huit priviléges de rang* que nous avons fait connaître précédemment (p. 139-140).

Les lois chinoises dont l'infraction implique une peine sont classées sous *sept* chefs ou titres différents. Sous le 1er TITRE, on traite des *lois générales* (*ming liŭ li*) ; sous le 2e, des *lois civiles* (*li liŭ*), se rapportant au *ministère* ou *Tribunal des offices civils* ; sous le 3e, des *lois fiscales* (*hoŭ li*), se rapportant au *ministère des finances* ; sous le 4e, des *lois rituelles* (*li li*), se rapportant au *ministère des rites* ; sous le 5e, des *lois militaires* (*ping li*), se rapportant au *ministère de la guerre* ; sous le 6e, des *lois criminelles* (*hing li*), se rapportant au *ministère de la justice* ; sous le 7e, des *lois relatives aux travaux publics* (*koŭng li*), se rapportant au *ministère des travaux publics*.

Toutes ces lois sont réunies sous 436 articles, lesquels sont eux-mêmes divisés en autant de sections que l'école chinoise (au moins aussi minutieuse que nos écoles du moyen âge pour établir des divisions et des distinctions) en a imaginé pour l'éclaircissement des cas et l'application proportionnelle des peines.

Les lois d'un peuple étant, en quelque sorte, l'expression écrite de sa civilisation, nous croyons devoir donner ici les titres des 436 articles du *Code* chinois, dans l'ordre où ils se trouvent.

PREMIÈRE SECTION.

Lois générales en 46 articles (*).

1. Des *cinq* châtiments.
2. Des *dix* crimes capitaux.
3. Des *huit* priviléges de rang.
4. Des délits commis par les classes privilégiées.
5. Des délits commis par les pères et les grands-pères des privilégiés.
6. Des délits commis par les fonctionnaires publics.
7. Des délits commis par les fonctionnaires civils et militaires, comme *hommes publics* (**).
8. Des délits commis par les fonctionnaires civils et militaires, comme *hommes privés*.
9. Des coupables qui ne sont pas sujets au bannissement.
10. Des délits commis par ceux qui appartiennent à la classe militaire.
11. Des adoucissements aux peines, ou *circonstances atténuantes*.
12. De la mise à la retraite sans disgrâce des fonctionnaires publics.
13. Des délits commis par les fonctionnaires publics avant leur nomination.
14. Des fonctionnaires dégradés ou mis en retrait d'emploi, assujettis aux mêmes charges que les simples particuliers.
15. Des parents des transportés (***).

(*) *Taï-thsing-hoeï tien*, K. XLI, f° 9 et suivants.

(**) Voy. ci-devant p. 158, note.

(***) Il est dit dans le code que les femmes

16. Des personnes qui ne peuvent être comprises dans une amnistie générale (*).

17. De l'effet d'une amnistie sur les transportés.

18. Des criminels qui obtiennent de rester dans leur famille pour avoir soin de leurs parents (**).

19. Des délits commis par les astronomes.

20. Des délits commis par les artisans et les musiciens au service du gouvernement, et par les femmes (***).

21. De la récidive en matière correctionnelle.

22. De l'autorisation accordée aux coupables de *moins* de quinze ans, ou de *plus* de soixante et dix, ou bien qui sont affectés d'infirmités, de se racheter par une rançon de la peine à laquelle ils ont été condamnés.

23. Des délits commis dans un temps donné, avant d'avoir atteint l'âge ou les infirmités de l'article précédent.

24. De la confiscation et de la restitution de marchandises.

25. Des criminels qui se livrent eux-mêmes à la justice.

26. Des coupables accusés de plusieurs délits.

27. Des coupables d'un même délit qui se sont soustraits à la justice.

28. Des fonctionnaires publics commettant, comme corps constitués, une illégalité ou délit public.

29. Des erreurs ou fautes commises dans un acte public.

30. De la distinction à établir entre le chef de plusieurs criminels et ses complices.

31. De la conduite à tenir quand l'un des coupables d'un crime s'est échappé.

32. Des parents qui dissimulent leur culpabilité réciproque.

33. Des peines applicables aux déserteurs dans l'armée.

34. Des étrangers considérés comme naturalisés (*), et qui se rendent coupables de crimes.

35. De la conduite à tenir dans les cas particuliers où les lois paraissent contradictoires (**).

36. Des règles relatives à l'augmentation et à la diminution des peines.

37. Des priviléges et distinctions du rang impérial (***), définis.

38. De la parenté du premier degré définie.

39. L'expression : *solidaires* ou *complices du même crime*, définie.

40. Les termes *intendants* et *surintendants responsables*, comme fonctionnaires publics, définis.

41. Définition du jour en cent fractions (****).

42. Des règles concernant les prêtres et les prêtresses de la secte du *Tao*.

43. De la décision des cas prévus par les nouvelles lois (*****).

44. De la décision des cas non prévus par les lois existantes (******).

---

des transportés les suivront; leurs ascendants et descendants restent libres de le faire.

(*) Ce sont celles qui se sont rendues coupables de l'un des *dix crimes* mentionnés à l'art. 2.

(**) Quand un coupable, condamné à la peine de mort, a des parents infirmes ou âgés de plus de soixante-dix ans, et qui n'ont ni enfants ni petits-enfants au-dessus de seize ans, autre que le condamné, celui-ci peut obtenir de rester près d'eux pour les soigner.

(***) Les peines pour les uns et pour les autres sont adoucies.

(*) *Hoá jín*, hommes transformés, c'est-à-dire, ayant adopté la civilisation chinoise, les conditions de la vie chinoise, soit pour un motif, soit pour un autre, sans *lettres de naturalisation*, quoique considérés comme naturalisés. Ces étrangers sont soumis à la loi commune.

(**) Lorsqu'une loi particulière paraît différer dans son application des principes posés dans les lois générales, la préférence doit être accordée à ces dernières, et, dans les autres cas, à celle qui prescrit la peine la moins sévère.

(***) Ces priviléges du rang impérial s'appliquent indistinctement à *l'empereur*, à *l'impératrice*, à *l'impératrice mère*, à *l'impératrice grand'mère*.

(****) On lit dans une note de l'édition de 1832 (que nous possédons) du *Tái thsing liu li*, ou code général chinois, que le *jour* est *actuellement* divisé en 96 parties, conformément à l'*Almanach impérial*; 360 jours forment une année. Une *journée d'ouvrier* n'embrassera que les fractions du jour comprises entre le *lever* et le *coucher* du soleil.

(*****) Les nouvelles lois sont obligatoires du jour de leur promulgation.

(******) Décision par *analogie*.

45. Des lieux de transportation temporaire et perpétuelle.
46. Des lieux de bannissement ou de transportation extraordinaire ou militaire (*).

§ 2. *Lois civiles* (**).

A. *Système de gouvernement.*

47. De la succession héréditaire aux rangs et titres reconnus tels par les lois.
48. De l'incapacité des grands fonctionnaires ou ministres d'État à nommer aux emplois (***).
49. De la défense faite aux fonctionnaires ou mandarins civils de solliciter des titres héréditaires (****).
50. Des employés surnuméraires du gouvernement (*****).
51. Des devoirs et des garanties des messagers officiels.
52. Des degrés littéraires ou autres accordés à des individus qui ne les ont pas mérités (******).

53. Des fonctionnaires publics disgraciés qui seraient employés à d'autres fonctions.
54. De ceux qui quittent leur emploi sans autorisation.
55. Des délais accordés aux fonctionnaires publics pour se rendre à leur poste.
56. Des fonctionnaires publics qui ne sont pas chaque jour à leur poste, soit à la cour, soit dans les provinces (*).
57. De l'intervention illégale d'un tribunal dans les décisions d'un autre.
58. Des intrigues ou complots contre l'État dans l'administration de la justice.
59. Des collusions entre des officiers de la cour et des mandarins de provinces.
60. Des adresses en faveur des grands fonctionnaires de l'État.

B. *Conduite des magistrats.*

61. Une connaissance approfondie des lois est requise pour les appliquer (**).

(*) La transportation *temporaire* ne doit pas avoir lieu plus loin que 500 *li* ou 5o lieues. La transportation *perpétuelle* est de trois degrés : de 2,000, 2,500 et 3,000 *li*. La transportation *extraordinaire* ou *militaire* est de quatre degrés : de 2,000, 2,500, 3,000 et 4,000 *li*. La déportation à *I li* est la peine la plus sévère : c'est une espèce d'esclavage à vie.

(**) *Li lüi*, lois relatives au ministère des *offices civils*; elles sont au nombre de vingt-huit.

(***) C'est un principe fondamental en Chine, que tout dans l'administration de l'État émane directement de l'empereur; mais ce principe n'est pas toujours rigoureusement appliqué. La loi dit que toutes les *nominations* à un emploi public, soit civil, soit militaire, de même que toutes les *destitutions* ou retraits d'emploi, dépendent uniquement de la volonté de l'empereur. Mais il arrive souvent que les hauts fonctionnaires, des provinces surtout, nomment à des emplois vacants, civils et militaires, qui se trouvent dans leur juridiction; toutefois ce ne sont que des nominations *provisoires* autorisées, lesquelles, pour être valables, doivent être ratifiées par l'empereur.

(****) Voy. ci-devant p. 161.

(*****) Leur nombre est fixé par la loi. On ne peut le dépasser sans être punissable.

(******) « Quiconque, dit la loi, conférera des degrés littéraires ou autres à des personnes qui en sont indignes, ou qui ne sont pas capables de s'acquitter des devoirs qu'ils comportent; et quiconque, au contraire, refusera de les conférer, dans le temps requis, à ceux qui ont droit de les obtenir par leur mérite et leur aptitude à remplir les obligations qu'ils imposent, sera puni de quatre-vingts coups de bambou pour la première fois, et de cent coups pour la seconde, quand ces délits seront prouvés d'une manière positive, etc. »

(*) La présence à leurs postes des fonctionnaires publics, qui n'ont point de congé pour excuser leur absence, est rigoureusement exigée, à moins de *dix coups* de bambou, jusqu'à *quatre-vingts*, par jour d'absence.

(**) « Tous les fonctionnaires et employés du gouvernement, dit la loi, doivent faire une étude particulière de ces lois, pour en acquérir une connaissance parfaite, et se rendre ainsi capables d'en expliquer clairement l'intention et les effets, ainsi que d'en surveiller et d'en assurer l'exécution.

« A la fin de chaque année, les magistrats et autres personnes employées par le gouvernement seront examinés sur les lois par leurs supérieurs respectifs, et s'ils sont trouvés incapables d'en expliquer la nature, ou qu'ils ne comprennent point tous les objets qui y sont relatifs, ils payeront l'amende d'un mois de

62. De la non-exécution d'un édit impérial.
63. De la destruction ou de la soustraction des édits impériaux et des sceaux des premiers fonctionnaires; (*peine capitale*), etc.
64. Des erreurs commises dans les adresses à l'empereur, ou autres documents publics.
65. De la négligence, pour certains fonctionnaires, de faire leurs rapports obligés à l'empereur.
66. De ceux qui, ayant été chargés d'une mission, n'en rendent pas compte à qui de droit.
67. Des retards apportés dans la transmission des dépêches gouvernementales.
68. De la vérification et de la conservation des registres officiels.
69. De la seconde vérification des registres ou autres documents officiels qui ne l'auraient pas été convenablement une première fois.
70. De la défense de se faire remplacer par d'autres dans des fonctions officielles, ou de les échanger mutuellement.
71. De l'altération des documents officiels ou des dépêches.
72. De l'emploi ou de l'apposition des sceaux officiels.
73. De l'omission ou de l'imparfaite application des sceaux officiels.
74. De l'emploi des sceaux militaires pour des affaires civiles ou privées.

§ 3. *Lois fiscales* (*).

75. De ceux qui négligent de faire inscrire les individus qui composent leur famille, ou auxquels ils donnent asile, sur le *registre de l'état civil* (*).
76. De l'enregistrement des personnes selon leur profession (**).
77. Des règlements concernant la fondation de temples ou monastères, et l'entrée dans les ordres de la prêtrise (***).
78. Des règles à observer pour se nommer un héritier, à défaut d'enfants (****).
79. Des règlements relatifs aux enfants égarés.
80. De l'inégalité apportée dans la répartition des impôts et du service personnel (*****).

leurs émoluments quand ils seront fonctionnaires supérieurs, et recevront quarante coups de bambous lorsqu'ils rempliront des emplois inférieurs. »

La connaissance des lois est aussi recommandée aux laboureurs, ouvriers et artisans, afin qu'ils sachent ce qu'il faut faire pour ne pas les transgresser.

(*) Ces lois, qui concernent la population et le revenu ou l'impôt, sont au nombre de 82; *quinze* (nos 75 à 89) sont relatives à l'inscription des individus sur les registres de l'état civil; *onze* (nos 90 à 100) sont relatives aux propriétés et taxes territoriales; *dix-sept* (101 à 117) concernent les mariages; *vingt-trois* (118 à 140) concernent la monnaie, les greniers et les caisses publics; *huit* (141 à 148) concernent les impôts indirects; *trois* (149 à 151) les emprunts d'argent, et *cinq* (152 à 156) les marchés publics, ports de mer, magasins, comptoirs, etc.

(*) La loi chinoise est très-sévère sur le premier article. Tout chef de famille est tenu de se faire inscrire sur le registre de l'état civil de sa résidence, et lorsqu'il a chez lui des étrangers formant une famille distincte, il doit également les faire inscrire, comme tels, sur le registre public. Chaque chef de famille doit aussi tenir un *registre de maison*, sur lequel seront inscrits ceux qui composent sa famille. L'omission d'un individu adulte, mâle, ayant atteint l'âge de seize ans accomplis, ou s'il en a déclaré faussement hors d'âge, ou infirmes, afin de les soustraire au *service public*; cette omission ou cette fausse déclaration est punie de soixante coups de bambou, etc., etc.

(**) Tout individu doit se faire inscrire sur le registre de la population selon l'état qu'il professe, soit civil ou militaire, soit comme artisan, médecin, astrologue, laboureur, musicien, etc., etc. Toute déclaration fausse est sévèrement punie.

(***) Aucun temple ou monastère nouveau ne peut être construit, aucune personne de l'un ou de l'autre sexe ne peut entrer dans les ordres ou dans une maison religieuse, sans la permission du gouvernement.

(****) On trouve dans cette loi la défense suivante : « Quiconque gardera comme es-« clave le fils ou la fille d'un homme libre, « sera puni de cent coups de bambou, et « l'enfant recouvrera sa liberté. »

(*****) « Dans tous les lieux, dit la loi, où les impôts se lèvent en argent ou en nature sur le peuple, et où divers services personnels en sont exigés, on aura toujours égard

81. De l'inégale répartition des services personnels.
82. Des moyens détournés employés pour éviter le service personnel dû à l'État (*).
83. De ceux qui exercent l'emploi d'officier de paix sans autorisation.
84. De ceux qui se dérobent au service personnel.
85. Du choix des gardiens et des employés des prisons.
86. Des mandarins qui emploient le peuple et les artisans à un service privé, après avoir fait le service personnel public (**).
87. Des enfants qui rayent leurs noms du registre de la famille, en emportant leur part des biens patrimoniaux.
88. Des plus jeunes membres d'une famille disposant de leur portion de biens sans autorisation (***).
89. Des soins dus aux vieillards et aux infirmes (****).

90. Du non-payement ou du payement incomplet de l'impôt territorial (*).
91. De la visite des terres qui ont souffert des calamités (**).
92. Des terres possédées par des fonctionnaires publics qui ont rendu de grands services à l'État (*koûng tchin*) (***).

au *nombre des individus* qui composent les familles, ainsi qu'aux *moyens* qu'ils ont d'y contribuer, quelles qu'en soient les classes, hautes, basses et intermédiaires, etc., etc. »

(*) « Tous les chefs de famille qui, n'étant pas obligés de travailler pour vivre, placent leurs fils, petits-fils, frères ou neveux, au service d'un officier du gouvernement, afin de leur épargner celui qu'ils doivent à l'État, seront punis de cent coups de bambou, etc. »

(**) « Les fonctionnaires publics, occupant des magistratures, ou inspectant des travaux publics, qui forceront les personnes soumises à leur juridiction à servir comme ouvriers, artisans, à plus de 100 *li* (10 lieues) de leurs demeures habituelles, ou qui les emploieront pour eux-mêmes, dans leurs propres maisons, seront punis selon la gravité des infractions à leurs devoirs.

« En général, il ne sera pas employé à la fois plus de cinquante personnes à quelque service que ce soit, et l'on n'y retiendra aucun individu plus de *trois jours*; quand on ira au delà de ces règles, on sera réputé dans le cas où l'on fait travailler pour son propre compte, et puni en conséquence.

(***) D'après cette loi, l'impartialité la plus stricte doit être observée dans les partages des patrimoines, entre tous les enfants d'une même famille.

(****) Le *droit à l'assistance*, voté par l'assemblée nationale, dans la *Constitution*,

après un long et orageux débat, est ici prescrit en propres termes. La loi chinoise dit :
« Tous les pauvres veufs et veuves abandonnés, tous les orphelins et orphelines, et tous ceux qui, n'ayant point d'enfants, sont sans secours et infirmes, *tous ceux enfin qui manquent du nécessaire*, recevront entretien suffisant et protection spéciale des magistrats du lieu de leur naissance, toutes les fois qu'ils n'auront ni parents ni amis qui puissent les assister. Tout magistrat qui leur refusera l'entretien et son appui, sera puni de soixante coups de bambou.

« Quand un magistrat et ses subordonnés manqueront de donner à ces pauvres, entretenus et protégés par le gouvernement, tout ce que la loi leur accorde en nourriture et en vêtements, ils seront punis en proportion de la valeur de ce qu'ils en auront retranché, suivant la loi portée contre ceux qui dissipent les objets renfermés dans les magasins du gouvernement. »

Suivant les prescriptions de cette loi, il y a, dans la plupart des villes de la Chine, des hospices entretenus aux frais de l'État et par la charité publique, pour y recueillir les enfants trouvés, les infirmes et les vieillards qui, n'ayant plus ni parents ni amis pour les secourir, ont par conséquent *droit à l'assistance publique*.

(*) D'après cette loi, les terres qui ne sont point inscrites sur les registres du fisc sont confisquées au profit de l'État.

(**) La remise d'une partie ou de la totalité de l'impôt foncier, en même temps qu'une prompte distribution de secours en grains, tirés des magasins publics de l'État, sont les moyens les plus usités par le gouvernement chinois pour atténuer autant que possible les calamités publiques, comme les grandes inondations, les grandes sécheresses, etc. Dans l'idée chinoise, l'empereur étant le *père du peuple*, et les fonctionnaires publics étant ses représentants, ceux-ci sont rendus par lui responsables de la population qu'ils gouvernent, et ils doivent avoir pour elle la même sollicitude qu'un bon père de famille.

(***) Ces terres doivent l'impôt foncier et le service personnel comme les autres, excepté

93. De l'usurpation des terres et des fermes, et de leur vente frauduleuse.
94. De l'achat des terres et des fermes par les fonctionnaires publics (*).
95. Des hypothèques foncières (**).
96. De l'usurpation frauduleuse des terres par la culture du domaine public ou privé (***).
97. De l'abandon des terres portées aux rôles de l'impôt foncier, ou dont la culture est négligée (****).
98. De la destruction ou de l'endommagement des outils de labourage et des fruits de la terre, etc.
99. Du maraudage dans les jardins, vergers, etc.
100. De l'emploi privé des objets qui appartiennent au gouvernement.

101. Des règles concernant les mariages (*).
102. De l'acte par lequel une femme ou une fille est louée à un autre (**).
103. De l'inobservation par le mari du rang que doivent occuper sa femme principale et ses femmes secondaires (***).
104. Du renvoi du gendre de la maison de son beau-père qui veut donner un autre mari à sa fille (****).
105. Des mariages contractés pendant la durée légale du deuil.
106. Des mariages contractés pendant qu'un père ou une mère sont en prison.
107. Des mariages entre personnes qui ont le même nom de famille (*****).
108. Des unions contractées entre personnes déjà parentes par un mariage; ce qui, d'honorables qu'elles doivent être, les rend viles (******).

celles qui ont été données par l'empereur à titre de récompense nationale.

(*) Les fonctionnaires publics qui ont une juridiction territoriale, ainsi que leurs commis ou greffiers, ne peuvent acquérir aucunes terres dans les limites de cette juridiction, pendant l'exercice de leur autorité.

(**) La loi en Chine a pris beaucoup de précautions pour garantir le prêt d'argent sur hypothèque. Quand la fraude est reconnue, la terre hypothéquée illégalement est *confisquée* au profit de l'État.

(***) En général, dit la loi, le profit tiré d'une terre cultivée sans autorisation sera restitué au propriétaire à qui elle appartiendra, ou dévolu à l'État, par confiscation, suivant les circonstances.

(****) Cette loi n'en est pas une des moins curieuses du *code chinois*. Le législateur qui l'a promulguée pensait sans doute que si *noblesse oblige*, *propriété oblige* aussi, et qu'il est de l'intérêt général qu'une portion quelconque de la richesse publique (comprenant toutes les richesses privées) ne reste pas *improductive* par le fait de celui qui s'en trouve être le détenteur.

« Le propriétaire, dit la loi, qui laissera sa terre inculte, ou qui négligera ses plantations de mûriers, de chanvre, etc., sera puni suivant la proportion qu'il y aura entre la partie inculte ou négligée et la totalité de ses terres, etc. De plus, il y a solidarité établie par la loi entre le *chef* du village ou de la commune (*li tchăng*), le premier magistrat du canton (*hièn kouân*) et le propriétaire négligent. Le *chef du village* sera de *deux* degrés plus coupable que le *chef du canton*; les assesseurs de celui-ci seront punis comme **complices du délit.** »

(*) En général, d'après la loi chinoise, le droit de conclure les mariages et de les contrôler réside tout entier dans les parents et les grands parents, ou ceux qui en tiennent lieu. Un homme, en Chine, peut épouser plusieurs femmes; mais il ne peut en avoir qu'une du titre véritable *d'épouse* (*uxor*, en chinois *thsï*); et celle-ci est son égale; les autres femmes ne peuvent porter que le titre de *femmes secondaires* (en chinois *thsiëi*), soumises à la première.

(**) « Quiconque, dit la loi, louera une de ses femmes à un autre, pour en faire la sienne pendant un temps, sera puni de quatre-vingts coups de bambou; quiconque louera ainsi sa fille, le sera de soixante. »

(***) « Quiconque, dit la loi, fera descendre sa *première femme* au rang de *femme secondaire*, subira une peine de cent coups de bambou; quiconque, pendant la vie de sa principale femme, en élèvera une autre au même rang, en recevra quatre-vingt-dix.

(****) Peine de cent coups de bambou appliquée au beau-père.

(*****) Ces mariages sont interdits.

(******) La loi chinoise est beaucoup plus exclusive que la loi française. Elle est ainsi conçue: « Toute union contractée entre personnes déjà parentes au quatrième degré, par un autre mariage, et tous les mariages faits avec des sœurs, filles de la même mère, quoique nées de pères différents, ou avec les belles-filles d'un premier mari, seront considérés comme incestueux, et punis suivant la

109. Du mariage avec des parents du même sang, ou avec les veuves de ces parents.

110. Du mariage des fonctionnaires publics avec des femmes dont les familles sont soumises à leur juridiction (*).

111. Du mariage avec une personne qui se cache pour cause d'un crime.

112. Du mariage forcé des femmes ou des filles d'hommes libres (**).

113. Du mariage avec des musiciennes ou comédiennes (***).

114. Du mariage des prêtres de *Fo* et de ceux de la secte du *Tào* (****).

115. Du mariage entre des personnes libres et des esclaves (*****).

116. Du divorce, ou de la répudiation de la femme par le mari (******).

117. Lorsque des mariages sont contractés contrairement aux lois, les per-

tion de la femme par le mari, d'abord pour crime d'*adultère*, ensuite, pour les sept causes suivantes :

1° *La stérilité* (*woŭ tseŭ*) ;
2° *L'impudicité* (*yén yĭ*) ;
3° *La désobéissance* envers les père et mère de son mari (*poŭ ssé kicou kou*) ;
4° *La loquacité* ou *la propension à la médisance* (*tō yén*) ;
5° *Le penchant au vol* (*taò khioung*) ;
6° *Un caractère jaloux* (*toŭ ki*) ;
7° *Une maladie incurable* (*ŏ pĭng*).

« Quand toutes ces causes de divorce existeraient, si l'on pouvait y opposer 1° que la femme a porté *trois* ans le deuil pour le père ou pour la mère de son mari ; 2° que sa famille est devenue *riche*, de pauvre qu'elle était avant son mariage, et au temps où il s'est fait ; 3° qu'elle n'a plus ni père ni mère pour la recevoir, elles seraient inadmissibles, et le mari qui aurait chassé sa femme sur de tels fondements subirait la peine de quatre-vingts *coups* de bambou, moins deux degrés, et serait obligé de reprendre sa femme. »

La loi chinoise rend, dans certains cas, le *divorce obligatoire* :

loi contre les liaisons criminelles entre parents.

« Un homme n'épousera ni la bru de son père ou de sa mère, ni les filles de la tante de son père ou de sa mère ; ni la sœur de son beau-frère ou de sa belle-sœur, ni la sœur de la femme de son petit-fils, sous peine de recevoir cent coups de bambou pour ce délit. »

(*) Interdits.

(**) « Quiconque, dit la loi chinoise, se confiant en son pouvoir ou en son crédit, enlèvera la femme ou la fille d'un homme libre, pour en faire une de ses femmes, sera mis en prison pendant le temps usité, *et condamné à la mort par strangulation*, etc. »

(***) Ces mariages sont interdits aux fonctionnaires publics.

(****) Le mariage est interdit par la loi aux prêtres de ces deux sectes, qui sont très-nombreuses.

« Tout prêtre de *Fŏ* ou *Tao-sse*, dit la loi, qui se mariera en épousant une femme principale, ou une femme secondaire, sera puni de quatre-vingts coups de bambou et chassé de son ordre. L'individu de la famille qui lui aura donné cette femme en mariage, subira la même peine que lui ; le mariage sera nul, la femme sera renvoyée à sa famille, et les présents de noce seront confisqués au profit du gouvernement. Tous les autres prêtres ou bonzes de sa communauté seront sujets à la même peine corporelle que lui, s'ils ont été complices de son délit, mais non à être expulsés de leur ordre ; et s'ils ont ignoré le délit de leur confrère, ils ne seront condamnés à aucune peine. »

(*****) Ces mariages sont interdits.

(******) La *loi* chinoise autorise la *répudia-*

« Si la femme avait rompu le lien matrimonial par un *adultère*, ou qu'elle eût commis un délit pour lequel la loi veut que des époux soient séparés, le mari qui ne *la renverrait pas* en subirait la peine par l'application de quatre-vingts coups de bambou.

« Quand deux époux, ne se convenant point, désirent mutuellement se séparer, la loi n'y peut mettre opposition.

« Si un mari refuse de consentir au divorce, et que sa femme, qui prétend s'en séparer, abandonne sa maison, elle sera punie de cent coups de bambou, et son mari pourra la vendre à celui qui voudra l'épouser, etc. »

Dans un livre intitulé *Traditions sur les devoirs des femmes dans l'antiquité* (*Tien kou li niù tchouan*), en deux livres, d'où sont tirées les *sept causes de répudiation* que nous avons énumérées ci-dessus, on lit encore que « la femme ne doit prendre aucune part dans « la direction des affaires de la famille ; et « qu'il y a *trois* personnes auxquelles elle doit « successivement obéissance : 1° à son *père*, « pendant qu'elle est dans la maison pater- « nelle ; 2° à son *mari*, après qu'elle a été ma- « riée ; et 3° si elle devient veuve, à son *fils* « *aîné*. Dans aucune circonstance de sa vie, « elle ne doit être maîtresse absolue d'elle- « même. »

Ces devoirs de la femme chinoise sont *tex-*

sonnes qui se sont entremises pour les négocier en sont responsables.

118. Des règlements concernant la monnaie (*).

119. Des époques fixes où l'on doit percevoir les impôts en nature.

120. De l'impartialité que l'on doit apporter dans la perception des impôts en nature.

121. De l'action de dérober aux regards ou de laisser endommager et perdre les objets en nature provenant de l'impôt.

122. De l'action de monopoliser le payement des impôts (*).

123. Des faux récépissés ou fausses quittances de payements délivrées dans les magasins publics.

124. Du trop perçu dans les impôts; les transports d'une branche à une autre du revenu public défendus; la vérité et la fidélité dans les comptes exigées.

125. Du prêt ou de l'emploi secret du revenu public en argent.

126. Du prêt ou de l'emploi secret des choses publiques ou qui sont la propriété publique.

127. Des recettes, dépenses et transferts du revenu public.

128. Des fraudes commises par les employés dans les magasins ou greniers publics.

129. Des fraudes commises dans la distribution des fournitures et de la solde de l'armée.

130. De la solidarité des fonctionnaires employés dans le maniement des fonds publics.

131. De la responsabilité des mêmes fonctionnaires dans les cas de soustraction de denrées ou d'objets conservés dans les magasins publics.

132. De la responsabilité des receveurs et des distributeurs d'objets en argent ou en nature appartenant au gouvernement.

133. Des fraudes commises dans les greniers ou magasins publics à l'entrée et à la sortie des denrées ou autres objets.

134. Des vexations commises dans la perception des impôts publics.

135. De la pureté exigée de l'or et de l'argent reçus en payement des impôts.

136. Des dommages et pertes qui ont lieu dans les greniers et magasins publics.

137. Du transfert des denrées et objets appartenant au gouvernement.

138. Des règles à suivre pour les confiscations et les restitutions.

---

tuellement dans les anciennes lois indiennes de *Manou*, comme beaucoup d'autres prescriptions des lois chinoises, encore aujourd'hui en vigueur. On lit, en effet, dans *Manou*, Livre V, *Sloka* 148 :

« Pendant son enfance, la femme doit dé-
« pendre de son père; pendant sa jeunesse,
« elle doit dépendre de son mari; son mari
« étant mort, elle dépend de ses fils. La femme
« ne doit jamais être maîtresse absolue d'elle-
« même. »

Voici le texte sanskrit :

Bâlyé pitour vasé tichtet; pânigrâhasya yôvané, Poutrânâm bharttari prêté; na bhadjet strî svatantratâm ||148||.

La même prescription se trouve encore dans le Livre IX, Sl. 3 :

« Le père *garde* la femme pendant son en-
« fance; le mari la *garde*, pendant sa jeu-
« nesse; les fils la *gardent* pendant sa vieil-
« lesse. La femme ne doit jamais être laissée
« à l'exercice libre de sa volonté. »

Pitâ raxati kômâré; bhartâ raxati yôvané, Raxanti sthâviré poutrâ; na strî svatantriyam harati ||3||.

On voit, par ces citations, que la femme, dans l'Inde et en Chine, est toujours *mineure*, et qu'elle ne peut, *en aucun temps*, *disposer de sa personne et de ses biens* en toute liberté.

(*) « Suivant les règlements qui concernent la fabrication de la monnaie, dit la loi, il y a des fonderies et des établissements où le métal est préparé et frappé, et des magasins où la monnaie est déposée jusqu'à ce qu'elle soit mise en circulation. La quantité de métal monnayé, et les époques de sa sortie des magasins ou de son émission, seront fixées d'après les délibérations du ministère des finances, afin que les émissions successives de la monnaie se fassent en raison des besoins publics. A la même époque, ce ministère réglera aussi le prix de l'or, de l'argent, des *grains* et autres objets d'utilité publique ou de consommation, selon le cours de la place et des marchés. »

(*) Le but de cette loi est d'empêcher l'établissement d'une industrie usuraire qui spéculerait sur la gêne du peuple pour faire des profits illicites.

139. De la conservation des propriétés confisquées.
140. De l'action de cacher ou déguiser les personnes et les propriétés confisquées (*).
141. Des règlements sur l'exploitation et le commerce du *sel* (**).
142. Des gains illicites que se procurent les surintendants du *sel*.
143. Du maintien et de l'exécution des règlements sur le sel.
144. De la contrebande du *thé* (***).
145. De la contrebande de l'alun.
146. Des droits éludés, ou de la contrebande en général (*).
147. Des vaisseaux marchands qui ne déclarent qu'une partie de leur cargaison (**).
148. De l'arriéré dans le payement des impôts et des droits sur les marchandises (***).
149. Du prêt usuraire (****).
150. De l'infidélité concernant une propriété ou des objets confiés.
151. De la trouvaille de choses perdues, ou des épaves (*****).

(*) « Les familles des criminels, dit la loi, ne seront rendues *esclaves*, et leurs propriétés mobilières ou immobilières confisquées, que dans les cas de trahison, de révolte, ou d'un autre des *dix* grands crimes (énumérés précédemment n° 2), ou dans ceux où la loi l'ordonne expressément; et si un magistrat rend injustement, et sans autorisation, une sentence de confiscation, il sera puni comme dans le cas où il condamnerait quelqu'un au bannissement perpétuel, avec injustice et de son propre mouvement, etc. »

(**) « Le commerce du sel (observe le traducteur anglais du *Code des lois pénales*), donnant en Chine des droits qui forment une branche considérable du revenu de l'État, se fait par un privilège exclusif, réglé et limité à un nombre de négocians auxquels le gouvernement accorde des licences à cet effet, et dont les magasins sont soumis aux visites de préposés, nommés spécialement pour ce service dans chaque province. Les négocians qui jouissent du privilège de vendre exclusivement le *sel*, comme ceux qui ont celui d'en trafiquer *seuls* à l'étranger, sont très-riches et fort considérés. Le principal marchand de *sel* à Canton, passe actuellement pour être l'homme le plus riche de la province.

Les règlements sur l'exploitation et le commerce du *sel* sont très-minutieux, ce qui prouve qu'ils ont une grande *importance fiscale*.

(***) « Quiconque, dit la loi, vendra clandestinement du *thé*, sera sujet aux peines établies précédemment contre ceux qui vendent du sel clandestinement. Quiconque ayant une licence pour vendre du *thé*, indiquant la quantité qu'il peut en posséder, certifiée conforme par les employés du gouvernement auxquels cette licence a dû être présentée à l'effet d'en faire la vérification, et s'en servira, après le temps fixé pour sa validité, pour tirer, des plantations de *thé*, de nouvelles provisions, subira toutes les peines portées contre la contrebande de cette marchandise, et infligées comme de coutume. »

(*) Les lois chinoises sur la *contrebande* sont sévères et minutieuses; mais elles n'en sont pas moins éludées quand il se trouve un fort profit à le faire, comme dans la contrebande de l'*opium*, qui porte un si grand préjudice à la population chinoise, et que les mesures les plus sévères du gouvernement n'ont pu encore réprimer.

(**) « Tous les capitaines des grands bâtimens marchands, dit la loi, qui navigueront sur la mer, en abordant au port pour lequel ils auront fait voile, remettront aux officiers de la douane l'*état exact* de toutes les marchandises qui seront à leur bord, afin que l'on puisse établir les droits qu'ils devront payer pour elles. Si le négociant du pays auquel est adressé un vaisseau marchand, ou le subrécargue de ce bâtiment, dans le lieu où il relâchera, ne fournissent point l'état ci-dessus, ou en donnent un qui soit faux ou défectueux, *ils seront punis* de cent coups de bambou, et les marchandises non portées en totalité ou en partie sur ledit état seront sujettes à confiscation. Ceux qui recevront de telles marchandises n'ayant pas été dûment vérifiées lorsqu'on les mettra à terre, subiront la même peine.

« Les personnes qui donneront avis des infractions faites à cette loi, recevront la récompense de 20 *liang* ou onces d'argent (160 francs). »

(***) « Tout l'arriéré, dit la loi, qu'un contribuable doit au gouvernement dans le cours d'une année, sera acquitté avant la fin de l'année. »

(****) « Le taux légal de l'intérêt en Chine est de 3 pour cent par *mois* et de 30 pour cent par *an*. Il est défendu aux fonctionnaires publics de prêter de l'argent à leurs administrés, même au taux légal.

(*****) Le droit chinois est le même qu'é-

152. Des agents commerciaux établis et autorisés par le Gouvernement dans chaque ville, marché public, port de mer, etc. (*).

153. De l'évaluation du prix des marchandises par des facteurs ou des agents commerciaux (**).

154. De l'entente illicite entre les facteurs et les marchands (***).

155. Des poids, des mesures et des balances fausses (****).

156. De la fabrication d'ustensiles et d'étoffes de soie dans une forme non sanctionnée par l'usage (*****).

§ 4. *Lois rituelles* (*).

157. De l'administration des rites relatifs aux sacrifices (**).

158. De la dégradation et de la destruction des autels, terrasses et tertres sacrés, sur lesquels se célèbrent les sacrifices.

159. Des rites sacrés à observer dans les provinces, conformément au rituel qui les contient (***).

160. Des tombeaux des anciens em-

---

tait le droit français avant la révolution. Les objets trouvés doivent être déposés entre les mains du chef du canton dans lequel ils ont été trouvés. Si ces objets sont reconnus pour faire partie de la propriété publique, ils seront retenus par le gouvernement; sinon, ils resteront chez ce magistrat pour être remis au propriétaire, s'il se présente.

(*) Ce sont des agents patentés qui ont de l'analogie avec nos *agents de change*, *courtiers de commerce*, etc., et comme eux assujettis à tenir des registres officiels qui les rendent responsables de leurs transactions, etc.

(**) « Les agents commerciaux appointés par le gouvernement (espèce de commissaires-priseurs), après avoir examiné suffisamment les marchandises qu'on importera dans leurs marchés respectifs, en feront l'évaluation en toute équité. S'ils s'écartent de ce devoir par surestimation ou moindre prisée desdites marchandises, ils seront sujets à subir une peine proportionnée à ces augmentations ou diminution de valeur, d'après la loi concernant les malversations pécuniaires en général, etc. »

(***) Cette loi est destinée à atteindre toutes les spéculations qui auraient pour but de faire surenchérir ou de déprécier les marchandises.

(****) Peines sévères atteignant tous les complices, les fabricants de faux poids, de fausses mesures, comme ceux qui s'en servent, aussi bien que les poids et mesures qui, quoique conformes aux étalons du gouvernement, n'en porteraient point le timbre.

(*****) « Lorsqu'un particulier fabriquera pour la vente, dit la loi, quelque article qui ne sera pas, en tout, aussi bien confectionné que le modèle établi par le gouvernement, ou reçu dans l'usage ordinaire, ou des étoffes de soie et autres d'un tissu moins serré, d'une largeur moins grande et d'un aunage plus court que l'échantillon légal ou usuel,

il sera puni de cinquante coups de bambou. »

(*) Les lois rituelles (*li liŭ*), ou celles qui sont destinées à régler la pratique des devoirs religieux, ne sont qu'au nombre de vingt-six, dont six (157 à 162) se rapportent aux *sacrifices* et aux *offrandes*, et 20 (163-182) aux choses impériales et aux cérémonies publiques.

(**) « Tous les fonctionnaires du gouvernement, dit la loi, qui président à l'accomplissement des grands sacrifices au *Ciel*, à la *Terre*, aux *Génies des productions terrestres*, ou divinités tutélaires de l'État (*thiên*, *thi*, *chë*, *thsĭ tà ssé*), et ceux qui président aux cérémonies religieuses dans les temples impériaux, s'y prépareront toujours par l'abstinence; ils s'engageront, par des vœux solennels, à observer cette abstinence, et, avant de prononcer ces vœux, ils annonceront, de la manière que la loi le prescrit, le jour où se feront les sacrifices qui ont lieu dans de telles occasions, etc. »

(***) « Dans tous les départements, arrondissements et cantons de chaque province, dit la loi, les Génies locaux qui président aux fruits de la terre; les Esprits des montagnes, des fleuves, des vents, des nuages, des éclairs et du tonnerre, de la pluie, ainsi que les saints empereurs (*Yao*, *Chun*, etc.), les rois éclairés, les ministres fidèles, et les grands philosophes, seront tous honorés publiquement par des oblations et sacrifices, et il en sera fait commémoration dans les cérémonies saintes qu'ordonne à leur égard le code rituel.

« Les chefs des circonscriptions administratives énumérées ci-dessus ne manqueront pas d'élever à ces personnages divins des monuments convenables, pour en honorer et conserver la mémoire, en faisant ériger des tables sur lesquelles on gravera leurs noms, leurs titres, et les jours où l'on devra leur faire des sacrifices, etc. »

pereurs et personnages distingués (*).
161. Du culte profane rendu aux Esprits (**).
162. De l'interdiction des magiciens, chefs de sectes, propagateurs de fausses doctrines (***).

(*) « Les monuments funéraires des anciens empereurs et princes, dit la loi, de même que ceux des saints personnages ou philosophes de l'antiquité, des anciens sages, des ministres fidèles, etc., seront soigneusement entretenus par les chefs des cantons où ils auront été érigés; et il est défendu à toute personne de faire paître des bestiaux, de couper du bois et de conduire la charrue autour de ces monuments respectables. »

(**) Cette loi défend aux particuliers, aux familles privées, de rendre un culte privé au ciel, à l'étoile polaire, etc., en dérogation aux cérémonies publiques. Elle défend aussi aux prêtres de *Fŏ* et aux *Tao-ssé* d'imiter les rites sacrés du culte officiel, et aux femmes de se rendre dans les temples de ces prêtres pour y faire des cérémonies religieuses.

(***) La loi chinoise est très-sévère sur ces matières, qu'elle considère comme des moyens directs ou indirects de tromper le peuple, et de lui inspirer des idées perverses, des sentiments dangereux pour la tranquillité publique. Dans cette catégorie sont placés les propagateurs et les sectateurs de la doctrine chrétienne, ou du *maître du Ciel* (*thiēn tchoŭ*), comme elle est désignée.

« Lorsqu'on découvrira, dit-elle, que ces personnes auront offert de l'encens en secret aux représentations des objets de leur culte, et qu'elles auront rassemblé leurs sectateurs pendant la nuit, pour les instruire de leurs maximes, en abusant des pouvoirs qu'ils s'attribuent, ainsi que des connaissances qu'ils prétendent avoir pour séduire et tromper la multitude trop crédule, le principal ministre de leurs abominations sera emprisonné pendant le temps prescrit, et *perdra la vie par strangulation*. Ses adhérents recevront chacun cent coups de bambou, et seront bannis à perpétuité, à la distance de 3,000 *li*. »

On peut voir dans le *Tai-thsing liu li*, ou *Code* chinois, la législation concernant la religion chrétienne, *revue* la première année *Tao kouang* (1821), et dans laquelle est renouvelée la « *défense formelle, rigoureuse*
« (*yén kin*) aux hommes de l'Océan occi-
« tal (les Européens), de pénétrer et de sé-
« journer dans l'intérieur de la Chine, en
« même temps qu'il est prescrit à ceux qui s'y
« trouveraient établis de vendre leurs pro-
« priétés et de quitter le pays. »

163. De la préparation des médecines et des mets destinés pour l'empereur.
164. Du soin des équipages et de la garde-robe de l'empereur.
165. De la possession et du recèlement des *livres défendus*, et des instruments astronomiques (*).
166. De la transmission des présents impériaux.
167. De l'observance des jours de fêtes et de cérémonies.
168. De l'accomplissement convenable des cérémonies prescrites.
169. De l'ordre dans lequel les fonctionnaires publics doivent parler à l'empereur (**).
170. De l'empêchement prémédité d'avoir une audience de l'empereur (***).
171. Des adresses sur les affaires publiques (****).

Nous verrons plus loin quelles sont les modifications obtenues sur cet article par notre inutile et coûteuse *ambassade*.

(*) « Tout chef de maison ou de famille, dit la loi, qui gardera chez lui secrètement les images des esprits célestes, les instruments dont on se sert pour expliquer le cours des astres, ou pour en tracer les représentations (comme des sphères et autres instruments de ce genre, dit la *Glose*); qui aura des livres d'astrologie, de divination, ou d'autres dont la possession est défendue (parce qu'ils troublent le gouvernement; *Glose*); qui de plus conservera les portraits des empereurs et rois des différentes dynasties, des sceaux officiels gravés sur de l'or ou des pierres précieuses (excepté les principaux fonctionnaires), et enfin toute autre chose semblable, sera puni de cent coups de bambou, etc. »

(**) Le plus élevé en dignité s'avance, et parle le premier.

(***) « Si un fonctionnaire, dit la loi, ou une autre personne qui a droit à l'honneur d'être présentée à Sa Majesté Impériale, est éloignée de cette prérogative sous d'insidieux prétextes employés par le surintendant des cérémonies impériales, ce surintendant, convaincu d'avoir agi de la sorte dans le dessein de nuire, sera mis en prison pendant le temps ordinaire, et *condamné à avoir la tête tranchée*. »

(****) « En tout ce qui concernera les fautes commises dans l'administration des affaires de l'État, dit la loi; les avantages ou les préjudices qui pourront regarder l'armée

16.

172. Des monuments érigés par des fonctionnaires publics en leur propre honneur (*).

173. De la défense d'aller au-devant des fonctionnaires supérieurs, et de les reconduire au delà de certaines limites (**).

174. Des envoyés ou commissaires officiels qui traitent avec hauteur et mépris les mandarins de province (***).

175. Des lois somptuaires concernant les vêtements et les habitations (****).

et le peuple; en un mot, dans toutes les affaires ou les projets qui tendront à accroître le bien public, ou à empêcher qu'il n'y soit porté atteinte, il en sera fait des enquêtes, et le résultat en sera placé sous les yeux de l'empereur lui-même, par les mandarins des six grands ministères de l'État.

« Les censeurs, les gouverneurs et lieutenants gouverneurs des provinces, chacun en ce qui les concerne, représenteront de même à l'empereur, avec fidélité et sans rien cacher, tout ce qui paraîtra bon à lui être communiqué sur les objets ci-dessus.

« Si un fonctionnaire grand ou petit, soit à la cour, soit dans les provinces, s'aperçoit de quelque irrégularité dans les actes de l'administration à laquelle il appartient, il en fera la déclaration claire et précise à son supérieur, quand le sujet méritera d'être mis sous les yeux de Sa Majesté Impériale, par un rapport fidèle, pour qu'elle en décide suivant son bon plaisir. Ceux qui, ayant reconnu ladite irrégularité, laisseront passer beaucoup de temps sans en donner avis à leurs supérieurs, ce qui établirait une connivence avec eux, seront sujets, si c'est à la cour, à être recherchés pour cette conduite par les censeurs, et, s'ils ont commis ce délit en province, par les gouverneurs ou leurs délégués. Lorsqu'ils seront reconnus coupables d'une telle omission, ils subiront la peine voulue par la loi pour les cas ordinaires, où l'on manque de faire un rapport nécessaire sur les affaires publiques, à ses supérieurs ou à Sa Majesté.

« Dans toutes les représentations de cette nature adressées à l'empereur, les faits qui en feront le sujet et les raisons données à l'appui, devront être établis d'une manière simple et sans détours; chacun de ces faits formera un article séparé, et bien exposé. Tout mot vide de sens et toute répétition inutile seront bannis de ces adresses.

« Les fonctionnaires qui sollicitent un avancement en se servant de termes insidieux sont punis de cent coups de bambou. S'ils portent à tort des accusations contre un fonctionnaire dont ils convoitent la place, ou pour un autre motif, et, de plus, si, pour que leur adresse parvienne plus sûrement à l'empereur, ils empruntent un sceau et une enveloppe officielle, eux, et la personne qui leur aura prêté le sceau et mis la suscription à l'adresse, seront condamnés à avoir la tête tranchée. » (Ce délit est du genre mixte; *Glose*; c'est-à-dire que la peine en est commuable en un *bannissement*.)

On voit, par ce texte de loi, que si le gouvernement chinois n'a pas, comme les gouvernements européens, des journaux quotidiens pour le ramener ou le maintenir dans la bonne voie, pour lui donner d'utiles avis (quand ils ne se bornent qu'à cela), il a d'autres moyens de connaître les abus et de les réprimer. — « Il faut convenir, dit G. « Staunton, qu'il y a peu de monarchies ré- « gulières où la conduite personnelle du sou- « verain, et les mesures générales qu'il or- « donne, soient soumises autant qu'en Chine « aux lois, aux coutumes, et à l'opinion pu- « blique. »

(*) « Si quelque fonctionnaire public, dit la loi, pendant le temps de son administration, ose élever, dans les limites du pays soumis à son autorité, un monument public portant des inscriptions en son propre honneur, lorsqu'il n'a effectivement rendu à l'État aucun service digne d'être rappelé à la mémoire de ses concitoyens, il sera puni de cent coups de bambou. Les inscriptions seront effacées, et le monument abattu. »

(**) « Quand des fonctionnaires supérieurs du gouvernement ou autres, chargés d'une mission spéciale de l'empereur, seront en route pour la remplir, si quelques-uns des fonctionnaires de la province vont plus loin que les murs de leur ville, soit à leur rencontre, soit en reconduisant, ils seront punis de quatre-vingt-dix coups de bambou.

« Quiconque souffrira que la suite d'honneur accordée à sa mission passe les bornes prescrites ci-dessus, subira la même peine. »

Dans un des statuts supplémentaires, il est ordonné à tout soldat ou simple citoyen, sous peine de recevoir cinquante coups de bambou, de céder le pas à l'officier civil ou militaire du gouvernement qu'ils rencontreront dans un chemin public, ou s'ils sont à cheval, d'en descendre.

(***) Ces commissaires sont punis de 60 coups de bambou.

(****) « Les maisons, dit la loi, seront bâties, les appartements seront distribués, les voitures, les vêtements et autres articles à

176. Du respect que les prêtres de *Fo* et les *Tao-ssé* conservent envers leurs père et mère, et de leurs vêtements (*).

177. De la négligence à observer les phénomènes célestes (**).

178. De la défense aux magiciens, aux sorciers et aux diseurs de bonne aventure, de prédire les événements futurs (***).

179. Du deuil dont le devoir est négligé et la cause cachée.

180. Des fonctionnaires publics qui n'ont pas pour leurs parents les égards qui leur sont dus.

181. Des règlements concernant les funérailles.

182. Des règlements pour les jours de fêtes d'un pays.

§ 5. *Lois militaires* (*).

183. De la défense d'entrer dans les temples impériaux.

184. De la défense d'entrer dans les palais impériaux.

185. De la défense aux gardes impériaux de se faire remplacer, sans permission, dans leur service de jour ou de nuit.

186. Des personnes attachées à la maison impériale manquant à leur service.

187. Du délit de suivre ou de traverser les routes réservées à l'empereur (**).

188. Du délit de substituer un artisan à un autre artisan autorisé à travailler dans les palais impériaux.

189. Du délit, pour un artisan, de rester dans les palais impériaux après sa journée faite.

190. De ceux qui entrent dans les palais impériaux sans permission, et qui en sortent de même.

191. De l'obligation de visiter les cartes d'entrée des personnes qui entrent dans les palais impériaux ou qui en sortent.

192. Du crime de tirer de l'arc ou d'autres projectiles du côté des palais impériaux.

193. De l'obligation, pour les soldats de garde la nuit aux palais, de ne pas déposer leurs armes.

194. De la défense faite aux individus convaincus d'un crime ou délit, et à leurs parents, de servir dans les gardes impériales.

195. De la défense de se mêler au cortège ou à la suite de l'empereur.

l'usage des fonctionnaires du gouvernement et du peuple en général, seront faits conformément aux règles et aux gradations établies; tous ceux qui les enfreindront seront punis suivant leur position. »

(*) Les bonzes de *Fo* et les *Tao-ssé* qui continuent à visiter leurs père et mère, à sacrifier à leurs ancêtres, à porter le deuil de leurs parents décédés, comme s'ils vivaient encore dans le monde, seront condamnés à recevoir 100 coups de bambou, et obligés de renoncer à leur ordre.

« Les étoffes de soie que ces bonzes porteront seront d'une seule couleur, et taillées sur un seul patron; ils s'abstiendront de se vêtir de damas et d'étoffes à fleurs diversifiées, sous peine de recevoir 50 coups de bambou, d'être exclus de leur ordre, et de voir confisquer lesdits vêtements au profit du gouvernement.

« Néanmoins, le *kia-cha* (vêtement indien) et les autres vêtements de cérémonies, exclusivement portés par les prêtres, ne seront point regardés comme des infractions faites à cette loi. »

(**) « Tout ce qui concerne la science des astres, dit la loi (comme le soleil, la lune, les cinq planètes, les vingt-huit constellations principales et les autres), ainsi que l'observation des éclipses, des météores, des comètes et des autres phénomènes célestes, seront du ressort des membres de l'observatoire impérial de Pé-king. Si ces fonctionnaires négligent d'observer exactement lesdits phénomènes, et de marquer le temps où ils auront lieu, pour en rendre compte à S. M., ils seront punis de 60 coups de bambou. »

(***) « Il est défendu aux magiciens, aux diseurs de bonne aventure, de fréquenter les maisons des fonctionnaires civils ou militaires du gouvernement; s'ils le font, ils subiront la peine de 100 coups de bambou pour chaque prédiction. »

(*) Ces lois sont au nombre de 71, dont 16 (183-198) concernant la garde du palais impérial; 21 (199-219), l'administration de l'armée; 7 (220-226), les frontières et les douanes de l'empire; 11 (227-237), les troupeaux du gouvernement, et 16 (238-253), le service des dépêches.

(**) Peine de 80 coups de bambou.

196. De l'entrée dans la cité réservée et dans les palais impériaux.
197. De l'escalade des murs d'enceinte de la cité impériale.
198. De l'ouverture et de la fermeture des portes des villes fortifiées.
199. De l'emploi des forces militaires sans autorisation.
200. De l'obligation de rapporter fidèlement les opérations militaires.
201. De l'envoi des courriers de dépêches concernant les opérations militaires.
202. De la divulgation des secrets de l'armée.
203. Prescriptions pour l'entretien des troupes sur les frontières.
204. Des erreurs et des fautes commises dans les opérations militaires.
205. Des retards apportés par des officiers à mettre leurs troupes en mouvement.
206. Des soldats qui servent par substituts.
207. De l'infidélité dans les commandants en chef (*).
208. De la faiblesse ou de la connivence d'un chef qui laisse ses soldats se livrer au pillage.
209. De la négligence apportée à l'exercice et à la discipline des troupes.
210. De la provocation à la révolte du peuple par une conduite oppressive.
211. De la vente clandestine des chevaux de troupe.
212. De la vente clandestine des armes et des effets d'habillements.
213. De leur destruction et de leur abandon.
214. Du délit de garder secrètement chez soi des armes prohibées.
215. Du relâchement de la discipline parmi les soldats placés sous ses ordres.
216. Des princes et autres nobles héréditaires qui emploient secrètement à leur service privé des troupes de l'État.
217. De l'abandon de son poste dans une expédition ou un détachement militaire (**).
218. Des faveurs accordées aux parents des officiers et des soldats morts au service.

(*) Peine capitale, selon la gravité du cas.
(**) Id.

219. Des règlements pour la police de nuit (*).
220. De ceux qui se présentent aux barrières ou postes-frontières sans passe-ports.
221. Des passe-ports obtenus sous de faux prétextes.
222. De la détention sans motifs, et des vexations commises aux barrières ou douanes envers les voyageurs.
223. De l'assistance prêtée pour favoriser l'évasion, des villes fortifiées, des femmes et des filles des déserteurs.
224. De la découverte et de la prise des espions (**).
225. De la sortie clandestine des frontières de l'empire, et de la contrebande par mer en opposition aux règlements.
226. De l'emploi des archers à un service privé.
227. De la responsabilité dont sont chargés ceux qui administrent les troupeaux de l'État.
228. De l'élevage des chevaux pour le compte du gouvernement.
229. De l'infidélité dans l'examen et le choix des chevaux et autres animaux achetés pour le compte du gouvernement.
230. De l'inobservance des prescriptions de l'art vétérinaire dans la nourriture et le traitement des animaux malades (***).

(*) Il est défendu, par ces règlements, à toutes les personnes habitant *Péking*, de sortir de chez elles pendant la nuit passé neuf heures douze minutes du soir, et avant cinq heures douze minutes du matin.

(**) « Si dans des postes principaux établis sur les frontières, dit la loi, ou dans d'autres places importantes à garder, il se trouve des conspirateurs qui cherchent à porter chez les nations étrangères les productions et les inventions du pays, ou des espions qui s'y introduisent du dehors pour instruire leur gouvernement des affaires de l'empire, ces conspirateurs et ces espions, quand on les aura découverts, seront conduits par-devant les tribunaux de l'État, et là interrogés sévèrement ; et aussitôt qu'ils auront été convaincus des crimes ci-dessus, etc., ils seront condamnés à rester en prison pendant un temps déterminé, et à avoir ensuite la tête tranchée. »

(***) Un ouvrage sur l'art vétérinaire, en 4 volumes, intitulé *Ma-king*, prouve que cet art a reçu une grande attention de la part

231. Du mauvais emploi des bêtes de somme et autres animaux du gouvernement, et de la négligence à les soigner.
232. De la négligence à dresser et à exercer les chevaux du gouvernement.
233. De la défense générale de tuer les chevaux, les bêtes à cornes et les autres animaux (*).
234. Des animaux vicieux.
235. De la dissimulation de l'accroissement survenu dans les troupeaux du gouvernement.
236. Du louage clandestin des animaux appartenant au gouvernement.
237. Des messagers ou envoyés publics qui disposent indûment des chevaux du gouvernement.
238. De la transmission des dépêches du gouvernement (**).
239. De l'interception des dépêches et adresses envoyées au gouvernement.

240. De l'entretien obligé des établissements de postes.
241. De l'emploi à un service privé des courriers des dépêches.
242. Des retards apportés dans le service des dépêches.
243. De l'emploi, dans ce service, d'un plus grand nombre de chevaux ou de bateaux qu'il n'en est alloué par le gouvernement.
244. De la surtaxe en argent ou en rations demandée par les courriers ou messagers.
245. Du refus de fournir des chevaux pour les exprès porteurs de dépêches urgentes, ou qui intéressent l'empereur.
246. Du retard dans le transport des effets appartenant au gouvernement ou à sa charge.
247. De l'occupation des principaux appartements des établissements de poste par des courriers ou des officiers ordinaires.
248. Du droit accordé aux courriers du gouvernement de porter avec eux, sur les chevaux de poste, des objets privés n'excédant pas dix *kin* (*).
249. Des fonctionnaires publics qui obligent leurs administrés à porter leurs chaises ou palanquins.
250. Des familles des fonctionnaires morts en activité de service, renvoyées chez elles aux frais du gouvernement.
251. De ceux qui, s'étant chargés de transports pour le compte du gouvernement, les confient à des sous-entrepreneurs.
252. Du transport d'objets privés ou appartenant à des particuliers, avec les chevaux, les chars et les bateaux du gouvernement.
253. Du louage des chevaux de poste du gouvernement, dans un intérêt privé.

des Chinois; il n'y est question, toutefois, que des chevaux, des chameaux, des mulets, etc., appartenant au gouvernement. « Si les chevaux, chameaux, mulets, ânes et bêtes à cornes appartenant au gouvernement *deviennent maigres ou malades* pour n'avoir pas été traités suivant la pratique approuvée et reçue, le maréchal ou médecin vétérinaire sera puni de 30 coups de bambou, etc. »

(*) Cette loi ordonne que « quiconque, sans la permission du gouvernement, tue *ses propres* chevaux ou ses bêtes à cornes, sera puni de 100 coups de bambou, et de 50 seulement si ce sont des ânes ou des mulets. »

(**) « Les soldats des postes militaires, dit la loi, qui seront chargés de la transmission des ordres et des dépêches du gouvernement, feront 300 *li* (30 lieues) dans un jour et une nuit. S'ils sont en retard de *trois quarts* d'heure sur le temps qui leur est fixé pour faire ces 30 lieues, ils recevront 20 coups de bambou, et un accroissement de punition à raison d'un degré pour chaque retard additionnel de trois quarts d'heure.

La célérité ordinaire des courriers de dépêches du gouvernement chinois est de 30 lieues (300 *li*) par jour; quand ce sont des dépêches urgentes, nommées en chinois *dépêches de feu*, les courriers qui les portent doivent faire 50 lieues (500 *li*) par jour. C'est ainsi que des dépêches arrivent de *Péking* à Canton dans douze ou treize jours.

(*) Le *kin* est un poids de 617 grammes. Les courriers ou porteurs de dépêches du gouvernement ont donc le droit de transporter des objets privés, ou appartenant à des particuliers, jusqu'à concurrence de 6 kilogrammes 170 grammes. Comme il n'y a point en Chine d'établissements de postes à l'usage des particuliers, cette faculté accordée aux courriers des dépêches est précieuse pour le transport des lettres ou dépêches privées.

§ 6. *Des lois criminelles* (*).

254. Du crime de haute trahison.
255. De l'infidélité envers le souverain et de la rébellion envers les magistrats.
256. De la publication de livres de magie ou de prédictions de l'avenir (**).
257. Du vol des choses employées par l'empereur dans les sacrifices (***).
258. Du vol des édits ou ordonnances de l'empereur (****).
259. Du vol des sceaux du gouvernement (*****).
260. Des vols commis dans le palais impérial (******).
261. Du vol des clefs d'une ville fortifiée.
262. Du vol des armes de guerre.
263. Du vol des arbres des enclos et des cimetières.
264. Du vol des deniers et des approvisionnements des trésors et des greniers publics par ceux qui sont préposés à leur direction et à leur garde (*******).

265. Du même vol commis par d'autres personnes que des fonctionnaires.
266. Du vol commis avec violence.
267. Du délit de favoriser l'évasion de prisonniers, en résistant avec violence aux préposés du gouvernement.
268. Du vol commis en plein jour.
269. Du vol en général.
270. Du vol des chevaux et autres animaux domestiques.
271. Du vol des grains et autres productions de la terre dans un champ ouvert.
272. Du vol fait à des parents ou à des maîtres.
273. De la prise de possession d'une propriété par menaces et violence.
274. D'une propriété publique ou privée obtenue par fraude.
275. De ceux qui volent et vendent des personnes comme esclaves (*).
276. De la violation des tombeaux (**).
277. De l'entrée sans autorisation, la nuit, dans une maison habitée.
278. De l'asile donné aux voleurs et autres malfaiteurs.
279. De ceux qui inspirent, protégent ou facilitent des projets de vol.
280. De ce qui constitue un vol à force ouverte et un vol furtif, ainsi que la tentative de les commettre.
281. Du délit d'effacer les marques dont les voleurs ont été flétris.
282. Du concert pour commettre un assassinat.
283. Du projet ou de la tentative d'assassiner un envoyé de l'empereur ou un mandarin duquel on dépend.
284. Du parricide avec intention préméditée (***).
285. Du meurtre commis sur sa femme adultère par un mari (****).

(*) Les *lois criminelles* sont au nombre de 170 (du n° 254 au n° 423), et sont comprises dans 11 subdivisions : 28 n^{os} (254-281) sont relatifs au *vol*; 20 (282-301), à l'*homicide*; 22 (302-323), aux *rixes et querelles*; 8 (324-331), aux *injures*; 12 (332-343), aux *affaires litigieuses*; 11 (344-354), à la *corruption*; 11 (355-365), aux *fraudes et falsifications*; 10 (366-375), aux *relations illicites*; 11 (376-386), aux *offenses mixtes*; 8 (387-394), aux *arrestations et évasions*; 29 (395-423), aux *emprisonnements*.

(**) « Toute personne, dit la loi, convaincue d'avoir composé et publié des livres de sorcellerie et de magie, ou d'employer des sortilèges et des figures magiques pour agiter le peuple et influencer les esprits, sera détenue dans les prisons pendant le temps ordinaire, et subira la mort par décapitation.
(***) Peine capitale. — (****) Id.
(*****) Id., pour les sceaux de l'empereur.
(******) Id.
(*******) Les personnes convaincues de ce délit seront punies selon le degré d'importance du vol, et, en outre, elles seront marquées sur le bras, entre le coude et le poignet, de l'un de ces trois mots :

Voleur du gouvernement { grains, marchandises, argent, }
suivant la nature du vol.

(*) « Quiconque sera coupable d'attirer à soi, dit la loi, par quelque stratagème que ce puisse être, une personne libre, pour tâcher ensuite de la vendre comme esclave, sera puni de 100 coups de bambou, et banni à perpétuité, à la distance de 3,000 li. »
(**) Dans certains cas, si le cercueil a été ouvert et le corps enlevé, la mort par strangulation.
(***) Peine de mort par décapitation.
(****) « Lorsqu'un mari, dit la loi, surprendra en adultère une de ses femmes, soit la principale, soit les secondaires, s'il tue

CHINE MODERNE.

286. Du meurtre commis par une veuve sur la personne de son beau-père ou de sa belle-mère.
287. Du meurtre de trois personnes dans la même famille.
288. Du meurtre avec mise en pièces de la victime.
289. De la préparation des poisons animaux pour donner la mort.
290. Des rixes, et du meurtre commis avec intention dans un tumulte.
291. De l'action de priver autrui de la nourriture et du vêtement.
292. De l'action de tuer en jouant, par erreur, par méprise ou par accident.
293. Du mari tuant sa femme ou sa concubine qui a des fautes à se reprocher.
294. Du crime de tuer son fils, son petit-fils ou son esclave, en attribuant ce crime à des innocents.
295. Des blessures mortelles faites en tirant des flèches.
296. Des blessures causées par des chevaux ou des voitures.
297. Des maladies et de la mort causées par un mauvais traitement du médecin (*).
298. De la mort occasionnée par des pièges et des trébuchets.
299. De la mort occasionnée par des menaces graves et effrayantes.
300. Des chefs de famille qui se compromettent en cachant le meurtre d'un enfant ou d'une personne placée sous leur dépendance.
301. De la négligence à donner avis d'un crime projeté.

302. Des rixes et querelles dans les cas ordinaires (*).
303. Périodes de responsabilité par suite de blessures faites.
304. Des rixes et des querelles dans les palais impériaux.
305. Des injures et blessures faites à un membre, quel qu'il soit, du sang impérial.
306. Des injures ou blessures faites à un envoyé de l'empereur, ou à un fonctionnaire quelconque, sous les ordres duquel le coupable se trouve.
307. Des employés inférieurs injuriant ou frappant leurs supérieurs.
308. Des fonctionnaires supérieurs maltraitant ceux qui dépendent d'eux, ou leurs égaux d'une autre juridiction.
309. Des mandarins du neuvième rang et au-dessus, maltraitant ceux du troisième rang et au-dessus.
310. Des mauvais traitements envers une personne employée à un service public.
311. Des élèves et apprentis qui frappent leurs maîtres.
312. De la réclusion privée avec violence.
313. Des personnes honorables et des personnes viles s'injuriant et se battant entre elles (**).
314. Des esclaves et des serviteurs à gages, mâles et femelles, qui frappent leurs maîtres (***).
315. Des femmes légitimes et des concubines frappant leur mari (****).
316. Des parents à un degré éloigné qui se battent entre eux.
317. Des jeunes membres d'une fa-

sur-le-champ le séducteur ou son infidèle, ou même tous les deux, il n'en subira aucune peine. Si, dans ce cas, le mari ne tue pas sa femme, elle sera punie suivant la loi applicable à l'espèce en question, et vendue ensuite à un autre mari, au profit du gouvernement.

(*) Quand il est reconnu par les magistrats que la mort n'est causée que par l'ignorance du médecin, sans aucune mauvaise intention, le médecin pourra se racheter de la peine infligée à l'homicide; mais il sera obligé de quitter sa profession. — Quand on reconnaît qu'il y a eu dessein de donner la mort, la peine de la décapitation est appliquée.

(*) Cette énumération en 22 titres prouve que les Chinois sont de grands querelleurs, et que, malgré leur extrême politesse de formes, ils en viennent encore souvent aux mains, le *duel* européen n'étant pas en usage pour *prévenir* et *réparer* les injures.
(**) L'esclave ou le serviteur à gages qui frappe une personne libre doit être puni d'un degré de plus qu'un coupable ordinaire, et il doit supporter la peine de mort, si les suites des coups qu'il a donnés sont mortelles et même seulement très-graves.
(***) Ils encourent la peine de mort par décapitation.
(****) Plusieurs peines graves; celle de la *décapitation*, si le mari reste estropié ou infirme.

mille qui frappent leurs parents plus âgés qu'eux, mais à un degré éloigné.

318. Des jeunes membres d'une famille frappant leurs aînés.

319. Des enfants qui maltraitent leurs père et mère ou leurs grands parents (*).

320. Des femmes légitimes et des concubines qui frappent les parents de leurs maris décédés.

321. Des mauvais traitements d'une belle-mère envers les enfants de son premier mari.

322. Des femmes légitimes et des concubines qui frappent les père et mère de leur mari décédé.

323. Des mauvais traitements envers des parents ou des grands parents.

324. Des injures en général.

325. Des injures envers un envoyé de l'empereur ou un mandarin sous la juridiction duquel le coupable se trouve.

326. Des injures d'un inférieur envers son supérieur.

327. Des esclaves et des serviteurs à gages, mâles et femelles, qui injurient leurs maîtres.

328. Des injures envers un parent âgé, chef de la famille.

329. Des injures adressées par des enfants à leurs parents ou grands parents.

330. Des femmes légitimes et autres, qui injurient les parents plus âgés de leur mari.

331. Des femmes légitimes et autres, qui injurient le père ou la mère de leur mari décédé.

332. Des plaintes portées irrégulièrement (**).

333. Des accusations criminelles anonymes (*).

334. De la négligence des magistrats à donner suite aux accusations régulières qui leur sont faites.

335. Des cas dans lesquels les magistrats doivent se récuser ou se déclarer incompétents.

336. Des accusations fausses et méchamment alléguées.

337. Des accusations portées contre ses propres parents.

338. De la désobéissance envers ses parents.

339. Des accusations ou dénonciations formées par des criminels en prison, interdites.

340. De l'excitation aux querelles et aux procès.

341. Du mode de procédure à suivre dans les causes où les accusés sont portés sur les rôles militaires.

342. Du mode de procédure à suivre quand un fonctionnaire du gouvernement est en cause (**).

(*) Peine de mort par décapitation.

(**) « Tous les sujets de l'empire, dit la loi, militaires ou citoyens, qui auront des plaintes à porter devant les fonctionnaires du gouvernement, s'adresseront, en première instance, au tribunal le plus inférieur du district ou canton auquel ils appartiendront, d'où la connaissance de l'affaire dont il s'agira pourra être portée aux tribunaux supérieurs, en allant du dernier au premier par une gradation régulière. Tout individu qui portera d'abord sa plainte devant un tribunal supérieur, au lieu de s'adresser, pour la présenter, au magistrat de son district, compétent pour la recevoir en premier lieu, sera puni de 50 coups de bambou, quand bien même sa plainte serait fondée.

« Cependant il sera permis d'en appeler à un magistrat supérieur quand le magistrat inférieur refusera de recevoir la plainte, et rendra sur cette plainte un jugement inique, et non autrement. »

(*) « Toute personne, dit la loi, qui adressera ou présentera à un fonctionnaire du gouvernement une plainte contenant des accusations directes et au criminel contre un particulier, sans l'avoir signée de son nom personnel et de son nom de famille, subira la peine de mort par strangulation.

« Les plaintes anonymes, trouvées placardées ou autrement, seront immédiatement brûlées ou déchirées en morceaux. Tout individu qui, au lieu d'agir ainsi, les présentera à un magistrat, sera puni de 80 coups de bambou. — Tout magistrat qui informera sur des plaintes ou accusations anonymes encourra la peine de 100 coups de bambou, etc. »

Cette loi nous paraît très-morale ; l'Europe, sous ce rapport, est en arrière de la Chine.

(**) Toutes les fois qu'un fonctionnaire du gouvernement est en cause dans un procès, il doit faire suivre personnellement son affaire, non par le ministère d'un avoué (les

343. De la peine de la transportation extraordinaire pour fausse accusation.
344. Des fonctionnaires publics qui reçoivent des présents (*).
345. Des transactions pécuniaires en vue d'un crime.
346. Des présents reçus par des fonctionnaires après certains services rendus.
347. Des fonctionnaires publics qui se laissent séduire par des promesses d'argent.
348. Des offres faites dans l'intention de corrompre.
349. De l'extorsion de prêts d'argent par ceux qui sont au service du gouvernement.
350. De l'extorsion de prêts d'argent par des personnes attachées au service, ou de la famille de fonctionnaires du gouvernement.
351. De l'acceptation de présents par de hauts fonctionnaires influents.
352. De la levée de contributions extraordinaires, sous prétexte du service public.
353. Du délit de retenir à son profit des objets volés, recouvrés par la police.
354. Des officiers qui reçoivent des présents de la noblesse héréditaire.
355. De la fabrication fausse d'un édit impérial (**).

356. De la promulgation fausse d'édits impériaux (*).
357. Des communications fausses ou trompeuses faites à l'empereur.
358. De la contrefaçon des sceaux du gouvernement et des calendriers de l'empire.
359. Contre la fabrication privée de la monnaie de cuivre.
360. De ceux qui se prétendent faussement fonctionnaires publics ou employés du gouvernement.
361. De ceux qui se prétendent hauts fonctionnaires de l'État.
362. Des grands fonctionnaires qui se donnent comme chargés de missions secrètes.
363. De la prétention de faire croire à certains présages.
364. Des allégations de fausses maladies ou de mort simulée, pour éviter l'accomplissement de certains devoirs.
365. Des tentatives de séduction pour engager le peuple à transgresser les lois.
366. Des relations criminelles entre les deux sexes (**).

(*) Peine capitale.

(**) Cette subdivision du code chinois, que l'on pourrait intituler aussi *des Attentats aux mœurs*, indique une grande corruption dans les mœurs chinoises que la loi n'est pas toujours habile à réprimer, quoiqu'elle soit très-sévère dans la plupart des cas.
Sous le titre 366, la loi porte que les correspondances criminelles avec une femme non mariée sont punies de 70 coups de bambou; avec une femme mariée, de 80.
La violence faite à une femme, mariée ou non, est punie de la mort par strangulation.
Les complices subissent la même peine.
L'accusation, en ce qui concerne les *relations criminelles*, doit être établie sur les preuves les plus positives, *flagrante delicto*, ou sur des preuves équivalentes.
Trois *statuts* supplémentaires sur l'*inceste* et l'*adultère* sont ainsi conçus : « I. Tous les individus qui auront ou non des postes officiels, et qui auront commis un adultère avec la femme de tout fonctionnaire civil ou militaire du gouvernement, subiront la mort par strangulation.
« Tout officier civil ou militaire du gouvernement qui commettra un adultère avec la femme principale d'un simple particulier, sera dégradé, et puni de 100 coups de bam-

avoués sont inconnus en Chine), mais par un serviteur à gages, ou un membre de sa famille.

(*) Ce titre est absolument équivalent au § 4, L. III de notre *Code pénal*, intitulé *De la corruption des fonctionnaires publics*. La loi chinoise ne diffère guère de la loi française; elle est ainsi conçue : « Tout fonctionnaire civil et militaire, et aussi toutes personnes ayant des emplois sans rang dans le gouvernement, qui seront convaincus d'avoir accepté des présents à eux offerts en vue de faire réussir un projet légal ou illégal, subiront une peine proportionnée à la valeur desdits présents, comme il est établi dans la table ci-jointe; et de plus ils perdront leurs offices et leurs rangs, s'ils en ont, ou leurs emplois, quels qu'ils puissent être.

« Ceux qui auront négocié de telles affaires, et ceux par les mains desquels les présents auront passé, seront punis d'un degré de moins que ceux qui les auront acceptés, etc. »

(**) Peine capitale.

252 L'UNIVERS.

367. De la connivence d'un mari à un commerce criminel avec l'une ou l'autre de ses femmes (*).

368. De l'inceste, ou commerce criminel entre parents.

369. De l'accusation d'inceste portée faussement contre le père de son mari (**).

370. Du commerce criminel des esclaves ou domestiques à gages avec la femme ou la fille de leur maître (*).

371. Du commerce criminel des fonctionnaires civils ou militaires avec les femmes ou les filles des habitants du pays où ils exercent leur autorité.

372. Du commerce criminel pendant le temps de deuil, ou par les prêtres des sectes de *Fo* ou du *Táo*.

373. Du commerce criminel entre des personnes libres et des esclaves.

374. Des fonctionnaires civils ou militaires qui fréquentent des prostituées ou des actrices (**).

375. De l'achat de personnes libres pour en faire des acteurs ou des actrices (***).

376. De la dégradation et de la destruction des monuments publics.

377. Des soins médicaux que l'on doit donner aux soldats et aux artisans employés dans un service public.

378. Lois contre les jeux (****).

379. Des eunuques (*****).

380. De la sollicitation de commettre des malversations dans les fonctions publiques.

381. Des délits à compromis, ou des transactions à forfait pour frauder la justice dans un intérêt privé.

382. Lois concernant les incendies par accident.

383. Des incendies prémédités (******).

384. Lois concernant les représentations théâtrales.

385. De la désobéissance aux ordres du gouvernement.

386. Des actions inconvenantes.

387. Du devoir des officiers de police dans la recherche et la poursuite des malfaiteurs.

bou, et il portera la cangue pendant un mois.

« Dans tous les cas ordinaires d'adultère commis par le peuple, les deux coupables recevront chacun 100 coups, et porteront la cangue pendant un mois.

« Quand les coupables d'un acte d'adultère seront esclaves tous les deux, soit qu'ils appartiennent au même maître, soit qu'ils en servent deux, ils seront punis de 100 coups de bambou, sans autre peine.

« II. Les personnes qui exciteront et celles qui aideront à commettre un adultère seront punies, comme complices, d'un degré de moins que les coupables principaux.

« III. Les individus dépravés qui conspireront ensemble pour se saisir du fils ou du parent d'une famille honnête, dans la vue de commettre le crime contre nature, qu'ils aggravent ou non leur délit par le crime d'un meurtre subséquent, subiront la mort par décapitation aussitôt après conviction. Les complices de ce crime subiront la mort par strangulation, à l'époque ordinaire des exécutions; et toutes les autres personnes qui auront participé à une telle liaison criminelle seront bannies à perpétuité.

« Quiconque commettra par force ledit crime avec un enfant de dix à douze ans, subira la mort par décapitation, à l'époque ordinaire des exécutions.

« Les individus qui commettront ce crime d'un consentement mutuel, seront punis chacun comme dans les cas ordinaires de liaison criminelle entre différents sexes, c'est-à-dire de 100 coups de bambou, et du port de la cangue pendant un mois.

« Quand on tâchera de faire du tort à quelqu'un en l'accusant d'avoir commis un tel crime, on sera puni au même degré que l'individu accusé aurait subi, s'il eût été convaincu. »

(*) Le mari complaisant est puni, comme les deux coupables, de 90 coups de bambou.

(**) Quand une femme accusera faussement son beau-père ou son beau-frère, plus âgé qu'elle, de l'avoir forcée à consentir à un commerce incestueux avec l'un ou l'autre, elle subira la mort par décapitation. »

(*) Peine de la décapitation.

(**) 60 coups de bambou.

(***) 100 coups de bambou.

(****) « Toute personne convaincue d'avoir joué, aux jeux de hasard, de l'argent ou des effets, sera punie de 80 coups de bambou.

« Tous ceux qui tiendront des maisons de jeu subiront la même peine, et la maison sera confisquée au profit du gouvernement. »

(*****) Il n'y a que l'empereur et les princes de la famille impériale qui aient le droit d'avoir des eunuques.

(******) Peine de la décapitation.

388. Des malfaiteurs qui résistent aux officiers de police.
389. Des prisonniers s'échappant de prison par ruse ou par violence.
390. De la rupture de ban des condamnés au bannissement ou à la déportation.
391. Du retard apporté à l'exécution des sentences de bannissement.
392. Des geôliers qui laissent échapper leurs prisonniers.
393. Du délit de protéger des criminels que l'on sait être coupables.
394. Du temps accordé pour la poursuite des voleurs.
395. De la négligence apportée à contenir les prisonniers.
396. De l'emprisonnement prémédité des innocents, et des mauvais traitements exercés sur eux (*).
397. Du retard illégal apporté dans l'exécution d'un jugement.
398. Des mauvais traitements exercés envers les prisonniers.
399. Du délit de donner aux prisonniers des instruments aigus propres à favoriser leur fuite.
400. Des geôliers qui excitent leurs prisonniers à faire des appels non fondés.
401. De la fourniture des habillements et des vivres pour les prisonniers.
402. De la permission accordée aux parents d'hommes d'État, ayant rendu des services comme tels, de les visiter dans leur prison.
403. Des criminels condamnés qui se donnent eux-mêmes la mort dans leur prison.
404. De l'exemption des tortures et de la question, accordée à certaines classes privilégiées par leur âge ou leur rang.

405. Des cas où la confrontation des coupables avec leurs complices doit avoir lieu.
406. De l'interrogatoire confiné dans les bornes de l'accusation.
407. De la mise en liberté des accusateurs après le jugement des accusés.
408. De l'accusation fausse des prisonniers contre des personnes innocentes.
409. De l'atténuation ou de l'exagération du crime d'un prisonnier.
410. De la cassation de jugements rendus sur une fausse accusation.
411. Des autorités compétentes pour prononcer les jugements, et de leur exécution.
412. Contre les pratiques fallacieuses employées dans une enquête sur un crime d'assassinat.
413. Des punitions infligées d'une manière illégale.
414. De la procédure à suivre contre les fonctionnaires supérieurs et les envoyés de l'empereur.
415. Des lois à citer dans le prononcé du jugement (*).
416. De la liberté accordée aux prisonniers de s'avouer coupables et de protester contre leur sentence (**).
417. Effet du pardon ou d'une amnistie sur une sentence rendue précédemment ou immédiatement après.
418. Des crimes commis dans le but d'être compris dans une amnistie générale (***).
419. Des transportés qui refusent

(*) « Dans tous les tribunaux de justice, les sentences à porter contre les coupables seront prononcées conformément aux lois, aux statuts, à la jurisprudence existante, applicables aux cas qui s'y rapporteront, en les comparant les uns aux autres ; et toute omission à cet égard sera punie de 80 coups de bambou. »

(**) Lorsqu'en Chine un prisonnier est condamné à *mort* ou à la *transportation*, on doit, conformément à cette loi, lui lire sa sentence et lui exposer les motifs du jugement, afin qu'il puisse les avouer, ou les discuter et les nier ; et les parents, à 30 lieues de distance, doivent être convoqués pour être présents à l'instruction judiciaire. On donne ainsi aux accusés toutes les garanties possibles d'une bonne justice.

(***) Peine plus grave.

(*) « Tous les employés du gouvernement et leurs subordonnés officiels qui, par méchanceté ou par vengeance, feront mettre en prison un individu qui ne sera accusé d'aucun délit, ou qui ne sera impliqué dans aucun, subiront 80 coups de bambou ; et si cet injuste emprisonnement cause directement ou indirectement la mort de cet individu, ils seront condamnés à la strangulation, après le temps de l'emprisonnement ordinaire. »

d'exécuter les travaux auxquels ils sont condamnés.

420. Des crimes et délits commis par les femmes (*).

421. De l'obligation d'attendre la ratification d'une sentence capitale par l'empereur, avant de procéder à l'exécution.

422. De l'exécution d'une sentence erronée, ou rendue contrairement aux lois.

423. Des greffiers des tribunaux altérant les faits dénoncés par les accusateurs.

§ 7. *Lois concernant les travaux publics.*

424. De la manière dont on doit entreprendre et conduire les travaux publics (**).

425. Des dépenses inutiles de temps et de travail faites pour des matériaux impropres à leur destination (***).

426. Des commandes faites dans les manufactures de l'État, contrairement aux règlements.

427. De l'emploi indu des matières premières appartenant à l'État dans ses propres manufactures.

428. De l'emploi indu des soies ou des métiers du gouvernement.

429. De la défense de fabriquer toutes sortes de tissus sur des modèles prohibés, tels que des figures de *dragons*, de *phénix*, etc.

430. De l'excédant du temps limité pour la confection des objets dans les manufactures du gouvernement (****).

(*) Les femmes ne sont point mises en prison, excepté pour les crimes capitaux ou dans les cas d'adultère.
Lorsqu'une femme est mise en prévention pour une faute grave, elle est confiée à la garde de son *mari* ou de ses *parents*, qui en répondent.

(**) Règlements minutieux à cet égard.

(***) Responsabilité grave des architectes et ingénieurs du gouvernement.

(****) « Une quantité déterminée d'étoffes de soie et d'armes de guerre sera manufacturée annuellement pour le service de l'État, dans chaque subdivision du département des travaux publics; et si les ouvriers qui y sont employés manquent à fournir leur tâche dans le temps prescrit, ils encourront une punition qui sera de 20 à 50 coups de bambou,

431. De la réparation des greniers et autres bâtiments publics.

432. Des employés du gouvernement qui ne demeurent pas dans les bâtiments de leur office, et de ceux qui détournent des objets appartenant au gouvernement (*).

433. De la dégradation et de la rupture des digues et jetées.

434. De la négligence à entretenir les digues et jetées.

435. De l'empiétement sur les rues, les places et autres lieux publics.

436. De la réparation des ponts et chaussées publics (**).

Tels sont les 436 *titres* du Code général des Chinois, qui embrassent non-seulement les lois importantes, mais encore des matières qui, chez d'autres peuples, sont régies par des règlements particuliers. Les idées qui ont présidé à la codification chinoise n'ont été inspirées ni par les Institutes de Justinien, ni par des travaux comparables à ceux de nos grands jurisconsultes anciens et modernes; l'étude de cette législation *sui generis* n'en offre pas moins d'intérêt. Une chose nous frappe et nous révolte même dans la législation pénale des Chinois : c'est l'application à tous les délits d'un nombre déterminé de *coups de bambou*. Mais cette peine, qui n'est pas dans nos mœurs, est plutôt *nomi-*

selon le temps qu'ils auront manqué. Le directeur ou contre-maître sera également puni. D'autre part, si les matières premières brutes ne sont pas livrées aux ouvriers dans les quantités suffisantes et aux temps marqués, le directeur de la manufacture de l'État subira la peine de 40 coups de bambou, et l'employé qui les aura délivrées, celle de 30.

(*) Tous les fonctionnaires publics chinois sont obligés d'habiter les bâtiments publics assignés à leurs fonctions, sous peine de 80 coups de bambou, etc.

(**) « La réparation et l'entretien de toutes les routes et de tous les ponts, dit la loi, soit à demeure, soit de bateaux pour servir passagèrement, seront sous la direction des gouverneurs des villes de différents ordres, de leurs conseillers et de leurs députés, et l'on en fera la visite chaque année, dans l'intervalle des récoltes, pour s'assurer si les unes et les autres sont en bon état. Quand les communications par les

nale que *réelle* en Chine. En effet, le Code chinois renferme, dans ses *Préliminaires*, des *Tableaux synoptiques* présentant :

1° *Une échelle des punitions des crimes et délits envers la propriété publique et privée* (nos 254-281 et 343-354);

2° *Une échelle des punitions rachetables par des sommes proportionnées en argent* (*), *selon que les coupables sont*, 1° *en état de payer*; 2° *le pouvant difficilement*; 3° *majeurs ou mineurs*; 4° *femmes en certains cas*; 5° *femmes en général*, et 6° *ayant occasionné involontairement des blessures ou la mort*.

3° Une échelle de rachats pécuniaires dans quelques cas particuliers, où, d'après la loi, on obtient des lettres de grâce, et qui, sans être nécessairement rachetables, ont été déclarés tels sur pétition, par un édit rendu la 8e année Kien-loung (1743).

En voici le tableau :

RANG DES COUPABLES.	SENTENCE.	COMMUTATION.
		liangs (taels de 8 fr.)
Un mandarin au-dessus du 4e rang......	Mort par strangulation ou décapitation.	12,000
Id. du 4e rang............		5,000
Id. du 5e ou 6e rang.........		4,000
Id. du 7e rang et au-dessous, ou un docteur ès lettres........		2,500
Un gradué ou licencié............		2,000
Un simple particulier.............		1,000
Un mandarin au-dessus du 4e rang......	Bannissement perpétuel.	7,200
Id. du 4e rang............		3,000
Id. du 5e ou 6e rang.........		2,400
Id. du 7e rang et au-dessous....		1,500
Un gradué ou licencié............		1,200
Un simple particulier.............		720
Un mandarin au-dessus du 4e rang......	Bannissement limité, ou coups de bambou.	4,800
Id. du 4e rang............		2,000
Id. du 5e ou 6e rang.........		1,600
Id. du 7e rang et au-dessous....		1,000
Un gradué ou licencié............		800
Un simple particulier.............		480

4° Une échelle des degrés de punitions ordinaires.

routes et les ponts seront interrompues, faute de les avoir entretenues avec le soin nécessaire, les magistrats cités, qui en ont la responsabilité, subiront la peine de 30 coups de bambou.

« S'ils manquent de faire construire des ponts, ou d'établir des bacs pour la commodité des habitants là où ils sont jugés nécessaires, ils seront punis de 40 coups de bambou. »

(*) Ce *Tableau synoptique* se nomme, en chinois, *Loŭ thsáng thoŭ* : Tableau des six *trésors* ou *des six moyens* de procurer des revenus à l'État. En effet, cette faculté de se racheter de *punitions corporelles* par une *amende pécuniaire* doit être une source abondante de revenus pour l'État!

5° Une description des instruments ordinaires de punitions, de gêne, qui sont : le *bambou* lisse et sans branches; le *kia* nommé *cangue*, pièce de bois que l'on place au cou du patient; la *chaîne de fer*, les *menottes* et les *fers* aux pieds.

Enfin, 6° les tableaux synoptiques présentant tous les cas de *deuil*, et les règles à observer dans chacun de ces cas pour chaque individu.

Nous ne pouvons reproduire ici les détails curieux donnés dans les *Statuts* (K. 42-43) sur les divers modes de procédures dans les diverses juridictions, sur l'emprisonnement et le régime des prisons, sur une foule de sujets relatifs à l'administration de la justice par les tribunaux de cantons, de districts, d'arrondissements, de départements et de provinces. Ces détails demanderaient un ouvrage spécial. Nous nous bornerons aux observations suivantes.

DES COURS ET TRIBUNAUX.

Outre les *cours* et *tribunaux* qui siégent à *Pé-king*, et que nous avons fait connaître précédemment, il y a *dix-sept* grandes *directions de justice* provinciale (*thsing li ssê*) siégeant aussi à *Pé-king*, au ministère de la justice. En voici l'énumération ;

1° Direction judiciaire de la province de *Tchi-li*, composée de deux présidents, l'un mantchou, l'autre chinois; de quatre vice-présidents, un mantchou, un mongol et deux chinois ; deux secrétaires, un mantchou et l'autre chinois. Elle a dans ses attributions l'administration de la justice dans la province de *Tchi-li*, et l'aile gauche des huit bannières tartares.

2° Direction judiciaire de *Foung-tien* ou *Moukden*. Elle a le *Liao-toung*, *Kirin*, *Tchi-tchi-har*, les membres tartares de la famille impériale et le bureau des affaires étrangères, dans sa juridiction.

3° Direction judiciaire de *Kiang-sou*.

4° Direction judiciaire de la province de *Ngan-hoeï*.

5°	Id.	de celle de	*Kiang-si*.
6°	Id.	id.	*Fo-kien*.
7°	Id.	id.	*Tché-kiang*.
8°	Id.	id.	*Hou-kouang*.
9°	Id.	id.	*Ho-nan*.
10°	Id.	id.	*Chan-toung*.
11°	Id.	id.	*Chan-si*.
12°	Id.	id.	*Chen-si*.
13°	Id.	id.	*Ssé-tchouan*.
14°	Id.	id.	*Kouang-toung*.
15°	Id.	id.	*Kouang-si*.
16°	Id.	id.	*Yun-nan*.
17°	Id.	id.	*Koueï-tchéou*.

Outre ces directions judiciaires, on compte encore, comme dépendantes du *ministère de la justice*, 1° la *cour des grandes assises d'automne* (*thsieóu chin tchoù* [*]), dont les fonctions sont de préparer la révision de tous les jugements à des peines capitales rendus pendant l'année dans les provinces, et sur lesquels l'empereur doit prononcer en dernier ressort.

2° La *chambre du dépôt des lois* (*liù li kouán* [*]), composée de Mantchous et de Chinois, dont les fonctions sont de recueillir tous les *édits* et autres documents émanés de l'empereur et des autorités compétentes, d'en publier un recueil tous les *cinq ans*, et tous les *dix ans* une nouvelle édition du Code entier des lois, autorisée par l'empereur.

3° Une *Intendance générale des prisons* (*ti láo ting* [**]), dont les fonctions sont de diriger tout ce qui concerne le personnel et le régime des prisons.

4° La *Trésorerie des amendes et des rachats de peines* (*thsáng fa khoú*).

Enfin, 5° un *bureau d'approvisionnements et de recettes* provenant des provinces (*fán yin tchòu*), et destinés aux dépenses du ministère.

La justice, en Chine, est rendue d'une manière un peu sommaire, comme d'ailleurs chez tous les peuples orientaux. C'est de la justice *à la turque*; mais, pour être rendue sans le ministère d'avocats et d'avoués, elle n'en est pas souvent moins bonne. Dans tous les cas, elle est plus expéditive et moins coûteuse. L'instruction de la cause se fait par écrit; dans les tribunaux de première instance il n'y a qu'un juge, qui est souvent le magistrat ou le fonctionnaire administrateur du lieu; car le premier degré de juridiction, en Chine, est la juridiction du fonctionnaire immédiat qui représente, à son degré de juridiction, la justice de l'État. C'est une justice gratuite lorsqu'il n'y a à subir ni peine ni amende; et cette justice se rend à toute heure, quand on se présente devant le magistrat. Beaucoup de différends sont arrangés par les *doyens* ou chefs des villages, qui ont d'ailleurs tous une assez grande responsabilité concernant leur commune.

Relativement à la population de la Chine, les exécutions capitales paraissent beaucoup moins nombreuses qu'en

---

(*) *Tái thsing hoeï tien*. K. 44, f° 12.

(*) Ibid., f° 15.
(**) Ibid., f° 16.

Europe; car en 1817, par exemple, il n'y eut que 935 sentences capitales rendues aux grandes assises d'automne à *Pé-king* pour tout l'empire; en 1826, le nombre n'en fut que de 591; en 1828, de 789; en 1829, de 579. Cette proportion est moins grande que pour la France à la même époque; car la moyenne des condamnations à mort a été de 110, de 1825 à 1831, pour moins de 35,000,000 d'habitants.

Pour donner à nos lecteurs une idée plus concrète de l'administration de la justice en Chine, nous rapporterons ici le récit d'un procès et d'une exécution célèbres arrivés à *Pé-king*, en 1827.

Procès et exécution de Chang-kang, neveu et favori de l'empereur régnant.

L'empereur actuel de la Chine, fils de *Kia-king*, surnommé, lors de son avénement au trône en 1820, *Tao-kouang* ou *Splendeur de la raison*, nom qu'il porte aujourd'hui, est surtout estimé par son esprit de justice et d'équité. Nul, parmi ses sujets, n'invoque en vain sa puissante entremise contre un mandarin prévaricateur ou meurtrier, et la loi, égale pour tous, va frapper le coupable jusque sous ses lambris dorés.

Un des traits distinctifs du caractère des Chinois, c'est leur amour insatiable de l'or. Aucun état, aucune profession, aucun commerce n'est vil pourvu qu'il les conduise à la fortune. Cette soif de l'or détruit souvent leur naturel, qui est, en général, bon, doux, laborieux et patient, pour les rendre dissimulés, injustes, colères, vindicatifs. A l'amour des richesses ils joignent celui de l'ostentation; ils sont sensibles aux louanges, et, quoique d'une grande frugalité dans leur intérieur, lorsqu'ils reçoivent un étranger, ils le traitent avec beaucoup de luxe et de splendeur, dans le seul but d'agir sur son esprit. C'est cette disposition à l'ostentation qui rend terribles et fréquentes, dans la société chinoise, les vicissitudes de la fortune, et il n'est pas rare de voir des individus dont les pères étaient mandarins et occupaient, par conséquent, le premier degré de l'échelle sociale, se trouver réduits, par suite de leurs prodigalités, à devenir portefaix.

Les Chinois sont, en outre, vindicatifs et joueurs. Lorsqu'ils ont perdu un procès, un de leurs principaux moyens de vengeance consiste à se pendre à la porte de leur adversaire, dans son jardin ou dans son champ, pour attirer sur lui l'animadversion de ses concitoyens et la malédiction de l'esprit céleste. Celui qui a été la cause d'un pareil suicide est, pendant de longues années, l'objet d'une espèce de réprobation publique, et on le regarde comme poursuivi par la vengeance du ciel. Dans aucun pays le jeu n'entraîne plus qu'en Chine des animosités et des querelles sanglantes. C'est ce qui a rendu l'empereur impitoyable pour les personnes accusées de meurtres à la suite de disputes survenues au jeu.

Dans l'année 1827, vivait à la cour de l'empereur, à *Pé-king*, un jeune prince renommé pour la noblesse de son cœur, la distinction de son esprit, la supériorité de son éducation; il était propre neveu du souverain, qui l'entourait d'une affection toute particulière; seul, il avait le droit d'entrer dans la voie sacrée, le plus grand honneur que puisse recevoir, en Chine, un prince, même de la famille impériale. La voie sacrée est la route qui conduit de *Pé-king* à la maison de l'empereur. Elle est creusée à un mètre dans terre, et parcourt une distance d'environ quarante kilomètres. Dans toute sa longueur règnent deux espèces de rails plats en or sur lesquels posent les roues de la voiture impériale, attelée d'un seul cheval.

Les personnes de la suite de l'empereur marchent des deux côtés de la route, mais nul ne pose jamais le pied dans la voie sacrée. Autrefois, il y avait peine de mort contre quiconque méprisait cette défense; depuis, cette peine a été changée en celle de la détention perpétuelle. Lorsque l'empereur veut honorer quelqu'un d'une manière toute particulière, il l'autorise à marcher à pied, devant ou derrière lui, dans la voie sacrée. A l'époque dont nous parlons, le neveu de l'empereur jouissait seul, à la cour de *Pé-king*, de cet insigne honneur.

Chang-kang (c'est le nom de ce prince) réunissait en lui toutes les perfections, jouissait de tous les bonheurs; mais un seul vice venait entacher ce caractère si pur, et devait un jour, par une cruelle fatalité, causer sa mort et son déshonneur. Il aimait passionnément le jeu, et avait essayé vainement de combattre ce terrible penchant. Une autre passion, cependant, mais noble et grande, neutralisait par moment l'effet de la première : c'était l'amour. Le prince avait épousé, en mariage légitime, la fille d'un des principaux mandarins de l'empire ; mais la mort avait, après deux ans, brisé cette union. Il avait alors reporté toute son affection sur une jeune esclave tartare, que la loi lui permettait d'avoir comme concubine.

Mia-ming (c'était le nom de cette femme) était l'objet de ses soins et de ses continuelles pensées. Pour orner sa beauté, il avait fait venir, de toutes les parties de l'Orient, les diamants, les pierreries, les plus belles parures, les étoffes les plus précieuses.

Cette passion, qu'il ne sacrifiait qu'à son amour pour le jeu, l'avait rendu souvent le but des sarcasmes des jeunes mandarins, ses amis, et des princes avec lesquels il était élevé. Un jour qu'il avait réuni quelques amis dans la maison de plaisance qu'il habitait aux environs de la ville, à la suite d'un repas splendide qu'il leur servit, tous se mirent à jouer. Chang-kang, après avoir résisté quelques instants, finit par céder à l'entraînement général. La chance, pendant la première heure, lui fut favorable; mais, peu à peu, elle s'éloigna de lui. Il commença par perdre tout son or, puis il perdit ses chevaux, ses équipages ; alors il joua les terres qu'il possédait dans l'empire, et qui avaient fait, de père en fils, la fortune de sa famille. La chance néfaste pour lui continua à l'accabler. Alors il joua la maison de plaisance dans laquelle il recevait ses amis, et qui devait être son refuge. Au premier coup de dé, il perdit encore ce lambeau de sa fortune.

En ce moment, poussé par sa passion, excité par les railleries du jeune mandarin Fo-kiang, qui était son adversaire le plus heureux et le plus acharné, il consentit à jouer, comme dernière ressource, les parures et les diamants de Mia-ming, sa maîtresse bien-aimée. Mais la fortune acharnée à sa perte lui fut encore adverse; il perdit ces objets précieux, qu'il avait rassemblés avec tant de soin. Fo-kiang alors demanda d'une manière railleuse qu'ils lui fussent remis à l'instant. « Au moins, s'écria Chang-kang en se levant, la rage dans le cœur et en tirant un poignard qu'il portait à sa ceinture, tu n'en jouiras pas longtemps. » En même temps il le frappa au cœur. Fo-kiang tomba baigné dans son sang et rendit le dernier soupir. A cette vue, tous les assistants inquiets et tremblants prirent la fuite, et Chang-kang, revenu à lui, resta seul, plongé dans son désespoir.

L'empereur, en apprenant ce qui s'était passé et en voyant quel était le criminel, éprouva un violent chagrin ; il ordonna néanmoins que la justice eût son cours. Par son ordre, le surintendant de la ville, assisté du *Ti-toù*, commandant des gardes, se rendit à la maison de plaisance et arrêta Chang-kang, qui fut amené à *Pé-king*, garrotté comme le dernier des criminels, et déposé dans la prison de la ville. Son procès commença immédiatement devant le tribunal des châtiments ou cour criminelle supérieure. Ce tribunal se compose d'un surintendant ou premier président, d'un président, de deux vice-présidents et de quatre conseillers. La procédure criminelle se fait en Chine d'une manière particulière. Chaque membre du tribunal des châtiments se rend à part dans la prison de l'accusé et l'interroge; il fait une instruction personnelle de l'affaire. Cette première formalité dure ordinairement plusieurs jours ; lorsqu'elle est terminée, tous les membres du tribunal se rassemblent, se communiquent leur instruction, et délibèrent sur la question de savoir s'il y a lieu de mander devant eux le prévenu.

Si leur décision est négative, on le relâche ; si elle est affirmative, les gardes, accompagnés des huissiers du tribunal, se rendent à la prison et amènent aussitôt l'accusé, qui est placé dans un endroit de la salle d'audience voilé par un rideau, de manière à ce qu'on puisse l'entendre, mais non pas le voir.

Le président du tribunal lui adresse la parole, lui explique le crime dont il est accusé, les charges qui pèsent sur lui, et l'engage à répondre; après quoi on fait paraître les témoins. Devant chacun d'eux, le voile qui cache l'accusé s'ouvre pour qu'il puisse déclarer son identité, et se referme ensuite. Après l'interrogatoire des témoins, l'accusé est amené par les gardes à une courte distance des magistrats. Chaque membre du tribunal l'interroge à son tour, lui adresse des questions, et c'est la réponse qu'il fait à ces questions qui constitue la défense de l'accusé. Il n'y a, en Chine, ni avoués ni avocats. Chaque prévenu se défend lui-même, de la manière que nous venons d'indiquer. Il peut seulement se faire assister par un de ses parents, qui se place à sa droite et qui l'aide à répondre aux magistrats. Lorsqu'un individu se permet de défendre un accusé en se faisant passer pour son parent sans qu'il le soit, il s'expose à être condamné au supplice de la *cangue*, comme fauteur de troubles et de divisions.

Le prince Chang-kang comparut devant les magistrats, et avoua tout. Il déclara que, dans un moment de passion et de colère, il avait tué un de ses semblables : que, d'après la loi, il avait encouru la peine de mort, et que si la volonté du sublime empereur, son oncle, était qu'il mourût, il subirait son sort sans se plaindre, en expiation de son forfait. Le tribunal, après toutes les formalités remplies, déclara le prince Chang-kang atteint et convaincu d'assassinat sur la personne du mandarin Fo-kiang, et le condamna, conformément au rescrit de la 7e année du règne de l'empereur Tsong-tsou, à être étranglé publiquement sur une croix. Le condamné entendit son arrêt sans trembler.

D'après les lois du Céleste Empire, le souverain forme, à lui seul, un tribunal suprême qui statue en dernier ressort sur les affaires capitales. Dans ce cas, l'empereur juge sur pièces, à moins que le condamné n'ait, par son rang, droit d'entrée à la cour, ou ne se fasse représenter par un haut personnage qui jouisse du même droit. L'empereur manda à son audience le prince Chang-kang. Il arriva, selon l'usage, la tête couverte d'un voile rouge, pour indiquer qu'il avait versé le sang.

Il avait à sa droite un de ses cousins, jeune homme d'un grand mérite, qui s'était offert pour l'assister, et à sa gauche, le chef du bureau spécial chargé de recueillir, minute par minute, les paroles et les actions journalières de l'empereur. Lorsqu'ils arrivèrent, comme le souverain, dans cette circonstance, représente la justice, ils ne se prosternèrent point. Le défenseur du condamné prit la parole; il parla en sa faveur de la manière la plus pathétique; il fit valoir sa conduite, irréprochable jusque-là, l'état d'excitation dans lequel le meurtre avait été commis, les insultes et les provocations que lui avait prodiguées son adversaire, et il finit en invoquant la haute clémence impériale. Pendant ce discours, l'empereur ne put retenir ses larmes. Il se recueillit ensuite pendant une heure entière, selon l'usage, pour réfléchir; puis il rendit une sentence qui confirmait l'arrêt du tribunal des châtiments, et déclarait seulement qu'attendu le rang de l'accusé et les liens qui l'unissaient à la famille impériale, la peine prononcée contre lui serait commuée en une simple strangulation au tombeau de ses ancêtres, et que cette exécution aurait lieu le jour des supplices.

En Chine, l'exécution des condamnés à la peine capitale a lieu une fois par an, dans toute l'étendue de l'empire, au jour désigné par un rescrit de l'empereur. Ce jour-là, les affaires sont interrompues comme aux époques de fêtes, et le peuple en masse quitte les campagnes pour venir dans les villes assister aux exécutions.

C'est un spectacle très-recherché de tous les Chinois. Lorsque l'empereur veut honorer un mandarin ou un grand personnage, qui s'est rendu coupable d'un crime qui ne dénote pas une âme vile et basse, il ordonne que son exécution aura lieu à un jour particulier; mais pour les membres de sa famille, il ne fait jamais cette exception.

Le premier jour de la septième lune,

17.

1ᵉʳ juillet 1827, le prince Chang-kang fut conduit dans un jardin planté d'arbres odorants et de cyprès, au milieu duquel s'élevaient, à différents intervalles, des pierres funèbres. Sur l'une d'elles, qui était le tombeau de son père, le vénérable Kang-tsou, Chang-kang s'agenouilla. Autour de lui se rangèrent les mandarins de la cour de l'empereur et les membres de sa famille qui avaient reçu l'ordre d'assister à cette triste cérémonie ; devant lui se placèrent les bonzes ou prêtres, qui commencèrent leurs prières en battant la mesure, afin de demander aux esprits de ne pas entraîner l'âme de celui qui allait mourir au fond du fleuve de sang, que traversent toujours les criminels en sortant de cette terre. D'après la croyance de ces prêtres, lorsque l'âme touche le fond du fleuve, qui est très-profond, elle y demeure toujours ; mais si, au contraire, elle peut arriver à rester à sa surface pendant trois ans, alors elle obtient son pardon.

Lorsque les prières furent terminées, les bonzes frappèrent dans leurs mains et s'écrièrent à haute voix que le moment de pleurer pour celui qui allait mourir était arrivé.

Aussitôt, comme par un mouvement unanime, tous les assistants éclatèrent en sanglots. Quelques minutes après, le chef des bonzes s'approcha et déclara que le moment accordé pour pleurer était passé, et à l'instant tous les sanglots cessèrent comme par enchantement. Alors le président du tribunal des châtiments s'avança à son tour et se mit à lire l'arrêt de ce tribunal, qui condamnait Chang-kang, et la sentence impériale qui confirmait cet arrêt, puis il s'écria que le moment de mourir était arrivé. En même temps il remit au condamné une longue corde de soie; celui-ci la passa autour de son cou.

En ce moment les exécuteurs arrivèrent, et se saisirent des extrémités de la corde. Cinq hommes se placèrent à chacune de ces extrémités, prêts à serrer le nœud au signal convenu. Un silence complet se fit, pendant lequel tous les assistants regardaient le patient avec anxiété. Bientôt, un coup de tam-tam retentit dans l'air; à ce signal, les exécuteurs serrèrent la corde fatale, le prince Chang-kang poussa un dernier cri, et expira aussitôt. La foule des assistants se retira triste et silencieuse.

L'empereur de Chine, qui était depuis deux ans sous le coup du chagrin violent, que lui faisait éprouver la guerre désastreuse qu'il soutenait contre les Tartares, tomba, par suite de l'événement que nous venons de raconter, dans une tristesse profonde. Pendant six mois, et en signe de deuil, il laissa pousser ses cheveux et sa barbe.

La mort et la condamnation de Chang-kang prouvent combien est grand l'esprit de justice et d'égalité qui anime le souverain actuel du Céleste Empire. Un fait récent, que rapportent les journaux de l'Inde et de la Chine d'après la *Gazette de Pé-king*, démontre que, depuis 1827, l'empereur Tao-kouang n'a rien perdu de l'inflexibilité de son caractère, lorsqu'il s'agit de l'exécution des lois.

Au mois de mai 1845, plusieurs princes de la famille impériale ont été condamnés au supplice de la strangulation pour avoir fumé de l'opium, au mépris des édits impériaux. A la même époque, un autre prince a été condamné au même supplice, pour avoir tué sa femme, et un autre, pour avoir tué son tailleur. Des démarches nombreuses ont été faites auprès de l'empereur pour obtenir la grâce des coupables. Comme les différentes sentences, par suite de circonstances particulières, avaient déjà été revisées trois fois avant de venir à lui, l'empereur a évoqué l'affaire sans appeler les condamnés devant sa personne, et après s'être fait faire le rapport détaillé des circonstances du procès, il a écrit en marge : « Que l'on agisse conformément aux édits et règlements. » Et, à l'heure qu'il est, malgré leur rang et les prières de leurs familles, les condamnés ont subi le dernier supplice.

§ 6. *Ministère des travaux publics* (*).

Le *Ministère des travaux publics*, composé de deux présidents, l'un man-

(*) *Tai thsing hoei tien*, K. 45-48.

tchou et l'autre chinois; de quatre vice-présidents, deux mantchous et deux chinois, comprend dans ses attributions la direction des monuments publics, des travaux d'art et des manufactures de l'État, dans tout l'empire, en même temps qu'il pourvoit aux dépenses que ces travaux exigent, afin d'aider l'empereur à tenir le peuple dans un état de paix et de prospérité.

Tout ce qui concerne la construction, l'entretien ou la réparation des monuments ou édifices publics en terre, pierre et bois, celle des ponts et chaussées; la forme légale à donner aux choses et objets, comme les vases, les instruments de diverses sortes, les étoffes de toute nature à l'usage du gouvernement, ou pour l'accomplissement des cérémonies religieuses officielles; les règlements relatifs à la fermeture ou à l'ouverture des canaux; ceux qui régissent les sépultures impériales et les temples, sont du ressort de ce ministère. Les membres qui le composent doivent recevoir de leurs *chefs de directions* des rapports sur toutes les affaires de leur département, pour en délibérer. Si ces affaires sont importantes, elles sont transmises au *Conseil du cabinet*; si elles ne le sont pas, elles sont expédiées par eux pour hâter la marche et la prompte solution des affaires publiques.

Le ministère des travaux publics a un budget fixe qu'il ne doit pas dépasser. Lorsque des circonstances extraordinaires, comme de grandes inondations, exigent des dépenses extraordinaires, on y pourvoit au moyen de différentes réserves, souvent tirées du trésor particulier de l'empereur, ou de dons volontaires qui viennent en aide au gouvernement pour réparer des calamités publiques.

Les *Statuts* divisent les *arts et métiers* en seize classes, de la manière suivante :

1° Les *ouvriers sur métaux* (*kin koûng*).

2° Les *ouvriers sur bois* (*moû koûng*).

3° Les *ouvriers sur bambous* (*tchôu koûng*).

4° Les *ouvriers sur roseaux fins* (*tang koûng*).

5° Les *ouvriers sur pierre* (*chi koûng*).

6° Les *ouvriers sur briques* (*wâ koûng*).

7° Les *ouvriers terrassiers* (*thoû koûng*).

8° Les *ouvriers fileurs en soie* (*si koûng*).

9° Les *ouvriers tisseurs en soie* (*phi koûng*).

10° Les *ouvriers sur cuir* (*ké koûng*).

11° Les *ouvriers sur cornes* (*kio koûng*).

12° Les *ouvriers en cordes de boyaux* (*kin koûng*).

13° Les *ouvriers papetiers* (*tchi koûng*).

14° Les *ouvriers en vernis* (*ssi koûng*).

15° Les *ouvriers peintres* (*hoâ koûng*).

16° Les *ouvriers teinturiers* (*jèn koûng*).

Chacune de ces classes se subdivise en plusieurs espèces.

Le ministère des travaux publics comprend plusieurs bureaux spéciaux, dont nous ne ferons pas ici l'énumération. Nous ferons connaître seulement les grandes *directions*.

1° La 1re direction (*) se nomme *Direction des bâtiments et édifices publics* (*ying chén thsing li ssé*); elle a dans ses attributions tout ce qui concerne la fondation des villes, la construction des places fortes, l'érection, la conservation et la réparation des édifices publics. Tous les revenus et les produits des bois de l'État, ainsi que ceux des champs de roseaux, sont sous son contrôle immédiat (**).

Les idées architectoniques des Chinois, pour différer totalement de celles des peuples anciens, considérés comme les maîtres de l'art, n'en ont pas moins un charme *sui generis* que l'on ne

(*) *Taï thsing hoeï tien*, K. 45, f° 8.

(**) Les *Statuts* donnent ensuite (K. 45, f° 9-20) une description très-détaillée, sous le rapport des dimensions et des parties architecturales, de tous les monuments de *Peking*, description que nous ne reproduirons pas, celle qui se trouve p. 3 et suiv. de ce volume, ainsi que le plan qui y est joint, pouvant facilement y suppléer.

trouve pas dans les lignes sévères des Grecs et des Romains. Les Chinois sont le seul peuple connu qui ait su associer la variété à la plus rigoureuse uniformité. L'imprévu est, en Chine, le plus grand effet de l'art, et l'art ne peut avoir que des fantaisies officielles. Les lois règlent la forme et les dimensions des villes de *premier*, de *second*, de *troisième*, de *quatrième* et de *cinquième* ordre, c'est-à-dire des *chefs-lieux* de *provinces*, de *départements*, de *districts*, d'*arrondissements*, de *cantons*; le nombre et la position de leurs rues, de leurs portes; le nombre et la nature des *temples* qu'elles doivent avoir, ainsi que celui des édifices destinés à l'habitation des divers fonctionnaires, etc.

TEMPLES OFFICIELS DANS CHAQUE VILLE DE L'EMPIRE.

Quant aux *temples* ou lieux destinés aux sacrifices (*tsé miao*), les chefs-lieux de chaque *province*, de même que les chefs-lieux de *département*, *district*, *arrondissement* et *canton*, doivent avoir :

1° Un *autel* dédié au génie de la terre et de ses productions (*ché tsi thán*) (*).

2° Un autel dédié au *vent*, aux *nuages*, au *tonnerre*, à la *pluie*, aux *montagnes* et aux *rivières* (*foŭng yún loŭï yù chán tchoŭan thán*).

3° Un autel dédié au premier agriculteur (*siēn noŭng thán*) (**).

4° Un temple dédié à la littérature (*wēn miao*).

5° Un temple dédié à la suite des empereurs qui ont gouverné la Chine (*kouán li miao*).

6° Un temple à la constellation de la Grande ourse (*wēn tcháng li kiūn miao*).

7° Un temple dédié aux fossés d'enceinte (gardiens) de la cité (*tching hoáng miao*).

8° Un autel dédié au démon qui cause les maladies (*li thán*).

9° Un temple honorifique dédié aux ministres d'État renommés pour les services qu'ils ont rendus à leur pays (*ming kwán tsé*).

10° Un temple honorifique dédié aux sages des villages (*hiàng hién tsé*).

11° Un temple honorifique dédié aux hommes qui ont été des modèles de fidélité, de sincérité, de droiture et de piété filiale (*tchoŭng i hiao li tsé*).

12° Un temple honorifique aux jeunes filles qui se sont distinguées par leur éminente chasteté, aux femmes mariées qui se sont aussi distinguées par leurs vertus et leur pudeur (*lie niu tsié foŭ tsé*).

Maintenant, certaines villes doivent avoir certains temples dédiés à des divinités particulières. Ainsi, chaque ville *chef-lieu de département*, de même que les villes *chefs-lieux des arrondissements* qui ressortissent à la province de *Tchi-li*, doivent avoir un *temple honorifique* dédié à la *fidélité éclatante* (*tcháo tchoŭng tsé*); chaque chef-lieu de province doit avoir un temple dédié au dragon génie (*loŭng chin miao*), un autre temple honorifique dédié aux sages et aux hommes de mérite (*hièn liàng tsé*). En outre, certaines provinces, étant plus remarquables que d'autres pour certaines productions naturelles, ont encore d'autres temples particuliers. Ainsi, la province de *Tché-kiáng* a un temple dédié aux premiers vers à soie (*sièn tsán miao*), parce que cette province a été, de temps immémorial, renommée pour la culture de la soie.

Greniers publics. Il doit y avoir aussi dans chaque province, dans chaque arrondissement, dans chaque canton, des *greniers publics* (*tsáng*), destinés à conserver des approvisionnements de grains pour les années de disette.

La *direction* des édifices publics a encore plusieurs autres attributions importantes, telles que celle de fournir aux ouvriers des manufactures impériales les modèles ou patrons des objets qu'ils doivent exécuter; celle de l'aménagement et de la conservation des forêts, pour lesquelles il y a deux inspecteurs généraux, l'un mantchou, l'autre chinois, placés sous ses ordres immédiats; comme il y en a aussi deux des chantiers de bois de construction four-

---

(*) Voy. ci-devant, p. 18, n° 64, et la figure de cet *autel carré*, avec ses pavillons et son enceinte, dans le *Taï thsing hoeï tien thou*, K. 1.

(**) *Taï thsing hoeï tien thou*, K. III, f° 12.

nis par les provinces boisées de l'empire. Les *Statuts* font connaître la quantité de bois que chacune de ces provinces doit fournir par année.

Les manufactures de cristaux (*lîeou li*), qui ont deux inspecteurs généraux, appartiennent aussi à cette direction.

La 2ᵉ direction se nomme *Direction des instruments et objets d'art* (*yù héng thsing li ssé*); elle a dans ses attributions la confection des vases et autres objets d'art, la fabrication des instruments de guerre, armes blanches et armes à feu, auxquelles elle doit faire donner les calibres exigés (*); le choix des perles tirées des pêcheries impériales, et leur classement en cinq ordres, sont de son ressort. C'est elle aussi qui surveille et règle les *poids et mesures* dans tout l'empire.

La 3ᵉ direction se nomme *Direction des ponts et chaussées* (*toû choù thsing li ssé*); elle a dans ses attributions l'administration des bacs, des ponts, des digues et des jetées; elle surveille les eaux, dirige les courants, fait creuser des canaux et entretenir ceux qui existent. Le grand canal Impérial, qui alimente la capitale en y transportant les denrées des provinces les plus éloignées, est aussi dans ses attributions, ainsi que les postes civils et militaires qui stationnent sur tous les points importants des routes et des canaux de l'empire, pour maintenir la sûreté publique et pour veiller à la conservation des ouvrages d'art.

Il n'y a aucun peuple, dans le monde ancien et moderne, qui ait fait autant de travaux pour maîtriser et diriger les eaux que le peuple chinois. Les digues du fleuve Jaune, un des plus puissants fleuves du monde, sont un des plus grands ouvrages de main d'homme qui aient jamais été exécutés. Le système hydrographique chinois, décrit par les *Statuts*, divise les cours d'eaux en trois classes : 1° ceux du nord (*pe hó*); 2° ceux de l'orient (*toûng hó*);

3° ceux du midi (*nán hó*). Chacune a son directeur particulier.

Les immenses digues des côtes des provinces de *Kiâng-nán* et du *Tché-kiâng* sont aussi du ressort de cette direction (*). Ce sont des travaux magnifiques, dont aucune contrée européenne, pas même la Hollande, ne peut donner une idée. Ces digues sont de plusieurs espèces : les unes sont en pierres de granit parfaitement jointes, d'autres seulement en terre gazonnée recouverte de roseaux.

Nombre de vaisseaux et de bâtiments de transport chinois. La direction du ministère des travaux publics, dont nous nous occupons, a aussi dans ses attributions la construction et l'entretien des *vaisseaux* et autres bâtiments de l'État dans toutes les provinces. Les *Statuts* donnent le nombre des bâtiments de guerre et autres de tout l'empire, par provinces (**). Nous pensons que cette statistique ne sera pas sans intérêt pour les lecteurs européens.

A. *Bâtiments de guerre tenant la mer sur les côtes* (*'aï haï tchén tchouân*) :

1° *Ching-king* ou Moukden.......	10
2° *Chan-toung*, de différentes espèces.	12
3° *Kiang-nan*, id.............	158
4° *Fo-kien*, bâtiments fixes........	222
Id., autres.............	47
5° *Tché-kiang*, bâtiments fixes....	139
Id. autres.............	176
6° *Kouang-toung*, bâtiments divers..	156
	920

B. *Bâtiments de guerre dans l'intérieur des fleuves* :

1° *Kiang-nan*, bâtiments divers....	497
2° *Kiang-si*, id.............	49
3° *Fo-kien*, id.............	155
4° *Tché-kiang*, id.............	170
5° *Hou-pé*, id.............	86
6° *Hou-nan*, id.............	50
7° *Kouang-toung*, id.............	149
Id., de course...	126
Total..........	1,282
Bâtiments de guerre tenant la mer, ci-dessus....................	920
Total général......	2,202

bâtiments de la marine militaire chinoise.

(*) Les *Statuts* (K. 46, f° 5-7) décrivent la forme et les dimensions que doivent avoir en tous sens : les canons (*pháo*) de divers calibres, leurs affûts, les fusils de toutes sortes (*hò yŏ*, littéralement *tubes à feu*), et ils déterminent les nombres qui doivent être fondus et fabriqués annuellement.

(*) *Taï thsing hoeï tien*, K. 47, f° 7.
(**) Ibid., f° 16-17.

La direction des ponts et chaussées est chargée de l'approvisionnement de la *glace* pour la table et pour les sépultures impériales, qui, pendant les trois mois les plus chauds de l'année, sont, par une singulière, mais respectable coutume, constamment entretenues de ces offrandes.

C'est aussi cette direction du ministère des travaux publics qui règle tout ce qui concerne les vases et autres ustensiles dont il est fait usage dans les sacrifices et autres cérémonies publiques.

La 4e direction se nomme *Direction des champs militaires* (*tún tién thsing li ssé*); elle a dans ses attributions tout ce qui concerne la construction et l'entretien des sépultures impériales, qui sont en Chine, comme autrefois dans les anciennes monarchies de l'Orient, d'une grande magnificence. Les sépultures de la dynastie régnante, d'origine tartare mantchoue, sont à *Ching-king* ou Moukden. Les *Statuts* en donnent une description minutieuse (*), ainsi que du nombre des hommes qui sont préposés à leur garde, lequel est très-considérable.

Les sépultures, en Chine, ne sont pas, comme en Europe, entassées pêle-mêle et les unes sur les autres, comme si le champ de la mort devait enlever le moins d'air et d'espace possible aux vivants. Elles sont disséminées dans de vastes enclos en forme de parc, et entourées de solitude et d'ombre. Les tombeaux sont en forme de dôme (**).

Outre ces quatre grandes directions, le ministère des travaux publics a plusieurs bureaux ou intendances spéciales chargées d'un service particulier, comme la *Trésorerie des arts et manufactures impériales* (*tchi thsaó koú*) qui est chargée de tout ce qui concerne la joaillerie, les étoffes précieuses, les objets d'art, les sceaux, les palanquins, etc., etc., à l'usage de la cour, et employés pour l'ornement et l'ameublement des palais, des temples et autres monuments publics.

FABRICATION DE LA MONNAIE CHINOISE.

Un établissement important, et qui

(*) *Tai thsing hoei tien*, K. 48, f° 1-10.
(**) Voy. la planche 15 de ce volume.

dépend du ministère des travaux publics, est celui de la monnaie (*fán yín tchoú*) (*). Cet établissement, toutefois, met beaucoup moins en circulation de métaux précieux que l'on pourrait s'y attendre, puisque la monnaie chinoise est toute en *cuivre*, l'*argent* ne circulant que par *lingots* d'un poids déterminé.

La quantité de cuivre et de plomb expédiée annuellement au ministère des travaux publics par diverses provinces est considérable. Cette quantité est déterminée; en voici le tableau :

Kin (**).
1° Pr. de *Yun-nan*, cuivre (*thoung*) 5,836,220
Id.   poudre d'alluvion
       (*paó youán kiú*) 1,945,406
2° *Kouei-tcheóu*, plomb blanc (*pe youén*) 4,391,914
Id.,   poudre d'alluvion 1,463,971
Id.,   plomb noir (*he youén*) 473,288
Id.,   poudre d'alluvion 157,746
3° *Hou-nan*, plomb noir (carbonaté?) 250,000
Id.,   poudre d'alluvion 83,833

Le produit d'autres provenances n'est pas déterminé.

Chaque année, la monnaie impériale fond (***) 86 *máo* de *tsién*; un *máo* consiste en 6,249 *tchoúan* ou *enfilades* de monnaies de cuivre percées d'un trou carré dans le milieu; chaque *enfilade* comprenant 270 pièces de monnaie (*wén*); ce qui fait un total de 145,101,780 pièces de monnaie de cuivre (*tsien*) fondues annuellement à la monnaie de *Pé-king*. Les monnaies de l'intérieur des provinces ajoutent annuellement à la circulation 537,437

(*) *Taï thsing hoeï tien*, K. 48, f° 20-21.
(**) Le *kin* équivaut à 617 grammes : il comprend 16 *liang* ou *onces* chinoises. Il est un peu plus fort que l'ancienne *livre* française, également divisée en 16 *onces*.
(***) La monnaie chinoise n'est pas *frappée* comme la monnaie européenne actuelle, elle est *fondue* comme l'était la monnaie des anciens peuples. Depuis l'établissement de la dynastie tartare régnante, la monnaie chinoise porte en relief, d'un côté, le *nom de règne* de l'empereur régnant, et les mots chinois *thoung páo* «monnaie précieuse circulante,» de l'autre côté, ces derniers mots en *mantchou*. La valeur intrinsèque de cette monnaie est très-minime ; elle équivaut à peu près à $\frac{2}{1000}$ de franc.

ichoüan ou enfilades, chacune de 250 pièces de monnaie. Et dans les années d'un mois *intercalaire*, ou de 13 mois (*), les monnaies fondent *sept mào et demi* de monnaie de plus (**).

La manufacture de poudre à feu (*hŏ yŏ kiŭ*) dépend aussi du ministère des travaux publics. Elle est placée sous la direction de deux ministres d'État. La quantité de poudre de guerre conservée dans les arsenaux est de 300,000 *kin* environ. Celle qui y est conservée pour l'usage et la vente ordinaire varie, selon l'emploi qu'on en fait, de 30 à 40,000 jusqu'à 100,000 *kin*.

Après avoir exposé avec quelque détail la nature et les attributions des *six grands ministères* chinois, il nous reste à faire connaître différentes institutions d'une moindre importance, lesquelles, cependant, font partie de ce grand rouage administratif qui fonctionne, depuis tant de siècles, avec un ensemble et une régularité dont l'Europe peut, à bon droit, s'étonner.

1° BUREAU DES COLONIES ÉTRANGÈRES.

La première institution administrative dont les *Statuts* font connaître les attributions, après celle des *six ministères*, est le *Bureau des colonies étrangères* (*lí fân youën*). Il n'est composé que de Mantchous et de Mongols. Il comprend dans ses attributions l'administration des populations de races diverses dépendantes de l'empire chinois et situées au delà de ses anciennes frontières. Il règle les honneurs et les émoluments attribués aux chefs de ces États; fixe leurs visites à la cour de l'empereur, ainsi que les peines qu'ils encourent en manquant à leurs devoirs de vassaux de l'empire. Les présidents et vice-présidents délibèrent ensemble sur toutes les affaires de ce département. Si ces affaires sont importantes, elles sont renvoyées au *Conseil privé*; si elles ne le sont pas, ils les expédient pour le plus grand bien du gouvernement. Les membres qui composent ce petit ministère ont, dans leurs attributions, tout ce qui concerne l'administration des territoires situés au delà des anciennes frontières de la Chine et habitées par des populations qui ne sont pas chinoises. Ils règlent les rapports des chefs indigènes de ces populations avec l'empire, les tributs qu'ils doivent payer, les honneurs qui leur sont conférés, les troupes qu'ils peuvent avoir sous leur commandement, les postes militaires qu'ils peuvent occuper, etc. Enfin, ils règlent aussi tout ce qui concerne les peuplades nomades qui habitent ces territoires, ou qui ont des relations avec leurs habitants.

L'énumération de toutes les tribus comprises sous la dénomination de *ài fân*, « étrangers extérieurs, » donnée par les *Statuts*, les détails que l'on y trouve, sont de nature à intéresser vivement les géographes européens; mais nous ne pouvons les faire entrer dans notre travail spécial. Ils eussent été à leur place dans la *Description de ces contrées*, qui n'est pas de notre ressort. Nous renvoyons donc aux *Statuts* (*) pour de plus amples informations.

Le *Bureau des colonies étrangères* est divisé, comme l'administration de l'empire lui-même, en six *départements* ou *sections*.

La 1re section est chargée de la délimitation des territoires *extérieurs*, qui sont figurés sur des cartes spéciales, de la direction du gouvernement des peuplades fixes et des peuplades nomades qui les habitent; elle règle aussi les honneurs et dignités des chefs de la Mongolie *intérieure*; leurs mariages avec des princesses de la famille impériale; les impôts ou taxes imposées aux populations; les routes et autres voies de communication, etc.

La 2e section règle les émoluments des chefs de la Mongolie *intérieure*, leurs visites à la cour, leurs tributs, et

---

(*) L'année chinoise étant *luni-solaire*, et composée de 12 *lunes*, il faut y ajouter une *treizième lune*, ou un 13e mois, lorsque cette année lunaire ne concorde plus avec l'année solaire. C'est ce qui constitue le *mois intercalaire*.

(**) *Taï thsing hoeï tien*, K. 48, f°s 21. Les *Statuts* donnent ensuite (f°s 25-37) les détails circonstanciés sur le ministère des travaux publics de *Moukden*, que nous croyons inutile de reproduire ici.

(*) *Taï thsing hoeï tien*, K. 49-53.

la réception parmi eux des filles de l'empereur qui daignent les épouser.

Les émoluments des chefs mongols consistent partie en argent et partie en étoffes de diverses espèces. Ils se divisent en sept classes, de la manière suivante :

	Liang de 8 fr.	Pièces de soie.
1re classe. Chefs ayant un titre équivalant à celui de rois, et alliés à la famille impériale.............	2,000	25
2e Princes (*kiun wång*).....	1,200	15
3e Beys (*peï le*)........	800	13
4e Fils de beys (*peï tseu*)...	500	10
5e Gr. dignitair. (rang de *ducs*)	300	9
6e Id. id. inférieurs.....	200	7
7e Noblesse inférieure......	100	4

La suite normale de ces princes et chefs mongols, leur garde armée, sont aussi fixées et déterminées par la même division.

La 3e section ou division exerce, sur les populations et les chefs de la Mongolie *extérieure*, à peu près le même contrôle, la même autorité que la 1er division sur la Mongolie *intérieure*. Elle règle les affaires qui concernent les chefs de tribus, le nombre de leurs soldats, les postes et les relais, les foires et les marchés. Les *Lamas* des deux Mongolie *intérieure* et *extérieure* sont aussi sous sa direction, de même que les tribus nomades qui dépendent de ces territoires. On y compte les Gorkas, les Tourbets ou Dourbets, les Tourgouths, les Hochoits, les Khoits, les *Tchoros* et les Oeleuths. La 3e division fixe les limites des territoires de chacune de ces tribus, et surveille leur gouvernement. Elle entretient à *Kourun* et à *Kiakta*, capitales de la tribu des Kalkas, deux ministres résidents, chargés de surveiller la frontière russe, et servant d'intermédiaires pour tous les rapports que la Chine entretient avec la Russie (*). Ce furent ces mêmes ministres résidents qui, en 1689, sous le règne de *Khang-hi*, réglèrent, avec l'ambassadeur russe, les limites sibériennes des deux empires.

(*) *Taï thsing hoeï tien*, K. 52, f° 23 et suiv. Les *Statuts* donnent ici des détails qui ne manquent pas d'intérêt sur les relations politiques et commerciales de la Chine avec la Russie.

Quant aux rapports avec les lamas dans toute la Mongolie, ils concernent l'instruction religieuse bouddhique dont ils sont spécialement chargés. Ces prêtres bouddhiques dépendent de chefs supérieurs dont l'un réside à *Pé-king* : c'est le *lama* de la capitale (*tchoú king La-ma*); un autre dans le *Thibet* : c'est le *Thsång La-ma*; on le nomme aussi *Dalaï Lama*. Deux autres résident encore en d'autres lieux.

D'après les *Statuts* (*), deux ministres plénipotentiaires chinois résident constamment dans le Thibet *antérieur* et le Thibet *postérieur*, pour diriger les affaires du grand Lama. L'influence chinoise est toute-puissante près de ce souverain déifié, qui est l'humble serviteur du *fils du Ciel*. Ce sont ces résidents chinois qui règlent les différends entre les tribus ; qui instruisent et disciplinent l'armée thibétaine, au nombre de trois mille soldats ; qui fortifient les défilés et les frontières ; qui président à la levée des impôts directs et indirects; qui distribuent la justice et établissent les lois et règlements d'administration intérieure, afin, disent les *Statuts*, « de « maintenir la paix et la tranquillité « dans le *Tangout* ou le *Thibet*. »

Les tributs que cet État vassal doit payer à la Chine sont réglés par le 3e département du *Bureau des colonies*. Chaque année, des ambassadeurs les portent à l'empereur, à *Pé-king*. Ces tributs consistent principalement en statuettes de cuivre de *Fo* ou Bouddha, en perles et en pierres précieuses.

Le 4e département du *Bureau des colonies* règle tout ce qui concerne les émoluments des *Lamas* de la Mongolie *extérieure*, ainsi que les tributs de cette contrée.

Le 5e département dirige le gouvernement des tribus mahométanes et des beys mongols, et règle les tributs annuels que les marchands étrangers doivent envoyer à la cour. Ces tribus mahométanes, tributaires de la Chine, sont les *Pourouts*, les Kassaks ou Kaïssacks, les peuplades turcomanes de Khokand, Badakchan, Belour, Tachkend, dans la Tartarie indépendante.

(*) *Taï tsing hoeï tien*, K. 52, f° 27.

Le 6ᵉ département a dans ses attributions tout ce qui concerne les affaires judiciaires de chaque tribu mongole *extérieure*.

1. Le *Bureau des colonies*, qui est, comme on a pu le voir, une espèce de *ministère des affaires étrangères*, a une *chambre de traducteurs mongols* (*Moung kou fān i*) pour les langues turcomane, tangoutaine et russe.

2. *Tribunal des censeurs*. Nous arrivons à une institution chinoise qui a quelques rapports avec celle des censeurs de l'ancienne Rome : c'est le *Tribunal des censeurs* (*toŭ tchă yŏuen*)(*). Ce tribunal ou cette cour a pour fonctions de contrôler, de surveiller, de corriger les mœurs (*tchăng ssé foŭng ki*; *cura morum*, comme les censeurs romains); d'examiner la conduite de tous les fonctionnaires publics, de quelque rang qu'ils soient, dans la capitale et hors de la capitale, c'est-à-dire dans les provinces; de distinguer dans cette conduite administrative (*tchi*) ce qui est bon de ce qui est mauvais, ce qui peut tenir à la droiture ou à la perversité de l'homme, et, après avoir réuni les censeurs du titre de *Khŏ* (*examinateurs*), et ceux du titre de *Táo* (*rapporteurs*), ils doivent chacun émettre leur opinion, et prononcer leur censure, afin de rendre les fonctionnaires publics plus attentifs et plus diligents sur leur conduite journalière, et, par cela même, le gouvernement plus stable et plus respecté.

Lorsque des affaires importantes du gouvernement sont soumises à l'examen des *neuf ordres* de grands dignitaires de l'empire (*Kieoŭ kĭng*)(*) ou corps de l'État, celui des censeurs est du nombre, et quand une grande cause criminelle est appelée devant les *trois cours* de justice réunies, le *tribunal* des censeurs, avec le *ministère de la justice*, et la *haute cour criminelle* constituent le tribunal des *trois cours* réunies. Aux grandes assises d'automne (*thsieoŭ chĭn*), à celles de la cour (*tchǎo chĭn*), aux cérémonies des grands sacrifices, les censeurs impériaux sont toujours appelés aux premiers rangs, de même qu'aux grandes réunions et aux festins de la cour, où ils siégent à côté de l'empereur.

L'organisation du tribunal des *censeurs* est combinée de manière à embrasser tous les services publics. Elle se divise en autant de sections qu'il y a de *ministères*; c'est ce qui constitue les *six* (*bureaux*) *d'examen* (*loŭ khŏ*), chaque section ayant tout le personnel d'un ministère à surveiller (**). Dans *Pé-king*, il y a cinq sections, autant que de quartiers.

(*) « Les *six ministères*, le tribunal des » censeurs, la cour des référendaires près » du conseil privé, la haute cour de justice, » sont les *neuf corps* de l'État. » Commentaire.

(**) « La section *li khŏ* a dans ses attributions l'examen et la surveillance de tout le personnel du *ministère des emplois publics* (*li poŭ*) et *Pé-king*; la section *hoŭ khŏ* a la surveillance du personnel du ministère des finances (*hoŭ poŭ*); la section *li khŏ* surveille le personnel du ministère des rites (*li poŭ*), de l'intendance de la maison impériale (*thsoŭng jĭn foŭ*), du bureau des colonies (*li fán yŏuen*); de l'intendance des sacrifices (*tái tchǎng ssé*), de celle des provisions de bouche (*kwáng loŭ ssé*), du collége national (*koŭé tsěu kiĕn*), et de l'observatoire impérial (*kĭn tiĕn kiĕn*). La section *ping-khŏ* surveille le personnel du ministère de la guerre (*pĭng-poŭ*), de l'intendance des écuries impériales (*tái pŏ ssé*), de celle des équipages de la cour (*loŭan i wéi*). La section *hĭng khŏ* surveille le personnel du ministère de la justice (*hĭng poŭ*), de la cour des référendaires près du conseil privé (*thoŭng tchĭng ssé*), de la haute cour de justice (*tá li ssé*). La section *koŭng khŏ* surveille le personnel du ministère des travaux publics (*koŭng poŭ*). Deux fois chaque mois les censeurs font l'examen attentif de tous les

(*) *Taï thsing hoeï tien*, K. 54. Les expressions *toŭ tchă yŏuen* signifient : *Cour qui examine, qui surveille tout*. Cette cour est composée de deux premiers censeurs impériaux de gauche (*tsò toŭ yú ssè*), l'un mantchou et l'autre chinois; de quatre censeurs adjoints de gauche (*tsò foŭ toŭ yú ssè*), deux mantchous et deux chinois. Les gouverneurs de provinces sont, de droit, *ex officio*, « censeurs de droite; » et les lieutenants-gouverneurs, les gouverneurs ou intendants des fleuves et rivières, de la navigation intérieure, sont aussi, *ex officio*, « censeurs adjoints de la droite. » Les employés subalternes de ce tribunal sont des secrétaires, des commis et des expéditionnaires mantchous et chinois.

Les censeurs sont en relations permanentes avec le conseil privé (néï kô). Ils en reçoivent des documents qu'ils transmettent ensuite, avec leur censure, aux départements qu'ils concernent. A la fin de chaque année, ils établissent l'état de tous les documents qu'ils ont reçus du grand *Conseil privé*, avec l'indication des résultats.

Les *remontrances* des censeurs sont inattaquables; leur droit de censure est souverain, même à l'égard de l'empereur; seulement ils ne peuvent appliquer par eux-mêmes aucune pénalité.

Le tribunal des censeurs exerce son action dans les *quinze* circonscriptions ou cercles (*táo*), correspondant à peu près aux quinze anciennes provinces (*). Quand le besoin l'exige, les chefs du tribunal se rendent dans les provinces pour exercer leur redoutable ministère. Dans un empire étendu comme la Chine, et où ceux qui sont revêtus d'une portion de l'autorité pourraient si facilement en abuser, l'opinion publique n'ayant point d'organes pour se manifester, l'institution des *censeurs* est d'une grande utilité. L'histoire chinoise est pleine des actes courageux dont ceux qui ont été chargés de ces difficiles fonctions se sont honorés.

On lit, dans l'histoire de la dynastie des *Thang*, que les *censeurs*, à cette époque, avaient pour mission principale:

1° De s'enquérir du bien et du mal, ou des vertus et des vices des fonctionnaires publics;

2° De s'informer s'ils n'apportaient pas la plus stricte équité dans la levée des impôts et dans les corvées;

3° De s'assurer si la population ne mettait pas de négligence dans la culture des terres, et dans celle des mûriers, et s'il n'y avait point de déficit dans les greniers publics;

4° De s'informer s'il n'existait point de malfaiteurs exerçant des arts magiques;

5° De rechercher les hommes de talent et de génie extraordinaires pour les faire connaître à l'empereur;

6° De surveiller les actes du gouvernement qui tendraient à la violence et à la tyrannie, ainsi que les fonctionnaires qui s'allieraient à des familles puissantes pour exercer aussi des violences.

Le vieux philosophe *Lao-tseu* disait: « Lorsque le gouvernement pousse l'esprit de surveillance défiante à l'excès, le peuple vit dans l'inquiétude et la misère! » — Il semble que l'institution des *censeurs*, qui s'interposent entre les gouvernants et les gouvernés, pour rappeler leurs devoirs aux uns et aux autres, et faire respecter la justice, doive prévenir de grands abus; il est certain, du moins, que l'indépendance et l'inviolabilité dont ce corps jouit en Chine le rend également gênant pour tous ceux qui se mettent dans le cas d'encourir ses censures.

Cette grande institution qui embrasse dans un immense réseau toute la population chinoise, gouvernants et gouvernés, est comme un grand *ministère de la police*, qui a l'œil ouvert partout sur l'accomplissement des devoirs de chacun et le maintien de l'ordre public.

Police de Pé-king. C'est surtout dans la grande ville de *Pé-king*, la capitale de l'empire, que l'institution des *censeurs*, par son personnel divisé en cinq classes, exerce l'action la plus complète et la plus vigilante. Les agents des deux dernières classes sont chargés de faire arrêter les voleurs, les malfaiteurs, les joueurs, les vagabonds et autres gens de cette sorte; de visiter les rues et les quartiers, d'y faire des rondes ou le guet la nuit, et de placer des sentinelles pour prévenir l'autorité en cas d'incendie.

Les capitaines des rues sont soumis

---

documents qui ont été adressés aux différents ministères ou établissements publics de leur ressort; ils peuvent demander des éclaircissements, émettre leur opinion, prononcer une censure sur tout ce qui leur paraît l'exiger. »

(*) Ces quinze inspections sont: 1° le territoire de *Pé-king* (*king tien táo*); 2° le cercle du *Ho-nan* (*hó nán táo*); 3° le cercle de *Kiáng-nán* (*Kiáng nán táo*); 4° le cercle de *Chan-toung*; 5° le cercle de *Chan-si*; 6° le cercle de *Chen-si*; 7° le cercle de *Tchékiáng*; 8° le cercle de *Kiáng-si*; 9° le cercle de *Hou-kouáng*; 10° le cercle de *Fokien*; 11° le cercle de *Kouáng-toung*; 12° le cercle de *Kouáng-si*; 13° le cercle de *Ssetchouán*; 14° le cercle de *Yun-nán*; 15° le cercle de *Kouëi-tchéou*. Il y a *quatre* censeurs pour chaque *cercle*, excepté pour les *cinq* derniers qui n'en ont que *deux*.

à ces deux classes. Ces *capitaines des rues* sont des chefs d'une sorte de *magistrature municipale* qui sert puissamment au maintien de l'ordre public (*). Chacun de ces chefs est obligé d'avertir les agents du tribunal des *censeurs* de ce qui se commet dans sa circonscription contre les lois et les mœurs, ou de ce qui y survient de nouveau. Il est aussi obligé d'exhorter les familles à la pratique du bien, en répétant à haute voix tous les jours au commencement de la nuit, dans la rue confiée à sa garde, ces préceptes substantiels : « Obéissez à vos père et mère « (*hiào chùn foù mòu*); respectez les « vieillards et vos supérieurs (*thsoùng* « *king tchàng cháng*); vivez tous en « paix dans vos familles (*hó kià li*); « instruisez vos enfants (*kiào tseù sùn*); « ne commettez point d'injustice (*mó* « *tsó wéi*) (**). » Cette coutume, dont l'esprit européen se raillerait sans aucun doute, si nos gouvernants voulaient l'importer chez nous, n'en est pas moins fort respectable, et ces exhortations dans une bouche pure et digne doivent toujours produire un salutaire effet.

3. *Cour des référendaires près du conseil privé* (*thoûng tching ssé*). Nous avons fait connaître les attributions de cette cour précédemment (page 152, note); nous ajouterons seulement qu'elle reçoit aussi les appels que le peuple fait, près de l'empereur, des jugements prononcés par les tribunaux de provinces. Des membres de cette cour sont spécialement chargés de se tenir à la porte du palais impérial pour recevoir les placets de ceux qui, selon une très-ancienne coutume (***), vont frapper sur le tambour qui s'y trouve placé, pour obtenir audience ou justice.

Cette cour est une espèce de grand *Bureau d'enquêtes et de révision* par lequel doivent passer tous les *placets*, *mémoires*, *pétitions*, etc., de tous les mandarins civils et militaires de l'empire, pour parvenir au souverain, excepté toutefois les mandarins de *Péking*, qui peuvent s'adresser directement à l'empereur.

4. *Cour d'appel* (*tà li ssè*) (*). Les attributions de cette cour sont de répartir de la manière la plus équitable la justice dans tout l'empire. Elle revise les cas graves, et concourt, comme nous l'avons déjà dit précédemment, à constituer, avec les autres cours et tribunaux, les *neuf cours* appelées à délibérer sur les affaires les plus importantes du gouvernement, ou les *trois cours* suprêmes de judicature qui prononcent les peines capitales aux grandes assises d'automne. Pour que la peine capitale soit prononcée dans ces grandes assises, il faut que les *trois cours* soient unanimes dans leur décision. S'il n'y a pas unanimité, l'opinion de chacune des cours est soumise à l'empereur, qui juge en dernier ressort.

5. *Académie impériale* (**) (*hân lin youèn*). C'est ici le corps des lettrés chinois, le corps savant par excellence, *la forêt de pinceaux*, comme il se nomme (les Chinois écrivent avec un *pinceau*), qui jouit de la plus haute considération dans l'État. C'est à parvenir à faire partie de ce corps illustre qu'aspirent tous les lettrés de l'empire.

L'académie des *Hân lin* est, pour la Chine, ce que l'*Institut* est pour la France. Elle fut fondée sous la dynastie lettrée des *Thang*, vers le milieu du neuvième siècle de notre ère (***). Elle

---

(*) *Tai thsing hoei tien*, K. 54, f° 16-17.
(**) *Ib.*, K. 55.
(***) Voy. t. I, p. 308, et p. 23, n° 108 du présent volume.

Dans l'*Almanach impérial* de 1844, l'académie des *Han lin* est placée immédiatement après le *Conseil privé*. Les deux présidents du grade de *tsin ssé*, ou *docteurs*, étaient alors *Mou-tchang-a*, mantchou, et *Pwan-chi-ngan*, chinois; tous les deux membres du *Conseil privé* des ministres. L'Académie était composée ensuite : 1° de 4 docteurs assistants lecteurs impériaux (*chi toù hiŏ ssé*); 2° de 5 docteurs assistants explicateurs des livres classiques de l'empereur (*chi kiàng hiŏ ssé*); 3° de 5 assistants lecteurs (*chi toù*); 4° de 5 assistants explicateurs (*chi kiàng*), tous du grade de *tsin ssé*;

(*) Voy. ci-devant, page 171.
(**) Magalhans, *Nouvelle relation de la Chine*, p. 225.
(***) Voy. t. I, p. 36, et la pl. 3 du même volume.

a deux présidents, l'un mantchou et l'autre chinois. Cette grande institution littéraire a pour attributions de rédiger les documents officiels qui concernent la littérature et l'histoire. Ses principaux membres sont les chefs des diverses classes de littérature, lesquels font tous leurs efforts pour acquérir le plus de science littéraire et de renommée, afin de parvenir à occuper des emplois publics, ou à remplir des fonctions près du souverain.

Le mérite littéraire, en Chine, étant le mérite par excellence, ceux qui, dans les études classiques, parviennent au premier rang sont sûrs, par cela même, d'arriver aussi au premier rang dans l'État. Les empereurs chinois, qui ont aussi cherché souvent à briller dans les lettres, aiment à s'entourer des lettrés les plus célèbres de leur empire. Les deux présidents de l'académie des *Hân lin* sont, *ex officio*, les habitués du palais impérial, et dirigent toutes les études des princes de la famille impériale. Deux fois par an, au printemps et à l'automne, ils désignent les quatre mandarins (deux mantchous et deux chinois) chargés d'expliquer les livres classiques dans les circonstances solennelles, et de traduire du chinois en mantchou, ou du mantchou en chinois les essais littéraires de l'empereur, etc. Les lecteurs impériaux accompagnent Sa Majesté quand elle se rend au temple du premier maître, le philosophe

5° de 4 auditeurs de la propagation de la doctrine (*tièn pŏ tíng*); 6° 4 auditeurs assistants de l'enseignement (*táï tchao tíng*); 7° 39 écrivains rédacteurs (*piè tie chĭ*), tous mantchous; 8° 16 autres écrivains rédacteurs de la direction du mouvement du personnel, laquelle direction est composée de 3 membres; 9° 3 docteurs *tsin ssé*, chefs de la section de la révision et impression des livres (*siéou siouan*); 10° 84 docteurs *tsin ssé*, rédacteurs et compositeurs de collections de livres ou compilations choisies (*piēn siéou*): ces deux dernières catégories composées presque exclusivement de Chinois; 11° 7 poëtes ou compositeurs de vers (*kièn chĭ*), tous Chinois et du grade de *tsin ssé*; 12° enfin 60 docteurs *tsin ssé*, ayant eu le plus de succès dans les grands concours littéraires (*choŭ kiĕ ssé*). Ces derniers ont un traitement annuel de 1,440 *liàng* (11,520 fr.).

Khoung-tseu, pour lui rendre les honneurs qui lui sont dus. Ils doivent aussi composer des vers sur les sujets que l'empereur veut bien leur désigner.

Il y a dans l'académie des *Hân lin* vingt docteurs, dont *huit* mantchous et *douze* chinois, chargés spécialement, avec l'aide des jeunes gens qui ont le plus brillé dans les examens, et qui ont obtenu les premiers grades, de préparer des éditions correctes des livres classiques, ou des compilations également correctes des meilleurs morceaux littéraires ou historiques destinés à l'enseignement public, ou à orner les bibliothèques impériales. Ces éditions choisies sont publiées aux frais de l'empereur et par les presses impériales. Les *Statuts* (*) donnent le catalogue de tous les ouvrages choisis qui ont été ainsi préparés et publiés depuis le règne de *Chun-tchi*, premier empereur de la dynastie tartare régnante. Celui qui écrit ces lignes possède plusieurs de ces éditions, qui sont d'une grande beauté et d'une parfaite correction (**).

(*) *Taï thsing hoeï tien*, K. 55, f° 4 et suiv.

(**) Le nombre des ouvrages chinois publiés par l'académie des *Hân lin*, depuis la 1re année *Chun-chi* (1645 de notre ère) jusqu'à la 16e année *Kia-king* (1811), est de 128, presque tous d'une étendue très-considérable. En voici les principaux *a* :

1. * *Tchĭ siouan míng ssé*; Histoire de la dynastie des *Ming*, préparée et rédigée par ordre impérial (1645).

2. *Tchĭ tswàn thoŭng kièn tsiouan choŭ*; Édition complète du Miroir universel de l'histoire, recueillie et continuée par ordre impérial (1656).

3. *Hiào king yèu i*; Sens expliqué surabondamment du Livre sur la piété filiale (1656).

4. *Y king thoŭng tchóu*; Commentaire perpétuel sur le *Y-King* (1656).

5. *Tchĭ piēn jí kiàng ssé choŭ kiáï i*; Sens expliqué des *quatre* Livres classiques dans des lectures journalières, ouvrage composé par ordre impérial (1677).

6. *Tchĭ tswàn khin ting hoàng yŭ piào*;

a. Les ouvrages de cette grande collection impériale, marqués d'un astérisque *, font partie de la *Bibliothèque chinoise* de l'auteur. Les dates données ici sont celles de *l'ordre impérial* pour la rédaction, la compilation ou la composition des ouvrages; celles de la *publication* sont toujours postérieures, souvent d'un assez grand nombre d'années.

6. *Bibliothèque impériale* (*tiën tsië ting*). Cette bibliothèque est confiée à la garde de deux conservateurs *Hán lin*, l'un mantchou et l'autre chinois.

Tableaux synoptiques de l'empire chinois, rédigés par ordre impérial (1679).

7. *Tchï siéou ming ssé*; Les historiens des *Ming* édités par ordre impérial (1679).

8. *Tchï pien jï kiang chou king kiái i*; Sens expliqué du Livre des Annales, dans des lectures journalières, ouvrage composé par ordre impérial (1680).

9. *Tchï pien jï kiang i king kiái i*; Sens expliqué du Livre des changements, dans des lectures journalières, ouvrage composé par ordre impérial (1683).

10. **Tchï tswàn tai thsing hoëi tien*; Collection des statuts administratifs de la dynastie *tai thsing* ou très-pure (actuellement régnante), recueillis par ordre impérial (1684). Voir ci-devant, p. 131. — *Nota*. Le même grand ouvrage a été publié de nouveau par l'académie des *Hán lin*, avec des augmentations successives considérables, et par ordre impérial de 1724, 1747, 1801.

11. **Tchï siouan tai thsing i thoüng tchï*; Géographie historique universelle de l'empire des *Tai thsing*, rédigée par ordre impérial (1685). — *Voy.* ci-devant, p. 2. Cette grande Géographie historique a été réimprimée successivement avec des augmentations nombreuses en 1744 et en 1811 (dates du décret de réimpression). C'est l'édition de 1744 que nous possédons. Elle comprend 356 *kiouan*, ou livres.

12. *Tchï pien koü wên youan kién*; Miroir des sources de la littérature ancienne, recueil compilé par ordre impérial (1685, 64 livres). — *Voy.* tom. I, p. 237, *note*. Chef-d'œuvre littéraire et typographique.

13. *Tchï siouan péi wên yùn foü*; Trésor tonique de littérature à graver dans la mémoire; ouvrage rédigé par ordre impérial (1704, 120 volumes). — Grand Dictionnaire tonique de la langue chinoise, dont une nouvelle édition a paru à Canton il y a quelques années.

14. *Tchï siouan kouang kiün fàng pou*; Traités sur toutes sortes d'objets de culture et d'histoire naturelle, composés par ordre impérial (1708).

15. **Tchï siouan khàng-hí tséu tien*; Dictionnaire de *Khàng-hí*, rédigé par ordre impérial (1710, édit. petit in-4°).

16. **Tchï siouan youan kién loüi hán*; Encyclopédie historique et littéraire, tirée du *Miroir des sources* (Bibliothèque particulière de l'empereur), rédigée par ordre impérial (1710, 450 *kiouan* ou livres).

— L'édition que nous possédons est une nouvelle édition en *miniature*, sur papier blanc, tout à fait conforme à la précédente qu'elle reproduit page pour page.

17. **Tchï siouan li tai ki ssé nien piáo*; Tableaux chronologiques des choses et des événements arrivés sous les différentes dynasties qui se sont succédé; ouvrage rédigé par ordre impérial (1712, 100 vol. in-4°). — Voy., t. I, p. 35, la note 2, sur ce magnifique ouvrage d'histoire et de typographie chinoises. On n'en connaît que deux exemplaires en Europe: celui de la Bibliothèque nationale de Paris et celui que possède l'auteur.

18. **Tchï pien Tchoü-tseü tsiouan chou*; Œuvres complètes du philosophe *Tchoü-tseü* ou *Tchoü-hí*, recueillies par ordre impérial (1713, 66 *kiouan* ou livres).

19. **Tchï siouan Thang chï*; Poésies du temps de la dynastie des *Thang*, recueillies et publiées par ordre impérial (1713).

— Édition de toute beauté, avec encadrement des ouvrages cités dans le Commentaire, et ponctuation à l'encre rouge, et une préface de l'empereur *Khàng-hí*; 15 forts volumes in-4°.

20. *Tchï siouan sing li thsing i*; Sens subtil du système de philosophie naturelle, intitulé *Sing li*, rédigé par ordre impérial (1717).

21. *Tchï siouan phien tséu loüi pien*; Collection méthodique d'expressions composées de deux caractères, ou grand Dictionnaire de mots accouplés, rédigé par ordre impérial (1719). [Magnifique ouvrage en 129 volumes, chef-d'œuvre de typographie chinoise, dont le seul exemplaire connu en Europe a été vendu à la bibliothèque de De Guignes, et acheté pour la Russie.]

22. *Tchï siouan yùn foü chï i*; Supplément au grand Dictionnaire tonique (n° 13), rédigé par ordre impérial (1720, 23 vol.).

23. *Tchï siouan tseü ssé thsing hóa*: Fleurs et essences des philosophes et des historiens, ouvrage compilé par ordre impérial (1721, 160 *kiouan* ou livres). — Ce sont les opinions des philosophes et des historiens chinois classées méthodiquement sur les mêmes sujets, tels que le *Ciel*, le *Soleil*, la *Lune*, les *Étoiles*, le *Vent*, la *Terre*, etc., etc., etc.; très-belle impression.

24. **Tchï siouan tchün thsiéou tchouan choüï wéi tswàn*; Guirlande d'explications, de commentaires et d'éclaircissements de toutes sortes sur le *tchün thsiéou* de Confucius, recueillie par ordre impérial (1721). —

Le catalogue complet des livres conservés dans cette bibliothèque a été publié, d'abord, par ordre de l'empereur Khâng-hî (*), et ensuite, par *Kien-*

Magnifique édition, avec une préface de l'empereur Khâng-hî, 24 vol. in-f°.

25. *Tchĭ piĕn jĭ kiang tchin thsiêou kiâi i;* Sens expliqué du *Tchun-thsieou*, ou Livre des Annales, dans des lectures journalières, composé par ordre impérial (1729).

26. * *Tchĭ sioüan tai thsing thoüng li;* Cérémonial universel de la dynastie *Tai-thsing*, rédigé par ordre impérial (1736). — Cet ouvrage n'a été publié qu'en 1756; il est en 50 livres et forme 8 volumes in-4°. Voir ci-devant, p. 211, la traduction du *Cérémonial* usité envers les *Ambassadeurs*, que nous avons donnée d'après cet ouvrage officiel.

27. *Tchĭ sioüan chéou chi thoüng khảo;* Examen approfondi des temps et saisons, rédigé par ordre impérial (1737); ouvrage sur l'*Agriculture*, accompagné de planches nombreuses. 78 *kiouan* ou livres, 24 vol. petit in-f°.

28. *Tchĭ tswàn soŭ wên hien thoüng khảo;* Supplément à la grande Encyclopédie historique de *Ma-touan-lin* (dont le titre suit, n° 27), rédigé par ordre impérial (1747, 252 *kiouan* ou livres).

29. *Tchĭ tswàn hoáng tchảo wên hien thoüng khảo;* Examen approfondi des monuments littéraires parvenus jusqu'à nous (ouvrage de *Ma-touan-lin*), arrangé pour l'usage de la cour impériale par ordre supérieur (1747, 262 *kiouan* ou livres).

30. *Tchĭ sioüan sí thsing koŭ kiĕn*, Miroir des antiquités de la pureté occidentale (cabinet de l'empereur), rédigé par ordre impérial (1749, 42 vol. grand in-f°, avec beaucoup de planches). — *Nota*. C'est de ce magnifique ouvrage que nous avons tiré les planches 38 à 44 de notre premier volume, page 201 et suivantes.

31. *Tchĭ sioüan thoüng wên yün thoüng;* Traité général de la prononciation de plusieurs mots comparés (*sanskrit*, *thibétain* et *mongol*), rédigé par ordre impérial (1750).

32. *Tchĭ piĕn tsiĕn loŭ;* Catalogue des monnaies, rédigé par ordre impérial (1751).

33. *Tchĭ tswàn hoáng yŭ si yŭ thoŭ tchi loŭ hŏ tchi;* Description des fleuves et des chaines de montagnes, et cartes figuratives de l'empire chinois et du *Si-yŭ* (ou occident de l'Asie), rédigée par ordre impérial, de 1756.

34. * *Tchĭ tswàn hoáng tchảo li ki thoŭ chi;* Modèles figurés des objets de toutes natures conformément aux rites, recueil rédigé à l'usage de la cour, par ordre impérial (1759, 16 vol. in-4°, en deux enveloppes, avec une préface de l'empereur). — Ouvrage magnifique renfermant le modèle ou patron figuré officiel des *ustensiles* employés dans les sacrifices; des *instruments de géométrie*, d'*astronomie* [a], etc.; ceux des vêtements civils et militaires, ceux des instruments de musique de toutes sortes; de tous les grades; des *étendards*, *oriflammes*, *chars*, *arcs*, *flèches*, *fusils*, *sabres*, *catapultes*, *canons*, *palanquins*, *fusils de remparts*, *mortiers*, etc., etc.

35. *Tchĭ tswàn si yŭ thoüng wên tchi;* Traité des noms communs aux *si yŭ*, ou contrées occidentales de l'Asie, présentés dans des tableaux synoptiques (en *chinois*, *mantchou*, *mongol*, *oelet*, *thibétain* et *turc*), rédigé par ordre impérial (1763).

36. *Tchĭ tswàn hoáng tchảo thoüng tiĕn;* Règles universelles de gouvernement, éditées par ordre impérial pour l'usage de la cour (1767).

Nota. L'ouvrage original fut composé par *Tou yéou*, qui vivait sous les *Thang*; il comprend 200 livres.

37. *Tchĭ tswàn hoáng tchảo thoüng tchi;* Traité sur toutes sortes de sujets importants, édité par ordre impérial pour l'usage de la cour (1767).

Nota. L'ouvrage original fut composé par *Tchin tsiao*, qui vivait sous la dynastie des *Soung*; il comprend 200 livres.

38. *Tchĭ tswàn soŭ thoüng tiĕn, soŭ thoüng tchi;* Deux suppléments aux deux grands ouvrages précédents, rédigés par ordre impérial (1767). *Nota*. Le second de ces suppléments comprend 527 livres.

39. *Tchi piĕn tsĕng ting thsing wên kiĕn;* Miroir de la langue mantchoue, corrigé et augmenté par ordre impérial (1771, 48 livres).

40. *Tchĭ tswàn ssé khoŭ thsioüen choŭ;* Catalogue complet des quatre magasins, rédigé par ordre impérial (1773). *Nota*. C'est un catalogue raisonné, en 112 volumes, de tous les livres chinois qui devaient composer la grande Collection d'ouvrages choisis, en 160,000 volumes, ordonnée par l'empereur *Khien-loung*. Voy. ci-devant, p. 14, et note.

(*) *Khin ting thoŭ choŭ tsi tching.*

a. On y voit la représentation de plusieurs instruments de mathématiques et d'astronomie, fabriqués en Europe; et on lit très-lisiblement sur la gravure de l'un d'eux *Londqn* (Londres).

loung (*). Ces livres, avec la grande collection des années *young-lo* des *Ming*, forment la bibliothèque impériale.

7. Il est encore d'autres établissements qui ont des rapports avec l'académie des *Hàn-lin*. Tel est le *Bureau des historiographes de la cour* (*Kì kiû tchóu kouàn*), composé de dix Mantchous et de douze Chinois, dont les fonctions sont de rédiger des mémoires de tous les faits qui méritent d'être transmis à la postérité. Toutes les fois qu'il y a des assemblées ou des réunions publiques à la cour, les historiographes de service restent constamment aux côtés de l'empereur, pour recueillir ses paroles et faire le récit de ses actions. Lorsque l'empereur se rend à sa résidence d'été de *Youen-ming-youen*, quatre historiographes restent attachés à sa personne. Ils l'accompagnent dans toutes les cérémonies publiques, comme celle du *labourage*, celles de la célébration des sacrifices, sa visite aux tombeaux de ses ancêtres, afin de transmettre ces faits à la postérité.

8. Un autre Bureau, plus important que le précédent, et qui a aussi des rapports étroits avec l'académie des *Hàn-lin*, est le *Bureau des historiographes de l'empire* (*Koûë ssé kouàn*), dont les attributions sont de rédiger des mémoires fidèles et authentiques sur tous les événements et les faits contemporains. Ces documents sont destinés à servir plus tard de matériaux pour écrire l'histoire officielle de l'empire.

L'histoire officielle chinoise est assurément la plus authentique du monde; car, chez aucun peuple, il n'a été apporté autant de soins à recueillir les faits qui y sont consignés (**). Cette histoire repose sur quatre espèces de récits, qui sont:

1° L'histoire des souverains (*pèn ki*); 2° des traditions (*tchoúan*) sur tous les faits importants qui peuvent concerner les ministres et autres personnages remarquables de l'État; 3° des statistiques de faits naturels, physiques et autres (*tchi*); 4° enfin, des documents externes de toutes natures, comme des tables généalogiques (*piào*) (*). Tous ces matériaux réunis servent à constituer l'histoire.

(*) *Tai thsing hoeï tien*, K. 55, f° 12-13. Selon le Commentaire, voici les diverses espèces de *traditions* que doit recueillir l'historien: 1° traditions ou *mémoires* concernant les ministres d'État; 2° mémoires d'actes de justice et de fidélité; 3° mémoires sur les lettrés; 4° mémoires sur les compositions littéraires; 5° mémoires sur les recherches des historiens; 6° mémoires sur les actes remarquables de piété filiale et d'amitié; 7° mémoires sur les femmes célèbres par des actes de dévouement et de vertus; 8° mémoires sur les chefs indigènes (*toù ssé*); 9° mémoires sur les contrées étrangères des quatre côtés; 10° mémoires sur les ministres qui ont aidé le gouvernement; 11° mémoires sur les ministres rebelles. — Ce plan officiel de l'historien chinois est à peu près celui choisi par Sse-ma-thsian (t. I, p. 246).

Selon le même Commentaire, les *tchi*, pour l'historien chinois, sont des *traités* 1° sur l'*astronomie*; 2° sur la *loi des saisons*; 3° sur les *rites*; 4° sur la *guerre*; 5° sur les *lois pénales*; 6° sur la *musique*; 7° sur les *arts mécaniques et littéraires*; 8° sur la *géographie*; 9° sur les *fleuves* et les *canaux*; 10° sur les moyens de *transports* et les *vêtements*; 11° sur les *cérémonies* publiques et la défense des places; 12° sur les *denrées de consommation*; 13° sur les *magistrats* ou fonctionnaires civils et militaires; 14° sur l'*avancement* dans les emplois ou les *promotions*.

Les *piào* ou tableaux synoptiques comprennent: 1° le tableau généalogique des ministres d'État, avec des mémoires sur les actes méritoires qui ont pu être accomplis par des membres de leurs familles, lesquels sont aussi représentés comme chefs de leur branche, dans des tableaux généalogiques; 2° des tableaux des faveurs et dignités accordées aux princes et chefs mongols et mahométans des possessions chinoises de l'Asie occidentale.

On voit, par ce Commentaire des *Statuts*, que les devoirs de l'historien chinois sont

---

41. *Tchĭ siòuan thoúng kién kháng mŏu sán pién*; les trois parties de l'histoire universelle, intitulée *Thoúng kién kháng mŏu*, rédigées par ordre impérial (1775). Voy. Gaubil, *Chronologie chinoise*, p. 170.

42. *Tchĭ tswàn tchi hô fáng liŏ*; Abrégé de l'art de diriger et maîtriser les fleuves, rédigé par ordre impérial (1811).

(*) *Khin ting ssé khoú tsiouen choù tì pèn*. Voy. p. 14, n° 9, et le n° 40 de la note qui précède.

(**) Voy. t. I, p. 32.

9. Un autre établissement, dont les attributions sont aussi d'une nature semblable, mais inférieure, le *Département de l'observation des faits de la cour* (*chèn ssé foù*), dépend encore littérairement de l'académie des *Hân-lin*.

10. *Intendance des sacrifices* (*taï tchâng ssé*) (*). Cet établissement est chargé de préparer et de diriger les cérémonies des sacrifices; de choisir l'espèce et le nombre des ustensiles qui doivent y être employés; enfin, tout ce qui concerne ces cérémonies de tout ordre, et qui en dépend.

11. *Intendance des écuries impériales* (*taï pö ssé*). Cet établissement est chargé de diriger tout ce qui concerne les écuries et les attelages de l'empereur. Il a aussi sous sa direction les haras impériaux situés en Tartarie (**), etc.

12. *Intendance des provisions de bouche de la maison impériale, et de celles qui sont nécessaires dans les cérémonies publiques* (*kouâng loü ssé*). Cet établissement est d'une assez grande importance en Chine, où les fêtes et les cérémonies sont nombreuses. C'est surtout quand on célèbre les grands sacrifices au Ciel, à la Terre, au Soleil, à la Lune, dans les fêtes anniversaires de l'empereur, etc., que les Vatels chinois de cet établissement sont occupés. Ce sont eux aussi qui sont chargés de l'entretien des ambassadeurs étrangers

assez nombreux et assez importants pour faire de sa fonction l'une des plus nobles et des plus méritoires qui puissent être accomplies dans un État civilisé. Aussi est-elle en grand honneur en Chine depuis un temps immémorial, comme nous le verrons plus loin. — Les grandes annales chinoises sont toutes, depuis deux mille ans, rédigées sur le plan qui vient d'être exposé. Comme les documents qui servent à composer ces Annales sont recueillis journellement par le *Tribunal des historiens* dont nous parlons ci-dessus, ces annales présentent des tableaux successifs à peu près complets de la civilisation chinoise.

(*) *Taï thsing hoeï tien*, K. 56-57. Les *Statuts* donnent, en deux livres, les détails les plus minutieux sur tout ce qui concerne l'accomplissement des cérémonies sacrificatoires. Nous ne pouvons ni les reproduire ni les analyser ici.

(**) *Ib.*, K. 57, f° 17-21.

et de leur suite, lorsqu'ils entrent en Chine. Les provisions (moutons, porcs, poissons, vin, etc.) qui doivent leur être délivrées sont réglées par les *Statuts* (*).

13. *Institutions municipales de la ville de Pé-king* (*chun thien foù* (**)). La ville de *Pé-king*, comme capitale de l'empire, est administrée par un magistrat spécial, dont le titre (*yin*) et les fonctions correspondent en quelque sorte à celles de *Maire* ou *Préfet de Paris*. C'est ce magistrat qui règle, dans les limites de son territoire (*Pé-king* et sa banlieue), tout ce que les établissements précédents règlent pour le reste de l'empire. La traduction du livre des *Statuts* qui concerne cette administration municipale, ainsi que celle de Moukden, aurait un grand intérêt pour nous; nous ne pouvons que l'indiquer ici. On y remarque, entre autres choses, les mesures que le maire de *Pé-king* doit prendre à l'époque annuelle de la cérémonie du *labourage* par l'empereur (***).

CÉRÉMONIE DU LABOURAGE (****).

« Pour montrer plus de respect et de vénération dans cette cérémonie, disent les *Statuts*, la charrue (*loü ssé*) (dont se sert l'empereur) est peinte en jaune (couleur impériale), et le fouet est de soie couleur jaune. Le coffre à semence (*siâng*) doit être de couleur verte. Suivent la charrue : trois princes impériaux (*wâng*) et neuf grands dignitaires (*king*), avec chacun une charrue peinte en rouge et un fouet de soie de couleur rouge, le coffre à semence étant de couleur noire. Ces coffres à semence doivent être pleins de grains pour semer (*tchoûng loü*). La charrue dont se sert l'empereur est attelée d'un bœuf couleur *jaune* ; les charrues qui suivent sont traînées chacune par un bœuf de couleur *noire*.

« De vieux et honorables laboureurs sont convoqués à cette cérémonie, au nombre de trente-cinq, pour y prendre

(*) *Taï thsing hoeï tien*, K. 58, f° 7.
(**) *Ib.*, K. 59.
(***) Voy. pl. 14 de ce volume.
(****) *Taï thsing hoeï tien*, K. 59, f° 3-4.

part; et d'autres laboureurs, au nombre de quarante-deux, chargés de diriger et d'accomplir ponctuellement la cérémonie du *labourage*. Deux vieux laboureurs ont la mission de conduire le bœuf (*kiên nieōu*) de la charrue de l'empereur (*); deux autres laboureurs soutiennent les manches de la charrue (*foû li*). Les charrues des trois princes impériaux et des neuf grands dignitaires qui suivent, sont conduites chacune par un vieux laboureur, et soutenues par deux autres laboureurs. Le maire ou préfet de *Pé-king* est en tête du cortége, revêtu de ses habits de grande cérémonie (*mêng páo*). Les vieillards qui précèdent l'empereur sont vêtus de robes de soie verte (*thsing kiouén*); les laboureurs qui précèdent les trois princes impériaux et les neuf grands dignitaires portent des robes de toile verte (*thsing póu*). Tous portent le bonnet distinctif de leur dignité et de leur rang (*ting máo*). Les laboureurs portent le bonnet de feutre orné de franges et le large pantalon de toile.

« Lorsque l'empereur s'approche de la charrue pour labourer la terre, le maire de *Pé-king* lui présente le fouet ou l'aiguillon, et l'accompagne jusqu'au bout du champ. La cérémonie finie, le même magistrat, à la tête des employés placés sous ses ordres, accompagné des vieillards et autres laboureurs, se range en ordre devant la *Tour de la contemplation du labourage* (*kouán kèng thái*), sur le côté occidental, et la face tournée vers le nord. A la voix du maître de cérémonie, l'assistance accomplit les *trois agenouillements* et les *neuf prosternements* (**). La cérémonie finie et les rites accomplis, les vieillards et les autres laboureurs continuent de labourer le champ commencé. Si l'empereur ne reprend plus le manche de la charrue, alors le maire de *Pé-king*, avec sa suite et les laboureurs qui assistent à la cérémonie, achèvent le labour du champ commencé.

« Lorsque les produits de ce labourage sont arrivés à maturité, alors on en annonce publiquement la moisson, et ce produit du labourage impérial est déposé dans le *grenier de l'esprit divin* (*chin tsáng*), où le grain eu est recueilli dans des ustensiles destinés à cet usage (*). »

14. *Intendance du cérémonial de la cour impériale et des assemblées publiques* (*hoáng loù ssé*) (**). Cette cour de l'étiquette chinoise, qui se rattache, par son personnel, au *Ministère des rites*, règle le cérémonial qui doit être observé dans les réunions et fêtes publiques, aussi bien que dans les cérémonies religieuses. Les exemples que nous avons déjà présentés de la science des membres qui composent cette *cour de l'étiquette orientale*, peuvent suffire pour en donner une idée.

15. *Collége impérial* (*Koué tsèu kién*) (***). Ce collége est destiné à l'éducation des fils des grands de l'empire, comme l'indique son nom, et des princes étrangers. Les élèves y restent six ans, et payent *cent liang* par an (800 fr. de notre monnaie). On y enseigne les langues chinoise, mantchoue et mongole. Les mathématiques font partie des études dans ce collége impérial. Deux professeurs, l'un tartare-mantchou, l'autre chinois, y enseignent aussi la langue *russe*, ainsi que le chinois et le mantchou aux jeunes Russes qui y sont admis. Il y a beaucoup de jeunes Tartares des huit bannières. L'empereur visite ce collége une fois par an. Nous reviendrons sur cet établissement en traitant du *Système d'éducation* chez les Chinois.

16. *Observatoire impérial* (*Khin thièn kién*). Cet établissement, spécialement chargé de la rédaction annuelle du calendrier, tient une grande place dans les *Statuts* (****), qui donnent ainsi

---

(*) Voy. la pl. 14 de ce volume.
(**) Voy. ci-devant, p. 213-214.

(*) Nous donnerons plus loin la traduction du *Cérémonial* complet usité en cette circonstance, et celui de la *fête des mûriers*, où l'impératrice joue le premier rôle, comme l'empereur, dans la *cérémonie du labourage*.
(**) *Tai thsing hoeï tien*, K. 60.
(***) *Tai thsing hoeï tien*, K. 61.
(****) *Tai thsing hoeï tien*, L. 62-64. Le bureau de l'*Observatoire* impérial est composé, d'après les *Statuts*, de deux présidents, l'un mantchou et l'autre chinois, et de *deux* vice-présidents *européens*, l'un de *gauche* et l'autre de *droite*. Voir ci-devant, p. 22, n°101.

Selon l'Almanach impérial de 1844, le *Di-*

un traité complet d'astronomie à l'usage des mandarins de l'empire, lesquels doivent d'autant moins ignorer l'astronomie officielle, que celle-ci est intimement liée aux autres institutions et cérémonies publiques.

17. *Académie de médecine* (*tai i youèn*(*)). Cet établissement a pour mission de maintenir dans toute son intégrité la science de la pratique médicale, qui remonte, en Chine, à la plus haute antiquité, et de diriger ceux qui entrent dans la même carrière.

Les membres qui composent cette académie de médecine sont au nombre de *cent quinze*, dont *quinze médecins impériaux* (*yù i*); *trente praticiens* (*li moù*); *quarante docteurs en médecine* (*i ssé*), et *trente élèves en médecine* (*i sèng*).

Nous parlerons plus loin de la *médecine chinoise*.

18. *Bureau des gardes impériales* (*chi wéi tchóu*(**)). Ce bureau a dans ses attributions tout ce qui concerne les trois premières bannières tartares qui forment la garde impériale, composée des jeunes gens des principales familles tartares-mantchoues et mongoles. Les *Statuts* font connaître les règlements du service de cette garde.

19. *Bureau de réception des requêtes, pétitions, mémoires adressés à la famille impériale* (*tsaó ssé tchóu*). Ce bureau est chargé de recevoir et de transmettre à leur adresse tous les écrits, de quelque nature qu'ils soient, en langue mantchoue et en langue chinoise, qui sont adressés à l'empereur ou aux membres de la famille impériale.

20. *Intendance des équipages de la cour* (*loúan i wéi*). Cet établissement ne manque pas d'une certaine importance; il occupe un livre entier dans les *Statuts* (***).

21. *Administration générale des huit bannières* (*pä khi toù thoùng*). Cette administration, qui a à sa tête vingt-quatre directeurs généraux, *huit* Mantchous, *huit* Mongols et *huit* Chinois, et quarante-huit sous-directeurs également des trois nations, règle tout ce qui concerne le service et l'administration des huit bannières comprenant l'armée chinoise, l'armée mongole et l'armée tartare, en même temps qu'elle en surveille et fixe l'effectif, qu'elle en règle l'instruction et la discipline, qu'elle détermine les rangs et les honneurs parmi les officiers, et qu'elle pourvoit à la solde des troupes.

Les *Statuts* (*) entrent dans de nombreux et minutieux détails sur l'organisation de l'armée chinoise, comprise sous la dénomination des *huit bannières* (*pä khi*); sur les lieux où elle doit tenir garnison; sur la constitution et l'effectif des différents corps, selon les places qu'ils occupent; sur les peines disciplinaires; sur une infinité de faits et de circonstances que nous ne pouvons reproduire ici, mais qui sont de nature à intéresser considérablement les Européens qui cherchent à connaître les forces défensives de ce grand empire.

L'organisation de plusieurs autres bureaux ou directions spéciales concernant les fabriques d'armes et de munitions de guerre, est encore décrite dans les *Statuts* (**). Ces directions spéciales se rattachent à la précédente : nous n'en parlons ici que pour mémoire.

22. Enfin, la dernière et grande administration chinoise dont il nous reste à parler, est le *Département de la maison impériale* (*néi wóu foù*(***)). Ce département règle tout ce qui concerne le service et l'administration des *trois premières bannières* qui forment la garde impériale, en même temps

---

recteur de l'observatoire était alors *King tching*, Tartare; les deux présidents, l'un Tartare, l'autre Chinois, étaient *Tsiang tai* et *Tcheou yu king*. Il y avait 4 vice-présidents, deux Chinois et deux Tartares; mais point d'Européens.

(*) *Tai-thsing hoeï tien*, K. 64, f° 26-28. Voy. ci-devant, p. 22, n° 101.

(**) *Ib.*, K. 65.

(***) *Tai thsing hoeï tien*, K. 66. Il comprend plusieurs *Directions* ou *Intendances* :

celle des *chars* et autres équipages; celle des *chevaux* et attelages; celle du *maniement* des uns et des autres; celle des *arcs* et des *flèches*; celle des *bannières* et étendards; celles des *lances, hallebardes* et *armes* de toutes natures, etc.

(*) *Tai thsing hoeï tien*, K. 67-69. Voy. p. 220.

(**) *Ib.*, K. 70-71.

(***) *Ib.*, K. 72-80.

que tout ce qui dépend de ce même département dans les six grands ministères des *fonctionnaires publics*, des *finances*, des *rites*, de la *guerre*, de la *justice* et des *travaux publics*.

Cette vaste administration, qui comprend les sept derniers livres des *Statuts*, est divisée en un grand nombre de bureaux, dont il serait trop long et trop fastidieux de faire ici l'énumération.

L'un de ces bureaux est l'*Intendance des trésors et magasins (kouãng tchoú ssé)*. Cette intendance règle tout ce qui concerne l'*entrée* et la *sortie* des objets à l'usage de l'empereur, des trésors et magasins impériaux, au nombre de *six*, qui sont : 1° le trésor d'argent (*yin khoú*) ; 2° le magasin des peaux (*phi khoú*) ; 3° le magasin des pierres précieuses (*tséu khoú*) ; 4° le magasin des soieries (*touán khoú*) ; 5° le magasin des vêtements (*i khoú*), et 6° le magasin du *thé* (*tchă khoú*). Les *Statuts* donnent l'inventaire de ces six trésors et magasins. Ensuite ils font connaître les formalités des mariages des princes et princesses du sang ; les artisans, au nombre de sept sortes, joailliers, ouvriers fleuristes, etc., employés pour l'usage de la maison impériale. Les rites que doit observer l'empereur, non plus comme souverain, mais comme pratiquant la doctrine de *Che kia meou ni Fo* (*Bouddha shakya mouni*), de même que ceux que doivent pratiquer l'impératrice et les autres membres de la famille impériale, aux différentes époques de l'année ; les vêtements de rigueur dans chaque circonstance, sont détaillés avec le plus grand soin dans les *Statuts* (*). Ces derniers font aussi connaître en détail les rites et usages qui doivent être observés par l'empereur et sa famille dans les cérémonies de naissances, mariages, funérailles et autres circonstances importantes de la vie civile (**).

Tout ce qui concerne le régime et l'organisation des eunuques est réglé par ce département (***). Il a aussi l'administration des domaines impériaux, qui sont nombreux et considérables, et dont les revenus annuels, en argent et en nature, sont donnés dans les *Statuts*, de même que le régime et le produit des troupeaux et haras appartenant à l'empereur, et situés en Tartarie (*).

Le régime disciplinaire de la garde impériale, les règlements concernant le service du palais, sont aussi détaillés dans les *Statuts* (**), ainsi qu'un grand nombre d'autres sujets, dont nous ne croyons pas nécessaire de faire ici l'énumération.

C'est dans la dépendance de ce *Département de la maison impériale* que se trouve la *Bibliothèque impériale*, dont nous avons parlé précédemment (***), et qui renferme une *édition* d'ouvrages chinois de 78,731 volumes !

Il faut lire les sept derniers livres des *Statuts*, pour se former une idée de l'immense et somptueux appareil qui entoure un grand monarque asiatique. Celui des cours européennes ne pourrait en donner qu'une imparfaite idée. Les descriptions, si longtemps crues fabuleuses, du voyageur vénitien Marco-Polo, de la cour asiatique du grand *Khan*, n'ont rien d'exagéré, appliquées à ses successeurs sur le trône impérial de la Chine ; et, à défaut des *Statuts*, le lecteur européen pourra, en les lisant, se représenter, jusqu'à un certain point, la cour du *Céleste empire*, qui seule, dans le monde moderne, a conservé le luxe et les traditions des anciennes monarchies de l'Orient, des grandes satrapies mèdes et persanes, dont elle est, avec l'ombre éclipsée de l'empire des sultans, l'unique héritière !

Nous venons de donner, autant qu'il nous a été possible dans les limites qui nous étaient tracées, un aperçu raisonné des *lois organiques* actuelles de l'empire chinois, qui ne forment pas moins de *trente* volumes in-folio dans le texte original. Il ne nous a pas fallu peu de courage et de résolution, dans les circonstances orageuses que nous venons de traverser, pour accomplir cette tâche

---

(*) *Ib.*, K. 64.
(**) *Ib.*, K. 75.
(***) *Ib.*, K. 75, f° 14 et suiv.

(*) *Ib.*, K. 76.
(**) *Ib.*, K. 77.
(***) Page 14, n° 9 et *note*.

ingrate et laborieuse, sans autre appui que nous-même, sans autre désir que celui de donner à nos lecteurs une idée aussi exacte que possible d'une nation qui est seule maintenant, avec une population presque fabuleuse, à représenter les idées de l'ancien monde, et qui, à ce titre seul, devrait suffisamment intéresser le nouveau!

TROISIÈME PARTIE.

LANGUE, PHILOSOPHIE ET LITTÉRATURE CHINOISES.

1° *Langue chinoise.* Après avoir décrit, d'après les sources authentiques chinoises, l'état actuel de cet empire sous les rapports géographique et politique, c'est-à-dire, après avoir fait connaître, autant que le temps et l'espace nous ont permis de le faire, l'immense scène où se meut le plus ancien et le plus grand peuple du monde, et les différents rouages de son organisation politique et sociale, nous devons chercher maintenant à initier nos lecteurs à ce système d'*écriture* et de *langage* qui n'a plus d'analogues que sur les pierres mutilées des monuments de l'antique Égypte, et qui est resté, aux yeux de l'Europe, comme une espèce d'énigme, dont quelques personnes s'obstinent à chercher vainement la solution (*).

Il se passa bien des siècles depuis le jour où l'homme apparut sur le globe qu'il habite, jusqu'à celui où, réuni en société, il découvrit le moyen de donner une forme déterminée à sa pensée, jusque-là fugitive, en la faisant passer dans le domaine du monde matériel. Les premières tentatives qui furent faites pour établir un lien de communication entre le monde des formes et celui des idées, durent nécessairement participer de l'imperfection de l'intelligence de l'homme, qui ne pouvait arriver à son complet développement que par le perfectionnement progressif de ce grand instrument de civilisation. On a souvent dit et répété que le langage et l'écriture n'étaient pas des produits humains, mais des révélations divines. Si l'on a voulu dire que la faculté que l'homme possède d'exprimer sa pensée par des articulations nombreuses et soumises à des lois variées, de la communiquer au moyen de certains signes convenus, est une faculté qu'il tient de Dieu comme ses autres facultés, on a eu raison; mais si, au contraire, on a voulu dire que le langage et l'écriture étaient directement révélés de Dieu à l'homme, essentiellement incapable d'arriver par lui-même à se créer un langage quelconque et des signes convenus de communication, on est tombé, selon nous, dans une grave erreur, parce que les langues humaines et les signes destinés à les représenter aux yeux sont trop imparfaits, malgré les perfectionnements que les générations successives leur ont apportés, pour être l'œuvre de Dieu.

1. *Origine, développement et modifications successives de l'écriture chinoise.*

L'histoire, d'ailleurs, donne à cette opinion toute l'autorité d'un fait. Et, pour nous borner aux recherches qui font le sujet de cet article, nous allons passer successivement en revue ce que les écrivains chinois les plus accrédités ont dit de l'origine et de la formation de leur écriture figurative.

On lit dans la seconde partie du Commentaire de l'illustre philosophe KHOUNG-TSEU, sur le *Supplément* au *Y-king* ou *Livre des transformations* (le plus ancien livre chinois), nommé *Hi-thseü*, rédigé primitivement par *Wên-wâng* et *Tcheoû-koûng*, dans le onzième siècle avant notre ère (*) :

(*) Ceux qui voudraient s'initier plus avant dans le système de l'*Écriture chinoise*, peuvent consulter l'ouvrage que nous avons publié en 1842, sous ce titre : SINICO-ÆGYPTIACA, ou *Essai sur l'origine et la formation similaires des écritures figuratives chinoise et égyptienne*, d'où la plus grande partie de ce qui suit a été tirée. Paris, F. Didot; 1 vol.

(*) Le Commentaire de KHOÙNG-TSEÙ sur le *Hi-thseü* de *Wên-wâng* et de *Tcheoû-koûng*, est intitulé *Tchoúan*, c'est-à-dire *Histoire traditionnelle, traditions.* Des traditions transmises par un homme comme l'illustre philosophe chinois méritent certainement d'être prises en considération par la critique moderne, même la plus difficile et la plus incrédule.

« Dans la haute antiquité, *Pâo-î* (au-
« trement dit *Foŭ-hi*) gouvernait le
« monde (*thiên-hiá*) : ayant levé les
« yeux en haut, il vit des figures dans
« le ciel; les ayant ensuite baissés, il vit
« des modèles à imiter sur la terre; il
« contempla les formes variées des oi-
« seaux et des quadrupèdes, ainsi que
« les propriétés diverses de la terre. Des
« corps à proximité de lui et qu'il pou-
« vait saisir, comme des objets éloignés
« qu'il pouvait déterminer, il traça les
« *huit Kouá* ou Symboles, dans le des-
« sein de pénétrer la vertu de l'Intelli-
« gence divine [comme la nature de
« l'immobile et du mobile, de ce qui
« cède et de ce qui résiste, *Commen-
« taire* (*)], et dans celui de classer
« par espèces les propriétés distinctes
« de tous les êtres [comme les figures
« des lacs, des montagnes, du vent, du
« tonnerre, *Commentaire*] (**). »
On lit encore dans le même livre
(f° 21) que, « dans la haute antiquité,
« on se servait de cordelettes nouées
« pour l'administration des affaires.
« Pendant les générations suivantes,
« le saint homme (*Foŭ-hi*) les remplaça
« par l'écriture (***). »
On lit aussi, dans le *Supplément* au
Ssè-kí (de l'historien *Ssè-mà-thsiàn*)
que, « selon l'histoire primitive des trois
« empereurs (*Sán-hoáng*), le très-illustre
« *Foŭ-hi* inventa l'écriture pour rem-
« placer les cordelettes nouées, dans
« l'administration du gouvernement. »
Le *Thoŭng-kiên* (****) dit aussi « que
« la vertu du très-illustre (*Foŭ-hi*) unis-
« sait le haut et le bas. Le ciel y corres-
« pondit en faisant apparaître à ses yeux
« les caractères ou les formes extérieu-
« res (*wén*) des oiseaux et des quadru-
« pèdes; la terre y correspondit en lui
« montrant les figures du *Loŭ-choŭ*,
« sur le tableau sorti des eaux (*Hó-thoŭ*).

(*) Le Commentaire est celui de *Tchoŭ-
hi*, intitulé *Pèn-i*, « sens primitif et fondamental. »
(**) *Hi-thseŭ* (*hiá-tchouán*, second Commentaire), folio 20 recto; édition *kién-pēn*,
ou revue, de 1782.
On place le règne de *Foŭ-hi* environ 3,369
ans avant notre ère.
(***) Voy. aussi le *Y-King ta-thsiouan-hoeï-
kiaï*, K. III, f° 20.
(****) *Tsiēn-piēn*, ou Premier livre.

« C'est par suite de cela que *Foŭ-hi*, en
« levant les yeux en haut, vit des images
« dans le ciel, et qu'en les baissant il
« vit des modèles à imiter sur la terre.
« Il aperçut ce qui constituait la nature
« et les rapports extérieurs de tous les
« êtres, et il commença à tracer les huit
« *Kouá*. Il inventa l'écriture pour rem-
« placer les cordelettes nouées, dans
« l'administration du gouvernement.
« — La formation de cette écriture a
« lieu d'après *six règles*, qui consistent :
« 1° A figurer la forme (*siáng-hing*);
« 2° A détourner les premiers carac-
« tères formés de leur signification pro-
« pre, pour les employer au figuré (*kiá-
« tsiè*);
« 3° A indiquer les objets (*tchǐ-ssé*);
« 4° A combiner ensemble plusieurs
« idées (*hoéï-i*);
« 5° A tourner les caractères dans
« un sens opposé (*tchouán-tchóu*);
« 6° A réunir la *forme* au son (*kiáï-
« ching*).
« *Foŭ-hi* fit en sorte que, dans l'Em-
« pire, la raison et la justice fussent en
« harmonie avec les caractères primitifs
« et les caractères dérivés, et que les ca-
« ractères primitifs ainsi que les carac-
« tères dérivés fussent en harmonie
« avec les six principes de leur forma-
« tion (*). »

(*) Le Commentaire intitulé *Chǐ-i*, « sens
expliqué, » ajoute :
« Par *choŭ* (vulgo *livre*), on entend les ca-
« ractères tracés au pinceau (ou par tout au-
« tre moyen).
« La première classe se nomme *figurant la
« forme*; les caractères *jǐ, youeï*, « soleil et
« lune, » appartiennent à cette classe; c'est
« en *figurant* la forme ou le corps du *soleil*
« et de la *lune* qu'on les a représentés (en
« écriture ancienne, *koŭ-wén*).
« La seconde classe se nomme *à sens com-
« binés* (il y a interversion dans l'ordre); les
« caractères *woŭ*, *sin*, « guerrier, sincérité, »
« appartiennent à cette classe; les éléments
« *tchǐ* « empêcher », et *kó* « lance, » équiva-
« lant à *défendre avec une lance*, constituent
« le caractère *woŭ*, « guerrier ; » les éléments
« *jín, yén*, « homme, parole, » constituent le
« caractère *sin*, « parole d'homme, » équiva-
« lant à sincérité, fidélité.
« La troisième classe se nomme *à sens in-
« verse*; les caractères *khaŏ* et *laŏ*, « examen,
« vieux, » appartiennent à cette classe. On
« a établi ainsi une classe de ces caractères

Lo-pi, dans le livre intitulé *Loú-ssè* (*), attribue aussi l'origine de l'écriture à *Foŭ-hi*. Il ajoute que, pour perpétuer le souvenir des circonstances qui concoururent à cette invention, l'inventeur nomma cette écriture *Écriture du dragon*, parce que ce fut sur le dos d'un dragon-cheval, sorti du fleuve, qu'il vit les premiers linéaments des caractères. On donna aussi le surnom de *dragon* à tous les fonctionnaires publics qui se servirent des premiers des caractères inventés.

D'autres écrivains chinois, tels que l'auteur du *Wăi-ki*, attribuent l'invention de l'écriture à *Thsăng-hiĕ*, ministre de la droite de *Hoăng-ti* (2698 ans avant J. C.).

Il procéda à cette importante invention sur un ordre exprès de l'empereur, en suivant la même marche que nous avons vu suivie plus haut par *Foŭ-hi*. Cette dernière opinion est celle qui fut adoptée aussi par le célèbre prince philosophe *Hoăi-năn-tseŭ*, qui vivait dans le second siècle avant notre ère (189), et par *Tchoŭ-hi*, dans son Commentaire sur le *Livre de l'obéissance filiale* (*). Ces deux opinions, loin de se contredire, confirment le même fait, à savoir : l'invention de l'écriture et des caractères chinois par *Foŭ-hi* et *Thsăng-hiĕ*, trois mille ans avant notre ère ; le premier, en traçant les premiers linéaments de cette écriture ; et le second, en donnant plus de développement à l'invention rudimentaire de *Foŭ-hi*.

On doit bien penser que cette invention continua de se développer et de se perfectionner avec la civilisation chinoise. L'empereur *Yáo* (2357 avant J. C.) commença, dit-on, à tracer les *caractères imités de la tortue* (*Koŭeĭ-choŭ*), c'est-à-dire, dont il aperçut la forme sur la *tortue intelligente* ou *divine*, comme s'expriment les écrivains chinois (**). Sous le règne de la dynastie

« qui changent de sens par la direction opposée à droite ou à gauche que l'on fait prendre à une partie des traits qui les constituent.

« La quatrième classe se nomme *indiquant la position des objets: tchoŭ-ssé*; les caractères *chăng* et *hiá*, « haut *et* bas, » appartiennent à cette classe; un homme placé au-dessus de la ligne horizontale *ĭ*, est *chăng*, « en haut, » élevé, supérieur; » un homme placé au-dessous de la ligne horizontale *ĭ*, est *hiá*, « en bas, inférieur; » chacune de ces positions est indiquée par une disposition propre du caractère : c'est pourquoi on nomme ces caractères *indicatifs*.

« La cinquième classe se nomme *à sens emprunté*, ou métaphorique; les caractères *ling*, *tchăng*, « ordre, âge, » appartiennent à cette classe; c'est un même caractère employé dans deux sens différents.

« La sixième classe est celle des caractères qui *unissent la figure au son*, pour ne former qu'*un seul* caractère, comme *kiăng*, *hŏ*, noms de deux fleuves; le signe figuratif *choŭ*, « eau, » constitue leur *figure*, *kiăng* et *hŏ* en constituant le son. » (*Tséu-hiŏ-tièn*, K. I, f° 1 *verso*).

On peut consulter, pour tous les caractères chinois que nous ne reproduisons pas ici, notre ouvrage cité précédemment, et intitulé SINICO-ÆGYPTIACA, *passim*.

(*) *Loŭ-ssè*, *Histoire des Itinéraires*, par *Lo-pi*.

(*) *Hiáo-king*.

(**) Les historiens chinois rapportent à la cinquième année du règne de *Yáo* (2,353 ans avant notre ère) un fait qui pourrait faire naître de curieuses conjectures sur l'origine de l'écriture chinoise. Ce fait est l'arrivée à la cour de *Yáo* « d'un barbare du midi, de « la famille ou race nommée *Yoŭè-tchăng*, « apportant en présent une grande tortue. » (Voy. le *Kăng-moŭ*, *tsièn-piên*.) On lit dans l'*Histoire des choses extraordinaires* (*Choŭ-ĭ-ki*, citée dans le *Li-tái-ki-ssé*, Kiouan I, f° 3 *verso*, et dans le Supplément à l'Encyclopédie de *Mà-toŭan-lin*, intitulé *Soŭ-wên-hièn-thoŭng-kháo*), « que, du temps de *Yáo*, *Yoŭè-« tchăng* vint lui offrir une tortue divine âgée « de mille ans, et de plus de trois pieds de « dimension en longueur et en largeur ; ayant « sur son dos des caractères en écriture *kkŏ-« tèou* (*à formes de têtards*), qui comprenaient « l'histoire du monde, depuis son origine « jusqu'alors. *Yáo* ordonna de transcrire ce « texte étranger, qu'il appela *Koŭeĭ-lie*, ou « *Annales de la Tortue*. »

Il serait sans doute téméraire de prétendre que l'écriture apportée en Chine, 2,353 ans avant notre ère, par un étranger (*y*) du *midi* (de la Chine), était l'écriture *hiéroglyphique des Égyptiens*, et que l'histoire que cette écriture renfermait était l'un des livres d'*Hermès*; mais cependant si l'on réfléchit que, selon les traditions historiques sacrées et profanes, il n'y avait guère alors que deux na-

des *Hiá* (de 2205 à 1766 avant J. C.), on mit en usage les caractères des inscriptions qui eussent déjà l'usage de l'écriture, les *Égyptiens* et les *Phéniciens*, il ne sera pas invraisemblable de supposer que l'étranger arrivé à la cour de *Yáo* était *Égyptien* ou *Phénicien*, et que l'écriture en question était une écriture *égyptienne* ou *phénicienne*, laquelle aurait donné naissance à l'écriture chinoise.

« Phœnices primi, famæ si creditur, ausi
« Mansuram rudibus vocem signare figuris » (a dit Lucain).

Cette communication du peuple ou de la nation de *Yoüe-tcháng* avec la cour de Chine, 2,353 ans avant notre ère, ne fut pas la seule. On en trouve une autre mentionnée 1,242 ans plus tard, la 6ᵉ année de *Tchíng-wáng*, ou 1,110 ans avant notre ère. (Voy. *Lĭ-tăi-ki-ssé*, K. VI, f° 10 *verso*, et notre *Description de la Chine*, t. I, p. 87.) Le texte historique chinois s'exprime ainsi : « Des « personnes de *Yoüe-tcháng* vinrent à la « cour. » Les rédacteurs du *Lĭ-tăi-ki-ssé* ajoutent : « Youe-tcháng-cui : « Des person- « nes de *Yoüe-tcháng*; c'est un royaume de « la mer méridionale (ou royaume maritime « du midi), dont trois interprètes de premier « rang vinrent offrir des faisans blancs. « *Tcheóu-koüng* (oncle et premier ministre « du roi régnant) leur fit présent de chars qui « montraient le sud (c'est-à-dire, munis d'une « boussole), pour les diriger dans leur retour. « L'année suivante, ils arrivèrent chez eux. » Cette nouvelle mention du pays de *Yoüe-tcháng*, quoique laissant encore beaucoup de vague sur sa position géographique, est cependant précieuse, en ce qu'elle fait connaître que c'était pour la Chine un pays méridional transocéanien, dans lequel devaient se trouver naturellement des *faisans blancs*. Or, on sait que ces faisans sont communs sur les côtes de la Cafrerie, en Afrique. Le pays en question était donc situé en Afrique. Maintenant, que l'on rapproche toutes ces données de ce que nous savons de la civilisation africaine aux époques mentionnées, surtout à la dernière (1,110 av. J. C.), où les vaisseaux de Tyr et de Sidon allaient chercher l'or d'Ophir (quelques années plus tard) pour bâtir le temple de Salomon, on trouvera moins téméraire la supposition que des Égyptiens, ou des Phéniciens surtout, ont pu se rendre en Chine dans les temps reculés, et y porter les éléments de quelques arts nécessaires, comme l'écriture primitive.

Nous savons bien que les écrivains chinois des âges postérieurs ont placé le royaume de *Yoüe-tcháng* au sud de *Kiao-tchi*, ou de la

criptions gravées sur les cloches, les vases et les trépieds (*), dont quelques-uns, selon les antiquaires chinois, sont parvenus jusqu'à nos jours. Ces cloches, ces vases, ces trépieds de la première des vingt-deux dynasties qui ont déjà régné en Chine, ont été soigneusement recueillis dans les temps modernes (du moins ce qui a pu échapper au ravage des siècles et des révolutions). On en a publié la figure, avec les inscriptions qui y étaient tracées. Nous en ferons usage dans cet *Essai*.

Les fondateurs de la dynastie des *Tcheóu*, *Wén-wáng* et *Woŭ-wáng* (1134 avant J. C.), commencèrent à tracer, le premier, les caractères *Niăo*, ou imitant les traces des oiseaux ; le second, les caractères *Yŭ*, ou imitant les bonds des poissons ; et sous *Tchíng-wáng*, la sixième année de son règne (1110 avant J. C.), *Páo-chí* détermina les règles des *six sortes de formation des caractères*, et on les enseigna aux enfants du royaume (**).

On lit, dans le *Livre des Rites des Tcheóu* (***), que « l'un des *Magistrats* « *de la terre*, surnommé *Páo-chí*, fit « des remontrances au roi sur ses dé- « fauts, et instruisit les enfants du « royaume dans les principes de la « *droite voie* ou de la *saine raison* (*táo*),

Cochinchine, et que les missionnaires et autres sinologues européens ont cru que c'était le *An-nam* ou *Tounquin* actuel ; mais ce n'est qu'une conjecture, laquelle, étant supposée vraie, n'infirme en rien la nôtre, attendu que la civilisation du *Tounquin*, à l'époque en question, n'était pas assez avancée pour porter en Chine une *Histoire de nonde*, écrite en caractères déchiffrables. C'est un fait d'ailleurs bien connu, que les Tounquinois ont *emprunté* aux Chinois leur système d'écriture, qu'ils ont modifié à leur manière ; et cela, depuis l'ère chrétienne, époque avant laquelle il n'y avait chez eux aucune forme de civilisation. Et c'est cependant à ce peuple que certains écrivains, dénués de toute espèce de science critique, veulent attribuer l'invention de l'écriture et de l'histoire, plus de 2,000 ans avant notre ère !

(*) *Tsèu-hiŏ-tièn*, liv. I, f° 7.

(**) Ibid., *verso*.

(***) Selon le *Tsŏu-choŭ-ki-niàn*, le *Tcheóu-li* fut composé la 6ᵉ année de *Tching-wáng*, 1,109 avant notre ère.

« c'est-à-dire (selon le *Tchéou-li* que je
« traduis) qu'il leur enseigna les cinq
« arts suivants :
« 1° Les *cinq rites* ou *règles de poli-
« tesse et de bienséance*;
« 2° Les *six espèces de musique*;
« 3° Les *cinq manières de lancer les
flèches*;
« 4° Les *cinq manières de dompter
« et de diriger les chevaux*;
« 5° Les *six sortes de formation des
« caractères.* »

L'empereur *Chi-hoáng-ti*, de la dynastie de *Thsin* (221 ans avant J. C.), l'incendiaire des livres, ordonna à son ministre *Lì-ssé* de tracer la forme d'écriture nommée *Tá-tchouàn* ou *grand tchouàn*, et de diminuer les traits de l'ancienne écriture figurative (*Koù-wên*), pour en former l'écriture dite *Siaò-tchouàn*, ou *petit tchouàn* (*).

La première écriture inventée par le ministre *Lì-ssé* avait une symétrie purement factice, et qui la fit bientôt rejeter ; elle ne fut plus employée que pour les cachets et les sceaux (**).

On lit, dans la préface du *Choüe-wên* par *Hiù-chín*, que Khoung-tseu, en transcrivant les six *King*; *Tsò-khiéou-ming*, en commentant le *Tchûn-thsiéou*, se servirent l'un et l'autre du style *Koù-wên* ou ancien (***). Mais, après que l'empire chinois eut été divisé en sept États, les caractères de l'écriture subirent différentes altérations dans leurs formes.

Ce fut, à la même époque de la dy-

(*) *Tséu-hiŏ-tiēn*, livre I, f° 8 recto.
Cette même écriture *Tá-tchouàn*, inventée par *Lì-ssé*, et que quelques écrivains nomment aussi *Cháng-fáng-tá-tchouàn*, diffère beaucoup de l'espèce d'écriture du même nom employée sous les *Tchéou*, 820 ans avant notre ère. Celle de *Lì-ssé* est tout artificielle et de fantaisie, tandis que celle des dynasties antérieures diffère peu du *Koù-wên*, ou de l'écriture ancienne figurative.

(**) On peut voir des exemples de ces deux écritures, ou plutôt de ces deux formes d'écritures, dans l'Encyclopédie intitulée *Sán thsäi thoù-hoëi*, t. XXXIII, liv. II, f° 20 ; dans le monument de *Yu*, publié par Hager, Paris, 1802, in-f°, et dans la grammaire chinoise de M. Remusat, p. 5.

(***) *Tséu-hiŏ-tiēn*, K. I, f° 8 verso.

nastie des *Thsin* (*), que, trouvant les caractères en écriture *Tá-tchouàn* (grand *tchouàn*) et *Siaò-tchouàn* (petit *tchouàn*) difficiles à tracer dans l'usage habituel de la vie, on employa l'écriture nommée *Lì* ou des *Bureaux*. Cette écriture, formée de traits pesamment dessinés, mais d'un usage assez facile, fit abandonner pour toujours les anciens caractères *Koù-wên*.

Cependant ces altérations simultanées ou successives permettaient toujours, pour la plupart du temps, de reconnaître l'ancien caractère ; et elles n'étaient le plus souvent que des altérations calligraphiques, à l'exception toutefois de l'écriture nommée *thsaò*, qui fut inventée sous les *Hàn* postérieurs ou orientaux, pendant le règne de *Hiáo-tcháng-ti* (de 76 à 88 de notre ère). Cette dernière écriture est une sorte de tachygraphie extrêmement cursive et fort difficile à lire, à cause d'une multitude d'abréviations, de licences et de ligatures qui altèrent la forme des caractères (**).

L'introduction de cette écriture cursive ayant apporté une grande perturbation dans l'éducation nationale, et parmi toute la classe nombreuse des lettrés, l'empereur *Hiáo-hò-tí* (89 de J. C.) ordonna de retourner à la culture et à l'étude exclusive des anciens caractères. Ce fut alors que *Hiù-chín* composa son *Choüe-wên*, ou *Explication des caractères anciens en quatorze livres*.

Si l'usage des caractères *thsaò* ou cursifs avait continué, il se serait naturellement opéré en Chine une de ces révolutions intellectuelles auxquelles les nations sont quelquefois soumises à leur insu, et dont l'histoire ne fait pas toujours mention. Après l'adoption de l'écriture cursive et l'abandon de l'ancienne écriture, qui conservait encore des empreintes nombreuses de son origine *figurative*, il n'y avait plus qu'un pas à faire pour arriver à l'écriture purement *alphabétique*. C'est ce pas décisif qui ne fut point franchi par les Chinois dans le premier siècle de

---

(*) Ibid.
(**) Voyez les *Éléments de la grammaire chinoise*, par M. Ab. Remusat, p. 5.

notre ère, et qui ne le sera probablement jamais.

On lit dans la *Continuation* de *l'Encyclopédie littéraire de Mâ-toûan-lîn*: « *Lì-ssé* ayant fait des additions et des « retranchements aux caractères de « *Tchéou*, qui avaient des ressemblances « et des différences avec l'écriture *Tà-*« *tchouàn*, on nomma cette écriture « *Siaò-tchouàn* (*petit tchouàn*). On la « nomma aussi *Thsin-tchouàn*, écri-« ture *Tchouàn* des anciens *Thsin* (*). « Les écrivains contemporains l'appe-« lèrent *Yù-tchóu-tchouàn*, « écriture « de fragments de pierres précieuses ou « de jade. » Ils la désignèrent encore « par la dénomination de *Pà-fên Siaò-*« *tchouàn*, c'est-à-dire, « caractères « *Siaò-tchouàn*, conservant, par com-« paraison avec les caractères de *Tchéou*, « *huit parties sur dix* qui formaient « ces derniers caractères. » Ces *huit* « parties constituent le corps des *Siaò-*« *tchouàn* modifiés. En outre, il se « forma successivement huit autres variétés de caractères. Ce sont: 1° l'écri-« ture *Siaò-tchouàn*, des vases ou tré-« pieds; 2° l'écriture *Hiāï-yè*, ou imitant « les feuilles pendantes de la plante *hiāï*; « 3° l'écriture *Tchoû-loù*, ou imitant « les gouttes de rosée; 4° l'écriture « *Hièn-tchin*, en forme d'aiguilles sus-« pendues; 5° l'écriture *Yng-lŏ*, en « forme de houppes ou nœuds; 6° l'écri-« ture *Lièou-yè*, ou imitant les feuilles « de saule; 7° l'écriture *Tsièn-tâo*, ou « en forme de branches de ciseaux; « 8° l'écriture barbare des royaumes « étrangers. L'écriture ancienne (*Koû-*« *wén*) peut être appelée l'écriture de « la haute antiquité; l'écriture *Tà-*« *tchouàn*, celle de la moyenne anti-« quité; l'écriture *Siaò-tchouàn*, celle « de la basse antiquité (**). »

On lit encore, dans la *Continuation* de l'Encyclopédie de *Mà-toûan-lîn*: « *Tchîng-mo* ayant fait des additions et « des retranchements à l'écriture *Tà-*« *tchouàn*, on abandonna la plupart des « caractères de cette ancienne espèce « d'écriture, et on forma de nouveau

(*) Inventée du temps des *Tchéou*, 820 ans avant notre ère.
(**) *Sou-wén-hièn-thong-khaŏ*, cité dans le *Tsèu-hiŏ-tièn*, l. I, f° 9 recto.

« une écriture ministérielle, à l'usage « des hommes de bureau ou des fonc-« tionnaires publics; c'est pourquoi on « la nomma *Lì-choù*: *écriture des bu-*« *reaux*. On l'appela aussi *Tsó-choù*, « écriture ministérielle. C'est l'écriture « qui est gravée sur les poids et mesu-« res de la dynastie de *Thsin*. La forme « n'est pas aussi figurative, ne repré-« sente pas aussi fidèlement les objets « que les caractères *tchouàn*; mais l'é-« criture *lì*, ou des *bureaux*, est plus « facile à tracer dans les règles qui la « constituent (*). »

L'écriture chinoise subit encore quelques variations sous les *Hàn* et sous les dynasties qui les suivirent; mais ces

(*) *Tsèu-hiŏ-tièn*, l. I, f° 9.

Voici, d'après d'autres écrivains chinois, comment s'opéra cette révolution dans leur écriture. Un des généraux de *Tsing-chi-hoang-ti*, nommé *Moung-tièn*, trouva le secret de fabriquer du papier (210 ans environ avant notre ère), et il substitua, aux bâtons et au vernis dont on faisait usage pour tracer les caractères figuratifs sur des planchettes de bambou, des pinceaux et une encre particulière, composée d'un mélange de noir de fumée et de gomme. Ces découvertes occasionnèrent une réforme dans les bureaux de l'empire, où l'on commença à faire usage du papier nouvellement inventé, pour y tracer les caractères usités. Mais comme ces caractères, composés de lignes courbes et circulaires, destinées à représenter les contours des objets, ne se traçaient pas aussi facilement avec le pinceau qu'avec les anciens bâtons, un des lettrés employés par le ministre *Lì-ssé* donna à ces caractères une forme carrée, ce qu'il fit sans rien changer ni au nombre de leurs traits, ni à leur disposition générale; en sorte qu'il est facile de les reconnaître, lorsque l'on veut se donner la peine de les comparer aux mêmes caractères de l'ancienne écriture. Cette nouvelle écriture fut nommée *Lì-chou*, c'est-à-dire *écriture de Lì*, ou *Lì-ssé*. On ne permit d'abord son emploi que dans les bureaux, avec défense d'y faire ni retranchement ni addition; défense dont on ne tint aucun compte, dès que les *Hàn* se furent emparés de l'empire. Alors on donna à l'écriture une autre forme plus facile à tracer avec le pinceau; et telle est l'origine de l'écriture *Kiaï-chou*, qui est encore en usage dans les bureaux et dans l'impression. (Voy. Deshauterayes, Encyclopédie de Petity, t. III, p. 656.)

variations furent à peine sensibles ; et, à l'exception de l'écriture cursive (*thsào*), qui ne fut point universellement admise, et qui n'eut qu'une existence pour ainsi dire éphémère, les variations de l'écriture chinoise, ou de la manière de représenter les idées, affectèrent des formes moins différentes que notre propre écriture n'en a subi dans le cours des âges. Les empereurs chinois, même à diverses époques, publièrent des édits concernant la forme pour ainsi dire officielle que l'on devait donner à l'écriture ; et l'empereur *Ling-tí* des *Hán*, après avoir persécuté les lettrés qu'il croyait conspirer contre lui, ordonna à son ministre *Thsaï-yoûng*, la quatrième année *hi-píng* (175 de notre ère), d'appeler à la cour tous les lettrés de l'Empire, dans le but de leur faire déterminer d'une manière convenable la forme de tous les caractères compris dans les cinq *Kíng*. On lit effectivement, dans l'histoire officielle des *Hán* postérieurs ou orientaux, qu'au printemps de la quatrième année *hi-pîng* (175), à la troisième lune, on fit venir à la cour tous les lettrés de l'Empire, pour déterminer la forme exacte des caractères, tant radicaux que dérivés, qui sont compris dans les cinq *Kíng*; et qu'après cette opération faite, *on les fit graver sur des pierres* qui furent érigées en dehors de la porte du grand collège impérial (*).

(*) *Tséu-hiŏ-tièn*, l. I, f° 12 verso. Les mêmes faits sont rapportés dans le *Lĭ-tăi-ki-ssé* (Kiouan XXXIV, f° 20 recto), où il est dit de plus que « les colonnes de pierre sur lesquelles les cinq *kíng* furent gravés étaient primitivement au nombre de *quarante-quatre*; que ces livres furent gravés dans les *six corps* ou six espèces d'écriture en usage, à savoir, 1° en *koù-wén*, écriture dans laquelle étaient écrits les livres trouvés dans les murs de la maison de KHOŪNG-TSEU ; 2° en caractères nommés *khí* ou merveilleux (*khí-tséu*), qui différaient des précédents ; 3° en *tchoùan*, que l'on nommait *siào-tchoùan*; 4° en écriture ministérielle, qui était l'*écriture de bureaux* (*li-chou*) des *Thsin*; 5° en *miéou-tchoùan* ou *écriture compliquée*, dont on faisait usage pour les sceaux ; 6° en *niào-tchoùng* ou écriture imitant les traces *des oiseaux et des vers*, dont on faisait usage dans les correspondances

Les caractères dans lesquels les *Kíng* chinois furent gravés sur des colonnes ou tables de marbre, devant la porte du collége impérial, étaient de trois espèces, ajoute l'écrivain chinois : c'étaient les caractères antiques (*koù-wén*), les caractères *tchoùan*, et ceux de l'espèce nommée *lí* ou des *bureaux*. Le but de cette mesure était d'offrir au public, et surtout aux jeunes gens qui fréquentaient le collège impérial, des modèles exacts et, pour ainsi dire, officiels d'écriture à imiter, en même temps qu'ils étudieraient la doctrine des *Kíng*.

Le même fait est rapporté par *Mă-touán-lin*, qui ne spécifie également que trois espèces d'écritures.

On lit dans les *Annales des Tçin* que la cinquième année *hiên-nîng* de *Woŭ-tí* (279 de notre ère), pendant l'hiver, à la dixième lune, on découvrit dans le tombeau de *Siâng-wâng* (*) d'anciens livres écrits sur des *planchettes de bambou*, en caractères *siào-tchoùan*, renfermant plus de cent mille mots, et qui y avaient été cachés du temps de ce prince. On fit transcrire ces livres dans l'espèce d'écriture qui était en usage lors de leur découverte.

Quant au nombre des différents caractères de l'écriture chinoise, il a dû s'augmenter dans le cours des siècles, en proportion de l'augmentation du nombre des nouvelles idées que le développement de la civilisation chinoise dut nécessairement produire.

Les relations commerciales des Chinois avec les nations occidentales de l'Asie, la longue domination que le gouvernement chinois exerça, dans ces mêmes contrées, jusque sur les bords

épistolaires et sur les étendards. » Ceci ne s'accorde pas avec les auteurs cités plus haut.

(*) Roi de la dynastie des *Tcheóu*, et qui régnait 651 ans avant notre ère. Quelques écrivains chinois prétendent que ces anciens livres étaient en écriture *khŏ-tèou*, ou à *formes de têtards*, employée pour la première fois environ 2,544 ans avant notre ère. (Voy. *Tséu-hiŏ-tièn*, liv. I, f° 14.) Le même est rapporté dans le *Lĭ-tăi-ki-ssé* (K. XXXIX, f° 27), avec l'indication de l'*écriture tchoùan*, comme celle dans laquelle les livres découverts étaient écrits.

de la mer Caspienne; les guerres fréquentes, les invasions, les changements de gouvernement et de dynastie (*); mais, par-dessus tout, l'introduction du bouddhisme en Chine, furent les causes immédiates de l'augmentation des caractères. Le bouddhisme a introduit, dit-on, 26,430 caractères nouveaux dans la langue chinoise; mais ces caractères ne sont point passés toutefois dans l'usage habituel; ils sont restés, pour ainsi dire, la propriété exclusive de la secte bouddhique.

L'écriture chinoise n'a pas varié depuis la dynastie des *Thâng*, qui commença à régner en Chine la 618° année de notre ère. A cette époque, on reconnaissait *cinq* corps ou *espèces* d'écriture. « La première espèce était le *Koù-wên* ou *écriture antique*, qui avait eu cours, mais qui n'était plus en usage; la seconde était l'écriture *tá-tchoüan*, qui ne se trouvait plus que dans les *King* gravés sur les tables de marbre, devant le collége impérial; la troisième était l'écriture *siao-tchoüan*, dont on se servait encore pour les sceaux, les étendards et les tablettes monumentales en marbre ou en pierre; la quatrième était l'écriture *pa-fên* (qui avait conservé *huit* parties sur *dix* de l'écriture *siao-tchoüan*), que l'on avait employée sur les tables de marbre où l'on avait gravé les *King*; la cinquième était l'écriture dite des *bureaux* (*lì-choù*), dont on se servait dans les livres, dans les édits publics, dans les pétitions ou autres documents adressés à l'empereur, enfin, dans tous les écrits publics ou privés (*). »

Mais la troisième année *thiên-pào* (744 de notre ère), un édit impérial ordonna de changer l'ancienne écriture des livres de l'antiquité, pour adopter et suivre l'écriture actuellement en usage (**).

Cette dernière écriture est celle dite des *bureaux* (*li*), avec les légères modifications que la gravure sur bois de cette écriture y a successivement apportées, depuis la dynastie de *Hán*, époque où elle fut pour la première fois employée; on la nomme *Kiaï-choû*, écriture à traits généralement droits et exactement formés, qui a reçu sa forme définitive sous la dynastie des *Soûng* (de 960 à 1123 de notre ère), époque où l'écriture ancienne fut également très-cultivée, de même que l'écriture *li* ou des *bureaux*, et l'écriture cursive (*thsào*). Le caractère propre de l'écriture *kiaï* est d'avoir rendu *carré* tout ce qui, dans les anciennes écritures, affectait la forme ronde (***).

Ainsi, pour résumer ces notions historiques sur l'écriture chinoise, notions puisées aux sources les plus authentiques (et qu'il était plus urgent qu'on ne le pense au premier abord de faire connaître (****)), on peut établir que toutes les variétés importantes de l'écriture chinoise, depuis la plus haute antiquité jusqu'à nos jours, se rédui-

---

(*) Un seul exemple montrera quelle augmentation de caractères la langue chinoise dut subir depuis les premiers siècles de notre ère seulement, époque où le célèbre lexicographe *Hiù-chîn* n'avait recueilli dans son *Choué-wên* que 9,353 caractères différents, et 1,163 caractères répétés ou variantes: au commencement de la 2° année *chi-koüng* de *Chi-tsoû* des *Wei*, dynastie tartare contemporaine des *Soûng* du nord (453 de notre ère), on créa plus de *mille* nouveaux caractères chinois. (*Tséu-hiŏ-tiĕn*, liv. I, f° 15.) Le désordre et l'anarchie s'étant introduits dans l'usage des caractères, l'empereur *Tài tsoûng* des *Soûng* fit publier une édition officielle du *Choué-wên* de *Hiù-chîn*, l'an 986 de notre ère. C'est cette édition que l'on a souvent reproduite depuis, et que l'on possède maintenant.

(*) *Tséu-hiŏ-tiĕn*, l. I, f° 22 *verso*.

(**) *Tséu-hiŏ-tiĕn*, ibid.

(***) C'est cette forme d'écriture que l'on a continué d'employer jusqu'à nos jours pour l'impression de presque tous les livres graves et sérieux; c'est celle du Dictionnaire impérial de *Kháng-hi*, qui en offre les plus beaux modèles, lesquels modèles ont servi pour la gravure sur *acier* des caractères employés dans mes ouvrages; caractères gravés sous ma direction par M. Marcellin-Legrand, d'après un système de séparation des éléments séparables, système qui sera expliqué ci-après.

(****) Il est arrivé quelquefois que des personnes n'ayant aucune idée des modifications et des dégradations successives que l'écriture chinoise a subies, et croyant toutes ses formes simultanées, en ont tiré les plus étranges dérivations, dont la chronologie seule suffisait pour démontrer l'impossibilité.

sent à *sept* ou *huit*, en y comprenant une écriture légèrement modifiée sur la septième variété, et que l'on nomme pour cette raison *Kiaï - hing - choù*, « écriture *kiaï* courante (*). »

Ces six sortes ou variétés d'écriture chinoise peuvent, en outre, se classer, par rapport à leur succession, en quatre âges ou époques, qui sont : 1° la *haute antiquité;* 2° la *moyenne antiquité;* 3° la *basse antiquité;* 4° les *temps modernes.*

1° HAUTE ANTIQUITÉ, *koù-wén* ou *écriture antique*, tendant à figurer les objets ;

2° MOYENNE ANTIQUITÉ, *tá-tchoüan*, ou image altérée des objets ;

3° BASSE ANTIQUITÉ, *siào - tchoüan*, ou image encore plus altérée des objets ;

4° TEMPS MODERNES, *li-choù*, écriture de bureau ;

— *hing-choù*, écriture habituelle ou courante.

— *thsáo-choù*, écriture cursive ;

— *kiài-choù*, écriture carrée d'impression ;

— *kiài-hing-choù*, écriture courante.

Toutes les variétés ou toutes les espèces de l'écriture chinoise, que l'on a portées jusqu'au nombre de *trente-six*, peuvent se réduire aux huit mentionnées ci-dessus.

1° L'*écriture antique* (*Koù-wén*) fut inventée, selon les uns, par *Foù-hi* (3369 ans avant notre ère); selon d'autres, par *Thsáng-hië*, d'après des ordres de l'empereur *Hoáng-ti* (2697 à 2637 avant J. C.). *Thsáng-hië*, selon les derniers, serait, par conséquent, l'inventeur de l'*écriture antique figurative* (**).

(*) Cette dernière variété d'écriture, qui se prête à toutes les fantaisies du pinceau, et qui, par cela même, est susceptible de beaucoup d'élégance, peut être comparée à l'écriture persane nommée تعليق *talik* ou *pendante*, et à notre *italique* la plus élégante. On en peut voir un des plus beaux échantillons dans la Préface du Dictionnaire de l'empereur *Kháng-hi;* préface écrite de la main même de l'empereur. Cette variété d'écriture est employée de préférence pour l'impression des romans, mais surtout des poésies. C'est la forme qui se rapproche le plus de l'écriture manuscrite, qu'elle reproduit fidèlement.

(**) *Tséu-hiŏ-tièn*, liv. II, f° 16 *verso*. Voy. ci-devant, p. 278 et suiv.

2° L'écriture *Tá-tchoüan* fut formée par le grand historien de *Sioüan-wáng*, de la dynastie des *Tcheóu*, nommé *Tcheóu*, 820 ans avant notre ère. Cette écriture, selon les écrivains chinois, diffère peu du *Koù-wén* ou *écriture antique figurative*, ainsi que du *Tcheóu-wén* (*), inventé par le même grand historien. L'écriture *Tchoüan* est l'écriture traditionnelle (**). Les écrivains chinois qui en attribuent l'invention à *Thsáng-hië* sont dans l'erreur, selon les meilleurs critiques indigènes ; ils confondent cette écriture avec le *Koù-wén*, sur lequel elle a été formée.

3° L'écriture *Siào-tchoüan* fut formée par *Lì-ssé*, ministre de *Thsin-chi-hoáng-ti*, la vingtième année du règne de cet empereur, ou 227 ans avant notre ère (***).

4° L'écriture *Lì* ou des *bureaux* fut inventée par *Tching-mŏ*, du district de *Koüeï*, sur la fin de la dynastie des

(*) Le *Tcheóu-wén*, ou écriture du premier historien de *Sioüan-wáng*, ne différait du *tá-tchoüan* que par une élégance toute particulière dans la forme des traits, toujours terminés en *pointe*, au lieu d'être grêles et arrondis à leur extrémité, comme dans le grand *tchoüan*. Les formes carrées étaient généralement réduites en triangles aigus. On peut voir un assez grand nombre de caractères chinois de la forme *tcheóu-wén*, aussi bien que du *koù-wén* et du *tá-tchoüan*, dans le Dictionnaire *I-wén-pi-lán*.

(**) *Tséu-hiŏ-tièn*, liv. II, f° 19. Selon le même livre, le nombre des caractères différents qui composaient cette écriture s'élevait à environ 9,000. Voyez aussi la Préface du *Choüé-wén*, par *Hiù-chín;* celles du *Loù-choù-thsíng-hoén* et du *Y-wén-tchi*, ou *Mémorial de la littérature et des arts*, écrit sous les *Hán*, en quinze livres (dont neuf seulement subsistent); l'écriture *tá-tchoüan* est aussi attribuée au grand historien *Tcheóu*.

(***) Selon une autre autorité chinoise, cette écriture serait plus ancienne ; elle aurait été formée du temps des *Tcheóu*. Par les additions et les retranchements qui furent faits à cette forme d'écriture, elle différait du *tá-tchoüan* (n° 2), mais elle était identique à l'écriture *tcheóu-wén*. (Voyez *Tséu-hiŏ-tièn*, K. II, f° 20 *verso* et f° 39 *recto*.) Un autre *siào-tchoüan* est aussi attribué à *Lì-ssé*. (Id., f° 40.)

Thsin, vers 200 ans avant notre ère (*). *Tching-mö* écrivit *trois mille* caractères dans cette forme, et l'empereur *Chi-hoâng* ordonna qu'ils fussent employés, comme plus expéditifs, dans les *bureaux* des divers ministères. C'est de là que lui vient le nom d'*écriture de bureau*.

5° L'écriture *Hing-choŭ* ou *écriture courante*, fut formée par *Liéou-té-ching*, sous les *Hán* postérieurs ou orientaux, de 56 à 220 de notre ère (**).

6° L'écriture *thsáo* ou *cursive* fut inventée à la même époque par un lettré connu, nommé *Tchâng-pé-ying* (*).

7° L'écriture *Kiaï-choŭ*, ou *écriture carrée* d'impression, fut mise en usage pour la première fois sous les *Soŭng*, de 960 à 1123 de notre ère.

8° Enfin, l'écriture *Kiaï-hing-choŭ*, ou *écriture courante d'impression*, date à peu près de la même époque.

On pourra plus facilement se former une idée exacte de ces différentes espèces d'écriture, par les exemples suivants de quelques caractères chinois, reproduits dans les différentes formes que ces *écritures* leur ont fait subir :

La première ligne de ces caractères représente le *ciel* (*thiên*), la seconde l'*homme* (*jîn*), et la troisième un *bœuf sauvage* (*ssé*). Les figures du premier et du second caractère en écriture *koŭ-wên* sont tirées d'une édition du *Y-king* en écriture *koŭ-wên* que nous possédons ; et la troisième, dans sa plus ancienne forme, est tirée d'anciennes inscriptions gravées sur des vases antiques qui remontent à plus de 1500 ans avant notre ère. Les autres formes plus modernes, qui représentent les dégradations et les modifications successives de chaque caractère, sont tirées des meilleurs dictionnaires, entre autres du *I-wên-pí-lán* et du *Khâng-hi-tséu-tien*.

Dans la plupart des cas, il est difficile de rattacher la dernière forme d'un caractère chinois, c'est-à-dire sa forme la plus moderne, à sa forme la plus ancienne, si on n'a pas sous les yeux les formes transitoires qu'il a subies. La forme moderne ne représente guère que traditionnellement, pour ainsi dire, la forme ancienne ; et, pour toutes les personnes qui n'ont pas fait une étude spéciale de l'écriture chinoise à ses différents âges, l'écriture actuelle n'est qu'une écriture aussi insignifiante, aussi arbitraire que nos écritures européennes. Le sens figuratif, le sens antique a disparu complétement

(*) Lieu cité, K. II, f° 23 recto. L'invention de cette *écriture des bureaux* est ordinairement attribuée par erreur au ministre *Li-ssé*.

(**) Id., K. II, f° 27 recto.

(*) Id., K. II, f° 29 verso. Une autre écriture, *thsáo*, fut inventée par l'historien *Yeoŭ*, sous le règne de *Tchâng-ti* des *Hán* (76-88 de notre ère), et fut nommée *Tchâng-thsáo*, du nom de l'empereur régnant.

pour elles, et avec ce sens l'intelligence véritable des monuments de l'antiquité.

Nous croyons devoir ajouter ici quelques nouveaux détails à ceux que nous avons déjà donnés précédemment sur la plus ancienne espèce d'écriture chinoise.

Selon la tradition chinoise, *Thsâng-hiĕ*, qui inventa l'écriture *Koù-wên* ou *antique*, avait quatre yeux à la tête, ce qui le mettait en communication avec les intelligences divines (*). Il éleva ses regards, et il contempla l'étoile *Khoùêi*, ainsi que les propriétés du cercle et des courbes dans l'espace; il abaissa ses regards, et il examina le caractère ou la forme extérieure propre de la tortue, l'empreinte des traces des oiseaux. Il recueillit tous ces indices des beautés de la nature, et, les réunissant, il en forma les *caractères*. Ce sont ceux que l'on nomme *Koù-wên*, « caractères antiques (**). »

« Ces caractères, radicaux et dérivés, constituent, dans leur ensemble, la langue parlée; ils embrassent ou comprennent toutes les idées qui servent à nommer les objets ainsi que les actions. Si on les analyse pour en déterminer le sens, alors le *wên* (la peinture primitive) est l'*ancêtre*, le *père*, le *producteur* (c'est-à-dire le *radical*); le *tséu* (caractère produit) est le *fils*, le *descendant* au second degré (c'est-à-dire le *dérivé* (***)). Si l'on comprend bien cette formation naturelle, on aura une intelligence suffisante de la raison intrinsèque des caractères primitifs.

« Tous les caractères qui appartiennent à la classe de ceux qui figurent la forme (*siáng - hìng*), on les appelle *wên* (signes représentant aux yeux les caractères divers des objets) : de la nécessité où l'on s'est trouvé d'en accroître considérablement le nombre, ont été produits simultanément les *mères* et les *fils* (ou les *radicaux* et les *dérivés* (****)).

« Tous les caractères qui appartiennent aux classes de ceux qui comprennent la *figure* ou la *forme* et le *son* (*hing-ching*), et de ceux qui présentent un *sens combiné* (*hóei-i*), on les appelle *tséu* ou *produits par dérivation*. Les caractères *tséu*, ou *produits graduellement par dérivation*, sont très-nombreux (*).

« Ce que l'on trace sur le bambou ou sur la soie s'appelle *choù*, écriture. — L'écriture est destinée ou à donner la ressemblance (des objets), ou à exprimer une pensée, ou à manifester un sentiment, ou à rappeler des souvenirs ou des faits (**).

« En représentant ce qui se passe à l'intérieur des êtres vivants, on fait connaître clairement toutes les actions; en rappelant des souvenirs et des faits passés, on fait connaître l'avenir. Si les noms des objets et des choses, si les mots qui désignent les actions n'avaient pu être formés, dans quel isolement et quel désordre la foule des hommes n'aurait-elle pas été plongée (***)? »

Le *Y-king* dit : « Dans la haute an-
« tiquité, on se servait de cordelettes
« nouées pour gouverner. Dans les siè-
« cles suivants, les saints hommes
« changèrent ce moyen imparfait de
« communication pour employer l'*écri-*
« *ture*. Tous les fonctionnaires publics
« s'en servirent pour gouverner les dix
« mille peuples, pour les éclairer et
« leur enseigner leurs devoirs (****). »

Cette première écriture cessa d'être cultivée sous les *Thsin*, lorsque le *Siào-*

———

(*) *Tséu-hiŏ-tièn*, K. II, f° 16 *verso*.
(**) *Tséu-hiŏ-tièn*, K. II, f° 16 *verso*.
(***) *Tséu-hiŏ-tièn*, K. II, f° 17 *recto*.
(****) Ibid.

(*) On lit dans la Préface du *Choùe-wén* : « La classe des caractères qui ont quelque « *similitude* avec les objets est celle de ceux « qui *figurent la forme* (*siáng-hing*); c'est « pourquoi on les nomme *wén* ou *peinture* « *des objets*. Ceux qui viennent ensuite, et « qui représentent *la forme et le son* (*hing-* « *ching*), se sont produits mutuellement en « s'ajoutant ou en s'associant les uns aux au- « tres; c'est de là qu'on les nomme *tséu* ou « *produits par dérivation*. Thsâng-hiĕ, lors- « qu'il inventa l'écriture, nomma la *forme* « *des objets w é n*, *peinture*, et tous les *sons*, « il les nomma *t s é u*, *produits par dériva-* « *tion*. »
(**) *Tséu-hiŏ-tièn*, K. II, f° 17 *recto*.
(***) Ibid.
(****) *Y-king-hi-thseù*, K. III, f° 21 *verso*. (Édition *Kien-pen*); et *Tséu-hiŏ-tièn*, l. II, f° 18.

tchoüan fut mis en usage, et que l'on eut détruit par le feu les anciens livres écrits en *Koù-wén* (*).

Du temps de *Wén-ti* des *Hán* (179 avant notre ère), un savant lettré qui avait vécu sous les *Thsin*, nommé *Fou-seng* (**), vint offrir à l'empereur un exemplaire du *Choü-king* ou *Cháng-choü*, écrit en *Koù-wén*. Un autre offrit un livre du *Yŏ-choŭ* ou *Yŏ-king*, livre sacré sur la musique, écrit aussi en *Koù-wén*. Du temps de *Woŭ-ti* (140 ans avant J. C.), on découvrit dans l'intérieur d'une muraille de la demeure de KHOUNG-TSÉU, tombée en ruine sous le règne de *Koŭng-wáng*, roi de l'État de *Loŭ* (376 avant J. C.), et enfermés dans un coffre de pierre, le *Hiáo-king* ou *Livre sur la piété filiale*, le *Choŭ-king*, et d'autres livres de la même espèce. Du temps de *Sioŭán-ti* (73 ans avant notre ère), une jeune fille s'étant trouvée emprisonnée par le fleuve *Hoáng-ho* (débordé), découvrit, dans l'ancienne demeure en ruine de LAÒ-TSÉU, deux livres écrits en *Koù-wén* (***).

Outre ces anciens documents écrits en *caractères antiques*, on a découvert aussi des inscriptions sur des vases et des trépieds, sur des tables de marbre, en écriture *Koù-wén*, dont un certain nombre a été conservé en Chine jusqu'à nos jours, et que les antiquaires de ce pays ont publiées dans des livres de paléographie. Ce sont ces anciens caractères, reproduits dans différents ouvrages chinois, principalement dans une édition très-rare du *Y-king* (ou *Livre sacré des transformations*) en caractères *Koù-wén*, ainsi que dans les dictionnaires chinois intitulés *Choŭe-wén*; *Loŭ-choŭ-koŭ*; *Loù-choŭ-thsing-wén*; *J-wén-pi-lán*, tous en notre possession, qui nous serviront dans la suite de cet Essai, pour établir leur similitude d'origine et de formation avec les hiéroglyphes égyptiens, qui datent à peu près de la même époque.

Cette écriture *Koù-wén* est identifiée par quelques écrivains chinois avec l'écriture *Khŏ-teoù*, qui est une dénomination différente de l'écriture de la haute antiquité.

2. *Ages de l'écriture* (*).

Les différentes écritures qui ont été ou qui sont encore en usage chez les différents peuples de la terre peuvent être divisées en trois âges, selon qu'elles sont :

1° La représentation figurée des objets et des idées ;

2° La représentation altérée et conventionnelle des objets ;

3° L'expression phonétique pure des articulations de la voix humaine.

Le premier de ces âges peut s'appeler *âge figuratif* ou *hiéroglyphique*; le second, *âge transitoire*; et le troisième, *âge alphabétique pur*. Quoique l'on n'ait que des données très-vagues à cet égard, il est fort présumable que toutes les écritures ont commencé par être *figuratives* et *syllabiques* avant de devenir purement *alphabétiques*. Plusieurs alphabets, tels que l'alphabet *sanskrit*, l'alphabet *éthiopien*, l'alphabet *persépolitain* (sans parler des alphabets *japonais* et *coréen*), sont encore presque complétement *syllabiques*, et portent des traces évidentes d'une origine *figurative*. Les alphabets modernes, réduits à un petit nombre d'éléments vocaux par l'esprit d'analyse et d'abstraction, qui est le propre des sociétés avancées, ne peuvent pas plus appartenir à l'*âge primitif* que le calcul infinitésimal.

A l'*âge figuratif* appartiennent les premiers caractères de l'écriture chinoise, les premiers hiéroglyphes égyptiens et les peintures mexicaines ; à l'*âge transitoire* appartiennent les formes secondaires de l'écriture chinoise, l'écriture égyptienne appelée *hiératique*, et,

---

(*) *Tséu-hiŏ-tièn*, liv. II, f° 18.

(**) On peut voir son portrait dans le 1ᵉʳ volume de notre *Description de la Chine*, pl. 45, n° 4.

(***) *Tséu-hiŏ-tièn*, liv. II, f° 18 recto. Les deux livres en *Koù-wén*, trouvés dans la demeure de LAÒ-TSÉU, étaient sans doute les deux livres du *Taò-tĕ-king*.

9ᵉ *Livraison.* (CHINE MODERNE.)

(*) Tout ce qui suit, jusqu'à la page 300, a déjà été imprimé, à peu de chose près, en 1838, dans l'article *Écriture* de l'*Encyclopédie nouvelle*, et dans la même Dissertation intitulée *De l'origine et de la formation des différents systèmes d'écritures orientales et occidentales*. Août 1833, in-4°.

sous quelques rapports, les écritures japonaise et coréenne ; à l'*âge alphabétique pur* appartiennent toutes les écritures qui ne représentent plus que les éléments vocaux des articulations humaines, réduits à leur plus simple expression.

L'âge auquel une écriture appartient peut servir à déterminer son ancienneté relative ; car celle qui appartiendra au premier de ces *âges* sera nécessairement plus ancienne, dans l'ordre de dérivation, que celle qui appartiendra au second ; et celle qui appartiendra au second, que celle qui appartiendra au troisième. C'est une loi qui, nous le croyons, ne peut souffrir aucune exception.

Pour ne citer ici que quelques exemples incontestables, l'histoire de l'écriture égyptienne et de l'écriture chinoise confirme cette loi. Chez les Égyptiens et chez les Chinois, les plus anciennes nations connues de l'antiquité, l'écriture a été d'abord purement *hiéroglyphique* ou *figurative* ; ensuite elle est passée à l'état *transitoire*, où les figures primitives ont beaucoup perdu de leur exactitude et de leur ressemblance, et s'associent de plus en plus des éléments *phonétiques*, pris dans les signes *figuratifs* purs ou altérés, pour faire correspondre autant que possible la *langue figurative* à la *langue parlée* ; enfin l'écriture égyptienne arrive à l'état *presque purement alphabétique*, dans l'écriture *démotique* ou *enchoriale* ; et, après l'introduction du christianisme en Égypte, elle passe tout entière dans l'*alphabet copte*, formé en grande partie de l'alphabet grec. L'écriture chinoise n'est pas encore passée à ce troisième état, et on peut supposer qu'il s'écoulera encore bien des siècles avant que la nation chinoise adopte l'écriture *purement alphabétique*. Il faudrait, pour que cet événement arrivât, qu'une grande révolution s'opérât, comme en Égypte, au sein de la nation ; que tous les monuments de sa littérature et de sa civilisation eussent disparu de son sol, et qu'une nouvelle langue, avec de nouvelles institutions, fussent imposées à ses habitants (*).

(*) Le fameux empereur *Thsing-chi-hoáng-ti* seul aurait pu peut-être opérer cette révolution sociale. Il l'avait commencée par la destruction ordonnée de tous les livres qui existaient de son temps, à l'exception de quelques-uns, et par les mesures qu'il prit pour faire inventer et adopter une écriture plus expéditive destinée à remplacer l'ancienne, ou plutôt les nombreuses espèces d'écriture en usage dans les nombreux États qui divisaient la Chine avant lui. Cette nouvelle écriture ne différait, il est vrai, pas plus de l'ancienne écriture que l'écriture *hiératique* ne diffère des hiéroglyphes ; mais nul doute que si l'homme extraordinaire qui fit construire au nord de son empire un rempart de cinq cents lieues de longueur, qui réunit toute la Chine sous sa domination, depuis le *Tonquin* jusqu'aux déserts de la Tartarie* ; nul doute, dis-je, que s'il avait connu une écriture purement alphabétique, il ne l'eût fait adopter par la nation chinoise. On ne peut supposer quelles auraient été pour la Chine les conséquences de cette mesure.

* Voy. t. I, p. 207 et suiv.

3. *Synthèse de l'écriture chinoise.*

L'écriture chinoise a procédé d'abord à la notation des idées, non par un signe arbitraire représentant un son déterminé de la langue, mais par la figure plus ou moins fidèle des objets. On l'a donc nommée avec raison *Écriture idéographique*. Il est arrivé ensuite que l'impossibilité de *figurer* tous les objets de la nature, surtout les noms propres, de même que toutes les idées, toutes les affections de l'âme humaine, et la nécessité de représenter d'une façon quelconque les sons de la langue parlée qui n'avaient pu être figurés, introduisirent dans l'écriture *idéographique* un nouvel élément, l'élément *phonétique*, qui dut cependant conserver les entraves naturelles de l'écriture *figurative*.

Pour nous faire mieux comprendre, nous allons exposer avec quelques détails la synthèse de l'écriture *figurative* ou *idéographique* des Chinois, dont on a généralement une bien imparfaite idée.

On a vu précédemment quelle avait été l'origine de l'écriture chinoise. Le premier élément de cette écriture fut un simple trait —, celui de l'unité, qui est l'élément unique des trigrammes de Foû-hi. Cet élément, avec ses différentes combinaisons, n'ayant pas suffi pour exprimer symboliquement tous les objets de la pensée, et surtout les objets physiques, on inventa l'*écriture figurative* (*). Cette écriture du premier âge, qui dut représenter les objets aussi exactement que possible, était déjà altérée à l'époque où l'Inscription de Yù (que l'on possède encore) fut gravée, c'est-à-dire, 2278 ans avant notre ère, puisque cette Inscription n'offre déjà plus qu'un petit nombre d'images ou de figures primitives réelles (**). Les inscriptions chinoises qui existent sur les anciens vases conservés au musée impérial de Pe-king (***), dont l'antiquité ne remonte que de mille à dix-huit cents ans avant notre ère, n'offrent également que peu de figures primitives réelles, telles que 🧍, pour signifier *enfant*, et un *petit-fils* ou descendant, lorsque la figure est renversée la tête en bas; 👁, pour signifier un *œil*; 𓌕, pour signifier un *arc* (****). L'époque la plus ancienne de l'écriture chinoise connue n'est donc déjà plus purement figurative. On comprend facilement que cet état primitif ne pouvait être de longue durée, parce que l'usage journalier de cette écriture, et les besoins toujours croissants de former de nouveaux caractères ou de nouvelles figures pour représenter de nouvelles idées, devaient nécessairement y introduire de nombreuses altérations. Mais cependant, quoique altérée, ou, si l'on veut, perfectionnée ainsi, et quoique, comme les hiéroglyphes égyptiens, elle renferme déjà un grand nombre d'éléments phonétiques empruntés aux figures elles-mêmes, détournées de leur signification habituelle, l'écriture chinoise de cette époque peut encore être appelée *figurative* ou *idéographique*. Il serait difficile, pour ne pas dire impossible, de tracer une ligne de démarcation tranchée entre l'écriture purement figurative et l'écriture figurative altérée. C'est pourquoi, bien que l'on puisse former deux divisions de ces deux écritures, nous n'avons trouvé aucun inconvénient à réunir ces deux états de l'écriture chinoise et de l'écriture égyptienne, sous le nom d'*âge figuratif* ou *hiéroglyphique*.

Les premiers essais qui furent faits à l'origine pour communiquer la pensée de l'homme à l'homme, pour peindre la parole et l'exprimer aux yeux, ne le furent nécessairement pas au moyen de signes conventionnels et abstraits, comme les *lettres alphabétiques*, mais bien au moyen de signes concrets, c'est-à-dire, de la peinture plus ou moins grossière, plus ou moins figurée des objets. C'est ainsi que furent créés les *caractères figuratifs*.

Les objets ainsi *figurés* avaient des rapports entre eux; il y avait unité ou pluralité, différence de position, etc. : ces rapports, cette unité et cette pluralité, cette différence de position, furent *indiqués* dans l'écriture; de là naquirent les *caractères indicatifs*.

L'impossibilité de représenter des idées ou des phénomènes qui n'avaient aucune forme matérielle et palpable, fit recourir à la combinaison de deux ou trois signes déjà connus et adoptés, pour exprimer une idée ou un fait qui devait ressortir naturellement de cette combinaison; de là naquirent les *caractères d'idées combinées*.

Dès l'instant que l'esprit de l'homme se met à réfléchir, il ne tarde pas à s'apercevoir que la plupart des idées et des faits ont leur contraire dans la nature : le bien suppose l'existence du mal, la vertu celle du vice; le haut im-

---

(*) Voyez ci-devant, page 278.

(**) Cette *Inscription* a été publiée par Hager, sur un calque envoyé par les missionnaires français en Chine, Paris, 1802. Elle avait été gravée sur un rocher, en caractères de l'espèce nommée *kkŏ-teòu-tchoüan* (voy. ci-devant, p. 283), à peine reconnaissables. L'absence d'édifices en pierre et d'une construction monumentale, comme en Égypte, peut-être aussi le manque de goût des Chinois pour orner leurs édifices selon les principes du grand et du beau, entendu à la manière des Égyptiens, ont été cause que l'ancienne écriture figurative des Chinois n'a pas été portée au point de beauté et de perfection auquel l'écriture hiéroglyphique est arrivée en Égypte, dès une haute antiquité.

(***) Voy. les figures de plusieurs de ces vases, que nous avons fait graver dans le premier volume.

(****) Comparez les hiéroglyphes signifiant les mêmes objets, et absolument semblables.

plique nécessairement le bas ; le côté droit, le côté gauche. De là sont nés les *caractères inverses*.

Les objets à représenter aux yeux par l'écriture étaient illimités, mais la faculté de les figurer ne l'était pas. Comment en effet opérer la délinéation distincte de tous les objets de la nature, de tous les désirs, de toutes les pensées et de toutes les actions de l'homme ? C'est ici que le système d'écriture figurative que nous décrivons va subir une profonde modification. Les inventeurs de ce système n'avaient encore fait que représenter, plus ou moins grossièrement, les objets visibles les plus apparents, les rapports les plus sensibles qu'ils avaient entre eux, etc. Ils sentirent bientôt l'impossibilité de continuer le même procédé, et la nécessité de recourir à un nouveau mode de notation des idées, qui s'alliât cependant avec le premier. Déjà un assez grand nombre d'objets auxquels répondait un pareil nombre de mots de la langue parlée, se trouvaient représentés par l'écriture figurative. On imagina de prendre quelques-unes des figures déjà admises dans cette écriture, pour en faire *des types génériques* des espèces nombreuses qui avaient entre elles de grandes analogies, et on *adjoignit* à ces *figures types* un des signes déjà en usage, lequel signe perdait, dans cette adjonction, sa signification habituelle, pour ne conserver que sa valeur *phonétique*; de sorte que les caractères de cette nouvelle classe représentaient en même temps la *figure type du genre* et le *son de l'espèce* ou le mot correspondant de la langue parlée. C'est ainsi que fut créée la classe des caractères *idéo-phonétiques*, qui est de beaucoup la plus riche et la plus nombreuse de l'écriture chinoise.

Enfin, lorsqu'une langue se forme, les intelligences qui président à sa formation, celles qui concourent à son perfectionnement, se plaisent quelquefois à exprimer des idées, non pas directement, mais indirectement et par détours, par analogie. Voilà l'origine de la classe des caractères *métaphoriques*.

C'est à ces *six* classes de caractères que se rapportent tous les caractères de la langue chinoise.

Voici l'ordre de leur énumération :
1° Caractères *figuratifs purs* (*siàng-hing*) ;
2° — *indicatifs* (*tchi-ssé*) ;
3° — *à sens combinés* (*hoéi-i*) ;
4° — *inverses* (*tchouàn-tchoú*) ;
5° — *idéo-phonétiques* (*kiái-ching*) ;
6° — *métaphoriques* (*kiái-tsie*).

La *première* de ces classes est celle des caractères *figuratifs* purs, qui sont destinés à représenter la forme ou la figure des objets.

En voici des exemples :

Soleil. Lune. Montagne. Arbre. Chien. Cheval.

Formes anciennes. ☉ ☽ ⌒⌒ 朩 犭 馬

Formes modernes ou transitoires (*Kiái-choú*.) 日 月 山 木 犬 馬

La *deuxième classe* comprend les caractères qui *indiquent* certaine qualité ou propriété d'une chose, ou la chose elle-même, comme :

Matin. Soir. Haut. Bas. Un. Centre.

Formes anciennes. 旦 夕 ∸ ∵ ― ⊕

Formes modernes. 旦 夕 上 下 一 中

L'idée de *matin* est *indiquée* dans le premier caractère par l'image du soleil placée au-dessus d'une ligne horizontale : c'est le moment du jour où le soleil apparaît au-dessus de l'horizon. On a *indiqué* l'idée de *soir* par des traits vaporeux descendant vers l'horizon, en supprimant l'image du soleil ; l'idée de *haut*, par un point placé *au-dessus* de la ligne horizontale ; l'idée de *bas*, par un point placé *au-dessous* de la même ligne ; *un*, par *un trait* horizontal ; *milieu*, par un trait vertical partageant en *deux portions égales* un cercle ou parallélogramme qui représente la bouche.

La *troisième classe* comprend les caractères qui représentent par leur propre formation *des idées combinées*. On composa ces caractères en réunissant ensemble deux ou trois figures simples, dont la combinaison pouvait faire naître dans l'esprit l'idée complexe que l'on voulait rendre. Ainsi la réunion du soleil et de la lune signifia *lumière*; la figure d'homme au-dessus de celle de montagne signifia *anachorète, ermite*; deux arbres réunis signifièrent *forêt*; l'image de bouche et celle d'oiseau signifièrent *chant*; celle de l'eau et celle d'un œil signifièrent *larmes, pleurs, pleurer*; l'image de femme, jointe à celles de main et de balai, signifia *femme de ménage:*

Formes anciennes. *Lumière. Ermite. Forêt. Chant. Larme. Femme.*
☉☉ 谷 林 鳴 狚 㛿
Formes modernes. 明 仙 林 鳴 泪 婦

La *quatrième classe* comprend les caractères qui, par la manière dont ils sont tracés, acquièrent une signification inverse, antithétique, ou en opposition avec leur signification primitive. Le nombre de ces caractères est très-borné. En voici des exemples (c'est le 2°, le 4° et le 6° qui sont *inverses*):

Gauche. Droite. Continu. Rompu. Homme. Cadavre.
F. anc. ⼿ ⼿ 圝 圝 ⼤ ⼫
F. mod. 左 右 繼 斷 人 尸

La *cinquième classe*, de beaucoup la plus nombreuse, comprend tous les caractères composés de deux éléments, dont l'un représente *l'image générique* des objets ou des actions, et l'autre le *son* de la langue parlée, correspondant à l'objet ou à l'acte spécial que l'on veut désigner. Le second des deux éléments qui composent cette classe de caractères est toujours emprunté aux autres classes; mais, en se groupant avec une figure ou image générique, il perd presque habituellement la signification qu'il avait primitivement avant cette association. Nous disons *presque habituellement*, parce que, dans la composition de cette classe de caractères, on a regardé comme une perfection de faire concourir au sens spécial du caractère ainsi composé, non-seulement l'*image générique*, et ensuite le *son spécial* du groupe phonétique additionnel, mais encore le *sens primitif* de ce même groupe additionnel. Cependant ces trois conditions se trouvent assez rarement réunies dans cette classe de caractères,

et il faudrait bien se garder, comme on l'a fait et comme on le fait encore trop souvent, de ne voir et de ne chercher dans les deux éléments qui les composent que des *images* représentatives, lorsque l'un de ces deux éléments, que nous nommons *groupe phonétique additionnel*, représente toujours le *son* ou le mot correspondant de la langue parlée, et que rarement il conserve sa signification originaire.

Voilà donc un élément nouveau introduit dans la langue primitive figurée; et c'est faute d'avoir bien distingué l'élément *phonétique* et *syllabique* de l'élément *figuratif*, que l'on a commis tant d'erreurs, et que l'on s'est livré à tant de rêveries sur la formation et la composition des caractères chinois. Le résultat de cette composition de caractères *moitié idéographiques* ou *figuratifs*, *moitié phonétiques*, a été d'introduire aussi, dans la langue chinoise, une grande terminologie linnéenne qui sert admirablement pour l'intelligence de cette langue, au premier abord si difficile.

Quelques exemples feront mieux saisir ces principes, un peu abstraits par eux-mêmes. Le signe figuratif 里 *lì*, qui signifie *terrain où l'on a établi sa demeure, espace déterminé*, etc., pris comme signe de son ou groupe phonétique, et joint à l'image générique de *poisson* 魚, forme le nom de *poisson-li*, ou nommé *lì*: 鯉, c'est-à-dire, *carpe*; le signe figuratif 木 *arbre* (première classe) devient l'image générique de tous les noms d'arbres, en s'adjoignant un groupe phonétique ou syllabique pour chaque espèce d'arbres que l'on n'aurait pas pu figurer: ainsi, avec le signe 白 *pĕ*, qui signifie par lui-même *blanc*, il forme un composé de la cinquième classe, qui veut dire *arbre-pĕ*, ou arbre prononcé *pĕ* 柏, c'est-à-dire, *cyprès*. Le signe qui représente le chien (première classe), type générique de tous les animaux qui ont avec lui quelque ressemblance, s'il est associé au signe 苗 qui se prononce *miáo*, de cette manière 猫, il signifiera *chien-miáo* ou *chat*.

Il suffirait d'un seul de ces exemples pour prouver que le groupe phonétique joint au signe figuratif générique ne représente que le *son* de la langue parlée dans la plupart des cas, sans avoir de signification *figurative*. Ainsi, le groupe prononcé *pĕ*, et qui, seul, signifie *blanc*, ne conserve certainement pas sa signification de *blanc* dans son adjonction au signe figuratif générique de l'arbre, puisque le *cyprès* est tout le contraire d'un arbre *blanc*.

Comme toutes les langues à leur origine, la langue chinoise ne se composait d'abord que de la représentation des objets les plus communs, et les plus nécessaires à la vie agricole ou pastorale des habitants. Mais, à mesure que la civilisation eut agrandi les besoins et les connaissances, les signes figuratifs et surtout *phonétiques* durent se multiplier. Alors les deux ou trois cents signes figuratifs ou idéographiques qui existaient déjà, et qui, par la nature des choses, se trouvaient être les images des principaux objets qui avaient les premiers frappé les regards, devinrent des types ou des idées-mères qui furent placés à la tête de tous les signes figuratifs présentant des analogies d'espèces avec eux. La nature même de l'écriture figurative, qui se trouva dans l'impossibilité de représenter d'une manière distinctive tous les objets de la même espèce pour lesquels la langue parlée avait déjà trouvé des noms, comme, par exemple, toutes les espèces d'arbres, toutes les espèces de poissons, fit adopter la cinquième classe de caractères dont il est question. Ainsi, le signe figuratif qui le premier avait servi pour représenter l'arbre en général, l'arbre abstrait, l'arbre qui avait suffi aux premiers hommes, devint le type générique de tous les arbres, à mesure que les hommes sentirent le besoin de distinguer tel arbre de tel autre arbre. Il arriva ensuite que les premiers essais de représentation spéciale des objets furent abandonnés pour cette cinquième espèce de formation, qui était un premier pas de fait dans le domaine de la notation syllabique et alphabétique des articulations humaines. Ainsi, pour n'en citer qu'un exemple, la poule, qui, dans l'écriture figurative, avait été ainsi représentée 隹, le fut dans le nouveau système par le caractère suivant 雞, que l'on prononce *ki*, lequel est composé du radical 隹 *tchóui*, type générique des oiseaux à queue courte, et du groupe phonétique 奚, prononcé *ki*, nom de la poule dans la langue parlée; ce qui donne une véritable définition linnéenne : *oiseau à queue courte, nommé ki*.

A l'époque où le célèbre lexicographe Hiù-chín composa son Dictionnaire des anciens caractères chinois (89 ans après notre ère), intitulé *Choŭe-wén*, les trois quarts au moins des caractères chinois appartenaient déjà, d'après son analyse, a cette dernière classe de formation.

On se fera une idée plus exacte et plus complète de cette grande classe de caractères par les exemples suivants, tirés de quelques *Radicaux* ou *signes déterminatifs génériques* chinois, auxquels nous avons joint le nombre des *dérivés phonétiques* qu'ils forment par la simple adjonction d'un autre caractère pris phonétiquement, et que nous nommons signe ou *groupe phonétique* (*).

(*) Le premier caractère, ou plutôt la première forme de chaque caractère cité, est en *koŭ-wén* ou *écriture antique*, et la seconde forme en *kiài-choŭ*, écriture *carrée* d'impression universellement en usage. Le chiffre qui suit la prononciation de chaque caractère est celui de l'ordre qu'il occupe dans la liste des 214 *radicaux* adoptés dans le Dictionnaire impérial de *Khâng-hí* et dans la plupart des autres dictionnaires, tels que le *Tchíng-tseù-thoúng*, le *Tseù-wéi*, le *J-wén-pi-lân*, et les principaux dictionnaires chinois européens. Cet ordre, qui n'est fondé que sur le nombre des traits dont est formé chaque caractère considéré comme *radical*, est loin sans doute d'être exempt de défauts; mais il a l'avantage d'être adopté par les meilleurs lexicographes modernes de la Chine, et il n'y a aucun motif raisonnable de le changer, si on n'adopte pas l'ordre *tonique*.

1. 示. 亓. CHÎ. [113]. ESPRIT, GÉNIE D'EN HAUT. 112 *dérivés phonétiques*.

Caractère figuratif primitif, destiné, selon les lexicographes chinois, à représenter aux hommes les manifestations du ciel par des rayons descendant vers la terre. Ce caractère est devenu le signe ou *type générique déterminatif* des diverses espèces de génies, de tout ce qui est supposé venir d'en haut, et de tout ce qui, sur la terre, est relatif aux êtres surnaturels. Il forme ainsi 112 *dérivés idéo-phonétiques*, par l'adjonction de 112 caractères différents qui, pris isolément, ont une signification propre, mais qui, étant joints à un *caractère générique*, deviennent par cela même, dans la plupart des cas, des signes, non d'*idées*, mais de *sons*. C'est pourquoi nous les avons nommés des *groupes phonétiques*.

Ainsi, le caractère ci-dessus joint à 支 *tchi* (*mesure; diviser*), pris comme *groupe phonétique*, de cette manière : 祇 *tchi*, signifie *bonheur, félicité* venue d'en haut.

— Joint à 右 *yéou* (*droite*), pris comme *groupe phonétique* : 祐 *yéou*, il signifie : *secours envoyé par les esprits*.

— Joint à 巳 *ssé* (*soi même*), pris comme *groupe phonétique* : 祀 *ssé*, il signifie *sacrifice offert aux esprits* ou *génies*.

— Joint à 辰 *chin* (*heure*), pris comme *groupe phonétique* : 祳 *chin*, il signifie : *chairs offertes dans les sacrifices* (*).

Nota. Dans ces exemples, comme dans tous les autres composés de même nature (sauf quelques exceptions), les *groupes phonétiques* ont perdu complètement leur signification propre *idéographique*, pour ne conserver que leur valeur purement *phonétique*. On voit, par les exemples précédents, que ce qui autorisa l'emploi des caractères *figuratifs* ou *idéographiques*, comme *signes de sons*, ce fut la *valeur phonétique* qu'ils avaient acquise antérieurement comme *signes d'idées*. Le mot ou l'*articulation* de la langue parlée qu'ils représentaient *idéographiquement* leur devint *inhérente*; et cette *articulation*, dépouillée de toute *signification*, les suivit dans tous les composés où ils entrèrent comme *groupes phonétiques* : de sorte qu'ils représentent chacun un *mot* ou une *articulation* de la langue parlée, comme les lettres de nos alphabets représentent aussi chacune un *son* de la langue parlée. Ils ne différent donc des éléments alphabétiques de nos langues européennes que parce qu'ils sont constamment adjoints à un élément *figuratif* (excepté dans la représentation des noms propres). Ce rôle leur est d'autant plus naturel en chinois, qu'il y a un très-grand nombre d'*homophones*, et que la langue parlée n'est composée que d'environ *quatre cents* expressions *monosyllabiques* (*).

(*) Il est très-probable que la nature *monosyllabique* de la langue chinoise, ainsi que le très-petit nombre de mots qui la composent, et par conséquent aussi le grand nombre d'*homophones*, viennent de la nature même de l'instrument qui a servi à les représenter. On doit supposer que si, dès l'origine, l'écriture chinoise se fût prêtée au développement de la langue, cette langue, comme toutes celles des nations civilisées, se serait développée en s'enrichissant de mots composés et de formes grammaticales. L'écriture figurative hiéroglyphique, en se décomposant en *éléments syllabiques*, et même purement *alphabétiques*, a bien plus favorisé le développement grammatical de la langue parlée égyptienne qu'elle a représentée, que l'écriture chinoise. Aussi la langue copte n'est-elle pas restée monosyllabique et à l'état d'enfance, comme la langue parlée des Chinois; c'est ce qui fait qu'elle a pu être représentée par une écriture purement alphabétique, composée d'un petit nombre d'éléments, tandis que la langue chinoise parlée ne pourra jamais l'être ainsi, destinée qu'elle est par sa nature (qui

(*) Une autre preuve que ce n'est que le *son* que l'on a voulu représenter par le groupe *chin*, c'est que ce groupe prend aussi dans le même sens le *déterminatif générique* *jòu*, « chair des animaux, » pour indiquer *des chairs offertes dans les sacrifices*.

Ainsi, dans les exemples qui précèdent le groupe 支 *tchi*, qui représente et signifie seul une *mesure; diviser*, n'a été adjoint au *signe générique déterminatif* 示 *esprit*, pour exprimer le mot *félicité, bonheur*, que parce que ce *mot*, dans la langue chinoise *parlée*, se prononçait également *tchi*, avec le même accent ou la même intonation de voix. Par suite du même principe, ce même caractère 支, prononcé *tchi*, se joindra à *trente* ou *quarante* autres radicaux ou *déterminatifs génériques*, pour exprimer trente ou quarante mots différents de la langue parlée, prononcé *tchi* ou *khi* (deux articulations qui se confondent très-facilement dans les idiomes asiatiques et même européens).

Joint au *signe déterminatif générique* 亻 ou 人 HOMME : 伎, il signifiera *ruse, malice, talent*, parce que, dans la langue parlée, on exprimait l'idée de *ruse* ou *malice humaine* et de *talent*, par l'articulation *khi*, variante de *tchi*.

— Joint au *signe déterminatif générique* 女 FEMME : 妓, il signifiera *femme publique*, parce que, dans la langue parlée, on exprimait l'idée de *femme publique* par l'articulation *khi*.

— Joint au *signe déterminatif générique* 心 ou 忄 CŒUR : 忮, il signifiera *sentiment de haine, de répugnance, de violence*, parce que, dans la langue parlée, on exprimait ce sentiment par l'articulation *tchi*.

— Joint au *signe déterminatif* 水 ou 氵 EAU : 波, il sera en même temps *idéographique* et *phonétique* (*), et il signifiera une *division* ou *une ramification d'un ruisseau*.

Il en est de même pour tous les autres *groupes phonétiques*.

2. 甶. 鬼. KOUEÏ. [194]. MANES, GÉNIES. 46 *dérivés phonétiques*.

Caractère figuratif primitif, destiné, selon les lexicographes chinois, à représenter l'*essence subtile* des deux principes dans tous les hommes. Selon le *Choūe-wén*, la partie de l'homme qui retourne [à son principe] est ce que l'on nomme *Kouëi*. Ce caractère est devenu le signe ou *type générique déterminatif* de ce qui est relatif aux *mânes*, aux *génies*, aux *esprits terrestres*. En *Koū-wén* ou *écriture antique*, ce caractère est un dérivé du précédent, dont il conserve la figure comme *type générique déterminatif*, et il est ainsi écrit : 鬼.

Exemple des *dérivés phonétiques* :

Ce caractère joint à 東 *toūng* (*orient*), pris comme *groupe phonétique* : 鶇 *toūng*, signifie GÉNIE ou ESPRIT-*toūng*, que l'on dit donner la mort.

— Joint à 云 *yūn* ou *hūn* (*parler, dire*), pris comme *groupe phonétique* : 魂 *hoén*, il signifie GÉNIE-*hoén* ou *âme*, c'est-à-dire, pour les Chinois, le principe actif de la matière la plus pure, lequel principe, en tant que principe, est nommé *yáng*.

— Joint à 白 *pë* (*blanc*), pris comme *groupe phonétique* : 魄 *pë*, il signifie le principe matériel du corps de l'homme à l'état concret de *mânes*, lequel principe, en tant que principe, est nommé *yin*.

Nota. Le célèbre philosophe *Hoaï-nán-tseú* a dit :

« L'essence subtile (*khi*) du ciel, c'est le *hoén* ;

« L'essence subtile de la terre, c'est le *pë*. »

3. 宍. 人. JIN. [9]. HOMME. 386 *dérivés phonétiques*.

n'est telle toutefois que par l'influence de son écriture) à être éternellement enchaînée à son écriture figurative.

(*) C'est le motif qui aura fait choisir ici ce groupe, de préférence entre tous ceux qui se prononcent *tchi*, afin que le composé soit plus riche et en quelque sorte plus *parlant aux yeux*. Le nombre de ces heureux composés est de près de *quatre cents*.

Caractère figuratif de l'HOMME, devenu le signe ou *type générique déterminatif* de tout ce qui est relatif à l'*homme*.

Exemples de *dérivés phonétiques* :

Ce caractère joint à 子 *tseŭ* (*fils*), pris comme *groupe phonétique* : 仔 *tseŭ*, signifie HOMME-*tseŭ*, c'est-à-dire, *porter ; pouvoir*.

— Joint à 白 *pĕ* (*blanc*), pris comme *groupe phonétique* : 伯 *pĕ*, il signifie HOMME-*pĕ*, c'est-à-dire, *frère aîné*.

— Joint à 中 *tchoŭng* (*milieu*), pris comme *groupe phonétique* : 仲 *tchoŭng*, il signifie HOMME-*tchoŭng*, c'est-à-dire, *frère cadet*.

4. 犬 . 女. NIU. [38]. FEMME. 550 *dérivés phonétiques*.

Caractère figuratif de la FEMME, devenu le *signe générique déterminatif* de tout ce qui est relatif à la *femme*. L'ancienne forme représentait la femme par sa robe traînante.

Exemples de *dérivés phonétiques* :

Ce caractère joint à 比 *pí* (*comparer*), pris comme *groupe phonétique* : 妣 *pí*, signifie FEMME-*pí*, c'est-à-dire, *mère défunte*.

— Joint à 古 *koŭ* (*ancien*), pris comme *groupe phonétique* : 姑 *koŭ*, il signifie FEMME-*koŭ*, c'est-à-dire, *mère du mari ; belle-mère*, etc.

— Joint à 因 *yĭn* (*parce que, à cause de*), pris comme *groupe phonétique* : 姻 *yĭn*, il signifie FEMME-*yĭn*, c'est-à-dire, *mariage, alliance*, etc.

5. 𠂎 . 牛. NIÉOU. [93]. BŒUF, VACHE. 56 *dérivés phonétiques*.

Caractère figuratif du BŒUF, devenu signe générique déterminatif de tout ce qui est relatif aux quadrupèdes, genre BŒUF. Selon le *Choŭĕ-wên*, l'ancienne forme représentait les *cornes*, la *tête*, et une troisième partie opposée de l'animal, la *queue*.

Exemples de *dérivés phonétiques* :

Ce caractère joint à 古 *koŭ* (*ancien*), pris comme *groupe phonétique* : 牯 *koŭ*, signifie BŒUF-*koŭ*, c'est-à-dire, *taureau*.

— Joint à 生 *sĕng* (*naître*), pris comme *groupe phonétique* : 牲 *sĕng*, il signifie BŒUF-*sĕng*, c'est-à-dire, *animal* (*genre bœuf*) *d'une seule couleur ; victime pour les sacrifices*.

— Joint à 告 *káo, háo, hó* (*avertir*), pris comme *groupe phonétique* : 牿 *kŏ*, il signifie BŒUF ou VACHE-*kŏ*, c'est-à-dire, *étable* (*) pour les bœufs et les chevaux.

6. 𤳈 . 鳥. NIAO. [196]. OISEAU à longue queue. 436 *dérivés phonétiques*.

Caractère figuratif de l'OISEAU, et *signe générique déterminatif* de ce qui est relatif au genre OISEAU.

Exemples de *dérivés phonétiques* :

Ce caractère joint à 古 *koŭ* (*ancien*), pris, comme *groupe phonétique* : 鴣 *koŭ*, signifie OISEAU-*koŭ*, c'est-à-dire, *perdrix*.

— Joint à 告 *káo* (*avertir*), pris comme *groupe phonétique* : 鵠 *hŏ*, il signifie OISEAU-*hŏ*, c'est-à-dire, *oie sauvage*.

— Joint à 吾 *oŭ* (*moi, nous*), pris comme *groupe phonétique* : 鵐 *oŭ*, il signifie OISEAU-*oŭ*, c'est-à-dire, espèce de *chauve-souris*.

7. 𧈅 . 虫. TCHOUNG. [142]. VERS, REPTILE. 514 *dérivés phonétiques*.

Caractère figuratif des VERS, des REPTILES, devenu le *signe générique déterminatif* de toutes les espèces d'*insectes* et de tout ce qui y est relatif.

(*) Le mot français, *vacherie*, ainsi que le mot latin *bubile*, sont d'une formation identique.

Exemples de *dérivés phonétiques* :

Ce caractère joint à 比 *pi* (comparer), pris comme *groupe phonétique* : 妣 *phi*, signifie VER OU INSECTE-*phi*, c'est-à-dire, *fourmi*.

— Joint à 它 *thó* (*lui, elle ; porter*), pris comme *groupe phonétique* : 蛇 *thó*, il signifie SERPENT-*thó*, espèce de *serpent dangereux ; vipère, couleuvre* (*).

— Joint à 良 *liáng* (*bon*), pris comme *groupe phonétique* : 娘 *láng*, il signifie VER OU INSECTE-*láng*, espèce de *scarabée*.

8. 夋 · 魚. YU. [195]. POISSON. 326 *dérivés phonétiques*.

Caractère figuratif des POISSONS en général, devenu *signe générique déterminatif* de tous les poissons en particulier, et de tout ce qui y est relatif.

Exemples de *dérivés phonétiques* :

Ce caractère joint à 介 *kiái* (*aider ; limite*), pris comme *groupe phonétique* : 鮖 *kiái*, signifie POISSON-*kiái*, c'est-à-dire, *sole*.

— Joint à 它 *thó* (*lui, elle ; porter*), pris comme *groupe phonétique* : 鮀 *thó*, il signifie POISSON-*thó*, espèce de *chien de mer*.

— Joint à 同 *thoúng* (*ensemble*), pris comme *groupe phonétique* : 鮦

(*) Ce reptile était figuré primitivement dans l'écriture *Koû-wên* par un caractère simple, dans lequel on avait essayé de le représenter. Plus tard, on en vint à employer dans le même but le caractère générique 虫 VER, joint au *groupe phonétique* 它 *thó*, qui représentait le nom de ce serpent dans la langue parlée. Nouvelle preuve de la substitution postérieure des caractères *idéophonétiques* aux caractères *figuratifs*, lorsque la forme de ces derniers laissait du doute dans l'esprit.

thoúng, il signifie POISSON-*thoúng*, c'est-à-dire, *lamproie*.

9. 朮 · 木. MOU. [757]. ARBRE. 917 *dérivés phonétiques*.

Caractère figuratif de l'ARBRE, devenu *signe générique déterminatif* de toutes les espèces d'*arbres*, et de tout ce qui est relatif au *bois* ou en est confectionné. Selon le *Choüe-wên*, ce caractère représente dans sa partie supérieure les pousses d'un arbre, les *rejetons*, et dans sa partie inférieure les *racines*.

Exemples de *dérivés phonétiques* :

Ce caractère joint à 容 *yoúng* (*contenir*), pris comme *groupe phonétique* : 榕 *yoúng*, signifie ARBRE-*yoúng*, c'est-à-dire, *figuier d'Inde* (ficus indica).

— Joint à 者 *tchè, tchù* (*pronom relatif*), pris comme *groupe phonétique* : 楮 *tchù*, il signifie ARBRE-*tchù*, c'est-à-dire, *arbre dont l'écorce sert à faire du papier ; papier*.

— Joint à 主 *tchóu* (*seigneur, maitre*), pris comme *groupe phonétique* : 柱 *tchóu*, il signifie ARBRE OU BOIS-*tchóu*, c'est-à-dire, *colonne en bois*.

10. 艸 · 卄 · 艹. THSAO. [140]. ROSEAU. 1156 *dérivés phonétiques*.

Caractère figuratif des ROSEAUX, devenu le *signe générique déterminatif* de toutes les espèces d'herbes et de plantes, et de tout ce qui a rapport aux *herbes* et aux *plantes*.

Exemples de *dérivés phonétiques* :

Ce caractère joint à 古 *koú* (*ancien*), pris comme *groupe phonétique* : 苦 *koú*, signifie PLANTE-*koú*, c'est-à-dire, *plante amère*, et aussi *amertume* (6° classe).

— Joint à 如 *joú* (*comme*), pris comme *groupe phonétique* : 茹 *joú*, il signifie PLANTE-*joú*, c'est-à-dire, *racine* d'une plante semblable à la chicorée.

— Joint à 洛 *lŏ* (nom de fleuve), de cette manière 落 *lŏ*, il signifie *chute de feuilles*, et figurément *tomber*, *mourir*.

11. 金· 金. KÎN. [167]. MÉTAL, OR. 391 *dérivés phonétiques*.

Caractère des *métaux des cinq couleurs*, comme s'exprime le *Choue-wén*. Il représente le signe *terre* 土, du sein de laquelle coulent des grains qui figurent le *minerai*. Ce caractère, qui appartiendrait par sa formation à la classe des caractères combinés, est devenu le *signe générique déterminatif* de tous les *métaux* et de tout ce qui en est confectionné.

Ce caractère joint à 艮 *kén* (limite), pris comme *groupe phonétique* : 銀 *yin*, signifie MÉTAL-*yin*, c'est-à-dire, *argent*.

— Joint à 同 *thoúng* (identique), pris comme *groupe phonétique* : 銅 *thoúng*, il signifie MÉTAL-*thoúng*, c'est-à-dire, *cuivre*.

— Joint à 戔 *tsién* (superficiel, léger), de cette façon 錢 *tsién*, il signifie MÉTAL-*tsién*, c'est-à-dire, *monnaie*.

12. 月. 月. JOU. [130]. CHAIR. 454 *dérivés phonétiques*.

Caractère figuratif de la *chair* des animaux, devenu le *signe générique déterminatif* des différentes parties du corps, etc.

— Joint à 土 *thoù* (terre), pris comme *groupe phonétique* : 肚 *toù*, il signifie CHAIR-*toù*, c'est-à-dire, *ventre* (*).

(*) Ce même *signe générique déterminatif*, joint à 者 prononcé *toù*, a la même signification de CHAIR *toù* ou *ventre*. On voit par là qu'un *déterminatif* peut prendre divers *groupes phonétiques* se prononçant de même, pour exprimer la même idée; comme aussi le même *groupe phonétique* peut quelquefois se joindre à plusieurs *déterminatifs* pour exprimer

— Joint à 于 *kán* (bouclier), pris comme *groupe phonétique* : 肝 *kán*, il signifie CHAIR-*kán*, c'est-à-dire, *foie*.

— Joint à 居 *kiû* (demeurer), pris comme *groupe phonétique* : 腒 *kiû*, il signifie CHAIR-*kiû*, c'est-à-dire, *chair desséchée*.

Nous ne pousserons pas plus loin cette énumération. Les exemples rapportés ci-dessus doivent abondamment suffire pour faire connaître la formation de la classe des caractères *idéo-phonétiques*, la plus importante de toutes par le nombre de ses combinaisons, qui ne se montent à rien moins qu'à 21,810, sur 24,235 caractères chinois, ainsi analysés du temps des *Soung* (de 960 à 1200 de notre ère).

La *sixième classe* comprend les caractères qui ont été détournés de leur acception primitive et habituelle, pour exprimer des idées abstraites ou des actes de l'entendement. Ainsi l'image du cœur matériel représente l'*esprit*, l'*entendement*, le principe de l'intelligence; le caractère employé pour désigner un *chemin*, une *voie de communication* d'un lieu à un autre, a été détourné de sa signification primitive, pour désigner, dans la langue philosophique, la *parole*, la grande voie de communication entre Dieu et l'homme, le principe suprême enfin. Cette classe, qui n'en est proprement pas une, puisque la plupart des caractères qui la composent, sinon tous, sont compris dans les classes précédentes, est cependant très-importante à connaître pour l'intelligence des sciences abstraites. Voici les figures des exemples que nous avons cités :

	Cœur, Ame.	Chemin, Voie, Intelligence.
Formes anciennes :	心	道
Formes modernes :	心	道

Il résulte, de ce qui précède, quelmer la même idée. Il suffit, dans le premier cas, que les *groupes phonétiques* soient homophones; et, dans le second, que les *déterminatifs* aient rapport au même objet.

ques faits capitaux qu'il ne sera pas inutile de résumer ici :

L'écriture chinoise a été primitivement la peinture figurée des objets qui pouvaient être figurés.

Cette écriture a subi des altérations successives sans perdre son principe.

Dès les premiers temps de sa formation, elle a dû adjoindre à l'*élément figuratif*, qui était limité, l'*élément phonétique* illimité, qui est d'une nécessité absolue dans toute langue écrite.

Cette adjonction s'est faite par voie d'assimilation, c'est-à-dire, sans admettre un nouveau mode de notation des idées, mais en faisant, des *éléments figuratifs* déjà en usage, des éléments purement *phonétiques*, dans le plus grand nombre des cas donnés.

Ces faits de linguistique primitive sont démontrés d'une manière décisive par les écrits et les autorités chinoises précédemment cités.

4. *Analyse de l'écriture chinoise.*

Après avoir exposé comme nous la concevons, et appuyé sur les écrivains indigènes, la *synthèse* de l'*écriture chinoise*, nous allons donner un aperçu de l'*analyse* de cette *écriture*, en continuant de nous appuyer sur les mêmes autorités.

Les bons lexicographes chinois insistent vivement sur la connaissance réelle, positive, des *six classes* de caractères pour l'intelligence des livres anciens. « Si la doctrine des *King*, ou *Livres sacrés* de l'antiquité, dit, dans sa Préface, l'auteur du *Livre sur la formation des six classes de caractères* (*Loù choù*), n'est point suffisamment mise en lumière ou manifeste pour tous, cela vient de ce que, dans les écoles primaires, cette doctrine n'est point enseignée comme elle devrait l'être; si elle n'est point enseignée comme elle devrait l'être dans les écoles primaires, cela vient de ce que la *doctrine de la formation des six classes de caractères n'est point connue et transmise comme elle devrait l'être* (*).

« Le premier devoir de ceux qui étudient l'écriture dans les écoles primaires, dit le même auteur, est de bien se rendre compte de la formation l'un par l'autre des *radicaux* et des *dérivés*; le second devoir pour eux est de bien connaître la différence qui sépare le *signe figuratif primitif* (*wên*, peinture des objets) du *dérivé phonétique* (*tseù*).

« Les caractères *figuratifs* (*siàng hing*) et les caractères *indicatifs* (*tchì ssé*) sont des *peintures* plus ou moins exactes d'objets; ceux qui sont à *sens combinés* (*hoéï i*), qui *s'associent le son* ou *mot articulé de l'objet désigné* (*kiài ching*), et les *inverses* (*tchoùan tchoù*), sont des *dérivés phonétiques* (*tseù*); ceux qui *ont un sens emprunté* ou *métaphorique* (*kià tsié*) sont tout à la fois des *peintures primitives des objets* et des *dérivés phonétiques*.

« Les caractères *figuratifs* et les caractères *indicatifs* ne forment qu'une seule et même catégorie; car ce sont les caractères *figuratifs* qui, par l'analyse, forment la classe à part des *indicatifs*. Les caractères qui *s'associent le son* ou le mot articulé de la langue parlée (caractères *idéo-phonétiques*), et les caractères *inverses*, ne forment également qu'une seule et même catégorie; car ce sont les caractères *idéo-phonétiques* qui, par l'analyse, forment les caractères *inverses*.

« Deux *radicaux* réunis ou groupés ensemble constituent un caractère à *sens combinés*. Un *radical* et un *dérivé* constituent un caractère *idéo-phonétique*.

« Dans le système de formation des *six classes de caractères* dont il vient d'être question, les caractères *figurant la forme des objets* constituent la base essentielle et fondamentale; si une forme quelconque ne peut être *figurée*, alors elle appartient aux *actions*. Si une *action* ne peut être *indiquée*, alors elle appartient aux *idées*; si ces *idées* ne peuvent être *combinées* (ou, en d'autres termes, si ces *idées* ne peuvent être *représentées* aux yeux, *offertes* à l'esprit par une *combinaison* de divers éléments *figuratifs*), alors elles appartiennent aux *sons* (à la classe de mots représentés seulement par des *sons*, c'est-à-dire, aux caractères *phonétiques*). Quant aux *sons*, aux articulations des

---

(*) *Tseu-hio-tien*, k. III, f° 4.

mots parlés, il n'est jamais impossible de les *associer* aux groupes génériques *figuratifs*. Cette cinquième espèce de caractères ne suffisant pas encore, on peut recourir à la formation des caractères à *sens détournés* ou *métaphoriques* (*).

I. « La première des *six grandes classes* de caractères se nomme *classe des caractères figurant la forme* (ou simplement *figuratifs*), laquelle classe, divisée par l'analyse, forme dix espèces différentes.

« En appliquant à la grande classe des caractères *figuratifs* une analyse plus détaillée, on y trouve encore six sous-espèces.

II. « La deuxième grande *classe* est celle des caractères *indiquant l'action* ; laquelle classe, divisée par l'analyse, forme plusieurs espèces comprenant des caractères *indicatifs* groupés avec des caractères *phonétiques*, etc.

III. « La troisième grande *classe* est celle des caractères à *sens combinés* ; ils sont formés de deux radicaux réunis pour former un *sens*, abstraction faite du *son*, que peuvent comporter les deux éléments composants.

IV. « La quatrième grande *classe* est celle des caractères *inverses*. Dans cette classe, on distingue le *sens* du *son* ; c'est pourquoi on a établi une subdivision d'espèces où le *sens* domine, et une autre où c'est le *son* qui prévaut. Il y a une autre espèce dans laquelle les éléments constitutifs sont entrelacés et comme confondus, mais où le *son* se reconnaît facilement ; il y en a aussi une autre dans laquelle les éléments constitutifs sont également confondus, mais où le *sens* frappe les yeux.

V. « La cinquième grande *classe* est celle des caractères qui *s'associent* un groupe indiquant le *son*. Dans cette classe, le radical commande la *forme* ; le *dérivé* commande le *son*. C'est là le sens de toute la classe des caractères *idéo-phonétiques*. Cependant il y a des *radicaux* et des *dérivés* dont le son est identique ; il y a des *radicaux* qui commandent le *son* ; il y en a d'autres qui commandent le *son*, sans commander le *sens* ; il y a des *radicaux* et des dé-

(*) *Tseu-hio-tien*, k. III, f° 4-5.

rivés qui, par leur agencement, constituent le *son* ; etc.

VI. « La sixième grande *classe* est celle des caractères à *sens dérivé* ou *métaphoriques*, dont le *sens* n'est point séparé du *son* ; il y en a dont le *sens détourné* est identique avec la prononciation ; il y en a dont le *son* ou la prononciation synonyme est *détournée*, et dont le *sens* ne l'est pas, etc.

« La connaissance exacte des caractères repose entièrement sur ces distinctions (*). »

Voici la *classification synoptique* de tous les caractères de la langue chinoise, telle qu'elle est donnée dans le *Thoûng-tchi* de *Tching-tsiao*, qui écrivait sous les *Soung*.

1re CLASSE. CARACTÈRES FIGURATIFS.

Exactement formés.   Nombre de caractères.

1. Figures des choses célestes 8
2. —— des montagnes et des rivières . . . 50
3. —— des hameaux et des bourgades . . 14
4. —— des plantes et des arbres 45
5. —— des choses relatives à l'homme . . 123
6. —— des oiseaux et des quadrupèdes . . 76
7. —— des reptiles et des poissons . . . 23
8. —— des choses concernant les esprits . 2
9. —— des ustensiles de ménage 27
10. —— des vêtements 15

Total de ces dix espèces . . 402

De formation détournée.

1. Caractères figurant l'apparence, l'attitude . . 41
2. ——   ——   les nombres 11
3. ——   ——   la position 11
4. ——   ——   le souffle, l'évaporation . 15
5. ——   ——   le son 13
6. ——   ——   la dépendance 2

Total . . . 99

De formation complexe.

1. Caractères dont la forme comprend le *son* . . 30
2. ——   dont la forme comprend le *sens* . 57

Total . . . 87

Total des diverses espèces de caractères *figuratifs* 518

2e CLASSE. CARACTÈRES INDICATIFS.

1. Caractères de formation régulière et dont on
peut retracer l'origine 70
2. ——   de formation complexe :
   a. Action comprenant le *son* . . . 6 ⎫
   b. ——   comprenant la *forme* . . 11 ⎬ 29
   c. ——   comprenant le *sens* . . 12 ⎭

Total . . . 107

3e CLASSE. CARACTÈRES A SENS COMBINÉS.

1. Caractères de formation régulière et dont on
peut retracer l'origine, 1re division . . 452
                          2e division . . . 246
2. Caractères de formation successive. Sens
combinés de trois éléments 42

Total . . . 740

(*) *Tseu-hio-tien*, k. III, f°s 4 et 5.

4ᵉ CLASSE. CARACTÈRES INVERSES.
Caractères de toutes formations.

1. Espèce déterminée de caractères inverses où le *sens* domine 50
2. — où le *son* domine. . . . 20
3. Caractères *inverses* ayant leurs éléments constitutifs entrelacés et le groupe *phonétique* séparé 214
4. Caractères *inverses* ayant leurs éléments constitutifs entrelacés et le *sens* séparé. . 48

Total. . . . 332

5ᵉ CLASSE. CARACTÈRES IDÉO-PHONÉTIQUES.

1. Caractères régulièrement formés et dont on peut retracer l'origine. 21,341
2. Caractères formés par diverses modifications :
   a. Caractères dont le *radical* et le *dérivé* ont le même *son* 37
   b. — dont le *radical* commande le *son*. 21
   c. — dont le *son* et non le *sens* domine. 4
   d. — dont le *radical* et le *dérivé* groupés donnent le *son*. . .
   e. — composés de trois éléments s'associant le *son*. 50
   f. — dont le *son* comprend le *sens*. 373

Total. . . . 21,810

6ᵉ CLASSE. CARACTÈRES A SENS MÉTAPHORIQUES.
De formation métaphorique.
(Point de formation selon des règles fixes.)

1. Caractères dont le sens détourné est identique avec le *son* 55
2. — dont la *prononciation* synonyme est empruntée, le *sens* ne l'étant pas. . 41
3. — dont le *sens* est emprunté, la prononciation restant à peu près la même. 206
4. — dont la prononciation analogue est empruntée, le *sens* ne l'étant pas. . 155
5. — dont la prononciation est empruntée à cause du *sens*. 25
6. — dont la métaphore est prise d'une autre métaphore. 46
7. — dont la métaphore est empruntée à des expressions diverses . . . 40
8. — métaphoriques de 5 prononciations. 6
9. — dont la métaphore est empruntée de 5 vers 3
10. — dont la métaphore est prise des *dix* jours. 10
11. — dont la métaphore est prise des 12 constellations 12
12. — dont la métaphore est prise des expressions provinciales 9

Formés par opposition.

Caractères dont le sens général est donné par une prononciation analogue, sans être empruntée ou métaphorique. . . . 30

Total 596

Il résulte de l'énumération précédente des *six classes* de caractères, que leur nombre s'élevait, sous les *Soung*, à 24,175 (*).

On voit, par ce *tableau analytique*, que les caractères purement *figuratifs* de la langue chinoise, comprenant les deux premières *classes*, ne s'élèvent qu'à 695 ; c'est à peu près le même nombre que celui des signes *hiéroglyphiques idéographiques* retrouvés sur les monuments égyptiens, et dont un assez

(*) Le texte chinois porte 24,235.

grand nombre sont presque absolument identiques aux anciennes formes des caractères chinois, sauf la grâce et l'élégance données en Égypte à l'écriture monumentale, et qui sont restées complétement étrangères à la Chine. Les caractères de la troisième classe, formés de la combinaison des deux premières, sont au nombre de 740. Les caractères *idéo-phonétiques*, réunissant à une *image générique* un *groupe phonétique* qui en détermine l'espèce, et étant par cela même des mots exprimés par des *signes de son*, plus un élément *figuratif de genre*, ces caractères, disons-nous, forment environ les *dix-neuf vingtièmes* de la langue chinoise ; c'est-à-dire que 21,810 caractères, sur 24,175, sont, pour ainsi dire, *alphabétiques*, et par conséquent représentés, sous le rapport de la prononciation, par les 1,400 caractères *figuratifs* et *combinés* des trois premières classes, employés dans celle-ci comme *groupes phonétiques* ou signes de son : ce qui, en définitive, réduit l'étude, si effrayante au premier abord, du matériel de la langue chinoise, à la connaissance d'environ 1,400 groupes *figuratifs*, comme *images d'objets* et *signes d'idées* ; et, ensuite, à celle de ces mêmes groupes comme valeur purement *phonétique* ou *signes de sons*. C'est là un résultat auquel on serait loin de s'attendre, si l'on s'en rapportait à toutes les rêveries débitées avec tant d'assurance sur la langue chinoise par des personnes qui ont mieux aimé se livrer à leur imagination ou masquer leur ignorance, que d'étudier cette écriture dans les auteurs indigènes, lesquels doivent être supposés connaître au moins aussi bien leur propre langue que ceux qui veulent l'enseigner sans l'avoir apprise.

Nous devons ajouter, cependant, que, par suite de cette loi fatale qui semble frapper d'une mort inévitable tous les monuments du passé, les Chinois modernes, comme s'en plaignait déjà *Tching-tsiao* il y a plus de huit cents ans, n'ont plus l'intelligence complète de leur propre langue ; ils s'en servent à peu près comme nous nous servons en Europe de notre écriture alphabétique, sans que la vue des caractères de leur écriture leur rappelle autre chose qu'une lettre pour ainsi dire morte, qui n'a plus aucune liaison, aucun rapport direct avec les objets ou les idées que ces caractères étaient, dans l'origine, destinés à représenter.

5. *Liste générale des radicaux chinois dans leurs formes modernes, avec leur signification et le nombre de leurs dérivés.*

Le classement précédent de tous les caractères de l'écriture chinoise est celui qui en fait le mieux comprendre la formation synthétique; mais ce n'est pas celui qui a été suivi par les lexicographes modernes. Ces derniers ont choisi un certain nombre de caractères, qu'ils ont considérés comme primitifs, et comme donnant naissance à tous les autres. Le nombre de ces *radicaux* a varié selon les lexicographes. *Hiŭ-chĭn*, qui florissait vers l'an 89 de notre ère, les avait portés, dans son *Choue-wên*, à 540: comme il opérait de son temps sur des caractères qui avaient encore la forme antique, son classement repose sur cette forme. Environ quinze cents ans plus tard, sur la fin de la dynastie des *Ming* (1616), un lettré du *Kiāng-nān*, du nom de *Meï-ying-tso*, surnommé *Tan-seng*, composa un dictionnaire resté fort usuel, intitulé *Tséu wéï*, dans lequel tous les caractères chinois, au nombre d'environ 33,000, sont classés sous 214 radicaux. Ce même classement fut adopté ensuite dans les meilleurs dictionnaires disposés par ordre de *radicaux* (au lieu de *l'ordre tonique*): le *Khâng-hi tséu tién* (Pé-kĭng, 1716); le *Tching-tséu toûng*; le *I-wén pí lan*; et c'est celui aussi qui a été suivi dans la plupart des dictionnaires chinois européens, manuscrits et imprimés.

Ce dernier classement est, en certains cas, peu rationnel et peu logique; mais il est assez simple, et il paraît avoir été trouvé plus commode dans la pratique que tout autre. En effet, les caractères chinois ayant perdu, par la suite du temps, toute trace ancienne de représentation des objets, n'étaient plus que des signes en quelque sorte purement fictifs d'idées, que l'on n'avait plus qu'à classer dans un ordre purement matériel, et selon le nombre des traits qui les constituaient. C'est là le classement des 214 *radicaux* ou *clefs*. Nous en donnons la liste, en y joignant les définitions de *Hiŭ-chĭn*, et le *nombre de dérivés* qui se trouvent rangés sous chaque radical dans le Dictionnaire *Tséu-wéï* et ensuite dans le Dictionnaire impérial de *Khâng-hi*, en y comprenant les caractères anciens tombés en désuétude, et les *formes vulgaires* ajoutées en *suppléments* à chaque nombre de traits sous chaque *radical*.

LISTE DES 214 RADICAUX CHINOIS.

Nos d'ordre.	Figures.	RADICAUX D'UN TRAIT.	Nombre de dérivés.	
			Tséu-wéï.	Khâng-hi.
1.	一	*i*, un, unité, entier; le premier principe. A l'origine des choses, il n'y avait que la grande Raison primordiale qui résidait dans *l'unité*; elle donna une forme séparée au Ciel et à la Terre, et créa tous les êtres. (*Choue-wén*.)	31.	44
2.	丨	*kouén*, communication entre le haut et le bas. (*Ch. w.*)	14.	22
3.	丶	*tchoŭ*, point, principal, chef	6.	11
4.	丿	*phièï*, courbé à droite. Ce caractère figure la forme d'une direction à droite. (*Ch. w.*)	22.	24
5.	乙	*i*, courbe; caractère cyclique	20.	42
6.	亅	*khiouě*, crochet, accroché. (*Figuratif*.)	8.	20

RADICAUX DE 2 TRAITS.

7. 二 *eúlh*, deux, second, répétition. C'est le nombre de la Terre. (*Ch. w.*) 20. 31

8. 亠 *theoú* (sans signification, étant isolé)................ 19. 39

9. 人 *jín*, homme. « La production la plus noble du Ciel et de la Terre. » (*Ch. w.*)................................ 729. 800

10. 儿 *jín*, homme (se plaçant toujours à la partie inférieure des composés; cette circonstance lui a fait donner aussi la signification d'*appui*, de *soutien*, et c'est la seule qui, selon le *Loû-choû-koú*, distingue ce radical du précédent. *Caract. figur.*).................... 32. 52

11. 入 *jí*, entrer, pénétrer dans l'intérieur 12. 23

12. 八 *pä*, huit; diviser. (*Ch. w.*)......................... 18. 4.

13. 冂 *kioúng*, limite extrême; le caractère représente cette limite continue. Couvrir............................ 29. 51

14. 冖 *mì*, couvrir; couverture. (*Ch. w.*).................. 21. 31

15. 冫 *píng*, glace; [le caractère représente la forme de petits glaçons. (*Ch. w.*)]................................ 84. 112

16. 几 *kì*, banc; appui pour se reposer. *Figuratif.* (*Ch. w.*).. 16. 43

17. 凵 *kàn*, réceptacle; grande ouverture. *Figur.* (*Ch. w.*)... 14. 24

18. 刀 *táo*, coutelas, fer tranchant, arme. *Figur.* (*Ch. w.*)... 308. 378

19. 力 *li*, nerfs, tendons, force. *Fig.* (*Ch. w.*).............. 132. 169

20. 勹 *páo*, envelopper.................................. 47. 66

21. 匕 *pí*, spatule, cuiller.............................. 13. 26

22. 匚 *fáng*, coffre; ustensile pour contenir des objets. (*Ch. w.*) 53. 63

23. 匸 *hì*, cacher; cachette couverte...................... 13. 18

24. 十 *chí*, dix; parfait, complet. Complément du nombre.. 31. 50

25. 卜 *poú*, sort; deviner par le sort. [Ce caractère représente les veines de la tortue avec laquelle les anciens Chinois consultaient le sort.]........................ 16. 46

26. 卩 *tsiëí*, ancien sceau fait de pierre précieuse. Article.... 33. 39

27. 厂 *hán*, antre; [rocher qui surplombe, et au sommet duquel l'homme peut habiter. *Fig.* (*Ch. w.*)].......... 96. 128

28. 厶 *ssé*, pervers, vicieux. (*Ch. w.*)..................... 17. 41

29. 又 *yéou*, main ; encore ; de plus. Fig. (*Ch. w.*).......... 56. 92

RADICAUX DE 3 TRAITS.

30. 口 *khéou*, bouche. Fig. (*Ch. w.*).................... 983. 1,047
31. 囗 *wéi*, enceinte continue. Fig. (*Ch. w.*)............. 88. 19
32. 土 *thoù*, terre. [Ce caractère représente la terre qui fait naître et vomit de son sein tous les êtres. (*Ch. w.*)].. 463. 579
33. 士 *ssé*, lettré, docteur, savant ; homme qui s'occupe des affaires publiques. [Ce caractère, selon le *Chouě wén*, est composé du premier et du dernier des nombres : 1 et 10 ; *homme accompli*.].................... 18. 25
34. 夂 *tchi*, suivre et atteindre. Il figure les deux jambes d'un homme, atteintes par un autre. (*Ch. w.*).......... 7. 12
35. 夊 *soùi*, marche lente et embarrassée. [Il figure les deux jambes d'un homme empêtrées dans un obstacle. (*Ch. w.*)].. 18. 24
36. 夕 *si*, obscurité, le soir. [Ce caractère est formé de celui de la lune à moitié éclipsée. (*Ch. w.*)].............. 29. 36
37. 大 *ta*, grand, élevé. [L'ancienne forme représente un homme étendant les bras. Le ciel est *grand*, dit *Hiu-chin*, la terre est *grande*, l'homme aussi est *grand* ; c'est pourquoi le caractère qui signifie *grand* représente la figure de l'homme.].......................... 104. 133
38. 女 *niù*, femme en général, jeune fille. Femme d'intérieur de ménage. Fig. (*Ch. w.*)...................... 634. 690
39. 子 *tséu*, fils, enfant, progéniture. Fig. (*Ch. w.*)....... 65. 87
40. 宀 *mién*, toit, couvert. Fig. (*Ch. w.*)................ 193. 249
41. 寸 *thsún*, pouce [dixième du pied chinois, figuré dans l'ancienne forme par une *main* et une petite *ligne* au poignet, indiquant la distance de la *naissance de la main* à l'endroit *du pouls*, ce qui forme la longueur d'un *pouce*. (*Ch. w.*)]............................ 32. 41
42. 小 *siào*, petit. [Cette idée est représentée par deux traits :)(et par une ligne verticale au milieu ; ce qui indique que l'objet ne peut qu'être divisé en deux. (*Ch. w.*)].. 31. 32
43. 尢 *wàng*, boiteux, tortu, bancal. [L'ancienne forme représente un homme aux jambes tortues.]............ 56. 67
44. 尸 *chi*, cadavre ; effigie. [La forme ancienne représente un homme étendu et immobile. (*Ch. w.*)]......... 118. 149
45. 屮 *tchĕ*, rejeton, pousse [figuré par les bourgeons qui sortent de la plante. (*Ch. w.*)]....................... 17. 39

46. 山 *chân*, montagne, [éminence qui s'étend au loin, et autour de laquelle circulent les principes vivifiants de la nature, qui produisent tous les êtres. (*Ch. w.*)]...... 569. 637
47. 巛 *tchouén*, eau qui coule et serpente................. 23. 27
48. 工 *koûng*, artisan; homme adroit, ingénieux. [L'ancienne forme représente un homme avec une équerre et un compas. (*Ch. w.*)].................... 11. 18
49. 己 *ki*, soi-même. [L'ancienne forme représentait ou était censée représenter le ventre de l'homme. (*Ch. w.*)].... 19. 21
50. 巾 *kin*, linge, bonnet; pièce d'étoffe; étoffe............ 247. 295
51. 干 *kân*, bouclier. Arme défensive.................... 15. 18
52. 幺 *yâo*, petit, délicat. [L'ancienne forme représente un enfant qui vient de naître. (*Ch. w.*)]............... 15. 21
53. 广 *yân*, dessus; protection; abri. [Ce caractère représente la forme d'une habitation élevée pour être opposée aux attaques du dehors. (*Ch. w.*)].............. 225. 287
54. 廴 *yén*, marche longue. Chemin qui mène à. (*Ch. w.*).... 10. 10
55. 廾 *koûng*, joindre les mains; mains jointes en forme de supplication. (*Ch. w.*)............................ 31. 51
56. 弋 *ï*, tirer de l'arc; saisir............................ 13. 16
57. 弓 *koûng*, arc destiné à atteindre un but éloigné. *Fig.* (*Ch. w.*).. 141. 166
58. 彐 *ki*, tête de cochon................................ 8. 26
59. 彡 *sân*, poils disposés pour peindre ou tracer les caractères. *Fig.* (*Ch. w.*)............................ 39. 53
60. 彳 *tchï*, petit pas. [Ce caractère représente trois jambes d'hommes qui se suivent de près. (*Ch. w.*)]......... 172. 227

RADICAUX DE 4 TRAITS.

61. 心 *sin*, cœur; intelligence. [Cœur de l'homme, viscère terreux existant dans l'intérieur de son corps. *Fig.* Les savants disent que c'est un viscère igné. (*Ch. w.*)]. 956. 1,077
62. 戈 *kó*, lance; arme offensive à pointe unie. *Fig.* (*Ch. w.*). 87. 111
63. 戶 *hoû*, porte; battant de porte. *Fig.* (*Ch. w.*)......... 38. 45
64. 手 *chéou*, main; saisir. *Fig.* (*Ch. w.*).............. 1,012. 1,092
65. 支 *tchï*, branche d'arbre. [L'ancienne forme représente une main qui cueille une branche de roseau. (*Ch. w.*)]... 21. 27

66.	攴	*phoù*, frapper; léger coup donné avec la main. (*Ch. w.*).	241.	296
67.	文	*wén*, raie; caractère formé par des traits de pinceau..	19.	23
		NOTA. « On appelle *wén* les caractères qui dépendent de la classe des *figuratifs*; quand ces mêmes caractères passent dans la classe de ceux qui représentent la *figure* et le *son*, par leur adjonction comme *groupes phonétiques*, on les appelle *tséu*. » (Préface du *Choue-wén*.)		
68.	斗	*teoù*, mesure; boisseau chinois de dix *ching*; la grande Ourse. Fig. (*Ch. w.*)	27.	33
69.	斤	*kin*, hache; instrument pour couper du bois. Fig. (*Ch. w.*)	45.	56
70.	方	*fâng*, carré. [L'ancienne forme représente deux bateaux dont les proues sont placées à côté l'une de l'autre.].	68.	83
71.	无	*woù*, négation; défaut; manquant. Nord-ouest	9.	13
72.	日	*jí*, le soleil; [ce qui est la substance réelle de toutes choses; l'essence sublime du grand principe mâle et lumineux, qui n'est soumise à aucune diminution, à aucune perturbation. Fig. (*Ch. w.*)]	381.	455
73.	曰	*yoüé*, dire; [parole indiquée par la bouche ouverte, d'où s'échappe le souffle de la voix. (*Ch. w.*)].	23.	38
74.	月	*yoüé*, lune; mois. [L'essence subtile du grand principe femelle obscur. Fig. (*Ch. w.*)]	58.	70
75.	木	*moù*, arbre; bois. [Ce caractère représente dans sa partie supérieure les pousses végétales, et dans sa partie inférieure les racines. (*Ch. w.*)]	1,232.	1,353
76.	欠	*khién*, expiration; souffle qui s'échappe de la bouche. [L'ancienne forme représente un homme bâillant en ouvrant la bouche. (*Ch. w.*)].	196.	230
77.	止	*tchi*, s'arrêter; discontinuer. [L'ancienne forme représente des roseaux et des arbustes qui se redressent après que le pied les a foulés. C'est pourquoi ce caractère est employé dans le sens du radical 157. (*Ch. w.*)].	49.	91
78.	歹	*yä*, squelette; pervers; mauvais, vicieux	190.	222
79.	殳	*choù*, bâton; frapper; tuer un homme avec un bâton. (*Ch. w.*)	58.	84
80.	毋	*woù*, négation; mettre un empêchement. [Ce caractère, dans son ancienne forme, représente une femme se livrant à un commerce charnel. (*Ch. w.*)]	10.	17
81.	比	*pí*, comparer; mettre en ordre	11.	22
82.	毛	*máo*, cheveux; poils des sourcils	155.	212

83. 氏 *chí*, famille, race, descendance.................... 7. 15
84. 气 *khí*, air; souffle; vapeur qui monte en haut, en forme de nuage. Fig. (*Ch. w.*)........................ 9. 18
85. 水 *choüi*, eau; égal, égaliser. [Ce caractère représente la multitude des eaux qui coulent, et au sein desquelles est figuré le principe vivifiant et subtil de la nature. (*Ch. w.*)]................................ 1,333. 1,586
86. 火 *hò*, feu; flamme qui monte en haut. Fig. (*Ch. w.*).... 545. 63
87. 爪 *tchào*, ongles de la main; griffes.................. 21. 37
88. 父 *foŭ*, père; modèle; le chef le plus âgé de la maison, qui donne l'instruction. (*Ch. w.*) [Dans l'ancienne forme, ce caractère représente une main qui s'appuie sur un bâton.]................................ 10. 11
89. 爻 *hiáo*, imiter; accéder aux vœux des autres........... 12. 17
90. 爿 *tchoŭang*, lit.................................. 38. 50
91. 片 *phíen*, éclat de bois. Fig. (*Ch. w.*).............. 75. 78
92. 牙 *yá*, dents. [L'ancienne forme représentait les dents de la mâchoire supérieure et de la mâchoire inférieure se croisant mutuellement. (*Ch. w.*)].................... 9. 9
93. 牛 *nieoŭ*, bœuf; grand bétail. [Le caractère, dans sa plus ancienne forme figurative, représente un *bœuf*; sa forme altérée n'est plus censée représenter que sa tête, ses cornes et sa queue. (*Ch. w.*)].................... 211. 233
94. 犬 *khiouèn*, chien. [L'ancienne forme représentait la figure du chien. Fig. (*Ch. w.*)]........................ 412. 445

RADICAUX DE 5 TRAITS.

95. 玄 *hioŭen*, couleur du ciel. [L'ancienne forme représente le *soleil* au sommet d'un triangle supporté par une ligne verticale.]................................ 6. 7
96. 玉 *yŭ*, jaspe; pierre précieuse. [L'ancienne forme représente une pierre précieuse taillée, avec un fil qui la traverse]...................................... 418. 473
97. 瓜 *koŭa*, courge. Fig. (*Ch. w.*).................... 50. 56
98. 瓦 *wà*, terre cuite; tuile. [L'ancienne forme est celle des tuiles.] *Caract. figur*........................ 160. 173
99. 甘 *kán*, doux, agréable. [L'ancienne forme représente une bouche contenant une ligne horizontale, qui est le signe indicatif de la parole. (*Ch. w.*)]........... 19. 23

100. 生	*sêng*, naître; vie. [L'ancienne forme représente des roseaux, des plantes qui surgissent de la terre. (*Ch. w.*)].	17.	23
101. 用	*yoúng*, se servir de; faire usage de ce dont on peut se servir. (*Ch. w.*)	10.	11
102. 田	*thiên*, champ. [L'ancienne forme représente un champ divisé en quatre parties par des canaux d'irrigation.].	149.	193
103. 疋	*soù*, pied. (*Ch. w.*)	12.	16
104. 疒	*ni*, maladie; appuyé sur. [L'ancienne forme représente deux hommes s'appuyant contre un mur (*Ch. w.*); d'où l'idée de *faiblesse*, *débilité*, *maladie*.]	470.	527
105. 癶	*pò*, pieds écartés et opposés l'un à l'autre. (*Ch. w.*)...	12.	16
106. 白	*pě*, blanc. Couleur des régions occidentales. (*Ch. w.*)..	86.	109
107. 皮	*phi*, peau, barque	76.	95
108. 皿	*ming*, vase de ménage dans lequel on dépose les aliments pour boire et manger. (*Ch. w.*). *Caract. fig.*	113.	129
109. 目	*moù*, œil, organe visuel de l'homme. (*Ch. w.*). *Car. fig.*.	554.	646
110. 矛	*méou*, hallebarde fixée sur les chars de guerre, et longue de 2 *tchàng* ou 20 pieds. (*Ch. w.*). *Caract. fig.*...	48.	66
111. 矢	*tchi*, flèche. [Le caractère ancien représente la flèche entière avec sa pointe en acier et ses pennes. (*Ch. w.*).	55.	65
112. 石	*chi*, pierre, roche située dans des anfractuosités de montagne. *Fig.* (*Ch. w.*)	447.	489
113. 示	*khí*, génie terrestre, [phénomènes célestes par lesquels sont révélés à l'homme les événements heureux ou malheureux. (*Ch. w.*)]	179.	214
114. 禸	*jeòu*, plante du pied des quadrupèdes, imprimée sur la terre. *Fig.* (*Ch. w.*)	11.	13
115. 禾	*hó*, céréales de printemps qui commencent à croître à la 2ᵉ lune (mois de mars), et mûrissent à la 8ᵉ (*Ch. w.*). [L'ancienne forme représente des tiges de blé ou de millet.]	346.	435
116. 穴	*hiouë*, caverne; habitation souterraine. (*Ch. w.*)	142.	300
117. 立	*li*, être debout. [L'ancienne forme représente un homme se tenant debout sur le sol comme un arbre.] *Caractère à sens combiné.* (*Ch. w.*)	73.	102

RADICAUX DE 6 TRAITS.

118. 竹	*tchou*, bambou; roseau qui croît en hiver. [*Caract. fig.* représentant les feuilles tombant en bas. (*Ch. w.*)]...	672.	954

310   L'UNIVERS.

119. 米 *mì*, riz, grains de riz. [Le caractère ancien représente la forme du fruit de la plante. (*Ch. w.*)].......... 205.   321

120. 糸 *mì*, fil de soie; fil délié. [L'ancienne forme représente des fils de soie. (*Ch. w.*)]................. 627.   821

121. 缶 *feoŭ*, vase de terre. [Vase de terre cuite dont on se servait pour offrir du vin aux hôtes. En frappant on en tirait des sons harmonieux. *Caract. fig.* (*Ch. w.*)]... 61.   78

122. 网 *wàng*, filet pour prendre des poissons. *Caract. fig.* (*Ch. w.*)................................. 120.   164

123. 羊 *yàng*, mouton; bélier. [Le caractère ancien représente la tête, les cornes, les pieds et la queue du mouton. (*Ch. w.*)]........................... 108.   157

124. 羽 *yù*, pennes; longues queues d'oiseaux. *Fig.* (*Ch. w.*).. 157.   210

125. 老 *lao*, vieillard; homme âgé de 70 ans. [L'ancienne forme est composée du signe *cheveux* et de celui de *changement*; ce qui signifie : personne dont les cheveux ont changé de couleur, ont blanchi. (*Ch. w.*)]...... 14.   23

126. 而 *eŭlh*, conjonction *et*; poils de la mâchoire. [Ce caractère figure la barbe du menton. (*Ch. w.*)].......... 17.   23

127. 耒 *toŭï*, charrue. [Le caractère ancien représente une main qui laboure avec un morceau de bois crochu. (*Ch. w.*)]. 76.   85

128. 耳 *eŭlh*, oreille; entendre. Organe de l'ouïe. *Fig.* (*Ch. w.*)]. 137.   172

129. 聿 *yù*, pinceau; instrument pour tracer les caractères de l'écriture. (*Ch. w.*)........................... 15.   20

130. 肉 *joŭ*, chair. [*Caractère figuratif* représentant un morceau de chair avec des veines. (*Ch. w.*)]............ 577.   675

131. 臣 *tch'in*, sujet; vassal qui servait un prince. [L'ancienne forme représente l'ancien bonnet de cérémonie. (*Ch. w.*)................................. 9.   17

132. 自 *tseù*, particule *de*, ex; soi-même. [L'ancienne forme représente un *nez*, et c'est ainsi que l'écrit le *Choŭë-wén*.].................................. 21.   35

133. 至 *tchí*, parvenir à; atteindre. [L'ancienne forme représente un oiseau qui vole, et qui, descendant en bas, vient *atteindre* la terre. *Fig.* (*Ch. w.*)]............ 17.   25

134. 臼 *khieoŭ*, mortier. [*Caractère figuratif* dans lequel on voit des grains de riz disposés pour être pilés. (*Ch. w.*)]. 40.   72

135. 舌 *jë, chë*, langue. [Langue dans la bouche, servant à parler et à goûter les saveurs. (*Ch. w.*)]............... 34.   35

136. 舛 *tchouàn*, opposition. [L'ancienne forme présente l'image

	de deux hommes qui se tournent le dos, et qui ont les jambes entravées. (*Ch. w.*)]	8.	11
137. 舟	*tchéou*, barque. *Fig*. (*Ch. w.*)	166.	198
138. 艮	*kén*, limite. Désobéissant, réfractaire. (*Ch. w.*)	5.	6
139. 色	*ssë*, couleur. Air, contenance. (*Ch. w.*) [Les sentiments de joie ou de colère d'un homme se manifestant sur la figure se disent *ssë*, air, couleur. *I-wen pi-lan*.]	20.	22
140. 艸	*thsào*, plante, roseau. *Fig*.	1,423.	1,902
141. 虍	*hoù*, tigre. *Fig*. [L'ancienne forme représente un tigre se précipitant sur sa proie.]	69.	115
142. 虫	*hoeï*, animal rampant; insecte, reptile ayant des pattes. *Fig*.	804.	1,067
143. 血	*hiouĕ*, sang. [L'ancienne forme représente un vase (le n° 108) dans lequel on offrait le sang des victimes pendant les sacrifices. (*Ch. w.*)]	38.	61
144. 行	*hing*, marche; pas d'un homme en marche. (*Ch. w.*)	35.	54
145. 衣	*i*, vêtement supérieur; le vêtement inférieur se nomme *tcháng*. (*Ch. w.*)	466.	611
146. 襾	*yà*, couvrir; couvercle. *Fig*.	20.	30

RADICAUX DE 7 TRAITS.

147. 見	*kièn*, voir. Composé de la figure de l'*homme* (10) et de la figure de l'*œil* (109). (*Ch. w.*)	133.	162
148. 角	*kiŏ*, cornes des bêtes. [Composé de la figure des *tendons* et de celle de la *chair*. *Fig*. (*Ch. w.*)]	137.	159
149. 言	*yén*, parole; parler. [L'ancienne forme représente une *bouche* d'où le souffle s'échappe.]	734.	861
150. 谷	*kou*, vallée; espace vide. [L'ancienne forme représente une *source* d'où l'eau s'écoule en formant une *vallée*. Elle est composée de la figure de l'*eau* aperçue à moitié sortant d'une ouverture ou *bouche*. (*Ch. w.*)].	47.	55
151. 豆	*téou*, vase de bois, employé anciennement pour y déposer la nourriture. *Fig*. (*Ch. w.*)	49.	69
152. 豕	*chi*, porc. [L'ancienne forme est toute figurative.]	119.	50
153. 豸	*tchhi*, ver, insectes, reptiles. (*Ch. w.*)	114.	141
154. 貝	*péi*, coquilles ou nacres de perles produites dans la mer. *Fig*. [Anciennement on en faisait usage comme d'une monnaie ou moyen d'échange contre les marchandises; elles servirent ainsi de monnaies jusqu'au temps		

	des *Thsin* (200 ans av. J. C.), où les pièces de cuivre nommées *thsièn* furent mises en circulation. (*Ch. w.*)..	216.	278
155. 赤	*tchhi*, rouge. Couleur des régions méridionales. [Caractère composé du signe *terre* (32) et du signe *feu* (86). (*Ch. w.*)].............................	29.	32
156. 走	*tscoŭ*, courir.................................	240.	236
157. 足	*tsoŭ*, pied d'homme, représenté au-dessous de la figure *bouche*. (*Ch. w.*).........................	504.	581
158. 身	*chin*, corps. [L'ancienne forme représente le corps d'un homme. (*Ch. w.*)]......................	67.	98
159. 車	*tché* et *kiû*, nom général des chars. *Fig.* (*Ch. w*).....	340.	362
160. 辛	*sin*, âcre. [En automne, tous les fruits sont arrivés à leur maturité, mais le jus que l'on en exprime a une saveur *âcre* à la bouche. (*Ch. w.*)]...............	32.	37
161. 辰	*tchin*, heure. Étoile. [Saison où le peuple laboure et où toutes choses croissent. (*Ch. w.*)]................	13.	16
162. 辵	*tchó*, marcher; marche. Action alternative de *mouvement* et de *repos*, représentée dans le caractère par ces deux éléments. (*Ch. w.*)....................	323.	382
163. 邑	*yé*, cité; ville, État. [L'ancienne forme représente une enceinte close et un sceau.].....................	345.	351
164. 酉	*yeou*, temps de l'automne. [Vin représenté par le vase qui le contient.].............................	249.	291
165. 釆	*piên*, séparer; diviser. [Ce caractère représente les doigts de pieds et les ongles des animaux séparés, écartés. (*Ch. w.*)]............................	10.	14
166. 里	*li*, lieu; demeure. [L'ancienne forme est composée de la figure du *champ* (102) et de celle de la *terre* (32). (*Ch. w.*)]..................................	7.	14

RADICAUX DE 8 TRAITS.

167. 金	*kin*, métal, or. [L'ancienne forme représente du *minerai* en grains à couvert sous un auvent, et mélangé avec le signe *terre* (32).......................	719.	803
168. 長	*tchâng*, long, par rapport à l'espace et au temps. (*Ch. w.*)...................................	47.	56
169. 門	*mén*, porte; porte à deux battants. [Selon le *Choüe-wên*, ce caractère signifierait *écouter*, *wén*; il est composé de deux battants de porte; il est *figuratif*.].	113.	249
170. 阜	*feoù*, tertre. [Colline ou éminence sans rocher. *Figuratif.* (*Ch. w.*)].............................	279.	347

171. 隶 *taï*, parvenir, atteindre. [Caractère composé du signe *main* (29) et de celui de *queue*. (*Ch.w.*)]............ 11. 13
172. 隹 *tchoüi*, nom général des oiseaux à queue courte. *Fig.* (*Ch.w.*)..................................... 102. 234
173. 雨 *yü*, pluie. [Eau qui tombe des nuages; le trait supérieur figure le ciel; les traits latéraux, les nuages dans lesquels sont figurées les gouttes de pluie. (*Ch.w.*)].. 236. 298
174. 青 *thsing*, vert; bleu. [Couleurs des régions orientales. (*Ch.w.*)]............................... 17. 18
175. 非 *féi*, négation; non. [Opposition de deux oiseaux qui se tournent mutuellement le dos. (*Ch.w.*)]............ 17. 26

RADICAUX DE 9 TRAITS.

176. 面 *mién*, visage; face de l'homme. (*Ch.w.*) [L'ancienne forme représente une tête vue de face.]............ 64. 67
177. 革 *kě*, cuir préparé. [Peau des animaux préparée, de laquelle on a fait disparaître le poil. L'ancienne forme était figurative. (*Ch.w.*)]..................... 290. 307
178. 韋 *wéi*, opposé; peau.......................... 93. 101
179. 韭 *kioù*, oignon. *Fig.* (*Ch.w.*)..................... 15. 21
180. 音 *yin*, son, articulation. [Ce qui sort du cœur et se produit à l'extérieur, on l'appelle *son*, *yin*; ce caractère, dans l'ancienne forme, est composé du signe de la *parole* et de celui de *langue*, représentée par un trait horizontal. (*Ch.w.*)].......................... 34. 43
181. 頁 *hié*, tête. [L'ancienne forme est figurative. (*Ch.w.*)]. 324. 373
182. 風 *foŭng*, vent. Les huit vents, c'est-à-dire, les vents des quatre points cardinaux et des points intermédiaires. [L'air se mettant en mouvement, les insectes naissent ou apparaissent aussitôt; c'est pourquoi des insectes sont représentés dans la figure du *vent*. (*Ch.w.*) — Quelques anciennes formes ont la figure du *soleil* entourée d'une zone, signe de *pluie* et de *vent*; ce qui donne une étymologie plus rationnelle de ce caractère, quoique l'apparition des insectes dans les temps de *vent* et de *pluie* soit également un indice caractéristique.]... 154. 183
183. 飛 *féi*, vol d'oiseau. *Fig.* (*Ch.w.*) [Les plus anciennes formes représentent un oiseau déployant ses ailes.]... 10. 13
184. 食 *chi*, manger; nourrir; nourriture. [Quelques personnes représentent cette idée par la figure du *riz*. (*Ch.w.*)]. 343. 395
185. 首 *cheoŭ*, tête. [Ce caractère, dans son ancienne forme,

314 L'UNIVERS.

		représente la tête de l'homme avec ses cheveux. (*Ch. w.*)]	17.	20
186.	香	*hiáng*, bonne odeur; plante odorante. [Ce caractère est composé du signe *céréales* (115) et du signe *doux* (99). (*Ch. w.*)	32.	38

RADICAUX DE 10 TRAITS.

187.	馬	*mà*, cheval. [Colère, ardeur militaire. Le caractère, dans son ancienne forme, représente la tête, la crinière, la queue et les quatre jambes d'un cheval. (*Ch. w.*)].	410.	473
188.	骨	*koŭ*, os; fibres des plantes.	162.	186
189.	高	*káo*, haut, éminent. [Le caractère représente, dans son ancienne forme, une tour du haut de laquelle on peut contempler les hauteurs et élévations voisines. (*Ch. w.*)]	27	35
190.	髟	*piáo*, cheveux longs et traînants. (*Ch. w.*)	223.	245
191.	鬥	*téou*, combat. [L'ancienne forme représente deux soldats qui se battent avec des armes de guerre. (*Ch. w.*)].	18.	21
192.	鬯	*tcháng*, herbe odorante. [Cette herbe étant mêlée avec d'autres, on en exprime une liqueur dont on fait usage pour invoquer les génies et les faire descendre sur la terre. (*Ch. w.*)]	7.	9
193.	鬲	*li*, trépied. *Fig.*	54.	74
194.	鬼	*koŭeï*, mânes. [La partie de l'homme qui retourne (à son principe) est ce qu'exprime le caractère *koŭeï*, composé du signe *homme* et de celui de *vapeurs* indéterminées, représentant une tête d'esprit décédé. (*Ch. w.*)].	120	142

RADICAUX DE 11 TRAITS.

195.	魚	*yŭ*, poisson. [Insectes des eaux. *Caract. figur.* (*Ch. w.*)]. L'ancienne forme représente un poisson naturel	491.	572
196.	鳥	*niáo*, nom générique des oiseaux à longue queue. *Caract. figur.* (*Ch. w.*). L'ancienne forme représente un oiseau avec sa queue.	617.	761
197.	鹵	*loŭ*, sel; sel naturel ou sel gemme qui se trouve dans les mines des contrées occidentales. Le caractère représente un pain de sel. (*Ch. w.*)	38.	45
198.	鹿	*loŭ*, cerf, bête sauvage. [L'ancienne forme représente la tête, les cornes, les quatre pieds de l'animal. (*Ch. w.*)]	83.	106
199.	麥	*mè*, blé. [Grain à épis barbus, qui se sème en automne, et dont on fait de larges provisions. (*Ch. w.*)]	117.	132
200.	麻	*má*, lin; chanvre. [Synonyme de *pá* (partie inférieure		

du caractère). Sa composition indique que c'est un produit ligneux que l'on serre à couvert dans la maison pour en faire usage. (*Ch. w.*)] 30. 35

RADICAUX DE 12 TRAITS.

201. 黄 *hoáng*, jaune. [Couleur de la terre. La figure *champ* (n° 102) entre dans sa composition. (*Ch. w.*)] 35. 43

202. 黍 *chou*, millet, sorgho; variété du radical 115; céréale qui se sème dans les climats humides et chauds, et à laquelle par cela même on a donné le nom de *chou*, *température très-chaude*. (*Ch. w.*) 44. 47

203. 黑 *he*, noir. [Couleur de ce que le feu a couvert de suie (*Ch. w.*). — L'ancienne forme représente la suie recueillie au-dessus de la flamme.] 146. 173

204. 黹 *tchi*, coudre; broder. [Fils d'aiguille avec lesquels on cout les vêtements. (*Ch. w.*)] 9. 9

RADICAUX DE 13 TRAITS.

205. 黽 *ming* et *min*, grenouille. [Animal coassant, nommé *wa*. *Fig.* (*Ch. w.*)] 35. 41

206. 鼎 *ting*, trépied. [Vase à trois pieds, à deux oreilles ou anses; vase précieux, destiné à conserver les *cinq odeurs*. Autrefois *Yu* fit fondre neuf *ting* ou trépieds d'airain sur lesquels était la description des neuf provinces (ou divisions pastorales de la Chine), qu'il fit placer au sommet de la montagne *Heng-chan*. *Caract. fig.* (*Ch. w.*)] 13. 15

207. 鼓 *kou*, tambour; frapper un corps sonore. [L'ancienne forme représente une main, à droite, qui frappe sur un vase ou tambour.] 41. 47

208. 鼠 *chou*, rat. Nom générique de l'espèce rat. *Fig.* (*Ch. w.*).. 79. 103

RADICAUX DE 14 TRAITS.

209. 鼻 *pi*, nez. Organe de la respiration. (*Ch. w.*) 47. 50

210. 齊 *thsi*, arrangement; surface égalisée, uniforme, des épis des céréales. *Caract. fig.* (*Ch. w.*) 16. 19

RADICAUX DE 15 TRAITS.

211. 齒 *tch'i*, dents supérieures. [Le caractère représente les dents dans la bouche. (*Ch. w.*)] 145. 163

RADICAUX DE 16 TRAITS.

212. 龍 *loung*, dragon. [Animal couvert de longues écailles, pouvant se cacher dans les profondeurs de la terre, apparaître à la lumière du jour, se rendre d'une subtilité impalpable, pouvant prendre une forme carrée, ronde, allongée. Au printemps, il se divise, et monte

dans le ciel; en automne, il plonge dans le fond des abimes. (*Ch. w.*)]... 19. 25

213. 龜 *kouei*, tortue. [Le caractère figuratif représente à l'extérieur les écailles de la tortue, et à l'intérieur sa chair. (*Ch. w.*)].................................... 21. 25

RADICAL DE 17 TRAITS.

214. 龠 *yo*, flûte; instrument de musique, en bambou, à trois ouvertures, pour produire tous les sons. (*Ch. w.*).... 17. 20

Le *Tseu-hio-tien* donne le Catalogue (k. V) de 276 *radicaux* chinois, avec l'indication du nombre de *dérivés phonétiques* produits par chacun d'eux. — Voici les principaux de ces radicaux classés dans l'ordre de leur richesse en *dérivés*, et dans la *forme* qu'ils prennent, étant *associés* aux *groupes phonétiques*:

Figures.   Nombre de dérivés.

艹 *thsào*, roseau................1,146

氵 *choui*, eau....................1,057

木 *mou*, arbre.................... 917

扌 *chèou*, main................... 725

忄 *sin*, cœur..................... 702

亻 *jin*, homme.................... 586

口 *khèou*, bouche................. 572

⺮ *tchou*, bambou................. 570

女 *niu*, femme.................... 550

言 *yén*, parole................... 521

虫 *hoeï*, ver..................... 500

糸 *mi*, fil de soie............... 490

月 *jou*, chair.................... 454

鳥 *niao*, oiseau.................. 436

金 *kin*, or...................... 391

土 *tou*, terre.................... 374

疒 *yén*, abri.................... 356

衤 *i*, vêtement................... 355

⻊ *tsou*, pied.................... 352

石 *chi*, pierre.................. 351

目 *mou*, œil..................... 347

山 *chán*, montagne............... 345

魚 *yù*, poisson.................. 326

灬 *hò*, feu...................... 313

犭 *khiouén*, chien............... 292

禾 *hò*, grains................... 289

王 *yù*, jaspe.................... 280

馬 *mà*, cheval................... 264

頁 *hié*, tête.................... 230

彳 *tchi*, marche................. 228

瓦 *wà*, tuile.................... 221

辶 *tchò*, mouvement.............. 216

革 *kè*, cuir..................... 192

刂 *táo*, couteau................. 187

攵 *phóu*, frapper................ 173

米 *mi*, riz...................... 168

欠 *khién*, expiration............ 155

5. Langue orale.

雨	*yù*, pluie	145
貝	*péi*, perle	123
舟	*tchéou*, barque	119
穴	*khiouë*, caverne	117
鬼	*chi*, esprit	112
黑	*hĕ*, noir	105
力	*li*, nerfs	102
齒	*tchi*, dents	96
冖	*mi*, couvrir	96
隹	*tchouï*, queues d'oiseau	93
羽	*yù*, plumes	92
見	*kién*, voir	91
毛	*máo*, cheveux, poils	90
阝	*ĭ*, ville, cité	90
巾	*kin*, bonnet	88
耳	*eulh*, oreille	85
网	*wàng*, filet	82
角	*kió*, cornes	81
麥	*mĕ*, blé	80
車	*kià*, char	72
豸	*tchi*, ver, insecte	69
田	*tién*, champ	68
弓	*koŭng*, arc	67
豕	*chi*, porc	71
羊	*yáng*, mouton	64
耒	*loŭi*, charrue	56

Tous les caractères, c'est-à-dire tous les *signes graphiques* qui ont servi à peindre la parole chinoise, proviennent originairement, comme nous l'avons démontré, de la peinture primitive des objets, soit directement, soit indirectement. Il suit de là que leur composition ne comporte en soi aucune articulation intrinsèque et fixe, à l'encontre des *éléments* qui constituent les *mots* des langues alphabétiques. Les *groupes* ou *signes graphiques* chinois *rappellent* seulement une *articulation* traditionnelle, un *mot* de la langue parlée; et, par leur association à un *élément figuratif type*, ils sont devenus l'*expression homophonique* de tous les objets *différents* de nature et de forme dans la langue écrite, mais *semblables* de noms dans la langue parlée. L'explication que nous avons donnée précédemment (pag. 293 et suiv.) de cette formation très-remarquable de l'écriture chinoise, nous dispense d'entrer ici dans de nouveaux détails à ce sujet. Mais comme ce mécanisme ingénieux de la langue et de l'écriture chinoise est loin d'être compris par les Européens, même par quelques-uns de ceux qui ont étudié le chinois, nous avons cru devoir donner ici la liste des différents *groupes phonétiques* qui servent dans l'*écriture* à représenter les mots de la *langue parlée*. Cette liste sera d'autant plus utile qu'elle formera un *syllabaire* de la langue chinoise, lequel *syllabaire* composé des principaux *groupes phonétiques*, réuni à la liste des *radicaux* ou *types figuratifs génériques*, précédemment donnée (pag. 303-316), représentera presque en totalité la partie la plus usuelle surtout de la langue et de l'écriture chinoises.

En effet, on a pu voir par la *synthèse* de l'écriture chinoise, que nous avons esquissée précédemment (p. 290 et suiv.), que cette écriture se composait beaucoup moins arbitrairement qu'on ne le croit communément, et que tous les éléments qui la constituent peuvent être facilement ramenés à des principes fixes qui ont leur base dans la constitution même de l'esprit humain. Après avoir fait en quelque sorte l'*inventaire* moral de la langue et de l'écriture chinoises, il ne sera pas moins utile peut-être, pour en avoir une plus complète intelligence, d'en donner aussi l'*inventaire matériel*. C'est ce que nous allons essayer de faire.

M. Marshman a été, à notre connaissance, le premier Européen qui soit entré dans cette voie nouvelle. On trouve dans sa *Clavis sinica*, publiée à Sérampore en 1814 (*), un travail remarquable sur la composition des caractères chinois. Les résultats de ce travail, dans lequel il dit avoir été aidé par ses *assistants chinois*, sont les suivants :

Caractères.

1° Le Dictionnaire impérial de *Khang-hi* contient, sans les *additions* faites à chaque radical, et mises à sa suite 31,214
Les *additions* consistant en caractères incorrects, formes inusitées, etc. 6,423
Caractères qui n'avaient pas encore été classés dans aucun dictionnaire antérieur 1,659
Caractères sans *nom* ou signification 4,200
Total 43,496

2° Les *caractères* véritablement *usuels* ne montent pas à plus de 30,000

3° A part les 214 *clefs* ou *radicaux* (donnés précédemment), le nombre des *groupes* (syllabiques) servant à former les caractères de la *cinquième classe*, s'élève à .. 3,867

4° De ce nombre, 1,726 ne se groupent qu'avec *un seul* radical (nous en avons négligé un certain nombre dans notre *Syllabaire*, mais un petit nombre), ci .... Dérivés. 1,726
1,726

452 se groupent avec 2 radicaux différens, ci 904
383 se groupent avec 3 1,149
134 se groupent avec 4 536
122 se groupent avec 5 610
86 se groupent avec 6 516
83 se groupent avec 7 581
66 se groupent avec 8 528
63 se groupent avec 9 567
61 se groupent avec 10 610
41 se groupent avec 11 451

3,217 A reporter 8,178

(*) *Clavis sinica*. Elements of Chinese Grammar with a preliminary Dissertation on the Characters and colloquial medium of the Chinese. *Serampore*, 1814, 1 vol. in-4°.

3,217 Report 8,178
37 se groupent avec 12 444
38 se groupent avec 13 494
30 se groupent avec 14 420
29 se groupent avec 15 435
25 se groupent avec 16 400
26 se groupent avec 17 442
69 se groupent avec 18 à 20 ... 1,311
91 se groupent avec 20 à 25 ... 1,002
66 se groupent avec 25 à 30 ... 1,848
138 se groupent avec 30 à 40 ... 4,830
75 se groupent avec 40 à 50 ... 3,375
27 se groupent avec 50 à 60 ... 1,485
9 se groupent avec 60 à 74 ... 603

3875 groupes, étant *combinés* avec les 214 radicaux, produisent .. 25,267
dérivés.

En retranchant de ce nombre les *groupes syllabiques* (que M. Marshman nomme *primitives*) des deux premières catégories qui ne s'associent qu'à *un* et *deux* radicaux, il restera 1702 *groupes syllabiques*, qui, à eux seuls, se groupant avec différents radicaux, produiront 23,655 *dérivés phonétiques*. C'est là un fait important et qu'il est bon de ne pas oublier, pour comprendre le mécanisme de la langue chinoise.

Ce double *inventaire*, que nous essayons de donner à nos lecteurs, du *matériel* de l'écriture et de la langue chinoises, en même temps qu'il rectifie les idées erronées que l'on en a généralement en Europe, simplifie aussi beaucoup l'étude que l'on peut en faire. La connaissance claire et nette de l'*objet* de ses investigations est déjà pour l'esprit un grand pas de fait dans la science qu'il se propose d'acquérir. Quand nous aurions obtenu que ce résultat, nos lecteurs nous pardonneront de les avoir retenus un peu trop longtemps peut-être sur des matières qui doivent leur être assez peu familières. Mais la nouveauté du sujet, l'importance que les études de la philologie et des antiquités orientales acquièrent chaque jour en Europe, seront pour nous une suffisante justification.

Les caractères chinois, en se *groupant* ensemble pour former les composés que nous avons nommés *idéophonétiques* (p. 302), subissent certaines altérations ou modifications dans leur agencement, qui permettent de les *séparer* dans la composition typographique. Voici la forme que les *radicaux* donnés précédemment (p. 303-316) dans leur individualité, prennent lorsqu'ils s'associent des *groupes phonétiques*.

CHINE MODERNE.

Tableau des radicaux qui, dans la composition des caractères, forment un élément séparable pour la typographie.(*)

[Tableau des radicaux chinois numérotés de 8 à 211]

Chiffres : 一 二 三 四 五 六 七 八 九 十 百 千 萬
　　　　　1　2　3　4　5　6　7　8　9　10　100　1,000　10,000

(*) Dès le commencement de nos études chinoises, nous avions été frappé de la grande importance de ce mode particulier à la langue chinoise, d'offrir en même temps, et pour le même caractère, *deux groupes* distincts ; l'un représentant, ou censé représenter la *forme générique* de l'objet, et l'autre représentant le *son* ou le mot de la *langue parlée* auquel cet objet répond. Cette composition des *neuf dixièmes* environ des caractères chinois, une fois bien déterminée et reconnue, fut pour nous un trait de lumière qui nous montra le lien qui unissait en quelque sorte la langue *figurative* de l'ancien monde aux langues *syllabiques* ou *alphabétiques* du nouveau. Nous conçûmes dès lors la possibilité de soumettre la composition des caractères chinois aux lois de la typographie moderne, en réduisant autant que possible les éléments divers qui les composent à leur plus simple expression. La connaissance du mécanisme, si l'on peut s'exprimer ainsi, qui a présidé à la formation de la classe *idéo-phonétique* des caractères chinois, devait naturellement nous amener à suivre le même mode en typographie. Aussi, dès 1836, nous disions, dans une Notice *sur la fonte des types mobiles d'un caractère chinois gravé sur poinçons d'acier* par M. Marcellin-Legrand, à l'inspiration et sous la direction de celui qui écrit ces lignes : « De toutes les langues du monde connu, la « plus difficile à représenter par les types « mobiles est incontestablement la langue « chinoise. On peut même dire qu'elle a fait

Il n'existe pas dans le monde de langue plus riche et plus pauvre en même

« jusqu'ici le désespoir des plus habiles typo-
« graphes européens. Les Chinois ont pris le
« parti, après avoir essayé eux-mêmes de
« rendre mobile chacun de leurs innombra-
« bles caractères, de s'en tenir à la gravure
« primitive sur des planches de bois.

« Presque tous les essais que l'on avait
« faits jusqu'à ce jour en Europe, pour gra-
« ver ces caractères, avaient eu pour résultat
« la réunion d'un plus ou moins grand nom-
« bre de ces caractères, gravés sur bois, sans
« jamais constituer un *corps* un peu riche et
« commode. Il fallait donc arriver à faire
« quelque chose de complet, de définitif; il
« fallait résoudre le problème de *représenter*
« *la langue figurée des Chinois avec le moins*
« *d'éléments possible*, sans altérer cependant
« la composition des caractères. Une étude
« attentive de la théorie de la langue figurée
« des Chinois nous a amené à résoudre d'une
« manière satisfaisante le problème ci-dessus
« posé, en *classant tous les caractères chinois*
« *en deux séries*; l'une comprenant les *carac-*
« *tères indivisibles*, et l'autre, les *caractères*
« *divisibles* typographiquement.

« Dans la première *série* se trouvent placés :
« 1° Les éléments symboliques, radicaux
« ou *clefs*;
« 2° Les caractères formés par ceux des ra-
« dicaux dont la figure ne peut se séparer *typo-*
« *graphiquement* des *groupes additionnels* ou
« *syllabiques* qui constituent leurs dérivés;
« 3° Les caractères dont les éléments sont
« tels que l'on ne peut également les séparer
« des radicaux, à cause de l'union trop in-
« time de leurs parties constituantes avec ces
« radicaux, sans en altérer la forme.

« Dans la seconde *série*, de beaucoup la
« plus nombreuse, sont classés :
« 1° Tous les groupes qui peuvent se join-
« dre aux radicaux (dans la forme qu'ils
« prennent en composition, forme représen-
« tée dans le *Tableau* ci-dessus) sans en alté-
« rer la forme et l'élégance. » (Nous donnons
ci-après le catalogue de ces *groupes additionnels* ou *phonétiques*.)
« 2° Les *radicaux* et les *groupes* qu'il faut
« graver sous deux formes différentes, etc. »

Ce système de composition typographique
chinoise permet d'économiser la gravure de
deux tiers au moins des 30,000 poinçons
qu'il faudrait graver avec l'ancienne méthode, pour imprimer les 30,000 caractères
qui se trouvent dans le Dictionnaire impérial de *Khang-hi*. On a pu juger, par les
modèles de ces caractères reproduits dans ce
volume, par les *éditions* des textes chinois

de *Confucius* et du philosophe *Lao-tseu*,
publiées chez MM. Didot, en 1837 et 1838,
par celui qui écrit ces lignes, etc., de la
beauté et de la netteté de ces caractères ainsi
gravés et composés. Ces mêmes types, qui
ont naturellement trouvé en France des dé-
préciateurs, sont employés maintenant en
Chine par des Européens, pour l'impression
de livres chinois; et ces impressions, ainsi
faites au milieu des Chinois par des Européens, dépassent en netteté et en élégance
les plus belles impressions du pays. Nous
avons en notre possession un ouvrage chinois-anglais, intitulé *The Chinese Speaker*
(ouvrage posthume de M. Rob. Thom, consul
anglais à Ningpo), imprimé à *Ningpo*, en
1846, avec nos caractères mobiles. Cet ouvrage peut assurément rivaliser avec tout ce
que les presses chinoises ont produit de plus
élégant et de plus beau. Les missionnaires
américains ont aussi commencé, en Chine,
l'impression d'une Bible chinoise, avec ces
mêmes caractères.

M. Medhurst, missionnaire anglais en
Chine, qui a déjà publié plusieurs ouvrages
en chinois et sur la langue chinoise [*], en a
parlé en ces termes :

« Un essai de fondre des types mobiles
« chinois a été fait à Paris, sous la direction
« de M. Pauthier, membre de la Société asia-
« tique de cette ville. D'après quelques spé-
« cimens qui ont été publiés, il paraît qu'ils
« sont beaucoup plus petits que les types de
« M. Dyer, étant à peu près de la force d'un
« gros-romain; et ils sortent des mains d'un
« des plus habiles fondeurs de France. *Ces*
« *types chinois sont, sous le rapport de la*
« *finesse des traits et de l'exactitude des pro-*
« *portions, supérieurs à tout ce que les ou-*
« *vriers asiatiques pourraient produire*. La
« forme de quelques-uns de ces caractères
« est un peu roide et disproportionnée, ce
« qui est dû en partie à l'inexpérience, en
« partie à la tentative que *les Français ont*
« *faite de séparer et de combiner les éléments*
« *de plusieurs caractères*, afin de n'être pas
« obligés de graver un poinçon pour chaque
« caractère séparé. Mais, en somme, ils sont
« extraordinairement nets et beaux (but on
« the whole they are exceedingly neat and
« handsome.) [**]. »

---

[*] M. Medhurst a publié par la lithographie :
1° Un *Vocabulaire japonais anglais*; Batavia, 1830.
2° Un Vocabulaire comparatif des langues chinoise, coréenne et japonaise, etc ; Batavia , 1835.
3° Un *Dictionnaire chinois-anglais*, 2 vol. in-8°;
Batavia, 1842, etc.

[**] China; its state and prospects, 1838, p. 566.

temps que la langue chinoise. Il n'y en a pas de plus riche comme langue *écrite*, et de plus pauvre comme langue *parlée*. Cette dernière ne consiste qu'en 489 syllabes, ou plutôt monosyllabes primitifs (*), qui, par la variation des accents ou des intonations, peut s'élever à 1200. On comprend dès lors à combien de combinaisons les Chinois ont dû avoir recours pour exprimer oralement toutes leurs idées! Cette extrême pénurie du matériel de la langue chinoise est due, sans aucun doute, à l'élément graphique, opposé, dès l'origine, à l'*assimilation* de toutes les *prépositions* et *désinences* qui, dans les autres langues, se sont insensiblement adjointes aux mots primitifs dont le fond de tous les idiomes est toujours formé.

Nous venons de dire que la langue parlée des Chinois ne consistait qu'en un petit nombre d'articulations monosyllabiques, augmentées en nuances par quatre accents différents. Ces articulations ont été analysées à une époque indéterminée par les grammairiens chinois, qui ont consacré 36 caractères à représenter tous les *sons initiaux* usités dans leur langue, où chaque mot ne forme qu'une émission de voix, et où les *sons finaux*, dans le dialecte classique de *Nan-king*, sont tous exprimés par des voyelles et des nasales. Ces sons initiaux sont arrangés dans un ordre constant et systématique, qui a la plus grande conformité avec l'arrangement de l'alphabet sanskrit. On les trouve ainsi disposés dans les Prolégomènes du grand Dictionnaire impérial de *Khang-hi*, divisés en *neuf* séries, avec les dénominations des organes qui servent principalement à les articuler, et qui sont les mêmes qu'en sanskrit, c'est-à-dire:

1° Sons prononcés en appuyant la langue contre les dents inférieures, ou *consonnes dento-gutturales;*
2° Sons prononcés du bout de la langue contre les dents, ou *consonnes dentales;*
3° Sons prononcés en appuyant la partie supérieure de la langue contre le palais, ou *consonnes palatales;*
4° Sons prononcés par les lèvres fortement serrées, ou *consonnes labiales fortes;*
5° Sons prononcés par les lèvres légèrement fermées, ou *consonnes labiales légères;*
6° Sons prononcés de la langue contre les dents supérieures, ou *consonnes sifflantes;*
7° Sons prononcés de la langue placée contre les dents de côté, ou *consonnes chuintantes;*
8° Sons prononcés du gosier, ou *consonnes gutturales;*
9° Sons prononcés partie avec la langue et partie avec les dents, ou *semi-voyelles.*

Voici le tableau systématique de ces consonnes initiales, telles qu'elles sont classées dans les Prolégomènes du Dictionnaire impérial de *Khang-hi*, publié à *Pé-king* en 1716. Les lettres alphabétiques et les groupes par lesquels nous avons transcrit les caractères chinois nous ont paru être ceux qui représentaient le mieux les sons initiaux chinois.

CONSONNES INITIALES.

	Fortes.	Aspirées.	Ténues.	Nasales correspondant
1. Dento-gutturles,	k,	kh,	k,	ng, i.
2. Dentales,	t,	th,	t,	n.
3. Palatales,	tch,	tch',	tch,	gn, 'n.
4. Labiales fortes,	p,	ph,	p,	m.
5. Labiales légères, f,	f',	f,	w.
6. Sifflantes,	ts,	ths,	ts,	ss.
7. Chuintantes,	tch,	tch'	tch,	ch.
8. Gutturales,	'i,	h,	"	h.
9. Semi-voyelles,	l,	j, y,	"	"

VOYELLES FINALES.

Simples, ă, á, ĭ, í, ŏ, ó, ĕ, é.
Composées, ai, aï, ei, eu, ou.

NASALES FINALES.

ang, ung, oung, ing, eng.
an, un, oun, in, en, etc.

Dans la transcription des mots chinois par les Européens, la classification donnée ci-dessus a été d'autant moins fidèlement observée, que l'alphabet de la langue employée à la transcription était moins riche et moins propre à re-

---

(*) Ce nombre peut encore être beaucoup réduit, plusieurs d'entre eux n'étant que le même monosyllabe, différemment prononcé.

21ᵉ *Livraison.* (CHINE MODERNE.)

présenter des sons qui n'avaient point d'analogues dans cette même langue. La classe des *consonnes ténues* n'a pas été distinguée de celle des *fortes*, les *chuintantes* des *palatales*; et les *nasales finales* ont été représentées tantôt sans *g*, tantôt avec un *g*, cette consonne, dans tous les cas, ne devant pas être prononcée distinctement à l'européenne.

Ce classement des *sons initiaux* et *finaux* de la langue chinoise fera comprendre, d'un seul coup d'œil, l'anomalie apparente qui existe dans la liste des *groupes phonétiques*, que nous donnons ci-après, et dans laquelle un *groupe phonétique* ou *syllabique* apparaît plusieurs fois, comme représentant non-seulement la consonne initiale *forte* et la consonne *aspirée* de la même classe, mais encore quelquefois des sons initiaux de la même *série*, comme *kh* et *h*; *p* et *f*, qui ont entre eux des affinités de *série*, indépendamment des affinités de *classes*. Là, aussi, se trouve le secret d'une foule d'étymologies qui deviendraient inexplicables sans cette théorie des affinités.

Les Chinois ont plusieurs articulations qui nous manquent, comme nous en avons qui leur manquent également (telles sont *b*, *g*, *d*, *r*, *z*). C'est ce qui fait que toutes les *transcriptions* européennes des mots chinois ne sont qu'*approximatives*. On sait d'ailleurs qu'une langue parlée ne s'apprend bien que par les *oreilles*, et non par les *yeux*; les *signes*, quels qu'ils soient, que l'on emploie à représenter les *sons parlés*, n'en donnant toujours qu'une très-imparfaite idée.

Néanmoins, aucune langue du monde n'est plus rebelle à la représentation *alphabétique* que la langue chinoise. Les mots des autres langues étant composés d'éléments facilement décomposables en *consonnes* et en *voyelles* déterminées, peuvent être exactement transcrits par des consonnes et des voyelles équivalentes. Il n'en est pas de même pour le chinois. Une phrase chinoise, *transcrite* avec les lettres de l'alphabet européen, est presque toujours complétement inintelligible, sans le secours des caractères originaux; à plus forte raison, un livre ainsi transcrit le serait-il. C'est ce qui rendra toujours la langue chinoise d'un abord difficile pour les Européens.

Les Chinois avouent que, jusqu'à la dynastie des *Han* (202 ans avant notre ère), leurs lettrés n'avaient pas connu le système des *sons radicaux*, ni l'art d'en distinguer 36 qui sont comme les *mères* des autres. « Cette invention, « disent-ils, nous est venue de l'Occi- « dent (*). — « Ce sont les religieux in- « diens, dit un autre ouvrage (**), qui « ont fait connaître ce système à notre « empire. Ils voulaient nous enseigner « leurs doctrines et leurs traditions, et « c'est ce qui les engagea à établir ces « caractères (représentatifs des 36 con- « sonnes de l'alphabet sanskrit). Leurs « traditions ne leur paraissaient pas « suffisamment expliquées, parce qu'il « s'y trouvait souvent des mots dont « ils ne pouvaient rendre le *sens*, et « dont, pour cette raison, ils voulaient « conserver le *son* (en se bornant à les « transcrire). Nos prêtres chinois ont « retenu cet usage qu'ils avaient pris « des religieux bouddhistes indiens. Ils « ont adopté 36 caractères qu'ils ont « déterminés comme radicaux (*mères*), « en les distinguant en quatre classes. « Par là, on a pu rendre les *sons* de « tous les objets de l'univers : le cri de « la grue, le sifflement du vent, le chant « du coq, l'aboiement du chien, le fra- « cas du tonnerre, le bourdonnement « du grillon ; il n'y a pas jusqu'à la voix « de l'homme dont on ne puisse, avec « ce secours, saisir l'articulation et les « trois intonations. Les prêtres étran- « gers avaient, avant nous, cet art admi- « rable, qui était resté inconnu à nos « lettrés. Ce n'est pas que nous n'eus- « sions quelque chose de semblable dans « nos caractères *figuratifs du son*, « dont l'invention remonte à l'auguste « *Thsâng-hie*. »

Nous donnons ci-après la liste de ces caractères chinois *figuratifs du son*, dont l'invention est attribuée à *Thsânghie* (***) par l'écrivain chinois cité. Ces

---

(*) Préface du Dictionnaire impérial de *Khang-hi*.

(**) Histoire des Mongols dans les *Mélanges asiatiques* de M. Abel Rémusat, t. II, p. 145.

(***) Voy. ci-devant, p. 280 et suiv.

caractères ont bien quelque chose d'*analogue* avec les *éléments* purement *alphabétiques* des Indiens et des autres peuples; mais si ces caractères *phonétiques*, ou employés phonétiquement, suffisent pour représenter les différents *monosyllabes* de la langue chinoise, ils ne peuvent servir à représenter que très-imparfaitement les mots *polysyllabiques* étrangers à la langue chinoise, parce que ces mêmes caractères rappellent, non pas le *simple élément alphabétique* d'un mot, mais bien *un mot tout entier*. Aussi, quand ces caractères sont employés en chinois à représenter le son de mots polysyllabiques étrangers, il faut, à la lecture de ces noms étrangers, faire abstraction par la pensée des *articulations finales* de chaque caractère, pour ne lui conserver que sa *valeur phonétique initiale*. Nous rendrons ce fait plus frappant par un exemple. Dans le Traité conclu entre la France et la Chine le 24 octobre 1844, à *Houang-pou*, le nom de *France* est transcrit en chinois par trois caractères qui se prononcent individuellement *Fou, Lan, Si*; le premier caractère n'a que la valeur phonétique de *f*; le second conserve, par le choix heureux qui en a été fait, sa valeur syllabique tout entière *ran* (*); le troisième représente la syllabe finale *ce*. Les mêmes caractères servent, selon leur position dans la phrase chinoise, à exprimer les mots *France* et *Français*.

Nous nous sommes un peu étendu sur la nature de la langue chinoise écrite et parlée, parce que nous avons voulu en donner une intelligence aussi exacte que possible, ce sujet étant un de ceux sur lesquels il a été répandu le plus d'idées fausses dans le public européen; et parce que nous avons voulu montrer que, dans cette écriture regardée comme *hiéroglyphique*, il y avait (aussi bien que dans les hiéroglyphes égyptiens) les éléments de toute langue humaine : les *éléments phonétiques*, et que ces éléments, s'ils ne comportent pas la valeur simple et précise des *lettres alphabétiques* des langues européennes, ils remplissent, dans l'écriture chinoise, les mêmes fonctions que les lettres alphabétiques dans les premières. On ne manquera pas de faire une grave objection contre ce système phonétique de la langue, ou plutôt de l'*écriture chinoise*, qui emploie, pour représenter les *sons* de la langue parlée, plus d'un millier de caractères différents (*); tandis que les écritures alphabétiques n'emploient que *vingt-quatre* à *trente-six* éléments au plus. On admettra difficilement que ce genre d'écriture, qui comporte un si grand appareil de *signes graphiques*, ne soit pas un symptôme de barbarie, et ne soit en même temps un puissant obstacle au progrès des sciences exactes. Il y a quelque chose de vrai, assurément, dans ces allégations, mais d'un vrai relatif. Si l'on admet la langue chinoise parlée telle qu'elle existe, le très-petit nombre de mots invariables qui la constitue ne pourrait être représenté par nos simples éléments alphabétiques sans donner lieu à toutes sortes de confusions. En outre, ce genre d'écriture n'est pas un obstacle bien sérieux au développement des connaissances de tous genres et même à l'étude des sciences exactes, si l'on s'en rapporte au P. Magaillans, qui s'exprime ainsi (**) : « Il est certain qu'une « personne qui étudiera avec application et avec une bonne méthode, « pourra, dans un an, fort bien entendre et parler la langue chinoise. Et « nous voyons par expérience que tous « nos pères (les missionnaires) qui travaillent à présent dans cette mission

---

(*) Les Chinois n'ayant pas l'articulation *r*, la remplacent par la semi-voyelle *l*.

(*) M. Callery, dans son *Systema phoneticum scripturæ sinicæ*, Macao, 1841, en compte 1040, qu'il considère comme les *éléments fondamentaux* (fundamentales litteræ) de l'écriture chinoise, tandis qu'ils n'en sont que les *éléments accessoires* (*kiài ching*), et par ordre de date, et par ordre logique. M. H. Kurtz, dans son *Tableau des éléments vocaux de l'écriture chinoise*, divisé en deux parties, et *lithographié* à Paris en 1829, a réuni 700 groupes phonétiques, tirés du Dictionnaire du P. Bazile de Glémona, lesquels groupes déterminent chacun la prononciation de 6 *caractères au moins*. C'est le premier catalogue de ce genre qui ait été publié.

(**) *Nouvelle Relation de la Chine*, composée en l'an 1668, traduite et publiée en français, Paris, 1688, p. 97.

« sont au bout de deux ans si savants
« en cette langue, qu'ils confessent, ca-
« téchisent, prêchent et composent avec
« autant de facilité que si c'était leur
« langue naturelle...

« On ne pourra pas douter de cette
« vérité, si l'on considère le grand nom-
« bre de livres que nos pères ont com-
« posés et traduits, et composent et tra-
« duisent encore tous les jours en cette
« langue. » En effet, les missionnaires
ont composé ou traduit en chinois un
grand nombre de livres sur toutes sortes
de sujets : sur les *mathématiques*, la
physique, l'*astronomie*, etc. Il y en a
plus de *cinq cents volumes* imprimés,
outre les manuscrits (*).

Dans l'écriture hiéroglyphique, le
nombre des *signes figuratifs* ou *symboliques*, employés, comme en chinois, avec
une *valeur purement phonétique* (le
plus souvent *syllabique*), n'est pas
aussi considérable qu'en chinois, parce
que cette écriture s'est assimilé plus
complétement l'*élément syllabique* et *alphabétique* que la langue chinoise. Cette
écriture a même 23 signes purement
phonétiques dans toutes les circonstances, et que l'on trouve employés de
préférence jusqu'à la 20ᵉ dynastie égyptienne, c'est-à-dire jusqu'au treizième
siècle avant notre ère. Ce nombre s'accrut, depuis la 20ᵉ dynastie, d'une centaine environ, indépendamment des caractères *syllabiques* (**).

Le premier travail grammatical fait
par un grammairien ou lexicographe
chinois, sur la langue chinoise, est celui de *Hiu-chin*, qui vivait, comme nous
l'avons déjà dit, dans le premier siècle
de notre ère (p. 294). Son ouvrage, intitulé *Chouë-wên*, que nous possédons,
est un classement méthodique de tous
les caractères chinois qui existaient de
son temps, dans les différentes formes
kòu-wên, *tchéou* et *tchouàn* (dont nous
avons parlé précédemment), avec de
brèves explications. Il est divisé en 14
livres, chacun comprenant deux parties. Tous les caractères sont ramenés
à 540 radicaux ou *chefs de classes* (*poù*),

(*) Id., p. 101.
(**) Voir la Grammaire hiéroglyphique de
feu Champollion, où les *hiéroglyphes phonétiques* sont portés indistinctement à 260.

sous lesquels sont rangés et expliqués
9,353 caractères différents (*wên*), et
1,163 variantes ou répétitions de certains caractères sous des formes variées
et des styles différents. On est surpris,
en lisant ce précieux recueil de *Hiu-
chin*, du rôle immense que joue déjà
l'*élément* purement *phonétique* dans l'é-
criture chinoise ; les trois quarts au
moins des caractères recueillis par lui
sont expliqués comme formés d'un élément qui représente l'*idée générique*,
élément *figuratif*, et d'un autre élément qui représente le *son* ou le *mot* de
la langue parlée.

On trouve déjà dans les *King* et les
autres livres classiques de la Chine un
assez grand usage des caractères composés selon le mode *kiaï-ching*, c'est-
à-dire qui associent à l'élément générique de l'*idée* l'*élément phonétique* de
la langue parlée. C'est ce qui est d'une
évidence incontestable dans la forme
actuelle des caractères chinois. Mais si
on se reporte à l'*ancienne forme* de l'é-
criture dans laquelle ces anciens livres
ont été composés, on verra que l'usage
de l'*élément phonétique* dans cette ancienne écriture était beaucoup moins
fréquent, et que tout ce qui pouvait
être *représenté* sans trop d'équivoque
était *représenté* ou censé l'être. Ainsi,
nous trouvons, par exemple, dans le
Y-king, ancien texte (*), le caractère de
la petite *hache* ou *hachette* complètement *figuratif* ; tandis que, dans la
forme actuelle de l'écriture, la transcription qui en est donnée est composée de l'ancien élément *figuratif* de
hache défiguré, et d'un élément *phonétique* qui se prononce *foù* (nº 34
du tableau suivant, simplifié), nom de
la *hachette* dans la langue parlée. Il en
est de même d'une foule d'autres caractères ; ce qui est une preuve pérem-
toire de l'ordre dans lequel les modifications de l'écriture chinoise ont eu lieu,
et de la préexistence ainsi que de la
prééminence de l'élément *figuratif* sur
l'élément *phonétique*.

(*) *Kiouan* 2, folio 61 recto. Dans l'*ancien
texte*, la *hachette* est figurée par une *hache
à manche court*. — Voy. ci-après, p. 336,
note.

CHINE MODERNE

Tableau des principaux groupes phonétiques de l'écriture chinoise.

1. A, ó, 亞
2. án, ngan, 安
3. áo, ngao, 奧
4. Cha, 少 沙 殺
5. Cha', 姿 Conférez *Tsie*.
6. Chaï, 西 Conférez *Si*.
7. Chan, 山 多 刪
8. Chang, 尚 常 易 (*)
9. Chao, 召 肖 Conf. *Tchao*.
10. Che', 舌 舍 余 枼
11. Chen, 善 單 詹 扇 亶 C. *Tan*.
12. Cheou, 手 守 受 首
13. Chi, 尸 氏 吏 市 寺 世 式 施 是
14. Chi', 石 十 失 室 睪 筮
15. Chin, 冗 申 辰 架 甚 身 審
16. Ching, 升 成 乘 皿
17. Cho', 勺 朔 樂
18. Chou, 予 殳 全 朱 㕒 俞 女口
19. Chou, 求 束 叔 蜀
20. Choua, 刷
21. Chouaï, 衰
22. Chouang, 爽 霜
23. Choue͏̈, 兑
24. Choua͏̈, 兊

25. Chun, 屯 享 舜
26. Eulh, 而 耳 兒 貳 爾
27. Fa', 乏 伐 發
28. Fan, 巳 凡 反 乏 弁 番
29. Fang, 方
30. Fei, 市 非 弗 肥 Conf. *Pei*.
31. Fen, 分 賁 Conf. *Pen*.
32. Feou, 不 否 缶 孚 阜
33. Fo', 專 Conf. *Fou*.
34. Fou, 㚅 夫 殳 付 攴 弗 孚 伏 复 畐 尃
35. Foung, 丰 夆 奉 封 逢 風 豊
36. Haï, 亥 每 害 Conf. *Kai*.
37. Han, 干 甘 旱 含 函 咸 莫
38. Hang, 亢 行 Conf. *Kang*.
39. Hao, 号 告 好 高 豪 C. *Kao*.
40. He', 黑 赫
41. Hen, 艮 Conf. *Ken*.
42. Heng, 亙 行 亨 Conf. *Keng*.
43. Heou, 后 㚅 侯
44. Hi, 希 奚 氣 喜 戲 義 羲 焉
45. Hi', 乞 及 兮 翕 歙
46. Hia, 下 叚 夏 害 C. *Kia*.
47. Hia', 甲 合 夾 害 C. *Kia'*.

(*) Le signe ovale, placé *au-dessus* ou *au-dessous* d'un groupe phonétique, indique la place du radical ou signe déterminatif de l'espèce.

N° 46. Cette articulation se confond souvent avec celle de *kiaï*, représentée par les mêmes *groupes phonétiques* ; l'aspiration plus forte en fait la seule différence.

48. Hiaï,	介 亥 戒 皆 解 C. Kiaï	73. Hou,	互 瓜 古 胡 虎 虖 蒦 Conf. Kou.
49. Hiang,	向 乑		
50. Hiao,	爻 交 孝 肴 C. Kie.	74. Houng,	工 弘 C. Koung.
51. Hie',	十 劦 夾 曷 頁 契 C. Kie.	75. I,	乙 乂 己 以 台 衣 夷 也 㐌 尹 世 亦 奇 壹 意 易 宜 兒 曳 疑 藝 多 義 旨 益 矣 睪
52. Hien,	玄 見 名 兼 咸 臥 僉 㬎 Conf. Kien.		
53. Hieou,	丂 休 臭		
54. Hin,	斤 欣 Conf. Kin.	76. Jang,	襄
55. Hing,	刑 行 幸 巠 C. King.	77. Jao,	堯 憂 Conf. Yeou.
56. Hio',	學 學 斅 Conf. Kio.	78. Je',	若 Conf. Jo.
57. Hioue,	夬 穴 血 Conf. Kioue.	79. Je',	執
58. Hiouen,	玄 旦 宣 C. Kiouen.	80. Jen,	弄 然
59. Hioung,	凶 兄 冋 匈 C. Kioung.	81. Jeou,	肉 柔
60. Hiu,	弓 于 午 旬 虛	82. Ji,	日
61. Hiun,	軍 熏 君 Conf. Kiun.	83. Jin,	人 刃 壬 任 忍 念
62. Ho,	火 可 禾 咼 C. Ko.	84. Jing,	乃
63. Ho',	各 合 曷 盍	85. Jo,	若 弱 辱
64. Hoa,	化 華 畫	86. Jou,	女 如 需
65. Hoa',	骨 畫 Conf. Kwa.	87. Jouen, juen,	奧 Conf. Jun.
66. Hoaï,	褱	88. Joui,	兌
67. Hoan,	丸 完 奐 癹 𡕰 雚	89. Joung,	冗 戎 茸 庸
68. Hoang,	亡 巟 光 晃 皇	90. Jun,	盾 奧 閏
69. Hoe,	舌 或 畫 蒦 夒	91. Kaï,	亥 盍
70. Hoe', hwe,	勿 忽	92. Khaï,	旣 豈
71. Hoeï,	回 灰 每 惠 軍 會 貴 韋 彗 慧	93. Kan,	干 甘 敢 咸 Conf. Han.
72. Hoen,	昏 昆 軍 圂		

N° 75. La série syllabique J se prononce aussi, dans certaines provinces, Y.

94. Khan, 欠名卓.
95. Kang, 工岡康.
96. Khang, 亢 Conf. Hang.
97. Kao, 告高 Conf. Hao.
98. Khao, 丂考.
99. Ke, 各革鬲.
100. Khe, 克客.
101. Ken, 艮 Conf. Hen.
102. Keng, 巠更庚恆.
103. Kheng, 亢肯 Conf. Khang.
104. Keou, 句后冓.
105. Kheou, 口.
106. Ki, 几己支季奇既咼幾 Conf. I.
107. Khi, 乞其契豈奚耆氣.
108. Kia, 加叚家賈.
109. Khia, 甲合夾吉 C. Kie.
110. Kiaï, 介戒皆解.
111. Kiang, 工夅空羌薑畺.
112. Khiang, 強.
113. Kiao, 丩交敫喬堯翏.
114. Khiao, 喬.
115. Kie, kier, 去吉夾咼桀亟.
116. Khie, khiet, 乞及契㓞.
117. Kien, 見柬咸建兼臤堅僉㭉.
118. Khien, 欠甘. C. Kin et Kan.
119. Kieou, 九丩夂丘臭翏.
120. Khieou, 求.
121. Kin, 斤今金堇.
122. Khin, 禽禁.
123. King, 巠京竟敬.
124. Khing, 頃.
125. Kio, 角學夒.
126. Khio, 卻雀.
127. Kioué, 出喬 Conf. Kiu.
128. Khioué, 夬屈厥.
129. Kiouen, 昌卷.
130. Khiouen, 犬雚.
131. Kioung, 回.
132. Khioung, 弓窮.
133. Kiu, 巨居剌豦.
134. Khiu, 畐去句屈區瞿.
135. Kiun, 勹君.
136. Khiun, 君.
137. Ko, 斗戈可果咼骨.
138. Kho, 斗各合咼盍告害.
139. Kou, 古瓜雇骨.
140. Khou, 匋屈.
141. Koua, 瓜卦叜.
142. Khoua, 夸.
143. Kouaï, 夬另.
144. Khouaï, 貴會裹 Conf. Hoaï.
145. Kouan, 官貫雚 Conf. Hoan.

146. Kouang,	光廣	172. Liouen,	繼 Conf. Louan.
147. Khouang,	匡狂	173. Liu,	呂聿律慮盧
148. Koue,	舌或國 Conf. Hoe.	174. Lo,	羅
149. Kouei,	危圭癸鬼規貴歸	175. Lo',	各
150. Khouei,	癸	176. Lou,	各鹵魯盧
151. Kouen,	昆 Conf. Hoen.	177. Low,	奎彔鹿
152. Khouen,	困袞	178. Louan,	繼
153. Koung,	工弓公共貢	179. Loui, lei,	耒累雷畾
154. Khoung,	汎空殼	180. Loung,	弄龍
155. Kouo,	果過 Conf. Ko et Ho.	181. Lun, louen,	侖
156. LA,	立刺鼠	182. MA,	馬林麻
157. Lai,	夾賴	183. Ma',	未 Cont. Mo
158. Lan,	監關	184. Mai,	買
159. Lang,	良郎	185. Man,	曼萬
160. Lao,	老牢勞	186. Mang,	亡尨莽
161. Le,	力立 Conf. Li.	187. Mao,	毛卯冒苗
162. Leou,	扁婁	188. Mé,	百莫黑 Conf. Pe, Mou
163. Li,	力立里利戾离厲豊麗	189. Mei,	未每某眉
		190. Men,	門
164. Liang,	良雨京量	191. Meng,	孟萌夢
165. Liao,	翏尞	192. Meou,	戊矛牟某
166. Liei, lie,	列栗鼠歷	193. Mi,	米爾靡
167. Lien,	柬連僉廉 Conf. Kien.	194. Miao,	少苗
168. Liou,	丣留翏	195. Mie,	威蔑
169. Lin,	林粦稟	196. Mien,	免帛面
170. Ling,	令夌靈	197. Mieou,	翏 Conf. Lieou.
171. Lio,	各京 Conf. Lo' et Lou.	198. Min,	旻昏閔黽

CHINE MODERNE. 329

199. Ming, 名 朙 冥.
200. Mo, 麻 Conf. Ma.
201. Mo', 莫.
202. Mou, 母 莫 無.
203. Mou', 木 夂 目 㒼.
204. Moung, 冡 蒙 夢 瞢.
205. Na, 奴 Conf. Nou.
206. Na', 內 Conf. Nei.
207. Nai, 乃.
208. Nan, 丹 南 難.
209. Nang, 囊.
210. Nao, 奴 鹵 堯.
211. Nei, 內.
212. Neng, 能 寧.
213. Neou, 辱 繻 Conf. Jo et Jou.
214. Ngai, 愛.
215. Ngan, 安 奄 音 嚴.
216. Ngang, 卬 央 C. Niang.
217. Ngao, 夭 敖 奧.
218. Nge, 厄 各 客.
219. Ngen, 恩.
220. Ngeng, 更.
221. Ngeou, 禺 區.
222. Ngo, 我 (Voy. n° 136, Ko.)
223. Ngo', 亞 咢.
224. Ni, 尼 兒 貳 爾 C. Eulh et J
225. Ni', 兒 弱 匿.

226. Niang, 卬 良 襄 C. Liang, Jang.
227. Niao, 鳥 弱 堯 C. Jao, Jo.
228. Nieï, nie, 垔 業 晶.
229. Nien, 占 念 展 僉 C. Kien et Tien.
230. Nieou, 丑.
231. Nin (ou Jin), 刃.
232. Ning, 寧 (Voy. Neng, n° 212.)
233. Nio, 虐.
234. Niu, 女.
235. No, 那 繻.
236. No', 若 (Voy. Jo et Jou.)
237. Nou, 奴.
238. Nouan, 㝇 奧.
239. Noung, 農.
240. Nun, 奧 Conf. Jouen, Jun.
241. O, 可 Conf. Ko.
242. O', 曷 惡 (Voy. Ko, n° 138.)
243. Pa, 巴 白.
244. Pha, 巴.
245. Pa', 八 犮.
246. Pai, 貝 非 卑 Conf. Pei.
247. Phai, 蒲.
248. Pan, 反 分 舟 般 C. Fan.
249. Phan, 半.
250. Pang, 邦 旁.
251. Phang, 旁.
252. Pao, 勺 包 保.

253. *Phao,* 包.
254. *Pe',* 白 百.
255. *Phe',* 白.
256. *Peï,* 丕 貝 非 音 背.
257. *Pheï,* 鳳 音.
258. *Pen,* 本.
259. *Phen,* 賁.
260. *Peng,* 朋.
261. *Pheng,* 朋 幷 彭.
262. *Pheou,* 音. (Voy. nᵒˢ 256-57.)
263. *Pi, pie,* 匕 比 必 皮 非 卑 畐. 辟 畢. Conf. *Pieï, Pie.*
264. *Phi, pie,* (Mêm. group. que ci-dessus.)
265. *Piao,* 表 鷹.
266. *Phiao,* 票.
267. *Pieï, pie,* 比 必 別 畢 敝.
268. *Phieï, phie,* 別 蔽.
269. *Pien,* 便 扁 邊.
270. *Phien,* 幷 »(*)
271. *Pin,* 賓.
272. *Phin,* »
273. *Ping,* 丙 平 幷.
274. *Phing,* 平 粤.
275. *Po,* 皮 番.

276. *Pho,* »
277. *Po',* 白 犮 孛 專.
278. *Pho',* » » 炙 » 發 業.
279. *Pou,* 布 甫 音 普.
280. *Phou,* 甫.
281. *Pou',* 卜 孛 業.
282. *Pouan, pwan,* 般. C. *Phan.*
283. *Phouan, phwan,* 番 » Conf. *Po.*
284. *Poung,* 奉.
285. *Phoung,* »
286. Sᴀ, 及 崔. Conf. *Khie.*
287. *Saï,* 思. Conf. *Si* et *Sse.*
288. *San,* 彡 參 散.
289. *Sang,* 桑.
290. *Sao,* 蒲 蚤 叟 巢.
291. *Sse,* 厶 巳 士 史 四 司 思. 師 斯.
292. *Seng,* 生 省 曾.
293. *Seou,* 叟 數.
294. *Si,* 西 昔 思 息 悉 習 徙. 麗.
295. *Si',* 夕.
296. *Siang,* 相 象 襄.
297. *Siao,* 小 肖 肅.
298. *Sieï, sie,* 射 寫 薛.
299. *Sieï, sie',* 世 屑 契.
300. *Sien,* 山 先 毚 僉 韱 鮮.

(*) Les *guillemets* » indiquent que le caractère dont ils tiennent la place est *le même* que celui qui est *immédiatement au-dessus.* Ils sont employés ici pour éviter des répétitions inutiles de *caractères.*

CHINE MODERNE.

301. Sieou, 由 秀 肅.
302. Sin, 凡 心 辛 尋 先 新.
303. Sing, 生 星 省.
304. Siouen, 宣 巽. C. Hiouen.
305. Siouëi, 彗.
306. Siu, 予 余 頁 胥.
307. Siun, 旬 夋 盾.
308. So, 少 夋 貨 率.
309. So', 朔 索.
310. Sou, 宂 素 蘇.
311. Sou', 谷 宿 欶 賣.
312. Souan, 夋.
313. Souï, 夲 遂 造.
314. Soung, 丞 夋.
315. Sun, 孫.
316. TA, 大.
317. Tha', 查 昜 荅 達.
318. Taï, 代 台 隶 帶.
319. Thaï, 太 台 臺.
320. Tan, 尣 旦 單.
321. Than, 炎 名 貪 單 詹 亶.
322. Tang, 當.
323. Thang, 尙 唐 堂 湯 黨.
324. Tao, 刀 到 道.
325. Thao, 兆 匋 舀 淚.
326. Tcha, 乍 麥 盧 奢.
327. Tch'a, 叉 乇 宅 查 差 茶.
328. Tcha', 乚 禹 察.
329. Tchaï, 差 齊.
330. Tchan, 占 戔 甚 斬 巽.
331. Tch'an, 產 戴 毚.
332. Tchang, 長 章.
333. Tch'ang, 丈 昌 尙 易 倉 常 昜.
334. Tchao, 爪 召 兆 卓 朝.
335. Tch'ao, 少 巢.
336. Tche, 車 者 奢 庶.
337. Tch'e, » »
338. Tché, 折 耴 習 敖 聶.
339. Tchen, 占 展 詹 亶. C. Than.
340. Tch'en, 單 厘.
341. Tcheou, 寸 州 舟 周 嘼.
342. Tch'eou, 丑 由 臭 鬼 壽.
343. Tchi, 止 只 台 支 氏 旨 子 多 寺 知 俞.
344. Tch'i, 也 虎 帶 犀.
345. Tchi', 失 直 執 祭 斲 質.
346. Tch'i', 斥 赤 刺 商.
347. Tchin, 允 參 臣 辰 貞.
348. Tch'in, 允 甚.
349. Tching, 正 成 貞 稱 敬.
350. Tch'ing, 呈 承 登 甌.
351. Tcho', 勺 足 豕 翟.
352. Tch'o', 卓.
353. Tchou, 主 朱 者 著 蜀 諸.

354. *Tch'ou*, 竹 宁 區 尌.
355. *Tchoua*, 叜 過.
356. *Tchouaï*, 妻 崔 最.
357. *Tchouang*, 兇 丬 舂 童.
358. *Tch'ouang*, 倉 恩 爽.
359. *Tchouë*, 出 叕 C. *Tchu*.
360. *Tchouen*, 竝 耑 彖 專 巽.
361. *Tch'ouen*, 巛 川 舟.
362. *Tchouï*, 欠 隹 垂 追 毳.
363. *Tch'ouï*, „ „
364. *Tchoung*, 中 夊 眾 童.
365. *Tch'oung*, 充 重 冢 舂 寵.
366. *Tchu*, 出 由 属 蜀.
367. *Tch'u*, 竹 兄 畜.
368. *Tchun*, 屯 享 盾.
369. *Tch'un*, 春.
370. *Te'*, 寺 寽 悥.
371. *Teng*, 登.
372. *Theng*, 鳶.
373. *Teou*, 斗 豆.
374. *Theou*, 攴 兪 賣.
375. *Ti*, 氐 弟 帝.
376. *Thi*, 是 虒.
377. *Ti'*, 勻 商 翟.
378. *Tiao*, 刀 兆 周.
379. *Thiao*, 條 翟.
380. *Tieï, tie*, 失 占 枼 戠 豊.
381. *Thieï, thie*, 帶 習.
382. *Tien*, 占 田 典 殿.
383. *Thien*, 天 田 忝 眞 顚.
384. *Ting*, 丁 定.
385. *Thing*, 丁 亭 廷.
386. *To*, 多 朶.
387. *Tho*, 它 育 橐.
388. *To'*, 毛 叕 睪.
389. *Tho'*, 石 兌 C. *Chi, Choue*.
390. *Tou*, 石 荅 度.
391. *Thou*, 土 余.
392. *Tou'*, 突 毒 蜀 賣.
393. *Thou'*, 秀.
394. *Touan*, 豆 耑 段 彖 專 醫.
395. *Touï*, 自 兌 隹 㒸 對.
396. *Thouï*, 退 貴.
397. *Toung*, 冬 同 東 重.
398. *Thoung*, 充 甬 童.
399. *Tun*, 屯 盾 敦.
400. *Thun*, „ „
401. *Tsa'*, 襾 察 雥 贊.
402. *Tsaï*, 才 采 宰.
403. *Thsaï*, „ „
404. *Tsan*, 㦰 參 斬 朁 毚 贊.
405. *Thsan*, „ „
406. *Tsang*, 羊 倉 臧 藏.
407. *Thsang*, „ „ „

408. *Tsao*, 喿 造 巢
409. *Thsao*, 草 曹
410. *Tse*, 毛 朿 冊 束 則 畱 責 商
411. *Thse*, 斥 㯓 »
412. *Tseng*, 爭 曾 掌
413. *Thseng*, 登
414. *Tseou*, 奏 芻
415. *Thseou*, »
416. *Tseu*, 子 㢧 此 司 兹 畱 則 宰
417. *Thseu*, 束
418. *Tsi*, 切 祭
419. *Thsi*, 妻 齊
420. *Tsi'*, 束 疾 脊 叜 集
421. *Thsi'*, 七 冒 桼 戚 C. *Tse*.
422. *Tsiang*, 另 將 羊 C. *Thsang*.
423. *Thsiang*, 倉 嗇 C. *Tsang*.
424. *Tsiao*, 肖 巢 焦
425. *Thsiao*, » » »
426. *Tsieï, tsie*, 且 昔
427. *Thsieï, thsie*, 巴 妾 疌 節
428. *Tsien*, 千 戔 前 剪 斬
429. *Thsien*, » » »
430. *Tsieou*, 酉 秋 就
431. *Thsieou*, » » »
432. *Tsin*, 心 晉 盡 新

433. *Thsin*, 𡨄 秦 尋
434. *Tsing*, 井 爭
435. *Thsing*, 靑 »
436. *Tsio'*, 昔 雀 爵
437. *Tsionei*, 㕚
438. *Tsiouen*, 全 原 雋
439. *Thsiouen*, »
440. *Tsiu*, 且 取 聚
441. *Thsiu*, » » »
442. *Tsiun*, 夋
443. *Tso*, 左 坐
444. *Thso*, 昔 差
445. *Tso'*, 乍 昔
446. *Thso'*, 昔 最
447. *Tsou*, 且 足 卒 族
448. *Thsou*, 足
449. *Tsouan*, 雋 贊
450. *Thsouan*, »
451. *Tsoui*, 卒 毳 最
452. *Thsoui*, 崔
453. *Tsoung*, 宗 叜 恩 從
454. *Thsoung*, » »
455. *Tsun*, 尊
456. *Thsun*, 寸
457. *Tun*, 屯 敦 C. *Chun*.
458. *Thun*, 盾 C. *Siun*.
459. *Wou', ou'*, 兀 屋

460. *Woung, oung,* 邕 雍 C. *Young.*
461. *Wa, ouaʻ,* 瓦 瓮 圭 窊 蔑
462. *Waï,* 丕
463. *Wan,* 凡 元 完 免 宛 彎
464. *Wang,* 亡 王 网 囧
465. *We,* 勿 危
466. *Wei, Goei,* 未 隹 散 危 委 威 韋 畏 胃 爲 歲
467. *Wen,* 文 𥁕 萬
468. *Wo,* 果 委
469. *Woʻ,* 蒦
470. *Wou, ou,* 五 吾 乍 亏 烏 吳 武 屋
471. *Wou,* 无 母 無 家
472. YA, 另 亞
473. *Yaʻ,* 乚 歹 甲
474. *Yaï, I,* 厄 矣 厓 委 益 意
475. *Yang,* 央 羊 易 羕 養
476. *Yao,* 幺 夭 幼 要 䍃 堯 翟
477. *Ye,* 也 邪 邑 夜 業
478. *Yeʻ, Yi,* 亦 壹 葉 益 易 意 睪 業
479. *Yen,* 开 言 延 奄 彥 匽 弇 焉 寅 燕 嚴
480. *Yeou,* 尤 右 幼 由 有 酉 㫃 憂

481. *Yin,* 斤 引 因 㞢 音 垔 寅 慭
482. *Ying,* 央 盈 熒 嬰 嬰
483. *Yoʻ,* 勺 虐 侖
484. *Youë,* 月 戉 兑 歲
485. *Youen,* 元 完 宛 爰 員 鼎 象 原 哀
486. *Young,* 永 甬 庸 容 雍
487. *Yu,* 亏 予 余 吾 於 禹 兪 與 鄉
488. *Yuʻ,* 羽 谷 欲 奧
489. *Yun,* 云 允 勻 𥁕 員 軍

Les *groupes phonétiques* chinois n'é-
tant limités que par l'usage qu'en ont
fait les écrivains indigènes, et non par
la nature même de ces signes représentatifs de la parole, ou plutôt de la langue parlée (puisque chaque *signe* d'idée
peut devenir *signe de son*), nous n'avons
pas eu la prétention de les comprendre
tous dans le tableau précédent ; mais on
y trouvera tous les *groupes phonétiques* les plus usuels (*), et qui s'associent au plus grand nombre de *radicaux*, ou types génériques d'idées. On
y trouvera aussi la plus grande partie
des autres. Nous aurions désiré faire
un travail pour diviser ces *groupes phonétiques* en deux classes. Dans la *première*, nous aurions placé tous ceux
dont l'emploi comme *groupe phonétique* remonte aux premiers temps ou
au premier âge, comme nous l'avons

(*) Nous avions, dans notre manuscrit,
marqué d'un *astérisque** les *groupes phonétiques* de cette catégorie, pour les signaler
plus spécialement à l'attention du lecteur ;
mais cette disposition n'a pu s'exécuter à la
typographie.

rappelé, de l'écriture chinoise(*); dans la *seconde* classe, nous aurions placé les *groupes phonétiques* des temps modernes, où la nécessité de reproduire en chinois des noms étrangers, et d'autres causes, en ont fait beaucoup augmenter le nombre. Mais nous avons pensé que ce travail ne présentait pas assez d'utilité à nos lecteurs pour le publier ici.

Le tableau précédent présente aussi la liste de tous les mots, ou plutôt de toutes les articulations de la langue chinoise. Cette liste n'est pas considérable, puisqu'il n'y en a que 489 : et si l'on supprimait les *variantes* du même mot, qui ne différent que parce que la prononciation en est *aspirée*, ce nombre serait encore beaucoup réduit. Il est vrai que par les *intonations* qu'on leur donne en les prononçant, intonations qui peuvent se représenter par nos quatre accents ´ ` ˆ ˇ, ce nombre peut être porté à 1200. Mais ce fonds de la langue parlée chinoise est toujours excessivement pauvre, et le nombre considérable des homonymes rend très-difficile, surtout pour des étrangers, l'intelligence de cette langue.

Les Chinois, pour remédier à ce grave inconvénient, ont eu recours à toutes sortes de combinaisons et d'associations de mots, que nous ne croyons ni utile ni opportun d'exposer ici.

Il y a en Chine, comme d'ailleurs dans tous les pays étendus qui parlent la même langue, une grande diversité de prononciation. Chaque province a la sienne ; mais celles des provinces méridionales sont peut-être celles qui différent le plus de la prononciation classique de *Nan-king*, l'ancienne métropole, qui fait encore autorité dans les livres et dans la langue officielle des fonctionnaires publics, ainsi qu'à la cour. Les principaux dialectes connus sont ceux de Canton et du *Fo-kien*. Voici quelques exemples de cette diversité de prononciation du même mot ou caractère dans différentes provinces :

Signification	Prononciation		
des mots.	mandarinique.	de Canton.	de Fo-kien.
Un,	*i,*	*yut,*	*it.*
Deux,	*eûh,*	*i,*	*ji, no.*
Trois,	*sân,*	*sâm,*	*ssam.*
Quatre,	*ssé,*	*sz',*	*sek.*
Cinq,	*oû,*	*'ng,*	*ngou.*
Six,	*lou,*	*louk,*	*liok.*
Sept,	*thsi,*	*ts'at,*	*tchit.*
Huit,	*pâ,*	*pât,*	*pât.*
Neuf,	*kieoû,*	*kao,*	*'kiu.*
Dix,	*chi,*	*chap,*	*sip.*

Le caractère général et caractéristique des dialectes des provinces méridionales de la Chine, c'est que la plupart des mots ou articulations, au lieu de se terminer par des *voyelles* ou des *nasales*, comme dans les provinces du nord et dans la prononciation mandarinique(*), se terminent par une *consonne ténue*, surtout dans les mots qui sont affectés de l'accent *bref*, comme on le voit pour les noms de nombre reproduits ci-dessus. A *Pé-king*, on change souvent le *k* devant l'*i* en *dz*, le *s* en *ch*, et on prononce le *h* comme *kh* (**).

(*) Quand on étudie les anciens monuments graphiques de la Chine, tels que les inscriptions gravées sur des vases qui remontent aux premières dynasties (voy. notre 1ᵉʳ vol., p. 202, et les planches 38 à 44 qui l'accompagnent), on est surpris de ne rencontrer dans ces inscriptions que peu et même point de caractères *idéo-phonétiques*; ce sont tous des caractères *figuratifs* ou censés tels. Ce n'est qu'à l'époque où l'on a commencé à avoir un fonds de signes suffisants pour écrire des livres, que l'on trouve l'usage des *groupes phonétiques*. Sans cette utile, quoique incomplète invention, l'écriture des Chinois, de même que l'écriture hiéroglyphique des Égyptiens, seraient restées à l'*état d'enfance*, comme les *quipos* des Péruviens ; et probablement les civilisations des deux premiers peuples n'auraient pas pris un plus grand développement que celle du troisième.

(*) Ou *kouan hoá*, langue des *magistrats*, c'est-à-dire *langue officielle*, que tous les mandarins ou fonctionnaires publics doivent écrire ou parler correctement pour remplir leurs fonctions.

(**) Cette diversité des dialectes d'une même langue n'est pas aussi indifférente qu'on pourrait le supposer au premier abord. Leur connaissance suffit souvent pour découvrir des étymologies, et, par suite, des faits historiques qui, sans elle, seraient restés à jamais ignorés.

Notions de grammaire chinoise. —
1. Le système de la langue et de l'écriture chinoises diffère de tous les autres systèmes de langue connus, même de la langue hiéroglyphique des anciens Égyptiens, en ce sens que chaque caractère, représentant un mot de la langue, reste aussi *invariable*, quelle que soit sa place dans la phrase ou le discours, que si, dès l'origine, il avait été coulé dans un moule d'airain. Au premier abord, on croirait, en jetant les yeux sur une page d'écriture chinoise, voir une de ces anciennes constructions étrusques formées de blocs de pierres brutes qui ne sont que *juxta-posées*, sans qu'il y ait entre elles un lien apparent. Mais, en l'observant de plus près, on trouve que l'intelligence qui préside à toutes les œuvres de l'homme ne lui a pas fait défaut.

2. L'usage de l'écriture, comme nous l'avons vu précédemment (p. 278 et suiv.), remonte, en Chine, à 2,700 ans avant notre ère (*). Les monuments écrits chinois que nous possédons maintenant ne remontent (sauf un certain nombre de fragments qu'il est assez facile de distinguer) qu'à l'époque du règne des empereurs *Yao*, *Chun* et *Yu*, les trois principaux législateurs de la Chine, environ 2,200 ans avant notre ère (**). Mais cette antiquité de quarante siècles suffit grandement pour établir entre les monuments littéraires de la première époque et ceux de notre temps une différence marquée. Toutefois, cette différence n'est pas aussi grande que le laps de temps écoulé entre eux pourrait le faire supposer. Les caractères employés par les premiers législateurs chinois le sont encore de nos jours, avec la même forme qui leur a été donnée il y a plus de deux mille ans. On y en a seulement ajouté de nouveaux. La différence subsiste principalement dans le *style*, qui est *très-concis* dans les anciens ouvrages, tandis que, dans les écrits modernes, la pensée est revêtue d'une forme moins abrupte et plus chargée d'ornements. Dans le style ancien la forme est souvent sentencieuse, les *verbes* auxiliaires ou affirmatifs sont la plupart du temps *sous-entendus*; l'usage des mots *vides* est très-restreint. C'est le contraire dans le style moderne. Un autre caractère du style moderne est l'emploi des *expressions composées*, qui sont encore rares dans le style ancien. Cette différence des deux styles a porté quelques

---

(*) On possède maintenant des monuments hiéroglyphiques qui remontent jusqu'à la 4ᵉ dynastie égyptienne; ce qui placerait l'usage de *l'écriture* en Égypte 5,000 ans avant notre ère, selon les anciens chronologistes.

(**) On pourrait même ne faire remonter la rédaction actuelle des plus anciens livres chinois qu'à l'époque du philosophe Confucius; encore n'avons-nous pas les anciens livres chinois imprimés avec les caractères antiques qui étaient alors en usage. Il est vrai que les savants chinois ont, à diverses époques, cherché à reconstituer leurs anciens livres dans la forme que les caractères de l'écriture possédaient à l'époque de la rédaction de leur grand philosophe. On possède à la Bibliothèque nationale un exemplaire très-beau des Cinq *King*, sans commentaire, imprimé en caractères antiques *tá tchouán*. Nous possédons nous-même un exemplaire du *Y-king*, ou *Livre des Transformations*, le plus ancien de tous les livres chinois, tel qu'il fut retrouvé sous les *Han*, en anciens caractères *koŭ-wén*, ou de la haute antiquité (voy. p. 286), avec une transcription interlinéaire en écriture *moderne* et beaucoup de commentaires. Cet exemplaire, unique en Europe, et peut-être même le seul qui existe dans le monde, a été imprimé ou du moins *publié* la 24ᵉ année *wen-li* (1596 de notre ère), ainsi que le porte une inscription chinoise manuscrite placée en tête. Cet exemplaire précieux est un peu endommagé par le temps, mais il est encore d'un prix incalculable pour l'étude de la langue et de l'archéologie chinoises. C'est de cette édition du *Y-king*, en caractères *Koŭ-wen*, que nous avons tiré les caractères de *forme ancienne figurative*, insérés pages 290 et suivantes de ce volume.

Nous possédons encore un exemplaire plus ancien d'un *Dictionnaire*, par ordre de matières, des *anciens caractères chinois*. Ce dictionnaire, intitulé *Loŭ-choŭ-thsing-wén*, c'est-à-dire : *Collection quintessentielle des six classes de caractères*, fut publié l'an 1540 de notre ère.

Ces deux ouvrages très-précieux sont d'un secours inappréciable pour l'étude de l'archéologie et de l'ancienne écriture chinoise.

sinologues européens, entre autres le P. Prémare, dans sa *Notitia linguæ sinicæ* (*), et M. Abel Rémusat, dans ses *Éléments de la Grammaire chinoise* (**), à donner une grammaire pour chacun de ces différents styles. Nous ne pouvons que renvoyer à ces deux excellents ouvrages les personnes qui désireraient faire une étude spéciale de la langue chinoise.

« Dans l'antiquité, dit M. Abel Ré-
« musat (*Éléments de la Grammaire*
« *chinoise*, § 64), l'écriture ne servant
« encore qu'à des usages bornés, on se
« plaisait à sous-entendre le verbe ou
« le sujet des propositions, et à laisser
« aux mots toute leur latitude d'accep-
« tion; on marquait rarement leurs rap-
« ports; on exprimait ses idées avec le
« moins de mots possible; on écrivait
« isolément chaque proposition, sans la
« lier à celles qui la précédaient ou la
« suivaient. De là résultat ce style sen-
« tencieux, vague, concis et morcelé,
« qu'on remarque dans les anciens mo-
« numents, et qu'on nomme, à cause
« de cela, *Style antique* (*koù-wén*).

« Ce style, ayant bientôt cessé d'être
« en rapport avec les besoins de la so-
« ciété, il s'y est introduit divers chan-
« gements, qui, tous, ont pour but de
« rendre la langue claire, précise, et
« susceptible de formes variées. Pour
« qu'on pût s'entendre en parlant, on
« a substitué des mots composés aux
« termes simples, qui prêtaient à trop
« d'équivoques, à cause des mots *homo-*
« *phones*. L'emploi plus fréquent des
« *pronoms* a permis de déterminer le
« sens *substantif* ou verbal des mots;
« l'usage de *particules nouvelles*, ou
« autrement employées, a marqué net-
« tement leurs rapports, et divers pro-
« cédés phraséologiques ont fait varier
« la coupe et l'enchaînement des pro-
« positions. »

(*) *Notitia linguæ sinicæ*, imprimée à Malacca, en 1831, mais composée en Chine et envoyée en Europe dès 1728; un vol. in-4°. Le manuscrit original du P. Prémare, missionnaire français, est à la Bibliothèque nationale de Paris, ainsi que plusieurs autres manuscrits inédits du même missionnaire.

(**) *Éléments* de la Grammaire chinoise, par M. Abel Rémusat; Paris, 1822, un vol. in-8°.

3. En thèse générale, un mot ou caractère, de la première catégorie, peut tour à tour jouer le rôle de *substantif*, *adjectif* et verbe. Quand un caractère qui n'a pas ordinairement l'acception de *verbe*, la prend dans une phrase, il est alors généralement affecté de l'accent appelé *khiú* ', l'accent du *mouvement* (*). Ainsi le mot *wang*, lu avec l'accent ^, ou de repos, signifiera *roi*; avec l'accent ', ou du mouvement, il signifiera *gouverner* (**).

4. Les caractères chinois étant toujours absolument *invariables*, il eût été difficile, pour ne pas dire impossible, de découvrir le vrai sens d'une phrase chinoise, si aucun principe n'avait présidé, dès l'origine, à sa construction. Ce principe, c'est celui de la *position*, qui est en quelque sorte *mathématique*, comme celle des chiffres. C'est cette *position* du caractère dans la phrase qui détermine principalement sa *valeur grammaticale* (***), comme cette position détermine aussi celle des chiffres.

5. Les grammairiens chinois ont classé tous les mots de leur langue en deux grandes catégories: l'une qui comprend tous ceux qui ont *par eux-mêmes*, et indépendamment de la place qu'ils occupent dans le discours, une signification générale propre, comme les mots que nous appelons *noms*, *adjectifs*, *verbes*; les mots de cette grande catégorie sont nommés par eux *mots pleins* (*chi-tseù*); l'autre de ces catégories comprend tous les mots qui, *par eux-mêmes*, n'ont aucune signification propre, mais qui, servant de liens aux

(*) Cette règle est donnée dans le Dictionnaire impérial de *Khang-hi*, sub voce *cháng* (*haut, monter*), 1er Radical.

(**) Cette faculté d'être tour à tour *nom substantif* et *verbe* n'est pas seulement propre à la langue chinoise. *Love*, en anglais, signifie *amour*, et *to love*, aimer.

(***) L'esprit européen cultivé, qui est habitué aux catégories, aux désinences et aux formes grammaticales des langues alphabétiques, s'accoutume difficilement à cette *expression* des rapports grammaticaux de la langue chinoise, expression qui est plutôt dans la *pensée* que dans la *forme extérieure* de l'écriture.

premiers, marquent les *rapports* qu'ils ont entre eux, et leur servent d'auxiliaires; les mots de cette catégorie sont nommés *mots vides (hiû-tseŭ)*, par opposition aux premiers, ou *termes auxiliaires (tsoŭ-tseŭ)*.

6. La langue et l'écriture chinoises étant données, trouver le système ou les lois grammaticales qui ont dû présider aux rapports des mots entre eux, dans le but d'exprimer clairement les idées et les conceptions de l'esprit.

Pour résoudre ce problème, il ne faut pas appliquer à la langue chinoise les formules des langues alphabétiques; ce serait s'écarter considérablement de la solution. Un esprit éminent, Guillaume de Humboldt, a dit :

« Les grammaires des autres langues « ont une partie *étymologique* et une « partie *syntactique*; la grammaire chi« noise ne connaît que cette dernière. De « là découlent les lois et les particulari« tés de la phraséologie chinoise; et dès « qu'on se place sur le terrain des ca« tégories grammaticales, on altère le « caractère original des phrases chi« noises (*). »

Cela est parfaitement vrai, si l'on veut bien comprendre le génie de la langue chinoise; mais si l'on veut se borner à l'*interpréter*, l'*appareil* des catégories grammaticales est un *instrument* qui peut aider considérablement l'esprit accoutumé dès son enfance à s'en servir. C'est ce qui explique pourquoi tous les sinologues qui ont publié des grammaires chinoises ont suivi plus ou moins la méthode des grammairiens européens (**).

(*) *Lettre* à M. Abel Rémusat sur la nature des formes grammaticales en général et sur le génie de la langue chinoise en particulier, par M. G. de Humboldt. Paris, 1827.

(**) Nous croyons devoir donner ici la liste, par ordre de dates, des *Grammaires* et des *Dictionnaires chinois* publiés par des Européens :

GRAMMAIRES.

1. Arte de la lengua mandarina ; compuesto por el M. R. P. Francisco Varo. Impreso en Canton, 1703.
— Ouvrage excessivement rare et dont on ne connaît que très-peu d'exemplaires en Europe. Les caractères chinois n'y sont pas reproduits.

7. Nous avons dit que les grammairiens chinois avaient classé tous les ca-

2. Museum Sinicum, etc., opera Th. Sigefr. Bayeri. Petropol., 1730.
3. Meditationes Sinicæ; opera Steph. Fourmont. Lutetiæ Parisiorum, 1737, in-fol.
4. Linguæ Sinarum mandarinicæ hieroglyphicæ Grammatica duplex. Par le même, 1742, in-fol.
— M. Abel Rémusat a dit de Fourmont (préface des *Éléments de grammaire chinoise*, p. XII) : « On peut dire que Fourmont est un « des auteurs qui ont le plus répandu d'idées « fausses sur le chinois. »
5. *Clavis Sinica*; Elements of chinese grammar; by J. Marshman. Serampore, 1814, in-4°.
6. A Grammar of the chinese language; by R. Morrison. Serampore, 1815, in-4°.
7. Éléments de la grammaire chinoise ; par M. Abel Rémusat. Paris, 1822, in-8°.
8. Arte China; por J. A. Gonçalves. Macao, 1829, petit in-4°.
9. Notitia linguæ Sinicæ; auctore P. Prémare. Malacca, 1831, in-4°.
Nota. Cet excellent ouvrage, composé par le savant missionnaire français Prémare, avait été envoyé de Chine en France dès 1728, et il était resté inédit jusqu'en 1831, époque où il fut imprimé à Malacca par les soins et aux frais, dit-on, de lord Kingsborough. — Une traduction anglaise, faite par M. J. G. Bridgman, l'auteur de la *Chinese chrestomathy* in the Canton dialect (Macao, 1841, in-4°), a été récemment publiée à Canton, par les soins de M. S. W. Williams, lui-même habile et consciencieux sinologue, sous ce titre : The *Notitia linguæ Sinicæ of Premare*. Translated into english by J. G. Bridgman. Canton, 1847, petit in-8° de 328 pages. C'est une des publications les plus utiles qu'on ait pu faire pour le progrès des études chinoises.
10. Easy lessons in Chinese, or progressive exercises, to facilitate the study of that language, specially adapted to the Canton dialect; by S. W. Williams. Macao, 1842, in-8°.
— Cet ouvrage, sans être une grammaire proprement dite, est assurément un de ceux qui peuvent faciliter le plus rapidement par la pratique l'étude de la langue chinoise.
11. Notices on Chinese grammar; by *Philosinensis*. Batavia, 1842, in-8°; imprimé par la lithographie.
— C'est sous ce nom de *Philosinensis* que le R. M. Medhurst a publié plusieurs ouvrages. Cependant quelques sinologues attri-

ractères de leur langue en *deux* grandes catégories, c'est-à-dire, en *mots*

bueut cette esquisse de grammaire à M. Gutzlaff; M. Medhurst n'en serait que l'éditeur.

12. The Chinese speaker; or Extraits from works written in the mandarin language, as spoken at Péking, compiled for the use of students; by Robert Thom. Part. I. *Ning-Po*, Chine, 1846.

13. Manuel pratique de la langue chinoise vulgaire; par Louis Rochet. Paris, Marcellin Legrand, éditeur, 1846.

— Ces deux derniers ouvrages ont été imprimés la même année, l'un en *Chine*, l'autre à *Paris*, avec les caractères chinois *décomposables*, dont il a été question précédemment (p. 319 et 320).

DICTIONNAIRES.

1. Dictionnaire chinois, français et latin (par le P. Basile de Glemona); publié par M. de Guignes. Paris, I.-I., 1813, in-fol.
2. A Dictionnary of the chinese language, in thre parts; by R. Morrison. 6 vol. in-4°, Macao, 1813-1825.
3. Vocabulary of the Canton dialect; par le même. Macao, 1828, 1 vol. in-8°.
4. Diccionario china-portuguez, e portuguez-china; por J. A. Gonçalves. Macao, 1831-1833, 2 vol. petit in-4°.

Du même P. *Gonçalves* :

5. Vocabularium Latino-Sinicum. Macao, 1836, 1 vol. in-8°.
6. Lexicon manuale-Latino-Sinicum. Macao, 1839, 1 vol. in-18.
7. Lexicon magnum Latino-Sinicum. Macao, 1841, 1 vol. in-4°.
8. Systema phoneticum scripturæ Sinicæ; auctore J. M. Callery. Macao, 1841, 1 vol. gr. in-8°.

— L'ouvrage de M. Callery, qui est un *Vocabulaire* des caractères chinois les plus usuels, rangés dans un ordre particulier à l'auteur, montre d'une manière frappante le rôle que jouent les *groupes phonétiques* dans le système de l'écriture chinoise. Ces *groupes phonétiques* étant placés dans ce *Vocabulaire*, ainsi que dans le Dictionnaire *tonique* de M. Morrison, comme autant de *types génériques* qui s'assimilent les *divers radicaux* pour prendre autant de *significations différentes*, deviennent ainsi l'élément dominant de la langue et de l'écriture chinoises, tandis qu'ils n'en sont réellement que l'*élément secondaire*.

9. Dictionnaire encyclopédique de la langue

pleins et en *mots vides* (§ 5); une subdivision a été faite par eux à la première classe : les caractères qui ne font que *nommer* ou *qualifier* les objets (*noms substantifs* et *adjectifs*) ont été appelés *mots morts* (*ssé tséu*); ceux qui expriment la *manière d'être* des objets ont été nommés *mots vivants* (*séng-tséu*) ou *termes de mouvement* (*ho-tséu*). Toutes ces espèces de caractères sont aussi invariables les unes que les autres.

8. La langue chinoise étant par sa nature dépourvue des *inflexions* et DÉSINENCES qui caractérisent la plupart des autres langues du monde, il a fallu, comme dans les nombres, trouver un principe qui y suppléât pour que la phrase chinoise fût rendue intelligible. Ce principe, c'est le principe de *position*.

9. « En général, dans toute phrase chinoise où il n'y a rien de sous-entendu, a dit M. Abel Rémusat (*Grammaire chinoise*, p. 166), les éléments dont elle se compose sont arrangés de cette manière : le *sujet*, le *verbe*, le *complément direct*, le *complément indirect*.

Les *expressions modificatives* précèdent celles auxquelles elles s'appliquent; ainsi l'adjectif se met *avant* le substantif, sujet ou complément (*); le substantif régi *avant* le mot qui le régit (**); l'adverbe *avant* le verbe (***); la proposition incidente, circonstancielle, hypothétique, *avant* la proposition à laquelle elle se rattache par un

chinoise; par le même. T. Ier, 1re partie. Macao et Paris, 1845.

10. Chinese and English Dictionary; by W. H. Medhurst. Batavia, 2 vol. in-8°, lithographiés.
11. An English an Chinese vocabulary; by S. W. Williams. Macao, 1844, in-8°.
12. Dictionary of the *Hokkeen* (Fo-Kien) dialect; by W. H. Medhurst. Macao, 1831.

(*) Ex.: *Ching jin*, sanctus homo, *un saint homme*.

(**) *Min li*, populus vis, *la force du peuple*.

(***) *Chu min tseu lài*, plures populi filiorum-more venerunt, *les peuples accoururent auprès de l'Empereur, comme des fils près de leur père*. (Livre des *Vers*.)

adjectif conjonctif, ou par une conjonction exprimée ou sous-entendue (*).

« La *position* relative des mots et des phrases, déterminée de cette manière, supplée souvent à tout autre signe dont l'objet serait de marquer leur dépendance mutuelle, leur nature adjective ou adverbiale, positive ou conditionnelle, etc.

« Si le sujet est sous-entendu, c'est que c'est un pronom personnel, ou qu'il a été exprimé plus haut, et que le même substantif qui est omis se trouve dans la phrase précédente, dans la même qualité de sujet, et non dans une autre.

« Si le verbe manque, c'est que c'est le *verbe substantif* (**), ou tout autre aisé à suppléer, ou qui a déjà trouvé place dans les phrases précédentes avec un sujet ou un complément différents.

« Si plusieurs substantifs se suivent, ou bien ils sont en construction l'un avec l'autre, ou bien ils forment une énumération, ou enfin ce sont des synonymes qui s'expliquent et se déterminent les uns les autres (***).

(*) *Souï yéou khí wéi, keoù woù khí te, poï kàn tsò lì yŏ yán*, etsi habeant illorum (principum) dignitatem, si non illorum virtutem, ne audeant facere ritus musicamque: quoique certains princes occupent le trône des anciens et glorieux empereurs, s'ils n'en possèdent pas les vertus, ils ne doivent pas oser prescrire de nouvelles cérémonies et une nouvelle musique.

(**) Dans les anciens livres des moralistes et des philosophes chinois, la suppression du verbe substantif affirmatif est très-fréquente : *Kiün-tseü tchi Tao; feï eüh yén*, sapientis via, ampla et obscura; *la voie du sage* [est] *ample et cachée!* (Tchoung-young.)

(***) En chinois, comme d'ailleurs dans les autres langues, il y a des caractères qui ont souvent différentes acceptions, sur lesquelles l'esprit flotterait incertain, si on ne leur adjoignait dans la phrase un autre caractère qui détermine son acception. Ainsi, *tao* signifie *conduire, voie, doctrine*, etc.: s'il est adjoint à *loù, chemin*, de cette manière : *táo-loù*, il ne pourra signifier que *voie, chemin*. C'est là un des moyens fréquents en chinois, surtout dans le langage parlé qui est si pauvre en *vocables* différents, d'éviter les obscurités trop grandes et les équivoques nombreuses du discours.

« Si l'on trouve plusieurs verbes de suite, qui ne soient pas synonymes, ni employés comme auxiliaires, c'est que les premiers doivent être pris comme adverbes, ou comme noms verbaux, sujets de ceux qui suivent (*), ou ceux-ci comme noms verbaux compléments de ceux qui précèdent (**).

« Ce peu de mots est le résumé le plus précis qu'on puisse faire de toute la phraséologie chinoise. »

Nous donnons ici, comme exemple, l'analyse d'une phrase chinoise. Cette analyse fera mieux comprendre à nos lecteurs les principes qui précèdent.

<pre>
  1   2   3   4   5   6   7   8
 物 有 本 末 事 有 終 始
  9 10 11 12 13 14 15 16
 知 所 先 後 則 近 道 矣
</pre>

wĕ yèou pĕn moŭ; ssè yèou tchoung chi; tchi ssŏ sièn heoù; tsĕŭ kin Táo ı̆.

Littéralement : Res habent radices, ramosque; actiones habent finem, principiumque; cognosce id-quod prius, posteriusque; tunc prope-accedes viam (*particula finalis*). (*Tá-hio*.)

1. Le premier caractère de gauche (nous avons disposé les caractères de la phrase chinoise selon l'ordre européen) est un *substantif* indéfini, sujet de la première phrase, et qui signifie *chose*, *objet tombant sous les sens*. Il peut être pris au *singulier* ou au *pluriel*; aucun signe particulier, si ce n'est le sens de la phrase, ne portant le lecteur à lui donner de préférence l'un ou l'autre *nombre*. Il en est de même du verbe qui suit.

Ce premier caractère est composé du radical 93 (*nieoù*, bœuf) et du groupe phonétique wĕ (n° 465).

2. Le second caractère est le *verbe substantif* le plus usité en chinois. Il représente tous les *modes*, toutes les *personnes* et tous les *temps*, sans aucune espèce d'inflexion; c'est aussi le

(*) *Ssè séng yeoù ming*, mori, vivere, ou mors, vita, habent fatum; *vivre et mourir*, ou *la vie et la mort*, *sont réglés par la loi céleste*.

(**) *Khĭ jīn siao hoá*, manducare hominum irrisionis verba; *être l'objet des railleries des autres*.

sens et la disposition de la phrase qui portent l'esprit à lui attribuer le *mode*, la *personne* et le *temps* qui lui conviennent le mieux.

Il est composé du radical 74 (*youĕ*, lune) et du signe abrégé de la main (R. 29) qui se prononce *yéou* (V. n° 480).

3. 4. Ces deux caractères ont le même radical (75, *mou*, arbre). Seulement, pour le troisième, une barre horizontale à sa base indique que c'est la partie de l'arbre qui comprend les *racines*; et pour le quatrième, une barre également horizontale à la partie supérieure indique que c'est la portion de l'arbre qui comprend les *branches*. C'est là le sens propre et primitif. Pris au *figuré*, le troisième signifie *base fondamentale, cause, origine*; et le quatrième signifie *effets, conséquence d'un principe*. Ces deux caractères sont le *régime direct* du verbe qui les *précède*.

5. Ce caractère, dont la composition est remarquable, est un *substantif* indéfini, *sujet* de la seconde phrase, et qui signifie ordinairement aussi *chose, action*, mais dans l'ordre *moral*. Il était composé primitivement du signe *main* (R. 29) et du signe *parole* (R. 149), dont il conserve les traces.

6. Mêmes observations qu'au n° 2.

7. 8. Ces deux caractères sont le *régime* ou complément *direct* du verbe qui les *précède*. Le premier, qui est composé du radical 120 (*mi*, fil de soie) et du groupe phonétique *tchoŭng* (n° 364), signifie au propre : *bout de fil, extrémité*, et au figuré : *fin*. Le deuxième, qui est composé du radical 38 (*niù*, femme) et du groupe phonétique *tchi* (n° 343), signifie au propre : *principe de la femme*, et au figuré : *commencement, principe d'une chose*. Ces deux caractères sont en opposition dans cette phrase, comme les caractères 3 et 4 le sont dans la première. On remarquera aussi que ces deux premières phrases offrent un contraste et un parallélisme parfaits, la première s'appliquant aux *choses* de l'*ordre physique*, et la seconde aux *choses* de l'*ordre moral*. C'est là un des caractères fréquents du style antique.

Le philosophe chinois, après avoir posé en principe que *toute chose* dans l'*ordre physique* et dans l'*ordre moral* a un *commencement* et une *fin*, en tire la conséquence exprimée dans la double phrase suivante qui *balance* les deux précédentes.

La première des deux dernières phrases peut être, ou une *proposition hypothétique* rattachée à la *proposition principale* par la *conjonction tséu* (lune), ou une *proposition affirmative* construite avec un *nom verbal* à l'état abstrait ou à l'*infinitif*, dont la seconde serait le complément ; ou enfin une phrase commençant par un verbe à l'*impératif*, comme dans notre traduction latine. Dans les trois cas, le sens sera à peu près le même. Dans le premier, on lira : *Si l'on connaît ce qui précède et ce qui suit* (ou la *cause* et les *effets*, le *principe* et les *conséquences*), *alors on approchera bien près de la voie droite, de la raison supérieure*; dans le second cas, on lira : *Connaître ce qui précède et ce qui suit, c'est approcher très-près de la voie droite, de la raison suprême*; dans le troisième cas, on lira : *Connaissez les causes et les effets, et alors vous arriverez à la raison suprême*.

Il n'y a, dans les deux dernières phrases chinoises, aucun signe, aucune inflexion grammaticale qui oblige de les traduire d'une de ces façons plutôt que de l'autre; c'est la contexture du discours, le genre de diction qui fait choisir un mode plutôt que l'autre. Comme les deux premières phrases ont une forme didactique qui comporte le sens le plus général, le plus absolu, les deux dernières doivent avoir le même caractère.

9. Dans ce cas, le neuvième caractère sera un *nom verbal* au mode que nous appelons *infinitif*, « connaître. » Ce caractère appartient, par sa composition, à la troisième classe, que l'on nomme à *idées combinées* (voy. ci-devant p. 292). En effet, il est composé du radical 111 (*tchi*, flèche) et du radical 30 (*khèou*, bouche); c'est la *parole de vérité*, la *science* qui pénètre comme une *flèche*.

10. Ce caractère est un *pronom relatif* ou conjonctif, qui, en chinois, se place toujours *après* le sujet et *avant*

le verbe de la proposition dans laquelle il se trouve. Le *sujet*, ici, c'est l'infinitif *connaître* (*tchi*); le *verbe*, ce sont les deux caractères qui suivent.

11. 12. *Siên* et *hèou*, dans leur acception la plus commune, sont des prépositions qui signifient *avant* et *après*. Dans la phrase que nous analysons, ces deux caractères ont la force et la signification des verbes *précéder* et *suivre*; mais dans une acception philosophique, ils signifient la *cause* et l'*effet*. Le premier est composé du radical 10 (*jîn*, homme), et d'un caractère indiquant les *premières pousses* de la végétation; ce qui a donné l'idée de *principe* ou de *cause*. Le second caractère est composé du radical 60 (*tchi*, pas, marche) et du groupe phonétique *hèou* (n° 43).

13. Ce caractère est une *conjonction*, qui indique la dépendance des deux phrases. Il est composé du radical 18 (*taô*, couteau) et du radical 154 (*péi*, nacre de perle, monnaie).

14. Ce caractère est un verbe que l'on peut considérer comme étant au même mode *infinitif* que le n° 9, avec lequel il est en corrélation de *mode*, de *nombre* et de *temps*. Il est composé du radical de mouvement, 162 (*tcho*, marcher, marche), et du groupe phonétique *kin* (n° 121), et il signifie *approcher de*, etc.

15. Ce caractère est un *substantif*, régime ou complément *direct* du verbe précédent. Il est composé aussi du radical 162, qui est le signe générique du *mouvement*, et du radical 185 (*chèou*, tête); composition qui donne l'idée de *intelligence directrice*, *voie droite*, *raison suprême*.

16. Ce caractère est une *particule finale* insignifiante, qui ne sert le plus souvent qu'à clore la phrase avec symétrie.

Le lecteur aura pu se convaincre, par l'analyse qui précède, que, en chinois, la valeur de *position* des mots domine tout, et que c'est le plus souvent de la *position* qu'il occupe dans la phrase que l'on déduit le sens du caractère. Mais, si la valeur de *position* des caractères est le point le plus essentiel à connaître de la grammaire chinoise, il n'en reste pas moins un certain vague dans l'esprit de l'Européen, accoutumé aux formes précises des langues modernes. « Ce que je viens de dire des mots grammaticaux de la langue chinoise, qu'ils n'indiquent pas proprement les formes grammaticales des mots, peut également, à ce qu'il me semble, se dire de l'emploi que cette langue fait de la *position* des mots. En fixant par les lois grammaticales l'ordre des mots, on marque les parties constitutives de la pensée; mais, dénuée d'autres secours, la *position seule* est hors d'état de les marquer toutes. Elle laisse du vague là où des mots de différentes catégories grammaticales pourraient former une de ces parties. Aussi, les langues joignent-elles, pour la plupart, l'emploi de la *position* à celui des *flexions* ou de mots grammaticaux. Le chinois manquant de flexions, et usant très-imparfaitement de mots grammaticaux, s'en remet le plus souvent à la *position seule* pour l'intelligence de ses phrases.

« Sans *flexions*, ou sans quelque chose qui en tienne lieu, on manque souvent du *point fixe* qu'il faut avoir pour appliquer les règles de la *position*. On peut dire avec certitude que le sujet *précède* le verbe, et que le complément le *suit*; mais la *position* seule ne fournit aucun moyen pour reconnaître le *verbe*, ce premier chaînon auquel on doit rattacher les autres. Les règles grammaticales ne suffisant pas dans ce cas, il ne reste d'autre moyen que de recourir à la signification des mots et au sens du texte.

« Si l'on considère attentivement la phraséologie chinoise, la *position* des mots ne marque point proprement leurs formes grammaticales, mais se borne à indiquer *quel est le mot de la phrase qui en détermine un autre*. Cette détermination est considérée sous deux points de vue : sous celui de la restriction de l'idée d'une plus grande étendue à une plus petite, et, sous celui de la direction d'une idée sur une autre, comme sur son objet. De là dérivent les deux grandes lois de la construction chinoise auxquelles, à parler rigoureusement, se réduit toute la grammaire de la langue.

« Dans toutes les langues, une partie de la grammaire est *explicite*, marquée par des signes ou par des règles grammaticales, et une autre, *sous-entendue*, est supposée conçue sans ce secours.

« Dans la langue chinoise, la grammaire explicite est dans un rapport infiniment petit, comparativement à la grammaire sous-entendue.

« Dans toutes les langues, le sens du contexte doit plus ou moins venir à l'appui de la grammaire.

« Dans la langue chinoise, le sens du contexte est la base de l'intelligence, et la construction grammaticale doit souvent en être déduite. Le verbe même n'est reconnaissable qu'à son *sens verbal*. La méthode usitée dans les langues classiques, de faire précéder du travail grammatical et de l'examen de la construction la recherche des mots dans le dictionnaire, n'est jamais applicable à la langue chinoise. C'est toujours par la signification des mots qu'il faut y commencer.

« Mais dès que cette signification est bien établie, les phrases chinoises ne prêtent plus à l'amphibologie. — On peut rarement se borner à prendre les mots des phrases chinoises dans le sens seulement où on les emploie isolément; il faut, le plus souvent, y rattacher en même temps les modifications qui naissent de la combinaison de ce sens avec l'idée qui a précédé.

« La langue chinoise abandonne au lecteur le soin de suppléer un grand nombre d'idées intermédiaires, et impose par là un travail plus considérable à l'esprit. Chaque mot paraît, dans une phrase chinoise, placé là pour qu'on le pèse, et qu'on le considère sous tous les différents rapports avant que de passer au suivant. Comme la liaison des idées naît de ces rapports, ce travail purement méditatif supplée à une partie de la grammaire. On peut supposer que, dans le langage vulgaire, l'habitude et l'emploi de phrases, une fois usitées, rendent le même service.

« La langue chinoise n'offre jamais de ces phrases longues et compliquées, régies par des mots placés à une grande distance de ceux qui en dépendent; elle présente au contraire toujours un objet isolé et indépendant; elle n'attache à cet objet aucune marque qui autorise à l'attente de ce qui va suivre; elle place, après cet objet, d'une manière également isolée, ou une pareille marque, ou un deuxième objet, et compose insensiblement de cette manière des phrases entières.

« On peut, pour juger de cette langue, partir des points suivants :

« 1° La langue chinoise ne marque jamais ni la catégorie grammaticale à laquelle les mots appartiennent, ni leur valeur grammaticale en général. Les signes des idées, dans la prononciation et dans l'écriture, restent les mêmes, quelle que soit cette valeur.

« Le changement d'accent des noms qui peuvent passer à l'état de verbe, et quelques composés, font seuls exception à cette règle générale.

« 2° La langue chinoise n'attache point les *mots vides* aux *mots pleins*, de manière qu'on puisse, en enlevant de la phrase un mot *plein* avec son mot *vide*, reconnaître toujours avec précision, à l'aide du dernier, la catégorie grammaticale du premier.

« 3° La valeur grammaticale n'est donc reconnaissable qu'à la composition même de la phrase.

« 4° Elle ne l'est même alors que lorsqu'on connaît la signification d'un ou de plusieurs mots de la proposition.

« 5° La langue chinoise, dans sa manière d'indiquer la valeur grammaticale, n'adopte point le système des catégories grammaticales, ne les spécifie point, dans leurs nuances les plus fines, et ne les détermine même qu'autant que le langage le rend absolument nécessaire.

« On pourrait, d'après cette description, confondre la langue chinoise avec ces langues imparfaites de nations qui n'ont jamais atteint un grand développement dans leurs facultés intellectuelles, ou chez lesquelles ce développement n'a pas agi puissamment sur la langue; mais ce serait, selon mon opinion, une erreur extrêmement grave.

— « Avant que de tenter une explication du système de la langue chinoise, je dois encore développer davantage l'idée que je me forme de sa véritable nature. J'ai parlé presque exclusivement jusqu'ici des qualités qu'elle ne possède pas; mais cette langue étonne par le phénomène singulier qui consiste en ce que, simplement en renonçant à un avantage commun à toutes les autres, par cette privation seule, elle en acquiert un qui ne se trouve dans aucune. En dédaignant, autant que la nature du langage le permet (car je crois pouvoir insister sur la justesse de cette expression), les couleurs et les nuances que l'expression ajoute à la pensée, elle fait ressortir les idées, et son art consiste à les ranger immédiatement l'une à côté de l'autre, de manière que leurs conformités et leurs oppositions ne sont pas seulement senties et aperçues, comme dans toutes les autres langues, mais qu'elles frappent l'esprit avec une force nouvelle, et le poussent à poursuivre et à se rendre présents leurs rapports mutuels. Il naît de là un plaisir évidemment indépendant du fond même du raisonnement, et qu'on peut nommer purement intellectuel, puisqu'il ne tient qu'à la forme et à l'ordonnance des idées; et si l'on analyse les causes de ce sentiment, il provient surtout de la manière rapide et isolée dont les mots, tous expressifs d'une idée entière, sont rapprochés l'un de l'autre, et de la hardiesse avec laquelle tout ce qui ne leur sert que de liaison en a été enlevé. » (Guillaume de Humboldt, *Lettre sur le génie de la langue chinoise.*)

II. PHILOSOPHIE CHINOISE (*).

De toutes les manifestations qui peuvent le mieux, selon nous, faire connaître la civilisation d'un peuple et sa place dans l'histoire du développement de l'humanité, c'est celle de l'*idée philosophique*, c'est-à-dire, de la pensée d'un peuple sur toutes les questions qui, de tout temps, ont le plus occupé l'élite du genre humain. C'est cette pensée, cette idée, en quelque sorte génératrice, qui donne la forme concrète à la civilisation.

C'est encore une question, pour beaucoup de personnes, de savoir s'il y a une philosophie chinoise, si les Chinois ont connu et pratiqué ce que l'on appelle de nos jours la *philosophie*. Depuis Brucker, qui la trouvait partout, jusqu'à Hegel, qui ne la voyait presque nulle part, les historiens de la philosophie ont été fort embarrassés pour parler de la *philosophie chinoise*, et plusieurs d'entre eux ont pris le parti de nier son existence. L'embarras, il faut le dire, était légitime et tenait à l'insuffisance, ou plutôt à l'absence presque complète de documents philosophiques mis par les sinologues à la portée des penseurs européens. Avant l'exposition si substantielle que Colebrooke a faite des différents systèmes de la *philosophie indienne*, dans ses profonds *Essais* (*), on soupçonnait à peine l'existence de cette philosophie. Il en est encore de même aujourd'hui pour la *philosophie chinoise*. Celle-ci ne présente peut-être pas, il est vrai, un ensemble aussi imposant, aussi complet de textes spéciaux et de commentaires, avec les divisions et les formules rigoureuses de l'école; cependant, elle est très-riche aussi en monuments de différents genres, les uns assez modernes, les autres antérieurs aux plus anciens fragments qui nous ont été conservés de la philosophie grecque, considérée généralement jusqu'ici comme l'aïeule de toutes les philosophies. La spéculation en Chine s'est donnée, dès la haute antiquité, une carrière aussi vaste qu'en aucune autre contrée de la terre, et ce qui aurait dû, ce nous semble, arrêter à jamais l'essor de la pensée chinoise, et l'enchaîner en quelque sorte à la forme concrète ou sensible; la nature figurative de sa langue écrite n'a fait que lui donner plus de caractère et plus de vie. Les problèmes éternels sur lesquels, depuis plus de trois mille ans, la pensée de l'homme n'a cessé de méditer, ont sollicité de bonne heure la spéculation chinoise. Ce sont les différentes solutions que cette spéculation a données à ces pro-

---

(*) Cet article n'a encore reçu qu'une très-faible publicité en 1844 dans la *Revue indépendante*. Il a été composé pour ce 2ᵉ volume de la Description de la Chine.

(*) Traduits en français et annotés par l'auteur de ce volume.

blèmes que nous nous proposons de faire connaître dans cette Esquisse.

On n'attend pas de nous que nous fassions ici une exposition complète et détaillée de la philosophie chinoise. Ce travail, auquel nous n'avons point renoncé, ne pourrait convenir ni à la nature, ni à l'étendue de cette description. Notre tâche ici, sans être moins difficile peut-être, est plus simple : elle consiste à donner au lecteur une idée générale de la philosophie chinoise, en déterminant les caractères distinctifs des principales écoles, ainsi que leur ordre de succession, et en distinguant avec soin les doctrines de chacune d'elles que l'on a presque toujours confondues (*).

Première période.

Comme à toutes les époques primordiales et chez tous les peuples où la civilisation n'a pas encore replié complètement la pensée sur elle-même, la méthode primitive de la philosophie chinoise fut la méthode ontologique, ou la méthode *a priori*, nommée par les Chinois : *Étude ou science de ce qui a précédé le ciel* (*Siên thiên hiŏ*); ce que les anciens nommaient la *science première*. C'est la méthode suivie dans le *Y-King*, ou *Livre des Transformations*, le plus ancien livre assurément que l'antiquité nous ait transmis, et que l'histoire chinoise attribue, pour son texte rudimentaire, à Fou-hi, l'inventeur des premiers éléments de l'écriture chinoise, qui vivait, selon les Chinois, trois mille trois cent soixante-neuf ans avant notre ère; et, pour son texte intelligible, aux développements de *Wen-wang* et de *Tchéou-koung*, qui vivaient dans le douzième siècle avant la même époque. La pensée générale de ce livre primitif des *Transformations*, qui fut sans doute le premier essai, la première tentative de faire descendre le monde de la pensée dans le monde des sens (*), dégagée de la forme symbolique dont elle est généralement revêtue, est d'enseigner l'origine ou la naissance des choses et leurs transformations subordonnées au cours régulier des saisons; de sorte qu'on y trouve, à l'état presque rudimentaire, il est vrai, une cosmogonie, une physique et une psychologie.

On comprendra facilement qu'une écriture qui remplaçait les *cordelettes nouées*, et qui consistait uniquement dans une simple ligne continue (—) ou brisée (- -), combinée de diverses manières, ne pouvait qu'exprimer très-imparfaitement et conventionnellement les idées principales, et, en quelque sorte, les catégories arbitraires de la pensée humaine à son début dans la civilisation. C'est ce qui eut effectivement lieu pour le *Y-King* primitif de *Fou-hi*. Les figures rudimentaires avec lesquelles ce personnage antédiluvien construisit ou représenta la science également rudimentaire de son temps, sont pour nous, dans l'ordre intellectuel, ce que sont, dans l'ordre physique, ces débris organiques fossiles que l'on découvre dans les entrailles de la terre. Ce sont des restes d'une civilisation et d'un organisme dont nous n'avons plus la complète intelligence.

Ce que nous pouvons dire cependant de *Fou-hi*, c'est que le principe fonda-

---

(*) Un ouvrage chinois intitulé: *Tchoŭ-tseŭ wéi hân*, « Recueil par ordre chronologique de tous les philosophes, » que nous possédons, place *cinq* philosophes (Confucius étant considéré comme un *saint*), sous la dynastie des *Tchéou* (de 1134 à 720 av. J. C.); *neuf* dans la période comprise dans le *Tchun-tsicou* (de 720 à 480 av. notre ère); *vingt-cinq* dans la période nommée *Chen-kouë* ou des *royaumes en guerre* (de 480 à 255 av. J. C.); *six* sous les *Thsin* (254-202); *onze* sous les *Han* occidentaux (201 avant notre ère, à 25 après); *neuf* sous les *Han* orientaux (26-220 après J. C.); *quatre* sous les *trois royaumes* (221-264); *six* sous les *Tçin* (265-419); *trois* sous les *Soui* (581-617); *six* sous les *Thang* (619-905); *cinq* sous les *Soung* (960-1119); *deux* sous les *Youan* ou Mongols (1260-1341), et *un* seul sous les *Ming* (1368-1573), époque de la publication de l'ouvrage (*thiên khi*, 1621 de notre ère); en tout, quatre-vingt-douze philosophes (*tseu*).

(*) Voir, à ce sujet, notre ouvrage intitulé: *Essai sur l'origine et la formation similaires des écritures figuratives chinoise et égyptienne.* Première partie : *Synthèse*; Paris, F. Didot, 1842, gr. in-8°.

mental de sa conception ontologique est le principe *binaire* ou de *dualité*: l'abstraction ou le raisonnement n'ayant pas encore fait remonter la pensée jusqu'à la conception de *l'unité primordiale*. *Fou-hi* pose donc au sommet de ses catégories le *Ciel* et la *Terre*, en puissance et en acte, représentés, le premier par la ligne continue (—), la seconde par la ligne brisée (- -). Le premier symbole représente en même temps le premier principe mâle *yâng*, le soleil, la lumière, la chaleur, le mouvement et la force, en un mot, tout ce qui a un caractère de supériorité, d'activité et de perfection. Le second symbole représente en même temps le premier principe femelle *yin*, la lune, les ténèbres, le froid, le repos, la faiblesse, en un mot, tout ce qui a un caractère d'infériorité, de passivité et d'imperfection. Voici des textes à l'appui :

« C'est le *Ciel primordial* (*Youén-khién*) qui a donné l'origine à l'universalité des êtres, lesquels s'appuient sur lui, et ont en lui leur racine : c'est-à-dire que le Ciel est le lien qui embrasse tous les êtres. » (*Y-King*, ancien texte figuratif (*), paroles de *Wen-wang*, kiouen 2, folio 1.)

« Chose plus admirable encore ! C'est sur la Terre subordonnée au Ciel (*Khouén*) que naissent corporellement et s'appuient tous les êtres, c'est-à-dire qu'ils obéissent là aux lois qu'ils ont reçues du Ciel. La Terre, dans son ampleur, contient les êtres ; par sa vertu elle les réunit en un nombre illimité. » (*Ib.*, f° 2.)

On lit dans le *Hi-tseu*, ou *Supplément* au *Y-King* :

« Il y eut le Ciel et la Terre, et ensuite les dix mille êtres (tous les êtres) naquirent. » (*Y-King*, ancien texte, K. 2, f° 159.)

On y lit encore :

« Il y eut le Ciel et la Terre, et ensuite il y eut les dix mille êtres ; il y eut les dix mille êtres, et ensuite il y eut le mâle et la femelle ; il y eut le mâle et la femelle, et ensuite il y eut le mari et la femme ; il y eut le

(*) Voy. ci-devant page 336, *Note*.

« mari et la femme, et ensuite il y eut
« le père et la mère ; il y eut le père
« et la mère, et ensuite il y eut le père
« et le fils ; il y eut le père et le fils, et
« ensuite il y eut le prince et le sujet ;
« il y eut le prince et le sujet, et en-
« suite il y eut des supérieurs et des
« inférieurs ; il y eut des supérieurs et
« des inférieurs, et ensuite ce furent
« les lois de la civilisation et de la justice
« qui les unirent. » (*Ib.*, K. 2, f°. 162.)

Toutes les choses naissent par la *composition* et périssent par la *décomposition*. Ce mode de génération et de dissolution est le seul connu et exprimé dans le *Y-King* : la *génération* par le caractère *pién* (changement du non-être à l'être corporel), et la dissolution par le caractère *hôa* (changement de l'être au non-être) ; de sorte que les deux termes *pién-hôa* réunis expriment les mutations ou les transformations de toutes choses.

Il y a, dans cet ancien livre, une métaphysique des nombres qui rappelle le système beaucoup moins ancien de Pythagore, dont la conception n'appartient nullement aux idées grecques. L'UNITÉ, représentée par la ligne simple — horizontale, est la base fondamentale de ce système numérique ; c'est la représentation du parfait, et, comme nous l'avons déjà vu, le symbole figuratif du *Ciel* ; c'est la source pure et primordiale de tous les êtres. « L'U-
« NITÉ, ou l'UN — , dit un ancien lexi-
« cographe chinois, est le principe des
« nombres et le dernier terme de toutes
« choses. » La création des êtres, ou plutôt leur combinaison dans l'espace et le temps, se fait selon la loi des nombres. Le mouvement des astres et le cours des saisons dépendent aussi de la loi des nombres.

Dans ce système, les nombres impairs, qui ont pour base l'UNITÉ, sont *parfaits*, et les nombres pairs, qui ont pour base la *dualité*, sont *imparfaits*. « Le Ciel, dit le *Livre des Transfor-*
« *mations*, est représenté par *l'unité*,
« ou le nombre *un* ; la Terre est repré-
« sentée par le nombre *deux* ; le Ciel
« l'est encore par le nombre *trois*, la
« Terre par le nombre *quatre* ; le Ciel
« par le nombre *cinq*, la Terre par le

« nombre *six*; le Ciel par le nombre « *sept*, la Terre par le nombre *huit*; « le Ciel par le nombre *neuf*, la Terre « par le nombre *dix*. » (*Y-King*, ancien texte, K. 2, f° 119.)

Le commentaire ajoute : « Le Ciel « est le principe mâle *yâng*, la Terre « le principe femelle *yin*; les nombres « *un*, *trois*, *cinq*, *sept*, *neuf*, constituent le principe mâle ou actif *yâng*; « les nombres *deux*, *quatre*, *six*, *huit*, « *dix*, constituent le principe femelle « ou passif *yin*. » Les différentes combinaisons de ces nombres expriment toutes les lois de formation des êtres.

L'ancien *Livre des Transformations* distingue les hommes supérieurs et vertueux des hommes inférieurs et vicieux. Les premiers sont ceux qui se conforment aux lois du Ciel et de la Terre, qui suivent la droiture et pratiquent la justice; les seconds sont ceux qui agissent dans un sens contraire. Des félicités terrestres sont la récompense des premiers, et des calamités le châtiment des seconds.

Il serait difficile de décider si la doctrine d'une âme immatérielle, distincte du corps, celle d'une vie future, celle d'un Dieu suprême séparé du monde, sont exprimées dans le *Livre des Transformations*. Si ces doctrines s'y trouvent, elles n'y sont qu'en germe, et il faudrait un long et persévérant labeur pour les en dégager. Ce qui, dans l'état actuel de nos connaissances et de la composition des textes, nous paraît le plus vraisemblable, c'est que la conception philosophique du *Y-King* est un vaste *naturalisme* fondé en partie sur un système mystique ou symbolique des nombres, dont on retrouve les traces dans les écrits fragmentaires des premiers philosophes grecs. Encore, la doctrine des nombres paraît-elle dans le *Y-King* comme une addition postérieure et étrangère à la conception primitive. Toutefois, le Ciel y est considéré comme une puissance supérieure, intelligente et providentielle dont les éléments humains dépendent, et qui rémunèrent en ce monde les bonnes et les mauvaises actions. C'est surtout dans le *Chou-King* ou *Livre des Annales* que cette puissance providentielle est décrite comme agissant d'une manière non équivoque sur le cours des événements. Ce Ciel providentiel est représenté, dans l'ancien texte du *Y-King*, par trois lignes convexes superposées, à peu près comme les Égyptiens représentaient aussi le Ciel dans leurs caractères hiéroglyphiques. Il y a toutefois cette différence, entre les deux conceptions du *Ciel*, que chez les Chinois c'est une puissance supérieure intelligente, et que, chez les Égyptiens, ce n'était que le ciel matériel où séjournaient des divinités.

Le philosophe *Tchou-hi* disait du même livre qu'il était « le père ou l'an- « cêtre des caractères de l'écriture chi- « noise, ainsi que de la véritable doc- « trine de la raison et de la justice (*i-li* « *tsoung*). »

Tchin-tseu disait aussi que « le *Y-* « *King* était non-seulement la source « des cinq *King*, mais encore qu'il « était le sanctuaire, l'*arcane* du *Ciel*, « de la *Terre*, des esprits et des génies. »

Après le *Livre des Transformations*, le plus ancien monument de la philosophie chinoise est un chapitre du *Livre des Annales* (le *Chou-King*), intitulé *Houng-Fân* ou la *Sublime Doctrine*, que le ministre philosophe *Ki-tseu* dit avoir été reçu autrefois du Ciel par le grand *Yu* (2,200 ans avant notre ère), et qu'il exposa au roi *Wou-wang*, de 1122 à 1116 avant notre ère. Le roi interroge le philosophe sur les voies secrètes que le Ciel emploie pour rendre les peuples heureux et tranquilles, et il le prie de lui expliquer ces voies qu'il ignore. *Ki-tseu* répond au roi en lui exposant tout un système de doctrines abstraites restées fort obscures pour nous, malgré les explications des commentateurs chinois.

Il dit d'abord que la *Sublime Doctrine* comprend *neuf règles fondamentales*, ou plutôt neuf grandes catégories, dont la cinquième, celle qui concerne le souverain, est le pivot ou le centre. Nous allons présenter, dans un *tableau figuratif* traduit du chinois, le résumé de ce système (*).

(*) Voir la traduction intégrale de cet ancien monument, dans notre publication

348   L'UNIVERS.

Tableau figuratif des neuf règles fondamentales ou neuf grandes catégories de la Sublime Doctrine, *exposée par le philosophe* KI-TSEU, *1122 ans avant notre ère.*

1. LES CINQ ÉLÉMENTS (*).

	QUALITÉS		PRODUITS
1° L'eau.	Humide et descend.		Goût salin.
2° Le feu.	Brûle et monte.		Goût amer.
3° Le bois.	Se courbe et se redresse.		Goût acide.
4° Les métaux.	Se fondent et se transforment.		Goût piquant et âpre.
5° La terre.	Reçoit les semences et produit les moissons.		Goût doux.

2. LES CINQ FACULTÉS (**).

	QUALITÉS		PRODUITS
1° L'attitude ou la contenance.	Grave et digne.		Le respect.
2° Le langage.	Honnête et sincère.		L'estime.
3° La vue.	Claire et distincte.		La science.
4° L'ouïe.	Attentive.		L'habileté.
5° La pensée.	Pénétrante.		La sainteté ou perfection.

3. LES HUIT PRINCIPES OU RÈGLES DE GOUVERNEMENT CONCERNANT (***) :

1° La nourriture ou le nécessaire à tous ; — 2° la richesse publique ; — 3° les sacrifices et les cérémonies ; — 4° l'établissement d'un ministère président à la conservation des monuments et des travaux publics ; — 5° l'établissement d'un ministère de l'instruction publique ; — 6° l'établissement d'un ministère de la justice ; — 7° la manière de bien recevoir les étrangers ; — 8° la composition de la force armée.

4. LES CINQ CHOSES PÉRIODIQUES (****).

1° L'année ; — 2° la lune ; — 3° le soleil ; — 4° les étoiles, les planètes et les constellations ; — 5° les nombres astronomiques ou le calendrier.

5. LE FAÎTE IMPÉRIAL OU PIVOT FIXE DU SOUVERAIN (*****).

C'est le point fixe ou le centre d'action du souverain ; la règle fondamentale de sa conduite, en vue du bonheur du peuple.

6. LES TROIS VERTUS (******).

1° La vérité et la droiture ;	En temps de paix suffisent pour bien gouverner ;
2° L'exercice sévère du pouvoir ;	Dans les temps de troubles et de violences, où il ne faut point de ménagements ;
3° L'exercice indulgent du pouvoir ;	Envers ceux qui ont l'esprit élevé et de la générosité dans le caractère.

7. L'EXAMEN DES CAS DOUTEUX (*******).

1° Par la formation de la vapeur ; — 2° par la dissipation de la vapeur ; — 3° par la cou-

intitulée : *Livres sacrés de l'Orient*, p. 89 et suiv., où l'on trouve aussi une traduction complète des *Quatre Livres classiques* de la Chine, ouvrages de KHOUNG-TSEU et de ses disciples. Ces derniers seuls ont été réimprimés dans la bibliothèque Charpentier, ainsi qu'une nouvelle traduction du *Koran*, qui en fait aussi partie.

(*) « Les *cinq éléments* ne dépendent que du Ciel. Les *cinq facultés actives* ne dépendent que des hommes. » (*Commentaire.*)

(**) « Ces *cinq facultés actives* agissent sur les cinq éléments. Le Ciel et l'homme s'unissent. » (*Commentaire.*)

(***) « Ces *huit règles de gouvernement* sont celles que les hommes ont dérivées du Ciel. » (*Commentaire.*)

(****) « Ce sont celles que le Ciel a révélées à l'homme. » (*Comment.*)

(*****) « C'est ce qui constitue le *faîte* ou *point fixe du prince*. » (*Comment.*)

(******) « Les *trois vertus* ou qualités sont les vertus qui conviennent pour gouverner en améliorant les mœurs. » (*Comment.*)

(*******) « L'*examen des cas douteux* est une consultation que l'homme fait de la volonté du Ciel. » (*Comment.*)

leur des écailles (de la tortue brûlée); — 4° par les fissures isolées qui se manifestent; — 5° par les fissures qui se croisent; — 6° par le pronostic de l'*immutabilité*; — 7° par le pronostic de la *mutabilité*.

8. L'OBSERVATION DES PHÉNOMÈNES CÉLESTES (*).

	PHÉNOMÈNES HEUREUX ARRIVANT SELON LES SAISONS.		PHÉNOMÈNES FACHEUX PRODUITS PAR LES ACTIONS VICIEUSES.	
1° La pluie.		Signe d'une bonne conduite.		Pluie incessante.
2° La température.		Signe d'un bon gouvernement.		Sécheresse.
3° Le chaud.		Signe d'une sagesse consommée.		Chaleur continuelle.
4° Le froid.		Signe de jugements équitables.		Froid incessant.
5° Le vent.		Signe de la perfection.		Vent perpétuel.
6° Les saisons.				

9. LES CINQ FÉLICITÉS ET LES SIX CALAMITÉS (**).

A. *Les cinq félicités.*

1° Une longue vie;
2° Des richesses;
3° La tranquillité;
4° L'amour de la vertu;
5° Une fin heureuse après avoir accompli sa destinée.

B. *Les six calamités.*

1° Une vie courte;
2° Les maladies;
3° Les chagrins;
4° La pauvreté;
5° La méchanceté
6° La faiblesse et l'oppression.

Telle est la *construction* (pour employer le langage de la nouvelle école) du système philosophique de *Ki-tseu*, qui vécut 600 ans avant Thalès et Pythagore. Si la partie physique de ce système est peu avancée, la partie éthique ou morale l'est à un très-haut degré, comme on peut s'en convaincre en lisant le *Livre des Annales*, dont ce document curieux fait partie.

Voilà une esquisse rapide des conceptions philosophiques de la Chine pour la période que nous nommerons *antéhellénique*. La période suivante, qui correspond à celle de Thalès, de Pythagore et de tous les philosophes grecs jusqu'à Zénon, est la plus féconde et la plus brillante de la philosophie chinoise.

Seconde période.

La seconde période de la philosophie chinoise commence au sixième siècle avant notre ère, avec deux grands noms philosophiques : LAO-TSEU et KHOUNG-TSEU (***), chefs de deux éco-

(*) « *L'observation des phénomènes célestes*, c'est rechercher dans le Ciel les causes des phénomènes qui se manifestent pour l'homme. » (*Comment.*)

(**) « Les *félicités* et les *calamités* sont la rémunération que le Ciel fait des œuvres de l'homme. » (*Comment.*)

(***) Le premier de ces philosophes naquit,

les qui se sont partagé avec une troisième école, formée en Chine six cents ans plus tard (celle de Fo ou BOUDDHA), toutes les intelligences pensantes et les intelligences croyantes de la Chine.

On peut consulter sur ces deux grands philosophes chinois le premier volume de cet ouvrage, pages 110 et suivantes, ainsi que le *Dictionnaire des Sciences Philosophiques*, articles *Lao-tseu* et *Khoung-tseu*.

Les antécédents de la doctrine du second de ces deux philosophes sont connus; il nomme lui-même les sages qui lui ont transmis la doctrine qu'il enseigne : ce sont FOU-HI, l'auteur primitif du *Livre des Transformations*, dont nous avons fait connaître précédemment l'idée fondamentale; *Chin-Noung* ou le *Divin agriculteur*, l'un des premiers fondateurs de la civilisation chinoise; HOANG-TI ou l'*Empereur jaune*, qui régnait 2637 ans avant notre ère; YAO et CHUN, deux autres grands hommes, qui régnèrent 2,280 ans avant notre ère; enfin, les sages législateurs des trois dynasties, HIA, CHANG et TCHÉOU, aux institutions desquels KHOUNG-TSEU aimait

selon quelques historiens chinois, et selon l'historien persan *Raschid-ed-din*, 604 ans avant notre ère; le second naquit l'année 551 avant notre ère, 53 ans après LAO-TSEU.

à reporter le mérite et l'invention de sa doctrine. « Je ne naquis point doué « de la science, disait-il dans ses *Entretiens philosophiques* (chap. 7 , « § 19). Je suis un homme qui a aimé « les anciens, et qui a fait tous ses « efforts pour acquérir leurs connais-« sances. »

Les antécédents de la doctrine de LAO-TSEU sont complétement inconnus pour nous. Cependant on a lieu de penser (c'est, d'ailleurs, une loi du développement des idées humaines, qu'elles ne sortent pas toutes complètes de la première tête qui les a conçues, comme Minerve, selon la mythologie grecque, sortit tout armée du cerveau de Jupiter), on a lieu de penser, dis-je, que LAO-TSEU emprunta les idées fondamentales de sa doctrine, soit aux écrits de quelques-uns de ces anciens sages chinois qui vivaient en anachorètes au milieu des montagnes et des solitudes désertes, comme *Chang-young*, dont il est parlé dans le *Chou-King* ou *Livre des Annales* (ch. 4), à l'année 1120 avant notre ère, et duquel le prince philosophe *Hoaï-nân-tseu* dit que LAO-TSEU emprunta sa doctrine du *Tào* ou de la *Raison suprême* (*); soit à quelques philosophes indiens, avec la doctrine desquels la sienne a une étonnante ressemblance. Quelques écrivains chinois font remonter la doctrine de LAO-TSEU à l'empereur *Hoang-ti*. Ils disent (*Différences ou oppositions des doctrines de Hoang-ti et de Lao-tseu*, dans le *Tào-te-King-tchou kiaï*, 2ᵉ partie, f° 45) que « la *Doctrine du* « *Tào*, chez les deux philosophes, est « la même, mais que les temps sont « différents. » L'application et les développements ont dû aussi être différents; ce qui a nécessairement constitué, selon eux, une *doctrine différente*.

La méthode suivie par ces deux anciens philosophes n'est pas moins opposée que leurs doctrines. LAO-TSEU, dévoré du besoin de s'expliquer l'origine et la destination des êtres, suit la *méthode ontologique*, la méthode *synthétique* ou *à priori*, qui prend pour base une première cause, et pour point de départ l'UNITÉ PRIMORDIALE. KHOUNG-TSEU, plus préoccupé du perfectionnement de l'homme, de sa nature et de son bien-être que des idées purement spéculatives (qu'il regardait, d'ailleurs, comme inaccessibles à la raison humaine, ou comme résolues par la tradition et par les écrits des *saints hommes* qui l'avaient précédé, et dont il ne se posait que comme l'interprète et le continuateur), KHOUNG-TSEU. disons-nous, suit la *méthode psychologique*, la méthode *analytique* ou *à posteriori*, qui prend pour base l'individualité humaine, et pour point de départ les phénomènes du monde visible, qui tombent sous nos sens. Ce n'est pas que ce dernier philosophe méconnût l'existence des causes : au contraire, il s'attache scrupuleusement à scruter celles qui ont les rapports les plus directs avec le cœur de l'homme, pour bien déterminer sa nature, et pour reconnaître les lois qui doivent présider à ses actions dans toutes les circonstances de la vie. Pour lui, le *Ciel intelligent*, le *Ciel providentiel*, est partout, et toujours l'*exemplaire* sublime et éternel sur lequel l'homme doit se modeler, et que doit suivre l'humanité entière, depuis celui qui a reçu la haute mission de gouverner les hommes, jusqu'au dernier de ses sujets. Pour KHOUNG-TSEU, le Ciel est la perfection même. L'homme étant imparfait de sa nature, il a reçu du Ciel, en naissant, un principe de vie qu'il peut porter à la perfection, en se conformant à la loi formelle de ce principe, c'est-à-dire en suivant les inspirations de sa céleste origine. Aussi, toute sa philosophie peut-elle se résumer dans ce grand et admirable principe (qui est encore, de nos jours, le principe le plus strict et le plus fécond de la science humaine), loi formulée ainsi par lui-même : « Depuis « l'homme le plus élevé en dignité jus- « qu'au plus humble et au plus obscur, « devoir égal pour tous ; corriger et « améliorer sa personne, ou le perfec- « tionnement de soi-même, est la base

(ª) Ce philosophe, natif du petit royaume de *Tsou*, fut le maître ou instituteur du prince *Wen-wang* des *Tchéou*.

« fondamentale de tout progrès mo-
« ral. » (Le *Tá-hio* ou la *Grande Étude*,
chap. Ier, § 6, p. 25 de notre édition
chinoise-latine et française.)

En supposant que LAO-TSEU n'emprunta point sa doctrine à une philosophie étrangère à la Chine, il faut alors admettre qu'il s'inspira aux mêmes sources traditionnelles que KHOUNG-TSEU, mais que la nature de son esprit le porta à s'emparer principalement de la partie ontologique de ces mêmes traditions, tandis que la nature de l'esprit de KHOUNG-TSEU le porta à en développer la partie morale et pratique. Seulement, LAO-TSEU aurait imprimé à l'ontologie de FOU-HI une forme qui en aurait fait une conception tellement nouvelle, que l'on n'y reconnaîtrait plus les traces de son origine traditionnelle.

ÉCOLE DU TAO (*Táo-kiá*).

1° *Conception philosophique de Lao-tseu.*

La conception de LAO-TSEU est un *Rationalisme panthéistique absolu* dans lequel le monde sensible est considéré comme la cause de toutes les imperfections et de toutes les misères, et la personnalité humaine comme un mode inférieur et passager du grand Être, de la grande *Unité*, qui est l'origine et la fin de tous les Êtres. Elle a, comme nous l'avons déjà dit ailleurs (*Appendix à la traduction des Essais de Colebrooke sur la philosophie des Hindous*), une grande analogie avec le système de l'*Identité absolue* de Schelling. Il y a cette différence, cependant, que la conception du premier n'est en quelque sorte qu'à l'état rudimentaire, comme la civilisation de son époque, tandis que le système du dernier embrasse tous les progrès que la pensée philosophique a faits pendant plus de deux mille ans d'incessants et souvent d'infructueux labeurs.

Dès le début de son livre intitulé *Táo-te-King*, ou le *Livre de la Raison suprême et de la Vertu*, LAO-TSEU s'efforce d'établir le caractère absolu de son premier principe: la démarcation profonde et infranchissable qui existe entre le *distinct* et l'*indistinct*, le *limité* et l'*illimité*, le *périssable* et l'*impérissable*. Tout ce qui dans le monde est distinct, limité, périssable, appartient au mode phénoménal de son premier principe, de sa première cause qu'il nomme RAISON (*Táo*), et tout ce qui est indistinct, illimité, impérissable, appartient à son mode d'être transcendental. LAO-TSEU est le premier philosophe de l'antiquité qui ait positivement et nettement établi qu'il n'était pas au pouvoir de l'homme de donner une idée adéquate de DIEU ou de la première cause, et que tous les efforts de son intelligence pour la définir n'aboutiraient qu'à prouver son impuissance et sa faiblesse. Dans plusieurs endroits de son livre, LAO-TSEU dit que, *forcé* de donner un nom à la première cause pour pouvoir en parler, il la nomme d'un nom qui n'en donne qu'une idée très-imparfaite, il est vrai, mais qui rappelle quelques-uns de ses attributs éternels. C'est le caractère figuratif TAO (composé du radical de la *marche*, du *mouvement en avant*, et du groupe additionnel *cheou*, tête, principe, commencement, et dont la composition signifiait primitivement *marche intelligente*, et ensuite *voie*, *voie droite*), qu'il choisit pour désigner sa *cause première*, mais en élevant parfois sa signification jusqu'à l'idée de *souveraine intelligence directrice*, de *Raison primordiale suprême*, comme le λόγος de Platon, de Philon, de Plotin, de saint Jean, et d'autres philosophes. De sorte que ce caractère, chez LAO-TSEU, est pris tout à la fois au propre et au figuré, dans un sens matériel et dans un sens spirituel, comme l'idée complexe qu'il veut donner de sa cause première. Au propre, c'est la *grande voie* de l'univers dans laquelle marchent ou circulent tous les êtres; au figuré, c'est le premier principe du mouvement universel, la *cause*, la *raison première* de tout; du *monde idéel* et du *monde formel*, de l'*incorporel* et du *corporel*, de la *virtualité* et du *phénomène*.

Nous ne pouvons nous empêcher de signaler ici un trait caractéristique de la philosophie chinoise à toutes les époques de son histoire: c'est qu'elle n'a aucun terme propre pour désigner la première cause, et que Dieu n'a pas de *nom* dans cette philosophie. Il est bien vrai qu'il en est de même dans presque toutes les philosophies qui n'ont pas adopté une terminologie religieuse dans laquelle le nom de Dieu est toujours donné comme révélé, et n'a d'autre signification que celle d'être ou de passer pour être un nom propre. Mais, en Chine, où aucune doctrine ne s'est jamais posée comme révélée, l'*idée* aussi bien que le nom d'un *Dieu personnel*, d'un *Dieu abstrait*, sont restés hors du domaine de la spéculation. Car on ne peut pas dire que le nom de *Cháng-tí*, « suprême empereur, » donné dans l'ancien *Livre des Vers* (*Chi-king*) et dans le *Livre des Annales* (*Choû-king*) à la puissance céleste, supérieure à toutes les puissances de la terre, soit le *nom* de Dieu, puisque ce n'est qu'un nom emprunté à un souverain de la Terre, avec l'addition d'un terme qualificatif de *supériorité*. Les philosophes chinois, et LAO-TSEU tout le premier, comprirent que tout nom étant la représentation, pour l'esprit, d'un objet sensible, ou d'idées nées des objets sensibles, aucun nom ne pouvait être légitimement donné à l'Être primordial, qu'aucun objet sensible ne peut représenter, sans que ce nom transmette à l'esprit une idée imparfaite et par conséquent irrationnelle de ce premier Être.

Pour revenir à LAO-TSEU, voici comment il définit son premier principe :

« La voie droite ou la *raison* humaine « (*táo*) qui peut être suivie dans les ac- « tions de la vie, n'est pas la *Voie droite* « (*táo*) ou l'éternelle, l'immuable *Raison* « suprême. Le nom qui peut être nommé « n'est pas le *Nom* éternel et immuable. « Désigné sous le nom de Non-Être (ou « considéré dans son état de négation de « tous les attributs inhérents à l'existence « matérielle), ce principe suprême est la « cause efficiente ou primordiale du Ciel « et de la Terre; désigné sous le nom « d'Être (ou considéré dans son état « d'existence corporelle), c'est la mère « de tous les Êtres. C'est pourquoi l'é- « ternel Non-Être éprouve le désir de « contempler sa nature imperceptible « aux sens, sa nature merveilleuse et « divine; c'est pourquoi l'éternel Être « éprouve le désir de contempler sa na- « ture limitée, sa nature corporelle « phénoménale. Ces deux natures ou « modes d'être du principe suprême ont « la même origine et se nomment ce- « pendant diversement; ensemble on « les appelle l'indistinct et le profond « comme l'azur du Ciel. Cet indistinct « et profond comme l'azur du Ciel, porté « au dernier degré, est la source de « toutes les intelligences merveilleuses. » [*Táo-te-King* (*), ch. 1.]

Ailleurs (ch. 32), il dit encore :

« Le *Táo* ou la *Raison* suprême, dans « son état d'immuabilité est sans nom. « Il est simple de sa nature, mais, quoi- « que d'une subtilité très-grande, le « monde entier ne pourrait le subju- « guer... Ce n'est que lorsqu'il eut com- « mencé à se diviser et à revêtir des « formes corporelles qu'il eut un nom... « Pour employer une comparaison, le « *Táo* ou la *Raison suprême* existe dans « tout l'univers, et le pénètre de sa subs- « tance, comme les rivières et les tor- « rents des vallées se répandent dans « les fleuves et les mers. »

On voit que LAO-TSEU, en définissant, ou plutôt en voulant caractériser son Être primordial, sa première cause, représentée par le caractère et le mot *Táo* (*Thot*, Θεὸς, *Deus*), le dégage de tous les attributs variables et périssables, pour ne lui laisser que ceux d'*éternité*, d'*immuabilité* et d'*absolu*. Ces derniers attributs lui semblent encore trop imparfaits, et il le désigne en disant qu'il est la négation de tout, excepté de lui-même; qu'il est le *Rien*, le *Non-Être*, relativement à l'*Être*, mais en même temps qu'il est aussi l'*Être* relativement au *Non-Être*. Considéré dans ses deux modes, il est virtuellement et plastiquement le monde invisible et le monde visible. Aussi LAO-TSEU pose-t-il l'UN ou l'UNITÉ ABSOLUE comme la formule la plus abstraite, la dernière limite à laquelle la pensée puisse remonter pour caractériser le premier principe; UNITÉ, qui précède

---

(*) Voyez la première livraison du *Táo-te-king* en chinois, en latin et en français que nous avons publiée en 1838, où se trouvent la reproduction et la traduction de plusieurs commentaires très-importants.

nécessairement et ontologiquement ses modes d'être subséquents. C'est par la méthode *analytique*, combinée avec la méthode *synthétique*, que LAO-TSEU semble être arrivé à cette conception de son premier principe. Il a vu qu'aucun des attributs changeants et périssables des êtres qui tombent sous les sens ne pouvait convenir à ce premier principe, et que ces attributs n'étaient et ne pouvaient être que des modes variés de l'existence phénoménale. « Celui que l'on regarde (dit-il ailleurs, « *ch.* 14) et que l'on ne voit pas, on « lui donne le nom de *I*; celui que l'on « écoute et que l'on n'entend pas, on « lui donne le nom de *Hi*; celui que « l'on cherche à toucher et que l'on ne « peut saisir, on lui donne le nom de « *Weï*. Ces trois dénominations, ou ces « trois abstractions du premier prin- « cipe, ne peuvent être scrutées à fond, « ne peuvent être parfaitement com- « prises. C'est pourquoi, dans leur in- « compréhensibilité distincte, elles ne « doivent former qu'un seul et même « tout. La partie supérieure n'a pas « plus d'éclat que les autres; la partie « inférieure n'est pas plus obscure. « C'est une grande chaîne sans interrup- « tion que l'on ne peut nommer. En « remontant à son principe, on arrive « à la non-existence formelle des cho- « ses; c'est ce que l'on appelle la *figure* « *de ce qui n'a pas de figure*, l'*image* « *de ce qui n'a pas d'image*. C'est ce « que l'on appelle encore l'*indéterminé*, « l'*indistinct*, l'*Être* et le *Non-Être* « tout ensemble (celui que tous les ef- « forts de l'intelligence humaine ne « parviendront jamais à caractériser « convenablement. *Comment.*). En re- « montant les anneaux de cette chaîne, « on ne lui voit pas de commencement; « en les descendant, on ne lui trouve « point de fin. Celui qui s'attachera au « *Táo*, ou à la *Raison suprême* des an- « ciens temps (le *Non-Être*, selon le « commentaire) pour apprécier les exis- « tences corporelles de nos jours, pourra « connaître l'ancien commencement, « l'ancien principe des choses. C'est là « ce que l'on appelle la chaîne ou la « succession indéfinie de la *Raison su-* « *prême* (*Táo*). »

Voici comment un commentateur chinois, *Li-young*, explique ce curieux chapitre :

« Les *trois* (dont il est parlé dans le « texte) sont les trois expressions *I*, « *Hi*, *Weï*. Ensemble elles n'expriment « ni son, ni couleur; réunies, elles ex- « cluent complètement toute idée de « forme corporelle et de noms. Ceux « d'*Être* et de *Non-Être*, d'*Entité* et de « *Non-Entité*, ne suffisent point pour « donner une idée adéquate du premier « principe; on ne peut non plus l'expli- « quer par les termes de *long* et de « *court*; c'est un être confus, indistinct, « que, dans son état d'indistinction, « d'indivision, on nomme, par transpo- « sition ou métaphore, UNITÉ.

« L'unité n'est point par elle-même « unité; c'est par la *triade* qu'elle est « unité. De même la triade n'est point « par elle-même la triade; c'est par « l'unité qu'elle est la triade. C'est par « l'unité qu'elle est la triade : la *triade* « *est donc l'unité-trine*. C'est par la « triade que l'unité existe : *l'unité est* « *donc la triade-unité* (ou la *trinité-* « *unité*). L'unité est la triade-unité; « l'unité n'est donc point parfaite comme « simple unité. La triade est une unité- « trine : la triade n'est donc point par- « faite comme simple triade. Si la triade « n'est point parfaite comme *triade*, « en tant que *triade*, alors ce n'est « point une triade. Si l'unité n'est point « parfaite comme *unité*, en tant qu'*unité*, « alors ce n'est point une unité. Ceux « qui se rallieraient à cette opinion, « qu'il n'y a ni *unité*, ni *triade*, ceux- « là oublieraient le sens véritable, la « raison essentielle de la parole (ou doc- « trine traditionnelle). Il faut, comme « il est dit dans le texte, s'*attacher à* « *cette doctrine de la triade*, s'*attacher* « *à cette doctrine de l'unité*; toute évo- « lution dans une autre direction trou- « vera des obstacles insurmontables. « C'est là la doctrine sublime que la « raison humaine peut difficilement pé- « nétrer. » (*Táo-te-king-tchou-kiaï*, au 14ᵉ *ch.*)

Un philosophe ancien, *Tseu-hou-tseu*, a ainsi expliqué ce passage :

« L'*unité*, c'est ce qui a un prin- « cipe unique de direction; la *dualité*,

« c'est ce qui est pair ; la *triade* ou *tri-
« nité*, c'est ce qui opère les transfor-
« mations. L'*unité* de direction, c'est la
« racine, la base ; le pair, c'est le tronc,
« le corps ; le principe qui opère les
« transformations : c'est l'esprit divin
« (*chin*). C'est pourquoi il est dit : Tous
« les êtres sortent de l'*Unité*, subsis-
« tent dans la *dualité*, et sont parfaits
« dans la *triade* ou *trinité*. »

Ce dogme antique de l'*unité-trine*,
c'est-à-dire, de l'*unité* passant, par une
première modification, à l'état de *dualité*, et formant ainsi une *triade* ou *trinité* (triangle géométrique dont le sommet est l'*unité* et la *dualité* la base) ; ce
dogme antique, disons-nous, a été ainsi
exposé par LAO-TSEU lui-même :

« Le TAO, ou la *Raison primor-
« diale*, a produit *un* (ou l'*unité*) ;
« *un*, ou l'*unité*, a produit *deux*, ou
« la *dualité* ; *deux*, ou la *dualité*, a
« produit *trois*, ou la *triade* ; *trois*, ou
« la *triade*, a produit l'universalité des
« êtres.

« Tous les êtres s'appuient sur le prin-
« cipe femelle passif *yin*, et embrassent,
« enveloppent le principe mâle actif
« *yâng* ; un principe, un souffle vivi-
« fiant entretient partout l'harmonie. »
(*Tâo-te-king*, ch. 42.)

Sse-ma-hoen-koung, célèbre historien et philosophe chinois (qui vivait
dans le onzième siècle de notre ère),
dit à propos de ce chapitre : « Le *Tâo*,
« ou la *Raison primordiale*, *produisit
« un*; — c'est-à-dire que, de l'état de
« *Non-Être* (*woû*) il passa à l'état d'*Être*
« (*yéou*). — *Un produisit deux*; — il se
« divisa partie dans le principe femelle
« *yin*, partie dans le principe mâle *yâng*.
« — *Deux produisit trois*; — le prin-
« cipe femelle et le principe mâle s'uni-
« rent, et ils produisirent l'*harmonie*
« (*hô*). — *Trois produisit l'universalité
« des êtres* ; — le souffle vivifiant de
« l'harmonie se concentra et produisit
« tous les êtres. »

Cette doctrine d'une triade créée et
créatrice n'est pas une conception de
LAO-TSEU ; car ce philosophe a bien
soin d'en avertir lui-même dans le même
chapitre, en disant : « Ce que d'autres
« hommes ont enseigné, moi, je ne fais
« que de l'enseigner ici... Je n'en serai

« pas moins considéré comme le père
« de la doctrine. »

L'*unité*, pour LAO-TSEU, n'est pas
encore le principe primordial ; au-dessus de l'*unité*, qui n'est dans sa pensée
que l'état primitif d'indistinction de
l'universalité des êtres, il place un principe supérieur, une première cause intelligente qui est le *Tâo* ou la *Raison
suprême*, le principe primordial de
tout mouvement et de toute vie ; la
Raison absolue de toutes les existences
et de toutes les manifestations mon-
daines.

Cependant, nous devons convenir que
LAO-TSEU semble confondre quelquefois le *Tâo* ou la *Raison suprême* avec
l'*Unité*, à laquelle il donne les mêmes
attributs. C'est qu'en effet, sous certains points de vue, la *Raison primordiale* et l'*Unité* sont identiques, quoique sous d'autres elles soient différentes
ou du moins différenciées.

Dans la doctrine de LAO-TSEU, tout
ce qui subit la loi du mouvement est
contingent, mobile, périssable ; la forme
corporelle étant essentiellement contin-
gente, mobile, est donc essentiellement
périssable. Il n'y a, par conséquent,
que ce qui garde l'immobilité absolue,
qui ne revêt aucune forme corporelle,
qui ne soit pas contingent et périssable.
L'incorporéité et l'immobilité absolues
sont donc pour lui les exemplaires, les
types éternels de l'éternelle perfection.
Les modes d'êtres contingents ne sont
que des formes passagères de l'existence,
qui, une fois dépouillée de ces mêmes
formes, retourne à son principe. Voici
comment LAO-TSEU expose cette doctrine :

« Il faut s'efforcer de parvenir au
« dernier degré de l'incorporéité pour
« conserver la plus grande immobi-
« lité possible ou l'immobilité abso-
« lue. Tous les êtres apparaissent à la
« vie dans un mouvement continu. Nous
« les voyons se succéder les uns aux au-
« tres, paraissant et disparaissant tour
« à tour. Ces êtres corporels revêtent,
« dans leur mouvement, différentes
« formes extérieures ; mais chacun d'eux
« *retourne à sa racine*, à son principe.
« Retourner à sa racine, à son prin-
« cipe, signifie *rentrer dans l'immobi-*

« *lité absolue*; rentrer dans l'immobi-
« lité absolue, signifie *rendre son*
« *mandat*. Rendre son mandat, signifie
« *devenir éternel et immuable*; savoir
« que l'on devient éternel et immuable,
« signifie *être éclairé*. Ne pas savoir que
« l'on devient éternel et immuable, c'est
« être livré à l'erreur et à toutes sortes
« de calamités. Si l'on sait que l'on de-
« vient éternel et immuable, on con-
« tient, on embrasse tous les êtres. Em-
« brassant tous les êtres dans une
« commune affection, on est juste, équi-
« table pour tous; étant juste, équitable
« pour tous, on possède les attributs de
« la souveraineté. Possédant les attri-
« buts de la souveraineté, on participe
« à la nature divine; participant à la
« nature divine, on devient identifié
« avec le *Táo* ou la *Raison suprême*.
« Étant identifié avec la Raison su-
« prême, on subsiste éternellement; le
« corps même se dissolvant, l'anéantis-
« sement n'est pas à craindre. » (*Táo-
te-King*, ch. 16.)

« Le retour des êtres à leur origine,
« à leur principe, dit-il encore ailleurs
« (ch. 40), est le mouvement du *Táo*
« ou de la *Raison primordiale*... Tous
« les corps de l'univers sont nés de
« l'*Être* (*yéou*), et l'Être est né du
« *Non-Être* (*woŭ*). »

« Tous les êtres de l'univers, dit le
« commentateur *Li-si-tchaï*, reçoivent
« l'existence et subsistent matérielle-
« ment (*weï-yéou*); puis de l'état d'exis-
« tence matérielle ils passent à l'état de
« *Non-Être*. C'est ainsi que subsidiai-
« rement ils font partie de la substance
« du *Táo*. C'est pourquoi il est dit, dans
« le texte, que le *retour des Êtres à*
« *leur principe est le mouvement du*
« *Táo*. Tous les êtres corporels (*yéou*)
« de l'univers sont nés du *Non-Être*
« (*woŭ*). »

« Le *Táo*, dit encore LAO-TSEU (ch.
« 62), est comme le sanctuaire de tous
« les êtres; c'est le trésor de l'homme
« vertueux et la ressource du mé-
« chant. »

Voilà, en peu de mots, mais en termes rigoureusement logiques, la conclusion, et, en quelque sorte, le dernier
mot du système de LAO-TSEU. On ne
peut s'empêcher d'y reconnaître les caractères nets et tranchés d'un *pan-
théisme rationaliste*, tel que celui qui
est exposé dans le système de l'*Identité
absolue* de Schelling. Le passage suivant ne peut laisser aucun doute à cet
égard :

« Autrefois, à l'origine des choses,
« l'unité seule subsistait, universelle,
« absolue. Ensuite le Ciel est parvenu
« à l'*unité* par la pureté de son essence;
« la Terre est arrivée à l'*unité* par son
« état substantiel de repos ou d'immo-
« bilité durable; les esprits ou intelli-
« gences subtiles (*chin*) sont arrivées à
« l'*unité* par la subtilité de leur nature;
« les vallées parviennent aussi à l'*unité*
« par le plein; l'universalité des êtres
« obtient l'*unité* en obtenant la vie; les
« princes et les rois obtiennent l'*unité*
« en se constituant des modèles inva-
« riables de droiture. Voilà comment
« toutes les choses énumérées par-
« viennent à l'UNITÉ. » (*Táo-te King*,
ch. 39.)

Un commentateur, *Li-yo-ngan*, explique ainsi la pensée de LAO-TSEU :

« Toutes ces choses ne forment point
« par elles-mêmes une *unité*; mais cha-
« cune a son *unité* propre; de même la
« lumière du soleil et de la lune qui se
« répand au loin, l'éclat brillant des
« astres, le bruit retentissant du vent
« et du tonnerre, les gouttes déliées de
« la pluie et de la rosée, ont chacun
« leur *unité*, et ne se mêlent point en-
« semble. »

La pensée de la plupart des autres
interprètes chinois n'est pas moins curieuse à connaître. *Sou-tseu-yeou* dit
que « l'*unité*, c'est le *Táo* ou la *Raison*
« *primordiale*, » et que « tous les êtres,
« de quelque nature qu'ils soient, ne
« sont que le *Táo* lui-même. »

Liu-kie-fou dit que « le *Táo* c'est
« l'*unité*, et rien de plus. »

Dans cette doctrine, l'*unité primordiale* est sortie d'elle-même à l'origine
des choses pour former extérieurement la *pluralité* des êtres, laquelle
pluralité forme à son tour autant de
nouvelles *unités* ou d'unités secondaires
qu'il y a d'êtres vivant d'une vie propre
et individuelle; mais ces unités secondaires rentrent tôt ou tard dans la
grande UNITÉ d'où elles sont sorties,

dans cette UNITÉ absolue qui est comme l'océan des êtres.

Il ne faut pas perdre de vue, en interprétant les anciens philosophes, qu'ils vivaient à une époque que l'on pourrait appeler *concrète*, où l'idée n'était pas séparée du sujet, et que l'on tomberait souvent dans une erreur profonde en leur prêtant nos idées *abstraites* qui n'ont aucune espèce de réalité. L'*abstraction*, tout en facilitant jusqu'à un certain point l'étude des sciences, a donné naissance à d'innombrables erreurs, auxquelles n'ont pas échappé la plupart de nos idées modernes de Dieu. Les anciens, plus voisins que nous du berceau du monde, avaient peut-être une idée plus juste de son origine et de ses premières manifestations. On verra plus tard la doctrine de LAO-TSEU suivre la loi fatale de toutes les doctrines, c'est-à-dire, passer à l'état d'*abstraction*, comme le bouddhisme primitif, et n'être plus qu'une stérile et souvent absurde scolastique. Nous avons dû faire ces observations pour conserver à chaque chose et à chaque époque son propre caractère.

L'ontologie de LAO-TSEU étant ainsi déterminée, la psychologie est logiquement donnée. De même que le philosophe chinois reconnaît deux natures à son premier principe, la *nature incorporelle* ou *divine*, et la *nature corporelle* ou *phénoménale*, selon ses modes d'être, de même il reconnaît à l'homme deux natures ou deux principes : l'un, le *principe matériel*, reçoit par transmission et contient le *principe igné*, le *principe lumineux* de l'intelligence auquel il sert comme de véhicule. « Le « principe matériel de l'homme, dit « LAO-TSEU (ch. 10), est le véhicule et « le support du principe igné de l'intel-« ligence divine ; il faut donc s'attacher « à ce principe simple de l'unité, afin « de ne pouvoir jamais en être séparé. » Voilà le seul texte dans lequel LAO-TSEU ait exprimé sa doctrine sur la nature spirituelle de l'homme. Mais, quoique cette doctrine ne se trouve pour ainsi dire qu'en germe dans son livre, elle n'en est pas moins très-remarquable. La forme obscure et concise dans laquelle cette conception antique est énoncée dans le texte chinois, témoigne de l'impuissance de la langue figurative pour exprimer clairement des idées abstraites, que d'ailleurs aucune langue ne peut exprimer bien nettement. Ici la forme a influé sur la pensée, et la pensée sur la forme ; l'expression a dû participer de l'obscurité de l'une et de l'autre. Quoi qu'il en soit, nous devons constater ici que la doctrine des deux principes dans l'homme, l'un *spirituel* et l'autre *matériel* (le *hôen* et le *phe*), paraît être antérieure à LAO-TSEU, et remonter à la plus haute antiquité chinoise, comme le font remarquer les commentateurs. Mais les philosophes qui ont voulu expliquer ces deux principes ont été bien loin de s'accorder entre eux sur la manière de les comprendre. Selon les uns, qui appartiennent surtout à l'école de KHOUNG-TSEU, le *hôen* (principe immatériel) est la partie subtile ou spirituelle du premier principe mâle *yâng*, lorsqu'il est séparé du corps, et le *phe* (principe matériel) est la partie subtile du principe femelle *yin*. Le *phe* est la partie créée la première, le *hôen* vient ensuite, et ce dernier correspond à peu près à notre *âme*. Il est dit que l'essence vitale du *hôen*, ou de l'*âme*, va partout ; qu'elle ne peut pas s'éteindre ou périr ; qu'elle est le principe divin attaché à la partie matérielle mais subtile de l'homme. Le *phe* serait aussi le principe sentant, l'*âme vitale*. Il est quelquefois confondu avec le *hôen*. Nous devons dire que ces deux termes ont la même étymologie, qui est le radical des *mânes*, des *génies subtils*, des êtres enfin qui participent de la matérialité et de l'immatérialité.

La doctrine de LAO-TSEU sur la nature et la destinée de l'*âme*, ou du *principe immatériel* que nous portons en nous, et qui opère les bonnes actions, n'est pas explicite. Tantôt il considère ce principe comme conservant pendant longtemps sa personnalité, tantôt comme devant retourner dans le sein de la *Raison suprême*, lors de sa séparation du corps, si toutefois ce principe a accompli des œuvres méritoires, et s'il ne s'est point écarté de sa propre destination.

« Celui qui ne perd point ce qui cons-

« titue sa nature propre a une existence « de longue durée. Celui qui meurt et « ne périt pas en entier conserve long-« temps son principe de vie. » (Ch. 33.)

Les commentateurs sont divisés sur l'explication de ce passage ; mais la plupart y voient la doctrine de la perpétuité du principe animique de l'homme après la mort du corps. L'un d'eux, *Sie-Hoeï*, dit que c'est comme s'il y avait dans le texte : « Le souffle de la vie « se dissipe, mais l'esprit, l'âme, le « principe divin de l'intelligence, se con-« serve. »

Un autre commentateur dit qu'il n'y a pas absorption de l'individualité dans le *Táo* ou le principe suprême, puisque cette individualité ne *périt pas en entier*.

On a dit et répété souvent (sans s'être assuré de ce que l'on disait et de ce que l'on répétait) que la *morale* de LAO-TSEU avait beaucoup de rapports avec celle d'Épicure. Rien n'est plus loin de la vérité qu'une telle assertion. Si on pouvait la comparer à la morale de quelques philosophes, ce serait à celle des stoïciens plutôt qu'à celle de tout autre. Et cela devait être, puisque l'ontologie et la psychologie de LAO-TSEU ont également beaucoup de rapports avec l'ontologie et la psychologie des stoïciens.

En effet, selon la doctrine des stoïciens, le λόγος, identique par sa double acception de *parole, verbe* et de *raison*, avec le *Táo* de LAO-TSEU, est aussi la première cause, le premier principe de toutes choses, lequel est répandu, comme le *Táo*, dans toute la nature corporelle : ὁ ἐν τῇ ὕλῃ λόγος. « Toute la nature, selon cette école, dit M. Michelet (*de la Métaphysique d'Aristote*, p. 250), n'est que la manifestation de la *raison éternelle* qui gouverne tout, qui produit tout, et qui est répandue partout. Cette raison est l'actualité de la matière, c'est-à-dire, de la substance qui manque de qualités ; elle y réduit à l'acte les semences de toutes choses qu'elle contient. La *raison éternelle* est donc la totalité des formes qui se réalisent dans la matière. »

On a vu dans le stoïcisme comme une sorte de protestation contre la corruption de la société antique. La morale de LAO-TSEU fut aussi une protestation contre la corruption de la société de son temps, qu'il ne cesse d'attaquer et de combattre. Ce fut même, dit l'historien *Sse-ma-thsien*, pour fuir le spectacle de la décadence de la dynastie des *Tchéou*, et en même temps de celle des mœurs, qu'il quitta sa charge de gardien des archives à la cour des *Tchéou*, pour se retirer dans sa retraite loin de son pays. Il ne voit le bien public, le bien privé que dans la pratique austère et constante de la *vertu* (*te*), de cette vertu souveraine qui est la conformité des actions de la vie à la *Raison suprême*, principe formel de toutes les existences transcendantes et phénoménales, et par conséquent leur loi et leur raison d'être. Il n'y a d'autre individualité morale que celle de la *Raison suprême*, il n'y a d'autre loi que sa loi, d'autre science que sa science. Le souverain bien pour l'homme, c'est son identification avec la *Raison suprême*, c'est son absorption en elle.

L'état d'*incorporéité*, d'*immatérialité*, d'*immobilité absolue* de la *Raison suprême* est son état parfait, son état de *corporéité*, de *matérialité*, de *mouvement* de création et d'absorption est son état imparfait ; il en est de même pour l'homme ; il doit donc tendre de toutes ses forces à se dépouiller de sa forme corporelle pour arriver à l'état incorporel, et par cela même à son identification avec la *Raison suprême*. Il doit dompter ses sens, les réduire autant que possible à l'état d'impuissance, et parvenir, dès cette vie même, à l'état d'inaction et d'impassibilité complètes. De là le fameux dogme du *non-agir* (*woû-wéï*) auquel LAO-TSEU réduit presque toute sa morale, et qui a été le principe des plus grands abus chez ses sectateurs, l'origine des pratiques ascétiques les plus absurdes et de la vie monacale portée jusqu'à l'excès. La personnalité humaine a disparu et s'est absorbée dans la personnalité absolue de la *Raison suprême*. On peut dire du sage de LAO-TSEU ce que Ritter (traduction de M. Tissot, t. III) dit de celui de Zénon : il n'agit pas ; il s'abstrait de la réalité pour se rendre insensible à tout ce qui l'entoure ; il est au-dessus de tout événement extérieur. Sa félicité réside dans l'indifférence ou dans l'affranchissement absolu de toutes les passions qui tourmentent les autres hommes ; il est libre de tous désirs, de toute crainte, de tout plaisir et de toute peine.

Par cela même qu'il y a dans l'homme deux natures, l'une spirituelle, l'autre matérielle, il y a aussi en lui deux tendances, l'une qui le porte au bien, l'autre qui le porte au mal. Le saint homme de Lao-tseu, ou celui qui aspire à la perfection, doit suivre exclusivement la tendance de la nature spirituelle ; par conséquent, il doit fuir les agitations et le tumulte de la vie active du monde ; ce ne sont pas seulement ses paroles, mais ses œuvres méritoires qui doivent instruire et convertir les autres hommes par l'exemple, dont l'empire est le plus puissant sur eux. Dévoué au bonheur du genre humain, il ne repousse aucune des créatures qui viennent à lui ; il leur donne la vie spirituelle, la vie morale, et il ne s'approprie pas leurs mérites (ch. 2). Il fait le bien, et il ne s'en prévaut pas, il n'en tire pas vanité. Il fait le bien pour le bien, avec humilité et dévouement, et c'est par cela même qu'il est vertueux.

L'abnégation de soi-même est portée au plus haut degré dans la doctrine de Lao-tseu. « Le saint, dit-il (ch. 63), « pratique le *non-agir*; il fait son oc- « cupation de la non-occupation, et « trouve de la saveur dans ce qui n'a « pas de saveur. Il considère les petites « choses comme les grandes, la pénurie « comme l'abondance. Il *récompense* « *les injures par des bienfaits.* » Ce dernier trait est tout évangélique.

« La *Raison* du Ciel, dit-il ailleurs « (chap. 77), est comme le fabricant « d'arcs : elle abaisse ce qui est élevé, « et elle élève ce qui est abaissé ; elle « ôte le superflu à ceux qui ont de « trop, et elle vient en aide à ceux qui « manquent du nécessaire.

« La *raison* de l'homme n'agit pas « ainsi : elle ôte à ceux qui manquent « du nécessaire pour donner à ceux « qui ont le superflu.

« Quel est celui qui est capable de « donner son superflu à ceux qui éprou- « vent des besoins dans le monde ? Ce- « lui-là seul qui possède en soi le *T'áo* « ou la Raison suprême. »

La *politique* de Lao-tseu est en tout conforme à sa morale. Le but d'un bon gouvernement doit être, selon lui, le bien-être et la tranquillité du peuple. L'un des moyens que les sages princes doivent employer pour atteindre ce but, c'est de donner au peuple, dans leur personne et dans celle de ceux qui exercent des fonctions publiques, l'exemple du mépris des honneurs et des richesses. Les gouverneurs des peuples, par conséquent, ne doivent point combler d'honneurs et de richesses certains hommes, fussent-ils des sages, ni faire un trop grand cas des objets rares ou de luxe, parce qu'en agissant ainsi, ils excitent l'envie et la jalousie du peuple, qui s'expose à commettre de mauvaises actions pour obtenir, lui aussi, ces mêmes richesses et ces objets de luxe (chap. 3). Le philosophe ne veut pas même que l'on fasse étalage des objets de fantaisie, à plus forte raison d'un luxe démoralisateur, qui jette une perturbation profonde dans l'esprit du peuple. Le saint homme de Lao-tseu, qui occupe des fonctions publiques, dédaigne la boue des richesses et des honneurs ; il méprise les objets de fantaisie et de luxe, et a toute l'austérité du philosophe stoïque. En outre, et comme dernière conséquence de ce système, Lao-tseu prescrit de faire en sorte que le peuple soit *sans instruction*, et, par conséquent, sans désirs. Ces derniers, et les troubles qui en résultent, naissent nécessairement du *savoir*, selon cette doctrine qui est la compression de l'intelligence turbulente de l'homme, et son maintien dans la simplicité et l'ignorance, son état naturel et primitif.

« Si je gouvernais un petit royaume « et un petit peuple, dit Lao-tseu « (ch. 80), je ferais en sorte que le peu- « ple n'eût des instruments de guerre « que pour une compagnie de dix ou

« de cent hommes, et encore qu'il n'en
« fît pas usage. Je ferais en sorte que
« ce peuple craignît la mort, et qu'il
« n'émigrât pas au loin.

« Quand même il aurait des bateaux
« et des chars, il n'y monterait pas;
« quand même il aurait des cuirasses
« et des lances, il ne les porterait pas.
« *Je ferais en sorte que le peuple
« revînt à l'usage des cordelettes
« nouées (pour écriture)...* »

Voilà l'idéal du gouvernement de LAO-TSEU !

Il dit aussi dans un autre endroit de son livre (ch. 3) :

« Le saint homme fait en sorte que
« le peuple soit sans instruction, sans
« savoir, et, par conséquent, sans dé-
« sirs; que celui qui a de l'instruc-
« tion n'ose pas en faire un mauvais
« usage. »

Ailleurs (ch. 63), il est encore plus explicite, s'il est possible :

« Dans l'antiquité, ceux qui prati-
« quaient la doctrine du *Tao* ou de
« la *Raison suprême* ne s'occupaient
« point d'éclairer les peuples; ils s'oc-
« cupaient à les rendre ignorants.

« Le peuple est difficile à gouverner
« parce qu'il sait trop, etc. »

Cette doctrine politique de LAO-TSEU frappe d'impuissance et de mort toute société, comme sa doctrine morale frappe également d'impuissance et de mort toute individualité. Aussi les essais qui en ont été faits, à différentes reprises, par des empereurs chinois, devenus partisans enthousiastes de la doctrine de LAO-TSEU, ont-ils été des époques fatales dans l'histoire chinoise ; et le retour aux doctrines morales et politiques enseignées par KHOUNG-TSEU, ainsi que par les sages qui l'ont précédé et suivi dans la même voie, a-t-il toujours été le salut de l'empire.

Néanmoins, cette doctrine de l'asservissement, de l'abrutissement de la pensée humaine, diamétralement opposée à celle du philosophe KHOUNG-TSEU, qui prescrit sans cesse le perfectionnement, le développement le plus complet de toutes les facultés de l'homme, confond notre orgueilleuse raison, par ce fait seul que l'état de la civilisation chinoise, 600 ans avant notre ère, a pu autoriser un grand penseur à la proclamer ! Cette doctrine a été aussi proclamée depuis, et dans nos sociétés modernes, par des hommes qui, il est vrai, n'ont pas une grande confiance dans les lumières de la raison humaine. Toutefois, la philosophie qui proclame l'homme essentiellement perfectible par une éducation scientifique, et les nations les plus éclairées, les plus heureuses, nous paraît bien supérieure; elle est du moins bien plus conforme à la dignité humaine, bien plus consolante pour l'humanité, et assurément bien plus appropriée à sa destination.

Voici la *construction* du système de LAO-TSEU :

I.

Le TAO ou la *Raison primordiale éternelle et suprême*, désignée aussi par les expressions de HIOUEN : l'INDISTINCT; de L : l'UNITÉ ABSOLUE.

II.

Considérée sous ses deux modes d'être, elle est :

| 1° le *Non-Être*, ou l'*incorporéité*. | 2° l'*Être*, ou la *corporéité*. |

III.

Représentant

| 1° sa *nature insaisissable et subtile* ; | 2° sa *nature corporelle phénoménale*. |

Pour dernier résultat
l'UNITÉ
à laquelle tout retourne.

Nous nous sommes étendu sur la doctrine de LAO-TSEU, parce que cette doctrine n'avait encore été exposée nulle part avec quelque exactitude, et que, cependant, elle occupe une place très-importante dans l'histoire de la philosophie chinoise. Nous terminons cette exposition de la conception philosophique de LAO-TSEU, par la traduction du jugement qu'en porte *Tchou-hi* :

« Le système de morale de LAO-
« TSEU, dit-il, consiste dans l'*humi-
« lité*, la *concorde*, la *tempérance* et
« l'*économie*. Il consiste aussi tout en-
« tier à ne jamais permettre l'asser-
« vissement du principe raisonnable à
« l'empire des sens.

« Les spéculations de LAO-TSEU,
« généralement parlant, roulent sur le

« *vide*, sur le *repos* ou *l'immobilité*,
« sur le *non-agir*, sur *l'isolement du
« monde* et la *conservation de soi-
« même* (c'est-à-dire, pour LAO-TSEU,
« de sa *pureté* et de sa *simplicité* na-
« tives). C'est pourquoi il en fait le su-
« jet de ses discussions. Il a constam-
« ment, pour modèle à présenter aux
« yeux, la faiblesse, soit du corps,
« soit de l'intelligence, et un état d'hu-
« milité et d'infériorité très-prononcé ;
« pour lui, le vide, l'incorporel, l'in-
« nocuité envers tous les êtres de l'u-
« nivers, c'est ce qu'il y a de réel et
« de vrai. Il fait de ces principes les
« règles de conduite dans la vie. Cela
« ne l'empêche pas de dire : « *Moi, je
« n'agis pas, et cependant le peuple
« se convertit, de lui-même, au bien.* »
« S'il en est ainsi, celui qui ne se con-
« vertit pas ne doit pas, en effet, lui
« en demander la raison. A chaque oc-
« casion et à tout propos, il attribue
« le même pouvoir, la même influence
« au *Táo* ou à sa *Raison suprême.* »
(Œuvres complètes de *Tchou-hi*, aux
Philosophes divers, art. *Lao-tseu*.)

2° PHILOSOPHES DE L'ÉCOLE DE LAO-TSEU.

KOUAN-YUN-TSEU. Le premier philosophe célèbre de l'école de LAO-TSEU,
dans l'ordre des temps, est KOUAN-
YUN-TSEU, ministre du roi de *Thsi*,
contemporain de LAO-TSEU, et qui
passe pour avoir reçu de lui le *Táo-te-
King*, d'après lequel il aurait composé
son ouvrage en neuf livres, intitulé
Chi-chin-King (*Tchou-tseu-weï-han*,
f° 32). Ce philosophe s'exprime ainsi sur
le *Táo* ou le *Principe suprême* :

« N'existant pas à la manière des
« êtres corporels, le *Táo* ou le *Prin-
« cipe suprême* ne peut être exprimé
« par des paroles ; ne pouvant être ex-
« primé par des paroles, il est, par
« conséquent, le *Táo*. N'existant pas
« à la manière des êtres matériels, le
« *Táo* ne peut être conçu par la pen-
« sée ; ne pouvant être conçu par la
« pensée, il est, par conséquent, le
« *Táo*. »

La glose du *Tchou-tseu-han* s'exprime ainsi sur ce même passage :

« Ce que les hommes ont jamais pu
« exprimer par la parole, méditer par
« la pensée, c'est un *Táo* (ou un Dieu),
« qui n'est pas l'essence merveilleuse ou
« divine du *Táo*. Celle-ci est extrême-
« ment pure, extrêmement simple et
« sans mélange, sans sonorité (c'est-à-
« dire inénarrable), sans odeur : par
« conséquent, ce que l'on cherche à ex-
« primer par la parole, à méditer par
« la pensée, est toujours grossier, c'est-
« à-dire matériel, perceptible aux sens.
« Or, le *Táo*, c'est le Ciel, c'est la vie,
« c'est l'esprit, c'est l'instinct. On ne
« peut ni le nommer, ni l'exprimer par
« la parole ; on ne peut également pas
« l'atteindre par la pensée ; et cepen-
« dant, toutes les choses du monde,
« tous les êtres de l'univers ont beau
« paraître et disparaître, prendre mille
« formes, subir mille transformations,
« s'entasser en masses dures comme
« les rochers ou se dissoudre en boue
« liquide, il n'est point de corps dans
« lequel il ne subsiste, point de lieu où
« il n'existe. Voilà ce que la sagesse du
« saint homme pénètre sans trouble,
« et ce que les êtres spirituels saisis-
« sent et peuvent comprendre. »

Kouan-yun-tseu continue ainsi :

« Les êtres qui existent sous le Ciel
« passent animés de passions ; les ac-
« tions des hommes disparaissent éga-
« lement. Quelle étrange chose, en
« apparence ! quelles contradictions !
« quelle opposition dans ce qui semble
« être le vrai, et qui n'est cependant
« que le faux ! On le restreint, on le
« limite, on le bégaye, on le murmure,
« on l'expulse, on le désire, on en
« parle, on aspire son ombre, on mé-
« dite sur lui comme sur des grains de
« poussière. La sagesse du saint crée
« la déception ; les esprits ne le com-
« prennent point. Tout ce que l'on sait,
« c'est qu'il ne peut être pratiqué, qu'il
« ne peut être atteint, qu'il ne peut
« être pénétré, qu'il ne peut être di-
« visé. C'est pourquoi il est dit le *Ciel*,
« il est dit la *vie*, il est dit l'*esprit*, il
« est dit l'*indistinct*, et, pour réunir
« toutes ces expressions, il est dit
« le *Táo*. Sans l'*Être un*, pas de Ciel ;
« sans l'*Être un*, pas de vie ; sans l'*Ê-
« tre un*, pas d'esprits ; sans l'*Être
« un*, pas d'indistinct ; l'*Être* est, par
« conséquent, tel qu'il vient d'être
« dit. Pourquoi l'homme ne serait-il
« pas ainsi ? Tous les hommes peuvent

« se dire Ciel, tous les hommes peu-
« vent se dire esprits, tous les hom-
« mes peuvent se dire arrivés à la
« vie, ayant pénétré l'indistinct. Ils ne
« pourraient pas dire, en parlant du
« Ciel : Ceci n'est pas Ciel ; en parlant
« des esprits, Ceci n'est pas esprit ; en
« parlant de la vie, Ceci n'est pas la
« vie ; en parlant de l'indistinct, Ceci
« n'est pas l'indistinct. C'est pourquoi
« nous sommes véritablement le *Tâo* ;
« par conséquent, au sein même de
« l'*Être un*, sachant le Ciel, épuisant
« l'esprit, parvenant à l'extrême li-
« mite de la vie, et créant l'indistinct.
« En étudiant ce grand sujet, on se
« perd dans une confusion de noms
« divers, qui tous sont identiques en
« réalité. Celui qui est parvenu à com-
« prendre cela regrette cette identité
« réelle, et il oublie que les noms seuls
« sont divers. »

Ce passage peut suffire pour faire apprécier la doctrine et la manière de raisonner de *Kouan-yun-tseu*. Nous ne connaissons aucun philosophe plus délié, plus subtil, plus abondant. Il semble prendre plaisir à se jouer de sa pensée, en accumulant opposition sur opposition, antithèse sur antithèse. Son ouvrage, assez étendu, n'en est pas moins un des monuments les plus curieux et les plus extraordinaires de l'antique philosophie. On croit lire les *Ennéades* de Plotin, ou la *Théologie* de Proclus ; et c'est là un monument qui date de six siècles avant notre ère !

Peut-on mieux faire distinguer la cause de l'effet que ne le fait *Kouan-yun-tseu*, dans ce passage :

« Ce qui suit le courant de l'eau, c'est
« le navire ; ce par quoi la navigation
« a lieu, c'est l'eau, non le navire ; ce
« qui roule, c'est le char ; ce par quoi
« le mouvement de rotation des roues
« a lieu, c'est le bœuf qui traîne le
« char, et non le char lui-même ; ce
« qui réfléchit, c'est le cœur (*sin* ou
« l'organe de la pensée) ; ce par quoi la
« réflexion a lieu, c'est la pensée (*i*),
« non le cœur. On ignore pourquoi et
« comment il en est ainsi (dans ce der-
« nier cas) ; mais il en est ainsi. » (*Tseu-han*, K. 1, f° 40.)

Et ailleurs :

« Les êtres naissent sur la terre ;
« leur fin s'opère aussi sur la terre par
« transformation. Les actions de l'hom-
« me prennent naissance dans la pen-
« sée ; elles se terminent aussi dans la
« pensée. Si l'on sait que c'est seule-
« ment la pensée qui est leur cause,
« alors l'acte a lieu instantanément,
« comme il cesse instantanément ; le
« bien s'opère instantanément, comme
« le mal aussi s'opère instantanément.
« La pensée change, se transforme : le
« cœur, ou l'organe de la pensée, ne
« change pas ; la pensée a la faculté de
« connaître, de juger, de discerner ; le
« cœur, ou l'organe de la pensée, ne
« l'a pas. Notre cœur n'est qu'un sim-
« ple organe indivis ; mais la pensée
« est un élément subtil, qui va et vient
« dans l'espace. » (*Ib.*, f° 41.)

YUN-WEN-TSEU. Après *Kouan-yun-tseu*, vient un disciple de LAO-TSEU : c'est *Yun-wen-tseu*. Il s'exprime ainsi, dans un chapitre intitulé le *Grand Tâo*.

« Le Ciel et la Terre sont transpor-
« tés dans l'espace (*), et se pénètrent
« mutuellement. Tous les êtres qui
« existent forment une totalité, une
« généralité, et ne font qu'*un*. Si l'on
« connaît cette *unité*, il n'est rien,
« dans cette unité, que l'on ne con-
« naisse ; si l'on ne connaît pas l'unité,
« il n'est rien, dans l'unité, que l'on con-
« naisse. Nous occupons un lieu dans
« le monde, nous formons même un
« être un, et les êtres sont également
« des êtres. Ces êtres, combinés en-
« semble, peuvent constituer mutuel-
« lement de nouveaux êtres. » (*Tchou-tseu-han*, K. 1, f° 53.)

Voici un passage qui attribuerait trois origines à nos connaissances :

« — Dans la science supérieure, on
« apprend par l'esprit ; dans la science
« moyenne, on apprend par le cœur ;
« dans la science inférieure, on apprend
« par les oreilles. Pour celui qui ap-
« prend par les oreilles, la science ré-
« side dans la peau ; pour celui qui
« apprend par le cœur, la science réside

(*) Cette observation du mouvement de la Terre est d'autant plus remarquable, que l'école de *Fou-hi* et des lettrés regarde la terre comme immobile ; c'est du pythagorisme.

« dans l'intérieur de la chair ; pour
« celui qui apprend par l'esprit, la
« science réside dans la moelle des os.
« Voilà la raison de toute science. (*Ib.*)
« — Dans le monde, dit-il encore,
« le *vrai* et le *faux* ne sont pas déter-
« minés. Dans notre siècle, chacun re-
« garde comme le vrai ce qu'il aime,
« et comme le faux ce qu'il déteste. Ce-
« lui qui cherche ce vrai ne le cherche
« pas dans son union avec la raison
« des choses : il ne le cherche qu'a-
« vec sa propre raison. Celui qui re-
« pousse le faux ne repousse pas le
« vrai : il ne fait que le rendre plus
« persévérant dans son cœur. Mainte-
« nant, la satisfaction de nos désirs
« passe pour le vrai, et nous y persé-
« verons. La répression de ces mêmes
« désirs, c'est le faux, et nous l'écar-
« tons. Le siècle ne sait pas ce qu'il
« appelle le *vrai* et le *faux*. » (*Ib.*,
f° 54.)

LIE-TSEU, qui florissait 398 ans avant notre ère. Ce philosophe fut le disciple de *Kouan-yun-tseu*, et il passa quarante ans inconnu dans un jardin de l'État de *Tching*. Il est appelé par *Tchou-hi* (critique chinois et philosophe célèbre du onzième siècle de notre ère) un écrivain plat, insipide, inculte et vide. (*Philosophes divers*, art. LIE-TSEU). Ce jugement est plus que sévère, il est injuste. Cet écrivain est, au contraire, renommé par l'emploi fréquent et habituel des figures et des métaphores ; ce qui a pu, toutefois, motiver le jugement précédent du philosophe rationaliste.

C'est dans un ouvrage intitulé le *Livre du vide et de l'incorporel* (*Tchoûng-hiû-King*), que LIE-TSEU a exposé sa doctrine. Cette doctrine ne diffère guère de celle de LAO-TSEU que par l'emploi de termes différents pour exprimer des idées analogues. On rencontre même dans LIE-TSEU un chapitre qui se trouve aussi dans LAO-TSEU (le sixième), et que le premier de ces philosophes n'attribue pas à LAO-TSEU, mais à l'empereur *Hoang-ti* (qui vivait 2640 ans avant notre ère). Il n'a fait qu'*illustrer* (comme s'exprime un écrivain chinois) la doctrine du *Tâo* de LAO-TSEU. Voici un passage qui fera connaître la manière de ce philosophe ;

il est tiré du chapitre intitulé : *Pronostics* ou *Manifestations célestes*.

« L'être qui reçoit la naissance par
« sa propre raison d'être doit avoir
« une fin ; l'être qui a une fin ne peut
« pas ne pas avoir cette fin, de même
« que l'être qui reçoit la naissance n'a
« pas pu ne pas recevoir cette nais-
« sance ; et s'il croit perpétuer sa vie,
« déterminer, calculer sa fin, il tom-
« be dans une erreur grave sur le
« nombre des années qu'il lui est don-
« né de vivre. Ce qui est subtil et spi-
« rituel (dans l'être vivant ou l'hom-
« me) est la portion du Ciel ; ce qui
« compose la chair et les os est la por-
« tion de la Terre. Ce qui appartient
« au Ciel est pur, et se disperse ; ce
« qui appartient à la Terre est trouble,
« impur, et se réunit. Les parties sub-
« tiles et spirituelles se séparent de la
« forme corporelle, et chacune d'elles
« retourne à son essence véritable. C'est
« pourquoi on appelle ces parties : *par-
« ties subtiles et spirituelles qui s'en
« retournent* (*Kouéi*). Le nom de
« *Kouéi*, qu'on leur a donné, signifie
« *retourner* ; mais c'est *retourner à
« son véritable principe, à sa demeure
« primitive*. L'ancien empereur *Hoang-
« ti* a dit : *L'essence subtile et spiri-
« tuelle rentre par sa porte ou dans
« sa matrice ; les os et la chair re-
« tournent à leur racine, à leur prin-
« cipe*. Reste à savoir comment ce qu'il
« y a de supérieur en nous continue
« d'exister (*). »

TCHOUANG-TSEU. Après LIE-TSEU vient TCHOUANG-TSEU (338 ans avant notre ère), que *Tchou-hi* appelle un génie supérieur et d'une élocution très-fleurie. Sa doctrine embrasse tout ce qu'il est possible d'explorer (pour employer les termes de l'historien chinois *Sse-ma-thsien*) ; cependant, selon le même écrivain, son but fondamental est de rattacher tout ce qu'il dit aux paroles mêmes de LAO-TSEU. Il composa deux ouvrages, le *Père pêcheur* (*Yû-foù*) et le *Voleur-chi* (*Tâo-chi*), dans le but de combattre et de ridicu-

(*) On peut voir le texte chinois de ce curieux passage, dans notre édition *chinoise-latine et française* du *Tao-te-king* de Lao-tseu, p. 80.

liser les sectateurs de KHOUNG-TSEU, en même temps que d'*illustrer* la doctrine de LAO-TSEU. (Voy. *Sse-ma-thsien.*) Son *Livre de la fleur méridionale* (*Nân-hoá-king*) n'est, en quelque sorte, qu'un brillant et poétique commentaire de celui de LAO-TSEU, dans lequel il introduit une foule de personnages historiques, princes et philosophes, qui discutent les questions les plus hautes, et les plus variées et dont il est impossible de donner ici l'analyse. Nous en citerons seulement les passages suivants :

« — Le *Táo* ou la *Raison suprême* « est le principe d'où procèdent tous « les êtres de l'Univers, la source d'où « ils sont sortis.

« — Ce *Táo* a des sentiments d'af- « fection et de fidélité. Il n'agit pas, il « est sans forme ; il peut être transmis, « mais il ne peut pas être reçu par la « main ; on peut l'obtenir, mais on ne « peut le voir. Avant l'existence du « Ciel et de la Terre, il existait avec « certitude dès la grande antiquité ; c'é- « tait l'esprit, souverain des esprits « (*chin kouei chin ti*) : il a donné nais- « sance au Ciel et à la Terre. Il existait « au-dessus du *grand faîte*, antérieu- « rement au *grand comble* (*taï-ki*), « et cependant il n'est pas plus élevé ; « il existait au-dessous des six ex- « trémités (?), et cependant il n'est « pas plus profond. Il a précédé la « naissance du Ciel et de la Terre, et « cependant il n'est pas d'une durée « sans limite ; il est plus âgé que la « grande antiquité, et cependant il « n'est pas vieux. » (*Tchou-tseu-han*, K. I, f° 71.)

« — La vie, c'est la suite de la mort ; « la mort, c'est le commencement de « la vie. Il faut s'attacher à connaître « cette chaîne de succession. La vie de « l'homme n'est que la condensation « de l'esprit vital. Si cet esprit vital « est condensé, alors c'est la vie ; s'il « est dispersé, alors c'est la mort. « Comme la mort n'est que la suite « de la vie, pourquoi nous affligerions- « nous de mourir ? Voilà pourquoi tous « les Êtres de l'univers ne sont qu'une « grande Unité. » (*Nân-hoá-king*, K. 6, f° 36-7.)

« — La lumière est née des ténè- « bres ; l'ordre matériel est né de ce « qui n'avait pas de formes ; les êtres « spirituels sont nés du *Táo*. La for- « me est essentiellement née du prin- « cipe subtil, et tous les êtres de l'U- « nivers se sont donné mutuellement « la naissance par la forme qu'ils ont « revêtue. » (*Ib.*, f° 38.)

« — Qu'est-ce que la confusion ? « Qu'est-ce que la mort ? Ce sont les « esprits vitaux, le *hoën* et le *phe*, « qui s'en vont ; le corps les suit, se « dissout ; c'est le grand retour à la « forme de ce qui n'a pas de forme, « laquelle est la non-forme de la forme. « C'est à elle que l'homme s'identifie « par sa science. » (*Ib.*, f° 40.)

C'est aussi le même philosophe qui disait :

« Le désir immodéré de la science a « troublé le monde. »

KIA-TSEU et HAN-FEÏ-TSEU. Les philosophes de l'école du *Táo* qui viennent ensuite, mais qui ont beaucoup moins de célébrité que les deux précédents, sont *Kia-tseu* et *Han-feï tseu* (environ 400 ans avant J. C.). L'ancien historien *Sse-ma-thsien* dit que leur doctrine se rattache essentiellement à celle de *Hoang-ti* et de *Lao-tseu* ; mais des écrivains de l'école de ce dernier philosophe les repoussent formellement en disant que ce sont leurs commentaires sur les lois pénales qui ont fait leur réputation, lesquels commentaires, pleins de prescriptions cruelles et de doctrines violentes, n'appartiennent point à des sectateurs de LAO-TSEU.

HOAI-NAN-TSEU. On compte aussi *Hoai-nan-tseu*, prince philosophe du deuxième siècle avant notre ère, parmi les écrivains de l'école de LAO-TSEU, quoiqu'il ait traité beaucoup de sujets étrangers à la philosophie. Il a donné de magnifiques développements à certains points de la doctrine du *Táo* (*). Il pose aussi l'*Unité* comme principe absolu de toutes choses.

« — C'est de la grande et suprême « UNITÉ, dit-il, que sont sortis tous « les êtres de l'Univers ; c'est d'elle

(*) Voir entre autres son *Explication des Esprits et des Génies* : *Kouei chin-hiun*, dans le Recueil intitulé : *Tchou-tseu-wéi-han*, k. 15, fol. 42 à 61.

« qu'ils ont reçu leur existence. Cette
« UNITÉ est la racine fondamentale de
« tous les êtres; c'est la grande *Raison*
« *suprême* (TAO) qui est sans aucune
« espèce d'opposition.

« Celui qui connaît l'UNITÉ, dit-il
« encore, alors il n'est rien qu'il ne
« connaisse; celui qui ne connaît pas
« l'UNITÉ, ne connaît absolument rien. »

La description qu'il fait du *Tao* et
de la *Raison suprême*, de cette UNITÉ
absolue et sans limite est de la plus
grande beauté.

« Cette *Raison suprême* (*Tao*) em-
« brasse le Ciel et soutient la Terre;
« il n'est point de hauteur à laquelle
« elle ne puisse atteindre; il n'est point
« de profondeur à laquelle elle ne
« puisse pénétrer. Elle est si immense,
« que le monde entier ne peut la con-
« tenir, et cependant elle se trouve
« comprise dans la plus petite unité.
« C'est par elle que les montagnes sont
« hautes, que les abîmes sont pro-
« fonds, que les quadrupèdes mar-
« chent, que les oiseaux volent, que le
« Soleil et la Lune éclairent, que les as-
« tres suivent leurs cours périodiques. »

HO-KOUAN-TSEU et YANG-TSEU ou
YANG-TCHOU. Ces deux philosophes
sont aussi considérés comme appartenant à l'école du *Tao*. Ils étaient
contemporains de MENG-TSEU (400 ans
avant notre ère), qui attaque le dernier en ces termes, dans son livre
classique : « Il n'apparaît plus de saints
« rois pour gouverner l'Empire! les
« princes et les vassaux se livrent à la
« licence la plus effrénée; les lettrés
« de chaque endroit professent les
« principes les plus opposés et les plus
« étranges; les doctrines des sectaires
« *Yang-tchou* et *Mé-ti* remplissent
« l'Empire, et les doctrines officielles
« de l'Empire, si elles ne rentrent pas
« dans celles de *Yang*, rentrent dans
« celles de *Mé*. La secte de *Yang* rap-
« porte tout à soi; elle ne reconnaît
« pas de princes; la secte de *Mé* aime
« tout le monde indistinctement; elle
« ne reconnaît pas de parents. Ne point
« reconnaître de parents, ne point re-
« connaître de princes, c'est être comme
« des bêtes brutes et des bêtes fauves.

« Moi, effrayé des progrès que font
« ces dangereuses doctrines, je dé-
« fends celle des saints hommes du
« temps passé; je combats *Yang* et
« *Mé*; je repousse leurs propositions
« corruptrices, afin que des prédica-
« teurs pervers ne surgissent dans l'Em-
« pire pour les répandre. Une fois que
« ces doctrines perverses sont entrées
« dans les cœurs, elles corrompent les
« actions, elles corrompent tout ce qui
« constitue l'existence sociale. » (*Meng-
tseu*, L. 1 ch. 6, § 9.) *Nil novi sub
cœlo!*

Tchou-hi prétend (*Philosophes
bouddhistes*, f°. 9) que c'est LAO-
TSEU et TCHOUANG-TSEU que MENG-
TSEU avait en vue en nommant *Yang*
et *Mé*. *Tching-tseu*, autre philosophe
confucéen, du onzième siècle de notre
ère, dit que « les doctrines dangereuses
« et funestes de *Yang* et de *Mé* vien-
« nent surtout de *Kia-tseu* et de *Han-
« tseu*, et que les doctrines dange-
« reuses des bouddhistes viennent sur-
« tout de *Yang* et de *Mé*. *Yang*, par
« rapport au moi, à cause du moi, met
« en doute la justice; *Mé*, par l'exten-
« sion qu'il donne aux sentiments d'a-
« mour et de bienveillance, met en
« doute l'humanité. *Kia* et *Han-fei*
« étaient des hommes rustiques et sans
« importance, qui paraissaient pouvoir
« être traités avec indifférence; c'est
« pourquoi *Meng-tseu* s'arrête à ses
« attaques contre *Yang* et *Mé*, et fait
« leurs erreurs celles de son siècle. »

Lie-tseu parle souvent de *Yang-
tchou*. Le *Choix des anciens philosophes* (*Tchou-tseu-han*) contient un
petit fragment de ce philosophe et
plusieurs de *Mé-tseu*.

On sait peu de choses de *Ho-kouan-
tseu*, dont il ne reste que des fragments
mutilés. Il reçut le nom sous lequel
il est connu, et qui signifie le philosophe *au bonnet de crête de poule ho*,
parce qu'il en portait toujours un à
la tête. C'était un anachorète qui vivait dans les forêts, à la manière de
plusieurs philosophes indiens, et même
de plusieurs anciens philosophes chinois. Une ancienne collection d'ouvrages publiés sous la dynastie des
Han (200 ans avant, et 200 ans après
notre ère) nous a conservé un écrit
de ce philosophe. On le trouve aussi
dans le *Choix des anciens philosophes*

(liv. IV, f° 28). Il disserte sur le *Táo*, sur son influence, ses lois; sur l'humanité, la justice, sur les bonnes œuvres. Il a aussi une doctrine mystique des nombres, dans laquelle il prétend que le nombre 25, composé de 5 fois 5, est la raison du monde, et que 36, composé de 6 fois 6, est la loi de l'année (*Tchou-tseu-han*, K. IV, f° 30); c'est absolument la doctrine de Platon, qui attribue à ces mêmes chiffres, 5 et 6, la figure du monde, et qui dit que les racines des sphères sont 25 et 36.

École des Lettrés (*joú-kiá*).

Doctrine de Khoung-tseu *et de ses disciples.*

Après avoir exposé, avec quelques détails, la doctrine de Lao-tseu ou du *Táo*, si importante et si peu connue jusqu'ici, nous allons reprendre l'exposition de la philosophie de l'école des Lettrés, qui reconnaît les rois ou empereurs *Fou-hi* (l'inventeur des premiers linéaments de l'écriture chinoise), *Chin-noung* (le divin laboureur), *Hoang-ti* (l'empereur jaune), *Yao* et *Chun* pour ses fondateurs, et Khoung-tseu pour son chef. La période de cette école, que nous avons à faire connaître ici, comprend une durée de deux à trois cents ans (du cinquième au deuxième siècle avant notre ère), et ses plus illustres représentants : Khoung-tseu, Meng-tseu, ainsi que leurs disciples respectifs. Les ouvrages réunis de ces deux philosophes forment le *Sse-choû* ou *Quatre livres classiques de la Chine*, qui constituent, depuis plus de deux mille ans, le code moral et politique de la nation chinoise, dont la population est aujourd'hui de plus de trois cent soixante et un millions d'habitants. Il est donc d'une autre importance que s'il s'agissait d'une petite école philosophique grecque, de savoir ce que Khoung-tseu et son école ont pensé sur les différentes questions qui ont toujours intéressé si hautement l'humanité, et qui, en Chine, seul exemple peut-être dans le monde d'une pareille conquête de la philosophie, est devenu la *philosophie de l'État*.

La période dont nous nous occupons est encore, en Chine, une période concrète, quoique, dans l'école de Khoung-tseu, élaborée déjà antérieurement, et par des travaux de plus de dix siècles, l'*abstraction* y ait fait plus de progrès que dans l'école de Lao-tseu.

Origine des choses. — *Connaissance d'un premier Être; son action dans le monde.* — La doctrine de Khoung-tseu sur l'origine des choses et l'existence d'un premier Être est assez difficile à déterminer, parce qu'il ne l'a exposée nulle part d'une manière explicite. Soit qu'il considérât l'enseignement de la morale et de la politique pratique comme d'une efficacité plus immédiate et plus utile au bien-être du genre humain que les spéculations métaphysiques, soit qu'il considérât ces dernières comme un sujet éternel de controverses parmi les hommes, qui ne parviendraient jamais, étant des êtres imparfaits et finis, à comprendre le parfait et l'infini, Khoung-tseu évita toujours d'exprimer son opinion sur l'origine des choses et la nature du premier principe. Peut-être en cela, comme en toute autre chose, fit-il preuve de cette grande sagesse, de cette haute raison qui est le caractère distinctif de ses écrits. Il comprit sans doute que la raison de l'homme ne pouvait aller au delà de la *reconnaissance* d'un Être infiniment puissant, infiniment bon, dont tout ce qui est bon procède, et qui n'autorise jamais le mal; mais qu'il n'était pas donné à cette raison de *connaître* cet Être suprême. Dès lors, son existence une fois admise, la raison devait s'arrêter là, dans l'impuissance où elle est de connaître sa nature, le nombre de ses attributs, et se borner à explorer son unique domaine, qui est le monde ou tout ce qui tombe sous le contrôle de l'homme (*). Aussi, un de ses disciples, *Tseu-lou*, dit, dans les *Entretiens philosophiques* (*Lûn-yú*, K. III, liv. I, chap. 5, § 12 de notre traduction): « On peut souvent entendre notre maître « disserter sur les qualités qui doivent « former un homme distingué par ses « vertus et ses talents, mais on ne peut

---

(*) Selon Diogène Laërce, un philosophe ancien de l'école éléatique, Mélissus, avait sur ce sujet les mêmes idées que Khoung-tseu : Ἀλλὰ καὶ περὶ θεῶν ἔλεγε μὴ δεῖν ἀποφαίνεσθαι· μὴ γὰρ εἶναι γνῶσιν αὐτῶν. Liv. IX, 24.

« obtenir de lui qu'il parle sur la *nature de l'homme* et sur la *raison céleste*. »

— « La *nature de l'homme*, dit à ce sujet le commentateur officiel *Tchou-hi*, c'est la *raison* ou le *principe céleste* que l'homme reçoit en naissant; la *voie céleste*, c'est la raison céleste qui est une essence primitive existant par elle-même, et qui, dans sa réalité substantielle, est une raison ayant l'unité pour principe. »

Dans le même livre (K. I, chap. 6, § 20), on lit encore : « *Fan-tchi* demanda ce que c'était que la science de gouverner le peuple. — Le philosophe répondit : Employer tous ses efforts pour faire ce qui est juste et convenable aux hommes; *révérer les esprits et se tenir éloigné d'eux*, cela peut être appelé *science*. » Le commentateur chinois déjà cité, expliquant la pensée du maître, dit que « c'est faire usage de tous ses moyens, employer toutes ses forces dans ce qui convient à la voie, à la *raison de l'homme (jintáo)*, et ne point s'*égarer* dans ce que l'on *ne peut savoir*, concernant les *esprits et les génies*. » Cela est clair. *Tching-tseu*, autre célèbre commentateur chinois, dit à ce sujet : « Il y a des hommes qui ont trop de foi dans les esprits et les génies; ils sont dans l'erreur, aussi bien que ceux qui n'ont pas de foi en eux et qui ne les révèrent point. Savoir les révérer, et savoir se tenir à distance d'eux, c'est ce que l'on peut appeler la science du sage. »

On lit encore ailleurs (liv. I, chap. 7, § 20) : « Le philosophe ne parlait, dans ses entretiens, ni des choses extraordinaires, ni de la bravoure, ni des troubles civils, ni des *esprits*. » — « Le saint homme, dit *Tchou-hi* sur ce passage, ne s'entretenait d'une manière certaine que des choses qui étaient parfaitement droites et conformes à la raison, accessibles à ses investigations. L'existence des esprits et des génies se suppose d'après les choses heureuses qui arrivent dans le monde, quoiqu'on ne puisse s'en rendre compte selon le cours ordinaire des choses; cependant, à moins d'atteindre aux dernières limites de la raison, il est des choses qu'il n'est pas donné à l'homme d'éclaircir. C'est pourquoi on ne peut légèrement s'en entretenir avec les hommes. »

Sie-chi dit aussi à ce sujet : « Le saint homme (KHOUNG-TSEU) parle des vertus cardinales et éternelles qui constituent les mérites de l'homme (c'est-à-dire, l'*humanité* ou l'affection envers son prochain, la *justice*, l'*urbanité*, la *prudence* et la *sincérité*); mais il ne parle point des choses extraordinaires ou merveilleuses; il parle de la sagesse ou force morale, mais il ne parle point de la bravoure ou force physique; il parle du gouvernement des hommes, mais il ne parle point des troubles civils; il parle de l'homme, mais il ne parle point des esprits. »

Enfin, dans un autre endroit des mêmes *Entretiens philosophiques (Lúnyù*, K. VI, liv. II, chap. 2, § 2), on lit :

« *Ki-lou* demanda comment il fallait servir les *esprits* et les *génies*. — Le philosophe dit : Quand on n'est pas encore en état de servir les hommes, comment pourrait-on servir les esprits et les génies ? — Permettez-moi, ajouta le disciple, de vous demander ce que c'est que la *mort*. — Le philosophe dit : Quand on ne sait pas ce que c'est que la *vie*, comment pourrait-on connaître la *mort* ? »

Tchou-hi s'exprime ainsi sur ce passage :

« Demander *comment il faut servir les esprits et les génies*, c'est chercher à savoir quelle est l'idée qui doit présider aux sacrifices qu'on leur offre; et comme la mort est une chose que l'homme doit nécessairement subir, il ne peut pas ne pas la connaître. Voilà tout le sens de la question. Cependant, si l'homme ne s'est pas rendu préalablement capable, par une déférence accomplie, de servir les hommes, alors il ne peut nécessairement pas être en état de servir les esprits; s'il ne remonte à son commencement, à son principe, afin de savoir pourquoi il naît, ce que c'est que la vie, alors il ne peut nécessairement pas connaître ce qui est opposé à son commencement, c'est-à-

« dire, sa fin, et savoir pourquoi il
« meurt, ou ce que c'est que la *mort*.
« Or, obscurs ou clairs, le commence-
« ment et la fin n'ont pas deux causes
« dans le principe; c'est ce dont ceux
« qui étudient doivent bien se pénétrer.
« C'est pourquoi le maître les en pré-
« vient, comme il le fait dans le texte. »

Tching-tseu dit aussi à ce sujet :
« Celui qui saurait représenter la nuit,
« donnerait la raison de la vie et de la
« mort. Connaître la raison de la vie,
« ce serait connaître par cela même la
« raison de la mort. Connaître dans
« toute son étendue la raison de ses de-
« voirs envers les hommes, c'est con-
« naître dans toute son étendue la raison
« de ses devoirs envers les esprits. La
« *mort* et la *vie*, les *hommes* et les *es-
« prits* sont une chose et deux choses,
« deux choses et une chose tout en-
« semble. »

La pensée du philosophe chinois sur ces grandes questions resterait donc complétement impénétrable pour nous, si nous ne cherchions à la découvrir dans les explications qu'il a données du *Livre des Transformations* (Y-*King*). Il est vrai que l'on peut dire que, dans ces explications, c'est plutôt la pensée des auteurs de cet ancien livre qu'il a exposée que la sienne propre. Mais comme Khoung-tseu se proclame en plusieurs endroits de ses ouvrages le continuateur de ces anciens sages, le propagateur de leurs doctrines, ces mêmes doctrines peuvent être d'autant plus légitimement considérées comme les siennes, qu'il opéra sur les écrits de ses devanciers un certain travail de révision.

Les seuls écrits sur le *Y-King* que les plus habiles critiques chinois attribuent à Khoung-tseu, sont les *Commentaires* (*tchouán*) sur les explications (*toén*) de *Wen-wang* et autres explications (*siáng*) de *Tchéou-koung*, ainsi qu'un très-court commentaire, portant seul le nom de *Hi-tseu* (littéralement : *Explications appendues* au Y-king) dans l'ancien texte en caractère *tá-tchouán*. Une autre explication portant le titre de *Wên-yán* ou *paroles sur le texte* (de *Wên-wang* et de *Tchéou-koung*) fut seulement recueillie et publiée par les disciples du philosophe. Le *Hi-tseu* des éditions modernes, et que renferme aussi notre ancien texte, dans lequel il est parlé du *Tai-ki* ou *grand faîte*, de la *génération des choses*, etc., n'est point de Khoung-tseu, comme on le pense généralement, mais, selon plusieurs critiques chinois, d'un auteur nommé *Wang-sou*, qui vécut dans le second siècle de notre ère.

C'est donc uniquement le véritable *Appendix* de Khoung-tseu et ses *Paroles sur le texte* recueillies par ses disciples que nous devons interroger.

L'appendix au *Y-King* ne parle que de l'influence du Ciel sur les actions du sage; du concours des éléments dans son action sur les êtres qui lui sont soumis; du rôle que joue la Terre dans ces opérations. « L'action du Ciel, dit-il (*in
« initio*), donne tant de force au sage
« (préposé au gouvernement des hom-
« mes, le nom était le même dans les
« deux applications) pour opérer le bien,
« que cette force est incessante et sans
« limites. » (*Ancien texte*, édition de 1596. K. 11, f° 65-66.)

« Les propriétés de la Terre : sa puis-
« sance sur le sage est d'étendre ses
« vertus à tous les êtres qu'elle porte
« sur sa vaste surface. »

Tous les météores et phénomènes qui se passent dans le Ciel, comme le vent, la pluie, le tonnerre; tous les éléments qui se rattachent à la terre, comme l'eau, le feu, concourent avec la volonté du sage, ou du prince préposé au gouvernement des hommes, pour rendre tous les êtres heureux. Quand le concours du Ciel et de la Terre manque, le bien ne peut être opéré par le sage. Voilà tout ce que l'on trouve, dans le court *Appendix* de Khoung-tseu sur le *Y-King*, de relatif aux sujets en question.

Ses *Paroles*, sur les anciennes explications, recueillies par ses disciples, sont plus explicites.

« Le Ciel symbolique de *Foû-hi*, y
« est-il dit, est l'origine de tout ce qui
« existe, le commencement de toutes
« choses ; ce qui constitue les principes
« pensant et sentant sont ses dons et
« ses bienfaits. » (K. 11, f° 82.)

« L'homme supérieur met en harmo-
« nie ses vertus avec celles du Ciel et de
« la Terre : il met sa lumière en harmo-
« nie avec celle du Soleil et de la Lune;

« il met la disposition de son temps en
« harmonie avec les quatre saisons; il
« met ses félicités et ses infortunes en
« harmonie avec les esprits et les gé-
« nies. » (*Ib.*, f° 83-4.)

« Le Ciel et la Terre font croître et
« dépérir les herbes, les arbres et les
« plantes; le Ciel et la Terre couvrent
« les secrets de l'homme sage. » (*Ib.*,
86.)

« Le Ciel et la Terre se meuvent dans
« un concert mutuel; c'est pourquoi le
« Soleil et la Lune ne dépassent pas les
« bornes de leur course, et les quatre
« saisons n'éprouvent point de troubles.
« Si les saints hommes agissaient aussi
« de concert avec les lois des êtres su-
« périeurs, alors les peines et les châti-
« ments seraient purifiés, et le peuple
« serait soumis. » (*Ib.*, f° 89.)

« Observez les lois divines du Ciel, et
« les quatre saisons ne seront pas trou-
« blées. Que le saint homme constitue
« sa doctrine selon la raison divine, et
« le monde lui sera aussitôt soumis. »
(*Ib.*, f° 91.)

« Il faut porter ses observations sur
« le caractère du Ciel pour examiner les
« changements des saisons; il faut por-
« ter ses observations sur le caractère
« de l'homme pour convertir et amé-
« liorer le monde. » (*Ib.*, f° 92.)

« Le Ciel et la Terre nourrissent et
« entretiennent tous les êtres; le saint
« homme nourrit et entretient la sa-
« gesse dans le sein de tous les peu-
« ples. » (*Ib.*, f° 93.)

« Le Ciel et la Terre se mettent en
« action, et les êtres passent du
« néant à la vie. Le saint homme agit
« sur le cœur des autres hommes, et le
« monde est dans la paix et l'harmonie.
« Observez bien ces actions réciproques,
« et les passions, les affections de tous
« les êtres produits par le Ciel et la
« Terre pourront être discernées. » (*Ib.*,
f° 95.)

« Quand le Soleil s'en va, la Lune
« vient; quand la Lune s'en va, le So-
« leil vient. Le Soleil et la Lune se chas-
« sent mutuellement, et la lumière naît.
« Quand l'hiver s'en va, l'été vient;
« quand l'été s'en va, l'hiver vient.
« L'hiver et l'été se chassent mutuelle-
« ment, et l'année reçoit son accom-
« plissement. » (*Ib.*, f° 95.)

« Le *Táo* ou la *voie*, la raison d'être
« du Ciel et de la Terre est permanente
« et n'a point de fin. Le Soleil et la
« Lune parviennent au Ciel, et peuvent
« briller perpétuellement. Les quatre
« saisons opèrent les transformations,
« et peuvent perpétuellement accomplir
« leur cours. Le saint homme s'appli-
« que continuellement au *Táo*, ou à la
« *voie*, à la *raison* des choses, et le
« monde se convertit au bien et se per-
« fectionne. Que l'on observe attenti-
« vement toutes ces choses, qui ont une
« durée permanente, et les passions, les
« sentiments de tous les êtres produits
« par le Ciel et la Terre pourront être
« discernés. » (*Ib.*, f° 96.)

« Le Ciel et la Terre sont en opposi-
« tion, mais leur action est la même;
« le mâle et la femelle sont en opposi-
« tion, mais leurs intentions tendent au
« même but; tous les êtres de l'univers
« sont en opposition, mais leur action
« est de la même espèce. » (*Ib.*, f° 97.)

« Le saint homme a une vertu vivi-
« fiante, efficace, pour pénétrer le su-
« prême empereur du Ciel (*Chang-ti*),
« pour alimenter les saints et les sages. »
(*Ib.*, f° 102.)

« Quand c'est le temps de se reposer,
« il se repose; quand c'est le temps
« d'agir, il agit. Le mouvement et le
« repos ne perdent point leur saison.
« Leur raison d'être (*Táo*) ne brille que
« d'un plus grand éclat. » (*Ib.*, f° 102-
103.)

« S'unir en mariage est le grand but
« du Ciel et de la Terre; si le Ciel et la
« Terre ne s'unissaient point, tous les
« êtres ne naîtraient point à la vie.
« L'union en mariage est le commence-
« ment et la fin de l'homme. » (*Ib.*,
f° 103.)

L'opinion de KHOUNG-TSEU sur
l'existence d'êtres spirituels et supérieurs à l'homme se trouve exprimée
dans le second des *Livres* classiques
(ch. 16) de la manière suivante :

« Le philosophe (KHOUNG-TSEU) a
« dit : Que les facultés des *Kouéï-chin*
« (ou des puissances subtiles de la na-
« ture, des êtres spirituels) sont vastes
« et profondes! On cherche à les aper-
« cevoir, et on ne les voit pas; on cher-
« che à les entendre, et on ne les entend
« pas; identifiés à la substance des

« êtres, ils ne peuvent en être séparés.

« Il faut que, dans tout l'Empire, les « hommes purifient et sanctifient leur « cœur, se revêtent de leurs habits de « fête pour offrir des sacrifices et des « oblations à leurs ancêtres. Ils sont « partout au-dessus de nous, à notre « gauche, à notre droite; ils nous environnent de toutes parts.

« Ces esprits, cependant, quelque « subtils et imperceptibles qu'ils soient, « se manifestent dans les formes corpo« relles des êtres; leur essence étant « une essence réelle véritable, elle ne « peut pas ne pas se manifester sous « une forme quelconque. »

Voici comment s'exprime à ce sujet le commentaire de *Tchou-hi*:

« *Tching-tseu* a dit: Les *Kouei-chin* « (ou les *puissances subtiles* de la na« ture, les *êtres spirituels*) sont les ac« tivités méritoires du Ciel et de la « Terre, qui se manifestent dans les « choses fortunées. » *Tchang-tseu* a dit: « Les *Kouei-chin* sont les puis« sances naturelles (*liàng-néng*) des « deux principes primogènes aériformes « (*Khi*). » — « Moi, homme de peu de « mérite, ajoute *Tchou-hi*, je dirai, re« lativement à ce qui est appelé les deux « *principes primogènes aériformes*, « que le *Kouei* est l'intelligence du pre« mier principe femelle *Yin*, et que le « *Chin* est l'intelligence du premier « principe mâle *Yáng*. Relativement à « ce que l'on nomme l'unique *principe* « *primogène aériforme*, ce qui, de ce « principe, va droit en avant, c'est le « *Chin*, et ce qui forme opposition et « retourne à son foyer, à sa source, c'est « le *Kouei*. Ces deux modes d'être en « réalité n'en forment qu'un. Ce sont « des facultés, des activités méritoires « abstraites (*te*) comme celles que l'on « nomme *nature, sentiments, mérites*.

« Les *Kouei-chin* sont dénués de for« mes, aussi bien que de son; cependant « le commencement et la fin des êtres « n'ont jamais lieu, si ce n'est par la « réunion ou la dispersion de ce qui « constitue les principes mâle et fe« melle, actif et passif. C'est cette es« sence constitutive des deux principes « qui forme la *substance* des êtres, et « ce que ces mêmes êtres ne peuvent « *perdre*. »

Cette explication du commentateur chinois est parfaitement conforme à la doctrine du *Y-King*, où il est dit: « Ce « qui, dans le premier principe (mâle) « *Yáng*, et dans le premier principe « (femelle) *Yin*, ne peut être scruté, pé« nétré, approfondi, on l'appelle *Esprit* « (*Chin*). »

On peut voir, par ces nombreux passages tirés des écrits sur le *Y-King*, attribués à KHOUNG TSEU, et traduits, pour la première fois, dans une langue européenne (comme presque tout ce que nous avons cité jusqu'ici dans cet article), de même que, par la dernière citation, tirée du second des *Quatre livres classiques*, et expliquée par le commentaire, en quelque sorte officiel, de *Tchou-hi*, que les opinions du chef de l'école des Lettrés sur la première cause, l'origine des êtres, l'existence des esprits, sont loin d'être aussi explicites que la plupart des missionnaires jésuites l'ont prétendu, dans les deux derniers siècles, lors de leurs longues discussions avec les dominicains. Quelque bonne volonté que l'on ait, il est difficile de dégager de ces textes une doctrine telle que l'abstraction chrétienne moderne l'a formulée, c'est-à-dire, un Dieu distinct du monde, une âme séparée de toute forme corporelle, et une vie future. Ce que l'on y trouve réellement, c'est un vaste *naturalisme*, qui embrasse ce que les Lettrés chinois nomment les trois grandes puissances de la nature: le *Ciel*, la *Terre* et l'*Homme*, dont l'influence et l'action se pénètrent mutuellement, tout en réservant la suprématie au Ciel. Ce n'est point dans la période dont nous nous occupons, qui est encore, comme nous l'avons déjà dit, une *période concrète*, que l'on rencontre les spéculations abstraites de la pensée philosophique et religieuse des temps postérieurs; et, loin que les philosophes modernes de la Chine aient dénaturé et matérialisé les conceptions de l'antiquité, ainsi qu'on l'a souvent prétendu, ils leur ont plutôt donné un développement tout contraire, comme nous le verrons dans l'examen de la *troisième période*. C'est en confondant, comme on l'a toujours fait, les textes et les opinions de toutes les époques, que l'on est parvenu à exposer des doctrines qui n'appartiennent à aucun texte et à aucune époque.

Que l'on ne se méprenne pas cependant sur notre pensée. Nous sommes loin de prétendre que les doctrines des anciens Chinois, et celles de KHOUNG-TSEU en particulier, aient été matérialistes ; rien ne serait plus opposé et aux faits et à notre opinion personnelle. Aucun philosophe n'a attribué au *Ciel* une plus grande part dans les événements du monde, une influence plus grande et plus bienfaisante, que KHOUNG-TSEU et son école. C'est le Ciel qui donne aux rois leur mandat souverain pour gouverner les peuples, et qui le leur retire quand ils en font un usage contraire à sa destination. Les félicités ainsi que les calamités publiques et privées viennent de lui. La loi du Ciel est la loi suprême, la loi universelle, qu'il infuse en même temps que la vie dans le cœur de tous les hommes. Tous les attributs que les doctrines les plus spiritualistes donnent à *Dieu*, l'école de KHOUNG-TSEU les donne au *Ciel*, excepté toutefois qu'au lieu de le reléguer loin du monde et d'en faire une pure abstraction, créant l'univers du néant, il est dans le monde, et en fait essentiellement partie. Le Ciel est le type parfait de toute puissance, de **toute** bonté, de toute volonté, de toute vertu, de toute justice. « Il n'y a que lui, comme il est dit dans le *Choû-King* (ch. *Youé-ming*), qui ait la souveraine, l'universelle intelligence, » et, comme dit à ce sujet *Tchou-hi*, il n'est rien qu'il ne voie et rien qu'il n'entende, et cela parce qu'il est souverainement juste.

Ce serait ici le lieu de justifier le philosophe chinois d'un reproche étrange qui lui a été fait dans ces derniers temps, « d'avoir opéré, sur les *King*
« et les livres de l'antiquité chinoise,
« un travail analogue à celui de Platon,
« analogue à celui d'Aristote sur les
« dogmes religieux des grandes sociétés auxquelles la Grèce était redevable
« de sa civilisation, c'est-à-dire que ce
« philosophe élagua de ces livres toute
« la partie religieuse qu'il ne comprenait pas très-bien, tout ce qui se
« rapportait à l'explication et au développement des dogmes traditionnels ;
« en un mot, tout ce qui devait lui pa-
raître dépourvu d'intérêt. » (*Appendix* à la traduction française de la *Chine* de M. Davis.)

Cette accusation, dont plusieurs écrivains se sont déjà emparés comme d'un fait grave, éminemment propre à confondre l'esprit philosophique de tous les temps et de tous les lieux, ne repose sur aucun fondement, quoiqu'elle ait été reproduite par son auteur, de la manière suivante, dans un Recueil philologique :

« Confucius élagua des *King* toute
« la partie religieuse qui se rapportait,
« soit à l'explication, soit au dévelop-
« pement des dogmes traditionnels ;
« il ne voulut rien admettre de ce qui
« était en dehors du *cercle de la rai-
« son*. Je ne sais pas si la philosophie chi-
« noise a gagné quelque chose à cette
« révision des grands Livres de l'anti-
« quité, mais assurément l'histoire y a
« fait une perte irréparable. » (*Journal asiatique*, novembre 1839, p. 367.)
Et, comme preuve à l'appui de son assertion, l'auteur signale un écrivain contemporain de KHOUNG-TSEU (*Tso-khiéou-ming*), qui aurait, lui, conservé scrupuleusement les dogmes et les traditions religieuses de son pays, comme on pourrait s'en convaincre par la lecture d'une dissertation rapportée par cet auteur chinois sur le sens de ces paroles des anciens : *Les hommes meurent et ne sont point anéantis.*

Nous devons examiner la valeur de ces assertions, que nous nous étonnons d'avoir été portées ainsi, à deux reprises différentes, par un sinologue de mérite, contre l'illustre philosophe chinois.

Les *King* ou les *grands Livres de l'antiquité*, que KHOUNG-TSEU est accusé d'avoir altérés, ne peuvent être que le *Livre des Transformations* (*Y-King*), le *Livre des Vers* (*Chi-king*) et le *Livre des Annales* (*Choû-king*). Quant au premier, loin d'avoir été altéré par KHOUNG-TSEU, ce philosophe avait un tel respect pour ce livre, qu'il disait, dans ses *Entretiens philosophiques* (chap. 7, § 16) : « S'il m'était
« accordé d'ajouter à mon âge de nom-
« breuses années, j'en demanderais
« cinquante, pour étudier le *Y-King*,
« afin que je pusse me rendre exempt

« de fautes. » Tout son *travail de révision* se borna, pour ce livre, à de courts commentaires que les Chinois ont nommés *Appendices* au *Y-King* (*Hi-tseu*), et que, dans toutes les éditions, on trouve joints au *Livre des Transformations*.

Le travail critique de KHOUNG-TSEU sur le *Chi-King* ou *Livre des Vers*, n'a jamais été contesté par personne; mais que conclure de ce fait, que le philosophe ne jugea convenable de faire entrer dans un recueil de vers destiné à passer à la postérité que trois cents et quelques chants populaires, tandis qu'on en avait réuni trois mille, sinon qu'il avait de la critique et du goût, ce qui n'est pas un si grand mal? Quant au *Choû-King* ou *Livre par excellence*, *Livre des Annales*, il fut rédigé par KHOUNG TSEU sur les documents historiques officiels qui existaient de son temps; il n'avait donc rien à *élaguer* de sa propre rédaction. Qu'il ait aussi fait un choix dans les documents historiques mis à sa disposition, ce serait faire peu d'honneur à son intelligence que de supposer le contraire ; mais qu'il n'ait pas recueilli, qu'il n'ait pas jugé à propos de transmettre à la postérité tout ce qui s'était fait, dit ou écrit avant lui, tous les actes superstitieux ou autres qui s'étaient accomplis, pour les offrir comme modèles à suivre aux siècles à venir, c'est une chose par trop étrange que de lui en faire un crime. D'ailleurs le *Choû-King*, comme nous le possédons, n'est pas tel qu'il sortit des mains de KHOUNG-TSEU, puisqu'il avait alors cent chapitres, et qu'il n'en a plus que cinquante-huit depuis l'incendie des livres par *Thsin-Chi-hoang-ti*, deux cent treize ans avant notre ère.

Reste donc l'accusation indirecte d'avoir été infidèle à la tradition de son pays, d'en avoir *altéré les dogmes religieux*, tandis qu'un de ses contemporains, dont les écrits sont parvenus jusqu'à nous, les aurait, dit-on, scrupuleusement conservés. Nous allons démontrer que cette accusation n'a pas plus de fondement que la précédente. Il nous suffira de traduire la dissertation à laquelle il est fait allusion.

« *Mou-cho* se trouvant dans le royaume de *Tçin*, *Fan-Siouan-tseu* alla à sa « rencontre, et l'interrogea en disant: « Les hommes de l'antiquité avaient un « proverbe ainsi conçu : *On meurt*, « *mais on ne périt pas tout entier*. « Quel est le sens de ces paroles ? — « *Mou-cho* ayant hésité à répondre, « *Fan*, surnommé *Siouan-tseu*, dit : « Autrefois mes ancêtres précédèrent « les temps de *Chun* et furent de la famille de *Yao*. Du temps de la dynastie des *Hia*, ce fut la famille du « *dragon impérial*. Du temps de la « dynastie des *Chang*, ce fut la famille « *Chi wei* (qui régnait sur un petit État « nommé *Pe*). Du temps de la dynastie « des *Tchéou*, ce fut la famille des « *Thang* et des *Tou* (noms de deux « petits royaumes dont le premier fut « anéanti, et l'autre absorbé par *Tching-* « *wang* des *Tchéou*, 1111 ans avant « J. C.). Le chef du royaume de *Tçin*, « qui, par la coupe pleine de sang de « bœuf portée à ses lèvres, jura fidélité « aux nouveaux *Hia* (c'est-à-dire aux « premiers *Tchéou*) fut le chef de la « famille *Fan*. N'est-ce pas la *perpétuité des familles* que le proverbe « cité a en vue?

« — *Mou-cho* dit : Ce que moi, *Pao*, « j'ai entendu dire à ce sujet diffère « totalement de ce que vous appelez la « *perpétuité séculaire des familles* « *dans une position élevée*, et dont on « ne peut pas dire qu'elles ne *périssent* « *pas* comme le bois à l'état de décomposition (*pou hiéou*).

« Dans le royaume de *Lou*, il y avait « anciennement un ministre d'État qui « disait : « *Thsang*, surnommé après sa « mort *Wen-tchoung* (le puîné lettré), « étant venu à décéder, on dit de lui « qu'il était toujours subsistant (c'est-à-dire, ajoute la glose, que l'on disait « que ses bonnes instructions seraient « transmises aux siècles à venir). » N'est-« ce pas là l'explication du proverbe? « Moi, je l'ai compris ainsi. Ceux qui « sont supérieurs aux autres hommes « (les *saints*, selon la *glose*) ont des « *vertus* qui subsistent indéfiniment « (qui parviennent aux siècles futurs, « *glose*); ceux qui viennent immédiatement après (les sages) ont des *mérites* qui subsistent aussi indéfiniment; ceux qui viennent après ces

« derniers ont des *paroles* qui sont
« également transmises aux générations
« futures. Quoique ces trois ordres de
« sages *ne vivent qu'un certain temps,*
« on dit d'eux qu'*ils ne périssent pas
« tout entiers.* Voilà ce que signifie
« l'expression, *ne pas périr tout en-
« tier (pou hieou).* » (*Tso-tchouan*,
K. 5, f° 32.)

On peut voir, par cette citation et cette traduction fidèle d'un texte qui n'avait jamais été traduit dans une langue européenne, si le prétendu conservateur des dogmes religieux traditionnels en a scrupuleusement conservé un, que le philosophe KHOUNG-TSEU, son contemporain, aurait *altéré*, et même *supprimé*, dans la révision ou la rédaction des *King*, ainsi que dans ses propres écrits. Loin qu'il y ait dans le texte précédent, dont l'ancienneté remonte au cinquième siècle avant notre ère, la moindre trace d'un pareil dogme, la supposition qu'une partie de nous-mêmes, l'âme ou le principe pensant, puisse subsister personnellement après la mort, n'est pas même faite, et ne se rencontre dans aucune autre partie du même livre.

Nous ignorons quel *travail* Platon et Aristote firent sur les dogmes religieux de leur pays; ce que nous savons, c'est que ce qui a élevé le philosophe chinois au rang qu'il occupe depuis plus de deux mille ans, parmi les grands hommes qui ont le plus contribué à civiliser le monde, ce qui le met à côté de Platon et d'Aristote, c'est qu'il a été doué de cette haute raison philosophique qui a reçu la mission sainte de proclamer les vérités éternelles renfermées dans le sein de l'éternelle et suprême raison, et de guider l'humanité dans les saintes voies du bien. Oui, sans doute, KHOUNG-TSEU a été l'apôtre infatigable de la justice et de la raison, et c'est là ce qui fait sa gloire, et c'est là ce qui justifie ces paroles d'un empereur chinois, gravées sur le frontispice des temples élevés dans toute la Chine à notre philosophe, qu'*il est le plus grand, le plus saint et le plus vertueux des instituteurs du genre humain qui ont paru sur la terre!*

Morale et politique de KHOUNG-TSEU. — C'est dans le *Tá-hio*, ou la *Grande Étude* (le premier des *Quatre livres classiques*) et dans le *Tchoūng-yoúng*, ou l'*Invariabilité dans le milieu* (le second des *Quatre livres classiques*) que la doctrine morale de KHOUNG TSEU a été le plus nettement exposée, et qu'elle a reçu, pour ainsi dire, sa formule métaphysique. Le philosophe chinois part du principe que l'homme est un être qui a reçu du Ciel, en même temps que la vie physique, un principe de vie morale qu'il doit cultiver et développer dans toute son étendue, afin de pouvoir arriver à la perfection, conformément au modèle céleste et divin.

« La loi de la grande étude (dit-il
« dans le *Tá-hio*), ou de l'étude propre
« aux hommes raisonnables, de la phi-
« losophie pratique, consiste à déve-
« lopper et remettre en lumière le *prin-
« cipe lumineux* de la raison que nous
« avons reçu du Ciel, à renouveler les
« hommes, et à placer sa destination
« définitive dans la perfection ou le
« souverain bien. » (§ 1.)

Par *principe lumineux de la raison*, l'interprète *Tchou-hi* dit que l'on doit entendre « ce que l'homme obtient du
« *Ciel*, et qui, étant *immatériel*, *in-
« telligent* et non obscurci par les pas-
« sions, constitue le *principe ration-
« nel* chez tous les hommes, et fait
« sentir son influence sur toutes les ac-
« tions de la vie. » (Voy. notre édition *chinoise, latine et française*, p. 18.)

La nature morale de l'homme, son *principe spirituel*, sont donc clairement et positivement admis par KHOUNG-TSEU et son école. Voici comment cette *nature morale*, ce *principe spirituel*, est défini dans le *Tchoūng-yoúng* :

« Le *mandat* du ciel s'appelle *nature
« rationnelle* ou *morale*; le principe
« qui nous dirige dans la conformité
« de nos actions avec la nature ration-
« nelle s'appelle *droite voie*, *raison*
« (*Táo*); le système coordonné de la
« *droite voie*, de la *raison*, s'appelle
« *Doctrine des devoirs* ou *Institutions
« sociales*. » (§ 1.)

Le commentateur *Tchou-hi* s'exprime ainsi sur ce passage important :

« Le *mandat du ciel* est comme un

« ordre, une mission reçue ; la *nature*
« *rationnelle ou morale*, c'est la voie
« droite, la raison. Le Ciel, par le
« moyen du *Yin* et du *Yáng* ou du
« principe femelle et du principe mâle
« et des cinq éléments, donne la nais-
« sance, par génération et par trans-
« formation, à tous les êtres de l'uni-
« vers. Le principe matériel aériforme
« et primogène (*khi*) développe les for-
« mes de ces êtres, et la raison (*li*)
« leur est aussi attribuée, conférée,
« donnée comme un *mandat*, un or-
« dre. Il suit de là que la vie (*sing*) de
« l'homme, aussi bien que celle des
« autres êtres vivants (*we*), par cela
« même que chacun d'eux a obtenu ce
« principe rationnel qui lui est con-
« féré, est considérée comme constituée
« pour se conformer aux prescriptions
« des cinq vertus cardinales ; c'est ce
« que l'on appelle la *nature ration-
« nelle* (*sing*[*]). L'homme, ainsi que
« les autres êtres produits, obéissent
« chacun à leur propre principe ou
« raison d'être, aux lois spéciales de
« leur propre nature (*sing-tchi-tseu-
« jén*) ; alors leur action opérée jour-
« nellement est intrinsèque ou réside
« en eux-mêmes. Aucun d'eux n'existe
« sans avoir une voie qu'il doive suivre,
« dans laquelle il doive marcher ; c'est
« alors ce que l'on nomme *droite voie*
« (*Tào*, métaphoriquement *raison*).

« La *nature rationnelle* (*sing*) et la
« *voie droite* ou la *raison* (*Tào*), quoique
« identiques, diffèrent cependant en quel-
« que chose par leur constitution propre.
« C'est pourquoi ne pas pouvoir ne pas
« dépasser (cette *voie droite*), ne pas
« l'atteindre est également une faute.
« Le saint homme s'appuie sur ce que
« les hommes et les autres êtres doi-
« vent pratiquer et suivre, d'après leur
« constitution propre, et le coordonne,
« afin de constituer la loi qu'il propose
« au monde ; c'est alors ce qui est ap-
« pelé la *Doctrine des devoirs* ou *Ins-
« titutions sociales* (*kiào*). Ce sont les
« *usages pratiques* (*li*), la *musique*

(*) Ce dernier caractère chinois est le même que celui qui signifie la *vie*, plus un autre élément figuratif qui signifie le *cœur, l'âme* (*sin*), c'est-à-dire le principe pensant.

« (*yò*)', les *lois pénales* (*hing*), les *lois
« administratives* (*tching*), et tout ce
« qui en dépend. Or, l'homme sait per-
« sonnellement qu'il a une *nature ra-
« tionnelle*, mais il ne sait pas que
« cette *nature rationnelle* procède du
« Ciel ; il sait que ses actions ont une
« *voie droite*, une *raison*, une *règle ;*
« mais il ne sait pas comment la déri-
« ver, la faire sortir de sa *nature ra-
« tionnelle ;* il sait que le saint homme
« possède la *doctrine des devoirs*, les
« *institutions sociales*, mais il ne sait
« pas qu'il s'est appuyé sur ce qu'il y a
« de plus certain, de plus solide en
« nous pour les composer. C'est pour-
« quoi *Tseu-sse* (le petit-fils et le dis-
« ciple de KAOUNG-TSEU, qui a rédigé
« le *Tchoúng-yoúng* d'après les ins-
« tructions de son maître, part de la
« pour poser ces principes dès le début
« de son ouvrage et pour les rendre ma-
« nifestes, et c'est aussi la même pensée
« que *Toung-Tchoung-chu* (qui vivait
« sous les *Han*, vers le commence-
« ment de notre ère) exprime quand il
« dit : *La voie droite* ou la *raison*
« (*Tào*) *est la grande source qui sort
« du Ciel.*

« Cette *voie droite*, cette *raison
« naturelle*, continue le disciple de
« KHOUNG-TSEU (§ 2), qui doit diriger
« les actions, est tellement obligatoire,
« que l'on ne doit pas s'en écarter d'un
« seul point un seul instant. Si l'on
« pouvait s'en écarter, ce ne serait pas
« la voie droite, la règle de conduite
« immuable. C'est pourquoi l'homme
« d'une vertu supérieure veille attenti-
« vement en lui-même sur les principes
« qui ne sont pas encore discernés par
« tous les hommes, et il médite avec
« précaution sur ce qui n'est pas en-
« core reconnu et proclamé comme
« doctrine.

« La *voie droite*, la *raison naturelle*
« (*Tào*), dit *Tchou-hi*, est le principe,
« la raison de ce que l'on doit pratiquer
« dans toutes les actions que l'on fait
« journellement, dans tous les actes
« de la vie ; c'est la faculté active, la
« vertu intrinsèque (*le*) de toutes les
« espèces de nature, laquelle faculté
« ou vertu intrinsèque a son siège dans
« le principe intelligent (*sin*) ; il n'est
« aucun être qui ne la possède, il n'est

« aucun temps, aucune circonstance où
« il n'en soit pas ainsi; c'est ce qui
« fait que *l'on ne doit pas s'en écar-*
« *ter d'un seul point un seul instant.*
« Si l'on pouvait s'en écarter, alors
« comment pourrait-on dire que l'on
« s'est conformé à sa nature? C'est
« pourquoi le cœur (ou le principe in-
« telligent) de l'homme supérieur est
« toujours dans une vigilance craintive
« en ce qui concerne des doctrines qui
« n'ont pas encore été proclamées, ou
« celles qu'il n'ose laisser tomber dans
« l'oubli; c'est ce qui fait qu'il s'atta-
« che à prendre toujours pour base la
« *raison céleste* (*thiên-li*), et qu'il
« s'efforce de ne pas s'en écarter mê-
« me de l'épaisseur d'un cheveu. »

Le fondement de la morale de KHOUNG-TSEU est ainsi déterminé de manière à exclure formellement tout mobile qui ne rentrerait pas dans les prescriptions de la *raison*, de cette raison universelle, émanée du Ciel, et que toutes les créatures ont reçue en partage. Aussi, sa morale est-elle la plus pure qui ait jamais été enseignée aux hommes, et en même temps, ce qui est plus important peut-être, la plus conforme à leur nature.

Il est bien démontré, par les citations précédentes, que KHOUNG-TSEU reconnaissait dans l'homme un principe supérieur à la matière, un principe intelligent et doué de raison, de cette raison souveraine que nous recevons du Ciel. Ce principe, selon son interprète, est *immatériel*. Nous pourrions, par conséquent, le nommer *âme*, si nous n'attachions pas à ce dernier mot une idée de pérennité individuelle, si nous pouvons nous exprimer ainsi, que les philosophes chinois n'attachent pas à leur *principe rationnel* de l'homme. En effet, l'*âme*, dans leur opinion, lorsque la mort vient opérer la séparation du corps, *retourne se perdre dans le Ciel*, où elle n'a plus d'existence propre et individuelle, ainsi qu'on peut le conclure des textes suivants:

On lit, dans le *Livre des Annales* (ch. *Chun-tien*, § 13), que l'empereur YAO *monta* et *descendit*, c'est-à-dire mourut. Le commentateur *Tsaï-chin* dit que, par ces deux mots, *monta* et *descendit* (*tsou, lo*), on exprime le fait qui se passe à la mort de quelqu'un. « Dans l'acte de la mort, dit-il, l'es-
« prit vital, aériforme, le principe
« subtil (*kouéi-khi*), retourne au ciel :
« c'est pourquoi on dit qu'il *monte*. Le
« principe substantiel de la matière
« (*thi-phé*) retourne à la terre : c'est
« pourquoi on dit qu'il *descend*. »

On lit, dans le *Livre des Vers* (*Chi-King*), section *Ta-ya*, ode sur *Wen-wang*, fondateur de la dynastie des *Tchéou*:

« *Wen-wang* réside en haut.— Oh!
« comme il illumine le Ciel! — Quoi-
« que la famille des *Tchéou* possédât,
« depuis longtemps, une principauté
« royale, son *mandat* est cependant
« récent. — Comment, dans tous les
« temps et dans toutes les circonstan-
« ces, les *Tchéou* n'auraient-ils pas
« manifesté clairement le *mandat de
« l'*EMPEREUR (*ti-ming*)? — Que *Wen-
« wang* monte ou descende, — il ré-
« side à droite ou à gauche de l'EMPE-
« REUR. »

Le commentateur *Tchou-hi* dit, au sujet de cette strophe, que, par *mandat*, il faut entendre *mandat du Ciel*; et par *Empereur*, le *souverain Empereur* (du Ciel : *Chang-ti*), et par *à droite et à gauche*, aux côtés du *Chang-ti*. Il ajoute que le sens général de cette strophe est que, « après la
« mort de *Wen-wang*, son esprit
« (*chin*) résida en haut, et qu'il brille
« dans le Ciel. » Et encore : « Dès
« l'instant que l'esprit de *Wen-wang*
« réside dans le Ciel, qu'il monte ou
« qu'il descende, il n'est *aucun temps*
« qu'il ne réside à droite ou à gauche
« du *Chang-ti*. »

Ce texte et le commentaire qui l'accompagne rentrent complétement, nous sommes les premiers à le reconnaître, dans la conception chrétienne de Dieu et de l'*âme du juste*, séparée du corps. Mais c'est le seul que nous ayons rencontré qui soit aussi explicite, le seul qui fasse ainsi une *personnification* de Dieu et de l'âme, après la mort, laquelle personnification, ne se rencontrant que dans la strophe d'une ode, peut passer pour une figure poétique, et non pour un dogme philosophique.

On lit aussi, dans le *Livre des Rites*

(*Li-ki*), section *Kiao-te-seng* (K. 5), que « le *principe aériforme de l'es-« prit immatériel* (*hoën khi*) retourne « au Ciel, et que le *principe matériel* « *de la forme* (*hing-khi*) retourne à la « Terre. »

Le philosophe chinois disait, de sa doctrine, « qu'elle était simple et facile « à pénétrer » (*Lûn-yù*, ch. 5, § 15). Sur quoi l'un de ses disciples ajoutait : « La doctrine de notre maître consiste « à avoir une invariable droiture de « cœur, et à agir envers les autres « comme nous voudrions qu'ils agissent « envers nous-mêmes. » (K. 11.)

Le *perfectionnement de soi-même* est le principe fondamental de la morale de KHOUNG-TSEU, comme il doit l'être de tout enseignement qui aspire à diriger les actions humaines. Son grand but, c'est d'arriver à la *perfection.* « Il y a un principe certain, dit « le disciple *Tseu-sse*, pour reconnaître « l'état de perfection. Celui qui ne sait « pas distinguer le bien du mal, le « vrai du faux, qui ne sait pas reconnaître dans l'homme le mandat du « Ciel, n'est pas encore arrivé à la « perfection. » (*Ib.*, ch. 20.)

Il faut distinguer entre le *parfait* et la *perfection.* Cette dernière seule peut être obtenue par l'homme. Selon le philosophe chinois, le parfait, le vrai dégagé de tout mélange est la loi du Ciel ; la perfection ou le *perfectionnement*, qui consiste à employer tous ses efforts pour découvrir et suivre la loi céleste, le vrai principe du mandat du Ciel, est la loi de l'homme. Par conséquent, il faut que l'homme atteigne la *perfection* pour accomplir sa propre loi.

Mais pour que l'homme puisse accomplir sa loi, il faut qu'il la connaisse. Or, la mission de la leur faire connaître est réservée aux hommes qui, étant arrivés à leur perfection, ont pu connaître à fond leur propre nature, la loi de leur être et les devoirs qui en dérivent (ch. 22).

Rien de variable, d'arbitraire, de contingent dans les préceptes du devoir. « Le *parfait*, est-il dit (ch. 25), « est par lui-même parfait, absolu ; la « *raison pure* ou la *loi du devoir* est « par elle-même loi du devoir. — Le

« *parfait* est le commencement et la « fin de tous les êtres ; sans le parfait, « les êtres ne seraient pas. » C'est pour cela que le perfectionnement de soi-même et des autres est placé au premier rang des devoirs de l'homme : « Réunir le perfectionnement intérieur « au perfectionnement extérieur, constitue la grande règle du devoir. C'est « pour cela que l'homme souverainement parfait ne cesse jamais de faire « le bien pour lui-même et de travailler « au perfectionnement des autres hommes. » (*Ib.*, ch. 36.)

La *politique* de KHOUNG-TSEU est basée sur les mêmes principes que sa morale. Le souverain, dans l'exercice de sa souveraineté, doit accomplir strictement le *mandat du Ciel*, comme tout homme doit accomplir celui qu'il a également reçu du Ciel, en tant qu'homme ; il n'y a pas plus d'arbitraire dans l'un que dans l'autre ; ils sont fondés tous deux sur l'éternelle raison, sur la nature propre et la destination de l'homme, qui est le bonheur et la perfection.

Ce n'est que celui qui exerce un continuel empire sur soi-même, qui n'a plus de passion que pour le bien public, le bonheur de tous, qui est arrivé à la perfection enfin, qui peut dignement gouverner les autres hommes. « Celui qui possède l'empire, dit « KHOUNG-TSEU (*Grande Étude*, cha- « pitre 10, § 4), ne doit pas négliger « de veiller attentivement sur lui-mê- « me pour pratiquer le bien et éviter « le mal ; s'il ne tient compte de ses « principes, alors la chute de son em- « pire en sera la conséquence. »

Il avait une si haute opinion de la souveraineté, qu'il disait : « Gouver- « ner son pays avec la vertu et la ca- « pacité nécessaires, c'est ressembler « à l'étoile polaire, qui demeure im- « mobile à sa place, tandis que toutes « les autres étoiles circulent autour « d'elle et la prennent pour guide. » (*Lûn-yù*, ch. 11, § 1.)

Selon le même philosophe, *le gouvernement est ce qui est juste et droit.* (*Ib.*, ch. 12, § 17.) C'est la réalisation des lois éternelles qui doivent faire le bonheur de l'humanité, et que les plus hautes intelligences, par une application constante de tous les instants de leur vie, sont seules capables de connaître et d'enseigner aux hommes.

L'exercice de la souveraineté, avons-nous dit ailleurs (*Introduction* aux *Livres sacrés de l'Orient*, p. 10), n'est, dans la philosophie chinoise, que l'accomplissement religieux d'un mandat céleste au profit de tous, qu'une noble et grande mission confiée au plus dévoué et au plus digne, et qui était retirée dès l'instant que le mandataire manquait à son mandat. (Voyez la *Grande Étude*, ch. 10, *passim*, et les notes des commentateurs.) Nulle part peut-être les droits et les devoirs respectifs des rois et des peuples, des gouvernants et des gouvernés, n'ont été enseignés d'une manière aussi élevée, aussi digne, aussi conforme à la raison que dans les écrits des philosophes chinois. C'est bien là qu'est constamment mise en pratique cette grande maxime proclamée par la démocratie moderne : *Vox populi, vox Dei :* la voix du peuple est la voix de Dieu !

Disciples de Khoung-tseu. Les disciples de KHOUNG-TSEU et les philosophes de son école qui, comme *Meng-tseu*, sans avoir reçu son enseignement oral, en continuent la tradition, professent les mêmes doctrines. Seulement ils leur ont donné un plus grand développement. Ce qui n'était qu'en germe dans les écrits ou les paroles du maître a été fécondé, et même souvent, ce qui n'y était que logiquement contenu en a été déduit avec toutes ses conséquences. C'est ainsi que l'on trouve dans *Meng-tseu* une dissertation sur la *nature de l'homme* (K. VI), qui fait connaître parfaitement l'opinion de l'école à ce sujet. « La *nature de l'homme* (ou, comme la définit *Tchou-hi*, « la *raison céleste* dont l'homme est « pourvu dès sa naissance) ressemble à « une eau courante, disait *Kao-tseu* ; « si on la dirige vers l'Orient, elle « coule vers l'Orient; si on la dirige « vers l'Occident, elle coule vers l'Occident. La *nature de l'homme* ne « distingue pas entre le bien et le mal, « comme l'eau ne distingue pas entre « l'Orient et l'Occident. »

— *Meng-tseu* lui répondait : « L'eau, « assurément, ne distingue pas entre « l'Orient et l'Occident; ne distingue-« t-elle pas non plus entre le haut et « le bas? La nature de l'homme est « naturellement bonne, comme l'eau « coule naturellement en bas. Il n'est « aucun homme qui ne soit naturelle-« ment bon, comme il n'est aucune « eau qui ne coule naturellement en « bas. Si, en lui opposant un obstacle, « vous la faites refluer vers sa source, « ou jaillir en haut, appellerez-vous cela « sa nature? Ce sera l'effet de la con-« trainte. — Les hommes peuvent éga-« lement être amenés à faire le mal; « leur nature le permet aussi. »

Par cela même que *Meng-tseu* soutient que le principe pensant de l'homme est naturellement porté au bien, et que, s'il fait le mal, c'est qu'il y aura eu contrainte exercée par les passions sur le principe raisonnable, il s'ensuit qu'il devait professer le *libre arbitre*, et, par conséquent, la moralité des actions. Ce libre arbitre était reconnu par KHOUNG-TSEU, aussi bien que par *Meng-tseu*, quoique ce dernier philosophe l'ait mieux fait ressortir de ses discussions. Ainsi, veut-il prouver à un prince que, s'il ne gouverne pas comme il doit gouverner pour rendre le peuple heureux, c'est parce qu'il ne *le veut* pas, et non parce qu'il ne *le peut* pas, il lui cite, entre autres exemples, celui d'un homme à qui l'on dirait de transporter une montagne dans l'Océan septentrional, ou de rompre un jeune rameau d'arbre ; s'il répondait dans les deux cas qu'il ne *le peut* pas, on ne le croirait que dans le premier; la raison s'opposerait à ce qu'on le crût dans le second.

Meng-tseu distingue de la manière suivante les deux principes qui sont en nous : « Ce principe de la *volition* « (*tchi*) que nous possédons commande « au principe *vital aériforme* (*khi*) ; le « principe *vital* est l'aliment nécessaire « des membres corporels de l'homme. « Le principe de la *volition* est placé « au sommet; le principe *vital* est se-« condaire. C'est pourquoi je dis qu'il « faut porter une attention continue « sur son principe de *volition*, et ne « pas porter la perturbation dans son « principe vital. » (*Meng-tseu*, K. XI.)

La méthode des deux philosophes

diffère aussi, comme leur caractère et leur génie. Dans KHOUNG-TSEU, l'argument appelé *sorite* domine ; dans *Meng-tseu*, c'est la dialectique socratique, vive, spirituelle, mordante, menant le plus souvent ses adversaires à l'absurde. Il manie également bien l'ironie. Cependant la méthode, chez ces philosophes, est plutôt naturelle qu'artificielle. Ce n'est guère que dans les luttes de la controverse que se constitue l'art de la logique, pour satisfaire aux besoins de la démonstration ; car il en est de même des luttes de l'esprit que de celles du corps ; et comme, en Chine, la controverse des systèmes philosophiques n'a jamais été bien grande, l'art de la logique ne s'est que médiocrement développé.

Il serait impossible d'exposer ici les opinions de tous les philosophes de l'école de KHOUNG-TSEU qui appartiennent à cette seconde période de la philosophie chinoise. Nous nous bornerons à citer *Thséng-tseu* et *Tseu-sse*, disciples de KHOUNG-TSEU, et qui publièrent, le premier, le *Tà-hio* ou la *Grande Étude*, et le second, le *Tchoùng-yoúng* ou l'*Invariabilité dans le milieu*, les deux premiers des *Quatre livres classiques*. Le plus célèbre des autres philosophes de la même école (parmi lesquels on compte encore *Wen-tchoung-tseu*, qui vivait 179-163 ans avant J. C., et *Yang-tseu*, qui vivait au commencement de notre ère, 32-8 ans avant J. C.) est *Siun-tseu*, qui florissait environ 230 ans avant notre ère. Celui-ci avait une autre opinion que celle de *Meng-tseu* sur la *nature de l'homme*, car il soutenait que cette nature était *vicieuse*, et que les prétendues *vertus* de l'homme étaient fausses et mensongères ; opinion qui pouvait bien lui avoir été inspirée par l'état permanent des guerres civiles auxquelles les sept royaumes de la Chine étaient livrés de son temps.

Ce même *Siun-tseu* distinguait ainsi l'*existence matérielle*, de la *vie* ; la *vie*, de la *connaissance* ; la *connaissance*, du *sentiment de la justice* : « L'eau, disait-il, et le feu possèdent « l'élément matériel (*khi*), mais ils ne « vivent pas ; les plantes et les arbres « ont la vie, mais ils ne possèdent pas « la connaissance ; les animaux ont la « connaissance, mais ils ne possèdent « pas le sentiment de la justice. L'homme « seul possède tout à la fois l'élément « matériel, la vie, la connaissance et, en outre, le sentiment de « la justice. C'est pourquoi il est le « plus noble de tous les êtres de ce « monde. »

Nous passons maintenant à l'exposition de la *troisième période* de la philosophie chinoise.

Troisième période.

Depuis *Yang-tseu*, qui florissait vers le commencement de notre ère, il faut franchir un intervalle de temps de près de mille ans pour arriver à la *troisième période* de la philosophie chinoise. Les guerres intérieures et extérieures auxquelles la Chine fut livrée depuis la chute de la dynastie féodale des *Tchéou*, les luttes qu'elle eut à subir pour atteindre à l'unité politique, les nombreux changements de dynasties ne permirent pas à la spéculation philosophique de prendre un essor libre et spontané. Cependant après la destruction des livres ordonnée par l'empereur *Chi-hoang-ti* (213 avant notre ère), deux grandes dynasties chinoises, celle des *Han* (202 avant et 220 après J. C.) et celle des *Thang* (618-905) brillèrent par la culture des lettres, qu'encouragèrent publiquement plusieurs empereurs, ce qui, peut-être, fut la cause de la direction en quelque sorte tout officielle qu'elles suivirent. En effet, la plupart des travaux littéraires de cette époque sont purement philosophiques ou historiques, en même temps que les anciens livres échappés à la destruction officielle sont étudiés et expliqués par de nombreux commentateurs.

Ce fut seulement sous le règne des premiers empereurs de la dynastie des *Soung* (960-1119 de notre ère), que se forma une grande école philosophique, laquelle eut pour fondateur *Tchéou-lien-ki* ou *Tchéou-tseu*, pour promoteurs les deux *Tching-tseu*, et pour chef le célèbre *Tchou-hi*. Le but hautement avoué de cette école est le développement rationnel et systématique de l'ancienne doctrine enseignée par

Fou-hi, dans son *Livre des Transformations* (*Y-King*), ainsi que par les autres anciens sages, et dont KHOUNG-TSEU s'était fait, sous le rapport moral et politique, le propagateur et l'apôtre infatigable.

Nous trouvons la confirmation de ces faits dans le passage suivant de *Tchou-hi* : « La véritable doctrine est « difficilement mise en lumière et s'obs-« curcit facilement. Depuis *Yao* et *Chun* « jusqu'à KHOUNG-TSEU et à *Meng-* « *tseu*, il y a un intervalle de temps « d'environ deux mille ans, pendant les-« quels cette doctrine a des ères d'éclat « et des ères d'obscurités. De *Meng-* « *tseu* à *Tchéou-tseu* et aux *Tching-* « *tseu* (les disciples de ce dernier phi-« losophe), son ère d'obscurité est de « quinze siècles, et son ère d'éclat n'est « pas même de cent ans. Après la « mort des *Tching*, les querelles, les « controverses passionnées remplirent « l'école, et les bonnes traditions ne « manquèrent pas de se perdre. Que la « bonne doctrine ne soit pas propagée, « et l'on verra bientôt les sectes de « *Lao-tseu* et de *Sakya* (ou *Bouddha*) « concevoir de grandes espérances. « C'est cependant ce que le siècle ne « veut pas comprendre. » (*Tchou-tseu-tsiouén-chou*, OEuvres complètes de *Tchou-hi*, K. 52, f° 2.)

La foi philosophique de *Tchou-hi* était plus grande que celle de son siècle, car il a écrit ces belles paroles : « La doctrine véritable (*tào*) a toujours « subsisté dans le monde, et n'a jamais « péri ; seulement cette doctrine étant « confiée aux hommes, les uns rom-« pent avec elle, les autres la conti-« nuent scrupuleusement. C'est pour-« quoi sa destinée dans le monde « est d'être tantôt éclatante, tantôt « obscure. C'est toujours l'ordre du « ciel qui en décide : ce n'est ni la force, « ni la sagesse de l'homme qui peuvent « en disposer. » (*Ib.*, f° 15 v°.)

L'établissement en Chine de deux grandes écoles philosophiques rivales : celle de *Lao-tseu* ou du *Tào* (en chinois *Tào-kià*, « école du *Tào* ») que nous avons fait connaître précédemment, et celle de *Fo* ou *Bouddha* (en chinois *Ché-kià*, pour *Sakya-kià*, « école de *Sakya*, » nom patronymique de *Bouddha*), importée de l'Inde en Chine dans le premier siècle de notre ère, avait dû nécessairement susciter des controverses avec les lettrés de l'école de KHOUNG-TSEU (en chinois *Joú-kià*), et ces controverses durent aussi faire reconnaître les lacunes frappantes qui existaient dans les doctrines de cette dernière école concernant l'existence et les attributs d'une première cause, ainsi que toutes les grandes questions spéculatives à peine effleurées par l'école de KHOUNG-TSEU, et qui avaient reçu une solution quelconque dans les écoles rivales. Aussi les plus grands efforts de l'école des Lettrés modernes (nommés par les Chinois *héou-joù* : Lettrés postérieurs, par opposition aux anciens Lettrés plus rapprochés de l'époque de KHOUNG-TSEU, qu'ils nomment *Thsién-joù* : Lettrés antérieurs), que l'on pourrait appeler *Néo-confucéens*, s'appliquèrent-ils à ces questions métaphysiques. Mais, afin de donner plus d'autorité à leur système, ils prétendirent l'établir sur la doctrine de l'ancienne école. Voici comment ils procédèrent.

Le *Commentaire traditionnel*, sur l'*Appendix* au *Livre des Transformations* (*Y-King*), intitulé *Hi-tseu-tchouán*, attribué à KHOUNG-TSEU par les uns, à *Wang-sou* par les autres, contient de nombreux passages (dont quelques-uns ont été cités précédemment) sur l'origine et la transformation des choses, sur les lois qui président aux phénomènes et aux événements du monde, sur les causes et les effets. Ce *Commentaire traditionnel*, qui fut découvert, dit-on, par une jeune fille, dans une ancienne habitation de *Lao-tseu*, au milieu d'une plage du fleuve *Hoang-ho*, sous le règne de *Hiouan-ti* des *Han* (37-49 av. notre ère; *Y-King*, ancien texte, K. 2, f°. 106), offre, quel qu'en soit l'auteur, la première exposition explicite et intelligible des conceptions ontologiques attribuées aux anciens philosophes chinois de l'école dont nous nous occupons. Nous devons même ajouter que ce traité a une assez grande analogie avec le livre de *Lao-tseu*, et que, sous une terminologie souvent différente, on ne fait que retrouver les mêmes idées ; ce qui ferait supposer avec quelque vraisemblance, indépendamment de plusieurs autres causes, que ce texte n'appartient réellement pas à KHOUNG-TSEU, mais bien à un auteur postérieur et familiarisé avec les doctrines de *Lao-tseu* (*). Le fait de la découverte de ce traité (que l'on pourrait aussi comparer à celui d'*Ocellus Lucanus*), dans une ancienne habitation de *Lao-tseu*, ne peut que prêter une grande force à cette conjecture.

Quoi qu'il en soit, *Tchéou-lien-ki* s'empara de la conception de la *cause première* ou du *grand faîte* (*Taï-ki*[**]), placée pour la *première fois* dans ce traité, au sommet de tous les êtres, pour *construire* le *Tableau figuratif* de son système ontologique; mais il en modifie, ou plutôt il en détermine la signification en nommant son premier principe le *sans faîte* et le *grand faîte* (*woû-ki eûlh-taï-ki*, « sine terminis et magnus terminus »), que l'on peut aussi traduire par l'*illimité* et le *limité*, l'*indistinct* et le *dernier terme de la distinction*. L'auteur du *Commentaire traditionnel* avait dit (nous traduisons selon l'interprétation des commentateurs chinois):

« Dans le *substratum* primordial de
« toutes les formes organisées (*Y* [***])

(*) Les écrivains chinois qui attribuent le *Commentaire traditionnel* (*Hi-tseu-tchouan*) à *Wang-sou*, nous paraissent plus près de la vérité que les autres, par cette considération que *Wang-sou* était le frère ou du moins le proche parent de *Wang-pi*, qui a commenté le livre de *Lao-tseu*. Seulement ces deux écrivains, ayant vécu sous les *Wei* (de 220 à 264 de notre ère), il y aurait impossibilité à ce que le commentaire du premier sur le *Hi-tseu* eût été découvert sous les *Han*, avant notre ère. On peut concilier les deux traditions, en admettant que le texte découvert alors appartenait bien au *Y-King*, mais n'était pas celui dont il est ici question.

(**) L'ancienne forme de *Ki* représente le *comble* d'un bâtiment, où l'on voit les pièces de charpente ou les chevrons aboutir au faîte sur lequel ils s'appuient.

(***) L'ancienne forme figurative de ce terme représente le *soleil* et la *lune*, unis par un lien. Elle donne l'idée, dit un lexicographe chinois, de l'ascension et de la descente du soleil et de la lune.

L'auteur du *Commentaire traditionnel* dé-

« existait le *grand faîte* ; celui-ci en-
« gendra les deux grandes effigies (ou
« le Ciel et la Terre); les deux grandes
« effigies engendrèrent les quatre fi-
« gures; les quatre figures engendrè-
« rent les huit diagrammes symboli-
« ques (*Kouâ*); les huit diagrammes
« symboliques déterminèrent les choses
« heureuses et les choses malheureuses;
« les choses heureuses et les choses
« malheureuses donnèrent naissance à
« toutes les actions humaines. » (*Y-King*, anc. texte, K. 2, f° 126, et nouv. texte, ch. 11.)

Tchéou-tseu pose aussi au sommet de sa construction métaphysique deux êtres coéternels, ou plutôt les deux termes d'*une même équation ontologique* qu'il nomme le *sans faîte* ou l'*illimité*, l'*indéfini*, l'*indistinct* (*woû-ki*[*]), et le *grand faîte* ou le point culminant de la création sensible (*taï-ki*). La difficulté est de savoir quel est le véritable sens que ce philosophe attachait à cette première formule de son système. Avait-elle pour lui la même signification que la formule antérieure rapportée ci-dessus? ou en avait-elle une autre? De la solution exacte de cette question dépend l'intelligence véritable de tout le système philosophique que nous examinons.

Dans la pensée de l'auteur du *Commentaire traditionnel*, le premier terme de son équation ontologique signifiait la vie universelle (*séng-séng*) dans toutes ses manifestations et transformations (*Hi-tseû-tchouân*, ch. 5). C'était, par conséquent, plutôt un *effet* qu'une *cause*, surtout une cause intelligente. Il est vrai que l'on pourrait considérer la vie comme cause et effet tout ensemble. Les commentateurs chinois disent que la *vie universelle* est le produit de l'union des deux premiers principes mâle et femelle. *Tchou-hi*, qui a l'esprit le plus net et le plus logique de tous, ajoute (*Ib.*, ch. 11) :
« Toute unité engendre la dualité, par-

finit lui-même ce terme en disant que c'est la *vie universelle*.

(*) Ce *Woû-ki*, par une coïncidence singulière, a le même sens étymologique et philosophique que le ἄπειρον d'Anaximandre et de Pythagore.

« ce que l'unité est une cause qui a en
« elle sa propre raison d'être. Le ca-
« ractère Y (du texte en question) si-
« gnifie les manifestations (ou passages
« du Non-Être à l'Être) des deux prin-
« cipes mâle et femelle ; le *grand faîte*,
« c'est leur cause efficiente (*li*). » Le
second terme de l'équation serait donc
une *cause efficiente intelligente* opérant comme telle sur son premier terme coexistant, mais passif. Le commentateur de l'*ancien texte*, postérieur à *Tchou-hi*, s'accorde avec ce
dernier, mais il ajoute ces paroles si-
gnificatives : « Dans le sein du Y pri-
« mitif (ou de toutes les manifestations
« vitales en puissance) existait le *sou-*
« *verain maître de la raison suprême*,
« nommé *grand faîte* (*Yéou tchi tá*
« *tchi li tchú tsaï yu khi tchoúng,*
« *ming taï ki*). C'est ce *grand faîte*
« qui, en engendrant le *Yáng* et le *Yin*
« (le premier principe mâle et le pre-
« mier principe femelle), forma les
« deux grandes effigies (le Ciel et la
« Terre), lesquelles ont pour exemple,
« pour loi (*fa*), le *grand faîte* (*), etc. »
Pour savoir si *Tchéou-lien-ki* a ainsi
entendu sa première formule métaphysique, ou s'il y attachait un autre sens,
nous avons cru devoir traduire ici intégralement l'explication que lui-même
a donnée de sa *construction ontologique figurée*, comme le moyen le plus
sûr de faire connaître exactement son
système, et d'éviter d'interminables
controverses.

Le grand recueil de la *Philosophie*

(*) Un commentateur célèbre des *Livres
canoniques*, *Koung-ing-ta* (627-649 de notre
ère) dit, au sujet du texte rapporté ci-dessus, que le *Taï-ki*, c'est ce qu'on appelle
« l'élément matériel primordial (*yuén-khi*),
« lequel a précédé la division ou séparation
« du Ciel et de la Terre, lorsque cet élément
« était dans un état de confusion, et ne for-
« mait qu'un tout unique. »

On voit que le commentateur chinois du
septième siècle pensait autrement que celui
du quatorzième.

naturelle (fondée par *Tchéou-lien-ki*)
et intitulé : *Séng-li-tá-thsiouén-hóeï-
thoúng* (*), c'est-à-dire, *Somme complète de la philosophie naturelle*, donne le *tableau figuratif* suivant du système philosophique que nous avons à
expliquer :

(*) Publié pour la première fois, la treizième année *young-lo* (1415 de notre ère),
avec une préface de l'empereur *Wen ti* des
Ming, et réimprimé sous la dynastie tartare
régnante, en 34 vol. chinois, in-4°.

Le P. Prémare, dans la lettre inédite conservée à la Bibliothèque nationale et que son
étendue nous empêche à notre grand regret
de rapporter ici, s'exprime ainsi au sujet du
système qui nous occupe :

« Ce fut sous la dynastie des *Soung* que
Tchéou-lien-ki s'avisa le premier de faire un
système de physique, et il a eu le bonheur
que presque tous les lettrés qui l'ont suivi
l'ont regardé comme leur maître. Il suffit
d'exposer le gros de ce système pour faire
sentir ce qu'il vaut. On peut le réduire à
trois points :

« 1° Il y a dans l'univers un être qu'on appelle *Ki*; cela n'est point figuré, mais il
peut le devenir. C'est comme un vase dans
lequel est un autre être qu'on nomme *li*, et
qui est tellement au-dessus de toute figure,
qu'il est impossible qu'il en prenne jamais
une. C'est *Tchou-hi*, le plus fameux des disciples de *Lien-ki*, et qu'on fait passer pour
le prince des athées ; c'est *Tchou-hi* qui définit ainsi ces deux êtres : « Dans l'univers,
« dit-il, il y a *li* et il y a *ki*. Ce qu'on entend
« par *li*, c'est la raison qui est au-dessus de
« toute figure, et qui est comme la racine
« d'où sortent tous les êtres. Ce qu'on entend
« par *ki*, c'est le vase, sujet à la figure et
« l'instrument dont tout est fait. »

« 2° Ce *ki* ou matière, si on peut l'appeler
ainsi, se trouve tour à tour en mouvement
et puis en repos ; en repos et puis en mouvement.

« 3° La matière, douée de ces deux qualités
radicales, se divise en cinq sortes d'êtres,
qui sont l'eau, le feu, le bois, le métal et la
terre. Mais ces cinq sortes de matières ne
sont réellement que les deux d'où elles sortent. »

CHINE MODERNE.

Tableau figuratif du Tàï-ki (TAÏ-KI-THOU).

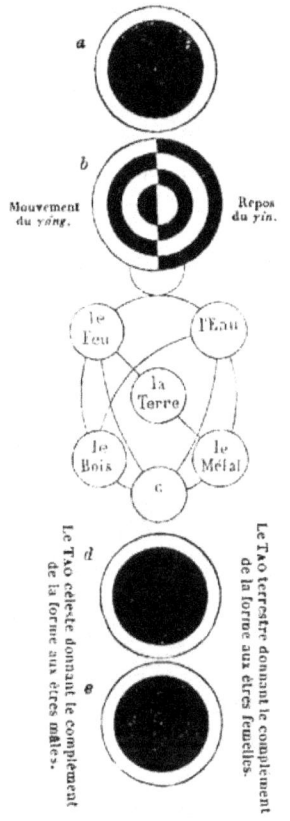

Mouvement du *yáng*.   Repos du *yin*.

Le TAO céleste donnant le complément de la forme aux êtres mâles.

Le TAO terrestre donnant le complément de la forme aux êtres femelles.

Tous les êtres de l'univers en reçoivent la vie.

TRADUCTION DE L'EXPLICATION CHINOISE.

« Le cercle ○ (*a*) c'est ce qui est appelé le *sans limites* et le *grand faîte* (*woû ki eûlh tài-ki :* « *Sine terminis et magnus terminus* »). Par son mouvement il constitue le *yáng*; par son repos il constitue le *yin :* c'est la sa substance fondamentale, laquelle, toutefois, n'existe point séparément du *yin* et du *yáng* (*). Le *yin* et le *yáng* désignent ses modes d'être; sa substance fondamentale, qui n'est point séparée de ces deux modes d'être, exprime ce qui le constitue.

« La seconde figure *b* du *Tableau* représente tout à la fois le *mouvement* du ○ *Tài-ki* et le *yáng*; le *repos* du *Tài-ki* et le *yin*. Le cercle intérieur noir ● de la figure *a* représente sa substance fondamentale ou primordiale. La partie gauche de la seconde figure *b* représente le *mouvement* du *yáng*; ce sont les modes ou attributs (*young*) du *Tài-ki* ○, par lesquels il manifeste son action. La partie droite représente le *repos* du *yin*; c'est la substance (*thì*) du *Tài-ki* par laquelle il est constitué comme être substantiel. Ces deux parties ou modes d'être (de la fig. *b*) sont mutuellement origine ou cause l'une de l'autre. »

(*) Le *mouvement* et le *repos* sont les premiers *attributs, modes* ou *accidents* qui peuvent faire connaître la *substance* du *premier principe*. Ces *attributs*, *modes* ou *accidents* sont donc véritablement la *substance* de ce *premier principe*, et n'en sont point séparés.

« Les cinq éléments disposés ainsi ✕ :

    le *feu*, l'*eau*,
      la *terre*,
   le *bois*, le *métal*,

« sont produits par les manifestations (*piĕn*) du principe *yáng* uni au principe *yin*. La ligne descendante à droite exprime les manifestations du principe *yáng*; la ligne descendante à gauche exprime l'union du principe *yin*. L'EAU est le *substratum* (*chíng*) du principe *yin*; c'est pourquoi elle est placée à droite de la figure; le FEU est le *substratum* du principe *yáng*; c'est pourquoi il est placé à gauche. Le BOIS est le produit élémentaire du *yáng*, c'est pourquoi il vient immédiatement après le *feu*; le MÉTAL est le produit rudimentaire du *yin*; c'est pourquoi il vient immédiatement après l'*eau*. La TERRE est l'élément matériel planant

« dans l'espace (*tchoûng-khi*), c'est
« pourquoi elle est placée au milieu, et
« relie sur sa surface l'opposition ☊ du
« *feu* et de l'*eau*.

« Le *yin* est l'origine du *yâng*, com-
« me le *yâng* est l'origine du *yin*. L'eau
« étant donnée, vient le *bois*; le bois
« étant donné, vient le *feu*; le feu
« étant donné, vient la *terre*; la terre
« étant donnée, vient le *métal*; le mé-
« tal étant donné, on retourne à l'eau,
« comme à une chaîne dont les anneaux
« n'ont ni commencement ni fin. Les
« cinq principes matériels (*oû khi*) se
« répandent, et les quatre saisons pren-
« nent leurs cours.

« La génération des cinq éléments,
« dans l'ordre susdit, procède immé-
« diatement du *yin* et du *yâng*, les-
« quels sont des modes d'être du *Tài-
« ki*... Le *yin* et le *yâng* réunis sont
« ce qu'il y a de subtil et d'épais, d'es-
« sentiel et de contingent dans le *Tài-
« ki*, sans distinction de ceci, de cela.
« Le *Tài-ki* a sa racine, sa base dans
« le *Woû-ki* (fig. *c*), lequel est supé-
« rieur au Ciel, et qui n'a ni son, ni
« odeur. Dans la production des cinq
« gros éléments (*hing*), chacun de ces
« éléments a été doué d'une *nature*
« propre. L'élément matériel primitif
« (*khi*) étant divers dans chacun d'eux,
« le produit matériel est aussi diffé-
« rent. Chacun d'eux tient son unité
« propre du *Tài-ki*, sans qu'ils se la
« donnent mutuellement.

« Le cercle ○ placé à la base des
« *cinq éléments* (fig. *c*) est le *Woû-ki*
« « l'illimité » : le nombre deux fois
« cinq (c'est-à-dire les *cinq* figures du
« Tableau et les *cinq* éléments), est ce
« qui en fait une harmonie merveil-
« leuse, sans aucun intervalle ni inter-
« ruption quelconque.

« Le *Tài-ki* (fig. *a*) est le mâle cé-
« leste (fig. *d*), et la femelle terrestre
« (fig. *e*), quand on en parle sous le rap-
« port de la génération élémentaire ou
« de la production substantielle pure
« (*khi-hóa*). Chacun d'eux a sa nature
« propre et individuelle, mais le *mâle*
« et la *femelle* ne faisant qu'un, sont
« le *Tài-ki*.

« Le *Tài-ki* (fig. *a*) donne naissance
« à tous les êtres de l'univers, quand
« on en parle sous le rapport de la
« génération formelle ou de la produc-
« tion de la forme corporelle tombant
« sous les sens (*hing-hóa*). Chacun de
« ces êtres a sa nature propre et indi-
« viduelle, mais tous les êtres de l'uni-
« vers réunis sont le *Tài-ki*. » (*Sêng-
li-tá-thsiouên-hoéi-thoûng*, K. 1, folio 3-4.)

Voilà l'explication de la *construction
figurative ontologique* de *Tcheoû-lien-
ki*, quant aux éléments constitutifs de
cette construction. Voici le développement des idées morales qu'elle renferme.

« Il n'y a que l'homme qui ait obtenu
« la faculté de briller par son intelli-
« gence supérieure; c'est pourquoi on
« l'appelle *homme* (*jin*, en chinois,
« représente un homme se tenant de-
« bout sur ses deux jambes). Quant au
« *Tài-ki*, si on lui appliquait les no-
« tions relatives à l'homme, on ne sau-
« rait où il réside. Cependant il existe,
« sous une forme corporelle (*hing*),
« dans le premier principe femelle *yin*;
« il se manifeste, comme intelligence
« spirituelle (*chin*), dans le premier
« principe mâle *yâng*; les cinq grands
« éléments :

le *feu*, l'*eau*,
la *terre*,
le *bois*, le *métal*,

« sont ses énergies (*te*). Le bien et le
« mal (*chên, o*), le mâle et la femelle,
« sont ses divisions; toutes les actions,
« tous les êtres le représentent.

« Ce mouvement, qui s'opère dans
« le monde, est la cause de toutes sortes
« de mélanges, d'unions, d'agréga-
« tions, et c'est de ces mélanges, unions
« et agrégations que procède et naît
« ce qui nous arrive d'heureux ou de
« malheureux dont nous avons la cons-
« cience intime dans un sentiment de
« satisfaction ou de regret. Il n'y a que
« le saint homme qui puisse arriver à
« l'unité de l'essence subtile, cause d'une
« satisfaction pure et sans mélange, et
« qui soit apte à s'identifier complète-
« ment avec la substance et les modes
« d'être du ○ *Tài-ki*. C'est pourquoi,
« que les êtres soient en mouvement,
« ou qu'ils soient en repos, chacun
« d'eux parvient à son propre *faîte*, à
« sa propre *limite*, et toutes les causes

« ordinaires d'actions naissant des ob-
« jets extérieurs qui existent dans le
« monde font aboutir au repos des sens,
« à l'absence de tout mouvement. Le
« juste milieu, l'humanité, les émo-
« tions qui naissent des objets sensibles,
« c'est ce qu'on appelle le *yâng*. Ce sont
« les causes d'action du *Taï-ki*, dans
« ses différents modes d'être en acte
« (*yóung*). La droiture, la justice, le
« repos des sens, c'est ce qu'on appelle
« le *yin*. C'est la substance même du
« *Taï-ki* et ce qui la constitue. Le
« juste milieu, la droiture, l'humanité,
« la justice, sont une substance absolue,
« qui a la perfection du cercle (comme
« le *Taï-ki*), et le repos, ou l'absence
« de tout trouble des sens, donne cons-
« tamment la supériorité à celui qui le
« possède. S'il en est ainsi, alors le
« *Taï-ki* et l'homme doivent se modeler
« sur cet état d'être; et le *Taï-ki*, le
« *yin* et le *yâng*, les cinq grands élé-
« ments, le Ciel, la Terre, le Soleil,
« la Lune, les quatre saisons, les es-
« prits et les génies n'ont entre eux
« aucune cause d'opposition ou de ré-
« sistance. Le sage met la plus grande
« sollicitude à cultiver ces bonnes dis-
« positions d'union et de concorde dans
« ses rapports avec les puissances de
« la nature, et il est heureux. L'homme
« vulgaire, au contraire, s'abandonne
« à ses inclinations vicieuses, à ses
« mauvais penchants, en agissant con-
« trairement à la raison, dans ses rap-
« ports avec les puissances de la nature,
« et il est malheureux. Les voies, ou
« les lois du Ciel, de la Terre et de
« l'Homme, ne sont chacune qu'une
« seule et même voie, une seule et
« même loi, qui est le *Taï-ki* ou grand
« *faîte* : ◯. Le premier principe mâle
« *yâng*, le dur (pris abstractivement),
« l'humanité, sont ce qu'on appelle la
« partie gauche ou en mouvement du
« *Taï-ki* : c'est le principe des choses ;
« le premier principe femelle *yin*, le
« mou, la justice, tout ce qu'on ap-
« pelle la partie droite ou en repos du
« *Taï-ki*, c'est la fin des choses. Voilà
« ce qu'on appelle la vie universelle de
« transformations (*y*) et la voie où la
« loi des trois *termes* (le Ciel, la Terre
« et l'Homme) est constituée. En réa-
« lité, ces trois *termes* (*ki*) n'en for-

« ment qu'un, qui est le *grand terme*,
« ou le *Taï-ki* ◯. C'est pourquoi il est
« dit : Dans la vie universelle des trans-
« formations (*y*) il y a le *Taï-ki* ; c'est
« ce qu'on appelle le mouvement du
« *yâng* et le repos du *yin*. » (*Ib.*, K. 1,
f° 4-5.)

Dans cette seconde partie de la brève exposition du système, on voit (si nous avons bien compris et bien rendu le texte chinois, ce que nous sommes loin de prétendre) que l'ordre moral repose sur la même base que l'ordre physique. Nous devons ajouter quelques éclaircissements sur ce système.

Tchou-hi prétend que *Tchéou-lien-ki*, « par les termes de *sans limites* et de
« *grande limite* ou *grand faîte* (*Taï-
« ki-eúlh-woû-ki*), n'a pas voulu dire
« qu'il y eût un être supérieur au *Taï-
« ki* ; mais que, en opérant une division
« (pour le besoin de l'esprit), il y avait
« un être *non limité* par des formes
« sensibles (*woû ki*). Il dit seulement
« que le *Taï-ki* n'existe point à la ma-
« nière des êtres corporels tombant sous
« les sens... L'*Être illimité* (*woû-ki*)
« est la *cause efficiente* (*li*), dépourvue
« de formes sensibles. La *grande li-
« mite* (*Taï-ki*), c'est la *cause efficiente*
« (*li*) du premier principe mâle *yâng*,
« et du premier principe femelle *yin*,
« ainsi que les cinq éléments (*où hîng*),
« lesquels existent corporellement. Ce
« n'est point un être vide ou abstrait,
« dépourvu de réalité et d'action,
« comme, dans certaines circonstances,
« est le *vide* des Bouddhistes...

« Par les expressions de *sans limites*
« *et de grande limite* (*Woû-ki eúlh-Taï-
« ki*), dit encore *Tchou-hi*, *Tchéou-lien-
« ki* n'a pas voulu dire qu'il y eût un
« être *en dehors* du *Taï-ki*, mais que
« c'est par une division (opérée dans
« l'esprit) qu'il y a l'Être *sans limites*
« (*woû-ki*). Dans cette non-entité exis-
« tait par elle-même cette cause ou rai-
« son efficiente (*li*). En outre, il est
« bien évident que de l'Être *sans limi-
« tes formelles* (*woû-ki*) on ne peut pas
« faire la *grande limite* (*Taï-ki*). La
« particule conjonctive *eúlh* (*et*), qui
« unit les deux termes, ne tire pas à
« conséquence ; elle ne marque ni cause,
« ni ordre de succession. » (*Tchou-hi*,
Œuvres complètes, K. 52, f° 18.)

C'est bien une première cause, une cause efficiente, que représente ici le *Taï-ki*, le *grand faîte*, la *grande limite* de *Tchéou-tseu*; mais cette cause efficiente n'est pas séparée *essentiellement* de la première cause en quelque sorte *subjective* (*woû-ki*, « sans limites »); elle n'en est séparée que *formellement*, et lorsqu'on la considère sous le point de vue de l'action et du mouvement. Il résulte de là que le *Woû-ki* et le *Taï-ki*, ou le *sans limites* et la *grande limite* du système philosophique que nous examinons, est tout à la fois *la cause matérielle et la cause efficiente de l'Univers*, comme le Dieu de la philosophie *védânta*. (Voyez notre traduction des *Essais de Colebrooke*, p. 173.)

« Le *yin* et le *yáng*, dit *Tchéou-lien-ki* (*), étant réunis, sont ce qu'il y a « de subtil et d'épais, d'essentiel et de « contingent dans le *Taï-ki*, sans dis- « tinction de ceci, de cela. Le *Taï-ki*, « dit-il encore, est le *mâle céleste* et la « *femelle terrestre*, quand on en parle « sous le rapport de la génération élé- « mentaire ou de la production subs- « tantielle pure. Chacun d'eux a sa na- « ture propre et individuelle; mais le « mâle et la femelle, ne faisant qu'un, « sont le *Taï-ki*.

« Le *Taï-ki* donne naissance à tous « les êtres de l'univers, quand on en « parle sous le rapport de la génération « formelle, ou de la production de la « forme corporelle. Chacun de ces êtres « a sa nature propre et individuelle; « mais tous les êtres de l'univers réunis « sont le *Taï-ki*. »

Considéré sous le point de vue rationnel, le *Taï-ki* est la cause efficiente de l'univers. Aussi, *Tchou-hi* dit-il que le *Taï-ki* n'est absolument parlant que cette même cause efficiente (*li*). « On demande, ajoute-t-il, si le « *Taï-ki* n'existait pas avant la forma- « tion du Ciel et de la Terre, époque où « il y avait un certain chaos d'où les « êtres ont tiré leurs formes et leur « complet développement. N'est-ce pas « ce que l'on appelle du nom général de « *li*, ou cause efficiente du Ciel et de la « Terre et de tous les êtres de l'uni-

(*) *Séng-li-tá-thsiouên-hoei-thoung*, K. I.

« vers? — Le *Taï-ki*, répond-il, est « simplement ce *li* ou cette cause effi- « ciente du Ciel et de la Terre et de « tous les êtres de l'univers. Si on en « parle comme résidant dans le Ciel et « la Terre, alors, dans le sein même du « Ciel et de la Terre existe le *Taï-ki*. Si « l'on en parle comme résidant dans « tous les êtres de l'univers, alors, au « sein même de tous les êtres de l'uni- « vers, et dans chacun d'eux individuel- « lement, existe le *Taï-ki*. Avant l'exis- « tence de toutes choses, existait cette « cause efficiente (*li*). Elle se mit en « mouvement et engendra le *yáng* (pre- « mier principe mâle), lequel n'est éga- « lement que cette même cause effi- « ciente (*li*). Elle rentra dans son repos « et engendra le *yin* (premier principe « femelle), lequel n'est encore égale- « ment que la cause efficiente (*li*).

« Tous les êtres de l'univers, les qua- « tre saisons, les cinq éléments, ne « sont que des effets émanés du sein « de ce *Taï-ki*. Le *Taï-ki* n'est encore « qu'un certain élément vivifiant, aéri- « forme (*khi*, comprenant la matière et « la forme, mais seulement en puis- « sance, comme à l'état élémentaire). « Par un mouvement de déviation, cet « élément vivifiant, aériforme, se di- « visa, et forma un double élément vi- « tal. Il se meut intérieurement, et il « devient le principe mâle, *yáng*; il « rentre dans son repos, et il devient « le principe femelle, *yin*. Il se divise « encore, et il forme cinq éléments de « vie (*khi*). Il se repand de toutes parts, « et il est tous les êtres. » (*Tchou-tseu-« tsiouên-chou*, K. 49, f° 8-9.)

« Le *Taï-ki*, dit-il encore (*Ib.*, f° 9 v°), « s'il n'est point divisé, ne forme qu'une « seule et même chose. Est-il question « du *yin* et du *yang*, il est dans le « *yin* et le *yáng*. Est-il question des « cinq éléments, il est dans les cinq « éléments. Est-il question de tous les « êtres de l'univers, il est dans tous « les êtres de l'univers. Ce n'est qu'une « seule et même cause efficiente (*li*), et « rien de plus. Parce que sa limite est l'ex- « trême limite, on la nomme la *grande* « *limite* (*Taï-ki*), ou le grand comble).

« S'il n'y avait point de *Taï-ki*, le « Ciel et la Terre n'opéreraient point « leurs révolutions.

« Le *Taï-ki* est la cause efficiente (*li*);
« le mouvement et le repos sont le *khí*
« ou élément vivifiant, aériforme. Si
« cet élément entre en action, alors la
« cause efficiente (*li*) entre aussi en ac-
« tion. Ces deux principes se prêtent
« constamment un mutuel appui, et ne
« se trouvent jamais séparés l'un de
« l'autre.

« Du *Taï-ki* jusqu'à la production et
« à la naissance de tous les êtres, il n'y
« a qu'une certaine cause ou raison effi-
« ciente (*Tào-li*), qui contient et em-
« brasse tout. Ce n'est pas que d'abord
« ceci existe, et ensuite cela : seulement,
« au commencement, c'est une certaine
« grande source d'où procède la subs-
« tance (*thí*), et que pénètrent tous les
« les modes actifs de l'être (*yang*)
« d'où dérive le subtil, qui arrive en-
« suite à la manifestation sensible. »
(*Ib.*, f° 10.)

Les citations précédentes nous semblent suffisantes pour faire connaître le
véritable sens que l'école des lettrés
modernes a attaché aux termes par lesquels ils ont désigné le premier principe. Ce n'est pas qu'il n'y ait eu des
dissentiments à ce sujet, dans l'école
même. Deux tendances, l'une plus *spiritualiste*, l'autre plus *rationaliste*,
sans être réellement *matérialiste*,
comme plusieurs missionnaires catholiques l'ont prétendu, se sont manifes-
tées dès l'origine, et ont eu chacune
leurs partisans, quoique la dernière ait
toujours prévalu par le nombre. Des
volumes de controverse ont été écrits
pour expliquer dans un sens ou dans
un autre le système de *Tchéou-lien-ki*;
mais l'autorité est restée à *Tchou-hi*,
qui a donné à ce système sa véritable
formule philosophique, adoptée ensuite
par le suffrage presque universel des
lettrés chinois et par l'approbation de
plusieurs empereurs.

Maintenant, dit un savant lettré qui
vivait dans le milieu du dix-septième
siècle, *Youan-liao-fan*, « maintenant
« la doctrine de *Tchou-tseu* fait les plus
« grands progrès dans le siècle; elle est
« comme le soleil et la lune dans le ciel.
« Seule, la doctrine de *Lou-chi* est con-
« sidérée par tous les lettrés du siècle
« comme celles de *Yang* et de *Mé* (par
« *Meng-tseu*). Ce qui est bien regretta-
« ble, car c'est une véritable injustice. »
(*Kiun-chou-pi-kao*, k. 1, f° 18.)

Ce *Lou-chi* n'est autre que *Lou-tseu-
thsing*, contemporain et adversaire de
Tchou-hi, lequel a rapporté et réfuté ses
objections. (*Tchou-tseu-tsiouan-chou*,
k. 52, f° 42-55.) Ce *Lou-chi* reproche à
Tchéou-lien-ki, entre autres choses,
d'avoir employé des termes (ceux de
Woŭ-ki, *sans limites*) que ni *Fou-hi*,
ni *Wen-wang*, ni *Khoung-tseu* n'a-
vaient employés, et d'avoir évidemment
attaché à ces termes la même signification que *Lào-tseu* à sa substance du
Tào (*Tào-thí*); ce qui paraît évident.

« Quant au *Taï-ki*, ou *grand faîte*,
« *grande limite*, dit-il (quatrième ob-
« jection), c'est l'être qui est dit (dans
« le *Commentaire traditionnel*, adopté
« et suivi par *Tchéou-tseu*) supérieur
« à toute forme sensible, et que l'on
« appelle *Tào* ou Raison suprême. Et
« il est encore dit (dans le même texte)
« que *l'unité, en tant que premier
« principe femelle* yin; *l'unité, en tant
« que premier principe mâle* yang,
« c'est ce qu'on appelle le Tào. Com-
« ment, en réalité, le *yin* et le *yang*
« seraient-ils supérieurs à la forme ? —
« La vérité est, répond *Tchou-hi*, que
« ce que l'on considère comme *l'unité
« en tant que premier principe femelle
« yin*; *l'unité, en tant que premier
« principe mâle yang*, quoique appar-
« tenant à la forme (*hing*), au vase ou
« à l'instrument corporel (*khí*), cepen-
« dant, parce qu'ils sont, l'un, *l'unité,
« en tant que premier principe femelle
« yin*, l'autre, *l'unité, en tant que pre-
« mier principe mâle yang*, sont, à
« cause de cela même, la substance du
« *Tào* ou de la suprême Raison. C'est
« pourquoi, parle-t-on de la substance
« du *Tào*, à sa limite de sommité ex-
« trême, alors on l'appelle *Taï-ki*,
« *grande limite*; parle-t-on des émana-
« tions, de la marche, de l'action du
« *Taï-ki*, alors on l'appelle *Tào*. Quoi-
« qu'il y ait deux noms, il n'y a pas ori-
« ginairement deux substances. C'est
« ce que *Tchéou-tseu* appelle l'Être
« *sans limites* (*Woŭ-ki*).

« La vérité est, continue *Tchou-hi*,
« que cet être est dépourvu de côtés,
« dépourvu de formes visibles. Il est
« considéré comme ayant une existence

« antérieure à celle des êtres corporels
« qui tombent sous nos sens, et il ne
« cesse point de subsister après que leurs
« formes corporelles ont cessé d'être. Il
« est considéré comme en dehors du pre-
« mier principe mâle *yáng*, et du premier
« principe femelle *yin*, et il ne cesse
« jamais d'exercer son action au sein de
« ces deux premiers principes. Il est
« considéré comme pénétrant, reliant
« toutes les substances, n'y ayant au-
« cun lieu où il ne soit, alors on peut
« encore dire de lui qu'il est originaire-
« ment sans son, sans odeur, sans om-
« bre et sans écho. Maintenant, si d'a-
« près *Lou-tseu-thsing*, l'Être sans li-
« mites (*Woû-ki*) n'est pas tel qu'il
« vient d'être dit, alors, c'est le *Taï-ki*
« ou *grand faîte* qui est revêtu de for-
« mes corporelles visibles, qui a des
« côtés. Véritablement, si le premier
« principe femelle et le premier prin-
« cipe mâle sont des êtres supérieurs à
« la forme sensible, alors il règne en-
« core beaucoup d'obscurité en ce qui
« concerne la division du *Tào* en tant
« que *vase* ou *substratum* des êtres. De
« plus, en ce qui concerne ces expres-
« sions *supérieur à la forme sensible*,
« ce mot *supérieur* pourrait s'employer
« de nouveau et à plus forte raison pour
« caractériser le *Taï-ki*, ou *grand
« faîte*; alors on arriverait encore à
« cette autre conclusion, que ce qui est
« *supérieur* au *Tào*, lequel, par divi-
« sion, devient un autre être, c'est le
« *Taï-ki*. Il y a encore d'autres raisons
« qui n'ont pas été mises en évidence ;
« mais on ne peut épuiser toutes les
« idées en parlant aux hommes. »
(*Tchou-tseu-tsiouan-chou*, k. 52, f° 48.)

Un écrivain de la dynastie des Mongols (*Youan*, 1260-1341 de notre ère),
Wang-chin-tseu, cité par le P. Prémare,
dans une lettre inédite sur la philosophie chinoise (conservée à la Bibliothèque nationale de Paris), dit que la proposition de *Tchéou-lien-ki*, *l'Être sans
limites et la grande limite* (*Woû-ki-
eúlh-tàï-ki*), donnée comme exprimant
les premiers principes de toutes choses,
les premières causes, ne signifie pas autre chose que s'il avait dit : *Il y avait
la raison ou cause efficiente* (*li*), et
ENSUITE *il y eut le souffle ou l'élément
vital aériforme* (*khi*).

D'après cette explication, la *raison
efficiente* et *incorporelle* (*li*), exprimée
par l'*Être sans limites* (*Woû-ki*), aurait précédé l'élément ou *souffle vital
aériforme matériel* (*khi*), exprimé par
Taï-ki, le *grand faîte* ou la *grande limite*, et, par conséquent, ces deux termes n'auraient pas une coexistence
éternelle, et il y aurait dans leur position un ordre de succession marqué que
ne veut pas reconnaître *Tchou-hi*.

Le même *Wang-chin-tseu* dit encore
sur le même sujet :

« Dans le grand commencement,
« avant l'existence du *Taï-ki* et des deux
« grandes effigies (le Ciel et la Terre),
« existait déjà cette raison ou cause ef-
« ficiente (*li*) qui produit, sans jamais
« s'épuiser, tous les êtres animés. Quoi-
« qu'elle ne puisse être figurée par au-
« cune image, qu'elle ne puisse être
« nommée par aucun nom, cependant
« cette raison, cette cause (*li*) s'étend
« jusqu'à la plus extrême limite, et on
« ne peut rien y ajouter. C'est pour-
« quoi elle est nommée *sans limites*
« (*Woû-ki*). »

Dans cette explication, les deux premiers termes de la proposition de
Tchéou-lien-ki sont ramenés à l'Unité,
et cette unité est la raison ou cause
éternelle efficiente, *li*.

Il résulte de ces explications que le
Taï-ki, dans le système des lettrés modernes (*héou-joû*), représente la substance absolue, primitive, et l'état où
elle se trouvait à l'époque qui a précédé
toute manifestation dans l'espace et le
temps ; que ce *Taï-ki* possédait en lui-
même une force ou énergie latente qui
prend le nom de *li* et quelquefois de
tào « raison, cause efficiente ou formelle » à l'époque de sa manifestation
dans l'espace et le temps ; que cette
manifestation est représentée par deux
modes ou accidents : le *mouvement* et
le *repos*, qui prennent les noms de
Yáng et de *Yin*, lesquels, tout en n'é-
tant toujours que le *Taï-ki* à l'état de
modalité, ont donné naissance aux cinq
éléments, et ceux-ci à tous les êtres de
l'univers.

Maintenant, quel rôle joue l'homme
dans ce système? Quelle est sa nature?
Selon *Tchéou-lien-ki*, aucun autre être
de la nature n'a reçu une intelligence

égale à celle de l'homme. Cette intelligence, qui se manifeste par la science, est divine; elle est de la même nature que la raison efficiente (*li*), dont elle est dérivée, et que tout homme reçoit en naissant. (*Tchou-hi*, OEuvres complètes, k. 51, f° 18.)

A côté, et comme terme corrélatif du *li* ou *principe rationnel* (que la ressemblance partielle de nom pourrait, quoiqu'à tort, sous plusieurs points de vue, faire comparer à la ὕλη de quelques philosophes grecs), les philosophes de l'école dont nous parlons placent le *Khi* ou *principe matériel*, dont la portion pure est une espèce d'*âme vitale*, un πνεῦμα, un ἀπόσπασμα αἰθέρος comme dans Pythagore, et dont la portion grossière ou impure constitue la substance corporelle. En outre, l'homme a aussi en lui les deux principes du mouvement et du repos, de la lumière et des ténèbres : le *Yâng* et le *Yin*. L'intelligence, la science font partie du premier; la forme, la substance corporelle, tout ce qui constitue le corps enfin, se rapportent au second. Le *Khi* ou πνεῦμα se nomme aussi *hôen*, et le principe corporel, le θυμός, *phe*. Le premier est donné par *Hoai-nan-tseu* comme l'esprit du *Yâng*, et le second comme l'esprit du *Yin*.

« Ce que l'on appelle *esprit*, dit
« *Tchou-hi*, c'est ce qui commande à
« l'élément matériel *Khi*. La réunion
« de ces principes et de ces éléments
« constitue la *vie*; leur séparation cons-
« titue la *mort*. Quand celle-ci a lieu,
« le principe subtil de l'élément maté-
« riel (*Khi*), le *hôen* (ou πνεῦμα) re-
« tourne au Ciel; la portion grossière
« (*phe*) de la forme corporelle retourne
« à la Terre. » (*Tchou-hi*, OEuvres complètes, k. 51, f° 19.)

Après la mort il n'y a plus de personnalité.

« Le sage s'impose la règle de se con-
« former, dans sa conduite morale, aux
« principes éternels de la modération,
« de la droiture, de l'humanité et de la
« justice, en même temps qu'il se pro-
« cure, par l'absence de tous désirs, un
« repos et une tranquillité parfaite.
« C'est pourquoi le sage met ses vertus
« en harmonie avec le Ciel et la Terre;
« il met ses lumières en harmonie avec
« celles du Soleil et de la Lune; il ar-
« range sa vie de manière à ce qu'elle
« soit en harmonie avec les quatre sai-
« sons, et il met aussi en harmonie ses
« félicités et ses calamités avec les es-
« prits et les génies. » (*Séng-li-hoéi-thoùng*, k. 1, f° 47.)

De quelle nature sont ces *esprits* et ces *génies* (*koùeï chin*), et quelles sont leurs fonctions? — *Tchou-hi* dit (*OEuvres complètes*, k. 51, f° 2) que « l'es-
« prit (*chin*) est d'une nature mobile,
« et s'étendant au loin, tandis que le
« génie (*koùeï*) est, par sa nature pro-
« pre, fixé en un lieu. Si le vent, la pluie,
« le tonnerre, les éclairs commencent à
« se manifester dans un temps donné,
« ce sont les *esprits* qui agissent; quand
« ces météores cessent, ce sont les *gé-
« nies* qui règnent.

« Les *esprits* et les *génies*, selon le
« même philosophe, ne sont rien autre
« chose que le principe actif *Yâng* et le
« principe passif *Yin*; ce n'est que le
« souffle vivifiant (*Khi*) qui anime et
« parcourt la nature, qui remplit l'es-
« pace situé entre le Ciel et la Terre,
« qui est le même dans l'homme que
« dans le Ciel et dans la Terre, et qui
« agit toujours sans intervalle ni inter-
« ruption quelconque. »

Il y a des écrivains chinois, mais en très-petit nombre, qui ont donné un sens plus spiritualiste aux textes de leurs anciens livres, surtout depuis l'arrivée en Chine des missionnaires catholiques. Mais nous pensons que ces interprétations isolées ne peuvent changer en rien l'ensemble du système et des opinions que nous avons cherché à esquisser avec la plus grande exactitude possible, sans aucun autre but que celui de faire connaître les véritables opinions des philosophes chinois sur des questions qui intéressent, à un aussi haut degré, les esprits spéculatifs. Nous n'ignorons pas que l'impartialité et la sincérité de notre *Esquisse* pourront soulever contre nous des critiques plus zélées qu'éclairées, plutôt suggérées par des opinions reçues que par une connaissance réelle des faits. Depuis longtemps nous nous sommes fait une loi de ne jamais faire, dire ou écrire quelque chose de contraire, dans notre sentiment, à la justice et à la vérité.

quelles qu'en dussent être, pour nous, les conséquences. Dans la tâche ardue que nous nous sommes imposée en composant cet article, et pour laquelle nous n'avons eu aucun guide, nous avons essayé de faire connaître, sans détour aucun, les principales doctrines philosophiques qui ont occupé la spéculation chinoise, dans un espace de plus de trois mille ans. Si nous nous étions trompé dans leur interprétation, nous ne ferions nulle difficulté de reconnaître notre erreur (*).

Nous ne pousserons pas plus loin l'exposition du système philosophique des Lettrés modernes, qui embrasse le cercle entier de la connaissance humaine. Ce que nous en avons dit suffira, nous l'espérons, à faire comprendre de quelle importance serait pour l'histoire de la philosophie un exposé complet des écoles et des systèmes que nous n'avons pu qu'esquisser ici. Nous ne craignons pas d'avancer qu'il y a là un côté tout nouveau de l'esprit humain, un côté des plus curieux à faire connaître.

Nous nous sommes attaché dans cet article à indiquer les principales doctrines de la philosophie chinoise et ses principaux représentants, en négligeant les représentants secondaires. Mais il ne faudrait pas conclure de notre silence à cet égard que la philosophie chinoise a été peu féconde en systèmes et en monuments de toutes sortes : nulle part la philosophie n'a de si nombreux partisans qu'en Chine, et cela, depuis trois mille ans où elle est l'occupation presque universelle des hommes instruits. On aura une idée de ce mouvement intellectuel lorsqu'on saura que du temps des *Han*, au commencement de notre ère, l'historien *Sse-ma-thsien* comptait déjà six écoles de philosophie. L'auteur chinois de la *Statistique de la littérature et des arts* (*I-wen-tchi*), publiée sous la même dynastie, en énumère dix. Elles augmentèrent encore beaucoup par la suite. *Ma-touan-lin* en énumère une quinzaine, au nombre desquelles on compte l'*École des Lettrés* (*Joû-kia*); l'*École du Táo* (*Táo-kia*); l'*École des légistes* (*Fa-kia*); l'*École mixte ou éclectique* (*) (*Tsa-kia*); l'*École des laboureurs* (*Noung-kia*); les *Écoles* du *Yin* et du *Yáng*, des *Cinq Éléments*; l'*École militaire*; l'*École des médecins*; l'*École des anachorètes*; l'*École de Fo ou Bouddha*, etc. Cette dernière école, l'une des plus célèbres de l'Orient, n'étant qu'une importation de l'Inde, avec quelques développements propres à la Chine, nous n'avons pas cru devoir l'esquisser ici. D'ailleurs un savant profondément versé dans la langue de Bouddha et dans les antiquités de l'Inde ne tardera pas à livrer à la publicité une exposition complète de cette doctrine.

(*) Les anciens missionnaires européens en Chine ont eu, du temps de Louis XIV, une longue et vive polémique au sujet des doctrines philosophiques et religieuses des Chinois. Les missionnaires dominicains soutenaient que les philosophes chinois étaient athées, et les missionnaires jésuites soutenaient au contraire qu'ils ne l'étaient pas, et qu'ils avaient reconnu et reconnaissaient encore le *vrai Dieu*, tel que les Chrétiens l'adorent. Nous laissons au lecteur le soin de se former lui-même son opinion à cet égard.

(*) *Hoaï-nan-tseu*, que nous avons rattaché à l'école de *Lao-tseu* ou du *Táo*, est placé dans l'*école éclectique* par *Ma-touan-lin*.

TABLE DES MATIÈRES

CONTENUES

DANS LA PREMIÈRE PARTIE DE CE VOLUME

	Pages
Avant-propos	1
Division politique de la Chine	ib.
Positions astronomiques des limites de l'empire	5
Description de Pé-king	8
Aspect général	ib.
1° Tseu-kin-tching (ville rouge interdite)	11
2° Hoang-tching (ville impériale)	17
3° Neï-tching (ville intérieure)	21
4° Aï-tching (ville extérieure)	27
Environs de Pé-king	31
Palais impérial de Youan-ming-youan ou jardins d'une clarté parfaite	32
Division administrative de la Chine en 18 provinces	36
1re province. Tchi-li ou Pé-tchi-li	38
2e et 3e provinces. Kiang-sou et Ngan-hoeï	58
Description de Nan-king	60
Tour de porcelaine	62
4e province. Chan-si	89
5e province. Chan-toung	96
6e province. Ho-nan	105
7e province. Chen-si	106
8e province. Kan-sou	109
9e province. Tche-kiang	ib.
10e province. Kiang-si	113
11e province. Hou-pe	114
12e province. Hou-nan	115
13e province. Sse-tchouan	ib.
14e province. Fo-kien	116
15e province. Kouang-toung	120
16e province. Kouang-si	123
17e province. Yun-nan	124
18e et dernière province. Kouéï-tcheou	127
Possessions de l'empire chinois	128
Organisation politique et administrative de la Chine	130
De la forme du gouvernement chinois. Devoirs du souverain	135
Des différents pouvoirs de l'État	139
1° Classes privilégiées. Ministère de la maison impériale	ib.
2° Conseil des ministres ou cabinet (Neï-ko)	142
3° Conseil privé	145
Ministères spéciaux	146
1° Ministère des fonctionnaires civils (Li-pou)	147
Des mandarins ou fonctionnaires civils de l'empire	ib.
Mandarins de l'ordre administratif	148
Instruction publique	149
Les neuf rangs de mandarins	151
2° Ministère des finances (Hou-pou)	165
1. Recensement de la population	166
2. Dénombrement des terres	171

TABLE DES MATIÈRES.

	Pages.
3. Répartition des impôts	176
4. Budget des dépenses	195
3° MINISTÈRE DES RITES (LI-POU)	207
Les quatre directions du ministère des rites	208
États et royaumes étrangers considérés comme tributaires par les Chinois	209
Règlement concernant les ambassadeurs étrangers et les tributs	ib.
Traduction du cérémonial chinois relatif aux visiteurs et ambassadeurs étrangers	211
4° MINISTÈRE DE LA GUERRE (PING-POU)	220
Directions du ministère de la guerre	ib.
Marine chinoise	223
5° MINISTÈRE DE LA JUSTICE (HING-POU)	229
Articles du code chinois	233
Des cours et tribunaux	256
6° MINISTÈRE DES TRAVAUX PUBLICS (KOUNG-POU)	260
Division des arts et métiers en seize classes	261
Directions du ministère des travaux publics	ib.
Fabrication de la monnaie chinoise	264
Cérémonie du labourage	274
LANGUE CHINOISE	278
1. Origine, développement et modifications successives de l'écriture chinoise	ib.
2. Ages de l'écriture	289
3. Synthèse de l'écriture chinoise	290
4. Analyse de l'écriture chinoise	300
5. Liste générale des radicaux chinois dans leurs formes modernes, avec leur signification et le nombre de leurs dérivés	303
LANGUE ORALE	317
Tableau des principaux groupes phonétiques de l'écriture chinoise	325
PHILOSOPHIE CHINOISE	344
Première période	345
Seconde période	349
École du Tao	351
Philosophes de l'école de Lao-tseu	360
École des Lettrés	365
Troisième période	377

L'UNIVERS,

ou

HISTOIRE ET DESCRIPTION

DE TOUS LES PEUPLES,

DE LEURS RELIGIONS, MOEURS, COUTUMES, ETC.

CHINE MODERNE,

PAR M. BAZIN,

PROFESSEUR DE CHINOIS A L'ÉCOLE DES LANGUES ORIENTALES.

ARTS, LITTÉRATURE ET MŒURS.

THÉÂTRE.

ORIGINES DU THÉÂTRE CHINOIS.

C'est sous les Thang, vers l'époque où Hiouen-tsong monta sur le trône, que naquirent, dans la ville de Tchang-ngan, l'art théâtral et la poésie dramatique. Les Chinois attribuent à l'empereur Hiouen-tsong (Kao-ming-ti) la gloire d'avoir élevé, l'an 720 de notre ère, le premier monument dramatique vraiment digne de ce nom. Toutefois, comme je l'ai dit ailleurs (*), cette opinion est aujourd'hui controversée. Il y a des écrivains qui revendiquent pour Wen-ti, fondateur de la dynastie des Soui (l'an 581 de notre ère), l'honneur d'avoir inventé le drame. Au nombre de ces derniers figure Ma-touan-lin, qui, dans son *Examen général* des monuments écrits, observe que, « pendant les années tchin-kouan (627 à 649 de notre ère) et kaï-youan (713 à 741), la musique en vogue fut celle du théâtre (*), » d'où il semble résulter que du temps de l'empereur Thaï-tsong, de la dynastie des Thang (l'an 627 de notre ère), il y avait déjà des représentations dramatiques dans le Céleste empire. Ma-touan-lin vivait sous la dynastie des Youên; il fut peut-être le savant le plus universel de son siècle; mais ici l'autorité de cet écrivain célèbre ne me semble pas d'un très-grand poids. L'opinion la plus sûre, à mon avis, est que le théâtre fut institué à la Chine dans le huitième siècle de notre ère. Quand l'invention du poëme dramatique remonterait dans ce pays à une époque plus reculée, il ne faudrait pas se hâter,

(*) Introduction au Théâtre chinois des Youên. (Voy. Théâtre chinois, ou Choix de pièces de théâtre composées sous les empereurs mongols, traduites pour la première fois sur le texte original, précédées d'une introduction et accompagnées de notes, par M. Bazin; Paris, Imprimerie royale, 1838, 1 vol. in-8°.)

(*) Wen-hien-thong-kao, section XV, fol. 1 v°.

comme a fait Voltaire (*), d'en tirer un argument philosophique en faveur des Chinois. M. Abel Rémusat remarque à ce sujet qu'on a trouvé des spectacles à Java, à Sumatra et dans toutes les îles du Grand Océan, où la philosophie et même la civilisation n'ont pas fait de grands progrès (**).

« A la Chine, comme dans tous les pays du monde, dit un savant critique, les vers ont été la langue des plus anciens monuments littéraires, et ces premiers monuments ont été surtout consacrés au culte... La musique est toujours et partout contemporaine de la poésie. Chez les Chinois, l'usage de cet art est si ancien que, sous l'empereur Chun (plus de 2200 ans avant notre ère), il existait déjà une surintendance de la musique. Nous trouvons même que l'art musical entrait, comme en Grèce, dans la science du gouvernement et de la morale. La tradition dit, presque dans les mêmes termes que Platon et Aristote : « La connaissance des tons et des sons a des rapports intimes avec la science du gouvernement, et celui-là seul qui comprend la musique est capable de gouverner. » Quant à la danse, il ne nous est pas permis de douter qu'elle n'ait fait originairement partie du culte religieux en Chine. On lit, dans le Rituel chinois (le Li-ki), qu'on juge des mœurs d'une nation par ses danses (***). »

On pourrait ajouter que la danse fut la pratique de toute l'antiquité chinoise. On dansait pour appeler les esprits, on dansait lorsqu'il survenait une éclipse, une grande calamité, un grand désastre, quand un officier du gouvernement mourait. Dans tous les sacrifices aux génies, dans toutes les cérémonies civiles, on exécutait des danses. Parmi les plus fameuses, on distinguait la *Porte des nues*, la *Grande tournante*, la *Tout-ensemble*, la *Cadencée* (le P. Amiot (*), qui s'y connaissait, assure que cette danse était une des plus gracieuses de l'antiquité), la *Vertueuse*, ou autrement la *Grande hia*, par allusion à la dynastie des Hia, sous laquelle on la dansait (elle était lente et grave, dit encore le P. Amiot), la *Bienfaisante*, la *Grande guerrière*, etc. Parmi les petites danses, il y avait la *danse de la pièce de soie à couleur variée*, la *danse de la plume*, la *danse du phénix*, la *danse du guidon à queue de bœuf*, la *danse du bouclier*, la *danse de l'homme* (**).

Avant Hiouen-tsong, il existait chez les Chinois des ballets pantomimes. Ces ballets étaient pour la plupart figurés, et représentaient les mêmes scènes qu'on retrouve dans la choristique des Grecs : les *travaux du labourage*, les *joies de la moisson*, les *fatigues de la guerre*, les *plaisirs de la paix*. On trouve même, dans les notes du P. Gaubil sur le Chou-king, la description suivante d'un ancien ballet pantomime :

« Les danseurs sortaient par le côté du nord. A peine avaient-ils fait quelques pas, que, changeant tout à coup l'ordre dans lequel ils étaient venus, ils figuraient par leurs attitudes, leurs gestes, leurs évolutions, un ordre de bataille. Dans la troisième partie, les danseurs s'avançaient encore plus vers le midi; dans la quatrième, ils formaient une espèce de ligne; dans la cinquième, ils représentaient les deux ministres Tcheou-koung et Tchao-koung, qui aidaient de leurs conseils Wou-wang; dans la sixième, ils restaient immobiles comme des montagnes. Cette danse était une histoire de la conquête de la Chine par Wou-wang, qui, entrant dans l'empire, défait le roi Cheou, pénètre ensuite plus avant, assigne des bornes à ses États,

---

(*) D'après Voltaire, l'origine du théâtre, chez les Chinois, remonterait à plus de trois mille ans; c'est une erreur.

(**) Abel Rémusat, Mélanges asiatiques, t. II, p. 320.

(***) Charles Magnin, Journal des Savants, mai 1842, p. 266.

† (*) La Chine, ou Description générale de cet empire, rédigée d'après les mémoires de la mission de Pé-king, par l'abbé Grosier, t. VII, p. 392.

(**) Ce dernier nom indiquait que les danseurs ne tenaient aucun objet en dansant. (Voy. le Tcheou-li ou Rites des Tcheou, traduit pour la première fois du chinois, par feu Édouard Biot, t. II, p. 41.)

et les gouverne par les sages conseils de ses deux ministres (*). »

L'usage et le goût des ballets pantomimes s'est toujours conservé chez les Chinois ; mais à partir de l'époque des Song, les danses ne gagnèrent ni en décence ni en grâce ; elles devinrent si obscènes, et la licence y fut portée à un tel point, qu'elle excita souvent l'attention des empereurs, des ministres et des mandarins, et qu'elle provoqua la sévérité des lois.

« La première fois qu'il est fait mention de pièces de théâtre dans l'histoire, écrit le P. Cibot, c'est pour louer Tching-thang, fondateur de la dynastie des Chang (1766 ans avant notre ère), d'avoir proscrit les jeux de la scène, comme des divertissements frivoles et dangereux. *Siouen-wang*, de la dynastie des *Tcheou* (827 avant J. C.), reçut des représentations par lesquelles on l'engageait à éloigner de sa cour les comédiens, dont la présence devait être funeste pour les mœurs. Un autre empereur, dont on ne rapporte pas le nom, fut privé des honneurs funéraires pour avoir trop aimé le théâtre et fréquenté les comédiens (**). »

Ces faits, je l'avoue, paraissent incompatibles avec l'assertion des écrivains chinois, relativement aux origines du théâtre ; mais il faut savoir que le P. Cibot assimile mal à propos les anciens spectacles des Chinois, qui consistaient en ballets pantomimes, aux pièces régulières appelées *Tchouen-khi*, *Hi-kio*, *Tsa-khi*, etc., ou plutôt la méprise du savant jésuite vient de ce que les missionnaires ont traduit indifféremment par le même mot, *comédiens*, l'expression *yeou-jin* (histriones), qui désigne à la vérité les comédiens, mais qui, dans le style des écrivains antérieurs à la dynastie des Thang, se rapporte aux bateleurs ou aux acteurs de bas étage qui jouaient dans les ballets pantomimes.

Si l'on rencontre au début de la société chinoise la poésie, la musique et l'art des gestes ou la danse, Hiouen-tsong n'en fut pas moins le premier qui introduisit, dans une pièce régulière, tous les éléments du poëme dramatique. Cet exemple fit négliger les ballets, et l'histoire démontre que les écrivains de la dynastie des Thang s'attachèrent à imiter et à perfectionner le nouveau genre de spectacle.

COUP D'ŒIL SUR L'HISTOIRE DE L'ART DRAMATIQUE.

L'histoire de l'art dramatique chez les Chinois peut se diviser, d'après le témoignage de quelques écrivains modernes, en quatre époques distinctes.

Nous rangerons donc dans la première les pièces de théâtre composées sous la dynastie des Thang, depuis l'an 720 de notre ère jusqu'à l'avénement des cinq petites dynasties, dites *postérieures*, vers l'an 905. On sait que, depuis la chute de la dynastie des Thang jusqu'à l'époque des Song, l'histoire de la Chine, empreinte d'une sauvage monotonie, ne présente plus que des tableaux hideux et le spectacle d'un pays affligé par tous les fléaux du ciel à la fois. Les désordres et les guerres civiles interrompirent les jeux de la scène, et le peuple ne fut plus convié aux *fêtes de la paix et de la prospérité* (*).

La seconde époque comprend les pièces de théâtre composées sous la dynastie des Song (960 à 1119 de notre ère) ; la seconde, les pièces représentées sous la dynastie des Kin et celle des Youën (1123 à 1341 de notre ère).

Enfin, tous les ouvrages dramatiques qui ont paru depuis la dynastie des Youën jusqu'à nos jours appartiennent à la quatrième époque.

Il n'existe, à ma connaissance, aucune pièce de théâtre qui puisse donner une idée du système dramatique des Thang ; mais il est permis de juger des pièces des Song par le Si-siang-ki (*Histoire du pavillon occidental*), puisque l'auteur de cet ouvrage, Wang-chi-fou, a vécu sous les Song et les Youën. Un savant critique (**) nous apprend que les

---

(*) Voy. le Chou-king de Gaubil, p. 329.
(**) Voy. les Mémoires concernant les Chinois, t. VIII, p. 228.

(*) Voy. mon Introduction au théâtre chinois des Youën, p. 1.
(**) L'éditeur chinois du Youën-jin-pé-tchong.

écrivains des Song n'employaient jamais plus de cinq acteurs dans leurs pièces, dont le sujet dramatique manquait de développement. Comme la fable était peu compliquée, les vers tenaient infiniment plus de place que la prose : on sacrifiait tout à la partie lyrique.

La littérature dramatique fut poussée à sa perfection pendant le règne des empereurs mongols, et l'expression dissyllabique *tsa-khi* est le nom général que l'on donnait sous la dynastie des Youên à toutes les pièces écrites pour le théâtre. Ce titre ne convenait pas moins à la comédie qu'au drame, puisque les auteurs, comme on le verra plus tard, ont transporté sur la scène lyrique le drame et la comédie, qu'ils ont ajustés à l'opéra. Si l'on considère les pièces des Youên, relativement à l'ordonnance de la fable, à l'économie du plan, à l'arrangement des scènes, on les trouve d'une ressemblance parfaite. Nos règles dramatiques y sont, pour l'ordinaire, ou méconnues ou négligées; la distinction des genres n'y est point établie; toute la différence qu'on y aperçoit provient du choix des sujets, des situations, qui sont plus ou moins touchantes, plus ou moins amusantes, de la diction, qui est plus ou moins noble, du caractère et des mœurs des personnages (*).

Il s'en faut de beaucoup que l'art théâtral ait parcouru à la Chine les mêmes phases que dans les autres pays. Les pièces des Ming et des Thsing, dont nous parlerons plus tard, n'ont pas la moindre ressemblance avec les drames des Youên. On est revenu dans la quatrième époque aux Tchouen-khî ou aux romans dialogués des Song. Ainsi, pour ce qui est de la forme du drame, les écrivains modernes n'ont pas quitté les voies anciennes; ils n'ont perfectionné ni la fable dramatique ni le style théâtral.

Forme extérieure du drame; système dramatique des Chinois sous les Youên; rôle du personnage qui chante.

Dans le drame chinois, la division

(*) Voy. le Journal asiatique, cahier de février-mars 1851, p. 165.

des actes et des scènes ressemble à celle d'un drame européen. Ainsi le spectacle n'est pas continu, depuis un bout de la pièce jusqu'à l'autre, comme chez les Grecs. Chaque pièce régulière se compose ordinairement de quatre *coupures* (tche) et quelquefois d'une *ouverture* (sie-tseu) et de quatre *coupures*. Le sie-tseu est, à proprement parler, une introduction, ou plutôt un prologue dans lequel les principaux personnages viennent décliner leurs noms, exposer l'argument de la fable ou raconter les événements antérieurs qui intéressent l'auditoire. On jouait, sous la dynastie des Thang, des pièces de théâtre dont le prologue, récité par un acteur que les historiens appellent l'*introducteur de la comédie*, avait de l'analogie avec les prologues de Plaute. Dans les pièces de la dynastie des Youên, le prologue est dialogué et souvent entremêlé de vers. Les *coupures* correspondent aux divisions européennes que nous nommons *actes*. Quand une pièce chinoise se compose d'un prologue et de quatre actes, l'exposition a lieu dans le prologue, et l'intrigue se noue dans le premier acte; quand une pièce se compose uniquement de quatre actes, l'exposition est renfermée dans le premier, et l'intrigue est ourdie dans le second; l'intrigue se poursuit jusqu'à la fin du troisième acte; et dans le quatrième enfin arrive la péripétie, qui change le cours des événements et frappe le crime de châtiments inattendus. Les scènes ne sont point distinguées les unes des autres, comme dans nos pièces de théâtre; mais on indique l'entrée et la sortie de chaque personnage par ces mots : CHANG (*il monte*) et HIA (*il descend*). L'expression *peï-yun*, littéralement, *parler en tournant le dos*, désigne les aparté.

Il ne faut pas oublier qu'envisagé par rapport au but moral, le drame chinois se divise toujours en deux parties. Le prologue, le premier, le deuxième et le troisième acte sont unis, depuis le commencement jusqu'à la fin, par une étroite liaison; le dénoûment ou la péripétie forme un acte à part, et dominé en quelque sorte par des règles spéciales. Cette séparation est regardée comme nécessaire au développement de l'idée morale sur laquelle repose une pièce de théâtre, à savoir : l'expiation d'une faute ou d'un crime (*).

Tous les personnages du drame chinois sont désignés, dans le texte de la pièce, par des dénominations qui indiquent leur rôle, à peu près comme on distingue chez nous les *jeunes premiers*, les *pères nobles*, les *premiers comiques*, les *seconds comiques*, etc. On donne souvent à ces personnages un nom approprié à leur état et à leur caractère. Nos vieux comiques avaient adopté cet usage. Nous avons M. Bonnefoi, notaire; M. Loyal, huissier; M. Rafle, agent d'affaires; M. Purgon, M. Fleurant, etc.

Les personnages des deux sexes sont tirés de toutes les classes de la société chinoise. On voit figurer sur la scène des empereurs, des mandarins civils et militaires, des médecins, des laboureurs, des bateliers, des artisans et des courtisanes. On y rencontre même des dieux et des déesses : par exemple, dans la pièce intitulée *Khan-tsien-nou* ou l'*Avare*, véritable comédie de caractère entremêlée de scènes mythologiques, la première scène du premier acte se passe *dans le ciel*, et la seconde *sur la terre*. Ling-kou-heou, dieu du temple de la montagne sacrée nommée Thaï-chan, apparaît suivi d'un démon qui exécute ses ordres. Il est remplacé par Tseng-fo-chin, ou le dieu du bonheur. Dans la pièce intitulée *Tou-lieou-tsoui*, ou *la Conversion de Lieou-tsoui*, drame bouddhique, le premier personnage qui entre sur la scène est la déesse Kou-in-vin, descendue du mont Lo-kia-chan. On peut donc affirmer que les personnages du drame chinois peuvent être tirés indifféremment de la mythologie, de la fable ou de l'histoire. Dans les pièces de pure fiction, les personnages sont créés par les auteurs (**).

La poétique chinoise veut que toute œuvre de théâtre ait un but ou un sens moral. Une pièce de théâtre sans moralité n'est aux yeux des Chinois qu'une œuvre ridicule, dans laquelle on n'aperçoit aucun sens. Suivant les rhéteurs, l'objet qu'on se propose dans un drame sérieux est de *présenter les plus nobles enseignements de l'histoire aux ignorants qui ne savent pas lire*; et d'après le code pénal de la Chine, le but des représentations théâtrales est d'*offrir sur la scène des peintures vraies ou supposées, mais capables de porter les spectateurs à la pratique de la vertu*. L'obscénité est un crime. Ceux qui composent des pièces obscènes, dit un écrivain chinois cité par Morrison, seront sévèrement punis dans le séjour des expiations, et leur supplice durera aussi longtemps que leurs pièces resteront sur la terre.

Si la poétique chinoise désavoue les œuvres du vice, la loi punit sévèrement les écrivains coupables qui font l'apologie des mauvaises passions. Du reste, il n'existe aucune disposition restrictive des jeux de la scène, à l'exception d'un statut du code pénal qui interdit « *à tous les musiciens et acteurs de représenter dans leurs pièces les empereurs, les impératrices et les princes, les ministres, et les généraux fameux des premiers âges.* » Mais le traducteur anglais, sir G. T. Staunton, observe avec raison que les représentations qui sont prohibées par ce statut formant, dans le fait, les scènes théâtrales favorites et les plus ordinaires, on doit considérer cette loi comme tombée en désuétude.

Ce n'était pas assez pour les Chinois d'avoir établi l'*utilité morale* comme but des représentations dramatiques, il fallait encore qu'ils imaginassent un moyen d'atteindre ce but. De là le rôle du personnage qui chante, admirable conception de l'esprit, caractère essentiel qui distingue le théâtre chinois de tous les théâtres connus. Le personnage qui chante dans un langage lyrique, figuré, pompeux, et dont la voix est soutenue par une symphonie musicale, est, comme le chœur du théâtre grec, un intermédiaire entre le poëte et l'auditoire, avec cette différence qu'il ne demeure pas étranger à l'action. Le personnage qui chante est, au contraire, le héros de la pièce, qui, toutes les fois que les événements surviennent, que les catastrophes éclatent, reste sur la scène pour émouvoir douloureusement

---

(*) Introduction au Théâtre chinois, p. 39 et 40.

(**) Ibid., p. 18.

les spectateurs et leur arracher des larmes. On remarquera que ce personnage peut être tiré, comme les autres, de toutes les classes de la société. Dans les *Chagrins de Han*, c'est un empereur; dans l'*Histoire du cercle de craie*, une femme publique devenue l'épouse d'un homme riche; dans les *Intrigues d'une soubrette*, une jeune esclave. Quand il arrive que le principal personnage meure dans le cours de la pièce, il est remplacé par un autre personnage du drame, qui chante à son tour. C'est enfin le personnage principal qui enseigne, qui invoque la majesté des souvenirs, cite les maximes des sages, les préceptes des philosophes, ou rapporte les exemples fameux de l'histoire ou de la mythologie.

Par cette création qui a servi de type aux écrivains de la dynastie des Youën, les Chinois ont réalisé, dans le treizième siècle, le précepte émis plus tard en Europe par Lope de Véga, dans son Nouvel art dramatique : « Dans votre langage toujours chaste, dit le poëte espagnol, n'employez ni pensées relevees ni traits d'esprit recherchés, lorsque vous traitez des choses domestiques; il faut alors imiter la conversation de deux ou trois personnes; mais lorsque vous introduirez un personnage qui exhorte, conseille ou dissuade, vous pouvez vous servir de sentences ou de phrases brillantes. En cela, vous vous rapprocherez de la vérité; car lorsqu'un homme veut donner des conseils, il parle avec un autre ton, dans un langage plus étudié, plus véhément que celui de la causerie familière. »

Langue du théâtre; diction des pièces.

On voit, dans la préface du Youën-jin-pĕ-tchong (*Répertoire dramatique des Youën*), que les œuvres du théâtre offrent à peu près toutes les formes du langage, et présentent trois genres particuliers de style, à savoir:

1° La langue des King et des historiens (*King-sse-yu*);

2° La langue poétique ou lyrique (*yŏ fou-yu*);

3° La langue commune (*thien-hia-thong-yu*) (*).

(*) Voy. la Préf. du Youën-jin-pĕ-tchong.

Il faut dire cependant que la partie la plus commune du drame est presque toujours dans le style ordinaire de la conversation. Le *hiang-than* ou le patois des provinces n'est usité que dans les pièces modernes, et particulièrement dans les pièces d'un bas comique. Qu'on se garde bien d'assimiler, à cause de cela, le théâtre chinois au théâtre indien. Dans les pièces indiennes, les dialectes du sanscrit sont employés et varient *suivant les personnages*; dans les pièces chinoises, les *styles* ne se diversifient qu'en raison du sujet; dans les pièces indiennes, le héros et les personnages principaux parlent *sanscrit*; mais les femmes et les personnages inférieurs emploient les différentes modifications du *pràcrit*. Dans les pièces chinoises, les personnages principaux et les personnages inférieurs, les hommes et les femmes, parlent tous le *kouan-hoa* ou la *langue commune*, avec la variété de ton qui résulte nécessairement du mélange des classes de la société. Toutes les fois que des personnages vulgaires se trouvent avec des mandarins, il y a contraste dans les expressions du kouan-hoa. Généralement les personnages du drame chinois parlent suivant leur âge et leur condition. Le vieux Tchang-y, dans la *Tunique confrontée*, s'exprime presque toujours avec une gravité sentencieuse, et les discours des deux amants, dans les *Intrigues d'une soubrette*, peignent leurs sentiments avec une vivacité tout à fait orientale (*).

De même que les parties en prose offrent tous les genres de style, de même les morceaux poétiques présentent tous les genres de versification. Il y a des vers de trois, de quatre et de sept mots; des vers assujettis aux règles de la césure et de la rime, et des vers irréguliers. Le choix du mètre devient quelquefois une source de beautés; par exemple, dans *Ho-han-chan* (pièce 140) le poëte nous représente Tchang-y retiré dans une chambre de l'étage supérieur avec sa femme et son fils, et jouissant d'un spectacle délicieux pour les Chinois, du spectacle de la neige qui tombe en abondance. Après avoir pris

(*) Introduction au Théâtre chinois, p. 36.

quelques tasses de vin, son imagination s'exalte; il croit être dans le printemps. Les flocons de neige deviennent pour lui des fleurs de poirier qui tombent; les nuages rougeâtres, des fleurs de saule qui tourbillonnent dans l'air. Il s'imagine que l'on suspend devant lui des draperies de soie brodées, que l'on étale à ses pieds un riche tapis de fleurs, etc.

Or, pour approprier avec goût la versification au sujet qu'il avait à traiter, pour exprimer convenablement ce délire de l'imagination de Tchang-y, que devait faire le poëte? Abandonner la stance régulière qui semble réservée aux monologues graves et aux descriptions pompeuses, pour la stance irrégulière ou la mesure libre; s'affranchir de cette règle qui soumet les vers chinois au double joug de la césure et de l'allitération; rechercher les termes poétiques les plus pittoresques; employer la *réduplication*, la métaphore, l'allégorie, etc.; et c'est précisément ce que nous trouvons dans ce morceau. Du reste, il faut être en état de lire ces vers dans l'original pour avoir une idée de l'harmonie qui existe entre le style et la situation du personnage. Tout ce que nous pouvons dire, c'est que la poésie dramatique est infiniment supérieure à celle du Chi-king, sous le rapport de la versification (*).

Description du théâtre, appareil scénique.

On a trop répété que les Chinois n'ont point de théâtre public; c'est une erreur. On trouve, dans le nord de la Chine, des édifices publics consacrés aux exercices de la musique, du chant et de la danse, et qui, durant les jours de spectacle, *fang-kia-ji-tseu*, sont appropriés aux besoins des représentations dramatiques. On y établit, avec les décorations de la scène, ce que les Chinois appellent *kouei-men* (*la porte des ombres*), c'est-à-dire la porte par laquelle entrent et sortent les ombres des anciens personnages de l'antiquité. Timkovski nous apprend même qu'il existe à Pé-king une rue appelée la *rue des Théâtres*. On compte en cet endroit six théâtres situés l'un près de l'autre, où l'on joue presque tous les jours des drames mêlés de chant et de musique, depuis midi jusqu'au soir. L'entrée aux théâtres ne coûte, suivant Timkovski, que 150 copèques (*).

Il est vrai que, dans les provinces du sud, il n'y a point de théâtres permanents ouverts au public; mais le gouvernement, qui ne manque jamais d'encourager les divertissements dramatiques, permet qu'on élève un théâtre dans les rues, au moyen de souscriptions recueillies parmi les habitants. Les mandarins fournissent eux-mêmes les fonds nécessaires. « On construit alors, dit l'éditeur anglais du *Vieillard qui obtient un fils*, un théâtre public dans une couple d'heures. Quelques bambous pour supporter un toit de nattes, quelques planches posées sur des tréteaux, et élevées de six à sept pieds au-dessus du sol, quelques pièces de toile de coton peintes, pour former trois des côtés de la place destinée à la scène, en laissant entièrement ouverte la partie qui fait face au spectateur, suffisent pour dresser et construire un théâtre chinois. » C'est dans une salle de spectacle provisoire, élevée de cette façon, que les chanteurs italiens dont parle M. J. F. Davis dans sa Description de la Chine exécutèrent à Macao, en 1833, avec le plus grand succès, la plupart des opéras de Rossini. Les Chinois, dit l'auteur de cet ouvrage, furent agréablement surpris de voir ce qu'on appelle dans le jargon de Canton un *sing-song* (théâtre), érigé par des étrangers, sur le sol de leur empire, et encore plus d'entendre un mélange de chant et de récitatif si semblable au leur (**).

Une relation récente nous donne, d'un théâtre ainsi dressé à Canton, une idée plus favorable encore : « A l'extrémité d'une avenue déserte, dit un officier de marine, nous découvrîmes une vaste cour, entourée d'échafaudages

---

(*) Introduction au Théâtre chinois, p. 35, 36, 37 et 38.

(*) Timkovski, Voyage à Pé-king, t. II, p. 175.
(**) Voy. J. F. Davis, The Chinese, t. II, p. 186 et 187.

garnis de spectateurs, et au fond, sur un théâtre en plein vent comme les loges, les acteurs étaient à débiter leurs rôles; la rivière et ses innombrables bateaux formaient le dernier plan du tableau. Songer à traverser la foule qui encombrait le parterre (la cour) était chose impossible. Nous entrâmes dans une maison que nous traversâmes, après avoir payé une demi-gourde chacun, et nous arrivâmes sur un des échafaudages qui se trouvaient de plain-pied avec le premier étage de la maison. Il y avait plusieurs banquettes disposées en gradins; nous nous plaçâmes sur les plus élevées, pour mieux juger de l'ensemble du spectacle. Voici quelle était à peu près la disposition du théâtre : un enclos plus long que large était bordé, sur ses grands côtés, par deux galeries couvertes, élevées sur des poteaux, et où se trouvaient assis les spectateurs payants; la scène, supportée aussi sur des piliers, et couverte, non pas en nattes, comme les galeries, mais en toiles peintes, formait un des petits côtés du rectangle, et s'étendait sur le bord de l'eau; enfin, un mur, qui joignait la maison par laquelle nous étions entrés à une autre maison située en face, et formant, comme celle-ci, le prolongement de l'amphithéâtre, complétait la clôture de l'enceinte, laissant seulement une porte ouverte à la foule qui entrait gratis dans le parterre (*). »

Indépendamment de ces théâtres temporaires, appelés par les Chinois *Hi-thaï*, il existe encore dans les maisons des riches et dans les hôtels particuliers des salles de spectacle, où les comédiens ambulants jouent des pièces de théâtre. La scène y est de plain-pied et occupe un grand espace vide que laissent les tables rangées sur deux files. On couvre seulement le pavé de la salle d'un tapis, et, pour coulisses, les acteurs font usage de quelques chambres voisines, d'où ils sortent pour jouer leurs rôles; ils ont ordinairement plus de spectateurs qu'on n'a rassemblé de convives : l'usage est de laisser entrer un certain nombre de personnes, qui, placées dans la cour, jouissent aussi du spectacle qu'on n'a point préparé pour elles. Les femmes peuvent y prendre part sans être aperçues; elles voient les acteurs à travers une jalousie, qui les dérobe elles-mêmes à tous les regards (*).

Les costumes des personnages du drame, s'il est permis d'en juger par le récit des voyageurs, sont assez bien appropriés aux rôles dramatiques, et quelquefois d'une rare magnificence. On verra que les acteurs ne manquent jamais d'indiquer les changements de costumes dans le texte chinois de la pièce, quand il arrive qu'un personnage est promu à une charge ou à une nouvelle dignité. Comme la plupart des pièces chinoises, dit M. Davis, ont une couleur historique, et, pour de bonnes raisons, ne se rapportent point aux événements qui se sont succédé depuis la conquête tartare, les costumes des Chinois sont ceux qu'ils portaient antérieurement à la dynastie des Thsing (**).

Des acteurs et des actrices.

De même que les acteurs n'étaient réputés infâmes, à Rome, que par le vice de leur naissance et non pas à cause de leur profession, de même, chez les Chinois, les comédiens ne jouissent ni du respect ni de l'estime de leurs compatriotes, parce que les directeurs, au mépris d'un statut formel du code pénal, achètent ordinairement des enfants d'esclaves, qu'ils élèvent pour en faire des acteurs, et qui sont, par cette raison, classés hors des rangs de la société. Une compagnie de comédiens ambulants (*y-pan-hi-tseu*) est, pour l'ordinaire, composée de huit à dix personnes qui sont à la lettre les *esclaves du maître* ou *directeur* (***). Néanmoins la postérité a conservé les noms des comédiens célèbres. On sait, par exemple, que sous la dynastie des Song Wéï, Woû et Lieou furent des acteurs d'un très-grand mérite, et que, dans le rôle du dévot, le premier de ces acteurs n'a jamais été surpassé (****).

(*) Voy. la Revue des Deux-Mondes, du 15 sept. 1840, p. 851 et suiv.

(*) Timkovski, Voyage à Pé-king, t. II, p. 178.
(**) Introduction au Théâtre chinois, p. 45.
(***) Ibid., p. 43.
(****) Préface du Youén-jin-pë-tchong.

Mais, à l'exception de la capitale et de quelques grandes villes, les comédiens chinois sont ambulants, courent les provinces et vont jouer dans les maisons particulières, où on les appelle lorsqu'on veut joindre l'amusement de la comédie aux délices d'un festin ; il en est peu de complets sans cette sorte de spectacle. Au moment où l'on se met à table, on voit entrer dans la salle quatre à cinq acteurs richement vêtus; ils s'inclinent tous ensemble, et si profondément que leur front touche quatre fois la terre ; ensuite, l'un d'eux présente au principal convive un livre dans lequel sont inscrits, en lettres dorées, les noms de cinquante à soixante comédies, qu'ils savent par cœur et qu'ils sont en état de représenter sur-le-champ. Le principal convive ne désigne celle qu'il adopte qu'après avoir fait circuler cette liste, qui lui est renvoyée en dernier ressort. La représentation commence au bruit des tambours de peau de buffle, des flûtes, des fifres et des trompettes.

Chaque personnage, lorsqu'il paraît sur la scène, commence toujours par se faire connaître aux spectateurs; il leur apprend quel est son nom et le rôle qu'il va jouer dans la pièce. Le même acteur représente souvent plusieurs rôles dans la même pièce. Telle comédie, par exemple, sera jouée par cinq acteurs, quoiqu'elle continue et fasse successivement paraître dix ou douze personnages qui parlent (*).

Aujourd'hui les rôles de femmes sont remplis par de jeunes garçons. On a dit que les Chinoises n'avaient jamais paru sur la scène : je puis affirmer qu'il y avait des actrices à la Chine pendant le règne des empereurs mongols. On les appelait *tchang-yeou* (comédiennes), vulgairement *nao-nao* (guenons). *Tan* est le nom qu'on leur donne dans tous les ouvrages de littérature. Les actrices de la dynastie des Youên n'étaient pas très-estimées, et ne valaient guère mieux que les courtisanes. Une ordonnance de Khoubilaï, datée de la quatrième année Tchong-tong (1263), confond les unes avec les autres, et n'établit aucune différence entre les professions qu'elles exerçaient.

Liste des principaux auteurs dramatiques de la dynastie des Youên.

CHANG-TCHONG-HIEN. On a de lui le *Combat de Yu-tchi-king-té* et le *Roi des dragons*.

CHÉ-KIUN-PAO. Des dix pièces qu'il a composées, deux sont restées au théâtre. Le *Mari qui fait la cour à sa femme* est sa meilleure comédie.

CHE-TSEU-TCHANG. On a de lui une petite comédie intitulée : le *Mariage d'une religieuse*.

FAN-TSEU-NGAN. Il a composé trois pièces de théâtre. Elles sont fort médiocres.

HOA-LI-LANG, courtisane et comédienne. Elle composa quatre petites pièces qui ne réussirent guère, à ce qu'il paraît ; elles ne sont pas restées au théâtre.

KAO-WEN-SIEOU. Cet auteur a composé trente-deux drames. Le *Tourbillon noir* est le seul qui soit resté au théâtre.

KHANG-TSIN-TCHI. On a de lui un drame intitulé : le *Jugement de Song-kiang*.

KI-KIUN-TSIANG. C'est l'auteur du *Jeune Orphelin de la famille de Tchao*.

KIA-TCHONG-MING. Les trois pièces qu'il a composées sont : 1° la *Déesse qui pense au monde*; 2° l'*Histoire du peigne de jade* ; 3° les *Amours de Siao-cho-lan*.

KIAO-MENG-FOU. Il a composé huit pièces de théâtre, dont les meilleures sont : le *Gage d'amour* et les *Secondes noces de Wéi-kao*.

KONG-TA-YONG. On a de lui un drame intitulé : le *Sacrifice de Fan et de Tchang*.

KOU-TSEU-KING. C'est l'auteur des *Métamorphoses*.

KOUAN-HAN-KING. Originaire de Kiaï-tcheou-fou, chef-lieu d'un département dans le Chan-si, Kouan-han-king travailla pour le Conservatoire de musique, et composa soixante pièces de théâtre. Dans le monde, on vante souvent les couplets des Song et la musique des Youên ; on ne réfléchit pas que les couplets dont on parle sont de

(*) Timkovski, Voyage à Pé-king, t. II, p. 177 et 178.

l'époque des Thang, et ont été composés par les poëtes de cette dynastie; il n'y a que les airs des couplets qui appartiennent aux Youên. On donna la préférence aux airs du Nord (parce que les plus habiles chanteurs étaient originaires des provinces septentrionales). On réunit dans le Conservatoire un certain nombre d'hommes de lettres; on divisa les sujets des compositions dramatiques en douze classes; puis le directeur choisit les sujets, régla, pour ainsi dire, l'économie de chaque pièce, quant aux morceaux lyriques, indiqua les timbres des airs, et ordonna aux écrivains de se mettre à l'œuvre. Ceux-ci composèrent avec la plus grande promptitude cinq cent quarante-neuf pièces de théâtre.

Telle fut, d'après la *Biographie universelle de la Chine*, l'origine des compositions dramatiques appelées *tsă-khi*; mais que l'on se garde bien de prendre pour autant de faits les assertions du biographe chinois. Ce biographe était un lettré, et les plus injustes comme les plus violents détracteurs des arts de l'esprit sont assurément les lettrés de la Chine. Quant aux emprunts faits par les auteurs aux poëtes de la dynastie des Thang, il y a du vrai dans ce que dit le biographe.

Sur les soixante pièces de Kouan-han-king, huit seulement ont été conservées dans le Youên-jin-pè-tchong (*Répertoire dramatique des Youên*). Ce sont: le *Miroir de jade*, la *Courtisane savante*, la *Courtisane sauvée*, le *Songe de Pao-kong*, le *Ravisseur*, le *Mariage forcé*, le *Ressentiment de Teou-ngo*, et le *Pavillon de plaisance*.

Li-cheou-king. On a de cet auteur un drame historique intitulé : *Ou-youên jouant de la flûte*.

Li-hao-kou. Il a composé un drame mythologique intitulé : la *Nymphe amoureuse*.

Li-hing-tao. C'est l'auteur de l'*Histoire du cercle de craie*.

Li-tchi-fou. On a de lui un drame intitulé : l'*Enseigne à tête de tigre*. Il a composé onze pièces de théâtre qui n'ont pas réussi.

Li-tchi-youên. On a de lui un drame intitulé : le *Condamné qui retourne dans sa prison*.

Li-wen-weï. On a de lui un drame intitulé: *Yen-thsing vendant du poisson*.

Ma-tchi-youên. Il a composé treize pièces de théâtre, sur lesquelles sept ont été conservées; ce sont : 1° les *Chagrins dans le palais des Han*; 2° l'*Inscription de Tsien-fo*; 3° le *Pavillon de Yo-yang*; 4° le *Sommeil de Tchin-po*; 5° le *Songe de Liu-thong-pin*; 6° les *Amours de Pe-lo-thien*; 7° *Jin, le fanatique*.

Mong-han-king. On a de lui un drame intitulé : le *Magot*.

Ou-tchang-ling. On a de lui de pièces de théâtre : *T'chang, l'anachorète*, et le *Songe de Tonq-po*.

Pè-jin-fou. Il a composé quinze pièces de théâtre. La *Chute des feuilles du Ou-thong* est son meilleur drame.

Sun-tchong-tchang. On a de lui un drame intitulé : le *Bonnet de Lieou-ping-youên*.

Taï-chen-fou. Il ne reste de cet écrivain qu'une comédie intitulée : l'*Académicien amoureux*.

Tchang-cheou-king. On a de lui une comédie intitulée : la *Fleur de poirier rouge*. Il n'a fait que cette comédie; elle est restée au théâtre.

Tchang-koue-pin, courtisane et actrice. Son vrai nom était Tchang-khó-pin; Tchang-koue-pin est son nom d'auteur, c'est-à-dire le nom qu'on lui donna, quand elle fut admise dans la société des auteurs dramatiques. Il est à présumer qu'elle avait des relations avec Kouan-han-king, et que ce fut cet académicien qui lui apprit à composer des vers. On a de Tchang-koue-pin trois drames intitulés : la *Tunique confrontée*, *Sié-jin-koueï* et les *Aventures de Lo-li-lang*.

Tchao-ming-king, courtisane et actrice. Elle a écrit trois comédies qui ne sont pas restées au théâtre.

Tching-te-hoeï. Cet écrivain célèbre a composé dix-huit pièces de théâtre. Les meilleures sont : le *Mal d'amour*, l'*Élévation de Wang-tsan* et la *Soubrette accomplie*.

Tching-thing-yu. Il ne nous reste que trois pièces de cet auteur; ce sont : *Tchao-kong, prince de Thsou*, la *Fleur de l'arrière-pavillon* et l'*Histoire du caractère Jin*.

THSIN-KIEN-FOU. On a de cet auteur l'*Enfant prodigue* et le *Dévouement de Tchao-li*.

TSENG-TOUAN-KING. On a de lui une comédie intitulée : *Histoire de la pantoufle laissée en gage*.

WANG-CHI-FOU. La Biographie universelle de la Chine n'a point consacré d'article à cet écrivain célèbre, qui a trouvé et trouvera toujours des admirateurs et des enthousiastes. C'est l'auteur du Si-siang-ki (*Histoire du pavillon occidental*).

WANG-TCHONG-WÊN. On a de lui un drame intitulé : l'*Innocence reconnue*.

WANG-TSEU-Y. On a de cet auteur la *Grotte des pêchers*, opéra-féerie.

WOU-HAN-TCHIN. Il ne nous reste que trois pièces de Han-tchin : le *Vieillard qui obtient un fils*, les *Amours de Yu-hou* et le *Petit pavillon d'or*.

YANG-HIEN-TCHI. Il a composé deux drames : le *Naufrage de Tchang-thien-khiö* et le *Pavillon*.

YANG-KING-HIEN. On a de lui la *Courtisane Lieou*.

YANG-WEN-KOUEÏ. Il a fait une comédie intitulée : la *Réunion du fils et de la fille*.

YÔ-PE-TCHOUEN. C'est l'auteur de la *Transmigration de Yo-cheou*.

Classification des pièces de théâtre.

Après une lecture attentive des cent pièces de théâtre renfermées dans le Youên-jin-pe-tchong (*Répertoire dramatique des Youên*), j'ai reconnu que les Chinois comprenaient sous le nom de *tsa-khu* sept espèces d'ouvrages dramatiques, à savoir :

1° Les drames historiques ;
2° Les drames tao-sse ;
3° Les comédies de caractère ;
4° Les comédies d'intrigue ;
5° Les drames domestiques ;
6° Les drames mythologiques ;
7° Les drames judiciaires ou fondés sur des causes célèbres.

Les drames historiques, particulièrement la *Chute des feuilles du Ou-thong* et la *Mort de Tong-tcho*, méritent le premier rang et la préférence sur tous les autres. Ce sont, à mon goût, les plus beaux monuments de la littérature chinoise dans le siècle des Youên. On trouve dans les annales, dans les mémoires des historiographes une chronologie savante et régulière, des faits classés dans le meilleur ordre, une grande précision ; mais les historiographes et les annalistes ne font point entrer dans leurs longs et fastidieux ouvrages le tableau des mœurs nationales ; ils se bornent au récit peu instructif des événements, et omettent une foule de choses qu'on voudrait savoir. Il faut donc les chercher dans les drames et les romans, puisqu'on ne les trouve pas ailleurs. Les auteurs dramatiques de la dynastie des Youên, appliquant les premiers l'éloquence à l'histoire, ont ajouté au récit des événements ce qui manquait dans les ouvrages des historiens, et, comme dit Hamlet dans Shakspeare : « They shew the very age and body of the time his form and pressure. » Ils offrent au lecteur un véritable tableau des antiquités chinoises, depuis l'an 607 avant J. C. jusqu'au dixième siècle de notre ère ; tableau naïf, varié, rempli d'épisodes, de petits détails, où l'on voit le caractère des personnages et la physionomie des siècles. On peut étudier fort agréablement l'histoire de la vieille dynastie des Tcheou, de la grande querelle de Hoeï-wang, prince de Wei, et de Wei-wang, prince de Thsi ; de la rivalité de Sun-pin et de Pang-kiouen, dans la *Route de Ma-ling* ; l'histoire du règne de King-wang et les mœurs de l'époque où vivait Confucius, dans *Tchao-kong, prince de Tsou*, et dans *Ou-youên jouant de la flûte* ; l'histoire d'une période intéressante qu'on appelle *Tchen-koue*, dans *Sun-thsin transi de froid*; les mœurs de la dynastie des Han, dans les *Fureurs de Yng-pou* ; les mœurs de l'époque des San-koüe, dans le *Mariage de Lieou-hiuen-tê*, et la *Mort de Tong-tcho* ; enfin, les mœurs des Thang, qui ont un grand attrait, dans la *Chute des feuilles du Ou-thong*, dans le *Trompeur trompé*, *Sie-jin-kouei*, le *Petit commandant*, le *Pavillon démoli*, la *Pagode du ciel*, et le *Combat de Hoeï-tchi-kong*. Généralement, le dialogue de ces pièces n'est pas dans le ton de la conversation ordinaire ; il n'y a pas de styles qui se ressemblent moins que celui des drames historiques et celui de la conversation. Quant aux vers, ils sont aussi plus élégants que les autres, plus riches de métaphores, d'images, d'allusions, et, je le suppose, d'une harmonie plus savante (*).

Au défaut d'un culte fondé sur une révélation véritable, les hommes se forgent un culte et des révélations sans fondement. Je l'ai dit ailleurs, il n'y a pas de spectacle religieux chez les Chinois. Que les opinions superstitieuses du peuple, ou que les folles cérémonies du bouddhisme se trouvent souvent mêlées aux pièces de théâtre, cela est vrai; mais les représentations dramatiques n'en sont pas plus majestueuses pour cela. Au contraire, dès qu'un écrivain met en scène des jongleurs comme les tao-sse, ou de ridicules personnages comme les bouddhistes, il renonce par le fait au genre sérieux et grave. Cet amas de superstitions chinoises, dont se compose le culte des tao-sse, devait fournir au théâtre des caractères étranges, des aventures merveilleuses, des événements extraordinaires, des mœurs et des situations très-comiques et très-amusantes. Je place au second rang les pièces tao-sse. Outre qu'elles nous font connaître les sentiments intimes des visionnaires les plus extravagants qui furent jamais, nous y trouvons encore un précieux témoignage du génie satirique des auteurs; car si l'on vénérait les tao-sse, du temps des Song, sous les Youên on s'en moquait. Il y a dans la collection huit drames tao-sse; ces drames sont : le *Pavillon de Yo-yang*, le *Sommeil de Tchin-pö*, le *Songe de Liu-thong-pin*, *Fleur de pêcher*, la *Nacelle métamorphosée*, la *Déesse qui pense au monde*, la *Courtisane Lieou* et la *Conversion de Lieou-tsoui*. On peut joindre à ces pièces deux drames bouddhiques : l'*Histoire du caractère jin (patience)*, et le *Songe de Sou-thong-po*.

On ne voit pas que les Chinois aient composé des pièces comiques d'une forme régulière, sous la dynastie des Song. Il se peut néanmoins que l'origine de la comédie remonte encore plus haut, comme l'affirment les éditeurs du *Youên-jin-pë-tchong*. Quant à moi, je persiste à croire que les dynasties antérieures à la dynastie mongole n'avaient que des drames burlesques, des bouffonneries, des farces, et que le siècle des Youên a produit les premières comédies du genre sérieux. Sans avoir à nous offrir des comédies parfaites, ni des monuments comparables aux nôtres, les écrivains des Youên méritent notre estime, pour s'être essayés dans un genre d'ouvrages extrêmement difficile : je veux parler des comédies de caractère; j'en ai trouvé cinq dans le répertoire; ce sont : l'*Enfant prodigue*, le *Bouddhiste*, le *Libertin*, l'*Avare* et le *Fanatique*. J'incline à croire que le théâtre moderne en renferme beaucoup d'autres. A la Chine, le théâtre est une école de morale, et les pièces de ce genre. moins peut-être que les drames judiciaires, plus que les comédies d'intrigue, peuvent servir à réprimer les folies et à corriger les vices. Quant aux six pièces que je viens de citer, elles me paraissent très-remarquables. Tous les enfants prodigues, tous les avares, tous les libertins se ressemblent; Lou-tchaï-lang n'est ni au-dessus ni au-dessous de don Juan; mais quel caractère que celui du Bouddhiste! quelle étrange manière de penser et de sentir! Dans la pièce chinoise, où l'on trouve épisodiquement la fable du *Financier et le Savetier*, les moindres actions du principal personnage amusent et soutiennent l'attention. Ce n'est pas encore là, on le pense bien, le vrai genre de la comédie de caractère, et l'on sent à quelle prodigieuse distance l'*Avare* de l'auteur chinois doit être de l'*Avare* de Molière, ou même de l'*Aululuaria* de Plaute.

Les comédies d'intrigue, où figurent principalement des courtisanes, sont plus nombreuses que les comédies de caractère; mais aussi de tous les genres c'est, dit-on, le plus facile. Malheureusement la plaisanterie chinoise n'est ni très-fine, ni très-spirituelle; elle est même un peu lourde, et s'écarte quelquefois des règles de la bienséance. De telles comédies peuvent intéresser le lecteur européen par les tableaux de mœurs qu'on y trouve; elles plaisent au spectateur chinois par la singularité des aventures, la variété des incidents qui retardent l'action, et surtout

(*) *Journal asiatique*, cahier de février-mars 1851, p. 166 et 167.

CHINE MODERNE

par le merveilleux de l'intrigue. Le *Gage d'amour*, la *Housse du lit nuptial*, le *Miroir de jade*, la *Courtisane savante*, la *Courtisane sauvée*, le *Fleuve au cours sinueux*, le *Mariage secret*, les *Amours de Yu-hou*, l'*Académicien amoureux*, le *Mari qui fait la cour à sa femme*, l'*Inscription de Tsien-fó*, le *Mal d'amour*, le *Songe de Tou-mó-tchi*, les *Secondes noces de Weï-kao*, le *Pavillon*, la *Fleur de poirier rouge*, la *Soubrette accomplie*, le *Lac Kin-tsien*, l'*Histoire de la pantoufle laissée en gage*, l'*Histoire du peigne de jade*, le *Portique des cent fleurs*, la *Religieuse mariée*, les *Amours de Siao-cho-lan* et le *Pavillon de plaisance* peuvent être regardés comme vingt-quatre comédies d'intrigue. Au point de vue de la morale, ce sont les vingt-quatre pièces les plus répréhensibles du théâtre chinois; mais il y en a peu dans lesquelles on ne rencontre des scènes très-intéressantes.

Les drames domestiques, d'un genre moins noble, n'ont aucun caractère particulier; ils roulent sur les accidents de la vie commune, et peignent en général les mœurs du bas peuple. On y trouve quelquefois des situations très-touchantes. Les éditeurs du *Youên-jin-pë-tchong* nous ont laissé dix-huit drames de ce genre; ce sont : la *Tunique confrontée*, l'*Histoire d'un pêcheur et d'un bûcheron*, *Yen-thsing vendant du poisson*, le *Naufrage de Tchang-thien-khio*, le *Vieillard qui obtient un fils*, les *Caisses de cinabre*, l'*Enseigne à tête de tigre*, la *Réunion du fils et de la fille*, le *Tourbillon noir*, les *Amours de Pe-lo-thien*, le *Festin du ministre d'État*, *Meng-kouang*, le *Sacrifice de Fan et de Tchang*, le *Dévouement de Tchao-li*, la *Boîte à toilette*, le *Jugement de Song-kiang*, les *Aventures de Lo-li-lang*, le *Condamné qui retourne dans sa prison*. Le dialogue des drames domestiques, écrit dans le ton de la conversation ordinaire, est un monument de la langue chinoise parlée au quatorzième siècle; le langage est clair, naturel et simple, parce que les auteurs écrivaient comme ils parlaient.

Il paraîtra surprenant que les Chinois, avec un degré d'imagination assez médiocre, s'amusent à composer des drames mythologiques ou des opéras-féeries; mais ce n'est pas le merveilleux, c'est le ridicule qu'on trouve le plus souvent dans ces pièces, dont les défauts tiennent à la mythologie chinoise, qui n'est pas assez poétique. Les fictions des anciens poëtes, loin d'être ingénieuses, charmantes, comme les fictions d'Ovide ou de l'Arioste, n'offraient aux auteurs dramatiques de la dynastie de Youên qu'une assez triste ressource. Ces auteurs ne paraissaient pas appelés à de grands succès; et d'ailleurs, comme il n'existait, pour le théâtre, ni architecture, ni sculpture, ni peinture, ni chorégraphie, les opéras-féeries n'étaient soutenus par aucun des prestiges de l'illusion théâtrale. Aussi le petit nombre de drames mythologiques restés au théâtre prouve que ce genre n'a pas réussi. On n'en compte que six dans la collection des Youên; ce sont : *T'chang*, l'*Anachorète*, le *Créancier ennemi*, le *Saule*, la *Grotte des pêchers*, le *Roi des dragons*, la *Nymphe amoureuse*.

Les drames judiciaires, d'une influence plus puissante sur les mœurs, me paraissent inférieurs aux autres pièces. La collection des Youên en renferme seize, qui sont : le *Grenier de Tchin-tcheou*, le *Chien de Yang-chi*, la *Délivrance de Thsiên-kiao*, les *Originaux confrontés*, l'*Ombre de Chin-nou-eul*; le *Songe de Pao-kong*, le *Bonnet de Lieou-ping-youen*, l'*Innocence reconnue*, *Lou-tchaï-lang*, la *Fleur de l'arrière-pavillon*, l'*Histoire du cercle de craie*, le *Magot*, le *Plat qui parle*, le *Ressentiment de Theoungo*, le *Petit pavillon d'or* et les *Malheurs de Fong-yu-lan*. Les principaux incidents des drames judiciaires se trouvent dans les répertoires des causes célèbres, mais surtout dans une collection des jugements de Pao-kong, collection déjà populaire au commencement de la dynastie des Youên. Pao-kong ou Pao-tching, dont la sagesse est devenue proverbiale à la Chine, fut gouverneur de Khaï-fong-fou, juge en dernier ressort, puis ministre, sous le règne de l'empereur Jin-tsong, de la dynastie des Song. Ses équitables et ingénieuses sentences ont acquis une célébrité qui dure encore. Encadrées dans les pièces dramatiques des Youên, elles y produisent des coups de théâtre, tant elles semblent imprévues. M. Stanislas Julien, le premier, nous a fait connaître une de ces pièces; elle offre avec le Jugement de Salomon la ressemblance la plus frappante.

Tels sont pour le théâtre les divers genres d'ouvrages auxquels le siècle des Youên a donné naissance, et ces ouvrages ont obtenu le succès qu'ils méritaient. Il faut dire aussi que cette remarquable époque était plus favorable que les précédentes à la poésie dramatique. Les auteurs qui travaillaient pour le théâtre pouvaient facilement puiser dans les sources de l'antiquité, dans Tso-khieou-ming, par exemple, dont la précieuse chronique avait été tant de fois expliquée et commentée, dans le *Sse-ki* de Sse-ma-thsien et dans les Annales. M. Stanislas Julien, en reproduisant et en traduisant les documents originaux qui ont fourni le sujet du drame célèbre intitulé : le *Jeune Orphelin de la famille de Tchao*, a montré le parti que l'auteur chinois a tiré du *Sse-ki*. Pour les écrivains dramatiques, les romans ont sur les annales et les chroniques des avantages considérables: ils offrent, avec le merveilleux des incidents, des peintures plus vives et des scènes amusantes. On a vu que le *San-koue-tchi* avait inspiré les deux plus beaux drames de la collection : le *Choui-hou-tchouen*, par la franchise originale de ses caractères et l'infinie variété de ses tableaux, par l'intérêt et le comique des situations qu'on y trouve, présentait aux écrivains des ressources inépuisables. J'ai déjà parlé du Recueil des jugements de Pao-tching; c'était comme un répertoire où chaque auteur puisait à son gré.

La dynastie des Thang et la grande dynastie des Song avaient produit d'excellents poëtes. Sous les Mongols, il y avait déjà, dans la littérature chinoise, une foule de petits poëmes que l'on peut comparer à nos odes, et dont quelques-uns méritent véritablement d'en porter le nom. Ce sont des pièces de vers plus ou moins estimables, partagées en strophes (kiai) ou stances régulières. Les unes sont dans un genre très-noble, les autres sont plus remarquables par l'agrément du style que par la magnificence des idées. Quant à la forme extérieure et à la structure particulière de ces odes, les règles de la poétique chinoise sont infiniment plus sévères et plus compliquées que les nôtres. Si, chez nous, on ne doit jamais enjamber d'une strophe à l'autre, comme les Grecs et les Latins, à la Chine, il n'est pas même permis d'enjamber d'un vers à l'autre. Dans tous les ouvrages de poésie, un vers chinois n'est autre chose qu'un nombre arrêté de cinq ou de sept mots monosyllabiques, renfermant un sens complet; mais ce qui fait que l'ode est pour les Chinois d'une exécution très-pénible, c'est que les poëtes ont introduit dans l'intérieur du vers le système périodique, système qui consiste dans le retour de certains sons, et ne s'appliquait primitivement qu'aux finales. On distingue les stances des Chinois par le nombre de vers, et l'on trouve chez eux, comme chez nous, des quatrains, des sixains, des huitains et des dizains. Les cantatilles et les grands morceaux de théâtre, où cette distinction n'a pas lieu, sont regardés comme des pièces irrégulières, abandonnées aux fantaisies de ceux qui les composent.

Puisqu'on avait écrit tant de vers sous les dynasties précédentes, les auteurs dramatiques de la dynastie des Youên avaient donc sous les yeux une foule de modèles pour tous les genres. Aussi les meilleurs morceaux lyriques du théâtre des Youên sont-ils une imitation continuelle de la poésie des Thang et des Song. Cependant, à l'exception de Ma-tchi-youên, qui est, je crois, le plus habile versificateur de cette époque, de Kouan-han-king, de Tching-të-hoeï, de Pë-jin-fou et de quelques autres, les écrivains dramatiques ne prenaient pas la peine d'écrire les morceaux qu'ils inséraient dans leurs pièces; ils les composaient de vers pillés çà et là. Quant au *pé-wen* ou à la prose, on sait que la langue commune est la langue du théâtre. Cet idiome avait beaucoup perdu de sa rudesse et de son âpreté dans le quatorzième siècle, et si l'on sentait le besoin d'une élocution facile, élégante, le *Choui-hou-tchouen* et les dialogues du *Si-siang-ki* offraient aux auteurs dramatiques d'excellents modèles de style; Chi-naï-ngan et Wang-chi-fou leur avaient ouvert la route.

Ce dernier fut véritablement le créateur des pièces de théâtre appelées *tsa-khi*, et les cent quatre-vingt-dix écrivains dramatiques dont les noms figurent dans le catalogue du *Youén-jin-pé-tchong*, doivent être rangés dans la classe des imitateurs; mais il faut avouer que si Wang-chi-fou fut très-supérieur, comme poëte, à tous les auteurs de la dynastie des Youén qui vinrent après lui, ces auteurs, assurément très-estimables, montrèrent une plus grande force dramatique. Ils ont essayé de conduire une action et d'enchaîner les scènes; ils ont su développer, soutenir un caractère pendant cinq actes, intéresser par la variété des situations et des épreuves. Ma-tchi-youën est le plus habile écrivain; Kouan-han-king est le plus fécond. Quant aux musiciens qui ont travaillé pour le théâtre sous la dynastie des Youén, on en compte trente-six. Les plus célèbres chanteurs étaient originaires des provinces septentrionales de la Chine (*).

DRAMES HISTORIQUES.

La Boîte mystérieuse.

Nous avons dans notre littérature l'*Orphelin de la Chine*. Si Voltaire conçut l'idée de cette pièce à la lecture d'un drame chinois, du *Tchao-chi-kou-eul* de Ki-kiun-tsiang, ce fut un écrivain anonyme, l'auteur de la *Boîte mystérieuse*, qui inspira le *Jeune Orphelin de la famille de Tchao*. L'examen comparatif des trois pièces, de leurs qualités et de leurs défauts, m'éloignerait trop de mon objet principal; je me bornerai ici à l'analyse de la *Boîte mystérieuse* (**); mais j'indiquerai en passant les emprunts les plus remarquables que Ki-kiun-tsiang lui a faits.

Le sujet de la *Boîte mystérieuse* est pris dans l'histoire des Song. A la fin du règne de Tchin-tsong (*), de cet empereur qui n'aimait pas la guerre, qui avait conclu avec les Tartares un traité humiliant, dont les historiographes parlent d'une manière fort ironique, la monarchie était encore plus florissante que sous Taï-tsong. Malheureusement Tchin-tsong, tenant fort peu à se montrer orthodoxe, vénérait trop les docteurs Tao-sse. Il aimait leurs livres; il y croyait, et manifestait sa croyance. Ce n'était pas assez d'un scandale pareil; il avait offert publiquement un sacrifice à Lao-tseu (**). Les eunuques, de concert avec tous les magiciens, tous les jongleurs du royaume, multipliaient les prodiges et enflammaient les imaginations. Chaque jour, des livres mystérieux tombaient du ciel. On les transportait dans un temple que l'empereur avait fait construire. Généralement la couverture de ces livres était noire et scellée avec des caractères étranges. Les dragons apparaissaient, et, chose infiniment plus rare à la Chine, on découvrait sur les montagnes des fontaines dont l'eau était sucrée (***).

« L'empereur est un saint, se dit à lui-même, dans le premier acte du prologue, un officier du palais, enthousiasmé de tant de merveilles; les ministres sont des sages. L'empire jouit de la tranquillité et de l'abondance. Une seule chose afflige notre grand monarque, c'est de se voir privé de rejeton mâle, d'un prince héritier *thaï-tseu*. Cependant l'historiographe Wang-hong a présenté hier un rapport à l'empereur; il expose que les astronomes ont aperçu pendant la nuit, dans la constellation *Thaï-tseu* (Ursa minor), une étoile qui brillait d'un éclat extraordinaire. Cet événement est, sans contredit, d'un heureux présage. Aussi l'empereur, transporté de joie, ordonne-t-il que l'on rassemble toutes les femmes du palais dans le jardin impérial. Sa Majesté est soutenue par l'espoir qu'une de ces femmes donnera le jour à un prince héri-

---

(*) Journal asiatique, cahier de février-mars, p. 168 à 178.

(**) Litt. : « (Tchin-lin) porte dans ses mains une boîte à toilette. »

(*) Vers l'an 1022 avant J. C.

(**) Dans le palais de la Pureté suprême. (Voy. le Li-taï-ti-wang-nièn-piao, Tchin-tsong, 7ᵉ année *Ta-tchong-tsiang-fou*.)

(***) Voy. l'*Histoire générale de la Chine*, t. VIII, p. 164.

tier. Il faut que j'avertisse le chef des eunuques. »

Le premier acte nous introduit dans le jardin impérial. Tchin-tsong n'y fait que des puérilités. A la voix du chef des eunuques, les femmes du palais se rangent sur deux files. Un officier présente à l'empereur un de ces arcs qu'on appelle *tan-kong* et qui servent à lancer des billes; l'empereur lance en effet une petite boule d'or. « Qu'une de vous me la rapporte, crie l'auguste monarque, se tournant vers les femmes; aujourd'hui même elle partagera ma couche. » Il n'avait pas achevé ces paroles, que toutes les femmes du palais, rompant les files, se précipitent dans les parterres. Leurs pieds, que le poëte compare à des nénufars, effleurent à peine les gazons. Parcourant tous les recoins, furetant à droite, à gauche, elles cherchent avec une attention mêlée d'inquiétude. A la fin, Li-meï-jin aperçoit la petite boule; elle la ramasse et pousse un cri. Amenée bientôt devant l'empereur par Tchin-lin, le chef des eunuques, la jeune concubine s'agenouille et reçoit les compliments du monarque. « Oh, qu'elle est belle, » dit tout bas un officier; « Elle est encore plus heureuse, » répond un autre. L'empereur rentre dans son palais, conduisant Li-meï-jin par la main.

Un intervalle de neuf mois environ sépare le premier acte du deuxième. Li-meï-jin vient de mettre au monde un *thaï-tseu* (prince héritier). L'impératrice Lieou paraît sur la scène; elle est dans une agitation extrême, et appelle une de ses femmes, nommée Keou-tching-yu. On va juger du caractère de cette princesse par le dialogue suivant :

L'IMPÉRATRICE.
Keou-tching-yu, répondez à mes questions. Qui est-ce qui vous nourrit?
KEOU-TCHING-YU. (*Elle fait une révérence.*)
L'impératrice.

L'IMPÉRATRICE.
Qui est-ce qui vous donne des vêtements?
KEOU-TCHING-YU. (*Elle fait une révérence.*)
L'impératrice.

L'IMPÉRATRICE.
Si je vous ordonnais d'aller dans le Palais Oriental....

KEOU-TCHING-YU.
J'irais.

L'IMPÉRATRICE.
Dans le Palais Occidental....

KEOU-TCHING-YU.
J'irais.

L'IMPÉRATRICE.
Si je ne vous ordonnais rien?
KEOU-TCHING-YU.
Je resterais ici.

L'IMPÉRATRICE.
Ah! mon cœur tressaille de joie; Tching-yu, je vous aime. Il faut que vous me rendiez un service important; j'ai besoin de vous pour une certaine chose.

KEOU-TCHING-YU.
Quelle est cette chose?

L'IMPÉRATRICE.
Vous savez que Li-meï-jin est accouchée d'un fils. Allez dans le Palais Occidental; dites à la princesse que Sa Majesté témoigne le désir de la voir; puis faites semblant de quitter le palais et cachez-vous. Alors, ma bonne, vous prendrez l'enfant; vous lui enfoncerez un poignard dans le sein, ou, si vous aimez mieux, vous l'étranglerez avec votre ceinture.... Tching-yu, c'est à votre choix. Acquittez-vous de ma commission, et revenez promptement.... Ah! j'oubliais un point essentiel; vous jetterez le prince héritier, quand il sera mort, dans le grand lac du jardin.

KEOU-TCHING-YU. (*Elle fait une révérence.*)
J'exécuterai avec soin l'ordre de l'impératrice.

La scène change, et le théâtre nous représente Keou-tching-yu tenant un enfant dans ses bras. Son esprit paraît troublé, agité. C'est qu'au moment d'exécuter l'ordre de l'impératrice, des scrupules étranges ont amolli son audace. D'un côté, la boule d'or que Li-meï-jin avait ramassée dans le jardin impérial et que le prince héritier portait sur lui, d'un autre côté, les couleurs emblématiques de son petit vêtement, tout cela avait fait sur Tching-yu une impression des plus vives. Émue jusqu'au fond de l'âme, cette femme, plus superstitieuse que cruelle, conçoit tout à coup le projet de sauver le prince héritier. Elle s'achemine donc vers le petit pont du jardin. Surprise par Tchin-lin, qui portait dans ses mains une boîte à toilette(*), elle prend le parti de lui dévoiler

(*) De là le titre de la pièce. Cette boîte était un présent qu'il avait reçu de l'empereur.

l'abominable complot de l'impératrice. Étouffant ses soupirs, elle cherche à émouvoir le chef des eunuques; elle invoque tour à tour les maximes des sages et les exemples fameux de l'histoire. Tchin-lin laisse attendrir son cœur. Malgré la hardiesse et les périls de l'entreprise, il se dévoue au salut de la dynastie, ouvre la boîte, y cache l'enfant précieux, remet le couvercle et s'éloigne. Dans cette scène, habilement conduite, le rôle de Tchin-lin est d'un bout à l'autre intéressant et noble.

Cependant l'impératrice, après avoir ordonné le meurtre du prince héritier, n'est pas encore satisfaite et trame déjà la perte de la mère. Il y a dans le palais un pavillon dont l'architecture est simple et l'aspect fort triste: c'est le pavillon réservé aux concubines impériales qui ont encouru la disgrâce du monarque. — Li-meï-jin y entrera; elle y trouvera la mort. — Lasse d'attendre Keou-tching-yu, qui ne revient pas, l'impératrice, agitée d'une inquiétude mortelle, sort de son appartement, pénètre dans le jardin et rencontre Tchin-lin portant sa boîte.

L'IMPÉRATRICE.

Tchin-lin?

TCHIN-LIN, consterné d'effroi.

Ciel, l'impératrice! je suis mort!

L'IMPÉRATRICE.

Où allez-vous?

TCHIN-LIN, avec embarras.

Dans le potager de l'empereur (*Il met sa boîte par terre*), pour y cueillir des fruits de la saison.

L'IMPÉRATRICE.

Y a-t-il quelque chose de nouveau (*)?

TCHIN-LIN.

On ne parle de rien.

L'IMPÉRATRICE.

Alors, vous pouvez vous retirer. (*Tchin-lin reprend sa boîte, et s'éloigne précipitamment; l'impératrice le rappelle.*)

L'IMPÉRATRICE.

Tchin-lin, revenez ici. (*Tchin-lin revient à pas lents, dépose encore sa boîte et s'agenouille.*)

TCHIN-LIN.

Madame, j'attends vos ordres.

L'IMPÉRATRICE.

(*A part.*) Qu'a-t-il donc? (*Haut.*) Tchin-

(*) Pour avoir des nouvelles certaines, on s'adressait toujours au chef des eunuques.

lin, quand je vous dis: « Allez-vous-en, » vous fendez l'air, comme la flèche échappée de l'arc; quand je vous dis: « Revenez, » on dirait un crin qui traîne sur un tapis.

Tout ce dialogue a été emprunté par Ki-kiun-tsiang. Afin de montrer comment les Chinois imitent, je vais reproduire ici un fragment de l'*Orphelin de Tchao*:

HAN-KIOUE.

Qui es-tu?

TCHING-ING.

Un médecin; mon nom de famille est Tching; je m'appelle Tching-ing.

HAN-KIOUE.

D'où viens-tu?

TCHING-ING.

Du palais de la princesse, à qui j'ai donné des médicaments.

HAN-KIOUE.

Quelle espèce de médicaments?

TCHING-ING.

Des potions que l'on donne aux femmes en couches.

HAN-KIOUE.

Que portes-tu dans ce coffre?

TCHING-ING.

Des herbes médicinales....

HAN-KIOUE.

N'y a-t-il rien autre chose de caché?

TCHING-ING.

Rien autre chose.

HAN-KIOUE.

En ce cas, tu peux t'en aller. (*Tching-ing s'enfuit rapidement; Han-kioué le rappelle.*) Tching-ing, reviens ici. Qu'est-ce qu'il y a dans cette boîte?

TCHING-ING.

Rien que des herbes médicinales.

HAN-KIOUE.

Pas autre chose?

TCHING-ING.

Pas autre chose.

HAN-KIOUE.

Va-t'en. (*Tching-ing se sauve avec précipitation; Han-kioué le rappelle.*) Tching-ing, reviens ici; il y a là-dessous quelque chose de louche. Quand je te dis: « Va-t'en, » tu voles comme la flèche échappée de l'arc; quand je te dis: « Reviens, » on dirait un crin qui traîne sur un tapis de laine (*).

(*) Voy. Tchao-chi-kou-eul, ou l'Orphelin de la Chine, drame en prose et en vers, accompagné des pièces historiques qui en ont fourni le sujet, traduit du chinois par Stanislas Julien, membre de l'Institut; Paris, 1834, 1 vol. in-8°.

L'impératrice veut contraindre le chef des eunuques à ouvrir la boîte mystérieuse; son indiscrète curiosité s'irrite par les refus de Tchin-lin; celui-ci, dont l'esprit n'est pas tout à fait irrésolu, allègue pour ses raisons certains caractères que l'empereur a tracés de sa propre main sur le couvercle, caractères qui interdisent aux étrangers l'ouverture de la boîte. L'impératrice persévère obstinément dans sa fantaisie; elle insiste plus que jamais. Toutefois, mandée à la cour pour ordonner un festin, elle abandonne son projet, quand Tching-yu arrive et lui transmet un ordre de l'empereur. Tchin-lin, tiré d'embarras, emporte sa boîte et le prince héritier.

Le deuxième acte, qui n'a pas plus de cinq pages, nous introduit dans le palais du prince de Thsou, de Tchao-té-fang, frère cadet de l'empereur. Nous y rencontrons le prince héritier que Tchin-lin a confié à ses soins. Tchao-té-fang est un sage. Exempt d'ambition, homme d'une fidélité inviolable, il s'est chargé de l'éducation de cet enfant; il y préside lui-même avec des égards tout à fait extraordinaires. — Le deuxième acte n'offre aucun intérêt; mais on trouve dans le troisième deux grandes situations dramatiques: la première, quand le prince de Thsou, Tchao-té-fang, présente pour la première fois son fils (car le prince héritier passe pour son fils) à l'empereur Tchin-tsong; l'impératrice Lieou est assise à côté du monarque.

LE PRINCE DE THSOU, *s'agenouillant*.

Sire, daignez recevoir les hommages de Tchao-té-fang, votre sujet.

L'EMPEREUR.

Mon frère, ne vous arrêtez pas aux cérémonies.

LE PRINCE HÉRITIER, *s'agenouillant*.

Je souhaite que Votre Majesté vive dix mille années, dix mille années, dix mille fois dix mille années.

L'EMPEREUR, *au prince*.

Cet enfant a-t-il d'autres frères après lui?

LE PRINCE DE THSOU.

Non, sire, c'est le douzième, le cadet de toute ma maison.

L'EMPEREUR, *regardant le prince héritier*.

(*A part*.) Plus je le regarde, plus je trouve qu'il a de la grandeur, de la majesté dans son air, dans ses gestes. (*Au prince héritier*.) Vous n'êtes pas sans doute un enfant ordinaire. Quel âge avez-vous maintenant?

LE PRINCE HÉRITIER.

Votre sujet a dix ans.

L'IMPÉRATRICE, *à part*.

Dix ans! je tremble de frayeur. Cet enfant a les yeux, les traits, le visage de Li-meï-jin, la douceur de sa voix.... Si Keou-tching-yu m'avait trompée!

L'EMPEREUR, *au prince de Thsou*.

Mon frère, comment appelez-vous la femme qui vous a donné cet enfant?

LE PRINCE DE THSOU.

Li-meï....

L'IMPÉRATRICE, *se levant avec précipitation*.

Sire, la collation est prête. On vous attend. (*Elle prend l'empereur par la main, et l'entraîne hors de son appartement*.)

Voilà un dialogue simple, naturel et qui aurait pu devenir une véritable scène dramatique entre les mains de l'auteur, si cet auteur avait su peindre les caractères avec des couleurs plus vives, plus diversifiées; ajuster dans ce dialogue des mœurs, des passions, quelque chose de ce qui fait le principal ressort d'un drame, de ce qui anime les personnages; malheureusement les plus belles situations du monde ne peuvent pas suppléer à la médiocrité du talent. L'intérêt de la première scène du troisième acte n'est que dans la situation.

J'en dirai autant de la seconde scène, où l'impératrice Lieou, qui se trouve dans une grande anxiété d'esprit, fait subir à Keou-tching-yu un interrogatoire des plus pénibles. Elle veut arracher du cœur de la malheureuse femme un secret que celle-ci ne révèle pas, mais garde au contraire avec un courage héroïque. — Pendant que les domestiques du palais frappent Keou-tching-yu avec de gros bâtons, les soupçons de l'impératrice tombent sur Tchin-lin. Repassant tout ce qu'elle a vu dans sa mémoire, elle se demande si le chef des eunuques n'aurait pas concerté une intrigue avec sa suivante, et, pour parvenir à la découverte de la vérité, elle use d'un stratagème assez barbare. Elle appelle Tchin-lin, et lui ordonne de frapper à son tour Keou-tching-yu. Ici, la situation devient plus forte, plus pathétique, plus attachante. L'embarras du chef des eunuques, la rude épreuve à laquelle on le met, la colère de l'impératrice et la persévérance de Tching-yu forment une scène vraiment théâtrale. Il me paraît inutile de la reproduire ici, puisqu'elle se trouve tout entière dans le *Jeune Orphelin de la famille de Tchao* (*). Les plagiaires sont très-communs à la Chine. Un savant critique en a fait la remarque : « Les auteurs dramatiques chinois, dit M. Charles Magnin, de l'Institut, ne se font pas un grand scrupule de s'emprunter les uns aux autres, non-seulement des situations, mais des parties entières de dialogue, dont ils varient à peine les expressions (**). »

Keou-tching-yu est soumise à la torture; toutefois, comme on lui laisse prendre un peu de relâche, elle en profite pour s'élancer hors de la salle, et va se briser la tête contre les marches du grand escalier. Quant à Tchin-lin, il est pour la seconde fois sauvé d'embarras. « L'empereur vous appelle, » s'écrie un chambellan qui entre dans la salle, et sur-le-champ les officiers du palais, tout remplis d'égards, accompagnent le chef des eunuques jusqu'au bout du *vestibule rouge*. Le *Kiun-ming-tchao* (***) du Li-ki est un moyen dramatique fort commode; on voit que notre auteur en use librement.

Dans l'intervalle qui sépare le troisième acte du quatrième, dix ans se sont écoulés. Tchin-tsong meurt, et le prince héritier lui succède, sous le titre de Jin-tsong. Nous laisserons parler le nouvel empereur :

JIN-TSONG, *seul.*

Renfermé quelques heures après ma naissance dans une boîte à toilette; transporté secrètement dans le palais de Tchao-té-fang, prince de Thsou; nourri, élevé par ses soins, je me souviendrai toujours des bienfaits que j'ai reçus, car mon âme est pénétrée de reconnaissance. — Tchao-të-fang m'a souvent parlé d'une femme du palais, de Keou-tching-yu, puis du chef des eunuques, Tchin-lin, à qui j'ai tant d'obligations. — Il faudra bien que je m'en acquitte. — Réfléchissons un peu. — J'avais dix ans, quand mon père adoptif m'a présenté à l'empereur. Chose étrange, Tching-tsong, qui m'observa longtemps, parut touché jusqu'aux larmes. — Interrogé sur ma mère, Tchao-të-fang n'eut pas le temps d'achever son nom, puisque l'entretien fut brusquement rompu par l'impératrice Lieou, qui, se levant avec précipitation, entraîna l'empereur hors de la salle. — A quelque temps de là, Tchin-tsong tomba malade, et, comme il fut très-alarmé de cette maladie, il désigna pour son successeur le douzième fils du prince de Thsou; c'était moi. — Devenu l'héritier présomptif du trône, mon premier soin fut de visiter tous les dignitaires du palais. L'impératrice Lieou seule refusa de m'admettre à son audience. Enfin, dans le Palais Occidental, j'ai pénétré jusqu'à Li-mei-jin. Li-mei-jin ! d'après ce que l'on m'a rapporté, je crois bien que je suis son fils; mais quelle certitude puis-je en avoir? Ma naissance est encore un secret pour moi. — Maintenant que l'auguste empereur Tching-tsong est *monté au ciel*, il faut que je gouverne à mon tour. Le règne de l'impératrice Lieou finit; le mien va commencer. — Aujourd'hui, tout est sous ma juridiction. — Après mon audience, j'appellerai le chef des eunuques, et j'aurai avec lui un entretien particulier.

Dans ce monologue, comme dans tout le cours de la pièce, l'auteur ne nous montre rien de ce qu'on trouve dans les Annales. C'est un drame historique d'un genre particulier : caractères des personnages, mœurs, faits, tout est altéré. Il y a même dans l'*Histoire générale* du P. de Mailla, qui croyait aux récits des historiographes comme à un article de foi, un très-beau portrait de l'impératrice Lieou, et un portrait singulièrement flatté.

La scène où Tchin-lin, chef des eunuques, explique à l'empereur le mystère de sa naissance, et lève timidement tous les voiles qui le couvraient, est la grande scène du quatrième acte, la scène capitale de la pièce. Parfaitement conduite, elle a été très-heureusement imitée par l'auteur du *Jeune orphelin de Tchao*. Il y a plus de majesté dans la *Boîte mystérieuse*, plus de pathétique dans Ki-kiun-tsiang. Ainsi, pendant que Tching-ing parle, l'orphelin s'évanouit :

(*) C'est la scène IV du IIIe acte.

(**) Journal des Savants, janvier 1843, p. 33.

(***) C'est le nom d'un article du Li-ki (Mémorial des rites). Il prescrit des égards et des déférences pour les personnes que le prince appelle. (Li-ki, chap. intit. *Kiŏ-li*, 1re partie, p. 43.)

TCHING-ING.

Quoi! vous ne comprenez pas encore! Écoutez : l'homme vêtu de rouge est l'infâme ministre Tou-'an-kou, Tchao-tun est votre aïeul, Tchao-so est votre père, et la princesse est votre mère.

TCHING-PEÏ.

O ciel! quoi! je suis l'orphelin de la famille de Tchao! Je meurs de colère. (*Tching-peï tombe évanoui.*)

TCHING-ING, *le relevant.*

Mon jeune maître, revenez à vous.

TCHING-PEÏ, *reprenant ses esprits.*

Je suis dévoré d'indignation et de douleur (*).

Dans la *Boîte mystérieuse*, l'empereur Jin-tsong est représenté sous les traits les plus nobles. L'auteur lui a maintenu son caractère pendant le quatrième acte. Toujours maître de lui-même, il conserve une grande sérénité d'esprit.

TCHIN-LIN. (*Il frappe la terre de son front, se relève, et continue son récit.*)

Li-meï-jin mit au monde un prince héritier; alors l'impératrice Lieou.... (*Il s'arrête.*) Je n'ose pas achever.

JIN-TSONG, *avec calme.*

Parlez; le fils du ciel vous écoute....

Le drame se termine par une scène où Jin-tsong décerne à Li-meï-jin le titre d'auguste impératrice mère. Pour témoigner publiquement sa reconnaissance, il confère un territoire au prince de Thsou; il ordonne qu'on élève un mausolée à Keou-tching-yu et qu'on la place au nombre des femmes vertueuses de la Chine. Quant à Tchin-lin, il est nommé prince de Pao-ting, et occupe le premier rang dans le conseil impérial et dans la magistrature.

Au résumé, *l'Orphelin de la Chine* de Voltaire, n'est pas une tragédie du premier ordre, quoi qu'en dise Blair, qui la met, je ne sais pourquoi, après Zaïre, après Mérope, au nombre des chefs-d'œuvre de notre poëte. Les idées générales dont elle est remplie, ne sont pas fort heureusement à la portée des Chinois. Le *Jeune Orphelin de la famille de Tchao* est supérieur à la *Boîte*

(*) Voy. l'Orphelin de la Chine, drame en prose et en vers, traduit du chinois par Stanislas Julien, membre de l'Institut, p. 112 et 113.

mystérieuse; mais si l'auteur Ki-kiun-tsiang a pris à Sse-ma-thsiên un sujet plus dramatique, il n'a rien ajouté au récit du grand historiographe, et s'il a emprunté à la *Boîte mystérieuse* une foule de situations, nous devons reconnaître qu'il n'en a perfectionné aucune (*).

L'Orphelin de la famille de Tchao.

Cette pièce, dont nous avons parlé dans l'analyse qui précède, a été traduite pour la première fois par Joseph Prémare, missionnaire à la Chine, et recueillie par Duhalde (**). En 1834, M. Stanislas Julien en a publié une traduction nouvelle (***). Si M. Julien est venu après Prémare, ce serait une injustice que de refuser au savant professeur du Collège de France le très-grand mérite d'avoir, le premier, traduit les parties lyriques du drame, c'est-à-dire tous les morceaux écrits en vers (****).

Le Trompeur trompé.

Le *Trompeur trompé* est la plus régulière des pièces historiques du répertoire. Son auteur a gardé l'anonyme, parce que la versification en est un peu faible, quelquefois négligée. Il a pris pour sujet l'élévation de Siao-ho et la mort de Han-sin.

Siao-ho est un personnage historique fort connu. L'an 202 avant J. C., après que le dernier prince de la famille des Thsin se fut soumis à Lieou-pang, celui-ci devint le maître de l'empire et le

(*) Voy. le Siècle des Youên, ou Tableau historique de la littérature chinoise, depuis l'avènement des empereurs mongols jusqu'à la restauration des Ming, par M. Bazin, Journal asiatique, cahier de novembre-décembre 1851, p. 525 à 542.

(**) Description de la Chine, t. III, p. 341 et suiv. Voy. aussi l'analyse de cette pièce, avec les jugements de Voltaire et de Fréron, dans la Description de la Chine par l'abbé Grosier, t. VII, p. 327 et suiv.

(***) Tchao-chi-kou-eul, ou l'Orphelin de la Chine, drame en prose et en vers, accompagné des pièces historiques qui en ont fourni le sujet, de nouvelles et de poésies chinoises, traduit par M. Stanislas Julien, membre de l'Institut; Paris, 1834, 1 vol. in-8°.

(****) Voy. le Journal asiatique, cahier de novembre-décembre 1851, p. 543.

premier chef de la dynastie des Han, sous le titre de Kao-hoang-ti. Comme les empereurs des Tcheou, il établit le siége du gouvernement à Lo-yang, où il tint sa cour, et honora du titre de premier ministre un jeune lettré, qui s'était attaché à sa fortune, et dont le nom était Siao-ho.

Han-sin est un des plus grands capitaines de l'antiquité. Originaire de Hoaï-yn, né d'une famille pauvre, obligé de mendier son pain, il s'enrôla, comme volontaire, dans le temps de la rivalité de Yang-hiu et de Lieou-pang, quitta le premier pour passer au service du second, obtint au concours le généralat, et fut nommé roi de Thsi par l'empereur Kao-hoang-ti.

Siao-ho aima d'abord Han-sin ; il avait même contribué à son avancement ; mais plus tard, se laissant séduire aux instigations de l'impératrice, qui lui répétait sans cesse : « Excellence, quand le gibier est tué, les armes sont inutiles ; lorsque l'empire jouit d'une tranquillité profonde, qu'a-t-on besoin des anciens généraux? » il adopta les maximes de cette politique barbare, dépouilla Han-sin de son royaume et concerta sa perte avec un officier du gouvernement, appelé Soui-ho.

Un tel sujet, qui a été traité tant de fois, ne laissait pas d'offrir quelques difficultés, et même plus d'un écueil ; mais l'auteur ne nous montre pas précisément ce que nous trouvons dans les annales ; car en relisant les pages que le savant jésuite de Mailla consacre au général Han-sin et au ministre Siao-ho, j'ai trouvé que les historiens de la Chine mettaient d'un côté tout l'intérêt, et de l'autre tout l'odieux. Dans cette pièce, au contraire, l'auteur cherche à relever le caractère du premier ministre. Siao-ho a de la sensibilité, de la loyauté ; il croit véritablement à une conspiration, et dans le quatrième acte, quand il apprend que Han-sin était innocent, il témoigne un grand repentir. Ajoutons à cela que le principal personnage du drame est Kouaï-wên-thong, ami particulier de Han-sin. Ce personnage, qui pour découvrir les piéges que l'on tend à son ami, contrefait l'insensé dans le premier et le second acte, et finit par tomber à son tour dans les embûches de Soui-ho, est éminemment dramatique, attache encore après la mort de Han-sin, et donne à la pièce un caractère tout à fait singulier. Enfin, dans ce que l'auteur a emprunté des annales, rien ne paraît être d'emprunt, tant les incidents sont curieux, tant il y a d'originalité dans les scènes (**).

Sié-jin-kouei.

Sié-jin-kouei, pacificateur de la Corée sous les Thang, après plusieurs années d'une guerre malheureuse, est un personnage éminemment historique. Fils d'un cultivateur de Long-men, dans l'arrondissement de Kiang-tcheou, il devint gouverneur général des royaumes de Kiu-tseu, de Yu-thièn (Khotan), de Yen-tchi et de Soulé (Khachgar). On trouve sur Sié-jin-kouei quelques pages intéressantes dans l'Histoire générale de la Chine ; mais il n'y est pas fait mention du trait particulier qui a fourni à la courtisane Tchang-kouei-pin le sujet de ce drame.

Le prologue nous introduit dans la ferme de Long-men, où habite un honnête cultivateur appelé Sié, avec sa femme dont le nom de famille est Li. Sié n'a qu'un fils, c'est Sié-jin-kouei, et une bru, Li-chi. Son fils, comme Ssetsin, dans le Choui-hou-tchouen, est un jeune homme qui n'a jamais voulu se livrer aux paisibles travaux de l'agriculture ; il n'aime qu'à faire des armes, à tirer de l'arc et à lire les grands traités de l'art militaire, tels que le *San-lio* et le *Lou-thao*. Or, un jour qu'il s'exerçait à lancer des flèches sur les rives du Yang-tseu-kiang, il apprend que dans l'arrondissement de Kiang-tcheou on vient de publier un décret de l'empereur (Kao-tsong), qui appelle aux armes un corps de volontaires. C'était le temps où l'indépendance de la Chine était menacée par les Coréens. Tout à coup, il conçoit le projet de s'enrôler comme volontaire, et retourne à la maison pour solliciter le consentement de son père et de sa mère. Le père se montre d'abord fort opposé à ce projet ; il

---

(*) Journal asiatique, cahier de février-mars 1851, p. 205.

a un secret pressentiment de la misère qui lui est réservée. « Nous sommes dans le déclin de l'âge, ta mère et moi. S'il t'arrive quelque malheur, à qui veux-tu que nous nous adressions pour avoir des secours ? » Mais Sié-jin-kouëi s'arme d'un argument irrésistible ; il invoque l'autorité de Confucius, cite le Hiao-king, et obtient enfin l'agrément de ses parents. Il part pour l'armée ; son épouse, Lieou-chi, l'accompagne jusqu'aux portes du village. Ce prologue vaut mieux que le drame ; la marche en est rapide, le dialogue naïf et touchant. La droiture et la probité du père, la confiance de la mère, le courage et le patriotisme du fils, le dévouement de la bru, qui n'objecte aucune raison et ne parle que de ses devoirs, tout est peint avec autant de chaleur que de vérité.

Au premier acte, la scène est dans le palais du roi de Corée. Le caractère altier, jaloux et entreprenant de Kaotsang est parfaitement conservé dans cette scène. A la nouvelle que l'empereur Taï-tsong des Thang venait d'expirer, après vingt-trois années de règne, et que le prince héritier allait prendre possession du trône, il appelle Ko-souwen, commandant en chef de l'armée coréenne, et lui adresse ces paroles : « Général, depuis le jour où Khi-tseu fut nommé par Wou-wang souverain du royaume de Corée, que de monarques se sont succédé les uns aux autres ! Cependant il existe encore aujourd'hui seize royaumes qui relèvent de la Chine, seize rois qui, chaque année, offrent à l'empereur des Thang un tribut avilissant. La Corée, seule, indépendante et libre, n'est pas soumise aux Thang. Général, je viens d'apprendre à l'instant que l'empereur Taï-tsong vient de mourir. Évidemment, l'ancien empire des Thsin tombe en décadence. Où sont maintenant ses généraux expérimentés ? C'est un pays à conquérir. Je veux que vous vous mettiez à la tête de cent mille soldats, que vous traversiez le fleuve Ya-lo-kiang, et que vous battiez les Chinois. » Ko-sou-wen obéit ; mais *la guerre a ses faveurs ainsi que ses disgrâces.*

Nous voici transportés dans un camp de l'armée chinoise. Siu-meou-kong, prince du royaume de Yng, ministre de l'empereur Kao-tsong, lit un rapport du général Tchang-sse-kouëi. Celui-ci informe le ministre qu'il a présenté la bataille aux Coréens, sur les bords du Ya-lo-kiang ; qu'il s'est avancé du côté de la ville de Liao-tong, l'a emportée de force, et a jeté par cette action une si grande épouvante, que le désordre s'est mis dans les rangs des Coréens, dont l'armée a été taillée en pièces. Tchang-sse-kouëi signale particulièrement dans son rapport un jeune officier, nommé Sié-jin-kouëi, qui s'est couvert de gloire, et il sollicite pour lui une grande récompense.

Or, ce rapport était infidèle, et Siu-meou-kong, chargé par l'empereur de distribuer les récompenses, ne tarde pas à apprendre que la victoire était fort incertaine, que Tchang-sse-kouëi lui-même se trouvait étroitement cerné par les Coréens, lorsque Sié-jin-kouëi s'élança, sans hésiter, au milieu des soldats, et par son courage sauva la vie du commandant en chef ; qu'après cette action généreuse, il décocha trois flèches, avec lesquelles il tua trois officiers supérieurs des Coréens, poursuivit l'ennemi qu'il avait déconcerté, et remporta la victoire. Telle est l'origine de la querelle de Tchang-sse-kouëi et de Sié-jin-kouëi, qui fournit à l'auteur le sujet de la grande scène du premier acte. Il se présente ici quelques remarques à faire. Le récit qui précède ne paraît pas tout à fait conforme à la vérité historique. D'après l'Histoire générale de la Chine, ce ne fut pas contre les Coréens, mais sept années plus tôt contre les Tartares, que Sié-jin-kouëi décocha trois flèches, avec lesquelles il tua trois officiers. Il n'était pas non plus sous le commandement de Tchang-sse-kouëi, et j'incline à croire que Tchang-sse-kouëi n'est dans la pièce qu'un personnage d'imagination. Toutefois, au moyen de cet anachronisme, la scène principale, indépendamment des beautés qu'elle renferme, acquiert un autre mérite : elle conserve un des traits caractéristiques sous lesquels les historiens nous représentent Sié-jin-kouëi, qui était, comme archer, l'homme le plus habile de son siècle.

Un messager de l'empereur arrive ;

Tchang-sse-koueï soutient avec persévérance que c'est lui qui a décoché les trois flèches ; il dispute à Sié-jin-koueï le prix de la victoire. Le messager, pour vider la querelle, ordonne un concours entre les deux prétendants. Cette épreuve humilie profondément Tchang-sse-kouéï :

« Quoi ! s'écrie-t-il, le généralissime des armées impériales concourir avec un soldat qui, naguère encore, labourait le champ de son père !... — Ah ! général, interrompit le messager, vous ne vous souvenez donc plus de Tchu-ko-liang ; il labourait aussi, il sarclait son champ, et, dans la même année, l'empereur le visita trois fois dans sa cabane. » Sié-jin-kouéï tire le premier ; il lance successivement trois flèches qui atteignent le but. Tchang-sse-kouéï est frappé de stupeur ; il interroge du regard le messager de Kao-tsong ; il hésite, demande un autre arc, soutient qu'à cent pas le but est trop éloigné ; il se décide pourtant à tirer, tire trois fois, et manque trois fois le but. Un soldat proclame le résultat du concours. Tchang-sse-kouéï est condamné à l'exil.

Dans l'intervalle qui sépare le prologue du second acte, dix ans se sont écoulés. La scène est transportée dans le village de Long-men, où les pressentiments du père de Sié-jin-kouéï s'accomplissent. Les deux vieillards sont réduits à la plus extrême misère, malgré le dévouement de Li-chi, qui, « toujours levée de bonne heure, se couche fort tard, » dit sa belle-mère. Enfin Sié-jin-kouéï revient : mais à peine a-t-il franchi le seuil de la porte, que Tchang-sse-kouéï arrive à son tour, escorté d'un bon nombre de soldats, muni d'un ordre du gouvernement et chargé d'arrêter, au nom de l'empereur, Sié-jin-kouéï, comme coupable d'avoir déserté le service et l'armée. Comment cela se fait-il ? Tout à l'heure, à la fin du premier acte, nous avons vu Tchang-sse-kouéï partir pour l'exil. Quelle invraisemblance ! Mais il n'y a pas de théâtre sur la terre où l'on sacrifie les vraisemblances avec autant de facilité que dans le théâtre chinois. Sié-jin-kouéï est contraint de se remettre en route. A quelque distance de la capitale, il rencontre Siu-meou-kong, prince de Yng, auquel il raconte l'histoire de ses malheurs, et comment, animé du sentiment de la piété filiale, il a quitté le service sans congé, pour revoir encore une fois son père et sa mère. Le prince s'intéresse à Sié-jin-kouéï, lui donne sa fille en mariage, et présente pour lui une supplique à l'empereur. Ici finit le second acte.

Le troisième est monotone et du genre de ceux qui attristent beaucoup plus qu'ils n'intéressent. C'est la fête des morts. Un villageois et une villageoise préparent des viandes pour accomplir les rites sacrés sur les tombeaux de leurs parents. Ils emportent avec eux du vin et des gâteaux. Avant d'arriver aux sépultures, ils aperçoivent sur la route un cortège nombreux, magnifique. Ce cortège est celui de Sié-jin-kouéï, qui revient pour la seconde fois dans son pays natal, avec sa nouvelle épouse, la fille du prince de Yng. Sié-jin-kouéï s'arrête et interroge sur sa famille le villageois, qu'il reconnaît. Le langage poétique et recherché que l'auteur prête au villageois quand celui-ci cherche à peindre les souffrances du père et de la mère est tout à fait contraire à la vérité ; mais ce qui nuit le plus à ce tableau, c'est qu'on n'aperçoit aucun mouvement de sensibilité dans Sié-jin-kouéï : il a l'air d'un juge qui procède à un interrogatoire. C'est assurément une faute très-grave ; on s'en étonnera d'autant plus, si l'on songe que ce drame a été écrit par une femme.

Le quatrième acte se divise en deux parties : dans la première, après la scène de la reconnaissance, Sié-jin-kouéï exprime le bonheur qu'il éprouve de se voir au milieu son père, de sa mère, et de ses deux femmes ; dans la seconde, il est élevé au comble de la gloire, des honneurs et de la fortune. Kao-tsong décerne à Sié-jin-kouéï le titre de prince et à Lieou-chi le titre de princesse de Liao ; le père et la mère de Sié-jin-kouéï, qui étaient tombés dans la pauvreté, reçoivent un présent de cent livres d'or. Quant à la fille du prince de Yng, elle devient la seconde femme de Sié-jin-kouéï, ou, comme elle le dit elle-même, la servante de la princesse, et paraît fort contente (*).

La Chute des feuilles du Ou-thong.

La *Chute des feuilles du Ou-thong* est le monument du Youên-jin-pë-tchong (*Répertoire des Youên*), et peut-être celui du théâtre chinois. Cette pièce a pour sujet la révolte du Tartare Ngan-lo-chan contre l'empereur Hiouên-tsong, des Thang (l'an 755). Indépendamment de Hiouên-tsong, qui a le principal rôle, de Ngan-lo-chan, de Kao-li-sse, de la concubine impériale Yang-meï-feï, on trouve encore une foule de personnages accessoires bien assortis. La peinture curieuse des caractères et des mœurs, l'intérêt de l'intrigue et l'élégante simplicité du style mettent la *Chute des feuilles du Ou-thong* au rang des meilleures compositions chinoises (**).

Sou-thsin transi de froid.

Sou-thsin, dont le P. de Mailla fait un philosophe (***), vivait dans la période des guerres, appelée Tchen-koüe (375 à 230 avant J. C.). Originaire de Lo-yang, fils d'un cultivateur, il était très-versé dans la lecture, et surtout très-habile dans la politique. Il offrit ses services au prince de Thsin, et lui proposa un système d'administration dont le prince ne fit aucun cas. Pour se venger d'un tel affront, Sou-thsin organisa inutilement contre les Thsin la fameuse ligue des princes de Han, de Weï, de Yen, de Thsi et de Thsou. Devenu plus tard premier ministre du prince de Yen, Sou-thsin, qui aimait les femmes, abusa de la confiance de son maître et fut contraint de se retirer dans les États de Thsi.

Une légende fabuleuse, rapportée par Gonçalvez (****), a fourni le sujet de ce drame. Le jeune Sou-thsin, fort appliqué à l'étude (*****) et ne voulant pas cultiver la terre, part, malgré les avis de son père et tous les obstacles, pour la capitale, dans l'espérance d'y trouver un emploi. Tombé dans une misère extrême, il revient bientôt sous le toit paternel. Il en est chassé ignominieusement, à cause de sa pauvreté. Sou-thsin avait pour frère adoptif un ancien compagnon d'étude, nommé Tchang-y, homme d'intrigue, qui avait gagné les bonnes grâces du prince. Il se présente à son frère *transi de froid* (*), couvert de haillons, manquant de tout. L'ingrat Tchang-y, au lieu d'accueillir Sou-thsin, ordonne à ses domestiques de le conduire dans sa glacière, où il lui fait subir tous les genres d'humiliation. — Au quatrième acte, Sou-thsin, élevé presque subitement au comble des honneurs et de la fortune, revient pour la seconde fois dans son pays natal, mais avec des habits brodés, avec un cachet d'or suspendu à sa ceinture ; son père, sa mère, sa femme, sa belle-sœur et Tchang-y lui-même s'apprêtent à le complimenter ; il refuse d'abord de recevoir ses parents ; puis, il leur adresse des réprimandes sévères ; puis, il se laisse fléchir et pardonne.

La moralité de cette pièce est simple et frappante, la grande scène du troisième acte semée d'heureux traits. Si l'on est fondé à reprocher quelque défaut au quatrième acte, c'est de rappeler trop exactement les retours de fortune de plusieurs personnages dramatiques du répertoire ; mais il faut savoir gré à l'auteur de s'être tenu en garde contre cet étalage de sentiments vertueux et contre ces insipides tirades qui étaient encore à la mode sous la dynastie des Youên (**).

Le Petit Commandant.

Lieou-wou-ti, des Thang, fils de Lieou-ki-tchin, n'avait que trois ans, lorsqu'il fut recueilli charitablement par un homme obscur, appelé Yu-wen-

---

(*) Voy. le *Siècle des Youên*, Journal asiatique, cahier d'avril-mai 1851, p. 325 et suiv.
(**) Id., ibid., p. 332 et 333.
(***) Voy. l'Histoire générale de la Chine, t. II, p. 282 et suiv.
(****) Arte China ; Macao, 1829, p. 356.
(*****) Il s'y appliquait avec tant d'ardeur, dit la légende, que, quand le besoin du sommeil lui faisait hocher la tête, il se piquait les cuisses avec une alêne.

(*) De là le titre de la pièce.
(**) *Siècle des Youên*, Journal asiatique, avril-mai 1851, p. 335 et suiv.

king. Devenu habile dans l'art militaire, nommé lieutenant général sous le règne de Kao-tsang, il présente une bataille aux Tartares du nord, la gagne, et fait une multitude de prisonniers, au nombre desquels se trouve le chef de l'armée tartare. Après un entretien avec celui-ci, Lieou-wou-ti est obligé de reconnaître son père dans le commandant qu'il a battu. Accablé de tristesse, il quitte le théâtre de sa valeur et s'en retourne à la cour. Tel est le sujet de ce drame historique. Ce n'est pas le plus parfait des ouvrages qui nous ont été transmis par les écrivains des Youën; il ne vaut pas Sié-jin-kouéi; la reconnaissance du père et du fils n'est pas amenée avec beaucoup d'art; toutefois, le fond en est attachant, et la manière dont l'auteur anonyme a peint les mœurs des Chinois et des Tartares au septième siècle ne manque pas d'un certain intérêt (*).

Ou-youën jouant de la flûte.

Ce magnifique drame, qui a pour sujet la mort de Feï-wou-ki, offre le tableau du règne de King-wang et le récit des événements les plus mémorables de l'époque. Toutes les circonstances qui se rattachent au supplice de Wou-ki sont décrites par le poëte avec les couleurs les plus vives. Comme dans Tbsou-tchao-kong, on y trouve ce qui manque à l'histoire officielle, la peinture des mœurs du temps où vivait Confucius (car Feï-wou-ki était contemporain de ce philosophe), le vrai caractère des actions, la physionomie des personnages et une foule de détails pleins d'intérêt (**).

La Route de Ma-ling.

Les événements sur lesquels cette pièce historique est fondée comprennent un espace d'environ douze ans; l'action commence avec la grande querelle de Hoeï-wang, prince de Weï, et de Weï-wang, prince de Thsi, l'an 353 avant l'ère chrétienne; elle se termine, l'an 341, par la défaite et la mort de Pang-kiouèn, commandant des troupes,

(*) *Siècle des Youën*, Journal asiatique, avril-mai 1851, p. 361 et 362.
(**) Id., ibid., p. 375 et 376.

dans les États de Weï. L'auteur anonyme qui a donné à ces événements une forme dramatique singulièrement remarquable, avait probablement trouvé dans les chroniques, dans les mémoires ou dans les biographies, une foule de circonstances dont les annales ne parlent point. Il ajoute au récit des événements la peinture des mœurs. L'histoire de la rivalité de Sun-pin et de Pang-kiouèn présente un tableau naïf, intéressant et varié (*).

La Pagode du ciel.

Yang-king, le principal personnage de ce drame, offre quelques traits de ressemblance avec Hamlet, quoique l'auteur ne soit point le Shakspeare de la Chine, et que la *Pagode du ciel* ne soit rien moins qu'un bon drame. Cet auteur, qui a sagement gardé l'anonyme, était à peine un homme d'esprit; il a indiqué des caractères, des situations; comme la plupart des écrivains dramatiques de son temps, il n'a fait qu'une esquisse et n'a rien approfondi. On trouve probablement dans les annales des Thang l'aventure qui a fourni le sujet de la pièce.

ACTE I. — *Scène 1.*

Monologue de Yang-king. La scène est dans la forteresse de Wa-kiao. Des soldats montent la garde autour de la forteresse.

Yang-king est le sixième fils de Yang-ling-kong, commandant en chef des armées impériales sous les Thang. Après s'être distingué lui-même dans les emplois militaires, il a obtenu des grades et des dignités. Comme général, il a le gouvernement de trois grandes forteresses, de la forteresse de Soui-tching, dans l'arrondissement de Liang-tcheou, de la forteresse de Y-tsin, et de la forteresse de Wa-kiao, dans l'arrondissement de Hiong-tcheou.

Yang-king attend avec impatience le retour de son frère Meng-lang, chargé d'inspecter les postes de la frontière. Cependant la nuit commence à tomber; il demande une lampe qu'un soldat lui apporte; mais après les fatigues de la

(*) *Siècle des Youën*, Journal asiatique, juin 1851, p. 503 et 504.

journée, il se trouve appesanti et cède au sommeil.

Scène 2.

Scène assez curieuse, dans laquelle on trouve un vrai *dialogue des morts*. Yang-ling-kong et Thsi-lang s'entretiennent de la catastrophe récente qui a mis fin à leurs jours.

Scène 3.

Les ombres de Yang-lin-kong et de Thsi-lang apparaissent à Yang-king.

YANG-KING, *rêvant*.

Il me semble que j'aperçois un vieil officier; puis un jeune.... messagers d'un événement funeste.... Aurait-on manqué de couvrir mes frontières, mes places fortes? Oh, il y a ici un mystère que je veux éclaircir. (*Aux ombres.*) A demain, à demain; il est trop tard, retirez-vous.

L'OMBRE DE YANG-LING-KONG.

Yang-king, mon fils!

YANG-KING.

Quel est ce jeune officier?

L'OMBRE DE YANG-LING-KONG.

(*Elle chante.*) C'est le fils bien-aimé de ta mère Che-tai-kiun.

YANG-KING.

Mais vous, qui parlez, qui êtes-vous?

L'OMBRE DE YANG-LING-KONG.

(*Elle chante.*) Je suis l'ombre de ton père, Yang-ling-kong.

YANG-KING.

Mon père! Alors approchez-vous de moi pour me parler; qu'avez-vous à craindre?

L'OMBRE DE YANG-LING-KONG.

Non, mon fils, il faut que tu restes à une certaine distance de moi. Tu es un homme; je suis une ombre. Écoute mes paroles.

YANG-KONG.

Parlez, mon père, je vous écoute.

L'OMBRE DE YANG-LING-KONG.

Après avoir glorieusement soutenu un grand nombre de combats, il y a quelques jours, je me suis vu tout à coup étroitement cerné par Han-yen-cheou, chef des barbares du nord. J'étais dans un péril imminent, certain, et déjà sous les dents du tigre, lorsque mon septième fils, Thsï-lang, plein d'ardeur, accourut pour me délivrer; mais saisi par Pan-jin-meï, ce barbare attacha ton frère au sommet d'un arbre en fleurs, où il fut tué à coups de flèches. Alors dans mon désespoir, et voyant que je ne pouvais plus échapper au danger qui menaçait mes jours, je me précipitai moi-même contre un rocher, où je trouvai la mort. Bientôt après un barbare livra mon corps aux flammes; puis Han-yen-cheou, recueillant mes ossements, les déposa dans le monastère des *Cinq-Tours*, sur le faîte de la pagode. Tous les cent Tartares forment un cercle autour de la pagode, et chacun d'eux lance successivement trois flèches contre mes ossements. Mon fils, qui pourrait exprimer les douleurs que j'éprouve; elles ne cessent pas d'une minute. Aujourd'hui j'ai présenté une supplique au souverain des enfers, qui m'a laissé sortir. Mon fils, je t'en supplie, adoucis mes souffrances par des sacrifices; venge ma mort, venge celle de ton frère. (*Yang-king s'éveille, et les ombres disparaissent.*)

Scène 4.

Monologue de Yang-king. Il se lamente et n'agit pas. C'est le premier trait de ressemblance avec Hamlet; on verra, par l'analyse de la pièce, qu'il n'est qu'un instrument passif.

ACTE II. — Scène 1.

Yang-king, agité d'une inquiétude mortelle, révèle à son frère tout ce qu'il a vu et entendu. Ils se concertent ensemble.

Scène 2.

Un soldat attaché au palais de la famille Yang apporte une lettre de Taï-che-kiun. « Une lettre de ma mère! s'écrie Yang-king, » et sur-le-champ il prend la lettre, se met à genoux et la lit. Taï-che-kiun annonce à son fils que Yang-ling-kong lui est apparu en songe, et détaille mot pour mot toutes les circonstances que l'on connaît. Yang-king est frappé de stupeur; il veut partir pour la pagode de Yang-tcheou, sans attendre le retour de son frère Meng-lang; mais Meng-lang arrive.

Il y a encore des scènes alternativement burlesques et sérieuses, entre Yang-king, Meng-lang et le soldat; elles sont fort mauvaises.

ACTE III. — Scène 1.

Nous sommes dans le monastère des *Cinq-Tours*. Monologue inutile du supérieur. Il est minuit; on frappe à la porte.

Scène 2.

Yang-king et Meng-lang arrivent au couvent.

YANG-KING.
Ouvrez, ouvrez.

LE SUPÉRIEUR.
Je n'ouvre pas, je n'ouvre pas.

YANG-KING.
Pourquoi?

LE SUPÉRIEUR.
Apportez-vous quelque chose pour le couvent, j'ouvre.

YANG-KING.
Oui, oui, ouvrez, j'apporte....

LE SUPÉRIEUR.
Quoi?

YANG-KING.
Un millier de cierges.

LE SUPÉRIEUR.
Un millier de cierges. Voyons donc; à un denier chaque.... J'ouvre. (Il ouvre la porte.)

MENG-LANG, *saisissant le supérieur.*
Ho-chang, où sont les ossements de Yang-ling-kong?

LE SUPÉRIEUR, *étonné.*
Je n'en sais rien.

MENG-LANG.
Comment, vous n'en savez rien? Ho-chang, parlez, ou, si vous ne parlez pas, j'abats votre vénérable tête.... avec ma hache.

LE SUPÉRIEUR, *effrayé.*
Eh, qui peut répondre que vous n'en êtes pas capable? (*Regardant la calebasse de Meng-lang.*) Miséricorde! il me semble que j'aperçois la tête d'un bonze suspendue à son dos.

MENG-LANG, *élevant sa hache.*
Vite, parlez, ou bien....

LE SUPÉRIEUR, *avec vivacité.*
Je parle, je parle. Écoutez. Pendant la journée, les ossements de Yang-ling-kong sont exposés sur le faîte de la pagode; mais la prudence est la vertu des bonzes. Quand le soir vient, on les retire; puis on les garde soigneusement dans le monastère. (*Il montre une table.*) Tenez, voyez-vous cette cassette qui est sur la table? elle renferme les ossements du général Yang-ling-kong.

YANG-KING, *à part, versant des larmes.*
Ah! mon père, je vais succomber à ma douleur!

MENG-LANG.
Voici la cassette; qui m'assure qu'elle renferme tous les ossements?

LE SUPÉRIEUR.
La prudence est une vertu; et les bonzes ne manquent jamais de précaution. On a fait l'inventaire; chaque ossement porte un numéro d'ordre; nous pouvons donc procéder au récolement.

(*Il chante.*) Pourquoi venez-vous dans cette pagode? Que signifient ces clameurs insensées? Les ossements de Yang-ling-kong portent des numéros d'ordre. Écoutez-moi; je vais vous les représenter tous, depuis la tête et le tronc jusqu'aux membres. Voici d'abord les pariétaux avec huit morceaux du frontal: voici le tronc; malheureusement les intestins manquent: voici les omoplates; la peau y est encore: voici les rotules des genoux avec les fémurs et les tibias: voici enfin l'épine dorsale et les côtes; c'est tout. Prenez ces ossements; mais vous me remettrez une décharge valable et authentique.

MENG-LANG.
Regardez ce vaurien; il faut encore que je lève ma hache....

LE SUPÉRIEUR.
Aïe! aïe!
(*Il chante.*) Vous avez pris les uns après les autres les ossements de Yang-ling-kong, et maintenant vous voulez m'abattre la tête; c'est trop violent. (*Il sort.*)

Scène 3.

Yang-king s'abandonne à sa douleur, pendant que Meng-lang met le feu à la pagode; les deux frères sortent enfin du couvent et remontent à cheval; mais à peine ont-ils fait cent pas, que les Tartares arrivent. Yang-king prend la fuite, emportant la précieuse cassette. Meng-lang se retourne et s'élance contre les soldats pour protéger la fuite de son frère. Ici finit le troisième acte.

ACTE IV. — Scène 1.

La scène est transportée du couvent des *Cinq-Tours* dans un grand monastère qu'on appelle le *Monastère du royaume florissant*, et qui renferme cinq cents religieux. Monologue inutile du supérieur.

Scène 2.

Cette scène est d'un comique très-bas. Yang-king, qui a pris la fuite, s'achemine vers le monastère, où il demande l'hospitalité. Il répond burlesquement aux questions du supérieur; ses bouffonneries ne valent pas celles d'*Hamlet*.

Scène 3.

Il est minuit, un religieux rentre au couvent; il entend des soupirs, des mots entrecoupés et des sanglots, qui partent d'une cellule voisine, y pénètre et aperçoit Yang-king, qu'il interroge sur la cause de son chagrin. Ce religieux est le propre frère de Yang-king. Il y a des reconnaissances dans presque toutes les pièces de théâtre des Youen. Les reconnaissances dramatiques sont un moyen dont les Chinois ont abusé autant et plus que notre Crébillon; mais ici la scène est heureusement exécutée, si elle n'est pas heureusement conçue. Inutile de dire que, de question en question et de confidence en confidence, les deux frères finissent par se reconnaître.

Scène 4.

Cependant le Tartare Han-yen-cheou, ayant appris que Yang-king avait dérobé les ossements de Yang-ling-kong, son père, dans la pagode du ciel, s'était mis à la poursuite de celui-ci avec cinq mille hommes d'élite. Meng-lang, resté seul, comme on l'a vu, pour protéger la fuite de son frère et défendre le passage, avait succombé au nombre. Le chef des Tartares, délivré de Meng-iang, avait continué sa route et aperçu dans le lointain Yang-king, qui s'acheminait vers le *monastère du royaume florissant.* Il arrive à son tour au couvent.

YANG-KING, *au religieux Yang.*
Ah! mon frère, voilà les Tartares!

LE RELIGIEUX.
Ne vous effrayez point; je m'en charge.

HAN-YEN-CHEOU, *apercevant le religieux.*
Yang-king, Yang-king! Qu'on me livre Yang-king, ou je vous coupe tous par la moitié comme des melons d'eau.

LE RELIGIEUX.
Il est ici, attaché avec des liens, et gardé à vue pour qu'il ne s'évade pas. Mais j'ai une grâce à vous demander. Les bonzes de ce couvent sont des gens d'une mansuétude singulière. Invariablement attachés à leurs obligations, ils ne mènent pas, comme les Tartares, une vie tumultueuse et agitée. On n'a jamais vu une timidité comme la leur. Général, je vous en conjure, gardez-vous d'entrer avec vos soldats, car notre vénérable supérieur en mourrait d'effroi. Quittez votre armure, laissez là votre cimeterre, vos armes; descendez de cheval. Je vais vous livrer Yang-king; oui, je veux qu'il reçoive le châtiment qu'il mérite.

HAN-YEN-CHEOU.
Très-volontiers. (*Il descend de cheval, ôte son armure, et dépose son cimeterre.*) Où est-il? où est-il? Vite, livrez-le-moi.

LE RELIGIEUX.
Général, d'où vous vient cette étrange précipitation? Suivez-moi, et entrez dans le couvent. (*Han-yen-cheou entre dans le couvent.*) Maintenant je vais mettre les verrous à la porte.

HAN-YEN-CHEOU, *avec surprise.*
Pourquoi fermez-vous la porte aux verrous?

LE RELIGIEUX.
Pour qu'il ne s'évade pas. (*Élevant la voix.*) J'aime à prendre mes précautions, général.

HAN-YEN-CHEOU, *stupéfait.*
Si Yang-king ne peut pas sortir, moi je ne puis pas entrer. Allez, je vous attends.

LE RELIGIEUX, *frappant Han-yen-cheou.*
Viens donc, viens donc.

HAN-YEN-CHEOU.
Aïe! aïe! voilà un bonze qui n'a pas des manières fort civiles. C'est donc pour cela que vous avez mis les verrous à la porte.

LE RELIGIEUX.
(*Il chante.*) Sa raison est déconcertée; il a donné dans le piège. Oh! le scélérat! il fait la chasse aux mouches qui volent; il voudrait exterminer tous les êtres vivants. Viens, viens, viens; nous allons jouer aux coups tous les deux; maintenant c'est à qui perdra ou gagnera.

HAN-YEN-CHEOU.
Ciel! par où fuir? où me sauver?

LE RELIGIEUX.
(*Il chante.*) Tu t'étonnes qu'un religieux ait un cœur d'acier et des entrailles de pierre. Va, la haine a pénétré dans mes flancs. Misérable, il faut que je venge sur toi la mort de mon noble père Yang-ling-kong. (*Il renverse Han-yen-cheou et le frappe.*) La colère me transporte; je veux assouvir ma fureur.

HAN-YEN-CHEOU.
Voilà des coups appliqués avec art. Aïe! aïe! qu'il s'y prend bien! Vénérable religieux, faites-moi donc connaître votre nom, votre surnom.

LE RELIGIEUX.
(*Il chante.*) Quoi! Han-yen-cheou, tu parles encore; tu oses me demander mon nom, mon surnom. (*Il le saisit à la gorge, et chante.*) Sache donc que ce religieux que tu vois a pour nom de famille Tié (fer), et pour surnom Kin-kang (diamant). Sache qu'il est inaccessible à la pitié comme à la crainte; apprends aussi que son frère est Yang-king, l'inspecteur en chef des frontières. (*Il l'étouffe.*)

On voit que la catastrophe finale arrive, comme dans *Hamlet*, par un événement auquel le principal personnage n'a point de part (*).

DRAMES TAO-SSE.
La Transmigration de Yŏ-cheou.

Comme la *Dette payable dans la vie à venir* et la *Conversion de Lieou-tsoui*, la *Transmigration de Yŏ-cheou* est une satire de la métempsycose. L'auteur Yo-pe-tchouen n'a presque pas travaillé pour le théâtre. Il avait de l'esprit, de la littérature, des loisirs ; il a voulu faire une pièce, et s'est amusé à mettre sur la scène un fameux jongleur Tao-sse, dont le nom est Liu-thong-pin, personnage que nous retrouverons plus d'une fois. Quoique le travers d'esprit, les ridicules et les extravagances qu'elle cherche à peindre subsistent toujours, l'à-propos de cette pièce tenait au moment. On ne révérait guère les Tao-sse (sectateurs du Tao) sous les Youën ; on s'en moquait. Le drame burlesque de Yŏ-pĕ-tchouen nous offre donc un des plus curieux témoignages, non-seulement des opinions superstitieuses des Chinois, mais encore de l'esprit du temps et du génie comique ou satirique des auteurs. Je conviendrai cependant que les drames mythologiques du répertoire intéressent moins que les autres, à cela près de deux ou trois. De folles saillies, des imaginations grotesques, une métaphysique bouffonne sont à peu près tout ce qu'on y trouve ; les facéties et les bouffonneries n'y sont pas mêlées de traits de mœurs, comme dans les comédies d'intrigue ; mais dans la *Transmigration de Yŏ-cheou*, la métempsycose ne se combine point avec des abstractions métaphysiques ridicules ; il n'y a pas de subtilités. Et d'ailleurs, la conduite de la pièce n'est pas sans art dans quelques parties ; elle se distingue des comédies du même genre, et on y remarque une certaine ordonnance dramatique. Je présume qu'elle a réussi, puisqu'elle est toujours restée au théâtre. Cependant, malgré toutes les satires, toutes les parodies, toutes les bouffonneries des poëtes et des romanciers, le dogme de la transmigration des âmes fait encore partie de la croyance publique, et aujourd'hui même la secte la plus révolutionnaire de la Chine, la *Société du Nénufar blanc* (Pe-lien-kiao), admet la métempsycose au nombre de ses dogmes favoris.

Voici l'analyse de cette pièce, qui se compose d'un prologue et de quatre actes.

Un conseiller d'une cour souveraine présente à l'empereur un rapport dans lequel il expose que les magistrats de la ville de Tching-tcheou, trahissant le devoir et l'honneur, prévariquent dans le ministère et vendent la justice. L'empereur, après avoir pris connaissance du rapport, charge, par un décret, Han-Weï-kong (Han, prince de Weï) de se transporter sur les lieux pour y scruter la conduite des magistrats prévaricateurs, examiner les procédures, ordonner des enquêtes, et infliger aux coupables les châtiments les plus sévères. La nouvelle de ce décret parvint à Tching-cheou avant le messager de l'empereur.

Il y avait alors dans tous les chefs-lieux des arrondissements six tribunaux inférieurs (*lou-ngan*) ou six juridictions subordonnées aux six cours supérieures établies dans les chefs-lieux des provinces. Ces juridictions supérieures, qu'on appelait *lou-thsao*, étaient subordonnées aux six cours souveraines de la capitale (*lou-pou*). Dans chaque tribunal inférieur, on comptait un président ou juge, un assesseur, un greffier et un certain nombre d'officiers de justice. Or, le principal personnage du drame, Yŏ-cheou, originaire du district de Fong-ning, est assesseur d'un tribunal, et son frère, Sun-lo, en est le greffier. Yŏ-cheou s'entretient avec son tchang-tsien de l'événement qui a mis toute la ville en émoi. Le tchang-tsien, personnage inévitable dans tous les drames chinois ou figurent des juges, est attaché à la personne du magistrat, qu'il suit partout. A l'hôtel, il fait l'office d'un valet de chambre ; à l'audience, il est chargé d'administrer la bastonnade, quand son maître trouve qu'un accusé ne répond pas convenablement.

(*) Voy. le *Siècle des Youën*, Journal asiatique, cahier de juin 1851, p. 518 à 536.

Yŏ-CHEOU, *au tchang-tsièn.*

Le prince ne tardera pas à venir. On le dit d'une sévérité inflexible ; tous les magistrats prennent la fuite.

LE TCHANG-TSIÈN.

Et vous ?

Yŏ-CHEOU.

Moi ! pourquoi fuirais-je ? ma conscience est droite. Je n'ai jamais mis le mensonge à la place de la vérité. Qu'ai-je à craindre ? Je retourne à la maison ; et, quand j'aurai pris mon potage, j'irai moi-même au-devant du moniteur impérial.

LE TCHANG-TSIÈN.

Hé ! hé !..... Tout récemment encore, cet homme qu'on avait amené du district de Tchong-meou, d'où vient que vous l'avez acquitté ? L'instruction était régulière....

YŏCHEOU, *souriant.*

Oui, mais j'avais reçu un cadeau. Oh, mon ami, que tu es simple ! Ne faut-il pas que notre destinée s'accomplisse ! Nul ne peut mourir avant son heure. Est-ce que les magistrats ont jamais prolongé d'une minute l'existence d'un homme ? S'il en était autrement, on ne croirait plus aux destinées heureuses et malheureuses. On dirait plus que le Ciel et la Terre sont les arbitres de la vie et de la mort.

Yŏ-cheou, toujours accompagné du tchang-tsièn, s'achemine vers son hôtel et aperçoit sur le perron un homme vêtu d'une façon extraordinaire et environné de la foule. C'était le fameux Tao-sse Liu-thong-pin, un grand anachorète, un immortel (sièn). Il connaissait l'avenir ; sa prescience allait plus loin encore, et s'étendait jusque sur les actions et les pensées futures de tous les hommes. Quoique Yŏ-cheou fût livré à tous les intérêts humains, à toutes les convoitises, et même à toutes les passions ignominieuses, il savait (chose étrange) que cet homme avait de la vocation pour la vie cénobitique. Il se tenait donc sur les marches du perron et répétait sans cesse : « Malheur à Yŏ-cheou, assesseur du tribunal ! » Puis il poussait des soupirs entrecoupés, des gémissements, et aussitôt après il étouffait de rire. On le prenait pour un insensé. Dans ce moment, le fils de Yŏ-cheou revenait de l'école ; il s'apitoie sur le sort de cet enfant, qu'il appelle « pauvre petit orphelin, » sur le sort de la mère : « Pauvre veuve ! pauvre veuve ! » Et, quand Yŏ-cheou arrive à son tour, suivi du tchang-tsièn, « Yŏ-cheou ! s'écrie-t-il, tu touches à ton dernier moment ; ce n'est pas dans un an qu'il arrivera, ni dans un mois, mais d'ici à deux heures. » Une scène d'explication a lieu entre Yŏ-cheou et Liu-thong-pin. Le magistrat, fatigué des réponses incohérentes du religieux, ordonne, suivant l'usage du temps, qu'on l'attache au mur de son hôtel. Cette scène, un peu trop longue, n'offre aucun intérêt et achève le prologue.

Au premier acte, le moniteur impérial, Han-Weï-kong, fait son entrée dans la ville ; et, quoiqu'il y entre sous le costume d'un laboureur, il est bientôt reconnu. Il délivre en passant Liu-thong-pin, qu'il trouve attaché à une muraille. Installé dans son office, il examine les sentences des magistrats. Malheureusement, Han, prince de Weï, était le plus ignorant des hommes. Les greffiers lui font accroire que toutes les procédures sont régulières, et le stupide censeur réhabilite les coupables.

Cependant, Yŏ-cheou, à peine arrivé dans son hôtel, était tombé en défaillance. Revenu de son évanouissement, il avait appelé à son secours sa femme Li-chi, son frère Sun-fŏ et le tchang-tsièn, qui sont tous remplis des attentions les plus délicates ; mais il sent que ses forces diminuent. Le mal fait des progrès ; la prédiction du religieux s'accomplit. On veut envoyer chercher un médecin. « Il est trop tard, reprend Yo-cheou, ma dernière heure est arrivée. » Il demande qu'on le transporte dans une autre chambre ; toutefois, quoiqu'il envisage la mort sans émotion, son âme est triste et agitée. Li-chi, son épouse, est belle, très-belle, et Yŏ-cheou est jaloux. Il craint, il appréhende avec effroi que, après sa mort, Li-chi n'épouse un autre homme. Il y a des traits de mœurs dans cette scène ; elle est intéressante, et mérite qu'on s'y arrête.

YŏCHEOU.

Ma femme, apprêtez-moi de l'eau de riz.

LI-CHI, *aux servantes.*

Courez, courez vite. Qu'on apprête de l'eau de riz pour mon époux.

Yŏ-CHEOU.

Oh! oh! les servantes! elles ne savent pas ce qu'elles font. Ma femme, allez-y vous-même.

LI-CHI.

J'obéis. (*A part.*) De l'eau de riz, et à quoi bon ?.... C'est un prétexte; il a quelque chose à dire à mon beau-frère. Ah! il veut que j'aille apprêter de l'eau de riz; je n'irai pas. Restons ici; nous entendrons tout. (*Elle écoute à la porte.*)

Yŏ-CHEOU, *à son fils.*

Fŏ-tong, mon fils, venez ici; agenouillez-vous devant votre oncle. (*A son frère.*) Mon frère, j'ai des amis, j'en ai, surtout quand j'ordonne un grand festin; mais à qui, si ce n'est à vous, pourrais-je confier ma femme, recommander mon fils? Écoutez; je vais vous ouvrir mon cœur. Votre belle-sœur est jeune encore. (*Il chante.*) Elle a des appas....

SUN-FO.

Qui ne font aucun tort à sa vertu. Qu'avez-vous à craindre?

YŏCHEOU. (*Il chante.*)

Les séducteurs. Il y a dans le monde des hommes qui ne rougissent de rien et qui savent employer les promesses.... Ils viendront, n'en doutez pas; ils lui tendront des pièges.

SUN-FO.

Encore une fois, mon frère, vos craintes n'ont pas de fondement. Ma belle-sœur ne se laissera séduire sous aucun prétexte.

YŏCHEOU.

Une indiscrétion peut la perdre. Mon frère, quand vous vous apercevrez de quelque chose, usez de sévérité. Dites-lui....

SUN-FO.

Quoi?

YŏCHEOU.

« Ma belle-sœur, imitez donc ma femme; elle a des principes, de la régularité, de la retenue; aussi voyez comme elle jouit de l'estime publique. Ah! ma belle-sœur, marchez toujours sur les traces de ma femme. »

LI-CHI, *revenant dans la chambre.*

Assesseur, quel langage tenez-vous là?

YŏCHEOU.

Un langage que je n'oserais vous tenir à vous-même.

LI-CHI.

De tels soupçons sont injurieux pour moi. Eh, de grâce, dans l'état où vous êtes, bannissez de votre esprit les mauvaises pensées. Allez, quoi qu'il arrive, je resterai dans le veuvage. J'habiterai avec mon fils; et, quand même Fŏ-tong viendrait à mourir, je ne contracterais pas de nouveaux nœuds. Femme, je n'ai jamais quitté la maison; veuve, je ne sortirai pas de l'ouvroir. Oserais-je d'ailleurs regarder un homme en face? Fi donc!

YŏCHEOU.

Ah! vous ne sortirez pas de l'ouvroir, et vous croyez qu'aucun homme ne pourra s'offrir à votre vue. Écoutez-moi.

LI-CHI.

Oh, je vous écoute, parlez.

YŏCHEOU.

(*Il chante.*) Il est des temps où l'on doit sacrifier aux ancêtres, par exemple, quand l'hiver arrive. (*Il parle.*) Nous voici bientôt au quinzième jour du mois. C'est la fête des morts. Fŏ-tong est trop jeune encore pour aller seul aux collines. Ma femme, est-ce que vous ne sortirez pas de l'ouvroir ce jour-là? Et si vous sortez, vos regards ne tomberont-ils pas sur des hommes?

LI-CHI.

Je ne sortirai jamais. J'ordonnerai au tchang-tsien d'emmener mon fils avec lui, et de brûler du papier sur les tombeaux.

YŏCHEOU.

Très-bien. Mais Fŏ-tong se mariera un jour. Après les noces, il y aura nécessairement un repas, auquel assisteront les parents et les amis de votre bru. Qui les recevra, si ce n'est vous?

LI-CHI.

Je recevrai les femmes; le tchang-tsien recevra les hommes.

YŏCHEOU.

A merveille. Vous savez que j'ai des amis, des amis intimes. Quand ils entendront dire que Yŏ, l'assesseur, est mort, ils viendront ici pour brûler du papier-monnaie! Dans la journée, mon frère est à l'audience; mon fils est à l'école. (*Il sanglote.*) Ah, ma femme, vous recevrez mes amis. (*Il chante.*) Quand ils frapperont à la porte, vous ouvrirez; vous leur offrirez vous-même le papier parfumé.

LI-CHI.

Vraiment, vous prenez les choses trop à cœur.

YŏCHEOU, *poussant des soupirs.*

Ah! c'est mon convoi que j'appréhende!... Il aura lieu pourtant; oui, dans sept jours! Ma femme, est-ce que vous n'accompagnerez pas mon corps jusqu'aux sépultures? (*Il chante.*) Il faudra bien que vous suiviez le char funèbre. (*Il parle.*) Tous les jeunes gens de la ville diront alors: « Yŏ, l'assesseur du tribunal, avait une femme d'une beauté accomplie; elle s'est toujours dérobée aux regards du public; allons donc au convoi de l'assesseur; nous la verrons. » Ah, ma femme, dès qu'ils vous apercevront, ne seront-ils pas frappés de l'élégance de votre taille et de l'irrésistible attrait de vos charmes? Il me semble déjà que je les entends : « Oh, qu'elle est belle! qu'elle est belle! Bon gré, mal gré, je veux qu'elle devienne ma femme. » (*Il s'évanouit.*)

SUN-FO.

Mon frère, calmez-vous?

YÔ-CHEOU, *revenant à lui.*

Où est mon fils? (*A son fils.*) Fô-tong, j'ai une recommandation à vous faire. Quand vous serez grand, ne suivez pas la carrière des lettres; livrez-vous à l'agriculture. (*A son frère.*) Mon frère, je vous en supplie, prenez soin de mon fils.

SUN-FO.

N'ayez aucune inquiétude; je me chargerai de Fô-tong.

YÔ-CHEOU.

Je sens que mon dernier moment approche. Ma femme, quand je serai mort, n'oubliez pas de rester dans l'ouvroir. (*Il meurt.*)

Au second acte, le théâtre représente l'enfer des Tao-sse. On doit s'attendre à y rencontrer Yô-cheou; il y est. Le polythéisme tao-sse a des enfers plus nombreux que le bouddhisme; les Tao-sse en comptent dix-huit. Yô-cheou se présente chargé du poids de ses fautes. Il comparaît devant le juge, qui est en même temps le roi du monde souterrain (Yen-wang), et habite dans la capitale des morts une assez jolie maison pour une maison infernale. Le poëte place à côté du roi deux assistants ou deux démons, dont l'un a une tête de bœuf, et l'autre une tête de cheval. En général, on ne trouve dans l'enfer des Tao-sse aucune forme pure et régulière, mais les combinaisons les plus étranges et les assemblages les plus fantastiques. Tout cela est visiblement emprunté des mythologues de la Chine, et cela n'en est pas plus poétique. On procède à l'interrogatoire de Yô-cheou. Celui-ci est frappé d'une terrible épouvante, quand il entend l'arrêt du juge. Au fond, cet arrêt a de quoi épouvanter. Voici comment on punit les avares : les démons prennent une chaudière immense qu'ils placent sur neuf trépieds; ils remplissent la chaudière d'huile, mettent le feu sous les trépieds, et, quand l'huile commence à bouillir, le roi jette dans la chaudière une de ces petites pièces de monnaie que les Chinois appellent *wên* (copèques), et ordonne au coupable d'aller la ramasser.

Heureusement le grand anachorète, Liu-thong-pin, qui est un immortel, arrive très-à-propos pour délivrer Yô-cheou du supplice qui l'attend. Le lecteur verra plus tard que les immortels tao-sse ont la faculté de planer dans les airs. Doués d'une agilité extraordinaire, et d'une subtilité plus extraordinaire encore, ils peuvent se transporter en un moment d'une partie du monde à l'autre, de la terre au ciel, puis du ciel redescendre dans les enfers. Avec quelques paroles, quelques exhortations, comme il sait en faire, l'anachorète convertit Yô-cheou à la foi des Tao-sse, et le néophyte prononce en enfer ses vœux de religion. C'est alors que Liu-thong-pin sollicite et obtient la grâce de Yô-cheou.

A cela près de quelques actes, d'une sévérité peut-être excessive, les habitants des enfers tao-sse sont d'une grande politesse. Le roi lui-même a beaucoup d'affabilité.

LE ROI DES ENFERS, *à Liu-thong-pin.*

Illustre maître, j'aurais dû aller à votre rencontre. Que je suis confus de mon incivilité! elle est impardonnable, impardonnable.

LIU-THONG-PIN.

J'ai à vous entretenir d'une affaire sérieuse. Quel crime a donc commis Yô-cheou, pour que vous lui infligiez un tel châtiment?

LE ROI.

Vous ne savez donc pas que cet abominable homme (*montrant Yô-cheou*), pendant qu'il était assesseur du tribunal de Tching-tcheou, vendait la justice, prévariquait à chaque moment. C'est un avare, un monstre d'avarice.... Oh, il ira dans la chaudière.

LIU-THONG-PIN.

Grand roi, imitez la vertu du Chang-ti (souverain seigneur du ciel), qui aime à donner l'existence aux êtres. Cet homme, tout cupide qu'il est, n'en a pas moins de la vocation pour la vie religieuse. Et d'ailleurs, il est converti maintenant; il a prononcé ses vœux; j'en fais mon disciple. Par considération pour moi, rejoignez son âme à son corps, rendez-le au monde.

LE ROI.

Attendez, que je regarde un peu. (*Il regarde.*) Quel malheur! la femme de Yô-cheou vient, à l'instant même, de brûler le corps de son mari.

LIU-THONG-PIN.

Comment donc faire?

YŎ-CHEOU, à part.

Quelle infamie, quelle cruauté! Ah! ma femme, vous étiez donc bien pressée d'en finir avec mes restes! Ne pouviez-vous pas seulement attendre un jour de plus?

LIU-THONG-PIN.

Vous avez le moyen de substituer à son propre corps le corps d'un autre. Grand roi, examinez donc.

LE ROI.

Très-volontiers. (*Il regarde.*) Il y a dans le faubourg de Tching-tcheou un jeune boucher, qui est mort depuis trois jours. Son nom de famille est Li. Chose extraordinaire! la chaleur du corps n'est pas encore éteinte. Vénérable immortel, je puis faire transmigrer l'âme de Yŏ-cheou dans le corps de ce boucher. Qu'en pensez-vous? Je vous avertis qu'il est horriblement laid; il a des yeux bleus.

LIU-THONG-PIN.

J'accepte, j'accepte. (*A Yŏ-cheou.*) Yŏ-cheou, on va opérer votre transmigration. Vous le voyez, on ne peut pas réunir votre âme à votre corps, puisque votre corps n'existe plus. Votre femme l'a brûlé. Il ne faut pas toutefois que cet événement laisse dans votre âme des regrets inutiles. Vous transmigrerez dans le corps d'un jeune boucher, qui n'était pas beau. Vous aurez des yeux bleus. Mais qu'importe? n'avez-vous pas renoncé tout à l'heure à la convoitise, à la volupté? Yŏ-cheou, soyez toujours fidèle à vos vœux; souvenez-vous bien de mes exhortations. Maintenant votre nouveau nom est Li-cheou; votre nom de religion Tië-khouaï. Allez, quittez la ville des morts.

Yŏ-cheou remercie Liu-thong-pin, et sort avec précipitation des enfers.

Le troisième acte nous introduit dans une petite maison du faubourg extérieur de Tching-tcheou. C'est la maison du boucher Li, dont le fils est mort depuis trois jours. Le théâtre représente une chambre à coucher. Le mort est étendu sur un lit; toute la famille est consternée. A la Chine, on peut toujours compter sur l'assistance de son voisinage. Les parents s'abandonnent au désespoir, quand deux proches voisins arrivent pour enlever le corps. La veuve pousse des gémissements; mais bientôt sa douleur fait place à une joie excessive, car la transmigration de Yŏ-cheou s'opère. Tout à coup le mort se ranime et se dresse sur son lit.

YŎ-CHEOU, étonné.

Ma femme! Tchang-tsien! Fŏ-tong! où êtes-vous?

LE PÈRE DU BOUCHER, *au comble de la joie.*

Remercions le Ciel et la Terre! mon fils est ressuscité.

YŎ-CHEOU, *d'un ton courroucé.*

Chut! à l'audience, à l'audience; je ne m'occupe d'affaires qu'à l'audience. A-t-on jamais vu un scandale pareil? Quelle audace! ils viennent jusque dans ma chambre à coucher.

LE PÈRE DU BOUCHER.

Je suis ton père; voilà ta femme. Mon fils, est-ce que tu ne me reconnais pas?

YŎ-CHEOU.

Voyons, approchez.... En vérité, je ne vous reconnais pas.

LE PÈRE DU BOUCHER.

Quel étrange langage!

LA FEMME DU BOUCHER.

Li, mon époux, vous me reconnaissez, moi? Vous reconnaissez votre femme, qui vous aime tant?

YŎ-CHEOU, *d'un ton irrité.*

Tchang-tsien, mettez-moi ces gens-là à la porte.

LE PÈRE DU BOUCHER.

Mon fils, reviens à toi.

LA FEMME DU BOUCHER.

Conçoit-on qu'il ne reconnaisse pas sa femme?

YŎ-CHEOU.

Ah! vous m'assourdissez les oreilles. Laissez-moi réfléchir un peu. (*Il croise ses mains sur son front et réfléchit.*) Ah! je me souviens maintenant des paroles de mon libérateur, quand j'ai quitté les enfers. Mon âme a transmigré dans le corps d'un boucher. La maison où je me trouve est probablement celle qu'il habitait. Comment faire pour en sortir? (*Haut.*) Écoutez; il est très-certain que tout à l'heure j'étais mort; il est encore très-certain que je ne suis qu'à moitié ressuscité. Mon âme est dans mon corps; mais mon esprit n'y est pas. Il est resté dans la pagode de Tching-hoang. Il faut que j'aille chercher mon esprit.

LE PÈRE DU BOUCHER.

Ma bru, remettez à votre mari du papier parfumé.

LA FEMME DU BOUCHER, *avec vivacité.*

Oui; mais dans l'état où il est, je ne veux pas qu'il aille tout seul chercher son esprit.

YŎ-CHEOU, *avec colère.*

J'irai seul, j'irai seul. Est-ce que vous ne savez pas que les esprits prennent la fuite dès qu'ils aperçoivent un être vivant? Ils sont d'une extrême timidité. Vous épouvanteriez mon esprit. (*Il se lève, veut marcher, et tombe à la renverse.*) Ah ! voilà une chute qui m'a tué.

LE PÈRE DU BOUCHER.

Mon fils, à quoi penses-tu ? Tu sais bien que tu as une jambe tortue. Pourquoi cherches-tu à marcher ?

LA FEMME DU BOUCHER.

Li, mon époux, on ne peut pas marcher avec une jambe. Voulez-vous votre béquille ?

YŎ-CHEOU.

Ma béquille ! (*A part.*) Ah, mon père spirituel, que n'ai-je transmigré dans un corps plus parfait ? Voilà ; dans ma vie précédente, quand j'étais assesseur du tribunal, j'avais une conscience tortueuse, et maintenant je reviens dans le monde avec une jambe tortue : c'est de la justice.

LE PÈRE DU BOUCHER.

Veux-tu ta béquille ?

YŎ-CHEOU.

Oui, apportez-la, apportez-la. (*Yŏ-cheou prend la béquille, et se met à marcher.*)

LA FEMME DU BOUCHER.

Appuyez-vous sur moi.

YŎ-CHEOU.

Non, non, retirez-vous. (*Il sort de la maison.*) Ne me suivez pas surtout ; vous épouvanteriez mon esprit.

Au quatrième acte, Yŏ-cheou s'achemine lentement vers son hôtel, qu'il ne reconnaît pas. Après avoir cherché pendant quelque temps, examiné toutes les maisons de la rue, il prend le parti d'interroger un passant.

YŎ-CHEOU, *au passant.*

Pourriez-vous me dire où je demeure ?

LE PASSANT.

Non.

YŎ-CHEOU.

Savez-vous où est la maison de Yŏ-cheou ?

LE PASSANT, *montrant une maison.*

La voici.

YŎ-CHEOU, *avec surprise.*

Comme elle est changée !

LE PASSANT.

C'est que, après la mort de Yŏ-cheou, Han-Wéï-kong, touché des grandes qualités et des vertus de ce magistrat, a voulu traiter sa veuve avec magnificence. Il a fait peindre la maison, décorer l'arrière-pavillon, dont l'entrée est sévèrement interdite à tous les habitants de la ville.

YŎ-CHEOU.

Merci ! (*A part.*) Touché de mes vertus ! je crois plutôt qu'il a été touché des attraits de ma femme. N'importe, entrons.

Il frappe. Li-chi ouvre. En voyant un homme avec des yeux bleus, une longue barbe et une jambe en cerceau, Li-chi ne peut se défendre d'un mouvement d'effroi, et cherche à refermer la porte ; mais Yŏ-cheou décline son nom, et raconte en détail sa descente aux enfers, son jugement, le rigoureux supplice qu'on voulait lui infliger, sa délivrance, et enfin sa transmigration. Un tel récit n'étonne point la femme ; elle fait entrer Yŏ-cheou dans sa chambre, et son esprit n'est préoccupé que d'un seul objet, c'est de la laideur de son époux ressuscité. « Il fallait, lui dit-elle naïvement, revenir à la vie, sinon avec une forme humaine plus parfaite, au moins tel que vous étiez auparavant. »

La conversation des époux est interrompue par l'arrivée de Sun-fo, qui venait de fonder un service pour l'âme de son frère. Il est suivi du tchang-tsièn. Le greffier est d'abord étrangement surpris, et non moins scandalisé, quand il trouve sa belle-sœur assise à côté d'un mendiant, car il prend Yŏ-cheou pour un mendiant. On s'explique alors ; mais pendant qu'on s'explique, le père et la mère de Li arrivent à leur tour.

LI, *à sa bru.*

Il est ici, ma bru ; je n'en doute pas. Entrons, entrons. (*Il entre le premier, et aperçoit Yŏ-cheou.*) Mon fils, que fais-tu ici ? Reviens, reviens donc à la maison.

YŎ-CHEOU.

Comment, à la maison ? mais je suis chez moi.

LA FEMME DE LI.

C'est mon mari.

LA FEMME DE YŎ-CHEOU.

C'est mon époux.

Une altercation s'élève entre les deux femmes. Le tchang-tsièn, dont l'office est, comme on l'a vu, d'administrer la bastonnade, prend la béquille de Yŏ-cheou et en frappe le père du boucher. Yŏ-cheou tombe encore une fois. Li se met à crier : « Justice ! justice ! à l'audience ! — A l'audience ! » répondent les autres. Tous les personnages, sans en excepter Li-chi, se rendent à l'audience.

La scène change, et le théâtre représente le tribunal de Tching-tcheou.

Han-Weï-kong est dans le siége du juge; Li est le demandeur. Après les questions d'usage, celui-ci expose la cause; Yö-chcou réplique. On peut se figurer l'embarras de Han-Weï-kong, quand il apprend qu'il a devant lui un homme dont le corps est celui du boucher Li, et l'âme celle de Yö-cheou, ancien assesseur du tribunal. Il réfléchit; il interroge du regard toutes les personnes présentes; il ne sait à laquelle des deux femmes il doit accorder un mari. L'intrigue du drame se dénoue surnaturellement. Et Liu-thong-pin, revenu fort à propos des enfers, comparaît en personne. Yö-cheou, qui s'était oublié au point de manquer à ses vœux, se désiste de ses folles prétentions, dès qu'il aperçoit son libérateur. Il déclare qu'il embrasse la vie religieuse, adresse quelques sages conseils aux deux femmes, et quitte le tribunal avec le grand anachorète. Han-Weï-kong, sauvé d'embarras, lève l'audience, et chacun s'en retourne chez soi (*).

Le Pavillon de Yo-yang.

L'auteur, Ma-tchi-youèn, a pris son sujet dans l'histoire fabuleuse des Tao-sse, et a choisi, pour son principal personnage, l'anachorète Liu-thong-pin. A défaut de mythologie, l'histoire des Tao-sse paraît très-favorable à la poésie dramatique. Elle présente quelques situations dignes d'un grand théâtre, et Ma-tchi-youèn, qui excellait dans la peinture des mœurs et des caractères, en a su tirer de magnifiques tableaux. Le *Pavillon de Yo-yang* offre beaucoup de ressemblance avec la quarante-cinquième pièce de la collection, ou le *Songe de Liu-thong-pin*, qui est du même auteur. Toutefois, des deux pièces, je préfère la seconde. On sent que Ma-tchi-youèn avait fait ses premiers essais dans ce genre; il est plus sage, plus sévère; le merveilleux de la magie, considéré poétiquement, y est mieux employé, et la pièce, en général, est d'un intérêt plus touchant. On trouvera plus loin une analyse complète du *Songe de Liu-thong-pin* (*).

Le Mal d'amour.

Cette comédie est une des plus fantastiques du répertoire, et l'intention n'en paraît pas très-difficile à saisir. Je ne sais si je me trompe, mais il me semble que, à une lecture un peu attentive, on y verra une satire de la psychologie chinoise, comme on a trouvé, dans la *Transmigration de Yö-chéou*, une satire de la métempsycose. Pour juger une pièce telle que le *Mal d'amour*, il faut donc connaître jusqu'à un certain point les opinions philosophiques des Chinois sur la nature de l'âme. Or, les philosophes, ou plutôt les commentateurs des anciens livres, enseignent qu'il y a deux principes dans l'âme : un principe supérieur, qu'ils appellent HOEN, et un principe inférieur qu'ils nomment P'E. Le HOEN est une partie subtile du Yang, ou du premier principe mâle; le P'E est une partie subtile du Yin, ou du premier principe femelle. Le P'E, formé avant le HOEN, entre pour sept dixièmes dans la composition de l'âme humaine; le HOEN n'y entre que pour trois dixièmes seulement. Ce qu'il y a de plus bizarre encore, c'est que, d'après les Tao-sse, la séparation du HOEN d'avec le P'E ne suffit pas pour déterminer la mort. Quand cette séparation a lieu, le P'E reste avec le corps animal, et le HOEN, devenu ce que les Chinois appellent *kouei* (un esprit), conserve individuellement la forme humaine dont il était revêtu. Telles sont les opinions extravagantes que l'auteur attaque d'une manière très-bouffonne, quoique, dans tout le cours de la pièce, rien n'indique la moindre allusion à la philosophie des anciens.

Le prologue du *Mal d'amour* offre une grande ressemblance avec le prologue de la comédie intitulée : « *Tchao-meï-hiang*, ou la *Soubrette accomplie*, » comédie que j'ai traduite et qui est du même auteur. Le bachelier Wang-seng et Thsièn-niu, jeune fille spiri-

(*) Le *Siècle des Youèn*, Journal asiatique, cahier d'avril-mai 1851, p. 339 à 361.

(*) Le *Siècle des Youèn*, Journal asiatique, avril-mai 1851, p. 374.

tuelle et jolie, avaient été fiancés par leurs parents. Une entrevue a lieu comme dans *Tchao-meï-hiang*; les fiancés, qui ne se connaissaient pas, deviennent épris l'un de l'autre; mais Wang-seng a perdu son père et sa mère, il porte le deuil; et madame Li, mère de la jeune fille, juge à propos de différer le mariage pour obéir aux rites. Elle exige en outre que le bachelier se présente au concours des docteurs.

Wang-seng, cédant aux instances de madame Li, prend congé de Thsièn-niù et part pour la capitale. La scène des adieux, quoique d'ailleurs très-bien écrite, forme à elle seule tout le premier acte. Ces adieux achèvent de serrer le cœur de la jeune fille, que l'amour avait déjà rendue malade. Elle se retire avec sa suivante, se couche, et tombe dans cet affreux délire que les Chinois appellent *siang-sse-ping* (le mal d'amour). Son âme spirituelle (hoen) s'échappe alors, se revêt d'une forme humaine charmante et tout à fait semblable au corps gracieux qu'elle animait, court après Wang-seng, qu'elle trouve sur la route de Tchang-ngan, et fait accroire au jeune homme, tout stupéfait, qu'elle a quitté furtivement la maison de sa mère pour le suivre. Les deux amants conviennent de faire ensemble le voyage de la capitale.

A partir de ce moment, l'action se divise, comme le principal personnage, en deux parties, et la scène se passe alternativement dans la capitale et dans la maison de madame Li. Thsièn-niù, restée avec son corps animal et son âme sensitive (p'è), ne peut sortir des tourments amoureux dont elle est la proie, tourments qui sont décrits par le poëte avec beaucoup de verve et de liberté. Sa mère a beau lui donner mille marques de sa tendresse, elle appelle Wang-seng à chaque moment et pousse des cris douloureux. Un jour, enfin, on frappe à la porte; la suivante ouvre : c'est un messager qui arrive de la capitale.

LE MESSAGER.

J'apporte une lettre du bachelier Wang, mon maître, qui vient d'être appelé à un mandarinat du premier ordre.

LA SUIVANTE.

Venez, venez par ici. (*Elle conduit le messager dans la chambre de sa jeune maîtresse.*)

LE MESSAGER, *apercevant Thsièn-niù.*

La belle personne! comme elle ressemble à madame; c'est à s'y méprendre. (*A Thsièn-niù.*) Voici une lettre du seigneur Wang, mon maître.

THSIÈN-NIÙ, *lisant.*

« A Madame Li. » Voyons donc : « Capitale, hôtel du gouvernement. — Wang, votre gendre, premier lauréat du concours, se prosterne humblement à vos pieds. Il a l'honneur de vous informer que, après avoir monté les degrés du palais impérial, il s'est placé tout d'un coup au premier rang des docteurs. Il a obtenu le grade éminent de tchoang-youèn, et n'attend plus qu'une notification officielle pour retourner avec sa fiancée dans votre noble demeure. Il implore dix mille fois votre miséricorde. — Missive confidentielle. » Ainsi donc, il épouse une autre femme! O ciel, j'en mourrai d'indignation! (*Elle tombe évanouie.*)

LA SUIVANTE, *la relevant.*

Mademoiselle, reprenez vos esprits. (*Thsièn-niù revient de son évanouissement.*) C'est la faute de ce vilain messager. (*La suivante frappe le messager.*)

LE MESSAGER, *quittant l'appartement.*

La belle commission! Au fond, mon maître a tort. Ah, monsieur, que vous épousiez une autre femme, encore passe; mais qu'aviez-vous besoin de m'envoyer ici avec une lettre? Je me disais : C'est sans doute un compliment qu'il adresse à sa famille. Oh oui, c'était pour divorcer.... La pauvre fille! j'ai failli la faire mourir de colère. Ajoutez à cela que la suivante m'a battu. Au fond, mon maître a tort, mon maître a tort!

Ici finit le troisième acte, qui contient des morceaux lyriques d'une grande étendue et d'une grande beauté. De tous les auteurs dramatiques de la dynastie des Youèn, Tching-tĕ-hoeï était le plus exercé dans l'art d'écrire en vers. Il a montré, par la *Soubrette accomplie*, qu'il pouvait s'élever jusqu'au genre de la comédie; et s'il y a plus de délicatesse et de grâce dans cette dernière pièce, on trouve dans le *Mal d'amour*, malgré l'étrange économie du plan, beaucoup plus de naturel et de sensibilité.

Au quatrième acte, Wang-seng revient dans son pays natal, avec celle qu'il prend toujours pour Thsièn-niù.

Il se présente à sa belle-mère, affligé, contrit de tout ce qu'il a fait ; il demande pardons sur pardons ; il se met à genoux.

MADAME LI, *avec étonnement.*
Je n'y comprends rien ; quelle faute avez-vous donc commise?

WANG-SENG.
Ah, madame, je n'aurais pas dû emmener votre noble fille avec moi, sans votre permission.

MADAME LI.
Ma fille ! elle est toujours restée dans sa chambre ; elle est malade.

WANG-SENG.
Comment ! elle est malade? La voici. (*Montrant celle qu'il avait amenée.*)

MADAME LI, *saisie d'effroi.*
C'est un esprit, c'est un esprit (kouei).

Une scène d'explication a lieu. On conduit l'esprit de Thsien-niu dans la chambre de la jeune fille. Cet esprit, apercevant son corps, y rentre avec précipitation ; la belle forme qu'il avait revêtue disparaît au même instant. Tout obstacle est levé ; et, comme rien ne s'oppose aux impatiences des deux amants, la pièce se termine par le festin nuptial de Wang-seng et de Thsien-niu (*).

Le Songe de Liu-thong-pin.

Le *Songe de Liu-thong-pin* est un sujet tao-sse. La première scène est dans le ciel, et le théâtre représente un cabinet de travail (tchaï), le cabinet de Tong-hoa-ti-kiun ou du *Souverain de la fleur orientale*. Tong-hoa-ti-kiun n'est pas un dieu oisif, spectateur indolent des choses humaines, comme parle Massillon ; il est très-occupé, car il examine chaque jour les rapports des esprits qui président aux cinq montagnes sacrées, parcourent l'univers, et observent les actions des hommes. Pour se délasser d'une longue application, le dieu quitte son cabinet et abaisse ses regards sur les contrées inférieures. Il est frappé de la sérénité de l'air. C'est qu'il existait alors, dans la ville de Ho-nan-fou, un jeune bachelier, dont on pouvait renouveler la nature et sanctifier l'esprit. Son nom de famille était Liu, son surnom Yen, et son titre honorifique Thong-pin. Le *Souverain de la fleur orientale* ne perd pas un moment ; il charge un grand anachorète, Tching-yang-tseu, de convertir Liu-thong-pin à la foi et au culte des Tao-sse. Cet anachorète était du nombre de ceux que les Chinois appellent Siên (immortels). Il habitait sur une montagne, cultivait l'alchimie, opérait à volonté des métamorphoses et ressuscitait les morts. Originaire de Hien-yang, héritier d'un grand nom, il s'était illustré lui-même dans la carrière des lettres et dans la carrière des armes. Appelé au commandement des troupes, sous les Han, il avait gagné des batailles. Plus tard, après avoir distribué son bien aux pauvres, il s'était retiré à Tchong-nan-chan, où il avait trouvé le *Souverain de la fleur orientale* et acquis l'intelligence du tao ou de la *vraie voie*.

Nous quittons le ciel. La seconde scène du prologue nous ramène sur la terre et nous introduit dans l'hôtellerie de Hoang-hoa, à quelque distance de Han-than. Cette hôtellerie est une maison enchantée, et l'hôtesse n'est rien moins qu'une femme : c'est un esprit (siên). Le bachelier Liu-thong-pin arrive, monté sur son âne, et portant l'épée des lettres. Il s'arrête, entre dans l'hôtellerie ; mais comme il est pauvre, il demande à l'hôtesse du millet jaune (hoang-liang), pour apaiser sa faim. Il est bientôt suivi de Yang-tseu. Le vénérable aspect du religieux fait sur Thong-pin une impression profonde : « Oserais-je, dit celui-ci, vous demander quel est votre nom ? » Peu à peu, la conversation s'engage, et Yang-tseu, fidèle à sa mission, cherche à convertir Liu-thong-pin.

YANG-TSEU.
La réputation, la fortune, les dignités, voilà donc tout ce qui occupe votre cœur. Ce sont là des choses qui vieillissent et périssent. Bachelier, vous ne pensez pas à vos fins dernières. Vous ne comprenez rien à la vie, rien à la mort. Suivez mes conseils, renoncez au monde.

(*) Le *Siècle des Youén*, Journal asiatique, juin 1851, p. 497 à 502.

THONG-PIN.

Docteur, je crois que vous êtes fou. — Le fils du Ciel appelle à la capitale tous les hommes de talent, je veux concourir. Quoi! j'aurais étudié le Wên-tchang avec tant d'ardeur pour devenir.... Tao-sse! Où serait le fruit de mes veilles? Dites-moi, docteur, quels sont donc vos plaisirs?

YANG-TSEU.

Les plaisirs des religieux ne ressemblent pas aux plaisirs du monde.

THONG-PIN.

Mais enfin, quels plaisirs avez-vous?

YANG-TSEU.

Est-ce que vous ne savez pas (*Il chante*) « que du haut du mont Kouen-lun (séjour des immortels), nous cueillons les étoiles; que, sur le mont Taï-chan, le sable que nous ramassons est du sable d'or. Là, le ciel n'a pas plus de deux à trois pouces de hauteur, et la terre ne paraît pas plus grosse qu'un poisson. Quand une fois l'homme s'est identifié avec le Tao.... »

THONG-PIN, *l'interrompant*.

Voilà un langage bien fastueux.

YANG-TSEU, *continuant*.

« Il vit éternellement, et ne vieillit pas. Il connaît la vérité, dompte les dragons, soumet les tigres. »

L'anachorète trace à sa façon le parallèle de la vie mondaine et de la vie religieuse. Il règne dans ce tableau un sublime de mythologie chinoise qui approche de l'extravagance. C'est le mélange le plus bizarre d'opinions fantastiques, de traditions populaires et de métaphysique subtile. Les allusions nombreuses qu'on y trouve ne sont qu'un fort mauvais remplissage. On a lieu de s'en étonner, si l'on songe que l'auteur, Ma-tchi-youên, qui s'était essayé dans tous les genres de poésie avec un grand succès, passe pour un excellent versificateur. — Pendant que Yang-tseu énumère tous les biens et tous les plaisirs dont jouissent les immortels, Liu-thong-pin s'endort. L'anachorète décide que le sommeil de Thong-pin durera dix-huit ans, et quitte l'hôtellerie de Hoang-hoa; mais, à peine est-il parti, que Thong-pin se réveille; il adresse quelques paroles à l'hôtesse, prend son âne, et se remet en route sans avoir mangé.

Dans l'intervalle qui sépare le prologue du premier acte, dix-sept ans se sont écoulés. Liu-yèn (Liu-thong-pin) s'est présenté au concours des docteurs, et a obtenu la première place; puis au concours militaire, où il s'est distingué. Nommé commandant de la cavalerie, il a épousé Thsoui-ngo, fille unique de Kao, gouverneur du palais impérial. Thsoui-ngo est une jeune femme d'une grande beauté, et Liu-thong-pin a de son mariage avec elle un fils et une fille. Or, c'est dans le palais du gouverneur que le premier acte nous introduit. On apprend alors qu'une grande insurrection a éclaté dans le pays de Thsaï-tcheou; que les insurgés répandent partout la terreur; que le fils du ciel ordonne à Liu-yèn (Thong-pin) de se mettre à la tête des troupes et d'étouffer la révolte. Thong-pin arrive dans le palais pour prendre congé du gouverneur; mais, comme tout est fantastique dans la pièce, le gouverneur n'est pas Kao, c'est l'anachorète Yang-tseu sous les traits du gouverneur. Celui-ci adresse à son gendre des recommandations très-sévères, lui retrace les devoirs d'un général d'armée, et lui-ci offre, suivant l'usage, le vin du départ; Thong-pin en boit une tasse et se trouve tout à coup indisposé. C'était pourtant du vin de Yang-tcheou. « Thong-pin, dit alors le gouverneur, suivez mes conseils; abstenez-vous de l'usage du vin, puisque le vin est pernicieux à votre santé. — Je n'en boirai plus, répond le gendre; j'en fais le serment. » Ce serment est le premier des vœux que prononce Thong-pin.

Au deuxième acte, Kao, le gouverneur du palais impérial, succombe à une maladie aiguë. Cet événement ne fait aucune impression sur Thsoui-ngo, dont l'âme est agitée par les passions. Profitant de l'absence de son époux, elle entretient avec Weï-che, fils du président d'une cour souveraine, les relations les plus criminelles. — D'un autre côté, Liu-thong-pin, chargé, comme on l'a vu, de réprimer l'insurrection de Ou-youen-thsi, avait présenté la bataille aux insurgés et remporté la victoire; mais, pendant que Thsoui-ngo s'abandonnait à l'intempérance de ses désirs, Thong-pin, plus coupable encore, se livrait à tous les excès pour assouvir sa cupidité. Il vend le territoire, les champs qui ont été le théâtre de son patriotisme et de sa valeur; il reçoit trois boisseaux de perles, une immense quantité d'or; et, chargé de ce honteux butin, il s'en retourne dans le palais du gouverneur. Un châtiment cruel l'y attendait. Et d'abord il est frappé du silence qui règne partout. « Ma femme, pense-t-il, s'est ensevelie dans la solitude. — Où est donc le vieux domestique? — Je ne vois personne! — Entrons dans cette chambre à coucher; mais... j'entends du bruit. Écoutons. »

THSOUI-NGO.

Que le vin me semble bon, quand je le bois avec vous !

WÉI-CHE.

Si Liu-yèn (Thong-pin) meurt sur le champ de bataille, je vous épouse.

LIU-THONG-PIN, à part.

Le scélérat !

THSOUI-NGO, riant.

Ah, ah, si pour mon bonheur Liu-yèn venait à mourir, mon choix serait bientôt fait.

LIU-THONG-PIN, étouffant de colère.

J'enfonce la porte. (Il enfonce la porte; Wéi-che et Thsoui-ngo sont consternés d'effroi.)

WÉI-CHE.

Je suis pris. Sautons par la fenêtre. Courons, courons, courons. (Il saute par la fenêtre, et oublie son bonnet.)

LIU-THONG-PIN, entrant dans la chambre.

L'amant est parti! (A Thsoui-ngo.) Qui est-ce qui buvait du vin avec vous ?

THSOUI-NGO.

Personne.

LIU-THONG-PIN.

Personne; et à qui ce bonnet?

WÉI-CHE, dehors, et mettant le nez à la fenêtre.

Mon frère (ko-ko), c'est à moi. (Il se sauve.)

Voilà, sans contredit, un amant bien bouffon. Thong-pin ne dissimule pas sa rage; et, dans le premier accès d'une jalousie trop fondée, il veut poignarder sa femme; mais l'anachorète vient au secours de celle-ci. Yang-tseu se présente sous les traits du Youên-kong, ou du vieux domestique de la maison; il intercède humblement pour la fille de son maître, et implore à genoux la clémence de Thong-pin. Cette scène est, sous le rapport de l'exécution, d'une beauté vraiment remarquable, et le rôle du vieux domestique est soutenu d'un bout à l'autre avec une grande perfection. Il y a dans les paroles du vieillard une sensibilité douce, naïve, touchante, qui finit par pénétrer jusque dans l'âme émue de Thong-pin. L'époux fléchit et pardonne. Toutefois, cet acte de miséricorde, quel qu'en soit le mérite, ne le sauve pas de la vengeance des lois. On instruit son procès. Le général Liu-thong-pin, déclaré coupable d'avoir vendu le champ de bataille, d'avoir reçu de l'argent et d'avoir abandonné un poste militaire, est condamné à subir la mort par décapitation. La procédure est transmise au conseil pour avoir le prononcé définitif de l'empereur; et, comme Thong-pin avait rendu des services à l'État, l'empereur, usant d'indulgence, condamne le général au bannissement. Tombé dans le malheur, Thong-pin se livre à de sérieuses réflexions sur sa conduite. On voit que le temps s'approche où il devait changer de croyances. Il avait déjà fait un vœu; il en fait un second, le vœu de pauvreté; puis un troisième, car il remet à sa femme un acte de divorce, et embrasse la chasteté. Thsoui-ngo est au comble de la joie. Cependant un officier de police arrive avec des archers : l'épouse infidèle réclame ses enfants et veut les garder; Thong-pin s'y oppose.

THONG-PIN.

Ils me suivront. — A qui donc voulez-vous que je confie mon fils et ma fille ?

THSOUI-NGO.

A moi. Si vous avez violé les lois de l'État, est-ce que cela nous regarde ?

Thsoui-ngo veut arracher ses enfants des bras de Thong-pin. Alors un combat corps à corps s'engage entre Thong-pin, Thsoui-ngo, le fils, la fille et le chef des archers, qui frappe tour à tour sur le mari, la femme et les enfants. C'est une scène tout à fait ridicule. Le chef des archers y met fin, en adjugeant à Thong-pin les enfants qu'il emmène avec leur père.

La première scène du troisième acte nous représente le principal personnage du drame, dans le moment où ses gardes, fatigués de l'office inhumain dont ils sont chargés, l'abandonnent au milieu d'une plaine déserte; ses pieds sont nus, ses vêtements en lambeaux. Il tombe avec ses deux enfants dans la faim et le désespoir. Ici l'unique objet de Ma-tchi-youên est d'émouvoir la multitude par le spectacle de la souffrance et de la famine. De telles scènes produisent toujours beaucoup d'effet à la Chine. Comme les hommes n'y sont pas à couvert de l'épouvantable fléau de la faim, ils ont plus de pitié, plus de commisération pour ceux qui en souffrent; puis, il faut convenir que les auteurs dramatiques des Youên excellent à dépeindre la famine avec toutes ses douleurs et toutes ses angoisses. — Pendant que son fils et sa fille poussent des cris déchirants, Liu-thong-pin aperçoit un bûcheron qui vient au-devant de lui. Ce bûcheron est Yang-tseu, l'anachorète, auquel Thong-pin raconte l'histoire de ses malheurs; il lui demande son chemin (*tao*). Il y a dans le *Songe de Liu-thong-pin* autant de calembours que dans les drames de Shakspeare.

LE FAUX BÛCHERON.

Puisque vous ne connaissez pas le Tao (votre chemin), je vous parlerai du Tao (de la doctrine des Tao-sse); je vous transmettrai le Tao (la doctrine); je vous montrerai le Tao (le chemin).

LIU-THONG-PIN.

Je ne comprends pas.

LE FAUX BÛCHERON.

Quoi! vous ne comprenez pas encore. Eh bien, marchez toujours. (*Il lui indique du doigt une montagne.*) Il y a sur cette montagne une petite chaumière; entrez-y, entrez-y.

Le faux bûcheron quitte Thong-pin, et celui-ci s'achemine vers la montagne avec ses deux enfants. Ici finit le troisième acte.

Dans le quatrième, trop chargé d'incidents, Liu-thong-pin arrive à la chaumière avec ses enfants. Il frappe; une vieille femme ouvre. C'est l'ancienne hôtesse de Hoang-hoa, ou madame Wang, qui a pris la figure d'une vieille femme. Liu-thong-pin implore sa bienfaisance.

LA VIEILLE FEMME.

C'est mon caractère d'être bienfaisante; mais, hélas! mon fils, qui demeure avec moi, ne me permet pas d'exercer l'hospitalité. C'est un homme sanguinaire, qui ne se plaît qu'à la chasse.... Il ne tardera pas à revenir. Oh! fuyez, fuyez, car j'appréhende des malheurs.

LIU-THONG-PIN.

Ah! madame, après toutes les épreuves de ma vie, mon âme est inaccessible à la peur....

Mais, à peine a-t-il achevé ces paroles, qu'il survient un homme d'une méchante physionomie. Cet homme (c'est encore l'anachorète sous les traits d'un brigand) étend ses mains sur les épaules de Thong-pin, qui se retourne et tremble de frayeur. Le brigand prend tour à tour le fils et la fille du général et les précipite dans un ravin; puis, levant son cimeterre, il court près de Thong-pin et lui abat la tête. Ici l'action du drame, qui se continue, est d'un merveilleux parfaitement approprié aux idées singulières des Tao-sse; c'est comme dans nos opéras. La scène change; la chaumière disparaît, et fait place à l'hôtellerie de Hoang-hoa; Yang-tseu reprend sa femme; il métamorphose la vieille femme, qui redevient madame Wang, et ressuscite Liu-thong-pin. — Après sa résurrection, Thong-pin ressemble à un homme pris tout à coup de vertiges et d'éblouissements. Il regarde Yang-tseu, l'hôtesse, puis les murs de la salle, puis la petite table sur laquelle il avait dormi : c'est un songe que j'ai fait, se dit à lui-même le nouvel Épiménide.

LIU-THONG-PIN, *se frottant la tête, et regardant Yang-tseu*.

Comme j'ai dormi sans m'en apercevoir.

YANG-TSEU.

Oui, oui.

LIU-THONG-PIN.

Combien y a-t-il que je dors?

YANG-TSEU.

Dix-huit ans.

LIU-THONG-PIN, *souriant*.

Dix-huit ans! (*A madame Wang.*) Mon millet est-il prêt?

MADAME WANG.

Pas encore.

YANG-TSEU.

Liu-yên, souvenez-vous des vœux que vous

avez faits. Pendant dix-huit années, livré successivement à toutes les passions ignominieuses, vous les avez réprimées, domptées, vaincues. Comprenez-vous enfin ?

LIU-THONG-PIN.

Oui, je comprends; la vie n'est qu'un songe. Maître, je suis converti au Tao.

Tout à coup une grande joie éclate dans les cieux. Tong-hoa-ti-kiun descend sur la terre, et reçoit Liu-thong-pin au nombre des immortels.

Le *Songe de Liu-thong-pin* est le meilleur des drames tao-sse. Je suppose que Ma-tchi-youên avait fait de Lao-tseu, de Tchouang-tseu et des principaux philosophes de cette école, sa lecture la plus assidue. Il y a généralement, dans les morceaux lyriques, beaucoup de noblesse et beaucoup de pompe. Le mélange de sérieux et de bouffon qu'on y trouve, la fantasmagorie du spectacle et quelques défauts encore ne sauraient contre-balancer le mérite de cette pièce ingénieuse, qui se distingue par la moralité du plan, la beauté des détails et l'observation la plus exacte des mœurs tao-sse (*).

Fleur de pêcher.

A défaut d'une imagination vive et forte, les poëtes tao-sse ont une imagination féconde en fantômes. Voici une pièce qui n'a pas moins de cent dix pages, et où l'on voit plus de démons que l'enfer n'en peut contenir, comme dit le tragique anglais. Le principal personnage de la comédie est une jeune magicienne qui a pénétré tous les secrets, tous les mystères du Tao, et dont le nom est *Fleur de pêcher*. Le personnage qui vient après est un sorcier d'un grand mérite, qu'on nomme ironiquement Tcheou-kong. Fleur de pêcher déjoue, par ses talismans, par ses invocations, les savants calculs de Tcheou-kong. Le dessein de l'auteur est d'opposer les sectateurs du Tao à ceux qui font profession de prédire les choses à venir, et de montrer que la magie est supérieure à l'art divinatoire. Peut-être le poëte a-t-il eu l'intention de faire ressortir par un contraste ingénieux tout ce qu'il y a de profondément ridicule chez les uns et chez les autres. Quant à moi, j'aime mieux y voir un cadre satirique.

La traduction d'une pareille comédie ne se laisserait pas lire. Il y a pourtant une scène intéressante : c'est celle où Tcheou-kong, dont l'esprit commence à baisser, tente, avant de *renoncer aux affaires*, une dernière expérience, et tire l'horoscope de son commis. La bonne foi du sorcier, qui croit réellement à son art, son désespoir quand il reconnaît que son vieux serviteur n'a plus que trois jours à vivre; son caractère bienveillant et désintéressé; les incertitudes du commis, qui sent que son maître dégénère, et n'en conçoit pas moins des inquiétudes très-vives, tout cela est peint avec bonheur et avec une grande naïveté (*).

Histoire du caractère Jin,

Drame bouddhique.

Ce drame, dont le principal rôle n'est pas tracé avec beaucoup d'art et de vérité, a pour sujet l'histoire miraculeuse d'un avare converti au bouddhisme par un religieux mendiant. L'avare est un prêteur sur gages, devenu opulent. On l'appelle Lieou-kiun-tso. Il a de sa femme Wang-chi deux enfants, un fils et une fille. La première scène du prologue peint d'abord le personnage.

WANG-CHI.

La neige tombe à gros flocons. Mon Youenwai, on dit toujours : *Le vent et la neige sont la providence des cabaretiers*. Si nous prenions une tasse de vin....

LIEOU-KIUN-TSO.

Non, ma femme, non; je ne puis y consentir. Le vin est maintenant hors de prix.

WANG-CHI.

Quoi ! avec une fortune comme la vôtre....

LIEOU-KIUN-TSO.

Ah ! vous m'assassinez; allons, allons. (*Au domestique.*) Qu'on apporte du vin !

LE DOMESTIQUE.

J'obéis.

LIEOU-KIUN-TSO, *rappelant le domestique.*

Écoute; tu auras soin de ne tirer que deux tasses....

(*) Voy. le *Siècle des Youên*, Journal asiatique, juin 1851, p. 504 à 526.

(*) Le *Siècle des Youên*, Journal asiatique, cahier de sept.-octobre 1851, p. 261 et 262.

D'autres incidents servent à mettre en relief, puis à irriter le caractère de l'avare. Mais ce qu'il y a d'intolérable dans le prologue, c'est le plagiat de l'auteur. On y retrouve deux scènes du Ho-han-chan, que j'ai traduit. Lieou-kiun-tso aperçoit dans la rue un jeune bachelier qui tombe d'inanition. Il recueille dans sa maison cet infortuné, dont le nom est Lieou-kiun-yeou. Sans lui offrir de l'argent, il lui propose de l'adopter, c'est-à-dire *de le reconnaître comme frère adoptif*, non par une généreuse inspiration de son cœur, mais parce que les affaires du bureau occupent toute sa journée, et qu'il a besoin d'un homme pour opérer ses recouvrements. D'ailleurs il se rend justice et ne cache pas ses défauts. « Je vous préviens que je suis avare, très-avare, » dit-il à Lieou-kiun-yeou. Toutefois, comme celui-ci est pauvre, il accepte avec empressement une proposition qui lui paraît avantageuse, et s'installe dans la maison du financier.

Au premier acte, l'auteur personnifie le Bouddha Çakyamouni sous les traits d'un religieux mendiant. Cherchant, comme tous les écrivains de l'époque, à verser le ridicule sur le bouddhisme, il fait de ce religieux un personnage qui prête à la moquerie. On va en juger :

LE RELIGIEUX, *frappant à la porte de Lieou-kiun-tso.*

Nan-wou, nan-wou, Amida Bouddha! Holà! Lieou-kiun-tso, méchant avare!

LIEOU-KIUN-YEOU, *se levant avec vivacité.*

D'où vient ce tintamare? (*Il ouvre la porte de la maison, et aperçoit le religieux.*) Miséricorde! quel embonpoint! quelle masse de chair!

LE HO-CHANG.

Oh, le mendiant! qui le croirait? il n'est pourtant pas mort dans la neige.

LIEOU-KIUN-YEOU, *à part.*

Il sait tout!

LE HO-CHANG.

L'avare est-il à la maison?

LIEOU-KIUN-YEOU.

Attendez, je vais avertir mon frère. (*Il étouffe de rire.*)

LIEOU-KIUN-TSO.

Qu'avez-vous donc?

LIEOU-KIUN-YEOU, *riant toujours.*

Ah, mon frère! l'homme le plus risible du monde! Venez donc, venez donc sur le seuil de la porte. (*Lieou-kiun-tso se lève et quitte la salle.*)

LE HO-CHANG, *apercevant Lieou-kiun-tso.*

Il a bien la physionomie d'un avare.

LIEOU-KIUN-TSO, *à part.*

Ciel! quel ho-chang! On n'a jamais vu un homme d'une aussi grosse corpulence. (*Il éclate de rire à son tour.*)

LE HO-CHANG.

D'où vient ce rire fou, extravagant?

LIEOU-KIUN-TSO.

Je me ris de vous voir, avec votre mine affamée....

LE HO-CHANG.

Avec ma mine! Prenez-y garde; je ne me ris pas de la vôtre.

LIEOU-KIUN-TSO.

Il me fera mourir! Ah, mon frère, qu'a donc mangé ce ho-chang?

LE HO-CHANG.

Donnez-moi des légumes.

LIEOU-KIUN-TSO. (*Il chante.*)

« Quel homme généreux et bienfaisant pourrait rassasier de légumes un ho-chang de cette espèce? La forme de son ventre a quelque chose de monstrueux. S'il y avait ici un chameau, un éléphant blanc, un léopard.... »

LE HO-CHANG.

Après?

LIEOU-KIUN-TSO.

« Il pourrait s'accommoder lui-même un petit.... »

LE HO-CHANG.

Oui, oui, un de ces petits festins où l'on ne mange pas, mais où on est mangé.

LIEOU-KIUN-TSO.

Enfin, de quoi se nourrit-il? combien pèse-t-il? Il faut que je prenne la mesure de son ventre, pour faire une comparaison.

LE HO-CHANG.

Une comparaison?

LIEOU-KIUN-TSO.

Ho-chang, on ne trouve dans l'antiquité que deux hommes auxquels vous ressemblez.

LE HO-CHANG.

Nommez-les.

LIEOU-KIUN-TSO.

(*Il chante.*) « Vous ressemblez à Ngan-lo-chan, des Thang; vous ressemblez encore plus à Tong-tcho, des Han. » (*Il parle.*) En vous apercevant sur le seuil de ma porte, (*Il chante*) « Je me disais : C'est sans doute un génie messager qui m'apporte un trésor. »

LE HO-CHANG.

Étrange aveuglement! vos yeux obscurcis par les passions ne peuvent plus distinguer les gens de bien. Lieou-kiun-tso, je suis le

Bouddha Çakya Mouni. Donnez-moi à manger ; je vous transmettrai ma doctrine.

LIEOU-KIUN-TSO.
Votre doctrine, où est-elle ?

LE HO-CHANG.
Apportez-moi du papier, de l'encre et un pinceau.

LIEOU-KIUN-TSO.
Je n'ai pas de papier.

LIEOU-KIUN-YEOU.
Pardon, mon frère, il y a ici du papier ; je vais en prendre une feuille.

LIEOU-KIUN-TSO, *à part*.
Une feuille qui coûte un denier ; c'est une ruine, une vraie ruine que cet homme-là.

LE HO-CHANG.
Si vous n'avez pas de papier, qu'on m'apporte de l'encre et un pinceau. Je puis écrire ma doctrine sur la paume de votre main. (*Lieou-kiun-yeou apporte un pinceau, de l'encre et une pierre à broyer ; le ho-chang trempe son pinceau dans l'encre.*) Kiun-tso, donnez-moi votre main.

LIEOU-KIUN-TSO.
La voici.

LE HO-CHANG, *écrivant*.
Nan-wou ! je vous transmets la grande doctrine de Foé.

LIEOU-KIUN-TSO, *regardant la paume de sa main*.
O chose comique ! c'est le caractère *jin* [patience].

LE HO-CHANG.
Dites un trésor que vous porterez toujours avec vous. (*Il disparaît.*)

LIEOU-KIUN-TSO, *à son frère*.
Où est donc le ho-chang ?

LIEOU-KIUN-YEOU.
Voilà qui est bien extraordinaire. (*Il ouvre la porte et cherche le ho-chang.*)

LIEOU-KIUN-TSO.
Il a disparu ; c'est un prodige. — Mon frère, je voudrais avoir de l'eau. Il faut j'ôte ce caractère. (*Lieou-kiun-yeou apporte un vase plein d'eau ; Lieou-kiun-tso se lave la main, et ne peut venir à bout d'effacer le caractère jin.*) En vérité, c'est à n'y rien comprendre. Mon frère, donnez-moi donc une brosse. (*Il prend une brosse.*) Plus je frotte ma main, plus le caractère est visible. Je vais prendre mon mouchoir. Oh, mon frère, regardez donc ; le caractère *jin* s'est imprimé sur mon mouchoir.

LIEOU-KIUN-YEOU, *stupéfait*.
Tout cela est miraculeux.

Après le ho-chang vient un autre religieux qui frappe à la porte. Introduit dans la maison de Lieou-kiun-tso, il soutient que le financier lui doit mille deniers de cuivre, et réclame son argent. Une telle impudence excite au plus haut degré la colère de l'avare, qui s'oublie au point de frapper le religieux et de lui arracher la vie, car le prêtre de Bouddha tombe et expire à l'instant même. Quand on essaye de le relever, Lieou-kiun-tso aperçoit sur la poitrine du bonze le caractère *jin* (patience) que sa main y a imprimé. Frappé de surprise et de terreur, il s'éloigne par prudence de sa maison et rencontre le ho-chang ; celui-ci l'exhorte à embrasser le bouddhisme. Lieou-kiun-tso résiste encore ; mais il se fait une religion à sa manière. Sans sortir de chez lui, il renonce au monde et s'ensevelit dans la solitude. Après avoir confié à Lieou-kiun-yeou sa femme, son fils, sa fille, l'administration de son immense fortune, il se retire dans un petit pavillon au fond de son jardin, et s'y livre à toutes les austérités de la vie cénobitique.

Au deuxième acte, la scène s'ouvre par l'entrevue de Lieou-kiun-tso et de son fils. Cet enfant, d'une singulière précocité d'esprit, avertit son père de la conduite équivoque de Wang-chi, sa mère. « Chaque jour, s'écrie-t-il avec indignation, elle s'enferme dans sa chambre avec mon oncle ; j'ignore, en vérité, ce qu'elle y fait. » A ces paroles, Lieou-kiun-tso, transporté de colère, quitte précipitamment le pavillon, traverse le jardin, pénètre dans la maison, s'arme d'un couteau de cuisine, et frappe à la porte de la chambre. Wang-chi, surprise en adultère, se décide pourtant à ouvrir ; mais quand Lieou-kiun-tso lève son couteau, il aperçoit sur la lame le caractère *jin* (patience) ; le couteau tombe de ses mains ; Wang-chi profite de la circonstance pour éclater en invectives contre son époux. « O le plus barbare des hommes ! on disait qu'il avait renoncé au monde, qu'il étudiait les Soûtras, adorait le dieu Foé... loin de là, il veut m'assassiner. »

Le ho-chang, qui arrive à propos, renouvelle ses exhortations. On voit que l'intrigue est conduite, jusqu'à un certain degré, comme dans le *Songe de Liu-thong-pin*. D'incidents en incidents, Lieou-kiun-tso, qui n'était bouddhiste qu'à demi, se convertit tout à fait, abandonne sans regret ses propriétés, et entre dans un monastère.

On trouve dans ce drame des situations étranges et des apparitions coup sur coup. Les mœurs du temps et les habitudes superstitieuses des Chinois autorisaient sans doute la fantasmagorie théâtrale. Il n'en est pas moins vrai que l'auteur a ignoré, plus que Kouan-han-king et Ma-tchi-youën, l'art d'enchaîner les scènes et de faire naître les événements.

COMÉDIES DE CARACTÈRE.

L'Avare.

L'Avare, comédie de mœurs, dont le principal caractère est tracé avec beaucoup de vérité, a été mis en français par M. Stanislas Julien, de l'Institut (*). M. Naudet, qui a traduit le théâtre de Plaute avec une exactitude si élégante et si facile, a donné de cette pièce une excellente analyse dans les notes de *la Marmite*. Nous reproduirons ici l'analyse de M. Naudet :

Le titre contient déjà, dans un seul nom, une sentence de morale : KHAN-TSIEN-NOU, *l'esclave des richesses qu'il garde*, c'est-à-dire l'Avare.

L'action est double ; le développement du caractère forme un épisode de la fable principale, séparée en deux parties, entre lesquelles le fait épisodique est comme enclavé.

Dans un prologue, qu'on pourrait considérer comme un acte d'exposition, Tcheou-yong, simple bachelier, s'entretient avec sa femme de son projet d'aller dans la capitale prendre part au concours ouvert à tous les lettrés ; il veut obtenir un grade supérieur, et, au moyen du grade, un emploi qui le mette en état de réparer le tort que son père a fait à leur patrimoine. Sa femme lui montre leur jeune enfant, et lui demande s'il ne juge pas convenable que le fils ne soit pas séparé de son père. Le bachelier accède à l'humble prière de sa femme ; il enfouit tout l'or qu'il possède, pour le retrouver à son retour, soit qu'il parvienne aux honneurs, soit qu'il n'ait qu'un emploi subalterne. La famille part plus riche d'espérances que de fonds.

Le commencement du premier acte nous transporte dans les régions célestes ; le dieu du temple de la montagne sacrée, Ling-kou-heou, vient décliner ses noms et ses qualités, et faire connaître sa généalogie. C'est un dieu qui n'est pas exempt, comme on voit, d'un peu de vanité, mais d'ailleurs honnête et consciencieux. « Les dieux, dit-il, ne se laissent pas gagner par l'encens et les offrandes des méchants. » Ce propos lui est venu dans l'esprit à l'occasion d'un certain garnement, nommé Kou-jin, qui se présente tous les jours dans le temple, se plaignant des mortels et des immortels, et ne cessant d'importuner le dieu par ses prières. Il se présentera sans doute encore aujourd'hui.

En effet, nous voici descendus des demeures divines sur la terre, dans le temple de Ling-kou-heou. Kou-jin y était déjà. Il maudit son sort ; sans bien, sans industrie aucune, il est réduit à servir les maçons et à leur porter l'eau et l'argile. Quelle est sa misère ! il n'a pas même de quoi acheter un peu d'encens ; il offrira aux dieux des boulettes de terre. Si le dieu lui accordait un peu de bien, il entretiendrait des religieux à ses frais, il ferait l'aumône aux pauvres, il bâtirait des pagodes, il réparerait les ponts et les chemins, il prendrait soin des orphelins, il soulagerait les veuves et les vieillards infirmes. Vraiment, le genre humain atteindrait, je crois, la perfection, si l'on était toujours ce qu'on promet d'être, quand on désire obtenir quelque chose. Pendant ces beaux discours, il se sent défaillir de lassitude, et s'endort.

Ling-kou-heou lui apparaît en songe, lui apprend que le succès de ses vœux dépend du d'eu Tseng-fo-chin (dieu du bonheur) ; on envoie quérir le dieu. Mais Kou-jin n'a pas à se féliciter d'abord de l'entrevue. Tseng-fo-chin lui reproche ses impiétés envers ses parents,

---

(*) La traduction de M. Stanislas Julien n'a pas été publiée ; cependant l'ouvrage d'un orientaliste aussi distingué ne manquerait pas d'être favorablement accueilli, et d'ailleurs la pièce a par elle-même un grand mérite.

sa dureté envers les autres hommes. Il fut riche autrefois dans sa vie précédente ; les infortunés ne reçurent de lui que des injures et de mauvais traitements. Telle est la cupidité des gens de ce caractère, que s'ils voyaient un denier de cuivre au fond d'une chaudière d'huile bouillante, ils y plongeraient la main pour le prendre. Kou-jin tâche de se justifier et de désarmer le courroux du dieu ; enfin, après un long colloque mêlé d'ariettes, qui contiennent de graves sentences d'un style très-élevé contre les extravagances des riches et les mœurs sordides des avares, le dieu du mont Taï-chan se laisse fléchir, et intercède même auprès de Tseng-fo-chin en faveur du mendiant. Le dieu qui dispense le bonheur, plutôt vaincu que persuadé, fait comme beaucoup d'hommes : il accorde à l'importunité ce qui devrait appartenir au mérite. Le livre éternel est ouvert ; il est dit qu'à Tao-tcheou, un homme d'ailleurs vertueux a formé une seule pensée mauvaise, qui s'est grossie en un torrent de crimes, et le rend digne d'un châtiment sévère. Tseng-fo-chin lui ôtera pour un temps ses richesses, et en fera jouir Kou-jin pendant vingt ans. Quelle joie ! Mais la libéralité des dieux ne convertit pas le méchant. Toutes les belles promesses qu'il leur faisait tout à l'heure pour les amadouer sont évanouies. Il n'a dans la pensée que beaux habits, brillants équipages, plaisirs et festins.

Les dieux se retirent, le songe fuit, et Kou-jin éveillé ne peut en croire sa vision. Il va, en attendant qu'elle se réalise, achever son pan de muraille commencé.

Dans l'intervalle du premier au deuxième acte, la métamorphose s'est opérée. Nous voyons un appartement qui annonce l'opulence, et le personnage qui s'y trouve nous apprend qu'il se nomme Tchin-tĕ-fou, qu'il est le commis du maître de la maison ; que cet homme, jadis valet des maçons, se trouva tout à coup possesseur d'une grande fortune, on ne sait pas comment ; qu'il se désole de n'avoir pas d'enfant ; qu'il a chargé Tchin-tĕ-fou de lui en acheter un, lorsqu'il rencontrera dans la rue ou au marché un de ces pères qui vendent les leurs. Tchin-tĕ-fou a prié le marchand de vin voisin de l'aider à s'acquitter de sa commission.

La scène change. Sur le théâtre chinois, ces changements sont fréquents autant que faciles ; ils n'exigent pas grand appareil de machines. L'acteur se contente de dire en quel lieu l'on est transporté. Maintenant le marchand de vin ouvre sa boutique ; il fait confidence au public qu'il a chez lui cent tonneaux, dont quatre-vingt-dix contiennent quelque chose de plus semblable à du vinaigre qu'à du vin. Le cabaretier joue en ce moment un rôle analogue à celui des cuisiniers de Plaute ; il divertit a ses dépens les spectateurs par ses lazzi. Mais, au fond, c'est un meilleur homme qu'il ne veut le paraître. S'il empoisonne ses pratiques, il est charitable envers les pauvres pour l'amour des dieux.

Arrive un malheureux voyageur qui se traîne avec sa femme et son jeune fils, recru, transi, exténué de faim et de fatigue. Ce voyageur, c'est le bachelier Tcheou-yong, qui revient de la capitale, où il a échoué dans ses examens. Son trésor a été déterré pendant son absence ; il n'a plus de ressource que dans la commisération de sa famille, qu'il va joindre. Le marchand l'accueille généreusement, l'invite à se réchauffer avec quelques tasses de vin ; justement il en avait versé trois en ouvrant sa boutique, et se proposait de les offrir au premier indigent qui se présenterait, pour que cette aumône agréable aux dieux lui portât bonheur... L'épouse du bachelier et leur fils ne sont pas non plus délaissés par l'hôte bienfaisant. La vue de cet enfant lui suggère l'idée d'une heureuse transaction. Consentiraient-ils à vendre ce fils à un riche propriétaire ? Le bachelier tient conseil avec sa femme ; la proposition est acceptée, malgré les plaintes et les prières de l'enfant. Tchin-tĕ-fou, qu'on appelle aussitôt, conduit le bachelier avec son fils chez Kou-jin.

Dans ce moment Kou-jin est seul, et, selon l'usage du théâtre chinois, il nous instruit, par un monologue fort étendu, de tout ce qui le concerne.

Depuis qu'il a trouvé le trésor révélé

par le dieu, il a bâti des maisons qui ressemblent à des palais, il a ouvert un bureau de prêt sur gages, un magasin de farines, un magasin d'huile, un magasin de vin. Ces différentes branches de commerce font couler dans ses coffres un fleuve intarissable d'or et d'argent. Sur le continent, il possède des champs immenses; sur l'eau, des bateaux chargés de marchandises; une multitude d'hommes portent sur leur tête des sacs d'argent qui sont à lui. Maintenant, il n'est plus le pauvre Kou-jin; on salue avec respect le seigneur Kou-jin.

Toutefois, il l'avoue, son cœur ne peut se décider à dépenser ni un denier ni un demi-denier; si on lui demande une once d'argent, c'est comme si on lui arrachait les nerfs. Aussi a-t-il la réputation d'un avare renforcé. Mais il ne tient compte de pareils propos.

Le seigneur Kou-jin ressemble un peu à l'avare d'Horace et à celui de Destouches, qui en est la copie; il se moque des sifflets, en revenant auprès de son coffre-fort.

On lui amène le bachelier avec son fils. L'enfant lui plaît. Il le prend, et le bachelier, qui fait l'aveu de sa misère, est chassé honteusement. « Qu'on me renvoie ce gueux, ce mendiant; il remplirait d'ordures et de vermine ma maison! » Le bachelier se lamente, on lui donne des coups de bâton. Le commis Tchin-të-fou, excellent homme et digne d'un autre patron, reconduit le malheureux bachelier en le consolant, et lui promet son secours. « Retirez-vous, mon ami, et ne dites rien; cet homme est dur et inhumain, comme tous les riches. »

Tchin-të-fou est le raisonneur de la comédie, et se trouve placé là par l'auteur, comme Mégadore auprès d'Euclion, pour faire la censure de l'avarice par ses actions, encore plus que par ses discours.

Quand l'avare est seul avec son commis, il lui fait écrire sous sa dictée le contrat de vente : invention comique, du même genre que le traité du parasite de Diabole dans *l'Asinaria*. Mais les Romains n'étaient que des enfants pour la chicane, en comparaison des Chinois, si l'on en jugeait par cet exemple :

« Celui qui s'engage par ce contrat est Tcheou, le bachelier. Comme il manque d'argent et n'a aucun moyen d'existence, il désire vendre *un tel*, son propre fils, âgé de *tant* d'années, à un riche propriétaire, nommé le respectable Kou-jin, qui est honoré du titre de youên-waï? » — Personne n'ignore que vous avez une grande fortune; il vous suffit du titre de youên-waï; à quoi bon mettre les mots *riche propriétaire?* — Tchin-të-fou, est-ce que tu veux me donner des leçons? Est-ce que je ne suis pas riche propriétaire, par hasard? Est-ce que je suis un indigent? Oui, oui, riche propriétaire, riche propriétaire. Tu écriras, derrière le contrat, qu'une fois le marché passé, si une des parties se rétracte, elle payera un dédit de mille onces d'argent. — C'est écrit. Mais, au fait, quelle somme lui donnerez-vous pour l'enfant? — Ne vous mettez pas en peine de cela. Je suis si riche, qu'il ne pourrait jamais dépenser tout l'argent que je ferais pleuvoir sur lui, si je voulais, en faisant seulement craquer mon petit doigt.

Le bachelier signe de confiance, espérant, d'après la somme du dédit supposé, qu'on veut mettre un grand prix à son fils. Tchin-të-fou rapporte le contrat signé à Kou-jin, qui lui demande si le bachelier est parti.

— Eh! comment? vous ne lui avez pas payé les frais de nourriture. — Il faut que vous soyez bien dépourvu de sens et d'intelligence, Tchin-të-fou. Cet homme, n'ayant point de riz pour nourrir son fils, me l'a vendu tout à l'heure, pour qu'il fût nourri dans ma maison, et qu'il mangeât mon riz. Je veux bien ne pas exiger de frais de nourriture; mais comment ose-t-il en réclamer? — Belle satisfaction! Cet homme n'a pas d'autre moyen de retourner dans son pays. — Puisqu'il ne veut pas remplir les conventions, rendez-lui son enfant, et qu'il me paye mille onces d'argent pour le dédit.

Cependant, l'avare se laisse vaincre par les prières et les instances de l'honnête Tchin-të-fou; il accorde une once d'argent (7 francs 50 centimes). — C'est se moquer. — Il ne faut pas estimer si peu un lingot d'argent sur lequel est empreint le mot *pao* (chose précieuse). Cette dépense ne te paraît rien ; elle m'arrache les entrailles. Mais je veux bien faire ce sacrifice pour me débarrasser de lui. C'est à prendre ou à laisser.

On devine ce que disent les parents, quand Tchin-té-fou leur vient faire cette proposition. Non, on ne peut pas le deviner. C'est la femme qui s'écrie : « Comment ! une once d'argent ; on n'aurait pas pour cela un enfant de terre cuite ! » Si la réponse est peu maternelle, la réflexion de l'avare, quand on la lui rapporte, est excellente : « Oui, mais un enfant de terre cuite ne mange pas de riz et ne fait pas de dépense. Au surplus, cet homme m'a vendu son fils, parce qu'il ne pouvait plus le nourrir. Je veux bien ne pas me faire payer ce que l'enfant me coûtera ; mais qu'on ne m'arrache pas mon bien. Ah! ça, drôle, dit-il à Tchin-té-fou, c'est toi qui lui as peut-être suggéré ces folles prétentions. De quels termes t'es-tu servi en lui offrant l'once d'argent? — Je lui ai dit : « Le youen-waï vous donne une once. » — Justement ; voilà pourquoi il l'a refusée. Regarde bien, et suis de point en point mes instructions : tu prendras cette once d'argent, puis, l'élevant bien haut, bien haut, tu lui diras avec emphase : « Holà, pauvre bachelier, son excellence le seigneur Kou daigne t'accorder une précieuse once d'argent. » — Je l'élèverai aussi haut que vous voudrez, mais ce ne sera jamais qu'une once d'argent. Seigneur, seigneur, donnez-lui ce qu'il faut, et congédiez-le. — Eh bien, pour n'en plus entendre parler, je vais ouvrir ma cassette, et donner encore une once d'argent ; mais, après cela, plus rien, ou le dédit.

Enfin, après plusieurs négociations inutiles, le bon Tchin-té-fou prie Koujin de lui payer deux mois échus de ses appointements, quatre onces d'argent, qu'il veut donner au pauvre bachelier. L'avare y consent de grand cœur, et lui fait écrire sous sa dictée, sur le registre : Tchin-té-fou a prêté au seigneur Kou-jin deux onces d'argent (le mot qu'emploie le perfide, signifie à la fois prêter et emprunter).

Quand Tchin-té-fou revient de conclure définitivement le marché, Kou-jin le remercie beaucoup de ce qu'il l'a délivré de ce misérable. — Je voulais, ajoute-t-il, t'inviter à dîner pour te témoigner ma haute satisfaction ; mais je suis accablé d'affaires pressantes, qui ne me laissent pas même le temps de dîner. Dans l'armoire de l'arrière-salle, tu trouveras un bout de galette, qui commence à moisir. Je t'en fais cadeau ; tu le mangeras en prenant le thé.

Le troisième acte finit là. Supposez que les hommes ont vécu près de vingt ans dans l'intervalle qui sépare cet acte du quatrième. A présent, vous voyez le fils adoptif de Kou-jin dans sa vingt-cinquième année, et le vieil avare, devenu veuf, est malingre, cacochyme, moribond. Il vient appuyé sur le bras du jeune homme.

— Aïe! que je suis malade! (Il soupire.) Hélas! que les jours sont longs pour un homme qui souffre! (A part.) Il y a bientôt vingt ans que j'ai acheté ce jeune écervelé. Je ne dépense rien pour moi, pas un denier, pas un demi-denier ; et lui, l'imbécile, il ignore le prix de l'argent. L'argent n'est pour lui qu'un moyen de se procurer des vêtements, de la nourriture ; passé cela, il ne l'estime pas plus que de la boue. Sait-il toutes les angoisses qui me tourmentent, lorsque je suis obligé de dépenser le dixième d'une once (75 cent.).
— Mon père, est-ce que vous ne voulez pas manger ? — Mon fils, tu ne sais pas que cette maladie m'est venue d'un accès de colère. Un de ces jours, ayant envie de manger un canard rôti, j'allai au marché, dans cette boutique, là, que tu connais. Justement on venait de rôtir un canard, d'où découlait le jus le plus succulent. Sous prétexte de le marchander, je le prends dans ma main, et j'y laisse mes cinq doigts appliqués jusqu'à ce qu'ils soient bien imbibés de jus. Je reviens chez moi sans l'acheter, et je me fais servir un plat de riz cuit dans l'eau. A chaque cuillerée de riz, je suçais un doigt. A la quatrième cuillerée, le sommeil me prit tout à coup, et je m'endormis sur ce banc de bois. Ne voilà-t-il pas que, pendant mon sommeil, un traître chien vient me sucer le cinquième doigt. Quand je m'aperçus de ce vol à mon réveil, je me mis

en une telle colère, que je tombai malade. Je sens que mon mal empire de jour en jour ; je suis un homme mort. Allons, il faut que j'oublie un peu mon avarice, et que je me mette en dépense. Mon fils, j'aurais envie de manger de la purée de fèves. — Je vais en acheter pour quelques centaines de liards. — Pour un liard, c'est bien assez. — Pour un liard ! à peine en aurais-je une demi-cuillerée. Et quel marchand voudrait m'en vendre si peu ?

Un domestique parlant bas au jeune homme : « Achetez-en pour une once d'argent. (À part.) S'il donne cinq liards pour acheter de la purée de fèves, il écrira sur son livre de dépense qu'il m'a avancé cinq liards, et demain il voudra me les faire rembourser. »

Le jeune homme achète de la purée de fèves pour dix liards au lieu d'un. Mais il n'a pu tromper l'œil toujours vigilant de l'avare, et il essuie des reproches à son retour. — Mon fils, je t'ai vu tout à l'heure prendre dix liards et les donner tous à ce marchand de purée. Peut-on gaspiller ainsi l'argent ? — Il me doit encore cinq liards sur la pièce que je lui ai donnée. Un autre jour je les lui redemanderai. — Avant de lui faire crédit de cette somme, lui as-tu bien demandé son nom de famille, et quels sont ses voisins de droite et ses voisins de gauche ? — Mon père, à quoi bon prendre des informations sur ses voisins ? — S'il vient à déloger et à s'enfuir avec mon argent, à qui veux-tu que j'aille réclamer mes cinq liards ? — Mon père, pendant que vous vivez, je veux faire peindre l'image du dieu du bonheur, afin qu'il soit favorable à votre fils, à vos petits-fils et à vos descendants les plus reculés. — Mon fils, si tu fais peindre le dieu du bonheur, garde-toi bien de le faire peindre de face : qu'il soit peint par derrière, cela suffit. — Mon père, vous vous trompez, un portrait se peint toujours de face. Jamais peintre s'est-il contenté de représenter le dos du personnage dont il devait faire le portrait ? — Tu ne sais donc pas, insensé que tu es, que, quand un peintre termine les yeux dans la figure d'une divinité, il faut lui donner une gratification ? — Mon père, vous calculez trop. — Mon fils, je sens que ma fin approche. Dis-moi, dans quelle espèce de cercueil me mettras-tu ? — Si j'ai le malheur de perdre mon père, je lui achèterai le plus beau cercueil de sapin que je pourrai trouver. — Ne va pas faire cette folie ; le bois de sapin coûte trop cher. Une fois qu'on est mort, on ne distingue plus le bois de sapin du bois de saule. N'y a-t-il pas, derrière la maison, une vieille auge d'écurie ? Elle sera excellente pour me faire un cercueil. — Y pensez-vous ? Cette auge est plus large que longue ; jamais votre corps n'y pourra entrer, vous êtes d'une trop grande taille. — Eh bien ! si l'auge est trop courte, rien n'est plus aisé que de raccourcir mon corps. Prends une hache, et coupe-le en deux. Tu mettras les deux moitiés l'une sur l'autre, et le tout entrera facilement. J'ai encore une chose importante à te recommander : ne va pas te servir de ma bonne hache pour me couper en deux ; tu emprunteras celle du voisin. — Puisque nous en avons une chez nous, pourquoi s'adresser au voisin ? — Tu ne sais pas que j'ai les os extrêmement durs : si tu ébréchais le tranchant de ma bonne hache, il faudrait dépenser quelques liards pour la faire repasser. — Comme vous voudrez, mon père. Je désire aller au temple pour y brûler de l'encens à votre intention ; donnez-moi de l'argent. — Mon fils, ce n'est pas la peine : ne brûle pas d'encens pour obtenir la prolongation de mes jours. — Il y a longtemps que j'en ai fait le vœu ; je ne puis pas tarder davantage à l'acquitter. — Ah ! ah ! tu as fait un vœu. Je vais te donner un denier. — C'est trop peu. — Deux. — C'est trop peu. — Je t'en donne trois. — C'est assez... C'est trop, c'est trop, c'est trop... Mon fils, ma dernière heure approche ; quand je ne serai plus, n'oublie pas d'aller réclamer ces cinq liards que te doit le marchand de fèves.

Voilà ce qui s'appelle un caractère soutenu jusqu'à la fin. Ce trait vaut mieux encore que le dernier mot d'Harpagon : « Et moi, ma chère cassette ! » Il est plus piquant, plus inattendu.

On emporte le vieillard ; il ne paraîtra plus ; il est mort. La dernière partie de la pièce est remplie par les infortunes du bachelier et de sa femme, et par la reconnaissance tardive du fils et de ses parents.

..... Ce qui aura frappé, dans ce drame, le lecteur instruit et judicieux, ce sont les analogies du poëme dramatique des Chinois avec le théâtre primitif des anciens : le décousu de la composition en plusieurs parties, l'importance des scènes et des rôles épisodiques, l'étendue des monologues explicatifs, le mélange des morceaux de poésie chantés dans le dialogue vulgaire, l'intervention des êtres surnaturels au milieu des actions du commun des hommes, l'exagération du ridicule et du plaisant jusqu'à l'extravagance de la bouffonnerie, enfin tout ce qui signale les commencements de l'art. Mais on doit remarquer aussi, dans cette pièce comme dans les autres du même théâtre que nous connaissons, un trait distinctif du génie dramatique des Chinois : c'est la complaisance et l'amour avec lesquels ils s'appliquent à peindre naïvement l'intérieur, les détails de la vie de famille, l'obéissance de la femme, la faiblesse et la grâce de l'enfance, la tendresse et les soins du père et de l'époux. Rien ou très-peu de tout cela dans la comédie ancienne ; c'était un ordre tout différent de mœurs sociales (*).

Le Libertin.

Loù-tchaï-lang est le don Juan du théâtre chinois. Tchaï-lang, expression par laquelle on désigne un personnage d'une grande austérité, est un nom fort plaisant et bien appliqué. Comme nos vieux comiques, les auteurs de la dynastie des Youën attachaient une grande importance aux noms de leurs personnages.

Cette comédie est assez bien intriguée pour une comédie chinoise ; mais le caractère de Loù-tchaï-lang est trop avili. Quoique président du grand tribunal de Tching-tcheou, il parle simplement, naïvement, comme un homme qui n'a pas la conscience du mal, de toutes les infamies qu'il commet. Sous ce rapport, il ne ressemble pas le moins du monde à don Juan, pas même à Si-men-khing, le héros du Kin-p'ing-meï. Son libertinage est un libertinage brutal et bas ; il ne séduit pas les femmes, il les arrache à leurs maris. « Chaque jour, comme l'épervier qui s'envole ou le chien qui se met à courir, je quitte mon hôtel et j'erre à l'aventure. Quand je découvre un objet travaillé avec art, je me dis à moi-même : « Chacun à son tour. » J'emprunte l'objet, je m'en sers, puis je le rends. Quel tort cela fait-il au prochain ? Si j'aperçois un beau cheval, je le monte ; une belle femme, je l'enlève. » Loù-tchaï-lang prend d'abord la femme d'un orfèvre, nommé Li-sse, ensuite celle de Tchang-kouëi, son assesseur, et comme cet assesseur a deux enfants, il lui donne la femme de Li-sse, dont il est las, pour élever ces deux enfants. C'est même une scène très-comique que celle où l'honnête marchand retrouve sa femme chez l'assesseur, au moment où il cherche à venger son outrage. Loù-tchaï-lang est puni au quatrième acte : l'enfer ne s'ouvre pas pour l'engloutir ; mais Pao-tching, chargé de scruter la conduite des magistrats iniques, condamne ce monstre à subir la peine capitale. L'assesseur, qui a le principal rôle, est le personnage vertueux de la pièce. Quant à la rencontre de toutes les victimes de Loù-tchaï-lang dans la pagode de Yun-thaï, c'est un tableau chargé.

Un auditoire français est encore autrement sévère qu'un auditoire chinois, et, malgré la décadence de nos mœurs, le sentiment public n'admettrait pas chez nous l'odieuse vérité de ces compositions(*).

Le Fanatique.

Le *Jin-fong-tseu* (Jin le fanatique), presque entièrement fondé sur la magie et le merveilleux, paraît un ouvrage d'une espèce unique ; c'est moins une comédie qu'un spectacle tao-sse. Autant d'incidents, autant d'extravagan-

(*) Voy. le Théâtre de Plaute, traduction nouvelle, accompagnée de notes, par J. Naudet, membre de l'Institut, t. II, p. 375 à 385. (Bibliothèque latine-française, publiée par Panckoucke.)

(*) *Siècle des Youën*, Journal asiatique, cahier de juin 1851, p. 531 et 532.

ces; mais on ne peut s'empêcher d'y reconnaître, comme dans toutes les pièces de Ma-tchi-youēn, un style très-clair et très-exact. Il faut dire aussi que le merveilleux occupe peu de place dans le Pë-wēn ou le dialogue, et c'est principalement dans le dialogue que cet auteur original, qui avait tant de hardiesse, tant de saillie dans l'imagination, attaque les ridicules et les jongleries des Tao-sse.

Le caractère que l'auteur s'attache à développer est celui du fanatique. Un grand anachorète, qu'on appelle Ma-tan-yang, et qui ressemble traits pour traits à Yang-tseu (*), arrive inopinément dans le district de Tchong-nan-chan. Il y opère une foule de métamorphoses, ressuscite les morts, et finit par convertir au culte des Tao-sse tous les habitants du bourg de Kan-ho, à l'exception pourtant des bouchers. Les nouveaux convertis, scrupuleux observateurs de la loi, renoncent à manger de la viande et même des oignons; car si la secte des bouddhistes autorise l'usage du grand ail, du petit ail, de l'oignon et de la ciboule, la secte des Tao-sse, plus rigide, n'admet que les poireaux, le céleri, la coriandre et la ciboulette.

Sur ces entrefaites, les bouchers de Kan-ho, ou les quatre frères Jin, dont le commerce est absolument perdu, ruiné, tiennent une conférence et délibèrent sur le parti à prendre. L'aîné de la famille (c'est le principal personnage de la pièce) forme la résolution de tuer Ma-tan-yang; il part, malgré les sages représentations de sa femme Li-chi, et aborde l'anachorète; mais, au bout de quelques minutes, Ma-tan-yang, à qui la nature obéit, fait tant de miracles, que le boucher Jin se convertit à son tour, et embrasse la vie religieuse.

Le caractère du fanatique me paraît inférieur, sous tous les rapports, au caractère de Liu-thong-pin. Après sa conversion, le boucher Jin, qui n'a point changé de nature, est encore plein de jactance, plein de méchanceté, plein de cruauté. Quand on lui présente son enfant, pour montrer qu'il est dégagé de toute affection humaine, il le tue; il le tue en présence de son frère et de sa femme, qui reculent d'épouvante. Son fanatisme ne peut inspirer que de l'horreur. Le mari et la femme contrastent assez bien ensemble; mais celle-ci, en témoignant son aversion pour le célibat, ressemble trop aux amies de Lysistrata dans la licencieuse comédie d'*Aristophane* (*).

COMÉDIES D'INTRIGUE.

La Housse du lit nuptial.

Un prêteur sur gages, Lieou-ven-ming, homme impitoyable, comme tous les prêteurs sur gages, se trouve créancier d'un grand mandarin. Voici l'origine de cette créance : le premier ministre, égaré par des discours calomnieux, présente à l'empereur un acte d'accusation contre Li-yen-chi, gouverneur de la ville de Lo-yang. On instruit le procès. Le gouverneur, obligé de partir pour la capitale (Tchang-ngan), où il doit subir un interrogatoire, et pris au dépourvu, charge l'abbesse du *monastère de la Grande Pureté* d'emprunter pour lui, de Lieou-ven-ming, dix taels d'argent (**). Dans tous les pays, la prudence est la vertu des financiers. Yen-ming consent à prêter pour un an, et met au prêt trois conditions. Il exige d'abord que le billet d'emprunt soit écrit en entier de la main de l'emprunteur (c'est à la Chine comme chez nous); puis il exige le cautionnement de l'abbesse, puis la signature de sa fille : car Li-yen-chi a une fille unique, âgée de dix-huit ans. Nécessité n'a point de loi; on souscrit à tout. Une année s'écoule; le gouverneur ne revient pas; l'échéance arrive, et le financier demande son remboursement. Le refus qu'il éprouve lui inspire une pensée qui paraîtra peut-être singulière.

LIEOU-YEN-MING, *à l'abbesse.*
Suivant mon compte, le capital et les in-

(*) Personnage qui figure dans le *Songe de Liu-thong-pin*.

(*) *Siècle des Youèn*. Journal asiatique, cahier de novembre-décembre 1851, p. 548 à 550.

(**) Environ soixante-quinze francs.

térêts réunis montent aujourd'hui à vingt taels.

L'ABBESSE.

Youén-waï, attendez, attendez toujours; vous n'avez rien à perdre.

LIEOU-YEN-MING.

Madame, vous parlez beaucoup; mais ce que vous dites....

L'ABBESSE.

Ce que je dis?

LIEOU-YEN-MING.

Est fort ridicule. Si dans dix ans M. le gouverneur n'est pas encore de retour, j'aurai donc attendu pendant dix ans. Ma bonne supérieure, puisque vous ne comprenez rien aux affaires, je ne veux pas vous cacher mes intentions. Allez sur-le-champ demander à la fille du gouverneur les vingt taels qu'elle me doit. Si elle a des fonds, elle me remboursera; dans le cas contraire.... Ma bonne religieuse, vous connaissez mon isolement. Quoique honoré partout du titre de youén-waï, je sens au fond de mon cœur de la tristesse et de l'ennui. Si Yu-yng consent à devenir mon épouse, intérêt, capital, j'abandonne tout. Mettez à l'accomplissement de ce projet vos soins, votre habileté; employez vos petits stratagèmes; je saurai récompenser largement vos bons offices. Comme vous agirez, j'agirai.

L'ABBESSE.

Quelle idée folle! Quoi, Yu-yng, la fille d'un gouverneur! une jeune personne si timide! comment voulez-vous qu'elle consente à devenir votre épouse? Elle vous doit de l'argent, soit : qu'elle reste votre débitrice.

LIEOU-YEN-MING.

Ma bonne supérieure, je vous en supplie, exaucez mes vœux. Tenez, pour vous montrer mon attachement, je vais croiser mes bras sur ma poitrine.

L'ABBESSE.

Oh, dans ce cas, je m'agenouille devant vous.

LIEOU-YEN-MING.

Si vous vous agenouillez devant moi, je frappe la terre de mon front. Ma bonne supérieure, voyons, une fois pour toutes, mettez le comble à mon bonheur.

L'ABBESSE.

Mon youén-waï, enfin que voulez-vous? Est-ce de l'argent? j'en demanderai, si cela vous fait plaisir. Quant au mariage, je ne me charge pas de cette commission.

LIEOU-YEN-MING, *prenant un ton sévère.*

Puisqu'on ne peut rien obtenir de vous par la prière, parlons d'autre chose. Il y a un an, quand j'ai prêté ces dix taels au gouverneur Li, qui est-ce qui est venu dans mon bureau? qui m'a sollicité? qui a servi de caution?.... Oh, je cours trouver le magistrat. Fi donc! une religieuse, la supérieure d'un monastère de filles, qui se fait entremetteuse d'affaires, négocie un emprunt, et sert de caution! Ma bonne amie, vous serez punie suivant la rigueur des lois; dans un instant, j'aurai le plaisir de voir fustiger les reins de la pauvre abbesse.

L'ABBESSE.

Et que dira M. le gouverneur, quand il apprendra que vous avez voulu lui ravir sa fille?

LIEOU-YEN-MING.

Réfléchissez encore. Elle peut montrer des dispositions favorables. Si vous savez la mettre dans mes intérêts, vous recevrez une bonne récompense. Dans tous les cas, revenez promptement m'apporter la réponse. (*Il sort.*)

L'ABBESSE, *seule.*

Ah! monsieur le financier, vous dites que je suis une religieuse, et que.... Au fait, qu'avais-je besoin de me mêler de cette affaire? Maintenant, si je ne satisfais pas à sa demande, je tombe dans la nasse. Allons, jouons au plus sûr.... Il faut que j'avale ma honte, et que j'aille proposer ce mariage à la fille du gouverneur.

Le poëte nous introduit ensuite dans la maison du gouverneur. L'abbesse du *monastère de la Grande Pureté* ou de la *Pureté de jade*, comme il y a dans le chinois, habile à diriger une intrigue, s'acquitte de sa commission, et propose à Yu-yng de prendre le financier pour époux. La jeune fille se récrie d'abord à cette étrange proposition. « Comment! parce qu'il a prêté de l'argent à mon père, il exige maintenant que je lui donne mon cœur. Il est vrai que j'ai signé la reconnaissance; mais une reconnaissance n'est pas un acte de mariage; je n'ai pas signé mon acte de mariage. » Toutefois, quand l'abbesse lui fait accroire que le financier amoureux n'a que vingt-trois ans, que sa figure est charmante, et que ses manières sont distinguées, elle change de ton peu à peu, et accepte un rendez-vous, la nuit, dans le *couvent de la Grande Pureté*. Cette scène, quoique d'une liberté trop grande, est conduite avec beaucoup d'art, et le dialogue, semé de traits un peu vifs, en est fort agréable.

Il est minuit, c'est l'heure du rendez-vous. Lieou-yen-ming, informé par l'abbesse du succès de l'affaire, s'achemine furtivement vers le monastère de la Grande Pureté. Malheureusement il survient tout à coup un inspecteur conduisant une patrouille. L'officier de police, apercevant un homme qui tournait autour du monastère, se persuade que cet homme est un voleur; il l'arrête, et le mène au corps de garde.

Une autre aventure plus désagréable encore pour le financier, c'est qu'un jeune bachelier, qui arrivait de son pays natal, et qui passait par là, s'arrête, se cache, et se dit à lui-même : « Il paraît que la police est sévère à Lo-yang; comme on y arrête les gens dans les rues, la prudence veut que je n'aille pas plus loin. Voici un couvent, demandons-y l'hospitalité. » Tchang-touan-king (c'est le nom du jeune bachelier) frappe donc à la porte du couvent. Une novice, à laquelle la supérieure avait fait la leçon, ouvre à l'instant même et s'écrie : « Entrez, entrez, M. Lieou, mademoiselle ne tardera pas à venir. » Tchang-touan-king devine sans peine qu'il s'agit d'un rendez-vous d'amour; il se laisse conduire par la novice dans une chambre, où il attend sans prononcer un mot. Quelques minutes après, on introduit Yu-yng. Le jeune bachelier réunit tous les avantages que l'abbesse avait mensongèrement attribués à Lieou-yen-ming. Il a vingt-trois ans, une jolie figure et des manières distinguées. Loin d'être repoussé par la jeune fille, qui ne se doutait de rien, il est accueilli avec tendresse; et quand il apprend à son amante qu'il est originaire de Kou-sou, que son nom de famille est Tchang, et qu'il se rend à la capitale pour y subir un examen, Yu-yng feint d'être irritée; mais sa colère s'apaise presque aussitôt. Comme dans le *Kin-tsien-ki*, Touan-king et Yu-yng deviennent amoureux l'un de l'autre à la première vue, et conviennent de s'unir par le mariage. Suivant la coutume, Yu-yng laisse à son fiancé un gage de son amour, et lui remet une couverture qu'elle a brodée de sa main. Les deux amants se séparent, et Touan-king se dispose à partir pour Tchang-ngan.

Le lendemain, Lieou-yen-touan-king, qui avait passé la nuit au corps de garde, reçoit la visite et les compliments de l'abbesse. C'est assurément une situation fort comique, et pourtant l'auteur n'a su en tirer aucun parti. Quand Yen-ming découvre qu'un autre a pris sa place dans le *couvent de la Grande Pureté*, il s'arrête à une résolution extrême, et fait amener Yu-yng dans sa maison. Il emploie, pour parvenir à ses fins, la menace et la prière; mais voyant que ses efforts sont inutiles, il ouvre une taverne dans une rue de Lo-yang, et ravalant la fille du gouverneur à la condition d'une servante, il oblige la pauvre Yu-yng à tirer le vin, à préparer le riz, à éponger les tables, et à servir les pratiques.

On prévoit le dénoûment de la pièce. Au quatrième acte, Tchang-touan-king, après avoir été promu, dans le palais impérial, au grade éminent de tchoang-vouén, revient à Lo-yang, entre par hasard dans la taverne, reconnaît Yu-yng, l'épouse, et inflige au prêteur sur gages un châtiment sévère (*).

Le Mari qui fait la cour à sa femme.

Les mœurs de l'époque ont fourni à l'auteur le sujet du *Mari qui fait la cour à sa femme*. La pièce, quoique dépourvue d'art et d'élégance, est restée au répertoire, parce que les vices qu'elle représente subsistent toujours. C'est une satire piquante des mandarins de bon ton et de belles manières, philosophes rigoristes et coureurs d'aventures.

Il n'y a pas de prologue. Le premier acte nous introduit dans la maison d'une veuve déjà sur le retour, de Lieou-chi, à qui son mari n'a laissé qu'un fils nommé Thsieou-hou. Celui-ci vient d'épouser Meï-yng, jeune fille douce, spirituelle, jolie. Autrefois, le jour après les noces, tous les parents s'assemblaient pour boire le *vin de l'allégresse*, dans la salle des ancêtres, c'est-à-dire dans une salle où étaient les tablettes sacrées, qui contenaient

(*) Voy. *Siècle des Youén*, Journal asiatique, cahier de février-mars 1851, p. 195 à 202.

les noms des ancêtres de la famille jusqu'à la quatrième génération. Cela n'était pas tout à fait hors d'usage du temps des Youên, car la première scène nous montre Lieou-chi apprêtant une collation, et se disposant à recevoir les parents de sa bru.

Les parents arrivent ; après avoir pris quelques tasses, ils demandent à voir la nouvelle mariée. On appelle Meï-yng ; mais la jeune épouse, qui était dans sa chambre avec l'entremetteuse, fait d'abord quelques difficultés.

MEÏ-YNG.

Ma belle-mère m'appelle, j'ignore pourquoi.

L'ENTREMETTEUSE.

Pour boire le vin de l'allégresse avec vos parents.

MEÏ-YNG.

Oh, je serais trop honteuse ; je ne répondrais qu'en rougissant ; non, non, je ne sors pas de ma chambre.

L'ENTREMETTEUSE.

Comment donc ! le mariage est l'union légitime de l'homme et de la femme ; cette union a été instituée au commencement du monde ; vraiment il n'y a pas de quoi rougir.

A la Chine, les entremetteuses ne sont pas toujours honorables, si leurs fonctions sont honorées. Dans cette scène, l'entremetteuse donne à Meï-yng de fort mauvais conseils, que la jeune femme rejette avec mépris. L'entrevue a lieu suivant l'usage et les rites ; mais, pendant que Meï-yng verse le vin de l'allégresse, il survient inopinément un envoyé du chang-sse, qui ordonne au marié d'aller combattre sous le drapeau du royaume de Lou. Cet événement plonge dans la tristesse tous les membres de la famille, particulièrement la belle-mère et la bru. La scène de la séparation est longue, monotone, et ne mérite pas qu'on s'y arrête. Thsieou-hou adresse à sa femme les exhortations les plus sages, et part pour l'armée.

Un intervalle de dix ans sépare le premier acte du second. Depuis le départ de son époux, la jeune femme a vécu dans une tristesse profonde et dans une édifiante régularité. Toutefois, elle ne se laisse pas abattre à la mélancolie, car chaque jour elle vient au secours de sa belle-mère. Elle ne fait pas des choses extraordinaires, comme Ou-niang, dans le Pi-pa-ki ; elle ne vend pas sa chevelure, mais elle travaille pour le monde. Tour à tour couturière, raccommodeuse de tuniques, blanchisseuse, dégraisseuse, elle élève encore des vers à soie.

Sa beauté, beaucoup plus que les qualités de son cœur, l'a fait remarquer d'un voisin appelé Li, personnage qui ne paraît qu'au second acte. C'est un homme d'une grande opulence et de manières fort communes. Il se marie pour échapper aux épigrammes du public. « Quel singulier homme que Li, le financier, répètent sans cesse les habitants du district : il a des terres, des grains ; il a de l'or, il a de l'argent, des billets (tchao) par centaines, par milliers, et n'a pas une seule femme ! » — « Il faudra bien qu'ils se taisent, dit un jour celui-ci. Dans le voisinage demeure un pauvre homme, nommé Lô, à qui j'ai prêté vingt boisseaux de riz. Ce vieillard a une fille, dont le petit nom est Meï-yng ; elle est jolie, très-jolie ! J'ai jeté mes vues sur elle, et je voudrais en faire ma femme ; malheureusement, elle appartient à un autre. Il y a environ dix ans qu'elle a épousé Thsieou-hou. Après ses noces, son mari est parti pour l'armée et n'est pas encore revenu. Un petit mensonge affranchira Meï-yng du lien conjugal : on peut faire accroire au vieillard que son fils est mort sur le champ de bataille ; rien n'est plus facile. Si, pour prix de cette alliance, je libère le pauvre homme des quarante boisseaux de riz qu'il me doit, et si je lui donne en sus quelques taels d'argent, j'obtiendrai sa fille ; oui, je l'obtiendrai. Le père et la mère, qui sont dans la détresse, ne peuvent qu'accepter avec reconnaissance une proposition aussi avantageuse. »

Les manœuvres du financier ne sont pas découvertes, et tout semble d'abord lui réussir. On ajoute foi à ses paroles ; l'alliance est conclue. Au jour fixé pour le mariage, les parents de la jeune femme, puis des musiciens, puis le financier lui-même, arrivent successivement dans la maison de Lieou-chi ; mais quand Meï-yng, qui n'avait été prévenue de rien, apprend les desseins du financier, elle entre dans une violente colère et n'épargne pas même à ses crédules parents les reproches qu'ils méritent. Elle réprime par sa sévérité les folles saillies du prétendant, qui s'en retourne tout stupéfait et couvert de confusion.

Cependant Thsieou-hou, en combattant sous le drapeau du prince, s'était couvert de gloire; versé dans la lecture et dans la politique, habile surtout dans l'art militaire, il avait obtenu des grades et des dignités. Nommé ta-fou (grand dignitaire) du royaume de Lou, il revient au troisième acte dans son pays natal. Une porte de jardin est ouverte; c'est le jardin de sa mère. Il y pénètre, et aperçoit Meï-yng, sa femme, qu'il ne reconnaît pas. Meï-yng cueillait des feuilles de mûrier; et, comme la chaleur était excessive, elle venait d'ôter sa robe, qu'elle avait accrochée à un arbre. « Oh! la belle fille! s'écrie Thsieou-hou; je ne vois pas sa figure, mais sa taille est admirable. Comme ses épaules sont blanches! comme ses cheveux sont noirs! Si elle pouvait tourner la tête! Je vais chanter quelques vers. » Il se met à chanter. Meï-yng surprise tourne la tête et court après sa robe, qu'elle remet avec précipitation. Alors Thsieou-hou s'approche d'elle. Meï-yng aussi ne reconnaît pas son époux, sous le costume d'un grand dignitaire. Après quelques paroles insipides, le mandarin fait à sa femme une déclaration d'amour et une proposition de mariage. De tels sentiments et un tel dessein irritent celle-ci au plus haut degré. Thsieou-hou emploie tour à tour la menace et la prière; ses efforts sont inutiles, et Meï-yng se dérobe par la fuite à de nouvelles tentatives.

Le quatrième acte s'ouvre par la reconnaissance de Thsieou-hou et de Lieou-chi. La scène de la reconnaissance est très-courte. La mère fait de ses malheurs et de la piété de Meï-yng un tableau fidèle et touchant. « Où est-elle? s'écrie Thsieou-hou.

LIEOU-CHI.

Dans le jardin, où elle cueille des feuilles de mûrier pour les vers à soie. Elle ne tardera pas à rentrer

THSIEOU-HOU, *stupéfait et à part*.

Comment! celle à qui je viens de faire la cour, c'est ma femme! oh, mon cœur nage dans la joie.

MEÏ-YNG, *tout effarée*.

Courons, courons, courons. (*Elle s'arrête et regarde.*) Mais notre maison n'est pas un hôtel; d'où vient qu'il y a un cheval à la porte?.... Je comprends. (*Elle chante.*) Ce vil séducteur, abusant de sa puissance, cherche à déshonorer les femmes. Ses inclinations sont basses; son effronterie n'a pas de bornes; comment ose-t-il se présenter dans notre maison? Malgré moi, j'étouffe de colère; il faut que mon ressentiment éclate. (*Elle pénètre dans la salle, tire Thsieou-hou par ses vêtements, et veut l'expulser de la maison.*)

LIEOU-CHI, *avec surprise*.

Ma bru, que faites-vous là? Vous mettez votre mari à la porte. Quoi, vous ne reconnaissez pas Thsieou-hou!

MEÏ-YNG, *lâchant Thsieou-hou*.

(*Elle chante.*) Ah, ah, c'est donc vous qui revenez dans votre pays natal avec des habits brodés! (*Elle sort de la maison, et appelle Thsieou-hou.*) Thsieou-hou, venez ici!

THSIEOU-HOU.

Meï-yng, pourquoi me chassez-vous de la maison?

La scène d'explication entre le mari et la femme est pleine d'intérêt; l'auteur a su peindre avec originalité le dépit que les procédés de Thsieou-hou excitent dans le cœur de sa femme. Le bon sens naturel de Meï-yng, sa vertu, sa simplicité un peu trop franche, mettent en relief les vices et les faiblesses du mari, qui, ne pouvant pas s'excuser, a l'ennui d'entendre de fâcheuses vérités. Malheureusement, les poètes de la dynastie mongole aimaient le libertinage; comme auteur dramatique, Chi-pao-kiun ne se tient pas toujours dans une mesure décente, et se permet quelquefois des expressions qui ne font pas moins de tort à son caractère qu'à son goût. Enfin, Meï-yng, qui a résisté à toutes les séductions du plaisir et du monde, raconte naïvement à son mari tout ce qu'elle a souffert, les entreprises et les ruses de Li, et finit par demander à Thsieou-hou un acte de divorce.

Sur ces entrefaites, le financier amoureux revient à la charge, accompagné du père et de la mère de Meï-yng. On peut juger de la surprise de ces derniers, quand ils apprennent le retour de Thsieou-hou dans la maison paternelle.

LI, *à part.*
Je suis perdu; il est mandarin!
THSIEOU-HOU.
Que venez-vous faire ici?
LI, *avec hésitation.*
Vous adresser des.... félicitations.... sur votre retour.
MADAME LO.
Vous nous aviez dit qu'il était mort!
LI.
Non, non, il n'est pas mort; et moi, je ne resterai pas longtemps avec les vivants.
THSIEOU-HOU.
Cet abominable coquin a fabriqué de fausses nouvelles pour ravir les femmes des autres. (*Aux hommes de son escorte.*) Gardes, qu'on le saisisse, et qu'on le mène dans le district de Kiu-yé, où on instruira son procès.

Ici l'auteur se moque-t-il de la justice? Je le crois. Il y a évidemment dans cette scène une allusion plaisante à la gravité hypocrite des mandarins. Chi-pao-kiun saisit en passant les vices de son époque. — Dans la dernière scène du quatrième acte, Meï-yng, cédant enfin aux instances de sa belle-mère, pardonne à son époux, en lui faisant encore une petite leçon; et, quand Thsieou-hou voit que sa femme lui rend son amour, il s'abandonne à la joie.

Il est très-certain que l'auteur ne s'est pas mis en frais d'imagination. Le *Mari qui fait la cour a sa femme* ne vaut pas les *Maris en bonnes fortunes* de M. Étienne. Il est encore vrai que les Chinois n'ont jamais su conduire une intrigue, enchaîner des scènes; mais enfin on trouve dans cette pièce une peinture de mœurs plaisante et vraie (*).

Les Secondes noces de Weï-kao.

Cette pièce a une physionomie taosse; il est vraisemblable que l'auteur en a puisé le sujet dans une légende fabuleuse de Weï-kao, célèbre général des Thang, qui vécut sous les règnes de Te-tsong, de Chun-tsong et de Hien-tsong, et fut mis, après sa mort, au nombre des génies.

Le jeune Weï-kao, simple bachelier, épouse Yu-siao, courtisane de dix-huit ans, dont il est éperdument amoureux. Quelques jours après ses noces, contraint par son ambitieuse belle-mère de se présenter au concours des docteurs, il se voit dans l'obligation d'abandonner le domicile conjugal, et d'entreprendre le voyage de Tchang-ngan. — Yu-siao, ne pouvant se consoler de l'absence de son époux, succombe à une maladie de langueur, et renaît de ses cendres comme le phénix. Elle est recueillie par le gendre de l'empereur, qui l'élève avec beaucoup de soin.

Cependant Weï-kao avait obtenu au concours le grade éminent de tchoang-youén. Aussi habile dans l'art militaire que dans la politique, il s'était couvert de gloire sous le règne de Te-tsong. Nommé par Chun-tsong, commandant en chef des armées impériales, il avait gagné des batailles, exterminé les Tartares Thou-fan.

Dans le quatrième acte, Tchang-yen-chang, qui était le gendre de l'empereur, fait préparer dans son hôtel un grand festin, auquel il invite le commandant en chef. Au jour fixé pour le banquet, Weï-kao arrive dans l'hôtel de Yen-chang et y trouve Yu-siao, qu'il croyait morte. Après plusieurs incidents, *il contracte un second mariage avec sa femme, qui venait d'atteindre sa dix-huitième année.*

La comédie de Kiao-meng-fou n'est pas remarquable par le nombre et la variété des personnages; mais le caractère de la jeune femme est tracé avec beaucoup d'esprit et de sensibilité (*).

Le Gage d'amour.

Le *Thang-thsaï-tseu-tchouen* ou « l'Histoire des écrivains célèbres de la dynastie des Thang, » a fourni à Kiao-meng-fou le sujet de cette comédie. En Europe, nos personnages comiques sont ordinairement des per-

(*) *Siècle des Youén*, Journal asiatique, cahier d'avril-mai 1851, p. 364 à 372.

(*) *Siècle des Youén*, Journal asiatique, cahier de sept.-octobre 1851, p. 254 à 256.

sonnages d'imagination ou de pur caprice ; il n'en est pas de même à la Chine. On y aime tant l'histoire, que la comédie chinoise est presque toujours de l'histoire, sous une forme plus ou moins attrayante. Ainsi, dans le *Kin-thsièn-ki* où « le Gage d'amour, » on voit figurer trois poëtes de la dynastie des Thang : Han-feï-king, qui a le premier rôle ; l'académicien Ho-tchi-tchang et le célèbre Li-thaï-pe. Il y a plus, et c'est là un des caractères particuliers du Kin-tsièn-ki, les jolies ariettes que l'auteur met dans la bouche de Han-feï-king, sont du poëte Han-feï-king lui-même.

Il n'y a pas de prologue. La première scène du premier acte nous introduit dans un des plus magnifiques palais de la capitale, où réside le gouverneur Wang-fou, avec son fils Wang-tching et sa fille, nommée Lieou-meï. Wang-fou, élevé par l'empereur Ming-hoang-ti des Thang (Hiouen-tsong) au comble des dignités et de la fortune, est un magistrat sévère et désintéressé. Comme il se consacre avec zèle au service de l'État, et repousse de son palais les médisants et les flatteurs, il reçoit chaque jour de nouveaux bienfaits et de nouveaux présents ; car Hiouen-tsong était un monarque très-généreux. Quand il témoignait une grande gaieté (ce qui lui arrivait souvent), les ministres pouvaient toujours compter sur quelques cadeaux, tels que des vases, des escarboucles, des perroquets blancs, des tablettes de jade ou du vin de Niao-tching. Il avait donné à Wang-fou cinquante pièces d'or, portant les caractères de la nouvelle monnaie des Thang, qui était une monnaie de cuivre. Une particularité plus curieuse encore, c'est que le gouverneur avait fait de ces pièces de monnaie un collier, ou plutôt une espèce de talisman qu'il avait remis à sa fille Lieou-meï, en lui assurant que, si elle le portait, sa vertu ne serait jamais exposée aux tentations, et que les mauvaises pensées ne pourraient naître dans son cœur. A la Chine, l'empereur est très-certainement le souverain pontife de la nation ; il y exerce avec une autorité incroyable le plus élevé de tous les ministères, le ministère spirituel ; mais en vérité, le gouverneur s'avançait trop, lorsqu'il regardait un pareil collier comme un talisman infaillible.

On va en juger. L'empereur Hiouen-tsong, instituteur du théâtre, fondateur de la célèbre académie des Han-lin, n'avait pas seulement de la générosité ; il aimait les arts, il aimait la musique ; et comme il la savait très-bien, disent les historiographes, il avait réuni dans l'intérieur du palais impérial cent jeunes actrices, auxquelles il donnait lui-même des leçons de chant.

Ce n'est pas tout : il aimait les fêtes aussi. Or, un jour, c'était dans la troisième décade du troisième mois (les Chinois insistent sur les détails), l'empereur Ming-hoang-ti avait convoqué tous les habitants de la capitale, sans exception, à une grande fête sur le Kieou-long-tchi, ou « le lac des Neuf-Dragons, » à un concert, avec des intermèdes singuliers. On devait, dans ces intermèdes, chercher à lire une proclamation impériale, dont les caractères avaient été tracés avec des fleurs de pivoine par une des concubines du palais. Wang-fou, comme gouverneur de Tchang-ngan, se trouvait naturellement chargé des préparatifs de cette fête. Il y met tous ses soins, et ordonne à sa fille Lieou-meï d'y assister avec une de ces jeunes suivantes qu'on appelle dans les pièces de théâtre Meï-hiang « parfums du prunier. » Lieou-meï fait d'abord quelques difficultés sur ce projet ; elle allègue sa jeunesse, sa timidité, sa pudeur même : elle n'a jamais quitté le gynécée ; comme oserait-elle soutenir les regards des hommes ? « Rassure-toi, ma fille, répond le père, on t'accompagnera ; j'ai déjà choisi deux serviteurs d'un caractère respectable. » Lieou-meï obéit, et le lendemain, à l'heure fixée, elle s'achemine avec sa suivante vers le *lac des Neuf-Dragons*.

C'est ici que le principal personnage de la comédie, Han-feï-king, paraît pour la première fois sur la scène. Feï-king, originaire de Lo-yang, était l'ami intime de Ho-tchi-tchang et de Li-thaï-pe. Comme poëte, il avait une réputation immense. Ses poésies circulaient dans l'empire avec la rapidité de la flèche. Assez peu curieux de renommée, sans ambition, il aimait à boire et n'aimait pas à courir après les places ou les grades littéraires. D'ailleurs l'administration n'était guère plus équitable sous les Thang que de nos jours. Pour obtenir une place distinguée dans les examens publics, il fallait gagner les juges par des présents. Feï-king, installé chez l'académicien Ho-tchi-tchang, s'abandonnait donc au plaisir de boire et de composer des vers, lorsqu'il apprit que l'empereur donnait à la capitale une grande fête sur le *lac des Neuf-Dragons*. Il y court à moitié ivre, pénètre dans la foule, et se presse avec les gens du peuple autour de « la corde rouge » (hong-ching), qui marquait l'enceinte où siégeaient l'empereur, les concubines impériales, les ministres, les grands dignitaires. Au bout d'un certain temps, il quitte sa place pour faire le tour de l'île, et aperçoit une jeune fille d'une beauté remarquable : c'était Lieou-meï. Le hasard les avait rapprochés; ils deviennent amoureux l'un de l'autre à la première vue. Sans la moindre prudence, sans discrétion, sans réserve, la jeune fille ne cesse d'attacher sur Feï-king des regards languissants; elle voudrait lui ouvrir son cœur, ou du moins lui laisser un souvenir, un gage de sa tendresse; mais quel moyen employer? Contrainte de s'en retourner, elle ôte furtivement son collier et le cache dans son mouchoir, qu'elle laisse tomber à dessein. Han-feï-king le ramasse, y trouve des pièces d'or, les regarde avec surprise, puis se met à courir après le char qui porte la jeune fille. Sur ces entrefaites, il rencontre l'académicien Ho-tchi-tchang; celui-ci veut l'arrêter.

L'ACADÉMICIEN, *à son domestique.*

Cet homme qui court devant moi, n'est-ce pas Han-feï-king?

LE DOMESTIQUE.

C'est lui-même.

L'ACADÉMICIEN.

Vite, arrêtez-le.

LE DOMESTIQUE.

Bachelier Han, bachelier Han, on vous appelle.

HAN-FEÏ-KING.

Je n'ai pas le temps.

L'ACADÉMICIEN.

Han-feï-king, vraiment on ne comprend rien à votre conduite; vous méprisez donc les sages. Comment, pendant que je buvais avec vous, vous me quittez sous un faux prétexte pour aller sur le lac des Neuf-Dragons. A quoi vouliez-vous donc vous divertir sur le lac? on n'y trouve que les filles des magistrats. Dans l'état où vous êtes, avec la bonne humeur que donne le vin, j'appréhende pour vous quelque mauvaise affaire. Feï-king, il ne faut pas compromettre les poètes; suivez-moi, suivez-moi; nous prendrons ensemble quatre ou cinq tasses.

HAN-FEÏ-KING.

Mon frère, ne me parlez plus de vin; voyez-vous, quand vous auriez de la liqueur de jade (du nectar) ou quelques-uns de ces fruits qui donnent l'immortalité à ceux qui en goûtent, je n'en prendrais pas. J'ai une affaire de la plus haute importance. (*Il se met à courir.*)

L'ACADÉMICIEN, *l'arrêtant par son habit.*

Où courez-vous? Quelle est cette affaire si importante?

HAN-FEÏ-KING.

Vous ne savez pas que je viens de voir, sur le lac des Neuf-Dragons, la plus belle fille qu'il y ait dans le monde. C'est Tchang-ngo, qui est descendue du palais de la Lune, ou peut-être une jeune immortelle qui a quitté le séjour des dieux. Ses charmes ont agi sur mon cœur; j'en suis amoureux, et je crois qu'elle partage mes sentiments. Quand je me suis approché d'elle, je l'ai entendue répéter ces vers :

« D'où naît la tristesse qui m'accable? Je me fatigue à tourner la tête pour le voir et le revoir encore. »

L'ACADÉMICIEN.

Oh! les jolis contes! Mon ami, ce sont là des paroles que la bouche profère. Est-ce qu'il faut y ajouter foi?

HAN-FEÏ-KING.

Un moment, j'ai un gage.... Oh, courons donc sur ses traces. (*Il se remet à courir; Ho-tchi-tchang l'arrête encore.*)

L'ACADÉMICIEN.

Quel est ce gage? Feï-king, parlez-moi avec sincérité.

HAN-FEÏ-KING.

(*Il chante.*) Le plus beau qu'on puisse offrir à un ami; mais ce qui m'afflige, c'est qu'un pareil présent est sans valeur, pour acheter ce que je veux acheter.

L'ACADÉMICIEN.

Oh, je devine, je devine.

HAN-FEÏ-KING.

Devinez.

L'ACADÉMICIEN.
Un nécessaire.
HAN-FEÏ-KING.
Vous n'y êtes pas.
L'ACADÉMICIEN.
Quel gage donc?
HAN-FEÏ-KING.
Ho-tchi-tchang, je ne veux pas vous tromper; elle m'a donné cinquante pièces d'or, portant les signes de la nouvelle monnaie.
L'ACADÉMICIEN, *surpris*.
Quoi! cinquante *thong-pao* en or! Miséricorde! c'est au moins la fille d'un ministre d'État!
HAN-FEÏ-KING.
(*Il chante*.) Sur les deux côtés du char où elle était mollement assise, on voyait le glaive et la hache de cuivre.
L'ACADÉMICIEN.
Et vous voudriez pénétrer jusqu'à elle! Han-feï-king, prenez-y garde; on ne plaisante pas avec les filles des ministres.
HAN-FEÏ-KING.
(*Il chante*.) Quand ce serait la fille d'un prince (heou), je la poursuivrais jusqu'à la porte du harem, où l'air est imprégné de parfums, où l'œil n'aperçoit que des perles.
L'ACADÉMICIEN.
Décidément l'amour l'a rendu fou.

Au second acte, Han-feï-king erre à l'aventure, cherchant à découvrir la retraite de sa maîtresse; il porte ses pas jusqu'au pavillon du gouverneur Wang, où Lieou-meï traverse une salle; il reconnaît la jeune fille qu'il a vue sur le lac, et entre sans plus de façon dans le jardin. Le domestique de l'hôtel le prend d'abord pour un voleur et cherche à l'arrêter. « A qui est cette maison? » s'écrie Han-feï-king, toujours à moitié ivre; et pendant qu'un colloque s'engage entre le poëte amoureux et le valet déconcerté, le gouverneur Wang-fou arrive. Celui-ci interroge à son tour Han-feï-king. La scène de l'interrogatoire est parfaitement écrite, mais il y a de la langueur, parfois de l'insipidité, malgré les beaux vers qu'elle renferme.

LE GOUVERNEUR, *au domestique*.
Au fond, de deux choses l'une: cet homme est un libertin ou un voleur.
HAN-FEÏ-KING.
Excellence, quelles paroles se sont échappées de votre bouche? Y pensez-vous, un bachelier n'est pas un voleur?

LE GOUVERNEUR.
Enfin, expliquez-vous: que venez-vous faire dans mon jardin de plaisance?
HAN-FEÏ-KING.
Écoutez-moi. On trouve dans l'antiquité des grands hommes, oui des grands hommes, qui ont été des voleurs.
LE GOUVERNEUR.
Oh, par exemple, je vous écoute.

Han-feï-king fait au gouverneur une leçon d'histoire. Il cite d'abord Wang-tchong-tsiouën, le grand historiographe Sse-ma-thsiën, puis les poëtes Kou-seng et Tseu-kiën. Il rappelle poétiquement l'étrange larcin de Lieou-chin, qui vécut si longtemps dans la grotte des pêchers, sans payer son tribut à la nature; Han-cheou, de la dynastie des Thsin, qui déroba des parfums, pendant qu'il était secrétaire de Koutchong, et enfin Han-sin, le fameux capitaine, qui, pressé par la faim, déroba un melon et du millet à une vieille femme.

LE GOUVERNEUR.
Cet homme est à moitié ivre. Si je l'écoute, il se moquera de moi. Domestique, attachez-le à la muraille avec une corde. Quand il aura cuvé son vin, je recommencerai l'interrogatoire.

Cependant l'académicien Ho-tchi-tchang, qui se doutait de quelque chose, est à la recherche de son ami; il prend des informations dans les rues, frappe à plusieurs portes, et finit par découvrir sa retraite. Introduit chez le gouverneur Wang-fou, il aperçoit Han-feï-king attaché à la muraille. « Malheur! malheur! se dit-il à lui-même, il faut absolument que je le délivre. » Après les salutations et les compliments d'usage, le gouverneur raconte à Ho-tchi-tchang l'aventure du jardin; il paraît très-irrité.

L'ACADÉMICIEN.
Connaissez-vous cet homme?
LE GOUVERNEUR.
Pas le moins du monde.
L'ACADÉMICIEN.
Cependant l'empereur vous a souvent parlé de lui : c'est Han-feï-king, le fameux poëte, l'ami, le compagnon de Li-thaï-pe.
LE GOUVERNEUR, *stupéfait*.
Han-feï-king.
L'ACADÉMICIEN.
Oui, Han-feï-king.

LE GOUVERNEUR, *au domestique.*
Qu'on le mette en liberté ; qu'il vienne, qu'il vienne avec nous.

Cet incident amène une scène de réconciliation entre le gouverneur et Han-feï-king. Le premier se confond, il multiplie les excuses et les compliments ; le second répète sans cesse qu'il avait trop bu, qu'il ignore ce qu'il a fait. L'idée vient au gouverneur d'installer Han-feï-king dans son palais comme précepteur de son fils. « Voulez-vous ouvrir une école dans ma bibliothèque ? lui dit-il, nous philosopherons tous les deux. » Han-feï-king accueille avec enthousiasme cette proposition, dont Wang-fou est loin de sentir tout le danger. Il se retire, fait quelques préparatifs, et revient bientôt après dans le palais du gouverneur.

Le troisième acte s'ouvre par l'entretien de deux écoliers : l'un est Wang-tching, fils du gouverneur ; l'autre, Ma-kieou, fils d'un mandarin. Ce sont de fort mauvais écoliers, qui connaissent à peine le pë-kia-sing, « la table des noms propres, » et le mong-kieou, « espèce de rudiment. » A un autre point de vue, le dialogue est de nature à nous donner une idée des mœurs chinoises.

MA-KIEOU.
Voilà près d'un mois que je viens chez vous ; votre maître ne m'a rien appris ; il soupire sans cesse.

WANG-TCHING.
C'est vrai ; depuis que je le connais, il n'a point fait un vers, écrit un caractère ; il gémit toute la journée ; il pleure, pousse de grands soupirs. Quand il est dans le petit salon, il répète sans cesse siao-tsieï, siao-tsieï « mademoiselle ! mademoiselle ! » Je ne sais ce que tout cela veut dire.

MA-KIEOU.
C'est qu'il a envie de....

Je n'oserais dire ici en quels termes s'expriment les deux élèves, qui sont âgés de quinze ans. Les expressions les plus licencieuses, les plus obscènes s'y font malheureusement remarquer. On a cherché à nous faire croire que la jeunesse de ce pays est généralement réservée, obéissante, fort appliquée à l'étude ; qu'elle n'a pas un ton aussi décisif que la nôtre. Ce sont là des contes, et des contes de philosophes. Le théâtre nous en apprend plus, sur les mœurs de la société chinoise, que tous les livres ensemble.

Au fond, Han-feï-king est très-malheureux dans le palais du gouverneur ; on a beau le combler des attentions les plus délicates ; le jour il ne mange pas, la nuit il rêve d'amour. Épris plus que jamais des charmes de Licou-meï, c'est pour elle qu'il soupire ; il la cherche des yeux. Quelquefois son chagrin est mêlé de colère, et alors rien de plus plaisant que le langage du poëte chinois, langage à la fois érotique et pédantesque : « Quoi ! s'écrie-t-il dans son dépit, je ne pourrai pas m'unir à cette jeune fille, dont les attraits sont si puissants, et cependant les koua du Y-king s'unissent ensemble, le kiën et le kouen, « le ciel et la terre, » unissent leurs éléments, le soleil et la lune unissent leurs lumières, les quatre saisons leurs vertus, les bons et les mauvais génies, les destinées heureuses et malheureuses. » Pendant qu'il adresse sa prière au ciel, à la terre et aux génies, le domestique entre précipitamment dans la bibliothèque, et annonce le gouverneur. Han-feï-king, surpris, cache les pièces d'or dans l'étui d'un livre.

LE GOUVERNEUR.
Bachelier, je voulais venir vous voir tous ces jours-ci ; mais je suis retenu par les affaires ; je vous en prie, ne m'en veuillez pas.

HAN-FEÏ-KING.
Gouverneur, vous êtes trop bon.

LE GOUVERNEUR.
Vous savez combien l'empereur a de générosité. Figurez-vous que ce matin le fils du ciel, transporté de joie (après avoir entendu mon rapport), m'a fait présent de dix flacons de vin. Je n'aime pas à boire seul. Bachelier, tenez-moi compagnie. (*Au domestique.*) Servez le vin.

HAN-FEÏ-KING.
Je vous suis très-reconnaissant.

LE GOUVERNEUR.
Feï-king, videz cette tasse.

HAN-FEÏ-KING.
Votre Excellence me comble de faveurs. Est-ce que mon peu de mérite...?

LE GOUVERNEUR.
Buvez.

HAN-FEÏ-KING, *buvant.*
Ce vin-là est fait avec du raisin de **Liang**-tcheou.

LE GOUVERNEUR, *riant*.
Est-ce que vous préférez le ti-hou (liqueur blanche faite avec de la crème). Buvez encore, le vin chasse la tristesse.

HAN-FEÏ-KING.
Qui vous a dit que j'étais triste?

LE GOUVERNEUR.
Oh, je le sais; vous pensez à votre pays natal.

HAN-FEÏ-KING.
Pas précisément.

LE GOUVERNEUR.
Qu'avez-vous fait depuis plusieurs jours?

HAN-FEÏ-KING.
Je lis le Y-king.

LE GOUVERNEUR.
Très-bien. Lisons-le ensemble. (*Il prend le Y-king, et trouve les pièces d'or dans l'étui; Han-feï-king est consterné d'effroi.*)

Voilà donc l'intrigue percée à jour. Aux questions multipliées que le gouverneur lui adresse, le poëte amoureux répond par des mots équivoques. « Il y a ici un mystère, » s'écrie Wang-fou. — « Dans votre intérêt, réplique froidement Han-feï-king, gardez-vous de l'approfondir. » Le gouverneur, saisi d'indignation, appelle sa fille, l'accable de reproches, débite des lieux communs, et ordonne, pour la seconde fois, au domestique, d'attacher Han-feï-king à la muraille.

Mais une circonstance que le gouverneur ignorait, c'est que la situation de Han-feï-king était changée. L'élégance de ses compositions avait attiré sur lui les faveurs impériales. Le poëte est encore délivré par l'académicien Ho-tchi-tchang, et l'entretien de celui-ci avec le gouverneur termine le troisième acte.

Le cinquième commence par un monologue de Li-thaï-pë, qui, instruit secrètement de la mésaventure de son ami, avait présenté une supplique à l'empereur. Hiouen-tsong portait de l'intérêt à Han-feï-king : « Je veux, répond-il à Li-thaï-pë, que l'union du poëte avec la fille de Wang-fou s'accomplisse à l'instant même, et je vous charge personnellement de présider au mariage. » Après une pareille catastrophe, l'intrigue de la pièce est singulièrement refroidie; car le dénoûment est prévu. Le beau-père et le gendre font un assez triste rôle, quand Li-thaï-pë arrive pour célébrer le mariage. Wang-fou refuse d'abord; mais ce refus n'est pas un obstacle à l'union des deux amants. Han-feï-king lui-même a beau hésiter, si toutefois son hésitation est sincère, tous ces incidents, qui sont, il faut en convenir, d'un assez médiocre effet, ne forment pas une véritable intrigue. La pièce n'en vaudrait que mieux, si l'auteur eût imaginé des obstacles assez grands pour éloigner, avec quelque vraisemblance, le mariage du poëte (*).

La Soubrette accomplie.

On trouve dans le *Journal des Savants* une analyse de cette pièce, dont j'ai donné une traduction en 1835, et qui est véritablement, dit M. Charles Magnin, une fort jolie comédie.

Madame Han, veuve du prince Peï-tou, consacre tous ses soins à l'éducation de sa fille unique Siao-man. Elle a mis auprès d'elle, pour suivante et pour compagne d'études, une jeune personne de dix-sept ans, nommée Fan-sou, douée d'un enjouement et d'une finesse d'esprit remarquables : « Mon frère Han-toui, dit madame Han, voyant cette petite Fan-sou si spirituelle, si sage, si aimable, me dit un jour : Attendez qu'elle soit devenue grande, vous en ferez la femme de votre neveu Ngo-tchang. » Cependant, à son lit de mort, le prince Peï-tou a recommandé à sa femme de donner leur fille en mariage au jeune Pë-min-tchong, fils d'un général qui, dans une bataille, lui a sauvé la vie aux dépens de la sienne. Le jeune Pë-min-tchong, retenu au fond de sa province, pendant les trois ans que dure le deuil de son père, arrive enfin dans la capitale de l'Ouest, pour y prendre ses degrés et réclamer la jeune épouse qu'il sait que le prince Peï-tou a promise autrefois pour lui à son père. Madame Han, qui est un modèle de savoir et de prudence maternelle, éprouve à la fois beaucoup de joie et d'embarras de la visite de Pë-min-tchong. Les rites lui défendent de parler du mariage projeté, et elle veut pourtant recevoir ce jeune homme

---

(*) *Siècle des Youén*, Journal asiatique, cahier de février-mars 1851, p. 178 à 194.

comme un gendre futur. Elle présente le bachelier aux deux jeunes filles, et leur enjoint de le saluer comme un frère ; puis, ne voulant pas laisser loger dans une hôtellerie cet étranger venu de si loin, elle l'installe dans la salle des dix mille volumes, c'est-à-dire dans la bibliothèque, qui occupe un pavillon au milieu du jardin. On pense bien que l'amour ne tarde pas à naître entre Siao-man et le jeune Pĕ-min-tchong. Les symptômes de cette passion naissante sont peints avec beaucoup de naturel et de grâce. Le jardin, depuis que le bachelier habite dans le pavillon, est, comme l'exigent les bienséances chinoises, interdit aux jeunes filles. De là, une charmante scène, où Siao-man, en descendant sur le soir dans le parc, veut avoir l'air de céder aux instances de son évaporée soubrette (*) :

FAN-SOU.
Mademoiselle, écoutez donc.

SIAO-MAN.
Que veux-tu que j'écoute ?

FAN-SOU. (*Elle chante.*)
« Entendez-vous les modulations pures et harmonieuses de l'oiseau Tou-kiouen ? Sentez-vous le parfum des pêchers qui vient réjouir l'odorat ?... Mademoiselle, promenons-nous à la dérobée. »

SIAO-MAN.
Fan-sou, garde-toi de faire du bruit. Retenons nos ceintures, qui sont garnies de pierres sonores, et marchons tout doucement.

FAN-SOU. (*Elle chante.*)
« Les pierres de nos ceintures s'agitent avec un bruit harmonieux ; que nos petits pieds, semblables à des nénufars d'or, effleurent mollement la terre (*bis*). La lune brille sur nos têtes, pendant que nous foulons la mousse verdoyante (*bis*). La fraîcheur humide de la nuit pénètre nos légers vêtements. » — (*Elle parle.*) Voyez donc comme ces fleurs sont vermeilles ; elles ressemblent à une étoffe de soie brodée ; voyez la verdure des saules ; de loin on dirait des masses de vapeurs qui se balancent dans l'air. Nous jouissons de toutes les beautés du printemps.

SIAO-MAN.
Que ces perspectives sont ravissantes !...

FAN-SOU. (*Elle chante.*)
« Les fleurs et les saules semblent sourire

(*) Voy. Journal des Savants, cahier d'octobre 1842, article de M. Charles Magnin.

à notre approche ; le vent et la lune redoublent de tendresse. Dans ces moments délicieux, un poëte se sentirait pressé d'épancher en vers les sentiments de son âme. » — (*Elle parle.*) Mademoiselle, les sites que vous voyez m'enchantent à tel point que je voudrais profiter de cette heure délicieuse de la nuit pour composer quelques vers. Je vous prie, ne vous en moquez pas.

SIAO-MAN.
Je désire les entendre.

FAN-SOU. (*Elle chante.*)
« Un han-lin (académicien), avec tout son talent, ne pourrait décrire les charmes de ces ravissantes perspectives ; un peintre habile ne pourrait les représenter avec ses brillantes couleurs. Voyez la fleur haï-tang, dont la brise agite le calice entr'ouvert ; la fraîcheur de la nuit pénètre nos robes de soie ornées de perles ; les plantes odoriférantes sont voilées d'une vapeur légère ; notre lampe jette une flamme tranquille au milieu de la gaze bleue qui l'entoure ; les saules laissent flotter leurs soies verdoyantes, d'où s'échappent des perles de rosée qui tombent, comme une pluie d'étoiles, dans cet étang limpide : on dirait des balles de jade qu'on jetterait dans un bassin de cristal. Voyez la lune qui brille à la pointe des saules ; elle ressemble au dragon azuré qui apporta jadis le miroir de Hoang-ti. »

(*Pĕ-min-tchong joue de la guitare.*)

SIAO-MAN.
De quel endroit viennent ces accords harmonieux ?

FAN-SOU.
C'est sans doute le jeune étudiant qui joue de la guitare.

SIAO-MAN.
Quel air joue-t-il ?

FAN-SOU.
Écoutons au bas de cette fenêtre.

Pĕ-MIN-TCHONG. (*Il chante en s'accompagnant de la guitare.*)
« La lune brille dans tout son éclat ; la nuit est pure, le vent et la rosée répandent leur fraîcheur ; mais, hélas ! la belle personne que j'aime n'apparaît point à mes yeux : elle repose, loin de moi, dans sa chambre solitaire ! Depuis qu'elle a touché mon cœur, aucun oiseau messager ne m'apporte de ses nouvelles. Il lui est difficile de trouver quelqu'un à qui elle puisse confier une lettre. Mon âme se brise de douleur, ma tristesse s'accroît de plus en plus, et cependant ma chanson n'est pas encore finie. Les larmes inondent mon visage. Mille lis me séparent de mon pays natal ; j'erre à l'aventure comme

la feuille emportée par le vent. Quand serai-je assez heureux pour posséder la belle Yu-fei (*)? »

SIAO-MAN.

Les paroles de ce jeune homme vous attristent le cœur....

FAN-SOU. (*Elle chante.*)

« A peine l'ai-je entendu, que j'ai senti s'accroître mes ennuis. La douceur de ses accents faisait naître par degré le trouble au fond de mon âme ; sa voix touchante inspire l'amour. Avec quelle vérité il a dépeint les tourments de cette passion ! Ne croirait-on pas qu'en prenant sa guitare, il a voulu décrire votre abandon, votre tristesse?... »

PÉ-MIN-TCHONG. (*Il chante de nouveau en s'accompagnant de la guitare.*)

« Le phénix solitaire cherche la compagne qu'il aime ; il chante d'une voix plaintive : où est-elle pour écouter ses tendres accents ?»

FAN-SOU.

Que ne joue-t-il un autre air ? il semble faire allusion à nos peines. Mademoiselle, allons-nous-en.

SIAO-MAN.

Pourquoi es-tu donc si pressée ?

FAN-SOU.

Holà ! mademoiselle, est-ce que vous ne voyez pas un homme qui vient ?

SIAO-MAN.

De quel côté vient-il ?

FAN-SOU. (*Elle chante.*)

« Les bambous froissés résonnent sur son passage ; les fleurs laissent tomber avec bruit leurs pétales décolorés ; les oiseaux, qui dormaient sur les branches, s'envolent de frayeur. (*Elle écoute.*) J'ai écouté longtemps avec inquiétude : je n'entends personne ; autour de nous règnent la solitude et le silence. »

SIAO-MAN.

A quoi bon faire l'effrayée ? Comment un homme pourrait-il venir à cette heure ? Il faut que tu sois folle!...

PÉ-MIN-TCHONG.

Il me semble que je viens d'entendre parler.... Ouvrons la porte du cabinet, et regardons.

FAN-SOU. (*Elle chante.*)

« Ah ! j'ai entendu résonner l'anneau de la porte ; il m'a semblé voir quelqu'un venir. Le bruit m'annonçait une personne qui marche dans l'ombre. Soudain j'ai arrêté mes yeux de ce côté : ce n'était que le bruit des gouttes de rosée ; ce n'était que le murmure de la brise du soir. Les fleurs balancent capricieusement leur ombre ; elles ont failli me faire mourir de frayeur. » — (*Elle parle.*) Mademoiselle, allons-nous-en. J'appréhende qu'il ne vienne quelqu'un.

SIAO-MAN.

Écoutons encore un air. Qu'est-ce que tu as à craindre ?

FAN-SOU.

Si madame vient à le savoir, elle dira qu'elle connaît la coupable, que c'est Fan-sou, cette petite scélérate ; puis elle m'appellera et me fera mettre à genoux. La nuit devient obscure ; retournons-nous-en. Holà ! je crois entendre l'arrivée de quelqu'un.... La nuit devient sombre ; retirons-nous.

SIAO-MAN.

Eh bien ! marche la première ; je te suivrai.

FAN-SOU. (*Elle chante.*)

« L'éclat de la lune peut nous trahir : je meurs d'inquiétude. »

Fan-sou, envoyée par madame Han savoir des nouvelles du bachelier tombé malade, le trouve vraiment près de perdre la raison. Il faut voir de quel ton l'espiègle soubrette, transformée en docte lettré, cite au bachelier tous les textes d'auteurs classiques qui recommandent à un étudiant de mépriser l'amour et de ne s'occuper que du progrès de ses études ; mais la petite prêcheuse finit pourtant par s'adoucir et par se charger d'un message pour sa maîtresse. Nouvelle scène fort jolie entre Fan-sou et Siao-man ; colère simulée de celle-ci en recevant la lettre de l'étudiant ; menaces de faire châtier Fan-sou par sa mère ; feinte terreur de la messagère, qui reprend bientôt l'offensive et menace, à son tour, d'aller tout déclarer à madame Han ; frayeur très-réelle de Siao-man et magnanimité de la soubrette, qui pardonne et consent même à porter une réponse au bachelier. Elle fait plus encore que de lui remettre un billet ; elle lui donne, comme de la part de sa maîtresse, un rendez-vous dans le jardin. Ces deux scènes charmantes, qui sont la sixième et la septième du deuxième acte, méritent d'être mises sous les yeux du lecteur ; les voici :

Scène 6.

SIAO-MAN ET FAN-SOU.

SIAO-MAN.

Fan-sou, d'où viens-tu ?

(*) Jeune fille d'une beauté remarquable.

FAN-SOU.

Madame m'avait chargée de visiter Pé-min-tchong, qui est malade.

SIAO-MAN.

Comment va ce jeune homme?

FAN-SOU, *à part.*

Il paraît qu'elle s'intéresse beaucoup à lui. (*A Siao-man.*) Son état s'aggrave de plus en plus; la maladie va le conduire par degrés au tombeau.

SIAO-MAN, *à part.*

Est-il possible qu'il soit réduit à cet état! Je n'ose l'interroger avec trop d'instances. Comment donc faire? quel remède?

FAN-SOU, *à part.*

La question que mademoiselle vient de m'adresser décèle à fond les sentiments de son cœur; on peut lui parler franchement. (*A Siao-man.*) Pé-min-tchong m'a chargée de vous remettre une lettre; j'ignore ce qu'elle contient.

SIAO-MAN, *prenant la lettre et la lisant, affecte un ton irrité.*

Vile créature! il faut que tu sois bien effrontée.

FAN-SOU.

Que voulez-vous dire?

SIAO-MAN.

Fan-sou, viens ici; mets-toi à genoux.

FAN-SOU.

Je n'ai commis aucune faute; je ne m'agenouillerai pas.

SIAO-MAN.

Indigne suivante, tu déshonores ma famille! Sais-tu bien où tu demeures? Tu oses manquer à ce point aux convenances, comme si je ne les connaissais pas! N'est-ce pas ici la maison d'un ministre d'État? Je n'ai pas encore engagé ma foi; malgré cela, tu vas prendre la lettre amoureuse d'un jeune homme pour venir ensuite me séduire! Si ma mère, qui est d'un caractère emporté, venait à le savoir, tu serais perdue. Petite scélérate, je devrais te briser la figure; mais on dirait que je suis une jeune fille et que j'ai la méchanceté d'un démon; on ne manquerait pas de me calomnier : mon unique désir est de prendre cette lettre et d'aller la montrer à ma mère. Misérable suivante! elle te fustigera comme il faut.

FAN-SOU, *se mettant à genoux, et riant.*

Eh bien, me voilà à genoux. Ce jeune homme m'a chargée de vous remettre un billet; je ne savais pas, en vérité, ce qu'il avait écrit. Mademoiselle, si vous allez le dire à madame (*Elle chante*), « vous me perdrez, ainsi que le jeune amant de la ville de Lo-yang. »

SIAO-MAN.

Petite scélérate, tu es bien impudente!

FAN-SOU, *tirant le sac d'odeur.*

Mademoiselle, ne vous fâchez pas tant. — (*Elle chante.*) « Votre suivante ne fera pas de bruit; mademoiselle, gardez-vous de vous emporter. » — (*Elle parle.*) Voici un objet qui a une destination. — (*Elle chante.*) « Dites-moi à qui il était destiné. » — (*Elle parle.*) Regardez un peu. — (*Elle chante.*) « Cherchez, expliquez d'où il vient. »

SIAO-MAN, *regardant le sac, à part.*

Comment se fait-il qu'il se trouve dans ses mains?

FAN-SOU.

Ne m'avez-vous pas dit : Tu es bien impudente, petite misérable; sais-tu bien où tu demeures? — (*Elle chante.*) « Ne suis-je pas dans le palais du ministre d'État? » — (*Elle parle.*) Et qui êtes-vous, mademoiselle? — (*Elle chante.*) « Vous êtes une jeune personne; oserais-je vous séduire par des propos indiscrets? Quand madame, qui est d'un caractère si bouillant, aura vu cette servante qui déshonore sa maison, c'en est fait d'elle! Permettez-moi de vous quitter promptement. » — (*Elle parle.*) Je vais aller trouver madame — (*Elle chante.*), « afin qu'elle me châtie comme je le mérite. »

SIAO-MAN.

Fan-sou, je veux raisonner sérieusement avec toi.

FAN-SOU.

Feu le ministre d'État a gouverné sa maison avec tant de sévérité, que les domestiques et les servantes n'osaient pas faire une démarche contraire aux rites. Aujourd'hui, mademoiselle, vous mettez en oubli les instructions que vous avez reçues dans votre enfance; vous ne cultivez pas les vertus de votre sexe; vous désobéissez à votre tendre mère.... Vous promettez votre cœur à un jeune homme, et vous lui donnez un gage de votre tendresse. Ces jours derniers vous étiez fatiguée de broder; vous vous disiez atteinte de cette lassitude qu'occasionne l'influence du printemps : il paraît que c'était pour cela. Voilà le larcin découvert! C'est à vous maintenant de demander pardon : loin de là, vous voulez avoir un entretien sérieux. Rejetant vos fautes sur moi, vous m'accablez de reproches. Est-ce ainsi qu'on traite les gens? Je ne vous fais qu'une seule question : Vous avez brodé sur ce sachet deux oiseaux qui entrelacent leurs ailes; quelle était votre pensée? (*Elle chante.*) « Il faut convenir qu'ils sont brodés avec art. » — (*Elle parle.*) Voici une touffe de nénufar. — (*Elle chante.*) « Vous aviez sans doute vos raisons pour les broder aussi. Cette conduite d'une personne distinguée comme vous l'êtes ne peut manquer d'exciter la raillerie et les sarcasmes du public. (*Elle se met à courir.*) Je cours montrer à madame ce petit sachet. »

SIAO-MAN, *l'arrêtant.*

Tout à l'heure je plaisantais avec toi ; pourquoi veux-tu aller chez ma mère ?

FAN-SOU. (*Elle chante.*)

« Vous êtes une jeune personne : pourquoi agissez-vous ainsi ? »

SIAO-MAN, *la retenant toujours.*

C'est un tort que j'ai eu....

FAN-SOU.

Est-ce bien vous, mademoiselle ? — (*Elle chante.*) « Comment ! vous me suppliez, moi, qui suis une misérable servante, de vous accorder du répit ! »

SIAO-MAN.

Je conviens que j'ai eu tort.

FAN-SOU.

Mademoiselle, tout à l'heure n'avez-vous pas voulu me frapper ?

SIAO-MAN.

Eh bien ! frappe-moi à ton tour.

FAN-SOU.

Allons, venez ici, et mettez-vous à genoux. — (*Elle chante.*) « Notre rôle est changé : c'est maintenant à moi de vous châtier.... » — (*Elle parle.*) Est-ce que vous avez peur ?

SIAO-MAN.

Certainement que j'ai peur.

FAN-SOU.

Ah ! n'ayez aucune crainte ; je voulais seulement plaisanter avec vous.

SIAO-MAN.

Tu as manqué me faire mourir de frayeur.

FAN-SOU.

Mademoiselle, parlez-moi sérieusement. Est-ce vous qui avez donné ce sachet à Pĕ-min-tchong ?

SIAO-MAN.

Oui.

FAN-SOU.

Pourquoi vous êtes-vous cachée de moi ?

SIAO-MAN.

Je n'ai pas osé te faire cette confidence.

FAN-SOU.

.... Mademoiselle, qui est-ce qui peut s'opposer à votre union ? Pĕ-min-tchong nourrit dans le fond de son cœur une passion qui le mine et le consume ; il désire même que la mort mette un terme à ses tourments. Mademoiselle, les rites veulent qu'on aime les hommes. Quel bonheur n'éprouve-t-on pas lorsqu'on adoucit les peines de ses semblables ?

SIAO-MAN.

Ma compagne d'études, tu es tout à fait dans l'erreur. Est-ce que tu n'as pas entendu dire : « En fait de mariage, quand on néglige les formalités prescrites par les rites, on devient une concubine. » Songe donc que je suis la fille d'un ministre d'État. Si je désobéis à ma tendre mère, et que je contracte avec un jeune homme une union illicite, comment oserai-je paraître dans le monde ?...

FAN-SOU.

Si pour une affaire de peu d'importance, on compromet la vie d'un homme, n'est-ce pas une faute grave ? Mademoiselle, réfléchissez-y mûrement.

SIAO-MAN.

Garde-toi de m'en parler davantage ; ma résolution est irrévocablement fixée.

FAN-SOU.

Le Lun-yu dit : « Celui qui manque à sa parole ne mérite pas le nom d'homme. » Mademoiselle, puisque vous persistez avec obstination dans votre refus, je vais prendre le sachet et avertir madame.

SIAO-MAN.

Attends donc, raisonnons encore un peu.

FAN-SOU.

« Mille raisonnements ne valent pas un consentement. »

SIAO-MAN.

Tu joues de ruse avec moi. Allons, attends que je réfléchisse encore.

FAN-SOU.

« Il vaut mieux sauver la vie d'un homme que d'élever une pagode à sept étages. » Mademoiselle, quels ordres avez-vous à me transmettre ? Il faut que j'aille rendre réponse à ce jeune homme ?

SIAO-MAN.

Attends que j'écrive une lettre ; il la lira et connaîtra mes sentiments. (*Elle remet la lettre à Fan-sou.*)

FAN-SOU, *d'un ton sévère.*

Eh bien, je vais la porter.

SIAO-MAN.

A qui ?

FAN-SOU.

A madame.

SIAO-MAN, *effrayée.*

Elle a juré ma perte !

FAN-SOU.

Mademoiselle, rassurez-vous ; c'est au bachelier que je la porte. (*Elles sortent ensemble.*)

Scène 7.

PĔ-MIN-TCHONG ET FAN-SOU.

PĔ-MIN-TCHONG.

Dans mon trouble, je vous prenais pour

une autre. Eh bien, où en est notre affaire?

FAN-SOU. (*Elle chante.*)

« Aujourd'hui la soubrette vous a rendu un service signalé. »

PĚ-MIN-TCHONG.

Mademoiselle a-t-elle daigné recevoir ma lettre?

FAN-SOU, *faisant claquer ses doigts.*
(*Elle chante.*)

« J'ai eu recours à un petit stratagème, et j'ai arrangé votre affaire. »

PĚ-MIN-TCHONG.

Si vous avez quelque bonne nouvelle, faites-la-moi connaître?

FAN-SOU. (*Elle chante.*)

« J'ai un billet de sa main, où elle a exprimé ses sentiments. »

PĚ-MIN-TCHONG.

Quel bonheur! Une réponse de mademoiselle! laissez-moi la voir.

FAN-SOU, *tirant de son sein la lettre sans la montrer.* — (*Elle chante.*)

« Oh! dans cet endroit personne n'a pu la voir. »

PĚ-MIN-TCHONG.

Si je ne puis la voir, ô ciel! je mourrai d'impatience.

FAN-SOU. (*Elle chante.*)

« Lettré stupide, qui n'entendez rien aux affaires, eh bien, votre sort est dans cette main-là! »

PĚ-MIN-TCHONG.

Ayez pitié de moi! (*Fan-sou remet la lettre à Pě-min-tchong; celui-ci s'agenouille pour la recevoir.*) Avant de la prendre, attendez que j'allume un réchaud de parfum. Mademoiselle, prosternez-vous devant cette lettre, et faites une prière pour moi.

FAN-SOU.

Je ne comprends pas.

PĚ-MIN-TCHONG.

Vous ne voulez pas? je prierai moi-même.

FAN-SOU.

Mademoiselle n'en ferait pas autant pour vous. — (*Elle chante.*) « Qu'a donc cette lettre de si extraordinaire pour que vous brûliez des parfums en son honneur? Est-il possible que vous portiez la démence au point d'adorer un morceau de papier! (*Pě-min-tchong lit la lettre.*) Vous le voyez, je viens de remplir pour vous une mission délicate; je me suis compromise peut-être!... Ah! j'essayerais en vain de vous raconter tout ce que j'ai fait. »

PĚ-MIN-TCHONG.

Mademoiselle me promet un rendez-vous pour cette nuit, mais j'ignore à quel moment elle viendra.

FAN-SOU. (*Elle chante.*)

« Elle sera avare de sa tendresse, dans la crainte d'effacer sa beauté; et cette nuit, avec vous.... »

PĚ-MIN-TCHONG.

Cette nuit, comment se conduira-t-elle avec moi?

FAN-SOU, *l'interrompant.* — (*Elle chante.*)

« Le mot était venu sur le bout de ma langue; véritablement je l'ai avalé. »

PĚ-MIN-TCHONG.

Comment avez-vous pu l'avaler? Vite, prononcez ce mot; mettez le comble à ma joie.

FAN-SOU, *à part.* — (*Elle chante.*)

« Si je ne le dis pas, je le ferai mourir de chagrin. »

PĚ-MIN-TCHONG.

Qu'est-ce que mademoiselle vous a recommandé?

FAN-SOU. (*Elle chante.*)

« Elle m'a ordonné de vous dire à voix basse.... »

PĚ-MIN-TCHONG.

De me dire quoi?

FAN-SOU. (*Elle chante.*)

« Qu'elle vous engage à ne pas dormir, quand la nuit sera avancée; elle veut que de la capitale on entende vos soupirs; elle veut que.... »

PĚ-MIN-TCHONG.

Mademoiselle, ne plaisantez pas; dites-moi sans détours à quelle heure de la nuit elle viendra.

FAN-SOU. (*Elle chante.*)

« Attendez que le tambour ait annoncé l'arrivée de la nuit; attendez que tout le monde de ce palais soit plongé dans un profond sommeil; attendez qu'un bruit qui se prolonge au loin parte du haut de la tour; que la goutte d'eau tombe sur la clepsydre de jade sonore; qu'une brise printanière fasse frémir l'aigrette du phénix qui dort sur les bananiers; que la fleur qui croit dans le palais de la Lune abaisse son ombre sur la cime des arbres; que la jeune beauté sorte furtivement de sa chambre, d'où s'exhale un doux parfum; qu'elle quitte ses rideaux brodés; qu'en agitant sa robe ondoyante, elle franchisse le chemin entouré d'une balustrade; qu'elle soulève mollement la jalousie ornée de perles; attendez qu'un léger bruit se fasse entendre de la fenêtre: c'est le moment où elle viendra. » (*Elle sort.*) (*).

(*) Voy. Théâtre chinois ou Choix de pièces de théâtre, traduites par M. Bazin, 1re pièce, acte II, scén. VI et VII.

Siao-man rencontre Pé-min-tchong au lieu convenu ; mais, au milieu d'une conversation des plus tendres, survient madame Han, qui entre dans une violente colère en découvrant toute cette intrigue menée par Fan-sou. Elle châtie la petite impudente, qui, bien qu'à genoux, démontre à sa maîtresse, avec la plus comique assurance, que d'elle seule vient tout le mal, et que, malgré son âge et sa prudence, elle a commis dans cette affaire une foule de fautes contre les rites, dont la moins pardonnable est d'avoir admis un jeune étudiant dans sa maison. Cependant, Pé-min-tchong est forcé de quitter la demeure de madame Han ; il va se présenter au concours littéraire, où il réussit au delà de ses espérances ; il est nommé han-lin (académicien). L'empereur, qui sait que le prince Péi-tou a promis au général Pe de donner à son fils la main de sa fille Siao-man, envoie un ordre à madame Han par le messager des noces. Et comme les mariages qui se font à la Chine par la volonté de l'empereur sont affranchis des formalités imposées par les rites, l'union des deux amants peut s'accomplir, sans attendre que Siao-man ait atteint l'âge voulu par la loi. Cette comédie, sauf le dernier acte, qui me paraît bien inférieur aux trois premiers, est conduite, dans quelques-unes de ses parties, avec un art très-délicat et présente plusieurs situations pleines à la fois de grâce et de comique (*).

Le Mariage forcé.

Un lettré, nommé Han-fou-tchin, qui allait à la cour pour y subir ses examens, s'arrête sur sa route, à Thsi-nan-fou, chef-lieu d'un département dans le Chan-tong. Apprenant que le gouverneur de la ville est Chi-hao-wên, son ancien condisciple, il dirige ses pas vers l'hôtel de la préfecture, où il est accueilli, par le gouverneur, de la manière du monde la plus cordiale et la plus obligeante. Après les compliments d'usage, les deux amis se mettent à table. Le repas achevé, Chi-hao-wên appelle un domestique et lui transmet l'ordre d'amener à la préfecture une jeune courtisane, d'une grande beauté, nommée Thou-joui-niang. La courtisane arrive, et fait sur le cœur du bachelier une impression profonde. Han-fou-tchin se décide sur-le-champ à quitter la préfecture et s'installe dans la maison de Thou-joui-niang, chez madame Li.

Cette hospitalité, qui n'était pas infructueuse pour la mère de la courtisane, pour madame Li, à laquelle Han-fou-tchin ne manquait jamais de faire quelque présent, finit par déplaire, quand le bachelier, déjà dépourvu de sens et de raison, se trouva dépourvu d'argent et de provisions de bouche. On le met à la porte. Han-fou-tchin profite du moment où Thou-joui-niang se promène, avec ses compagnons sur les bords du lac Kin-sièn, pour lui reprocher son ingratitude ; il cherche à l'attendrir et lui propose de l'épouser, mais la courtisane est inflexible. Dans son dépit, Han-fou-tchin traduit Thou-joui-niang devant le tribunal de Thsi-nan-fou. Le gouverneur, instruit de l'affaire par son ami, ordonne d'abord qu'on administre la bastonnade à la jeune fille, qui se récrie. « Mais, dit alors Han-fou-tchin, comme le frère de Dorimène dans la pièce de Molière, vous n'avez pas lieu de vous plaindre, et vous voyez que je fais les choses dans l'ordre. Vous m'avez manqué de parole ; vous refusez de m'épouser ; on vous donne des coups de bâton ; tout cela est dans les formes. » (*Un huissier lève le bâton.*)

THOU-JOUI-NIANG.

Hé bien ! j'épouserai, j'épouserai.

La pièce se termine par le mariage de Han-fou-tchin et de Thou-joui-niang. Elle n'est pas aussi gaie que le *Mariage forcé*, de Molière ; elle n'est pas même assez gaie (*).

La Fleur de poirier.

Cette petite comédie, dont le dialogue manque de vivacité et n'est semé d'aucun trait, est conduite avec un art

(*) Voy. Journal des Savants, octobre 1842, article de M. Charles Magnin.

(*) Voy. le *Siècle des Youén*, Journal asiatique, cahier de septembre-octobre 1851, p. 282 à 284.

qui ne se retrouve pas au même degré dans les autres. Un bachelier nommé Tchao-ju-tcheou, tourmenté du désir de voir, puis d'épouser Sié-kin-lièn, jeune courtisane d'une grande célébrité, entreprend, dans ce but, le voyage de la capitale. Introduit chez le gouverneur de Lo-yang, son ancien condisciple, Lieou-kong-pé (c'est le nom du gouverneur) met en jeu divers stratagèmes pour donner le change à la passion de son ami. D'abord il lui fait accroire que la courtisane est mariée; il installe Tchao-ju-tcheou dans son cabinet d'étude, au fond du jardin, l'exhorte à lire le Chou-king ; d'un autre côté, il charge un domestique d'amener secrètement dans sa maison la courtisane Sié-kin-lièn. Kin-lièn arrive. Le gouverneur lui expose son plan, ses desseins, et, comme le bachelier n'a jamais vu la courtisane, il la prie de cacher son nom, de se faire passer pour la fille de Wang-tong-tchi et de chercher à inspirer de l'amour au bachelier.

Au deuxième acte, Kin-lièn, dans une promenade nocturne au milieu du jardin, est aperçue de Tchao-ju-tcheou, qui se met à courir après la jeune fille, lui adresse quelques paroles et en devient éperdument amoureux. Sié-kin-lièn joue parfaitement son rôle; elle accueille les propos agréables du bachelier, et se laisse lier par un serment à n'être jamais l'épouse d'un autre. Invitée à prendre une collation, elle consent à cette démarche périlleuse; elle est au moment de pénétrer dans le pavillon, lorsqu'une vieille gouvernante, qui agissait de concert avec elle et avec le gouverneur, survient tout à coup, prend un ton irrité et accable de reproches les deux amants. Le pauvre bachelier, mécontent du sort, verse des larmes et s'abandonne au chagrin. L'adroite gouvernante se radoucit alors et finit par faire des propositions de paix qui sont acceptées. Elle s'engage à négocier le mariage de la jeune fille avec Tchao-ju-tcheou, à condition que celui-ci obtiendra le titre de docteur.

L'espérance raffermit le courage du bachelier ; il travaille avec ardeur, se présente aux examens publics avec confiance, obtient la première place et revient triomphant dans l'hôtel du gouverneur. Il y retrouve la jeune fille, dont le vrai nom est bientôt reconnu. Tchao-ju-tcheou, qui se sent redevable de son avancement au gouverneur Lieou, remercie ce dernier de l'heureux stratagème qu'il a employé, et la pièce se dénoue par le mariage du docteur et de la courtisane.

De toutes les comédies d'intrigue qui se trouvent au répertoire, la *Fleur de poirier* est la moins intéressante et la plus régulière (*).

DRAMES DOMESTIQUES.

Le Vieillard qui obtient un fils.

« On ne peut nier, dit M. Abel Rémusat, que le genre d'utilité le plus incontestable des drames et des romans des nations lointaines ne soit de faire juger les mœurs et les usages de ces nations, en les mettant en action, et en les présentant sous un jour plus naïf et plus vrai qu'on ne le peut faire dans une relation. Mais, d'un autre côté, la condition indispensable pour juger du degré d'intérêt de ces productions, même, jusqu'à un certain point, pour les entendre, ce serait la connaissance de ces mœurs et de ces usages dont on y cherche l'esprit. Par exemple, dans la comédie dont le titre précède, tout l'intérêt se porte sur un vieillard qui se voit près de mourir sans enfants mâles ; et, quoique ce soit en tout pays un malheur que de ne pas laisser de postérité, on ne peut, à moins d'être bien imbu des idées chinoises à cet égard, apprécier convenablement l'importance que ce vieillard met à avoir un fils, le désespoir qui l'accable quand il se croit privé de cette consolation, l'excès de sa joie quand il apprend que le ciel la lui a enfin accordée. Pour ne rien trouver d'exagéré dans tous ces sentiments, il faut connaître et avoir bien présentes à l'esprit les relations que les lois, la morale, j'oserais dire la religion, ont établies entre les parents et les enfants, et qu'elles perpétuent après la mort des premiers,

(*) Voy. le *Siècle des Youén*, Journal asiatique, cahier de septembre-octobre 1851, p. 272 à 274.

par les devoirs qu'elles imposent aux autres. Il faut savoir qu'un Chinois, près de mourir sans enfants mâles, envisage son sort du même œil qu'un Européen qui se verrait, ici, privé des honneurs funèbres : il est déshonoré, sa famille est éteinte, personne n'héritera de son nom ; ses filles le perdront en passant dans la famille de leur mari ; on ne fera point en son honneur ces cérémonies journalières qui, suivant l'idée de Confucius, rendent les morts toujours présents au milieu des vivants ; on ne viendra point, matin et soir, se prosterner devant la tablette où son nom sera inscrit ; on ne brûlera point des parfums, on ne lui offrira pas des mets, on n'arrangera pas ses habits, on ne tiendra pas sa place vacante au milieu de sa famille, comme cela est recommandé dans le Tchong-yong ; on ne remuera pas la terre sur sa sépulture, on ne cultivera pas les arbres qui y seraient plantés ; au jour anniversaire de sa mort, on ne viendra pas pleurer et se lamenter sur son tombeau. Voilà les calamités que redoute celui qui ne laisse pas de fils après lui ; voilà les préjugés que la philosophie chinoise a renforcés de tout son pouvoir, loin de chercher à les détruire. Il nous faut un commentaire pour nous mettre en état de les concevoir ; mais toutes ces idées se réveillent en Chine, au seul titre de la pièce que nous avons sous les yeux : Lao seng-eul, le *Vieillard à qui il naît un fils*. Ce ne serait chez nous qu'un bonheur ordinaire ; c'est, à la Chine, un coup du ciel. Le principal personnage est sauvé d'un malheur accablant ; les traverses qui vont lui faire craindre d'y retomber, exciteront au plus haut degré l'intérêt et la compassion des spectateurs.

« Un vieillard de Tong-ping-fou, nommé Lieou-thsong-chen, a ramassé une grande fortune dans le commerce : sa conscience lui reproche les moyens dont il s'est servi pour l'acquérir ; le ciel l'en punit cruellement ; il a soixante ans ; sa femme, Li, en a cinquante-huit ; il n'a qu'une fille qui est mariée, et un neveu, fils de son frère, qui porte le même nom de famille que lui ; mais tout le monde dans sa maison est conjuré contre ce neveu : sa femme, sa fille, et surtout son gendre. On craint que le vieillard ne veuille laisser son bien à cet héritier du nom de sa famille. La femme oblige son mari à le chasser de chez lui ; le gendre, chargé de compter à son cousin une somme d'argent, lui en vole une partie ; le pauvre neveu est renvoyé sans pitié. Le vieillard, à la sollicitation de sa femme, remet toutes ses clefs à son gendre, et lui abandonne la direction de son bien. Tout le monde est content, excepté le neveu, qui se trouve réduit à la misère. Le vieillard, prêt à partir pour la campagne, annonce à sa femme la grossesse de Siao-meï, sa seconde femme, lui recommande d'avoir beaucoup de ménagements pour elle, et demande avec instance d'être informé tout de suite du sexe de l'enfant qu'elle lui donnera. Telle est la matière du Sie-tseu ou prologue : la marche en est rapide, le dialogue naïf et animé. La passion de la dame Li contre son neveu, le caractère intéressé et sordide du gendre, la joie de Lieou-thsong-chen, en parlant du fils qui doit lui naître, l'impatience de sa femme, qui ne partage point cette joie, tout cela est peint avec chaleur, et assaisonné de traits vifs et comiques.

« Au premier acte, le gendre déplore son malheur de se voir privé de l'héritage sur lequel il avait compté. « Jamais, dit-il à sa femme, je ne vous aurais épousée, si j'avais pu m'attendre à ce qui m'arrive. Si Siao-meï donne le jour à une fille, il faudra céder la moitié du bien de votre père, et si c'est un fils, il faudra le céder tout entier. » La jeune femme le console ; elle lui promet de feindre que Siao-meï a pris la fuite avec un autre homme ; cette feinte est adoptée ; on en fait part à la dame Li, et tous trois vont à la campagne trouver Lieou-thsong-chen. Celui-ci refuse d'abord d'ajouter foi à son malheur, il croit qu'on lui prépare une surprise ; mais quand il est enfin persuadé, il se livre à son désespoir, et prend la résolution de distribuer des aumônes pour apaiser le ciel, dont la colère le poursuit. Ainsi finit le premier acte, que le traducteur a beaucoup abrégé. On voit que la scène, d'abord dans la maison de ville de Lieou-thsong-chen, est transportée ensuite à la campagne. L'unité de lieu n'est pas une règle qu'il faille s'attendre à trouver observée à la Chine.

Le second acte commence par la distribution des aumônes, que le gendre du vieillard est chargé de faire dans le temple de Khaï-youen. Une scène de mendiants, placée en cet endroit, est égayée par quelques tours de fourberie dont ces sortes de gens ont coutume d'user. Le neveu de Lieou-thsong-chen vient ensuite pour avoir sa part de la distribution; il est repoussé durement par le gendre, accueilli avec tendresse par son oncle, mais chassé de nouveau sur les instances de sa tante. Le vieillard le congédie, en lui recommandant d'être exact à remplir ses devoirs sur les tombeaux de ses ancêtres. Cette recommandation, prise dans le sentiment même qui anime Lieou-thsong-chen, fonde assez adroitement la grande scène du troisième acte.

« Dans celui-ci la scène est au milieu des tombeaux. La fille de Lieou-thsong-chen voudrait aller pratiquer les cérémonies accoutumées sur ceux de sa famille; mais son mari l'en éloigne pour la conduire à la sépulture de la sienne. Cette manière de mettre en action les devoirs qui séparent une fille de ses parents me semble assez ingénieuse. Le neveu vient ensuite, et, dans un monologue tout à fait touchant, il exprime ses sentiments aux ombres de ses ancêtres, et témoigne le regret de ne pouvoir, à cause de la pauvreté où il est réduit, orner leurs tombes suivant son désir. Quand il est éloigné, Lieou-thsong-chen et sa femme arrivent à leur tour. Ils savent que leur fille et leur gendre sont partis avant eux, avec les gâteaux, les victimes et le vin chaud destinés aux offrandes; mais tout cela a été porté aux tombeaux de la famille de leur gendre. La faible offrande de leur neveu n'est point aperçue. Lieou-thsong-chen déplore l'abandon où sont les sépultures, et cette image redouble sa douleur, en lui présageant le sort qui attend sa tombe et celle de sa femme. Celle-ci s'attendrit peu à peu, elle sent l'isolement où se trouve une famille qui n'a point de rejetons mâles pour lui rendre les honneurs funèbres, et le résultat de cette scène, qui est très-bien filée, fort intéressante, et écrite d'un style très-propre au sujet, est que la dame Li accueille avec joie son neveu qui revient pour achever les rites qu'il avait commencés. Cette réconciliation est amenée avec beaucoup d'adresse, et accompagnée de circonstances qui font honneur à l'habileté du poëte. Le gendre et la fille, qui viennent ensuite pour la cérémonie, sont très-mal reçus par la dame Li, qui les congédie à leur tour, et les force de rendre les clefs qui leur avaient été confiées. Ainsi finit le troisième acte.

« Au quatrième, on célèbre le jour de la naissance de Lieou-thsong-chen. Le neveu, devenu intendant de la maison, reçoit son cousin comme il en a été reçu, et lui rend dans les mêmes termes l'accueil qui lui a été fait. Le vieillard lui-même refuse longtemps de recevoir les félicitations de son gendre et de sa fille. Il ne veut admettre, dit-il, aucun parent qui ne le touche de plus près que son neveu. Dans son idée, cette réponse exclut son gendre et même sa fille, qui a passé dans une autre famille. Mais celle-ci a un moyen sûr de se réconcilier avec son père. Elle fait entrer Siao-meï, que depuis trois ans elle avait tenue cachée, ainsi que le fils auquel cette dernière avait donné le jour; elle rend elle-même un compte assez peu satisfaisant des motifs qui l'ont dirigée dans sa conduite. Mais le vieillard, transporté à la vue de son fils, passe aisément sur tout ce qu'il y a d'irrégulier et d'invraisemblable dans cette manière d'agir. Il exprime le bonheur qu'il éprouve de se voir au milieu de sa fille, de son neveu et de son fils, et partage en leur faveur son bien en trois parties égales : « Le ciel m'a su gré des aumônes que j'ai distribuées, dit-il en finissant, et, pour me récompenser, il m'a donné *un fils dans ma vieillesse.* » (*).

(*) Mélanges asiatiques ou Choix de morceaux de critique et de mémoires relatifs aux religions, aux sciences, aux coutumes, à l'histoire et à la géographie des nations orientales, par M. Abel Rémusat, t. II, p. 328 à 333.

Le Sacrifice de Fan et de T'chang.

Les Chinois ont fait de l'amitié une vertu ; toutefois, comme la morale, telle qu'ils la conçoivent, n'engage à rien dans la pratique, il arrive souvent à la Chine que deux ou trois personnes se lient ensemble par un contrat, par un serment et par une cérémonie. Le contrat impose des obligations véritables, et généralement les liens de l'amitié sont plus ou moins indissolubles, suivant que les clauses du contrat sont ou plus ou moins sévères. Quant à la cérémonie, elle consiste presque toujours dans un sacrifice offert par les parties contractantes.

On ne doit donc pas s'étonner qu'il y ait dans la littérature chinoise un très-grand nombre de légendes sur l'amitié ; celle de Fan et de T'chang en est une. Fan-kiu-king, originaire du Chan-yang, contracte avec T'chang-youên-pë une amitié immortelle. Cette amitié ne se forme pas avec le temps, peu à peu, mais tout d'un coup, comme chez les musiciens. Après le pacte, ils offrent en sacrifice un coq et du millet ; puis, Fan-kiu-king, lié par un contrat, par un sacrifice et par un serment, se met en route et se présente au concours ouvert dans la capitale. Mais l'amitié de Tchang-youên-pë n'était pas à l'épreuve de l'absence ; il tombe dans une grande tristesse, et, quoique sa jeune épouse et sa mère lui prodiguent les soins les plus tendres, il meurt de chagrin.

Autrefois, dans les cérémonies des funérailles, le char funèbre était toujours traîné par les parents et les amis du défunt. On place donc le corps de Tchang-youên-pë sur le char funèbre. Chose extraordinaire, malgré les efforts des parents et des amis, et suivant la prédiction que T'chang-youên-pë en avait faite lui-même, le char reste immobile.

Au quatrième acte, Fan-kiu-king, averti par un songe de la mort de son ami et des circonstances miraculeuses qui s'opposent à l'inhumation du corps, quitte sur-le-champ la capitale, revient dans le Chan-yang, offre un sacrifice et préside aux funérailles de Tchang-youên-pë. On se remet à l'œuvre ; le char fuit, et la cérémonie funèbre s'accomplit sans le moindre obstacle (*).

Le Dévouement de Tchao-li.

Il n'est que trop vrai qu'il y a eu des anthropophages, comme dit Voltaire dans son Dictionnaire philosophique. A la Chine, pays très-policé et très-civilisé, nous en avons trouvé sous la dynastie des Song ; voici maintenant une pièce de théâtre qui nous en montre sous la dynastie des Han.

Pendant la première année kiên-wou (l'an 25 de notre ère), sous le règne de l'empereur Kouang-wou-hoang-ti, avec lequel commence la dynastie des Han orientaux, il y avait dans la province du Ho-nan une foule de Chinois qui ne se mangeaient pas entre eux, mais qui mangeaient les hommes et les femmes des districts où ils s'établissaient. A leur approche, les habitants, saisis d'épouvante, prenaient la fuite. Dans le premier acte du Tchao-li-jang-fei (le Dévouement de Tchao-li), le théâtre représente les champs de Pien-king. Une veuve d'un rang distingué, madame Tchao, arrive, soutenue par ses deux fils, au pied de la montagne Y-thsieou ; le fils aîné s'appelle Tchao-hiao, le cadet Tchao-li. Comme les émigrés du Choui-hou-tchouen, ils s'étaient dérobés par la fuite aux incursions des brigands..... Mais quand on est dans les champs, il faut pourvoir à sa subsistance. Pendant que Tchao-li coupe du bois, Tchao-hiao s'éloigne un peu pour chercher des herbes et des racines. A peine a-t-il fait cent pas, qu'il survient un homme d'une effrayante physionomie. Le nom de cet homme était Ma, son surnom Wou, son titre honorifique Tseu-tchang. Originaire de la province de Tchin-tcheou, il avait à se plaindre des juges et des examinateurs publics, car, s'étant présenté au concours pour le mérite militaire, il avait été rejeté des examens, malgré son talent, *à cause de sa laideur*. Pour se venger de l'injustice des hommes, il s'était mis à la tête d'un parti de mécontents, et *mangeait cha-*

(*) Voy. le *Siècle des Youên*, Journal asiatique, cahier de septembre-octobre 1851, p. 253 et 254.

que jour à ses repas un petit morceau de cœur ou de foie humain..... Ma-wou étend ses mains sur les épaules de Tchao-hiao, et l'entraîne dans son camp, où il veut le poignarder. Après avoir essayé vainement d'attendrir le chef des anthropophages, Tchao-hiao, qui était rempli de piété filiale, implore comme une grâce la permission d'*honorer sa mère*, une fois encore, avant de mourir, et promet de rentrer au bout d'une heure. Ma-wou hésite.

MA-WOU.

Qui m'assure que vous reviendrez ? Quel gage me donnerez-vous ?

TCHAO-HIAO.

Ma parole.

MA-WOU.

Cela n'est pas cher.

TCHAO-HIAO.

Je suis un disciple de Confucius; ma parole vaut de l'argent.

Cette réponse amène une discussion philosophique sur les cinq vertus cardinales, et particulièrement sur le sens du caractère Sin (*sincérité*). Le chef des anthropophages est naturellement battu. Pour éprouver Tchao-hiao, il le laisse aller sur sa parole.

Rien de plus touchant que la scène où le jeune homme prend congé de sa mère; les larmes de celle-ci ne peuvent le retenir et, quand le délai fatal est expiré, Tchao-hiao, fidèle à sa promesse, retourne au camp des anthropophages. Il est bientôt suivi de Tchao-li et de madame Tchao. Une lutte généreuse s'engage entre la mère et ses deux fils. Chacun veut donner sa vie pour les deux autres. Tchao-li, qui avait plus d'embonpoint que son frère Tchao-hiao, découvre sa poitrine, montre sa belle charnure, et tâche de séduire l'anthropophage par l'appât de la gourmandise. A la fin, Ma-wou, touché de tant de vertus, fait grâce à Tchao-hiao, et met en liberté la mère et les enfants.

Tel est le sujet de ce drame; il me semble qu'il ne donne tort ni à Marco-Polo, ni aux deux voyageurs arabes dont la relation a été publiée par M. Reinaud (*).

(*) On trouve des anthropophages dans le Choui-hou-tchouen (*Histoire des rives du

DRAMES MYTHOLOGIQUES.

T'chang, l'Anachorète.

La déesse des cannelliers aperçoit un jeune homme qui se promène, à la clarté de la lune, dans un jardin de plaisance. Ce jeune homme est le bachelier Tchin-chi-yng, neveu de Tchin, gouverneur de Lo-yang. Sa démarche légère, sa taille, l'agrément de sa physionomie, la délicatesse de ses traits, d'autres avantages encore, font sur le cœur de la déesse une impression profonde. Elle en devient éprise, et quitte le séjour des dieux, pour courir follement au-devant de Chi-yng. Elle est bientôt suivie de la déesse des pruniers, de la déesse des chrysanthèmes, de la déesse des nénufars, de la déesse des pêchers, et d'une foule de divinités subalternes. Une entrevue a lieu dans le jardin. La déesse des cannelliers, éclipsant toutes les autres, revêtue des formes les plus charmantes et parée des attraits les plus séduisants, inspire à Chi-yng un amour extrême, désordonné. Après le départ de la déesse, le

fleuve). « L'hôtesse, au comble de la joie, servit la table; les deux archers, pressés par la faim, se mirent à manger; mais Wousong, qui avait ouvert un pâté et l'examinait avec soin, interrogea l'hôtesse. « Sont-ce là, cria-t-il, *des pâtés d'homme ou des pâtés de chien ?* — Des pâtés d'homme! répondit celle-ci, riant aux éclats. Où trouverions-nous donc de la chair humaine, pour faire des pâtés ? Le pays est calme; *on ne fait pas la guerre à présent*. » (*Choui-hou-tchouen*, chap. XXXI.) Le tome deuxième du *San-koue-tchi* (*Histoire des trois royaumes*), que M. Théodore Pavie vient de publier, est plein de faits analogues. « Les trois cent mille hommes de Tsao consommaient une grande quantité de vivres; la disette devint si affreuse dans le pays, que *les habitants se mangeaient les uns les autres.* » (Liv. IV, chap. IV, p. 49.) « Un vieillard s'étant avancé avec respect, Hiuen-tě sut qu'il vivait du produit de sa chasse et se nommait Lieou-ngan..... Ce jour-là le vieillard avait parcouru et battu la plaine sans rien rapporter; il tua sa propre femme, pour soulager la faim de Hiuen-tě! « Quelle est cette chair, demanda Hiuen-tě? — C'est du loup... lui répondit le vieux chasseur, et *ils soupèrent*. » (Liv. IV, chap. V, p. 74.)

malheureux jeune homme ne se possède plus ; ses esprits se troublent, sa raison s'égare. Revenu dans son cabinet d'étude, il s'étend sur son lit ; mais le feu de sa passion lui dévore les entrailles. On appelle des médecins ; le mal fait des progrès. Après avoir inutilement épuisé toutes les ressources de l'art, le gouverneur de Lo-yang, dans son désespoir, invoque pour son neveu le secours d'un grand anachorète, appelé T'chang. Celui-ci arrive ; plus habile et surtout plus puissant que les médecins, il guérit le jeune malade à l'instant même. Telle est la matière des trois premiers actes ; le dialogue en est animé ; la marche de l'action est suspendue par des incidents qui excitent l'intérêt et piquent la curiosité.

Un tel drame, s'il finissait là, pourrait influer sur la morale d'une manière fâcheuse, et le théâtre chinois est une école de morale ; après la faute vient donc le châtiment. Le grand anachorète, supérieur comme Siên (immortel) aux divinités subalternes, inflige d'abord des peines très-sévères aux dieux du vent, des fleurs, de la neige et de la lune, qui figurent à leur tour dans ce dernier acte et n'y figurent que pour dresser des embûches sous les pas des jeunes filles, pour les pervertir et les pousser au mal ; puis, il adresse un rapport au souverain seigneur du ciel, qui bannit de son palais la déesse des cannelliers et ses quatre complices.

La mythologie a fourni le sujet de plusieurs pièces de théâtre ; celle-ci n'est peut-être pas la meilleure, mais elle est assurément la plus instructive. On y trouve une foule de particularités curieuses sur le polythéisme des Tao-sse (*).

Les Métamorphoses.

Dans cette pièce, où tout est prodige, les morceaux lyriques tiennent naturellement beaucoup de place ; le chant, comme on l'a dit, est le merveilleux de la parole. Au premier acte, un vieux saule mâle épouse un jeune pêcher femelle. Ces étranges personnages se transforment, pour ainsi dire, de scène en scène, et finissent au quatrième acte par devenir immortels et semblables aux dieux. Tel est le sujet de ce drame mythologique ; il n'a rien d'intéressant pour nous, à l'exception d'une nomenclature assez régulière des dieux et des déesses qui servent la reine d'Occident. Quant aux métamorphoses, elles sont opérées par Liu-thong-pin.

La Déesse qui pense au monde.

Une jeune déesse, nommée Kin-thong-yu-niù, éprouve dans le ciel le besoin d'aimer, pense au monde et se laisse abattre à la mélancolie. Pour la punir, la reine de l'Occident, Si-wang-mou, la condamne à descendre sur la terre et à renaître dans un corps humain. Parvenue à l'âge nubile, la déesse épouse Kin-ngan-cheou, personnage qui donne son nom à la pièce. Au bout d'un certain temps, Si-wang-mou ordonne au religieux Thië-kouaï-li de convertir les deux époux à la foi des Tao-sse et de les amener dans le ciel ; mais, comme Kin-ngan-cheou et sa femme résistent aux exhortations du religieux, celui-ci, qui a plutôt l'air d'un intrigant de profession que d'un immortel, use de tous les moyens, de toutes les espiègleries pour arriver à son but ; il joue cent mauvais tours à Kin-ngan-cheou et opère tant de miracles, que la femme, effrayée, se convertit la première ; Ngan-cheou ne tarde pas à l'imiter ; puis tout à coup, par un décret de la reine de l'Occident, les néophytes sont élevés au séjour des dieux.

Le lieu de la scène est d'abord dans le ciel, sur les bords du lac Yao-tchi, près du célèbre pêcher Fan-thao, dont les fruits procurent l'immortalité à ceux qui en mangent ; puis, jusqu'à la fin du troisième acte, l'action continue sur la terre, dans la maison de Kin-ngan-cheou ; enfin, au quatrième, les acteurs retournent au ciel. La versification est très-remarquable ; c'est l'unique pièce du répertoire dans laquelle on trouve un chœur et des danses ; quant au drame, il ne mérite aucune estime (*).

(**) *Siècle des Youén*, Journal asiatique, cahier de février-mars 1851, p. 208 à 210.

(*) *Siècle des Youén*, Journal asiatique, cahier de septembre-octobre 1851, p. 275 et 276.

La Grotte des Pêchers.

On trouve, dans l'encyclopédie intitulée San-thsaï-thou-hoeï, la petite légende qui a fourni le sujet de ce drame mythologique.

C'est l'histoire de Lieou-chin et de Youên-tchao. Originaires du district de Thiên-thaï, fortement appliqués à la sagesse, ils vivent ensemble dans une inaltérable amitié ; et, comme cette amitié n'est fondée que sur la vertu, le dieu qui préside à la constellation Thaï-pě-sing, voulant converser avec eux, descend dans le monde et revêt une forme humaine. Au premier acte, le théâtre représente le mont Thiên-thaï. Lieou-chin et Youên-tchao, qui cueillaient sur cette montagne des plantes médicinales, s'égarent du chemin et sont surpris par l'obscurité de la nuit. Après avoir parcouru plusieurs milles, ils rencontrent un vieillard d'un vénérable aspect. Ce vieillard était le dieu Thaï-pě-sing, sous la figure d'un bûcheron. Une telle rencontre est pour Lieou-chin et Youên-tchao un événement des plus heureux ; car, guidés par le vieillard, ils entrent, sans le savoir, dans la grotte des pêchers, où habite Si-wang-mou, la reine d'Occident, c'est-à-dire dans le séjour des déesses. Là, ravis du spectacle qui s'offre à leurs yeux, abreuvés de nectar, rassasiés d'ambroisie, enthousiasmés de la musique des immortelles et des belles voix qu'ils entendent, ils perdent de vue la sagesse et s'abandonnent à la volupté. Lieou-chin, le premier, s'unit à une jeune déesse dont les attraits le subjuguent ; Youên-tchao en fait autant. Au bout d'une année, l'enchantement des plaisirs s'évanouit. Nos deux philosophes demandent à retourner dans leur pays natal ; on leur en indique le chemin. Mais ce qu'il y a de curieux, c'est qu'ils ne savaient pas combien de jours s'étaient écoulés dans le district de Thiên-thaï, depuis qu'ils en étaient partis. Arrivé à quelques pas de son village natal, Lieou-chin est frappé de stupeur.

LIEOU-CHIN, à Youên-tchao.

Mon frère, voyez donc comme tout est changé depuis un an. C'est à n'y rien comprendre.

YOUÊN-TCHAO.

Je ne reviens pas de ma surprise. (Ils continuent à marcher.) Oh, pour le coup, voilà notre vieux temple.

LIEOU-CHIN.

Oui. (Ils examinent le temple.) Où est donc le petit pont ?

YOUÊN-TCHAO, avec étonnement.

Mon esprit est confondu.

LIEOU-CHIN.

Je suis stupéfait. N'importe, pénétrons plus avant. — O chose extraordinaire, voici les deux pins que j'ai plantés moi-même, l'année dernière, avant de partir pour le mont Thiên-thaï. Comme ils sont forts et avancés !

YOUÊN-TCHAO, souriant.

J'avoue qu'ils n'ont pas langui. C'est que, apparemment, la terre est plus féconde maintenant.

LIEOU-CHIN. (Il frappe à la porte de sa maison.)

Ouvrez-moi la porte.

LIEOU-TE, dans l'intérieur.

Encore un indiscret et un importun. N'ouvrez pas.

LIEOU-CHIN, frappant toujours.

Lieou-hong ! Lieou-hong ! ouvrez.

LIEOU-TE, se levant et prenant son bâton.

Décidément, il a envie d'être battu. (A Lieou-chin.) Quoi ! après une année si malheureuse, quand les anciens du village offrent dans ma maison un sacrifice propitiatoire au dieu de l'agriculture, venir ici !... Ah ! vous méritez d'être châtié pour votre impudence. (Il le frappe.)

LIEOU-CHIN.

Votre maison est la mienne ; je suis Lieou-chin ; cet homme, que vous voyez, s'appelle Youên-tchao. Après un an d'absence nous revenons du mont Thiên-thaï...

LIEOU-TE.

Du mont Thiên-thaï ! oui, je m'en souviens, Lieou-hong, mon père, m'a dit autrefois que mon aïeul Lieou-chin s'en était allé avec Youên-tchao sur le mont Thiên-thaï, pour y chercher des plantes médicinales ; mais ils n'en sont jamais revenus ; il y a de cela cent ans au moins. On suppose qu'ils ont été dévorés par les loups.

LIEOU-CHIN.

Voilà une étrange supposition. (A part.) Au bout du compte, par où auraient-ils deviné ce qui est encore un mystère pour nous ? (Haut.) Sachez donc que miraculeusement conduits dans la Grotte des pêchers, admis à vivre parmi les immortels, nous avons d'abord contracté avec deux jeunes déesses.....

LIEOU-TE.

« Ces hommes-là sont fous. (*Montrant les pins à Lieou-chin.*) Tenez, regardez ces deux pins. C'est mon grand-père Lieou-chin qui les a plantés. Quel âge leur donnez-vous?... »

Une explication a lieu entre le grand-père et le petit-fils; Lieou-chin raconte en détail à Lieou-te l'aventure du mont Thiên-thaï. Tout le quatrième acte se traîne d'un bout à l'autre sur un fonds épuisé. Au cinquième, les deux amis quittent pour la seconde fois le district, et rencontrent encore le dieu Thaï-pë-sing. Enfin la pièce se termine par l'apothéose de Lieou-chin et de Youën-tchao.

DRAMES JUDICIAIRES.

Le Créancier ennemi.

Le sujet de ce drame est un procès que le bouddhiste T'chang-chen-yeou intente aux divinités infernales. De tels procès ne sont pas rares à la Chine ; Duhalde en cite plusieurs. Il arrive même souvent que les tribunaux prennent l'initiative.

Le prologue nous introduit dans la maison de T'chang-chen-yeou, originaire de Kou-tching. Chen-yeou, converti au bouddhisme, vit honnêtement avec sa femme légitime Li-chi, dont il a deux enfants. Chaque jour, il récite les Soûtras (livres sacrés), adore Foë, fait des œuvres de miséricorde, approfondit les mystères de son culte. Sa piété lui concilie la faveur du roi des enfers, qui s'incarne sous les traits de Thsoui-tseu-yu et engage Chen-yeou à suivre la profession religieuse ; mais le bouddhiste, loin de céder aux sollicitations de Tseu-yu, refuse de quitter le monde ; il aime sa femme, qui est d'une grande beauté ; il aime ses enfants, et ne se trouve pas en état de supporter les austérités du monastère. Tseu-yu attend avec patience.

Au premier acte, le supérieur du couvent des *Cinq-Tours*, voulant réparer l'autel de Foë, ordonne une quête dans tous les villages de sa juridiction. Un ho-chang (bonze), chargé de recueillir les offrandes, dépose en passant dix taels entre les mains de Chen-yeou, qui les remet à sa femme et sort avec le religieux. La femme s'approprie le dépôt ; et, quand le ho-chang se présente, avant le retour de Chen-yeou et demande son argent, elle soutient effrontément qu'elle a tout rendu.

Selon les bouddhistes et les Tao-sse, le vol a cela de propre qu'il abrège les jours de celui qui le commet et entraîne les plus grands malheurs. Les divinités infernales, vaincues par les imprécations du religieux dépouillé (c'est le créancier ennemi), infligent à la famille de Chen-yeou le châtiment qu'elle mérite. Au second acte, T'chang-chen-yeou, trompé par sa femme, fait le partage de ses biens entre ses deux enfants. Le fils aîné se livre à toutes les prodigalités, à toutes les débauches, consomme sa ruine, dissipe le patrimoine de son frère, et meurt. Sa mère Li-chi ne tarde pas à le suivre dans la tombe. En proie au chagrin, justement alarmé pour son second fils, qui tombe dangereusement malade, T'chang-chen-yeou met en œuvre tous les moyens que sa piété lui suggère, afin d'obtenir que la vie de son fils soit prolongée. Il offre un sacrifice dans le temple de Foë, adresse une longue prière au Bodhisattva du temple ; mais, en dépit de toutes les prières et de tous les sacrifices, le malade succombe. Irrité de se voir ainsi trompé dans ses espérances, le père, au désespoir, accuse d'injustice les divinités des enfers, et prend le parti de les traduire devant les tribunaux. Il porte plainte devant Thsoui-tseu-yu, devenu gouverneur du district. Celui-ci, alléguant son impuissance, refuse d'instruire le procès ; mais dans un songe il fait apparaître à T'chang-chen-yeou sa femme et ses deux fils, qui expliquent clairement comment les divinités aperçoivent et notent toutes les mauvaises actions et avec quelle justice on souffre en enfer. Après une telle vision, Chen-yeou se désiste de sa plainte et embrasse la vie religieuse.

Le Plat qui parle.

Le *Plat qui parle* est une pièce fondée sur une légende populaire ; elle est médiocrement écrite d'un bout à l'autre, et ne se soutient guère que par l'odieux et le ridicule. — Koüe-yong, originaire de Piën-liang, croit aux horoscopes, comme tous les Chinois. Un jour qu'il se trouvait sur la place du marché, il aperçoit un astrologue environné de la foule. Curieux de savoir quelque chose de sa destinée, il s'approche de l'astrologue. Celui-ci, qui était un très-habile physionomiste, tenant les yeux fixés sur Koüe-yong, le considère avec la plus grande attention pendant un certain temps, et prononce son horoscope. L'horoscope n'est pas heureux, tant s'en faut. Épouvanté des maux qui l'attendent, et ne pouvant y penser sans horreur, il quitte sa famille, son pays natal, et s'établit à Lo-yang, où il amasse dans les affaires un assez bon nombre de taels.

Au bout de quelques années, se croyant à l'abri de toutes les infortunes, il revient avec sécurité dans son pays, et s'arrête, en passant, à *l'auberge de la Tuilerie* (Oua-yao-tièn). C'était une affreuse taverne, dont le maître, ancien potier, se nommait Pan. La cassette dans laquelle Koüe-yong avait serré son argent excite la convoitise de l'aubergiste et de sa femme. Ils se jettent tous les deux sur le malheureux voyageur, et l'assassinent. Pan brûle le corps de sa victime, recueille ses cendres, pile ses os, dont il fait d'abord une espèce de mortier, puis un plat. C'est ce plat qui, apporté à l'audience de Pao-tching, parle très-clairement, très-distinctement, et dénonce les coupables (*).

Le Magot.

C'est un drame judiciaire, qui offre une assez grande ressemblance avec le Hoeï-lan-ki. Le caractère de la jeune femme, contre laquelle on élève une accusation fausse, est irréprochable et vaut, à bien des égards, celui de Haï-tang, dans l'histoire du Cercle de craie ; mais il s'en faut de beaucoup que le plan de la pièce soit aussi bien conçu. L'action est languissante, et l'on n'y voit pas une seule idée dramatique. Le cinquième acte, toutefois, ne me semble pas dépourvu d'intérêt ; c'est le jugement de Li-wen-tao. Un petit magot, portant les caractères du marchand, figure au nombre des pièces de conviction ; de là vient le titre du drame.

Histoire de la Pantoufle laissée en gage.

Wang-yüe-ying, jeune fille de dix-huit ans, tient avec sa mère une boutique de parfumerie, dans une rue de Lo-yang. Ses charmes ont agi sur le cœur d'un étudiant appelé Koüo-hoa. Cet étudiant, contre l'ordinaire, n'est pas un libertin. Au milieu de toutes les intrigues, de toutes les orgies de la capitale, il conserve une sagesse exemplaire, et ne montre qu'un amour honnête et désintéressé.

Il s'en faut de beaucoup que la jeune fille soit indifférente ; elle aime Koüo-hoa, qui vient chaque jour dans la boutique, sous le prétexte d'y acheter de la parfumerie ; mais la présence de la mère est un obstacle à ses projets. Plus impatiente que son amant, Yuë-ying prend la résolution extrême de lui adresser une lettre, de lui ouvrir son cœur et de lui proposer un rendez-vous, la nuit, dans le temple de la déesse Kouan-yn. L'intrigue amoureuse est conduite par une servante, qui porte la lettre et transmet la réponse.

Une telle proposition enflamme les désirs de Koüo-hoa. Chose rare à la Chine, l'amant arrive le premier au rendez-vous. Dans les pagodes chinoises on trouve à peu près tout ce que l'on veut. En attendant celle qui doit mettre le comble à son bonheur, Koüo-hoa s'assoit à une petite table, près de l'autel de Kouan-yn ; il demande à un bonze du vin chaud, boit à plusieurs reprises, passe, sans s'en apercevoir, de l'enivrement de l'amour à un enivrement plus commun, et s'assoupit.

Sur ces entrefaites, la jeune fille arrive à son tour, accompagnée de la servante, qui porte une lanterne. Trouvant Koüo-hoa endormi, elle attend avec patience. Pourtant, quand le tambour annonce la quatrième veille, elle se décide à quitter la chapelle ; mais, avant de partir, elle veut laisser à Koüo-hoa un gage de sa tendresse ; elle enveloppe donc dans son mouchoir

---

(*) *Siècle des Youén*, Journal asiatique, cahier de novembre-décembre 1851, p. 523 et 524.

parfumé une pantoufle qu'elle avait brodée elle-même, et la dépose sur le sein de son amant.

A son réveil, Koŭo-hoa trouve la pantoufle, l'examine, et reconnaît qu'il a manqué l'heure du berger. Plein d'honneur, ne pouvant survivre à sa honte, il cherche à se donner la mort, et, pour y parvenir, emploie un singulier moyen. Il avale le mouchoir de sa maîtresse et tombe étouffé. Le religieux chargé de l'inspection de la chapelle heurte en marchant un homme étendu à ses pieds; au même instant arrive le domestique de l'étudiant, qui, inquiet de ne pas voir revenir son maître, s'était acheminé vers la pagode. Une altercation des plus vives s'élève entre le domestique et le religieux. Le premier accuse le second d'avoir commis un meurtre, prend la pantoufle et court au tribunal.

Le grand juge Pao-tching avait l'habitude d'ouvrir l'audience dès l'aube du jour. Après l'exposé de la plainte, l'instruction du procès commence. On écoute le religieux; mais, par un adroit stratagème, Pao-tching ne tarde pas à découvrir le mystère. Un employé du tribunal, déguisé en portefaix, se met à parcourir lentement les rues de Lo-yang, avec la pantoufle. Quand il passe devant la boutique de parfumerie où demeure Wang-yŭe-ying, celle-ci réclame l'objet qu'elle avait laissé en gage. Amenée bientôt à l'audience par le faux portefaix, elle est interrogée par le sage Pao-tching. Cette scène est attachante et parfaitement écrite.

Conduite par le Tchang-tsiĕn dans la chapelle de Kouan-yin, la jeune fille examine avec beaucoup d'attention le cadavre de son amant, et aperçoit dans sa bouche un coin du mouchoir, qu'elle tire avec vivacité. Koŭo-hoa revient aussitôt à la vie, adresse quelques mots à sa maîtresse et se lève. Yŭe-ying, accompagnée de son amant, retourne au tribunal, et Pao-tching, après avoir fait une mercuriale à la jeune fille, ordonne qu'on marie les deux amants.

Si cette pièce ne paraît pas remarquable par les ressorts dramatiques que l'auteur y fait jouer, elle est du reste fort décente. Dans la boutique de par- fumerie, comme dans le temple de Kouan-yin, Tseng-touan-king a su conserver à la jeune fille, malgré la véhémence de sa passion, la délicatesse et le charme de la pudeur (*).

LITTÉRATURE MODERNE.

Écrivains du premier ordre.

LES THSAÏ-TSEU.

Qu'est-ce qu'un Thsaï-tseu, et que faut-il entendre par ce mot composé, que l'on rencontre si souvent dans les préfaces des écrivains chinois?

M. Stanislas Julien a parfaitement expliqué le sens des deux caractères qui l'expriment : « Le caractère Thsaï (pris isolément) désigne les talents naturels de l'homme, *innatæ ingenii dotes*, par opposition aux talents qui sont le fruit de l'étude (**). Tseu (fils) est, d'après le dictionnaire de Khang-hi, une qualification distinguée qu'on emploie pour désigner un philosophe, un pieux personnage ou un personnage élevé en dignité; mais Morrison fait observer qu'on l'applique souvent aux écrivains éminents qui ont traité de la morale, de la philosophie ou de *la littérature* (***).

Un Thsaï-tseu est donc un écrivain distingué, ou plutôt, comme l'a dit Klaproth, un bel-esprit. A ce sujet, il y a une remarque que je ne puis m'empêcher de faire, c'est que ce mot Thsaï-tseu a eu le même sort dans la langue chinoise que le mot *bel-esprit* dans notre langue française. « Il ne se prenait autrefois, dit la Harpe, que dans un sens très-favorable : c'était le titre le plus honorifique de ceux qui cultivaient les lettres... Aujourd'hui le mot de bel-esprit ne nous présente plus que l'idée d'un mérite secondaire. Ce changement a dû s'opérer quand le nombre des écrivains qui pouvaient mériter d'être qualifiés de beaux-esprits est venu à se multiplier davan-

(*) *Siècle des Youên*, Journal asiatique, cahier de septembre-octobre 1854, p. 284 à 287.

(**) *Examen critique*, p. 121.

(***) *Simple exposé*, p. 163.

tage. Alors ce qui appartenait à tant de gens n'a plus paru *une distinction assez honorable*, et l'on a cherché *d'autres termes pour exprimer la supériorité.* » Ce changement très-remarquable s'est opéré dans la langue chinoise. Au commencement de la dynastie des Ming, vers l'an 1404 de notre ère, on comptait six Thsaï-tseu, beaux-esprits ou écrivains du premier ordre : le philosophe Tchouang-tseu, qui vivait quatre siècles avant notre ère ; Khiö-youen, poëte de la dynastie des Tcheou ; Ssema-thsièn, le plus célèbre des historiens chinois ; le poëte Tou-fou, le romancier Chi-naï-ngan, et Wang-chi-fou, écrivain dramatique.

Sous les Thsing, on a d'abord exclu du nombre des Thsaï-tseu les quatre premiers écrivains que je viens de citer ; puis on a mis l'auteur du San-koue-tchi à la place de Tchouang-tseu ; l'auteur du Hao-khieou-tchouen à la place de Khiö-youen, et l'auteur du Yu-kiao-li à la place de Ssema-thsièn. Est-ce volontairement, systématiquement qu'on a fait redescendre du rang supérieur qu'ils occupaient le plus grand philosophe de la secte des Taosse, le plus grand poëte de la dynastie des Tcheou, le plus célèbre des historiens chinois, celui qu'on a surnommé le Prince de l'histoire, et Tou-fou, qui vivait dans le huitième siècle de notre ère ? Je n'affirme rien, mais j'incline à croire que le mot Thsaï-tseu a cessé d'être le titre honorifique de ces grands hommes, parce qu'il n'a plus paru une *distinction assez honorable*.

C'est dans la littérature que je me suis confiné ; je n'ai donc point à parler de la langue savante, des antiquités, de la chronologie, de l'histoire, de la géographie, de la médecine, de la jurisprudence, mais de la langue commune, du conte, de la nouvelle, de la comédie, du drame, du roman de mœurs, du roman historique, du roman mythologique, de la chronique populaire, du poëme et de tous les ouvrages d'imagination. Il va sans dire aussi que je n'ai point à parler des King ou des *livres sacrés des Chinois*, ni de Confucius, ni de Mencius, ni des anciens philosophes. Dans le premier volume de cet ouvrage, et dans le chapitre qu'il a consacré à la philosophie, M. G. Pauthier a traité des King et des philosophes ; mais M. Pauthier et moi nous différons sur plus d'un point, et je dois en avertir le lecteur. Toutefois, si, parmi les monuments de la langue savante, on en trouve un grand nombre où l'histoire de la littérature n'a rien ou n'a que peu de chose à voir, il existe pourtant des ouvrages que l'on regarde à la Chine comme les chefs-d'œuvre de l'esprit. Je présenterai donc ici la liste des anciens Thsaï-tseu ou des écrivains du premier ordre qui ont laissé des chefs-d'œuvre, sous le double rapport du *style et de l'éloquence*. Cette liste sera suivie de quelques notices biographiques et littéraires. L'ordre que j'ai suivi est, comme on le verra, l'ordre des dynasties ou l'ordre chronologique :

LISTE DES ANCIENS THSAÏ-TSEU.

TSO-CHI ou TSO-KHIEOU-MING.
TCHOUANG-TSEU.
SSEMA-THSIEN.
TOU-FOU.
LI-THAÏ-PE.
HAN-YU.
LIEOU-TSONG-YOUEN.
SSEMA-KOUANG.
WANG-NGAN-CHI.
NGHEOU-YANG-SIEOU.
SOU-CHE.
HIU-HENG.
OU-T'CHING.

Notices biographiques et littéraires sur les anciens Thsaï-tseu.

Dynastie des Tcheou.

TSO-CHI ou TSO-KHIEOU-MING, historien célèbre que l'on regarda longtemps comme le premier des Thsaï-tseu, *cujus geminum opus*, dit Prémare, *tantopere laudatur ob stylum antiquitatis sapore passim conspersum* (*) ; Tso-chi vivait sous la dynastie des Tcheou, et occupait une place dans le tribunal de l'histoire. On a de cet auteur deux ouvrages, dont le premier est intitulé *Tso-tchouen*, et le second *Koue-yu*.

(*) Voy. Notitia linguæ sinicæ, auctore P. Prémare, Malaccæ, 1831, p. 189.

Confucius avait pour cet écrivain une très-grande vénération, et ne faisait aucune difficulté de dire publiquement *qu'il n'estimait que ce que Tso-chi approuvait.* A l'époque où le philosophe publia le *Tchun-thsieou*, Tso-khieou-ming examina cet ouvrage historique, en parla même avec éloge; mais il trouva qu'il y manquait quelque chose, et résolut de publier dans toute son étendue, et dans le même ordre que Confucius, l'histoire des temps postérieurs à ceux dont parle le *Chouking*. Il écrivit donc son commentaire du *Tchun-thsieou*, qu'il intitula *Tso-tchouen* (*). Le style du *Tchun-thsieou* est serré, pittoresque, énergique, sublime; c'est, d'après un missionnaire (**), le chef-d'œuvre de Confucius. On trouve déjà dans le *Tso-tchouen* l'élégance, la clarté, l'harmonie, je dirai presque les grâces du *Wên-tchang*; c'est le chef-d'œuvre de Tso-khieouming, car le *Koue-yu* (Discours politiques) paraît inférieur, sous le rapport du style, au *Commentaire historique*.

On a imprimé à la Chine, pour les étudiants, un recueil des plus beaux morceaux des auteurs, dans le genre de nos *Excerpta* ou de nos *Leçons de littérature et de morale*. Ce recueil, parfaitement composé, et intitulé *Kou-wén-ping-tchou*, renferme TRENTE-QUATRE morceaux extraits du *Tso-tchouen*, ET NEUF tirés du *Koue-yu*.

TCHOUANG-TSEU, fameux philosophe, disciple de Lao-tseu. Son nom d'honneur était Tseu-hieou. Il naquit à Mong, ville du royaume de Soug, obtint une petite charge, cultiva la philosophie, et composa le célèbre ouvrage intitulé *Nan-hoa-king*.

Quand Lao-tseu, qui n'avait rien de caché pour son disciple, lui dévoila les plus profonds mystères du Tao, Tchouang-tseu sentit tout à coup qu'il devenait un autre homme. Il abdiqua son emploi, prit congé de Lao-tseu, et se mit à voyager, comme Platon, afin d'augmenter et de perfectionner ses connaissances. Mais, dit une légende, quelque ardeur qu'il eût pour l'étude, il ne fut point insensible aux charmes de la volupté : il se maria trois fois successivement. Sa première femme lui fut ravie par une mort prématurée ; il répudia la seconde pour avoir violé la foi conjugale ; la troisième est l'héroïne d'un conte ingénieux, qui offre une ressemblance très-singulière avec la Matrone d'Éphèse de Pétrone, et qui a été traduit par le P. Dentrecolles (*).

Tchouang-tseu est l'inventeur de l'apologue à la Chine. Dans son histoire de la philosophie chinoise, M. G. Pauthier a consacré à ce grand écrivain une notice assez courte, mais substantielle, et a traduit quelques passages du *Nan-hoa-king* (**). Le *Kou-wen-ping-tchou* renferme deux morceaux choisis de Tchouang-tseu ; ils sont accompagnés d'un excellent commentaire.

Dynastie des Han.

SSEMA-THSIEN, le plus célèbre des historiens chinois, dit M. Abel Rémusat, qu'on a surnommé le *Père de l'histoire* et l'*Hérodote de la Chine*, était né à Long-men, vers l'an 145 avant Jésus-Christ. « Son père (Ssema-than), qui voyait en lui un continuateur de ses propres travaux et un successeur tout désigné pour ses fonctions d'historiographe, lui donna une éducation spéciale, et dirigea l'attention de Thsien, dès sa première enfance, vers les objets qui devaient un jour faire l'occupation de sa vie (***). » M. G. Pauthier a extrait de la biographie de Ssema-thsien quelques détails pleins d'intérêt ; on les trouve dans le premier volume de cet ouvrage (****).

Ce grand historien est l'auteur du

(*) Voy. Mailla, Hist. générale de la Chine, t. Iᵉʳ, Préface, p. xv.
(**) Le P. Cibot.

(*) Voy. l'abbé Grosier, Hist. générale de la Chine, rédigée d'après les Mémoires de la mission de Péking, t. VII, p. 342 et suiv. (3ᵉ édition).
(**) Voy. plus haut, p. 362 et 363.
(***) Voy. Abel Rémusat, Nouveaux Mélanges asiatiques, ou Recueil de morceaux de critique et de mémoires relatifs aux religions, aux sciences, aux coutumes, à l'histoire et à la géographie des nations orientales, t. II, p. 152.
(****) Voy. Chine, ou Description historique, géographique et littéraire de ce vaste empire, par M. G. Pauthier, p. 246 et suiv.

Sse-ki, vaste recueil divisé en cent trente livres, et contenant cinq cent vingt-six mille cinq cents caractères. Le *Kou-wén-ping-tchou* renferme quinze morceaux choisis de Ssema-thsien. On y remarque une très-curieuse notice sur la vie et les ouvrages du poëte Khiŏ-youên.

Dynastie des Thang.

Tou-fou, surnommé Tseu-meï, l'un des plus célèbres poëtes de la Chine, naquit, vers le commencement du huitième siècle, à Siang-yang, dans la province de Hou-kouang. « Ses ancêtres, dit M. Abel Rémusat, s'étaient depuis longtemps distingués par leurs talents et par les hautes charges qu'ils avaient occupées, et Tou-chin-yan, son aïeul, avait composé des poésies, dont il nous est resté dix livres.

« Tou-fou, dès sa jeunesse, annonça d'heureuses dispositions, et toutefois il n'obtint pas de succès dans ces concours littéraires qui ouvrent à la Chine la route des emplois et de la fortune. Son esprit récalcitrant et tant soit peu inconstant ne put se plier à cette règle inflexible que les institutions imposent à tous les lettrés sans exception. Il renonça donc aux grades et à tous les avantages qu'il eût pu en espérer pour son avancement; et son goût l'entraînant vers la poésie, il devint poëte. Ses vers ne tardèrent pas à le faire connaître, et dans l'espace qui s'écoula entre 742 et 755, il donna trois de ces poëmes descriptifs qu'on nomme en chinois *fou*.

« Le succès de ces ouvrages lui procura la faveur du souverain, qui voulut lui donner des fonctions à sa cour, ou lui confier l'administration d'une province. Tou-fou se refusa à ses bienfaits, et n'accepta qu'un titre, honorable à la vérité, mais tout à fait inutile à sa fortune. A la fin, lassé de l'état de gêne qui le poursuivait dans son infructueuse élévation, il adressa à l'empereur une pièce où il peignait sa détresse avec cette liberté que la poésie autorise et qu'elle semble ennoblir. Sa requête fut favorablement accueillie, et lui valut une pension dont il ne jouit pas longtemps, parce que cette année même l'empereur fut contraint d'abandonner sa capitale à un rebelle.

« Tou-fou, fugitif de son côté, tomba entre les mains d'un des chefs des révoltés; mais sa qualité de poëte, et le dédain qu'elle inspira aux officiers qui l'avaient pris, le servit mieux que leur estime n'aurait pu faire; il trouva moyen de s'échapper, et se réfugia, en 757, à Fong-thsiang, dans le Chen-si. C'est de cette ville qu'il s'adressa au nouvel empereur (Sou-tsong); il n'en fut pas moins bien traité qu'il ne l'avait été du prédécesseur de ce prince. Mais, ayant voulu user des prérogatives de la charge qu'on lui avait donnée, et défendre avec hardiesse un magistrat qui avait encouru la disgrâce du prince, il se vit lui-même éloigné de la cour et relégué, en qualité de sous-préfet, à Thsin. Comme il vit peu d'apparence à pouvoir s'acquitter des devoirs de cette place, il s'en démit immédiatement, et se réfugia à Tching-tou, dans la province du Sse-tchouen, où il vécut dans un tel dénûment, qu'il fut réduit à ramasser lui-même les broussailles dont il avait besoin pour se chauffer et préparer ses aliments.

« Après plusieurs années d'une vie agitée et misérable, il fit, en 761, la connaissance d'un commandant militaire du Sse-tchouen, nommé Yen-wou, qui représenta à l'empereur l'état précaire où se trouvait Tou-fou, errant de bourgade en bourgade dans la province que lui-même il administrait. Sur la demande de cet officier, l'empereur accorda à Tou-fou ce qui était le plus à sa convenance, un titre qui l'attachait au ministère des ouvrages publics, et fournissait à ses besoins, sans lui imposer de fonctions. Mais le protecteur de Tou-fou étant venu à mourir, et de grands troubles ayant éclaté dans la province qu'il habitait, le poëte reprit sa vie errante, et passa successivement à Sin, à Tching-tou et à Kouei.

« Vers 768, il eut envie d'aller visiter les restes d'un édifice antique, dont on attribuait la construction au célèbre Yu. S'étant hasardé seul dans une barque sur un fleuve débordé, il fut surpris par les grandes eaux, et forcé de chercher une retraite dans un temple abandonné. Il demeura dix jours entiers dans ce refuge, sans qu'il fût possible d'aller le secourir ou lui porter des provisions. A la fin pourtant, le magistrat du lieu fit faire un radeau qu'il monta lui-même, et réussit à tirer Tou-fou de son asile ; mais les soins de ce magistrat devinrent plus funestes au poëte que ne l'avait été l'abandon où on l'avait laissé languir ; car son estomac, affaibli par une si longue abstinence, ne put supporter les aliments qui lui furent offerts. Tou-fou mangea beaucoup, but davantage, et mourut d'indigestion pendant la nuit.

« Il avait composé un grand nombre de poésies qui ont été recueillies avec soin, et données au public peu de temps après sa mort. Elles font encore aujourd'hui les délices des gens de lettres, qui se plaisent à les citer et à les imiter. On les trouve dans les salons, dans les bibliothèques, dans les cuisines même ; on les reproduit en forme d'inscriptions sur les paravents, les éventails et les bâtons d'encre. Tou-fou et Li-thaï-pe, son rival et son contemporain, peuvent passer pour les véritables réformateurs de la poésie chinoise (*). »

LI-THAÏ-PE, poëte célèbre. Il vivait sous le règne de l'empereur Hiouen-tsong, de la dynastie des Thang, et descendait, à la neuvième génération, de l'empereur Wou-ti, de la dynastie des Liang occidentaux. Li-thaï-pe était originaire de Kin-tcheou, dans le petit royaume de Cho. Comme il avait été conçu pendant un rêve de sa mère, dit une légende, et par l'influence de l'étoile de Vénus, ce fut en l'honneur de cet astre, nommé Thaï-pe, que le poëte reçut son surnom.

Li-pe s'appelait lui-même le *lettré retiré du nénuphar bleu*. Après de grands succès dans ses études, il cultiva la poésie, y réussit dans tous les genres, et se rendit dans la capitale. Son mérite lui concilia l'estime d'un homme puissant et la faveur de Hiouen-tsong lui-même, dont il devint l'ami particulier. Mais Li-thaï-pe n'aimait qu'à boire et à composer des vers ; il quitta bientôt la cour pour voyager d'un bout à l'autre de l'empire. Quand il prit congé de Hiouen-tsong, le généreux monarque donna au poëte mille taels d'or, un vêtement de soie, une ceinture ornée de jade, un fouet à manche doré, un cheval des écuries du palais, et vingt domestiques pour former sa suite. Une charmante nouvelle, traduite par M. Théodore Pavie (*), nous apprend même que l'empereur Hiouen-tsong remit à Li-thaï-pe une pancarte d'or, sur laquelle il avait écrit de sa main qu'il autorisait le docteur à parcourir tout l'empire, sans être inquiété de personne, et à boire dans les tavernes des villes aux frais du trésor public. Dans les chefs-lieux du premier ordre, il devait recevoir mille *ligatures* (**), et dans les villles secondaires, cinq cents.

Malheureusement, Li-thaï-pe, comme tous les poëtes de son temps, aimait le libertinage ; il profita de sa liberté, disent les historiens, pour mener une vie crapuleuse, et mourut en revenant de l'exil auquel il avait été justement condamné. Mais si les historiens se montrent sévères à l'égard de Li-thaï-pe, les romanciers ont fait son apothéose. Voici le morceau qui termine la nouvelle dont je parlais tout à l'heure :

« Hiouen-tsong fit un si grand éloge de Li-pe devant Sou-tsong, que ce nouveau monarque voulut le nommer son historiographe de la gauche. Mais le docteur objecta que les embarras sérieux et multipliés d'une semblable fonction ne lui permettraient pas de vivre dans la joyeuse indépendance à laquelle il était habitué. Il ne voulut point accepter, fit ses adieux au commandant Kouo-tseu-y, et s'en alla se promener en bateau sur le lac Tong-ting ; puis il traversa de nouveau le King et le Ling-tcheou, et vint jeter l'ancre aux bords du fleuve Tsaï-chi.

« Or, cette nuit-là, la lune brillait, il faisait clair comme en plein jour : Li-pe soupait sur le fleuve, lorsque tout

(*) Voy. Abel Rémusat, Nouveaux Mélanges asiatiques, t. II, p. 174 à 177. Voy. aussi Mém. des missionnaires, t. V, p. 386.

(*) Voy. Choix de contes et de nouvelles, traduits du chinois par Théodore Pavie ; Paris, 1839, p. 129.

(**) Enfilade de mille deniers de cuivre. Chaque enfilade représente 7 francs 4 centimes de notre monnaie.

à coup, au sein des airs, retentit un concert de voix harmonieuses qui peu à peu s'approchèrent du bateau. Nul homme à bord n'entendit ces voix, qui ne résonnaient qu'aux oreilles du poète. Puis il s'éleva aussitôt un grand tourbillon au milieu des eaux : c'étaient des baleines qui se dressaient debout en agitant leurs nageoires ; et deux jeunes immortels, portant à la main des étendards pour indiquer la route, arrivèrent en face de Li-pe. Ils venaient, de la part du maître des cieux, le prier de retourner prendre sa place dans les régions supérieures. A cette vue, les gens de l'équipage tombèrent renversés par la frayeur ; et à peine avaient-ils repris leurs sens, qu'ils virent le poète assis sur le dos d'une baleine ; les voix harmonieuses guidaient le cortège... Bientôt tout disparut à la fois dans les nues (*). »

Le *Kou-wên-ping-tchou* contient deux morceaux en prose de Li-thaï-pe, une lettre spirituellement écrite, et une préface qui n'a pas plus de six lignes.

HAN-YU, publiciste, historien, censeur public, intendant du collège impérial.

Han-yu, dont le surnom était Touï-tche, naquit à Teng-tcheou dans le Ho-nan, et descendait, à la septième génération, de Han-mao, prince de Ngan-ting. Il avait reçu de la nature une mémoire prodigieuse ; il apprit les six King, étudia l'histoire, et obtint tous les grades au concours. Nommé censeur général par l'empereur Te-tsong la dix-neuvième année Tchen-youên, ou l'an 803 de l'ère chrétienne, il essaya de corriger quelques abus, et fut relégué, comme gouverneur, dans une ville du troisième ordre.

Il rentra en grâce, et fut nommé conseiller d'une cour souveraine, puis intendant du collège impérial. « Han-yu, dit le P. Amiot, mit tous ses soins à faire fleurir les lettres... Plein de gloire et comblé des faveurs de son maître, il avait composé le *Youen-tao-teng-pien*, ouvrage dans lequel il invective contre les sectes, et en particulier contre le bouddhisme. Il acheva de mettre en ordre son histoire des Wei et des Thsin, et publia une édition nouvelle des œuvres de Ssema-thsien et de Yang-hiong. Han-yu mourut dans la cinquante-septième année de son âge, l'an de J. C. 824. Outre ce qu'il publia de son vivant, on trouva, parmi ses écrits, des réflexions sur l'histoire, des détails sur les mœurs des anciens et plusieurs traités de morale, qui l'ont fait regarder comme un digne successeur de Confucius et de Mencius (*). »

Le *Kou-wên-ping-tchou* renferme TRENTE-QUATRE morceaux choisis de Han-yu.

LIEOU-TSONG-YOUEN, poëte, contemporain de Han-yu. Il était originaire de la province du Chan-si, et naquit à Ho-tsong, sur les bords orientaux du fleuve Jaune. Dès l'âge de quinze ans, il montra les dispositions les plus heureuses pour la poésie, étudia les King, la philosophie morale de Confucius, et parvint au doctorat. Nommé gouverneur d'une ville de troisième ordre, il obtint quelque temps après la charge de censeur, charge honorable qu'il remplit à la satisfaction de tout le monde. Il mourut à l'âge de quarante-sept ans.

Le *Kou-wên-ping-tchou* contient treize morceaux en prose de Lieou-tsong-youên.

Dynastie des Song.

SSEMA-KOUANG et WANG-NGAN-CHI, philosophes, ministres.

M. G. Pauthier a consacré une place à Ssema-kouang dans le premier volume de cet ouvrage ; on y trouve aussi le beau parallèle que M. Abel Rémusat a fait de ce ministre avec le célèbre réformateur Wang-Ngan-chi (**).

NGHEOU-YANG-SIEOU, président de l'académie des Han-lin, ministre d'État sous les règnes de Jin-tsong et de Yng-tsong.

Il fut le savant le plus universel de son siècle, et cultiva la poésie avec succès. Le *Kou-wên-ping-tchou* contient seize morceaux choisis de Ngheou-yang-sieou.

(*) Voy. Choix de contes et de nouvelles, p. 139.

(*) Voy. les Mémoires des missionnaires de Pé-king, t. V, p. 434 et suiv.

(**) Voy. Chine, ou Description historique de ce vaste empire, d'après les documents chinois, première partie, p. 340 à 344.

Sou-che, qu'on désigne quelquefois par le titre de Po-kiu-chë, naquit à Meï-tcheou, ville du second ordre, de la province du Sse-tchouen. Il écrivit l'histoire des premiers empereurs de la dynastie des Song, fut revêtu de divers emplois, déclama contre les abus du gouvernement, et passa une grande partie de sa vie dans l'exil et la pauvreté. On trouve dans le *Kou-wên-ping-tchou* quatorze morceaux choisis de Sou-chë

Dynastie des Youên.

Hiu-heng, ministre de Khoubilaï-khan, administrateur du collége impérial, précepteur, législateur et civilisateur des Mongols.

Son nom d'honneur était Tchong-ping. Il naquit à Ho-noui, département de Hoaï-khing-fou, dans le Ho-nan, et mourut à l'âge de soixante-treize ans. On trouve un portrait de Hiu-heng dans le premier volume de cet ouvrage (*).

Ou-t'ching, philosophe, critique, érudit, surintendant du collége impérial, président de l'académie des Han-lin, lecteur du palais.

Son nom d'honneur était Yeou-thsing, son pays natal Soui-jin, petit bourg situé à quelques milles de Lin-tchouen, dans le Kiang-si. Les astrologues de Lin-tchouen avaient annoncé qu'il naîtrait dans le bourg de Soui-jin un homme d'un génie extraordinaire. Un soir, avant la naissance de Ou-t'ching, le chef du district aperçut des vapeurs d'un heureux augure qui s'abaissaient sur sa maison. Dans le voisinage, une vieille femme rêva qu'elle voyait un dragon, de ceux qu'on appelle Wan-yen; et, le lendemain, quand elle parla du rêve qu'elle avait fait, Ou-t'ching était né. A trois ans, il chantait avec justesse et à pleine voix tous les vers qu'on lui avait récités. A l'âge de cinq ans, après avoir appris par cœur dans la journée plus de mille sentences, il passait la nuit à lire. Sa mère, à laquelle cette ardeur immodérée donnait des inquiétudes, avait mis la main sur toutes les bougies; mais sa gouvernante allumait une lampe,

(*) Page 355, à la note.

puis Ou-t'ching lisait. Dès son adolescence, il se livra tout entier à l'étude des King, et s'instruisit dans cette philosophie morale que les Chinois appellent *ching-hien-tchi-hio*.

A cette époque, l'institution des concours était abolie; il n'y avait plus d'examens réguliers. Les examinateurs publics s'étaient donné la mort, ou avaient été faits prisonniers par les Mongols et réduits en esclavage. La treizième année Tchi-youên, du règne de Chi-tsou (1276), après le rétablissement des colléges, il fut appelé à la cour par Khoubilaï-khan, et chargé de rassembler les manuscrits, les livres, les mémoires historiques, les cartes de géographie, les plans qui avaient échappé à la destruction. Nommé inspecteur des études, il commença par publier une édition revue et corrigée du Hiao-king ou du *Livre de la piété filiale*, petit ouvrage dans lequel on trouve les principes fondamentaux du gouvernement chinois. Il mit au jour un *Choix d'opinions* sur le Y-king (*Livre des sorts*), le Chu-king (*Livre des annales*), le Chi-king (*Livre des odes*), le T'chun-thsieou (*Chronique du royaume de Lou, écrite par Confucius*), puis le texte restitué du Y-li (*Manuel des rites et des cérémonies*), avec un commentaire. Sous le rapport de l'érudition, cet ouvrage est le plus beau titre de Ou-t'ching à la gloire. Il recueillit avec soin toutes les citations éparses dans les auteurs, et restitua fort heureusement les morceaux qui manquaient au Manuel des rites et des cérémonies.

Les travaux auxquels il se livrait avec zèle furent interrompus par un ordre du grand historiographe Tching-kiu-fou. Khoubilaï avait appelé à la cour les plus habiles gens de l'empire; il avait même prescrit des recherches très-exactes dans les familles des docteurs: mais les docteurs, toujours pleins de vénération pour les Song, résistaient aux ordres de Khoubilaï et à l'appât des récompenses. Ou-t'ching fut employé comme négociateur, et chargé d'une mission dans le Kiang-nan. Il s'en acquitta avec infiniment de prudence et d'adresse, revint à la capitale, où il fut comblé d'éloges. Comme sa mère était fort âgée, il obtint la permission de se retirer pour un temps dans son pays natal.

La première année Youên-tching, du règne de Tching-tsong (1295), fut, d'après tous les historiens, une époque de restauration pour les études. Ou-t'ching fut chargé d'inspecter les écoles des districts (Kiun-hio) dans le Kiang-nan et dans d'autres provinces. « Il ne se bornait pas, dit la *Biographie universelle*, à interroger les élèves ; il leur donnait des leçons, et expliquait lui-même les passages les plus difficiles des King et des historiens. » Enfin la première année Tchi-ta, du règne de Wou-tsong (1308), Ou-t'ching fut appelé à la surintendance (tching) du collége impérial (koûe-tseu-kièn), dont l'administration avait été confiée au célèbre Hiu-heng sous le règne de Khoubilaï-khan. Il déploya, comme surintendant, toute l'activité de son esprit, toutes les ressources de son imagination. C'était un homme infatigable dans le travail. Il adopta la méthode du Prince des lettrés (Tchu-hi), établit quatre classes, et modifia le programme des études, ou plutôt intervertit l'ordre des matières que comprenait l'instruction. On voit, par la *Biographie universelle*, que les objets de l'enseignement, dans le collége impérial, étaient : 1° l'*enseignement des King*, pour la première classe ; 2° l'*enseignement de la morale*, pour la seconde ; 3° l'*enseignement de la rhétorique*, pour la troisième ; 4° l'*enseignement de l'histoire et de la politique*, pour la quatrième.

Quand Yng-tsong monta sur le trône (l'an 1321), Ou-t'ching fut nommé président de la grande académie impériale des Han-lin. On venait d'achever l'impression des livres sacrés de la religion de Bouddha, en caractères d'or, impression pour laquelle on avait employé trois mille neuf cents onces de ce métal. C'était, il faut en convenir, une magnifique publication. Ou-t'ching fut chargé d'en faire la préface ; il refusa, et exposa les motifs de son refus dans un rapport qu'il adressa à l'empereur. Ce rapport, cité tout au long dans la *Biographie universelle*, fait le plus grand honneur à l'orthodoxie de Ou-t'ching.

La première année *Taï-ting*, du règne de Taï-ting-ti (l'an 1324), le ministre Tchao-kièn obtint l'établissement d'une académie dans le palais impérial, où, plus tard, le prince héritier, les fils des princes du sang et des grands du premier ordre reçurent une instruction convenable à leur rang. Ou-t'ching fut nommé lecteur impérial (*kiang-kouan*), et chargé d'y faire des leçons avec Tchang-kouëi, Teng-wên-youên et Wang-kiè. Les professeurs expliquaient le Taï-hiö-yen-y (*sens développé du Taï-hiö*) de Tchu-hi, le Tse-tchi-thong-kièn (*Miroir universel à l'usage de ceux qui gouvernent*) de Ssema-kouang, d'autres ouvrages du même genre. Tous les jours, le prince héritier et les fils des plus grands seigneurs s'assemblaient dans le palais impérial pour assister à la lecture de ces ouvrages, et entendre les explications des professeurs.

Ou-t'ching mourut à l'âge de quatre-vingt-cinq ans. Après sa mort, il fut décoré du titre de prince de Lin-tchouen, et canonisé à la manière des Chinois. On lui conféra le titre posthume de wên-tching (*supérieur en science*) ; on inscrivit son nom, et on plaça sa tablette dans le temple de Confucius ; mais la neuvième année Kia-tsing (l'an 1350), époque à laquelle on réduisit le nombre des lettrés qui avaient une place dans le Wên-miao (temple de Confucius), on fit un cruel affront à la mémoire de Ou-t'ching: on ôta sa tablette, parce que, dit le décret impérial, il se déclara du parti des Mongols après la restauration des Ming.

Voici le parallèle de Hiu-heng et de Ou-t'ching, tel qu'il se trouve dans le catalogue abrégé de la bibliothèque impériale de Pé-king.

« Quand l'auguste dynastie des Youên monta sur le trône (*reçut son mandat*), le ciel fit naître deux lettrés accomplis. Dans le nord, ce fut Hiu-heng ; dans le midi, Ou-t'ching ; mais Heng n'aimait qu'à faire des leçons (*à enseigner*), tandis que T'ching aimait à publier des livres. Le style de Heng est clair et naturel, simple et sans ornement ; il se borne à pénétrer le vrai sens (d'un passage). Le style de T'ching, au contraire, est fleuri, sa diction d'une rare élégance. Habile critique, il discute toutes les opinions. Quoique, pour la fidélité, la sincérité, il n'ait pas égalé Heng, il est incontestablement supérieur à cet écrivain dans le Wèn-tchang [l'art de l'éloquence] (*). »

Sous la dynastie des Ming, les plus habiles Thsaï-tseu furent Lieou-khi, Fang-hiao-jou, Wang-cheou-jin, Thang-chun-tchi, Kouei-yeou-kouang; sous la dynastie actuelle, Lö-thse-yun, Kouo-song-ling, T'chin-sse-lun : pas un d'eux n'est arrivé à une véritable réputation littéraire.

ŒUVRES DES THSAÏ-TSEU MODERNES.

Origines et caractère de cette littérature.

La littérature qu'on appelle *Thsaï-tseu-chou* se compose uniquement de dix ouvrages; ce sont :
1° Le *San-koüe-tchi*,
2° Le *Hao-khieou-tchouen*,
3° Le *Yu-kiao li*,
4° Le *Ping-chan-ling-yen*,
5° Le *Choui-hou-tchouen*,
6° Le *Si-siang-ki*,
7° Le *P'i-p'a-ki*,
8° Le *Hoa-tsièn*,
9° Le *P'ing-kouei-tchouen*,
10° Le *Pè-kouei-tchi*.

Cette littérature, comme la littérature classique, a sa langue, ses origines particulières, son caractère propre.

La langue des Thsaï-tseu n'est point cet idiome artificiel et de convention qui s'écrit et ne se parle pas, idiome que nous appelons en Europe la langue savante; c'est, au contraire, le kouan-hoa, la langue commune, universelle, que tout le monde parle, à cela près de deux provinces. Toutefois, comme je l'ai dit ailleurs, le kouan-hoa des romans diffère jusqu'à un certain point du kouan-hoa parlé. Ce n'est pas que le kouan-hoa parlé, ou la langue chinoise vulgaire, ne s'écrive pas dans les romans, les auteurs peuvent écrire tout ce qu'ils veulent et comme ils veulent; c'est qu'en général le kouan-hoa tend à se resserrer quand on l'écrit, parce qu'il faut pour écrire un mot autant de caractères qu'il y a de monosyllabes dans ce mot. Le Kouan-hoa écrit diffère encore du kouan-hoa vulgaire par une autre raison. Dans tous les pays du monde, il y a de mauvaises façons de parler; dans toutes les langues du monde, il y a une foule de locutions vulgaires qu'on n'ose pas écrire. L'argot, parce qu'il est ignoble, ne s'écrit pas, si ce n'est dans les romans populaires, comme le *kin-ping-mei*, le *hong-leou-mong;* puis le laboureur ne parle pas comme le savant; le langage varie à la Chine comme ailleurs, et il s'en faut de beaucoup que tous les Chinois parlent bien (*).

Quant aux origines de cette littérature, on ne saurait fixer l'époque à laquelle les Chinois ont commencé à écrire le kouan-hoa ou la langue vulgaire. Si l'on étudie les principaux monuments de cette langue, le dialogue des pièces de théâtre et les romans, on n'observe pas que le style devienne plus concis à proportion qu'on s'éloigne davantage du temps où nous vivons; enfin, comme en remontant toujours on ne trouve plus ni kouan-hoa, ni romans, ni pièces de théâtre, il me paraît assez vraisemblable, d'une part, que le kouan-hoa écrit a commencé avec les pièces de théâtre et les romans; d'autre part, que, sous la dynastie mongole des Youèn, le langage avait fait des progrès considérables. Le Youen-jin-pé-tchong, ou Collection de cent pièces de théâtre, fut, j'imagine, une époque pour la langue. Alors, des écrivains qui formaient une classe à part, au nombre desquels on trouve des femmes, et même des femmes de mauvaise vie, ont perfectionné le kouan-hoa, ou l'art d'écrire en chinois; ils en ont étendu les limites, soutenu l'utilité autant que la beauté. Mais, qu'on y songe bien, les écrivains de la nouvelle école avaient à triompher d'une foule d'obstacles, et particulièrement des préjugés des mandarins. A tort ou avec raison, on a toujours regardé les mandarins comme des esprits sérieux, méditatifs, et comme des autorités irrécusables en matière de littérature. Or, tels étaient les préjugés de ce temps, que les hommes de lettres qui exerçaient des charges ou des emplois, n'osaient pas avouer publiquement

(*) *Siècle des Youèn*, Journal asiatique, cahier de mai-juin 1852, p. 468 à 474.

(*) Mémoire sur les principes généraux du chinois vulgaire, par M. Bazin, p. 117 et 118.

leurs œuvres; ils gardaient l'anonyme. On ne connaît pas l'auteur du Yu-kiao-li, roman traduit par M. Abel Rémusat; l'auteur du Hao-khieou-tchouen, roman traduit par M. Davis. Le joli roman intitulé P'ing-chan-ling-yen, ou *les Deux Jeunes Filles lettrées*, est à la Chine dans les mains de tout le monde, et cependant, comme le fait remarquer avec raison M. Stanislas Julien, nul n'en saurait dire l'auteur. Après tout, les mandarins avaient bien quelque raison de se cacher sous le voile de l'anonyme, quand les courtisanes et les femmes publiques se mêlaient de littérature (*).

La peinture exacte des mœurs et des habitudes est le caractère général qui distingue cette littérature, et la recommande à l'attention des Européens. Elle est vraiment populaire à la Chine; car elle a, pour ainsi dire, ses racines dans les préjugés du peuple, dans ses croyances, dans ses coutumes et même dans ses besoins intellectuels, que les écrits des lettrés, si le peuple pouvait les comprendre, ne sauraient satisfaire. Les livres des Thsaï-seu ne figurent pas sur les catalogues de la bibliothèque impériale de Pé-king; on n'admet point dans cette bibliothèque d'élite les monuments de la langue commune ou vulgaire. Et que nous importe l'opinion des lettrés? C'est une littérature, disent-ils, qui aspire uniquement à plaire. Il est vrai qu'elle ne renferme que des romans. Ainsi le *San-koŭe-tchi*, ou *l'Histoire des trois royaumes*, est un grand roman historique; le *Hao-khieou-tchouen*, pour suivre l'ordre chronologique, ou *la Femme accomplie*, est un roman de caractère; le *Yu-kiao-li*, ou *les Deux Cousines*, un roman de mœurs; le *Ping-chan-ling-yen*, ou *les Deux Jeunes Filles lettrées*, un roman de mœurs; le *Choui-hou-tchouen*, ou *l'Histoire des rives du fleuve*, un grand roman de mœurs; le *Si-siang-ki*, ou *l'Histoire du pavillon occidental*, un roman dialogué; le *P'i-p'a-ki*, ou *l'Histoire du luth*, un roman dialogué; le *Hoa-tsien*, ou *l'Art d'aimer*, un roman en vers; le *P'ing-kouei-tchouen*, ou *le Récit de la victoire remportée sur les démons*, un roman mythologique; et, enfin, le *Pe-kouei-tchi*, ou *l'Histoire du sceptre de jade*, un roman de mœurs. Mais tel genre de littérature, réputé frivole, peut nous apprendre sur la Chine et ses habitants une foule de choses que nous ignorons en Europe. Le P'ing-kouei-tchouen, par exemple, charmante composition, écrite sous l'influence d'opinions regardées à Péking comme hétérodoxes, et dans laquelle on trouve des récits qui surprennent, et des conceptions qu'on est loin d'attribuer aux écrivains de la Chine, doit, à beaucoup de titres, solliciter la curiosité des Européens.

Au fond, les dix ouvrages dont je viens d'indiquer les titres se recommandent par des mérites divers. Le San-koŭe-tchi a un grand intérêt historique, les romans de mœurs un intérêt plus général; tous sont admirablement bien écrits. La poésie est forte, savante, pathétique dans le Si-siang-ki; simple, un peu trop naïve, mais gracieuse, dans le Hoa-tsien; je pourrais extraire du Ping-kouei-tchouen telles pages où l'auteur a presque égalé le Dante. Il est visible que chaque Thsaï-tseu a son tour d'esprit, son ton, sa manière. Je n'hésite pas non plus à dire que, pour l'ordre et le mouvement des pensées, les Thsaï-tseu me paraissent très-supérieurs aux écrivains qui ont imité le Kou-wên. Mais, avec des beautés de premier ordre, cette littérature a ses imperfections, ses défauts. Les Thaï-tseu deviennent quelquefois des rhéteurs, dans le sens que nous attachons aujourd'hui à ce mot. Ils insistent sur les moindres choses, descendent à des détails négligés chez nous, souvent même à des puérilités. Leur grand tort, à mon avis, est de prendre pour sujets de composition des êtres fantastiques. Le P'ing-kouei-tchouen et le Pě-kouei-tchi sont remplis d'actions incroyables et d'aventures par trop merveilleuses. Quant au style, je l'ai déjà dit, c'est le principal mérite de ces livres.

Nous examinerons l'un après l'autre les ouvrages des Thsaï-tseu.

(*) Mémoire sur les principes généraux du chinois vulgaire, p. 114 à 116.

SAN-KOÜE-TCHI,

Ouvrage du premier Thsaï-tseu.

Ce magnifique roman, dont le sujet est pris dans l'histoire d'une guerre civile qui dura près d'un siècle, depuis l'an 168 jusqu'à l'an 265 de notre ère, est peut-être le chef-d'œuvre de la littérature chinoise; toutefois, il ne faut pas confondre le roman intitulé *San-koüe-tchi* avec l'Histoire des trois royaumes, qui porte le même nom. Le premier auteur du *San-koüe-tchi*, « Histoire des trois royaumes, » fut un écrivain appelé T'chin-cheou, qui vivait sous la dynastie des Thsin, dans le quatrième siècle de notre ère. Son ouvrage subsiste encore tel qu'il a été originairement publié. On en trouve une notice dans le catalogue abrégé de la bibliothèque impériale de Péking. Vers la fin de la dynastie des Song, c'est-à-dire huit cents ans après T'chin-cheou, un autre écrivain, du nom de Peï-song, publia le texte de cet ouvrage ancien, avec un long commentaire mêlé de merveilleux, de légendes et d'aventures fabuleuses. Sous la dynastie des Youên, un auteur anonyme composa l'ouvrage intitulé *San-koüe-tchi-piên-ou*, « Erreurs contenues dans le *San-koüe-tchi*, ou l'Histoire des trois royaumes, de P'eï-song, » ouvrage qui fournit à Lo-kouan-tchong le sujet du roman *San-koüe-tchi*. Ainsi l'Histoire des trois royaumes de T'chin-cheou et le commentaire de P'eï-song furent les sources principales où Lo-kouan-tchong puisa le fond de son roman. Si on pouvait lire T'chin-cheou et P'eï-song, on jugerait avec connaissance de cause, et l'on verrait ce que Lo-kouan-tchong a tiré de l'histoire du premier, des légendes fabuleuses du second; mais ce qu'il y a de certain, c'est qu'il a su attacher et émouvoir (*).

Un habile orientaliste, qui s'est imposé la tâche de traduire le San-koüe-tchi d'un bout à l'autre, M. Théodore Pavie, a déjà mis en français les trois premiers livres de cette grande épopée. Sa traduction, commencée en 1841 sous les auspices d'un homme illustre

(*) *Siècle des Youên*, Journal asiatique, cahier de novembre-décembre 1850, p. 430.

(M. Villemain), se fait lire avec intérêt, et ne mérite que des éloges. Mais M. Pavie ne s'est pas borné à traduire le San-koüe-tchi, il a cherché à saisir la physionomie des principaux personnages ; puis, pénétré de son sujet, et jetant de côté tous les détails de cet immense ouvrage, il en a présenté l'analyse dans la seconde partie de sa préface. On trouve aussi dans cette préface, dont je vais extraire quelques passages, une appréciation très-juste du San-koüe-tchi :

« C'est une longue chronique, dit M. Théodore Pavie, romanesque quant à la forme, historique quant au fond; elle renferme tous les faits, toute la réalité d'une époque ; plus, les scènes et les épisodes qui tiennent au drame et à l'épopée. L'histoire de la Chine a, presque tout entière, été mise en roman. Mais il y a loin de ces légendes, souvent fabuleuses, arrangées sans goût, à l'ouvrage qui nous occupe (le San-koüe-tchi). Toutefois, la prédilection des lettrés et du peuple pour l'histoire, même dénaturée, est un trait distinctif du caractère chinois. Dans cet empire immense, qui se regarde comme le centre, comme la partie lumineuse de la terre, la nation, fort indifférente au sort des royaumes étrangers, s'est arrêtée sur les phases principales de sa propre existence. Le peuple aime à étudier sa généalogie, à se voir dans le passé, à balayer la poussière qui s'accumulerait sur les tablettes des ancêtres; aussi accueille-t-il avec empressement et écoute-t-il toujours avec respect les fragments de ses annales, où la légende s'encadre dans la tradition; les discours pompeux où les noms des anciens empereurs sont invoqués à l'appui d'un principe. Dans ce pays, tout repose sur la tradition : la politique, la morale, les arts, les sciences subsistent en vertu des lois primitives.

« Dans le San-koüe-tchi, la doctrine des Tao-sse joue cependant un grand rôle. Les docteurs de la secte soulèvent les populations dès les premiers chapitres; on les rencontre sans cesse employant leur pouvoir surnaturel à faire tomber la pluie, à faire souffler le vent. Les éléments leur sont soumis en toute occasion... Soit qu'il se laisse entraîner par l'amour du merveilleux, soit qu'il accepte sans y croire, et seulement comme moyen poétique, cette intervention des puissances surnaturelles, l'écrivain chinois tient peu à se montrer orthodoxe...

« L'auteur avait à fondre l'histoire dans le roman, à puiser dans les annales la réalité, dans son imagination la fiction poétique. Le thème ainsi posé a produit un ouvrage qui n'est ni le roman de chevalerie du moyen âge en Europe, ni le roman historique de nos jours, ni la chronique sérieuse, telle que l'entendaient les Romains, mais qui résume assez bien les éléments principaux de ces genres divers. Sans jamais tomber, comme Ctésias, dans la fable ignorante, l'auteur ne s'abstient pas de donner dans le merveilleux, dans les présages à la manière d'Hérodote... Les guerres, il faut l'avouer, tiennent trop de place dans le San-koue-tchi; toutefois, on peut excuser cette surabondance de batailles, en songeant que la guerre est l'expression de l'anarchie, que les combats sont les pièces du procès, quand plusieurs prétendants se disputent la couronne.

« Moins concis que les ouvrages anciens, moins diffus que les textes modernes, le San-koue-tchi représente le style moyen, sévère, soutenu, qui convient à l'histoire. S'il était permis de hasarder une comparaison, on pourrait dire que l'auteur du San-koue-tchi ressemble par sa diction aux écrivains français de la première moitié du XVIIe siècle, en ce sens surtout qu'il incline vers les formes anciennes. Il est nourri de la lecture des vieux maîtres; les lettrés de nos jours l'ont accepté comme un classique. Son œuvre a été lue et relue si souvent, que, les éditions vinssent-elles à périr, il vivrait encore dans la mémoire des étudiants et du peuple (*). »

Je transcrirai maintenant le début du San-koue-tchi, pour donner au lecteur une idée du ton général de l'ouvrage :

CHAPITRE PREMIER.
Révolte des Bonnets jaunes.

(Année 168 de J. C.) Hiao-hiouen-ti, empereur de la dynastie des Han postérieurs, étant mort, son fils, Hiaoling-ti, âgé seulement de douze ans, monta sur le trône. A cette époque, le général en chef des armées, Teou-wou, le tuteur du jeune monarque, Tchin-fan, et le général de l'infanterie, Houkouang, remplissaient à la cour les fonctions de ministres. Au neuvième mois, à l'automne, deux eunuques, Tsao-tsie et Wang-fou, s'étant emparés du pouvoir, dirigèrent l'empire au gré de leurs caprices. Teou-wou et Tchin-fan formèrent le dessein de faire mourir les favoris ; mais le secret de leur conspiration fut découvert, et ils périrent eux-mêmes sous les coups de leurs adversaires ; alors toute l'autorité passa aux mains des eunuques.

(Année 169 de J. C.) Le quinzième jour du quatrième mois de la 2e année *Kièn-ning* (de la tranquillité établie), l'empereur ayant assemblé les grands dans la salle d'audience dite *Ouen-tè* (de la vertu sincère), allait s'asseoir sur le trône, lorsqu'à l'angle de l'appartement il s'éleva un grand tourbillon, et on vit un serpent bleu, long de vingt mesures de dix pieds, suivre en rampant le haut de la poutre principale, puis descendre comme s'il eût volé, et se glisser sur le siége impérial. Dans sa frayeur, le jeune prince tomba évanoui ; les officiers placés à ses côtés se précipitèrent pour lui porter secours ; les mandarins civils et les mandarins militaires furent si troublés, qu'ils s'entre-choquèrent et roulèrent pêle-mêle sur le parquet ; mais le serpent disparut à l'instant même.

Peu de temps après, le tonnerre gronda avec violence ; il tomba une grosse pluie mêlée de grêle qui ne cessa que vers le milieu de la nuit ; dans l'enceinte de la capitale orientale (à Lo-yang), elle détruisit environ mille maisons.

(Année 171 de J. C.) Le deuxième mois de la quatrième année *Kièn-ning*, on ressentit un tremblement de terre

---

(*) Voy. le San-koue-tchy, Histoire des trois royaumes, roman historique, traduit sur les textes chinois et mandchou de la Bibliothèque royale, par M. Théodore Pavie, t. Ier, p. XI et suiv.

dans la province de Lo-yang; tous les murs de la capitale s'écroulèrent. Les eaux de la mer s'étant élevées, envahirent quatre villes du littoral, Teng, Laï, Y et Tsi; cette inondation balaya les habitants et les entraîna dans l'Océan. L'empereur discontinua de donner aux années de son règne le nom de *Kién-ning*, et y substitua celui de *Hi-ping* (de la paix qui pénètre de tous côtés). Puis, comme il y eut des révoltes parmi les peuples des frontières, cinq ans après, la dénomination de *Hi-ping* fut remplacée par celle de *Kouang-ho* (de la concorde manifestée). Cette même année-là, les poules chantèrent comme des coqs.

(Année 178 de J. C.) La première année Kouang-ho, le premier jour du sixième mois, un esprit de couleur noire, long de cent pieds, se glissa en volant dans la même salle dite Ouen-tĕ. Au septième mois, un arc-en-ciel parut dans la chambre de l'empereur; le sommet du mont Ou-youen s'écroula, et des présages sinistres de toute espèce se manifestèrent. L'empereur, épouvanté, se hâta de convoquer, à la porte du palais dite *Kin-chang*, tous les grands dignitaires, Yang-sse et les autres. Il les interrogea sur les causes de ces calamités, de ces prodiges menaçants, et sur les moyens de les faire cesser.

« Yang-sse répondit le premier.....
A son tour, Tsaï-yong, membre du conseil impérial, prit la parole et dit:

« Après avoir médité avec la plus profonde attention, votre sujet expose humblement que tous ces présages annoncent la fin de la dynastie... L'arc-en-ciel s'abaissant sur la chambre impériale, les poules qui chantent comme des coqs, sont autant d'avertissements qui se rapportent à l'intrusion des femmes dans les affaires de l'État. Votre nourrice, Tchao-yao, a le rang de princesse dans l'empire; l'intendant de votre palais, Ho-Yu, est un homme fourbe et artificieux. Réfléchissez bien à ces choses, car assurément elles sont un sujet de chagrin pour le royaume. Tchang-hao, Wei-tchang, Tchao-hiouen, Kou-cheng, voilà maintenant vos favoris; réfléchissez que ces hommes sans mérite peuvent causer la perte de la dynastie. J'expose humblement encore que Kouo-si, Kiao-hiuen, Lieou-tchong, que tous ces mandarins pleins de droiture, ces vieillards sincèrement vertueux, doivent diriger le conseil. Les grands mandarins, conseillers suprêmes, sont les bras et les jambes du souverain; il ne convient pas de recevoir les ordres d'hommes méprisables, de maltraiter et d'opprimer les hauts dignitaires.

« Votre sujet espère que Votre Majesté supportera ces remontrances et mettra un terme à ces abus. Tous les mandarins qui approchent l'empereur doivent changer de conduite; car si les hommes sortent d'eux-mêmes de la mauvaise voie, les présages et les calamités cesseront d'eux-mêmes aussi..... Votre sujet espère que vous peserez attentivement les observations de sa requête, et que vous ferez en sorte que les mandarins pleins de fidélité ne soient pas en butte aux machinations des pervers.

« En entendant cette requête, l'empereur poussa un profond soupir; et comme il se levait pour ôter ses habits de cour, l'eunuque Tsao-tsie, qui s'était tenu dans un appartement retiré, épiant l'assemblée, alla secrètement avertir ses collègues de ce qui s'était dit. L'affaire se divulgua bien vite, et tous les grands perdirent la vie (cent des plus éminents personnages de l'empire et sept cents mandarins furent mis à mort). Cependant un eunuque, nommé Liu-kiang, qui aimait Tsaï-yong à cause de ses talents, obtint sa grâce de l'empereur et lui sauva la vie.

« La cour était alors livrée aux intrigues de dix eunuques; tous les emplois, toutes les faveurs se distribuaient aux créatures de ces dix courtisans; l'empereur, subjugué, voyait en eux les maîtres dont il devait suivre les conseils. Aussi, jouissant d'un libre accès près du monarque, ils ne redoutaient personne, et faisaient de leurs hôtels particuliers autant de petites cours. »

(Année 184 de J. C.) Ling-ti venait de changer une fois encore le nom des années de son règne; on entrait dans un cycle nouveau: ce fut alors que parurent dans la petite ville de Kiu-lou trois frères, Tchang-kio, Tchangliang et Tchang-pao. L'aîné n'avait fait aucune étude, mais, un jour (dit la légende) qu'il cueillait des plantes médicinales sur la montagne, il rencontra un vieillard aux yeux brillants, à la chevelure flottante comme celle d'un jeune homme, appuyé sur un bâton fait d'une tige de la plante Li, qui, l'ayant invité à entrer dans une caverne, lui présenta les trois volumes d'un ouvrage de la secte des Tao-sse, dont le titre était : *Recettes magiques et talismans pour arriver à la grande quiétude.* Puis il dit à Tchang-kio : « Appliquez-vous à l'étude de la doctrine de Lao-tseu, et recevez du ciel la mission de convertir les hommes; sauvez par toute la terre la génération présente; les désirs multipliés et désordonnés du cœur sont la source positive de toutes les afflictions. » Après s'être fait connaître sous le nom de l'immortel du *Nan-hoa* (Tchouang-tseu), il disparut, emporté par le tourbillon léger d'une brise adoucie. Muni du livre mystérieux, Tchang-kio l'étudia si bien jour et nuit, que bientôt il put commander aux vents et à la pluie; il prit alors le nom du *Tao-sse de la grande quiétude.*

(Année 184 de J. C.) Dans les premiers jours de cette même année, une épidémie terrible étendit ses ravages par tout l'empire. A l'aide d'une eau sur laquelle il répétait des paroles magiques, Tchang l'illuminé guérissait les malades; ses prodiges le firent surnommer le *très-saint docteur.* Tous les affligés, il les appelait près de lui, et après qu'ils lui avaient avoué leurs fautes, il les ramenait au repentir et les convertissait à la vertu. Bientôt il compta cinq cents disciples, et leur nombre augmenta d'une manière extraordinaire, car il parcourait l'empire à la manière des ascètes, en guérissant sur son chemin. Alors Tchang établit ses adeptes dans trente-six endroits différents; leurs plus grandes réunions étaient de dix mille, les plus petites de six à sept mille; et dans chacune de ces écoles il y avait des maîtres qui semaient, à l'instigation de Tchang, cette prophétie mensongère : « Le ciel gris est mort; le ciel jaune va paraître; la dynastie des Han s'éteint, une autre va la remplacer; le nouveau cycle sera pour le monde une ère de bonheur. »

« Tchang ordonna même au peuple de tracer sur les portes des maisons avec de la craie les deux mots *Kia-tseu* (qui expriment la première division du cycle), et bientôt ils furent écrits dans les marchés des villes grandes et petites, sur les portes des tribunaux des districts, et sur celles des temples et des monastères de la secte des Tao-sse. La population entière de huit districts le saluait du titre de *très-saint docteur* qu'il s'arrogeait lui-même.

« Désireux de se faire des partisans jusqu'à la cour, Tchang-kio chercha à gagner l'amitié de l'eunuque Fong-siu au moyen de magnifiques présents en argent et étoffes précieuses qu'il lui envoya par Ma-youen-y, l'un de ses principaux adeptes. Cela fait, il délibéra avec ses deux frères : « Le plus difficile, c'est d'avoir pour soi l'affection du peuple, disait-il; désormais, le peuple est pour moi : si je ne profite pas d'une si belle occasion pour m'emparer du trône j'aurai éternellement lieu de m'en repentir ! — Nous avons aussi la même pensée, répondit Liang! » Et aussitôt ils firent une bannière aux couleurs impériales, et fixèrent aux cinq premiers jours du troisième mois le soulèvement général de tous les illuminés. Mais un disciple du nom de Tang-cheou, chargé de remettre une lettre à l'eunuque complice, était allé tout dénoncer au tribunal de l'empereur; le premier émissaire eut la tête tranchée, et Fong-siu fut jeté en prison.

« Déjà le général en chef Ho-tsin avait reçu l'ordre de rassembler les troupes; de son côté, Tchang-kio se voyant découvert leva l'étendard de la révolte. Les trois frères eurent chacun un corps d'armée; Tchang-kio prit le titre de *général du ciel,* Liang, celui de *général de la terre,* et Pao, celui de *général des hommes.*

« Le temps accordé par le ciel à la dynastie des Han touche à sa fin, disait Tchang-kio au peuple soulevé; le grand saint a paru, obéissez tous à la volonté divine, et suivez la vraie doctrine pour jouir des bienfaits de la grande quiétude! » De toutes parts, la foule coiffée de bonnets jaunes se pressait sur ses pas et se révoltait à sa voix. Au nombre de quatre à cinq cent mille, les illuminés traversaient districts et provinces en mettant tout à feu et à sang ; devant ce fléau les magistrats quittaient leurs postes et fuyaient de bien loin ; mais le général en chef, Ho-tsin, insistait auprès de l'empereur pour que Sa Majesté envoyât rapidement l'ordre de se tenir sur tous les points prêt à la défense, afin de pouvoir remporter la victoire sur les rebelles. Déjà il avait dépêché Lou-tchi, Hoang-fou-song et Tchu-tsiouen, commandants militaires, qui marchaient avec trois divisions de bonnes troupes.

« Cependant le premier corps d'armée des rebelles, celui que commandait Tchang-kio en personne, avait pénétré dans le district de Yen ; un des commandants subalternes du canton, nommé Tseou-tsing, alla trouver Yeou-yen, général de la province. Cet officier, originaire de King-ling dans le Kianghia, surnommé Kun-lang, descendait d'un ancien roi de Han (Lou-kong-wang), aïeul de la famille régnante. Les deux chefs délibérèrent ; l'ennemi approche, comment faire pour le repousser ? — « Écoutez, dit Tseou, un ordre de Sa Majesté enjoint de détruire partout les rebelles ; pourquoi l'illustre général n'appellerait-il pas sous les drapeaux ceux qui peuvent servir la cause impériale ? » Cet avis plut à Lieou ; une proclamation fut immédiatement affichée dans tout le canton ; elle invitait les soldats fidèles à prêter aux commandants le secours de leurs bras.

« Distribuée aussi dans le petit village de Leou-sang (district de Tchohien), cette proclamation en fit sortir un homme héroïque, Lieou-peï (surnommé Hiuen-të). Fort peu épris de l'étude des livres, mais passionné pour la chasse et les exercices du cheval, plein de goût pour la musique, aimant les beaux vêtements, parlant peu, poli envers tout le monde, ne manifestant jamais ni folle joie ni noir chagrin, recherchant l'affection des gens de bien, doué d'une haute portée d'esprit, Lieou-peï joignait à ces qualités morales une stature gigantesque, des proportions athlétiques, un extérieur singulièrement remarquable. Il était arrière-petit-fils, à la neuvième génération, de l'empereur King-ti, de la dynastie régnante. Ayant perdu fort jeune son père, qui occupait une petite magistrature, sa mère lui restait, à laquelle il témoignait le respect filial prescrit par la loi ancienne. Désormais pauvre, Hiuen-të gagnait sa vie à vendre des souliers, à confectionner des nattes. »

Nous omettrons divers pronostics qui, dès son enfance, firent pressentir en lui un homme appelé à de hautes destinées. A l'époque où nous le voyons paraître, il avait vingt-huit ans. Cette proclamation, il la lut, soupira, et prit la route de sa maison ; mais derrière lui il entendit une voix qui disait : « O jeune homme ! si vous ne voulez pas employer vos forces au salut de l'empire, pourquoi soupirer ainsi ? » Hiuen-të se détourne, regarde, et voit un homme athlétique aussi, terrible dans tous ses traits, si extraordinaire, qu'il le suivit. Cet inconnu avait la tête du léopard, les yeux ronds, le front de l'hirondelle, la barbe du tigre, la force du cheval lancé au galop ; il rentre avec lui dans le village, et il sait bientôt que son nom est Tchang-feï, son surnom Y-të ; ancien habitant du pays, cultivateur, marchand de vin et boucher, il aimait à se lier avec les gens robustes comme lui.

« Pourquoi soupiriez-vous devant cette pancarte ? demanda-t-il à Hiuen-të. — Hélas ! répondit celui-ci, je descends de la famille impériale (et il déclina ses noms), j'apprends la révolte des Bonnets jaunes, leurs brigandages ; les balayer de la surface de la terre serait mon plus grand désir ; je raffermirais ainsi la dynastie chancelante. Mais, seul, que puis-je faire ? rien, et je soupire. — Unissons-nous, dit le paysan ; j'ai mes garçons de ferme, et avec eux nous pouvons faire quelque chose. Qu'en dites-vous ?

« Enchanté de l'idée, Hiuen-të était entré dans une taverne avec son nouvel ami, lorsqu'il aperçut à la porte un homme de haute taille qui descendait d'un petit chariot : « Garçon, dit l'étranger en s'asseyant sur un banc de bois de mûrier, vite à boire ; je vais aller me joindre aux troupes du district, et je n'ai que le temps.

« Hiuen-te regardait cet homme fort grand, remarquable par sa barbe longue de près de deux pieds, par son visage rouge comme le bois du jujubier, par ses lèvres colorées comme le vermillon, par ses yeux semblables à ceux du phénix, par ses sourcils pareils à ceux du ver à soie endormi. Sa physionomie était extraordinaire, son aspect terrible. Il s'assied à ses côtés, et apprend de lui que son nom est Kouan-yu, son surnom Tchang-seng ; mais il l'avait changé en celui de Yun-tchang. Kouan-yu était né fort loin de là, à Kiaï-liang, à l'est du fleuve Jaune; mais comme il avait tué dans son pays un homme violent qui tyrannisait ses voisins, il se trouvait réduit à mener depuis cinq ou six ans une vie errante. Ce jour-là, avant eu connaissance de l'avis qui appelait aux armes les hommes de bonne volonté, pour détruire les Bonnets jaunes, il voulait y répondre.

« Hiuen-te se hâta de lui découvrir ses propres desseins ; et tous les trois, pleins de joie, ils allèrent de compagnie à la ferme de Tchang-feï. Là, ils causèrent des affaires de l'empire. Les deux nouveaux venus saluèrent Hiuen-te du titre de frère aîné (ils étaient plus jeunes que lui), puis Feï fit cette proposition : « Derrière ma ferme il y a un petit jardin de pêchers, les fleurs sont épanouies ; allons-y demain immoler au ciel un cheval blanc, à la terre un bœuf noir, et jurons de rester comme trois frères, unis à la vie et la mort ! Qu'en dites-vous ? »

« Ce projet plut beaucoup aux trois nouveaux amis ; le sacrifice fut offert ainsi qu'ils en étaient convenus ; ils partagèrent des monnaies d'or et d'argent, immolèrent un bœuf noir et un cheval blanc, déposèrent les morceaux des victimes sur la terre ; puis, après avoir brûlé des parfums et s'être prosternés deux fois, ils firent le serment d'être frères, de se soutenir mutuellement, de se secourir dans le péril, de défendre l'empire et de protéger le peuple ; quoiqu'ils ne fussent nés ni la même année, ni le même jour, ni à la même heure, ils devaient mourir au même instant. Le ciel, roi des immortels, la terre, reine des esprits, avaient lu dans leurs cœurs ; celui qui trahirait son serment et la bonne cause s'engageait à périr sous les coups de la vengeance divine et humaine.

« Après ce serment, Hiuen-te fut salué l'aîné ; Kouan-yu et Tchang-feï, selon leur âge, devenaient l'un le cadet, l'autre le plus jeune des trois frères. Ces cérémonies et ces politesses achevées, ils allèrent ensemble (fidèles au respect que l'on doit à la vieillesse) faire une visite à la mère de Hiuen-te.

« Cependant trois cents jeunes gens de la contrée s'étaient joints à eux ; ils reçurent dans ce même jardin des pêchers une distribution de vin. Le lendemain on trouva de quoi s'armer ; mais les chevaux manquaient. Au milieu de cette perplexité, on vint annoncer que deux étrangers escortés de dix serviteurs arrivaient à la ferme, conduisant avec eux une belle troupe de chevaux. « Le ciel vient à notre aide, s'écria Hiuen-te, accomplissons donc de grandes choses ! » C'étaient des marchands de Tchong-chan que la révolte des Bonnets jaunes forçait à reprendre le chemin de leur pays, sans avoir pu aller dans le nord vendre leurs chevaux. Hiuen-te les pria d'entrer dans la ferme, les traita fort bien, et leur fit part de la résolution, prise en commun, de repousser la rébellion pour secourir la dynastie menacée et d'arracher le peuple à tant de misères.

« Enchantés de cette résolution, les deux marchands donnèrent à Hiuen-te cinquante chevaux de choix, une grosse somme d'argent et une grande quantité d'acier. Celui-ci, avec le secours d'ouvriers habiles, fit confectionner pour lui un sabre à deux tranchants, un cimeterre recourbé en forme de faux pour Kouan, et pour Feï une lourde lance. Chacun d'eux compléta son armure par un casque et une cuirasse. Ces préparatifs achevés, ils allèrent à la tête de cinq cents jeunes volontaires trouver l'officier Tseou-tsing, qui les conduisit près de Lieou-yen, le commandant du district. Celui-ci les accueillit avec transport, quand il sut et leurs noms et ce qui les amenait vers lui. « Voilà un descendant des Han, s'écria-t-il en entendant le nom de Lieou (c'était celui de la famille régnante que portait Hiuen) ; s'il a le moindre mérite, il devra être appelé à des emplois honorables ! » Après avoir reconnu que Hiuen-te et lui descendaient de deux branches d'une même famille, il disposa ses cavaliers en bon ordre.

« A ce moment, des éclaireurs vinrent annoncer qu'un corps de cinquante mille Bonnets jaunes, ayant à leur tête Tching-youen-tchi (disciple et lieutenant de Tchang-kio), s'approchait de la ville de Tcho-tcheou. Le commandant de la garnison rassembla vite ses chevaux et son infanterie ; Tseou-tsing eut ordre de se porter en avant pour engager le combat, et les trois chefs de volontaires, ivres de joie, s'élancèrent à cheval (*). »

HAO-KHIEOU-TCHOUEN,
Ouvrage du deuxième Thsaï-tseu.

Cet ouvrage, originairement traduit du chinois en portugais par un inconnu et du portugais en anglais par le docteur Hugues Percy, évêque de Dromore, l'a été de cette dernière langue en français par Eydous, qui a fait imprimer sa traduction à Lyon, en 1766. Les éditeurs de la *Bibliothèque des romans* en ont donné un long extrait dans leur collection (**). En 1829, un habile sinologue, aux travaux duquel nous avons rendu plusieurs fois hommage, M. John-Francis Davis, agent supérieur de la compagnie anglaise des Indes orientales à Canton, retraduisit sur le texte original, le *Hao-khieou-tchouen*, qu'il intitula : *The fortunate union*. Enfin M. Guillard d'Arcy, membre de la Société asiatique, publia à Paris, en 1842, une traduction française de ce roman, qu'il intitula plus exactement *la Femme accomplie*, car les mots chinois *hao-khieou* contiennent une allusion à un vers du Chi-king.

Le Hao-khieou-tchouen est un récit dramatique, où l'intérêt croît de scène en scène jusqu'au dénoûment. L'auteur inconnu de cet ouvrage l'emporte sur tous les Thsaï-tseu par la simplicité du plan, l'observation exacte des caractères, par la clarté, la naïveté du style, par le naturel et la vérité. Il y a dans le Hao-khieou-tchouen d'admirables morceaux en prose, des phrases habilement construites, un dialogue semé d'heureux traits. Mais, ce qui fait le vif intérêt de ce roman de mœurs, c'est qu'on y apprend sur *la plus grave des affaires sérieuses* à la Chine, sur le mariage, une foule de choses qui ne se trouvent que là ou dans des romans du même genre ; toutefois, comme je n'offrirai au lecteur qu'une analyse du Hao-khieou-tchouen, il ne me paraît pas inutile de consacrer un article spécial au mariage des Chinois et aux cérémonies qui l'accompagnent.

Cérémonies du mariage.

« Les femmes de la Chine, disent les missionnaires (car, quand on parle des mœurs et des coutumes de la Chine, on rencontre toujours devant soi les missionnaires), sont à peu près condamnées à ne voir jamais le jour hors de chez elles. Un Chinois se marie sans avoir même aperçu celle qu'il épouse. Il ne se forme une image de ses traits, de sa taille, de son caractère, que sur le rapport d'une *entremetteuse* (*), d'une parente ou de quelque autre femme qui, en pareil cas, fait l'office d'une entremetteuse. Il est vrai que si on lui en impose, ou sur l'âge, ou sur la figure, il est en droit de faire déclarer le mariage nul. Ici la loi vient, à son tour, corriger les abus de l'usage.

« Les entremetteuses qui négocient un mariage conviennent aussi de la somme que donnera le futur aux parents de l'épouse ; car, à la Chine, ce n'est pas le père qui dote sa fille, c'est le mari qui dote sa femme, *dotem non uxor marito, sed maritus uxori affert*, ou, pour mieux dire, il l'achète ; elle devient sa propriété à double titre. Cependant, il arrive que le beau-père propose à son gendre de venir habiter dans sa maison, et le constitue en même temps héritier d'une partie de ses biens ; mais il ne peut se dispenser de léguer l'autre partie à quelqu'un de sa famille et de son nom.

« Les pères et les mères, et à leur défaut, les aïeux ou aïeules, ou enfin les plus proches parents du côté paternel, et ensuite ceux du côté maternel, jouissent d'une au-

---

(*) Voy. San-koue-tchy, roman historique, traduit par Théodore Pavie, t. Ier, p. 1 à 12.
(**) Voy. l'avant-propos du San-yu-leou, à la suite de la comédie intitulée : *Lao-seng-eul*, par A. Bruguière de Sorsum, p. 142.

(*) A la Chine, les fonctions des entremetteuses sont fort honorées.

torité absolue pour régler les mariages des enfants. Ceux-ci ne peuvent se soustraire à l'autorité paternelle que dans deux cas : 1° s'ils se marient avec une étrangère, par exemple, avec une juive ou une mahométane. Comme la manière de vivre des étrangers est très-différente de celle des Chinois, il est juste, dit la loi, que celui qui contracte une semblable alliance jouisse d'une entière liberté. 2° Si un jeune homme, dans le cours d'un voyage, se marie dans une province éloignée, sans connaître les engagements que ses parents peuvent avoir pris en son absence, son mariage est valide, et il n'est pas obligé de se conformer aux premières vues de son père. Si cependant il n'y avait encore que des promesses réciproques, le jeune homme est tenu de rompre ses engagements et de recevoir la femme que ses parents lui destinent.

« Rien n'est plus ordinaire, parmi les Chinois riches et d'un rang distingué, que d'arrêter les articles d'un mariage, longtemps avant que les parties soient en âge de le contracter ; souvent même on en convient avant que les futurs époux soient nés. Deux amis se promettent très-sérieusement et avec solennité d'unir par le mariage les enfants qui naîtront d'eux, s'ils sont d'un sexe différent ; et la cérémonie qui sanctionne cette promesse consiste à déchirer, l'un et l'autre, leur tunique et à s'en donner réciproquement une partie.

« Le mariage est précédé d'une négociation appelée Ping, laquelle est conduite par des entremetteuses ou par des amis. C'est alors qu'on invoque le secours de l'astrologie et que l'on tire les horoscopes des deux futurs époux (pă-tseu), c'est-à-dire des huit caractères. Il y a deux caractères pour l'année, deux pour le mois, deux pour le jour et deux pour l'heure de la naissance. On cherche des présages divers dans la combinaison de ces caractères, et le premier soin des parents qui veulent marier leurs enfants est d'échanger leurs huit caractères (pă-tseu) et de les comparer pour voir si, d'après les règles de l'astrologie, elles annoncent une parfaite compatibilité d'humeurs et de destinées(*). On considère le printemps comme l'époque la plus convenable et la plus heureuse pour le mariage, et l'on préfère surtout la première lune de l'année chinoise. C'est dans ce mois que le pêcher fleurit à la Chine ; de là, les fréquentes allusions faites à cet arbre, en parlant du mariage.

« Lorsque les deux familles ont passé le contrat, et que les arrhes ont été données, ce qui forme proprement les fiançailles, ce sont les parents de la fille qui fixent le jour de la célébration du mariage. Ils ont soin de consulter le calendrier pour choisir un jour heureux ; car ils en admettent de deux espèces, de bons et de sinistres. Durant cet intervalle, les deux familles se font des messages et des présents réciproques. Le futur envoie à celle qu'il doit épouser quelques bijoux, comme des bagues, des pendants d'oreilles, des aiguilles de tête, etc. On s'écrit des deux parts, mais on ne se voit point encore : les cadeaux et les billets doux sont transmis par des mains tierces.

« Pendant les trois nuits qui précèdent le jour destiné aux noces, on illumine tout l'intérieur de la maison de l'épouse, moins en signe de joie que de tristesse : on veut faire entendre qu'il n'est pas permis aux parents de dormir dans le temps où ils sont sur le point de perdre leur fille. On s'abstient de même, dans la maison de l'époux, d'y faire entendre aucun instrument de musique, et une égale tristesse semble y régner, parce que le mariage du fils est censé devoir être regardé comme une image de la mort du père, et que le fils alors semble en quelque sorte lui succéder.

« Au jour fixé pour la célébration du mariage, l'époux, richement vêtu, se rend à la maison de sa fiancée, et s'y prosterne devant son beau-père et sa belle-mère, les oncles et les proches parents de sa future épouse. Les derniers adieux de celle-ci à tous ses parents sont aussi des prosternations, au moment où elle se dispose à quitter la maison paternelle. Quelques missionnaires placent ici la première entrevue de l'époux et de l'épouse, d'autres la reculent jusqu'à l'arrivée de celle-ci à la maison de son mari : peut-être cette circonstance varie-t-elle selon l'état des personnes et le différent cérémonial des mariages.

« Ces formalités préliminaires remplies, on place la fiancée dans une chaise ou dans un palanquin fermé. Tout ce qui lui appartient, et les divers effets qui composent son trousseau, l'accompagnent, portés par différentes personnes des deux sexes ; d'autres l'entourent avec des torches et des lanternes, même en plein midi, usage qu'on a conservé, parce qu'autrefois tous les mariages se célébraient pendant la nuit. Une troupe de musiciens la précède, et sa famille la suit. La clef qui la renferme dans sa chaise est entre les mains d'un domestique de confiance : il

---

(*) Voy. le Yu-kiao-li ou les Deux Cousines, roman chinois, traduit par M. Abel Rémusat, t. Ier, p. 135, à la note.

ne doit la remettre qu'au mari. Celui-ci, après l'avoir accompagnée quelque temps à cheval ou dans un palanquin, prend les devants, et court attendre à sa porte l'arrivée du cortége. On lui remet cette clef; il ouvre avec empressement la chaise, et du premier coup d'œil il apprécie sa chance et voit si on l'a bien ou mal servi. Il arrive quelquefois que l'époux mécontent referme subitement la chaise et renvoie la fiancée chez elle. Il suffit qu'il consente à perdre, pour s'en débarrasser, la somme qu'il a donnée pour l'obtenir.

« Si l'épouse est agréée, elle descend de sa chaise et entre avec l'époux, suivis, l'un et l'autre, de leurs parents, dans une salle où le couple nouvellement uni salue quatre fois le thien (ciel), et ensuite les parents de l'époux. Aussitôt après, les nouveaux mariés se rendent au lieu où l'on a préparé, pour eux seuls, le repas nuptial. Avant de s'asseoir, l'épouse fait quatre génuflexions devant son mari, et celui-ci à son tour en fait deux devant elle; ensuite ils se mettent à table, mais avant de manger, ils répandent un peu de vin en forme de libation, et mettent à part quelques viandes pour être offertes aux esprits. Lorsqu'ils ont un peu mangé, en gardant un profond silence, l'époux se lève, invite son épouse à boire et se remet incontinent à table : l'épouse pratique aussitôt la même cérémonie à l'égard de son mari. Alors on apporte deux coupes pleines de vin : ils en boivent une partie, et mêlent dans une seule coupe ce qui reste, qu'ils se partagent ensuite et achèvent de boire.

« Pendant ce temps, le père de l'époux, dans un appartement voisin, donne un grand repas à ses parents et aux personnes invitées : la mère en donne un autre à ses parentes et aux femmes des amis de son mari. Cet usage s'observe dans tous les festins chinois : les femmes s'amusent entre elles et les hommes se réunissent de leur côté (*). »

Analyse du Hao-khieou-tchouen.

Thië-tchong-yu est un jeune bachelier, dont la famille habite une ville située à deux cent cinquante milles de la capitale. Ses traits ont cette délicatesse qu'on admire chez les personnes de l'autre sexe, et de là lui est venu le surnom de Thië-meï-jin (Thië, la belle fille), par lequel on le désigne en plaisantant. Il aime avec ardeur la vertu,

(*) Description générale de la Chine, rédigée d'après les Mémoires de la mission de Péking, par l'abbé Grosier, t. V, p. 271 à 277.

mais il est d'un caractère bouillant, emporté, et se laisse entraîner, en quelque sorte malgré lui, à des actes d'une violence extrême. Il a pourtant une excellente qualité : si un homme vraiment malheureux s'adresse à lui, sans s'informer s'il est riche ou pauvre, noble ou du peuple, il vient à son secours. Thië, son père, est un inspecteur général, devenu célèbre par la hardiesse des remontrances qu'en plus d'une occasion il n'a pas craint d'adresser à l'empereur : connaissant le caractère impétueux de son fils, il ne permet pas qu'il réside à Pe-king.

Lorsque Thië-tchong-yu eut atteint l'âge de seize ans, son père et sa mère voulurent le marier. « Le mariage n'est guère du goût de votre fils, leur dit-il; il n'en est pas d'une épouse comme d'un ami. Entre amis, tant qu'on se convient, on reste unis; cesse-t-on de se convenir, on se sépare; mais le mariage dure autant que la vie. » Il allégua encore d'autres raisons, et les parents n'insistèrent pas davantage. Le jeune homme continua donc de se livrer à l'étude jusqu'à l'âge de vingt ans. Un jour qu'il lisait, retiré dans son appartement, il tomba sur les représentations que Pi-kan adressa à son souverain, représentation que ce ministre célèbre paya de la vie. En réfléchissant sur cet événement, l'idée lui vint à l'esprit qu'une fin aussi tragique attendait peut-être son père, et dans son inquiétude, il résolut de partir pour la capitale.

Dans un village où il s'était arrêté pour y passer la nuit, il entend raconter l'histoire d'un jeune étudiant, auquel un grand seigneur, nommé Takouaï, avait enlevé la fiancée. Il prend aussitôt parti pour le jeune étudiant, qu'il rencontre à quelques pas du village, et se charge de remettre un mémoire à l'empereur.

En arrivant à Pe-king, tous les pressentiments de Thië-tchong-yu s'accomplissent. Le zèle, avec lequel l'inspecteur général Thië-yng avait défendu la cause du jeune étudiant avait déplu à l'empereur. D'accusé qu'il était, Takouaï était devenu accusateur et avait rejeté sur l'inspecteur général l'accusation d'avoir abusé de sa charge pour tromper le prince. Les membres du tribunal des peines, gagnés par les présents de Ta-kouaï, s'étaient prononcés en sa faveur et avaient demandé la condamnation de Thië-yng.

Cependant Thië-tchong-yu s'achemine vers une prison ; il y est reçu avec les plus grands égards par le gouverneur, et introduit dans une petite chambre obscure, où son père était assis, dans une attitude noble et calme. Le jeune homme s'avance tristement et s'incline quatre fois jusqu'à terre. Thië-yng tressaille à sa vue ; il se lève, et dit d'un ton sévère : « Je suis ici pour avoir rempli fidèlement mon devoir et pris la défense des lois de l'empire. » Thië-tchong-yu, tirant alors de sa manche le placet de l'étudiant, le présente à l'inspecteur ; le vieillard, après l'avoir lu, est transporté de joie, car ce mémoire exposait clairement les faits et ne laissait rien à désirer.

L'empereur, auquel on fait parvenir ce document, rend sa faveur à l'inspecteur général Thië-yng, et lui transmet, selon sa demande, l'ordre secret d'arrêter Ta-kouaï. Thië-tchong-yu s'arme d'une masse de cuivre, pénètre dans la somptueuse demeure du coupable, le saisit vigoureusement après une lutte assez longue, et met en liberté la fiancée de l'étudiant. Thië-yng reprend alors ses fonctions ; l'empereur punit Ta-kouaï, et vante le courage du jeune homme, qui a su mener à bien toute cette affaire ; mais Thië-yng, redoutant pour son fils l'enivrement des éloges, en conçoit de l'inquiétude : « Le ciel n'aime pas les orgueilleux, lui dit-il ; sous prétexte de voyager pour votre instruction, fuyez dans un pays lointain. » Thië-tchong-yu obéit aux ordres de son père.

Dans un district de la province du Chan-tong est la résidence d'un membre du tribunal militaire de Pe-king. Son nom de famille est Choui, son surnom Kiu-y. A l'âge d'environ soixante ans, il avait eu la douleur de perdre sa femme, qui ne lui avait laissé qu'une fille d'une incomparable beauté, nommée Ping-sin. C'est à elle qu'il confie la conduite de sa maison et la direction de ses affaires, quand les devoirs de sa charge l'appellent à la cour. Choui-kiu-y avait malheureusement un frère plus jeune que lui ; ce frère se nommait Choui-yun. Passant sa vie dans la société de gens sans mœurs et sans foi, l'oisiveté avait bientôt amené la misère. Il avait trois fils et une fille d'une laideur extrême ; elle était née la même année que sa cousine Ping-sin, et se nommait Hiang-kou. Voyant que son frère n'avait pas d'héritier, Choui-yun convoitait l'administration de sa fortune, qui était considérable ; mais comment parvenir à ce but ? Pour le moment Ping-sin n'était pas disposée à se donner un maître ; elle n'écoutait aucune proposition.

A quelque temps de là, un général, qui commandait l'armée, éprouva une sanglante défaite. L'empereur, irrité contre le père de Choui-ping-sin, qui avait fait choix de ce général, le dépouilla de ses fonctions et l'exila à la frontière de l'empire. Bientôt après, l'empereur appela le ministre Kouo-long-tong dans son conseil. Choui-yun ne savait plus quel moyen employer, quand il se ligua contre sa nièce avec un jeune voluptueux appelé Kouo-khi-tsou, fils du nouveau ministre Kouo-long-tong. Kouo-khi-tsou, épris des charmes de Ping-sin, avait fait une demande, à laquelle celle-ci avait répondu par un refus positif ; mais le préfet, que le fils du ministre avait mis dans ses intérêts, était intervenu dans l'affaire. C'est alors que Ping-sin, à bout de voie, persuade à Choui-yun de mettre sa propre fille à sa place :

« Ma cousine Hiang-kou a plus de dix-sept ans ; il est temps qu'elle se marie. Pourquoi ne pas profiter de l'occasion qui se présente de lui donner un époux ? Le mariage une fois conclu, quel mal pourrait-il en résulter ? »

« Choui-yun laissa retomber sa tête sur sa poitrine en poussant de profonds soupirs. Tout à coup, avec un mélange de crainte et de joie, il s'écria : « Sans doute, c'est un moyen de sortir d'embarras ; mais votre cousine est si laide et vous ressemble si peu ! Après le mariage, que dira Kouo-khi-tsou, quand il la verra ? Je tremble à l'idée des reproches qu'il sera en droit de me faire.

« Le billet d'âge que vous lui avez porté est véritablement celui de ma cousine ; les présents qu'il a faits, c'est chez vous qu'il les a envoyés ; dans votre lettre de remercîment, il n'est question que de votre fille ; aujourd'hui c'est chez vous qu'il vient chercher son épouse ; évidemment, c'est ma cousine qui doit l'épouser : quel reproche serait-il en droit de vous faire? Lors même qu'il croirait avoir lieu de se plaindre, vous n'avez rien fait contre les lois : que pourriez-vous craindre de lui? Ce mariage conclu, vos honneurs seront grands comme le Taï-chan : quoi que vous ayez fait auparavant, tout sera facilement oublié. Avais-je tort de vous dire que votre tristesse se changerait en joie ? »

« Jusque-là, Choui-yun l'avait écoutée en silence : tout à coup sa figure s'épanouit de joie :

« Mon enfant, s'écria-t-il, jeune et sans expérience comme êtes, où votre esprit va-t-il chercher de si admirables inventions ? Se peut-il qu'après avoir, par votre supercherie, mis mes jours dans le plus grand danger, vous me rappeliez si facilement à la vie ?

« Votre nièce n'aurait jamais eu l'audace de vous tromper, mon oncle ; mais il fallait me défendre et me tirer de l'embarras où vous m'aviez mise.

« N'en parlons plus, dit Choui-yun. Mais votre cousine va se marier sans avoir été préparée à cette idée ; sa figure est peu agréable, et elle n'a pas le talent d'en dissimuler la laideur. Ne viendrez-vous pas l'aider à faire sa toilette de noces ? »

« Ping-sin y consentit avec plaisir : elle prit avec elle deux de ses femmes, et se rendit chez sa cousine. Elle lui fit arranger les cheveux, laver la figure, nettoyer les dents et peindre les sourcils. Ces préparatifs durèrent depuis midi jusqu'à la nuit. On couvrit sa tête d'ornements divers, enrichis de pierres précieuses, et son corps de vêtements de soie brodée. Enfin on l'inonda des parfums les plus suaves et les plus précieux.

« Ping-sin lui recommanda ensuite d'affecter beaucoup de réserve et de modestie en entrant dans l'appartement intérieur ; d'insister pour que les lumières fussent éteintes, afin d'éviter de montrer trop tôt sa figure, et de se retirer de bonne heure dans la chambre nuptiale pour se livrer au repos. Elle ordonna aux femmes de chambre de ne pas épargner le vin au nouvel époux, quand viendrait le moment de vider la coupe d'alliance et de faire de leur mieux pour l'enivrer. Si, après avoir vu sa figure, Kouo-khi-tsou éclatait en plaintes et menaçait de maltraiter Hiang-kou, Ping-sin conseilla à sa cousine d'affecter un grand désespoir et de l'effrayer par la menace de se donner la mort. Hiang-kou, quoique d'une intelligence bornée, comprit parfaitement l'importance de ces conseils, et promit de les suivre. Sa toilette se termina enfin, et elle se montra radieuse comme les trois étoiles dans le ciel.

« Le soir, Kouo-khi-tsou, monté sur un cheval magnifique et suivi d'une troupe nombreuse de domestiques, arriva pour recevoir sa fiancée. Choui-yun, tremblant de tous ses membres, plaça sa fille dans sa chaise. Aussitôt, une musique joyeuse se fit entendre et la troupe se mit en marche.

« Kouo-khi-tsou, persuadé que c'était Ping-sin qu'il avait épousée et qu'il emmenait chez lui, avait peine à contenir les transports de sa joie. Il l'escorta jusqu'à la porte de son hôtel ; quand Hiang-kou sortit de la chaise, une troupe de femmes, qui l'attendaient, s'empara d'elle et l'aida à marcher jusque dans le salon. Sous le grand voile de soie brodée qui lui couvrait la tête et les riches habits dont elle était ornée, on l'aurait prise pour une immortelle : et tous les assistants, persuadés que c'était Choui-ping-sin, donnèrent les marques les plus bruyantes de leur admiration.

« Après les révérences prescrites par les rites, on entra dans la chambre où le repas nuptial avait été préparé. Le vin fut versé dans la coupe d'alliance et présenté aux nouveaux époux. Hiang-kou fut invitée à boire à son mari ; mais celle-ci, qui n'avait pas oublié les instructions qu'on lui avait données, courut se cacher derrière les rideaux, et toutes les instances du monde ne purent l'en faire sortir. Kouo-khi-tsou attribua cette conduite à un excès de pudeur : il ne voulut pas la contraindre, et, quittant la chambre, il se rendit dans la grande salle, où ses parents et ses amis célébraient, à table, son mariage. Entraîné par l'exemple, et pour répondre à leurs félicitations, buvant avec tout le monde, il fut bientôt dans une ivresse complète. Dans cet état, il rentra dans la chambre, qui n'était éclairée que par un petit nombre de lumières. La jeune femme était blottie dans le lit ; il s'en approcha en chancelant. — « La nuit est fort avancée, lui dit-il ; pourquoi ne dormez-vous pas encore? »

« Hiang-kou, effrayée, détourna son visage, et, d'une voix faible, ordonna à ses femmes d'éteindre les lumières. Les femmes ne bougeaient pas, et regardaient Kouo-khi-tsou : il comprit leur intention.

— « Puisque madame vous l'ordonne, leur dit-il, éteignez les lumières et retirez-vous. » — Elles obéirent aussitôt, et Kouo-khi-tsou, impatient, se dépouilla à tâtons de ses habits, et se mit au lit...

« Le lendemain, quand le jour parut, il se tourna joyeux du côté de sa femme. Au lieu de la beauté délicate qu'il avait vue à la dérobée, il n'aperçut qu'un large front, un visage carré, les traits les plus communs et les plus repoussants. Il bondit sur son lit, et, se jetant sur ses habits : — « Vous n'êtes pas mademoiselle Choui, s'écria-t-il avec angoisse, vous n'êtes pas celle que j'ai épousée! Qui donc êtes-vous? »

— « Qui dit que je ne suis pas mademoiselle Choui? répliqua Hiang-kou ; regardez-moi avec attention. »

« Kouo-khi-tsou la regarda de nouveau, et secouant la tête : — « Hélas! hélas! ce n'est pas elle! s'écria-t-il douloureusement. Choui-ping-sin était belle comme le nénuphar flottant sur l'eau, belle comme le saule à travers la vapeur. Je ne vois ici rien qui lui ressemble. Ah! ce vieux chien de Choui-yun m'a cruellement trompé! »

— « Vous m'avez épousée, je suis votre femme, s'écria Hiang-kou furieuse. Osez-vous bien, en ma présence, insulter aussi grossièrement mon père? »

« Ces paroles redoublèrent la colère de Kouo-khi-tsou. — « Assez! assez! dit-il ; c'est sa fille Ping-sin qu'il m'a fait voir en secret. Vous l'appelez votre père : vous êtes sans doute sa fille, mais non pas celle que je voulais épouser. »

— « Peut-on être stupide à ce point! dit Hiang-kou en s'asseyant sur le lit, et commençant à s'habiller. Ping-sin est la fille de mon oncle, l'ex-membre du tribunal militaire ; si c'est elle que vous vouliez épouser, il fallait aller la lui demander à la frontière. Pourquoi vous adresser à mon père? Le billet d'âge qu'il vous a remis, c'est le mien ; dans le billet de remercîment qu'il vous a adressé à l'occasion des présents, il n'était question que de sa fille ; ne l'avez-vous pas vu? Que parlez-vous de sa nièce? C'est chez mon père que vous avez envoyé les présents d'usage ; c'est dans sa maison que vous êtes venu me prendre : pouvez-vous dire que ce n'était pas sa fille que vous vouliez épouser? Ma famille est illustre ; vous m'avez épousée publiquement et selon les rites ; vous m'avez emmenée dans votre maison, où vous avez réuni vos parents et vos amis dans un splendide festin ; aucune des cérémonies prescrites n'a été omise, et vous ne craignez pas de me tenir aujourd'hui un langage aussi insultant! Comment pourrai-je à l'avenir remplir convenablement mes devoirs de femme, et vous donner des descendants capables d'offrir les sacrifices funèbres aux ancêtres? Plutôt mourir mille fois. »

A ces mots, elle s'élance de son lit en versant un torrent de larmes. Elle invoque à grands cris le ciel et la terre, et se jette sur un mouchoir rouge, avec l'intention apparente de s'étrangler. Kouo-khi-tsou avait été assez douloureusement surpris en reconnaissant que ce n'était pas Ping-sin ; mais quand il vit Hiang-kou prête à se donner la mort, il fut saisi d'une frayeur inexprimable (*).

Après plusieurs tentatives infructueuses, Choui-yun, pour calmer Kouo-khi-tsou, lui fait une proposition qui découvre à nu toute sa bassesse ; il lui

(*) Voy. Hao-khieou-tchouen ou la Femme accomplie, roman chinois, traduit par M. Guillard d'Arcy, p. 85 à 92.

indique un moyen d'obtenir Choui-ping-sin pour épouse, et de ravaler Hiang-kou à la condition d'une femme du second rang. « Le vingtième jour de la neuvième lune, lui dit-il, ma nièce se rend religieusement à la ferme du Midi, pour déposer sur la tombe de sa mère les offrandes funèbres. Elle reçoit en même temps les redevances de ses fermiers, et passe une partie du jour à visiter les chrysanthèmes en fleurs ; chaque année il en est de même. Ce jour venu, montez à cheval, cachez un certain nombre de vos gens autour de la ferme, et attendez que, après avoir offert le sacrifice, ma nièce s'en retourne chez elle. Tombez alors sur les porteurs, mettez-les en fuite, et faites-la conduire dans votre maison. » Ce projet, comme on voit, est d'une exécution simple, facile, et l'on ne peut qu'admirer l'art avec lequel Choui-ping-sin découvre toutes les entreprises, toutes les machinations de ses deux persécuteurs.

Au jour anniversaire, Choui-ping-sin ne manque pas d'accomplir les cérémonies funèbres ; mais ayant compris qu'il se tramait quelque chose contre elle, la jeune fille s'enferme dans une chambre, ordonne à une de ses femmes de débarrasser une grande malle de tous les habits qu'elle contenait, la fait remplir de pierres, puis secrètement déposer au fond du siége de la grande chaise, que l'on ferme à clef. Ping-sin alors quitte ses habits, se couvre de ceux d'une de ses femmes, et se glisse dans une des quatre petites chaises. Elle laisse à la ferme la femme dont elle prend la place, après avoir prié le fermier de la lui ramener le lendemain... On n'était guère qu'à une portée d'arc de la ferme, quand tout à coup une vingtaine d'hommes se montrent à droite et à gauche de la route ; pendant que les uns se jetaient sur la grande chaise, les autres tombaient sur les porteurs.

On transporte la chaise dans la maison de Kouo-khi-tsou, où le préfet et les magistrats étaient réunis ; mais quand on reconnut qu'elle n'était remplie que de pierres, un rire immodéré éclata de toutes parts. Kouo-khi-tsou s'abandonne aux transports de la plus violente colère ; toutefois il ne se décourage point, attend quelques jours, et se concerte avec un de ses amis, nommé Tching-ki. Ce dernier, en faisant parvenir à Choui-ping-sin, sur un papier rouge, un faux décret qui rappelle son père de l'exil, parvient à s'introduire dans sa maison, suivi d'un nombre d'hommes considérable. La jeune fille alors, debout au milieu de la salle, sans changer de couleur et sans que la moindre altération se fasse remarquer dans le son de sa voix, demande à être conduite devant les magistrats ; or, comme ces derniers étaient les amis de Kouo-khi-tsou, Tching-ki condescend volontiers aux désirs de la jeune fille.

En ce moment, Thië-tchong-yu, qui voyageait pour son instruction, arrivait justement dans la ville. A un détour que faisait la rue, il se trouve au milieu de cette cohue, qui ne lui laisse pas le temps de se ranger et le heurte brusquement. Transporté de colère, il saute à bas de sa mule, court après les porteurs, et saisit le premier à la gorge ; mais, après avoir reçu les excuses de Tching-ki, il allait s'éloigner, quand, du fond de la chaise, sortit une voix plaintive : « Pitié ! pitié ! disait-elle, je suis victime de la plus affreuse violence. Noble jeune homme, sauvez-moi ! » Sans plus tarder, Thië-tchong-yu ordonne que l'on porte la chaise chez le mandarin, qui siégeait déjà, prêt à donner gain de cause à son ami. Frappant à coups redoublés sur le tambour placé à la porte, il pénètre dans le tribunal, et parle d'égal à égal au juge étonné. Celui-ci toutefois adjuge Ping-sin à son ravisseur. Tchong-yu, rempli d'indignation, se fait alors reconnaître, et le magistrat, saisi d'effroi, ordonne d'une voix tremblante la mise en liberté de la jeune fille. Tchong-yu devient vivement épris des charmes de Ping-sin, et Ping-sin, de son côté, témoigne à son libérateur une reconnaissance très-vive. Pendant ce temps Kouo-khi-tsou forme le projet de se venger ; il séduit quelques mauvais bonzes du monastère bouddhique, où Tchong-yu était momentanément logé. Corrompus par des présents, les religieux mêlent du poison aux aliments qu'ils servent au jeune bachelier.

Choui-ping-sin, qui connaissait le caractère de Kouo-khi-tsou, avait chargé des émissaires de lui rendre compte de ce qui se passerait. Dès qu'elle fut informée que son libérateur était malade, elle prit soudain la résolution de le recevoir chez elle; c'était l'unique moyen de lui sauver la vie. Thië-tchong-yu n'accepte qu'à regret cette invitation; il aimerait mieux mourir que de donner prise à la calomnie. Bientôt il recouvre la santé; il est sur le point de quitter la maison sans avoir vu la jeune fille (car, dans cette conjoncture délicate, toutes les règles de la bienséance avaient été observées), lorsque Choui-yun, en qualité d'oncle, vient adresser des remontrances à sa nièce. Choui-ping-sin s'excuse, en disant que les rites ont été institués pour diriger le commun des hommes, et non pour régler la conduite des sages; qu'il faut agir selon les circonstances, rendre le bien pour le bien, et le mal pour le mal; elle évoque les anciens, s'autorise des modernes, et l'oncle, étourdi, confondu, se retire, après avoir ordonné à une femme de chambre de se glisser dans la maison de sa nièce, et de s'y cacher de manière à tout voir et tout entendre sans être aperçue. La femme de chambre rend à Choui-yun un compte extrêmement favorable de la conduite de Choui-ping-sin :

— « M. Thië est un peu mieux; mais il ne peut se lever encore; il est assis sur son lit, où on lui apporte à boire et à manger.

— « Et mademoiselle, où se tient-elle?

— « Dans le salon, d'où elle surveille la préparation des diverses boissons qu'on administre au malade.

— « Ne va-t-elle pas le voir dans sa chambre?

— « Non, jamais.

— « Ils causent pourtant quelquefois ensemble?

— « Non; ils ne communiquent entre eux que par l'intermédiaire d'un petit domestique. »

Thië-tchong-yu, parfaitement guéri, quitte celle qu'il peut nommer à son tour sa libératrice, et s'en retourne dans sa province, afin de s'y préparer aux examens publics pour la licence.

L'infatigable persécuteur de Choui-ping-sin profite de son absence pour gagner l'inspecteur de la province. Ce fonctionnaire lui délivre, en qualité de représentant du ciel (de l'empereur), l'autorisation par écrit d'épouser la jeune fille dans sa propre maison, en vertu d'une coutume autorisée à la Chine. Choui-ping-sin, qui, sur ces entrefaites, avait envoyé, par un messager, un mémoire à l'empereur, adjure l'inspecteur général de lui prêter mainforte pour la délivrer du libertin qui l'obsède, et, sur son refus, lui montre la copie de la plainte qu'elle a formée contre lui. L'inspecteur général, tremblant de tous ses membres, s'oppose alors à la célébration des noces.

Cependant Thië-tchong-yu ne tarde point à apprendre tout ce que souffre son amante; il se hâte de revenir dans le Chan-tong, déterminé à défendre Choui-ping-sin de tout son pouvoir. Kouo-khi-tsou se présente au domicile de Thië-tchong-yu, et comme on lui refuse l'entrée de l'hôtel, ainsi qu'il s'y attendait, il laisse une carte de cérémonie. Thië-tchong-yu se trouve contraint de lui rendre sa visite, et, tout en conservant un air froid et réservé, de s'asseoir dans le salon, où arrivent successivement tous les amis de Kouo-khi-tsou, qui s'étaient concertés avec ce libertin. Ceux-ci se prennent de querelle, afin de pouvoir, dans la mêlée, tomber sur l'amant de Choui-ping-sin. Thië-tchong-yu échappe par son courage à ce guet-apens.

Plus tard, et après beaucoup d'aventures, il obtient la grâce de Heou-hiao, auquel on rend le commandement de l'armée. Choui-kiu-y, nommé à la présidence du tribunal militaire, est rappelé à la cour par l'empereur. Celui-ci, plein de reconnaissance et d'admiration, conclut avec Thië-yng le mariage de Thië-tchong-yu et de Choui-ping-sin; mais les fiancés craignent, en se mariant, de porter un coup funeste à la morale; ils se sont rencontrés dans un moment de danger et de trouble, et se sont vus contrairement aux rites. Ces scrupules finissent néanmoins par être levés. Au moment où le mariage allait s'accomplir, Choui-yun et Kouo-khi-tsou viennent y apporter de nouveaux obstacles ; on adresse un rapport à l'empereur, qui punit les coupables, élève le sage Thié-tchong-yu à la dignité de ministre, et la vertueuse Choui-ping-sin au rang de dame du palais.

YU-KIAO-LI,
Ouvrage du troisième Thsaï-tseu.

Le roman de mœurs intitulé : *Yu-kiao-li, ou les Deux Cousines*, a été traduit et publié, en 1826, par M. Abel Rémusat. Si l'on trouve le cérémonial des mariages dans le Hao-khieou-tchouen, on peut étudier tout le cérémonial des visites dans le Yu-kiao-li. Une visite est à la Chine une affaire grave ; les formules que la civilité prescrit dans certains cas y sont une affaire plus grave encore. Je parlerai donc du cérémonial des visites ; mais, après avoir consacré quelques lignes à la civilité chinoise, j'extrairai seulement du chapitre V un petit tableau de mœurs, un épisode qui m'a paru avoir quelque chose d'original et de piquant. On jugera mieux du ton de l'ouvrage par un fragment que par une analyse. Je n'essayerai pas non plus une appréciation du Yu-kiao-li ; je m'en tiens à celle de M. Abel Rémusat : elle est exacte et complète.

« Ce n'est pas pour les Chinois, dit le spirituel écrivain, une gloire médiocre que d'avoir su, dans l'extrémité du monde où ils sont relégués, s'élever depuis plusieurs siècles au roman de mœurs et au roman historique, tels qu'on les conçoit aujourd'hui parmi nous. Les nations dans l'enfance ont des apologues, des récits merveilleux, des épopées : les vrais romans ne naissent que dans la vieillesse des sociétés, quand l'affaiblissement des croyances tourne leur attention vers les choses de ce monde ; et s'il en faut, comme on l'a dit, aux peuples corrompus, c'est qu'eux seuls ont cette disposition qui porte à réfléchir sur les scènes de la vie intérieure, sur le jeu des passions, sur l'analyse des sentiments, sur les débats produits par le choc des intérêts et le mélange des professions. Les fictions suivent naturellement le cours des habitudes réelles, et le théâtre qu'elles occupent doit changer avec la manière de vivre des hommes qui s'en nourrissent. La muse qui les inspire, originaire des forêts et des lieux sauvages, s'est plu longtemps au milieu des montagnes et sur les rivages de l'Océan. Elle n'a pénétré qu'assez tard dans l'enceinte des cités, et les Chinois sont, avec quelques nations de l'Europe moderne, les seuls qui l'aient admise dans les salons, pour y prendre part aux entretiens familiers, aux réunions amicales, aux discussions domestiques et à la diplomatie du ménage, à tous ces petits événements enfin dont se compose la vie des hommes civilisés...

« L'opinion de deux missionnaires instruits, Prémare et l'évêque de Rosalie, recommandait particulièrement le roman intitulé Yu-kiao-li, sous le rapport de la pureté du style, de la grâce et de la politesse qui le caractérisent comme composition littéraire. En le parcourant, j'y ai trouvé une fable simple et bien conçue, des développements agréables, des caractères habilement présentés dès l'abord, et constamment soutenus jusqu'à la fin. On pourrait désirer dans cette histoire qu'il y fût un peu moins question de vers, d'improvisations et de poésie descriptive. Mais ce défaut est inhérent à des aventures qu'on attribue à des lettrés, et, puisque les lettrés sont l'élite de la nation chinoise, c'est surtout leur esprit et leur caractère, leur manière de parler et d'agir, qu'on doit désirer de voir décrits dans un tableau d'après nature. D'autres romans abondent en détails militaires, ou roulent principalement sur la vie des couvents, les tracasseries ou les désordres du gynécée. Les épisodes du nôtre sont d'une nature plus élégante et plus pacifique. C'est l'idéal de la société du pays, ce sont les amusements de la bonne compagnie qu'on y trouve représentés ; on y reconnaît déjà l'empreinte de ces institutions qui ont fait de la littérature la principale occupation d'une nation savante et policée ; et c'est uniquement à la civilisation chinoise qu'il faut s'en prendre, si les scènes qu'elle fait naître n'ont pas cette teinte sombre et vigoureuse qui frappe dans les tableaux empruntés à l'histoire des guerres civiles ou des querelles de religion (*). »

Cérémonial des visites à la Chine.

« On se fait celer à la Chine comme en Europe, c'est-à-dire qu'on se dérobe à la foule des visiteurs en leur envoyant dire qu'on n'est pas chez soi, sans se soucier de le leur faire croire. On ne craint pas même de se dire indisposé, accablé de travail, hors d'état de recevoir ; les domestiques sont chargés, dans ce cas, de prendre les billets de visite qu'on apporte et de demander les adresses pour que leur maître puisse, dans l'espace de quelques jours, rendre les visites qu'il n'a pas reçues. Dans un roman que nous avons sous les yeux (le Yu-kiao-li) trois lettrés sont ensemble à se divertir en buvant du vin chaud et en composant des vers : on annonce un vieux mandarin intrigant, et d'un commerce ennuyeux et désagréable.

« Imbécile, dit le maître à son domestique, « pourquoi ne lui avez-vous pas dit que je « n'y étais pas ? — Monsieur, répond le do- « mestique, je le lui ai assuré ; mais il a vu « les chaises de ces deux messieurs devant la « porte, et il a connu par là que vous étiez « ici. » Le maître se lève, prend son bonnet de cérémonie, court avec un empressement forcé au-devant de cet hôte importun, et le comble de politesses affectueuses, sur lesquelles les deux autres lettrés, qui le détestent, enchérissent encore. On croirait à peine que la scène, qui est peinte assez naïvement, se passe à 134 degrés du méridien de Paris.

« Celui qui veut rendre une visite doit, quelques heures auparavant, envoyer par son domestique un billet à la personne qu'il a dessein de voir, tant pour s'informer si elle est chez elle, que pour l'inviter à ne pas sortir, si elle a le loisir d'accepter la visite. C'est une marque de déférence et de respect pour ceux que l'on veut aller voir chez eux. Le billet est une feuille de papier rouge, plus ou moins grande, suivant le rang et la dignité des personnes, et le degré de respect qu'on désire leur témoigner. Ce papier est aussi plié en plus ou moins de doubles, et l'on n'écrit que quelques mots sur la seconde page, par exemple : « Votre disciple, ou votre « frère cadet, un tel, est venu pour baisser « la tête jusqu'à terre, et vous offrir ses « respects. » Cette phrase est écrite en gros caractères, quand on veut mêler à l'expression de sa politesse un certain air de grandeur ; mais les caractères diminuent et deviennent petits à proportion de l'intérêt qu'on peut avoir à se montrer véritablement humble et respectueux.

« Ce billet étant remis au portier, si le maître accepte la visite, il répondra verbalement : « Il me fait plaisir, je le prie de ve- « nir. » S'il est occupé, ou s'il a quelque raison pour ne pas recevoir la visite, la réponse est : « Je lui suis fort obligé, je le re- « mercie de la peine qu'il veut prendre. » Mais si, par hasard, le visiteur est un supérieur, alors on ne manque pas de dire : « Monseigneur me fait un honneur que je « n'eusse pas osé espérer. » A la Chine, on n'a pas coutume de refuser ces sortes de visites.

« Si on n'a pas reçu de billet qui annonce la visite, ce qui ne peut avoir lieu qu'à l'égard des inférieurs, ou des gens du commun, ou dans le cas d'affaires pressées, on peut prier le visiteur d'attendre, en lui rendant compte de l'occupation qui vous retient un moment. Par exemple, le domestique qui reçoit l'étranger, lui dira : « Monsieur vous « prie de vous asseoir un moment ; il achève « de se peigner et de faire sa toilette. » Mais si l'on a été prévenu par billet, on doit prendre de beaux habits et se tenir prêt à recevoir son hôte à la porte de la maison, ou à la descente de sa chaise, et lui dire d'abord : « Je vous prie d'entrer. » On a soin d'ouvrir les deux battants de la porte du milieu, car il y aurait de l'impolitesse à laisser entrer ou sortir par les portes latérales. Les grands se font porter dans leurs chaises, ou entrent à cheval jusqu'au pied de l'escalier qui conduit à la salle des hôtes. Le maître de la maison les reçoit en se mettant à leur droite, puis il passe à leur gauche en leur disant : « Je vous prie d'aller devant, » et il les accompagne en se tenant un peu en arrière.

« Dans la salle des hôtes, des siéges doivent être préparés et rangés sur deux lignes parallèles, l'un devant l'autre. En y entrant, on commence, dès le bas de la salle, à faire la révérence, c'est-à-dire qu'on s'incline à côté de son hôte, et un pas en arrière, jusqu'à ce que les mains, qu'on tient l'une dans l'autre, touchent à terre. Dans les provinces du midi de la Chine, le côté du sud est le plus honorable : c'est le contraire dans celles du nord. On pense bien qu'il faut, suivant la province, céder le côté le plus honorable à son hôte ; celui-ci, par une ingénieuse courtoisie, peut, en deux mots, changer la face des choses, et dire, si on l'a placé du

(*) Yu-kiao-li, ou les Deux Cousines, roman chinois traduit par M. Abel Rémusat, préface, p. vi, vii, viii, xlv et xlvi.

côté du midi : « *Pe-li*, c'est ici la cérémonie du pays du nord ; » ce qui signifie : J'espère qu'en me mettant au midi vous m'assignez la place la moins distinguée ; mais le maître de la maison s'empressera de rétablir la situation convenable en disant : *Nau-li*, « point « du tout, Seigneur, c'est la cérémonie du « midi, et vous êtes à la place où vous de- « vez être. »

« Souvent le visiteur affecte de prendre le côté le moins honorable ; alors le maître de la maison s'excuse en disant : « Je n'ose- « rais ; » et passant devant son hôte en le regardant toujours, et ayant bien soin de ne pas lui tourner le dos, il va se mettre à la place convenable et un peu en arrière ; c'est alors que tous deux font, en même temps, la révérence. Si plusieurs personnes font une visite ensemble, ou si le maître a quelque parent qui demeure avec lui, on répète la révérence autant de fois qu'il y a de personnes à saluer. Ce manége dure alors assez longtemps ; et tant qu'il dure, on ne se dit autre chose que *Poŭ-kan*, poŭ-kan (je n'oserais).

« Une politesse que l'on doit aux grands, et qui ne déplaît pas aux personnes d'une condition moyenne, quand on en use avec elles, c'est de couvrir les chaises de petits tapis faits exprès. Alors on se fait réciproquement de nouvelles façons. On refuse de prendre le premier fauteuil, pendant que le maître insiste pour qu'on l'accepte. Celui-ci feint de l'essuyer avec le pan de sa robe, et l'étranger fait le même honneur au fauteuil qui doit être occupé par le maître. Enfin, on fait la révérence à la chaise avant de s'asseoir, et l'on ne prend sa place qu'après avoir épuisé toutes les ressources de la civilité et de la bonne éducation.

« A peine est-on assis, que les domestiques apportent le thé ; les tasses de porcelaine sont rangées sur un plateau de bois verni. Chez les gens riches, on ne se sert pas de théière, mais la quantité de thé nécessaire est mise au fond de la tasse, et l'eau bouillante versée par-dessus. L'infusion est très-parfumée ; on la prend sans sucre. Le maître de la maison s'approche des plus considérables de ses hôtes, et leur dit en touchant le plateau : « *Thsing-t'cha*, je vous invite à prendre du thé. » Alors tout le monde s'avance pour prendre chacun sa tasse. Le maître en prend une avec les deux mains, et la présente au premier de la compagnie, qui la reçoit de même avec les deux mains. Les autres affectent de ne prendre les tasses et de ne boire qu'ensemble, quoiqu'on s'invite par signes, les uns les autres, à commencer. Quand tout le monde est servi de cette manière, celui ou ceux qui sont venus en visite, tenant leur tasse avec les deux mains, et demeurant assis, se courbent en la portant jusqu'à terre. Il faut bien prendre garde alors de ne pas répandre la moindre goutte de thé, cela serait fort incivil ; et, pour empêcher que cela n'arrive, on a soin de ne remplir les tasses qu'à moitié. La manière la plus honnête de servir le thé est de joindre à la tasse un petit morceau de confiture sèche et une petite cuiller, qui n'est qu'à cet usage. Les invités boivent le thé à plusieurs reprises et fort lentement, quoique tous ensemble, pour être prêts à reposer la tasse sur le plateau tous à la fois. Quelque chaude qu'elle soit, on doit plutôt souffrir de se brûler les doigts que de faire ou dire rien qui puisse troubler la bienséance et l'ordre des civilités. Dans les grandes chaleurs, le maître prend son éventail après que le thé est bu ; et, le tenant avec les deux mains, il fait une inclination à la compagnie, en disant : « *Thsing-chen* (je vous invite à vous « servir de vos éventails.) » Chacun alors prend son éventail et s'en sert avec beaucoup de modestie et de gravité. Il serait impoli de ne pas en avoir avec soi, parce qu'on serait cause qu'aucun ne voudrait en faire usage.

« La conversation doit toujours commencer par des choses indifférentes ou même insignifiantes ; et ce n'est pas là, sans doute, la condition du cérémonial la plus difficile à remplir. Communément, les Chinois sont deux heures à dire des riens ; et, vers la fin de la visite, ils exposent, en trois mots, l'affaire qui les amène. On ne doit parler ni trop vite, ni trop haut, et surtout on ne doit faire aucun geste. Le visiteur se lève le premier, et dit quelquefois : « Il y a longtemps que je « vous ennuie. » De tous les compliments que se font les Chinois, c'est celui-là qui approche le plus souvent de la vérité.

« Avant de sortir de la salle, en fait une révérence de la même manière qu'en arrivant. Le maître reconduit son hôte en se tenant à sa gauche, et un peu en arrière, et le suit jusqu'à sa chaise ou à son cheval. Avant de monter, l'étranger supplie le maître de le laisser, et de ne pas assister à une action qui n'est pas assez respectueuse ; mais l'autre se contente de se retourner à demi, comme pour ne pas le voir. Quand l'étranger est remonté à cheval ou que les porteurs ont soulevé les bâtons de sa chaise, il dit adieu (thsing-liao), et on lui rend cette courtoisie qui est la dernière de toutes (*). »

(*) Mélanges posthumes d'histoire et de

HISTOIRE DE YANG-KO.

Yu-kiao-li, chapitre V.

« Le bachelier Sse-yeou-pe, ayant résolu de partir pour la capitale, manda un vieux domestique, qui se nommait Sse-cheou. Il lui enjoignit de rester à la maison et de veiller avec soin sur tout ce qu'il y laissait. Il fit ensuite choix de quelques habits et des objets nécessaires pour la route, et les ayant distribués en deux paquets, il les envoya devant lui par un autre domestique qu'il chargea de les porter jusqu'à l'embouchure du fleuve. Lui-même ne prit avec lui qu'un petit valet, nommé Siaohi, et après avoir donné tous ses ordres, il monta à cheval et voulut partir.

« Par un hasard fâcheux, son cheval se trouva rétif et fringant; il sentit dès le premier instant que Sse-yeou-pe n'était pas un cavalier expérimenté; il ne bougeait pas de place. Sse-yeou-pe embarrassé tirait irrégulièrement les rênes, tantôt d'un côté, tantôt de l'autre. Mais l'animal avait à peine fait un pas en avant, qu'il se cabrait, levait la croupe et reculait de deux pas. Sse-yeou-pe commença à s'inquiéter sérieusement. Son domestique Sse-cheou vint à son secours : « Monsieur, lui dit-il, si vous ne frappez pas votre cheval, comment voulez-vous qu'il aille? Vous aviez autrefois un fouet à poignée de corail, que ne le prenez-vous avec vous? Il n'y a que la crainte qui fasse marcher un animal. »

— « Tu as raison, j'allais l'oublier, » dit Sse-yeou-pe. Il envoya chercher son fouet, et quand il fut arrivé, il réprima l'ardeur de sa monture, en lui donnant plusieurs coups au moment où elle se cabrait. La douleur la rendit docile, et elle se vit contrainte d'avancer. Sse-yeou-pe se mit à rire : « Cet animal, dit-il, ne veut pas marcher qu'on ne le frappe. Il en serait de même des hommes dans ce monde, s'ils cessaient un seul jour d'être soumis à l'autorité. »

« Au moment du départ de Sse-yeoupe, un vent de printemps répandait dans l'air une douce température. Toute la route était couverte de saules en pleine fleur. Sse-yeou-pe, monté sur son cheval, ne pouvait se lasser de les considérer... Il se parlait à lui-même, quand, sans s'en apercevoir, il arriva dans un endroit où le chemin faisait la croix. Tout d'un coup, de l'une des branches de ce carrefour, sortit en courant un homme qui, regardant Sse-yeou-pe de la tête aux pieds, dit entre ses dents : « C'est véritablement bien lui ! » et saisissant à deux mains la bride de son cheval, il l'arrêta.

« Sse-yeou-pe, qui, dans ce moment, était tout entier à ses réflexions, ne s'attendait pas à cette surprise. Il ne put se garantir d'un mouvement de frayeur, et jetant à la hâte un regard sur celui qui l'arrêtait ainsi, il vit que cet homme avait sur la tête un chapeau pointu de feutre, tout déchiré et posé de travers, qu'il était vêtu d'une veste de toile bleue en lambeaux, et qu'il avait aux jambes de mauvaises bottines toutes couvertes de poussière. La sueur ruisselait sur tout son corps, comme s'il eût été exposé à la pluie.

— « Qui êtes-vous? lui demanda Sse-yeou-pe avec trouble, et pourquoi arrêtez-vous ainsi mon cheval? »

« Cet homme, encore haletant de sa course, fut quelque temps à reprendre haleine; il ne put répondre distinctement, et tout ce qu'on entendit, ce fut : « Bien ! je l'ai rencontré tout à point. »

« A ces paroles dépourvues de sens, Sse-yeou-pe leva son fouet pour le frapper. « Monsieur, s'écria cet homme à l'instant, ne me frappez pas. Si je ne retrouve pas ma femme, c'est vous qui en êtes la cause. »

« Ce discours mit Sse-yeou-pe dans une grande colère : « Quel est cet extravagant? dit-il; si ta femme ne se retrouve pas, en quoi cela me concerne-t-il? Je ne t'ai jamais vu ni connu. T'ai-je jamais fait le moindre tort? »

— « Je ne dis pas que ce soit vous qui m'ayez enlevé ma femme. Mais il dépend de vous de me la rendre : c'est une chose bien certaine. »

— « Tu déraisonnes de plus en plus : je suis un passant qui suis sa route, où veux-tu que je trouve ta femme, et comment dis-tu que c'est une chose certaine que cela dépend de moi? Je

littérature orientales, par M. Abel Rémusat, p. 363 à 370.

gage que tu n'es qu'un misérable voleur de grand chemin. Comment oses-tu, en plein jour, m'arrêter dans mon voyage? Je suis le fils du seigneur Sse, l'inspecteur général, prends bien garde à ne pas chercher quelque méchante affaire. » Et en parlant ainsi, il leva son fouet et en donna plusieurs coups à cet homme, sur la tête et en travers du visage. Siao-hi accourut en même temps, et se mit à le battre aussi de son côté : plus cet homme se sentait frappé, et plus les paroles qu'il prononçait dans son trouble devenaient inintelligibles. Tout ce qu'on pouvait comprendre au milieu de ses cris, c'était : « Retenez votre main, monsieur! ayez pitié de moi, soyez touché de mon affliction! En vérité, je ne suis pas un misérable! » Mais quoique la douleur tirât des cris de sa bouche, ses mains ne cessaient pas de tenir la bride, et on l'eût tué plutôt que de la lui faire lâcher.

« Sur ces entrefaites, des voyageurs et des paysans du village voisin, voyant qu'il se passait quelque chose d'extraordinaire entre ces deux hommes, accoururent pour en savoir la cause et s'amassèrent autour d'eux pour les regarder. Sse-yeou-pe criait de toutes ses forces : « Y a-t-il rien d'aussi étrange dans le monde? Si tu as perdu ta femme, comment t'adresses-tu à un homme qui passe, pour la retrouver? »

— « Je serais bien fâché de vous arrêter, monsieur; mais tout ce que je vous demande, c'est de vouloir bien me donner votre fouet, et ma femme se retrouvera à l'instant même. »

Les assistants se mirent à rire à ces paroles. « Cet homme est un fou, s'écrièrent-ils. Que veut-il dire d'une femme perdue qui se retrouvera par la vertu d'un fouet? »

— « Mon fouet a une poignée de corail, et vaut plusieurs onces d'argent, pourquoi irais-je te le donner? » dit Sse-yeou-pe; et sa colère augmentant encore, il leva son fouet pour le frapper de nouveau.

L'homme se mit à crier : « monsieur, dit-il, attendez! Avant de me battre, permettez-moi de vous expliquer une chose. »

— « Suspendez un moment votre courroux, monsieur, dirent les assistants, et permettez-lui de s'expliquer. Nous ne vous retiendrons pas ensuite, si vous voulez le châtier. » Et ils demandèrent à cet homme de quel pays il était, et quelle était son affaire, en lui enjoignant de leur expliquer tout cela en détail.

— « Je suis, répondit-il, du village de Yang-kia, près de la petite ville de Tan-yang. Mon nom est Yang-ko. Ces jours derniers j'ai envoyé ma femme à la ville pour retirer des effets que nous avions mis en gage. Des inconnus l'ont enlevée sur la route. J'ai passé toute la journée à la chercher, sans en avoir aucune nouvelle. Ce matin de très-bonne heure, étant au bourg de Keou-yong, j'ai rencontré un docteur qui sait l'art des prières magiques; je l'ai supplié d'en dire une à mon intention, et il m'a promis qu'aujourd'hui, à trois heures trois quarts après midi, je retrouverais ma femme. Je lui ai demandé de quel côté je devais me diriger pour la chercher. Il m'a répondu qu'en allant vers le nord-est l'espace de quarante milles (quatre lieues), je trouverais un carrefour; que j'y rencontrerais un jeune seigneur, vêtu d'un habit couleur jaune de saule, et monté sur un cheval tacheté; que je devais l'arrêter, lui demander le fouet qu'il portait à la main, et qu'alors ma femme se retrouverait; qu'il fallait seulement courir en toute hâte, parce que si je le manquais d'un seul pas, et qu'il fût déjà passé, il me serait impossible de la rejoindre jamais. Muni de cette instruction, je suis venu tout d'une haleine, et à jeun. J'ai fait quarante milles pour arriver à ce carrefour, et, grâce à ma diligence, j'ai rencontré monsieur, monté sur son cheval et dont l'habillement et la figure répondent parfaitement à la description qu'on m'en avait faite. Comment douter que ce ne soit lui qu'on m'a indiqué? J'ai prié monsieur de faire un acte d'humanité, et de vouloir bien me donner son fouet, pour que nous puissions, ma femme et moi, nous voir réunis de nouveau, puisque c'est de lui que dépend cette merveilleuse opération. »

— « Vous perdez tout à fait le sens, mon cher ami! dit en riant Sse-yeou-pe; il n'y a jamais eu dans le monde de docteur doué de facultés si extraordinaires. Après avoir vu bien distinctement mon cheval, mon habillement et ma figure, vous avez forgé ce conte à plaisir pour m'escroquer mon fouet. Comment voulez-vous qu'on ajoute confiance à ce que vous dites? »

— « Je ne serais pas assez hardi pour vouloir vous en imposer, répondit Yang-ko; je pense bien que vous ne vous en rapporterez pas à moi. Mais vous ne sauriez manquer de croire à toutes les choses que ce docteur a dites. Il a encore ajouté que votre voyage avait pour objet la recherche d'un mariage. Cela est-il vrai ou faux? Vous savez bien, monsieur, à quoi vous en tenir. »

« A ces mots de recherche d'un mariage, Sse-yeou-pe resta interdit: « Voilà, se dit-il, une affaire que j'ai tenue si bien renfermée dans mon sein, que les dieux eux-mêmes n'auraient pu la découvrir. Comment cet homme a-t-il fait pour la pénétrer? Il y a donc quelque chose de vrai dans tout ceci. » Puis s'adressant à Yang-ko: « Eh bien! lui dit-il, je consens à vous donner mon fouet: ce n'est pas une chose d'une grande conséquence. Mais il faut qu'aujourd'hui même je fasse diligence pour arriver à l'embouchure du fleuve, et si je n'ai pas de fouet, mon cheval ne voudra pas avancer; comment pourrais-je me tirer d'embarras? »

« Les assistants, qui avaient trouvé quelque chose d'extraordinaire dans cette affaire, étaient tous fort curieux de voir comment le fouet de l'un ferait retrouver la femme de l'autre, et s'apercevant à la physionomie de Sse-yeou-pe qu'il était disposé à accorder ce qu'on lui demandait, ils commencèrent à prendre son parti. « Puisque ce monsieur veut bien consentir à vous donner son fouet, dirent-ils, vous devriez bien vite aller lui couper une branche de saule pour lui en tenir place. »

« Yang-ko ne demandait pas mieux que de rendre ce service à Sse-yeou-pe; mais la crainte que celui-ci ne profitât du moment pour s'éloigner l'obligeait à rester pour le retenir. Sse-yeou-pe devina son motif, et lui remettant d'avance le fouet: « Puisque je vous l'ai promis, dit-il, je ne vous manquerai certainement pas de parole. Allez vite me couper une branche, car je suis très pressé de continuer ma route. »

« Yang-ko prit le fouet en faisant mille protestations de gratitude. « Que de remerciements je vous dois, monsieur, lui dit-il. Si je parviens à retrouver ma femme, bien certainement je ne manquerai pas de vous le reporter. » Et s'étant relevé, il regarda de côté et d'autre, pour voir où il pourrait aller cueillir une branche de saule.

» On était alors à la seconde décade de la deuxième lune. Les bords de la route étaient plantés de jeunes saules dont les rameaux encore mous et flexibles n'auraient pas fait avancer un cheval. Mais du côté du sud-est, à l'entrée d'un sentier ombragé, et tout auprès d'une vieille chapelle en ruines, s'élevaient trois ou quatre grands saules dont on apercevait les têtes par-dessus la muraille. Yang-ko s'y dirigea en toute hâte; mais à peine était-il grimpé dans un de ces arbres, et sur le point d'en arracher une branche, qu'il entendit les cris de quelqu'un qui se lamentait dans la chapelle. Il écarta le feuillage; et ses regards plongeant dans l'intérieur, il vit trois hommes qui entouraient sa femme et qui la retenaient de force au milieu d'eux. Elle résistait à cette violence, qui était la cause de ses cris et de ses sanglots.

« A ce spectacle, Yang-ko ne put se contenir: « Brigands, misérables! s'écria-t-il, c'est donc ici que vous venez vous cacher après avoir ravi la femme d'autrui! » En même temps il descendit de l'arbre précipitamment, et se mit à frapper à coups redoublés à la porte de la chapelle.

« Les assistants, qui avaient entendu les mots, *C'est donc ici*, se hâtèrent d'approcher tous ensemble pour voir de quoi il s'agissait. Yang-ko, qui s'était présenté d'abord à la principale porte de la chapelle, l'avait trouvée barricadée, et ne voulant pas s'arrêter à l'enfoncer, comme il eût fallu faire, avec sa tête ou ses pieds, il chercha une ouverture pour entrer. Mais avant qu'il eût achevé le tour et qu'il fût parvenu derrière la chapelle, il y avait longtemps que les trois ravisseurs avaient pris la fuite en passant par une des brèches de la muraille. La femme seule y était restée. Les deux époux furent transportés de joie en se voyant réunis, et ils se mirent à pleurer d'attendrissement. Les assistants étaient demeurés saisis d'étonnement à cette vue, et ils reconnurent que tout ce que Yang-ko avait dit était conforme à la vérité.

« Cependant Sse-yeou-pe, qui avait entendu dire que Yang-ko venait de retrouver sa femme, fut frappé d'une surprise inexprimable. Il descendit lui-même, et laissant Siao-hi pour veiller sur son cheval, il s'approcha de la chapelle pour s'assurer de la chose par ses yeux. En le voyant entrer, Yang-ko dit à sa femme : « Si je n'étais pas venu couper une branche de saule pour obtenir de monsieur qu'il me donnât son fouet, nous ne nous serions jamais revus dans cette vie. » — Puis remettant le fouet à Sse-yeou-pe : « Mille remerciments, monsieur, lui dit-il, je n'ai plus besoin de ceci. »

— « Vit-on jamais dans l'univers quelque chose d'aussi étrange que cette aventure! s'écria Sse-yeou-pe. Je vous ai fait injure, mon ami. Mais dites-moi, je vous prie, quel est le nom de ce docteur qui dit les prières magiques. »

— « Personne ne sait son nom de famille ou ses surnoms, répondit Yang-ko; mais comme il porte à la main une pancarte sur laquelle sont écrits les mots : Saï-chin-sien, on s'est accoutumé à l'appeler Saï-chin-sien ou l'*ermite de la reconnaissance.* »

« En finissant de parler, il renouvela encore par deux et trois fois ses actions de grâces à Sse-yeou-pe ainsi qu'aux autres assistants, et, emmenant sa femme avec lui, il reprit le chemin par où il était venu. Après son départ, Sse-yeou-pe sortit de la chapelle, remonta à cheval, et tout en cheminant il se livra à mille pensées différentes, qui lui étaient inspirées par ce qu'il venait de voir. »

(*) Yu-kiao-li, ou les Deux Cousines, t. II, p. 29 à 42.

P'ING-CHAN-LING-YEN,

Ouvrage du quatrième Thsaï-tseu.

Le *P'ing-chan-ling-yen* ou les *Deux jeunes filles lettrées* est un roman de mœurs, dont le titre désigne par autant de monosyllabes, les noms abrégés des quatre principaux personnages : CHAN-*taï* et LING *Kiang-sioue* (les deux jeunes filles), P'ING *Jouheng* et YEN *Pe-han* (les deux lettrés). Cet ouvrage du quatrième Thsaï-tseu serait aussi inconnu chez nous que le P'ing-kouéi-tchouen et le Pe-kouéi-tchi, si M. Stanislas Julien ne s'était donné la peine de le traduire, en 1845 (*). Pour caractériser le P'ing-chan-ling-yen, nous dirons qu'il est un chef-d'œuvre du Wên-tchang (style littéraire). Dans tout le cours du roman, l'auteur semble n'avoir d'autres soucis que la recherche des plus belles figures et le jeu des syllabes à double entente. Il n'y a ni intrigue, ni épisodes, ni combinaisons dramatiques. L'intérêt, je le répète, est dans le style.

« Ces morceaux de belle prose, observe, au sujet du Wên-tchang, M. Abel Rémusat, où l'on décrit uniquement pour décrire, et où l'auteur se propose surtout de faire preuve de talent et de bel esprit, sont, il faut l'avouer, des ornements déplacés, particulièrement dans le style le plus habituel des romans chinois, dont les sujets ne comportent pas, en général, une grande élévation. Effectivement, les personnages qu'on y voit le plus souvent figurer sont rarement pris dans l'ordre le plus illustre, celui des rois et des princes. Ce ne sont pas non plus des individus appartenant à la dernière classe; mais bien des personnes de moyen état et des rangs intermédiaires de la société, des magistrats, des gouverneurs de villes ou de provinces, des préfets ou des sous-préfets, des conseillers d'État ou de simples lettrés. Le langage employé par ces divers personnages est d'ordinaire assorti à leurs conditions. Les subalternes et les personnages vul-

(*) La traduction de M. Julien a été publiée dans la Bibliothèque choisie du *Constitutionnel*.

gaires se servent de la langue commune; mais la manière de parler des lettrés est toujours plus ornée, et quand ils entrent en conversation les uns avec les autres, leur style devient si fleuri, tellement riche en métaphores et en expressions poétiques, qu'il en est quelquefois inintelligible : ce sont comme des énigmes qu'ils se donnent à deviner les uns aux autres, et auxquelles il est d'usage de répondre dans les plus beaux termes imaginables. C'est une profusion de traits d'esprit, un déluge d'images ingénieuses, d'emblèmes recherchés et d'allusions savantes sur lesquelles le dernier venu doit toujours s'efforcer d'enchérir. L'histoire ancienne et moderne, les anecdotes particulières, les usages de l'antiquité, les traditions locales, les préjugés relatifs aux actions de la nature, aux propriétés des plantes ou aux habitudes des animaux, les fables, enfin, tout est mis à contribution dans ces entretiens doctes et fleuris, tout concourt à embellir le langage des gens bien élevés... Il s'est formé de cette manière un vocabulaire de locutions bizarres et ampoulées, de termes alambiqués et emphatiques, d'où les mots propres et les phrases simples sont soigneusement bannis... C'est un trait du caractère national qu'on doit se garder d'effacer, au risque de choquer les gens de goût; car il ne faut pas que les lettrés de la Chine passent pour être plus simples dans leurs manières, ni plus naturels dans leur façon de s'exprimer qu'ils ne le sont en réalité. Ils perdraient trop eux-mêmes aux améliorations qu'on voudrait apporter à leur langage; ce ne serait pas la peine de faire de si longues études, et de pâlir toute sa vie sur les écrits des anciens, pour parler ensuite comme tout le monde, et n'employer que des termes d'un usage universel (*). »

Nul roman peut-être n'offre une plus belle matière à la critique et à l'érudition que le P'ing-chan-ling-yen. On ne s'étonnera donc point que M. Stanislas Julien ait regardé la traduction française d'un tel ouvrage comme insuffisante, et qu'il en prépare le commentaire. Un commentaire sur un auteur chinois, écrit par M. Julien, ne saurait manquer d'être instructif, complet, approfondi.

Nous citerons ici un fragment du premier chapitre, où se trouve la description d'un magnifique festin donné par l'empereur.

Description d'un banquet impérial.

« Sous une dynastie illustre et florissante des temps passés... on comptait, dans la ville de Tchang-ngan (la capitale), neuf portes et cent carrefours, six grandes rues, trois marchés, trente-six maisons de plaisir, et soixante-douze pavillons. On voyait circuler en foule des magistrats en costume de cérémonie; l'air retentissait au loin du bruit des coursiers et des chars; partout on se réjouissait au son des instruments de musique...

« Un jour, le fils du ciel s'étant rendu de bonne heure au palais, les officiers civils et militaires vinrent en foule lui présenter leurs hommages et leurs félicitations. La cloche du matin résonnait dans la salle d'or, et la garde divine était rangée sur les degrés de jade; c'était un spectacle aussi magnifique qu'imposant. Après que tous les magistrats eurent fini de se prosterner devant l'empereur, et de lui souhaiter de vivre dix mille années, chacun d'eux rentra dans son rang, et y resta droit et immobile.

« Tout à coup, un officier du palais s'écria à voix haute : « S'il y a quelque affaire importante, qu'on se hâte de l'annoncer à Sa Majesté! »

« Il n'avait pas achevé de parler, qu'on vit un magistrat sortir des rangs; il portait un bonnet de crêpe noir, et tenait dans sa main une tablette d'ivoire. Il se jette à genoux sur les dalles rouges, et s'écrie : « Tchang-kin, président du tribunal impérial d'astronomie, a un événement d'une grande importance à annoncer! »

« L'empereur lui ayant fait demander quel était cet événement : « Cette nuit, répondit-il, comme j'observais l'aspect du ciel, j'ai vu des nuages et des vapeurs d'heureux augure envelopper le cercle circompolaire; j'ai vu

(*) Voyez le Yu-kiao-li, roman chinois, traduit par M. Abel Rémusat, préface, p. xx à xxiv.

des étoiles dont l'éclat annonce la joie et le bonheur briller près de la route jaune (l'écliptique)... J'ose supplier Votre Majesté d'ordonner au tribunal des rites de publier dans tout l'empire un décret de félicitations, et d'exalter la paix, l'harmonie et les changements salutaires que la génération présente doit à notre auguste souverain. J'ai observé en outre que les six étoiles de Wêntchang brillaient d'un double éclat. Tout cela nous présage que des lettrés éminents du *jardin de la littérature* répandront un grand lustre sur votre administration sage et éclairée. Mais, ce qui est digne surtout d'exciter l'admiration, c'est que la constellation Kouei-pi répandait des flots de clarté qui inondaient l'univers : c'est signe que dans l'empire il doit naître des hommes d'un génie extraordinaire, et tels qu'on n'en aura point vu de semblables dans aucun siècle. Comme le ki-lin et le phénix, ils se tiendront cachés dans des asiles profonds et reculés... Je supplie Votre Majesté de convoquer le tribunal des rites, afin qu'après en avoir mûrement délibéré, il envoie dans les différentes parties de l'empire des commissaires pour rechercher et découvrir les hommes capables de vous seconder dans vos augustes desseins. »

« Après que le fils du ciel eut entendu ce rapport, une vive allégresse éclata sur sa face majestueuse. « Je n'approuve pas, dit-il, qu'on me décrète des félicitations ; mais les hommes de talent sont le trésor du royaume ; je ne puis permettre qu'ils restent cachés dans l'obscurité. J'ordonne au tribunal des rites de délibérer sur ce point, et d'envoyer des commissaires pour les rechercher et les découvrir. »

« A peine cet ordre impérial était-il rendu, que le président du tribunal des rites sortit des rangs. « Sire, dit-il, puisque la sainteté et les lumières de Votre Majesté ont été annoncées par des signes célestes, il était convenable de décréter des félicitations. En s'y refusant, par excès d'humilité, le souverain qui mérite de vivre dix mille ans n'a fait que montrer davantage la grandeur de sa vertu. Cependant le progrès des mœurs publiques a une liaison intime avec les révolutions de chaque époque ; comment pourrait-on le tenir caché, au lieu de le révéler au grand jour?... Sans doute, il est permis d'envoyer des commissaires à la recherche des hommes de talent ; mais, d'après les lois établies par les ancêtres de Votre Majesté, c'est au moyen des examens publics et des concours que les hommes de talent doivent se recruter ; si on les appelle maintenant en vertu d'une ordonnance, on leur conférera donc arbitrairement des grades et des emplois ! Que deviendraient alors les examens publics ? Par là on s'écarterait, je le crains, des vues qui ont guidé vos ancêtres, lorsqu'ils ont fondé la belle institution des concours. Voici mon humble opinion : le parti le plus utile est de recommander aux directeurs des colléges de chaque province de donner des ordres sévères aux magistrats des villes de premier et de troisième ordre, pour qu'à l'époque des examens annuels ou du concours général ils s'appliquent ardemment à rechercher, en dehors du nombre régulier des concurrents inscrits, les hommes d'un vrai talent, et à les porter d'office sur la liste du concours. Qu'on décide, en outre, que les magistrats des villes de premier et de troisième ordre obtiendront de l'avancement ou se verront abaissés, suivant qu'ils auront découvert ou négligé de signaler des hommes de talent... Je supplie notre auguste souverain d'examiner cette importante question, et de la décider. »

« Le fils du ciel fut enchanté de ce rapport : « Les avis de Votre Excellence, dit-il, sont d'une parfaite justesse ; j'ordonne qu'on se conforme à votre proposition, et qu'on l'exécute sur-le-champ ! »

« Les membres du tribunal des rites, ayant reçu ce décret, s'avancèrent à la tête de tous les autres magistrats, et saluèrent l'empereur, en lui souhaitant de vivre dix mille années. Après avoir reçu leurs hommages, le fils du ciel rentra dans son palais, et tous les magistrats se retirèrent.

« Ce jour-là, dès que le tribunal des rites eut publié l'ordre impérial, tous les mandarins qui se trouvaient dans la capitale écrivirent chacun une lettre de félicitations, et vinrent, l'un après l'autre, la présenter à l'empereur. Ces lettres, qui n'avaient d'autre but que de louer les mérites du souverain et d'exalter ses vertus, n'étaient pas d'une grande conséquence; mais chacun d'eux, jaloux de montrer son talent, avait déployé toutes les ressources de l'art, étalé toutes les richesses du style. Le fils du ciel se rendit en personne dans la salle latérale, et les examina lui-même avec le plus grand soin. Il remarqua dans toutes ces pièces des expressions d'une beauté merveilleuse et des passages faits pour exciter l'admiration; son âme sainte en fut transportée de joie : « Je reconnais maintenant, dit-il, que le président du tribunal de l'astronomie ne m'a point trompé en annonçant la splendeur éclatante de la constellation Wên-tchang. Je suis touché des félicitations que m'ont présentées tous les magistrats; il convient que j'y réponde, en les invitant à un banquet solennel.

« Aussitôt il ordonna à tous les magistrats de se réunir le douzième jour de la troisième lune, auprès de la porte appelée Touan-men, pour prendre part au banquet impérial.

« Dès que ce décret fut rendu, tous les magistrats firent éclater, en battant des mains et en dansant, leurs transports de joie et de reconnaissance.

« Le jour du festin étant arrivé, on put juger que le gouvernement était honnête, et que le ciel lui était favorable. En effet, ce jour-là le ciel était pur et l'atmosphère transparente; le soleil répandait une douce chaleur, le vent était calme, et une multitude de fleurs étaient épanouies. Le fils du ciel se rendit en personne à la porte appelée Touan-men. Au bas des degrés qui y conduisaient, on voyait étalés avec ordre les mets du festin impérial. Lorsque tous les magistrats eurent fini de présenter leurs hommages à l'empereur, il ne resta que quelques membres du conseil privé (quelques ministres), qui prirent place à la table impériale. Tous les autres fonctionnaires, suivant l'importance du bureau dont ils faisaient partie, étaient rangés et assis au bas des degrés. Sur chaque table, le fils du ciel ordonna de placer un pot de fleurs renommées du jardin impérial.

En entendant cet ordre, tous les magistrats frappèrent la terre de leur front pour remercier le souverain de ce nouveau bienfait; puis chacun alla s'asseoir à sa place. Au bout de quelques instants, on entendit résonner la musique du dragon et du phénix, et l'on vit servir dans des vases de jade les mets les plus recherchés. On peut dire que rien ne saurait se comparer à la magnificence de l'empereur. Nous tâcherons d'en donner une idée.

« La fortune de l'empire brillait du
« plus grand éclat; on contemplait ce-
« lui qui se dit un simple mortel (l'em-
« pereur) comme le soleil et la lune qui
« règnent au milieu du firmament. Ses
« augustes bienfaits s'étendaient com-
« me une mer sans bornes; mille ma-
« gistrats étaient réunis dans la salle
« de la fleur Fou-yong (*hibiscus rosa*
« *sinensis*); les beautés du printemps
« inondaient le palais de Kien-tchang;
« l'oreille était charmée des modula-
« tions du loriot, dont l'aile effleurait
« la terre; tout le palais, resplendis-
« sant de bannières rouges, vous eni-
« vrait de couleurs éblouissantes. Les
« mets provenaient des parcs de l'em-
« pereur. On y remarquait des foies
« de dragon, de la moelle de phénix,
« des petits de léopards, des lèvres de
« sing-sing, des bosses de chameau,
« des paumes d'ours, des grillades de
« hiao et des queues de carpe. Les pro-
« duits les plus rares des montagnes et
« des mers étaient étalés avec profu-
« sion. On ne finirait pas de décrire les
« saveurs exquises des huit trésors de
« sa table. La musique qui résonnait
« était celle du palais : on ne se lassait
« pas d'entendre les paroles et les sons
« harmonieux de ces airs neuf fois ré-
« pétés. Du milieu des rangs, les ri-
« ches costumes étincelaient aux rayons
« du soleil. On voyait des vêtements
« ornés de cigognes, de faisans dorés,
« de paons, d'oies, de faisans blancs,
« de cormorans, de huppes, de cailles,
« de pies, de loriots. Ceux qui portaient
« ces vêtements étaient placés, les uns
« en avant, les autres en arrière, et
« formaient une multitude aussi nom-
« breuse qu'imposante. Au bas des
« degrés, les bonnets et les diadèmes
« brillaient comme des étoiles. On dis-

« tinguait le bonnet de ceux qui pré-
« sentent les sages (le bonnet des let-
« trés), le bonnet de lynx (celui du
« bourreau), le bonnet de faisan doré
« (celui des surintendants de chaque
« ministère), le bonnet à ailes de ciga-
« les (celui du guerrier), le bonnet à
« queue de pie (celui d'un chef de can-
« ton), le bonnet à colonne de fer (ce-
« lui du juge criminel), le bonnet à sur-
« face dorée (celui des astronomes),
« le bonnet de ceux qui repoussent les
« méchants (celui des gardiens du pa-
« lais), le bonnet de l'amitié et de la
« déférence (celui du magistrat qui en-
« seigne les rites). Tous ces officiers
« étaient remplis d'une crainte respec-
« tueuse. Les uns se retiraient, les au-
« tres accouraient pour recevoir de près
« les ordres bienveillants du souve-
« rain : ils contemplaient tous la joie
« qui animait le visage céleste (de l'em-
« pereur); tous sentaient avec émotion
« la douce rosée (de ses bienfaits) qui
« se répandait d'une manière égale;
« tous savaient que sa bonté ne con-
« naissait pas la partialité... Se cour-
« bant avec humilité pour accomplir
« leurs devoirs, ils célébraient la pro-
« tection du ciel (de l'empereur) qui les
« enivrait et les rassasiait de ses grâ-
« ces.
« Lorsque le prince disait *oui,* sou-
« vent les ministres disaient *non ;* ils
« auraient rougi de se prêter à des flat-
« teries complaisantes. Ils ne désiraient
« guère se retirer sans être ivres; mais
« comme il y avait à gauche un ins-
« pecteur, et à droite un historien, quel
« est celui qui aurait osé manquer aux
« convenances? Le prince, voulant met-
« tre le comble à la joie de ses officiers,
« leur faisait distribuer, par respect
« pour les anciens usages de sa dynas-
« tie, la chanson où l'on célèbre les mi-
« nistres enivrés par ordre impérial.
« Les sujets, émus des bienfaits de
« l'empereur, choisissaient quelques-
« unes des meilleures exhortations des
« siècles passés, et lui présentaient,
« avec une noble fraternité, la pétition
« pour l'éloignement de Y-ti (qui in-
« venta l'art de faire du vin). Au bruit
« des tambours et des cloches, des flû-
« tes et des guitares, on vidait des cou-
« pes joyeuses. Le ciel et la terre étaient

« unis dans une douce allégresse; on
« souhaitait à l'empereur une longévité
« de dix mille ans, une existence sans
« bornes, comme celle du soleil et de
« la lune, des montagnes et des col-
« lines. »

« Après que le prince et les sujets eurent bu assez longtemps, les membres
du conseil privé (les ministres), voyant
que la musique avait été exécutée à trois
reprises, et que le vin avait circulé neuf
fois, craignirent que la multitude des
officiers ne s'écartât des convenances.
Ils quittèrent leurs siéges, et, se mettant à la tête des convives, ils allèrent
se prosterner devant l'empereur : « Sire,
dit l'un d'eux, grâce à votre bonté sainte,
nous avons pris part à un splendide festin; nous venons, à la tête des magistrats, vous offrir nos remercîments. »

CHOUÏ-HOU-TCHOUEN,
Ouvrage du cinquième Thsaï-tseu.

Le *Chouï-hou-tchouen,* ou *l'Histoire des rives du fleuve,* est un roman célèbre, où figurent plus de cent
personnages principaux, sans compter
les agents subalternes; un roman d'une
énorme et volumineuse prolixité, car
il n'a pas moins de soixante-dix livres.
Tous les chapitres se divisent régulièrement en deux parties, et l'ouvrage
présente la singulière complication de
cent quarante intrigues différentes. Cet
ouvrage, que Fourmont avait pris pour
une histoire de la Chine, au troisième
siècle; M. Klaproth, pour un roman
historique, et M. Abel Rémusat, pour
un roman semi-historique de la même
nature que le *San-koüe-tchi,* est presque tout entier d'invention : c'est le
premier roman comique des Chinois.
Quoiqu'on le réimprime tous les jours
à mi-page avec le *San-koüe-tchi,* on
aurait tort de le regarder comme le
pendant de l'*Histoire des trois royaumes.* Toutes les parties du livre sont
traitées trop plaisamment pour être historiques. Il ne me semble point que
Chi-naï-ngan ait voulu imiter Lo-kouan-
tchong, et lutter avec l'Histoire des
trois royaumes dans le roman *Chouï-
hou-tchouen,* qui contient pourtant une
foule de tableaux analogues, et dont
le sujet est pris dans l'histoire d'une

guerre sociale. A l'exception du prologue, le *Chouï-hou* n'est point imité du *San-koue*; Chi-naï-ngan a travaillé d'après lui-même. Sa manière est plus naturelle que celle de Lo-kouan-tchong, plus agréable. Lo-kouan-tchong se borne à raconter les faits; Chi-naï-ngan cherche à peindre les mœurs; il a plus de scènes à effet, mais il s'arrête sur des détails trop minutieux, quelquefois même sur des puérilités. Il ne faut pas comparer, quant au style, le *Chouï-hou-tchouen* au *San-koue-tchi*. Le ton du *San-koue-tchi*, roman héroïque, est plus noble que celui du *Chouï-hou-tchouen*, qui n'est qu'un roman comique. Avec le style concis et serré du *San-koue*, l'auteur du *Chouï-hou* n'aurait jamais pu descendre, comme il l'a fait, au ton naïf du badinage et de la conversation familière.

Il y a donc une grande différence entre le *San-koue-tchi* et le *Chouï-hou-tchouen*. La variété des épisodes, des tableaux et des portraits, la multiplicité des aventures, et un dialogue animé, recommandent particulièrement le *Chouï-hou-tchouen*. Un tel ouvrage convenait surtout aux imaginations actives et mobiles. Il est aimé des jeunes gens. « Les jeunes gens ne lisent pas le *San-koue*, dit un proverbe chinois, les vieillards ne lisent pas le *Chouï-hou*. » Mais l'amusement que ce livre procure à la jeunesse chinoise n'est pas son seul mérite ; il peut servir à donner une idée très-exacte du caractère et des mœurs des Chinois au douzième siècle de notre ère, dans un temps où la grande dynastie des Song penchait vers son déclin, où le pays, avant de subir la domination des Mongols, était ravagé par la peste, la famine et le brigandage.

Le *Chouï-hou-tchouen* est un monument précieux du Kouan-hoa ou de la langue commune. Ce célèbre ouvrage, qui parut pour la première fois sous le règne des empereurs mongols, fut réimprimé vers l'an 1650, avec un commentaire perpétuel, par Kin-ching-than, auteur d'une version du *San-koue-tchi*, écrivain d'un grand mérite, et dont j'ai déjà parlé. Il a intitulé ce roman *Chi-naï-ngan-kou-pen-chouï-hou-tchouen*, « Histoire des rivages, conforme à l'ancienne édition de Chi-naï-ngan. » Depuis Kin-ching-than, on a publié une édition du Chouï-hou-tchouen, intitulée *Chouï-hou-thsiouen-chu*, « Édition complète de l'Histoire des rives du fleuve, » et qui contient cent vingt chapitres au lieu de soixante-dix. J'ai lu avec beaucoup d'attention le nouveau Chouï-hou-tchouen (c'est-à-dire les cinquante chapitres ajoutés à l'ancien), et j'ose affirmer qu'on n'y trouve pas le même fond d'intérêt, ni dans les caractères, ni dans les situations. C'était d'ailleurs l'opinion du P. Premare, qui recommandait aux missionnaires la lecture du Chouï-hou-tchouen : il préférait l'édition de Kin-ching-than. « *Sed ut secretus hujus libri sapor melius sentiatur, emendus erit qualis ab ingenioso Kin-ching-than fuit editus, cum notis, quibus mirum authoris artificium primus detexit.* » Cependant le Chouï-hou-tchouen, quelque excellent qu'il fût jugé d'ailleurs, sous le rapport de la composition et du style, fut mis à l'index quelque temps après la publication de Kin-ching-than (1695), par l'empereur Khang-hi, comme capable de pervertir les inclinations les plus douces et les plus bienfaisantes. C'est précisément à ce titre que le roman paraîtra plus remarquable. Pour que des personnages comme Song-kiang, Tseou-ming, et tant d'autres, qui ne sont que des chefs de brigands, inspirent un intérêt si vif, il faut que Chi-naï-ngan ait du mérite, et même beaucoup de mérite.

Le Chouï-hou-tchouen est une composition qui échappe à toute analyse. Le lecteur jugera de la variété des tableaux et de la multiplicité des épisodes par la table des matières que je vais présenter et par les extraits qui la suivront. Il y a peut-être dans ce roman une trop grande multitude d'aventures ; mais comme l'intérêt se concentre sur quelques personnages, l'attention n'est point fatiguée.

Table des matières contenues dans les deux premiers volumes du Chouï-hou-tchouen (édition de la Bibliothèque nationale).

PROLOGUE.

Peste de Khaï-fong-fou. Décret de l'empereur. Mission du gouverneur du palais. Un pèlerinage à la montagne *des Dragons et des Tigres*. Conférence du gouverneur avec les

Tao-sse. Comment il laisse échapper dans sa méprise des démons et des êtres surnaturels. Le grand maître de la doctrine conjure, par des prières et des sacrifices, une maladie pestilentielle.

CHAPITRE PREMIER.

Mœurs de la cour impériale des Song, à l'époque de la décadence. Jeunesse d'un premier ministre. Histoire et aventures de Kao-Khieou. Portrait de Siao-wang-tou, gouverneur du palais impérial. Histoire du prince de Touan. Par quel hasard Kao-khieou gagne la faveur du prince, et comment il devint premier ministre. Histoire de Wang-tsin. De quel stratagème il use pour prendre la fuite. Le village Sse-kia ou *des familles Sse*. Aventures de Sse-tsin, surnommé *le Dragon à neuf raies*. Histoire des brigands du mont Chao-hoa. Tchou-wou, Yang-tchun et Tchin-ta. Combat de Sse-tsin et de Tchin-ta; quelles en furent les suites.

CHAPITRE II.

Conférence de Sse-tsin avec les chefs militaires. Meurtre de Wang-sse. De la résolution que prend Sse-tsin de mettre le feu à sa ferme. Comment il se venge de Li-ki. Il accompagne les brigands sur le mont Chao-hoa. Voyage de Sse-tsin. Il fait connaissance avec Lou-ta dans une caverne du Hoei-tcheou. Quel homme c'était que Lou-ta. Histoire de Li-tchong. De la rencontre que Lou-ta et ses compagnons firent d'une jeune femme qui pleurait. Histoire de Kin-lao et de sa fille Tsoui-lien. Du dessein que forme Lou-ta de venger l'injure faite à la jeune femme. Meurtre du boucher Tchin-tou. Fuite de Lou-ta.

CHAPITRE II.

Par quel hasard Lou-ta reconnaît Kin-lao. Histoire de Tchao, le youen-waï (titre honorifique). Description d'un repas. Lou-ta se retire dans le village des Sept-Diamants. Quels motifs l'engagent à embrasser la profession religieuse. Histoire du monastère de Mandjous'ri. Ordination de Lou-ta. Description des cérémonies de la tonsure, de la prise d'habits et de l'imposition des mains. Comment le néophyte quitte son nom et s'appelle, en religion, *Savoir-profond*. Horrible scandale dans le monastère. Représentations faites par les bonzes au supérieur. De quelle manière *Savoir-profond* viole les préceptes et les règles du bouddhisme. Marché public. Comment les habitants d'un village relevaient du supérieur d'un monastère. Nouveaux scandales. Intempérance de *Savoir-profond*; il brise, dans son ivresse, les statues des saints et détruit un belvédère. *Savoir-profond* est exclu de la communauté.

CHAPITRE IV.

Départ de *Savoir-profond* pour le monastère de Tong-king. Il passe par le village Thao-hoa ou des *Fleurs de pécher*. Quelle personne il trouva dans une ferme. Conversation de *Savoir-profond* avec le fermier Lieou. Un mariage forcé. Des préparatifs qui se firent dans la ferme et ailleurs pour ce mariage. Cortége et toilette du fiancé. Quel homme c'était que ce fiancé. Important service que *Savoir-profond* rendit au fermier. Par quelle singulière aventure les noces furent tout à coup interrompues. De l'étonnement où fut Tcheou-thong de trouver un homme extraordinaire sur le lit de sa fiancée. Orage de coups de poings dans la chambre nuptiale. Frayeur des brigands. Comment *Savoir-profond* reconnut Li-tchong parmi les chefs. Le fermier et le religieux acceptent une invitation de Li-tchong, et accompagnent les brigands sur la montagne. Réconciliation de Tcheou-thong avec *Savoir-profond*. Comment on prêtait serment sous les Song. De quelle manière *Savoir-profond* fut traité par les brigands, et des sages réflexions qu'il fit à ce sujet. Belle conduite du religieux. Il se brouille avec les brigands et continue son voyage.

CHAPITRE V.

Description d'un monastère abandonné, et quelles choses y vit *Savoir-profond*. De la rencontre qu'il fit d'un bonze qui chantait une romance. Une jeune femme réduite au désespoir se jette dans un puits. Par quel hasard *Savoir-profond* trouva Sse-tsin dans une forêt. Comment ils se séparent. *Savoir-profond* prend la route du Tong-king, arrive dans la capitale, et se présente au couvent des ministres d'État. De quelle façon et avec quel costume il est introduit par les bonzes dans la cellule du supérieur. Organisation des services dans le monastère; mode d'avancement. *Savoir-profond* est nommé régisseur du potager.

CHAPITRE VI.

Quelles mauvaises gens *Savoir-profond* trouva dans le potager du monastère. Histoire de Tchang-san, surnommé *le Rat des rues*, et de Li-sse, surnommé *le Serpent des prairies*. De la singulière aventure qui leur arriva, lorsqu'ils voulurent plaisanter avec *Savoir-profond*. Portrait de Lin-tchong. Comment Kao, membre du conseil d'État et fils du gouverneur du palais impérial, aperçut la femme de Lin-tchong dans le temple des *Cinq-Montagnes* et en devint amoureux. Quel parti prit Lin-tchong après cette aventure. Mauvais succès des intrigues de Kao; tentatives d'enlèvement. Le gouverneur du palais impérial se montre favorable aux amours de son fils, et ordonne le meurtre de Lin-tchong. Par quel accident Lin-tchong entra, sans le savoir, dans la salle du conseil.

CHAPITRE VII.

Jugement de Lin-tchong; probité de Sun-ting. Comment la justice s'administrait sous les Song, dans le tribunal de Khai-fong-fou. Lin-tchong reçoit la bastonnade; il est condamné à l'exil. De la conversation touchante que Lin-tchong eut avec sa femme, et du conseil qu'il lui donna. Il quitte la capitale pour se rendre à Tsang-tcheou. Comment les deux archers qui conduisaient Lin-tchong l'attachèrent à un arbre dans une forêt; ce qu'ils voulaient faire.

CHAPITRE VIII.

Par quel hasard Lin-tchong aperçut *Savoir-profond* dans la forêt, au moment où les archers se disposaient à exécuter les ordres du gouverneur impérial. Conversation de *Savoir-profond* avec les archers. Générosité de Lin-tchong; il sauve la vie à ses assassins, et reprend la route de Tsang-tcheou. Ferme de Tchaï-lin. Quel homme c'était que Tchaï-lin. Histoire du commandant Hong. Une partie d'escrime. De quelle manière Lin-tchong fut reçu et traité dans le camp de Tsang-tcheou. Corruption des fonctionnaires. De l'embarras où se trouve Lin-tchong, et comment il en sort.

CHAPITRE IX.

Lin-tchong rencontre Li-tchaï. De la curieuse conversation qu'ils eurent ensemble. Comment Lin-tchong obtint du gouverneur du camp la permission de faire une promenade dans les environs de Tsang-tcheou. Relation de cette promenade. Lin-tchong s'arrête dans une chaumière. Description d'un ancien temple, qui était consacré au génie de la montagne de Tsang-tcheou, et dont la façade représentait d'un côté un juge et de l'autre un petit démon. De ce qui se passa dans le camp de Tsang-tcheou après le départ de Lin-tchong. Incendie du magasin à fourrage. De ce qui empêcha trois hommes d'exécuter une abominable résolution. Vengeance de Lin-tchong. Il retourne dans le temple, et dépose trois têtes sur la table des sacrifices, au pied de la statue du génie. De quelle façon les paysans éteignirent l'incendie du camp. Retour de Lin-tchong à Tsang-tcheou.

CHAPITRE X.

Comment Lin-tchong est accusé d'avoir mis le feu au magasin de Tsang-tcheou. Fuite de Lin-tchong. Dans quel accoutrement il partit pour le mont Liang-chan. Histoire des brigands du mont Liang-chan; Wang-lun, Thou-thsien et Song-wan. Un bachelier sans place. De l'accueil que les brigands firent à Lin-tchong. Portrait de Tchu-kouei. Quel homme c'était que Tchu-kouei. Lin-tchong fait connaissance avec un personnage extraordinaire.

CHAPITRE XI.

Histoire de Yang-tchi. Curieuse conversation de Wang-lun et de Yang-tchi. Une entrevue avec le premier ministre. Quel homme Yang-tchi rencontra, et de quel événement cette rencontre fut suivie. De quelle façon Yang-tchi se constitua prisonnier, après avoir commis un meurtre. Histoire de Liang, commandant en chef de l'armée de Ta-ming-fou.

CHAPITRE XII.

Description d'un grand tournoi dans le faubourg de l'Est. Le commandant et les principaux officiers de la garnison assistent à cette fête. Combat à cheval de Yang-tchi et de Tcheou-kin; costumes militaires du temps des Song. Histoire d'un magistrat du Chantong. Portraits de Tchu-tong, commandant de la cavalerie, et de Loui-hong, commandant de l'infanterie. La pagode de Lin-kouan. Comment les soldats de Loui-hong emmenèrent un homme qui dormait dans la pagode.

CHAPITRE XIII.

Histoire de Lieou-tang, surnommé *le Démon aux cheveux rouges*. Par quel hasard il se trouvait dans la pagode, quand il fut arrêté par les soldats de Loui-hong. Quel homme c'était que Tchao-khaï. De la réputation dont il jouissait dans son district. Comment il accueillit Lieou-tang, et du service qu'il lui rendit.

CHAPITRE XIV.

Conversation de Tchao-khaï avec Loui-hong. Histoire des trois frères Youen. Costumes des pêcheurs. Des exactions commises par les brigands dans les villages. Du projet important que forma Tchao-khaï, et de quelle manière il fut exécuté par Ou-yong. Réception amicale que Tchao-khaï fit aux trois frères Youen. Entretien secret de trois pêcheurs, de Tchao-khaï, de Lieou-tang et de Ou-yong, sur la politique et l'administration. Comment et par qui cet entretien fut interrompu. Quel homme c'était que le Tao-sse Kong-sun-tching.

CHAPITRE XV.

Conciliabule de Tchao-khaï, Ou-yong, Kong-sun-tching, Lieou-tang et des trois pêcheurs. De la résolution qu'ils forment ensemble. Comment ils se séparèrent. Conversation avec Yang-tchi. Yang-tchi est chargé d'une mission dangereuse. De quelle manière il rencontra dans une forêt sept marchands qui vendaient des jujubes. Des inquiétudes de Yang-tchi.

CHAPITRE XVI.

Yang-tchi continue son voyage. De la rencontre qu'il fit dans une hôtellerie. Histoire de Tsao-tching. Le monastère des *Perles précieuses*, ou de la montagne des *Deux-Dragons*. Comment les bonzes de ce monastère, au nombre de cinq cents, laissent croître leurs cheveux et renoncent à la vie religieuse. Ils pillent les villages. Combat de *Savoir-profond* et de Yang-tchi. Reconnaissance. De quelle manière *Savoir-profond*, Tsao-tching et Yang-tchi s'introduisirent dans le *couvent des Perles précieuses*. Aventures de Ho-tsing et de son frère.

CHAPITRE XVII.

Où mène la passion du jeu. Ho-tsing perd son argent, et devient teneur de livres chez un marchand. Histoire de Song-kiang et de sa famille. Entretien de Song-kiang avec Ho-thao. Par quel incident Tchao-khaï, Ou-yong, Kong-sun-ching et Lieou-tang se trouvent dans la nécessité de prendre la fuite. Des provisions de voyage qu'ils firent avant de se mettre en route, et de ce qui se passa quand ils arrivèrent dans le village des Rochers.

CHAPITRE XVIII.

Exploits de Tchao-khaï et de Kong-sun-tching. Comment ils se dérobent aux poursuites des archers. Incendie d'une ferme. Fidélité des trois frères Youen. Préparatifs dans le port des Rochers. Le commandant Ou-thao interroge un villageois. De quelle façon Ou-thao fut jeté dans un fleuve par des pêcheurs. De l'entretien de Tchao-khaï et de ses camarades avec Lin-tchong, et de la résolution qu'ils forment ensemble. Lin-tchong tue Wang-lun.

CHAPITRE XIX.

Comment Lin-tchong reçut des nouvelles de la capitale, et apprit que la femme de Tchang-tsing s'était pendue. Violence dont le gouverneur du palais impérial voulait user envers cette femme. Curieuse conversation de Tchao-khaï avec Kong-sun-tching. Inquiétude et vigilance des mandarins. Histoire d'une veuve (madame Yen) qui n'avait pas le moyen d'acheter un cercueil pour son mari. Charité de Song-kiang. Il entretient et prend à bail la fille de la veuve. Des suites fâcheuses de ce contrat. District de la Chine où les hommes et les femmes observaient la fidélité conjugale. Quelle réception Song-kiang fit à Lieou-tang.

CHAPITRE XX.

Intrigues de madame Yen et de sa fille Pö-si. De la chasteté de Song-kiang, et de quelle manière il passait les nuits avec sa concubine. Singulier entretien avec un employé du tribunal. Amours de Tchang-san et de Pö-si. Song-kiang refuse de juger Pö-si sur les apparences. Comment Pö-si trouva dans un portefeuille la correspondance de Song-kiang avec Tchao-khaï, et du parti qu'elle voulut en tirer. Injustes procédés de Pö-si. Song-kiang, dans un accès de colère, tue sa concubine. De quelle façon madame Yen se consola de la perte de sa fille.

CHAPITRE XXI.

Procès intenté à Song-kiang; plainte de madame Yen. Interrogatoire de Tang-nieou-eul. Le juge décerne un mandat d'amener contre Song-kiang. De quelle manière et sous quel costume Song-kiang prit la fuite avec son frère Song-tsing. Perquisitions faites à la campagne dans la ferme du père de Song-kiang. De ce qui se passa dans la ferme de Tchaï-tsin.

CHAPITRE XXII.

De la rencontre que fit Song-kiang dans la ferme de Tchaï-tsin. Histoire de Wou-song. Entretien de Song-kiang avec Tchaï-tsin. Wou-song retourne dans son pays natal. Comment il aperçut un placard affiché sur la porte d'un temple en ruine et contenant un avis du gouverneur aux habitants du district. Force extraordinaire de Wou-song. Il terrasse un tigre dans une forêt et le tue avec son cimeterre. Honneurs rendus à Wou-song; il est nommé major de la garde du district.

CHAPITRE XXIII.

Histoire de Wou-ta, frère de Wou-song. Comment il épouse Kin-liên. De la curieuse réception que Kin-liên fit à son beau-frère. Chasteté de Wou-song. Mission délicate conférée par un gouverneur. Histoire de Si-men-khing, célèbre débauché de la dynastie des Song. Ses liaisons avec une entremetteuse de bas étage. Quelle femme c'était que madame Wang. Amours de Kin-liên et de Si-men-khing.

CHAPITRE XXIV.

Suite des amours de Kin-liên et de Si-men-khing; ils s'abandonnent à la volupté. De quelle manière Wou-ta, étant tombé malade, fut traité par sa femme Kin-liên, et du poison qu'elle lui administra. Derniers moments de Wou-ta; sa mort. Hypocrisie de Kin-liên.

CHAPITRE XXV.

Obsèques de Wou-ta. Toilette du mort; cérémonial funèbre; office religieux; convoi. Kin-liên, vêtue d'une longue robe de deuil, marche à la tête du cortége. Fausse incinération du corps. Ho-khieou-cho dérobe le cercueil de Wou-ta. Retour de Wou-song. Comment il apprend la mort de son frère. Du chagrin qu'il en ressentit, et de la conversation qu'il eut avec sa belle-sœur. Il offre un sacrifice; apparition de Wou-ta. Révélations faites par un enfant. Entretien de Wou-song avec Ho-khieou-chö. Étrange festin auquel il convie Kin-liên et madame Wang. Il venge la mort de son frère par le meurtre de Kin-liên et de Si-meu-khing. Condamnation de Wou-song.

CHAPITRE XXVI.

Départ de Wou-song pour la prison de Mong-tcheou-fou. Il prend la route de Mong-tcheou, et arrive à l'hôtellerie de la Croix. Description de cette hôtellerie. Quelles gens il y trouva. Histoire du maraîcher Tchang-sing. Anthropophagie.

CHAPITRE XXVII.

Arrivée de Wou-song à Mong-tcheou-fou. Le directeur de la prison le reconnait et le traite avec magnificence. De l'entretien qu'ils eurent ensemble. Histoire de Che-nghen et de son père. Singulières occupations des prisonniers.

CHAPITRE XXVIII.

Entretien secret de Che-nghen avec Wou-song. De la résolution que Che-nghen et Wou-song formèrent après cet entretien. Ils quittent la prison de Mong-tcheou-fou. Histoire de l'aubergiste Tsiang-tchong, surnommé Tsiang-men-chin. De quelle manière Wou-song venge, dans son ivresse, le tort fait à Che-nghen. Combat de Wou-song avec Tsiang-men-chin.

CHAPITRE XXIX.

Réinstallation de Che-nghen dans son auberge. Stratagème de Tsiang-men-chin. Wou-song reçoit une invitation de Tchang, gouverneur militaire de Mong-tcheou-fou. Quel accueil on lui fait dans l'hôtel de ce gouverneur. Une jeune musicienne, appelée Yo-lan (chrysanthème de jade), chante une romance. Ruses que le gouverneur met en usage pour s'emparer de l'argent et des présents de Wou-song. Nouvelle incarcération de Wou-song. Comment Che-nghen, pour sauver son bienfaiteur, parvient à corrompre les employés du tribunal. Il offre cent taels au greffier.

CHAPITRE XXX.

Wou-song revient à Mong-tcheou-fou. De quelle manière il s'introduit dans l'hôtel du gouverneur Tchang. Pavillon du Youen et du Yang (oiseaux fabuleux). Orgie du gouverneur. Mémorable vengeance de Wou-song; il extermine tous ceux qu'il rencontre dans l'hôtel. Fuite de Wou-song. Par quel hasard il entre la nuit dans l'hôtellerie de la Croix et reconnait Tchang-tsing. Singulier déguisement que la fille de l'aubergiste propose à Wou-song. Il quitte l'hôtellerie, revêtu du costume d'un bonze que Tchang-tsing avait égorgé. Comment il délivre une jeune femme à laquelle un bachelier voulait faire violence.

CHAPITRE XXXI.

Montagne des Scolopendres. Comment Wou-song fut pris par des paysans, qui l'attachèrent à un arbre. Conversation des paysans. Wou-song est délivré par Song-kiang. Reconnaissance et entretien secret des deux amis. Ils voyagent ensemble, et se séparent après avoir traversé le village du *Vent-pur*. Song-kiang est arrêté par des brigands dans une forêt. De quel caractère étaient ces brigands. Histoire de Wang-yong et de Yen-chun. Ils rencontrent la femme d'un officier qui portait une cassolette d'argent. Comment Song-kiang empêcha Wang-yong de commettre un adultère.

CHAPITRE XXXII.

Description du village de Thsing-fong ou du *Vent-pur*. Camps ou stations gouvernés par un mandarin civil et un mandarin militaire. De la réception que Hoa-yong fit à Song-kiang. Quel homme c'était que Hoa-yong. Une représentation théâtrale. Singulière aventure de Song-kiang. Mission de Lieou-kao. Arrestation de Hoa-yong.

CHAPITRE XXXIII.

Voyage de Hoang-sin et quel en fut le motif. Il rencontre les brigands dans une forêt. Comment ils délivrèrent la femme et la sœur de Hoa-yong. Portrait de Tseou-ming, gouverneur militaire de Thsing-tcheou-fou. Hoa-yong provoque Tseou-ming. Belle conduite de Song-kiang. Attaque nocturne de Thsing-tcheou-fou par les brigands. Retour de Tseou-ming à Thsing-tcheou-fou. Dans quel état il retrouve cette capitale. Ce qu'il aperçoit en montant sur les décombres des faubourgs qui avaient été incendiés. On lui refuse l'entrée de la ville. Singulière conférence de Tseou-ming avec les autorités. Il reconnaît la tête de sa femme suspendue à une pique.

CHAPITRE XXXIV.

Extermination de la famille de Licou-kao. Song-kiang et Hoa-yong rencontrent dans une expédition deux militaires, dont l'un était habillé de rouge, et l'autre habillé de blanc. Quels étaient ces deux hommes. Histoire de Liu-fang et de Koûo-tching. Ché-yong remet à Song-kiang une lettre, par laquelle celui-ci apprend la mort de son père. Piété filiale de Song-kiang. Histoire de Lin-tchong et de Licou-kiun. Assemblée générale des chefs Hoa-yong, Tseou-ming, Hoang-sin, Yen-chun, Waug-yong, Tchin-ta, Liu-fang, Koûo-tching, Ché-yong. Conférence dans laquelle on lit une lettre de Song-kiang, après avoir brûlé des parfums. Serment prêté par les chefs. Comment Song-kiang retrouve son père, qu'il croyait mort.

Extraits du Choû-hou-tchouen ou de l'Histoire des rives du fleuve.

I.

Peste de Khaï-fong-fou. Prologue (où l'on voit comment) Tchang, le grand maître de la doctrine, conjure par des prières et des sacrifices une maladie pestilentielle, (et comment) Hong, le gouverneur du palais impérial, laisse échapper, dans sa méprise, des démons et des êtres surnaturels.

.... A la mort de Tchin-tsong, de la grande dynastie des Song, lorsque son fils (Jin-tsong) prit possession du trône impérial, la Chine, calme et prospère, jouissait d'une tranquillité profonde. Il existait alors deux sages ministres, qui assistèrent l'empereur régnant de leurs lumières et de leurs conseils. Le premier était le grand chancelier Pao-tching, gouverneur de Khaï-fong-fou; le second était Ti-thsing, le commandant en chef des armées impériales, celui qui subjugua le royaume de Hia, situé à l'ouest de la Chine... Jin-tsong régna quarante-deux ans, et changea plusieurs fois le nom des années de son règne. Depuis la première année Thien-ching (l'an 1023 après J. C.), où il monta sur le trône, jusqu'à la neuvième année de la même période, la récolte des céréales fut abondante; les hommes du peuple se livraient à leurs travaux avec joie. Sur les routes, il n'y avait pas de voleurs (littéralement, on ne ramassait pas les objets perdus); la nuit, on ne fermait pas ses portes.

.... Qui eût dit que l'excès de la joie amènerait la tristesse? Dans le printemps de la troisième année Kia-yeou (l'an 1058), une maladie pestilentielle ravagea l'empire. Du Kiang-nan aux deux capitales, ce fléau terrible se répandit partout. Dans chaque province, dans chaque département, les rapports des autorités se succédaient les uns aux autres comme des flocons de neige. On raconte même que dans la capitale de l'est (Tong-king) et dans ses faubourgs la mortalité fut si grande, que l'épidémie enleva plus de la moitié de la population et des troupes. Le gouverneur de Khaï-fong-fou, Pao-tching, publiait des règlements de police, et prescrivait des mesures sanitaires pour maintenir l'ordre dans la classe inférieure, et arrêter les progrès de l'épidémie; il levait des impôts, achetait des substances médicinales; mais, hélas! ce fut inutilement qu'on épuisa toutes les ressources de l'art. La contagion se propageait avec une rapidité inexprimable. Les mandarins de l'ordre civil et militaire résolurent d'en délibérer; ils s'assemblèrent dans la grande cour du palais, et bientôt après sollicitèrent une audience du fils du ciel...

Dans cette assemblée générale des cours suprêmes, on vit un grand ministre franchir tout à coup les rangs : c'était Fan-tchong-yen, qui avait le titre de *Tsan-chi-tching-sse*. Après le cérémonial prescrit, Fan-tchong-yen se leva et s'exprima en ces termes : « Sire, l'épidémie s'étend aujourd'hui dans toutes les provinces. L'armée souffre. On ne rencontre plus que des malheureux abandonnés et sans secours. Des nouvelles désespérantes arrivent coup sur coup. Dans un tel état de choses, l'humble avis de votre ministre est qu'il faut conjurer par des sacrifices cet épouvantable fléau, et appeler au secours du peuple le grand maître de la doctrine des Tao-sse; il faut en outre que l'on offre, dans les temples et les pagodes de la capitale, à tous les esprits du ciel sans exception, un grand sacrifice propitiatoire, et que Votre Majesté présente elle-même une supplique au Chang-ti (souverain seigneur du ciel). Alors, je n'en doute pas, le peuple sera délivré du fléau qui l'accable. »

Jin-tsong, le fils du ciel, frappé de la sagesse de cet avis, ordonna sur-le-champ à un membre de l'académie des Han-lin de jeter sur le papier le *brouillon* d'un ordre impérial, qu'il mit au net de sa propre main; puis, après avoir demandé quelques baguettes d'encens, il chargea Hong-sin, qui exerçait alors la charge de Taï-oueï (gouverneur du palais) de porter cette missive écrite sur papier rouge...

Hong-sin exécuta l'ordre impérial, et prit congé du fils du ciel. Il serra la missive dans un étui, l'encens dans une cassolette, monta sur un cheval de poste, et emmena avec lui une trentaine d'hommes. Accompagné d'une escorte, il s'éloigna de la capitale de l'est (Tong-king), et suivit la route de Sin-tcheou, sans s'arrêter un jour.

Arrivé à Sin-tcheou, dans le Kiang-si, tous les mandarins sortirent de la ville et vinrent à sa rencontre. Hong-sin dépêcha aussitôt un officier du gouvernement vers les Tao-sse, qui demeuraient dans le palais de la *Pureté suprême*, sur la montagne des *Dragons et des Tigres*, pour les avertir de son arrivée.

Le lendemain, les mandarins accompagnèrent le Taï-oueï jusqu'au bas de la montagne. Le gouverneur vit alors les Tao-sse du palais de la *Pureté suprême*. Ils étaient en grand nombre. Les uns agitaient leurs clochettes de cuivre ou battaient du tambour; les autres tenaient à la main des baguettes d'encens, des bouquets de fleurs ou des flambeaux allumés; ceux-ci portaient les bannières sur lesquelles étaient peintes les images des génies, ceux-là des parasols éclatants de perles et de pierres précieuses. Une troupe de musiciens suivait le cortége.

Ils descendirent processionnellement de la montagne pour recevoir le messager de l'empereur. Quant au Taï-oueï, lorsqu'il fut arrivé près du palais de la *Pureté suprême*, il mit pied à terre. Ce fut alors que tous les Tao-sse, suivis des novices du monastère, vinrent le féliciter. Après les compliments d'usage, les religieux le conduisirent dans le temple des *Trois-Purs*, l'invitèrent à tirer la missive de l'étui où elle était renfermée, et à offrir un sacrifice dans le temple.

Sur ces entrefaites, le Taï-oueï, interrogeant le vénérable, qui avait la surintendance du palais, lui demanda où était le maître de la doctrine.

« Gouverneur, répondit le vénérable, ce grand anachorète, qui est l'aïeul des générations, a pour titre honorifique *Hiu-thsing-thien-sse*, ou « *le divin instituteur parvenu au vide et à la quiétude.* » Dégagé de tous les liens (passions), souverainement pur, comme il n'aime pas à entretenir des relations avec les hommes, il s'est construit une cabane de roseaux sur le sommet de la montagne *des Dragons et des Tigres*. C'est dans cette cabane qu'il cultive la vertu: il ne demeure pas dans notre palais.

— « Mais le fils du ciel l'appelle à la capitale; il faut que je m'acquitte de ma mission.

— « Permettez-moi, reprit en souriant le vénérable, une seule observation. S'il existe une missive de l'empereur, il faut, avant toutes choses, la déposer dans le temple, sur un autel; c'est là une formalité de rigueur, et sans laquelle ni moi, ni aucun des vénérables ici présents, nous n'oserions jamais ouvrir la missive. Veuillez donc accepter une collation dans notre couvent. Nous aviserons ensuite à ce que vous aurez à faire, et nous offrirons un sacrifice dans le temple des *Trois-Purs*. »

Le Taï-oueï, escorté des magistrats, suivit les vénérables et entra dans le monastère. Après qu'il se fut assis au milieu des Tao-sse, les novices lui offrirent d'abord du thé, et ensuite du poisson, des légumes et des fruits. Quand la collation fut achevée, le Taï-oueï, revenant à la charge, interrogea le vénérable, et lui dit:

« Puisque le maître de la doctrine a établi son séjour sur le sommet d'une montagne, dans une cabane de roseaux, que ne chargeriez-vous quelqu'un d'inviter ce grand anachorète à descendre; j'aurais une entrevue avec lui; il ouvrirait la missive.....

— « Ce grand anachorète, interrompit le vénérable, bien qu'il demeure sur le sommet d'une montagne, n'en est pas moins doué de facultés extraordinaires; il monte, quand il veut, sur les nuages, qu'il dirige à son gré; on chercherait inutilement les traces de ses pas. Si nous-mêmes, pauvres bonzes du Tao, nous avons de la peine à le voir, comment voulez-vous qu'on dépêche vers lui un messager?

— « Hélas! répliqua le Taï-oueï, comment donc faire? Une maladie pestilentielle exerce maintenant ses ravages dans la capitale; et comme elle s'étend partout, l'empereur veut que, pour sauver les hommes et conjurer le fléau du ciel, le grand maître de la doctrine récite des prières, et offre un sacrifice propitiatoire, conformément aux règles de votre liturgie. Je tiens à exécuter les volontés de l'empereur; éclairez-moi donc de vos lumières.

— « Prenez garde, répliqua vivement le vénérable, il y a ici quelques difficultés. Si le fils du ciel veut sauver les hommes, il faut pour cela que Votre Excellence se convertisse à notre foi, qu'elle ne livre plus son esprit au doute, son cœur à la crainte. Gouverneur, pratiquez les saintes abstinences, observez les jeûnes, faites vos ablutions; quittez ensuite cet habit de parade; laissez là votre escorte; suspendez à vos reins (l'étui qui renferme) la missive impériale; brûlez des parfums sur votre route; gravissez à pied la montagne; accomplissez le cérémonial prescrit: vous verrez alors le grand maître de la doctrine, et après avoir frappé la terre de votre front, vous lui adresserez votre supplique; mais si, manquant de foi, votre courage vient par suite à défaillir, c'est en vain que vous graviriez la montagne sur laquelle demeure le grand anachorète, vous ne le verriez pas.

— « Hélas! s'écria le Taï-oueï, après avoir entendu ces paroles, mon cœur doit être inaccessible à la crainte; car, pour vous dire la vérité, depuis la capitale jusqu'ici, j'ai régulièrement jeûné aux racines et à l'eau. Je m'en repose donc sur vos paroles. Demain, à l'aube du jour, je gravirai la montagne. »

Quand le soir fut venu, on se retira. Le lendemain, à la cinquième veille, les Tao-sse se levèrent pour apprêter des parfums; ils invitèrent le Taï-oueï à faire ses ablutions. Les ablutions achevées, Hong-sin revêtit une longue tunique de chanvre, et mit à ses pieds des sandales de paille. Après avoir mangé quelques racines cuites à l'eau, il enveloppa la missive impériale dans un morceau de soie jaune, la replaça dans son étui, qu'il suspendit à ses épaules, prit sa cassolette d'argent, se baissa jusqu'à terre, et brûla l'encens du fils du ciel.

Alors les Tao-sse, toujours en grand nombre, le conduisirent jusqu'au pied de la montagne; là, ils lui indiquèrent du doigt les chemins et les sentiers, et le vénérable qui avait la surintendance du palais, prenant la parole, dit au Taï-oueï:

« Seigneur, de vous dépend aujourd'hui le salut du peuple; fermez donc votre cœur au découragement et au regret, mais fortifiez-vous dans votre résolution, et partez. »

Le Taï-oueï prit congé des Tao-sse, puis, après avoir invoqué le nom du maître du ciel, il se mit à gravir à pied la colline. Sans aucune escorte, seul, il marcha pendant quelque temps dans les sentiers tortueux de la montagne, qui était coupée d'un nombre infini de tours et de détours, saisissant parfois les plantes grimpantes, qu'il entrelaçait l'une dans l'autre, et auxquelles il se cramponnait comme à une corde pour soutenir sa marche. Il parvint jusqu'au sommet de plusieurs collines; mais, après avoir fait deux ou trois milles, insensiblement ses pieds se gonflèrent; il était déjà si faible, qu'il ne pouvait plus proférer une parole. Le doute s'empara de son esprit. Alors, réfléchissant, il se dit à lui-même: « Quand j'étais à la capitale, je dormais sur des coussins moelleux; on me servait à mes repas une foule de mets délicats et recherchés, et encore je m'en lassais! D'où vient donc qu'ils m'ont mis aux pieds des sandales de paille pour marcher! Il y a sur cette montagne tant de chemins qui s'ouvrent et se croisent de toutes parts, comment découvrir la retraite du grand maître de la doctrine? Oh! que je suis malheureux, que je suis malheureux! » Toutefois, il se remit en marche; mais, à peine eut-il fait quarante à cinquante pas, que épuisé déjà, et manquant d'haleine, il fut contraint de se reposer derrière un bouquet de grands arbres. Tout à coup, un tourbillon de vent s'éleva de l'antre de la montagne; un instant après, il entendit les cris des bêtes féroces qui retentissaient comme le bruit du tonnerre, et aperçut un tigre qui accourait vers lui. Ce tigre avait une belle crinière, la face blanche, les yeux hagards, étincelants. Hong, le Taï-ouëi, fut saisi de frayeur, et cria : *A-ya!* Il tomba la face contre terre. Le tigre fixa les yeux sur lui, fureta à droite, à gauche, grinça des dents, se mit à rugir, et, après s'être couché sur l'herbe, sauta au bas de la colline, et disparut. Hong, le Taï-ouëi, qui n'avait pas quitté les racines des arbres, était si effrayé, que ses dents claquaient, s'entre-choquaient; le cœur lui bondissait dans la poitrine; son corps ne pouvait se comparer qu'à un arbrisseau que le vent agite, et ses jambes ressemblaient véritablement à celles d'un coq, qui revient d'un combat après avoir été battu : aussi ne cessait-il d'exhaler des plaintes. Au bout de quelques instants, son cœur se ranima. Il apprêta sa cassolette, brûla des parfums, et gravit de nouveau la montagne; il espérait que, après de longs efforts, il découvrirait enfin la demeure du grand anachorète. Lorsqu'il eut encore fait quarante à cinquante pas, il s'écria avec amertume : « L'auguste empereur, usant de sa prérogative céleste, m'a envoyé sur ces collines; mais l'épouvante m'a saisi..... »

Il n'avait pas achevé ces paroles, qu'une nouvelle bouffée de vent, qui ébranla tous les arbres, répandit dans l'air des vapeurs malfaisantes. Comme il regardait avec attention, il entendit dans le fond des broussailles, puis sous les plantes rampantes qui tapissaient les flancs de la montagne, un murmure sourd, une espèce de bruissement. A l'instant même, une couleuvre monstrueuse, blanche comme la neige, sortit du milieu des herbes et des broussailles, comme un seau sort d'un puits. Le Taï-ouëi est frappé de stupeur; il laisse tomber sa cassolette. « Oh! cette fois, je suis mort! » s'écria-t-il. Il parvint cependant à gagner la cime d'une roche escarpée; mais la monstrueuse couleuvre s'élança avec force sur la roche, s'approcha de Hong, le Taï-ouëi, et, décrivant plusieurs circuits tortueux, se replia sur elle-même. Ses yeux lançaient des éclairs; elle ouvrit sa gueule, darda sa langue au dehors, et humecta de sa salive venimeuse tout le visage du gouverneur. La couleuvre finit par s'éloigner; bientôt on ne la vit plus. Alors le Taï-ouëi ramassa péniblement ses forces, et se souleva avec lenteur. « J'en rougis de honte, s'écriat-il; mais la frayeur m'a tué. » Puis il maudissait dans le fond de son cœur tous les Tao-sse. « Non, disait-il, je ne puis supporter de pareilles irrévérences. Les misérables! ils se sont joués de moi..... »

Le lendemain le vénérable, les Tao-sse et tous les assistants invitèrent le Taï-ouëi à faire une promenade autour du palais; cette proposition combla de joie le messager de l'empereur. Il partit à pied du monastère, suivi d'une foule considérable de bonzes et précédé de deux novices. On lui montra les sites les plus intéressants; mais on ne saurait figurer par la parole le magnifique spectacle qui s'offrit à ses regards du haut du palais des *Trois-Purs*. On découvrait d'un côté le temple des *Neuf-Cieux*, le temple du *Soleil levant*; le temple du *Pôle boréal*: ces trois temples, séparés par des cours spacieuses, formaient l'aile gauche de l'édifice; à droite, on apercevait le temple de la *Grande-Unité*, le temple des *Trois-Conseillers*, le temple des *Purifications*: ces trois temples composaient l'aile droite.

Après avoir examiné tous les édifices, le Taï-ouëi revenait au monastère avec les Tao-sse, lorsque derrière l'aile droite, sur une place déserte, il aperçut un palais dont l'architecture était plus simple que celle des autres, et qu'il observa avec beaucoup d'attention. Les murs de ce palais étaient couverts d'un enduit rouge, dans lequel on avait jeté du poivre pilé. La façade principale offrait deux portes d'entrée; au bas des degrés de chaque perron, on avait rangé des vases de porcelaine peinte. Ces portes, à deux battants, étaient fermées par des serrures d'airain, et l'ouverture en était interdite par des scellés, sur lesquels on remarquait un amas considérable de cachets rouges. A la partie saillante du toit était suspendu un vaste écusson servant de frontispice au palais. On y lisait les quatre caractères suivants :

PALAIS DES DÉMONS SUBJUGUÉS.

« Qu'est-ce donc que ce palais? demanda le Taï-oueï, montrant le frontispice.

— « Ce palais, répondit le vénérable en souriant, est celui des démons que les maîtres de la doctrine, nos vénérables ancêtres des dynasties éteintes, ont subjugués et mis sous les verrous.

— « Mais que signifient, répliqua le Taï-oueï, tous ces scellés apposés sur les portes et cette prodigieuse quantité de cachets rouges?

— « Le prince des démons, reprit le vénérable, toujours en souriant, a été incarcéré dans ce temple par un de nos vénérables ancêtres, qui vivait sous la grande dynastie des Thang; c'est ce divin instituteur qui, le premier, a mis le scellé sur les portes; et, depuis cette époque, à chaque génération qui s'est écoulée, le grand maître de la doctrine y a apposé son sceau de ses propres mains, afin que ses fils et ses petits-fils n'osassent pas témérairement ouvrir les portes de ce palais. Si le roi des démons parvenait à s'échapper, ce serait pour l'empire une calamité effroyable; et d'ailleurs, qui peut savoir ce qui se passe dans l'intérieur de ce palais, dont les portes sont étroitement fermées? »

A ces mots, Hong, le Taï-oueï, éprouva un sentiment de surprise mêlée d'effroi. Néanmoins, après quelques réflexions, il se dit à lui-même : « Je voudrais bien voir le roi des démons; » puis, prenant un ton d'autorité, il s'écria : « Quoi qu'il en soit, ouvrez la porte de ce palais, je veux voir comment est le roi des démons.

— « Gouverneur, répondit le vénérable d'un air inquiet, je vous jure que je n'oserai jamais l'ouvrir. Pourrais-je faire si peu de cas des exhortations paternelles de notre vénérable aïeul et d'un salutaire commandement qui, jusqu'à présent, n'a été enfreint par personne?

— « Vous débitez des extravagances, répliqua le Taï-oueï souriant; vous autres, Tao-sse, vous créez à plaisir des fantômes; abusant de la crédulité du peuple, vous opérez de faux miracles, vous enflammez les imaginations. Il y a ici un dessein prémédité. C'est vous qui avez érigé ce palais, que vous avez appelé mensongèrement le palais du roi des démons. Voilà comme vous exercez au grand jour votre art détestable. Je connais l'histoire; j'ai lu des livres qui sont le miroir de la vérité. Ces livres disent-ils qu'il y ait des démons incarcérés quelque part, de grands réceptacles ou des cavernes obscures habitées par des êtres surnaturels et malfaisants? Je ne crois pas que le roi des démons soit renfermé dans ce palais. Vite, vite, ouvrez-moi la porte; s'il y est, je serais curieux de voir sa figure... »

..... Le vénérable, redoutant l'influence et l'autorité du Taï-oueï, se vit contraint d'ordonner à plusieurs artisans tao-sse d'enlever à coups de marteau les serrures d'airain. Après que ceux-ci eurent ouvert les portes, le Taï-oueï et les Tao-sse entrèrent ensemble dans l'intérieur du palais; mais il y régnait une obscurité si profonde, qu'ils s'y trouvèrent comme au milieu des ténèbres, sans pouvoir distinguer un seul objet. Le Taï-oueï fit allumer des torches. Lorsque les bonzes les apportèrent, on ne trouva que les quatre murs; il y avait seulement dans le milieu un monument, haut d'environ cinq à six pieds, et à la base duquel on remarquait une tortue de pierre recouverte en partie par une eau bourbeuse. On aperçut sur ce monument une inscription en caractères tchouen, imitant des phénix; et un livre céleste contenant des talismans. Tous ceux qui étaient là essayèrent inutilement d'en lire quelques mots; ils n'y comprenaient rien. Mais quand on examina ce monument à la lueur des torches, on découvrit sur l'un des côtés quatre caractères exacts, d'une belle dimension et gravés en creux; on lisait :

« *Hong, que je rencontrerai par hasard, ouvrira* (ce monument). »

En apercevant ces quatre caractères, Hong, le Taï-oueï, fut ravi de joie. « Eh bien ! dit-il au vénérable, tout à l'heure vous mettiez des obstacles à mon projet; comment se fait-il donc qu'on ait gravé mon nom sur ce bloc de pierre, il y a quelques centaines d'années : « Hong, que je rencontrerai par hasard, ouvrira ce monument? » Vous le voyez, c'est un ordre, c'est un ordre. Je crois maintenant que le roi des démons est renfermé sous ce monument. Vite, qu'on le démolisse, que l'on creuse partout ! »

..... Le vénérable répéta quatre ou cinq fois qu'il appréhendait des malheurs; mais comment aurait-il pu fléchir le Taï-oueï? Les bonzes, rassemblés en grand nombre, se mirent à l'œuvre : ils commencèrent par abattre, à coups de pioche, le monument de pierre, soulevèrent, à force de bras, la tortue qui était à sa base et finirent par déblayer le sol. Ils creusèrent pendant une demi-journée environ. On était à peine parvenu à une profondeur de trois à quatre pieds, lorsqu'on trouva une dalle de jaspe vert plus large que la chambre du supérieur. Le Taï-oueï ordonna aux bonzes de soulever cette dalle. Le vénérable, dans sa vive inquiétude, avait beau s'écrier : « Il ne faut pas creuser plus avant, » Hong-sin n'écoutait rien. On soulève la dalle, et l'on aperçoit un précipice de dix mille *tchang* de profondeur. Un bruit perçant se fait d'abord entendre dans les cavités de ce gouffre immense; c'était une voix, une voix dont l'éclat pénétrait partout et qui ne ressemblait pas à celle des mortels. Tout à coup une vapeur noire sort avec impétuosité du fond de cet abîme et atteint bientôt les toits du palais, qui disparaissent à l'instant; elle s'élève jusqu'à la moitié de la hauteur du ciel; puis, en se dispersant dans les airs, elle fait jaillir par dizaines et par centaines des étincelles semblables à des étoiles brillantes et des jets de feu qui illuminent tout l'horizon.

Les assistants, saisis d'épouvante, sont comme frappés de vertige; l'air retentit de leurs cris tumultueux; les bonzes tremblants jettent leurs pioches, leurs outils, et s'élancent hors du palais. Dans leur précipitation, ils se heurtent et tombent les uns sur les autres. Quant au Taï-oueï, il était plus mort que vif. Le regard immobile, la bouche béante, il n'avait pas quitté sa place. A la fin, il s'élança comme les autres hors du palais, et rencontra bientôt le vénérable, qui ne cessait de proférer des cris. Alors il lui demanda quels étaient les démons qui venaient de prendre la fuite.

« Je n'en sais rien, répondit le vénérable; tout ce que je puis vous dire, c'est que notre grand ancêtre, le divin instituteur, lorsqu'il transmit à ses disciples ses préceptes et ses talismans, leur adressa la recommandation suivante : « Dans l'intérieur de ce temple sont renfermés les génies qui président à cent huit étoiles de sinistre présage (*). Le roi des démons est au milieu d'eux. Un monument s'élève sur son corps. Souvenez-vous bien que, si jamais il parvenait à s'échapper, il poursuivrait de sa haine et de ses méchancetés toutes les créatures vivantes. » Gouverneur, maintenant que vous l'avez mis en liberté, à quels effroyables malheurs ne devons-nous pas nous attendre? »

A ces mots, le Taï-oueï fut consterné; une sueur froide coula de tout son corps; il s'éloigna du vénérable, tenant sa tête inclinée dans ses deux mains, prépara ses bagages avec empressement et, suivi de son escorte, il descendit de la montagne pour retourner à la capitale..... La consternation était générale dans l'escorte. Sur la route, on ne prononça pas une parole..... En entrant dans la ville de Pien-liang, le Taï-oueï apprit par la rumeur publique que le grand maître de la doctrine avait offert, pendant sept jours et sept nuits, des sacrifices aux génies du ciel, dans les temples et les pagodes de la capitale, et que l'épidémie avait entièrement disparu du milieu du peuple et de l'armée.

Mœurs de la cour impériale sous les Song de la décadence.
(Extrait du premier chapitre du Choui-hou-tchouen.)

On rapporte que, sous le règne de l'auguste empereur Tchi-tsong, de l'an-

(*) La réponse du vénérable montre comment cette narration sert de prologue ou de préface au roman. Les principaux personnages du Choui-hou-tchouen sont les cent huit démons incarnés.

cienne dynastie des Song, longtemps après la mort de Jin-tsong, fils du ciel, il y avait dans la garnison militaire de Khaï-fong-fou un jeune homme de famille, livré au plaisir et aux folles dépenses. Son nom était Kao ; et, comme il excellait surtout à jouer du ballon, les habitants de la capitale, amateurs de sobriquets, l'appelaient toujours Kao-khieou « *Kao-ballon.* »

Ce jeune homme jouait des instruments à vent aussi bien que des instruments à cordes ; il connaissait la musique vocale, la danse, l'escrime ; il était, du reste, amoureux de tous les plaisirs. Cette vie désordonnée ne l'empêchait pas cependant d'étudier le Chi-king, le Chu-king, les poëtes anciens et modernes ; quant à la charité, la justice, l'observation des rites, la sagesse, la sincérité, ce sont là des choses qu'il ignorait absolument. Aussi le voyait-on tantôt dans la capitale, tantôt dans la banlieue, s'abandonner partout au luxe et à la mollesse. Il avait contracté avec le fils d'un officier supérieur appelé Wang une liaison qui aurait pu être préjudiciable à la fortune de celui-ci (car chaque jour amenait pour eux des intrigues et des dépenses nouvelles), si Wang n'eût porté sa plainte au premier magistrat de la capitale. Kao-khieou fut condamné à la bastonnade et au bannissement ; défense fut faite à tous les habitants de la capitale de lui accorder un asile dans leurs maisons.

Kao-khieou, réduit à cette extrémité, prit le parti de se retirer dans le Hoaï-si. Arrivé à Lin-hoaï (chef-lieu de l'arrondissement de ce nom), il implora l'assistance d'un homme de mauvaise compagnie, qui avait ouvert, depuis longtemps, une maison de jeu. Cet homme, qui s'appelait Lieou-ta-lang, était connu dans la ville sous le nom de Lieou-chi-kiouen. Il se plaisait, non-seulement à recevoir et à nourrir dans son tripot tous les fainéants de la ville, mais il y avait encore attiré ces individus de bas étage qui viennent des quatre parties de l'empire et qui travaillent à la construction des digues. Kao-khieou trouva un refuge dans la maison de Lieou-ta-lang, où il demeura pendant trois années consécutives.

A cette époque, l'empereur Tchi-tsong offrit un grand sacrifice dans le Nan-kiao, ou la banlieue du Midi. Pour remercier le ciel de la sérénité de la saison, il donna un libre cours à sa magnanimité, et publia une amnistie générale. Kao-khieou, qui vivait dans l'exil, profitant du bénéfice de l'amnistie, forma le projet de retourner dans la capitale. Or Lieou-chi-kiouen, son hôte, avait un parent à Khaï-fong-fou : c'était un apothicaire, nommé Thong-tsiang-sse, dont la pharmacie était située au bout du pont *aux Piles d'or.* Il lui écrivit donc une lettre de recommandation, qu'il remit avec des provisions de voyage à Kao-khieou, en lui assurant que, s'il allait à Khaï-fong-fou, il trouverait un bon accueil dans la maison de Thong-tsiang-sse.

Kao-khieou prit alors congé de Lieou-ta-lang, et quitta Lin-hoaï. Parvenu à la capitale, après avoir voyagé à petites journées, il se rendit directement à la pharmacie Thong, et remit sa lettre de recommandation.

Thong-tsiang-sse, après avoir salué Kao-khieou, lut la lettre de Lieou-chi-kiouen ; mais réfléchissant, il se dit à lui-même : « Comment pourrais-je, sans me compromettre, recevoir Kao-khieou dans ma maison ? Si c'était un homme d'un caractère honorable, non équivoque, un de ces hommes à qui l'on porte naturellement du respect, mes enfants ne pourraient que profiter avec lui ; mais c'est une espèce d'aventurier. D'ordinaire, on ne change pas facilement son naturel. Malgré cela, je ne puis pas lui fermer ma porte, par considération pour Lieou-ta-lang, qui est mon parent. »

Thong-tsiang-sse fut donc forcé de s'accommoder à la circonstance ; il accueillit Kao-khieou de la manière du monde la plus honnête, et, avec une joie affectée, lui offrit une chambre dans sa maison.

Dix jours à peine s'étaient écoulés, que l'apothicaire songea aux moyens de se débarrasser de Kao-khieou. Il tira d'abord de son armoire une robe neuve, écrivit une lettre de recommandation, puis s'adressant à Kao-khieou : « Ma maison est pauvre, lui dit-il, nous vivons dans l'obscurité, et, comme je craindrais de nuire à vos intérêts, en vous retenant ici, mon intention est de vous introduire dans la maison de Siao-sou, le ministre d'État. Qui sait? Par la suite, vous pourrez vous faire un nom. Du reste, je vous demande votre avis. Qu'en pensez-vous? »

Kao-khieou, au comble de la joie, remercia Thong-tsiang-sse. Sur quoi, celui-ci, remettant la lettre d'introduction à un commissionnaire, le chargea de conduire Kao-khieou chez le ministre d'État. Arrivés à l'hôtel, Siao-sou vint au-devant d'eux, salua Kao-khieou, lut la lettre de Thong-tsiang-sse, et se dit à lui-même : « Est-ce qu'il s'imagine par hasard que je vais recevoir Kao-khieou dans mon hôtel? Au surplus, faisons le généreux pour aujourd'hui ; demain, je le proposerai comme valet de pied au gouverneur du palais impérial. Il aime les gens de cette espèce. »

Alors il envoya sa réponse à Thong-tsiang-sse et garda Kao-khieou dans son hôtel, où cet aventurier passa la nuit. Le lendemain, il écrivit un placet, et chargea un de ses domestiques, homme adroit et intelligent, de présenter Kao-khieou au gouverneur du palais.

Ce gouverneur était le gendre de l'empereur défunt (Chin-tsong), et par conséquent le beau-frère de l'empereur Tchi-tsong. Il avait un goût fin et délicat, et recherchait les élégants. Dès qu'il aperçut le messager de Siao-sou, le ministre d'État, il prit le placet, et, après l'avoir lu, s'approcha de Kao-khieou, qu'il accueillit avec joie (à cause de la noblesse de sa taille et de la politesse de ses manières). Il écrivit sur-le-champ sa réponse, et accorda à Kao-khieou une place de valet de pied. A partir de ce jour, celui-ci fut installé dans l'hôtel du gouverneur, et finit par y jouir d'une si grande liberté, que l'on eût dit que le prince et lui étaient de la même famille.

Un jour Siao-wang, gouverneur du palais impérial, voulant célébrer l'anniversaire de sa naissance, fit préparer dans son hôtel un grand festin auquel il invita son beau-frère, le prince de Touan.

Ce prince de Touan était le onzième fils de l'empereur Chin-tsong et le frère cadet de Tchi-tsong. Il avait sous son inspection les chariots de la cour et les étendards de guerre. On lui avait conféré le titre de vice-roi. C'était un homme d'une beauté remarquable et d'une grande perspicacité. Aimé des femmes, courant sans cesse après les aventures, il était des plus renommés de ce temps-là pour les galanteries. Au fait, il n'y avait pas une finesse, pas une ruse qu'il ignorât, pas un artifice qui n'eût pour lui des attraits. Il savait tirer du kin (instrument de musique) les accords les plus mélodieux ; il jouait aux échecs, traçait les caractères avec élégance ; il était habile dans l'art du dessin. On n'a pas besoin de dire qu'il connaissait tous les jeux, jouait de tous les instruments, chantait et dansait à merveille.

Au jour fixé pour le banquet, après qu'on eut achevé les préparatifs de la fête, le prince de Touan arriva dans l'hôtel de Siao-wang, le gouverneur. Siao-wang invita le prince à s'asseoir. Au second service, le prince de Touan, s'étant levé de table pour faire quelque chose, entra par hasard dans la bibliothèque, où il aperçut sur le bureau du gouverneur un presse-papiers à sujet, représentant deux petits lions en jade, admirablement sculptés. C'était, en fait d'art, un ouvrage parfait que ce presse-papiers, à voir la finesse du poli et la rare élégance du travail. Le prince de Touan, qui avait pris ces deux petits lions pour les examiner avec soin, ne pouvait plus s'en dessaisir ; il les tenait dans ses deux mains ; il s'extasiait à les considérer, et répétait sans cesse : « C'est un chef-d'œuvre, c'est merveilleux ! »

— « J'ai encore quelque part un porte-pinceaux, dit le gouverneur remarquant que le prince de Touan prenait tant de plaisir à regarder son presse-papiers ; il est en jade et représente un dragon ; c'est le même artiste qui l'a sculpté. Je ne sais vraiment pas où je l'ai mis (*) ; mais demain matin je le

---

(*) Tous ces détails sont d'une grande fidélité historique. On représente Tchao-ki, prince de Touan, qui devint empereur, sous le titre de Hoei-tsong, « comme un prince naturel-

chercherai et je vous l'enverrai avec les lions.

— « Je vous remercie infiniment de votre intention obligeante, répondit le prince de Touan transporté de joie. J'imagine que ce porte-pinceaux est d'une beauté ravissante.

— « Vous le verrez demain matin dans votre palais, répliqua le gouverneur; je le chercherai, je le chercherai. C'est un petit présent que je veux vous offrir. »

Le prince de Touan réitéra ses remercîments...

Le lendemain, sans plus tarder, Siao-wang acheta un porte-pinceaux, le mit avec le presse-papiers dans une boîte d'or, enveloppa la boîte d'un morceau de soie jaune, écrivit un billet et chargea Kao-khieou de le porter avec la boîte.

Kao-khieou exécuta les ordres du gouverneur et s'achemina tout droit vers le palais du prince, où il demanda à parler à l'intendant. L'huissier qui était de garde à la porte alla donc chercher l'intendant. Un instant après, celui-ci arriva, et adressa à Kao-khieou les questions d'usage : « Qui êtes-vous et d'où venez-vous ? »

« Le prince, dit alors l'intendant, est dans le cirque, au bout du temple des ancêtres ; il joue au ballon avec des eunuques de la cour; allez-y, vous le trouverez.

« Veuillez prendre la peine de m'y conduire, ajouta Kao-khieou. »

L'intendant conduisit Kao-khieou dans le cirque. Celui-ci aperçut alors le prince de Touan. Il portait sur sa tête un bonnet de crêpe, à la mode des Thang. Son vêtement se composait d'une robe violette à dragons brodés ; sa ceinture était une belle écharpe, sur laquelle on découvrait une foule d'emblèmes, signes caractéristiques de ses grades dans l'ordre civil et dans l'ordre militaire; il avait sur sa robe à dragons brodés un petit manteau sans manches, d'un magnifique tissu, qui descendait jusqu'à la ceinture; sa chaussure consistait en une paire de bottines ornées de petites pierres précieuses ; on avait brodé sur chacune un phénix aux ailes déployées. Quatre à cinq eunuques de la cour jouaient au ballon avec lui. Kao-khieou n'osa pas pénétrer dans le cirque; il se tint debout derrière les domestiques, attendant la fin de la partie.

On se rappelle que Kao-khieou avait fait ses preuves comme joueur de ballon. Or il arriva que le prince de Touan manqua son coup. Le ballon, frappé à faux par le prince, vint tomber au milieu de la foule des domestiques, justement à côté de Kao-khieou ; mais celui-ci, qui l'avait vu venir, le reçut avec le pied, sans se déconcerter le moins du monde. Au même instant, le ballon, volant avec rapidité, retourna vers le prince, comme l'oiseau yoüen retourne auprès de sa femelle.

Le prince de Touan, émerveillé de l'adresse de Kao-khieou, s'approcha de lui en riant et lui demanda qui il était.

« Votre serviteur, répondit Kao-khieou, votre serviteur est attaché à la personne de Siao-wang. Je viens ici de sa part vous offrir des curiosités. »

A ces paroles, le prince de Touan fut ravi de joie. Après avoir examiné les objets, il les remit entre les mains d'un valet de pied, qui alla les serrer ; puis s'adressant à Kao-khieou : « Vous jouez fort bien au ballon, lui dit-il ; comment vous appelez-vous ?

— « Mon nom est Kao-khieou, répondit celui-ci, d'un ton timide et humble ; autrefois je jouais au ballon dans mes moments de loisir.

« Bien, répliqua le prince ; venez donc dans le cirque faire une partie avec moi.

— « Un homme de ma classe ! s'écria Kao-khieou, s'inclinant profondément: comment oserais-je faire une partie avec votre altesse impériale ? »

Le prince de Touan insista; mais à chacune de ses instances Kao-khieou répondait par un salut et par ces mots : « Je n'oserai jamais. » A quatre ou

---

lement curieux, amateur des choses rares et bien travaillées. On dit qu'une bagatelle de cette nature l'occupait des jours entiers. Les courtisans, qui avaient reconnu ce faible dans le monarque, cherchaient dans le pays les peintures les plus intéressantes, les pierres les plus curieuses, et les ouvrages de mécanique les plus rares pour les offrir à l'empereur. » (Voy. l'Histoire générale de la Chine, par le P. de Mailla, t. VIII, p. 334 et 335.)

cinq reprises, il sollicita du prince la permission de se retirer; enfin, voyant que celui-ci persévérait obstinément dans sa fantaisie, Kao-khieou frappa la terre de son front, demanda mille fois excuse et se traîna à genoux dans le cirque.

La partie commença. Toutes les fois que Kao-khieou recevait le ballon, le prince jetait un cri d'enthousiasme. Kao-khieou développa, comme à son ordinaire, toute son adresse et toute son habileté. Les grâces de sa personne charmèrent le prince de Touan; dès lors ils s'attachèrent l'un à l'autre par un lien qui devait durer éternellement. Le prince était dans un contentement inexprimable; il garda Kao-khieou dans son palais, et le lendemain fit apprêter un grand festin auquel il invita Siao-wang, le gouverneur.

Or, on raconte que celui-ci, ne voyant pas revenir Kao-khieou, formait des conjectures à ce sujet, quand un huissier de la porte entra tout à coup, et dit à son maître qu'un messager du prince de Touan venait d'arriver et apportait une lettre d'invitation. Le gouverneur prit la lettre, et monta à cheval aussitôt. Le prince l'accueillit avec cordialité, vanta beaucoup les objets qu'il avait reçus, et lui en témoigna sa reconnaissance.

Les deux convives se mirent à table; la conversation s'engagea. « Savez-vous, dit le prince de Touan à son hôte, que Kao-khieou lance le ballon aussi bien du pied droit que du pied gauche? Que je serais heureux d'attacher cet homme à mon service, comme valet de pied! Y consentiriez-vous?

— « Si tel est votre désir, répondit le gouverneur en souriant, je ne demande pas mieux. Gardez-le dans votre palais. »

Cette réponse combla de joie le prince de Touan; il prit sa tasse à deux mains, et remercia le gouverneur. Les deux amis passèrent encore un certain temps à causer et à badiner. Quand le soir fut venu, ils quittèrent la table, et le gouverneur retourna dans son hôtel.

A partir de ce moment, Kao-khieou fut installé dans le palais, comme valet de pied. Il n'en resta pas là, et finit par devenir confident intime. Le prince de Touan le suivait partout; il ne s'éloignait pas de lui de la distance d'un pied.

Deux mois à peine s'étaient écoulés que l'empereur Tchi-tsong mourut sans laisser de postérité, sans avoir même désigné son successeur. Il y eut une assemblée générale des mandarins de l'ordre civil et militaire, où l'on délibéra (sur le choix à faire du monarque). Le prince de Touan fut élu empereur, et prit pour titre Hoeï-tsong.

Après qu'il se fut assis sur le trône, un jour qu'il avait du loisir, il dit à Kao-khieou : « Moi, l'empereur, je veux vous élever à un poste éminent. Vous avez rendu des services quand vous étiez aux frontières; il est juste que vous montiez en grade. Et, d'abord, je vais ordonner à mon conseil privé de vous admettre dans son sein; il faut que vous preniez en main les rênes de l'État. » Six mois tout au plus après cette promotion, l'empereur nomma Kao-khieou commandant en chef de l'armée et gouverneur de la ville impériale.

Kao-khieou, devenu commandant en chef, fit choix d'un jour heureux, et alla dans l'hôtel du gouverneur pour y prendre possession de sa charge. Dès qu'il fut installé, les conseillers des cours souveraines, les grands mandarins, le commandant en second de l'armée, les inspecteurs militaires, les officiers de cavalerie et d'infanterie vinrent le complimenter. Tous lui présentèrent leurs cartes, sur lesquelles ils n'avaient pas manqué d'inscrire fastueusement leurs titres. Kao, le gouverneur de la ville impériale, prit toutes ces cartes, et les marqua, une à une, avec son pinceau. Dans le nombre, il se trouva qu'un nom manquait : c'était celui de Wang-tsin, commissaire d'armée. Quand on représenta à Kao-khieou que depuis quinze jours ce fonctionnaire, retenu chez lui par une maladie grave, dont il souffrait encore, n'avait pas mis le pied dans son bureau : « Mensonge! s'écria le gouverneur de la ville impériale, enflammé de colère; il savait qu'il y avait aujourd'hui présentation de cartes à l'hôtel; c'est un misérable qui veut se mettre en opposition avec moi. On doit réprimer l'or-

33.

gueil des subalternes. Vite, qu'on l'arrête et qu'on l'amène ici. »

Wang-tsin n'avait ni femme ni enfants ; il demeurait seul avec sa mère, qui était âgée de plus de soixante ans. Quand le chef des huissiers se présenta chez lui pour l'arrêter, il vit bien qu'il n'avait d'autre parti à prendre que de se mettre en route. Il s'arma de courage et de patience contre son mal. (Suivant à pied les huissiers), il entra dans l'hôtel du gouverneur de Khaï-fong-fou, fit quatre révérences, s'inclina de nouveau et donna encore d'autres marques de respect ; puis il se leva et par humilité se tint debout à l'entrée de la salle.

« Ah ! coquin, s'écria Kao-khieou, n'êtes-vous pas le fils de Wang, l'ancien commandant en second de l'armée ?

— « Oui, je suis son fils, répondit Wang-tsin.

— « Dans les rues comme sur les places de la capitale, continua Kao-khieou d'un ton courroucé, votre père n'avait de relations qu'avec les femmes publiques, les bâtonnistes (spadassins) et les marchands de drogues (charlatans des rues) ; c'est sous les auspices d'un pareil homme que vous avez appris l'art militaire. Dites-moi, les conseillers de l'administration précédente avaient donc perdu les yeux pour nommer un drôle tel que vous commissaire d'armée ? Je comprends, après cela, que, dédaigneux et fier, vous n'ayez pas voulu fléchir le genou devant moi. Mais pour braver avec tant d'audace les lois de la discipline, sur quelle puissance, sur quelle autorité comptez-vous donc ? Quoi, avec une figure de santé comme la vôtre, vous feignez d'être malade, et vous restez chez vous !

— « Pardonnez-moi, répliqua Wang-tsin d'un air suppliant, la vérité est que je souffre d'une maladie grave et que je ne suis pas encore rétabli.

— « O vaurien astucieux ! dit alors Kao-khieou, si vous souffrez d'une maladie grave, comment avez-vous pu venir à pied dans mon hôtel ?

— « Le gouverneur m'appelait, répondit Wang-tsin ; pouvais-je désobéir à ses ordres ? »

A cette réponse, Kao-khieou, tout à fait hors des gonds, se mit à crier : « Huissiers, qu'on le saisisse ; prêtez-moi main-forte ; frappez-le à coups de verges ! » Tous les généraux présents, qui portaient de l'affection à Wang-tsin, implorèrent sa grâce. « Gouverneur, lui dirent-ils, le jour où vous prenez possession de votre charge est un jour heureux. Veuillez pardonner à cet homme !

« Malheureux ! répondit le gouverneur de Khaï-fong-fou, s'adressant à Wang-tsin, par considération pour ces vaillants généraux, je vous pardonne aujourd'hui ; mais demain j'aurai une explication avec vous. »

Wang-tsin avoua qu'il était coupable et se releva. Il regarda le gouverneur, et reconnut Kao-khieou. Il sortit alors de la salle et, poussant un profond soupir : « Oh ! maintenant, s'écria-t-il, c'en est fait de ma vie. Je me disais toujours : Mais qu'est-ce donc que ce nouveau gouverneur qu'on appelle Kao ? Et justement c'est *Kao-ballon*, cet aventurier si connu dans la capitale, qui m'apprenait autrefois à faire des armes, et qui fut condamné, sur la plainte de mon père, à la bastonnade et au bannissement. Sans doute il voudra venger ses injures. Oh ! pour le coup, je ne m'attendais guère que je dusse un jour me trouver sous ses ordres. »

PROFESSION DE LOU-TA.
(Extrait du IIIe chap. du Choui-hou-tchouen.)

Le lendemain, dès l'aube du jour, Tchao, le youen-waï, dit à Lou-ta : « Je crois que ce pays-ci ne vous convient pas ; vous n'y êtes pas en sûreté. Je vous invite, mon cher brigadier, à venir passer quelque temps à ma ferme.

— « Où est située votre ferme ? demanda Lou-ta.

— « A dix milles d'ici, répondit le youen-waï, dans le village des *Sept-Diamants*.

— « Très-volontiers, reprit Lou-ta. »

Tchao, le youen-waï, chargea sur-le-champ un domestique d'aller dire au fermier de seller deux chevaux et de les amener à la ville. Vers midi, quand on annonça que les chevaux étaient à la porte, le youen-waï invita le brigadier à monter, et ordonna au fermier de porter les valises sur ses épaules. Lou-ta prit congé de Kin-lao et de sa fille, et monta à cheval avec Tchao, le youên-waï. Ils arrivèrent au village des Sept-Diamants. Parvenus à la ferme, Tchao, le youên-waï, conduisit Lou-ta dans une chaumière, où il établit sa demeure.

..... Or, un jour que les deux amis étaient à causer tranquillement dans la bibliothèque, ils aperçurent de loin Kin-lao qui accourait à la ferme. Le vieillard dirigea ses pas vers la bibliothèque, y entra précipitamment, et voyant qu'il n'y avait pas d'étrangers : « Mon libérateur, dit-il au brigadier, je ne suis pas méfiant; mais je dois vous avertir que trois ou quatre officiers de police sont venus hier soir dans le quartier, pour y faire une information sur votre compte. S'il arrivait un malheur, quel parti aurions-nous à prendre?

— « Aucun, répondit Lou-ta; il vaut mieux que je m'en aille.

— « Je connais une maison, ajouta le youên-waï, où vous trouveriez un refuge assuré contre les recherches de la police; mais peut-être que cette maison ne vous serait pas agréable?

— « Comment donc! reprit vivement Lou-ta, tout m'est agréable. Songez qu'il y va de ma tête.

— « Très-bien, très-bien! continua le youên-waï; vous voilà dans d'excellentes dispositions. Écoutez-moi. Il existe à trente milles d'ici une montagne appelée Ou-taï-chan ou la *Montagne des Cinq-Tours*. Sur cette montagne est le monastère de Mañdjous'rî, qui n'était dans l'origine qu'un petit oratoire consacré au bodhisattva-mañdjous'rî, et qui renferme aujourd'hui sept cents religieux environ du culte de Bouddha. Le supérieur du monastère a pour nom de religion *Sagesse-éminente*. Dans cette maison, que mes ancêtres ont toujours soutenue par leurs pieuses libéralités, on me regarde moi-même comme un bienfaiteur et comme un homme avide de gagner les œuvres de miséricorde. Il n'y a pas longtemps encore, j'avais promis au supérieur d'amener un néophyte dans le couvent pour y faire sa profession; j'ai même acheté une licence sur papier à fleurs que je puis vous montrer; mais les vocations sont rares, on ne les rencontre pas toujours. Brigadier, il dépend de vous que j'accomplisse mon vœu; quant aux frais, tout me regarde. Voyons, parlez avec franchise, vous sentiriez-vous de l'inclination pour la vie religieuse? Y a-t-il dans la cérémonie de la tonsure quelque chose qui vous répugne? »

Maintenant, quand je voudrais partir, se dit à lui-même Lou-ta, où trouverais-je un asile? Il vaut mieux que j'accepte sa proposition. « Eh bien! répliqua-t-il, puisque le youên-waï veut bien me prendre sous sa protection, moi, qui ne suis qu'un ivrogne, je fais vœu d'être bonze. »

Alors ils délibérèrent ensemble sur ce projet. La nuit suivante, on prépara les bagages, et l'on partit à la pointe du jour.

Les deux amis prirent la route du monastère, suivis du fermier, qui portait les valises. Il était environ sept heures du matin, quand ils arrivèrent au couvent. Plusieurs bonzes, de ceux qu'on appelle *tou-sse* et *kien-sse*, vinrent à leur rencontre. Tchao, le youên-waï, et le brigadier se reposèrent pendant quelque temps sous le portique extérieur; puis, le supérieur du monastère, *Sagesse-éminente*, suivi des desservants de l'autel, se présenta pour les recevoir.

« Oh, oh! c'est un de nos bienfaiteurs, s'écria *Sagesse-éminente*, apercevant le youên-waï. La fatigue du chemin....

— « N'en parlons pas, répliqua celui-ci; je vous demande un moment d'audience; car j'ai quelques affaires à vous recommander.

— « Entrez dans la grande pagode, dit alors le supérieur; vous prendrez une tasse de thé. »

Les deux amis suivirent le supérieur. Arrivés au monastère, *Sagesse-éminente* offrit au youên-waï la natte des hôtes; quant à Lou-ta, il alla, la tête baissée, s'asseoir sur le banc de la méditation. Le youên-waï recommanda au brigadier de prêter une oreille attentive et de parler à voix basse. « Vous venez ici, lui dit-il, pour embrasser la vie religieuse; comment osez-vous vous asseoir en face du supérieur? — C'est faute d'attention, répondit Lou-ta. » Et sur-le-champ, il se leva et resta debout derrière le youên-waï. Tous les bonzes, depuis les desservants de l'autel jusqu'aux teneurs de livres, vinrent par ordre se ranger sur deux files, l'une à l'orient, l'autre à l'occident. Le fermier entra dans la salle un moment après, apportant une boîte.

« Encore des présents! s'écria le supérieur, et pourquoi donc? On vous a tant de fois importuné.

— « Ce sont des bagatelles sans valeur, répondit le youên-waï ; il n'y a pas de quoi me remercier. » Un novice du monastère emporta les présents.

Alors Tchao, le youên-waï, s'étant levé, prit la parole :

« Vénérable cénobite, dit-il au supérieur, cet homme que j'amène ici pour accomplir un vœu est mon frère d'adoption ; le nom de sa famille est Lou. Sorti des rangs de l'armée, après avoir connu le monde et l'infortune, un mouvement intérieur l'appelle à la vie cénobitique. Je viens donc aujourd'hui supplier Votre Révérence d'admettre mon frère dans sa communauté. Votre clémence est incomparable ; par déférence pour moi, recevez-le. J'apporte une licence et un extrait du registre des impôts. Quant aux cérémonies de la tonsure et de la prise d'habits, il va sans dire que j'acquitterai tous les frais. Vénérable religieux, mettez le comble à mon bonheur.

— « L'acquisition d'un tel homme, répondit Sagesse-éminente, doit jeter un grand éclat sur notre maison ; je le recevrai, rien de plus facile, rien de plus facile. »

Après qu'un néophyte eut enlevé le plateau sur lequel on avait servi le thé, le supérieur Sagesse-éminente ordonna aux desservants de l'autel d'assembler tous les bonzes du monastère, et de délibérer avec eux sur l'admission du néophyte. Il recommanda en même temps aux bonzes administrateurs d'apprêter un repas maigre.

Les desservants de l'autel et les bonzes assemblés tinrent une conférence.

« Cet homme-là n'a point de vocation, s'écrièrent-ils presque tous ; son regard est rude et menaçant ; rien chez lui n'annonce la piété. Allez, dirent-ils aux hospitaliers, invitez les deux voyageurs à se reposer dans le grand parloir ; pendant ce temps, nous transmettrons notre avis au supérieur. »

Un moment après, les bonzes assistants, suivis d'une partie de la communauté, se rendirent auprès de Sagesse-éminente.

« Cet homme, qui se croit appelé à la vie religieuse, dit le premier des assistants, a la physionomie d'un idiot. A voir sa figure, on le prendrait plutôt pour un criminel de bas étage. Il ne faut pas le recevoir, car un jour il compromettrait notre maison.

— « Songez donc, répliqua le supérieur, qu'il est le frère de Tchao, le youên-waï. Comment pourriez-vous, sans avoir égard aux sollicitations de notre bienfaiteur, refuser une admission qu'il propose ? La méfiance nuit souvent ; gardez-vous de vous y abandonner. Au surplus, je vais méditer moi-même sur le caractère de cet homme ? »

Après avoir allumé une baguette d'encens consacré, le supérieur Sagesse-éminente s'assit, les jambes croisées, sur le banc de la méditation, et récita quelques prières à voix basse. Quand le feu de la baguette s'éteignit, il revint au milieu des bonzes.

« Oh ! pour le coup, s'écria-t-il, vous pouvez le tonsurer. Savez-vous que cet homme est né sous la constellation du ciel ? C'est un caractère ferme et droit. J'avouerai qu'il est un peu brutal, passablement idiot, et qu'on ne trouve dans sa vie qu'un singulier mélange de bien et de mal ; mais dans la suite il témoignera une piété exemplaire à laquelle, vous autres, vous n'atteindrez jamais. Souvenez-vous de mes paroles, et ne mettez pas d'obstacle à l'exécution de mes volontés.

— « Vénérable supérieur, répliquèrent les desservants de l'autel, voilà ce qui s'appelle une sage condescendance. Du reste, advienne que pourra, nous ne sommes pas responsables des fautes d'autrui. »

Après un repas maigre, auquel assista Tchao, le youên-waï, un bonze administrateur établit le compte des frais. Le youên-waï remit à ce bonze quelques taels d'argent pour la chape, le pluvial, le bonnet, l'habit, les sandales et les instruments du culte à l'usage des bonzes.

Quand les préparatifs furent terminés, le supérieur choisit un jour heureux; il ordonna aux néophytes de sonner les cloches et de battre le tambour. Alors les religieux, au nombre d'environ six cents, se rendirent processionnellement dans la chapelle; ils étaient tous revêtus de la chape. Arrivés au pied de l'autel de la loi, ils joignirent les mains, firent une révérence profonde, et se rangèrent sur deux files. Un moment après, le youèn-waï, pour accomplir les cérémonies d'usage, prit de l'encens consacré dans une cassolette d'argent, se prosterna devant l'autel, et adora le dieu Foë. Lou-ta vint à son tour précédé des néophytes du monastère. Dès qu'il fut parvenu au pied de l'autel, un bonze, de ceux qui exerçaient les fonctions d'administrateur, lui ordonna d'ôter son bonnet; puis il divisa les cheveux du brigadier en neuf touffes égales, qu'il lia avec des cordons de soie; prenant ensuite chaque touffe l'une après l'autre avec la main, le purificateur les coupa tour à tour. Celui-ci se disposait déjà à couper les moustaches, mais le brigadier s'écria aussitôt : « Ah, si vous m'en laissiez un peu, vous m'obligeriez beaucoup. » A ces mots, les religieux ne purent s'empêcher de rire.

« Prêtres de Bouddha, dit le supérieur *Sagesse-éminente*, du haut de l'autel où il était placé, silence et respect; prions !

— « Il n'est pas bon, reprit le supérieur après avoir achevé sa prière, que cet homme conserve des instincts belliqueux : coupez tout; qu'on ne laisse pas un poil. »

Cet ordre, émané du chef suprême du monastère, fut religieusement exécuté par le purificateur, qui prit un rasoir, et s'acquitta de sa tâche à merveille. Alors un desservant de l'autel présenta la licence au supérieur, et invita celui-ci à conférer un nom bouddhique à Lou-ta. Le supérieur, sans plus tarder, la tête découverte et tenant la licence à la main, prononça les paroles sacramentelles : « Un rayon de la divine lumière est plus précieux qu'un monceau d'or. La loi de Foë embrasse tous les êtres; » puis, il ajouta : « Je vous donne pour nom TCHI-CHIN (Savoir-profond). » Le bonze préposé à la garde des archives remplit sur la licence le nom qui avait été laissé en blanc; après quoi, le supérieur remit à Lou, *Savoir-profond*, l'habit religieux et la chape, avec ordre de s'en revêtir à l'instant même. Celui-ci, portant pour la première fois le costume des bonzes, fut conduit à l'autel par un religieux administrateur. Alors commença la cérémonie de l'imposition des mains et de l'instruction solennelle, appelée *cheou-ki*.

« Voici les trois grands préceptes auxquels vous devez obéir, dit à *Savoir-profond* le supérieur *Sagesse-éminente*, une main posée sur la tête du néophyte:

« 1° Vous imiterez Bouddha;

« 2° Vous professerez la doctrine orthodoxe;

« 3° Vous respecterez vos maîtres et vos condisciples.

« Voici maintenant les cinq défenses :

« 1° Vous ne tuerez aucun être vivant;

« 2° Vous ne déroberez pas;

« 3° Vous ne commettrez pas d'impuretés;

« 4° Vous ne boirez pas de vin ;

« 5° Vous ne mentirez pas. »

Savoir-profond ne comprit rien aux vœux des néophytes; et quand le supérieur lui demanda s'il pourrait, oui ou non, observer les cinq commandements, *Savoir-profond* répondit : « Moi qui ne suis qu'un ivrogne, je m'en souviendrai. »

A ces paroles, tout le monde se mit à rire.

Quand l'instruction du néophyte fut terminée, Tchao, le youèn-waï, prit congé du supérieur auquel il recommanda *Savoir-profond*. « C'est un homme d'une intelligence fort médiocre, lui dit-il; ayez de l'indulgence pour lui.

— « Soyez tranquille, répondit le supérieur, je lui apprendrai tout doucement à lire les écritures, à réciter ses prières, à disserter sur la doctrine et à officier dans les cérémonies. »

SI-SIANG-KI,
Ouvrage du sixième Thsaï-tseu.

Le *Si-siang-ki*, ou l'*Histoire du pavillon d'occident*, est un drame très-célèbre et très-étendu, car il n'a pas moins de seize actes, dont les sept premiers ont été traduits et insérés dans l'*Europe littéraire* par M. Stanislas Julien. Voici le sujet du *Si-siang-ki*:

Un jeune bachelier, qui allait à la cour pour y subir ses examens, traverse le département de Ho-tchong-fou, et s'arrête dans une petite hôtellerie. Le nom de famille de ce bachelier est Tchang, son surnom Kong, et son titre honorifique Kiun-choui. Originaire de Si-lö, fils d'un ancien président du tribunal des rites, il a pour ami intime Thou-kio; mais Thou-kio avait abandonné la carrière des lettres et obtenu dans l'ordre militaire le grade de tchouang-youen. Élevé au rang de général en chef, il commande l'armée expéditionnaire de l'ouest, composée de cent mille hommes, et garde les frontières du Ho-tchong-fou.

« Venez, que je vous adresse une question, dit à son hôte le bachelier Tchang-kong; y a-t-il dans le voisinage quelque endroit où l'on puisse faire une promenade agréable, un temple de Taosse ou de bouddhistes, un site pittoresque, un terrain consacré, n'importe?
— Assurément, répond l'aubergiste, nous avons près d'ici le fameux temple de P'hou-kieou, où l'on conserve les reliques de Bouddha. C'est une merveille que ce monument, une merveille. Son architecture, son magnifique dôme en cristal, sa pagode, qui s'élève jusqu'à la voie lactée, tout y excite l'admiration. »

Tchang-kong s'achemine donc vers le temple de P'hou-kieou ou *le temple du secours universel*. Il est reçu par un disciple du supérieur, par Fa-tsong, qui lui montre le clocher, la cour de la pagode, le réfectoire, les galeries couvertes; il est introduit par les bonzes dans la salle de la doctrine (Fä-thang), et incline son front devant les P'hou-sa.

Parmi les personnes qui demeuraient alors dans la pagode se trouvait Tching-chi, veuve d'un ministre d'État appelé Tsoui, accompagnée de sa fille Yng-yng, jeune personne d'une ravissante beauté, d'une suivante nommée Hong-niang, de Hoan-lang, petit enfant que le ministre, à défaut d'héritier mâle, avait adopté; Tching-chi portait à Pó-ling le cercueil qui contenait les restes de son époux; mais, ayant rencontré des obstacles sur sa route, elle s'était arrêtée dans le temple de P'hou-kieou, et y avait déposé le cercueil.

Tchang-kong est dans le jardin du couvent; il y rencontre une *jeune immortelle*: c'était Yng-yng, qui, tenant à la main un bouquet de fleurs, se promenait accompagnée de sa suivante Hong-niang. « Ses sourcils, dit le poëte, s'arrondissaient noblement comme l'arc de la nouvelle lune, et s'étendaient avec grâce jusque sous les nuages parfumés (les cheveux) qui ombrageaient ses tempes. En apercevant Tchang-kong, ses joues se colorent de rougeur; elle entr'ouvre ses lèvres, qui ont l'incarnat de la cerise, et laisse apercevoir des dents blanches comme le riz, brillantes comme la rosée; toutefois le bruit harmonieux des pierres suspendues à sa ceinture s'éloigne par degrés; on entend seulement dans le lointain un gazouillement semblable à celui des oiseaux. » Tchang-kong et Yng-yng deviennent éperdument amoureux l'un de l'autre, et s'écrivent des lettres pleines de tendresse; c'est Hong-niang qui porte les messages.

Le 15e jour de la 2e lune, pendant que Yng-yng offrait un sacrifice aux mânes de son père, elle se trouve tout à coup environnée d'une foule d'hommes, accourus dans le temple pour la voir. Un chef de brigands figurait au milieu d'eux. Épris des charmes de la jeune fille, il conçoit l'abominable projet de la ravir à sa mère, quitte la pagode pour y revenir bientôt à la tête de cinq mille bandits. « Si quelqu'un s'écrie alors Tsoui-chi, réduite au désespoir, me délivre du péril, par un coup imprévu, religieux ou laïque, je lui accorderai ma fille. » Tchang-kong, sans perdre une minute, envoie secrètement un messager au commandant du département, à Thou-kiô. Celui-ci, comme on l'a vu, était l'ami intime de Tchang-kong; il arrive avec des troupes, et met les brigands en fuite, après plusieurs combats. Le bachelier ne manque pas de réclamer l'exécution d'une promesse qui lui plaît fort. Il se présente au concours, triomphe, et obtient, avec le doctorat, l'épouse qu'il désirait.

Le Si-siang-ki est le chef-d'œuvre de la poésie lyrique des Chinois. Jamais ouvrage n'obtint à la Chine un succès plus réel et plus brillant ; il le méritait par l'élégance du langage, par la vivacité du dialogue, et, d'après tous les critiques, par le charme et l'harmonie des vers. L'enthousiasme qu'il excita dure encore. Écoutez les éditeurs de notre temps : « Un homme me disait : L'*Histoire du pavillon occidental* (*Si-siang-ki*) est un livre obscène ; je n'en doute pas, un jour viendra où l'auteur de cet ouvrage sera précipité au fond de l'enfer ; les démons lui arracheront la langue. Êtes-vous de mon avis ? — Non, lui répondis-je, le Si-siang-ki n'est pas un ouvrage comme un autre ; c'est le chef-d'œuvre du ciel et de la terre. Il existe depuis que le ciel et la terre existent. Ce n'est pas un homme qui l'a écrit.... Mais si vous voulez absolument qu'un homme ait composé l'Histoire du pavillon occidental, Ching-than vous dira son nom. — Je soutiens que le Si-siang-ki n'est pas un ouvrage licencieux, s'écrie un autre éditeur ; non, c'est le plus beau monument de la littérature. Tant qu'il y aura des hommes éloquents qui diront : C'est un chef-d'œuvre, il se trouvera des libertins qui répondront : C'est un livre obscène. Ching-than n'a pas révélé son secret à tout le monde. »

Ching-than (Kin-ching-than) n'est que le commentateur du Si-siang-ki ; c'est Wang-chi-fou, dont j'ai déjà parlé, qui en est l'auteur ; cependant quelque mérite que l'on reconnaisse dans le Si-siang-ki, on doit convenir que cet ouvrage est dépourvu d'intrigue ; généralement les auteurs de la dynastie des Youên montrèrent une plus grande force dramatique (*). On trouvera plus loin un parallèle entre le Si-siang-ki et le Pi-pa-ki.

(*) Journal asiatique, cahier de février-mars 1851, p. 176 et 177.

PI-PA-KI,
Ouvrage du septième Thsaï-tseu.

Le Pi-pa-ki, ou l'Histoire du luth (*), fut composé, vers la fin du quatorzième siècle de notre ère, par un écrivain chinois appelé Kao-tong-kia, dont le surnom était Tse-tching. Ce drame célèbre, *qui fait aujourd'hui couler tant de larmes*, qui fut regardé, sous la dynastie Thaï-thsing (actuellement régnante), comme l'*ouvrage le plus utile aux mœurs* et comme le chef-d'œuvre du théâtre chinois, n'obtint, du vivant de l'auteur, que des succès fort équivoques. En 1404, la deuxième année de la période *Yong-lo* des Ming, il fut représenté pour la première fois avec les changements de Mao-tseu. Mao-tseu était un savant commentateur, qui perdit la vue à force de travailler, et qui avait ce qui manque ordinairement aux commentateurs, de l'esprit et du goût. Le drame de Kao-tong-kia, revu et corrigé, fut accueilli avec enthousiasme, et l'on rendit à la mémoire de l'auteur un tardif et inutile hommage. Trois siècles après, on recommandait la lecture du Pi-pa-ki aux *époux*, aux *fils* et aux *serviteurs de l'État*.

Une des éditions du Pi-pa-ki ne renferme pas moins de quatorze préfaces ;... mais, relativement à la biographie de Kao-tong-kia, je dois avertir que, si l'on vante beaucoup dans ces préfaces le talent naturel de l'auteur et l'usage qu'il en a fait, on n'y parle jamais de son caractère et des circonstances de sa vie. Il est vraisemblable qu'on ignore l'époque précise de sa naissance, qu'il vécut dans la retraite, et mourut dans la pauvreté. Une parodie des examens publics dans le cinquième tableau du Pi-pa-ki, quelques allusions contre le système des études dans le quatrième, une ironie assez profonde dans presque tous les autres, et un ton d'amertume que

(*) Cette notice est extraite d'un avertissement que j'ai placé à la tête de ma traduction du Pi-pa-ki. (Voy. le Pi-pa-ki ou l'Histoire du luth, drame chinois de Kao-tong-kia, représenté à Pé-king en 1404, avec les changements de Mao-tseu, traduit sur le texte original par M. Bazin Avertissement, p. 6-12.)

l'éditeur lui-même signale dans sa préface, annoncent un amour-propre froissé. J'inclinerais à croire que l'auteur avait échoué au concours dans sa jeunesse, si une charmante nouvelle, traduite du chinois par M. Théodore Pavie, ne nous apprenait que sous la dynastie des Thang, au commencement du huitième siècle de notre ère, c'est-à-dire cinquante ans environ après l'institution des examens publics, on se moquait déjà des examinateurs.

A défaut de notices biographiques sur l'auteur, on trouve un grand nombre de notices littéraires sur l'ouvrage. Les critiques cherchent avec curiosité les sources historiques où Kao-tong-kia a puisé le sujet de son drame; ils citent deux ou trois anecdotes que j'ai rapportées dans le *Dialogue entre un éditeur chinois et un jeune lettré*. Chaque mot devient pour eux l'objet d'un commentaire, et l'on pourrait dire de Kao-tong-kia, comme un Anglais de Shakespeare : « *Criticism has been drawn to the very dregs in commentaries upon his words and witticisms.* » Quant au style, les critiques se livrent à des recherches sur les emprunts faits par Tong-kia aux poëtes de la dynastie des Thang; et Ching-chan, éditeur sévère, à l'œil de qui rien n'échappe, ne manque jamais de les signaler. Ce qu'il y a d'incontestable, c'est que la main qui a tracé les caractères du Pi-pa-ki n'était pas une main vulgaire (*Sou-cheou*). Le Pi-pa-ki est un de ces ouvrages qui marquent l'état d'une littérature et la font estimer; Kao-tong-kia a de la naïveté, de l'esprit, de la sensibilité et de la verve.

.... Tous les drames qu'on a traduits jusqu'à présent sont tirés du Répertoire des Youén, et appartiennent à la fin du treizième siècle; le Pi-pa-ki a été représenté sous la dynastie des Ming, au commencement du quinzième. Que l'on prenne donc *le Jeune Orphelin de la famille de Tchao*, qui a fourni des situations à Voltaire; *les Chagrins dans le palais des Han*, ou *la Vengeance de l'eou-ngo*, pour les comparer au Pi-pa-ki, et l'on reconnaîtra la progression. L'exposition du sujet, dans le premier tableau du Pi-pa-ki, est simple, claire et naturelle; une pareille scène vaut déjà mieux, à elle seule, qu'un drame tout entier de la dynastie précédente. Dans le dialogue, le style a de la vivacité et du mouvement. Plus que tous les écrivains dramatiques qui l'ont précédé, Kao-tong-kia intéresse par le récit des faits et la variété des incidents, par le mérite et la singulière beauté des détails. Chaque personnage a une physionomie distincte : Nieou-chi ne ressemble pas à Tchao-ou-niang; Tchao-ou-niang est au-dessus de son sexe. On ne croit pas, en l'écoutant, qu'elle sera mise un jour au nombre des femmes vertueuses de la Chine, on en est sûr; Nieou-chi a plus de douceur, plus de modestie, plus d'amabilité. La morale de Kao-tong-kia est supérieure à celle des écrivains des Youén. Il est visible que cet auteur cherche à se garantir des fautes qu'on avait reprochées à Wang-chi-fou, auteur du Si-siang-ki.

Analyse et extraits du Pi-pa-ki.

« Le prologue, dit M. Magnin, de l'Institut, nous montre le directeur du théâtre délibérant, avec les comédiens réunis dans le foyer, sur le choix de la pièce qu'ils vont représenter devant le public(*). Ce directeur propose de jouer un *tchouen-khi*, c'est-à-dire un des drames historiques composés sous la dynastie des Thang; mais les comédiens demandent à représenter le Pi-pa-ki. Le directeur observe qu'il est plus aisé de faire rire les hommes que de les faire pleurer, axiome qui, dans notre Europe, serait pour le moins contestable. Néanmoins il consent à ce qu'on joue le Pi-pa-ki. Il entre donc en scène, annonce la pièce aux spectateurs, et les prie d'écouter l'argument, qui est une exposition tout à fait dans la forme des prologues de Plaute. Puis, ayant rejoint les acteurs : « Messieurs, leur dit-il, je ne veux pas que cette représentation dure trop longtemps, tâchez de finir aujourd'hui, mais surtout ne retranchez rien. »

« .... L'action du drame, quoique une, se divise en deux parties tout à fait

(*) Voy. le Journal des Savants, cahier de janvier 1843, article de M. Magnin, p. 38 et suiv.

distinctes, mais qui ont entre elles de certains rapports de ressemblance ou d'opposition; ce qui établit une sorte de parallélisme continu qui, dans les idées chinoises, est le plus grand mérite d'une composition. La scène se passe alternativement dans un village de la frontière, nommé Tchin-lieou et dans la ville de Tchang-ngan, alors capitale de l'empire. Dans le village habite une honnête famille, composée de M. Tsaï, de sa femme, de leur fils Tsaï-yong et de leur bru Tchao-ou-niang. M. Tsaï n'a qu'une pensée, qu'un désir : celui de voir son fils, jeune bachelier de grande espérance, se rendre à la capitale, et concourir pour un grade supérieur. Madame Tsaï est fort opposée à ce voyage, et le jeune homme éprouve aussi la plus vive répugnance à exposer ses vieux parents et sa jeune femme à tous les accidents qui peuvent survenir pendant son absence :

TSAÏ-YONG, *avec chagrin.*

Qu'est-ce que ce monde? — (*Il chante.*) J'ai tout étudié; les livres que j'ai lus ne formeraient pas moins de dix mille *cahiers*; mais courir après la réputation, les faveurs, oh! je n'y ai jamais songé. Si je m'afflige d'une chose, c'est de voir que mon père et ma mère commencent à pencher vers le déclin de l'âge. Où trouverai-je des fleurs de glaïeul (*)? Qui découvrira pour moi l'arbre tchun et l'arbre hiouen (**)? (*Il paraît dans une grande agitation.*) Ciel! mon cœur se gonfle! à qui pourrais-je dévoiler mes chagrins? — Mais, pendant que je me livre à ces pensées, j'aperçois le seigneur Tchang.

LE SEIGNEUR TCHANG. (*Il marche en chantant.*)

Mes bons voisins! mes bons voisins! Ils me regardent tous comme un protecteur sur lequel ils peuvent se reposer. Quoi qu'il arrive dans la famille, c'est à qui viendra m'en faire part ou me demander mon avis. (*Il salue Tsaï-yong; Tsaï-yong rend le salut.*)

TSAÏ-YONG.

Ah! seigneur, mes parents sont trop âgés; décidément je ne puis me résoudre à partir.

(*) Fleurs qui, suivant les poëtes et les mythologues, ont la vertu de rappeler à la vie.
(**) Les caractères *tchun* et *hiouen* désignent poétiquement le *père* et la *mère*.

LE SEIGNEUR TCHANG. (*Il chante.*)

Mon ami, que l'âge avancé de vos parents ou l'isolement dans lequel ils peuvent se trouver devienne l'objet de votre sollicitude, cela se conçoit; mais avouez du moins que votre père doit souhaiter que son fils illustre sa famille et ses ancêtres. Si vous ne profitez pas de la verdure et des beaux jours du printemps pour vous mettre en route, quand partirez-vous donc?

TSAÏ-YONG.

Vous désapprouvez ma conduite, seigneur, et.....

LE SEIGNEUR TCHANG.

Au surplus, voici votre père et votre mère; expliquez-vous. (*Tsaï, le youên-waï, et madame Tsaï arrivent sur la scène.*)

MADAME TSAÏ, *vivement à Tsaï-yong.*

Mon fils, je ne veux pas que tu emmènes ton épouse avec toi. Depuis tout à l'heure deux mois qu'elle est mariée, Tchao-ou-niang a maigri de moitié. S'il faut qu'elle habite avec toi pendant trois ans, je prévois qu'à la fin la pauvre femme ne sera guère bonne qu'à mettre en terre (*).

LE SEIGNEUR TCHANG.

Ah! madame Tsaï, voulez-vous semer la division dans votre famille, entretenir la discorde entre l'époux et l'épouse?

TSAÏ, LE YOUÊN-WAÏ, *à son fils.*

Tsaï-yong, le concours est ouvert. Voici l'époque où le fils du ciel appelle à la capitale tous les hommes de talent. Puisque tu as fait tes preuves dans l'assemblée du district, que ne vas-tu concourir pour un grade supérieur?

TSAÏ-YONG.

Mon père, daignez m'écouter. Ce n'est pas que votre fils se refuse à partir, hélas! je ne suis retenu ici qu'à cause de votre grand âge, et parce que je prévois des malheurs. Quand j'aurai quitté la maison, dites-moi où est celui qui nourrira et servira mon père et ma mère?

LE SEIGNEUR TCHANG.

Youên-waï et vous, madame Tsaï, voici mon avis. C'est qu'on doit exhorter le jeune bachelier à faire un tour à la capitale.

MADAME TSAÏ.

Seigneur, ignorez-vous que je n'ai pas dans ma maison sept fils ou huit gendres pour me servir? Je n'ai qu'un fils au monde; voulez-vous qu'il m'abandonne?

TSAÏ, LE YOUÊN, *à madame Tsaï.*

Ma femme, quelles paroles se sont échappées de votre bouche? Si Tsaï-yong nous

(*) Ce passage ne se trouve point dans l'édition populaire.

quitte pour aller subir ses examens littéraires, est-ce que nous n'aurons pas un jour dans notre maison des gendres et des fils (*) en grand nombre?

MADAME TSAÏ, *en colère*.

Stupide vieillard, vos yeux sont obscurcis par l'âge, vos oreilles deviennent sourdes, vous ne pouvez plus ni faire un pas, ni remuer vos jambes. Quand vous aurez forcé votre fils à partir, s'il survient une inondation, qui viendra à notre secours? Vous mourrez de faim, si vous manquez de riz; de froid, si vous n'avez plus de vêtements, savez-vous cela?

TSAÏ, LE YOUÈN-WAÏ.

Paix! femme impertinente que vous êtes, vous n'entendez rien à ces affaires-là. Lorsque mon fils aura obtenu un mandarinat, nous aurons un autre train; nous changerons d'habitation, de manière de vivre.... Il devrait déjà être sur la route de Tchang-ngau!

TSAÏ-YONG.

Ma mère a raison. J'imagine que mon père ne méconnaîtra pas les égards....

TSAÏ, LE YOUÈN-WAÏ.

C'est cela, c'est cela; ta mère a raison, ton père a tort. (*Au seigneur Tchang.*) Je devine sa pensée; je sais maintenant ce qui le retient ici.

LE SEIGNEUR TCHANG.

Et qu'est-ce donc, puisque vous le savez?

TSAÏ, LE YOUÈN-WAÏ.

Les charmes et les agréments de Tchao-ou-niang ont fait une vive impression sur son cœur. — (*Il chante.*) Il ne rêve plus qu'à l'amour et aux douces voluptés de la couche nuptiale. Il ne peut plus s'éloigner du rivage de la mer; sa vue n'oserait point embrasser un horizon plus vaste.

TSAÏ-YONG, *d'un air confus*.

Mon père, vous me supposez des sentiments....

TSAÏ, LE YOUÈN-WAÏ.

Tu connais à fond tous tes auteurs. Écoute-moi; je vais te citer un trait historique. — (*Il chante.*) Quatre jours après (ses noces), le grand Yu quitta le mont Tou-chan. — (*Il parle.*) Voilà deux mois que ton mariage est accompli. — (*Il chante.*) Et l'on ne peut pas encore t'arracher de ces lieux!

LE SEIGNEUR TCHANG, *souriant*.

Ah! ah! monsieur le bachelier. — (*Il chante.*) Vous soupirez après l'indissoluble union du youèn et du yang (**); vous êtes comme le phénix mâle, qui ne veut pas se séparer de la compagne qu'il aime. Je crains bien que dans votre aveuglement vous ne préfériez la stupide immobilité de l'oiseau ngo au vol audacieux de l'oiseau pong. Il est bon cependant que vous preniez un peu de repos.

TSAÏ, LE YOUÈN-WAÏ.

Oui, tu ne songes qu'au plaisir, et tu ne crains pas d'argumenter contre ton père!

TSAÏ-YONG. (*Il se met à genoux, et invoque le ciel.*)

Ciel! moi, Tsaï-yong, tenir tête à mon père! (*Il se relève.*) O mes parents, est-ce votre fils qui oserait vous susciter des obstacles? Hélas! je le répète, je ne suis retenu ici qu'à cause de votre grand âge. Mon père, supposez (et cela est possible) qu'une inondation survienne, que dira-t-on? On dira d'abord que votre fils a manqué de piété filiale; qu'il a abandonné son vieux père, sa vieille mère, pour courir après je ne sais quelle place, quelle magistrature; ensuite on accusera mon père d'imprévoyance, on alléguera qu'il n'avait qu'un fils, et qu'il l'a forcé d'entreprendre un voyage long, aventureux. Vraiment, plus j'y réfléchis, plus il m'est difficile d'obéir à vos ordres.

TSAÏ, LE YOUÈN-WAÏ.

Que tu n'obéisses pas à mes ordres, cela dépend de toi; mais dis-moi un peu ce qu'il faut entendre par ce mot *hiao* (piété filiale)?

MADAME TSAÏ, *d'un ton courroucé*.

Ciel! vous avez plus de quatre-vingts ans, et vous ne savez pas en quoi consiste la piété filiale! Eh bien! mener un vieillard à la lisière comme un enfant, voilà la piété filiale.

TSAÏ, LE YOUÈN-WAÏ, *avec calme*.

Femme, que voulez-vous dire?

TSAÏ-YONG.

Mon père, je vais répondre à votre question. Voici en quoi consistent les devoirs du fils envers ses parents : « Le devoir du fils, c'est de prendre des précautions pour qu'en hiver comme en été ses parents jouissent de toutes les commodités de la vie. Il faut que, chaque soir, il dresse lui-même la couche sur laquelle ils reposent; il faut que, tous les matins, au premier chant du coq, il s'informe, dans les termes les plus affectueux, de l'état de leur santé; puis, que, dans le cours de la journée, il leur demande, à plusieurs reprises, s'ils souffrent du froid ou si la chaleur les incommode. Le devoir du fils, c'est de veiller sur ses parents quand ils marchent; c'est d'aimer ceux qu'ils aiment, d'honorer ceux qu'ils honorent; il doit aimer jusqu'aux chevaux et aux chiens que son père aime. Un fils, tant que son père et sa mère vivent, ne doit point s'éloigner de la

---

(*) Des serviteurs.

(**) Deux oiseaux qui sont le symbole de l'amour conjugal.

maison qu'ils habitent (*). » Voilà la piété filiale des anciens. C'était ainsi qu'ils pensaient et agissaient.

TSAÏ, LE YOUÉN-WAÏ.

Mon fils, tout cela, c'est ce qu'on appelle *siao-tsiet* (les petits paragraphes du Hiao-king), ou les devoirs vulgaires; mais il y a plusieurs degrés dans la piété filiale : tu n'as pas parlé jusqu'ici des *grands devoirs*, de la piété par excellence.

MADAME TSAÏ, *exaspérée*.

Malheureux! vous n'êtes pas encore mort; attendez, c'est seulement alors qu'on pourra le forcer à remplir les derniers devoirs, dont parle le *Hiao-king*. Pour ce qui est du voyage à la capitale, qu'il n'en soit plus question.

LE SEIGNEUR TCHANG.

Ya, ya, voilà des paroles qui ne présagent rien de bon pour l'avenir.

TSAÏ, LE YOUÉN-WAÏ.

Mon fils, écoute-moi : « Le premier degré de la piété filiale consiste à servir ses parents ; le second, à servir son prince ; le troisième, à rechercher les dignités. Conserver dans son intégrité le corps que l'on a reçu de son père et de sa mère, éviter avec soin tout ce qui tend à le détruire, c'est le commencement de la piété filiale; mais parvenir aux dignités, pratiquer la vertu, étendre sa réputation jusqu'aux siècles postérieurs pour illustrer son père et sa mère, c'est la fin, c'est le comble de la piété filiale (**). » Celui, dont les parents sont pauvres, avancés en âge, et qui ne recherche pas les dignités, est dépourvu de piété filiale. Si tu t'élèves par ton mérite au rang des mandarins, et que tu transformes en une maison de plaisance la chétive habitation de ton père et de ta mère, tu auras accompli tous les devoirs qui te sont imposés, ou alors je n'y conçois plus rien.

TSAÏ-YONG.

Mon père, je n'ai qu'une objection à vous faire. Supposez que j'échoue au concours des licenciés, qu'avez-vous à dire? Vous direz que je n'ai pas su servir mes parents, que je n'ai pas su servir mon prince. Quelle effrayante responsabilité!

LE SEIGNEUR TCHANG.

Idées chimériques, monsieur le bachelier; moi, qui suis un vieux Chinois, je me rappelle que les anciens ont dit : « A quinze ans, il faut étudier; à trente, il faut agir. » L'homme qui cache dans son sein les perles et les pierres précieuses, qui enfouit ses talents, n'a jamais aimé sa famille. Monsieur le bachelier, vous avez de la littérature, de l'érudition ; vous ne pouvez manquer d'arriver au mandarinat. Voyez donc : Y-yn labourait dans le désert de Yeou-sin, quand il fut appelé à une magistrature de premier ordre : Kong....

MADAME TSAÏ.

Assez, assez, seigneur Tchang. Vous ne manquez pas, vous, de magnifiques paroles pour exhorter mon fils à partir. Mais je veux, à mon tour, vous citer un trait historique; écoutez-moi.

LE SEIGNEUR TCHANG.

Je désire vous entendre.

MADAME TSAÏ.

" Il existait autrefois dans le village de Tong-tsun un youén-waï, dont le fils unique avait lu tous les livres anciens et modernes. C'était un studieux jeune homme. Chaque jour son père, grand sermonneur, discourait à perte d'haleine; il rabâchait et ne songeait qu'à une chose, à mettre son fils dans l'obligation de concourir pour les places. Celui-ci n'aimait guère les vieilles moralités, encore moins les longues remontrances; mais pressé, harcelé de toutes les manières, il partit enfin, et arriva à Tchang-ngan. Dans cette populeuse cité, il ne trouva pas un seul homme qui voulût le prendre sous sa protection. Il fut donc réduit à demander l'aumône dans les rues. Un jour il aperçut un grand personnage qui passait : c'était un conseiller d'une cour souveraine. Aussitôt, se prosternant jusqu'à terre, les mains croisées sur sa poitrine, et d'une voix suppliante, il invoqua son appui. « Je vous nomme premier intendant de l'hospice des vieillards, répondit le ministre : allez-y, et prenez soin de votre père et de votre mère. » L'étudiant, la bouche béante à ces paroles, se dit néanmoins à lui-même : « Mais si je deviens premier intendant de l'hospice des vieillards, comment pourrai-je soigner mon père et ma mère ? » Le malheureux! il ne savait pas que ses parents avaient été contraints de se retirer dans un hospice pour y finir leurs jours. Il vint prendre possession de sa place. « Voilà mon fils, s'écria le père, du plus loin qu'il le vit; mon fils est maintenant directeur. Ah! ah! on ne verra donc plus les grands et les hommes du peuple m'accabler de leurs dédains. Je présume qu'on aura provisoirement chargé mon fils de l'administration de cet hospice.... »

(*) Ce passage, qui se trouve dans le *Siao-hio*, est tiré du *Li-ki* (livre des rites). (Voy. le chapitre intitulé *Kio-li*, édit. impériale, p. 53 et suiv.)

(**) Ce passage est extrait du premier chapitre du *Hiao-king*.

LE SEIGNEUR TCHANG, *riant*.

Madame Tsaï, vous finirez votre histoire de mendiant une autre fois; pour l'entendre jusqu'au bout, il faudrait une demi-journée.

TSAÏ, LE YOUÉN-WAÏ.

Allons, mon fils, suis mes conseils; fais vite tes préparatifs de voyage.

TSAÏ-YONG.

Mon père, ma mère, l'homme vit cent ans; mais d'aussi longs jours vous sont-ils réservés? Heureusement parvenus l'un et l'autre à la moyenne vieillesse, il faut que votre fils (suivant le précepte des anciens) se réjouisse de votre âge et qu'il s'en afflige tout à la fois. (*Il récite une prière.*) O mes parents, votre fils éprouve un sentiment de joie mêlé (*Il tourne le dos à ses parents*) d'un sentiment de tristesse. (*Il les regarde en face.*) Il fait des vœux pour la prolongation de vos jours. Il voudrait que son père et sa mère ressemblassent au pêcher appelé fan-thao, qui se couvrit de fleurs au bout de trois mille ans, ou bien aux pins et aux cyprès qui ombragent les tombes et jouissent de l'immortalité.

TSAÏ, LE YOUÉN-WAÏ.

Mon fils, des sentiments comme les tiens viennent d'un cœur où règne la piété filiale. Mais tout homme, en naissant, contracte l'obligation d'aimer ses parents et de servir son prince avec fidélité; c'est ainsi qu'il acquiert de l'illustration dans le monde.

TSAÏ-YONG, *avec embarras*.

Puisque vous l'exigez, je vais partir pour la capitale.

LE SEIGNEUR TCHANG.

Monsieur le bachelier, n'ayez aucune inquiétude sur le sort de vos parents. Il y a longtemps qu'on dit : « Avec huit cents onces, on achète une chaumière; avec mille, on achète une maison. » Puisque mon habitation peut contenir cinq familles, ayez l'esprit en repos. Partez, partez vite; et si votre père et votre mère tombent dans l'indigence, je saurai venir à leur secours.

TSAÏ-YONG. (*Il chante.*)

Je vous remercie, seigneur, de vos généreux procédés. C'est à votre garde que je confie mes parents. Mais quand viendra le jour de ma prospérité, ne seront-ils pas tous les deux accablés par l'âge? Hélas ! je ne le crains que trop, lorsque je reviendrai dans mon pays natal avec des habits brodés, mon père et ma mère ne me reconnaîtront plus.

TSAÏ, LE YOUÉN-WAÏ.

Mon fils, tu parlais tout à l'heure de notre isolement; mais à partir du jour où tu seras mandarin (*Il chante*), les trois espèces de viande et ces mets recherchés qu'on offre dans les grands sacrifices, on me les servira du matin au soir, sur des trépieds à forme élégante ou dans des vases de porcelaine fine. Cela vaut mieux que de manger des fèves et de boire de l'eau. Si tu reviens avec des habits brodés dans ton pays natal (*Il parle*), je mourrai.—(*Il chante.*) Mais mon âme sera fière, paisible et joyeuse.

MADAME TSAÏ. (*Elle chante.*)

En un clin d'œil on me dérobe la perle que j'avais sur la main. (*A son fils.*) Va, mon fils, si, durant ton absence, ton père et ta mère meurent de faim ou de froid, quand même tu reviendrais avec des habits brodés dans ton pays natal, ta gloire n'en sera pas moins souillée.

Dans la capitale, nous avons sous les yeux l'intérieur d'une famille toute différente. Voici l'hôtel et les jardins du riche seigneur Nieou, précepteur de la famille impériale, qui consacre tous ses loisirs à l'éducation de sa fille, l'aimable Nieou-chi, auprès de laquelle il a placé une sage gouvernante et une jeune suivante presque aussi éveillée que la petite Fan-son de la *Soubrette accomplie*. Toute l'ambition du seigneur Nieou est de trouver pour sa fille un époux digne d'elle.

Cependant, au village de Tchin-lieou, les tristes pressentiments de madame Tsaï s'accomplissent : les années s'écoulent, et leur fils ne revient pas; une inondation ruine le pays; la famine arrive; les deux pauvres vieillards sont réduits à la plus extrême misère. Leur bru, la vertueuse Tchao-ou-niang, vend un à un tous ses bijoux, toutes ses parures, pour faire subsister ses vieux parents. Leur charitable voisin, M. Tchang, vient aussi souvent à leur aide; mais enfin ils meurent de misère l'un après l'autre. Vous demandez quel obstacle s'est opposé au retour de Tsaï-yong? Il a obtenu la palme académique; il est devenu magistrat de première classe, et a été promu au grade de ministre d'État. Bien plus, par ordre exprès de l'empereur, et malgré ses refus réitérés, il a été contraint d'épouser la fille du précepteur de la famille impériale, la charmante Nieou-chi. Pourquoi n'a-t-il pas franchement informé le seigneur Nieou et l'empereur du premier mariage qu'il a contracté? Pourquoi, ne pouvant quitter la capitale, n'a-t-il pas écrit ou envoyé un exprès à sa famille? C'étaient là des démarches faciles, indispensables, et dont l'oubli est fort mal motivé dans la pièce. Au reste, ces grossières invraisemblances, qui sont le défaut capital de ce drame, n'ont pas échappé aux critiques chinois, notamment à l'enthousiaste éditeur de 1704; mais il faut reconnaître en revanche qu'il résulte de ces invraisemblances une situation d'un intérêt puissant, et dont l'auteur a tiré les effets les plus dramatiques. Rien n'est mieux senti que les remords et la tristesse de Tsaï-yong, qui, plein du souvenir de sa famille et de sa jeune femme, maudit la science, les succès littéraires, les grandeurs, la beauté même et les grâces de sa nouvelle épouse. Rien n'est plus touchant que la manière froide et triste, et néanmoins douce et affectueuse, dont l'ajourne les questions et élude les caresses de Nieou-chi. Une scène surtout est vraiment charmante: c'est, je crois, celle qui a fait nommer ce drame l'*Histoire du luth*. Un soir, seul et pensif dans sa bibliothèque, Tsaï-yong essaye de tirer quelques accords de son luth. Il est surpris par sa jeune épouse, qui lui demande la faveur de l'entendre; car elle aussi a du chagrin, et elle croit qu'une romance lui serait un soulagement. Tsaï-yong ne peut se refuser à cette prière. Il propose à Nieou-chi de lui chanter « *le Faisan qui, le matin, prend son vol.* » Mais la jeune femme n'approuve pas ce choix; il n'y a pas d'amour là-dedans: c'est une chanson de chasseur. — Eh bien, dit le jeune homme, je vais vous chanter « *l'Oiseau Louen séparé de la compagne qu'il aime.* » — L'époux et l'épouse ne sont-ils pas réunis? répond Nieou-chi; pourquoi voulez-vous déplorer sur votre luth les regrets du veuvage?

TSAÏ-YONG.
Alors chantons une autre chanson. Que dites-vous de la romance intitulée *le Ressentiment de la belle Tchao-kiun*?

NIEOU-CHI.
Qu'avez-vous besoin de chanter *la Vengeance dans le palais des Han*? La paix et la concorde habitent ici. Seigneur, dans le calme de cette belle soirée, devant ces perspectives ravissantes, chantez-moi la romance *Quand la tempête agite les pins.*

Tsaï-yong acquiesce à ce désir; mais il se trompe, et chante l'air *Quand je pense que je retournerai dans mon pays natal*. Nieou-chi l'interrompt, et il recommence; mais il se trompe encore, et chante l'air de *la Cigogne délaissée*. Cette scène, qui se prolonge et amène une demi-explication entre les deux époux, serait pleine de grâce et d'intérêt sur tous les théâtres du monde.

Enfin, Tsaï-yong se résout à faire ce par où il aurait dû commencer, l'aveu de sa position à sa femme et à son beau-père. L'un et l'autre approuvent qu'il envoie un messager à Tchin-lieou pour en ramener sa famille. Comme il est permis et, de plus très-commun à la Chine, d'avoir deux femmes, et que la seconde est tenue seulement à quelque subordination à l'égard de la première, Nieou-chi consent de bonne grâce à un partage qui rendra le bonheur à son mari.

Que fait cependant Tchao-ou-niang? Elle a vu mourir de misère son beau-père et sa belle-mère; mais comment leur rendra-t-elle les derniers devoirs? Elle coupe sa chevelure, et la vend pour subvenir aux frais de leurs funérailles. Elle ramasse avec ses mains de la terre dans le pan de sa tunique pour leur élever un tombeau. Avertie par un songe prophétique, elle revêt un habit blanc de religieuse, prend un luth, et, amaigrie par la souffrance, s'achemine vers la capitale en chantant et en demandant l'aumône sur la route. Ayant découvert l'hôtel qu'habite Tsaï-yong, et sachant que Nieou-chi cherche à louer deux nouvelles servantes pour soigner la famille de son mari, dont elle attend l'arrivée, Tchao-ou-niang se présente à elle. C'est une scène on ne peut plus heureusement conçue, et non moins heureusement exécutée, que celle où, de question en question, de confidence en confidence, ces deux femmes commencent à se comprendre, à s'aimer, et finissent par se reconnaître. La voici tout entière:

NIEOU-CHI, *au domestique*.
J'aurais besoin de quelques servantes pour les parents de mon époux, qui vont arriver. Allez donc faire un tour dans les rues; prenez des informations à droite, à gauche, et

si vous rencontrez une femme du peuple cherchant une place, amenez-la ici. Je veux une jeune femme d'un extérieur agréable; vous entendez?

LE DOMESTIQUE.

Oui, madame, et je vais sur-le-champ m'acquitter de votre commission. (*Il sort.*)

TCHAO-OU-NIANG, *portant le costume d'une religieuse.* — (*Elle chante.*)

Ma nourriture, c'est cette vapeur épaisse qui obscurcit l'air. O indigence sans asile! hélas! quand viendra donc le jour où je pourrai vivre dans le calme et le repos? J'ai beau interroger le ciel, le ciel est sourd à ma voix. — (*Elle parle.*) Voici l'hôtel du ministre d'État; voici le seuil de la porte. (*Au youên-kong, qui sort de l'hôtel.*) Domestique, je vous salue.

LE DOMESTIQUE.

Religieuse du dieu Foë, d'où venez-vous donc comme cela?

TCHAO-OU-NIANG.

J'arrive d'un pays éloigné, et je viens dans la capitale pour y demander l'aumône.

LE DOMESTIQUE.

Attendez un instant; je vais vous annoncer à madame. (*Il rentre dans l'hôtel.*) — (*A Nieou-chi.*) Madame, je viens de rencontrer sur le seuil de la porte une religieuse qui demande l'aumône. Voulez-vous la recevoir?

NIEOU-CHI.

Faites-la entrer.

LE DOMESTIQUE, *sur le seuil de la porte, à Tchao-ou-niang.*

Ma maîtresse vous permet d'entrer.

TCHAO-OU-NIANG, *apercevant Nieou-chi.*

Madame, la pauvre religieuse que vous voyez incline sa tête devant vous.

NIEOU-CHI.

Ma sœur, de quel pays êtes-vous, et que venez-vous faire dans la capitale?

TCHAO-OU-NIANG.

Je suis originaire d'un pays éloigné; je viens dans la capitale pour demander l'aumône.

NIEOU-CHI.

Pour demander l'aumône!... Mais avez-vous quelque talent? Voyons, que savez-vous faire?

TCHAO-OU-NIANG.

Madame, sans y mettre de l'ostentation, je vous répondrai que je connais l'écriture, le dessin, les échecs, et que je touche du luth; je sais coudre, travailler à l'aiguille; au besoin, je pourrais faire la cuisine.... Enfin, je sais un peu de tout....

NIEOU-CHI.

Oh, oh! ma sœur, puisque vous avez tant de talents, il doit vous être pénible de demander l'aumône dans les rues. Voulez-vous demeurer dans mon hôtel? J'ai besoin d'une servante. Vous trouverez ici, avec le calme et le bonheur, du thé et du riz en abondance.

TCHAO-OU-NIANG.

Si vous me preniez à votre service, ma reconnaissance n'aurait pas de bornes.

NIEOU-CHI.

J'ai une autre question à vous faire. Dites-moi à quel âge avez-vous embrassé la profession religieuse? Est-ce dès vos plus jeunes années?

TCHAO-OU-NIANG.

Madame, je ne veux pas vous tromper; il y avait déjà longtemps que j'étais mariée, quand j'ai pris le costume des religieuses vouées au culte du dieu Foë.

NIEOU-CHI, *à part.*

Ah! j'en sais un peu trop maintenant. (*Au domestique.*) Youên-kong, puisque cette religieuse a un mari, elle ne peut pas rester dans notre hôtel. Donnez-lui des aliments, et priez-la d'aller demander l'aumône ailleurs.

TCHAO-OU-NIANG, *à part.*

Je me suis un peu trop avancée. (*Haut.*) Madame, s'il faut vous dire toute la vérité, ce n'est pas pour recueillir des aumônes que je suis venue dans cette capitale, mais pour chercher mon époux.

NIEOU-CHI.

Alors je vous adresserai une autre question; comment s'appelle votre époux?

TCHAO-OU-NIANG, *avec embarras.*

(*A part.*) Si je lui dis son véritable nom, elle va peut-être se livrer à la colère: tant pis; lâchons ces trois mots: Tsaï-pe kiaï, pour voir l'aspect de sa physionomie. (*Haut.*) Son nom de famille est Tsaï, son surnom Pe-kiaï. On dit partout qu'il demeure dans l'hôtel du ministre d'État Nieou. Je pense, madame, que vous le connaissez.

NIEOU-CHI, *sans se troubler.*

Pas du tout (*). (*Tchao-ou-niang est stupéfaite.*)

NIEOU-CHI, *au domestique.*

Youên-kong, informez-vous donc, dans les pavillons de l'hôtel, s'il y a ici un homme du nom de Tsaï-pe-kiaï.

LE DOMESTIQUE.

Je puis vous certifier, madame, que cet homme-là ne demeure pas dans l'hôtel.

NIEOU-CHI.

Ma bonne religieuse, votre mari ne demeure pas ici. Allez le chercher ailleurs; allez.

(*) Nieou-chi ne connaissait pas le *ming*, ou *nom d'enfance*, de son époux.

TCHAO-OU-NIANG.

Cependant tout le monde dit qu'il a son domicile dans l'hôtel du ministre d'État Nieou. Il est peut-être mort! (*Elle pleure.*) O mon époux, si vous avez quitté la vie, où trouverai-je un protecteur dans le monde? Qui sera touché des maux de votre servante?

NIEOU-CHI.

Pauvre femme, je vous plains; mais ne vous affligez pas trop. Restez avec nous: je vais ordonner au domestique de prendre des informations dans le quartier. On va se mettre à la recherche de votre époux.

TCHAO-OU-NIANG.

Ah! madame, comment pourrai-je vous témoigner ma reconnaissance?

NIEOU-CHI.

Mais si vous restez avec nous, je dois vous prévenir d'une chose: c'est que vous ne pouvez pas garder votre costume. Il faut absolument changer d'habits.

TCHAO-OU-NIANG.

Je n'oserai jamais quitter mon costume.

NIEOU-CHI.

Et la raison?

TCHAO-OU-NIANG.

Parce que je dois porter le deuil pendant douze ans.

NIEOU-CHI.

Pendant douze ans! y pensez-vous? Mais le plus long deuil, le deuil d'un père, ne dure que trois années; pourquoi voulez-vous porter le deuil pendant douze ans?

TCHAO-OU-NIANG.

Mon beau-père est mort; il faut que je porte le deuil de mon beau-père pendant trois ans. Ma belle-mère est morte; il faut que je porte le deuil de ma belle-mère pendant trois ans. Voilà déjà six années. Puis, comme mon époux (ô fatale destinée!) n'est point revenu dans son pays natal, et vraisemblablement ne sait pas que son père et sa mère ont cessé de vivre, il faut en outre que je porte le deuil pendant six ans pour mon époux.

NIEOU-CHI.

Ah! ma sœur, que votre piété filiale est exemplaire! Quoi qu'il en soit, mon père a la plus grande aversion pour les femmes qui portent votre costume. Il faut changer d'habits. (*Au domestique.*) Youën-kong, dites à Si-tchun d'apporter ici des robes et une toilette de femme.

LE DOMESTIQUE.

J'obéis. (*Il sort.*)

NIEOU-CHI.

Ma sœur, asseyez-vous en attendant.

SI-TCHUN, *apportant les robes et la toilette.*

Madame, j'apporte des robes et une toilette.

NIEOU-CHI, *ouvrant la toilette.*

Très-bien. (*A Tchao-ou-niang.*) Ma sœur, approchez-vous du miroir. Voilà un peigne. Vous trouverez ici du fard pour les lèvres et les joues.

TCHAO-OU-NIANG.

Depuis que mon époux est parti pour la capitale, je n'ai point vu ma figure. (*Elle se regarde dans le miroir.*) Ciel! quelle pâleur! comme mes traits ont changé! Est-il possible que je sois devenue maigre à ce point? — (*Elle chante.*) Je me suis trop négligée; je ne songeais qu'au phénix solitaire (*), et le chagrin a terni l'incarnat de mes joues.

NIEOU-CHI.

Ma sœur, si vous n'arrangez pas vos cheveux, changez au moins de vêtements.

TCHAO-OU-NIANG, *regardant les robes.*
(*Elle chante.*)

Je me souviens qu'à l'époque de mon mariage j'avais aussi des robes et des étoffes de soie, des fleurs d'or, des plumes d'alcyon. Devais-je m'attendre qu'après le départ de mon époux, il ne me resterait pas une tunique de toile, une petite aiguille de tête en bois d'épine, pour attacher mes cheveux?

NIEOU-CHI.

Ah! ma sœur, vous rejetez ces robes; mais vous porterez une aiguille de tête, n'est-ce pas?

TCHAO-OU-NIANG, *regardant les aiguilles.*
(*Elle chante.*)

Cette aiguille d'or, surmontée de deux têtes de phénix. — (*Elle parle.*) Si, je la porte, — (*Elle chante.*) ne serai-je pas accablée de honte, moi qui suis séparée de mon époux?

NIEOU-CHI.

A défaut d'aiguilles de tête, vous pourriez orner vos cheveux de quelques fleurs. Tenez. (*Elle prend des fleurs.*) Faites un bouquet; choisissez; séparez les fleurs de bon augure d'avec celles qui sont d'un mauvais présage.

TCHAO-OU-NIANG. (*Elle chante.*)

Moi, orner de fleurs les tresses de mes cheveux, porter une pivoine (meou-tan)! oh, c'est alors que le ressentiment et la haine me poursuivraient, comme cette femme qui demeure dans le palais de la lune (**).

NIEOU-CHI. (*Elle chante.*)

Hélas! (*A part.*) La tristesse est dans son cœur, le chagrin sur sa figure; comment pourrait-elle déguiser la vérité? (*Haut.*) Vous

(*) A mon époux.
(**) Tchang-ngo.

avez perdu votre beau-père, votre belle-mère, et vous pleurez. Ah! ma sœur, mon beau-père et ma belle-mère existent encore, et jusqu'à présent je n'ai pas pu leur offrir une tasse de thé. Comparez votre sort au mien; vous avez rempli votre tâche, vous, et vous ne craignez pas comme moi la censure, la calomnie et les sarcasmes. Mais, dites-moi, quel événement fatal a précipité dans la tombe les parents de votre époux?

TCHAO-OU-NIANG. (*Elle chante.*)
La famine. La famine a ravagé notre pays. Mon époux ne revenait point de la capitale, et, privée de secours, j'ai mangé, dans le secret de la maison, des écorces d'arbre et de la balle de riz. Après la mort de mon beau-père et de ma belle-mère, j'ai vendu ma chevelure pour acheter des cercueils. Seule, au milieu des sépultures, j'ai ramassé de la terre dans le pan de ma tunique de chanvre, et je leur ai élevé un tombeau.

NIEOU-CHI.
Voilà une religieuse qui se targue de vertus qu'elle n'a pas.

TCHAO-OU-NIANG. (*Elle chante.*)
Ah! madame, je ne me targue point de mes mérites. (*Elle montre ses mains.*) Voyez mes doigts meurtris; des taches de sang teignent encore mes vêtements. (*Nieou-chi verse des larmes.*)

TCHAO-OU-NIANG, *continuant.*
Hélas! madame, pourquoi versez-vous des larmes?

NIEOU-CHI. (*Elle chante.*)
Ma sœur, c'est qu'il y a longtemps aussi que mon époux a quitté son père et sa mère.

TCHAO-OU-NIANG.
Et qui donc l'a empêché de retourner dans son pays natal?

NIEOU-CHI. (*Elle chante.*)
Mon père. C'est mon père qui l'a retenu; car il voulait renoncer à la magistrature.

TCHAO-OU-NIANG.
A-t-il une autre femme dans la maison paternelle?

NIEOU-CHI. (*Elle chante.*)
Il a une autre femme; mais je crains qu'elle ne vous ressemble pas. Aura-t-elle servi, comme vous, son beau-père et sa belle-mère avec autant de constance et de fidélité?

TCHAO-OU-NIANG.
Où sont maintenant les parents de votre époux?

NIEOU-CHI. (*Elle chante.*)
Ils habitent les confins du ciel.

TCHAO-OU-NIANG.
Madame, pourquoi n'a-t-il pas chargé un exprès de les amener à la capitale?

NIEOU-CHI. (*Elle chante.*)
Le messager est parti; je présume qu'ils sont maintenant sur les routes qui conduisent à Tchang-ngan. Hélas! j'appréhende des malheurs.

TCHAO-OU-NIANG. (*Elle chante.*)
A peine ai-je entendu ces paroles, qu'un trouble subit vient agiter mes esprits. (*A part.*) Je crois à la sincérité de ses réponses; je veux cependant mettre son cœur à l'épreuve. (*Haut.*) Mais, s'il a une autre femme et qu'elle accompagne son beau-père et sa belle-mère, n'est-il pas à craindre que vous ne viviez pas toutes les deux en bonne intelligence?

NIEOU-CHI.
Ah! ma sœur (*Elle chante.*), si elle vous ressemblait, mon plus vif désir serait qu'elle habitât avec moi. J'aurais pour elle des égards et de la condescendance; tous les matins je balayerais sa chambre par déférence, par humilité. Ce qui m'afflige aujourd'hui, c'est de savoir que les parents de mon époux voyagent péniblement sur les routes. Je les cherche des yeux; je crains de perdre la vue à force de regarder dans le lointain.

TCHAO-OU-NIANG. (*Elle chante.*)
(*A part.*) Son esprit est le jouet de l'illusion et de l'erreur. On dirait qu'elle assiste à une représentation, et qu'elle voit entrer sur la scène des personnages de théâtre. C'est en vain qu'elle interrogerait les sorts. (*Haut.*) Cette femme dont vous parlez, voulez-vous la connaître?

NIEOU-CHI, *avec émotion.* — (*Elle chante.*)
Où est-elle?

TCHAO-OU-NIANG. (*Elle chante.*)
Devant vos yeux. Je vous jure, madame, que votre servante est l'épouse du Tchoang-youên.

NIEOU-CHI. (*Son émotion redouble.*)
— (*Elle chante.*)
Vous, l'épouse légitime du Tchoang-youên! Madame, ne me trompez-vous pas?

TCHAO-OU-NIANG. (*Elle chante.*)
Comment oserais-je vous tromper?

NIEOU-CHI, *revenant peu à peu de son émotion.* — (*Elle chante.*)
Ah! madame, c'est à cause de moi que vous avez subi tant d'humiliations, éprouvé tant de douleurs. Vous aurez beau faire, vous forcerez, malgré vous, le Tchoang-youên à me haïr; il me contraindra, lui, à murmurer contre mon père! — (*Elle parle.*) Madame, asseyez-vous, je vous prie, pour recevoir les salutations de votre servante. (*Tchao-ou-niang s'assoit, et reçoit les salutations de Nieou-chi.*)

NIEOU-CHI. (*Elle chante.*)
Que votre sort a été différent du mien!

Pendant que je vivais dans le calme, au sein de ma famille, tous les maux de la vie vous assiégeaient à la fois; mais aussi vous allez être couverte de gloire; on vantera dans le monde votre piété pour vos parents, vos vertus, tandis que mon nom sera livré au mépris et aux sarcasmes du public.

TCHAO-OU-NIANG.

Rassurez-vous, madame, vous n'avez pas mérité l'opprobre.

NIEOU-CHI. (*Elle chante.*)

Si votre beau-père est mort, c'est par ma faute; si votre belle-mère est morte, c'est par ma faute. — (*Elle parle.*) Madame (*Elle chante.*), je vous en supplie, changeons de costume; prenez ma robe, ma ceinture, mes ornements de tête; moi je veux me couvrir de vos vêtements de deuil.

TCHAO-OU-NIANG.

Madame (*Elle chante.*), nos malheurs viennent de plus loin. Hélas! pourquoi, dans l'origine, n'a-t-il pas renoncé à la magistrature?

NIEOU-CHI. (*Elle chante.*)

Il a voulu et n'a pas pu renoncer à la magistrature; il a voulu et n'a pas pu renoncer à la nouvelle alliance que l'empereur lui-même avait ordonnée.

TCHAO-OU-NIANG. (*Elle chante.*)

Voilà: on viole aujourd'hui une promesse, demain une seconde, après-demain une troisième; puis le ciel fait descendre sur la famille du transgresseur d'épouvantables calamités.

NIEOU-CHI.

Madame, je vous ai invitée tout à l'heure à changer de costume; vous avez refusé: n'en parlons plus. Toutefois, je crains bien que, vêtue, comme vous l'êtes, d'une grosse étoffe de chanvre, avec une corde pour ceinture, votre époux ne vous reconnaisse pas. Madame, voici ce que je pense. D'ordinaire le Tchoang-youen, toutes les fois qu'il revient de la cour, entre dans la bibliothèque pour y faire une lecture. Vous avez des talents; rien n'est au-dessus de vous. Que n'allez-vous lui écrire une lettre sur son bureau, quelques lignes pour l'informer des tristes événements qui vous amènent dans la capitale? Nous aurions ensuite un entretien avec lui; vous vous expliqueriez, et les choses s'arrangeraient à merveille.

TCHAO-OU-NIANG.

Vous avez raison. Quand je devrais, en écrivant, négliger les bienséances, il faut que j'obéisse à vos ordres. (*Elles sortent ensemble.*) (*).

(*) Voy. notre traduction du Pi-pa-ki, p. 241 à 256.

Opinions de deux critiques chinois sur le Pi-pa-ki.

Un dialogue, que j'ai placé à la tête du Pi-pa-ki, nous a révélé l'existence d'une classe d'écrivains chinois qui se consacrent à la critique, et travaillent, non, comme les scoliastes des dynasties précédentes, sur les anciens auteurs, mais sur les auteurs modernes, et particulièrement sur les écrivains dramatiques. Les uns recueillent des pièces de théâtre inédites, d'anciens manuscrits, ou mettent des collections en ordre; d'autres s'appliquent à rédiger des catalogues et des index; d'autres encore publient des commentaires et des dissertations sur les romans. Je vais reproduire ici une partie de ce dialogue, que M. Charles Magnin regarde comme un très-curieux échantillon de la critique admirative à la Chine (*):

LE LETTRÉ.

Quelle est votre opinion sur le Pi-pa-ki?

L'ÉDITEUR.

Mon opinion est celle de Mao-tseu. Écoutez ce qu'il dit dans sa préface:

« Un ministre qui sert son prince, un fils qui voudrait servir son père et sa mère, deux époux accomplis, une femme légitime et une concubine qui s'aiment, des amis qui se secourent: voilà les principaux personnages que Kao-tong-kia a introduits dans son drame. Aussi, dès qu'on ouvre un marché quelque part, dans le plus petit des hameaux, si une troupe de comédiens arrive, et que les acteurs montent sur la scène pour jouer le Pi-pa-ki, c'est à qui viendra les entendre. Et quand ils se mettent à réciter les scènes de la *Famine* et de la *Séparation,* la scène si pathétique et attendrissante où Tsai-yong implore la miséricorde du fils du ciel dans le palais impérial; puis celles où Tchao-ou-niang vend sa chevelure pour acheter un cercueil, et ramasse de la terre pour élever un tombeau: alors, parmi tous les spectateurs, propriétaires, matrones du lieu, jeunes pâtres, bûcherons, vieillards vénérables, on n'en voit pas un seul qui n'ait les joues rouges et les oreilles brûlantes. Les larmes coulent des yeux, tous les visages sont consternés; on n'entend plus que des soupirs, des gémissements, des sanglots, des cris; et cela dure jusqu'à la fin de la représentation.... Pour

(*) Journal des Savants janvier 1843, p. 38.

moi, je l'avoue, la première fois que je lus le Pi-pa-ki, mon admiration fut si vive que je m'écriai, dans un accès d'enthousiasme : Ce drame est vraiment le livre du septième Thsaï-tseu ! Puis, sur-le-champ, je travaillai à la révision du texte ; j'arrêtai avec beaucoup de soin la forme de chaque phrase, et je remis mon manuscrit à mon fils Siu-tchi, en lui ordonnant de collationner la copie sur l'original, d'y faire les changements utiles, et de m'aider à y mettre la dernière main. Plus tard, quand je relus cet ouvrage corrigé par mon fils, qui s'était acquitté de sa tâche à merveille, et avait partagé les morceaux lyriques en strophes régulières, adapté les airs aux paroles, il me sembla que je me trouvais face à face avec les anciens, et que j'avais fait revivre des personnages morts depuis plus de mille ans. Alors j'exaltai, en soupirant, l'inimitable *facture* de Kao-tong-kia, et je publiai une dissertation sur le Pi-pa-ki. Malheureusement, comme je souffrais à cette époque d'une maladie des yeux, tout le monde m'abandonna ; je fermai ma porte et me mis à composer des livres : mais, réduit à écrire sur des ouvrages d'un genre moins relevé, sur les Tchouen-khi (drames historiques) de la dernière classe, je tombai dans la misère. »

Dans la misère ! tel est le sort inévitable des hommes de talent. Il est à remarquer que les plus grands écrivains de l'antiquité furent tous malheureux. Tchouang-tseu vécut sur une montagne ; Khiŏ-youen se noya dans la rivière Mi-lo ; Ssema-thsien subit un châtiment cruel ; Tou-fou, forcé de chercher un refuge dans un temple, y demeura dix jours sans manger. Des trois fils de Chi-wang-kao, on n'en cite pas un qui ait obtenu une place. Oui, ces grands écrivains furent malheureux, si toutefois l'on peut dire qu'un homme qui tombe dans la pauvreté et ne perd pas pour cela son talent, son génie, soit réellement malheureux.

LE LETTRÉ.

J'ai parcouru le catalogue de Han-hiu-tseu, qui a publié des dissertations fort savantes sur les pièces de théâtre de la dynastie des Youên ; j'ai vu la liste des auteurs dramatiques, depuis Tong-li jusqu'au dernier. Il y a en tout cent quatre-vingt-sept écrivains. D'où vient donc que l'auteur du Pi-pa-ki ne figure pas sur ce tableau ? Est-ce que par hasard on ne reconnaissait pas, à cette époque, le mérite de Tong-kia ?

L'ÉDITEUR.

Non, certes, et le travail de Han-hiu-tseu en offre une preuve. Il y a environ trois cents ans que Mao-tseu publia le texte du Pi-pa-ki, avec un commentaire perpétuel, et intitula ce drame historique *le Livre du septième Thsaï-tseu*. Tong-kia doit sa réputation à Mao-tseu.

LE LETTRÉ.

C'est-à-dire que Tong-kia a trouvé un panégyriste comme les autres. Le Pi-pa-ki a été commenté par Mao-tseu, de même que l'ouvrage de Tchouang-tseu l'avait été par Kouo-siang, le Li-sao par Wang-y, les Mémoires historiques par Peï-yn, les Poésies de Toufou par Yu-tsi, l'Histoire des rives du fleuve et le Pavillon d'occident par Lo-kouan-tchong et Kouan-han-king. Lo-kouan-tchong est l'illustre auteur du San-kouĕ-tchi (Histoire des trois royaumes) ; Kouan-han-king, écrivain dramatique d'un talent remarquable, a composé soixante pièces de théâtre. On aurait pu les mettre au nombre des Thsaï-tseu.

L'ÉDITEUR.

Vous avez raison. Au lieu de sept, nous en aurions neuf. Qu'importe le nombre ?

LE LETTRÉ.

Savez-vous pourquoi et à quelle occasion Kao-tong-kia composa le Pi-pa-ki ?

L'ÉDITEUR.

Kao-tong-kia composa le Pi-pa-ki pour corriger son ami Wang-sse : voilà, du moins, ce qu'on lit dans les mémoires secrets d'un auteur contemporain. Kao-tong-kia avait pour nom d'enfance Tse-tching. C'était, comme vous le savez, un homme qui vivait sur la fin de la dynastie des Youên, et l'intime ami de Wang-sse. A cette époque, Wang-sse entretenait des relations avec les plus célèbres écrivains de son temps. Plus tard, comme il acquit lui-même de l'illustration, la prospérité changea ses mœurs. Il répudia sa femme légitime Tcheou-chi pour épouser Pou-hoa, dont il était épris. Tong-kia voulut le détourner de ce projet ; il y perdit sa peine. Alors il composa un drame, dans l'espérance de ramener au devoir son ami, qu'il mit en scène sous le nom de Tsaï-yong (personnage de la dynastie des Thang), parce que Wang-sse avait été pauvre dans sa jeunesse et avait vendu des légumes. Il désigna Tcheou-chi sous le nom de Tchao-ou-niang (Tchao, cinquième du nom), parce que depuis Tchao, épouse de Tsaï-yong des Thang, jusqu'à Tcheou-chi, on comptait alors quatre femmes célèbres du nom de Tchao. Il introduisit comme personnage le ministre d'État Nieou, parce que Pou-hoa demeurait, avant son mariage, sur les bords du lac Nieou (lac du Bœuf). Il intitula son drame *Pi-pa-ki*, « Histoire du luth, » parce que dans les deux caractères *pi-pa*, le caractère *wang* (nom de Wang-sse) se trouve répété quatre fois.

… Enfin, il se peignit lui-même sous les traits du seigneur Tchang. On assure que dans l'origine le rôle de Tsaï-yong, tel que Kao-tong-kia l'avait écrit, différait beaucoup de ce qu'il est à présent, et même de ce qu'il fut lorsqu'on joua pour la première fois le Pi-pa-ki. Kao-tong-kia avait représenté Tsaï-yong comme un homme d'un caractère méprisable. Il abandonnait volontairement son père et sa mère ; il contractait volontairement un nouveau mariage avec Nicou-chi, après avoir répudié sa femme légitime Tchao-ou-niang. On va jusqu'à dire que ce fut Wang-sse lui-même qui changea le rôle de ce personnage, et en fit un modèle de piété filiale, un époux accompli.

LE LETTRÉ.

A croire cette anecdote, il paraîtrait que Kao-tong-kia composa le Pi-pa-ki pour ou plutôt contre Wang-sse. Cependant, de deux choses l'une : si Tong-kia composa le Pi-pa-ki contre Wang-sse, ce n'est point une histoire du Luth, c'est l'histoire de Wang-sse qu'il a voulu écrire ; si c'est l'histoire du Luth, le Pi-pa-ki est donc un drame historique. Mais alors le fond de la pièce, il faut en convenir, est, sous ce rapport, d'une affligeante stérilité. Tchao-ou-niang ne chante qu'une fois sur son luth, c'est dans la pagode de Mi-to (Amida Bouddha) ; et encore sa chanson ne vaut-elle pas les vers que chanta la princesse Tchao-kiun quand on célébra les funérailles du khan des Tartares, ni ceux que Kiang-tcheou entendit dans la barque de Ssema. Les vers que chanta Tchao-kiun, les chants que Kiang-tcheou entendit ont été transmis à la postérité. Alléguerez-vous maintenant que les personnages du Pi-pa-ki sont historiques ? Mais, pour ne citer que le principal personnage mâle, est-ce le caractère de Tsaï-yong des Han que l'auteur a voulu tracer ? Tsaï-yong était président du tribunal des historiens sous le règne de Hiao-hien-ti (194 à 220 de notre ère). Il fut mis en prison pour avoir pleuré la mort de Tong-tcho ; il demanda qu'on lui permit d'achever l'histoire des Han ; et, comme il ne l'obtint pas cette grâce, il mourut, la nuit suivante, dans sa prison. Voilà ce que nous apprend le Thong-kien-kang-mou. Qu'y a-t-il de commun, je vous prie, entre l'historien des Han et le personnage que Kao-tong-kia a introduit dans son drame ? Il est évident qu'il a désigné Wang-sse sous le nom de Tsaï-yong. Le Pi-pa-ki n'est pas un drame historique. Et ce père qui vit et meurt sans savoir que son fils a été promu au grade de tchoang-youen, dira-t-on que c'est là un fait historique ? Autre chose encore : on lit dans la scène d'exposition que le père et la mère de Tsaï-yong sont tous deux octogénaires, et que le fils n'était âgé, lui, que de trente ans quand il contracta son premier mariage avec Tchao-ou-niang. Or, je vous le demande, a-t-on jamais vu une femme de cinquante ans donner le jour à un fils ? Non, non, le Pi-pa-ki n'est pas un drame historique.

L'ÉDITEUR.

Arrêtez-vous un peu ; et, d'abord, puisque vous citez l'historien des Han, je vous dirai qu'il y a des traits de ressemblance entre ce personnage historique et le personnage de Tsaï-yong. N'avez-vous pas lu dans les annales que l'historien des Han avait des vertus domestiques, qu'il aimait son père, sa mère et ses ancêtres ? Mais voici le trait qui a fourni à Tong-kia le sujet de son drame. Il existait, sous la dynastie des Thang, un personnage appelé Tsaï, à qui l'on donna le commandement en chef d'un corps d'armée. Tsaï, dans sa jeunesse, et pendant qu'il était pauvre, avait pour ami le fils de Nicou-seng-jou. On dit qu'ils obtinrent ensemble le grade de docteur. A cette époque, Nicou-seng-jou exprima le désir que sa fille Ti-tseu devint l'épouse de Tsaï ; mais celui-ci, qui avait déjà une femme légitime nommée Tchao, rejeta la proposition d'un nouveau mariage, et persévéra dans son refus. Alors, pour lever ses scrupules, Nicou-seng-jou tâcha de gagner la confiance de Tchao, et lui parla de son projet ; Tchao n'y mit point d'obstacle. Cette affaire devint, sous la dynastie des Thang, le sujet de toutes les conversations. Tong-kia lut quelque part ce trait historique ; il en fut touché, et composa son drame.

LE LETTRÉ.

Je crois que cette anecdote est controuvée. Si Tong-kia eût voulu représenter dans son drame le commandant en chef des Thang, il aurait fait comme les poètes de la dynastie des Yoüen, il aurait écrit un drame historique, et l'aurait dit. Qu'avait-il besoin de s'en cacher ? Le nom du principal personnage du Pi-pa-ki est Tsaï-yong ; c'est une preuve que Tong-kia a voulu tracer le caractère de Wang-sse, et non point celui du commandant des Thang. Puis il a amené tant de personnages sur la scène ! l'histoire ne fait point mention de Li-tching, de Ou-kiaï, de Li-kiun yu, de Lo-tc-hi (*).

L'ÉDITEUR.

Il arrive tous les jours qu'un trait de l'antiquité fournit le sujet d'un tchouen-khi (drame historique) ; mais quand le pinceau du poète s'abaisse sur le papier, le sujet

(*) Personnages du Pi-pa-ki.

s'étend et se développe, les scènes changent d'aspect.

LE LETTRÉ.

Préférez-vous le Pi-pa-ki (histoire du luth) au Si-siang-ki (histoire du pavillon d'occident?

L'ÉDITEUR.

Quoiqu'on ait coutume de les réunir et de les publier ensemble, la supériorité du Pi-pa-ki est incontestable. Le Pi-pa-ki offre même deux genres de supériorité : la supériorité des sentiments et la supériorité du style. Il y a entre ces deux drames la différence qui subsiste entre le Koué-fong (première partie du Chi-king) et le Siao-ya (deuxième partie du Chi-king). Dans le Pavillon d'occident, les entretiens roulent sur le vent et les fleurs, la neige et la lune (sur une intrigue amoureuse). Dans l'Histoire du Luth, on ne parle que de justice et de piété filiale. Il est facile d'imiter le Si-siang-ki, difficile d'imiter le Pi-pa-ki. On a toujours regardé le Pi-pa-ki comme l'ouvrage le plus utile aux mœurs; malgré cela, les hommes d'aujourd'hui lisent le Si-siang-ki et le relisent sans cesse. Quant au Pi-pa-ki, c'est à peine s'ils daignent y jeter les yeux; ou bien, s'ils le lisent, ils ne le méditent plus comme on médite une belle leçon.

LE LETTRÉ.

C'est aussi parce qu'il y a des longueurs dans le Pi-pa-ki.

L'ÉDITEUR, avec vivacité.

Des longueurs! y songez-vous? Parce que le Si-siang-ki n'a que seize actes, on le trouve trop court, et l'on voudrait y ajouter des scènes; parce que le Pi-pa-ki a quarante-deux tableaux, on le trouve trop long, et l'on voudrait en retrancher plusieurs. Mais tout critique exercé sait très-bien qu'il n'est pas plus nécessaire de faire des additions au Si-siang-ki que des coupures au Pi-pa-ki. Si, parce qu'un canard a les jambes trop courtes, on voulait les allonger, on le mutilerait; et si, parce qu'une cigogne a le cou trop long, on voulait le raccourcir, on la tuerait. Qu'importe qu'un ouvrage soit long ou court? Le mérite n'est pas là.

LE LETTRÉ.

Vous regardez donc le Pi-pa-ki comme une œuvre parfaite?

L'ÉDITEUR.

Non; la perfection est un mérite qui n'appartient à personne. Il y a des défauts dans ce drame, et il y en a beaucoup; mais le plus capital de tous les défauts du Pi-pa-ki est que le ressentiment y domine. Madame Tsaï a de la haine contre le youên-waï, le youên-waï contre son fils, Tchao-ou-niang contre son époux, Nieou-chi contre son père;

Pe-kiaï (Tsaï-yong) hait sa réputation, ses succès littéraires, son avancement dans les charges, sa nouvelle épouse; puis il finit par se haïr lui-même. Et cependant l'on s'intéresse tour à tour à madame Tsaï, au youên-waï, à Tchao-ou-niang, à Nieou-chi et à Tsaï-yong : tant il est vrai que le Pi-pa-ki est une œuvre de génie.

LE LETTRÉ, souriant.

On ne s'intéresse guère à madame Tsaï.

L'ÉDITEUR.

On s'intéresse à cette femme, parce qu'elle est malheureuse, et que son infortune est attendrissante. Du reste, je conviens que son caractère est quelquefois outré.

LE LETTRÉ.

Que dites-vous du voleur qui a dérobé à Thong-pin le breuvage d'immortalité, et qui fabrique une lettre pour avoir un cadeau du tchouang-youên? Est-ce qu'un fils ne connaît pas l'écriture de son père? Est-ce que le youên-waï, qui savait écrire, et qui écrit lui-même son testament, dans le quinzième tableau, avait besoin de recourir à un étranger pour tracer une vingtaine de caractères? Que d'invraisemblances!

L'ÉDITEUR.

Cette scène est détestable. Et voyez comme une faute conduit à une autre! Tsaï-yong, qui ne reconnaît pas l'écriture de son père dans le dix-septième tableau, ne reconnaît pas celle de sa femme dans le vingt-quatrième.

LE LETTRÉ.

Le vingt-deuxième tableau n'est pas non plus à l'abri de la critique.

L'ÉDITEUR.

Distinguons. La première partie est d'une excessive médiocrité; j'en excepte toutefois la description de la pagode de Mi-to (Amida Bouddha), qui est un morceau plein d'érudition; mais la seconde partie étincelle de beautés.

LE LETTRÉ.

La scène la plus pathétique, à mon avis, est la dix-neuvième. Le monologue de Tchao-ou-niang est un chef-d'œuvre de style. Comme sa piété filiale est touchante! quelle profonde sensibilité (*)!

HOA-TSIÈN,

Ouvrage du huitième Thsaï-tseu.

Le *Hoa-tsièn* ou *l'Art d'aimer* est un poëme chinois, dans lequel on trouve tous les ornements du Wên-tchang ou du style élégant. Il existe une traduction anglaise de cet ouvrage, que

(*) Voy. le Pi-pa-ki ou l'Histoire du luth, p. 6-17.

M. Perring Thoms, alors typographe de la compagnie des Indes à Macao, fit imprimer dans cette ville en 1824. « C'est bien véritablement un poëme, dit M. Abel Rémusat, et, ce qui est plus remarquable, c'est un poëme narratif, ou une sorte de roman en vers de sept syllabes, genre de composition qui n'est pas commun à la Chine, et dont nous possédons peu d'exemples parmi les livres qui en ont été apportés. On attribue la composition de ce poëme à deux habitants de Canton; et quelques expressions du dialecte particulier de cette province, qu'on y rencontre, donneraient lieu de penser que cette indication n'est pas sans fondement. Le titre même du poëme peut devenir le sujet d'une remarque propre à faire connaître ce qu'on doit penser du style figuré des poëtes chinois. Les deux mots dont il est formé signifient : le premier, une fleur; et le second, une tablette, ou tout autre objet servant à écrire. Dans l'usage ordinaire, cette expression composée désigne le papier à fleurs d'or sur lequel on écrit des vers, des lettres, des pièces pour les compliments, etc. M. Thoms y a substitué un terme anglais (courtship) qui signifie, non pas *civilité*, comme on l'a traduit dans quelques journaux littéraires, mais l'action de *courtiser* ou de *faire la cour*, d'adresser des soins à une femme ou de la rechercher en mariage. Ce sens, quelque éloigné qu'il paraisse du premier, est aussi renfermé dans le mot *hoa-tsièn*, parce que le papier à fleurs sert dans toutes les occasions où l'on veut déclarer des sentiments ou exprimer des vœux dont l'union conjugale est l'objet.

Les trois premiers vers du poëme offrent un autre exemple de ces tournures énigmatiques qui passent, au goût des Chinois, pour des indications délicates, et qu'il serait tout à fait impossible de deviner, si l'on n'était averti des intentions du poëte par les notes des commentateurs. Le mot chinois qui veut dire *plaisir*, *amour*, *galanterie*, est un terme composé de deux radicaux qui, pris séparément, signifieraient *vent* et *lune*. La raison qui a fait prendre à cette expression composée la valeur qu'elle a dans l'usage ordinaire serait trop longue à rapporter; mais ce qu'il faut savoir, c'est que l'amour étant le sujet du roman en vers dont nous nous occupons, l'auteur s'est cru obligé d'en placer le nom dans son début, ce qu'il a fait de deux manières, savoir : en intercalant le mot *vent* dans son second vers,

Le VENT d'automne souffle devant lui le parfum du nénuphar blanc;

et le mot *lune* dans le troisième

On voit le croissant de la LUNE nouvelle, dont la lumière est pareille au reflet de l'eau;

et sous une forme encore plus enveloppée, dès le premier vers, où il dit :

Debout, appuyé sur la balustrade, on goûte la fraîcheur du soir.

Car si l'on s'en rapporte au commentateur, c'est la lune même qui est indiquée par les premiers mots du vers, et c'est au vent que se rapportent manifestement les derniers. Le traducteur anglais n'a, ni dans cet endroit ni dans les autres du même genre, tenu aucun compte de ces sortes d'allusions, et nous n'entendons pas lui en faire un reproche, car il eût été aussi difficile que superflu d'y avoir égard; et si nous nous y sommes arrêtés un instant, c'est qu'il nous a paru curieux de faire entrevoir à quel excès de subtilité s'était laissée entraîner une nation, aux yeux de laquelle des raffinements si puérils peuvent passer pour des agréments.

Ce n'est pas non plus un tort à relever dans la traduction de M. Thoms, que d'avoir presque partout substitué le terme propre à l'expression métaphorique qui y correspond dans l'original. Ce parti, qui détruit à la vérité la couleur poétique d'une foule de passages, est pourtant le seul qu'on puisse prendre quand on désire d'être entendu. Le mot *rouge* est en chinois synonyme de *beau;* mais dans toute autre langue on ne saurait conserver les sens accessoires qui résultent du rapprochement de ces deux idées. Le *jaspe* est l'emblème de la perfection et de la tendresse; l'*orient*, celui du mariage. Un *hôte oriental* est un gendre; et, par opposition, un hôte ordinaire se nomme un hôte *occidental*.

On dit qu'un jeune homme est *sous la fenêtre*, pour annoncer qu'il étudie; que deux personnes sont *de la même fenêtre*, pour indiquer que ce sont des condisciples; et de là le mot de *fenêtre* est devenu synonyme d'*étudiant*. Plusieurs milliers d'expressions de cette espèce, qui, le plus souvent, ne sont pas expliquées dans les dictionnaires, sont des ornements du style poétique qui doivent inévitablement disparaître dans l'imitation européenne d'un ouvrage chinois...

M. Thoms n'a pas voulu s'engager dans le détail presque infini des explications de ce genre; il s'est borné à rendre avec exactitude le sens du poëme, en tout ce qui concerne le récit des événements, la suite du dialogue, et les réflexions dont il est entremêlé. Considérée sous ce rapport, sa traduction mérite encore d'exciter quelque intérêt. Elle offre un petit roman, dont nous allons en peu de mots faire connaître la marche et les principaux incidents.

Un jeune étudiant, nommé Liang, tourmenté de ce désir de trouver une digne compagne, que les romanciers chinois ont coutume d'attribuer à leurs héros à peine adolescents, quitte la maison de sa mère pour venir demeurer chez sa tante à Sou-tcheou. Dans une course nocturne, au milieu d'un parc dont la description arrête fort longtemps l'auteur, il porte ses pas jusqu'au pavillon où deux jeunes filles, nièces de la maîtresse de la maison, s'amusaient, au clair de lune, à jouer aux échecs, ou plutôt à une sorte de jeu de dames. Les charmes de l'une de ces jeunes filles agissent sur le cœur de l'étudiant; il en devient éperdument amoureux. La belle Yao-sien, qui n'était venue dans cette maison que pour y passer quelques jours, à l'occasion de l'anniversaire de la naissance de sa tante, retourne bientôt chez son père, maintenant général, autrefois compagnon d'études du père de Liang. Celui-ci la suit dans le lieu de sa retraite; et, ne pouvant pénétrer jusqu'à elle, il fait l'acquisition d'une maison dont le jardin n'était séparé que par un mur de celui de Yao-sien. Introduit, à titre de parent, chez le père de sa maîtresse, il a l'occasion de voir des vers qu'elle a composés sur un sujet favori des poètes chinois, le branchage du saule pleureur suspendu au-dessus d'une pièce d'eau. Il y répond par d'autres vers sur le même sujet et les mêmes rimes. Rien n'est plus commun, dans les romans de la Chine, que ce moyen d'entrer en relation avec un objet aimé. L'idée vient promptement aux parents de Yao-sien de la donner en mariage au jeune voisin. On perce la muraille pour que les deux jardins n'en fassent plus qu'un. Cette disposition amène des entrevues et des rencontres, d'abord du jeune lettré avec la suivante de Yao-sien, ensuite des deux amants eux-mêmes; situation rare dans les ouvrages d'imagination, et dont la belle Yao-sien paraît sentir tout le danger, lorsqu'elle dit en rougissant : « Nous nous rencontrons sous les pruniers et au milieu d'un champ de melons. » Car ceux que l'on surprend au-dessous d'un prunier peuvent être soupçonnés d'avoir l'intention d'en cueillir les fruits, et ceux qui marchent au milieu d'une couche de melons ne manquent guère d'y souiller leur chaussure. La jeune fille adresse à son amant des reproches et des conseils remplis d'austérité; ce qui n'empêche pas que, dans une autre entrevue, elle ne se laisse lier par un serment, dont il prononce la formule, à n'être jamais l'épouse d'un autre. « Puissé-je, dit-il, si je romps mon engagement, puissé-je mourir, tomber pour jamais dans l'enfer, et ne plus rentrer dans le cercle de l'existence ! Puissiez-vous, si vous manquez à votre serment, perdre la vie dans le fleuve, et n'échapper qu'à peine au tranchant de la hache ! »

Des incidents divers retardent une conclusion qui paraît si prochaine. Le père du jeune étudiant lui a ménagé une autre alliance; celui de Yao-sien est choisi pour apaiser une révolte sur les frontières. Le premier de ces incidents amène des scènes de jalousie, telles qu'on en trouve dans tous les romans du monde; et le second, une suite d'événements qui ne peuvent avoir quelque vraisemblance qu'à la Chine. Le général Yang est cerné par les ennemis; Liang, parvenu en très-peu de temps au premier rang des lettrés, et devenu en conséquence ministre d'État, sollicite la commission d'aller délivrer le père de sa maîtresse, et il l'obtient ; car c'est une chose reconnue qu'un habile lettré ne peut être qu'un excellent homme de guerre. Celui-ci, toutefois, n'est pas heureux dans son entreprise : il se laisse entourer lui-même, et passe quelque temps pour mort ; ce qui fournit à Yao-sièn l'occasion d'exprimer sa douleur et de faire briller sa constance. L'autre épouse qu'on lui destinait se jette dans la rivière, et est sauvée par un officier. Cependant, un lettré, compagnon d'études de Liang, est nommé pour commander l'armée, et parvient à délivrer ses deux prédécesseurs. Tous trois reviennent victorieux à la cour, et y reçoivent des récompenses proportionnées à leurs services. Ils obtiennent le titre de *pe*, ou, comme s'exprime le traducteur anglais, *ils sont faits ducs*. Le jeune Liang n'éprouve plus d'obstacles pour épouser Yao-sièn ; et celle-ci, loin de s'opposer à ce qu'il accepte aussi cette seconde femme qui lui avait été destinée, est la première à l'engager à suivre, à cet égard, la volonté du souverain. Ce double mariage, qui doit combler les vœux d'un homme délicat et sensible, est l'un des dénoûments auxquels on a le plus souvent recours dans les romans chinois ; et cependant, en voyant la complaisance de sa première épouse, Liang ne peut s'empêcher de s'écrire : « Peu de femmes dans le monde sont capables d'un dévouement aussi vertueux ! »

Tel est le fond, assez commun, sur lequel le poëte a cherché à répandre les ornements de la poésie. Il a partagé son ouvrage en cinq livres, subdivisés en soixante chapitres assez courts. Le rhythme qu'il a choisi est celui des stances composées chacune de quatre vers de sept syllabes ; mais il ne s'est pas tellement asservi à cette mesure, qu'on ne trouve en beaucoup d'endroits des vers de six, de huit, de neuf et même de onze syllabes. Par une attention dont les étudiants doivent lui savoir gré, quoiqu'elle puisse rendre la lecture de sa traduction moins agréable aux gens du monde, M. Thoms s'est astreint à interpréter toujours chaque vers chinois par une ligne de prose. Le texte occupe le haut de la page, et la version, la partie inférieure. C'est le premier exemple d'un poëme chinois imprimé en original (*). »

PING-KOUEÏ-TCHOUEN,

Ouvrage du neuvième Thsaï-tseu.

Le *Ping-kouei-tchouen*, ou *le Récit de la victoire remportée sur les démons*, a été mis au rang de *Thsaï-tseu-chou*. Cet ouvrage n'est pourtant qu'un roman mythologique rempli d'extravagances et de puérilités. Excepté dans son dernier chapitre, l'auteur m'a toujours paru au-dessous du médiocre.

Voici le sujet du *Ping-kouei-tchouen :*

Sous la dynastie des Thang, vivait un bachelier dont le nom de famille était Tchong, le surnom Kouei, le titre honorifique tchin-nan. Ce bachelier, d'une étrange figure, avait la tête du léopard et la barbe du dragon ; mais, fortement appliqué à l'étude depuis son enfance, épris de la littérature ancienne, plein de goût pour l'éloquence, aimant les beaux vers, il s'était couronné de gloire au concours des docteurs. Nommé tchoang-vouên, il est admis dans le palais aux clochettes d'or (le palais impérial).

Malheureusement, l'empereur des Thang, Të-tsong, effrayé de la présence de Tchong-kouei, refuse de confirmer le choix honorable qu'on a fait : « Non ! s'écrie-t-il, je ne puis me résoudre à prendre pour ministre le nouveau tchoang-vouên ; il est trop laid. » Tchong-kouei se permet alors d'adresser à Të-tsong quelques représentations : « Je demande si, dans le choix d'un ministre, la beauté du visage... » « Gardes, qu'on l'arrête ! » interrompt l'empereur d'une voix tremblante. Tchong-kouei, transporté de colère, tire son glaive et met fin à ses jours.

Après cette catastrophe, l'empereur revient peu à peu de son épouvante ; son cœur se ranime. Sentant qu'il a commis une injustice, et voulant user

(*) Nouveaux Mélanges asiatiques, ou Recueil de morceaux de critique et de mémoires, par M. Abel Rémusat, t. Iᵉʳ, p. 338-345.

des belles prérogatives dont il jouit comme fils du ciel, il comble le spectre de Tchong-koueï d'honneurs, de distinctions, et le charge d'exterminer tous les démons qui infestent son empire. Le spectre obéit, pénètre jusqu'au centre de la terre, et informe le roi des morts du mandat qu'il a reçu.

On connaît l'affabilité du souverain des enfers(*); Tchong-koueï est accueilli par ce monarque de la manière du monde la plus civile et la plus obligeante. Pour lui faciliter sa tâche, on lui adjoint deux compagnons d'une valeur à toute épreuve, Han-youên et Fou-khiue. Si le début de l'ouvrage est un peu ridicule, le chapitre qui nous représente le souverain des enfers investissant Tchong-koueï et ses compagnons d'un pouvoir surnaturel, ne manque pas d'un certain intérêt.

Tchong-koueï, Chen-youên et Fou-khiue sont donc les trois personnages principaux du roman; ils quittent les régions inférieures, apparaissent tout à coup sur la terre, et ne tardent pas à se mettre en campagne. Les démons du Ping-koueï-tchouen, comme on doit s'y attendre, ne sont pas des êtres inoffensifs qui se laissent exterminer sans défense; ils livrent des combats terribles; à chaque moment, Tchong-koueï et ses compagnons sont exposés aux plus affreux dangers : mais ce qui diminue singulièrement l'intérêt, c'est qu'ils ne s'en tirent pas toujours, comme les héros du San-koûe-tchi, par des prodiges de valeur, d'intrépidité ou de constance, mais trop souvent par des prodiges de magie.

Le dernier chapitre doit produire un grand effet à la Chine: c'est celui où l'auteur, après avoir fait parcourir aux trois principaux personnages que j'ai nommés, une série d'aventures plus ou moins étranges, les ramène tous les trois dans l'enfer, victorieux des démons. Tchong-koueï et ses compagnons y découvrent Wang-mang, Tsao-tsao, Tong-tcho, le Turc Ngan-lo-chan, l'impératrice Liu-heou, la courtisane Yang, une foule d'hommes et de femmes célèbres. Tous ces personnages font l'entretien de Tchong-koueï avec le roi des enfers, qui joue exactement le même rôle que Virgile dans la *Divine Comédie*.

Le *Ping-koueï-tchouen* n'a pas encore été traduit.

PE-KOUEÏ-TCHI,
Ouvrage du dixième Thsaï-tseu.

Le *Pe-koueï-tchi*, ou l'*Histoire du sceptre de jade*, est une production plus estimable à beaucoup d'égards que le *Ping-koueï-tchouen*; le merveilleux y entre aussi, mais il y entre moins.

Nous transcrirons ici le premier chapitre de cet ouvrage, qui n'a pas encore été mis en français :

Prologue ou premier chapitre du Pe-koueï-tchi.

Sous la dynastie des Ming, au village de Siao-meï, situé dans le district de Ki-choui, département de Ki-ngan, province du Kiang-si, vivait dans l'opulence un excellent homme, dont le nom de famille était Tchang, et le titre honorifique Yng-tchouen. Il voyageait dans la province du Hou-nan, accompagné de ses deux fils, Touan-heng-thsaï et Kao-kouen-chan.

Yng-tchouen mourut presque subitement. Les deux fils emportèrent avec eux le cercueil de leur père; mais à peine avaient-ils fait deux ou trois milles, que tout à coup le char se brise au pied du mont Yang-chan et que le cercueil tombe. Chose plus extraordinaire, malgré les efforts de vingt à trente personnes accourues sur les lieux, on ne parvint jamais à relever le corps du défunt. Touan et Kao n'ayant plus qu'un parti à prendre, ce leur fut une nécessité d'acheter le terrain, qui servit à l'inhumation du corps. Ils s'acquittèrent des devoirs que les rites leur imposaient; puis, au bout de trois ans, quand le temps du deuil fut expiré, ils s'en retournèrent dans leur pays pour y vivre avec leur mère, qui était de la famille Li. Cette femme vénérable leur adressa la recommandation suivante: « Mes enfants, quand je serai morte, je veux que l'on transporte mon corps dans le tombeau de votre père. » Les deux fils s'inclinèrent respectueusement, et, à quelque temps de là, ils

(*) Voy. plus haut, p. 422.

conduisirent le cercueil de leur mère dans le Hou-nan, au pied du mont Yang-chan.

Ce fut alors que Tchang-kao, qui était le cadet, dit à son frère aîné Tchang-touan : « Les précieuses dépouilles de mon père et de ma mère sont ici, mais d'ici à notre village natal il y a une grande distance; mon intention est de fonder un établissement auprès de cette montagne ; je ne manquerai pas d'offrir à mes parents les sacrifices funèbres, d'arracher des sépultures les herbes et les broussailles. D'un autre côté, les tombeaux de nos ancêtres sont à Ki-choui : pouvons-nous abandonner les tombeaux de nos ancêtres ? Non, il vaut mieux que mon frère retourne à Ki-choui, et que je demeure, moi, jusqu'à la fin de mes jours dans le Hou-nan. C'est assurément l'unique moyen de concilier nos devoirs ; nous serons liés aux auteurs de nos jours comme l'arbre est uni à sa racine, le ruisseau à sa source. » Tchang-touan accueillit avec enthousiasme cette proposition. Sur ces entrefaites, les deux frères se séparèrent.

Ils étaient riches, animés des sentiments les plus nobles, les plus généreux; car Tchang-touan, à ce qu'on rapporte, outre qu'il avait toujours montré une intelligence très-vive, s'était encore fait de la charité une louable habitude. Il aimait les orphelins, les pauvres; et quand la récolte était abondante, il amassait des grains pour soulager la misère dans les années stériles. Tous les hommes du pays, sans distinction, touchés de ses bienfaits et des éminentes qualités de son cœur, l'appelaient du titre honorifique de Youên-waï, titre qu'on n'accorde qu'aux mandarins. Il avait épousé Ho-chi, fille de Ho-vu-kong, originaire du village de Tsi-thong, homme célèbre dans toute la contrée par sa piété filiale et l'intégrité de ses mœurs. Ho-vu-kong avait deux filles : la femme de Tchang-touan était l'aînée ; quant à la cadette, elle s'était mariée, dans le village de Pe-yun, à un homme dont le nom de famille était Hia, le surnom Song, et le titre honorifique Mong-hien...

Or, nous dirons que Tchang-touan avait une fortune immense, un grand nombre de fermes, de maisons de campagne ; et comme pendant treize années consécutives la récolte des céréales avait été abondante, il en résultait que les grains s'étaient, pour ainsi dire, amoncelés dans ses greniers. Cependant une grande sécheresse survint inopinément; les chaleurs tarirent les fontaines, les étangs, les sources ; la terre perdit sa fécondité. Pour cette fois, les habitants n'en souffrirent guère ; mais l'année suivante, loin de ramener des jours meilleurs, fut plus désastreuse encore. On n'avait devant les yeux que le spectacle de la famine. Tchang-touan distribua aux pauvres ses grains et ses réserves. De tous les villages, des plus proches comme des plus éloignés, on accourait vers lui ; c'était dans sa maison que la faim était rassasiée.

Tchang-touan avait atteint sa quarantième année, et n'avait pas d'enfants. Un jour qu'il s'était reposé sur un lit, il crut voir en songe un personnage extraordinaire, couvert d'une belle armure, et tenant à la main un étendard rouge. Ce personnage, qui avait un air majestueux, lui dit d'un ton de voix plein de douceur : « Touan, vous étiez condamné à mourir sans postérité, mais le souverain seigneur du ciel (le Dieu des Tao-sse) ayant examiné tous vos mérites, qui sont immenses, revient aujourd'hui sur cet arrêt. » Tchang-touan, tremblant d'effroi, se réveilla dans une agitation extrême, et fit part à sa femme du songe qu'il avait eu. « Je ne m'en étonne pas, s'écria Ho-chi, car il y a déjà plusieurs jours que j'ai commencé à sentir des mouvements inaccoutumés; toutes ces choses présagent une grossesse. » Après un tel événement, les deux époux s'abandonnèrent à la joie.

Ho-chi mit au monde un fils. La nature avait doué cet enfant d'une merveilleuse beauté. Au moment de sa naissance, une odeur extraordinaire, mais plus agréable que les parfums, se répandit dans toute la maison. Pendant l'hiver de l'année suivante, elle donna le jour à une fille. Le fils prit pour surnom Pong-tsou, pour titre honorifique Thing-choui ; la fille prit pour surnom Lan-yng; comme son frère, elle se distinguait des autres enfants par ses qualités naturelles.

Un jour, dans un de ces moments où Tchang-touan jouissait d'un honnête loisir, on vint lui annoncer la visite d'un étranger. Touan se leva sur-le-champ, et sortit pour aller à sa rencontre. C'était un homme fort jeune encore, modestement, simplement vêtu, d'une physionomie riante, très-gaie et très-ouverte. Après les compliments d'usage, quand il se fut assis dans le salon, Tchang-touan dit à son hôte : « Quels motifs, monsieur, vous amènent ici ? » Or, il faut savoir que cet étranger avait le même nom de famille que Tchang-touan, et que, par conséquent, il était véritablement son frère. Son surnom était Hong, son titre honorifique Yŏ-sieou. Amateur de voyages, il avait navigué, au gré du vent, sur les fleuves et sur les lacs ; après avoir couru bien des pays, sans pouvoir se fixer dans aucun, il retournait à petites journées dans son village.

Tchang-touan offrit une collation à son hôte. Pendant qu'ils étaient à table, Touan remarqua que Hong était circonspect, modéré, sage, très-retenu dans ses discours ; il en fut charmé, et contracta avec lui une amitié sincère : mais Hong n'était, au fond, qu'un hypocrite. Cette amitié s'accrut encore avec le temps, au point qu'un jour Tchang-touan dit à son ami : « Hia-song, mon beau-frère, a son domicile dans l'arrondissement de Sou-tcheou ; il est devenu opulent ; il faut que je vous introduise dans la maison de mon frère. Qui sait ? Par la suite, vous pourrez y établir votre fortune. » Hong, au comble de la joie, remercia Tchang-touan. « Ah ! s'écria-t-il, si je recevais un tel témoignage de votre estime et de votre confiance, que me faudrait-il de plus, et que manquerait-il à mon bonheur ? » Sur quoi, Tchang-touan écrivit une lettre d'introduction qu'il remit à Hong, en y joignant, à titre de présents, quelques taels pour sa route.

Au moment de s'éloigner, Hong, après avoir achevé ses derniers préparatifs, revint pour prendre congé. Les deux amis passèrent un certain temps à causer et à boire quelques tasses ; leur entretien s'anima insensiblement. « Mon frère aîné, dit Hong en riant, il ne convient pas que j'entreprenne le voyage de Sou-tcheou ; croyez-moi, il y a une chose que vous n'aimez pas, que vous ne souffrirez jamais, c'est la solitude. Comment ? vous, que j'ai tant cherché... Ah ! mon frère, venez donc avec moi ; je vous jure que vous trouverez dans votre voyage mille agréments. » Tout à coup Tchang-touan pensa à Hia-Song, dont il était séparé ; il laissa un moment errer son imagination, accepta l'offre qui lui était faite, et se mit en route avec Hong, sans emmener un seul domestique.

Il n'y avait pas plus d'un mois qu'ils étaient partis, quand ils arrivèrent à Sou-tcheou. Les deux amis s'installèrent dans la maison de Hia-song, où ils furent accueillis cordialement, et de la manière du monde la plus obligeante. Comme il y a de belles promenades autour de Sou-tcheou-fou, Tchang-touan s'y plut pendant quelque temps ; mais il finit par s'en lasser. Sa belle-sœur, voyant qu'il était ennuyé de tout, en parla à Hia-song, et le jour du départ fut fixé. On transporta les bagages sur un bateau qui devait toucher à Ki-choui. Tchang-touan et Hong s'embarquèrent, après avoir fait leurs adieux. On les prenait dans le bateau pour les deux frères.

Mais Hong remarqua que Tchang-touan avait dans sa valise une immense quantité de perles et des bagues (cheou-tchouen) d'une grande valeur. Tant de rares objets avaient excité la convoitise de ce misérable ; il conçut, pendant le voyage, l'abominable dessein de tuer son bienfaiteur et son ami. Au bout de quelques jours on arriva à Nan-khang ; Hong ordonna au patron de la barque de se tenir à l'ancre ; quant à lui, il descendit du bateau, entra dans la ville, y acheta du vin, de la viande, des légumes, et finalement du poison qu'il cacha dans la manche de son habit. Approvisionné de la sorte, il retourna dans le bateau, et apprêta un repas auquel il invita Tchang-touan. On se mit à table. « Mon frère, observa Hong avec une insigne perfidie, je crois que le vin est pernicieux à votre santé ; il faut boire à petits traits, à petits traits. » — « Comment donc, répondit Tchang-touan, est-ce de cette façon que l'on boit avec ses amis? Ne suis-je pas dans la force de l'âge? Qu'ai-je à craindre? » — « Tant mieux, répliqua Hong. Quant à moi, je veux boire aujourd'hui plus que de raison. » Après avoir ainsi parlé, les deux amis remplirent leurs tasses. C'était un pauvre buveur que Tchang-touan; aussi les vapeurs du vin lui montant à la tête, il s'appuya sur la table et finit par s'endormir. Comme il avait laissé du vin dans sa tasse, Hong profita de ce moment pour y verser le poison. « Mon frère! mon frère! cria-t-il, c'est assez pour vous; achevez votre vin, et nous irons nous reposer. » Touan l'avala d'un trait. Hong alors disposa une natte sur laquelle Tchang-touan s'étendit; puis il alla lui-même se coucher dans une cabine, sur l'avant de la barque, où il fit semblant de dormir. Quelques instants à peine s'étaient écoulés, que Tchang-touan se mit à pousser d'horribles cris. « Oh! que je souffre! je me meurs, je me meurs! » disait-il. Hong, qui était sur l'avant, ne répondit pas. Le patron de la barque, rempli d'effroi, accourut au secours de Touan; mais voyant que le sang de ce malheureux jaillissait des *sept orifices* de sa tête, il sortit avec précipitation de la cabine pour réveiller Hong. Quand Hong à son tour s'approcha de Tchang-touan, celui-ci avait cessé de vivre.

Cependant Hong s'élança sur le pont, comme un homme frappé de vertige; il ne cessait de crier : « Au secours! au secours! » Et quand les marchands, dans la compagnie desquels il se trouvait, lui demandèrent la cause d'une telle agitation et d'une telle douleur, « Ah! leur répondit-il, le chef du bateau vient à l'instant même d'assassiner mon frère. Il s'est ensuite précipité sur moi; j'ignore, en vérité, comment j'ai pu échapper à ses coups. » Les marchands descendirent dans la cabine qu'il indiqua du doigt, et reconnurent que Tchang-touan était mort. « Dans mon infortune, continua Hong, puis-je, messieurs, vous assigner comme témoins à charge?... »

Toutefois le batelier protestait de son innocence; il était entouré des marchands, lorsqu'un homme, d'un vénérable aspect, prit sur-le-champ la parole : « Messieurs, leur dit-il avec le plus grand calme et l'accent de la vertu, il y a bien longtemps que je connais le maître de cette barque; j'ose vous affirmer qu'il est inaccessible à toutes les convoitises, incapable de commettre un meurtre. Réfléchissez, messieurs, à l'instabilité des choses humaines; elles changent comme le temps; nous passons quelquefois du matin au soir par beaucoup de vicissitudes. Gardez-vous d'accuser à tort un homme innocent! » A ces paroles, Hong, affectant de revenir sur ce qu'il avait dit, répliqua vivement : « Je vois, monsieur, que vous êtes un homme d'un caractère honorable, et je me désiste de ma plainte. Hélas! songez au coup terrible, imprévu, qui vient de me frapper. Dans mon saisissement, j'ai formé, j'en conviens, une accusation fausse; mais si je n'eusse pas cherché à venger la mort de mon frère, comment aurais-je pu soutenir les regards de ma belle-sœur? » En achevant ces mots, il se jeta sur le cadavre de Tchang-touan pour l'embrasser, et versa des larmes en abondance; les assistants émus l'arrachèrent à ce douloureux spectacle.

Le lendemain, Hong entra dans la ville et y acheta un magnifique cercueil, dans lequel il plaça le corps de Tchang-touan. Après avoir mis la main sur les perles et sur les bagues, il revint au milieu des voyageurs, sans proférer une seule parole... Enfin on arrive à Ki-choui. Hong descend du bateau, et s'achemine vers la maison de Tchang-touan pour y annoncer la fatale nouvelle. A ce moment, la femme de Tchang-touan, Ho-chi, était assise dans une salle où elle prenait un peu de repos. Quand elle vit que Hong revenait à la maison vêtu de blanc, elle s'approcha de lui et versa des larmes. Hong se prosterna jusqu'à terre, puis, éclatant en sanglots : « Ah! ma sœur, s'écria-t-il, un coup funeste a enlevé mon frère à mes côtés, sans qu'auparavant il ait été atteint de la moindre indisposition. » A peine avait-il achevé ces paroles, que la malheureuse femme tomba évanouie. Elle revint à elle, avec les soins et les attentions de Hong;

mais son âme était brisée, et l'on ne pourrait exprimer la douleur qu'elle ressentit. Hong, suivi d'un domestique, alla recevoir le cercueil de Tchang-touan. Quel sujet de tristesse et de regrets! Quand on apprit la nouvelle de sa mort, la consternation fut générale.

Cependant tous les parents, tous les alliés du défunt, quand on parlait de Hong, ne tarissaient pas sur ses qualités, sur ses vertus : « C'est un bon, un excellent homme, » disaient-ils. Après la cérémonie des funérailles, Ho-chi elle-même, dont la douleur était inconsolable, s'imagina qu'elle n'avait rien de mieux à faire que de livrer à Hong l'administration de sa fortune. Celui-ci devint donc l'intendant général de la maison; terres, herbages, fermes, maisons de plaisance, il régissait tout. Cette administration, on le pense bien, ne laissait pas que d'être lucrative pour Hong. Deux ans à peine s'étaient écoulés, qu'il figurait assez bien dans le monde; il avait une femme, des esclaves, des champs, une jolie maison de plaisance. Pendant son séjour dans le Hou-nan, il avait entretenu des liaisons criminelles avec la concubine d'un habitant du pays; il lui était né de ce mauvais commerce un fils qu'il avait fait venir à Ki-choui et qu'il comblait d'affection. Comme cet enfant avait les yeux très-beaux, il lui donna le surnom de Meï-yŭ (beau comme le jade).

Mais laissons pour un moment Hong, et parlons de Ho-chi. Le temps n'avait pas amorti son affliction. Un jour qu'elle se trouvait par hasard sur les marches de l'escalier extérieur, elle aperçut un petit char de voyage dans lequel une jeune femme était assise, puis un homme qui marchait derrière le char. On s'arrêta devant la porte. Or, la jeune femme, c'était l'épouse de Hia-song, la sœur cadette de Ho-chi; l'homme, c'était Hia-song lui-même. Ils venaient tous les deux de Sou-tcheou-fou. Après qu'ils furent entrés dans le salon, Ho-chi s'approcha de la femme de Hia-song, et remarqua que des larmes coulaient de ses yeux. « Ah! ma sœur, dit celle-ci, que je suis à plaindre! Hier, à l'embouchure du fleuve, un vent terrible enfla tout à coup la grande voile du bateau; je tenais entre mes bras mon fils, qui n'était âgé que de trois ans : hélas! emportée par un tourbillon, les bras m'ont manqué, et le pauvre enfant est tombé dans le fleuve. Un batelier plein d'ardeur accourut à notre secours; quant à moi, je lui dois la vie: mais mon enfant, j'ignore ce qu'il est devenu; peut-être qu'il a été enseveli dans le ventre d'un poisson. » En achevant ces mots, elle pleurait amèrement. Hia-song essaya de calmer son chagrin; hélas! les deux sœurs se jetèrent dans les bras l'une de l'autre et confondirent leurs larmes. On ne pouvait les séparer. Cependant, un homme de l'équipage fut introduit dans la salle, et annonça qu'on allait mettre à la voile. Hia-song et sa femme furent contraints de partir à l'instant même. Quand ils se trouvèrent sur les marches du grand escalier, Ho-chi leur renouvela ses recommandations et leur donna mille marques de son attachement.

Ce n'est pas tout. Dans le district de Sing-tseu, du département de Nan-khang, vivait un homme dont le nom de famille était Wou, le surnom Yng, et le titre honorifique Fang-chan. Naturellement studieux, parvenu très-jeune au doctorat, il avait été nommé gouverneur de Tchang-tcheou dans la province du Fŏ-kien, et s'était acquitté des devoirs de sa charge avec une grande probité et un désintéressement rare. Il avait atteint sa soixantième année, et n'avait point d'enfants ni de sa première femme Lieou-chi, qui était morte à la fleur de l'âge, ni de Sun-chi, qu'il avait épousée en secondes noces. Fang-chan, se trouvant donc seul, sans famille, mais avec une fortune assez digne d'envie, forma la résolution d'abdiquer sa charge pour s'abandonner aux douceurs du repos. Il présenta un placet à l'empereur, obtint sa retraite comme sexagénaire, hâta son départ, et ne s'occupa plus que des préparatifs du voyage.

Il naviguait donc sur le fleuve et s'en retournait dans son pays natal, lorsqu'il aperçut une troupe de pies. Elles nageaient avec une grâce singulière, et portaient sur leurs ailes un objet dont on ne distinguait pas très-bien la nature ; tout à coup, au sein des airs, retentit le concert des oiseaux : « Saisissez-vous, si vous pouvez, de cet objet mystérieux, » dit Fang-chan au batelier. Finalement qu'était-ce que cet objet ? Un petit enfant qui pouvait avoir environ trois ans, mais dont la beauté extraordinaire charma tous les cœurs. Fang-chan le prit dans ses bras, et s'écria, transporté de joie : « C'est un enfant que le ciel m'accorde. » Puis, voulant lui donner un nom, il l'appela Khi-eul « l'enfant du miracle, » et l'emporta à Nan-khang, où il l'éleva avec beaucoup de soin. Or, il faut savoir que cet enfant était le fils de Hia-song, celui que Sun-chi avait tant aimé. On lui donna plus tard un précepteur qui lui apprit à lire. Il devint un prodige de mémoire et surpassa l'espérance de son père, car à Nan-khang on le regardait comme le fils de Fang-chan.

Nous ne sommes pas à la fin de l'histoire. Le temps s'écoule ; déjà Thing-choui, fils de Ho-chi, et Meï-yü, fils de Hong, avaient atteint l'âge de sept ans, lorsque celui-ci confia leur éducation au plus habile maître du district. Le nom de famille de ce précepteur était Tchin, son surnom Të-thsao. Il établit donc une école particulière dans la maison de Ho-chi ; Lan-yng, sœur cadette de Thing-choui, assistait aux leçons. Cette petite fille ne portait pas de pendants d'oreille comme les autres, elle ne portait même pas le costume de son sexe ; et quoiqu'elle eût été soumise à la compression des ligatures, ses jolis souliers, habilement faits, dérobaient aux regards la petitesse de ses pieds. Aussi disait-on communément qu'elle avait le corps d'une femme et l'intelligence d'un homme. Dans le district, beaucoup de gens ne savaient pas que Lan-yng était une fille.

Nés avec des dispositions heureuses, les trois élèves ne cessèrent de se livrer à l'étude. L'application, le discernement, la docilité, d'autres qualités encore, leur valurent des succès précoces ; Tching en était ravi. Après trois années, les trois élèves excellaient à composer en vers et en prose ; et comme on annonça l'ouverture des examens dans le district, Tching ordonna à Thing-choui et à Meï-yü de concourir pour le premier degré ; la jeune fille, de son côté, résolut d'affronter les épreuves du concours.

On apprendra dans le chapitre suivant ce qui advint à Lan-yng, quand elle se présenta devant les examinateurs (*).

ÉCRIVAINS DU SECOND ORDRE.

Après les Thsaï-tseu, nous parlerons des écrivains du second ordre.

« Les Chinois, dit le traducteur français du Lao-seng-eul (**), ont des romans de tous les genres. Romans à aventures, romans de caractère, romans historiques ; recueils d'anecdotes et de nouvelles ; romans dialogués ; contes moraux, contes obscènes ; histoires merveilleuses ; leurs auteurs ont, comme les nôtres, tout observé, tout peint, tout raconté. » Néanmoins, s'il n'y a pas de nation dans le monde chez laquelle on trouve tant de romans, tant de nouvelles, la vérité est que les ouvrages de ce genre y sont mis à l'index, flétris quelquefois, comme le Kin-p'hing-meï, par les cours souveraines de Pé-king, prohibés par les statuts, exclus des bibliothèques publiques.

C'est ainsi que la bibliothèque impériale, fondée par Khien-long, et qui contient 180,000 volumes, ne renferme pas un seul monument de la langue vulgaire.

C'est ainsi qu'on trouve dans les grandes bibliothèques une foule d'excellents livres pour lesquels on a beaucoup d'estime, mais qu'on lit rarement ; tandis que les ouvrages qu'on aime à lire ne s'y trouvent jamais.

Il n'existe pas à la Chine, pour l'histoire du théâtre, des romans, des ouvrages d'imagination, un répertoire analogue au Wen-hien-thong-kao, de Ma-touan-lin, où l'on voit énumérés, jugés et classés tous les écrivains qui se sont servis de la langue savante ; et quand M. Abel Rémusat annonçait dans sa grammaire un tableau *complet* de la littérature chinoise, l'illustre orientaliste promettait bien au delà de ce qu'il pouvait donner.

(*) Cet ouvrage a été composé sous la dynastie actuelle.
(**) M. Bruguière de Sorsum,

A défaut de notices, nous nous bornerons donc à un aperçu, à une mention rapide des ouvrages qui ont été traduits. Notre plan est restreint, et l'on trouvera peut-être que la littérature occupe déjà trop de place.

Les ouvrages que les Chinois comprennent sous la dénomination de *Siao-choue* se partagent en deux classes; on peut ranger dans la première les *Ta-tchouen* (romans); dans la seconde, les *Siao-tchouen* (contes et nouvelles). Commençons par les *Ta-tchouen*.

Des romans chinois.

On distingue, à la Chine, trois espèces de romans; ce sont:

1° Les romans historiques;
2° Les romans mythologiques;
3° Les romans de mœurs.

De tous les romans historiques, le *San-koue-tchi*, ou l'*Histoire des Trois Royaumes*, dont j'ai déjà parlé, est incontestablement le premier et le plus beau. « Mais, dit M. Théodore Pavie, l'Histoire de la Chine presque tout entière a été mise en roman. Comme toutes les nations arrivées à un certain raffinement de civilisation; comme celles aussi chez qui le sentiment du passé est plus vif que l'instinct de l'avenir, la nation chinoise a, au plus haut degré, la passion des petites chroniques et de la littérature facile, qui lui retracent son histoire sous une forme agréable à saisir (*). » L'observation de M. Pavie est exacte; je remarquerai cependant que le style des romans historiques est en général fort élevé, assez concis, et n'offre presque jamais les formes du langage habituel. Je crois que l'*Histoire des Song* et l'*Histoire des Thang* sont, après le *San-koue-tchi*, ce qu'on possède de mieux en ce genre.

On connaît moins les romans mythologiques. Le plus considérable de tous, celui que les Chinois regardent comme un chef-d'œuvre et placent au nombre des *quatre grands livres merveilleux* (Sse-ta-y-chou), est sans contredit le roman bouddhique intitulé *Si-yeou-ki*, ou *Voyage dans l'Occident* (c'est-à-dire dans l'Inde). M. Théodore Pavie

en a tiré deux épisodes: le *Bonze sauvé des eaux* et le *Roi des dragons*. Dans un autre temps, on aurait pu s'arrêter au roman mythologique; mais quand un professeur célèbre a mis à notre portée la relation originale qui en a fourni le sujet, relation où l'on trouve l'exactitude historique à côté des récits légendaires, on renonce à parler du *Si-yeou-ki*. Le *Voyage de Hiouen-thsang dans l'Inde*, traduit du chinois par M. Stanislas Julien, est peut-être le plus beau monument de la philologie orientale, indépendamment du grand intérêt qui s'y attache. Une telle publication exigeait des travaux préparatoires, au moyen desquels l'étude du chinois a été assujettie à une méthode exceptionnelle et soumise à des procédés nouveaux, dont la découverte appartient au savant traducteur.

Il y a loin du petit roman intitulé *Blanche et Bleue*, ou *les Deux Couleuvres-fées*, publié par M. Stanislas Julien en 1834, au *Voyage de Hiouen-thsang dans l'Inde*. Toutefois j'en dirai un mot ici, parce que cet ouvrage rentre dans la classe qui nous occupe, et fournit un très-curieux échantillon des romans mêlés de merveilleux et de féeries. Voici le sujet de *Blanche et Bleue*:

« Blanche est une femme que Foë (le Bouddha des Indiens) a fait passer dans le corps d'une couleuvre blanche, pour expier, pendant des siècles, les fautes de sa vie antérieure. Au bout de dix-huit cents ans, ce dieu décide que l'astre Wen-sing (l'astre de la littérature) descendra sur la terre, où il doit parvenir aux plus hauts honneurs. En conséquence, il permet à Blanche de reprendre un corps humain, et d'épouser Han-wen, afin de donner le jour à l'astre Wen-sing, qu'il veut récompenser d'une manière éclatante. Pendant plusieurs années Blanche est exposée aux plus grands périls; il lui arrive même une fois de perdre la vie; mais comme de hautes destinées se rattachent à son existence, Bouddha ordonne à un dieu placé sous ses ordres de la protéger lorsqu'elle est en danger de périr, et de lui communiquer son souffle divin, après que la vue du génie de l'astre Nân-sing l'a fait mou-

---

(*) Introduction à l'Hist. des Trois Royaumes, t. Ier, p. 52.

rir de frayeur. Enfin, après beaucoup de vicissitudes où domine toujours le merveilleux, Blanche arrive au terme de sa grossesse : une lumière brillante illumine toute la maison, et l'astre Wen-sing descend dans le monde.

« Dès ce moment le rôle de Blanche est accompli ; et comme elle n'avait pas encore expié toutes ses fautes lorsque Bouddha la choisit pour être, à l'égard de l'astre Wen-sing, l'instrument de ses desseins, il ordonne au religieux Fa-haï de l'ensevelir sous la pagode de Louï-pong. Vingt ans après, lorsque Blanche a rempli la mesure de ses souffrances, Fa-haï vient la tirer de sa prison, et l'élève au séjour des dieux. »

L'histoire de *Blanche et Bleue* remonte à une époque peu éloignée de nous. La préface, rédigée par un ami de l'auteur, porte la date de 1807. C'est le premier roman de ce genre qui ait paru en Europe.

On a pu juger des romans de mœurs par les extraits que j'ai donnés du Haokhieou-tchouen, du Yu-kiao-li, du P'ing-chan-ling-yen, du Pe-kouëi-tchi ; il me paraît inutile de revenir sur les tableaux de la société chinoise, d'énumérer tous les romans que l'on trouve dans notre Bibliothèque nationale ; mais je ne puis omettre le plus étendu et le plus licencieux de tous, le Kin-p'hing-meï, qui parut pour la première fois en 1695, et qui n'a pas moins de cent livres. C'est au sujet de ce roman que M. Abel Rémusat, dans une note de sa traduction du livre des *Récompenses et des peines*, p. 58, dit : « Malgré la sévérité des lois et les perpétuelles déclamations des moralistes et des sectaires, la corruption des mœurs est aussi grande à la Chine qu'en toute autre contrée. A la vérité, la plupart des écrivains poussent la modestie des expressions jusqu'à l'affectation la plus ridicule. Mais il y a aussi un bon nombre d'ouvrages où règne le cynisme le plus révoltant. Nous avons ici un recueil qui peut être mis, sous ce rapport, à côté de Pétrone et de Martial. Je dois convenir pourtant que le lien conjugal n'y est presque jamais un objet de sarcasme ou de dérision. On pourrait en tirer une conséquence favorable aux mœurs nationales, s'il en était de même dans le Kin-p'hing-meï, roman célèbre qu'on dit au-dessus, ou pour mieux dire au-dessous de tout ce que Rome corrompue et l'Europe moderne ont produit de plus licencieux. Je ne connais que de réputation cet ouvrage, qui, quoique flétri par les cours souveraines de Péking, n'a pas laissé de trouver un traducteur dans la personne d'un des frères du célèbre empereur Ching-tsou, et dont la version que ce prince en a faite en mandchou passe pour un chef-d'œuvre d'élégance et de correction. »

Néanmoins, j'ai voulu montrer dans le siècle des Youên qu'on pouvait, sans pécher contre la bienséance, faire passer dans notre langue quelques pages du Kin-p'hing-meï. Voici le morceau que j'en ai tiré, et que j'abandonne au jugement du lecteur.

Histoire de Wou-song et de Kin-lièn.

(Extrait du premier chapitre du
Kin-p'hing-mei.)

« ..... Mais, je ne me trompe pas, s'écria Wou-ta, c'est mon frère !

— « Comment donc ? vous dans cette ville ! dit Wou-song, après avoir salué Wou-ta. Je ne m'attendais guère à vous rencontrer ici.

— « Ah ! mon frère, depuis plus d'un an que nous sommes séparés, pourquoi ne m'avez-vous pas écrit ? En vous voyant, je ne puis dissimuler ni mon ressentiment ni mon affection : mon ressentiment, quand je pense à tous vos désordres ; toujours dans les cabarets, toujours frappant, tantôt celui-ci, tantôt celui-là ; toujours des démêlés avec la justice. Je ne me souviens pas d'avoir joui un mois du calme et de la tranquillité. Que de soucis ! que d'amertumes ! que de tribulations ! Oh ! quand je pense à cela, je ne vous aime pas. Mais voulez-vous savoir quand je vous aime ? Écoutez-moi. Les habitants du district de Tsing-ho ne sont pas d'un caractère facile ; vous les connaissez. Ces gens-là n'ouvrent la bouche que pour dire des sottises. Après votre départ, ils m'ont trompé de mille manières, puis tant tourmenté, tant opprimé, qu'à la fin j'ai quitté le district. Quand vous étiez à la maison, nul n'aurait osé souffler dans ses doigts.

Oh! quand je pense à cela, je vous aime. »

Au fond, les deux frères Wou-ta et Wou-song, quoique nés du même père et de la même mère, ne se ressemblaient pas le moins du monde. Wou-song avait huit pieds de hauteur, une figure singulièrement belle, des proportions athlétiques. Il était doué d'une force si extraordinaire que personne n'osait l'aborder. Wou-ta n'avait pas cinq pieds (*) de hauteur. Il était horriblement laid : la forme de sa tête avait en outre quelque chose de comique. Les habitants du Tsing-ho, voyant qu'il était chétif et d'une petite stature, l'avaient affublé d'un sobriquet ; ils l'appelaient *San-tsun-ting* (Homme de trois pouces). Il existait, dans une famille opulente du Tsing-ho, une jeune camériste d'une beauté remarquable. Son nom de famille était Pan, son surnom Kin-lièn (nénuphar d'or). Elle avait alors vingt ans. Le maître de la maison, épris de ses charmes, voulait en faire sa concubine ; mais, comme il arrive presque toujours, la femme légitime refusa son consentement. Dans son dépit, le maître proposa cette jeune fille à un marchand de gâteaux, à Wou-ta, qui l'épousa, moyennant quelques pièces d'argent. Kin-lièn n'aimait pas son mari ; elle se plaignait sans cesse de l'exiguïté de sa taille et de la laideur de son visage ; elle trouvait surtout ses manières fort communes. Pour le malheur de celui-ci, elle se lia d'amitié avec des courtisanes et des femmes de mauvaise vie, qui étaient venues s'établir à Tsing-ho. Wou-ta était un homme fort honnête, plein de droiture, mais d'un caractère faible. Il tolèra dans sa maison la présence de ces femmes, qui se moquaient de lui. Finalement, abreuvé de sarcasmes et las de toutes ces avanies, il transporta son domicile dans la ville de Yang-ko, chef-lieu du district de ce nom ; loua une petite maison rue des Améthystes. Or, il était en train d'exercer son état, quand il rencontra Wou-song.

« Ah! mon frère, continua-t-il, tenez, j'étais dans la rue ces jours derniers, lorsque je vis un rassemblement d'hommes et de femmes. Je m'approche pour entendre ; quelqu'un racontait avec beaucoup de vivacité qu'un homme, d'une force extraordinaire, avait terrassé un tigre sur la montagne ; que le nom de cet homme était Wou, et que le préfet venait de le nommer *tou-theou* (major de la garde du district). Je gage que c'est mon frère, me dis-je à moi-même. Oh! après une si heureuse rencontre, je ne travaille plus d'aujourd'hui.

— « Où est votre maison, mon frère ?
— « Vis-à-vis, répondit Wou-ta, montrant du doigt la rue des Améthystes. »

Wou-song, pour soulager son frère, chargea sur ses épaules le levier de bambou auquel étaient suspendues deux mannes de pâtisserie. Arrivés à la maison, Wou-ta souleva le treillis de la porte :

« Ma femme, cria-t-il, le vainqueur du tigre, celui que le préfet du district vient d'appeler aux fonctions de major de la garde, justement c'est mon frère.
— « Mon beau-frère, dit Kin-lièn se tournant vers Wou-song, dix mille félicités.
— « Ma belle-sœur, répondit Wou-song, asseyez-vous, je vous prie, pour recevoir mes salutations.
— « Tant d'égards confondent votre servante.
— « Je veux observer les rites et vous témoigner mon respect.
— « Mon beau-frère, imaginez-vous que, ces jours derniers, une de mes voisines, madame Wang, voulait m'emmener avec elle pour voir le cortége. Quoi! cet homme admirable qui entrait dans la ville, c'était mon beau-frère!... Je vous en supplie, montez donc dans notre chambre! »

Wou-song, Wou-ta et Kin-lièn montèrent dans l'étage supérieur. « Je vais tenir compagnie à mon beau-frère, dit Kin-lièn regardant Wou-ta ; allez vite acheter quelque chose.
— « Très-bien! répliqua celui-ci. Mon frère, asseyez-vous ; je reviendrai dans quelques instants.
— « Quel extérieur agréable et plein de noblesse, se dit à elle-même Kin-lièn, après avoir examiné Wou-song depuis les pieds jusqu'à la tête ; des deux frè-

---
(*) *Tche* : c'est le pied chinois.

res, celui que j'ai épousé n'est certainement pas le plus beau; car s'il ressemble quelque peu à un homme, il ne laisse pas d'avoir encore plus l'aspect d'un démon. Qu'ai-je affaire de Trois-pouces, d'un mari si chétif et si laid? Triste, languissante comme je le suis, il faut que je m'attache à Wou-song. On dit qu'il n'est pas encore marié. O heureux jour! Pouvais-je m'attendre à cette bonne fortune?

« Mon beau-frère, dit-elle à Wou-song d'un air joyeux, combien y a-t-il que vous êtes ici?
— « Dix jours.
— « Où logez-vous?
— « A la préfecture.
— « Oh! que vous devez y être mal!
— « Un homme s'arrange toujours bien. D'ailleurs, je n'ai pas à me plaindre; les soldats de l'hôtel m'apportent tout ce qui m'est nécessaire.
— « Des soldats! Mais les gens de cette espèce ne sont guère propres au service... du ménage. Vous n'avez jamais que des potages réchauffés; et quels potages encore! c'est à soulever le cœur, j'imagine. Mon beau-frère, il faut quitter la préfecture et venir demeurer avec nous. Je veux apprêter moi-même tout ce que vous mangerez.
— « Je suis profondément touché de votre accueil.
— « N'aurais-je pas quelque part une petite belle-sœur d'un caractère agréable, enjoué, que vous seriez heureux de...
— « Je ne suis pas encore marié.
— « Mon beau-frère, dit alors Kin-liên d'un ton de voix plein de douceur, quel âge avez-vous?
— « Vingt-cinq ans.
— « Juste trois années de plus que votre servante. Mon beau-frère, d'où venez-vous maintenant?
— « Du district de Tsang-tcheou, où j'ai séjourné plus d'un an. Je ne m'attendais pas à rencontrer mon frère dans le Yang-ko.
— « Oh! oh! ce n'est pas une petite histoire. Après mon mariage, figurez-vous que mon époux m'a rassasiée de... morale, et le public de mauvaises plaisanteries. Nous nous sommes trouvés dans l'obligation d'abandonner le district de Tsing-ho. Si j'avais épousé un homme fort, courageux comme mon beau-frère, qui est-ce qui aurait osé prononcer le caractère *pou* (non)?
— « Mon frère est un homme qui ne fait rien et n'a jamais rien fait que par principe de conscience; il ne ressemble pas à Wou-song, dont la conduite a été si désordonnée.
— « Oh! les jolis contes que vous débitez là, dit Kin-liên en riant. Quant à moi, j'ai toujours aimé la gaieté, la vivacité; et je ne puis souffrir ces hommes graves, compassés, qui vous répondent toujours sans branler la tête.
— « Mon frère est très-pacifique; il craindrait de jeter ma belle-sœur dans l'inquiétude et le chagrin. »

Sur ces entrefaites, Wou-ta, revenu du marché, entra dans la chambre. « Ma femme, dit-il à Kin-liên, les provisions sont dans la cuisine; vous pouvez apprêter le dîner.
— « Voyez donc le malavisé! s'écria Kin-liên: pendant que mon beau-frère est dans ma chambre, il veut que je descende à la cuisine.
— « Ma belle-sœur, répondit Wou-song, je vous en supplie, ne faites pas de cérémonies pour moi.
— « Que ne va-t-il prier madame Wang, notre voisine, d'apprêter le dîner? »

Wou-ta obéit. Au bout de quelque temps, madame Wang entra dans la chambre et servit le dîner. Kin-liên proposa une santé à Wou-song. Wou-ta se levait à chaque instant pour transvaser le vin, à la grande satisfaction de Kin-liên qui souriait et ne bougeait pas de sa place. « Mon beau-frère, continua-t-elle sans plus de façon, pourquoi ne mangez-vous pas du bœuf avec votre poisson? Tenez, je vais vous choisir un beau morceau. » Wou-song, comme on l'a dit, avait des principes, une conscience délicate. Il est certain qu'il trouvait les allures de Kin-liên un peu vives; mais il témoignait des égards à cette jeune femme parce qu'elle était sa belle-sœur. Au fond pouvait-il deviner que son frère avait épousé une camériste? Kin-liên, après avoir bu quelques tasses de vin, se mit à considérer Wou-song. Celui-ci n'osait pas soutenir ses regards; il baissait la tête, et finit par se lever de table. « Encore quelques tasses, lui dit Wou-ta. » — « Mon frère, c'est assez pour aujourd'hui ; je reviendrai vous voir. »

Wou-ta et Kin-lièn descendirent de la chambre ; ils accompagnèrent Wou-song jusqu'à la porte extérieure. « Mon beau-frère, dit Kin-lièn, il faut que vous veniez demeurer avec nous. Autrement, voyez-vous, notre situation est intolérable. On se moque de nous du matin au soir ; on nous raille, et moi je ne puis pas souffrir qu'on me raille.

— « Ma femme a raison, dit Wou-ta : venez demeurer avec nous ; vous m'apprendrez à défendre mes droits.

— « Très-volontiers, si c'est votre désir, répondit Wou-song. Je vais chercher ma valise, et demander au gouverneur la permission de quitter la préfecture.

— « Je compte sur vous, ajouta Kin-lièn. »

. . . .

. . . . Voilà donc Wou-song installé dans la maison de son frère, Kin-lièn au comble de la joie. On était alors dans le douzième mois. Depuis plusieurs jours, le vent du nord soufflait avec violence. On apercevait des nuages qui, semblables à des vapeurs rougeâtres, s'étendaient et se groupaient de tous côtés. Pendant une journée, la neige tomba du ciel à gros flocons ; et comme le vent continuait à souffler par intervalles, ces flocons tourbillonnaient dans l'air.

Le lendemain, Wou-song, se levant avec le jour, alla marquer les heures de service au poste de la préfecture. Il n'était pas encore de retour à midi. Wou-ta, vivement pressé par Kin-lièn, sortit à son tour pour vendre des gâteaux. Or, la jeune femme, qui, ce jour-là, avait chargé sa voisine, madame Wang, de lui acheter des provisions, entra, dès qu'elle se vit seule, dans la chambre de son beau-frère, et alluma du feu ; puis, réfléchissant, elle se dit au fond du cœur : « Décidément je veux aujourd'hui lui faire quelques avances, quelques agaceries. Non, je ne puis croire qu'un tel homme demeure froid et insensible. » Et se plaçant derrière le treillis de la porte, immobile, pensive mais pleine d'espoir, elle attendit. Lorsqu'elle vit revenir Wou-song, qui foulait aux pieds les flocons de neige, elle souleva le treillis, prit un air souriant, et marchant à sa rencontre :

« Mon beau-frère, s'écria-t-elle, comme le froid est vif ! Ah ! je souffrais pour vous.

— « Je remercie ma belle-sœur de l'intérêt qu'elle me porte, répondit Wou-song en entrant ; et, sans souffrir que la jeune femme le débarrassât de son chapeau de feutre à larges bords, il l'accrocha lui-même à la muraille, après l'avoir secoué pour en faire tomber la neige ; il délia sa ceinture, à laquelle pendait un sachet, quitta sa première robe, espèce de casaque en damas vert, dont la forme rappelait le pluvial des bonzes et sur laquelle figurait un perroquet gris ; puis il pénétra dans la chambre.

— « Je vous ai attendu debout toute la matinée, mon beau-frère, dit alors Kin-lièn ; pourquoi n'êtes-vous pas revenu déjeuner ?

— « C'est qu'à la préfecture, répondit Wou-song, une personne de ma connaissance m'a invité à prendre quelque chose. A l'arrivée d'un troisième convive, je me suis retiré par discrétion, et j'ai marché sans m'arrêter jusqu'ici.

— « En ce cas, mon beau-frère, approchez-vous donc du feu.

— « Bien, bien, dit le major de la garde. » Alors il ôta ses bottines de cuir, changea de bas, mit des pantoufles d'hiver, prit un tabouret et s'assit près du foyer.

Pendant ce temps, la jeune femme avait fermé la première porte au verrou et mis la barre à la seconde ; elle apportait du vin, des légumes, des fruits, et préparait la table dans la chambre de Wou-song.

« Où donc est allé mon frère ? demanda enfin celui-ci. Comment n'est-il pas rentré ?

— « Il sort ainsi tous les jours pour vaquer à ses affaires. Qu'importe ? Buvons ensemble quelques tasses.

— « Il vaut mieux attendre que mon frère soit de retour.

— « Pourquoi donc ? pourquoi ? On ne peut pas l'attendre, s'écria Kin-lièn, qui servait déjà du vin chaud.

— « Gardez cela pour mon frère, dit Wou-song. »

Kin-lièn n'insista pas davantage; elle prit un tabouret, et vint s'asseoir près de Wou-song. A côté d'eux était une table, et sur cette table un grand vase plein. Obligée de renoncer au vin chaud, Kin-lièn se rejeta sur le vin froid. Elle emplit une tasse, l'éleva avec la main, et regardant fixement son beau-frère : « Videz au moins celle-ci, lui dit-elle. » Il obéit, et la vida d'un trait. La rigueur du froid devint un prétexte pour en verser une seconde, et Wou-song ne put se dispenser d'en offrir une à son tour. La jeune femme avait accepté avec empressement. Bientôt elle trouva moyen de laisser entrevoir sa gorge, qui était blanche comme le lait; elle fit rouler les tresses de ses cheveux, qui l'enveloppaient à demi comme un épais nuage; puis d'un ton plein de gaieté :

« Il y a de sottes gens qui disent que mon beau-frère entretient une musicienne dans la rue de l'Est, vis-à-vis l'hôtel du gouverneur. Que faut-il penser de ces propos?

— « Ma belle-sœur, ne prêtez pas l'oreille aux bavardages du monde. Je ne suis pas un homme de cette espèce.

— « Oh! pure médisance, n'est-ce pas? Mais quand on aime, on ne dit pas tout ce qu'on ressent au fond du cœur.

— « Si vous ne croyez pas à ma sincérité, vous n'avez qu'à interroger mon frère.

— « Lui! est-ce qu'il sait quelque chose? S'il se connaissait à ces sortes d'affaires, il ne vendrait pas des gâteaux. Mon beau-frère, buvez encore une tasse. »

Kin-lièn versa successivement trois ou quatre tasses; mais comme elle en avait déjà pris plusieurs, les fumées du vin commencèrent à lui troubler les sens. Son agitation était extrême; alors il lui échappa cent discours hardis, mille propos lascifs. Cependant Wou-song, uniquement attaché à ses devoirs, baissait la tête et demeurait inaccessible au sentiment de la volupté.

Kin-lièn se leva, et rapporta bientôt dans un grand vase le vin qu'elle avait fait chauffer; puis, demandant à son beau-frère s'il n'était pas trop légèrement vêtu pour la température, elle passa les doigts sur ses épaules et sur tout son corps, comme pour s'en assurer. La chasteté de Wou-song souffrait beaucoup; il paraissait triste et ne répondait rien. Alors Kin-lièn, relevant les manches de sa robe, saisit quelque menu bois, et se prit à dire : « Mon beau-frère, vous ne savez pas faire le feu. Je vais m'en charger pour vous. » Wou-song était décontenancé; il gardait le silence. Kin-lièn s'abandonne à sa passion, qui était ardente comme la flamme. Elle ne voit pas l'embarras de Wou-song; elle verse encore une tasse, y trempe ses lèvres; puis, avec ce regard expressif particulier aux femmes libertines : « Si vous savez aimer, lui dit-elle, vous achèverez ceci. » Wou-song étend la main et prend la tasse, mais c'est pour la renverser par terre et s'écrier : « Ma belle-sœur, vous foulez aux pieds toutes les bienséances. » Puis il la repousse, et, la regardant d'un œil sévère, il continue : « Votre beau-frère est un homme qui a des cheveux sur la tête et des dents dans la bouche; mais il est si grand, si grand, qu'il touche à la voûte du ciel. Il n'appartient pas à la race des chiens et des porcs, qui sont dépourvus de raison et ne connaissent ni la justice ni la pudeur. Ma belle-sœur, gardez-vous d'agir de la sorte. Autrement, quoique mes yeux reconnaissent toujours qui vous êtes, mes poings pourraient bien l'oublier. » A ces paroles, Kin-lièn devint rouge jusque dans le blanc des yeux. « Je voulais plaisanter, dit-elle; vous interprétez mal les choses et vous calomniez les intentions. » Elle se leva, prit le plateau, et descendit dans la cuisine.

Mais tandis que Wou-song, resté seul, sentait accroître son indignation, Wou-ta frappait à la porte, que sa femme lui ouvrait avec empressement. Il rentre, décharge son fardeau, pénètre dans la cuisine, et voit les yeux de Kin-lièn rouges de larmes.

« Encore une altercation! et avec qui avez-vous eu des paroles? demanda-t-il.

— « Tout cela vient de votre faiblesse, et de ce que vous ne savez pas vous respecter. On m'insulte.

— « Eh! qui donc a osé vous insulter?

— « Qui ? Votre misérable frère. Comme il venait de rentrer, pendant que la neige tombait en abondance, je me suis empressée d'apporter du vin et je l'ai invité à boire; mais lui, voyant que nous étions seuls, s'est mis à tenir des propos d'amour, et a voulu se divertir avec moi.

— « Mon frère n'est pas un homme d'un tel caractère, repartit Wou-ta; il a toujours été honnête et vertueux. Gardez-vous de répéter tout haut ce que vous venez de dire, car les voisins se moqueraient de vous. »

A ces mots, il quitta sa femme pour se rendre dans la chambre de son frère, auquel il proposa de déjeuner. Wou-song réfléchit quelques minutes; puis, au lieu de répondre, il ôta ses pantoufles de soie ouatée, remit ses bottines de cuir, attacha sa ceinture autour de ses reins, et, coiffé de son chapeau de feutre à larges bords, il sortit de la maison. Wou-ta eut beau crier : « Où allez-vous, mon frère? » celui-ci s'éloigna sans proférer une parole.

Alors Wou-ta revint dans la cuisine et interrogea sa femme. « Je l'ai appelé, dit-il; mais, sans répondre un mot, il a pris le chemin de la préfecture. En vérité, j'ignore la cause de tout ceci.

— « O le plus stupide des êtres! s'écria Kin-lien; la cause est-elle donc bien difficile à trouver? Ce vaurien, tout honteux de lui-même, n'ose plus soutenir vos regards. Enfin, puisqu'il est parti, je m'oppose, pour ma part, à ce qu'il revienne dans notre maison.

— « Mais s'il va demeurer ailleurs, chacun parlera de nous.

— « Homme absurde, démon affamé! S'il m'avait séduite, ne parlerait-on pas davantage? Rappelez-le, si vous voulez; quant à moi, je ne puis souffrir un pareil homme. Au surplus, donnez-moi un acte de divorce; vous vivrez seul avec lui! »

Le mari ne trouvait plus rien à répondre, et Kin-lien continuait à l'exciter contre Wou-song. « On dirait partout, répétait-elle, que nous sommes entretenus par votre frère, le major de la garde, tandis que c'est lui qui nous gruge. Remerciez le ciel et la terre de son départ. »

Sur ces entrefaites, Wou-song, accompagné d'un soldat de la préfecture, revint pour chercher ses valises, et sortit de la maison tout aussitôt. Wou-ta courut après lui, et se mit à crier : « Mon frère! mon frère! pourquoi nous quittez-vous? »

— « Ah! cessez de m'interroger, répondit Wou-song; si je parlais, je briserais l'écran que vous avez devant les yeux. Il vaut mieux que je me retire. »

. . . .

Or, on raconte que le gouverneur du district se trouvait en possession de sa charge depuis plus de deux ans et demi. Comme il était grand concussionnaire, et avait reçu beaucoup d'or et d'argent à titre de cadeaux, il désirait en envoyer une partie à ses parents dans la capitale de l'est. Il fit appeler Wou-song au tribunal, et lui dit : « J'ai un de mes proches qui habite la ville de Tong-king. Je voudrais lui faire parvenir une caisse avec une lettre; mais les routes sont dangereuses; il faudrait pour une telle commission un homme sûr et d'un courage à toute épreuve. Parlez-moi avec franchise : seriez-vous disposé à faire pour moi le voyage de la capitale, sans redouter la fatigue ni les périls?

— « Je vous dois une grande reconnaissance, répondit Wou-song; vous êtes mon protecteur; vous m'avez élevé au poste que j'occupe : comment oserais-je refuser? Puisque je reçois un témoignage si honorable de votre confiance, vos ordres seront exécutés sans retard. Dès demain, je prends des informations sur mon voyage. » Le gouverneur, transporté de joie, lui versa trois tasses de vin.

Mais nous ne sommes pas à la fin de l'histoire. On raconte que Wou-song, après avoir accepté la proposition du gouverneur, redescendit dans le poste, et remit quelques taels d'argent à un soldat, auquel il ordonna d'acheter des provisions de bouche; puis, se dirigeant avec lui vers la rue des Améthystes, il arriva tout droit à la maison de Wou-ta. Justement celui-ci venait de rentrer....

Le temps n'avait pas entièrement calmé la passion de la jeune femme. Voyant que Wou-song apportait des provisions de toute espèce, Kin-lien, réfléchissant, se dit au fond du cœur : « Est-ce que par hasard ce vaurien penserait à moi maintenant? Oui, je n'en doute plus, le voilà qui revient!... Mais c'est un homme calme; il ne voudra pas employer la violence. Oh! il faut que je l'amène tout doucement à une conversation particulière. » Elle monta dans sa chambre, égalisa le fard sur ses deux joues, ajusta de nouveau les nœuds de son épaisse chevelure, et quitta la robe qu'elle portait, pour en mettre une autre d'une grande beauté. Alors seulement elle redescendit, et saluant son beau-frère : « En vérité, lui dit-elle d'un air souriant, je ne sais ce qui vous amène ici. Que de moments se sont écoulés depuis que je ne vous ai vu, et sans que je puisse comprendre la cause d'un pareil éloignement! Chaque jour je disais à votre frère : Allez donc à la préfecture; causez avec le major; tâchez de le ramener; mais chaque jour il répondait que cela n'était pas nécessaire. Enfin je me réjouis de votre retour; mais pourquoi prodiguer de l'argent sans motif? »

— « J'aurais à vous entretenir, répondit Wou-song. Je suis venu tout exprès pour donner quelques avis à mon frère et à ma belle-sœur. »

— « Puisqu'il en est ainsi, allons nous asseoir, » répliqua Kin-liên. Ils montèrent tous trois dans le pavillon (la chambre). Wou-song céda les places d'honneur; il prit un tabouret et s'assit au milieu de la table, où des mets furent bientôt servis par le soldat qui les avait préparés. Kin-liên ne songeait qu'à lancer des œillades amoureuses à Wou-song; Wou-song ne pensait qu'à bien boire. Aussi ne fut-ce qu'après avoir fait remplir cinq fois les tasses, que, se tournant vers son frère, il lui adressa ces paroles :

« Mon frère aîné, salut. Aujourd'hui le gouverneur me confie une mission honorable, et je vous annonce que dès demain je me mets en route pour la capitale de l'est. Dans deux mois au plus tard, dans quarante ou cinquante jours au plus tôt, je serai de retour; mais avant de partir, j'ai voulu causer un instant avec vous. »

.... Après avoir adressé quelques conseils à son frère, Wou-song remplit de nouveau sa tasse, et, se plaçant vis-à-vis de Kin-liên, il continua ainsi :

« Ma belle-sœur est une personne d'un sens délicat et pur; on n'a pas besoin de lui faire de longues recommandations. Je compte entièrement sur elle pour soutenir et défendre au besoin son époux; elle sait d'ailleurs qu'il est plein de droiture, animé des plus nobles sentiments. Ma belle-sœur, si vous tenez votre maison comme elle doit l'être, pourquoi mon frère serait-il inquiété? Vous connaissez cette maxime des anciens : « Quand l'enclos est bien fermé, les chiens n'y pénètrent pas. »

A ces mots, la jeune femme devient rouge jusqu'au fond des oreilles; elle fixe les yeux sur Wou-ta, et s'écrie avec l'accent de la colère : « O être stupide, immonde, si comme vous j'appartenais au sexe qui ne porte pas d'aiguilles sur la tête, y aurait-il quelque part un homme assez hardi pour oser m'outrager? Oh! c'est que je ne suis pas du caractère de ces femmes méticuleuses et semblables à la tortue, qui n'ose sortir de sa coquille. Depuis mon mariage, l'enclos n'est-il pas soigneusement fermé? Où voyez-vous que les chiens aient pu faire un trou à la haie? Allez, soyez tranquille : que l'on vous adresse un mot injurieux, et je jette une tuile à la tête du premier qui s'en avisera! »

Wou-song se mit à sourire. « Que ma belle-sœur défende aussi vaillamment les droits de mon frère, ajouta-t-il, je le souhaite, et tout sera pour le mieux. »

.... Après la vigoureuse sortie de Kin-liên contre son mari, les deux frères burent encore quelques tasses; puis Wou-song salua pour prendre congé, Wou-ta, la voix altérée par des pleurs, l'accompagna jusqu'à la porte, en le suppliant de revenir le trouver aussitôt qu'il serait de retour. Wou-song, qui vit ses yeux pleins de larmes, le pria de renoncer pour ce jour-là au commerce, et promit de lui envoyer toutes les provisions nécessaires. Enfin, au moment de s'éloigner, il répéta de nouveau : « Mon frère, souvenez-vous bien de mes conseils. » Puis il alla terminer ses derniers préparatifs, et se mit en route dans une voiture que le gouverneur avait fait disposer pour lui.

Des contes et des nouvelles.

S'il existe un genre de littérature dans lequel les Chinois ont particulièrement excellé, c'est le conte ou la nouvelle. Dans l'art de raconter, ils ont une supériorité qui ne me paraît pas contestable. Les morceaux de cette espèce, observe M. Abel Rémusat, généralement peu étendus, ne sauraient, sous le rapport de l'art, entrer en comparaison avec les grandes compositions des romanciers; mais si la contexture de la fable et la peinture des caractères y sont ordinairement plus négligées, on y trouve en revanche une multiplicité d'incidents et de détails propres à soutenir l'attention, et à faire de plus en plus connaître l'intérieur de la vie privée et les habitudes domestiques dans les conditions inférieures de la société (*).

Le recueil intitulé : *Kin-kou-ki-kouan*, dont la Bibliothèque nationale possède plusieurs exemplaires, contient quarante nouvelles, sur lesquelles seize ont été traduites par le P. Dentrecolles, MM. Davis, Stanislas Julien, Théodore Pavie, et Robert Thom ; ce sont :

1° *L'Héroïsme de la piété filiale*;
2° *Les Tendres Époux*;
3° *L'Ombre dans l'eau*;
4° *Les Trois Frères*;
5° *Le Crime puni*;
6° *La Calomnie démasquée*;
7° *L'Histoire de Fan-hi-tcheou*;
8° *Les Trois Étages consacrés*;
9° *Les Deux Jumelles*;
10° *La Matrone du pays de Song*;
11° *La Peinture mystérieuse*;
12° *Les Deux Frères de sexe différent*;
13° *Les Pivoines*;
14° *Le Poëte Li-thaï-pe*;
15° *Le Luth brisé*;
16° *Le Ressentiment de Wang-kiao-louen*.

L'Héroïsme de la piété filiale a été inséré dans le recueil de M. Abel Rémusat. « Le sujet en est bizarre pour des Européens, dit le savant éditeur, et il faut s'être bien pénétré des idées chinoises pour en apprécier le mérite. Une femme exposée pendant plusieurs

(*) Contes chinois, publiés par M. Abel Rémusat, t. 1ᵉʳ, avant-propos, p. vi.

années à d'odieuses persécutions, sans jamais perdre de vue la vengeance qu'elle doit à ses parents, et, dès qu'elle l'a obtenue, quittant sans regret la vie qu'elle ne supportait que par devoir, est aux yeux des Chinois un modèle d'héroïsme et l'exemple de la piété filiale. On ne voudrait pas chez nous que le crime et le châtiment de Sextus fussent séparés par un aussi long intervalle. La nouvelle qui retrace cet étrange dévouement offre encore une autre singularité. Elle avait été mise en latin par un Chinois, disciple de quelqu'un de nos missionnaires, et nommé Abel Yan. Ce traducteur, d'une espèce nouvelle, n'avait fait que de médiocres progrès dans la connaissance du rudiment... Il n'est pas bien étonnant qu'un Chinois sache mal le latin ; ce qui est plus singulier, c'est que celui-ci n'entendait qu'imparfaitement sa propre langue, ainsi qu'on s'en est convaincu en comparant avec le texte plusieurs passages de sa traduction. M. Stanislas Julien a revu cette traduction tout entière, et se l'est en quelque sorte appropriée par les améliorations sans nombre qu'il y a faites. Il a lui-même mis en français plusieurs autres compositions de ce genre....

M. Stanislas Julien a revu de la même manière les traductions du P. d'Entrecolles. Elles avaient été faites assez légèrement pour avoir besoin d'être vérifiées en beaucoup d'endroits. Le style de ces petites narrations est pourtant en général très-clair, privé d'ornements, et par conséquent exempt de difficultés. Mais apparemment le missionnaire n'y avait pas attaché d'importance ; sa plume savante aurait rendu plus fidèlement les maximes de Confucius que certains passages de la *Matrone de Song*. Ce dernier conte, le plus piquant de ceux que d'Entrecolles a traduits, est une preuve que les Chinois ont connu ces fables milésiennes dont il faisait partie, et qui ont couru le monde. C'est la supposition la plus naturelle qu'on puisse faire ; car comment imaginer qu'un second modèle ait pu fournir, au bout de l'Asie, l'aventure sur lequel est fondé ce récit satirique ? Il est curieux d'examiner la manière dont l'auteur chinois s'y est pris pour accommoder ce sujet aux mœurs de son pays. L'idée de l'éventail, l'indignation de la femme de Tchouang-tseu à la pensée d'une légèreté, comme celle de la première veuve, sont des traits de génie que Voltaire n'a pas dédaigné d'emprunter au conteur chinois, et dont celui-ci n'était pas redevable aux premiers inventeurs. Le dénoûment de la Matrone de Song est d'une rare extravagance. Ceux des autres nouvelles, en général, en sont la partie faible. C'est que l'idée ingénieuse qui se présente à un auteur, et les développements agréables qu'il sait y donner, ne le soutiennent pas toujours jusqu'au bout, et que s'il y a mille moyens variés pour former une intrigue, il n'y en a qu'un très-petit nombre pour la dénouer. Molière, dans son chef-d'œuvre, nous fournit la preuve de cette difficulté, qui n'a pas été complétement éludée dans les *Deux Jumelles*, les *Tendres Époux*, *l'Ombre dans l'eau*, et dans d'autres nouvelles dont le sujet est gracieux, mais dont la terminaison laisse quelque chose à désirer (*).

Les deux nouvelles traduites par M. Davis sont *l'Ombre dans l'eau* et *les Deux Jumelles*. Le sujet de la première offre quelque analogie avec celui de *Pyrame et Thisbé* comme M. Davis l'indique par une citation d'Ovide ; mais il n'offre point de catastrophe funeste. L'idée primitive en est gracieuse. Deux hommes de caractères opposés ont épousé deux sœurs, et habitent en commun la même maison. Peu à peu, par suite de leur différence d'humeur, leur amitié s'altère ; ils s'éloignent l'un de l'autre, ils finissent par ne plus pouvoir vivre ensemble. La maison est vaste, on la partage en deux ; le jardin est étendu, on le coupe par un mur très-élevé. Dans le milieu était une pièce d'eau, aux deux bords de laquelle on avait construit deux pavillons d'été. On ne peut pousser le mur à travers la pièce d'eau, parce qu'elle est trop profonde, mais on y élève une arche de pont qui intercepte la vue directe d'un pavillon à l'autre. La séparation est complète ; il n'y a plus aucune communication entre les deux familles. Mais l'un de ces hommes avait un fils, et l'autre une fille : ils étaient à peu près du même âge, et si ressemblants l'un à l'autre qu'on les eût pris pour deux empreintes du même cachet. Dans leur enfance, avant la brouillerie de leurs parents, ils étaient toujours ensemble, et quand ils étaient portés sur le dos de leurs nourrices, on n'eût pu distinguer quel était *le jaspe* et quelle était *la perle* ; mais depuis ils n'avaient plus eu d'occasion de se voir. Le jeune homme avait été mal reçu dans la maison de sa tante, quand il s'y était présenté ; la jeune fille ne pouvait même songer à rendre visite aux parents de son ancien compagnon d'enfance. Ils avaient pourtant conservé le souvenir de leurs premières années, et la curiosité de voir si leur ressemblance était aussi parfaite qu'on le disait. Un jour d'été, par un temps d'une chaleur excessive, tous deux prenaient le frais par hasard dans les deux pavillons, tous deux avaient en même temps les yeux sur la pièce d'eau. Ils aperçoivent tous deux au même instant une figure réfléchie à la surface de l'eau, et chacun d'eux la prend pour la sienne propre. Cette erreur dure peu ; elle est dissipée par une pièce de poésie que le jeune homme jette dans le bassin. Cette pièce est recueillie par la jeune fille, qui y répond aussi par des vers. Une feuille de lotus sert d'intermédiaire à cette correspondance. La connaissance est faite, mais l'union des jeunes gens est retardée par les préventions et l'obstination des parents, que cependant un ami commun parvient à lever, mais par des moyens si compliqués et si peu naturels, que beaucoup de développements seraient nécessaires pour les rendre supportables.

« Dans les *Deux Jumelles*, il y a moins de détails agréables, mais plus de traits caractéristiques et de singularités morales. Un homme et une femme de mauvais caractère, vivant mal ensemble et toujours en opposition l'un avec l'autre, ne peuvent s'entendre sur le mariage de deux filles belles, douces, semblables à deux fleurs brillantes de rosée, ou aux herbes odorantes agitées par la brise. Le mari prétend disposer d'elles à son gré, et la femme soutient

(*) Contes chinois, avant-propos, p. v à x.

que c'est à une mère à marier ses filles. Chacun d'eux a fait choix de deux gendres, et l'effet suivant de près la menace, quatre charges de présents de noces, préliminaires indispensables d'un mariage chinois, sont apportées au même instant dans la maison. Le père chasse les porteurs envoyés par les protégés de sa femme; celle-ci jette au loin les présents reçus par son mari. Le débat paraît interminable; il est porté devant le magistrat, que la loi charge en pareil cas de prononcer sur les démêlés des parents.

Le magistrat est un homme intègre et éclairé; il s'arrête peu aux allégations du père et de la mère, et veut consulter les filles. Il les mande devant lui, et les ayant fait mettre à genoux au pied de son tribunal, il les dispense de s'expliquer de vive voix, et les engage, pour faire connaître les objets de leur préférence, à tourner la tête ou bien du côté droit, où sont les deux prétendus choisis par leur mère, ou du côté gauche, où l'on a fait placer les deux gendres recommandés par le père. Mais tous quatre sont également laids, dépourvus d'agréments quelconques. Les deux jeunes filles se taisent, baissent les yeux, et s'obstinent à garder leur position, sans se détourner ni d'un côté ni de l'autre.

Le magistrat entend ce langage; il renvoie les quatre gendres, et, ne pouvant accorder les parents des deux jeunes filles, il s'avise, pour les marier lui-même, d'un expédient qui, partout ailleurs qu'à la Chine, paraîtrait plus que bizarre : c'est de les mettre au concours. Il ouvre un examen extraordinaire, et annonce que les deux lettrés qui feront les meilleures compositions sur un sujet donné obtiendront la main des deux jeunes filles. On sait que ce moyen de discerner les hommes de mérite est en usage à la Chine pour tout ce qui tient aux charges et aux promotions; mais il ne doit pas être inouï de le voir employé pour les mariages, car il en est aussi question dans d'autres romans. A l'issue de l'examen, un seul homme a traité convenablement le thème proposé, et cet homme refuse de se marier, sous prétexte que le ciel l'a condamné au célibat. Il a déjà, dit-il, été la cause innocente de la mort de six femmes. Chacune de celles qu'il a épousées est morte victime de cette espèce de sort, et les astrologues s'accordent à lui assurer qu'il portera toujours malheur à *une* femme. « Cela peut être, répond le magistrat; mais ici vous ne porterez pas malheur à *une* femme, car vous en aurez *deux*. » Par cet argument irrésistible, il l'oblige à épouser les deux jumelles. Cette querelle de ménage, cette intervention du magistrat dans des affaires domestiques, ce mariage soumis aux chances d'un concours public, l'expédient bizarre du juge pour éviter l'effet funeste de l'ascendant des astres, tout cela compose un ensemble si étrange, si éloigné à tous égards de notre manière de voir, que je n'ai pu m'empêcher d'en donner une idée succincte (*).

HISTOIRE NATURELLE.

Minéraux de la Chine.

« La minéralogie de la Chine est fort peu connue, a dit un orientaliste très-versé dans les sciences naturelles (feu M. Édouard Biot); quelques notions sur ce sujet intéressant se trouvent éparses dans les *Mémoires* des missionnaires, dans l'*Atlas sinensis* de Martini et dans la *Description générale de la Chine* par Duhalde, qui, à cet égard, n'a fait qu'abréger le texte de Martini. Plus récemment, les savants attachés aux ambassades anglaises des lords Macartney et Amherst, y ont ajouté quelques observations rapidement faites sur la route, dont ils ne pouvaient s'écarter; on les trouve réunies dans les relations de Barrow, de Staunton, d'Abel, et dans le troisième volume de la compilation sur la Chine (**), qui fait partie de l'*Edinburgh cabinet library.* »

Suivant M. Abel Rémusat, il n'y a pas de minéraux qu'on ne puisse s'attendre à voir sortir de la Chine. L'or et l'argent se trouvent dans les provinces du sud et de l'ouest. L'île de Haïnan possède plusieurs mines d'or, et le

(*) Abel Rémusat, Mélanges asiatiques, t. II, p. 339 à 343.
(**) Journal asiatique, cahier de septembre 1839, article de M. Édouard Biot.

fleuve Kin-cha tire s n nom des parcelles de ce métal qu'il roule dans ses eaux. Le fer, le plomb et le cuivre sont extrêmement communs. Plusieurs alliages naturels ou factices de cuivre et de zinc, de zinc et d'étain, de plomb et d'étain, viennent de diverses localités dans l'intérieur de la Chine. Le mercure natif et sulfuré s'y trouve en abondance. On y recueille du lazulithe, le quartz, le rubis, peut-être aussi l'émeraude, le corindon, la pierre ollaire, qui sert à faire des vases et particulièrement des écritoires, la stéatite, qu'on taille en ornements et en figurines, diverses espèces de schistes, de roche cornéenne et de serpentine, dont on fabrique des instruments de musique. Le jade, si célèbre sous le nom de *Yu*, se trouve aussi à Taï-thoung dans le Chan-si; mais la plus grande partie de cette pierre si estimée des Chinois vient de Khotan, et est apportée de Tartarie par les Boukhares (*).

M. Abel Rémusat a placé à la suite de son *Histoire de la ville de Khotan* une dissertation sur cette pierre célèbre que les Chinois nomment *Yu*, et qui est, dit-il, la production la plus remarquable de ce pays. Cette dissertation, composée à l'occasion d'une discussion qui s'était élevée dans le sein de l'Académie, est une monographie complète, où l'auteur a repris, pour tâcher de les éclaircir, les nombreux passages des livres chinois qui parlent de cette substance minérale (**).

Des minéraux chinois appartenant à la collection du Museum d'histoire naturelle (***).

« La galerie minéralogique du Jardin du Roi possède, depuis fort longtemps,

(*) Voy. les Nouveaux Mélanges asiatiques de M. Abel Rémusat, t. 1er, p. 18.

(**) Voyez l'Histoire de la ville de Khotan, tirée des Annales de la Chine, et traduite du chinois; suivie de recherches sur la substance minérale appelée par les Chinois *pierre de yu*, et sur le jaspe des anciens; Paris, 1820.

(***) Cette notice est empruntée au Journal asiatique, cahier de septembre 1839. Elle est intéressante, et montre que son regrettable auteur, feu M. Édouard Biot, ne négligeait aucune occasion d'étudier la minéralogie chinoise.

environ quatre-vingts échantillons de minéraux de Chine, renfermés dans des bocaux ou des boîtes avec des étiquettes portant leurs noms, écrits tantôt en caractères chinois, tantôt simplement en caractères romains. L'époque où ces minéraux ont été déposés dans cette collection n'est pas parfaitement certaine; cependant M. Ad. de Jussieu, dont la famille s'est perpétuée dans l'administration du Jardin du Roi, présume qu'ils ont été rapportés ou envoyés à son grand-père par un médecin du dernier siècle, nommé Vandermonde, qui se rendit en 1720 à Macao, y exerça la médecine pendant dix années, et revint en France vers 1731. Ce Vandermonde, dont on peut lire l'article dans la *Biographie universelle* publiée par Michaud, a laissé un extrait manuscrit de la partie minéralogique et botanique du Pen-thsao. Les noms placés dans les bocaux se retrouvent dans cette partie du Pen thsao, comme dans l'extrait que M. de Jussieu a bien voulu mettre à ma disposition, et dont j'ai pris copie. Il est donc probable que ces quatre-vingts échantillons étaient annexés comme pièces de vérification au manuscrit de Vandermonde.

« M. Alexandre Brongniart a consacré plusieurs séances à identifier ces quatre-vingts échantillons avec les espèces connues. J'ai assisté à ce travail. J'ai noté ses déterminations ainsi que les titres des étiquettes que j'ai pu déchiffrer; je les ai rapprochés des noms de l'Encyclopédie et des déterminations données par M. Rémusat. . . . Les déterminations de M. Brongniart, rapprochées des noms de l'Encyclopédie japonaise, me paraissent utiles à publier pour rectifier la table de M. Rémusat. Je n'ai pas pu me servir, dans le même dessein, des échantillons de M. Caderill, car aucune étiquette chinoise n'y est jointe. M. Constant Prévost, averti par M. Stanislas Julien, a depuis écrit à M. Caderill de joindre, aux échantillons qu'il pouvait adresser, leurs noms chinois; mais aucun nouvel envoi n'a été adressé jusqu'ici par ce savant missionnaire.

« Je vais rapporter les noms des espèces minérales reconnues par M. Brongniart, et je joindrai à chacune les noms chinois indiqués par les étiquettes. Je noterai à côté la page du livre de l'Encyclopédie japonaise où se lisent ces mêmes noms, et au moyen de cette indication, on retrouvera facilement les articles correspondants dans les diverses éditions du Pen-thsao. Je donnerai un extrait du texte, lorsqu'il pourra offrir quelque intérêt.

« Chaque bocal examiné a reçu un numéro ; mais comme ces numéros ne suivent pas un classement scientifique, et qu'ils seront nécessairement changés, je crois inutile de les rappeler.

« Deux bocaux contiennent des échantillons de cristal de roche. Le premier est un quartz hyalin limpide. L'étiquette qui s'y trouve jointe porte : *Pe-chi-yng*, ou cristal blanc. Ce même nom se lit pages 7, 8, livre LX de l'Encyclopédie japonaise. Le texte cité du Pen-thsao dit que les morceaux précieux de cette espèce de pierre sont longs de deux à trois *thsun* (six à neuf centimètres), qu'ils ont six faces, et que si on frotte leur surface, elle paraît limpide et brillante. La figure jointe au texte représente des prismes à section hexagonale. L'un d'eux est terminé par des plans perpendiculaires à l'axe ; un autre se termine par deux pyramides à six pans. Le texte ne dit pas que l'on s'en serve pour faire des lunettes ou des besicles comme on en trouve à Canton et dans les autres villes chinoises. L'éditeur japonais cite cet emploi du cristal de roche à l'article *Choui-thsing*, nom qui désigne le cristal de roche limpide, et il dit également à l'article *Siao-tseu*, verre, qu'on fait avec cette matière des *yen-king* ou lunettes, aussi bonnes que celles de choui-thsing. L'édition japonaise est de 1715. Le second échantillon est un quatz hyalin enfumé. (Minéralogie de Brongniart, t. I. p. 280.) Le bocal contient l'étiquette *Tse-chi-yng*, ou cristal bleuâtre. Ce même nom se lit p. 7 v°, liv. LX de l'Encyclopédie japonaise. Le texte du Pen-thsao dit que ces pierres sont de diverses dimensions, toutes à cinq angles, et à deux extrémités en fer de flèche. Cependant un des morceaux représentés dans la figure est de forme hexagonale, et il faut très-vraisemblablement lire six angles au lieu de cinq angles. La forme la plus ordinaire du quartz cristallisé est en effet celle d'un prisme à six pans, et ces prismes sont terminés de chaque côté par une pyramide à six faces. (Minéralogie de Brongniart, t. I, p. 272.) Cette forme est exactement celle d'une des pierres *pe-chi-yng*, représentées dans la figure de l'article précédent. (Encyclopédie japonaise, liv. LX, p. 7 v°.)

« A l'article *Tse-chi-yng*, le texte du Pen-thsao rapporte que cette pierre, plongée dans l'eau chaude, perd son éclat ; qu'elle est semblable au cristal de roche (*choui-thsing*) ; que seulement sa couleur est bleuâtre. L'auteur japonais dit en note que ce nom de *tse-chi-yng* est donné à beaucoup de pierres dont la forme n'est pas semblable à celle que décrit le Pen-thsao ; elles ont seulement toutes la couleur bleuâtre.

« M. Rémusat a traduit, dans sa table, *pe-chi-yng* par cristal de roche, ce qui est exact. Il a traduit *tse-chi-yng* par améthyste. L'améthyste est un quartz coloré en bleu ; on peut ajouter : « et quartz hyalin enfumé. »

« Il y a quatre échantillons qui se rapportent aux espèces dites amphibole actinote et grammatite fibreuse. Le premier est l'amphibole actinote ; il est joint à l'étiquette *yn-tsing-chi*, pierre curieuse du principe inerte ; ce nom se lit (Encyclopédie japonaise, liv. LXI, p. 31) parmi les noms en petits caractères. Le second a l'étiquette *pe-sang-chi*, pierre de mouton blanc ; ce nom se lit (Encyclopédie japonaise, liv. LXI, p. 18 v°) parmi les noms en petits caractères. Le quatrième a l'étiquette *yang-ki-chi*, comme le second échantillon.

« Les second et troisième échantillons sont identiques. Ils correspondent à l'espèce appelée wollastonite. Dans la table de M. de Rémusat, on lit zéolithe pour l'article correspondant à la désignation *yang-ki-chi*. Dans cet article, le Pen-thsao dit que cette pierre *yang-ki* se trouve sur une montagne nommée *Yang-ki* dans le district de Tsi-tcheou, et que de là vient son nom. La figure représente des lames de forme triangulaire superposées irrégulièrement. Le texte du Pen-thsao ne rapporte, en outre, que des fables sur la manière dont se forme cette pierre, et dit que, d'après la croyance générale, la pierre *yang-ki* est le principe de la substance dite *yun-mou* ou *mère des nuages*. Je parlerai plus loin de ce terme, qui désigne le talc ou le mica.

« Le nom *yn-tsing-chi* de l'étiquette du premier échantillon se trouve placé dans l'Encyclopédie japonaise à l'article *Hien-tsing-tchi*, pierre curieuse noirâtre. La figure représente des cristaux de forme hexagonale, dont deux côtés sont plus longs que les autres. Suivant le texte du Pen-thsao, cette pierre se tire de *Kiaï-tcheou* (chan-si); sa forme est semblable à celle d'une écaille de tortue, et sa couleur verte. Si on la frappe, elle se divise en fragments semblables à ceux d'un miroir, et ayant tous six angles, comme des feuilles de saule. Si on la chauffe fortement, elle se divise en plaques semblables à des feuilles de saule et blanches comme la neige. Ces indications me semblent pouvoir faire présumer que le texte parle de béryls. Il ajoute : Celles dont on se sert maintenant proviennent de *Kiang-tcheou* (Chan-si); ce sont des pierres rouges, et non des pierres noirâtres. D'après cette indication de couleur rouge, celles-ci sont peut-être des corindons.

« Neuf échantillons se rapportent à l'espèce des stéatites, laquelle paraît comprendre les divers minéraux appelés par les Chinois *graisse de pierre*.

« Le premier échantillon est une stéatite blanche.

« Le second est une stéatite nuancée de rosâtre et de violet. Il a pour étiquette *kan-chi-tchi*, graisse de pierre bleuâtre.

« Un troisième est une stéatite rougeâtre terreuse. Il a pour étiquette *kouang-chi-tchi*, c'est-à-dire graisse de pierre.... Le premier caractère n'est pas bien lisible. Littéralement, il signifie *large*, et indique très-probablement que cet échantillon provient de la province de *Kouang-tong* ou de celle de *Kouang-si*.

« Un quatrième échantillon est une stéatite rosâtre. Il a pour étiquette *tchi-chi-tchi*, graisse de pierre rouge. Ce nom se lit à la page 9 vᵒ du livre LXI de l'Encyclopédie japonaise. Le texte cité du Pen-thsao dit qu'il y a des graisses de pierre de cinq couleurs différentes; il cite l'espèce rouge et l'espèce blanche comme les principales. Celles-ci sont employées pour luter les joints des vases qui se placent sur le feu. Les autres espèces, bleue, jaune, noire, ne sont pas aussi bonnes.

« M. Rémusat a écrit : graisse de pierre, à l'article *Tchi-chi-tchi*; il faut lire : stéatite rosâtre et autres.

« Le cinquième échantillon est une stéatite blanche, un peu onctueuse, semblable au carbonate de magnésie. Il a pour étiquette *kouang-si-hoa-chi*, pierre onctueuse du Kouang-si.

« Le sixième échantillon est une stéatite blanche très-onctueuse. Il a pour étiquette *sse-tchouen-hoa-chi*, pierre onctueuse du Sse-tchouen.

« Ce nom de *hoa-chi* se lit à la page 8, livre LXI de l'Encyclopédie japonaise. Le Pen-thsao, cité par l'Encyclopédie, dit que le hoa-chi ou la pierre onctueuse se tire principalement du département de *Kouei-lin*, capitale du Kouang-si, et qu'elle sert à peindre les maisons et à nettoyer le papier. L'éditeur japonais l'indique comme utile pour enlever les taches d'huile, comme notre craie de Briançon. D'après les observations du célèbre missionnaire d'Entrecolles, rapportées au tome II de Duhalde, p. 180 et 181, cette pierre onctueuse, dite *hoa-chi*, est très-employée par les Chinois dans la fabrication de la porcelaine, et remplace le *kao-lin*. Cette application est récente, d'après le P. d'Entrecolles, et ceci explique comment elle n'est mentionnée ni dans le texte du Pen-thsao, ni dans la Petite Encyclopédie pratique intitulée *Thien-kong-khaï-we*. La stéatite de Cornouailles, qui contient 14 pour cent d'alumine, est employée à Worcester dans la fabrication de la porcelaine. (Minéralogie de Brongniart, t. Iᵉʳ, p. 497.) Les échantillons du Jardin du Roi montrant que la pierre hoa-chi est bien une stéatite, il me semble qu'il serait utile de les analyser, et de tenter de nouveaux essais des stéatites dans la fabrication de la porcelaine.

« M. Rémusat a traduit, dans sa table, *hoa-chi* par *sorte de craie*. Il faut lire *stéatite*.

« Les septième et huitième échantillons sont des stéatites rosâtres, sans étiquette. Ce sont évidemment des *tchi-chi-tchi*.

« Le dernier est une pagodite isabelle avec l'étiquette *thao-hoa-chi*, pierre fleur de pêcher.

« Il y a deux échantillons d'argiles bolaires qui doivent suivre les stéatites. Le premier est une argile bolaire rougeâtre. Il a pour étiquette *ou-sse-chi-tchi*, graisse de pierre à cinq couleurs, avec l'indication qu'il provient du Sse-tchouen. Le second est une argile bolaire, rougeâtre et tendre. Il a la même étiquette que le précédent, avec l'indication qu'il provient du Kouang-si.

« Ce nom de graisse de pierres à cinq couleurs se rapporte évidemment à l'article de la page 9 v°, livre LXI, Encyclopédie japonaise.

« Il y a sept échantillons de mica. L'un est du mica argentin. L'étiquette porte les caractères *thony-hong-chi*, littéralement pierre de mine de cuivre. Un second est du mica à grandes lames, talqueux, verdâtre. L'étiquette porte les caractères *fang-hoang-chi*, littéralement pierre brillante et lâche. Un troisième est du mica métalloïde laminaire, avec l'étiquette *tsing-mong-chi*, pierre de minerai bleuâtre. Un quatrième est du mica pailleté, bronzé, avec l'étiquette *kin-mong-chi*, pierre de minerai d'or; et un cinquième est du mica pailleté jaune doré, avec l'étiquette *kin-sing-chi*, pierre aux étoiles d'or.

« Cette dernière dénomination se lit à la page 25 du LXI° livre de l'Encyclopédie japonaise, et y désigne des variétés de mica, comme M. Rémusat a traduit dans sa table. La figure représente du mica en feuilles, et le texte du Pen-thsao distingue, à cause de leur couleur, l'espèce dite pierre aux étoiles d'or, et l'espèce dite pierre aux étoiles d'argent. Toutes deux se tirent principalement de *Hao-tcheou* (Ho-nan) et de *Pien-tcheou* (Kiang-nan).

« Les caractères de la troisième étiquette, *tsing-mong-chi*, se lisent à la page 26, livre LXI de l'Encyclopédie japonaise. La figure représente deux sortes de plaques parsemées de petits ronds. Le texte du Pen-thsao distingue l'espèce verte et l'espèce blanche. Il dit que si l'on prend celle qui est vert noirâtre et qu'on la frappe, on trouve à l'intérieur des taches blanches comme des étoiles. M. Rémusat a écrit *serpentine* pour le titre de cet article, qui paraît correspondre à un mica noirâtre.

« Le sixième échantillon a été reconnu pour un mica laminaire, un peu nacré et transparent. Il est joint à l'étiquette *yun-mou*, littéralement mère de nuages, et ce même nom se lit à la page 54 du livre VIII du Pen-thsao, et à la page 6 du LX° livre de l'Encyclopédie japonaise. Vandermonde a traduit ce nom par *talc* dans son extrait du Pen-thsao. La table de M. Rémusat porte *nacre de perle*. Il me paraîtrait que cette dernière interprétation doit être corrigée.

« Il y a encore deux échantillons de schiste coticule, cinq de stalactites, trois de chaux sulfatée, neuf qui se rapportent à l'espèce fer, deux d'oxyde d'arsenic, cinq de sulfure d'arsenic, etc., échantillons sur lesquels on trouve des renseignements dans la notice de M. Édouard Biot. « Le mémoire de M. Rémusat sur le Pen-thsao et sur quelques traités chinois d'histoire naturelle, dit en terminant le savant auteur, montre qu'à la Chine les sciences naturelles sont restées à l'état rudimentaire, ainsi que les sciences mathématiques; et comme étude réellement utile, on ne doit y chercher que des faits isolés... En me bornant ici à la minéralogie, je rappellerai que les Chinois divisent les minéraux en trois classes, savoir : les métaux, les pierres précieuses, et les pierres de diverses espèces. Parmi ces dernières, une subdivision est faite pour les sels dans le Pen-thsao : elle comprend le sel commun et les sels vitrioliques ou *fan*... Ce classement est tel qu'il se ferait dans la boutique d'un marchand; il est tout à fait commercial. »

Traitement des métaux; procédés chinois.

C'est encore à M. Édouard Biot que nous sommes redevables de quelques détails sur le traitement des métaux à la Chine, sur la fabrication de la céruse, de la litharge et des aluns, sur les préparations mercurielles, etc. Voici en grande partie le mémoire qu'il a publié, à ce sujet, dans le Journal asiatique (cahier d'août 1835):

Au seizième siècle, le traitement des métaux, à la Chine, était de la plus grande simplicité, comme on en peut juger d'après le Thien-kong-khaï-we et l'Encyclopédie japonaise.

D'après ces ouvrages, l'or s'obtient principalement en le ramassant dans les rivières, et en le débarrassant de sa gangue par des lavages.

L'argent se retire, en majeure partie, de minerais, où il se trouve mélangé avec le plomb. Le minerai lavé est fondu dans un fourneau à vent. Ce fourneau a cinq pieds de haut, et peut contenir 240 livres chinoises, ou 260 livres françaises environ. Le minerai s'y trouve mêlé avec du charbon de châtaignier. On obtient ainsi une boule métallique, qui est refondue dans un autre fourneau en terre, où le plomb se sépare de l'argent, et forme le fond de la masse. On retire encore l'argent de sables argentifères, qu'on nettoie par des lavages et que l'on fond avec du plomb. Les proportions indiquées sont deux de plomb pour un d'argent. On voit que le procédé de la coupellation est depuis longtemps connu à la Chine.

D'après l'Encyclopédie japonaise et le Thien-kong-khaï we, le fer s'extrait à la Chine de minerais en grains ou terreux, ou de minerais en rognons, entre autres, de minerais magnétiques (tseu-chi, pierre d'aimant, nom caractéristique des minerais magnétiques, comme M. Klaproth l'a remarqué dans son mémoire sur la boussole). Les minerais se trouvent généralement presque à la superficie de la terre. On se contente d'écrouter le sol avec une charrue, et on ramasse le minerai. On le lave, et on le traite dans des fourneaux bas qui tiennent à peu près 2,000 livres chinoises (environ 1.100 kilogrammes). On y mêle le minerai, tantôt avec du charbon de bois, tantôt avec du charbon de terre. Rien n'indique dans les ouvrages chinois que ce charbon de terre ait reçu aucune préparation, comme celles qu'on lui fait subir dans nos usines à fer, où on le transforme en coke avant de le jeter dans le haut-fourneau. Mais les fourneaux usités à la Chine étant très-petits, et semblables aux feux d'affinage de la Catalogne, on conçoit qu'on puisse y employer le charbon pur plus facilement que dans nos hauts-fourneaux, où il ne donne pas assez de chaleur. Le vent se donne avec des caisses soufflantes en bois, manœuvrées par quatre à six hommes.

Quand le minerai est fondu, on le coule, à la manière ordinaire, dans des moules de sable, si on veut avoir simplement du fer cru ou de la fonte; mais si l'on veut avoir du fer malléable, l'opération se fait immédiatement sur la fonte à sa sortie du fourneau. Pour cela, suivant le Thien-kong-khaï-we, « on creuse d'avance, dans la terre, un « espace rond de plusieurs pieds de « diamètre et de quelques pouces de « profondeur, à côté duquel on bâtit « un petit mur d'un pied ou deux. La « fonte coule dans cette espèce de ré- « servoir, et de suite plusieurs hom- « mes, armés de bâtons de bois de pê- « cher, se placent sur le haut du mur; « la fonte se dessèche peu à peu, comme « la boue dans les eaux stagnantes; il « se fait une poudre sèche; à ce mo- « ment un homme frappe dans ses « mains pour donner le signal de bat- « tre; les hommes au bâtons remuent « fortement la matière, et quand elle « s'enflamme, elle est devenue fer mal- « léable. Quand la matière se refroidit, « il y en a qui la divisent en morceaux « carrés; d'autres l'enlèvent, la battent, « la remuent, et la roulent en barres « rondes qu'ils vendent ensuite. »

Cette manière de fabriquer le fer, toute grossière qu'elle est, m'a paru assez curieuse par la ressemblance qu'elle présente avec le *puddlage anglais* ou la *méthode de fabriquer le fer malléable à la houille*, qui ne date en Europe que de cinquante à soixante ans. La description chinoise indique très-bien le moment où se forme la matière sèche (le *dry work*, comme disent les Anglais), et dans lequel l'excédant de carbone se brûle et la fonte passe à l'état de fer. Mais le fer puddlé a besoin d'être purifié par la pression de lourds marteaux et de cylindres lamineurs; et comme les Chinois n'ont aucun de ces agents mécaniques, leur fer est généralement très-mauvais, quoiqu'ils excellent dans les ouvrages en fonte. (Voyage de Macartney; Voyage de Barrow.)

Les Chinois distinguent deux espèces d'acier : l'acier naturel, qui s'obtient directement par la fusion de certains minerais; et l'acier cuit, *chu-kan*. Pour obtenir celui-ci, on enveloppe un barreau de fonte ou d'acier naturel avec des lames minces de fer forgé, et l'on garnit d'argile l'extrémité de chaque paquet. On chauffe le tout dans un fourneau à vent, et quand le barreau intérieur commence à fondre, on retire le paquet et on le bat au marteau; puis on le réchauffe et l'on rebat, jusqu'à ce que le tout soit bien soudé ensemble. Ils appellent cet acier l'*acier rond* (touan-kan). L'explication est malheureusement assez imparfaite. Quand ils emploient de l'acier naturel avec des barreaux de fer, le résultat correspond à ce que l'on appelle l'acier d'étoffe, qui est employé pour les gros instruments. L'emploi de la fonte indiqué ici ne réussit bien probablement qu'avec les minerais qui donnent facilement de l'acier naturel, et dont la fonte doit conséquemment différer très-peu de cet acier.

Le cuivre s'extrait ordinairement, à la Chine, de minerais qui contiennent du plomb. On fond le minerai dans un fourneau à vent, au bas duquel on perce deux trous à des hauteurs inégales. Le plomb surnage sur le cuivre et coule par le trou supérieur, tandis que le cuivre coule par le trou d'en bas. Ce moyen est employé aussi en Europe pour opérer la première séparation dans les minerais où le cuivre et le plomb sont mêlés. Mais les Chinois paraissent peu connaître l'art difficile de bien raffiner le cuivre.

Avec le cuivre est un minerai appelé *lou-kan-chi*, et qui est de la calamine ou de la blende. Les Chinois ont fait depuis longtemps du laiton. Alors on emploie, suivant le *Thien-kong-khaï-we*, 6 livres de lou-kan-chi pour 10 livres de cuivre. Le Pen-thsao-kang-mou, cité par l'Encyclopédie japonaise, donne des proportions différentes, un de cuivre et un de lou-kan-chi, pour produire un et demi de laiton. On fait aussi un alliage plus estimé avec six de cuivre et quatre de zinc. Ce dernier métal, le zinc, est appelé par les Chinois *ya-yan*, ou second plomb. D'après l'Encyclopédie japonaise et le Thien-kong-khaï-we, le zinc n'était pas connu autrefois des Chinois et des Japonais. L'éditeur japonais du premier ouvrage indique, dans une note, que le zinc s'extrait du lou-kan-chi; mais il ajoute qu'il ne sait pas comment se fait l'extraction. Le thien-kong-khaï-we donne plus de détails : « On met, dit-il, 10 livres de lou-
« kan-chi dans un creuset de terre. On
« les y comprime fortement; on
« divise avant de les exposer au feu;
« ensuite on place les creusets les uns
« sur les autres, en les entremêlant de
« galettes de houille, et on allume le
« feu. Le lou-kan-chi fond dans le milieu du creuset, et devient tout rond.
« Quand le feu est éteint, on retire
« cette boule, qui est le *ya-yan*. Cette
« matière se combine avec le cuivre.
« Quand on la met dans le feu, elle
« produit une vapeur enflammée. »

Sir G. Staunton, dans son ouvrage sur le voyage de lord Macartney à la Chine, rapporte que les Chinois font communiquer les creusets où est la calamine à des récipients où le zinc coule. D'après cela, la fabrication aurait été perfectionnée à l'époque de son voyage.

L'étain est divisé en étain de montagne et étain des eaux (étain d'alluvion). L'étain de montagne, qui est l'étain des mines, et qui est le plus impur, est lavé et débarrassé de sa terre; puis on fond l'un et l'autre minerai dans un fourneau qui contient plusieurs centaines de livres de minerai et plusieurs centaines de livres de charbon de bois. La combustion est excitée au moyen d'une caisse soufflante. Si le minerai a de la peine à fondre, on y ajoute un peu de plomb; alors il commence à s'étendre; puis il coule par un conduit en fer placé au bas du fourneau.

Quant au mercure, on sait que les Chinois le retirent depuis longtemps du cinabre; mais ils ne le regardent pas comme un métal, et le procédé de l'amalgamation pour l'extraction de l'or et de l'argent ne leur paraît pas connu. Le mercure ne leur sert presque qu'à polir des miroirs de métal.

Ces extraits de l'Encyclopédie japonaise et du Thien-kong-khaï-we prouvent qu'à l'époque de la publication de ces ouvrages, les Chinois n'étaient pas bien avancés dans l'art d'extraire les métaux, et cette indication s'accorde avec les récits des voyageurs qui ont visité leur pays.

On sait qu'à la Chine rien n'est si fréquent, dans le commerce, que les mélanges frauduleux; et de là on pourrait présumer qu'on a dirigé aussi dans ce pays quelque attention sur les moyens de distinguer ces mélanges, surtout pour les métaux, dont la valeur peut être si facilement altérée. D'après les récits des voyageurs, les Chinois sont fort adroits pour reconnaître, avec la pierre de touche, le titre approximatif des objets d'or et d'argent; mais, quant à des procédés d'analyse exacte, on ne trouve, dans les ouvrages que nous avons cités, que des indications bien imparfaites.

Suivant le Thien-kong-khaï-we, pour séparer l'or de l'argent avec lequel il se trouve souvent mêlé, il faut envelopper le métal que l'on veut purifier dans des boules d'argile, le jeter dans un creuset et le fondre avec du borax (*pong-cha*); alors l'argent se mêle à l'argile, de sorte que l'or reste pur, et on sépare ensuite l'argent en y ajoutant du plomb, c'est-à-dire *par le procédé de la coupellation ordinaire*. M. Boussingault a trouvé un procédé analogue, en usage dans les Cordillères, pour la purification de l'or; mais c'est du sel marin qu'on ajoute au lieu de borax. M. Boussingault a expliqué l'opération américaine par la réaction de l'argile du ciment sur le sel marin à la faveur de la vapeur d'eau, de sorte qu'il se forme de l'acide hydrochlorique qui attaque l'argent et en forme un chlorure.

Cette explication ne paraît pas pouvoir s'appliquer au cas où l'on emploierait le borax. Une tentative faite dans un laboratoire, pour répéter le procédé indiqué par le Thien-kong-khaï-we, n'a donné aucun résultat, et l'argent ne s'est pas séparé de l'or. Il est vrai que des circonstances accidentelles peuvent empêcher de réussir dans une expérience semblable, lorsqu'on n'a pas d'indication plus précise que celle de l'ouvrage chinois. Ainsi, suivant M. Boussingault, l'opération qu'il a observée en Amérique ne réussit qu'avec des creusets assez poreux, de manière que l'air puisse avoir accès dans le mélange.

Nous devons dire aussi que, d'après les valeurs données par les poids relatifs de l'or et de l'argent dans le *Souan-fa-tong-tsong*, ouvrage qui date de 1593, il paraîtrait que la séparation de l'or contenu dans l'argent se faisait alors d'une manière très-imparfaite; car le poids du pouce cube d'or est indiqué comme 16 onces, et celui du pouce cube d'argent comme 14 onces; de sorte que les poids relatifs de l'or et de l'argent seraient comme 16 à 14, ou comme 11 à 10; tandis qu'il est constant que le centimètre cube d'or pur pèse 19 grammes, et le centimètre cube d'argent 10 grammes 47 centigrammes; de sorte que les poids relatifs des deux métaux sont comme 19 à 10 1/2. La valeur donnée au poids de l'argent dans l'ouvrage chinois est donc beaucoup trop forte; elle est presque égale à celle du poids de l'or, ce qui ne peut s'expliquer que par le mélange d'une forte proportion d'or dans l'argent chinois; car le plomb, l'autre métal qui pourrait s'y trouver mêlé, n'est pas assez pesant pour donner lieu à un tel excédant de poids.

D'après le Thien-kong-khaï-we, quand on veut retirer l'argent des ustensiles où il se trouve combiné avec le cuivre rouge et le plomb, ou quand on reconnaît aux taches noires du métal qu'il renferme une proportion sensible d'alliage, on le met dans un vase de terre avec un peu de nitre. On le fond; une grande partie du cuivre et du plomb se sépare de l'argent et coule au fond du vase. On reprend l'argent ainsi à demi purifié avec les parties de cuivre et de plomb qui semblent encore assez riches en argent, et on les met dans le milieu d'un creuset de terre, dans le fourneau à séparer les métaux. Le plomb paraît le premier; bientôt il s'écoule, et le cuivre reste collé, comme enveloppe du résidu d'argent. On comprime cette masse avec des tiges de fer, et aussitôt l'argent se répand et se sépare.

Ce procédé, à ce qu'il paraît, est connu et employé aussi, par les raffineurs, en Europe.

L'étain du commerce, à la Chine, est souvent mêlé de plomb. Pour le purifier, on lave cet étain, et on le fond dans une solution de vinaigre assez fort: le plomb se consomme et coule dehors; l'étain reste seul. Ce procédé, donné par le Thien-kong-khaï-we, s'explique aisément. L'acétate d'étain est presque insoluble et se forme beaucoup plus difficilement à froid que l'acétate de plomb, qui est très-soluble.

Je passerai maintenant à l'examen de quelques produits dont les métaux forment la base principale.

Le procédé hollandais pour la fabrication de la céruse peut être venu du Japon, avec lequel les Hollandais ont eu pendant longtemps des relations très-importantes. En effet, ce procédé est presque identique avec celui qui est indiqué dans les ouvrages chinois et japonais pour la préparation de cette matière. Au reste, ce ne serait pas le seul emprunt que les Hollandais auraient fait aux Japonais. Ainsi, pour l'agriculture, c'est de là que sont venus en Europe les semoirs mécaniques, qu'on trouve dans le Thien-kong-khaï-we et dans le Cheou-chi-thong-kao, et qui existent depuis une haute antiquité à la Chine. De même la machine à vanner le blé, connue en France sous le nom de *tarare*, est représentée dans le Thien-kong-khaï-we avec son ventilateur et telle que nous l'employons; on en retrouve aussi la description, mais sans figure, dans la première édition chinoise de l'Encyclopédie japonaise, laquelle date de 1609. D'après les encyclopédies anglaises, les Hollandais reconnaissent que cette machine leur vient du Japon.

Voici la description du procédé suivi à la Chine pour la fabrication de la céruse, d'après le Thien-kong-khaï-we :

« Pour faire le *hou-miên* (la poudre
« blanche, la céruse), on prend 100 li-
« vres de plomb coulé; on les coupe,
« on les divise en morceaux, et on en
« forme des tubes qu'on met dans un
« vase de bois, au fond duquel est placée
« une petite tasse pleine de vinaigre. En
« dehors on lute avec de l'argile et on
« ferme le pot avec du papier collé;
« puis on met un peu de feu, et on l'en-
« tretient pendant sept jours. Cet es-
« pace de temps suffit pour l'opération.
« Les morceaux de plomb qui ont pro-
« duit de la poudre blanche (de la cé-
« ruse) sont jetés dans un vase plein
« d'eau. Les morceaux qui n'ont pas
« produit de poudre blanche sont re-
« placés dans les pots pendant sept
« jours, et au sortir on les jette dans
« l'eau. On continue ainsi jusqu'à ce
« que le principe soit épuisé. Les mor-
« ceaux qui ne sont pas épuisés com-
« plétement sont réservés pour faire de
« la poudre jaune rouge (rouge de
« plomb, massicot). »

La méthode qu'on suit en Hollande est presque identique avec celle des Chinois ; seulement, au lieu de chauffer les pots avec du feu, les Hollandais entourent les pots avec du fumier et du tan, ce qui donne à la céruse ainsi faite une teinte grisâtre. Auprès de Vienne, on chauffe les pots avec du feu, et le blanc fabriqué est très-pur; alors c'est exactement le procédé chinois.

La description de l'Encyclopédie japonaise diffère peu de celle du Thien-kong-khaï-we. Suivant l'Encyclopédie, au lieu de tubes de plomb, on emploie de petites plaques rondes superposées.

Le rouge de plomb ou *tan* que font les Chinois se fabrique avec les résidus de plomb non convertis en céruse, que l'on chauffe avec du nitre et de l'alun : on doit obtenir ainsi un produit analogue à la variété de minium connue sous le nom de *mine orange*. On tire encore ce rouge directement du plomb en chauffant ce métal avec du soufre et du nitre. Dans ce cas, on obtient un mélange de massicot avec une forte proportion de sulfure et de sulfate de plomb.

D'après le Pen-thsao-kang-mou, dont le texte est rapporté par l'Encyclopédie japonaise et le Thien-kong-khaï-we, on prend : 1° plomb, 1 livre; soufre, 10 onces; nitre, 1 once. On fond le plomb, et on y ajoute successivement soit du nitre, soit du soufre. M. Gaultier de Claubry, qui a bien voulu répéter l'expérience d'après ces données, n'a pu obtenir une couleur rouge qu'avec beaucoup de peine. Au fait, la proportion de soufre est singulière. Quand on fabrique chez nous le minium, on évite avec grand soin le contact des matières sulfureuses, qui nuisent pour la fabrication de cristaux où le minium entre en proportion notable. On doit se rappeler, il est vrai, qu'on ne fait pas de cristaux en Chine ; et l'emploi de leur *tan* ou rouge sulfuré peut être suffisant pour la peinture ou pour d'autres usages : mais il est cependant probable qu'il y a erreur dans les proportions données par le Pen-thsao-kang-mou.

Quoi qu'il en soit, le texte chinois ajoute : « Si l'on veut que le *tan* redevienne plomb, on doit le mêler avec du « jus d'oignon et le chauffer ainsi ; le « plomb reparaît et se reproduit. »

Il y a quelques années, M. Berthier a fait connaître un procédé pour utiliser les résidus de sulfate de plomb provenant de la préparation de l'acétate d'alumine, lequel consiste à chauffer ce sulfate avec une certaine quantité de charbon en poudre, ou avec du sous-sulfure de plomb : le sulfate se décompose, et l'on obtient du plomb pur. L'identité de ce procédé avec celui qu'indique le Pen-thsao-kang-mou est évidente. L'emploi du jus d'oignon dans l'ouvrage chinois indique uniquement l'emploi d'une matière végétale.

D'après ce même texte, avec 100 de plomb, on obtient 153 de *tan*. Pour tirer le plomb du sulfate de plomb, les proportions données par M. Berthier étaient 53 grammes de sulfate de plomb et 77 grammes de sous-sulfure, qui donnaient 100 de plomb. On voit que les quantités indiquées ne sont pas très-éloignées. Ce rapprochement me paraît assez curieux.

Voici encore quelques préparations que les Chinois connaissaient au seizième siècle.

D'après le Pen-thsao-kang-mou, les Chinois savaient faire depuis longtemps des préparations mercurielles, qu'ils désignaient sous les noms de *hiong-fen* et de *fen-chouang*, et qui se rapprochent de celles que nous connaissons sous le nom de sublimé corrosif et de sublimé doux, ou bichlorure et protochlorure de mercure.

Le *hiong-fen* se fait avec une once de mercure, 2 onces d'alun blanc, 1 once de sel marin, que l'on renferme dans un vase de terre couvert. En chauffant, une poudre se rend dans le haut du vase : cette poudre est le *hiong-fen*; et à l'exception de l'emploi de l'alun au lieu d'acide sulfurique, c'est le mode qu'on emploie pour la préparation du sublimé corrosif. La poudre chinoise doit être mêlée de principes étrangers au chlorure de mercure; mais on ne pouvait faire autrement tant qu'on ne se servait pas directement d'acide sulfurique.

Pour la préparation du *fen-chouang*, « on se sert de bon *hiong-fen*, dit le « Pen-thsao-kang-mou; on en met « une once dans un vase de terre, dont « l'ouverture est surmontée d'un cou- « vercle, dont le dedans est garni d'une « feuille de papier mouillé. On lute le « couvercle avec de l'argile détrempée, « et on garnit le bas du vase avec du « petit charbon de bois qu'on allume. « On augmente peu à peu la quantité « de charbon, jusqu'à ce qu'on atteigne « le col supérieur du vase; alors on « laisse le feu se refroidir, et on retire « le papier garni d'une poudre sembla- « ble à de la cire blanche : c'est le *fen- « chouang*. » L'auteur a évidemment oublié l'addition du mercure au sublimé corrosif, addition nécessaire pour enlever à ce dernier une portion de chlore.

Sous le nom de *fan*, les Chinois rangent plusieurs substances qui se rapportent à l'alun et aux diverses sortes de vitriol.

Le *fan* blanc est l'alun, dont on trouve des mines naturelles, d'après le Thien-kong-khaï-we, et qui se purifie par des lessives et la cristallisation.

L'alun sert, en Chine, à divers usages, entre autres, à la clarification de l'eau trouble. Ce procédé a été rapporté par Barrow, dans son Voyage à la Chine, et on en trouve quelque trace dans le Thien-kong-khaï-we. En ajoutant une très-petite quantité d'alun avec de l'eau trouble, il se forme un sous-sulfate insoluble d'alumine qui se dépose et entraîne avec lui les particules terreuses. D'après une note insérée dans le Bulletin de la Société d'encouragement (année 1830), ce même procédé a été appliqué, il y a quelques années, par M. Darcet, à la clarification de l'eau de Seine, et son fils l'a porté en Égypte, où il paraît inconnu.

Les autres *fan*, noir, rouge, jaune et vert, s'extraient de pierres qui se trouvent dans la houille, et qui sont évidemment, d'après cette indication, des pyrites de fer et de cuivre.

Le minerai est brûlé à l'air, en l'entremêlant avec de la houille. Le résidu est lessivé et concentré dans une chaudière. On obtient ainsi le fan vert : c'est du vitriol vert ou sulfate de fer.

En calcinant cette substance avec 4 onces de terre jaune, on en retire le fan rouge, qui sert pour les ornements des maisons, quand on les peint. Ce fan rouge est le *colcotar* ou *rouge d'Angleterre*.

Le fan jaune se fait en cuisant le fan noir, qui est un mélange de sulfate de fer et d'alumine. On le place en tas que l'on couvre de terre. On y met le feu, qui dure lentement pendant le printemps et l'été, et au commencement de l'hiver il s'effleurit à la surface de la terre une poudre, comme les murs de briques produisent une espèce de salpêtre. On racle cette poudre, et on la recueille : c'est le fan jaune. Ce fan jaune est de l'alun effleuri à la surface des pyrites de fer, mais encore impur; d'ailleurs on n'obtient ainsi que de petites quantités d'alun.

On indique aussi dans le Thien-kong-khaï-we qu'on retire des fan des montagnes à feu mouvants, ou des volcans. Ils sont mélangés avec le soufre. On les lave, et on en fait du fan bleu foncé. Ce fan bleu s'appelle aussi la *pierre de fiel*, et paraît se rapporter à l'alun mélangé de sulfate de cuivre.

BOTANIQUE CHINOISE.

« Le règne végétal, écrivait en 1829 M. Abel Rémusat, paraît très-riche à la Chine; et la botanique chinoise serait l'objet d'une étude immense. Jusqu'ici on n'a pu connaître qu'un nombre comparativement assez peu considérable de plantes, que les missionnaires ont envoyées en nature ou décrites dans leurs mémoires. Les traités d'histoire naturelle des Chinois en indiquent une infinité d'autres par des figures et des descriptions qui suffisent quelquefois pour fonder une détermination scientifique. Pour ne pas nous perdre dans un détail immense, il suffira de nommer ici, parmi les végétaux les plus célèbres de la Chine, le bambou, dont les usages variés ont influé sur les habitudes des Chinois, et qui pourrait, pour ainsi dire, tenir lieu de tous les autres arbres; le thé, objet d'un commerce si actif; l'arbre à cire, l'arbre au suif, le *camelia oleifera*, le mûrier à papier, le camphrier (*laurus camphora*), l'arbre au vernis, le litchi (*dimnocarpus*), le long-yen, le jujubier, l'anis étoilé, le cannellier de la Chine, l'oranger, le bibacier, et un grand nombre d'arbres à fruit particuliers aux provinces méridionales; la pivoine en arbre, les *camelia*, l'hortensia, rapporté de la Chine par le lord Macartney, le petit *magnolia*, plusieurs rosiers, la reine-marguerite odorante, l'hémérocalle, la rhubarbe, dont le commerce est si profitable aux habitants des provinces septentrionales de la Chine; le jin-chen (jin-seng), dont la récolte, dans la province de Chin-king, est exclusivement réservée à l'empereur et forme une partie considérable de son revenu; et une prodigieuse diversité de plantes ligneuses ou herbacées, cultivées pour la beauté de leurs fleurs; le cotonnier, un grand nombre de plantes textiles, économiques et céréales, qui mériteraient d'être naturalisées en Europe (*). »

Quoique la botanique chinoise ait fait des progrès depuis trente ans, néanmoins aucun ouvrage n'est, à cet égard, aussi complet, aussi exact et aussi intéressant que la *Description générale* de l'abbé Grosier. La partie botanique est rédigée avec beaucoup de soin, et contient, suivant M. Abel Rémusat (**), l'extrait de ce que le P. Cibot a donné de mieux sur cette matière, comparé avec les descriptions de Loureiro, de Thunberg et de quelques autres botanistes. On trouve encore dans la relation anglaise de sir Georges Staunton (***)

(*) Voy. Abel Rémusat, Nouveaux Mélanges asiatiques, t. Ier, p. 20 et 21.

(**) Id., ibid., p. 299.

(***) Staunton's Embassy, t. II, p. 165, 276, 435 et 524.

quatre listes considérables de plantes chinoises : la première comprend les plantes du Pe-tchi-li ; la seconde, celles de la Tartarie mandchoue ; la troisième, celles du Chan-tong et du Kiang-nan, et la quatrième, celles du Kouang-tong. M. S. Wells-Williams est, de l'aveu des Américains, et même des Anglais qui cultivent la littérature chinoise à Canton et ailleurs, un de ceux qui y ont fait les plus remarquables progrès. Il est aussi le premier auteur auquel on soit redevable de quelques études sur la flore de la Chine. M. Wells-Williams a trouvé le moyen d'établir une synonymie certaine entre les dénominations chinoises et les dénominations européennes d'un certain nombre de plantes, et a inséré, dans son excellent dictionnaire anglais et chinois, une liste alphabétique (*), dont la reproduction ne sera peut-être pas inutile et que je vais donner. Je parlerai tout à l'heure des travaux plus importants de MM. J. Hoffmann et H. Schultes.

Index botanique de M. S. Wells-Williams.

Abrus precatorius.
Acacia.
Acanthus ilicifolius.
Acorus gramineus.
Ægiceras fragrans.
Agapanthus.
Aglaia odorata.
Aleurites.
Allium triquetrum.
Aloe chinensis.
Alpinia calcarata.
Alpinia galanga.
Alpinia nutans.
Althea rosea.
Amaranthus polygamus.
Amaranthus spinosus.
Amaryllis aurea.
Amaryllis sinensis.
Amygdalus persica.
Ananassa sativa.
Andromeda japonica.
Angræcum falcatum.
Anona squamosa.
Anthemis apiifolia.
Aphelandra cristata.

(*) An english and chinese Vocabulary, in the court dialect, by S. Wells-Williams; Macao, 1844; p. 103 et suiv.

Aquilaria sinense.
Arachis hypogæa.
Ardisia crenulata.
Ardisia lentiginosa.
Ardisia littoralis.
Areca catechu.
Artabotrys odoratissimus.
Artemisia vulgaris.
Arum esculentum.
Asclepias curassavica.
Averrhoa carambola.
Azalea indica.
Azolla.
Backia frutescens.
Bambusa arundinacea.
Bauhinia candida.
Bauhinia scandens.
Begonia discolor.
Bellis jaculifolia.
Bombax ceiba.
Bletia hyacinthyna.
Bletia Tankervillæ.
Brassica chinensis.
Bryonia.
Buttneria.
Cactus triangularis.
Callicarpa purpurea.
Callicarpa rubella.
Calotropis gigantea.
Canna indica.
Canarium alba.
Canarium pimela.
Caprifolium japonicum.
Capsicum sinense.
Caragana Camlagu.
Cardiospermum corindum.
Carica papaya.
Cassia sophora.
Celosia cristata.
Cerbera chinensis.
Cercis siliquastrum.
Chimonanthus fragrans.
Chloranthus inconspicuus.
Chloranthus monander.
Chrysanthemum sinense.
Cissus umbellata.
Citris decumana.
Citrus limonum.
Citrus margarita.
Citrus aurantium.
Citrus medica.
Citrus madurensis.
Citrus nobilis.
Clematis chinensis.
Clematis minor.
Clerodendrum squamatum.

Clerodendrum fragrans.
Cocos nucifera.
Convolvulus bryoniæfolius.
Convolvulus reptans.
Cookia punctata.
Corchorus japonica.
Cornutia quinata.
Cotyledon spinosa.
Crinum asiaticum.
Crotolaria juncea.
Croton tiglium.
Cucumis maderaspatanus.
Cucurbita citrullus.
Cucurbita lagenaria.
Cucurbita melopepo.
Cupressus.
Cupressus sempervirens.
Cuscuta chinensis.
Cyanella capensis.
Cycas revoluta.
Cydonia japonica.
Cymbidium.
Cymbidium ensifolium.
Cymbidium lancifolium.
Cymbidium xiphiifolium.
Cynanchum sibiricum.
Daphne odora.
Datura metel.
Daucus carota.
Dendrobium monoliforme.
Dianthus caryophyllus.
Dianthus chinensis.
Diospyrus kaki.
Dolichos?
Dolichos purpureus.
Dolichos soja.
Dracæna ferrea.
Dryandra cordata.
Echites caudata.
Elæagnus latifolius.
Eleocharis tuberosa.
Enkianthus quinqueflora.
Eriobotrya japonica.
Eriocaulon quadrangulare.
Erysibe paniculata?
Erythrina indica.
Equisetum hyemale.
Euonymus?
Euphoria longan.
Euphoria litchi.
Evolvulus alsinoides.
Fagara?
Fallopia nervosa.
Ficus.
Fraxinus chinensis.
Gardenia florida.

Gardenia spinosa.
Gardenia radicans.
Geranium.
Gerardia.
Glycyrrhiza echinata.
Gmelina asiatica.
Gomphrena globosa.
Gordonia.
Gossypium arboreum.
Habenaria Susannæ.
Hamamelis chinensis.
Hedysarum?
Hedychium coronarium.
Helianthus cochinchinensis.
Helicteris angustifolia.
Heliotropium indicum.
Hemerocallis cærulea.
Hemerocallis fulva.
Hibiscus acerifolius.
Hibiscus liliaceus.
Hibiscus mutabilis.
Hibiscus manihot.
Hibiscus rosa-sinensis.
Hibiscus syriaca, rubra.
Hovenia dulcis.
Hoya carnosa.
Hydrangea hortensis.
Hydrocharis morsus-ranæ.
Hypericum monogynum.
Hypoestes purpurea.
Illicium anisatum.
Impatiens chinensis.
Impatiens cochleata.
Impatiens cristata.
Indigofera coccinea.
Ipomæa grandiflora.
Ipomæa maritima.
Ipomæa quamoclit.
Iris orientalis.
Ixora coccinea.
Jasminum officinalis.
Jasminum paniculatum.
Jasminum sambae.
Jatropha.
Juniperus.
Justicia echolium.
Justicium paniculata.
Lagerstrœmia indica.
Laurus camphora.
Laurus caryophyllus.
Lawsonia americana.
Lawsonia purpurea.
Leontodon chinensis.
Ligustrum lucidum.
Lilium concolor.
Lilium japonicum.

Lilium tigrinum.
Leonicera periclymenum.
Lychnis coronata.
Lycopodium.
Maba vaccinoides.
Magnolia fuscata.
Magnolia pumila.
Magnolia purpurea.
Magnolia conspicua.
Malachra arena.
Melanthium cochinchinense
Melastoma dodecandrum.
Melastoma malabathricum.
Melia azedarach.
Melodinus monogynus.
Michelia champaca.
Mirabilis jalappa.
Morus alba.
Muricia cochinchinensis.
Murraya exotica.
Musa sapientium.
Musa coccinea.
Mussænda chinensis
Myrtus tomentosa.
Nandina domestica.
Narcissus tazetta.
Nauclea cordifolia.
Nelumbium speciosum.
Nepenthes phyllamphora.
Nerium oleander.
Nicotiana fruticosa.
Nyctanthes arbor-tristis.
Nymphæa pygmæa.
Ocimum gratissimum.
Olea fragrans.
Onobrychis crinita
Pæonia meoutan.
Pæonia albiflora.
Panax quinquefolium.
Pandanus odoratissimus.
Papaver somniferum.
Pardanthus sinensis.
Paris polyphylla.
Parkinsonia orientalis.
Passiflora cærulea.
Pentapetes phœnicea.
Pergularia odoratissima.
Phoberos chinensis.
Pinus longifolia.
Piper betle.
Piper nigrum.
Pittosporum tobira.
Plantago major.
Plumbago zeylanica.
Plumbago rosea.
Plumearia alba.

Pœderia fetida.
Poinciana pulcherrima.
Polyanthes tuberosa.
Polygonum barbatum.
Polygonum tartaricum.
Polygonum tinctorium.
Punica granatum.
Prunus domestica.
Prunus armeniaca.
Psidium pyriferum.
Pyrus communis.
Pyrus malus.
Quisqualis glabra.
Quisqualis indica.
Ranunculus sceleratus.
Raphanus sativus.
Raphiolepis indica.
Raphiolepis phœostemon
Raphiolepis salicifolia.
Raphis flabelliformis.
Rhus succedanea.
Ricinus communis.
Rosa Banksiæ.
Rosa indica.
Rosa multiflora.
Rosa spinosissima.
Rosa semperflorens.
Rosa sinica.
Rubus reflexus.
Rubus parvifolius.
Ruta angustifolia.
Saccharum sinense.
Sagittaria integrifolia.
Sagittaria obtusifolia.
Sagittaria sinensis.
Sagus Rumphii.
Salisburia adiantifolia.
Salix babylonica.
Sambucus chinensis.
Santalum album.
Sapindus abruptus.
Saxifraga sarmentosa.
Sedum.
Serissa fœtida.
Sesamum indicum.
Sida tiliæfolia.
Sideroxylon cantonieuse.
Sinapis brassicata.
Smilax lanceolata.
Spinifex squarrosus.
Spiræa crenata.
Spondias amara?
Stachys artemisia.
Sterculia balanghas.
Sterculia lanceolata.
Sterculia platanifolia.

Stillinga sebifera.
Styrax.
Tabernæmontana coronaria.
Tagetes patula.
Tamaris chinensis.
Tecoma grandiflora.
Thunbergia angustifolia.
Thuya orientalis.
Trapa bicornis.
Tricosanthes anguina.
Tropæolum minus.
Unona discolor.
Vanda.
Vinca rosea.
Vismia dealbata.
Vitex spicata.
Webera corymbosa.
Zea mays.
Zinziber officinale.
Zizyphus jujuba.
Zizyphus ramosissimum.
Zornia pulchellum.

Travaux de MM. J. Hoffmann et H. Schultes, sur la Flore du Japon et de la Chine.

L'Index botanique de MM. J. Hoffmann et H. Schultes, actuellement sous presse, est, comme on va le voir, beaucoup plus étendu que celui de M. Wells-Williams. Nous nous félicitons de pouvoir mettre sous les yeux du lecteur la préface de cet Index, préface où M. Hoffmann retrace les principales époques des recherches scientifiques sur la flore japonaise.

« Ce fut, dit cet habile orientaliste, vers la fin du dix-septième siècle que les premières notions de la flore japonaise pénétrèrent en Europe. Le docteur Andreas Cleyer, qui, en 1683, avait visité la cour de Yédo, en qualité d'ambassadeur de Hollande, demeura jusqu'en 1686 à Nagasaki, comme chef de la factorerie du commerce hollandais, et, de retour à Java, publia, jusqu'en 1700, une série de traités sur les plantes japonaises, dans les Éphémérides de l'Académie *Naturæ curiosorum*, et après avoir fait dessiner, au Japon, par des indigènes, treize cent soixante figures, les envoya à Berlin, au docteur A. Menzel, lequel en composa une Flore japonaise, qui se trouve jusqu'aujourd'hui inédite dans la Bibliothèque royale de Berlin.

« Le docteur Cleyer s'occupait encore de la description des plantes japonaises, quand le naturaliste Engelbert Kæmpfer arriva au Japon (1690), et pendant deux ans fit de la flore japonaise le sujet de ses études. La valeur scientifique de ses recherches, en général, surpasse de beaucoup celle des ouvrages contemporains; mais, de son vivant, on n'en publia que la partie botanique. C'est dans les descriptions et les figures de plantes japonaises, formant le cinquième fascicule de ses *Amœnitates exoticæ* (1712), que Kæmpfer a consigné avec beaucoup d'exactitude les noms japonais et chinois, en profitant de beaucoup de notices intéressantes sur l'histoire naturelle indigène, qui lui furent communiquées par ses amis japonais. Il mourut en 1716, et ses collections se trouvent aujourd'hui au Musée britannique; entre autres une collection de figures de plantes japonaises, dont sir Joseph Banks publia, en 1791, une série de quarante-neuf planches, sous le titre de *Icones Kæmpferianæ*.

« Le premier qui traita la flore des îles japonaises d'après la méthode de l'école de Linné fut C. P. Thunberg. Arrivé au Japon en 1775, il avait formé, au bout d'une année, une collection de mille espèces, dont il décrivit huit cents. Dans sa flore japonaise, Thunberg donna, à l'exemple de Kæmpfer, les noms japonais, empruntés, ce nous semble, en partie à des ouï-dire, en partie aux *Amœnitates exoticæ* de ce dernier auteur. La haute valeur attribuée d'abord par quelques botanistes à la flore de Thunberg a considérablement diminué. Le botaniste y cherche en vain une exactitude scientifique, et quant aux noms japonais, c'est à peine si la sixième partie est exempte de fautes d'orthographe ou d'impression.

« En 1823, M. Ph.-Fr. de Siebold arriva au Japon. L'étude de la flore de ce pays occupa une place considérable dans le cercle de ses recherches. La collection de plantes japonaises qu'il forma pendant son séjour dans ce pays n'embrasse pas seulement la flore des environs de Nagasaki, ou de l'île de Kiousiou, mais encore un grand nombre de plantes qu'il rassembla pendant son voyage à Yédo. Elle fut encore augmentée par des envois que lui firent ses amis et élèves japonais, de divers points de l'empire, et à l'aide d'herbiers formés par des naturalistes indigènes. Cette collection, comprenant de deux mille deux cents à deux mille trois cents espèces de phanérogames, fut placée, au retour de M. de Siebold, dans l'herbier royal de Leyde, et augmentée, plus tard, de deux à trois cents espèces provenant d'envois du Japon, faits par M. Burger.

« Ces matériaux, joints à un choix de plus de six cents figures que M. de Siebold avait fait dessiner d'après nature par des artistes japonais, sont entrés dans l'ouvrage intitulé : *Flora japonica, sive plantæ quas in imperio japonico collegit, descripsit, et ex parte in ipsis locis pingendas curavit doctor Ph. Fr. de Siebold*; sectio prima : Plantæ ornatui vel usui inservientes. Digessit doctor J. G. Zuccarini, Lugd. Bat., 1835-44.

« M. Zuccarini donna au monde savant une revue systématique des familles et des genres des plantes japonaises en rendant (le 12 juin 1841 et le 20 janvier 1844), à l'Académie royale des sciences, à Munich, un compte de la flore japonaise et de ce qu'elle doit aux recherches des Européens, aussi bien qu'à celles des Japonais mêmes. Il montra la connexion et l'ensemble qu'il y avait entre la flore du Japon et celles d'autres pays; mais ce n'était qu'en traits généraux. Cette matière fut traitée par lui, plus en détail, dans un ouvrage qui a paru plus tard sous le titre de : *Floræ japonicæ familiæ naturales, adjectis generum et specierum exemplis solutis*; sectio prima et altera : Plantæ dicotyledoneæ. Auctoribus doctore Ph. Fr. de Siebold et doctore J. G. Zuccarini.

« Le but que se proposa l'auteur de l'ouvrage que je viens de citer, était de tracer un tableau de la végétation des pays les plus orientaux de l'Asie. Pour y arriver, il a rassemblé, aussi complétement que possible, toutes les familles de plantes constituant la flore japonaise, en faisant ressortir principalement les classes et les genres caractéristiques. Il a montré la grande ressemblance de la flore des îles méridionales du Japon, des îles de Sikokf, Kiou-siou et de la partie sud du Nippon, avec celle des régions moyennes et plus chaudes de la Chine, et il a prouvé que beaucoup de classes et presque toutes les plantes cultivées sont communes aux deux pays et à la Corée, et que les découvertes faites dans une de ces contrées sont, par conséquent, très-importantes pour les autres.

« Si ces pays étaient occupés par des barbares, nous nous contenterions de ce que les voyageurs y découvriraient et nous communiqueraient; mais les indigènes de la Chine et du Japon, jouissant d'une très-ancienne civilisation, et ayant examiné et déterminé la végétation du sol, se sont créé une littérature indigène sur le règne végétal. Cette littérature nous offre une ample moisson de notices intéressantes sur la patrie, la migration, la distribution géographique et l'usage des plantes cultivées, et nous promet, outre la connaissance de cette Flore, les notions les plus intéressantes sur l'industrie et les arts de ces pays.

« Pour faciliter l'accès de ces sources, il nous faut un lien qui unisse la littérature botanique de ces peuples avec les recherches et les découvertes de nos savants; il nous faut une synonymie, enfin, où, à côté du nom systématique donné par nos naturalistes, soit rangé le nom japonais et chinois.

« Le travail que je publie aujourd'hui est un pas vers ce but. Ce qui m'a surtout engagé à l'entreprendre, c'est qu'un heureux concours de circonstances en avait mis les matériaux entre mes mains il y a environ dix ans. M. de Siebold avait fait faire au Japon, par un savant du pays, une liste complète en japonais et en chinois des plantes rassemblées par lui, et il me permit de l'employer comme base d'une nomenclature botanique. Dans les manuscrits botaniques de M. de Siebold, les déterminations systématiques se bornaient simplement, pour les formes nouvelles, à l'énonciation des familles et des classes, tandis que l'espèce était exprimée par le nom japonais. A mesure que la publication de la *Flore du Japon* avançait, ces déterminations préalables subirent bien des changements, et elles furent remplacées par les nouveaux noms systématiques. L'achèvement de la nomenclature botanique, basée sur les matériaux que nous venons de citer, dépendait de l'achèvement de cette Flore.

« Malheureusement, la publication de la *Flore du Japon* s'est arrêtée, en 1844, à la vingt-cinquième livraison, et un des plus beaux travaux de nos jours reste inachevé. La promesse que Zuccarini avait faite de publier les familles monocotylédones n'ayant pas pu se réaliser, les *Familiæ naturales* de Zuccarini eurent le même sort. Il mourut en 1848, et avec lui s'évanouit l'espérance de voir s'achever cet ouvrage.

« Pour ne pas renoncer complétement à la publication de l'Index botanique, qui jusqu'à cette époque avait marché de pair avec la Flore de M. de Siebold, je me vis forcé de restreindre les limites de mon plan, et de borner mon catalogue aux plantes systématiquement déterminées dans ce qui avait paru de ces deux ouvrages. Le premier comprenait alors environ cent vingt-cinq espèces avec trois cents noms indigènes. Si les noms indigènes avaient été ajoutés dans le dernier ouvrage, qui comprend huit cent quarante-sept espèces de plantes dicotylédones, toutes déterminées et décrites d'après les exemplaires originaux, il m'eût été facile d'achever la synonymie : mais comme il ne s'agissait pour Zuccarini que de donner une revue systématique du règne végétal, tandis que la description détaillée des plantes avait déjà été insérée dans la *Flora japonica*, ou lui restait réservée, il avait supprimé tous les noms japonais des plantes.

« Heureusement les matériaux que j'avais déjà rassemblés pour l'Index me permettaient de remplir cette lacune, et, dans des cas douteux, je pouvais consulter l'herbier royal, où sont conservés les exemplaires originaux qui ont servi à l'ouvrage sur les *Familles naturelles*, et portent les synonymes japonais et chinois ajoutés par des Japonais.

« Dans ces circonstances, la collaboration que m'offrit M. le docteur Schultes, durant l'été de l'année 1850, m'a été d'autant plus agréable, que ce botaniste, attaché alors à l'herbier royal, s'était occupé depuis longtemps de la synonymie indigène de la Flore du Japon, s'était assez familiarisé avec les caractères japonais pour les lire, et avait déjà pris beaucoup de notes sur ce sujet. Enfin, M. Schultes et moi, nous nous réunîmes pour faire cet Index, et nous réussîmes à constater, avec une certitude parfaite, la synonymie de plus de six cent trente espèces de plantes systématiquement déterminées dans les deux ouvrages cités. Parmi les matériaux employés par nous, je dois mentionner encore une flore du Japon intitulée : *Kwa-wi*, ou collection de fleurs, par Yô-nan Den-siou; Miyako, 1765, 8 volumes in-8°; puis un index de noms japonais et chinois d'objets d'histoire naturelle, publié sous le titre de *Bouts bin siki mei*, par Midsou tani; Soukérok, 1809, 4 vol. in-12. Le *Pen-ts'aò-kang-mö*, ou l'histoire naturelle chinoise de Li-chi-tchin, édition japonaise, et la section botanique de la grande Encyclopédie japonaise, furent consultés comme faisant autorité pour la bonne orthographe des noms, etc.

« Si avec tous ces matériaux notre Index n'a pas reçu une plus grande étendue, c'est que nous nous sommes rigoureusement astreints à n'admettre aucune espèce qui ne fût parfaitement déterminée, et par conséquent représentée dans l'herbier de Leyde, par des exemplaires auxquels les Japonais eux-mêmes avaient ajouté les noms japonais et chinois.

« Un nombre considérable de noms chinois de plantes (488) se trouve aussi dans la *Flora cochinchinensis* de J. Loureiro, et nous les aurions consultée plus souvent, si nos botanistes n'eussent élevé des doutes fort graves sur la valeur scientifique de cet ouvrage. Comme cette Flore est dépourvue de figures, il est impossible aux botanistes de résoudre bien des problèmes et de fixer bien des points restés obscurs. Pour que l'ouvrage de Loureiro pût inspirer de la confiance, il faudrait que ses déterminations fussent examinées, rectifiées, complétées d'après son propre herbier, qui se trouve à Lisbonne. Il faudrait encore qu'on consultât les remarques de M. von Bunge, de Beechey et de Hooker sur la flore de la Chine et des îles de Lieou-kieou et de Bonin, et qu'on décidât quelles sont réellement les plantes qu'on trouve dans la *Flora cochinchinensis* de Loureiro. Ces recherches seront considérablement facilitées par la comparaison des noms chinois qu'il cite avec ceux de notre Index.

« Je terminerai en disant quelques mots sur l'usage que font les Japonais des noms chinois des plantes. La littérature d'histoire naturelle de la Chine a servi aux Japonais de point de départ dans l'étude de la nature, et d'autorité dans la médecine, l'industrie et les arts. De là vient qu'au Japon les noms chinois des plantes jouent presque le même rôle que chez nous les noms latins, tandis que les noms japonais indigènes sont abandonnés au langage du peuple. Voilà pourquoi les Japonais, dans les déterminations scientifiques d'objets d'histoire naturelle, se servent de la dénomination chinoise à côté du nom indigène.

« Cependant, la prononciation du chinois adoptée au Japon diffère considérablement du dialecte officiel (des mandarins) que nous avons l'habitude de suivre, de sorte qu'il nous faut observer deux manières différentes de prononcer les noms marqués en caractères chinois : la forme purement chinoise, en dialecte mandarin, et la forme japonaise, qui constitue un dialecte particulier. C'est dans ces deux dialectes que la prononciation des noms marqués en caractères chinois sera donnée dans notre Index. »

ZOOLOGIE.

Nous avons reproduit le jugement que M. Abel Rémusat a cru pouvoir porter sur la botanique et la minéralogie. L'autorité de cet illustre savant, qui avait entrepris la rédaction d'une histoire naturelle de la Chine, du Japon et des pays voisins, est assurément d'un très-grand poids en ces matières. Nous croyons encore faire une chose utile en tirant de la notice intitulée : *Coup d'œil sur la Chine et sur ses habitants*, l'exposé général de ce qui a rapport à la zoologie (*) :

« La Chine, dit M. Rémusat, nourrit un grand nombre d'espèces d'animaux, parmi lesquelles il y en a plusieurs qui ne sont que peu ou mal connus en Europe. Le cheval y est moins beau et plus petit. On y trouve le chameau de la Bactriane, le buffle, plusieurs espèces d'ours, de blaireaux, de ratons, une espèce particulière de tigre, plusieurs espèces de léopards et de panthères. Le bœuf est moins commun qu'en Europe, et le cochon est plus petit. Il y a plusieurs variétés de chiens, et entre autres une que l'on mange. Le chat y est mis en domesticité, et la variété blanche à poil soyeux n'y est pas inconnue. On compte beaucoup d'espèces différentes de rongeurs, parmi lesquelles il y en a qui multiplient au point de devenir un fléau pour les provinces qu'elles parcourent en troupes immenses. Les gerboises, les polatouches, les écureuils, les loutres, les zibelines, se trouvent dans les forêts. L'éléphant, le rhinocéros et le tapir oriental habitent les parties occidentales du Kouang-si, du Yun-nan et du Sse-tchouen. De nombreuses espèces de cerfs, de chèvres et d'antilopes, le musc et d'autres ruminants moins connus peuplent les forêts et les montagnes, particulièrement dans les provinces occidentales. On trouve aussi vers le sud-ouest plusieurs quadrumanes, et même de grandes espèces de singes assez voisines de l'orang-outang.

« La Chine contient un nombre infini d'oiseaux, la plupart étrangers à nos climats ; le faisan doré et le faisan argenté en sont originaires. On connaît plusieurs espèces de cormorans, de cailles, diverses variétés de gallinacés et de palmipèdes, un assez grand nombre d'oiseaux de proie de jour et de nuit, et de nombreuses espèces de la famille des passereaux. Mais l'ornithologie chinoise n'a fait encore que peu de progrès, et l'on est souvent réduit à faire usage des peintures du pays, qui ne sont pas toujours assez exactes pour qu'on puisse parvenir à la détermination des espèces.

(*) Voy. les Nouveaux Mélanges asiatiques, par M. Abel Rémusat, t. 1ᵉʳ, p. 17 à 20.

« La même remarque peut s'appliquer aux autres branches de la zoologie. Les poissons des mers de la Chine sont mieux connus, parce qu'on a souvent pêché dans ces parages ; mais les poissons des lacs et des rivières ont été peu étudiés. On n'a pas non plus de renseignements sur les serpents et les lézards ; les tortues ont été mieux décrites, et l'on sait que plusieurs espèces sont particulières à la Chine.

« Il y a aussi des mollusques, dont les coquilles ont été envoyées de ce pays et font connaître des espèces remarquables. Parmi les insectes, il ne faut pas oublier les papillons, dont la Chine possède plusieurs belles espèces, et les vers à soie, dont l'espèce vulgaire n'est pas la seule à laquelle les Chinois donnent des soins. »

La zoologie occupe beaucoup d'espace dans l'ouvrage de l'abbé Grosier. Parmi les articles les plus intéressants, les plus curieux peut-être pour le plus grand nombre de lecteurs, M. Abel Rémusat cite ceux des abeilles, de la cigale et des papillons, la notice sur les termès ou fourmis blanches, les articles relatifs au cheval, au tigre (léopard) et à quelques autres mammifères. Nous les reproduirons successivement, en y ajoutant la notice de M. Rémusat sur le tapir.

Les abeilles.

« Il suffit d'ouvrir les anciens livres de la Chine pour s'apercevoir qu'on y a connu de tout temps les abeilles, le miel et la cire. On élevait un grand nombre d'abeilles domestiques sous les trois premières dynasties, et cet usage ne fut interrompu que par les troubles et les guerres qui accompagnèrent la célèbre révolution de l'empereur Thsin-chi-hoang-ti, qui, dans le troisième siècle avant notre ère, entreprit d'anéantir l'ancien gouvernement chinois. Les historiens ont remarqué que, vingt-huit ans après, le fondateur de la dynastie suivante reçut comme un présent distingué quelques vases de miel et deux cents bougies de cire. Mais les abeilles sauvages, qui naissent et se reproduisent sans le secours de l'homme dans la plupart des forêts, eurent bientôt réparé la perte de celles qu'on avait laissées périr. Ces abeilles se multiplient tellement dans certaines années, qu'elles ont été quelquefois, dans les temps de disette, une ressource précieuse pour le peuple ; car il faut savoir que les Chinois mangent les nymphes de ces mouches sauvages, soit macérées dans le vinaigre ou dans une saumure, soit frites dans la graisse ou dans l'huile. Ils en sont venus ensuite à manger les nymphes des abeilles domestiques, dont les Apicius des campagnes se montrent fort friands.

« Quoique les naturalistes chinois distinguent plusieurs sortes d'abeilles, d'après leur couleur, leur taille, leurs mœurs et les lieux où elles s'établissent, quelques-uns d'entre eux réduisent toutes ces espèces à trois : aux abeilles des forêts, à celles qui habitent les rochers sur le bord de la mer, et aux abeilles domestiques. Les premières sont plus grosses et d'un jaune qui tire sur le gris ; les secondes sont presque noires, et les dernières jaunes comme celles d'Europe. La saveur, le parfum et les qualités du miel varient selon les lieux, et il en est de même de sa couleur, qui est tantôt blanche, jaune de citron, jaune orangé, tantôt rougeâtre.

« On élève aujourd'hui à la Chine assez peu d'abeilles domestiques, et plusieurs causes ont concouru à faire négliger cette branche d'économie champêtre. Les plantations de cannes à sucre, qui s'introduisirent dans les provinces du midi vers la fin du troisième siècle, firent considérablement tomber l'usage du miel. La découverte des insectes à cire blanche (pe-la-tchan), faite dans le même siècle, acheva de décréditer les abeilles, parce que, leur cire étant trouvée moins belle que celle de ces insectes, celle-ci fut préférée par la cour et la seule admise dans les appartements de l'empereur. Ajoutons que les hivers trop rigoureux dans les provinces du nord, et les étés trop pluvieux dans celles du midi, sont deux circonstances qui rendent plus difficile la conservation des abeilles, et qu'elles ont dû contribuer, sinon à faire perdre totalement le goût de les élever, du moins à le restreindre.

« Le P. Cibot nous a transmis quelques détails qui peuvent donner une idée de la méthode chinoise pour le gouvernement des ruches. Les abeilles sauvages, dans les provinces du sud, fixent leur habitation au haut des arbres et sur leurs branches; mais, dans celles du nord, elles établissent leur demeure à la naissance du tronc, et même en partie dans la terre. Les Chinois ont suivi cette indication de la nature pour disposer le logement des abeilles domestiques. Les cultivateurs du midi placent leurs ruches sur des terrains exhaussés, secs, bien aérés, pour préserver leurs essaims des dangers de l'humidité ou de la trop grande chaleur; ceux du nord, au contraire, disposent les leurs dans des lieux enfoncés, soigneusement abrités et tournés au midi.

« Quelques-uns établissent les ruches de leurs abeilles dans une muraille de pierres sèches, bâtie en hémicycle, où on laisse des vides proportionnés au nombre des ruches qu'on doit y placer. Ces vides, qui occupent toute l'épaisseur de la muraille, offrent aux abeilles deux ouvertures, l'une au midi et l'autre au nord, afin qu'elles puissent entrer et sortir des deux côtés; mais, en hiver, on ferme avec du gazon et de la terre grasse l'ouverture du nord, pour garantir les mouches du froid. La muraille d'ailleurs est assez épaisse pour qu'on puisse y enfoncer la ruche de manière qu'elle s'y trouve à l'abri de la pluie, du vent et même du soleil pendant l'été. Les abeilles aiment à habiter près des ruisseaux et des fontaines; il est à propos que les hémicycles de pierre bâtis pour recevoir les ruches n'en soient pas trop éloignés, et que tout le terrain d'alentour soit en gazon; s'il est planté d'herbes odoriférantes, les abeilles ne s'en trouveront que mieux; mais il importe que le lieu de leur demeure soit solitaire et peu fréquenté.

« On regarde à la Chine comme un point essentiel de ne laisser ni trop ni trop peu de miel aux abeilles : si on leur en donne trop, elles deviennent paresseuses, infirmes, et ne se multiplient pas; si l'on use d'une économie trop rigoureuse, elles s'épuisent et dépérissent en peu de temps. Dans les provinces du midi, on fait annuellement deux récoltes de miel et de cire, une au printemps, l'autre après le commencement de l'automne : on ne connaît que celle du printemps dans les provinces septentrionales.

« Les ruches chinoises varient beaucoup entre elles par leurs formes : les unes sont en berceau renversé, les autres en caisse de tambour, quelques-unes en tour carrée; mais les plus recommandées et les plus accréditées sont celles qui se forment et se composent de plusieurs étages mobiles, parce qu'on les regarde comme les plus commodes pour la récolte du miel et de la cire, et comme les moins meurtrières pour les abeilles. On trouve encore les mêmes avantages réunis dans une autre espèce de ruche, qui s'ouvre d'un côté par une porte, laquelle s'emboîte comme un couvercle; à la surface intérieure de cette porte sont fixées des étagères de bambou, auxquelles les abeilles attachent et suspendent leurs gâteaux de cire. Lorsqu'on veut exploiter une ruche, il suffit d'ouvrir ou plutôt d'enlever cette porte latérale, qui amène au dehors tous les trésors qu'elle renferme. On écarte ensuite les abeilles avec la fumée d'une grosse torche d'armoise séchée qu'on allume et qu'on tient au vent; soit que cette fumée plaise aux abeilles par son odeur, soit qu'elle les enivre, elles ne s'effarouchent ni ne s'irritent et se laissent paisiblement dépouiller.

« Dans les contrées où les froids de l'hiver sont trop longs et trop rigoureux pour que les abeilles puissent les supporter, on les enferme dans leurs ruches, qu'on garnit en dehors de gazon séché au soleil et qu'on recouvre en totalité d'un enduit de terre grasse, afin que l'air extérieur ne puisse pas y pénétrer. Elles passent l'hiver dans cette exacte clôture, et leur prison ne s'ouvre qu'au retour du printemps.

« Il y en a, dit l'auteur du livre chinois *Hoa-king*, qui suspendent une poule dans la ruche, avant d'y enfermer les abeilles; mais ils la vident et la laissent quelque temps exposée à l'air, afin qu'elle se dessèche un peu et ne répande pas de mauvaise odeur. Quand on ouvre la ruche au printemps, ajoute-t-il, on ne trouve plus que le squelette de la poule : plumes et chairs, tout a été mangé.

« Si l'on ne blanchit pas aujourd'hui à la Chine une grande quantité de cire d'abeilles, ce n'est pas qu'on y ait ignoré le secret de cette opération. Il est certain par l'histoire de la dynastie des Thang, qui a commencé l'an 619 et fini en 907, qu'on blanchissait alors la cire d'abeilles, ou en la faisant tremper pendant cent jours, vers le temps de la canicule, dans de l'eau de pluie d'orage, ou en la lavant à plusieurs reprises dans l'eau d'une petite rivière, alors connue sous le nom de Yan. Les procédés de cette manipulation n'ont cessé d'être en pratique que depuis la découverte de la belle cire d'arbre, blanche par sa nature, et dont on se sert aujourd'hui à la cour. Les missionnaires font blanchir, dans leur résidence de Pe-king, de la cire d'abeilles pour l'usage de leurs églises, et l'on en blanchit également à Canton pour la consommation des Européens ; ces bougies sont fort belles, mais elles coûtent presque aussi cher qu'en France.

« Peut-être n'apprendra-t-on pas sans quelque surprise que les cierges longs ne sont pas inconnus à la Chine et que de tout temps on s'en est servi dans les sacrifices au Chang-ti et dans les autres cérémonies religieuses. Cet usage porte tous les caractères de l'antiquité et paraît dater des commencements mêmes de la monarchie. »

La cigale.

« Les plus anciens livres de la Chine ont parlé de la cigale, de manière à ne laisser aucun doute sur les idées qu'on se formait alors de cet insecte singulier : ils l'ont désigné par un mot qui signifie l'*insecte qui crie* ou *qui chante par les flancs*. Peut-être les anciens Chinois n'ont-ils pas étudié, comme nous, ni su aussi bien démêler le mécanisme et le jeu des organes par lesquels ce petit animal fait un si grand bruit ; mais il paraît qu'ils ont bien connu ses métamorphoses, ses habitudes et toute l'histoire de sa vie. Un ancien livre expose tous les détails de son histoire naturelle : il enseigne que la cigale commence par être un ver, qu'elle s'enterre, en automne, au pied des arbres pour y passer l'hiver ; qu'elle sort de terre au printemps, monte sur les arbres et s'y métamorphose. Le lettré Ou-ta, qui vivait sous la dynastie des Thang, allait déterrer lui-même des nymphes de cigale, pour les faire voir aux paysans, auxquels il montrait aussi les branches de bois mort où la mère avait déposé ses œufs, afin de désabuser ce peuple crédule des fables et des idées superstitieuses qu'on se plaisait à répandre alors sur l'histoire de cet insecte.

« La Chine paraît être plus riche que l'Europe en cigales, dont elle compte jusqu'à six espèces, savoir : la cigale aux cinq couleurs, c'est-à-dire sur laquelle on distingue du jaune, du rouge, du bleu, du vert et du noir ; la cigale de blé, qui est verte et petite ; la grosse cigale, qui a jusqu'à trois pouces de long ; la cigale moyenne ; la cigale verdâtre et argentée, et enfin la cigale couronnée, qu'on ne trouve que sur les bambous. On ne croit pas que celle-ci laisse aucune dépouille après sa métamorphose, et la prétendue couronne dont on orne sa tête ne paraît être qu'une double antenne à plusieurs aigrettes. On cite encore une autre variété de cigales, qu'on dit être richement nuancée de jaune et de rouge. La plupart de ces espèces ne se trouvent que dans les provinces du midi.

« Les anciens Chinois se faisaient un amusement, dans la belle saison, d'aller à la chasse des cigales, et cette chasse s'exécutait la nuit, à la clarté des flambeaux. Les anciens livres semblent donner à entendre que la lumière attirait ces insectes ailés et les faisait descendre des arbres. Au reste, le plaisir seul ne dirigeait pas les chasseurs, et le gibier qu'ils prenaient n'était pas pour eux une proie inutile : les Chinois d'alors mangeaient les cigales, qu'ils regardaient comme un mets très-délicat. Les Grecs en furent également friands : elles faisaient, suivant Aristote, les délices de leurs tables. Il nous apprend qu'avant l'accouplement on préférait les cigales mâles, et qu'après la fécondation on accordait la préférence aux femelles, à cause des œufs qu'elles contenaient.

« Les cigales, pendant un temps,

obtinrent à la Chine tous les honneurs de la mode, et y devinrent tout à coup l'objet d'un engouement général. Elles durent cette éclatante fortune à un pauvre lettré de la dynastie des Thang, qui, pour alléger sa misère, s'avisa de recourir à l'expédient de faire un commerce de ces insectes. Il alla dans la campagne, choisit les plus belles cigales, leur fit à chacune de petites cages, et revint les montrer et les offrir dans les rues de Tchang-ngan, alors capitale de l'empire. C'était une nouveauté : il n'en fallait pas davantage pour qu'elle réussît dans une ville riche et voluptueuse. L'ascendant de la mode fit trouver agréable à la ville le cri de la cigale, dont on était excédé dans les campagnes. L'impératrice, les reines, les dames du palais voulurent avoir de ces mouches chanteuses ; on érigea même en titres d'offices, avec de forts appointements, des charges de pourvoyeurs, qui n'avaient d'autres fonctions que celle de fournir la cour d'une certaine quantité de cigales de toutes les tailles et de toutes les couleurs. C'était un délire, une vraie fureur : on rencontrait des cigales dans toutes les maisons, on en portait avec soi dans les visites ; toute la ville retentissait de leurs cris. Les arts s'emparèrent sur-le-champ des cigales ; elles entrèrent dans les broderies, dans les dessins des étoffes, dans la ciselure des vases. On en fit en émail, en pierres de *yu*, en or, en pierreries, et une femme élégante ne se serait pas crue bien parée, si elle n'eût porté une cigale parmi ses ornements de tête. La mode de ces insectes bruyants a passé à la Chine ; mais il en est resté un amusement de plus pour le peuple et pour les enfants : les gens de la campagne ont continué à prendre des cigales pour les venir vendre à la ville, et l'on continue à les leur acheter.

« Les poëtes ne furent pas les derniers à partager l'ivresse générale. Des flots de vers coulèrent en l'honneur de l'insecte à la mode, et les recueils du septième et du huitième siècle sont pleins de ces pièces de poésie, toutes aujourd'hui plongées dans l'oubli, à l'exception de quelques-unes que leur mérite a fait surnager.

« Les médecins chinois font entrer dans plusieurs de leurs remèdes les dépouilles de cigales, et quelquefois la cigale elle-même. Il faut avoir soin de recueillir ces dépouilles avant les pluies. On en détache tout ce qui n'est pas le corselet ; on lave celui-ci dans une eau chaude pour en enlever toute la terre, et après l'avoir fait passer à la vapeur de l'eau de gingembre, on le fait sécher. Cette dépouille, réduite en cendres, est excellente, dit-on, pour arrêter une dyssenterie invétérée ; mise en poudre et donnée en potion, elle apaise les convulsions des enfants, calme les migraines violentes et facilite les suites de l'accouchement ; prise en infusion, elle aide à l'irruption de la petite vérole et tempère l'ardeur de la fièvre qu'elle cause. Les jeunes cigales dont on a retranché la tête, les ailes et les pattes, et qu'on a fait sécher après les avoir exposées à la vapeur de l'eau de gingembre, ont les mêmes vertus que leurs dépouilles, mais dans un degré d'énergie supérieur pour toutes les maladies internes. On les recommande surtout contre les convulsions des enfants, accompagnées de l'extinction de voix, et contre les vers auxquels ils sont sujets. On les emploie avec un égal succès pour délivrer les femmes de leur fruit, quand il est mort dans leur sein, et pour soulager dans les rétentions d'urine. Ce même remède, dans ce dernier cas, est indiqué par Dioscoride et par plusieurs de nos médecins modernes (*). »

Papillons de la Chine.

« On sait que cet insecte a six pieds, quatre ailes plus ou moins poudreuses, des yeux et des antennes ; qu'il vient originairement d'une chenille, et qu'après avoir passé par l'état de chrysalide, emblème de la mort, il se métamorphose, renaît, sort vif, brillant, radieux, du milieu des débris de son ancienne dépouille, et s'élance dans le sein des airs, dont il devient l'habitant le plus volage et le plus sémillant. Les plus grandes espèces se rencontrent

(*) Voy. Grosier, De la Chine, ou Description générale de cet empire, rédigée d'après les Mémoires de la mission de Pékin, t. III, p. 393 à 400.

parmi les phalènes ou papillons de nuit; dans toutes, les couleurs des mâles sont ordinairement plus foncées, plus vives et plus éclatantes que dans les femelles, et le corps de celles-ci est, en général, plus gros. Les papillons de l'Asie et des deux Indes sont les plus beaux de l'univers. Rien ne peut être comparé à l'éclat et à la richesse des nuances qu'ils étalent : on croit voir étinceler, sur le réseau léger de leurs ailes, l'or, le saphir, l'émeraude et la topaze. Ces magnifiques insectes sont aussi plus forts et plus grands que les nôtres; mais on prétend que leurs espèces sont moins nombreuses que celles des papillons d'Europe, dont nous comptons plus de deux cents variétés.

« Les plus beaux papillons de la Chine sont ceux qui se trouvent sur la montagne Lo-feou-chan, située dans la province de Canton. Leurs couleurs sont singulièrement variées, et sans être très-éclatantes, forment des compartiments et des dessins d'une extrême délicatesse. On en fait un si grand cas, qu'on les envoie jusqu'à la cour. Ces papillons, qui sont de la classe des phalènes, sont beaucoup plus gros et ont les ailes bien plus larges que ceux de l'Europe. Ils restent comme immobiles sur les arbres, pendant le jour, et ils s'y laissent prendre sans peine. Ce n'est que vers le soir qu'ils commencent à voltiger, à peu près de la même manière que les chauves-souris, dont quelques-uns semblent égaler la grandeur par l'étendue de leurs ailes. On vante aussi les papillons de la montagne Si-chan, dans la province de Pe-tche-li; mais ceux-ci sont moins grands, et ne jouissent pas de la même célébrité que ceux de la montagne Lo-feou-chan.

« Le beau papillon violet de la Chine mérite en particulier d'être décrit. Ce papillon, qui est de la classe des diurnes, a trois pouces et demi de largeur, lorsque ses ailes sont étendues. Les yeux sont grands et d'un brun rouge, la tête et le corselet sont noirs, tachetés de blanc. Le corps est petit en proportion des ailes; le ventre est long, mince et noir, marqué seulement, à l'extrémité, de quelques anneaux ou raies de bleu de ciel. L'insecte a six pattes, dont les deux antérieures sont extrêmement courtes, et ne peuvent lui servir à marcher; les pieds ou griffes sont noirs.

« Ce papillon porte ses ailes bien étendues; les deux supérieures sont en dessus d'un violet vif et velouté, qui est changeant en noir. Ce fond violet porte des taches bleu céleste de différentes grandeurs, blanches au milieu, et vers le bord extérieur sont quelques petites taches blanches. Le dessus des ailes inférieures est de couleur brune, à bords tachetés de blanc; le dessous des quatre ailes est brun, parsemé de différentes taches blanches, un peu bleuâtres.

« On a imaginé quelques instruments, tels que des filets légers de gaze ou de soie, pour aller à la chasse de cet insecte volage, et faciliter les moyens de le saisir vivant. On dit que les dames chinoises, dont un grand nombre savent mêler à leurs amusements le goût pour l'étude et l'observation de la nature, s'y prennent plus sûrement pour se procurer de jolis papillons. Elles choisissent les plus belles chenilles, lorsqu'elles les voient parvenues au moment de filer leur coque, et les enferment toutes ensemble dans une boîte intérieurement garnie de petites tringles ou bâtonnets disposés en étage. Elles attendent ainsi l'époque de la métamorphose de ces insectes, et quand elles les entendent battre des ailes, elles s'empressent d'ouvrir la boîte, et lâchent ces brillants prisonniers dans un appartement bien fermé et rempli de fleurs. C'est par ce procédé facile que les dames chinoises obtiennent chaque année des papillons choisis et des plus superbes espèces, soit qu'elles veuillent en former des suites pour un cabinet, soit qu'elles cherchent seulement à se procurer des modèles qu'elles puissent imiter dans leurs ouvrages de broderie ou de peinture.

« Les papillons desséchés ont si peu de poids et occupent si peu d'espace, qu'il en est parvenu en Europe un assez grand nombre d'individus, mêlés dans les boîtes et les caisses qu'on reçoit de la Chine (*). »

(*) Grosier, Descript. générale de la Chine, t. III, p. 407 à 411.

Les termès ou fourmis blanches.

« Parmi les nombreuses espèces d'insectes connues à la Chine, une des plus singulières et des plus malfaisantes est celle des fourmis blanches. Elle est généralement répandue dans tous les pays situés entre les deux tropiques : on la trouve en Amérique, en Afrique, aux Indes, à la Chine, au Japon, à la Nouvelle-Hollande ; et, dans toutes ces parties du monde, elle se signale par ses invasions soudaines, par ses sourdes et obscures dévastations.

« Cet insecte, dans les divers pays où il est répandu, a reçu différents noms, la plupart fondés sur son génie destructeur. Linné et quelques naturalistes l'ont désigné sous le nom de *termès*. On s'accorde assez à lui donner celui de *fourmi blanche*, non qu'il ait aucun des caractères essentiels qui distinguent nos fourmis proprement dites, mais uniquement à raison de la conformité qu'on remarque entre la manière de vivre de ces insectes et celle des fourmis communes. Comme celles-ci, les termès vivent réunis et forment des sociétés nombreuses et régulières ; ils se construisent des habitations souterraines, se dispersent dans tous les lieux d'alentour pour butiner, et paraissent s'occuper du soin d'amasser des provisions. Ces habitudes sont les seuls traits de ressemblance qui les rapprochent des fourmis, dont ils diffèrent même par leur forme, quoique d'une grosseur à peu près égale.

« Les termès sont d'une blancheur de neige, à l'exception de la tête et de la gorge, parties dures, rudes au toucher et d'une couleur obscure, tirant sur le brun. La tête est terminée par un museau armé de quatre dents, ou plutôt de quatre petites pinces recourbées et tranchantes. Le reste du corps est mou et simplement recouvert d'une peau fine et délicate, qui les laisserait sans défense contre le plus faible ennemi, si l'instinct, comme nous le dirons, ne pourvoyait à leur conservation.

« On compte cinq à six espèces ou variétés de termès, qui diffèrent par la grosseur, par quelques accidents de forme et de couleur, et surtout par leur manière de se loger et de bâtir ; mais on remarque dans toutes les mêmes habitudes générales. Chacune de ces espèces est composée de trois ordres d'individus : d'ouvriers, de soldats et de parfaits ou ailés. Le premier de ces trois états suit immédiatement la naissance ; les deux autres paraissent être le résultat de deux métamorphoses que subit l'insecte. Les termès ouvriers sont les plus petits de l'espèce, mais les plus nombreux ; leur nombre est à celui des soldats comme cent est à un. Eux seuls sont chargés de tous les soins domestiques, de tous les travaux de l'intérieur. Les soldats ont le corps plus gros et plus long, une tête énorme qui a la consistance de la corne, et des pinces plus grandes et plus dures. Ils n'ont d'autre fonction que celle de veiller à la sûreté de la colonie. Si l'on fait une brèche à l'habitation commune, ils s'y portent aussitôt pour repousser l'ennemi. Celui-ci a-t-il disparu, ils se retirent eux-mêmes, et font place aux ouvriers, qui s'empressent de réparer et de fermer la brèche. Le troisième ordre offre l'insecte parvenu à son état de perfection. Toutes ses dimensions se sont agrandies ; son corps, qui a huit à neuf lignes de longueur, déploie quatre superbes ailes ordinairement brunes, rouges dans quelques espèces. Les termès ailés sont les seuls qui aient la puissance de se reproduire, et c'est parmi eux que les colonies nouvelles choisissent leurs rois et leurs reines. Parvenus à cet état, ils cessent de prendre part aux travaux domestiques et aux combats ; ils se livrent mollement au repos, et ne s'occupent plus que de leurs amours. Quelques semaines après leur métamorphose, ils émigrent et abandonnent les toits paternels. Quelques-uns, accueillis par d'autres termès, fondent avec eux de nouveaux établissements ; tous les autres périssent dans l'espace de quelques jours. Ces fourmis ailées ne peuvent voler que dans un temps pluvieux et humide. Bientôt l'ardeur du soleil dessèche leurs ailes, qui se détachent ; elles tombent, se traînent péniblement sur la terre, après avoir été quelques instants les filles de l'air, et ne tardent pas à être dévorées par de nombreux ennemis.

« Les termes se multiplient avec une rapidité prodigieuse, et lorsqu'ils se sont emparés d'un appartement, il n'y a que les seules fourmis noires, dont ils sont mortellement haïs, qui puissent les en chasser. Ces insectes mettent une telle activité dans leurs ravages, que, dans l'espace d'une nuit, ils percent, non-seulement les ballots les plus épais, les pièces de draps, les soieries, les toiles, mais encore les tables, les buffets, les armoires; ils attaquent même le fer, le cuivre et l'argent, sur lesquels ils laissent l'empreinte de leurs petites dents; à moins qu'on ne veuille attribuer les érosions qu'on y remarque à l'acrimonie de quelque humeur qu'ils laissent échapper. Ces fourmis blanches, dans les provinces méridionales de la Chine, sont le fléau des bibliothèques ; elles dévorent les livres et en détruisent jusqu'aux couvertures. Le meilleur moyen, dit-on, pour s'en garantir dans les magasins, est d'étendre sous les ballots une couche de sel qui les déborde; et dans les appartements, d'élever les meubles, qu'on veut préserver, sur des piédestaux enduits de goudron.

« Une habitude naturelle et très-singulière distingue spécialement ces fourmis : elles fuient la lumière comme les taupes, et ne marchent jamais à découvert; mesure de sûreté, que l'instinct leur fait prendre, sans doute, pour défendre leurs petits corps, qui sont d'une substance molle et absolument nus. Elles percent et s'ouvrent des routes à travers toutes les matières qui ne peuvent résister à l'active corrosion de leurs petites dents tranchantes; mais rencontrent-elles un corps solide et d'une dureté impénétrable, elles s'en détournent, et se construisent une voûte ou galerie qu'elles prolongent, à mesure qu'elles avancent, jusqu'au lieu où elles se proposent d'exercer leurs ravages. Ont-elles à franchir des tas de grains, un amas de petits corps détachés et mobiles, qui n'offrent aucun point d'appui, leur galerie se métamorphose en un long tuyau, à travers lequel tout le détachement passe et chemine. Telle fut un jour leur tactique, dans un magasin de la compagnie des Indes orientales, pour gravir au haut d'un énorme tas de clous de girofle, qui s'élevait jusqu'au plafond : parvenues à ce point, elles percèrent le plancher, et détruisirent, dans le magasin supérieur, une quantité considérable d'étoffes précieuses, qu'elles déchiquetèrent.

« Ces chemins couverts s'exécutent avec une étonnante célérité ; le nombre des ouvrières et le bon ordre qu'elles observent abrègent et facilitent le travail. Les fourmis s'avancent sur deux files. L'une des deux qui se trouvent à la tête dépose un peu de terre, dont elle s'est munie, sur le lieu où doit commencer la voûte : l'autre y dégorge une liqueur visqueuse. Elles pétrissent toutes deux cette terre, lui donnent la forme qu'elle doit avoir, et se retirent de part et d'autre, le long des deux files, pour aller se charger de nouveaux matériaux et revenir ensuite prendre place à la queue de toutes les autres. Les deux fourmis qui, après le départ de celles-ci, se trouvent les premières en rang, exécutent la même manœuvre, laquelle est successivement répétée par toutes celles qui composent la double file. Ainsi des milliers de fourmis travaillent continûment et sans s'embarrasser, et la galerie s'achève en très-peu de temps.

« Le voyageur Kæmpfer a observé ces fourmis blanches au Japon et dans l'Inde. « On m'a rapporté, dit-il, plu-
« sieurs particularités surprenantes sur
« la vitesse de leur marche et les rava-
« ges qu'elles ont faits : mais je n'en
« dirai rien dont je n'aie été moi-même
« témoin oculaire. Pendant que j'étais
« à Coylang, fort des Hollandais sur la
« côte de Malabar, j'avais un apparte-
« ment dans la maison du gouverneur.
« Il arriva un jour qu'étant fort occupé,
« je ne me couchai qu'à minuit. Le
« lendemain matin lorsque je me levai,
« j'aperçus sur ma table des marques
« de ces voûtes, qui étaient à peu près
« de la grosseur de mon petit doigt, et,
« en regardant de plus près, je trouvai
« que ces animaux avaient fait un trou,
« de cette même grosseur, dans un
« des pieds de la table en montant, un
« autre au travers de la table, et un
« troisième au milieu de l'autre pied en
« descendant, qui entrait dans le plan-

« cher. Ce fut un bonheur qu'elles ne
« touchèrent point à mes papiers, ni aux
« autres choses que j'avais laissées sur
« la table. Tout cela se fit dans l'espace
« de quelques heures. » Ce voyageur
remarque que la matière de ces voûtes
en galerie est à peu près la même que
celle dont les guêpes construisent leurs
nids.

« Ces insectes rongeurs se fixent
même quelquefois dans les caisses qu'ils
ont envahies, et trouvent commode
d'y établir leurs nids. « C'est ce qui
« est arrivé, dit un voyageur anglais, à
« l'étui de mon microscope, qui était
« en acajou et où, comme on le pense
« bien, j'ai été très-surpris de trouver
« un jour ces insectes établis. L'ayant
« laissé, pendant un voyage que je fis
« aux îles du Vent, dans les magasins
« de M. Campbell, gouverneur de Ta-
« bago, je m'aperçus à mon retour que
« les fourmis blanches y avaient fait
« beaucoup de dégâts. Mon microscope
« n'ayant point été épargné, tout était
« rongé, excepté le métal et le verre.
« En revanche, je trouvai plusieurs cel-
« lules sur le pied, qui était de cuivre,
« et sur les verres, où il resta une em-
« preinte gommeuse que je n'ai fait dis-
« paraître qu'avec beaucoup de peine.
« Quant au cuivre, il avait entièrement
« perdu son poli. » Dans ce même magasin, ces fourmis criblèrent de trous
une pièce de vin vieux de Madère, dont
toute la liqueur s'écoula par les ouvertures faites au tonneau.

« M. Philip, capitaine de vaisseau,
« ajoute le même voyageur, m'a raconté
« qu'une personne ayant laissé, pendant
« vingt-quatre heures, sa malle sur une
« table, trouva ses habits percés d'une
« infinité de petits trous et ses papiers
« entièrement rongés ; il n'en restait
« que de très-petites parcelles. Quant à
« ses crayons, il n'en retrouva pas le
« moindre morceau. Quelques pièces
« d'argent furent couvertes de petites
« taches produites par une liqueur si
« corrosive, que le métal en est resté
« marqué très-longtemps. »

« Le génie malfaisant des termès ne se
borne pas à ravager les magasins, à
détruire les meubles d'un appartement ;
ils attaquent quelquefois les édifices
mêmes, dont un grand nombre, en Afrique et dans l'Inde, ne sont que de
bois. Leurs invasions sont d'autant plus
sûres et dangereuses, qu'elles ne sont
pas aperçues : ils commencent leurs
premières approches sous terre et s'établissent sous les fondements de la maison où ils veulent pénétrer. Ils s'introduisent et s'ouvrent des routes dans
les poteaux qui la soutiennent, dans
ceux qui les traversent et forment avec
eux la cage du bâtiment. Cette armée
silencieuse de mineurs s'élève ainsi jusqu'à la charpente qui porte le toit. L'œil
n'aperçoit aucun désordre, aucun changement extérieur ; mais tous ces bois
sont percés, rongés, évidés ; bientôt
ils fléchissent sous le poids, et la maison s'écroule, avant même qu'on ait
soupçonné le danger.

« Quelquefois ces insectes, par instinct sans doute pour leur propre conservation, remplacent la quantité de
matière qu'ils ont tirée de l'intérieur
des poutres et des solives par une sorte
d'argile qu'ils préparent. Ils en remplissent les excavations qu'ils ont faites,
et n'y laissent qu'un seul passage ou
chemin, dont les embranchements conduisent à toutes les parties de la maison. Cette argile, en se desséchant, acquiert la dureté de la pierre et donne
aux bois, dans lesquels elle s'incruste,
plus de solidité qu'ils n'en avaient dans
leur premier état. Cette différence de
procédés, de la part de ces insectes, serait-elle fondée sur le séjour plus ou
moins long qu'ils se proposent de faire
dans les lieux où ils s'établissent ?

« Quelque redoutables que soient les
dévastations des termès, on ne peut
s'empêcher d'admirer les merveilles de
leur industrie, et surtout l'art et l'a-
dresse qu'ils mettent dans leurs érosions. Ces insectes fuient la lumière et
semblent craindre le contact de l'air
libre ; aussi, tant qu'ils le peuvent, tra-
vaillent-ils dans les ténèbres. S'ils s'em-
parent d'une planche (surtout lorsqu'elle
est de pin ou de sapin, espèces de bois
qu'ils semblent préférer), ils en creusent
toute l'épaisseur, sans toucher aux parois des deux côtés ni aux deux surfaces, qui se maintiennent parallèlement
et restent unies par l'appui que leur prêtent quelques légères parties de bois
laissées çà et là dans l'intérieur. Un

buffet, une armoire, ainsi envahis et travaillés par ces invisibles mineurs, n'offrent extérieurement aucune trace de dégât ; leur ensemble subsiste et paraît le même. Cependant, de tous les ais qui les composent, il ne reste que les deux surfaces, aussi minces et aussi légères que des feuilles de papier. Au moindre choc, le meuble chancelle, s'affaisse et se brise.

« M. Smeathman rapporte qu'il a été témoin de la marche d'une forte colonne ou armée de termès, qu'il croit d'une espèce différente de celle dont nous venons de parler. Une colonne d'infanterie européenne ne garde pas mieux ses rangs et ne s'avance pas en pays ennemi avec plus d'ordre et de circonspection. « Je chassais un jour, « dit ce voyageur, aux environs du « fleuve Camerankoës, lorsque j'en- « tendis tout à coup, au milieu d'une « épaisse forêt, un grand sifflement « qui me fit craindre l'approche de « quelque serpent ; mais quelle ne fut « pas ma surprise, lorsque je vis qu'il « était occasionné par une armée de « fourmis qui sortait de dessous terre « par un trou de quatre à cinq pouces « de diamètre ! Elles étaient très-près « les unes des autres : à quelques pieds « de distance, elles se sont divisées en « deux colonnes, marchant sans se dé- « tourner, sur un rang de douze à « quinze de front. Presque toutes « étaient de la classe des ouvrières ; on « voyait çà et là quelques soldats, dont « la fonction paraissait être de mainte- « nir le bon ordre ; plusieurs se tenaient « hors des rangs, sur les côtés et à « quelque distance de la colonne. Ils « s'arrêtaient de temps en temps, comme « pour faire sentinelle, se retournant « de tous côtés, pour s'assurer, sans « doute, s'il n'y avait rien à craindre de « la part de quelque ennemi. D'autres « soldats montaient sur les plantes les « plus élevées, et se perchant sur leur « sommet, faisaient l'office de vedettes, « tandis que l'armée défilait au-dessous. « J'entendis plusieurs fois le même « bruit que j'avais déjà observé en d'au- « tres circonstances : c'était une de ces « sentinelles qui frappait contre les « feuilles d'une plante avec ses pinces, « et donnait ainsi l'alarme à cette petite « armée, qui répondait par une espèce « de sifflement, et doublait le pas avec « inquiétude. La sentinelle n'abandon- « nait cependant pas son poste ; elle y « restait tranquille, faisant seulement « de temps en temps, quelques mouve- « ments de la tête. A quinze ou vingt- « pas de là, les deux colonnes se réuni- « rent, et les fourmis rentrèrent sous « terre par deux ou trois ouvertures. « Quoique je sois resté plus d'une heure « à les examiner, leur nombre ne m'a « paru ni augmenter ni diminuer. »

« Plusieurs espèces de ces fourmis blanches, telles que le *termes bellicosus*, le *termes atrox*, le *termes arborum*, pourraient encore nous fournir un grand nombre d'observations également neuves et piquantes ; mais ces espèces, plus répandues en Afrique et en Amérique, paraissent être étrangères ou au moins peu connues à la Chine (*). »

Vers à soie sauvages.

Il existe à la Chine trois espèces de vers, dont les cocons sont utilisés depuis les temps les plus anciens, et qu'on y laisse vivre à l'état sauvage, comme les chenilles ordinaires, sans autre soin que celui de conserver les œufs et de déposer les jeunes larves sur les arbres qui doivent les nourrir.

C'est au P. d'Incarville que nous devons la première connaissance de ces vers, qui sont très-distincts de l'espèce domestique ; car ils en diffèrent par la forme, les couleurs et les proportions, aussi bien que par les habitudes et les produits. Son excellente notice, publiée dans la collection des mémoires des missionnaires de Péking, date de l'année 1777, « époque, dit M. Léon d'Hervey, où la sériciculture commençait à peine à se faire jour en Europe, et où l'on ne pouvait donner par conséquent qu'une médiocre attention à cette découverte ; mais depuis que l'éducation des vers à soie est devenue chez nous une grande industrie, les agronomes, les savants se sont préoccupés de ces nouvelles races, et, lors de la dernière ambassade envoyée en Chine sous la direction de M. de Lagrenée, il fut re-

(*) Voy. Grosier, Description générale de la Chine, t. III, p. 413-426.

commandé d'une manière toute particulière aux membres de la commission scientifique de prendre à ce sujet de nouveaux renseignements et de faire parvenir en France des graines de ces vers avec les plantes nécessaires à leur alimentation.

« La commission aura sans doute été dans l'impossibilité de se procurer des races qui ne se rencontrent point au voisinage de la côte, car nous ne sommes guère plus avancés aujourd'hui, à l'égard des vers sauvages, que nous ne l'étions au temps du P. d'Incarville ; c'est à peine si l'on sait à quel genre appartiennent ces trois espèces dans la famille des lépidoptères, et il règne encore plus d'obscurité sur la détermination des espèces végétales qui servent à leur nourriture (*). »

Nous donnerons ici quelques fragments du mémoire du P. d'Incarville, tel qu'il se trouve dans la collection mentionnée plus haut.

« On compte, dit le savant jésuite, trois espèces de vers à soie sauvages, savoir : ceux de *fagara* ou poivrier de la Chine, ceux de frêne et ceux de chêne. Avant d'entrer dans aucun détail, il est essentiel de bien connaître ces trois arbres. »

« Nous avons appelé *fagara* le poivrier de la Chine, d'après le P. d'Incarville, ajoutent les éditeurs de la notice. Il paraît en effet lui ressembler, mais nous doutons que ce soit la même espèce. Comme cet arbre est d'une culture aisée et très-commun dans la province de Canton, où abordent nos vaisseaux, il serait facile d'en porter quelques pieds en France ; outre que les graines et surtout leurs coques peuvent tenir lieu de poivre, ce qui serait un objet important pour le royaume, les vers à soie de cet arbre sont ceux qui donnent la plus belle soie et en plus grande quantité. Sur la manière dont M. Duhamel, cet illustre zélateur du bien public, a parlé du fagara, il nous paraîtrait fort douteux que celui de Chine pût réussir dans les provinces septentrionales du royaume ; mais nous sommes persuadés qu'il réussirait très-bien dans la Provence, en Languedoc et dans le Roussillon...

« On distingue en Chine deux espèces de frêne, savoir : le *tcheou-tchun* et le *hiang-tchun*. Le *tcheou-tchun* est le même que le nôtre, et c'est celui sur lequel on nourrit les vers à soie sauvages. Le *hiang-tchun* est fort différent du premier par sa fleur, sa graine et surtout son odeur, comme on le verra dans la notice que nous en envoyons. Nos modernes se sont peut-être trop pressés de se moquer de ce que Pline le naturaliste a dit du frêne ; nous ne serions pas surpris que le *hiang-tchun* le justifiât complètement. Le compas de l'Europe n'est pas assez grand pour mesurer l'univers. Que de mondes dans le monde des plantes et des arbres ! Celui de Chine, qui est immense, ne sera peut-être pas connu en Occident de bien des siècles.

« Le chêne dont on nourrit une espèce de vers sauvages est, si nous ne nous trompons, celui que nos botanistes nomment *quercus orientalis castaneæ folio, glande recondita in capsula crassa et squammerosa*.

« Les vers à soie sauvages du fagara et du frêne ont les mêmes et s'élèvent de la même façon. Ceux de chêne sont différents, et demandent à être gouvernés un peu différemment.

« La grande et essentielle différence entre les vers à soie du mûrier et les vers à soie sauvages, c'est que le Créateur s'est plu à donner à ces derniers un génie de liberté et d'indépendance absolument indomptable. Le flegme, le sang-froid et l'industrie chinoise y ont échoué ; il serait donc inutile de vouloir risquer de nouvelles tentatives. »

. . . .

« Le papillon de ces vers sauvages, dit le P. d'Incarville, est à ailes vitrées, de la cinquième classe des phalènes, selon le système de M. de Réaumur. Il porte ses ailes parallèles au plan de sa position et laisse son corps entièrement à découvert ; il ne les a guère plus étendues quand il vole que lorsqu'il est posé. Ce papillon a à peine ses ailes séchées, qu'il cherche à en faire usage et à s'enfuir.

. . . .

(*) Recherches sur l'agriculture et l'horticulture des Chinois, par le baron Léon d'Hervey Saint-Denys, p. 152.

« La nature apprend à ces petits vers à gagner vite les feuilles de l'arbre qui doit les nourrir, et à s'y réunir dans le même canton, sur différentes feuilles, comme pour y faire corps et effrayer leurs ennemis par leur nombre. Ils ont même l'attention de se loger sur l'envers des feuilles, où ils se tiennent accrochés à merveille, et où il est plus difficile de venir les attaquer. A peine se sont-ils séchés et accoutumés à l'impression de l'air, qu'ils se mettent à manger de bon appétit, et attaquent les feuilles du fagara ou du frêne par les bords, les entament et les broutent sans presque se reposer. Le premier jour précisément que j'avais porté mes vers nouveau-nés sur l'arbre, dit le P. d'Incarville, il survint tout à coup une grande pluie qui me donna beaucoup d'inquiétude pour leur vie. Je crus que c'en était fait d'eux, et qu'aucun n'aurait résisté aux torrents d'eau qui étaient tombés. Dès que l'orage fut passé, j'allai voir si j'en trouverais encore quelqu'un. Je les trouvai qui mangeaient de grand appétit et avaient déjà sensiblement grossi.

. . . .

« Les quatre mues étant passées, et elles s'opèrent, comme nous l'avons dit, de quatre jours en quatre jours, le ver à soie sauvage a presque toute sa crue; il est plus gros du double au moins que les vers à soie du mûrier. C'est une chenille de la première classe, selon le système de M. de Réaumur; elle est d'un vert mêlé de blanc, imparfaitement rase, à six tubercules sur chaque anneau. Les poils de ces tubercules sont chargés d'une espèce de poudre blanche. Après le dix-huitième jour ou le dix-neuvième, les vers à soie sauvages perdent tout appétit et passent successivement d'une morne apathie, ou d'un engourdissement, à des inquiétudes et une agitation très-vives. Ils courent çà et là, comme s'ils craignaient de se méprendre dans le choix qu'ils vont faire d'une feuille et d'un endroit pour filer leur cocon et préparer leur résurrection de l'année suivante. C'est ordinairement entre le dix-neuvième et le vingtième jour depuis leur naissance qu'ils commencent ce grand ouvrage. Soit pour avoir de quoi arrêter les premiers fils du tombeau qu'il va se bâtir, soit pour en augmenter l'épaisseur et la solidité, il recoquille une feuille en gondole et s'enferme dedans, sous la trame de la soie qu'il file, dont il finit par former un cocon de la grosseur d'un œuf de poule et presque aussi dur. Ce cocon a l'une de ses extrémités ouverte en forme d'entonnoir renversé; c'est un passage préparé pour le papillon qui doit en sortir. Avec le secours de la liqueur dont il est mouillé, et qu'il dirige vers cet endroit, les fils humectés cèdent à ses efforts et il perce sa prison lorsque le temps en est venu.

« En rassemblant tout ce que nous venons de dire, il est évident que les vers à soie sauvages sont plus aisés à élever, à bien des égards, que les vers à soie du mûrier, et mériteraient peut-être d'attirer l'attention du ministère public, à qui seul il convient de décider s'il serait utile au royaume de procurer une nouvelle espèce de soie à celles de nos provinces où des essais faits avec soin auraient prouvé qu'on peut réussir à les élever. Tout ce qu'il nous convient d'ajouter à ce que nous en avons dit, c'est que ces vers sont une source de richesse pour la Chine elle-même, quoiqu'on y recueille chaque année une si prodigieuse quantité de soie de vers de mûrier, qu'au dire d'un écrivain moderne on pourrait en faire des montagnes.

« Il est vrai que la soie des vers sauvages n'est pas comparable à l'autre, et ne prend jamais solidement aucune teinture; mais, 1° elle coûte moins de soins, ou plutôt n'en coûte presque aucun dans les endroits où le climat est favorable aux vers sauvages, parce que tout ce qu'on risque en les négligeant, c'est d'avoir une récolte moins abondante : encore est-on maître de l'avoir plus grande en multipliant le nombre des arbres qu'on destine aux vers; 2° comme on ne dévide pas les cocons des vers sauvages, mais qu'on les file, ils dépensent moins de temps et de main-d'œuvre 3° la soie qu'ils donnent est d'un beau gris de lin, dure le double de l'autre au moins, et ne se tache pas aussi facilement; les taches même d'huile ou de graisse ne s'y étendent point et s'effacent très-aisément ; les étoffes qu'on en fait se lavent comme le linge ; 4° la soie des vers sauvages, nourris sur des fagaras, est si belle dans certains endroits, que les étoffes qu'on en fait disputent de prix avec les plus belles soieries, quoiqu'elles soient unies et de simples droguets. Quand nous avons dit que cette soie ne se dévide point et ne prend point la teinture, c'est un fait que nous racontons. L'industrie européenne, aidée et éclairée par les élans du génie français, viendrait peut-être à bout de dévider les cocons des vers à soie sauvages et d'en teindre la soie (*). »

Nous croyons devoir reproduire la note suivante que M. Julien Bertrand, missionnaire apostolique en Chine, où il habite depuis plus de quinze ans, adressait, il y quelques années, à l'un de ses confrères. Cette lettre donne des détails fort curieux sur l'espèce des vers sauvages du chêne, mentionnée déjà par le P. d'Incarville. M. Julien Bertrand nomme ces chenilles *vers querciens*, du nom de l'arbre sur lequel elles vivent.

« Thong-jin-fou, 19 juillet 1842.

« Je crois vous avoir dit, il y a quelques années, qu'il se trouve ici une espèce de vers à soie sauvages qui se nourrissent de la feuille de chêne, vers auxquels le gouvernement français semble attacher un grand intérêt. Je pense que vous serez bien aise d'en avoir une notion. Je regrette de n'être pas un peu naturaliste pour vous parler dignement d'une matière si importante.

« Ces vers se trouvent dans les départements les plus montagneux du Koueï-tcheou, et aussi dans quelques départements du Ssetchouen. Quoiqu'on les transporte et qu'on les élève avec avantage dans divers lieux, on peut dire cependant que leur patrie favorite est dans le Koueï-tcheou, sur les plus hautes montagnes, où l'air est plus pur et plus frais que partout ailleurs. Vous serez étonné sans doute que ces vers se développent avec plus de succès sur les montagnes que dans la plaine où le climat est plus doux, vu que les vers du mûrier réussissent mieux dans les pays chauds que dans les pays froids. M. Hébert, délégué de France en Chine, m'en a témoigné sa surprise. Cela est vrai pourtant,

(*) Mémoires des missionnaires de Pé-king, t. II, p. 575 et suiv.

et confirmé par la longue expérience des Chinois, et en même temps par les produits de ces vers, qui sont plus abondants sur les hautes montagnes qu'ailleurs ; car, sur les hautes montagnes, on fait deux récoltes de soie par an ; tandis que, dans les endroits bas, on n'en fait qu'une, bien inférieure à la première, qui a lieu dans les régions élevées. C'est une preuve évidente qu'il faut aux vers *querciens* une température plutôt froide que chaude.

« L'éducation des vers querciens est tout à fait différente de celle des vers mûristes. Les vers querciens sont élevés sur les arbres, non dans les maisons. Dès qu'ils sont nés, on les porte à la montagne et on les met sur les arbres. Si on voulait les élever à la maison, en leur distribuant des feuilles de chêne, comme on distribue des feuilles de mûrier aux vers mûristes, ils ne mangeraient pas et mourraient de suite : ils veulent manger sur l'arbre et se choisir eux-mêmes les feuilles selon leur goût. Les chênes sur lesquels on élève les vers querciens ne requièrent aucune culture particulière ; ils sont dans leur état naturel. Avant d'aller plus loin, je dois vous faire ici quelques observations sur les chênes. En Chine, on distingue deux espèces de chêne : l'une appelée *tsin-kan*, l'autre *fou-li*. Ces deux espèces sont très-peu différentes ; il faut les examiner de bien près pour les distinguer. La seule différence consiste dans les feuilles et la dureté du bois ; le *tsin-kan* est plus dur que le *fou-li*, ses feuilles sont longues et dentelées, elles ressemblent un peu à celles du châtaignier ; le *fou-li* a les feuilles plus courtes et plus larges : à ma manière de voir, c'est l'espèce de chêne qui se trouve en France, au moins dans le Velay, car dans les autres provinces je n'ai pas examiné les chênes. Quoique les vers querciens mangent les feuilles de l'un et de l'autre, ils préfèrent pourtant le *tsin-kan* au *fou-li*. Ici on ne laisse pas vieillir les chênes, tous les huit ou neuf ans on les coupe à ras de terre ; de leurs racines pullulent des rejetons que l'on coupe de nouveau au bout de huit ou neuf ans : ainsi toutes les forêts de chênes ne sont que de simples taillis. Ici, toutes les montagnes sont couvertes de ces arbres.

« Au bout de dix à onze jours, on voit remuer, dans le panier où les papillons querciens ont déposé leurs œufs, des milliers de petites chenilles noires, qu'on se hâte de transporter sur la montagne et de placer sur les arbres dont les feuilles ne sont qu'à demi formées, car c'est à la fin de mars ou au commencement d'avril. Une fois sur les arbres, on les y laisse et le jour et la nuit, qu'il pleuve ou qu'il vente. Il n'est pas nécessaire de les garder pendant la nuit; pendant le jour, il suffit qu'une personne se tienne tout près pour épouvanter les oiseaux, et pour aider les vers à émigrer d'un arbre à l'autre et relever ceux qu'un coup de vent ou un autre accident aurait fait tomber à terre.

« Les chenilles querciennes changent quatre fois de couleur : d'abord elles sont noires, plus tard elles deviennent violettes, quelque temps après elles sont jaunes, et arrivent en dernier lieu à un violet qui approche du noir. Le temps requis pour atteindre leur quatrième et dernière période est de quarante à cinquante jours, et alors elles sont grosses comme le petit doigt d'un homme ordinaire. Ces vers querciens sont doués d'un instinct particulier pour se précautionner contre les injures du temps : s'il pleut, ils se placent au revers de la feuille ; si le vent est froid, ils savent aussi se mettre sur le côté de la feuille qui n'est pas exposé au vent. En 1840, vers la fin de mars, je me trouvais dans une chrétienté où l'on élève beaucoup de vers querciens ; le 28, les vers récemment éclos étaient sur les arbres ; le 30, il tomba de la neige ; les trois jours qui suivirent, le froid était si piquant qu'à la maison on ne pouvait quitter le feu. Alors je me mis à dire aux chrétiens : Cette fois-ci, je crois bien que vos vers à soie vont tous mourir. — Oh ! non, répondirent-ils ; ils sont un peu engourdis, il est vrai, par le froid, mais ils ne mourront point. En effet, ils ne moururent point, car le 3 avril, en passant moi-même par l'endroit où les vers étaient sur les arbres, je les vis manger de très-bon appétit.

« Après avoir mangé des feuilles pendant quarante à cinquante jours, ils se mettent à ourdir leur cocon, dont la longueur a plus d'un pouce et dont la grosseur est celle d'une noix ordinaire. Comme il y a toujours des vers plus vigoureux que les autres, il se présente aussi des cocons d'une taille plus forte que le reste ; ils ourdissent leur cocon sur une feuille qu'ils roulent en cornet, et, si une seule ne suffit pas, ils en rapprochent une seconde. C'est là-dedans qu'ils font leur précieux ouvrage ; ils commencent par ourdir le dehors du cocon, dans lequel ils s'enferment et travaillent, et puis ils le terminent en dedans, ce qui ne demande pas plus de trois jours. Le cocon est de couleur jaune, tirant un peu sur le blanc. L'époque de la récolte des cocons varie selon la différence des climats : ainsi, dans la plaine et sur les montagnes peu élevées, on recueille les cocons vers le 20 et le 24 mai, ou quelques jours plus tard ; tandis que sur les montagnes du Koueï-tcheou ce n'est que du 15 au 30 juin. Sur les montagnes, la végétation étant plus tardive, les vers à soie sont aussi plus tardifs à sortir.

« Dans les pays montagneux du Koueï-tcheou, et même dans les endroits du Ssetchouen, on ne fait pas mourir tous les cocons ; on en réserve une petite quantité pour commencer de suite une nouvelle éducation. Dans les pays moins élevés, on se contente d'une seule récolte, parce que la seconde ne compenserait pas le travail et la peine, à cause des chaleurs de juillet et d'août, qui feraient mourir presque tous les vers.

« Sur les hautes montagnes, où les nuits sont toujours fraîches et la chaleur tempérée par le souffle des vents, et où les insectes ennemis sont rares, les vers querciens se développent avec la même vigueur que la première fois ; cette seconde récolte se fait vers le 1er octobre.

« La soie quercienne, quoique inférieure à celle des vers de mûrier, ne laisse pas que d'être très-belle et très-solide. Lorsqu'elle est tissée, elle donne une toile très-fraîche. Je crois qu'en France on tirerait un très-grand parti de cette soie. Ce n'est donc pas sans raison que le gouvernement français attache un grand prix à l'acquisition de cette race de vers à soie, et désire ardemment pouvoir la transporter en France (*). »

L'hirondelle dite de la Chine ou la salangane. Célèbres nids d'oiseaux.

La plus célèbre de toutes les hirondelles connues, la seule qui donne un produit aussi riche que singulier, est celle qui fournit ces nids comestibles, si recherchés par tous les Apicius de l'Asie, et dont il est si souvent parlé dans les récits des voyageurs. Un grand nombre de naturalistes l'ont désignée sous le nom d'*hirondelle de la Chine*, parce qu'elle fréquente ses mers ; d'autres l'appellent *salangane*, du nom qu'on donne à cet oiseau dans les îles Philippines. La plupart des écrivains ornithologues s'accordent aussi peu, sur la configuration de cette hirondelle et sur les lieux qu'elle habite, que sur la matière dont elle construit son nid. Les uns la prennent pour l'alcyon des anciens, et prétendent qu'elle compose son nid d'une espèce odorante de goëmon, qui croît au fond de la mer, le long de

(*) Annales forestières, t. II, p. 644 (1843).

ses rivages. Ils ajoutent que ces oiseaux traînent leurs nids jusqu'au bord de la mer, et que, lorsqu'il s'élève un vent de terre, ils dressent une de leurs ailes pour que le vent les pousse au large, et qu'ils voguent ainsi au milieu des eaux, placés sur leurs nids. Cette idée est riante et poétique, mais elle ne s'accorde pas avec les faits, puisqu'on ne rencontre jamais de ces nids flottants sur la surface des mers. D'autres ont avancé que ces hirondelles, lorsqu'elles sont en amour, jettent par le bec une écume blanche et visqueuse, dont elles se servent pour former leurs nids et les attacher aux rochers, ce qu'elles exécutent en multipliant les couches de cette substance gluante, et en les appliquant successivement les unes sur les autres, à mesure que les premières se sèchent. Selon quelques naturalistes, cet alcyon *est de la forme et de la couleur de l'hirondelle; il a des membranes aux pattes comme les canards, et l'extrémité de ses ailes est d'un jaune aurore.*

..... « Les Anglais qui accompagnèrent le lord Macartney dans son ambassade, nous apprennent qu'on trouve une grande quantité de ces nids dans le détroit de la Sonde et dans l'île de Java. Quoiqu'ils ne s'accordent pas avec la plupart des naturalistes sur la substance dont ces nids sont formés, leurs observations ne peuvent que contribuer à nous en faire connaître l'histoire. « Sur l'île
« *du Bonnet*, dans le détroit de la
« Sonde, on trouve, disent-ils, deux
« cavernes qui s'étendent horizontale-
« ment dans les flancs du rocher, et
« contiennent une immense quantité
« de ces nids d'oiseaux, qui sont si re-
« cherchés par les gourmands de la
« Chine. Ces nids sont composés de
« filaments très-délicats, que réunit
« une matière transparente et visqueuse.
« Les nids sont adhérents les uns aux
« autres, ainsi qu'aux côtés de la ca-
« verne, et forment des rangs sans au-
« cune interruption. Les oiseaux qui
« les construisent sont de petites hiron-
« delles *grises avec le ventre blanchâ-
« tre*. Elles vont en troupes considéra-
« bles; mais elles sont si petites et si
« rapides, qu'il est impossible de les
« tirer au vol. La même espèce de nids
« se retrouve dans les profondes caver-
« nes des hautes montagnes qui sont au
« centre de l'île de Java et éloignées de
« la mer. Aussi croit-on que les hiron-
« delles qui bâtissent ces nids ne ti-
« rent rien de la mer, ni pour leur
« nourriture, ni pour leur délicat ou-
« vrage. Il est en effet probable qu'elles
« ne volent point au-dessus des hautes
« montagnes qui séparent la mer des
« cavernes de Java, et qu'elles ne sont
« pas même en état de vaincre les vents
« tempêtueux qui règnent souvent sur
« ces montagnes. Elles se nourrissent de
« nuages d'insectes qui sont suspendus
« sur les étangs stagnants des vallées,
« et leur large bec semble être fait
« exprès pour les prendre. Ce qui leur
« sert d'aliment sert aussi à la cons-
« truction de leurs nids. On les trouve
« dans ces cavernes par rangées hori-
« zontales, et à différents degrés; il y
« en a à cinquante pieds de profondeur
« seulement, et d'autres jusqu'à cinq
« cents pieds...

..... « La valeur de ces nids est fixée
« principalement d'après l'égalité et la
« délicatesse de leur texture. On estime
« davantage ceux qui sont blancs et
« transparents, et on en donne souvent
« à la Chine leur poids en argent. Ces
« nids sont un commerce très-impor-
« tant pour les Javanais, et plusieurs
« d'entre eux y sont occupés dès leur
« enfance. Lorsque les oiseaux ont
« employé près de deux mois à prépa-
« rer leurs nids, ils pondent deux œufs
« dans chacun, et ils les couvent envi-
« ron quinze jours. Quand les petits
« ont des plumes, on juge qu'il est
« temps d'enlever les nids, ce que l'on
« fait régulièrement trois fois par an-
« née..... Il est possible qu'il y ait
« plusieurs espèces de ces oiseaux
« dont les nids soient également pré-
« cieux. »

« Les variétés et les contradictions que présentent les divers récits de voyageurs anciens et modernes, nous laisseraient dans une pénible incertitude sur ce que nous devons penser de la nature de ces nids et des oiseaux qui les façonnent, si nos doutes n'étaient fixés par un témoignage tranchant et décisif; nous le trouvons dans une lettre de

M. Poivre, ancien intendant dans les îles de France et de Bourbon, qui a parcouru lui-même plusieurs fois les mers qui baignent les extrémités de l'Asie, et dans qui l'on s'accorde à reconnaître un observateur aussi éclairé qu'incapable d'altérer les faits qu'il transmet. Dans cette lettre, adressée à M. de Montbeillard, qui avait pris le parti de consulter M. Poivre, nous apprenons quelle est l'espèce et la forme de ces oiseaux, les parages qu'ils fréquentent, les lieux où ils construisent leurs nids, et quelle est la matière qu'ils emploient pour les former. Voici les observations que cet habile voyageur a faites sur les lieux mêmes :

« M'étant embarqué, en 1741, sur le
« vaisseau *le Mars*, pour aller en
« Chine, nous nous trouvâmes au mois
« de juillet de la même année dans le
« détroit de la Sonde, très-près de l'île
« de Java, entre deux petites îles qu'on
« nomme la *Grande* et la *Petite-Toque*.
« Nous fûmes pris du calme en cet en-
« droit ; nous descendîmes sur la Petite-
« Toque, dans le dessein d'aller à la
« chasse des pigeons verts. Tandis que
« mes camarades de promenade gra-
« vissaient les rochers pour trouver
« des ramiers verts, je suivis les bords
« de la mer pour y ramasser des coquil-
« lages et des coraux articulés qui y
« abondent. Après avoir fait presque
« le tour entier de l'îlot, un matelot
« chaloupier qui m'accompagnait dé-
« couvrit une caverne assez profonde,
« creusée dans les rochers qui bordent
« la mer ; il y entra. La nuit appro-
« chait. À peine eut-il fait deux ou
« trois pas qu'il m'appela à grands cris.
« En arrivant, je vis l'ouverture de la
« caverne obscurcie par une nuée de
« petits oiseaux qui en sortaient comme
« des essaims ; j'entrai, en abattant
« avec ma canne plusieurs de ces pau-
« vres petits oiseaux, que je ne con-
« naissais pas encore. En pénétrant dans
« la caverne, je la trouvai toute tapissée,
« dans le haut, de petits nids en forme
« de bénitiers. Le matelot en avait déjà
« arraché plusieurs, et avait rempli sa
« chemise de nids et d'oiseaux ; j'en dé-
« tachai aussi quelques-uns : je les trou-
« vai très-adhérents au rocher. La nuit
« vint ; nous nous rembarquâmes, em-
« portant chacun nos chasses et nos
« collections.

« Arrivés dans le vaisseau, nos nids
« furent reconnus, par les personnes
« qui avaient fait plusieurs voyages en
« Chine, pour être de ces nids si re-
« cherchés des Chinois. Le matelot en
« conserva quelques livres, qu'il vendit
« très-bien à Canton. De mon côté, je
« dessinai et peignis en couleurs natu-
« relles les oiseaux avec leurs nids et
« leurs petits dedans ; car ils étaient
« tous garnis de petits de l'année, ou
« au moins d'œufs. En dessinant ces
« oiseaux, je les reconnus pour de
« vraies hirondelles ; leur taille était à
« peu près celle des colibris.

« Depuis, j'ai observé en d'autres
« voyages que, dans les mois de mars
« et d'avril, les mers qui s'étendent
« depuis Java jusqu'en Cochinchine au
« nord, et depuis la pointe de Sumatra
« à l'ouest, jusqu'à la Nouvelle-Guinée
« à l'est, sont couvertes de rogue ou
« frai de poisson, qui forme sur l'eau
« comme une colle forte à demi délayée.
« J'ai appris des Malais, des Cochin-
« chinois, des Indiens Bissagas des îles
« Philippines et des Moluquois, que la
« salangane fait son nid avec ce frai de
« poisson. Tous s'accordent sur ce
« point. Il m'est arrivé, en passant aux
« Moluques en avril et dans le détroit
« de la Sonde en mars, de pêcher avec
« un seau de ce frai de poisson, dont la
« mer était couverte, de le séparer de
« l'eau, de le faire sécher, et j'ai trouvé
« que ce frai ainsi séché ressemblait
« parfaitement à la matière des nids de
« salangane.

« C'est à la fin de juillet et au com-
« mencement d'août que les Cochin-
« chinois parcourent les îles qui bor-
« dent leurs côtes, surtout celles qui
« forment leur *Paracel*, à vingt lieues
« de distance de la terre ferme, pour
« chercher les nids de ces petites hiron-
« delles.

« Les salanganes ne se trouvent que
« dans cet archipel immense qui borne
« l'extrémité orientale de l'Asie. Tout
« cet archipel, où les îles se touchent
« pour ainsi dire, est très-favorable à
« la multiplication du poisson : le frai
« s'y trouve en très-grande abondance ;
« les eaux de la mer y sont aussi plus

« chaudes qu'ailleurs. Ce n'est plus la
« même chose dans les grandes mers. »
« M. de Montbeillard a eu occasion
d'examiner quelques-uns de ces nids
de salanganes : ils représentaient par
leur forme la moitié d'un ellipsoïde
creux et coupé à angles droits par le
milieu de son grand axe; on voyait
qu'ils avaient été adhérents au rocher
par le plan de leur coupe. Leur substance
était blanchâtre et demi-transparente;
ils étaient composés à l'extérieur
de lames très-minces, à peu près concentriques
et couchées en recouvrement
les unes sur les autres, comme
on l'observe en certaines coquilles.
L'intérieur présentait plusieurs couches
de réseaux irréguliers, formés par une
multitude de fils de la même matière
que les lames extérieures, qui se croisaient
et recroisaient en tout sens.
« M. Delatour avait reçu aussi de
Pé-king une boîte de ces nids d'oiseaux :
leurs dimensions en tout sens se sont
trouvées moins fortes que celles qui
leur sont assignées par M. l'abbé Raynal;
mais il faut observer qu'ils n'étaient
plus frais, et que l'état de dessiccation
dans lequel ils nous parviennent
en Europe doit leur faire perdre de
leur volume. Desséchés, ces nids ont
une consistance de cire ou de corne, et
ne conservent plus la même transparence
qu'ils ont dans leur fraîcheur;
bouillis, ils ressemblent à des cartilages
de veau.
« D'après les éclaircissements donnés
par M. Poivre, les salanganes, si longtemps
inconnues, cessent de l'être.
Elles ne sont point des oiseaux de passage;
elles vivent constamment toute
l'année dans les îlots et sur les rochers
où elles ont pris naissance. Leur vol est
celui de nos hirondelles, mais elles vont
et viennent moins continuellement;
leurs ailes sont aussi plus courtes. Leur
plumage n'admet que deux couleurs :
l'une noirâtre, qui règne sur toute la
partie supérieure du corps; l'autre
blanchâtre, qui règne sur la partie inférieure,
et termine les pennes de la
queue. Elles ont l'iris jaune, le bec noir
et les pieds bruns. Leur longueur totale
est de deux pouces trois lignes (*). »

(*) Voy. Grosier, Description générale de
la Chine, t. IV, p. 111-122.

Le tapir de la Chine.

« L'animal qu'on désigne sous le
nom de *tapir oriental* était encore si
peu connu, il y a quatre ou cinq ans,
qu'on doutait de son existence, et qu'on
était disposé à croire que le genre *tapir*
était particulier au nouveau monde.
Pour se convaincre que cette opinion
était une erreur, il eût suffi de parcourir
les recueils d'histoire naturelle médicale
des Chinois; on y trouve une
figure assez exacte, ou du moins très-reconnaissable,
du tapir, et les explications
qui y sont jointes ne laissent
aucun doute sur la réalité des descriptions
qu'on en a faites. Les ouvrages
élémentaires destinés à l'instruction
des enfants, et les encyclopédies chinoises
et japonaises contiennent la figure
du même animal, au nombre des mammifères
les plus communs. Ainsi les
Chinois ont connu de tout temps cette
espèce, qui a été si récemment trouvée
à Malacca et à Sumatra, et dont la découverte
est due à MM. Farquhar et
Duvaucel...

« Un très-ancien dictionnaire chinois,
intitulé *Eul-ya*, donne le nom de *me* à
une panthère de couleur blanche; mais
les commentaires de ce dictionnaire, qui
sont aussi fort anciens, disent que le
me est semblable à un ours, et qu'il a
la tête petite et les pieds bas; il est
tacheté de blanc et de noir; il peut
ronger le fer, le cuivre et le bois de
bambou; ses os sont durs, compactes,
les articulations droites et fortes, et il
a peu de moelle; sa peau préserve très-bien
de l'humidité.

« Suivant le *Choue-wen*, autre dictionnaire
très-ancien et très-estimé, le
me est semblable à un ours, mais de
couleur jaunâtre. On le tire du pays de
Chou; c'était le nom que portait la province
de *Sse-tchouen* avant la quatrième
dynastie.

« D'après le *Tching-tseu-thong*, les
dents du *me* sont si dures, que, si on
les frappe avec un marteau de fer,
c'est le marteau qui se brise; si on les
jette au feu, on ne peut les brûler, il
n'y a que la corne du *ling-yang* (sorte
d'antilope) qui puisse les entamer. Le
même lexicographe, toujours enclin à
assembler des contes populaires, et

les rédacteurs du *Khang-hi-tseu-tien*, qui l'ont suivi en cette occasion, ajoutent d'autres particularités également fabuleuses et un trait d'histoire qui n'offre pas plus de vraisemblance.

« Le *Pen-thsao-kang-mou*, ou Traité général d'histoire naturelle, va plus droit au but. Le *me*, dit-il, est semblable à un ours; il a la tête petite et les jambes basses; le poil, court et luisant, est tacheté de noir et de blanc; il y en a qui disent qu'il est d'un blanc jaunâtre, d'autres d'un blanc grisâtre; il a une trompe d'éléphant, des yeux de rhinocéros, la queue d'un bœuf et les pieds d'un tigre; il est très-robuste, et peut ronger le fer, le cuivre, le bambou et dévorer les plus gros serpents; ses articulations sont fortes, droites, ses os épais et presque sans moelle; ses excréments peuvent servir à aiguiser les armes et à tailler le jaspe; son urine dissout le fer; ses os et ses dents sont si durs qu'ils résistent à l'action du fer et du feu, et il est arrivé que des charlatans qui s'en étaient procuré, les ont fait passer pour des reliques précieuses, comme les dents ou les os de Bouddha.

« La peau du *me* sert à faire des matelas pour se coucher et des couvertures; elle garantit de l'humidité, du mauvais air et des maléfices. La représentation même de l'animal produit cet effet; aussi, sous la dynastie des Thang, on avait coutume de peindre sur les paravents des figures de *me* pour se préserver du mauvais air.

« Suivant les géographies du midi, le *me* est de la grandeur d'un âne, semblable à un ours, etc.

« A travers les extravagances dont ces descriptions sont remplies, il est impossible de méconnaître les traits caractéristiques du tapir : sa taille, la forme de ses membres, sa trompe plus longue que celle du tapir d'Amérique et comparable à celle de l'éléphant, la solidité de ses os, naturelle dans un gros pachyderme, y sont indiquées de manière à ne s'y pouvoir tromper. La figure confirme aussi une particularité remarquable, en ajoutant à tous ces signes un indice de plus: celui de la *livrée* que l'animal porte quand il est jeune, suivant l'observation de M. Farqubar. L'indication de sa patrie et les usages économiques auxquels on emploie sa peau sont aussi deux circonstances assez remarquables, parce qu'elles prouvent que le tapir habite dans les provinces occidentales de la Chine, et qu'il doit y être assez commun.

« Les livres chinois sont remplis d'observations d'histoire naturelle, très-curieuses et généralement assez exactes. Il suffit de savoir les distinguer des fables qui y sont mêlées, et c'est ce qui n'est pas toujours fort difficile. La vue des figures que contiennent leurs traités de zoologie et de botanique permet souvent de distinguer des espèces nouvelles ou peu connues; et les descriptions qui y sont jointes aident presque toujours à lever l'incertitude que peuvent laisser les figures. C'est une mine abondante que l'on ne doit pas négliger d'exploiter, et dont rien ne pourra remplacer les produits, tant que les Européens seront exclus de la Chine, c'est-à-dire pendant longtemps encore, si le gouvernement de ce pays entend ses véritables intérêts, et qu'il ne mette pas en oubli le soin de sa tranquillité(*). »

AGRICULTURE.

Parallèle de l'agriculture de la Chine et de celle de l'Europe.

Un jeune littérateur que je m'honore de compter parmi mes élèves, M. le baron Léon d'Hervey Saint-Denys, a publié sur l'agriculture et l'horticulture des Chinois d'excellentes recherches, auxquelles il a joint l'analyse des matières contenues dans la grande encyclopédie agricole et horticole intitulée : *Cheou-chi-thong-khao*. On lira avec intérêt le morceau suivant, où l'auteur décrit rapidement, mais exactement, l'état de l'agriculture chinoise, comparé à celui de l'agriculture européenne :

« Les voyageurs et les missionnaires qui ont parcouru le Céleste Empire s'accordent à nous faire le tableau le plus

---

(*) Abel Rémusat, Mélanges asiatiques, t. Ier, p. 253-256

séduisant de l'aspect que présentent les campagnes. Point de ces landes arides qu'on rencontre si souvent dans nos plus fertiles provinces; point de friches, pas un coin de terre oublié : la culture a tout envahi, quelquefois même jusqu'à la surface des rivières, qu'en certains endroits elle couvre de jardins flottants. Partout aussi se presse une population industrieuse, principalement adonnée aux travaux agricoles. Des villes immenses, des villages qui, ailleurs, seraient des villes, une multitude de hameaux, reliés entre eux par un véritable réseau de fleuves navigables et d'innombrables canaux, entretiennent et facilitent la prodigieuse activité du commerce intérieur.

« Si le travail et la production pouvaient à eux seuls constituer la prospérité réelle d'un peuple, la Chine devrait occuper le premier rang dans la hiérarchie des nations civilisées; car l'excessif développement de la culture semble y avoir atteint sa dernière limite. Malheureusement pour les Chinois, ces grands résultats sont dus à leur état permanent de gêne et de souffrance, et ce que nous admirons surtout chez eux, pour en tirer quelquefois parti au point de vue européen, ce sont les efforts continuels d'une population exubérante qui doit arracher sa subsistance au sol; efforts sans lesquels la disette, avec son hideux cortége de troubles et de maladies, viendrait fondre sur le pays. N'est-ce point un spectacle digne d'intérêt que celui de ce peuple qui lutte avec tant d'énergie contre l'appauvrissement séculaire d'un sol que le manque d'engrais ne lui permet pas de renouveler, et qui supplée en quelque sorte par les ressources de son industrie à la dureté des conditions dans lesquelles se pratique son agriculture?

« Cette corrélation entre de tristes causes et d'admirables effets avait frappé les savants missionnaires qui portent en Chine l'enseignement évangélique. Pénétrant au cœur de l'empire et séjournant dans les provinces plus longtemps qu'aucun Européen, ils sont certainement plus à même que personne d'apprécier à sa juste valeur l'agriculture chinoise prise dans son ensemble.

« Nous croyons donc ne pouvoir mieux commencer l'esquisse que nous nous proposons de faire, qu'en plaçant ici tout d'abord le tableau qu'un de ces missionnaires traçait lui-même au commencement du siècle dernier :

« Que le lecteur jette un coup d'œil sur la carte d'Asie, pour voir l'étendue de notre Chine, la variété de ses climats et les peuples divers dont elle est entourée. Il trouvera qu'elle est d'une étendue immense, qu'elle réunit tous les climats, et qu'elle n'a autour d'elle que des nations errantes ou à demi barbares, et il en conclura d'abord que, réduite à elle-même, elle peut et doit se suffire; mais en songeant qu'elle est prodigieusement peuplée et qu'elle le devient tous les jours davantage, parce que les grandes maladies sont rares, que les lois sont florissantes, que le mariage est en honneur, que le nombre des enfants est une richesse, et que la paix au dedans et au dehors est presque inaltérable, il sentira bientôt que ce n'est qu'à force de travail, d'industrie et d'économie qu'elle peut avoir, nous ne disons pas l'agréable, mais l'honnête et le nécessaire.

« En France, les terres se reposent de deux années l'une; de vastes terrains demeurent en friche; les campagnes sont entrecoupées de bois, de prairies, de vignobles, de parcs, de maisons de plaisance, etc. Rien de tout cela ne saurait se rencontrer ici. La doctrine même des anciens sur la piété filiale n'a pu sauver les sépultures dans les révolutions. Les petites surgissent et disparaissent dans les champs, d'une génération à l'autre; la superstition a aidé la politique à reléguer peu à peu celles des grands et des riches dans les montagnes ou dans les endroits stériles fermés à l'agriculture. Bien que la terre soit épuisée par trente-cinq siècles de moissons, il faut qu'elle en donne chaque année une nouvelle, pour fournir aux pressants besoins d'un peuple innombrable. Cet excès de population, dont les philosophes modernes de l'Europe n'ont pas même soupçonné les inconvénients et les suites, augmente ici le besoin de l'agriculture, au point de montrer les horreurs de la famine comme la conséquence subite et inévitable des moindres négligences.

« Sans les montagnes et les marais, la Chine serait absolument privée du bénéfice des bois, de la venaison et du gibier : ajoutons que la force et l'industrie de l'homme font tous les frais de l'agriculture. Il faut plus de travail et plus d'hommes pour avoir la même quantité de grains qu'ailleurs. La somme totale en est inconcevable ; cependant elle n'est que suffisante, et ne suffit encore que parce qu'elle est régie et distribuée avec une économie prévoyante, qui compense une année par l'autre et qui entretient le niveau dans coutes les provinces.

« Les cochons et la volaille sont presque la seule viande de la Chine, d'où il suit qu'on doit en manger peu, distributivement, et que l'industrie a besoin de toutes ses ressources pour en nourrir une certaine quantité. Nous avons dit *presque*, parce que nous parlons de l'empire, envisagé dans son universalité par rapport à cet objet. Il y a, en effet, des districts mieux partagés à cet égard et qui nourrissent beaucoup de troupeaux. Il y en a où le labourage se fait avec des bœufs, des buffles et des chevaux; mais, proportion gardée, il y a au moins dix bœufs en France contre un en Chine.

« L'auteur du mémoire que nous citons se pose alors à lui-même la question de savoir si la Chine est, en résumé, plus mal partagée que l'Europe sous le rapport de la nourriture. Il n'hésiterait pas à se prononcer pour l'affirmative, si la comparaison ne portait que sur le régime alimentaire des habitants de nos grandes villes. Mais, ajoute-t-il, il faut examiner impartialement à quoi se réduit en France, comme dans le reste de l'Europe, la boucherie des campagnes. D'ailleurs, c'est surtout dans les provinces méridionales du Céleste Empire que le bétail est rare, et l'usage de la viande n'est ni nécessaire ni sain dans les pays chauds. Les anciens habitants de la Chine, auxquels la viande ne manquait point, en mangeaient encore moins que les modernes. Observons cependant, 1° que la Tartarie fournit tous les ans à la ville de Pé-king et à toute la province une quantité prodigieuse de bœufs, de moutons, de cerfs, etc.; que les côtes de la mer, depuis la Grande muraille jusqu'au bout de la province de Canton, les lacs, les étangs, les rivières, etc., donnent continuellement toute sorte de poissons (la pêche seule du grand Kiang, situé au milieu de l'empire, équivaut à celle des plus grands fleuves d'Europe réunis); 2° que les montagnes dont toutes les provinces sont entrecoupées, ont quantité de gibier et de venaison ; 3° que la nécessité, mère de l'industrie, a appris aux Chinois à tirer parti de beaucoup de légumes, d'herbages, de plantes, de racines qui croissent d'elles-mêmes dans les campagnes et qui ne demandent point de culture; 4° que, bien qu'il ne puisse pas y avoir beaucoup de terres en vergers et en jardins, les enclos des maisons, les avenues des villages, les collines y suppléent; et sans leur extrême population, la plupart des provinces de Chine seraient au niveau des provinces de France les mieux partagées.

« La Chine a peu de laines, et ne fait presque point de toiles de chanvre ni de lin ; mais la soie, les cotons, les racines et les écorces de plusieurs espèces y suppléent abondamment. La quantité de soie qu'on recueille chaque année est incroyable. La récolte du coton va plus loin encore, parce qu'elle est plus générale, plus facile, et que toutes les provinces sont également bien partagées. Quant aux racines et aux écorces, elles ne sont guère qu'un agrément, à cause de la légèreté des toiles qu'on en fait pour l'été. Remarquons, en passant, que la consommation en vêtements est très-restreinte dans toutes les provinces méridionales, et que, dans les autres même, elle est beaucoup moindre qu'en France pendant plus de quatre mois (*).

« On sait aujourd'hui que l'agriculture n'est plus un art à principes absolus, un art qui puisse s'exercer indépendamment des circonstances qui l'environnent. Loin d'être indépendante, elle est essentiellement subordonnée

(*) Mémoires des missionnaires de Pé-king, t. IV.

aux conditions politiques, tout au moins autant qu'à celles qui proviennent du sol ou du climat. La Chine nous en fournit l'exemple : parce qu'elle est démesurément peuplée, le morcellement de la propriété foncière a été poussé à ses dernières limites. A part un nombre infiniment restreint de familles qui possèdent encore des terres d'une certaine étendue, tout le reste cultive des parcelles tellement réduites, qu'elles ne comportent plus le travail des animaux de ferme; et, d'ailleurs, comment nourrir ces animaux, lorsque le sol tout entier, sans cesse pressuré par la culture, livre à peine ce qui est suffisant pour faire vivre la famille? De là résultent, à notre point de vue du moins, les plus graves inconvénients : outre la rareté de la viande et des autres produits animaux, il y a pénurie d'engrais, malgré le soin extrême qu'apportent les Chinois à recueillir tout ce qui peut rendre à la terre un peu de sa fertilité. Le défaut de fumure fait qu'elle s'épuise et ne peut plus donner ces riches produits que nous offrent les champs de l'Angleterre ou du nord de la France. Il faut dès lors renoncer à la culture des espèces exigeantes, pour se rabattre sur celles qui ne demandent presque rien à la terre; abandonner le blé, si riche en principes azotés, pour lui substituer le riz, si pauvre de ces mêmes principes; substituer de même le coton et la soie à la laine et au chanvre, comme le thé à la vigne, c'est-à-dire remplacer, par des produits qui sont partout ailleurs du luxe, les objets que l'on considère avec raison comme les plus indispensables à l'existence.

« Prise dans son ensemble, l'agriculture chinoise ne trouve donc point son analogue dans l'agriculture européenne, puisque cette dernière, outre qu'elle s'exerce plus spécialement sur des espèces végétales dont le rôle en Chine n'est que très-secondaire, considère la production du bétail comme sa base la plus essentielle, et que l'axiome du vieux Caton, *Bene pascere*, est plus que jamais regardé chez nous comme la règle dominante, pour ne pas dire l'unique règle, du cultivateur. Toutefois, si l'on abandonne l'ensemble de l'agriculture de l'Europe pour en scruter les détails, on trouvera certains modes d'opérer qui se rapprochent davantage des allures de l'agriculture chinoise. Il existe, par exemple, une certaine analogie, une certaine ressemblance même, au point de vue agricole, entre la Flandre et la Lombardie d'une part et la Chine de l'autre. En Flandre comme en Chine, la propriété est très-morcelée; là aussi le travail de l'homme remplace en partie celui des animaux domestiques, et l'engrais humain celui des étables. La Lombardie, outre qu'elle nous montre un sol également morcelé, se livre en grand à la culture du riz, suivant en cela des procédés qui ne s'éloignent pas beaucoup de ceux des Chinois. Mais là s'arrêtent les analogies, car pour ces deux contrées les résultats sont tout opposés : tandis que la Chine ne fournit rien ou presque rien à l'exportation, consommant elle-même la totalité de ce que son sol peut produire, la Flandre et la Lombardie comptent parmi les contrées les mieux cultivées et les plus riches de l'Europe, et fournissent d'immenses quantités de leurs produits à l'exportation. La différence de ces résultats est, du reste, facile à expliquer.

« Ainsi que nous l'avons dit, l'agriculture est toujours puissamment subordonnée aux conditions politiques et commerciales, qui en déterminent quelquefois d'une manière absolue, non-seulement la marche, mais aussi les succès et les revers. En Europe, il est rare qu'un pays ne produise que les objets qu'il consomme, comme il est rare qu'il n'ait pas à demander aux pays voisins quelques-uns des objets dont il a besoin. De là ce mouvement commercial, cet échange des produits de la terre, qui vivifie l'agriculture en assurant à chaque district agricole l'écoulement des denrées que son sol est le plus apte à produire. Là est tout le secret de la prospérité de la Flandre et de la Lombardie. Entourées toutes les deux de pays riches en bestiaux qui leur fournissent les engrais nécessaires, elles peuvent consacrer la presque totalité de leur territoire à des cultures exceptionnelles dont les produits trouveront dans les pays voisins un prompt et facile débouché. Ce seront le riz, la betterave, la garance, le lin, le tabac, ou autres plantes industrielles qui ne viendraient point ou viendraient plus mal ailleurs. Mais que le sort de la Lombardie ou de la Flandre serait différent, si le reste de l'Europe pouvait produire aussi bien qu'elles, et à aussi bon marché, les denrées qui font toute leur richesse, ou seulement si leur position géographique les eût éloignées des principaux foyers de la consommation européenne.

« On voit qu'il serait inutile de chercher dans l'agriculture chinoise cette science des assolements, science tout européenne, et nous pouvons ajouter toute moderne, puisque c'est elle qui a détrôné l'ancien système des jachères, qui règne même encore en certaines provinces de France, pays où l'agriculture est loin cependant d'être aussi arriérée que certains théoriciens affectent de le croire. La jachère elle-même, qui est l'enfance des rotations, n'est pas usitée en Chine, non par défaut de connaissances de la part des Chinois, mais par suite de la nécessité de demander tous les ans à la terre les mêmes produits. C'est la conséquence forcée de cet extrême morcellement du sol, dont les causes ont été développées plus haut.

« Nous allons essayer de donner une idée moins superficielle de l'état de l'agriculture chinoise, en empruntant quelques détails aux notes publiées il y a trois ans sur ce sujet par M. Fortune, qui, indépendamment des rapports relatifs à la mission spéciale dont l'a chargé son gouvernement, envoie souvent au *Gardner's Chronicle* des articles d'un vif intérêt.

« Nous devons dire d'abord que M. Fortune ne professe pas une grande admiration pour le peuple chinois et pour ses procédés agricoles. Peut-être la comparaison qu'il a dû faire, en arrivant dans le Céleste Empire, de son agriculture avec celle de l'Angleterre, l'a-t-elle conduit à exagérer l'infériorité de la première. Mais cette prévention même en faveur de l'agriculture de son pays donnera plus de force à son témoignage, lorsqu'il reconnaîtra quelque supériorité aux méthodes chinoises, que ses connaissances spéciales lui permettent d'ailleurs de bien apprécier.

« Le sol des montagnes et des collines dans les provinces méridionales est très-maigre. Il se compose d'une argile sèche, ardente, mêlée à de petits fragments de granit. On y aperçoit cependant quelques herbes, et les habitants récoltent de chétives broussailles, comme matériaux de combustion, telles que les *campanula grandiflora*, *glycine sinensis*, *azaleas*, clématites de différentes espèces, rosiers sauvages, etc. La plus grande partie de ces montagnes est inculte et incultivable ; le seul produit utile qu'on en pourrait retirer serait celui du bois, si les Chinois se doutaient de l'importance des forêts sur les terrains en pente ; mais, absorbés par les soins de la culture morcelée et individuelle, le reboisement des montagnes est une opération trop vaste, et dont les résultats sont trop éloignés, pour qu'ils songent à l'exécuter, bien que le bois soit déjà très-rare dans tout l'empire.

« Si les flancs des montagnes sont improductifs dans certaines provinces, les vallées en revanche sont toutes cultivées, bien que toutes soient loin d'être naturellement fertiles ; c'est là que les Chinois plantent leur thé, leur pomme de terre douce et l'arachide.

« Vers le nord, l'infertilité des montagnes est plus générale, écrit M. Fortune ; les voyageurs peuvent parcourir des espaces de plusieurs milles sans rencontrer un brin d'herbe.

« Mais dès que l'on arrive vers la rivière de Min près de Foû-tcheou-fou, capitale du Foû-kiên (lat. 26°, long. 117°), la végétation des montagnes change subitement d'aspect, et ce changement est dû à la nature du sol qui les recouvre : il se compose alors d'une argile assez tenace, mélangée, dans une assez forte proportion, d'humus et de débris végétaux ; aussi ces montagnes sont-elles cultivées jusqu'à une hauteur de trois mille mètres au-dessus de la mer.

« Le sol des plaines et des vallées varie tout autant suivant les provinces. Au sud, par exemple, il se compose d'une argile forte, mêlée à une très-faible portion de matières organiques.

Dans le district de Min, où la proportion d'humus est très-considérable, le sol est extrêmement fertile. On peut dire en général que plus les plaines et les vallées sont basses, plus leur sol se rapproche par son peu de fertilité de celui des provinces du sud, et *vice versa*; par exemple, le district de Chang-haï, qui est de quelques mètres plus haut que le district de Ning-po, contient plus d'humus que ce dernier, et est par conséquent le plus fertile des deux

« Le riz est, on le sait, la céréale par excellence du Céleste Empire; c'en est aussi la principale culture, surtout dans les provinces méridionales, où deux récoltes en sont faites dans l'année. Pour la première, le sol se prépare au printemps. Les charrues, ordinairement attelées d'un buffle, de mulets ou de jeunes bœufs, sont un instrument grossier, mais qui remplit cependant bien les conditions exigées; les Chinois les préfèrent aux nôtres, qui leur paraissent trop lourdes.

« Le champ destiné à la culture du riz est inondé avant d'être labouré, de sorte qu'il s'y dépose une couche de limon de 15 à 20 centimètres d'épaisseur. La charrue n'entame et ne retourne que cette couche; et, pour l'y faire passer, le laboureur et son attelage marchent dans la vase et dans l'eau, ce qui constitue un travail extrêmement fatigant. Après le labour vient le hersage pour égaliser le sol. Le laboureur se place ordinairement sur la herse afin de la faire entrer davantage dans le limon.

« Le sol ainsi préparé, et recouvert d'une couche d'eau de huit millimètres, est apte à recevoir les jeunes plants de riz, semés d'abord en pépinière dans un autre endroit, pour en être retirés avec beaucoup de précaution. On choisit les plus beaux pieds, qu'on réunit par petits paquets d'une douzaine environ. Un homme les répand sur le sol, à une certaine distance les uns des autres; puis un autre, qui le suit, creuse avec sa main droite de petits trous disposés en ligne et éloignés les uns des autres d'environ trente centimètres, dans chacun desquels il place un des petits paquets de plants, dont les racines sont immédiatement couvertes de limon, entraîné par l'eau qui coule dans ces trous dès que l'ouvrier en retire la main. Cette opération se fait avec une grande célérité.

« Dans les provinces du sud de la Chine, la première récolte du riz a lieu vers la fin de juin ou au commencement de juillet. Immédiatement après, on façonne de nouveau la terre, et l'on plante de jeunes pieds pour la seconde récolte, laquelle a lieu en novembre.

« Aux environs de Ning-po, par 30° de latitude, l'été est déjà trop court pour obtenir deux récoltes successives; afin de suppléer autant que possible à ce désavantage, le cultivateur plante deux ou trois semaines après la première plantation, et dans les intervalles, d'autres jeunes pieds de riz, qui lui donneront une seconde récolte. Il faut seulement, après avoir enlevé la première, remuer un peu la terre et la fumer, ce qui se fait en brûlant les chaumes et les racines du riz de la récolte précédente, qu'on enlève avec précaution, de peur de déraciner les plantes qui croissent à côté, et dont on répand les cendres sur le champ. C'est là un bien faible engrais; mais le riz en demande peu, et d'ailleurs les Chinois n'en ont guère à distribuer. Ils se servent, pour moissonner le riz, d'une faucille très-analogue à la nôtre. La moisson, une fois enlevée et séchée, est battue sur une aire en plein soleil, comme on en agit à l'égard du blé, dans le midi de l'Europe, si le climat le permet; dans le nord de l'empire, on le rentre pour le battre en grange. On voit que les mêmes besoins, sur des points excessivement éloignés du globe, ont fait découvrir et employer les mêmes procédés.

« Ces détails sur la culture du riz, dans lesquels nous sommes entrés à dessein, confirment ce que nous disions plus haut de l'agriculture chinoise: elle abonde en main-d'œuvre et n'opère qu'en petit; c'est un véritable jardinage exercé sur le sol agricole; aussi les auteurs chinois donnent-ils, au sujet des soins réclamés par les céréales, des instructions plus minutieuses que celles qu'on trouverait chez nous dans un traité de floriculture. La manière de fumer, de labourer, de semer, de herser, etc., subira, suivant eux, des modifications infinies, subordonnées à mille éventualités soigneusement prévues. Concentrant tous ses efforts sur une étroite parcelle de terre, le cultivateur recueille avec une attention extrême tout ce qui peut rendre au sol un peu de sa fertilité primitive, et surtout l'engrais humain, le seul vraiment digne du nom d'engrais que produise la Chine ; c'est d'ailleurs quelque chose de tout à fait instructif pour le cultivateur européen, que l'art avec lequel les Chinois le recueillent et le préparent pour les besoins de leur culture. Sous ce rapport, la Chine est beaucoup plus avancée que l'Europe, et pourrait lui fournir d'excellents exemples.

« Indépendamment de l'engrais dont il vient d'être question, le cultivateur chinois ne néglige rien de ce qui peut amender la terre. Il économise les restes des poissons de toute espèce, des crabes et autres crustacés marins, les cheveux et les crins coupés, des débris de végétaux entassés avec des pailles de rebut, des herbes potagères avariées, des épluchures, etc., qu'il fait fermenter, ou bien auxquelles il met le feu, et dont il fabrique ensuite différents composts, en y mêlant de la cendre ou de la terre brûlée. Les chiffons, les os, les coquillages, la chaux, la suie, et enfin toutes les espèces de décombres, sont recherchés et utilisés en Chine comme en Europe. Il n'y a pas jusqu'au limon du marais et des rivières qui ne soit recueilli et débité comme engrais.

« Mais une des branches de l'agronomie qui paraît avoir été le plus perfectionnée par les Chinois, sans doute en raison du rôle important qu'elle joue dans leur politique, c'est celle de la conservation des grains durant plusieurs années.

« Le système des greniers publics, où l'impôt en nature s'accumule dans les années d'abondance, et que l'empereur ouvre libéralement dans les années mauvaises, est un des rouages les plus importants du gouvernement chinois.

« On sait combien est coûteuse chez nous la conservation du blé en grenier ; le budget des manutentions militaires pourrait au besoin nous fournir des chiffres, s'il n'était point superflu d'en donner L'établissement de bons silos, dans les provinces dont le sol est souvent humide, présente aussi des difficultés que jusqu'ici on n'a pu surmonter que très-imparfaitement chez nous ; tandis qu'en Chine on en construit d'irréprochables au milieu des districts les plus marécageux. De sérieuses recherches sur le mode de construction de ces greniers souterrains, sur le choix des matériaux qu'on y emploie, peut-être même sur des préparations à faire subir aux grains avant de les emmagasiner, amèneraient probablement de nombreux et intéressants résultats.

« Quant à l'outillage agricole des Chinois, nous croyons que les emprunts à lui faire seraient beaucoup moins importants.

« On peut dire en général que ce qui caractérise les instruments ruraux de la Chine, comparés aux nôtres, c'est leur simplicité et leur légèreté. La charrue, cette primitive invention de tous les peuples agriculteurs, paraît n'avoir pas changé depuis les temps anciens. Elle a quelque ressemblance avec ce que nous appelons *houe à cheval*. Ajoutons cependant que, dans quelques districts, elle a reçu d'assez importantes modifications pour la rapprocher de quelques instruments d'Europe, et qu'on a même cherché à lui imprimer des formes diverses, en rapport avec les différentes constitutions du sol à labourer. Nous avons au Conservatoire des arts et métiers un modèle de charrue chinoise destiné à tracer plusieurs sillons à la fois, et qui ne manque pas d'un certain art dans sa construction ; mais c'est plutôt un objet de curiosité qu'un appareil véritablement utile, et dans tous les cas, on ne conçoit pas l'avantage d'un instrument qui, tout en exigeant une dépense de force proportionnée à la quantité de terre remuée, est, à raison de sa composition même, beaucoup plus difficile à manier que ceux qu'une longue expérience a fait prévaloir.

« Peut-être aurions-nous plus d'avantage à emprunter à la Chine quelques-uns des semoirs dont on y fait usage, surtout pour la culture du blé. Nous trouvons dans le traité *Cheou-chi-thong-khao* diverses figures représentant des semoirs, dont la forme paraît aussi ingénieuse qu'originale; mais ces figures sont exécutées avec trop peu de soin, pour qu'on puisse se faire une idée exacte de la structure intérieure de ces instruments, que le texte d'ailleurs n'explique pas suffisamment. On sait tous les essais de nos agriculteurs pour fabriquer des semoirs remplaçant la main de l'homme, et combien les appareils, pourtant si variés, que l'on a inventés sont loin de répondre au but que l'on s'était proposé. Les Chinois auront-ils été plus heureux sur ce point? c'est ce que l'expérimentation pourrait seule nous apprendre, si l'on avait entre les mains des instruments importés du pays.

« Dans la catégorie des instruments nous rangerons les appareils servant aux irrigations, opérations fort importantes, et qui sont certainement mieux entendues à la Chine que partout ailleurs, et cela, on le conçoit, à raison de la nature même de leur principale culture, celle du riz, qui ne peut prospérer qu'avec des arrosements copieux et pour ainsi dire perpétuels. La nécessité, mère de l'invention, a appris aux Chinois à tirer parti, non-seulement des sources naturelles ou des puits creusés de main d'homme, mais aussi des fleuves et des rivières, dont les eaux, élevées au moyen d'appareils hydrauliques, sont partout utilisées au profit des cultures. Ils ont, comme nous, des manéges et norias mus par la force d'animaux domestiques, ou par celle des cours d'eau eux-mêmes.

« Il serait intéressant de savoir s'ils n'utilisent pas aussi la force du vent pour élever l'eau des puits et la faire servir aux irrigations. Bien que, dans les ouvrages chinois que nous avons entre les mains, nous n'ayons rien trouvé qui indiquât l'emploi du vent dans un but agricole, il nous paraît peu présumable qu'un peuple si industrieux n'ait pas senti depuis longtemps l'utilité d'une force qui existe partout et ne coûte que la peine d'être recueillie. Après les efforts qui ont été faits en Europe pour appliquer la force motrice de l'air aux appareils hydrauliques, efforts qui n'ont été couronnés jusqu'ici que de demi-succès, on n'a pas de peine à comprendre quel service on rendrait à l'agriculture du midi de l'Europe, si l'on pouvait lui procurer un mécanisme répondant bien au but qu'on se propose, mais simple dans sa structure et surtout économique, c'est-à-dire accessible au petit cultivateur.

« De tous les appareils proposés dans ces dernières années pour utiliser la force du vent en hydraulique agricole, celui de M. Amédée Durand, qui a été de la part de M. Séguier l'objet d'un rapport favorable à l'Académie des sciences, paraît le seul véritablement recommandable; mais ce mécanisme, excellent pour les agriculteurs qui opèrent en grand et qui peuvent se livrer à des dépenses considérables, est, par son prix élevé, tout à fait hors de la portée du simple paysan, c'est-à-dire de l'immense majorité des cultivateurs méridionaux. Il est d'un autre côté trop complexe, trop artistement construit, pour qu'on puisse espérer que les habitants de nos campagnes l'exécutent de leurs propres mains. C'est là d'ailleurs le défaut de presque tous les instruments modernes, empruntés pour la plupart à l'Angleterre, et qui ne trouvent guère leur placement en France, en Espagne et en Italie que dans les fermes modèles, les salons du cercle agricole ou la galerie du musée provincial (*). »

HORTICULTURE.

« Si, continue M. le baron Léon d'Hervey, nous n'avons pas eu de grands éloges à donner à l'agriculture chinoise prise dans son ensemble, il n'en sera pas de même du jardinage, que les Chinois entendent admirablement, et dans lequel ils possèdent même certaines pratiques, certains secrets, pour mieux

(*) Recherches sur l'agriculture et l'horticulture des Chinois, et sur les végétaux, les animaux et les procédés agricoles que l'on pourrait introduire avec avantage dans l'Europe occidentale et le nord de l'Afrique, suivies d'une analyse de la grande Encyclopédie Cheou-chi-thong-khao, par le baron Léon d'Hervey Saint-Denys, p. 35-63.

dire, que nos jardiniers auraient tout intérêt à leur emprunter. On pourrait écrire tout un volume sur cette branche de la culture chinoise.....

« Nulle part au monde on ne cultive mieux les plantes potagères qu'en Chine, comme nulle part aussi on n'en cultive un plus grand nombre d'espèces. Ici se montre dans tout son jour l'adresse du jardinier chinois qui, sur une parcelle de terre où chez nous un homme vivrait à peine, trouve le moyen de se nourrir avec sa famille, et quelquefois de s'enrichir, par la vente des produits de quatre ou cinq récoltes annuelles. C'est que le jardinier chinois pratique de temps immémorial l'art, comparativement nouveau chez nous, de forcer les légumes, c'est-à-dire d'en hâter le développement par la chaleur artificielle, comme aussi de les faire venir à contre-saison. On pourrait dire d'une manière générale, pour caractériser le jardinage à la Chine, qu'il vise à surmonter des difficultés, ou, si l'on veut, à faire des tours de force, ce qui est du reste tout à fait en harmonie avec les goûts des Chinois. Nous en citerons quelques exemples en parlant de leur jardinage d'ornement.

« Cette supériorité des Chinois en horticulture n'a rien qui doive surprendre ; elle est le contre-poids, ou, pour mieux dire, la suite même de l'insuffisance de leur agriculture, qui les oblige à chercher dans le jardinage un complément indispensable aux substances alimentaires qu'elle leur fournit. L'homme ne pourrait pas vivre exclusivement de riz ; mais il vivra s'il peut y ajouter les graines des légumineuses, qui compenseront par leur richesse en azote ce qui manque sous ce rapport à la céréale de prédilection du Céleste Empire.

« D'un autre côté, le besoin impérieux de varier sa nourriture a conduit l'homme à multiplier le nombre des espèces auxquelles il demande ses aliments ; de là le grand nombre de végétaux cultivés dans les jardins, si on le compare avec celui des espèces simplement agricoles. Ces conditions ne sont point du reste les seules qui président au développement du jardinage ; il en est une plus décisive encore que celles qui naissent des besoins des individus isolés : c'est, pour l'horticulteur de profession, la nécessité de trouver un débouché rapide et assuré aux produits souvent très-fugitifs de son industrie ; aussi pouvons-nous dire que, si le besoin de varier sa nourriture a fait créer les jardins, ce n'est qu'autour des villes que l'industrie horticole a pu se développer, puisque là seulement elle est assurée d'échanger ces produits contre de l'argent.

« On est étonné lorsqu'on lit, dans les statistiques, le prodigieux développement du jardinage maraîcher autour de Paris. Il y a peu de personnes encore aujourd'hui, même parmi les plus éclairées, qui se doutent de l'importance qu'a prise en France cette partie de l'art agricole, probablement parce qu'elle s'exerce le plus souvent sur des espaces fort limités. Mais si les jardins sont généralement petits, ils rachètent leur exiguïté par leur nombre ; on les trouve partout, depuis le hameau, depuis la ferme isolée, presque toujours entourée de son *ouche*, comme on dit en Bourgogne, jusqu'au centre des villes les plus populeuses (*). »

... « Chez nous, dit encore M. Léon d'Hervey, on aime les fleurs ; chez les Chinois, on se passionne pour elles. Ce qui nous plaît dans un jardin, c'est la variété du coup d'œil, la richesse des couleurs, la beauté ou la rareté des espèces ; pour les Chinois, chaque plante est l'objet d'un culte véritable, d'une espèce d'amour mystique, qui inspire à lui seul une grande partie de leurs poésies. Dans les romans, dans l'histoire, jusque dans les habitudes de leur vie privée, on trouve des exemples de cet amour naïf et passionné. De graves magistrats s'invitent mutuellement à venir admirer leurs pivoines et leurs chrysanthèmes. Il est même question, dans les monuments de la littérature chinoise, d'une sorte d'extase, que nos mœurs ne permettent guère de comprendre, et qui consiste à s'enivrer de la vue des plantes en cherchant à saisir, par une attention continue, les progrès de leur développement. Cette

(*) Recherches sur l'agriculture et l'horticulture des Chinois, p. 114-117.

passion s'explique, du reste, chez un peuple étranger à toutes les préoccupations de la politique, et qui, placé comme un voyageur sur une route unie, entre un passé sans bornes et un horizon dont il n'aperçoit pas les limites, s'abandonne tout entier à la contemplation des objets qui l'entourent, en y mettant tout ce que son âme et son imagination peuvent avoir de forces vives et de poésie. Si nous citons ces curieux exemples, ce n'est assurément pas que nous songions à les importer chez nous; nous voulons seulement donner une idée du degré d'expérience et d'habileté auquel un goût si prononcé, nous dirons presque si exalté, a dû nécessairement conduire les horticulteurs chinois.

« On ne s'étonnera donc pas s'ils excellent dans l'art d'embellir les espèces rustiques, d'en faire doubler les fleurs, d'en modifier les couleurs et la forme primitive, tout comme d'en hâter la floraison. C'est ainsi qu'ils en sont venus tantôt à donner à des espèces naines un développement considérable, tantôt à réduire aux plus chétives proportions des arbres ordinairement de grande taille; on cite particulièrement des ormeaux dont ils ont fait des arbrisseaux de moins d'un mètre de hauteur, mais qui conservent toujours en petit leur ancien aspect.

« Au reste, en voyant à la dernière exposition centrale d'horticulture des azaléas, des rhododendrums, des rosiers, des camélias en fleur de deux ou trois décimètres de haut, chacun a pu remarquer que le goût pour le *rabougrissement* des espèces se naturalisait insensiblement à Paris, de même que s'introduisit vers le milieu du dix-septième siècle celui de la taille des massifs de nos parcs, auxquels on se plut à donner des formes bizarres ou monumentales.

« Longtemps avant le règne des jardins dits *à la française*, le même système d'ornementation était déjà en honneur à la Chine, et il est probable qu'il se maintiendra longtemps encore chez un peuple où les modes voient passer les générations, comme chez nous les générations voient passer les modes.

« On conçoit sans peine que l'horticulture chinoise a dû nous fournir un nombre considérable de plantes ornementales. Les floriculteurs de profession n'ont pas besoin que nous les mentionnions ici, et d'ailleurs la liste en serait trop longue pour offrir de l'intérêt aux personnes qui ne s'occupent pas de jardinage. Nous nous bornerons à citer, parmi les espèces les plus répandues, ces pivoines en arbres (*pæonia meou tan*), d'un si splendide effet dans les massifs, lorsqu'elles sont couvertes de leurs grandes fleurs d'un rouge clair; la reine-marguerite (*chrysanthemum sinense*), aujourd'hui si populaire, et toujours si belle et si recherchée; les hortensias roses et bleus; la glycine de la Chine (*glycine* ou *wistaria sinensis*), dont les longues tiges sarmenteuses, le beau feuillage, et surtout les admirables grappes d'un bleu tendre, sont au printemps le plus bel ornement des berceaux et des treillages de nos jardins. Mais, depuis l'introduction de ces espèces déjà anciennes et de mille autres que nous passons sous silence, l'Europe en a reçu un nombre considérable de nouvelles, et le répertoire des Chinois est loin encore d'être épuisé. Qu'on nous permette d'en citer quelques-unes dues aux recherches de M. Fortune, et qui par conséquent sont pour nous de date toute récente. Ce seront entre autres le *fortunea sinensis* (*platycarya strobilacea*, Sieb. et Zucc.), arbre d'ornement de la famille du noyer, et que l'on croit capable de résister aux hivers de la Grande-Bretagne; le *plumbago larpentæ*, charmante plombaginée que le bleu vif de ses fleurs fait ranger avec raison parmi les plus brillantes acquisitions de pleine terre que l'horticulture européenne ait faites depuis plusieurs années; le *weigelia rosea*, qui commence à se répandre dans les jardins de tous les amateurs, et qui, jusqu'à un certain point, rivalise d'éclat avec quelques azaléas; la rose à fleurs d'anémone (*rosa anemoneflora*), déliée et grimpante comme la rose de Banks, qui est d'ailleurs du même pays, et qu'elle surpasse peut-être par la délicatesse de ses pétales d'un blanc de neige; le *kum-kwat*, variété ornementale du *citrus japonica*, espèce rustique, qu'on s'attend à voir braver nos hivers les plus rigoureux, et qui permettra de cultiver à l'air libre une espèce de la famille des hespéridées presque jusqu'au centre de l'Europe : le *statice Fortunei*, si remarquable par la couleur jaune de ses fleurs au milieu d'un groupe où elles sont généralement bleuâtres ou purpurines ; le *barbula sinensis*, l'*indigofera decora*, le *pterostigma grandiflora*, enfin l'*anemone japonica*, production du sol chinois, malgré son nom qui semblerait la confiner au Japon, où en effet on la retrouve aussi (*). »

Cultures particulières.

DES CULTURES DU THÉ, D'APRÈS LES MISSIONNAIRES ET LES VOYAGEURS (**).

« Au Japon, dit Kæmpfer, on n'affecte aux plantations de thé (***) ni jardins ni enclos particuliers ; on les fait sur la lisière des champs de riz et de blé, pour que l'ombre projetée par les arbres ne nuise point aux moissons. On n'ensemence pas non plus les graines dans un ordre régulier et symétrique. De distance en distance, on creuse des trous dans lesquels on met six graines au moins et douze au plus, c'est-à-dire autant qu'en contiennent les capsules. Ce nombre est nécessaire, parce que l'huile que renferment les graines les rend sujettes à se rancir promptement ; il en lève à peine un cinquième. Il arrive souvent que deux ou trois arbustes poussent ensemble et sont si étroitement entrelacés, qu'on croirait, au premier abord, qu'ils sortent de la même tige.

« On ne donne généralement aucun soin aux jeunes plants ; seulement, quelques cultivateurs, plus industrieux, ont le bon sens d'extirper les mauvaises herbes qui croissent autour, de labourer la terre, et même de la fumer avec divers engrais. Les feuilles ne sont bonnes à cueillir que la troisième année, époque où elles sont abondantes et dans toute leur beauté. Au bout de sept ans environ, l'arbuste a atteint la hauteur d'un homme ; comme il croît ensuite très-lentement et qu'il porte peu de feuilles, on le récèpe jusqu'au tronc. A la suite de cette opération, il pousse des rejetons plus vigoureux et en plus grand nombre. On la diffère quelquefois jusqu'à ce que l'arbuste ait atteint l'âge de dix ans, mais toujours le cultivateur est largement indemnisé de ce sacrifice temporaire. Quant à la récolte et à la manipulation des feuilles, elles se pratiquent comme à la Chine.

« L'agriculture a été portée depuis des siècles, dans ce dernier empire, à un degré de perfection qui a émerveillé tous les Européens. A chaque pas, ils ont eu occasion d'admirer avec quel art, quelle persévérance, les Chinois savaient tirer parti du sol et du climat. Il n'est presque point de landes, point de bruyères sur leur vaste territoire qu'ils n'aient su utiliser. Le docteur Abel, attaché à l'ambassade de lord Amherst, en 1818, a publié une description des provinces qu'il traversa, et ce récit s'accorde parfaitement avec celui des personnes qui ont pénétré plus tard dans cette contrée. Il dit que partout il eut sous les yeux le magnifique spectacle de la puissance de l'homme sur la nature ; qu'à chaque pas se déroulèrent devant lui les preuves multipliées du caractère industrieux, tenace et laborieux des Chinois. Il vit sur sa route, tantôt des champs couverts de céréales et de plantes légumineuses, telles que riz, orge, millet, haricots, fèves, navets, pommes de terre ; tantôt des vergers de cotonniers, de mûriers, de cannes à sucre, de camélias, d'*olea fragrans*, d'arbres à suif, de lauriers-camphre, de citronniers, d'orangers, etc., etc. Dans les intervalles des arbres étaient ensemencées des plantes utiles en médecine comme dans l'usage domestique. A coup sûr, rien ne doit être plus pittoresque qu'un paysage dont les productions sont si variées et offrent un si riche assortiment de couleurs bigar-

---

(*) Recherches sur l'agriculture et l'horticulture des Chinois, p. 209-214.
(**) Les détails que je donne à ce sujet sont tirés d'un ouvrage intitulé *Monographie du thé*, et publié à Paris, en 1843, par M. J. G. Houssaye.
(***) En chinois, on désigne le thé par le mot *t'chá* ; dans le dialecte du Fö-kien, on l'appelle *thé*. Le nom de *thé* vient donc du dialecte populaire usité dans la province du Fö-kien, où cet arbuste est principalement cultivé.

rées. Il suffit de l'avoir vu une fois, pour être convaincu de la vérité du proverbe qui dit : qu'*un Chinois tient ses champs en meilleur état que sa maison*. Ses instruments aratoires, tels que charrue, herse, houe, etc., sont d'une construction aussi simple qu'ingénieuse. Son système d'arrosage et d'irrigation est parfait ; les aqueducs, les canaux qui sillonnent leur territoire en tout sens ; les puits artésiens, qui y sont connus depuis les temps les plus reculés, attestent des connaissances hydrauliques très-étendues. Le plus petit cultivateur chinois a des machines pour distribuer de l'eau à volonté sur toutes les parties du territoire qu'il exploite. Un fermier anglais ou flamand ne saurait pas mieux que lui mettre à profit la moindre parcelle de terre et discerner le genre de production qui lui est le plus approprié. Par instinct et par habitude, il sait tenir compte des différences géologiques du sol, des diversités de climat et de température, des influences atmosphériques, etc.

« Chez un peuple aussi avancé dans la pratique des arts agricoles, la culture du thé a dû être et a été effectivement portée à un degré incomparable de perfection. Quoique l'arbuste croisse spontanément dans plusieurs endroits, et que dans d'autres il serve de haie pour les champs, comme au Japon, il est des provinces de l'empire où l'on n'a épargné ni soins ni dépenses pour l'acclimater et en tirer les produits les plus exquis et les plus abondants. Les sortes de thés les plus connues des Européens viennent des provinces centrales et maritimes de la Chine, les plus belles et les plus fertiles de tout l'empire.

« L'affluence de plus en plus grande des acheteurs étrangers a eu pour conséquence nécessaire d'en propager considérablement la culture en Chine. On l'élève aujourd'hui dans des localités où, il y a une trentaine d'années, il était inconnu ou complétement négligé. Les provinces du Fö-kien, du Kiang-nan, du Tche-kiang, du Kiang-si et du Kiang-sou en produisent la plus grande partie, et les Anglais prétendent que c'est le meilleur. Toutefois, celui qui se récolte aux environs de Péking est le plus estimé parmi les hautes classes du pays. Les Russes achètent celui qui se cueille sur les confins de la Tartarie chinoise, et ce thé, d'une qualité réellement supérieure, est préféré dans le nord de l'Europe, et même en France, comme nous le verrons plus loin.

« C'est du Fö-kien que vient la plus grande partie des thés consommés en Angleterre, en Hollande, en France et en Belgique. Le Fö-kien est séparé du reste de l'empire par une chaîne de montagnes qui l'entourent du côté des terres ; le reste est bordé de rochers escarpés dont les cimes vont en diminuant et se prolongent jusqu'à la mer comme les gradins d'un amphithéâtre. Quoique très-montueux, le Fö-kien produit autant de thé que les plus fertiles vallées. Dans un district de cette province, qu'on appelle Kien-ning-fou, sont situées deux fermes qui ont acquis une grande célébrité par la supériorité de leurs produits provenant des monts Wou-y-chan, qui sont peuplés de temples et de couvents de bonzes. Les thés de cet endroit sont fort recherchés, quoique leur transport, qui se fait à dos d'homme, à cause de la rareté des bêtes de somme et du manque de routes praticables, entraîne de grandes dépenses. Ce district n'est éloigné de Canton que de 18 milles (environ 6 lieues); mais les fermes à thé sont situées à 300 milles dans l'intérieur des terres. Comme l'on a à traverser des montagnes, des ravins, des rivières et des canaux, il en résulte que le transport des thés peut durer des semaines et même des mois entiers. En général, la végétation du Fö-kien n'est point naturellement abondante; le sol en est pauvre ; le génie industrieux des habitants est seul parvenu à le rendre productif, à un tel point qu'on a réussi à y élever les fruits les plus rares et les plus savoureux.

« Le Kiang-nan, qui a été récemment divisé en deux provinces, est une des contrées du globe que la nature s'est plu à combler de ses largesses. On assure que les habitants l'emportent beaucoup sur les autres Chinois, non-seulement sous le rapport de l'agriculture et de l'aptitude manufacturière, mais aussi pour les arts libéraux, les sciences et les lettres. Ce beau pays forme une plaine immense, entrecoupée de quelques collines et arrosée par un des plus grands fleuves de l'ancien continent, le Yang-tseu-kiang.

C'est là où se cultive et se prépare le Song-lo. Le Tche-kiang est encore une province très-agricole et une pépinière d'arbustes à thé. Le Kiang-si et le Kiang-sou sont tous deux renommés par la salubrité de leur climat, et la population y est employée presque exclusivement à élever et à torréfier le thé.

« L'arbuste se plaît sur la pente des coteaux et dans le voisinage des eaux courantes. Le P. Lecomte assure que le meilleur thé vient dans une terre pierreuse, la qualité moyenne dans un sable léger, et la qualité inférieure dans une terre jaune et glaise. Son confrère, le P. Duhalde, affirme que cette plante affectionne une terre légère, blanchâtre, sablonneuse, mais non pierreuse. Tous deux s'accordent à reconnaître que le meilleur thé vient dans les endroits exposés au midi, opinion qui est entièrement partagée par M. J. F. Davis et par M. Bruce, déjà cités. Les observations de ces deux écrivains, revêtus l'un et l'autre d'un caractère officiel, qui ont visité plusieurs provinces de la Chine et qui ont expérimenté par eux-mêmes les cultures du thé, méritent la plus entière confiance. Dans son rapport, M. Bruce s'exprime en ces termes: Je fais observer que le soleil exerce une action extrêmement puissante sur les feuilles de l'arbuste; car, dès que les arbres qui servent à ombrager les jeunes plants ont été abattus, la feuille, qui alors était d'un vert foncé, devient rapidement jaunâtre et conserve cette couleur pendant quelques mois, au bout desquels elle reprend graduellement son ton vert et vigoureux; les branches deviennent plus touffues, et produisent des feuilles en beaucoup plus grand nombre que lorsqu'elles étaient à l'ombre.....

« Le thé qui se fait avec les feuilles poussées à l'ombre est notablement inférieur à celui dont les feuilles ont réfléchi les rayons du soleil. Il est reconnu, 1° que ces dernières poussent plus rapidement, 2° et que celles des plans ombragés expriment, quand elles sont roulées, une liqueur très-fluide, tandis que les autres rendent un jus beaucoup plus visqueux.

« Ce témoignage est imposant, et s'accorde pleinement avec ce que nous savons de l'action vivifiante du soleil sur la plus grande partie du règne végétal. Cependant, au premier abord, il semble être contredit par d'autres observations dont nous n'apprécions pas moins le caractère de sincérité. Mgr de Carpena, vicaire apostolique du saint-siége dans le Fö-kien, où il réside encore, a écrit une instruction manuscrite, concise mais substantielle, sur la manière dont on cultive le thé dans cette province. — Le terrain plat et élevé, dit-il, est le plus propice pour les arbres à thé. Ce terrain doit être humide, mais non pas trop bourbeux; solide, c'est-à-dire non mouvant. Quand sa surface serait couverte de sable, cela ne nuirait point aux arbres; mais il ne doit pas être *pierreux*, parce que ces arbres redoutent la sécheresse. La meilleure qualité de terre est la rouge ou la pâle, comme l'appellent les Chinois. En un mot, ces arbres aiment les lieux humides, froids, élevés et exposés aux vents d'est. Il y a aussi au Fö-kien beaucoup de plantations dont le terrain n'est pas absolument plat; mais parce que ce terrain est trop humide, quoique fertile d'ailleurs, les arbres à thé qui y croissent ne sont ni aussi touffus ni d'une aussi bonne qualité que ceux des lieux plats. Tous les endroits du Fö-kien qui réunissent les qualités énoncées plus haut sont plantés d'arbres à thé, principalement dans le district de King-ning.

« Ces assertions, émanées d'une source aussi respectable, pour peu qu'on les pèse, n'infirment aucunement celles de MM. Davis et Bruce; elles donnent seulement à comprendre que l'arbre à thé ne se plaît ni dans un sol trop aride, trop exposé à un soleil d'airain, ni dans un terrain trop visqueux et trop marécageux; c'est la conclusion qu'avait déjà déduite le P. Duhalde, en déclarant que cet arbuste n'aimait ni le soleil ardent ni une humidité prolongée, et qu'il était froid de sa nature On sait, d'après les récits des voyageurs vivants, qu'il prospère en Chine dans des contrées froides, et que la neige ne lui fait aucun mal. Les Chinois estiment, suivant M. Bruce, que les sept dixièmes de la production totale de leur empire croissent dans les montagnes, et les trois autres dixièmes seulement dans les plaines. Le climat qui lui paraît le plus favorable est situé entre le 25° et le 33° de latitude, si on en juge par le succès de sa culture en Chine. Une température moyenne, telle est donc la condition indispensable de la bonne venue de cet arbuste. On a pu s'en assurer en France, où il réussit mieux dans le nord que dans le midi.

« Suivant monseigneur de Carpena, la province du Fŏ-kien et celle du Kiang-si, dans la partie qui y confine, sont celles où existent les plus florissantes plantations de thé. Le terrain est soigneusement préparé ; on ne laisse ni herbes, ni broussailles, ni végétaux parasites. Après qu'il a été bien sarclé (et M. Bruce dit qu'on répète cette opération deux fois par an), on y fait des trous à deux mètres environ l'un de l'autre. M. Delamarre, missionnaire en Chine, dans une lettre communiquée au *Journal d'agriculture pratique* par M. l'abbé Voisin, directeur des missions étrangères, prétend que cette distance est seulement de 0ᵐ,65 ; distance évidemment trop faible et qui aurait des inconvénients pour la croissance et la culture de l'arbuste, non moins que pour la récolte des feuilles. Ces petites fosses doivent avoir, suivant monseigneur de Carpena, 33 centimètres de profondeur ; elles n'en ont que 10, d'après M. Delamarre. Ici encore nous adoptons la première assertion comme la plus vraisemblable, d'autant mieux qu'elle est confirmée par le témoignage de M. Bruce. On jette dans chaque trou de six à dix graines qu'on couvre d'une poignée de fumier de brebis, de cheval ou de gros bétail, mêlé avec de la cendre et réduit en poussière ; puis on comble la fosse avec de la terre sans la fouler. Cette opération se fait, non dans le mois d'octobre, comme le prétend M. Delamarre, mais dans le mois de février, après les pluies, afin que le sol ne soit pas trop sec. Lorsque l'on sème sur couche pour transplanter ensuite, on a la précaution, en plantant chaque élève, de fouler la terre autour des racines, jusqu'à ce que la tige ait atteint la hauteur de 23 centimètres hors du sol. Quant à l'arbuste planté en pleine terre, on le ferait mourir en foulant la terre qui couvre ses racines et en sarclant les herbes qui croissent autour. On entrelace ordinairement des petites baguettes sur les fossés, afin de reconnaître les endroits ensemencés et en même temps les protéger contre les piétons et les bestiaux.

« Les détails que donne M. Bruce, dans son rapport, coïncident parfaitement avec cette description.

« MM. Bruce et de Carpena disent que les cultivateurs chinois n'empêchent pas directement le thé de croître ; mais comme ils en cueillent les feuilles trois ou quatre fois l'an, cette opération répétée suffit pour arrêter le développement de l'arbuste. Cette conséquence est rigoureusement conforme aux principes les plus élémentaires de la botanique ; cependant, il ne faut pas lui donner ici un sens trop absolu. Sans doute qu'une défoliation trop répétée est un obstacle à la croissance de l'arbre à thé : mais le plus puissant consiste dans l'opération du recépage pratiqué par les Chinois ; ils ont même soin de forcer l'arbuste à se ramifier par la section fréquente des branches supérieures. Suivant les mêmes auteurs, dans le Fŏ-kien et le Kiang-si, un plant de thé, lorsqu'il est bien entretenu, peut donner des feuilles pendant trente, quarante ans et plus ; ensuite on le recoupe au niveau du sol, afin que de la souche il s'élève de nouveaux rejetons ; ce qui indique clairement que l'opération du recépage, au lieu d'être pratiquée dans ces deux provinces, comme ailleurs, de sept ans en sept ans, ou de dix ans en dix ans, ne l'est que beaucoup plus tard, en raison probablement d'une plus grande aptitude de terroir ou d'une culture plus savante.

« Les arbres à thé se propagent généralement en transplantant les racines des individus trop vieux ou en employant la méthode de boutures, car les Chinois ignorent l'art de greffer ; toutefois il y a exception pour le Fŏ-kien, où on ne pratique que le semis.

« Dans cette dernière province, la plupart des champs à thé n'ont pas besoin d'être arrosés; leur position inclinée permet d'y creuser facilement des rigoles et des tranchées; mais dans cette contrée, comme dans d'autres, l'arrosage à bras ou par machines est de toute nécessité sur les hauteurs escarpées et les plateaux des montagnes; il est même à présumer qu'on le pratique avec une sollicitude toute particulière dans les grandes exploitations.

« La plupart des voyageurs qui ont écrit sur la Chine affirment que le fumage des plantations de thé n'est observé que par un petit nombre de cultivateurs. Sans infirmer leur témoignage, que nous croyons impartial, il est permis de ne l'appliquer, 1° qu'aux terrains plats, humides, riches en humus ; 2° qu'aux pauvres gens qui exploitent isolément leurs modestes propriétés sans avoir les moyens de l'amender, et qui en Chine, comme partout ailleurs, sont les plus nombreux. Mais le fumage est indispensable pour les champs situés sur le versant des montagnes, sur le flanc des collines; car, de l'aveu des mêmes écrivains, les inondations fréquentes occasionnées par les pluies y entraînent les terres végétales, qui y sont quelquefois si rares qu'elles laissent à nu les racines. Aussi les colons, pour réparer ces pertes ou suppléer à l'insuffisance du sol, sont-ils obligés de transporter dans leurs champs un engrais qu'ils tirent du lieu le plus voisin et qu'ils ont soin de choisir, autant qu'il leur est possible, analogue au terrain de leurs plantations. C'est à peu près la même méthode que suivent nos vignerons.

« Le docteur anglais Falconer a conclu, d'après une étude approfondie des diverses localités où le thé se cultive en Chine, qu'il croît sous une température de 73° à 54° 5′ Fahrenheit (22° cent. à 12°); qu'en été, la chaleur ne va pas au dessous de 80° (26° cent.), et qu'en hiver, le baromètre descend de 54° à 46° (12° 7′ à 6° cent.); que la différence entre l'été et l'hiver sur les frontières du nord était de 59° (14° cent.) et sur celles du sud de 30° (1° cent. au-dessous de glace); que les endroits les plus propices au thé varient de température, année commune, de 54° à 64° (22° à 28° cent.); que la pluie tombe également dans tous les mois de l'année, et que l'humidité du climat est généralement modérée. Le docteur Abel, que nous avons déjà nommé, a fait un travail curieux sur la structure géologique des terrains où l'on cultive le thé. Ce travail s'accorde sur tous les points avec les observations de M. Falconer et celles des voyageurs qui ont exploré les provinces à thé de la Chine (*). »

Classification des thés.

« Le commerce, observe avec raison l'abbé Grosier, distingue plus de sortes de thés que la botanique n'en admet d'espèces réelles : l'âge ou le choix des feuilles, les préparations plus ou moins recherchées qu'on leur donne, suffisent pour les faire distribuer en différentes classes sous des noms différents ; mais tous ces thés de qualités et de dénominations diverses peuvent provenir du même arbre. » Aujourd'hui les Chinois eux-mêmes ne reconnaissent que deux espèces de thés, les *thés noirs* et les *thés verts*.

Nous croyons que la classification adoptée par M. Brigdman, dans son grand ouvrage, intitulé : *A Chinese chrestomathy in the Canton dialect*, est la plus exacte et la meilleure, sous tous les rapports; c'est aussi la plus récente; nous la suivrons donc, en y ajoutant les documents curieux que l'on trouve dans la *Monographie*.

Thés noirs.

PEKOE (duvet blanc).

En chinois, *pĕ-háo*; dans le dialecte de Canton, *pak-ho*.

« Le pekoë a la feuille très-allongée, d'un noir argenté et couverte d'un léger duvet blanc et soyeux ; ses extrémités sont tachetées de noir, de gris et de blanc. Dans celui que l'on tire de Canton, on trouve souvent des petits bâtons venant de la tige des feuilles mais dans celui de Russie, dont les feuilles sont presque toutes argentées, il ne s'en rencontre pas.

(*) Monographie du thé, p. 47 et suiv.

« Ce thé est la première récolte de l'arbuste, lorsque les feuilles sont encore en bourgeons ; de là lui vient ce parfum si délicat que les Chinois augmentent encore en y mêlant quelques fleurs de l'*olea fragrans*, dont on trouve fréquemment des graines parmi le pekoë. Comme ce thé se torréfie très-légèrement pour n'en point altérer le parfum, il est plus susceptible que tout autre de se détériorer par le voyage, l'humidité ou par le temps.

« Son goût à l'infusion ressemble un peu à celui de la noisette fraîche. C'est le plus fin, le plus aromatisé et le plus cher des thés noirs.

« En France, où l'usage du thé n'est encore répandu que parmi les classes aisées, le pekoë y est très-connu, très-apprécié, et notre marché est mieux approvisionné que celui de Londres pour les qualités qu'on y importe. Mais c'est la Russie surtout qui achète et consomme les premières sortes, dont elle va s'approvisionner à Kiakhta et à la célèbre foire de Nijni-Novogorod. Ces thés viennent tous des provinces septentrionales de la Chine, et sont expédiés par caravanes à travers la Tartarie chinoise. Soit en raison du mode de transport, du soin extrême qu'on apporte aux emballages, ou du sol où on les récolte, ils ont un parfum supérieur à ceux qui nous viennent de Canton ; aussi leur prix en Russie s'élève de 20 à 80 roubles la livre russe. Les Anglais n'emploient ce thé qu'en le mélangeant avec d'autres thés noirs, pour leur donner du parfum, et encore en mettent-ils fort peu. »

ORANGE PEKOË.

En chinois, *châng-hiâng* (parfum supérieur).

« Nous ne désignerons ce thé que par le nom (orange pekoë) qu'il porte sur les caisses qui viennent de Canton, et que les Anglais lui ont donné en raison, sans doute, de sa couleur, qui est d'un noir foncé mélangé de jaune orange. Il est très-menu ; son odeur est agréable, quoiqu'elle ne paraisse pas naturelle, car on trouve parmi les feuilles beaucoup de petites graines semblables à celles de l'*olea fragrans*, dont cependant il n'a pas le parfum. On le boit rarement seul ; mais en le mélangeant avec du sou-chong, il lui donne de la force et produit une boisson assez agréable, mais un peu stimulante. Cette sorte n'est apportée sur nos marchés d'Europe que depuis dix à douze ans.

« C'est ce thé qui, mélangé avec du congo, se vend à Londres sous la dénomination assez connue de *howqua mixture*.

« Sa couleur à l'infusion est beaucoup moins transparente que celle du sou-chong. »

PEKOË NOIR.

En chinois, *hông-mei* (fleur de prunier rouge).

« Cette sorte est fort rare sur notre marché, et surtout en bonne qualité ; la meilleure s'apporte en Angleterre. Sa feuille est inégale en grosseur ; elle est frisée à la manière de l'orange pekoë ; on y trouve quelques parcelles blanches, des petits bâtons et des pétioles rougeâtres.

« Son arome à l'infusion se rapproche du bon congo. »

CONGO.

En chinois, *kông-foû* (travail).

« Le congo, qui est presque inconnu sur notre marché, est de tous les thés noirs celui qui mérite le plus de fixer notre attention.

« En Chine, où ses propriétés bienfaisantes sont avérées, il forme à lui seul la boisson journalière des habitants du pays ; en Angleterre, où le chiffre de la consommation du thé dépasse annuellement 30 millions de demi-kilogrammes, le congo y figure à lui seul pour plus des deux tiers, d'après les relevés officiels des importations de la Grande-Bretagne. Anciennement la Compagnie des Indes avait établi des primes pour les meilleurs lots qui lui étaient offerts ; mais depuis l'abandon de cet usage, on y importe souvent des qualités communes, qui cependant conservent leur goût de congo bien distinct. En Russie, où on lui a donné le nom si heureusement significatif de « *thé de famille*, » on le trouve sur toutes les tables. Il y est certainement d'une qualité supérieure à celui qui nous vient de Canton, mais son prix est beaucoup plus élevé.

« Le congo se récolte sur le même arbre qui a produit le pekoë, et se cueille immédiatement après lui ; seulement il faut que l'arbre ait atteint l'âge de six ans. Ses feuilles sont minces, courtes, plus petites que celles du sou-chong ; sa nuance est d'un noir grisâtre. C'est ainsi que le désignent les essayeurs experts de la Compagnie des Indes. Les qualités inférieures sont plus foncées.

« Le congo superfin est plein d'arome et de saveur ; son parfum a quelque analogie avec celui du pekoë ; aussi l'appelle-t-on souvent pekoë noir. Il est sans contredit un des plus sains et des plus agréables que produise l'arbuste à thé ; et je ne mets point en doute qu'on ne lui accorde chez nous la préférence qu'il a trouvée chez tant d'autres peuples, dès que nous aurons pu apprécier son mérite incontestable par un plus fréquent usage.

« Il donne à l'infusion un goût savoureux auquel se joint une sorte d'amertume agréable et presque impossible à décrire. »

SOU-CHONG.

En chinois, *siào-tchòng* (petite espèce).

« Ce thé est fait avec les feuilles de l'arbuste qui a produit le pekoë et le congo ; mais c'est la seconde récolte et lorsqu'elles sont arrivées à leur maturité.

« Le sou-chong jouit d'une grande réputation à la Chine. Sa feuille est un peu plus large que celle du congo ; elle est mince et tant soit peu concassée, ce qui dénote sa qualité, car les feuilles jeunes, tendres et bien torréfiées se brisent plus facilement que les autres. C'est le plus fort des thés noirs, et lorsqu'il est mêlé avec du pekoë, il forme une boisson d'un arome exquis. »

POUCHONG.

En chinois, *pāo-tchòng* (espèce à enveloppes).

« Ce thé est supérieur au sou-chong et très-estimé par les Chinois. Les feuilles en sont larges, longues et bien roulées ; elles sont mélangées d'une assez grande quantité de pétioles. « L'origine de son nom vient de ce qu'il s'apporte presque toujours en petits paquets enveloppés de papier d'un jaune clair ; ces paquets pèsent environ 200 grammes chacun.

« L'arome de ce thé est très-fin, suave et délicat. Il est fort léger, et il faut en mettre un peu plus que d'une autre sorte, si l'on veut obtenir une bonne infusion ; il donne à l'eau à peu près la même nuance que le sou-chong. »

CAMPOY.

En chinois, *kièn-péi* (choisi et séché au feu).

« Il est rare sur notre marché, et surtout en bonne qualité. Cette sorte est formée des feuilles les plus délicates et les mieux choisies de la troisième récolte. Elles sont plus longues et plus épaisses que celles du sou-chong, auquel il ressemble beaucoup à l'infusion par sa couleur ; mais son goût est moins aromatique et plus faible ; c'est pour cette dernière raison qu'il est peu goûté des consommateurs. Cependant c'est un bon thé, quand il est bien choisi, et, en Angleterre, on l'ordonne comme boisson rafraîchissante. »

THÉ BOHE OU THÉ BOU.

En chinois, *wòu-y* ; dans le dialecte du Fö-kien, *bou-y*.

« Autrefois tous les thés noirs étaient désignés sous ce nom, qui dérive de celui d'un district de la province du Fö-kièn, d'où on les tire principalement. Aujourd'hui cette sorte seule a conservé cette désignation. On peut la classer en deux espèces différentes : le bohé du Fö-kien et le bohé de Canton. Ce thé est le plus commun de ceux qui viennent en Europe ; cependant le bohé du Fö-kien est d'une qualité moins grossière que celui de Canton. Mais on n'importe guère que de ce dernier, en raison, sans doute, de son bas prix ; sa consommation, qui en Angleterre s'était généralisée parmi les basses classes, a tellement diminué d'année en année, qu'elle disparaîtra probablement de ce marché, comme du nôtre, où il est presque inconnu. Les Chinois font entrer dans sa composition des feuilles de toutes sortes qu'ils préparent comme du vrai thé, et auxquelles ils mêlent une petite quantité de feuilles naturelles; elles sont larges, plates, inégales, d'une couleur brun clair et verdâtre, toujours mêlées de poussière et de petits fragments de pétioles.

« L'infusion a peu de force, encore moins de saveur, et parfois un goût de fumée; elle laisse aussi une sorte de sédiment noir au fond de la tasse. »

Thés verts.

HYSON.

En chinois, *hĩ-t'chũn* (printemps fortuné).

« Cette étymologie est beaucoup plus juste et plus naturelle que celle qu'on lui a longtemps appliquée, en disant que son nom dérivait de celui d'un négociant de l'Inde qui, le premier, aurait apporté ce thé en Europe. C'est de tous les thés verts le plus généralement estimé, car la Compagnie des Indes a jusqu'à présent donné des primes pour les deux meilleurs lots choisis dans ceux qu'elle achète annuellement, de même qu'elle le faisait autrefois pour le congo; et ce motif d'émulation a soutenu la qualité de ce thé, surtout à cause du renom qu'il donne aux négociants chinois qui obtiennent ces primes. C'est la première récolte du thé vert; sa feuille est longue, étroite, charnue, bien tournée en spirale, d'un vert argenté, ou, pour mieux dire, couverte d'une sorte de fleur comparable à celle d'un fruit sur l'arbre. Ainsi ce thé ne doit pas être reluisant, comme le vendent quelques marchands qui lui donnent cette apparence factice en le frottant avec du talc pour qu'il soit plus flatteur à l'œil, ce qui ôte peu de chose à sa qualité, mais ajoute beaucoup à son poids. L'hyson, en qualité supérieure, est ordinairement très-lourd, quoique très-sec et facile à briser. Il est très-sensible à l'action de l'air; il a du reste ceci de commun avec tous les thés verts. Cette espèce n'ayant pas, comme les noirs, subi de torréfaction prolongée, ils sont bien plus aptes que ces derniers à se détériorer par l'air, le temps ou l'humidité.

« Il faut, pour en obtenir la saveur, le faire infuser longtemps; alors sa feuille s'ouvre entièrement et devient très-souple. Si elle restait crispée, le thé ne serait pas de bonne qualité. Il teint l'eau d'une nuance jaune citron limpide, et la parfume d'une odeur agréable. Son goût est, comme celui de tous les bons thés verts, un peu âcre lorsqu'on le prend seul.

« Tous les thés verts, de même que les thés noirs, donnent à l'infusion cette même nuance plus ou moins foncée. »

HYSON JUNIOR.

En chinois, *yü-tsién* (avant les pluies).

« L'hyson junior est formé de petites feuilles très-délicates qui se cueillent de bonne heure dans la saison, ainsi que son nom l'indique : « *avant les pluies.* » Cette récolte est peu abondante, et rend ce thé trop rare pour l'avoir naturel, surtout depuis quelques années, où les Américains en ont fait de si fortes demandes, que, ne pouvant y satisfaire loyalement, les Chinois coupèrent les feuilles d'autres thés, et les passèrent à travers des tamis de certaine dimension, pour remplir d'une manière quelconque les commandes qui leur étaient faites. Les inspecteurs de la Compagnie des Indes s'aperçurent de la fraude, et n'en expédièrent pas une seule caisse en Angleterre. Quand ce thé est naturel, la feuille est très-petite, délicate, bien crispée, d'un vert jaunâtre, et d'un parfum très-doux ressemblant un peu à la violette. »

HYSON TCHŌU-LÁN (fleur perlée du hyson).

« C'est encore une variété du hyson de première qualité; sa feuille est la même, mais son arome diffère entièrement des autres sortes. On assure que, « pour lui donner ce goût suave, on y mêle des fleurs de l'*olea fragrans.* » Mais comme nous avons vu plus haut que cette fleur sert à parfumer le pekoë, dont le goût est tout à fait différent, il est probable que c'est le mode de préparation dont on se sert qui lui donne ce parfum; toutefois ce moyen nous est inconnu. Ce qu'il y a de certain, c'est que l'hyson tchōu-lán est un thé qui se prépare pour quelques marchés seulement, car on est obligé de le commander une année à l'avance pour en obtenir de véritable. Son goût a peu d'analogie avec les autres thés verts, en raison du parfum étrange qui y domine. »

REBUT DE HYSON.

En chinois, *p'hí-t'chá* (thé de rebut).

« En préparant le hyson, on en retire toutes les feuilles jaunes, communes, et qui ne sont pas roulées, pour former le *p'hi-t'chá*, qui se vend très-bon marché, et se consomme dans les ports de mer par les matelots et les gens des classes laborieuses. Son goût est un peu ferrugineux. »

POUDRE A CANON.

En chinois, *tchōu-t'chá* (thé perlé).

« Ce thé n'est autre chose que le hyson soigneusement trié et formé des feuilles les mieux roulées en petites boules très-serrées. Ce triage se fait en le torréfiant, et l'on voit que ce sont les feuilles les plus fines et les plus petites qui se roulent le mieux et le plus promptement. Leur choix forme cette sorte de graine ronde qui lui a valu le nom de « petites perles de thé. »

« Il a donc plus de parfum que le hyson, et renferme une substance plus active, parce que, la feuille étant plus fortement roulée, le suc qu'elle contient se comprime davantage et se conserve mieux que dans les autres thés verts, qui ne sont roulés qu'en longueur seulement. Ce thé est très-lourd, d'un vert un peu plus foncé que le hyson, et ses globules doivent être très-réguliers et sans poussière, car ce thé se concasse moins facilement que le hyson.

« Il faut qu'il infuse longtemps pour déployer ses feuilles, et il donne à l'eau une belle teinte d'un vert doré. »

IMPÉRIAL.

En chinois, *tá-tchoū* (grosses perles).

« Cette sorte se forme, comme la *poudre à canon*, du triage de l'hyson, et se fait de la même manière ; seulement les grains en sont beaucoup plus gros, parce que les feuilles sont plus larges ; mais elles doivent être roulées en boules aussi serrées et aussi dures. Elles sont d'un vert argenté, et contiennent un principe moins actif que la poudre à canon.

« Kæmpfer dit seulement que le thé impérial préparé pour l'exportation se cueille en février, quand les feuilles sont en bourgeons, et que le meilleur croît sur les montagnes.

« Mais comme cette récolte ne serait pas assez abondante pour fournir aux demandes des deux continents, le thé qui vient sous le nom d'*impérial* n'est autre que celui que nous indiquons ici. Il réclame une infusion aussi longue que la poudre à canon. »

TONKAY.

En chinois, *thŭn-khī*; dans le dialecte de Canton, *t'un-k'ai* (nom d'une vallée).

« Cette sorte est moins commune que le *p'hi-t'chá*, quoiqu'elle se compose aussi du second triage de l'hyson ; mais en général les feuilles sont larges, jaunâtres, mal roulées, car on apporte peu de soin à leur préparation ; en un mot, c'est le bohé des thés verts. Cependant il forme plus des deux tiers des importations de thé vert de la Grande-Bretagne, parce qu'en raison de son bas prix les détaillants le mêlent avec d'autres thés verts. Son infusion est d'une couleur brun clair tirant sur le jaune terne, et elle a souvent un léger goût de poisson (*). »

Nouveaux renseignements sur la culture des arbres à cire, extraits des auteurs chinois par M. Stanislas Julien, de l'Institut.

« Les Chinois élèvent les *insectes a cire* sur trois sortes d'arbres, dont deux sont bien connus en Europe. Ce sont le NIU-TCHING (*rhus succedaneum*, suivant M. Adolphe Brongniart), le TONG-TSING (*ligustrum glabrum*, suivant A. Rémusat, *Notice des manuscrits*, tome XI, p. 274, n° 23 ; *cf.* Thunberg, *Flora japonica*, p. 17; Kæmpfer, *Amœn. ex.*, 896 et 777, aux mots *Ibutta* et *Inbeta*), et le CHOUI-KIN ou KIN des lieux humides, qui paraît être de la même famille que le MOU-KIN, ou KIN arborescent (*hibiscus syriacus*, A. Rémusat, *loco citato*, n° 41 ; *cf.* Kæmpfer, *Amœn. ex.*, p. 444, au mot *Mokksei*, et *Flora japonica*, p. 272). »

(*) Pour les articles qui précèdent, voyez la *Monographie du thé*, p. 130 à 143.

Arbre niu-tching.

(Extrait de l'ouvrage intitulé : *Cheou-chi-thong-khao*.)

« Cet arbre s'appelle *niu-tching* (littéralement *vierge-pur*); on le nomme encore *tching-mou* (pur-arbre) et *la-chou* (cire-arbre). *Li-chi-tchin* (auteur d'un grand traité de botanique médicale) dit : Cet arbre brave le froid le plus rigoureux et reste toujours vert, c'est pourquoi on l'a appelé *niu-tching* (mot à mot, *vierge-pur*,) comme pour le comparer à une vierge ou à une femme qui garde la chasteté. Dans ces derniers temps, on a commencé à y placer les insectes appelés *la-tchong* (cire-insectes), ou insectes qui produisent la cire. Cet arbre s'appelle aussi tong-tsing (*hiver-vert*). On lui a donné le même nom qu'à l'arbre *tong-tsing* (ligustrum glabrum), qui est d'une espèce différente, quoique appartenant à la même famille.

« Tous deux naissent de graines et poussent avec une grande facilité. L'arbre *niu-tching* a des feuilles épaisses, molles et allongées. Leur surface est verte, et l'envers est d'une teinte pâle. Elles sont longues de quatre à cinq pouces, et sont extrêmement touffues. Dans le cinquième mois (juin), cet arbre donne une grande quantité de petites fleurs bleues et blanches. Dans le neuvième mois (octobre), les fruits sont formés. Ils ressemblent aux petits fruits appelés *nieou-li-tse*. Ils sont disposés en grappes tellement nombreuses, que l'arbre en est rempli. Avant d'être mûrs, ils sont verts ; à leur maturité, ils sont de couleur violette. L'écorce de l'arbre est blanche et onctueuse. »

Arbre tong-tsing.

« Le *tong-tsing* (ligustrum glabrum) s'appelle encore *choui-tong-tsing* (eau-hiver-vert), c'est-à-dire le *tong-tsing* qui croît dans les lieux humides. Quelques auteurs l'appellent le *tong-tsing* à petites feuilles. Cet arbre ressemble au *keou-kou-tseu* (*ilex aquifolium, cf.* Kæmpfer, *Amœn. ex.*, 781), mais il est plus touffu. Son tronc devient tellement gros, qu'il faut quelquefois deux personnes pour l'embrasser. Il s'élève jusqu'à environ dix pieds. Les fibres de son bois sont blanches et déliées. Il est dur, lourd et susceptible d'un beau poli. Ses feuilles ressemblent à celles de l'arbre *lou-tseu* (*cratægus bibas*, Loureiro, *Flor. coch.*, p. 391), mais elles sont plus petites. Elles ressemblent encore à celles de l'arbre *tchun* (frêne), mais elles sont aussi plus petites. Elles sont minces, étroites, arrondies à leur extrémité, brillantes et propres à teindre en rouge. On cuit dans l'eau les jeunes pousses de cet arbre, on les fait tremper ensuite pour enlever leur amertume, on les lave avec soin, et on les assaisonne pour les manger.

« Cet arbre fleurit dans le cinquième mois (juin); ses fleurs sont blanches, et ses graines ont la grosseur des *teou* (*dolichos*). Leur couleur est rouge. On peut déposer sur cet arbre, aussi bien que sur l'arbre *niu-tching*, les insectes qui produisent de la cire. »

Arbre choui-kin.

« Les feuilles de l'arbre *choui-kin* ressemblent à celles du niu-tching, mais leurs côtés sont dentés en scie ; elles naissent cinq par cinq. Cet arbre ne donne pas de fleurs. C'est certainement l'arbre que Li-chi-tchin appelle *niu-la-chou* ou *l'arbre femelle qui produit la cire*.

« Dans le pays de Chou (qui dépend de la province du Sse-tchouen), il y a un autre arbre sur lequel on place les insectes à cire, et qu'on appelle *tcha-la*. Ses feuilles ressemblent à celles de la plante kio (*chrysanthemum indicum*). Il croît encore plus rapidement que cette plante. Dès que l'arbre *tcha-la* (littéralement, *appliquer-cire*) a un an, on peut y placer les insectes à cire. Au bout de trois ou quatre ans, son tronc est gros comme une tasse à mettre du vin; mais bientôt il dépérit, et l'on ne peut ainsi en obtenir de la cire que pendant fort peu de temps. Cet arbre est d'une espèce différente du *choui-kin*. Il pousse rapidement, même lorsqu'on y applique des *insectes à cire* ; mais il a de la peine à devenir un gros arbre. Dans le pays de Chou, on élève peu d'insectes à cire sur l'arbre *niu-tching* (*rhus succedaneum*). Le plus grand nombre vit sur l'arbre appelé *tcha-la*. C'est pourquoi on doit préférer l'espèce d'arbre du pays de Chou (c'est-à-dire l'arbre *tcha-la*). »

CULTURE DE L'ARBRE NIU-TCHING.

(Extrait de l'ouvrage intitulé : *Pien-min-thou*.)

« On sème les graines dans le dernier mois de l'année. Les premiers jets paraissent au printemps. L'année suivante, on le transplante dans le quatrième mois (avril). Lorsqu'il a atteint la hauteur d'environ sept pieds, on peut y appliquer les insectes à cire (*la-tchong*). On plante les arbres *niu-tching* à peu près de la même manière que les mûriers. On les dispose en lignes longitudinales et transversales, en laissant entre eux la distance d'environ un *tchang* (dix pieds). Alors l'arbre grandit et acquiert de la force. Il faut entourer les racines d'excellent fumier, et labourer tout autour de l'arbre une fois par an. S'il y pousse des herbes, il faut les ôter avec le sarcloir ou la bêche. Par ce moyen les branches deviendront vigoureuses, et l'on récoltera une grande quantité de cire. »

CIRE D'ARBRE.

(Extrait de l'ouvrage intitulé : *Nong-tching-thsiouen-chou*.)

« Avant les dynasties des Thang et des Song (du VIIe au VIIIe siècle de notre ère), la cire blanche dont l'on se servait pour faire des bougies était produite par les abeilles. La cire blanche produite par les insectes appelés *la-tchong*, ou insectes à cire, n'a commencé à être connue que depuis la dynastie des *Youên* ou empereurs mongols, c'est-à-dire au milieu du XIIIe siècle. Maintenant elle est devenue d'un usage général. On en récolte dans les provinces du *Sse-tchouen*, du *Hou-kouang*, du *Yun-nan* et du *Fô-kien*, ainsi que dans les districts situés au sud-est des monts *Meï-ling*, etc. ; mais la cire d'arbre du *Sse-tchouen* et du *Yun-nan* est la plus estimée. »

Même ouvrage.

« *Siu-kouang-ki* (auteur de l'ouvrage précédent) ajoute : L'arbre *niu-tching* donne de la cire blanche. C'est un fait qui ne se trouve consigné dans aucun ouvrage historique antérieur à la dynastie actuelle (il vivait sous les Ming, au commencement du XVIIe siècle). Maintenant cette cire abonde dans les provinces de l'est et du sud de la Chine. Précédemment j'avais conçu des doutes à ce sujet : je ne pouvais croire que cette cire n'eût pas été connue des anciens, et je supposais que leur silence tenait uniquement à ce qu'ils n'avaient pas eu le temps de faire une excursion lointaine pour le vérifier par eux-mêmes. Mais j'ai vu des habitants de l'arrondissement de *Wou-tcheou* qui m'ont appris que c'était seulement depuis vingt ans qu'ils élevaient des insectes à cire. Dans l'arrondissement de *Ou-hing*, les cultivateurs me racontèrent que cet usage ne datait que d'une dizaine d'années. Dans mon pays même, on ne le connaissait pas non plus avant les cinq années qui viennent de s'écouler. Dans l'année *keng-siu* (en 1610), j'ai commencé à planter une centaine de pieds de *niu-tching*, et j'ai obtenu de la cire en suivant la méthode usitée aujourd'hui. Dans le village que j'habite, on voit aussi beaucoup d'insectes à cire (*la-tchong*) qui naissent d'eux-mêmes. La moitié des insectes qu'on place ici sur les arbres est prise dans l'arrondissement de *Ou-hing*; l'autre moitié se compose d'insectes indigènes. Les gens du pays assurent que ces derniers sont préférables. Il résulte de ce qui précède que ce produit était inconnu des anciens. J'aurais eu le droit de rejeter un fait aussi extraordinaire, si je ne l'avais pas vérifié de mes propres yeux. »

RÉCOLTE ET ÉPURATION DE LA CIRE D'ARBRE.

(Extrait de l'ouvrage intitulé : *Song-chi-thsa-pou*.)

« L'arbre *tong-tsing* peut venir de graine. Dès qu'il est dans toute sa force, il convient d'y placer dans le cinquième mois les insectes à cire qui y trouvent leur nourriture. Dans le septième mois (août), on récolte la cire. Il ne faut pas la recueillir entièrement. Si l'on en laisse une certaine quantité, l'année suivante, dans le quatrième mois, on en verra sortir de nouveaux insectes à cire.

« Lorsqu'on a recueilli la cire, on la fait d'abord sécher au soleil. Puis on couvre avec une toile l'ouverture d'un vase de terre, et l'on dépose la cire sur cette toile. Ensuite on place ce vase dans un chaudron de métal rempli d'eau bouillante. Bientôt la cire se fond et tombe dans le vase de terre. Elle se condense, se durcit, et offre une parfaite blancheur. Dès ce moment, elle est propre à faire des bougies. Quant aux parties les plus grossières, on les met dans un sac de soie que l'on jette dans l'huile bouillante. La cire pure se fond entièrement et se combine avec l'huile. On peut l'employer immédiatement à fabriquer des bougies.

« Lorsqu'on a élevé pendant trois ans sur un arbre des insectes à cire, il convient de le laisser reposer pendant trois ans.

« L'arbre *choui-tong-tsing* (le tong-tsing des lieux humides), qui a de petites feuilles, est très-avantageux pour l'élève des insectes à cire. »

Même ouvrage.

« Dans les pays de *Pa* et de *Chou* (qui dépendent de la province du Ssetchouen), on sème les graines de cet arbre (tong-tsing) qu'après les avoir fait tremper dans l'eau de riz pendant une dizaine de jours, et en avoir ôté la capsule (le péricarpe). Après une première éducation, on coupe l'arbre près du collet, et l'on y applique de nouveau les insectes lorsqu'il a poussé des jets vigoureux. Lorsqu'un arbre a nourri ces insectes pendant une année, on le laisse reposer l'année suivante. Pour recueillir la cire, il est nécessaire de couper toutes les branches de l'arbre. On n'y doit laisser aucuns vieux rameaux, c'est-à-dire aucun des rameaux qui ont nourri des insectes à cire. »

(Extrait d'un ouvrage intitulé : *Pen-thsao-loui-pièn.*)

« La cire blanche d'insectes ne ressemble point à la cire blanche des abeilles. Elle est produite par de petits insectes qui se nourrissent du suc de l'arbre *tong-tsing* (ligustrum glabrum) et longtemps après le convertissent en une sorte de graisse blanche qui se répand et s'agglutine sur les branches de l'arbre. Il y a des personnes qui s'imaginent faussement que cette matière est une déjection de l'insecte.

« Quand l'automne est venu, on l'enlève en raclant, on la fait bouillir dans l'eau, et on la passe dans un filtre d'étoffe.

« Ensuite on la met dans l'eau froide, où elle se fige et forme une masse solide. Si on la brise, elle présente des veines brillantes et diaphanes comme la pierre blanche appelée *chi-kao* (*stéatite*). Si on la mêle à une certaine quantité d'huile, elle fournit des bougies qui sont bien supérieures à celles de cire d'abeilles.

« *Observation.* Suivant *Siu-kouang-ki*, les bougies faites avec la cire pure d'*insectes à cire* sont dix fois plus avantageuses que les bougies ordinaires.

« Si l'on y mêle un centième d'huile, elles ne coulent pas. C'est pourquoi cette espèce de bougie est devenue d'un usage général. Les arbres à cire se cultivent en grand nombre sans nuire aucunement à l'agriculture. »

INSECTES A CIRE.

(Extrait du *Pen-thsao-kang-mou.*)

« Les insectes à cire sont d'abord gros comme des lentes. Après l'époque appelée *mang-tchong* (après le 5 juin), ils grimpent aux branches de l'arbre, se nourrissent de son suc et laissent échapper une sorte de salive. Cette liqueur s'attache aux branches et se change en une graisse blanche qui se condense et forme la cire d'arbre. Elle a l'apparence du givre. Après l'époque appelée *tchou-chou* (après le 23 août), on l'enlève en raclant, et on l'appelle alors *la-tcha*, c'est-à-dire *sédiment de cire.*

« Après l'époque appelée *pe-lou* (après le 7 septembre), cette cire se trouve agglutinée si fortement à l'arbre, qu'il serait fort difficile de l'enlever. On fait fondre cette matière, et on la purifie en la passant dans une sorte de filtre en étoffe. Quelques personnes la liquéfient à la vapeur et la font découler dans un vase. Lorsqu'elle est figée et réunie en masse, elle forme ce qu'on appelle la *cire d'arbre.*

« Quand les insectes sont petits (c'est-à-dire viennent de naître), ils sont de couleur blanche. Lorsqu'ils ont produit de la cire et qu'ils ont atteint leur *vieillesse*, leur couleur est rouge et noire. Ils se rapprochent entre eux, et s'attachent par paquets aux branches des arbres. Dans le commencement, ils sont gros comme des grains de millet et de riz; dès que le printemps est venu, ils croissent peu à peu et deviennent gros comme des œufs de poule. Ils sont de couleur violette et rouge. Ils se tiennent par grappes et enveloppent les branches; on dirait que ce sont les fruits de l'arbre.

« Lorsque cet insecte est sur le point de pondre, il se forme une coque (littéralement *une maison*) qui ressemble aux loges des mantes qu'on voit sur les mûriers. Cette coque s'appelle communément *la-tchong* (cire-graine), ou *la-tseu* (cire-fils). L'intérieur est rempli d'œufs blancs qui ressemblent à de petites lentes. On les trouve réunis par paquets qui en renferment plusieurs centaines. A l'époque appelée *li-hia* (le 6 de mai), on recueille ces œufs, on les enveloppe dans des feuilles de gingembre, et on les suspend à différentes distances aux branches de l'*arbre à cire*.

« Après l'époque appelée *mang-tchong* (après le 5 de juin), les œufs éclosent et les enveloppes s'ouvrent. Les insectes à cire sortent en rampant et se cachent d'abord sous les feuilles; ensuite ils grimpent aux branches, s'y installent et travaillent à la cire. Il faut nettoyer avec soin la terre qui se trouve au pied de l'arbre, et empêcher que les fourmis ne mangent les œufs des insectes à cire(*). »

Renseignements sur la plante textile tchouma (*urtica nivea*), *extraits des livres chinois et communiqués à l'Académie des sciences, par* M. Stanislas Julien.

CULTURE DU TCHOU-MA (URTICA NIVEA).

(Traité impérial d'agricult. chinoise, liv. 78, fol. 3.)

« Pour semer le *tchou-ma* dans le troisième ou le quatrième mois, on choisit de préférence une terre sablonneuse et légère. On le sème dans un jardin; si l'on n'a pas de jardin, on peut adopter un terrain situé près d'une rivière ou d'un puits. On bêche la terre une ou deux fois; ensuite, on forme

(*) Voy. les Comptes rendus hebdomadaires des séances de l'Académie des sciences, par MM. les secrétaires perpétuels, 1er semestre 1840, no 15, 13 avril.

des plates-bandes larges d'un pied et longues de quatre pieds; après quoi, on bêche encore une fois. On tasse la terre superficiellement, soit avec le pied, soit avec le dos de la bêche, et lorsqu'elle est un peu ferme, on l'égalise avec un râteau. La nuit suivante, on arrose les plates-bandes, et le lendemain, avec un râteau à petites dents, on relève la terre, puis on la nivelle de nouveau.

« Ensuite, on prend un demi-*ching* (260 centilitres) de terre humide et un *ho* (52 centilitres) de graines, et on les mêle ensemble. Avec un *ho* de graines, on peut ensemencer six à sept plates-bandes. Après avoir semé, il n'est pas nécessaire de recouvrir les graines de terre, car si on le faisait, elles ne germeraient pas.

« On prend quatre bâtons, dont l'extrémité inférieure est taillée en pointe, et on les enfonce en terre en les alignant, deux d'un côté de la plate-bande et deux de l'autre; l'on s'en sert pour appuyer une sorte de petit toit de deux ou trois pieds de haut, que l'on recouvre d'une natte mince.

« Dans le cinquième ou le sixième mois, lorsque la chaleur du soleil est devenue forte, on recouvre cette légère natte d'un paillasson épais. Si l'on ne prenait pas cette précaution, les germes de la plante seraient détruits par la chaleur.

« Avant que la plante ne germe, ou lorsque les premiers germes commencent à paraître, il ne faut pas arroser. A l'aide d'un balai trempé dans l'eau, on mouille le toit de nattes, de manière à tenir humide la terre qu'il recouvre. Chaque nuit, on enlève les nattes, afin que les jeunes pousses reçoivent la rosée.

« Dès que les premiers germes ont paru, si l'on voit des herbes parasites, il faut les arracher immédiatement. Lorsque la plante a acquis deux ou trois doigts de hauteur, le toit n'est plus nécessaire. Si la terre est un peu sèche, on l'arrose légèrement jusqu'à la profondeur de trois pouces.

« On choisit alors une terre un peu forte, et l'on forme d'autres plates-bandes pour y établir les jeunes plants. La nuit suivante, on arrose les premières plates-bandes où sont encore les jeunes sujets; puis le lendemain matin, on arrose les nouvelles plates-bandes qui les attendent. On les enlève avec la bêche, en conservant une petite motte de terre autour de chaque pied, et on les transplante (on les repique) à la distance de quatre pouces les uns des autres. On bine fréquemment.

« Au bout de trois à cinq jours, on arrose une fois; puis, au bout de dix jours, de quinze jours et de vingt jours, on arrose encore.

« Après le dixième mois, on les recouvre d'un pied de fumier frais de bœuf, d'âne ou de cheval. »

MÊME SUJET extrait du Traité général d'agriculture, intitulé : *Nong-tching-thsiouen-chou*.

« Lorsqu'on cultive le *tchou-ma* (*urtica nivea*) pour la première fois, l'on se sert de graines. Après qu'il est venu de semis, les anciennes racines donnent spontanément de nouveaux jets. Au bout de quelques années, les racines se croisent et s'entrelacent, et il faut séparer les tiges et les replanter.

« Aujourd'hui, dans le pays de *An-king* et de *Kien-ning*, beaucoup de personnes détachent avec un couteau des portions de racines et les replantent. Ceux qui n'ont pas pu se procurer de la graine imitent aussi le procédé usité pour obtenir des plants de mûriers provenant des marcottes. Les résultats de cette pratique sont extrêmement rapides.

« Mais dans les pays où il n'existe pas de racines de *tchou-ma*, et où il serait difficile d'en faire venir de loin, il convient de recourir à la graine.

« Dès que les jeunes plants ont quelques pouces de hauteur, on les arrose avec de l'eau mêlée par moitié de jus de fumier. Après avoir coupé les tiges, il faut arroser immédiatement; mais cet arrosage doit avoir lieu la nuit ou par un temps couvert; car si l'on arrosait en plein soleil, la plante se rouillerait. Il faut bien se garder de faire usage du fumier de porc.

« Le *tchou-ma* peut être planté tous les mois; mais il faut que *ce soit dans un terrain humide.* »

TRANSPLANTATION ET MULTIPLICATION DU TCHOU-MA.

(Traité impérial d'agriculture, liv. 78, fol. 5.)

« Lorsque les touffes du *tchou-ma* sont très-fournies, on creuse la terre tout autour, et l'on en détache les nouveaux pieds, que l'on transplante ailleurs. Alors le pied principal végète avec plus de vigueur. Au bout de quatre ou cinq ans, les pieds anciens se trouvant extrêmement fournis, on les divise et on les replante sur d'autres plates-bandes.

« Quelques personnes se contentent d'abaisser les longues tiges, et obtiennent des marcottes par le procédé ordinaire.

« Quand une plate-bande est trop garnie, on en établit une nouvelle qui est bientôt suivie de plusieurs autres. De cette manière, les plants se multiplient à l'infini.

« On choisit d'avance une terre grasse qui a été bien labourée en automne, et on la fume avec du fumier fin. Le printemps suivant, on transplante. La meilleure époque est celle où la végétation commence; la seconde époque (sous le rapport de la convenance) est celle où les nouvelles pousses paraissent; la troisième époque (c'est-à-dire la moins convenable) est celle où les tiges sont déjà grandes.

« On espace les nouveaux plants d'un pied et demi, et quand ils ont été bien entourés de terre, on les arrose.

« En été et en automne, il faut profiter du moment où la terre vient d'être humectée par la pluie. On peut aussi transplanter les jeunes tiges dans des lieux voisins, mais il est essentiel de conserver une motte de terre autour de chaque pied. »

MÊME SUJET.

« Pour multiplier les plants de *tchou-ma*, on sépare avec un couteau des portions de racines de trois ou quatre doigts de longueur, et on les couche par deux ou trois dans de petites fosses éloignées l'une de l'autre d'un pied et demi. On les entoure de bonne terre et l'on arrose; on renouvelle cette irrigation trois ou cinq jours après. Quand les nouvelles tiges ont acquis une certaine élévation, on bine fréquemment.

« Si la terre est sèche, on arrose. S'il s'agit de transporter ces plants au loin, il faut que la racine conserve sa terre première, bien enveloppée de feuilles de roseau. On les enferme, en outre, dans une natte pliée de manière à les préserver de l'air et de la lumière. On peut alors les transplanter, en toute sécurité, à une distance de plusieurs centaines de lis (dizaines de lieues).

« La première année, quand la plante a atteint la hauteur d'un pied, on fait une récolte; on en fait une autre la seconde année. Les fibres des tiges coupées sont bonnes à filer.

« Chaque année, dans le dixième mois, avant de couper les rejetons qui dépassent la racine, on couvre la terre d'une couche épaisse de fumier de bœuf ou de cheval. Dans le second mois, on enlève le fumier avec un râteau, afin que les nouveaux sujets puissent sortir librement. Au bout de trois ans, les racines se trouvent extrêmement fournies; si l'on ne transportait pas une partie des plants qui viennent en touffes serrées, ils s'étoufferaient les uns les autres. »

RÉCOLTE DU TCHOU-MA.

« Chaque année, l'on peut faire trois récoltes. A l'époque où l'on coupe les tiges, il faut que les petits rejetons qui sortent du pied de la racine aient environ un demi-pouce de haut. Dès que les grandes tiges sont coupées, les rejetons poussent avec plus de vigueur, et donnent bientôt une seconde récolte. Si les jeunes pousses étaient trop hautes, il ne faudrait pas couper les grandes tiges ; mais les rejetons ne pourraient prospérer et nuiraient au développement de ces grandes tiges.

« Vers le commencement du cinquième mois, on fait une première récolte ; une deuxième au milieu du sixième mois ou au commencement du septième mois ; enfin, une troisième au milieu du huitième mois ou au commencement du neuvième mois. Les tiges de la deuxième récolte croissent plus rapidement que les autres ; leur qualité est infiniment préférable.

« Après la récolte, on couvre de fumier les pieds de *tchou-ma*, et l'on arrose immédiatement ; il faut bien se garder d'arroser en plein soleil. »

TEILLAGE DES FILAMENTS DU TCHOU-MA.

« Lorsque la récolte des tiges est finie, on prend un couteau de bambou, ou un couteau de fer, et on les fend à partir de l'extrémité. On enlève d'abord l'écorce, puis, avec le couteau, on ratisse la couche inférieure qui est blanche et recouverte d'une pellicule ridée qui se détache d'elle-même. On trouve alors les fibres intérieures ; on les détache et on les amollit dans de l'eau bouillante. Si l'on teille le *tchou-ma* en hiver, on fait tremper d'avance les tiges dans de l'eau tiède ; ce qui les rend plus faciles à fendre.

« La première couche du *tchou-ma* est grossière et dure, et n'est bonne qu'à faire de l'étoffe commune ; la deuxième est un peu plus souple et plus fine ; la plus estimée est la troisième couche, qui sert à fabriquer une étoffe extrêmement fine et légère. »

ROUISSAGE ET BLANCHIMENT DU TCHOU-MA.

« On réunit les tiges et l'on en forme de petites bottes que l'on place sur le toit de la maison pour qu'elles soient humectées par la rosée de la nuit, et séchées ensuite par la chaleur du soleil. Dans l'espace de cinq à sept jours, elles acquièrent d'elles-mêmes une blancheur parfaite. Si le temps est couvert ou pluvieux, on les met sécher dans un lieu couvert et exposé à un courant d'air. Si elles étaient mouillées par la pluie, elles deviendraient immédiatement noires.

« Un autre auteur dit : « Après le teillage des filaments, on les lie en écheveaux, on les arrondit en cercle, et on les fait tremper pendant une nuit au fond d'un terrine pleine d'eau, puis on les file sur le tour. Cette opération achevée, on les fait tremper encore dans une eau de cendres de bois de mûrier.

« Après les avoir retirés du vase, on les divise par paquets de cinq onces ; on prend alors, pour chaque paquet, une tasse d'eau pure que l'on mêle avec une égale quantité de chaux pulvérisée, et on les dépose, dans un vase, au milieu de ce mélange pendant une nuit.

« Le lendemain, on les débarrasse de la chaux et on les fait bouillir dans une eau de cendres de tiges de blé : ils deviennent ainsi blancs et souples. Après les avoir bien séchés au soleil, on les fait bouillir encore une fois dans de l'eau pure; en outre, on les agite dans une autre eau pour achever de les nettoyer, et enfin on les fait sécher au soleil.

« Cela fait, on les soude bout à bout sur le tour pour obtenir de longs fils, on en forme la chaine et la trame, et l'on en fabrique de l'étoffe par les procédés ordinaires. »

« Un autre auteur dit : « Après avoir filé les filaments du *tchou-ma*, on les fait bouillir dans de l'eau de chaux, et, quand ils sont refroidis, on les lave avec soin dans une eau pure. Ensuite, à l'aide d'un treillis de bambou placé à la surface de l'eau, on les étale par couches égales, afin que, pour ainsi dire, ils soient à moitié humectés par en bas, et à moitié séchés supérieurement. A l'approche de la nuit, on les retire, on les égoutte et on les fait sécher; on continue de même le lendemain et les jours suivants, jusqu'à ce que les fils aient acquis une parfaite blancheur. C'est alors seulement qu'il convient de les employer au tissage. »

« Suivant un autre procédé, il y a des personnes qui, après le rouissage ordinaire, filent le *tchou-ma* et en fabriquent de la toile. Elles diffèrent en cela de celles qui ne rouissent le *tchou-ma* qu'après le filage.

« Il y en a d'autres qui prennent les filaments bruts, les exposent la nuit à la rosée, et le jour, aux rayons du soleil ; puis, quelques jours après, les filent au tour, et ne blanchissent qu'après le tissage.

« D'autres enfin, à l'exemple de ceux qui travaillent la plante *ko*, coupent les tiges, ne tissent les filaments qu'après les avoir ramollis par la vapeur de l'eau bouillante, et ne s'occupent plus de les blanchir. De tels filaments donnent une toile plus souple et plus nerveuse. »

MANIÈRE DE RECUEILLIR LES MEILLEURES GRAINES DE TCHOU-MA.

« Lorsqu'on veut recueillir des graines de *tchou-ma* pour le semis, on doit préférer celles qui proviennent des premières pousses. Dans le neuvième mois, après l'époque *choang-kiang* (après le 2 octobre), on recueille les graines et on les fait sécher au soleil ; ensuite on les mêle avec une égale quantité de sable humide, et on les met dans un panier de bambou que l'on recouvre soigneusement avec de la paille. Cette précaution est nécessaire, car si elles gelaient, elles ne germeraient pas. Les graines de la deuxième et de la troisième pousse ne sont pas bonnes à semer. Au moment de faire des semis, on les éprouve avec de l'eau ; l'on emploie celles qui ont été au fond, celles qui flottent à la surface n'ont aucune valeur. »

Même ouvrage, fol. 4.

« On sème avant la première moitié du premier mois. Les meilleures graines sont celles qui sont tachetées de points noirs. Après les avoir semées, on les recouvre avec de la cendre. Si on les sème dru, les plants de *tchouma* viendront faibles et grêles; ils acquerront, au contraire, de la force et de la vigueur si les graines sont clairsemées. Dès que les feuilles ont paru, l'on arrose avec du fumier liquide. Dans le septième mois, on récolte les graines, on les met dans une toile de chanvre et on les suspend dans un lieu exposé au grand air : cela facilite et hâte la germination. »

CULTURE DES MÛRIERS.

En 1837, M. Stanislas Julien, de l'Institut, publia, par ordre du ministre des travaux publics, de l'agriculture et du commerce, un ouvrage qu'il intitula : *Résumé des principaux traités chinois sur la culture des mûriers et l'éducation des vers à soie.* Traduit en allemand, en italien, en grec moderne, en russe, en anglais, dans la Caroline du Sud, jamais ouvrage de ce genre n'obtint un succès plus éclatant. Nous croyons donc que nos lecteurs nous sauront gré de trouver ici un aperçu des méthodes adoptées à la Chine pour la culture des mûriers. Le sujet nous est étranger ; mais nous avons consulté, sur l'ouvrage de M. Stanislas Julien, un des juges les plus compétents, et M. Robinet, dont tout le monde connaît les intéressants travaux, a bien voulu nous indiquer les passages à extraire. C'est d'après lui que nous citerons :

Plantation des mûriers.

« Dans le cinquième mois (en juin), on prend des mûres et on les met dans l'eau, on écrase la pulpe avec les mains et on la lave à plusieurs reprises. Quand on a séparé la graine, on la fait sécher à l'ombre.

« On prépare par le labour dix arpents de terre fertile, ou, ce qui vaut mieux, des terres incultes, qui n'ont point été cultivées depuis longtemps. On sème, dans chaque arpent, trois *ching* (espèce de mesure) de graine de millet et de mûres mêlées ensemble. Le millet et les mûriers doivent naître en même temps. On bêche, et l'on fait en sorte que les mûriers se trouvent à une distance convenable les uns des autres. Quand le millet est mûr, on le moissonne ; en poussant, les mûriers atteignent une hauteur égale à celle du millet ; on les coupe rez-terre avec une faucille ou une serpe bien tranchante ; on les laisse sécher au soleil, et, lorsqu'il fait un bon vent, on y met le feu. Pour cela, il faut toujours choisir le moment où le vent souffle en sens contraire. »

Manière de tailler les grands mûriers.

« Il faut uniquement éclaircir les branches, et surtout tailler à temps. On doit faire en sorte que les branches prennent de la force, et poussent de bonne heure, afin que les vers à soie ne soient point exposés à manquer de feuilles.

« Si l'on éclaircit les branches, celles qui restent acquerront de la force, et les feuilles deviendront plus épaisses et plus nourrissantes. Si cette année on taille en temps convenable, les longues branches deviendront fortes et vigoureuses ; les feuilles de l'année prochaine pousseront de bonne heure, et, de plus, elles seront épaisses et luisantes.

« Il faut couper toutes les branches qui partent du centre, afin qu'un homme puisse s'y tenir debout, se retourner et se servir aisément de la hache. Les branches et les feuilles tombent en dehors de l'arbre ; cela vaut beaucoup mieux que d'être obligé de transporter tout autour de l'arbre un escabeau lourd et élevé. Un homme placé ainsi au centre de l'arbre peut faire autant de besogne que deux personnes qui travailleraient en dehors. On ne doit pas laisser croître les branches en trop grand nombre, autrement on ne pourrait les couper sans un travail long et pénible ; de plus, les feuilles seraient minces et dépourvues de saveur.....

« La méthode suivie dans le pays de *Thsin* s'appelle *lo-sang.* Dans le dernier mois de l'année (janvier), on coupe toutes les branches surabondantes, et on éclaircit beaucoup celles qu'on laisse ; ensuite, sur les branches que l'on conserve, on laisse tout au plus quatre yeux, et on enlève tous les autres. L'année suivante, les branches qu'on aura laissées, seront devenues de forts rameaux ; les scions noirs qui sont sortis du milieu des yeux pourront avoir trois pieds de longueur ; les feuilles seront deux fois plus épaisses qu'à l'ordinaire, et présenteront une surface lisse et brillante. Pendant toute l'éducation des vers à soie, on les cueillera avec la main ; on laissera seulement les branches qui se jettent en dehors. Après avoir poussé abondamment jusqu'à l'automne, elles pourront avoir atteint une longueur de huit à dix pieds. Dans le dernier mois de l'année (en janvier), on les coupera de nouveau comme par le passé. Au bout de plusieurs années, si les branches qu'on avait laissées paraissent trop surcharger l'arbre, on les coupera encore à leur base.

« ..... Lorsque l'arbre a atteint son *maximum* de force et de croissance, on doit couper dans le centre la tige et les branches.

« Il y a quatre sortes de branches qu'il faut nécessairement retrancher :

« 1° Les branches qui pendent vers la racine ;

« 2° Celles qui se jettent en dedans et tendent vers le tronc ;

« 3° Celles qui croissent deux à deux : on doit en couper une ;

« 4° Celles qui, bien que croissant dans une bonne direction, sont trop épaisses et trop diffuses.

« Le dernier mois de l'année (janvier) est le plus favorable pour la taille ; le mois qui suit l'est beaucoup moins. Dans le dernier mois de l'année, la sève ne monte pas encore, et la cessation des travaux de la campagne laisse beaucoup de loisir aux cultivateurs. Les personnes qui taillent au printemps n'ont pour but que d'écorcer facilement les branches (pour faire du papier), mais elles font perdre aux mûriers une grande partie de leur sève.

« Si l'on veut faire usage de l'écorce de mûrier, on peut prendre les branches coupées dans le dernier mois (janvier) et les déposer, du côté du midi, dans une fosse recouverte de terre. On les retire au second mois (mars), et elles s'écorcent très-facilement. »

Greffe des mûriers. — Greffe en fente.

« On commence par scier horizontalement la tige du sujet, à une petite distance de terre. A l'aide d'un couteau bien tranchant, dont la pointe est tournée en haut, on fait à droite et à gauche, dans l'écorce et l'aubier, deux entailles obliques d'un pouce et demi, qui vont en diminuant jusqu'à ce que leur extrémité forme un angle aigu. On prend alors une greffe longue de cinq pouces et à peu près grosse comme le doigt ; on la taille en forme de prisme, à un pouce et demi de son origine ; on la met dans sa bouche pendant quelques instants pour la réchauffer, puis on l'insère dans l'entaille qu'on a pratiquée latéralement sur le sujet.

« Il est très-important que l'union des deux parties soit étroite et précise, de manière que le liber et l'aubier du vieil arbre coïncident parfaitement avec le liber et l'aubier de la greffe (qui est destinée à l'améliorer ou à le rajeunir). Le même sujet peut recevoir ainsi plusieurs greffes en fente, quand sa grosseur le permet.

« On prend alors de la bouse fraîche, que l'on pétrit avec de la terre, et l'on en forme une enveloppe autour de la greffe ; ensuite on l'entoure solidement avec de l'écorce fraîche de mûrier. Ce n'est pas tout : on cache encore la ligature d'écorce avec le même emplâtre qu'auparavant ; ensuite on recouvre la greffe de cinq pouces de terre humide ; enfin, on attache tout autour de cette poupée de terre des branches épineuses pour protéger la greffe.

« Quand les nouvelles pousses seront sorties à travers la terre humide, et qu'elles auront un ou deux pieds de longueur, on les coupera en en laissant seulement deux ou trois. Il est convenable de les maintenir par des tuteurs.

« *Siu-kouang-ki* dit : La profondeur de l'entaille doit être proportionnée à la force de l'arbre et à la grosseur de la greffe. Il est important que l'écorce et le bois de la greffe coïncident exactement avec l'écorce et le bois du sujet ; mais il y a une condition plus importante encore : c'est la correspondance parfaite du point où l'aubier se joint à l'écorce.

« Lorsqu'on veut greffer de grands mûriers, il convient de faire usage de la *greffe en fente* ou de *la greffe par insertion*. Quant aux petits mûriers, les greffes les plus favorables sont celles en *oreille de cheval* (c'est-à-dire la greffe en flûte) et *par compression* (c'est-à-dire la greffe en écusson).

« Lorsqu'on greffe un arbre rez-terre, il faut l'entourer de terre glaise comme ceux dont nous venons de parler plus haut, et que l'on greffe en fente à moitié de leur hauteur ; seulement on se contente d'entourer l'entaille avec du papier. Ensuite on l'enveloppe avec un vieux morceau de natte disposé comme une écuelle (c'est-à-dire en forme de cornet très-évasé) ; on y met de la terre humide pour alimenter la greffe ; on doit faire en sorte qu'elle soit à l'abri de l'air et du vent. Au lieu d'un morceau de natte, on pourra faire usage d'un vieux vase de terre sans fond. Quand on voit que la terre est sèche, il faut l'arroser pour maintenir l'humidité. Bientôt les rejetons sortiront à travers la terre humide qui enveloppe l'endroit greffé. Il faut bien se garder d'ôter cette terre ;

mais à l'automne, lorsque les jets ont acquis de la force et que la greffe est solidement soudée, cette terre devient inutile. Dès que les greffes sont bien prises et participent à la vie du sujet, on peut les laisser si la force de l'arbre et le nombre des branches horizontales le permettent. »

Greffe en écusson.

« Lorsqu'on greffe *par compression* (en écusson), on coupe une branche horizontale à un pied de la tige. (On ne peut pas déterminer rigoureusement la longueur qu'on doit laisser ; il faut avoir égard à la force de l'arbre.) Sur la greffe, à un demi-pouce en avant d'un œil, on incise en carré la peau et la chair (l'écorce et l'aubier) jusqu'à ce que la pointe du couteau soit arrivée à l'os (au bois) ; ensuite on enlève légèrement une plaque d'écorce et d'aubier portant un œil.

« Au-dessous de l'œil et sur le bois, il y a un petit cœur (que nos agriculteurs appellent *corculum*) qui est gros comme un grain de riz : c'est le principe vital d'une petite pousse. Lorsqu'on lève l'écusson, il faut l'arracher avec la pointe de l'ongle, de manière qu'il reste attaché à la petite plaque d'écorce et d'aubier.

« On met quelques instants dans sa bouche la plaque d'écorce, et on l'applique sur la branche horizontale, où elle laisse une empreinte humide. On la reprend, et on la remet de nouveau dans sa bouche ; puis, en conduisant la pointe du couteau sur la ligne carrée qu'a laissée l'écusson humide, on incise l'écorce et l'aubier, et l'on en enlève une portion de même largeur, de manière à dénuder l'os (le bois). On prend alors l'écusson et on l'insère à la place de la partie qu'on vient d'enlever (sur la branche horizontale). Il est nécessaire que l'œil de l'écusson soit tourné en haut.

« On liera en haut et en bas les parties greffées avec de l'écorce fraîche et mince de mûrier. La ligature doit être serrée d'une manière convenable. Si elle était trop, la vie du sujet ne pourrait se communiquer à la greffe ; si elle était trop lâche, les deux parties ne seraient pas assez rapprochées, et l'opération ne pourrait réussir.

« On pétrit de la bouse avec de la terre glaise, et on en couvre les quatre côtés de la greffe en laissant l'œil libre.

« On proportionnera le nombre des écussons à la grosseur de chaque arbre (*). »

ÉDUCATION DES VERS A SOIE.

Le beau travail dont nous venons d'extraire quelques passages, au sujet de la culture des mûriers, nous fournira des renseignements très-précis sur l'art d'élever les vers fileurs. On sait que les Chinois ont consacré tous leurs soins au perfectionnement de la *sériciculture*, et si cette grande industrie, comme l'observe avec raison M. le baron Léon d'Hervey, paraît-être arrivée chez nous depuis quelques années à un point tel, que l'on ait désormais peu de chose à emprunter aux Chinois, c'est surtout par l'étude approfondie de leurs méthodes et de leurs minutieuses pratiques que l'on est parvenu à rivaliser avec eux, après être demeuré si longtemps en arrière (**).

Logement des vers à soie.

« Les vers à soie aiment naturellement le repos et craignent les cris bruyants ; leur maison doit être tranquille et exempte de tout bruit. Ils aiment la chaleur et craignent l'humidité ; leur logement doit être construit en planches. Dans une maison tranquille et retirée, ils ne seront point importunés par les cris et les clameurs des hommes. Dans une maison bien close, ils seront à l'abri des atteintes imprévues du vent du sud. Dans une maison construite en planches, ils seront à l'abri des exhalaisons et des vapeurs humides de la terre.....

« La maison des vers à soie doit être éloignée des fumiers et des immondices (et de tout ce qui exhale une mauvaise

---

(*) Pour les extraits qui précèdent, voyez l'ouvrage intitulé : *Résumé des principaux traités chinois sur la culture des mûriers et l'éducation des vers à soie*, traduit par Stanislas Julien, p. 11, 12, 28, 29, 30, 31, 58, 59, 60, 61 et 62.

(**) Recherches sur l'agriculture et l'horticulture des Chinois, par le baron Léon d'Hervey Saint-Denys, p. 150.

odeur, comme les écuries, les étables, etc.). Ayez soin que, pendant la nuit, la lueur d'aucune lampe ne s'insinue à travers les fentes des croisées, et ne vienne à rayonner subitement dans la demeure des vers à soie. N'éteignez pas, dans l'atelier, de ces allumettes en papier qui répandent beaucoup de fumée. »

Construction de l'étuve.

« Il faut creuser au milieu de la maison une fosse dont la largeur et la profondeur soient proportionnées aux dimensions de l'atelier. La grandeur ordinaire de cette fosse doit être de quatre pieds sur chacun de ses côtés; on élèvera des quatre côtés un mur carré de deux pieds de haut, en briques liées entre elles avec du ciment. On prendra de la bouse de vache bien sèche et réduite en poudre, et l'on couvrira le fond de la fosse d'une couche de cette poudre, épaisse de trois à quatre pouces. On étendra par-dessus un lit de morceaux de bois bien secs, ayant au moins cinq pouces de diamètre, qu'on aura coupés dans le dernier mois de l'année. On pourra prendre du mûrier, de l'acacia, de l'orme, ou tout autre bois dur et solide. Sur ces morceaux de bois on étendra une seconde couche de bouse sèche et pulvérisée. Dans les endroits vides entre chaque pièce de bois, on battra fortement la bouse pulvérisée, de manière à ne pas laisser le plus petit vide; car, s'il y avait des vides, le feu produirait une flamme qui pourrait endommager la maison, et, en outre, ce feu ne pourrait durer longtemps. Quand on a complétement rempli la fosse, et qu'on a bien battu la bouse pulvérisée qui couvre les morceaux de bois et en remplit les interstices, on y répand encore une couche de même matière. Sept ou huit jours avant la naissance des vers à soie, on place sur la bouse sèche des charbons allumés qu'on couvre de cendre chaude. La bouse sèche prend feu, et dégage, pendant cinq à sept jours, une fumée noire et jaune. Un jour avant la naissance des vers à soie, on entr'ouvre la porte pour dissiper la fumée, puis on la referme soigneusement. Dès ce moment le bois et la bouse sèche se trouvent complétement embrasés jusqu'au fond de la fosse. »

Bains que l'on donne à la graine des vers à soie.

« Dans le district de *Yong-kia*, on compte huit espèces de vers à soie :

« 1° Les vers à soie appelés *hang-tchin-tsan*. Ils forment leur cocon dans le troisième mois (avril);

« 2° Les vers à soie appelés *tche-tsan*, c'est-à-dire les vers que l'on nourrit avec les feuilles de l'arbre *tche*. Ils forment leur cocon au commencement du quatrième mois (mai);

« 3° Les vers à soie appelés *hang-tsan*. Ils forment leur cocon dans le quatrième mois (mai);

« 4° Les vers à soie appelés *aï-tchin-tsan*, c'est-à-dire vers à soie chéris et précieux. Ils forment leur cocon dans le cinquième mois (juin);

« 5° Les vers à soie appelés *aï-tsan*, ou vers à soie chéris. Ils forment leur cocon vers la fin du sixième mois (juillet);

« 6° Les vers à soie appelés *han-tchin-tsan*, c'est-à-dire vers à soie froids et précieux. Ils forment leur cocon dans le septième mois (août);

« 7° Les vers à soie appelés *sse-tchou-tsan*, c'est-à-dire vers à soie qui viennent d'une quatrième ponte. Ils forment leur cocon au commencement du neuvième mois (octobre);

« 8° Les vers à soie appelés *han-tsan*, c'est-à-dire vers à soie froids. Ils forment leur cocon dans le dixième mois (novembre).

« Il y a des personnes qui arrosent la graine avec de l'eau salée. Cette opération s'appelle *sien-tsan*, c'est-à-dire *bain des vers à soie*. Cette graine ainsi lavée produit les vers à soie les plus estimés.

« Les vers dont on ne lave pas la graine s'appellent *ho-tsan*, c'est-à-dire vers à soie ardents (ce sont ceux d'automne). Ils sont moins estimés que les précédents.

« . . . . . Beaucoup de personnes conservent la graine de vers à soie dans des boîtes de bambou, où elle est exposée à tous les changements de température humide, tiède, chaude ou brûlante. Si elle passe subitement du froid à une chaleur excessive, elle en est affectée d'une manière funeste. Les habitants de la province de *Tche-kiang* appellent cela *tching-pou*. Cette expression veut dire que les vers à soie contractent une maladie lorsqu'ils sont encore dans l'œuf (littéralement *sur la toile*, ou sur les feuilles de papier). Les vers de cette graine sont jaunes en naissant : or, les verts naissants qui sont jaunes ne valent pas la peine d'être élevés. On peut les comparer à un enfant qui a contracté une maladie dans le sein de sa mère. A sa naissance, il est faible et débile. Il est difficile de le guérir de cette maladie innée. En général, lorsqu'on veut conserver de la graine de vers à soie, on étend les feuilles sur des planches de bambou, en faisant en sorte qu'elles ne soient pas exposées au vent ni au soleil. De plus, on les couvre avec une étoffe de soie, de peur que les papillons ou les insectes du coton ne les mangent.

« On attend qu'il y ait beaucoup de neige, soit le premier jour de la dernière lune, soit dans le courant de la dernière lune, et l'on étend au milieu de la neige les feuilles couvertes de graines. Au bout d'un jour on les retire et on les étend de nouveau sur les planches de bambou, et on les couvre comme auparavant avec une étoffe de soie.......

« Lorsque les vers ne sont pas encore éclos, on pèse la graine, et on en écrit le poids sur le dos de la feuille où elle est attachée. Lorsque les vers sont éclos, gardez-vous de les balayer pour les séparer du papier. Il y a beaucoup de personnes qui, dès qu'elles voient les vers éclore, les détachent du papier avec un petit balai ou avec un petit plumeau ; mais ces petits êtres, si délicats et minces comme un cheveu ou un brin de soie, ne peuvent supporter les blessures que leur fait le balai ou le plumeau. Il faut couper des feuilles de mûrier en filets extrêmement fins, et les semer d'une manière égale sur une grande feuille de papier. On applique le côté du papier où sont les vers éclos sur celui qui est couvert de filaments de feuilles de mûrier. Les vers, qui aiment l'odeur des feuilles de mûrier, descendent d'eux-mêmes sur le papier destiné à les recevoir.

« ..... Pour faire éclore les vers à soie, il faut connaître exactement les degrés de chaleur ou de froid qui leur conviennent, et la manière de hâter ou de retarder leur éclosion, de sorte qu'il n'y en ait pas *un seul qui naisse avant ou après les autres*.

« Voici le procédé qu'il faut suivre :

« Quand les œufs ont tous pris une couleur cendrée, on réunit deux à deux les feuilles couvertes de graine et on les étend sur une claie parfaitement propre. Ensuite on les roule d'une manière serrée, on les lie des deux bouts avec une ficelle (de coton ou d'écorce de mûrier), et on place les rouleaux debout dans une chambre propre, fraîche et où il n'y ait point de fumée.

« Le soir du troisième jour on retire les rouleaux, on les déploie et on les étend sur des claies. C'est une chose très-heureuse, si aucun ver n'est éclos. Mais si par hasard il y en a quelques-uns qui soient éclos avant les autres, on les enlève et on les jette. Ensuite on prend les feuilles trois à trois, on les roule ensemble d'une manière lâche, et on les dépose dans la chambre nouvellement chauffée pour les vers à soie. On observe avec attention le moment du lever du soleil ; alors on déroule les feuilles et on les étend une à une sur des claies au milieu de la cour. S'il y a de la rosée, on placera les claies dans une chambre fraîche ou sous une espèce de tente. Quelque temps après, on transportera les feuilles dans la chambre préparée pour les vers à soie, et on les étendra une à une sur des claies placées à terre. Au bout de quelques instants, les vers à soie naîtront *tous ensemble*, sous forme de petites fourmis noires. Il n'y en aura pas un seul qui naisse avant ou après les autres. On pesera alors les vers éclos, avec les feuilles de papier, pour connaître le nombre de vers à soie qu'on aura à nourrir, et calculer d'avance la quantité de feuilles dont on aura besoin.

« ...... Le succès de l'éducation des vers à soie dépend des précautions que l'on prend dans l'origine, afin qu'à l'avenir ils ne soient exposés à aucun danger. Si les vers à soie ne s'éveillent pas *tous ensemble* de leur premier sommeil, cela vient de ce qu'ils n'ont point changé de couleur et ne sont pas éclos *tous ensemble*. S'ils ne changent pas de couleur, et ne naissent pas *tous ensemble*, cela vient de ce qu'on n'a pas suivi exactement les règles prescrites pour bien conserver les œufs. »

Nourriture des vers à soie.

« Il faut absolument donner à manger aux vers à soie le jour et la nuit. Si leurs repas sont multipliés, il en résultera nécessairement qu'ils arriveront vite à l'époque de leur vieillesse; mais si leurs repas sont rares et peu nombreux, ils vieilliront lentement.

« Quand les vers à soie vieillissent en vingt-cinq jours, une claie peut donner vingt-cinq onces de soie. Quand ils vieillissent en vingt-huit jours, on n'en obtient que vingt onces. S'ils vieillissent en un mois ou en quarante jours, une claie ne donnera qu'une dizaine d'onces de soie.

« Les personnes qui nourrissent les vers à soie doivent tâcher de ne point dormir; la paresse a de graves inconvénients.

« Chaque fois qu'on a donné à manger aux vers à soie, il faut faire le tour des claies et les visiter avec la plus grande attention; il est essentiel que les feuilles soient réparties d'une manière égale. Si le temps est couvert et pluvieux, si l'air extérieur est froid, avant de donner à manger aux vers à soie, on prend des branches sèches de mûrier ou bien une poignée de paille de riz dépouillée de ses feuilles; on y met le feu, et l'on promène cette flamme autour et au-dessus des claies, afin de dissiper le froid et l'humidité qui engourdissent les vers à soie. Après cette opération, on leur donne à manger. De cette manière ils ne contractent aucune maladie. Au moment de leur sommeil, on observe le temps où ils sont tous endormis, et alors on suspend la nourriture. Ensuite on ne leur donne à manger que lorsqu'ils sont tous *éveillés*. Si on leur donnait de la nourriture lorsqu'il n'y en a que les huit ou neuf dixièmes d'éveillés, ils ne pourraient arriver *tous ensemble* à l'époque de leur vieillesse; en outre, il y en aurait un grand nombre de perdus.

« Depuis le second sommeil jusqu'au grand sommeil (le troisième sommeil), lorsque les vers prennent une teinte d'un jaune luisant et qu'ils se disposent à dormir, suspendez la nourriture et transportez-les sur d'autres claies. Lorsque ensuite ils sont *tous éveillés*, nourrissez-les lentement (c'est-à-dire donnez-leur des repas éloignés), et répandez les feuilles sur eux en couches très-légères. Si les feuilles étaient distribuées avec trop d'abondance, ils mangeraient sans appétit et tomberaient malades. Or, comme c'est la nourriture qui donne aux vers à soie la force et la vie, il faut apporter la plus grande attention pour qu'elle ait toutes les qualités convenables. Les vers à soie redoutent beaucoup les feuilles imprégnées de pluie ou de rosée; s'ils en mangent, le plus grand nombre d'entre eux tombent immédiatement malades. »

Choses nuisibles aux vers à soie.

« 1° Les vers à soie n'aiment pas à manger des feuilles humides;

« 2° Ils n'aiment pas à manger des feuilles chaudes;

« 3° Les vers naissants n'aiment pas l'odeur du poisson qu'on fait frire dans la poêle;

« 4° Ils n'aiment pas à être dans le voisinage des gens qui pilent le riz dans des mortiers;

« 5° Ils n'aiment pas à entendre frapper sur des corps sonores;

« 6° Une femme qui est accouchée depuis moins d'un mois ne doit pas être *la mère des vers à soie*, c'est-à-dire être chargée d'élever les vers à soie;

« 7° Ils n'aiment pas qu'un homme qui sent l'odeur du vin leur donne de la nourriture, les transporte d'un lieu à l'autre, ou les répande sur les claies;

« 8° Depuis leur naissance jusqu'à leur vieillesse, les vers à soie redoutent la fumée et les exhalaisons odorantes;

« 9° Ils n'aiment pas que l'on brûle près d'eux de la peau, des poils ou des cheveux;

« 10° Ils n'aiment pas l'odeur du poisson, du musc, ou l'odeur qu'exhalent certains animaux herbivores (comme le bouc, etc.);

« 11° Ils n'aiment pas que, pendant le jour, on ouvre une croisée exposée au vent;

« 12° Ils n'aiment point à recevoir les rayons du soleil couchant ;

« 13° Ils n'aiment point que, lorsque la température de leur habitation est chaude, on y introduise un froid vif ou un vent violent ;

« 14° Lorsque leur habitation est fraîche, ils n'aiment pas qu'on y répande tout à coup une chaleur excessive ;

« 15° Ils n'aiment pas que des personnes sales et malpropres entrent dans leur demeure ;

« 16° Il faut avoir soin d'éloigner du logement des vers à soie les miasmes et les ordures. »

Entrée des vers à soie dans la coconnière.

« On fait le fond de la coconnière avec des planches de sapin, longues de six pieds et larges de trois pieds. On construit avec des bambous minces, dont on fait des flèches, un châssis dont la membrure est percée de grands trous. Dans ces trous on passe des roseaux ; puis on croise par-dessus en long et en large des branches de bambou dépouillées de leurs feuilles. On recouvre le dessus de la coconnière avec une claie de roseaux tressés.

« Les vers à soie ont alors un endroit où ils peuvent s'établir en sûreté, sans craindre de tomber. Lorsque l'intérieur de la coconnière est bien disposé, qu'il offre la profondeur et la sécurité convenables, et que la claie ne présente aucun interstice, on y répand de suite les vers à soie. D'abord on inclinera un peu cette claie, jusqu'à ce qu'ils se soient vidés des matières excrémentielles ; ensuite on les chauffera doucement avec de la braise. Quand ils auront commencé à entrer dans leur filet (c'est-à-dire lorsque leur coque formera déjà un léger filet), on augmentera peu à peu la chaleur. Il ne faut point qu'ils s'arrêtent au milieu de leur travail ; s'ils éprouvent un peu de froid, ils se promènent sur leur soie et cessent de filer. Lorsqu'on la dévidera, elle se rompra fréquemment. En général, on sera obligé de faire bouillir les cocons et d'en faire de la bourre de soie, parce qu'il est impossible de les dévider d'un bout à l'autre. »

Choix des cocons.

« Lorsqu'on veut garder les cocons pour en obtenir de la graine, il faut absolument prendre ceux qui se trouvent au milieu de la coconnière. Ceux qui sont près du haut donnent très-peu de soie (ou une soie très-mince) ; ceux qui sont près du bas donnent de la graine qui ne peut éclore.

« . . . . . Il faut un grand nombre de personnes pour choisir en même temps tous les cocons dont on a besoin ; on les étend par couches de l'épaisseur d'un seul cocon, et on les conserve dans un endroit frais. Les papillons sortent très-tard. De cette manière, on n'est point obligé de se presser pour dévider la soie. »

Manière d'étouffer les chrysalides au moyen de la vapeur de l'eau bouillante.

« On prend trois corbeilles de bambou et un couvercle tissu en paille molle, que l'on applique sur l'ouverture d'une marmite remplie d'eau bouillante.

« On place sur le couvercle deux corbeilles, où l'on a étendu trois à quatre pouces de cocons. On explore la température en mettant souvent le revers de la main sur les cocons de la claie supérieure. Si la main ne peut endurer la chaleur, on retire la corbeille de dessous, et l'on en met une autre sur la première. Il ne faut pas que la vapeur soit trop forte, car elle ramollirait trop la soie ; il ne faut pas non plus qu'elle soit trop faible, car les papillons ne manqueraient pas de percer les coques.

« Si le dos de la main ne peut endurer la chaleur, la température de l'eau est au degré convenable pour le but qu'on se propose. Alors on transporte les corbeilles dans l'atelier, et l'on verse les cocons sur une claie ; puis on les remue légèrement avec la main. Si les cocons remplissent la claie et commencent à former un monceau, on les partagera, et on étendra le reste (c'est-à-dire la seconde moitié) sur une autre claie.

« On attendra que les cocons soient entièrement refroidis, ensuite on les couvrira avec de petites branches de saule.

« Il faut exposer tous les cocons à la vapeur dans le même jour ; car si l'on ne pouvait étouffer tous les papillons, ceux des coques restantes ne manqueraient pas de sortir le jour suivant.

« ...... Il y a trois manières de faire mourir les chrysalides :

« 1° En exposant les cocons à l'ardeur du soleil ;

« 2° En les humectant avec de l'eau salée ;

« 3° En les exposant dans des corbeilles de bambou à la vapeur de l'eau bouillante.

« Cette dernière méthode est la meilleure, mais il y a beaucoup de personnes qui ne savent pas la pratiquer. Le séchage au soleil endommage les cocons ; le plus sûr parti est de conserver les cocons dans des jarres de terre, sous des couches alternatives de sel et de feuilles (*). »

INDUSTRIE.

Coup d'œil sur l'industrie des Chinois.

Il existe à la Chine quelques arts dont l'origine se perd dans la nuit des temps. Ainsi, d'après M. Stanislas Julien, l'art d'élever les vers à soie, la culture du mûrier et la fabrication des étoffes remontent chez les Chinois au vingt-sixième siècle avant notre ère. La polarité de l'aimant, suivant M. Abel Rémusat, avait été remarquée par eux, quoiqu'ils n'en eussent pas tiré parti pour les usages de la navigation, et, suivant M. Klaproth, les Chinois inventèrent la boussole pour les voyages de terre et de mer mille ans avant Jésus-Christ. D'après les données fournies par le Chi-king, le plus beau et le plus ancien monument, comme tableau de mœurs, que l'Asie orientale nous ait transmis, la culture avec irrigation était établie six cents ans avant notre ère dans la vaste plaine qui forme la vallée inférieure du fleuve Jaune, depuis le défilé des Portes-du-Dragon (Long-men) jusqu'au golfe du Pe-tchi-li, où se jetait alors ce grand fleuve. On y cultivait du riz, le froment, l'orge le blé noir ou sarrasin, les deux sortes de millets, appelées *chou* et *tsi*, qui se rapprochent, l'une du *milium globosum*, l'autre de l'*holcus sorgho*. On y cultivait aussi l'indigo (lan-hoa), ou des plantes analogues, dont on extrayait une teinture bleu foncé. Le bambou était déjà employé aux usages de la pêche et de la marine (*). « Ce gigantesque roseau, dont la croissance est si rapide, dit M. Léon d'Hervey, sert aujourd'hui à faire des coiffures pour les soldats, des boucliers, des parasols, des semelles de souliers, des solives, des échafaudages de maisons en construction, des paniers, des cordages, du papier, des manches de plumes, des balais, des chaises, des éventails, presque tous les outils agricoles, des milliers d'ouvrages de toute espèce (**). »

Les indications fournies par le Chi-king (600 ans avant J. C.) montrent que l'or, l'argent, le fer, le plomb, le cuivre, étaient alors connus des Chinois. L'ode III, chap. XI, p. 4, cite le métal par excellence (l'or), que l'on tirait des mines du midi. Le poitrail des chevaux de guerre était recouvert d'acier (page 1, chap. XI, ode 3). Une autre ode parle des mines de fer, exploitées dans le Chen-si, par Kong-lieou, dès le dix-huitième siècle avant notre ère. Les instruments en fer sont cités *passim* dans le Chi-king. Plusieurs odes mentionnent l'art de tailler et de polir les pierres précieuses. On trouve dans le musée impérial de Péking des objets d'art, et particulièrement des vases, qui datent de plus de trois mille ans, et qui, suivant M. G. Pauthier, peuvent rivaliser avec ce que la Grèce et l'Étrurie nous ont laissé de plus beau en ce genre. C'est donc avec raison que M. Abel Rémusat affirme que de tout temps les Chinois ont su

---

(*) Voy. le Résumé des principaux traités chinois sur la culture des mûriers et l'éducation des vers à soie, traduit par Stanislas Julien, membre de l'Institut, p. 78, 79, 81, 82, 90, 91, 97, 100, 101, 102, 108, 109, 110, 117, 118, 124, 125, 144, 145, 158, 160, 162, 163 et 164.

(*) Recherches sur les mœurs des anciens Chinois, d'après le Chi-king, par M. Édouard Biot, Journal asiatique, cahier de novembre 1843, p. 323 et 327.

(**) Recherches sur l'agriculture et l'horticulture des Chinois, p. 184.

travailler les métaux, faire des instruments de musique, tailler les pierres dures. Nous avons cité précédemment la plus grande partie du mémoire de M. Édouard Biot sur le traitement des métaux et sur quelques procédés industriels connus des Chinois dans le seizième siècle. « De ce même pays (la Chine), dit le savant auteur, nous est venu, dans le dix-huitième siècle, l'art de fabriquer la porcelaine, et son introduction en Europe est due aux travaux du P. d'Entrecolles, qui, le premier, put étudier à la Chine les détails de cette fabrication. A la même époque plusieurs autres inventions de ce peuple singulier furent signalées par les missionnaires, et parmi elles on trouve l'usage des puits forés pour chercher les eaux souterraines, l'emploi du gaz *naturel* pour l'éclairage des villes, en le conduisant par des tuyaux dans les rues, l'application du fer à la construction des ponts suspendus ; mais d'abord on fit peu d'attention à ces indications. L'emploi du gaz pour l'éclairage fut presque révoqué en doute, et l'invention des ponts suspendus fut critiquée comme inutile par M. de Paw. Près d'un siècle après, ces inventions ont reparu parmi nous comme des découvertes nouvelles (*). »

D'après les écrivains chinois cités par le P. Amiot, les propriétés de la poudre à canon étaient déjà connues quatre cents ans avant notre ère. M. Stanislas Julien place la découverte de l'imprimerie à la Chine, avec des planches de bois, entre les années 581 et 593 après Jésus-Christ ; avec des planches de pierre gravées, vers l'an 904 ; avec des types mobiles, entre les années 1041 et 1049. « Les Chinois, dit encore M. Rémusat, excellent dans la broderie, la teinture, les ouvrages de vernis. On n'imite qu'imparfaitement en Europe certaines productions de leur industrie, leurs couleurs vives et inaltérables, leur papier à la fois solide et fin, leur encre et une infinité d'autres objets qui exigent de la patience, du soin et de la dextérité. Ils se plaisent à reproduire des modèles qui leur viennent des pays étrangers : ils les copient avec une exactitude scrupuleuse et une fidélité servile. Ils fabriquent même tout exprès pour les Européens des objets qui sont du goût de ces derniers, comme des magots ou des figurines en stéatite, en porcelaine, en bois peint ; et la main-d'œuvre est à si bon marché chez eux, qu'il y a souvent de l'avantage à leur commander des ouvrages que des artisans européens ne pourraient exécuter qu'à grands frais (*). »

Nous craindrions trop de nous écarter du but de cette publication, si nous nous arrêtions aux détails. Un autre motif encore nous empêchera de nous étendre sur les procédés mécaniques : c'est qu'il est difficile d'apprécier, impossible de concilier ce que les missionnaires nous en disent, quand on n'a pas fait soi-même une étude spéciale de la matière. Nous nous bornerons donc à cinq ou six documents, d'une date récente, qui, nous en avons l'espoir, seront jugés dignes d'un grand intérêt. Nous emprunterons au savant professeur, M. Stanislas Julien, la description des procédés chinois pour la fabrication du papier et un mémoire sur l'imprimerie ; à M. Natalis Rondot, une notice sur le travail de la laque à Canton, travail qui a été, pour l'estimable auteur de cette notice, l'objet d'une attention sérieuse.

Description des procédés chinois pour la fabrication du papier, traduite de l'ouvrage chinois intitulé : Thien-kong-khaï-we ; *par* M. STANISLAS JULIEN.

(Extrait des *Comptes rendus des séances de l'Académie des sciences*, séances du 27 avril et du 4 mai 1840.)

OBSERVATIONS PRÉLIMINAIRES.

Les substances propres à faire du papier sont :

1º L'écorce de l'arbre *tchou* ou *ko-tchou* (*broussonetia papyrifera*) ;

2º L'écorce du mûrier ;

3º La seconde écorce de la plante

(*) Notice sur quelques procédés industriels connus en Chine au seizième siècle ; Journal asiatique, cahier d'août 1835, p. 130 et 131.

(*) Nouveaux Mélanges asiatiques, t. Ier, p. 23 et 24.

fou-yong (*hibiscus rosa sinensis*), etc. Ce papier s'appelle *pi-tchi* ou papier d'écorces;

4° Les filaments de la seconde écorce du bambou. Ce papier s'appelle *tchou-tchi* ou *papier de bambou*. Celui dont la pâte est très-fine et parfaitement blanche s'emploie pour écrire, pour imprimer et pour faire des billets de visite.

Le papier le plus grossier devient du *ho-tchi* (papier qu'on brûle dans les sacrifices) et du *pao-ko-tchi* (papier à envelopper les fruits).

Le papier de bambou s'appelle aussi *cha-tsing*; il tire alors son nom de ce qu'on coupe les bambous par morceaux. On lui donne en outre le nom de *han-tsing*, parce qu'on fait bouillir et égoutter la pâte du bambou.

L'auteur chinois ajoute plusieurs réflexions qui paraissent contraires au témoignage des auteurs des livres classiques et des historiens. Il se refuse à croire que, dans l'antiquité, on ait écrit l'histoire sur des planchettes de bambou amincies et réunies ensemble par une lanière, ou bien sur des feuilles de l'arbre *peï-to* (*borassus flabelliformis*), comme cela se pratique encore aujourd'hui au Thibet et dans l'Inde.

Fabrication du papier de bambou (*).

Tout le papier de bambou se tire des parties méridionales de la Chine; mais c'est dans la province de *Fo-kien* que cette fabrication est la plus florissante.

Lorsque les premières pousses de bambou commencent à se montrer, on visite tous les endroits de la montagne qui en sont plantés, et l'on choisit de préférence les bambous qui sont sur le point de donner des branches et des feuilles.

Après l'époque appelée *mang-tchong* (le 5 juin), on va sur la montagne pour abattre les bambous. On les coupe par morceaux de cinq à sept pieds de lon-

---

(*) Le Cabinet des estampes de la Bibliothèque du roi possède deux recueils in-fol. des planches peintes en Chine, qui représentent tous les procédés relatifs à la fabrication du papier de bambou. L'un d'eux est accompagné d'explications en chinois. Dans l'autre, le sujet de chaque planche est indiqué en français.

---

gueur. Sur la montagne même, on creuse un bassin, et l'on y amène de l'eau pour faire tremper les bambous. De peur que l'eau ne vienne à se tarir, on établit des tuyaux de bambou qui communiquent au bassin, et y amènent continuellement l'eau des cascades ou des ruisseaux.

Lorsque les bambous ont trempé pendant plus de cent jours, on les bat avec un maillet, et l'on enlève l'écorce grossière et la peau verte. Au-dessous de cette peau verte se trouvent des filaments qui ressemblent à ceux de la plante appelée *tchou-ma* (espèce de chanvre).

On prend de la chaux de première qualité que l'on fait dissoudre dans l'eau. Cette bouillie de chaux se met (avec les filaments du bambou) dans une cuve en bois que l'on chauffe par en bas. On a coutume d'entretenir le feu pendant huit jours et huit nuits. La chaudière de métal (qu'on place au-dessous de la cuve en bois), et qui doit être exposée à l'action directe du feu, a ordinairement deux pieds de diamètre.

La cuve, placée au-dessus de cette chaudière, est encastrée dans un mur circulaire en maçonnerie; elle a quinze pieds de circonférence et environ quatre pieds de diamètre. Elle peut contenir dix *chi* d'eau (le *chi* contient dix boisseaux et pèse 120 livres chinoises), et ressemble, par sa forme et sa dimension, à celles dont on se sert dans la province de Canton pour préparer le sel marin.

Après avoir fini de poser cette cuve (qui est supportée par un fourneau en maçonnerie), on commence à chauffer. Au bout de huit jours (et de huit nuits), on éteint le feu.

Le lendemain on découvre la cuve supérieure, on en retire les filaments de bambou, et on les met dans un bassin rempli d'une eau pure pour les laver et les nettoyer.

Le fond et les parois des quatre faces internes du bassin doivent être garnies de planches de bois parfaitement ajustées ensemble, et dont les interstices soient bouchés avec le plus grand soin pour empêcher que la terre molle ne se mêle à l'eau et ne la salisse.

(On ne prend point cette précaution pour le papier le plus commun.)

Après avoir bien lavé les filaments de bambou, on les passe dans une lessive de cendres de bois, et on les remet dans une chaudière. On les recouvre d'une couche de cendres de paille de riz d'un pouce d'épaisseur.

Quand l'eau de la cuve est en ébullition, on les retire, on les met dans une autre cuve, et on les fait tremper de nouveau dans une lessive de cendres.

Dès que l'eau de la cuve est refroidie, on la fait chauffer jusqu'à l'ébullition, on en retire les filaments de bambou qu'on y avait mis, et on les arrose de nouveau avec une lessive de cendres. On continue les mêmes procédés pendant dix jours.

Alors les filaments commencent à répandre une mauvaise odeur et à se pourrir. On les retire, et on les met dans de larges mortiers pour les piler. (Dans les pays de montagnes, on a toujours des pilons qui sont mus par la force de l'eau.) Quand on les a pilés de manière qu'ils forment une sorte de bouillie, on la verse dans une auge en bois. Cette auge doit être proportionnée à la *forme*, et la *forme* à la grandeur qu'on veut donner au papier. Quand la pâte de bambou est faite, l'eau pure qui est dans l'intérieur de la cuve flotte à deux ou trois pouces au-dessus de la pâte. Alors on jette dans la cuve une substance liquide appelée *tchi-yo* (littéralement, drogue du papier). Dès ce moment, l'eau se tarit et la pâte devient parfaitement pure et blanche.

Pour faire les formes destinées à lever les feuilles de papier, on se sert de filaments de bambou que l'on ratisse avec soin pour les rendre minces comme des fils de soie, et l'on en fait une espèce de tissu. Ce tissu se monte sur un cadre de bois, muni de barres légères qui le traversent en long et en large.

L'ouvrier prend la forme des deux mains, la fait entrer dans l'eau et enlève la pâte de bambou. Il dépend de lui, s'il sait donner le tour de main convenable, de faire entrer dans la forme la quantité de pâte nécessaire pour obtenir un papier mince ou épais.

Au moment où la pâte liquide flotte à la surface de la forme, l'eau s'écoule par les quatre côtés du châssis et retombe dans la cuve. L'ouvrier retourne la forme et fait tomber la feuille de papier sur une grande table où l'on en entasse ainsi un millier.

Quand ce nombre est complet, on place par-dessus une autre planche, et l'on entoure la table et la planche d'une longue corde que l'on serre avec un bâton, comme lorsqu'on presse le vin (*). De cette manière, l'eau contenue dans le papier s'écoule et s'égoutte entièrement. Ensuite, avec une petite pince de cuivre, on lève les feuilles de papier une à une, et on les fait sécher par la chaleur du feu.

Voici le moyen que l'on emploie. On élève avec des briques et du ciment deux murs parallèles qui forment une espèce de ruelle. Le sol de cette ruelle doit être garni de briques. A l'ouverture de la ruelle, on allume du feu avec du bois sec.

La chaleur pénètre par les interstices des briques, et bientôt celles dont la ruelle est garnie en dehors deviennent complétement chaudes. On y applique (à l'aide d'une brosse) les feuilles de papier humide; on les enlève à mesure qu'elles se trouvent sèches, et on les met en rames.

Dans ces derniers temps, on a commencé à fabriquer du papier d'une grande dimension, appelé *ta-ssé-lien*. Pendant un temps, les livres étant devenus très-chers, on recueillait le vieux papier (imprimé ou écrit), on en enlevait la couleur rouge, l'encre ou la saleté, on le faisait pourrir dans l'eau, et l'on remettait cette pâte dans la cuve pour en fabriquer du nouveau papier. On s'épargnait ainsi les diverses manipulations qui sont nécessaires lorsqu'on fabrique le papier pour la première fois. Ce papier ressemblait exactement à l'autre, et n'occasionnait que peu de dépenses. Cette pratique n'est point suivie dans le midi de la Chine, où le bambou est commun et à bon marché.

(*) L'un des recueils de la Bibliothèque royale offre le dessin d'une presse qui ressemble beaucoup à celles dont on se sert en Europe.

Mais dans les parties du nord, dès qu'un petit morceau de papier se trouve par terre, on le ramasse avec soin, n'eût-il qu'un pouce de large, pour l'employer à une nouvelle fabrication. On l'appelle *hoan-hoen-tchi*, c'est-à-dire papier ressuscité. On fait le même usage des débris du papier d'écorce (voir l'article suivant), soit qu'ils proviennent du papier fin, soit du papier grossier. Quant au papier appelé *ho-tchi* (papier qu'on brûle en l'honneur des morts), et *tsao-tchi* (papier grossier), on coupe des bambous, on en fait cuire les filaments, et on les fait tremper dans une lessive de cendres; enfin, on suit de point en point les procédés décrits plus haut. Seulement après avoir détaché les feuilles de la forme, on ne prend point la peine de les sécher par la chaleur du feu; on se contente de les mettre en presse pour en exprimer l'eau, et de les faire sécher au soleil.

Dans le temps où florissait la dynastie des Thang, les sacrifices aux esprits s'étant fort multipliés, on commença à brûler en leur honneur des monnaies de papier au lieu d'étoffes de soie. (Le papier qu'on fabrique pour cet objet dans le nord de la Chine, avec des débris de papier, s'appelle *pan-tsien-tchi*.) C'est pourquoi les fabricants de papiers destinés à cet usage l'appelèrent *ho-tchi*, littéralement *feu-papier*, c'est-à-dire papier à brûler.

On a vu depuis peu, dans le pays de *Khing* et de *Tsou*, des hommes prodigues qui, en une seule fois, ont brûlé jusqu'à mille livres de ce papier. Sur trente parties de ce papier, on en emploie dix-sept que l'on brûle en l'honneur des morts; les treize autres parties servent aux usages journaliers.

Le papier le plus commun et le plus grossier s'appelle *pao-ko-tchi*, c'est-à-dire *papier à envelopper les fruits*. On le fabrique avec les filaments du bambou, que l'on mêle avec le chaume de riz qui est resté dans les champs après la moisson.

Quant aux papiers de toutes couleurs qu'on emploie pour les billets de visite, et qui se fabriquent sur la montagne *Youen-chan*, on se sert uniquement de la plus belle pâte des filaments de bambou.

Le papier le plus estimé de cette espèce s'appelle *kouan-kien*. Les personnes riches ou d'un rang élevé s'en servent pour leurs billets de visite. Il est solide, épais et sans vergeures. Quand il est coloré en rouge, on l'appelle *kié-khien*, ou papier pour écrire des billets de félicitations. On commence par le coller avec une dissolution d'alun blanc, et ensuite on le colore avec du suc de carthame.

Fabrication du papier d'écorce.

C'est en général à la fin du printemps ou au commencement de l'été qu'on enlève l'écorce de l'arbre *tchou* (broussonetia papyrifera). Pour obtenir de l'écorce des arbres qui sont déjà vieux, on les coupe près du collet, et on les recouvre de terre. L'année suivante, ils poussent de nouveaux jets. Leur écorce est préférable à toute autre. Ordinairement, pour faire du papier d'écorce, on prend 60 parties (littéralement 60 livres) d'écorce de l'arbre *tchou*, lorsqu'elle est extrêmement tendre, et 40 parties de filaments de bambou. On les fait macérer ensemble dans un bassin rempli d'eau; ensuite on les fait bouillir dans une chaudière avec de la chaux fusée, jusqu'à ce qu'elles soient réduites en bouillie.

Depuis quelque temps, des personnes parcimonieuses emploient seulement 17 parties de filaments de bambou auxquelles elles ajoutent 13 parties de chaume de riz.

Elles jettent dans la cuve certains ingrédients dont elles possèdent la recette, et qui ont la propriété d'épurer et de blanchir la pâte, ainsi qu'il a été dit dans le chapitre précédent.

Toute espèce de papier d'écorce est ferme et solide; il a des raies transversales, et lorsqu'on le déchire, on dirait qu'il est fait de fils de soie. C'est pour cette raison qu'on l'appelle *mien-tchi*, littéralement *papier de soie*. Il faut un certain effort pour le déchirer en travers. Le papier le plus estimé de cette espèce s'emploie dans le palais de l'empereur. Celui que l'on colle aux châssis des fenêtres s'appelle *ling-cha-tchi*. Ce papier vient du district de *Kouang-sin*, où on le fabrique. Il a plus de sept pieds de long et plus de quatre pieds de large.

Les différentes couleurs qu'on donne au papier d'écorce se préparent d'avance, et on les mêle dans la cuve avec la pâte.

De cette manière, on n'a pas besoin de le colorer après la fabrication. La seconde qualité s'appelle *lien-ssé-tchi*. Le papier le plus blanc de cette sorte s'appelle *hong-chang-tchi*.

Le papier d'écorces auxquelles ou ajoute des filaments de bambou et du chaume de riz, s'appelle *kié-tié-tching-wen-tchi*.

Le papier fait avec l'écorce de la plante *fou-yong* (*hibiscus rosa sinensis*), ou autres écorces du même genre, s'appelle *siao-pi-tchi*, ou papier de petite écorce. Dans la province de *Kiang-si*, on l'appelle *tchong-kia-tchi*. J'ignore, ajoute l'auteur chinois, quelles plantes ou quels arbres fournissent la matière du papier qu'on fabrique dans la province de *Ho-nân*. Dans le nord, il fournit aux besoins de la capitale. Cette province en produit une immense quantité.

Le papier que l'on fait avec l'écorce de mûrier s'appelle *sang-jang-tchi*. Il est très-fort et très-épais. Le papier (de cette sorte) que produit la partie orientale du *Tché-kiang* est constamment employé dans les trois districts de cette province, appelés *san-ou*, pour recevoir la graine des vers à soie.

Pour faire des parapluies et des écrans vernissés, on se sert habituellement du papier appelé *siao-pi-tchi* (c'est-à-dire papier de petite écorce).

Toutes les fois qu'on veut fabriquer du papier très-long et très-large, on a besoin d'une cuve d'une grande dimension. Un seul homme ne saurait manier la forme. Deux ouvriers se placent l'un devant l'autre et la lèvent en même temps.

Lorsqu'il s'agit de faire du papier de fenêtre (qui a quelquefois plus de 7 pieds de long et plus de 4 pieds de large), il faut plusieurs (trois ou quatre) personnes pour cette opération.

Le papier d'écorce qui est destiné aux peintres doit être passé d'avance à l'eau d'alun. Alors l'artiste ne rencontre ni poils, ni aucune particule ligneuse qui puissent s'attacher au pinceau.

La partie du papier qui est appliquée à la surface de la forme est regardée comme l'endroit. En effet, la matière forme presque immédiatement une feuille solide, mais les particules de pâte qui flottent à la surface lui laissent une apparence rude et grossière (ce côté est l'envers du papier). J'ignore avec quelle matière se fait le papier de Corée, appelé *pe-tchouï-tchi*.

Au Japon, il y a des fabricants qui ne se servent point de forme pour lever les feuilles. Quand la pâte du papier est réduite en bouillie, ils placent une large pierre bleue sur une espèce de poêle que l'on chauffe en dessous. La pierre ne tarde pas à devenir brûlante.

Ils prennent alors une brosse semblable à celles dont se servent les colleurs, et la trempent dans la pâte liquide. Ils en appliquent une couche mince sur toute la surface de la pierre, et à l'instant le papier est fait. Les feuilles se lèvent l'une après l'autre (et se mettent en rames). Il ne m'a pas été possible d'apprendre si cette méthode est usitée ou non en Corée. Je ne sais pas non plus s'il y a des personnes qui la suivent en Chine.

Le papier appelé *kiun-kiang-tchi*, du district de *Yong-kia*, se fait avec de l'écorce de mûrier.

Le papier appelé *sié-tcheou-tsien*, qui vient de la province du *Ssé-tchouen*, se fait avec l'écorce de la plante *fou-yong* (*hibiscus rosa sinensis*). Lorsqu'elle est cuite et réduite en bouillie, on y jette le suc des fleurs pulvérisées de la plante même. Peut-être a-t-il été inventé par un homme appelé *Sié-tcheou*, qui lui aura donné son nom, sous lequel on l'a désigné jusqu'à présent; mais l'estime particulière qu'on y attache tient à sa couleur, et non à la matière avec laquelle il est fabriqué.

Documents sur l'art d'imprimer à l'aide de planches en bois, de planches en pierre et de types mobiles, inventé à la Chine bien longtemps avant que l'Europe en fît usage.

(Extrait des livres chinois par M. Stanislas Julien.)

« *Planches stéréotypes en bois.* — Suivant Klaproth (*Mémoire sur la boussole*, p. 129), le premier usage

des planches stéréotypes en bois remonterait au milieu du dixième siècle de notre ère : « Sous le règne de Ming-
« tsong, de la dynastie des Thang pos-
« térieurs, dans la deuxième des années
« Tchang-hing (932 de Jésus-Christ),
« les ministres Fong-tao et Li-yu pro-
« posèrent à l'Académie Koue-tseu-
« kien, de revoir les neuf King (livres
« canoniques), et de les faire graver
« sur des planches de bois pour les im-
« primer et les vendre. L'empereur
« adopta cet avis; mais ce ne fut que
« sous l'empereur Thaï-tsou, de la dy-
« nastie des Tcheou postérieurs, dans
« la deuxième des années Kouang-chun
« (ou en 952), que la gravure des plan-
« ches des King (ou livres canoniques)
« fut achevée. On les distribua alors,
« et ils eurent cours dans tous les can-
« tons de l'empire. »

« M. Klaproth fait observer que l'imprimerie, originaire de Chine, aurait pu être connue en Europe environ 150 ans avant qu'elle n'y fût découverte, si les Européens avaient pu lire et étudier les historiens persans; car le procédé de l'impression employé par les Chinois se trouve assez clairement exposé dans le *Djemma'a et-tewarikh* de Râchid-Eddin, qui termina cet immense ouvrage vers l'an 1310 de Jésus-Christ.

« Nous ajouterons que l'Europe aurait pu connaître l'imprimerie plus de 600 ans avant qu'elle ne fût découverte dans nos contrées, si, quelques années avant le commencement du sixième siècle, elle eût été en relation avec la Chine. Grâce à ce procédé, quelque imparfait qu'il fût dans l'origine, il eût été possible de reproduire à peu de frais, en nombre immense, les chefs-d'œuvre de l'antiquité grecque et romaine, et d'en préserver un grand nombre d'une perte aujourd'hui irréparable.

« L'usage de la gravure sur bois, pour reproduire des textes et des dessins, est, en Chine, infiniment plus ancien qu'on ne l'a cru jusqu'ici. Nous lisons, en effet, ce qui suit dans l'encyclopédie chinoise *Ké-tchi-king-youen*, liv. XXXIX, fol. 2 : « Le hui-
« tième jour du douzième mois de la
« treizième année du règne de Wen-ti,
« fondateur de la dynastie des Soui
« (l'an 593 de Jésus-Christ), il fut or-
« donné, par un décret, de recueillir
« les dessins usés et les textes inédits,
« et de les graver sur bois pour les pu-
« blier. Ce fut là, ajoute l'ouvrage que
« nous citons, le commencement de
« l'imprimerie sur planches de bois;
« l'on voit qu'elle a précédé de beau-
« coup l'époque de Fong-in-wang ou
« Fong-tao (à qui l'on attribue cette in-
« vention vers l'an 932). »

« Cette citation se trouve reproduite dans une autre encyclopédie chinoise intitulée *Po-t'ong-pien-lân*, liv. XXI, fol. 10. Suivant un autre recueil intitulé *Pi-tsong*, l'imprimerie sur bois prit naissance dès le commencement du règne des Soui (581 de Jésus-Christ); elle se répandit sensiblement sous les Thang (618 à 904), prit une grande extension sous les cinq petites dynasties (907 à 960); enfin, elle arriva à sa perfection et à son plus grand développement sous la dynastie des Song (960 à 1278).

« Un savant chinois du milieu du onzième siècle, que j'aurai l'occasion de citer tout à l'heure, à propos des types mobiles, ne rapporte pas, il est vrai, la date précise de l'invention; mais il la fait positivement remonter plus de 300 ans avant Fong-ing-wang, à qui beaucoup d'écrivains chinois, et, après eux, plusieurs savants d'Europe, ont fait honneur de cette découverte. Il est même permis de penser que cette invention était déjà connue et en usage avant 593, puisqu'on dit que l'empereur ordonna *alors* d'imprimer avec des planches en bois. Si c'eût été un art tout à fait nouveau, on n'eût pas manqué d'en faire connaître l'origine et l'auteur.

« *Impression sur planches de pierre gravées en creux.* — La découverte de ce procédé, qui eut lieu entre l'invention des planches stéréotypes en bois et celle des types mobiles en pâte de terre cuite, n'a pas été connue, que je sache, des missionnaires français ni des savants d'Europe.

« On commença d'abord, au milieu du deuxième siècle de notre ère, à graver sur pierre des textes anciens pour en maintenir la correction, qu'altéraient chaque jour l'ignorance ou la négligence des copistes ; mais il ne paraît pas qu'à cette époque reculée on ait songé à faire servir ces planches gravées à reproduire et à multiplier les principaux monuments de la littérature chinoise.

« On lit dans les Annales des Han postérieurs, biographie de Tsaï-yong : « Dans la quatrième année de la période « Hi-ping (175 de Jésus-Christ), Tsaï-« yong présenta à l'empereur un mé-« moire dans lequel il le priait de faire « revoir, corriger et fixer le texte des « *six livres canoniques*. Il l'écrivit lui-« même en rouge, sur des tables de « pierre, et chargea des artistes habiles « de le graver en creux. On plaça ces « tables en dehors des portes du grand « collége, et les lettrés de tout âge ve-« naient chaque jour consulter ces « planches pour corriger leurs exem-« plaires manuscrits des six livres ca-« noniques. »

« Les caractères de ces textes gravés étaient écrits *à l'endroit*, et par conséquent n'auraient pu servir à en multiplier des copies, puisque après l'impression les signes chinois seraient venus en sens inverse. La seule destination de ces planches était, on le voit, de servir à conserver l'intégrité des textes. Sous plusieurs dynasties suivantes, ces mêmes planches furent successivement reproduites et copiées, tantôt en une seule écriture, tantôt en trois caractères différents. Les historiens nous apprennent qu'il était accordé un an aux étudiants pour étudier les six livres dans chaque écriture ; au bout de trois ans, ils devaient être en état de les lire couramment sous ces trois formes.

« Ce ne fut que vers la fin de la dynastie des Thang (904-907) que l'on commença à graver des textes sur pierre, *en sens inverse*, pour les imprimer en blanc sur fond noir.

« Eou-yang-siun s'exprime ainsi dans son recueil archéologique intitulé *Tsi-kou-lo* : « Par suite des troubles qui eu-« rent lieu sur la fin de la dynastie des « Thang, Ouen-tao ouvrit les tombes « impériales, et s'empara des livres et « des peintures qu'on y avait renfermés. « Il prit l'or et les pierres précieuses « qui en ornaient les enveloppes et les « rouleaux, et les abandonna sur place. « De là vint que les manuscrits auto-« graphes des hommes les plus rénom-« més des dynasties des Wei et des Tsin, « que les empereurs conservaient pré-« cieusement, s'égarèrent et tombèrent « entre des mains indignes.

« Dans le onzième mois de la troi-« sième année de la période *Chun-hoa* « (993), l'empereur Thaï-tsong ordonna, « par un décret, de graver sur pierre et « de reproduire par la voie de l'impres-« sion tous les manuscrits de ce genre « qu'on avait pu acheter et recueillir. « On les imprimait à la main sans « qu'elle fût salie par l'encre (*). »

« Dans l'encyclopédie intitulée *Tchi-pou-tso-tchaï* (recueil X), on a reproduit un petit ouvrage en deux livres, où sont décrits minutieusement toutes les inscriptions antiques et tous les autographes d'hommes célèbres qui furent imprimés de la sorte (c'est-à-dire en blanc sur fond noir), depuis l'an 1143 jusqu'en 1243 de Jésus-Christ. J'ai l'honneur de présenter à l'Académie une inscription funèbre, imprimée ainsi sur pierre, et qui, pour l'élégance et la netteté des formes, ne le cède pas aux plus belles éditions imprimées avec des planches en bois.

« *Impression en types mobiles, entre 1041 et 1049 de Jésus-Christ.* — On lit dans le *Mong-khi-pi-tàn*, Mémoires de Tchin-kouo (qui fut reçu docteur en 1056 de notre ère (liv. XVIII, fol. 8 ; Bibliothèque royale, fonds de Fourmont, n° 394, vol. 24) :

« On imprimait avec des planches de « bois gravées à une époque où la dy-« nastie des Thang (fondée en 618) n'a-« vait pas encore jeté de l'éclat (allusion « à l'emploi des planches stéréotypes « en bois, sous la dynastie précédente). « Depuis que Fong-ing-ouang eut com-« mencé à imprimer les cinq King « (livres canoniques), l'usage s'établit « de publier, par le même procédé, tous « les livres de lois et les ouvrages his-« toriques.

« Dans la période *King-li* (entre 1041

(*) L'auteur veut dire qu'après avoir *encré* la pierre et y avoir étendu le papier, on passait la main sur le revers de la feuille, pour qu'elle reçût uniformément l'impression. Aujourd'hui les Chinois se servent d'une brosse douce, et obtiennent ainsi un tirage plus régulier.

« et 1049 de Jésus-Christ), un homme
« du peuple (un forgeron, même ou-
« vrage, liv. XIX, fol. 14), nommé Pi-
« ching, inventa une autre manière
« d'imprimer avec des planches appe-
« lées *ho-pan* ou planches formées de
« types mobiles (cette expression s'em-
« ploie encore aujourd'hui pour dési-
« gner les planches de l'imprimerie im-
« périale qui se trouve à Péking, dans
« le palais *Wou-ing-tién*). En voici la
« description :

« Il prenait une pâte de terre fine et
« glutineuse, en formait des plaques
« régulières de l'épaisseur des pièces de
« monnaie appelées *tsièn*, et y gravait les
« caractères (les plus usités).

« Pour chaque caractère, il faisait un
« cachet (un type); puis il faisait cuire
« au feu ces cachets (ces types) pour les
« durcir.

« Il plaçait d'abord sur une table une
« planche en fer, et l'enduisait d'un
« mastic (très-fusible) composé de ré-
« sine, de cire et de chaux.

« Quand il voulait imprimer, il pre-
« nait un cadre en fer (divisé intérieu-
« rement, et dans le sens perpendicu-
« laire, par des filets de même métal;
« *on sait que le chinois s'écrit de haut
« en bas*), l'appliquait sur la planche
« de fer, et y rangeait les types en les
« serrant étroitement les uns contre les
« autres. Chaque cadre rempli (de types
« ainsi assemblés) formait une planche.

« Il prenait cette planche, l'appro-
« chait du feu pour faire fondre un peu
« le mastic; puis il appuyait fortement,
« sur la composition, une planche de
« bois bien plane (c'est ce que nous ap-
« pelons un *taquoir*), et, par ce moyen,
« les types (s'enfonçant dans le mastic)
« devenaient égaux et unis comme une
« meule en pierre.

« S'il se fût agi d'imprimer seule-
« ment deux ou trois exemplaires d'un
« même ouvrage, cette méthode n'eût
« été ni commode ni expéditive; mais
« lorsqu'on voulait tirer des dizaines,
« des centaines et des milliers d'exem-
« plaires, l'impression s'opérait avec
« une vitesse prodigieuse. D'ordinaire,
« on se servait de deux planches en fer
« (et de deux cadres ou formes). Pen-
« dant qu'on imprimait avec l'une des
« deux planches, l'autre se trouvait déjà
« garnie de sa composition. L'impres-
« sion de celle-ci étant achevée, l'autre,
« qui était déjà prête, la remplaçait de
« suite. On faisait alterner ainsi l'usage
« de ces deux planches, et l'impression
« de chaque feuille s'effectuait en un
« clin d'œil (*).

« Pour chaque caractère, on avait
« toujours plusieurs types semblables,
« et jusqu'à vingt épreuves (vingt types
« répétés) des signes les plus fréquents,
« afin de reproduire les mots qui peu-
« vent se trouver plusieurs fois dans la
« même planche. Lorsqu'on ne se ser-
« vait pas de ces doubles, on les con-
« servait enveloppés dans du papier.

« Les caractères étaient classés par
« ordre tonique, et tous ceux de chaque
« ton étaient disposés dans des casiers
« particuliers. S'il se rencontrait, par
« hasard, un caractère rare qui n'eût
« pas été préparé d'avance, on le gravait
« de suite, on le faisait cuire avec un feu
« de paille, et l'on pouvait s'en servir à
« la minute.

« La raison qui empêcha l'inventeur
« de faire usage de types en bois, c'est
« que le tissu du bois est tantôt poreux,
« tantôt serré, et qu'une fois impré-
« gnés d'eau, ils auraient été inégaux,
« et que, de plus, ils se seraient aggluti-
« nés au mastic de manière à ne pou-
« voir plus être enlevés pour servir à
« une nouvelle composition. Il valait
« donc beaucoup mieux faire usage de
« types en pâte de terre cuite. Lors-
« qu'on avait achevé le tirage d'une
« planche, on la chauffait de nouveau
« pour faire fondre le mastic, et l'on
« balayait avec la main les types qui se
« détachaient d'eux-mêmes, sans garder
« la plus légère particule du mastic ou
« de saleté.

« Quand Pi-ching fut mort, ses amis
« ont hérité de ses types et les conser-
« vent encore précieusement. »

« On voit, par ce dernier passage,
que l'inventeur des types mobiles, en
Chine, n'eut pas d'abord de successeur,

(*) Les Chinois n'impriment que deux pages à la fois, sur un seul côté du papier,
qu'ils plient en deux avant le brochage. La
partie blanche qui se trouve entre les deux
pages porte ordinairement le titre de l'ouvrage, le numéro et la section du livre, et le
chiffre de la page.

et que l'on continua à imprimer, comme auparavant, avec des planches de bois gravées.

« Ce retour bien naturel à l'ancien mode d'imprimer ne tenait certainement pas à l'imperfection du procédé de Pi-ching, mais à la nature de la langue chinoise, qui, étant dépourvue d'un alphabet formé d'un petit nombre de signes, avec lequel on pût composer toute sorte de livres, mettait l'imprimeur dans la nécessité de graver plusieurs fois autant de types qu'il y a de mots différents, et d'avoir (suivant la division des sons en cent six classes) cent six casiers distincts, renfermant chacun un nombre énorme de types, plusieurs fois répétés, dont la recherche, la composition, et la distribution après le tirage, devaient exiger un temps considérable. Il était donc plus aisé et plus expéditif d'écrire ou faire écrire, comme aujourd'hui, le texte qu'on voulait imprimer, de coller ce texte sur une planche en bois, et d'en faire évider au burin les parties blanches. Depuis cette époque jusqu'à nos jours, les imprimeurs chinois ont continué, en général, à imprimer avec des planches en bois, ou avec des planches stéréotypes de cuivre, gravées en relief. Mais, sous le règne de l'empereur Khang-hi, qui monta sur le trône en 1662, des missionnaires européens, qui jouissaient d'un grand crédit auprès de ce monarque, le décidèrent à faire graver 250,000 types mobiles en cuivre qui servirent à imprimer, sous le titre de *Kou-kin-thou-chou*, une collection d'ouvrages anciens et modernes qui forme 6,000 volumes in-8º (*), et dont la Bibliothèque royale de Paris possède plusieurs parties considérables (l'*Histoire de la musique*, en 60 liv. ; l'*Histoire de la langue chinoise et des caractères de l'écriture dans les différents siècles*, en 80 liv. ; et l'*Histoire

(*) Quelques années après, on commit la faute de faire fondre et de détruire ces 250,000 caractères en cuivre. Ce fait regrettable nous est fourni par la préface d'un petit ouvrage sur l'agriculture, imprimé plus tard, par le même procédé, dans l'établissement typographique du palais impérial appelé *Wou-ing-tién*, dont nous allons parler avec quelque détail.

des peuples étrangers connus des Chinois, en 75 liv.). Cette édition peut rivaliser, pour l'élégance des formes et la beauté de l'impression, avec les plus beaux ouvrages publiés en Europe.

« Il existe, dans le palais impérial de Péking, un édifice appelé *Wou-ing-tién*, où, depuis 1776, l'on imprime, chaque année, un grand nombre d'ouvrages avec des types mobiles obtenus, comme en Europe, à l'aide de poinçons gravés et de matrices.

« La Bibliothèque royale possède plusieurs éditions, d'une finesse et d'une beauté admirables, qui portent le cachet de cette imprimerie, dont les types mobiles ont reçu de l'empereur le nom élégant de *Tsiu-tchin*, c'est-à-dire *Perles assemblées*.

« Le rapport officiel qui précède une de ces éditions, nous apprend un fait très-intéressant, dont l'observation pourra peut-être donner lieu, en Europe, à des expériences et à des résultats d'une sérieuse importance. Nos poinçons en acier et nos matrices en cuivre entraînent de grandes dépenses, et sont exposés à se détériorer rapidement par l'oxydation. Les Chinois ont paré à ce double inconvénient, en gravant leurs poinçons en bois dur et d'un grain fin (ce qui coûte, pour chaque type, de 5 à 10 centimes), et en s'en servant pour frapper des matrices dans une sorte de pâte de porcelaine qu'on fait cuire au four, et où l'on fond les caractères destinés à imprimer, avec un alliage de plomb et de zinc, et quelquefois avec de l'argent. Reste à savoir comment l'on peut réussir à *justifier* (comme l'on dit en termes de fondeur) des matrices d'une telle matière. Il est permis de penser que la *justification* de ces matrices ne laisse rien à désirer, car les résultats typographiques que nous avons sous les yeux (par exemple, l'édition en petit-texte du *Choui-king-tchou*, ou *Livre des Rivières*, avec un *Commentaire*, qui a été communiquée à M. Arago par l'auteur de la présente notice) sont de nature à satisfaire les juges les plus compétents et les plus difficiles.

« Je ne terminerai pas cet article sans exposer les motifs qui décidèrent l'empereur Khien-long à fonder, en 1776, l'imprimerie en types mobiles du palais *Wou-ing-tién*. Ce monarque éclairé, ayant rendu un décret, en 1773, pour faire graver sur bois et imprimer aux frais de l'État 10,412 des ouvrages les plus importants de la littérature chinoise, un membre du ministère des finances, nommé *Kin-kiën*, considérant qu'il faudrait un nombre énorme de planches pour imprimer cette vaste collection de livres, et que les frais de gravure seraient immenses, proposa à l'empereur d'adopter le système d'impression en types mobiles, et lui soumit les modèles de ces types, disposés sur seize planches, et accompagnés de tous les renseignements nécessaires pour la gravure des poinçons en bois, la frappe des matrices la fonte et la composition.

« L'empereur approuva ce projet par un décret spécial, et ordonna d'imprimer, suivant le plan de Kin-kiën, ces 10,412 ouvrages, dont le catalogue descriptif et raisonné, publié par ordre impérial, forme 120 volumes in-8°. Ce précieux ouvrage existe à la Bibliothèque royale de Paris, et nous y avons puisé, liv. LXXXII, fol. 53, les détails qui précèdent.

« Dans ces derniers temps, l'imprimerie en types mobiles, appelés *païtseu* (ou *caractères composés*), a fait des progrès sensibles en Chine, et l'on finira peut-être, dans un avenir prochain, par renoncer à l'usage des planches de bois gravées. Nous possédons, à Paris, plusieurs grands ouvrages publiés d'après ce procédé : par exemple, un Traité sur l'art militaire (*Wouthsien-heou-pien*), en 24 vol. ; un Dictionnaire tonique des noms de villes (*Li-tai-ti-li-yun-pien*), en 16 vol. in-4° ; une description géographique du globe, d'après les auteurs chinois, orientaux et européens (*Haï-koué-thou-tchi*), 20 vol. in-4° ; etc. Ces éditions, il est vrai, sont loin d'avoir la même pureté que celles qui sortent des presses impériales ; mais elles sont fort nettes et beaucoup plus correctes que celles qui proviennent de planches en bois, les auteurs ou les éditeurs chinois ayant maintenant, comme nous, l'habitude de revoir les épreuves du texte jusqu'à ce qu'il leur paraisse tout à fait exempt de fautes typographiques. »

On trouve dans un excellent travail, publié l'année dernière par M. Ambroise-Firmin Didot, une notice sur l'art de l'imprimerie à la Chine. L'histoire de la typographie est un sujet important, et les questions qu'un tel sujet fait naître sont quelquefois difficiles à traiter. M. Didot devait au public le tribut de ses lumières et de son expérience. L'accueil favorable que son ouvrage a reçu prouve qu'il s'est acquitté de sa tâche fort honorablement. Après la notice sur l'imprimerie chinoise, placée à la fin de l'*Essai*, nous signalerons au lecteur la description d'un procédé chinois et les réflexions qui la suivent (pag. 562 et 563) (*).

TRAVAIL DE LA LAQUE A CANTON.

« La laque, dit M. Natalis Rondot, est, plus encore que l'encre, la porcelaine, la tabletterie d'écaille, d'ivoire, de nacre, un article spécial à la Chine ; sa manufacture est franchement originale, acquise à tout jamais au pays, puisqu'elle en utilise un des produits végétaux indigènes, et s'assure, pour un faible salaire, la patiente habileté des ouvriers cantonnais.

« Les phases diverses du travail sont assez curieuses pour que nous essayions d'en donner la description ; elles sont d'ailleurs bien peu connues, que nous sachions, et nous doutons que l'on en ait souvent lu les détails notés par un témoin oculaire (**).

« La laque (en kouan-hoa, *tsi* ; en dialecte de Canton, *tsat*) est un vernis qui prend à l'air une couleur noire et brillante comme celle du jais, et qui s'applique le plus habituellement sur les boîtes à thé, les guéridons, les échiquiers, les paravents, les consoles, etc. Ces petits meubles sont établis en bois bien sec, et aussitôt que le menuisier les a livrés à Hip-qua (ma-

(*) Essai sur la typographie, par M. Ambroise-Firmin Didot ; Paris, 1851. (Extrait du tome XXVI de l'Encyclopédie moderne.)

(**) M. Natalis Rondot était attaché, comme délégué du commerce, à l'ambassade de M. de Lagrenée.

nufacturier de Canton), ils subissent la série d'opérations suivantes :

« 1° Un ouvrier plane le bois avec soin, dégage les rainures d'assemblage, et avec un stylet de fer les garnit de fine étoupe de *ma*. On colle ensuite sur les joints et les rainures des bandes de papier de *broussonetia*, et l'on nerve toute la surface en y appliquant un canevas de soie ou une feuille de papier.

« 2° Sur une table de bois verni, garnie de rebords, longue d'un mètre et demi environ et large d'un mètre, on mélange ensemble, avec une plaquette d'ébène *sun-chi*, du fiel de buffle ou de porc et du grès rouge, pulvérisé très-fin et tamisé; cette opération doit se faire très-lentement et dure toute une journée. Il se dégage une odeur ammoniacale assez vive pour que l'on doive faire le mélange dans la rue.

« 3° On étend sur le meuble une couche épaisse de cet enduit avec un large pinceau plat, à soie courte, large de quinze centimètres environ, en ayant la précaution de la répartir avec régularité; on la laisse sécher à l'air, et elle prend un aspect grenu et une couleur brun rougeâtre.

« 4° Le polissage de cet enduit est facile et rapide; il suffit d'y promener plusieurs fois un brunissoir de grès rouge. Pour que le petit meuble soit prêt à être laqué, il ne faut plus que passer dessus une couche d'eau gommée avec de la craie en suspension, ou que le frotter, comme on fait au Japon, avec de la cire, afin d'empêcher que le vernis pénètre dans le bois.

« Qu'est-ce que la laque? C'est assurément la question que chacun a voulu nous poser, et, si on la soumet à un Chinois, on obtiendra de lui cette invariable réponse : « *Nan-king come from, taï-pan.* » Les marchands cantonnais attribuent, en effet, à Nanking les fabrications qu'ils ignorent, et aux artisans de cette fameuse cité une supériorité en toutes choses. — Si l'on consulte les PP. Ricci, Martini, d'Incarville, Lecomte, Duhalde et de Charlevoix, Barrow et Kæmpfer, on apprend que la laque est une résine roussâtre qui exsude des incisions pratiquées sur un arbre indigène des provinces de Sse-tchouen, de Kiang-si, de Tche-kiang, de Ho-nan, en Chine, et de celles d'Itsikoka, de Figo et de Jamatto au Japon. — Cet arbre s'appelle *tsi* en chinois, *sitz djou* et *ourousi no ki* en japonais. Le P. d'Incarville l'a figuré dans la planche première de son mémoire, et c'est, sans aucun doute, le même que l'abbé Grosier a décrit, d'après les ouvrages des missionnaires, et qu'il a rapporté à l'*augia sinensis* de Linné. Suivant d'autres, la laque serait le produit d'un *melanorrhœa*, du *rhus succedaneum*, ou bien du *rhus vernix*, qui est cultivé en France dans les jardins; enfin, nous savons que les vernis-laques communs s'extraient des fruits du *dryandra cordata* et du *rhus semialata*.

« Quelle que soit son origine, la laque arrive à Canton des provinces de Sse-tchouen et de Kiang-si, en échange de tissus de coton, de laine et d'autres articles européens. Il y en a de différentes qualités, et le prix varie de 40 à 95 piastres le picul (de 364 à 864 fr. les cent kilog.). Suivant Duhalde (vol. II, p. 176), le catty ne coûte, sur le lieu de la récolte, que 40 sous.

« La laque la plus estimée a une couleur de café au lait foncé, tirant sur le rouge. Elle vaut de 90 à 100 piastres le picul (de 818 à 909 fr. les cent kilog.), et vient ordinairement du Sse-tchouen.

« La deuxième qualité est de la même provenance; sa nuance est plus claire, et son prix varie de 75 à 80 piastres le picul (de 682 à 728 fr. les cent kilog.).

« La troisième, enfin, encore plus pâle, c'est-à-dire café au lait léger ou gris mastic rosé, se paye de 40 à 50 piastres le picul (de 364 à 455 fr. les cent kilog.).

« Ainsi, plus la couleur est blanchâtre, moins la laque est fine et supérieure, et nous ferons observer qu'elle noircit d'autant moins vite à l'air.

« Le vernis-laque brut arrive, en exhalant une odeur âcre et pénétrante, renfermé dans des *tubs* ou petits seaux elliptiques. Ces barils ont 37 centimètres de profondeur, 47 centimètres de grand axe et 31 centimètres de petit axe; leurs parois sont épaisses de 5 millimètres, et ils sont fermés d'un simple couvercle de bois sur lequel est collée une feuille de fort papier de coton ou de *broussonetia*. Chaque *tub* contient de 40 à 50 catties (de 24 kilog. 20 à 30 kilog. 25).

« Tel est l'emballage de la matière première que nous avons vue arriver à Canton.

« Le P. d'Incarville distingue plusieurs sortes de vernis bruts et préparés. Nous avons pensé utile de résumer les détails qu'il donne sur chacun d'eux dans son mémoire :

« *Nien-tsi* (vernis de Yen-tcheou-fou, Tche-kiang).

« Le *nien-tsi* donne un noir plus brillant que le *sse-tsi*; il coûte à Pé-king environ 5 fr. la livre.

« *Sse-tsi* (vernis de Sse-tcheou-fou, Kouéi-tcheou).

« Le *sse-tsi* ne se vend à Pé-king que 3 livres.

« *Kouang-tsi* (vernis de Kouang-tcheou-fou, Kouang-tong).

« Le *kouang-tsi* tire sur le jaune et vaut à Pé-king 9 livres; il est plus pur que les deux autres. Il a un autre avantage : c'est que, pour l'employer, on y ajoute environ la moitié de *tong-yeou*, huile du *vernicia montana*, très-commune en Chine, qui ne coûte, sur les lieux où on la recueille, que 2 ou 3 sous la livre.

« *Kouang-tsi* (vernis brillant).

« Pour faire avec le *nien-tsi* pur ou mélangé d'un quart de *sse-tsi* le beau vernis de la Chine, on le fait évaporer à moitié ; on y ajoute, par livre de laque, 4 ou 6 gros de fiel de porc épaissi au soleil, puis 4 gros de vitriol romain dissous dans un peu d'eau; on agite vivement le tout jusqu'à ce que l'écume prenne une couleur violette. Ce vernis, ainsi préparé, s'appelle *kouang-tsi*.

« *Yang-tsi* (vernis d'au delà de la mer).

« Quand le *kouang-tsi* est évaporé en entier, on y ajoute, par livre de vernis, un gros de charbon d'os de cerf ou d'ivoire réduit en poudre fine, et une once d'huile de thé siccative; on obtient ainsi le *yang-tsi* ou vernis noir des Japonais.

« *Tchao-tsi* (vernis enveloppant).

« Le *tchao-tsi* est d'un jaune transparent; il est composé de moitié *kouang-tsi* (vernis de Kouang-tcheou-fou) et de moitié *tong-yeou* siccatif; on en applique une couche sur la poudre d'or dans les imitations d'aventurine.

« *Kin-tsi* (vernis doré).

« Le *kin-tsi* est jaune doré; on le prépare avec moitié de *sse-tsi* (très-commun ou provenant de la troisième récolte) et moitié de *tong-yeou*. Pour imiter l'aventurine, on sème la poudre d'or sur une couche de ce vernis et on la recouvre d'une couche de *tchao-tsi*.

« *Hoa-kin-tsi* (vernis doré pour les peintres).

« Le *hoa-kin-tsi* est le vernis dont se servent les peintres sur laque pour délayer leurs couleurs; c'est aussi une sorte de mordant pour fixer l'or; dans ce cas, on y ajoute un peu de vermillon ou d'orpiment. Il est composé de moitié *tchao-tsi* et de moitié *kin-tsi*.

« Ces faits posés, nous allons entrer maintenant dans le petit laboratoire où l'on prépare le vernis-laque pour l'application.

« 5° On commence par verser, dans chaque catty (605 grammes) de laque de première qualité, deux catties (1 kilog. 21) d'eau, ou un catty (605 grammes), si l'on emploie la deuxième qualité.

« Ensuite on ajoute par chaque catty de laque : 1 tael (37 grammes 80) d'huile de *camellia sesanqua* ou *oleifera* (tcha-yeou);

« Un fiel de porc (si la vésicule est grosse, on n'en met que la moitié) ;

« 5 mèces (18 grammes 90) de vinaigre de riz (en cantonnais, *tchi-tso*).

« Quand la laque s'épaissit, on lui donne plus de fluidité par l'addition de vinaigre, et non plus d'eau.

« On mélange intimement ensemble ces diverses substances, et l'on obtient un vernis pâteux très-fin et d'un noir brillant.

« 6° C'est dans un atelier fermé de tous côtés que l'on applique, sur les meubles, la laque en couches minces avec un pinceau plat (*tsat-chun*), qui s'achète à Ping-po, province de Kouang-tong, une demi-piastre (2 fr. 75 c.) la douzaine. Il faut éviter, on le conçoit, que la poussière, en voltigeant, ne granule la surface, que les moustiques et les mouches ne viennent s'y poser. Aussitôt l'application de la couche, on porte le meuble dans un petit séchoir attenant au laboratoire.

« Même dans les moindres détails de fabrication, les Chinois font habituellement le contraire des Européens : nous voulons des séchoirs chauffés et bien secs, ils les choisissent frais et humides, et quand, dans la mousson de sud-ouest, la chaleur est très-forte, ils arrosent le sol.

7° Du séchoir, la pièce passe dans les mains d'un ouvrier qui l'humecte d'eau, et la plane soigneusement avec un petit polissoir de *lao-hang-chi*, schiste tendre à grain fin, de couleur chocolat foncé, avec lequel on fait les encriers.

« 8° Le meuble revient recevoir une deuxième couche de laque, puis, au sortir du séchoir, un deuxième poli, et ces deux opérations se réitèrent jusqu'à ce que la surface soit parfaitement unie et brillante. — On n'applique jamais moins de trois couches, ni plus de dix-huit.

« Lorsqu'on remarque un petit grumeau ou un grain, on l'enlève et l'on polit avec une poudre argileuse blanche, fine et douce, qui vient de Chao-king, province de Kouang-tong, et que l'on appelle *chao-king tou-fan*; on reprend ensuite le travail habituel.

« 9° Le guéridon ou le coffret est enfin laqué; tout a réussi à souhait; nous entrons alors dans la région artistique de la manufacture.

« Dans deux grandes salles sont assis, chacun sur un escabeau et devant une petite table à tiroirs, une cinquantaine d'ouvriers, que l'on trouve nus jusqu'à la ceinture, ayant toujours en main l'éventail et le pinceau, et leur longue mèche de cheveux roulée autour de la tête.

« L'ouvrier commence par esquisser d'idée, avec un pinceau blanchi d'un peu de céruse, le dessin qui lui est désigné. Quand il est satisfait de son croquis, il le repasse avec une pointe très-fine d'acier, et trace alors les mille petits détails du sujet. La manière dont il tient le burin, qui est toujours dans une position verticale, donne au tracé plus de rectitude et de sûreté.

« Plus souvent le chef de l'atelier de peinture dessine à l'encre de Chine la composition sur du papier, puis l'élève ou l'apprenti en suit les traits au pinceau avec de l'orpiment en suspension dans l'eau, et, lorsqu'ils sont encore frais, les décalque sur la pièce laquée. Il les repasse alors, pour les fixer, avec de l'orpiment ou du vermillon, délayés cette fois avec de l'eau saturée de colle.

« On couvre ensuite les traits du dessin avec la laque du Kouang-si ou le *hoa-kin-tsi*, rendu plus liquide par l'addition d'un peu de camphre, et destiné à servir de mordant pour l'or. Quand ce nouveau vernis est sec, on le dore avec un tampon chargé d'or en coquille.

« Cet or se prépare dans la cité de Canton avec du *kien-choui* (eau de potasse), se vend une piastre les 2 candarines 9 caches en poids (5 fr. le gramme), et donne la teinte jaune vif.

« Pour la nuance jaune pâle, on emploie de l'or allié à un peu d'argent, qui se paye une piastre les 3 candarines 9 caches en poids (3 fr. 75 c. le gramme), et s'applique aussi au tampon.

« Lorsque l'on veut obtenir des reliefs, on applique une nouvelle couche de *hoa-kin-tsi* sans camphre, et l'on passe à plusieurs reprises de l'or en coquille. S'il s'agit de tracer des lignes noires sur les dorures, d'enjoliver celles-ci par des miniatures, de dessiner les yeux, la bouche, la coiffure, les détails du costume des personnages ou certaines parties du paysage, on se sert de laque du Fo-kien, qui coûte de 100 à 120 piastres le picul (de 908 à 1,092 fr. les 100 kilog.). Enfin pour dorer directement au pinceau les petits décors, on a dans des godets de l'or fin et de l'or allié porphyrisés, préparés, et en suspension dans une eau légèrement gommée.

« On fait aussi à Canton des meubles et des boîtes à thé blanches, dont les sujets sont peints de diverses couleurs; cette laque blanche se fait avec du *hoa-kin-tsi*, mélangé intimement avec de l'argent en feuilles très-ténues, et rendu plus liquide par la présence d'un peu de camphre.

« Le rouge est donné par le *tchou-*

cha, cinabre natif, le rose par la laque de fleur de carthame, le vert par l'orpiment et l'indigo du *kouang-tien-hoa*, le violet par le *tse-chi* ou le colcotar calciné, et le jaune par l'orpiment. Toutes les couleurs que l'on mélange avec le vernis-laque deviennent d'autant plus belles qu'elles sont plus anciennement appliquées.

« La finesse de certains pinceaux est réellement remarquable; aussi ils se payent jusqu'à trois quarts de piastre et une piastre la pièce et se tirent de Chao-hing, province de Tche-kiang.

« 10° De l'atelier de peinture où il a été couvert d'une miniature dorée, dessinée avec la patiente minutie et la finesse originale qui caractérisent le talent de l'ouvrier chinois, le meuble revient aux mains du menuisier, qui le monte, y place des charnières, des poignées, une serrure en cuivre blanc, et l'ajuste avec goût.

« Le travail est alors achevé; le coffret passe de la fabrique à la boutique.

« Les ouvriers qui récoltent le vernis ne reçoivent, malgré le danger auquel ils s'exposent, qu'un tael d'argent par mois, tant pour leur travail que pour leur nourriture; c'est 26 centimes par jour. Les salaires des autres ouvriers sont proportionnés à leur capacité. Ceux qui appliquent les couches de fiel et de grès rouge pulvérisé ont 50 piastres (275 francs) par an, environ 75 centimes par jour. Ceux qui laquent les pièces sont payés de 5 à 6 piastres (de 27 fr. 50 cent. à 33 fr.) par mois; en moyenne, 1 fr. par jour; et les peintres sont, suivant leur habileté, engagés à raison de 7 à 15 piastres par mois, c'est-à-dire de 1 fr. 28 cent. à 2 fr. 75 cent. par jour.

« Tous sont logés dans la manufacture, mais leur aménagement est fort simple; il leur suffit d'un lit de bambou, avec sa natte et sa moustiquaire, juché n'importe où. Hip-qua les nourrit et estime à 30 piastres (165 fr.) la dépense annuelle par tête (45 cent. par jour).

« Les ouvriers travaillent toute l'année sans relâche, car les Chinois ne connaissent ni dimanches ni jours de fête, et l'atelier ne se ferme guère qu'au nouvel an et à la fête des lanternes. On accorde néanmoins à ces pauvres gens la permission d'aller, deux ou trois fois par an, voir leurs femmes, qui habitent ordinairement la campagne.

« Le travail de la laque est très-insalubre; aussi ceux qui la préparent et qui l'appliquent sont-ils souvent malades. Durant tout le temps de leur indisposition, ils ne reçoivent aucun salaire, et doivent payer le médecin et les médicaments.

« Le loyer de la fabrique est de 200 piastres (1,100 fr.) par an, et il n'y a aucune contribution à payer au gouvernement ni aux mandarins (*). »

Notice sur le vermillon chinois,

Traduite et extraite de l'Encyclopédie technologique intitulée : *Thien-kong khai-we*, par M. Stanislas Julien.

« Le cinabre, l'argent liquide, le rouge d'argent, ne sont au fond qu'une seule et même chose. Ce qui leur fait donner différents noms, c'est que cette substance est tantôt pure, tantôt grossière, tantôt vieille, tantôt récemment extraite.

« Le cinabre de première qualité vient de *Chin-pe* (aujourd'hui *Ma-yang*) et de *Si-tchouen*. Il s'y trouve à l'état pur dans le sein de la terre, et l'on n'a pas besoin de le purifier par le feu. Ce cinabre, qui sert à donner du poli aux pointes de flèches, aux miroirs (métalliques), etc., a trois fois plus de valeur que le mercure; c'est pourquoi on le trie avec soin et on le vend sous sa forme native, c'est-à-dire sous celle de sable ou poussière rouge. Si on le fond, il perd une grande partie de sa valeur.

« Le cinabre grossier et de seconde qualité a besoin d'être purifié par le feu; il forme alors le mercure.

« Le cinabre de première qualité se trouve en creusant la terre à une profondeur d'environ soixante-dix pieds. L'approche du minerai est indiquée par un filon composé de petites pierres blanches et granulées. Les plus grands

(*) Une Promenade dans Canton, par M. Natalis Rondot. (Voy. le Journal asiatique, cahier de janvier 1848, p. 42-58.)

morceaux sont de la grosseur d'un œuf. Le cinabre de seconde qualité n'entre dans aucune préparation pharmaceutique. On le broie, et il sert aux peintres et aux coloristes, de même que le cinabre que l'on prépare directement avec le mercure. Son filon ne se présente pas toujours sous la forme de pierres blanches. On le trouve à une vingtaine de pieds plus bas que celui dont nous venons de parler. Sa gangue pierreuse offre à l'extérieur un mélange de bleu et de jaune; quelquefois il se forme au milieu des terrains où se trouvent des couches de sable, alors l'enveloppe de pierre et de sable se fendille et se sépare facilement. Cette espèce de cinabre se trouve en abondance à *Kouëï-tcheou*, à *Sse-yn* et à *Thong-jin*, etc. On le trouve aussi en grande quantité à *Chang-tcheou* et à *Tsin-tcheou*.

« La cavité où l'on trouve le cinabre de seconde qualité offre partout un aspect blanchâtre. Quand il est récemment extrait, on peut le séparer sans avoir besoin de le broyer. Ce cinabre, au sortir de la minière, a une apparence brillante qui se ternit bientôt au contact de l'air.

« Lorsqu'on veut préparer le vermillon, on prend du cinabre, on le met dans une auge en fer qui a la forme d'une petite barque, et on le pulvérise à l'aide d'une sphère aplatie, en pierre, placée au bout d'un levier vertical que quatre hommes font mouvoir à l'aide d'un bâton qui le traverse. Ensuite on le met dans un vase rempli d'eau pure, et on le laisse tremper pendant trois jours et trois nuits. Une partie se dépose au fond du vase; l'autre, plus légère, nage à la surface; on la recueille avec une écumoire, et on la remet dans un nouveau vase : on l'appelle alors *eulh-tcheou* ou *second rouge*. Quant au cinabre qui s'est déposé au fond du vase, on le fait sécher au soleil, et il prend alors le nom de *theou-tchou* ou *premier rouge*.

« Pour obtenir le vif-argent (le mercure), on se sert tantôt de cinabre de seconde qualité, blanc et récemment extrait, tantôt de celui qui s'est déposé au fond du vase, tantôt enfin du *second rouge*, recueilli à la surface de l'eau.

« Lorsqu'on veut préparer le mercure, on prend trente livres de l'un des cinabres cités plus haut, et on les met dans un vaisseau de fer. On place sous ce vase une trentaine de livres de charbon, et on le recouvre avec un autre vase de même métal qui doit avoir (au centre de sa partie convexe) une petite ouverture. On lute hermétiquement les bords de ce vase à l'endroit où il s'emboîte avec le vase inférieur; puis, dans l'ouverture laissée au vase supérieur, on place un arc en fer, creux à l'intérieur; on le corde tout autour avec un lien de chanvre, en rapprochant les anneaux autant que possible, ensuite on le lute avec soin.

« Quand on chauffe le vase inférieur, un bout de l'arc communique avec l'intérieur du vase, afin de conduire la vapeur, l'autre bout plonge dans un vase rempli d'eau. Par ce moyen, la vapeur qui sort du vase de métal pénètre dans l'eau dont est rempli le vase opposé, et s'y condense.

« Quand on a chauffé pendant cinq heures, tout le cinabre est transformé en mercure qu'on retire du vase rempli d'eau, après l'avoir laissé reposer pendant vingt-quatre heures.

« Quelquefois on traite de nouveau le mercure pour obtenir du vermillon, qu'on appelle alors *yn-tchou*, c'est-à-dire *rouge de vif-argent*. Tantôt on se sert d'un creuset de terre, tantôt de deux vases de métal superposés. On ajoute à une livre de mercure deux livres de soufre que l'on triture ensemble. Il se forme une poussière noirâtre; on la met dans le creuset, que l'on recouvre avec un couvercle en fer, et l'on fixe le couvercle en plaçant dessus une barre de fer que l'on arrête à l'aide d'un fil d'archal qui embrasse le creuset de chaque côté, dans une direction verticale; ensuite on lute hermétiquement les fentes que laissent les deux vases à leur point de contact. On élève le vase sur un trépied en fer, au-dessous duquel on brûle des bâtons de bois résineux. Pendant longtemps, on refroidit le couvercle avec un vieux pinceau saturé d'eau; alors le mercure se combine avec le soufre et se sublime en une poudre très-ténue qui s'attache aux parois du vase. Le cinabre qui se fixe à la partie interne du couvercle est du plus vif éclat. Lorsque le vase est entièrement refroidi, on enlève le vermillon. L'excès du soufre dont on s'est servi se précipite au fond du vase et peut être employé une seconde fois. Une livre de mercure donne 14 onces de cinabre de première qualité et 3 onces $\frac{5}{17}$ de seconde qualité.

« Le cinabre obtenu par l'action du feu et le cinabre natif qu'on a pulvérisé ont absolument la même apparence. Néanmoins, pour peindre dans les maisons des princes et chez les personnes de distinction, on ne se sert point de cinabre artificiel. Le seul qu'on emploie est celui qu'on tire, à l'état pur, des mines de *Thong-chin* et de *Pe-tchouen*, et qu'on prépare par la pulvérisation.

« Quant au vermillon destiné à écrire, on le broie avec de la gélatine, et on en fait de petits pains. Lorsqu'il est répandu sur un encrier en pierre, il présente un rouge du plus bel éclat ; si on le broie sur un encrier d'étain, il forme une couleur noire, et alors il sert aux vernisseurs et donne aux objets un lustre et une teinte luisante qui en rehausse le prix. Si on le mêle avec de l'huile de l'arbre *toung*, il prend un aspect brillant ; si on y met du vernis, il perd son éclat et devient d'un noir foncé (*). »

MIROIRS MAGIQUES.

On lit dans l'encyclopédie intitulée : *Ke-tchi-king-youen*, liv. LVI, fol. 6 et suiv. :

« *Theou-kouang-kien*, ou miroirs *qui se laissent pénétrer par la lumière* (expression qui vient d'une erreur populaire). Si l'on reçoit les rayons du soleil sur la surface polie d'un de ces miroirs, les caractères ou les fleurs en relief qui existent sur le revers se reproduisent fidèlement dans l'image (reflétée) du disque. Tchin-kouo (écrivain qui florissait au milieu du onzième siècle) en parle avec admiration dans ses mémoires intitulés : *Mong-ki-pitan*, liv. XIX, fol. 5. Le poëte Kinma les a célébrés en vers ; mais jusqu'au temps des empereurs mongols, aucun auteur n'avait pu expliquer ce phénomène. Ou-tseu-hing, qui vivait sous cette dynastie (entre 1260 et 1341), a eu le premier ce mérite. Voici comment il s'exprime à ce sujet :

« Lorsqu'on place un de ces miroirs « en face du soleil et qu'on fait reflé- « ter, sur un mur très-rapproché, l'i- « mage de son disque, on y voit appa- « raître nettement les ornements ou les « caractères en relief qui existent sur « le revers. Voici la cause de ce phéno- « mène, qui provient de l'emploi dis- « tinct de cuivre fin et de cuivre grossier. « Si, sur le revers du miroir, on a pro- « duit, en le fondant dans un moule, « un dragon disposé en cercle, sur la « face du disque on grave profondé- « ment un dragon exactement sembla- « ble. Ensuite, avec du cuivre un peu « grossier, on remplit les tailles pro- « fondes de la ciselure ; puis on incor- « pore ce métal au premier, qui doit « être d'une qualité plus pure, en sou- « mettant le miroir à l'action du feu ; « après quoi l'on plane et l'on dresse la « face du miroir, et l'on y étend une lé- « gère couche de plomb (étain).

« Lorsqu'on tourne vers le soleil le « disque poli d'un miroir ainsi préparé, « et qu'on reflète son image sur un « mur, elle présente distinctement des « teintes claires et des teintes obscures « qui proviennent, les unes des parties « les plus pures du cuivre, les autres « des parties les plus grossières. »

« Ou-tseu-hing, à qui nous devons l'explication qui précède, nous apprend qu'il a vu briser, en menus fragments, un miroir de ce genre, et qu'il a reconnu par lui-même l'exactitude de sa description (*). »

FABRICATION DES TAM-TAMS.

(Extrait de la petite encyclopédie technologique intitulée : *Thien-kong-khai-we*, publiée en 1637 par Song-yin-sing.

« Ce n'est que lorsque le cuivre rouge a été transformé en cuivre jaune,

(*) Voy. le Nouveau Journal asiatique, cahier de mars 1830, p. 208 à 212.

(*) Notice sur les miroirs magiques des Chinois et leur fabrication, par M. Stanislas Julien. (Extrait des Comptes rendus des séances de l'Académie des sciences, t. XXIV, p. 2 et 3.)

qu'on .e tait fondre et qu'on en fabrique divers vases et instruments. En le combinant avec une certaine quantité d'arsenic, on obtient le pě-tong ou cuivre blanc, qui est deux fois plus difficile à travailler (que le jaune), et dont les riches seuls font usage. Tout cuivre jaune qui provient du mélange du cuivre rouge et de la calamine peut être martelé à chaud ; mais si l'on a remplacé la calamine par le plomb du Japon, il doit être martelé à froid.

« Pour que le cuivre soit propre à la fabrication des instruments de musique, on y mêle un alliage d'étain (20 pour 100). Ces sortes d'instruments se font d'une seule pièce et sans soudures. Quant aux ustensiles de cuivre de forme carrée ou ronde, on réunit leurs parties à l'aide de rivets ou de soudures. On en distingue deux : la petite soudure, au moyen de poudre ou limaille d'étain, et la grande soudure pour laquelle on emploie la poudre ou limaille de cuivre sonore (formée de 80 parties de cuivre et de 20 d'étain). Cette limaille de cuivre se fixe sur la pièce à l'aide d'une pâte de riz à laquelle on la mêle d'avance, et qu'on enlève ensuite par un simple lavage. Par là, la limaille de cuivre reste en place ; autrement elle ne tarderait pas à se disperser. Pour souder des vases d'argent, on fait usage de limaille de cuivre rouge.

« Toutes les fois qu'on veut marteler un instrument de cuivre, par exemple un tching, appelé vulgairement *lo* (un gong, tam-tam à fond plat), il n'est pas nécessaire de fondre d'avance le métal sous une forme arrondie ; on peut le battre immédiatement, sans autre préparation.

« Mais si l'on veut marteler un *tcho*, vulgairement appelé *tambour de cuivre* (un tam-tam), ou des ting-ning (cymbales), on fond d'abord le métal sous forme de plaque arrondie, puis on le bat au marteau.

« Lorsqu'on bat un gong ou un tam-tam, on ne se sert point d'une enclume. On étend sur le sol la masse ou la feuille de métal. Si l'instrument doit être de grande dimension, plusieurs ouvriers se placent autour et la frappent à coups redoublés. De petite qu'elle était, la pièce s'élargit et s'étend, et bientôt du corps de l'instrument s'échappent des sons vibrants *qui partent tous des points frappés à froid*. Lorsque le centre du tam-tam a été relevé en bosse, un ouvrier habile lui donne graduellement, en le battant à froid, la qualité de son requise. On peut lui donner à volonté deux sortes de son : le son femelle (aigu) ou le son mâle (grave) ; mais il faut calculer, à un centième, et même à un millième près, le degré de saillie ou de dépression de la bosse centrale. C'est par un grand nombre de coups de marteau qu'on détermine le son mâle.

« Lorsque le cuivre jaune vient d'être martelé, il est d'un blanc blafard ; mais il suffit de le limer pour lui rendre sa couleur naturelle (*). »

PORCELAINE DE LA CHINE.

L'histoire de la porcelaine de la Chine est très-incertaine et très-obscure. On ne connaît pas l'inventeur de cet art ; on ignore, dit l'abbé Grosier, si on le doit au hasard ou à des tentatives réfléchies ; on ne peut même déterminer avec précision quelle est son antiquité. Suivant M. Davis, le premier fourneau dont il soit fait mention fut établi, vers le commencement du septième siècle de notre ère, dans la province de Kiang-si, où se fabrique encore aujourd'hui la plus belle et la plus parfaite porcelaine de l'empire ; mais les fameux fourneaux de King-te-tchin, situés à l'est du lac Po-yang, ne furent construits, d'après ce voyageur, que vers l'an 1000 de Jésus-Christ.

King-te-tchin est le nom d'un bourg situé dans le département de Jao-tcheou-fou, province de Kiang-si. Cette célèbre bourgade a une lieue et demie de longueur, et l'on assure qu'elle renferme un million d'habitants (**).

(*) Voy. la Notice sur la fabrication des tam-tams, par M. Stanislas Julien. (Extrait des Comptes rendus des séances de l'Académie des sciences, tome XXIV, p. 12 et 13.)

(**) King-te-tchin contient environ cinq cents fourneaux à porcelaine, tous en activité. Dès qu'on approche de ce lieu à quelque distance, les tourbillons de flamme et de fumée qui s'élèvent de différents endroits

Il existe un ouvrage chinois, en huit volumes, intitulé: *King-te-tchin-tao-lou* (Histoire des poteries et des porcelaines de la manufacture impériale de King-tetchin) (*). La traduction de cet ouvrage intéressant, faite par M. Stanislas Julien, est actuellement sous presse. Nous devons aussi au P. Dentrecolles une lettre très-détaillée sur la fabrication de la porcelaine chinoise. « Ce missionnaire, dit l'abbé Grosier, avait une église à King-te-tchin même, et il comptait parmi ses néophytes un grand nombre d'ouvriers employés dans les ateliers. C'est d'eux qu'il a tiré la connaissance des procédés relatifs à ce travail et à l'explication de quantité de détails dont il ne pouvait s'instruire par lui-même; il a de plus fait une étude particulière des principaux ouvrages chinois qui traitent de la porcelaine (**). » A défaut de l'ouvrage traduit par M. Stanislas Julien, nous allons suivre le P. Dentrecolles et l'abbé Grosier.

Matière de la porcelaine. Sa couverte (émail).

On connaît les principaux matériaux qui entrent dans la composition de la porcelaine, le *pe-tun-tseu*, le *kao-ling* (kao-lin), le *hoa-chi*. « A ces éléments principaux il faut joindre l'huile, le vernis ou la couverte, qui donne à la porcelaine sa blancheur et son éclat. Cette huile est une substance blanchâtre et liquide, qu'on tire de la même espèce de pierre dont on fait les *pe-tun-tseu*; mais on fait choix de celle qui est la plus blanche, et dont les taches sont les plus vertes. On obtient cette huile, qu'on nomme *pe-yeou*, en donnant à la pierre les mêmes préparations dont on fait usage pour les *pe-tun-tseu*: on lave la pierre, on la pulvérise, on épure son résidu, qui offre une espèce de crème. Sur cent livres de cette crème, on jette une livre de *chi-kao*, minéral qui ressemble à l'alun et qu'on a pilé après l'avoir fait rougir au feu. Cet alun est une sorte de présure qui donne de la consistance à l'huile, qu'on a soin cependant de maintenir dans un état de fluidité.

« Cette huile de pierre, ainsi préparée, ne s'emploie jamais seule: il faut y mêler encore une autre huile, extraite de cendres de chaux et de fougère, sur cent livres desquelles on a jeté aussi une livre de *chi-kao*.

« Voici la manière dont on prépare cette seconde huile. On choisit de gros quartiers de chaux vive, sur lesquels on jette un peu d'eau pour les dissoudre et les réduire en poudre. On dispose ensuite une couche de fougère sèche, sur laquelle on étend une couche de cette chaux amortie. On empile ainsi un certain nombre de ces couches alternatives, et l'on met le feu à la fougère. Lorsque tout le monceau est consumé, on distribue ces cendres sur de nouvelles couches de fougère sèche, qu'on enflamme, et l'on réitère cette opération jusqu'à cinq ou six fois. Quand on s'est ainsi procuré une certaine quantité de cendres de chaux et de fougère, on les jette dans une urne ou cuve pleine d'eau, en y faisant dissoudre, pour chaque quintal, une livre de l'espèce d'alun appelé *chi-kao*. On a soin de bien agiter ce mélange: on la laisse ensuite reposer jusqu'à ce que la surface de l'eau se charge d'une croûte de crème, qu'on recueille et qu'on jette dans une seconde urne et ainsi successivement dans plusieurs autres. Lorsqu'au fond de la dernière il s'est formé une espèce de pâte, on décante l'eau, et l'on met en réserve ce dépôt liquide, qui est la seconde huile qu'on doit mêler à la première.

« Quand on fait ce mélange, il faut que les deux huiles soient également épaisses; pour s'en assurer, on plonge dans l'une des briques de *pe-tun-tseu*, et l'on juge, en les retirant, si l'épaississement est égal sur leurs surfaces,

---

font connaître l'étendue et la profondeur de ce fameux bourg. On ne permet point aux étrangers d'y coucher. Cette police est jugée nécessaire pour maintenir l'ordre et établir la sûreté. (Description générale de la Chine, par M. l'abbé Grosier, 2ᵉ édition, t. Iᵉʳ, p. 84.)

(*) D'un autre côté, M. Jacquemart se propose de publier une histoire générale des porcelaines en Orient et en Occident. Un pareil ouvrage, auquel l'auteur a consacré plusieurs années d'un travail assidu, doit inspirer beaucoup d'intérêt.

(**) Description générale de la Chine, t. VII, p. 18.

Quant à la proportion des doses, l'usage le plus suivi est de mêler dix mesures d'huile de pierre avec une mesure de l'huile faite de cendres de chaux et de fougère.

« Ces deux premières huiles entrent dans la composition de plusieurs autres vernis, destinés à servir aussi de couverte à la porcelaine. Le plus beau et le plus éclatant est le vernis rouge, appelé *yeou-li-hong*. Ce vernis se fait de la grenaille de cuivre rouge et de la poudre d'une certaine pierre ou caillou rougeâtre.....

« Un autre vernis dont les Chinois font usage est celui qu'ils nomment *long-tsiouen*, et qui donne à la porcelaine une couleur qui tire sur l'olive.... Le noir éclatant, appelé *ou-kin*, lui communique un genre particulier de beauté qui la fait rechercher des connaisseurs. Ce noir est plombé et semblable à celui de nos miroirs ardents : l'or qu'on mêle à cette couleur donne un nouvel éclat à cette sorte d'ouvrages. On exécute cette porcelaine noire en la plongeant dans une mixtion liquide composée d'azur préparé. Il n'est pas nécessaire d'y employer l'azur le plus beau et le plus cher, mais il faut qu'il soit d'une consistance un peu épaisse. On le mêle avec les vernis *pe-yeou* et *tse-kin*, et l'on y ajoute un peu d'huile de cendres de chaux et de fougère. Par exemple, sur dix onces d'azur pilé dans un mortier, on mêlera sept tasses de *pe-yeou*, une tasse de *tse-kin* et deux tasses huile de chaux et de fougère. L'expérience peut faire varier les doses, selon qu'on veut obtenir un noir plus ou moins foncé. Lorsque cette couleur est sèche, on cuit la porcelaine; ensuite on y applique l'or et on la recuit dans un fourneau particulier. Il faut avoir la précaution, quand il s'agit de faire cuire la porcelaine noire, de ne la placer que vers le milieu de la hauteur du fourneau, et non à son extrémité supérieure et sous la voûte, où le feu déploie sa plus grande activité.

« On a essayé de peindre en noir quelques vases de porcelaine avec l'encre de la Chine ; mais cette tentative n'a été suivie d'aucun succès. En sortant du fourneau la porcelaine s'est retrouvée très-blanche. Comme les parties de ce noir n'ont pas assez de corps, elles s'étaient sans doute dissipées par l'action du feu, ou plutôt elles n'avaient pas eu la force de pénétrer la couche de vernis, ni de produire une couleur différente de celle de la couverte.

« Quand on veut donner à la porcelaine un vernis qui la rende extrêmement blanche, on mêle, sur treize tasses de *pe-yeou*, une tasse d'huile de cendres de chaux et de fougère, aussi liquide que le *pe-yeou*. Ce vernis est très-fort, et l'on a soin de ne point l'appliquer à la porcelaine que l'on veut peindre en bleu, parce que cette couleur, après la cuisson, ne paraîtrait pas à travers la couverte. La porcelaine à laquelle on donne ce fort vernis peut être exposée sans danger au plus grand feu du fourneau. On la cuit ainsi toute blanche, ou pour la conserver avec cette seule teinte, ou pour la dorer, ou la peindre de diverses couleurs, et la faire ensuite repasser au fourneau ; mais si l'on se propose de peindre la porcelaine en bleu et si l'on veut que la couleur paraisse après la cuite, il ne faut mêler que sept tasses de *pe-yeou* avec une tasse de la mixtion de cendres de chaux et de fougère.

« La manière dont on doit appliquer le vernis ou la couverte aux porcelaines exige encore beaucoup d'adresse et des soins particuliers, soit pour que la couche n'ait que l'épaisseur prescrite, soit pour la rendre égale et uniforme sur toute la surface du vase. On fabrique des pièces de porcelaine si minces et si délicates, qu'elles ne pourraient supporter une couche épaisse de vernis: leurs frêles parois plieraient sous le faix et se déjetteraient. Pour parer à cet inconvénient, on divise cette couche en deux autres plus légères, données successivement, l'une par aspersion et l'autre par immersion. Par exemple, s'il s'agit d'une tasse, on la prend d'une main par le dehors, et la tenant inclinée sur l'urne où est le vernis, on fait jaillir de l'autre main autant de cette huile qu'il en faut pour mouiller toute sa surface intérieure. On la reprend dès qu'elle est sèche : on insère les doigts de la main dans sa cavité, puis la soutenant de l'extrémité d'une baguette, passée sous sa base, on la plonge légèrement dans le vernis, d'où on la retire aussitôt (*). »

Dernières manipulations données à la matière de la porcelaine. Fabrication des pièces.

« Toutes les manipulations qui précèdent la cuisson s'exécutent dans les endroits les moins fréquentés de King-te-tchin. Là, dans une enceinte spacieuse de murailles, on a bâti de vastes appentis, où l'on voit disposées en étages un grand nombre d'urnes de terre. C'est dans cette enceinte que demeurent et travaillent une infinité d'ouvriers, qui ont chacun leur tâche marquée. Une pièce de porcelaine, avant d'en sortir pour être portée au fourneau, passe par les mains de plus de vingt personnes; et tout cela s'exécute sans confusion.

« Le premier travail consiste à purifier de nouveau le *pe-tun-tseu* et le *kao-lin*. On procède ensuite au mélange de ces deux matières. On met autant de *kao-lin* que de *pe-tun-tseu* pour les porcelaines fines; pour les moyennes, on emploie quatre parts de *kao-lin* sur six de *pe-tun-tseu*. Le moins qu'on en mette est une partie de *kao-lin* sur trois de *pe-tun-tseu*.

« Ce mélange fini, on jette cette masse dans un large bassin bien pavé et cimenté de toutes parts; puis on la foule et on la pétrit jusqu'à ce qu'elle commence à se durcir. Ce travail est d'autant plus rude qu'il doit être continu; s'il était interrompu, tous les autres ouvriers resteraient dans l'inaction. On détache de cette masse, ainsi préparée, différents morceaux qu'on étend sur de larges ardoises; on les pétrit encore et on les roule dans tous les sens, en observant soigneusement qu'il ne s'y trouve aucun vide ou qu'il ne s'y mêle aucun corps étranger. Un cheveu, un grain de sable perdrait tout l'ouvrage. Faute de bien façonner cette pâte, la porcelaine se fêle, éclate, coule et se déjette. La perfection des pièces dépend de ce premier travail.

« Tous les ouvrages unis se façonnent sur la roue. Quand une tasse en sort, elle n'est qu'une espèce de calotte. L'ouvrier lui donne d'abord le diamètre et la hauteur qu'elle doit avoir, et elle sort de ses mains presque aussitôt qu'il l'a reçue. Il est forcé d'user de vitesse, puisqu'on ne lui paye que trois deniers par planche, et chaque planche est garnie de vingt-six pièces. Cette tasse est reçue par un second ouvrier qui l'assied sur sa base. Peu après, elle est livrée à un troisième, qui l'applique sur son moule et lui en imprime la forme; en retirant la tasse de dessus le moule, il faut la tourner doucement sur ce même moule, sans la presser plus d'un côté que de l'autre; sans quoi elle se bosselle ou se déjette. Un quatrième ouvrier polit cette tasse avec le ciseau, surtout vers les bords, et en diminue l'épaisseur autant qu'il est nécessaire pour lui donner de la transparence. Enfin, après avoir passé par toutes les mains destinées à lui donner ses divers ornements, elle est reçue, quand elle est sèche, par un dernier ouvrier, qui en creuse le pied avec le ciseau. Il est étonnant de voir avec quelle célérité et quelle adresse ces ouvriers se transmettent ces vases les uns aux autres. On assure qu'une pièce de porcelaine cuite doit passer par les mains de soixante-dix personnes.

« Les grands ouvrages s'exécutent par parties, qu'on travaille séparément. Lorsque toutes ces pièces de rapport sont achevées et presque sèches, on les unit et on les cimente avec la matière même de la porcelaine délayée dans l'eau. Quelque temps après, on polit avec le ciseau, en dedans et au dehors du vase, la ligne de réunion, qui, bientôt couverte du vernis, disparaît et n'est plus sensible. C'est ainsi qu'on adapte aux pièces des anses, des anneaux et autres parties semblables. Ceci regarde spécialement la porcelaine qu'on façonne sur des moules ou qu'on modèle entre les mains, tels que les ouvrages cannelés, les grotesques, les figures d'arbres, d'animaux, d'idoles, les bustes que les Européens commandent. Ces divers morceaux se forment de quatre ou cinq pièces qu'on réunit, et qu'on perfectionne ensuite avec des instruments propres à creuser, à polir et à

(*) Voy. Grosier, Description de la Chine, t. VII, p. 19 à 28.

rechercher les différents traits que le moule a rendus peu sensibles. Quant aux fleurs et aux ornements qui n'ont point de relief, on les marque par l'empreinte d'un cachet. On fixe aussi aux pièces de porcelaine des dessins et des ornements en relief tout préparés, à peu près comme on applique une broderie sur un habit. Quelquefois encore on les exécute d'une manière plus expéditive : on se contente de dessiner les figures avec le burin sur le corps même du vase ; on fait ensuite dans leur contour de légères entailles qu'on arrondit et qui leur donnent du relief (*). »

Travail du fourneau. Cuisson de la porcelaine.

« Lorsque la porcelaine a reçu sa forme, son vernis, ses couleurs, on la transporte du laboratoire au fourneau, qui se trouve quelquefois à une autre extrémité de King-te-tchin. Le porteur place sur chacune de ses épaules une planche longue et étroite, sur laquelle sont rangées les pièces de porcelaine. Chargé de ces frêles ouvrages, il traverse avec une agilité surprenante les rues les plus tumultueuses et les plus embarrassées du bourg, sans qu'il lui arrive de perdre son équilibre, malgré les mouvements qu'il se donne pour esquiver et prévenir les chocs.

« Le travail du fourneau exige de nouveaux soins, non moins compliqués que les premiers. Dans une espèce de vestibule qui le précède, on aperçoit d'abord des tas de caisses et d'étuis faits de terre, destinés à renfermer la porcelaine. Chaque pièce, pour peu qu'elle soit considérable, a son étui ; et l'ouvrier chinois imite, par ce procédé, celui de la nature, qui, pour conduire les fruits à une juste maturité, les revêt d'une enveloppe qui les défend ou de la trop vive ardeur du soleil pendant le jour, ou de la fraîcheur de l'air pendant la nuit.

« Ces caisses, dont la consommation est prodigieuse, se fabriquent dans un gros village distant d'une lieue de King-te-tchin. On y emploie trois sortes de terre : la première est une terre

(*) Voyez Grosier, tome VII, p. 28 à 32.

jaune, fort commune ; la seconde une terre forte ; la troisième une terre grasse et huileuse. Ces deux dernières sont assez rares et chères, parce qu'on est obligé de les extraire d'une mine très-profonde. Aussi, dans le mélange qu'on fait de ces terres, a-t-on soin, par vue d'épargne, de faire dominer la première : d'où il résulte que ces caisses durent peu. Presque toutes éclatent lorsqu'elles ont supporté le feu de deux ou trois fournées. Si elles ne sont que fêlées ou légèrement fendues, on les environne d'un cercle d'osier : le cercle se brûle, mais la caisse n'en fait pas moins encore le service de cette fournée et la pièce de porcelaine n'en souffre pas. Ces caisses ne sont pas cuites avant qu'on les emploie ; mais il faut avoir soin de ne pas remplir tout un fourneau de caisses neuves ; elles ne doivent former que la moitié du nombre de celles qu'on y admet. Celles qui ont déjà servi occupent le haut et le bas des piles ; le milieu est réservé pour les caisses neuves.

« Au fond de ces caisses est une couche de gravier fin, qu'on recouvre de poussière de *kao-lin*, afin que le sable ne s'attache pas trop au pied du vase : on le place sur ce lit de sable, qu'on presse un peu, pour lui faire prendre la forme du fond de la porcelaine, laquelle ne touche point aux parois de son étui. Le haut de cet étui n'a point de couvercle : un second étui, pareillement garni de sa porcelaine, s'enchâsse dans le premier, de telle sorte qu'il le ferme entièrement, sans toucher à la porcelaine qui est au-dessous ; et c'est ainsi qu'on remplit le fourneau de hautes piles de caisses qui défendent les ouvrages qu'elles contiennent de l'action directe du feu. Les porcelaines qui ont un couvercle le conservent dans leurs étuis : il s'attache un peu à la pièce pendant la cuisson, mais un léger coup qu'on lui donne l'en sépare facilement.

« Quant aux petites pièces de porcelaine, telles que sont les tasses à thé, on les renferme dans des caisses communes de forme ronde, et qui n'ont que quatre pouces de hauteur. Chaque pièce est posée sur une soucoupe de terre de l'épaisseur de trois ou quatre lignes et de la largeur de son pied. Ces petites bases sont aussi recouvertes de poussière de *kao-lin*. Quand ces caisses sont un peu larges, on ne met point de porcelaine au milieu, parce qu'elle se trouverait trop éloignée des côtés et par là même de l'action du feu.

« Les porcelaines, avant leur cuisson, sont des ouvrages si fragiles et si délicats, que l'ouvrier, en les touchant de la main, craindrait de les briser ou d'altérer leurs formes. Ce n'est qu'à l'aide d'un léger cordon qu'il les déplace et les transporte. Le milieu de ce cordon est fixé à deux branches un peu courbes d'une fourchette de bois, que l'ouvrier tient d'une main, tandis qu'avec les doigts de l'autre il saisit les deux bouts croisés du cordon, qu'il ouvre et qu'il rétrécit selon l'ampleur de la porcelaine. C'est après l'avoir ainsi enlacée qu'il l'enlève de dessus la planche et la pose doucement au fond de la caisse. Ces attentions minutieuses n'empêchent pas que tout ce service ne se fasse avec une incroyable célérité.

« Toutes ces piles de caisses se placent dans le fourneau sur un demi-pied de gros gravier ; celles de ces piles qui occupent le milieu ont au moins sept pieds de hauteur. Les deux caisses qui sont au bas de chacune restent vides, parce que le feu n'agit que faiblement sur elles, et que le gravier les couvre en partie. Par la même raison, on ne remplit point la dernière caisse, qui se trouve la plus élevée. Les piles qui renferment la plus fine porcelaine occupent le milieu du fourneau ; on place dans le fond celle qui l'est moins, et à l'entrée toutes les pièces qui ont plus de corps et qui sont fortes en couleur.

« Ces différentes piles sont disposées dans le fourneau fort près les unes des autres ; elles se soutiennent mutuellement par des morceaux de terre qui les lient en haut, en bas, vers le milieu, de sorte cependant que la flamme ait un libre passage pour s'insinuer partout et envelopper également toutes les piles.

« Les fourneaux où l'on cuit la porcelaine sont précédés d'un assez long vestibule qui conduit l'air et fait, en quelque sorte, l'office de soufflet : il sert aux mêmes usages que l'arche des verreries. « Ces fourneaux, dit le P. « Dentrecolles, sont présentement plus « grands qu'ils n'étaient autrefois : ils « n'avaient alors que six pieds de hau- « teur et de largeur ; maintenant ils « sont hauts de deux brasses, et ont « près de quatre brasses de profondeur. « La voûte est assez épaisse pour qu'on « puisse marcher dessus sans qu'on « soit incommodé du feu. Cette voûte « n'est en dedans ni plate, ni formée « en pointe ; elle va en s'allongeant, et « elle se rétrécit à mesure qu'elle ap- « proche du grand soupirail qui est à « l'extrémité, et par où sortent les tour- « billons de flamme et de fumée. Outre « cette gorge, le fourneau a sur sa tête « cinq petites ouvertures qui en sont « comme les yeux : on les couvre de « quelques pots cassés, de telle sorte « pourtant qu'ils soulagent l'air et le « feu du fourneau.

« On juge que la cuite est parfaite, « 1° lorsque la flamme qui sort n'est « plus si rouge, mais qu'elle est un peu « blanchâtre ; 2° lorsque, regardant par « l'une des ouvertures, on aperçoit « que les caisses sont toutes rouges : « 3° lorsque, après avoir ouvert une « caisse d'en haut, avec une pincette de « fer, et en avoir tiré une porcelaine, « on voit, quand elle est refroidie, que « le vernis et les couleurs sont dans « l'état où on les souhaite ; 4° enfin, « lorsque, regardant par le haut du « fourneau, on voit que le gravier du « fond est luisant. C'est par tous ces « indices que l'ouvrier juge que la por- « celaine est arrivée à la perfection de « la cuite. Alors on discontinue le feu, « et l'on achève de murer pour quelque « temps la porte du fourneau. Ce four- « neau a dans toute sa largeur un foyer « profond et large d'un ou deux pieds ; « on le passe sur une planche, pour en- « trer dans la capacité du fourneau et « y ranger la porcelaine. Quand on a « allumé le feu du foyer, on mure aus- « sitôt la porte, n'y laissant que l'ou- « verture nécessaire pour y jeter des « quartiers de gros bois, longs d'un « pied, mais assez étroits. On chauffe « d'abord le fourneau pendant un jour « et une nuit ; ensuite deux hommes,

41.

« qui se relèvent, ne cessent d'y jeter
« du bois. On en brûle communément,
« pour une fournée, jusqu'à cent quatre-
« vingts charges. A en juger par ce que
« dit un auteur chinois, cette quantité
« ne devrait pas être suffisante; il as-
« sure qu'anciennement on brûlait
« deux cent quarante charges de bois,
« et vingt de plus, si le temps était plu-
« vieux, bien qu'alors les fourneaux
« fussent moins grands de la moitié
« que ceux-ci. On y entretenait d'abord
« un petit feu pendant sept jours et
« sept nuits : le huitième jour on fai-
« sait un feu très-ardent; et il est à
« remarquer que les caisses de la petite
« porcelaine étaient déjà cuites à part,
« avant que d'entrer dans le fourneau ;
« aussi faut-il avouer que l'ancienne
« porcelaine avait bien plus de corps
« que la moderne. On observait encore
« une chose qui se néglige aujourd'hui :
« quand il n'y avait plus de feu dans le
« fourneau on ne démurait la porte
« qu'après dix jours pour les grandes
« porcelaines et après cinq jours pour
« les petites. Maintenant on diffère à
« la vérité de quelques jours à ouvrir
« le fourneau, et à en retirer les gran-
« des pièces, car sans cette précaution
« elles éclateraient; mais pour ce qui
« est des petites, si le feu a été éteint à
« l'entrée de la nuit, on les retire dès
« le lendemain. Le dessin apparemment
« est d'épargner le bois pour une se-
« conde fournée. Comme la porcelaine
« est brûlante, l'ouvrier qui la retire
« s'aide, pour la prendre, de longues
« écharpes pendues à son cou. »

« La cuisson des porcelaines est sujette à une foule d'accidents que toute
l'habileté des ouvriers ne peut ni prévoir, ni prévenir. Il est rare qu'une
fournée réussisse en entier; il arrive
même quelquefois qu'elle est entièrement perdue, et qu'en ouvrant le fourneau on trouve les porcelaines et les
caisses réduites en une masse informe,
aussi dure qu'un rocher. Un trop grand
feu ou des caisses mal conditionnées
suffisent pour ruiner tout l'ouvrage. Il
est d'autant plus difficile de parvenir à
régler le feu, que la nature inconstante
du temps peut changer en un instant
son action, la qualité du sujet sur lequel il agit, et celle du bois qui l'en

tretient. Le P. Dentrecolles rapporte
qu'on vint un jour lui montrer une
de ces pièces de porcelaine que les
Chinois appellent *yao-pien* ou *transmutation*. Cette transmutation, ou
nouvelle combinaison de substances,
s'opère dans le fourneau, soit par le
défaut, soit par l'excès de la chaleur,
mêlés sans doute à beaucoup d'autres
causes qu'il est difficile de deviner.
Quelquefois il résulte de ces jeux du
hasard des morceaux précieux par leur
singularité ; tel était celui qu'on fit
voir au missionnaire. L'ouvrier avait
rempli son fourneau de porcelaines
peintes en rouge soufflé : cent pièces furent totalement perdues. Mais dans cet
amas informe de porcelaines à demi
fondues et vitrifiées, on trouva un vase
dont la matière avait l'œil, la transparence et toutes les qualités de l'agate.
Si la dépense n'empêchait de multiplier
des essais de ce genre, on parviendrait
peut-être au secret de ces transformations et à exécuter régulièrement ce que
le hasard a produit une fois. C'est
ainsi que les Chinois ont réussi à se
procurer un de leurs vernis les plus
éclatants, leur beau noir *ou-kin*, dont
un caprice du fourneau leur avait offert le premier modèle.

« Plaçons ici une observation importante. Il faut avoir soin que les porcelaines dont le vernis contient beaucoup
de cendres de fougère soient cuites
dans le lieu le plus tempéré du fourneau, c'est-à-dire ou après les trois
premiers rangs de caisses qui forment
la pile, ou vers la base de celle-ci, à la
hauteur d'un pied ou d'un pied et demi.
Si ces porcelaines étaient placées à l'extrémité supérieure de la pile, au haut
du fourneau, où les flammes, en se re-
courbant, produisent la chaleur la plus
vive, la cendre de fougère se fondrait
précipitamment, et la couverte s'écou-
lerait le long de la porcelaine. Le
même accident aurait lieu pour les
porcelaines peintes du vernis rouge, du
rouge soufflé, du vernis *long-tsiouen*,
à raison de la grenaille de cuivre qui
entre dans la composition de ces vernis, et qui ne résisterait point à l'action d'un feu trop violent. On cuit, au
contraire, au haut du fourneau, les
pièces de porcelaine qui ont reçu le

vernis *tsoui-yeou*, dont nous parlerons dans le paragraphe suivant.

« Lorsque la porcelaine, après avoir reçu son vernis, a passé dans les grands fourneaux, souvent on la peint ou on la dore, et, pour fixer ces nouveaux ornements, on la cuit une seconde fois. Les fourneaux destinés à cette seconde cuisson sont beaucoup moins grands que les premiers. Les plus petits peuvent être exécutés en fer; mais, plus communément, ils sont de terre comme les autres. Leur hauteur est de cinq à six pieds, sur trois ou quatre de largeur et de profondeur. On les construit de matériaux formés de la même pâte que les caisses à porcelaine : ce sont des plaques en terre cuite, épaisses d'un demi-pouce, hautes d'un pied et larges d'un pied et demi, posées de champ les unes au-dessus des autres et cimentées avec soin. La base du fourneau, élevée de terre d'un demi-pied, porte sur deux ou trois rangs de briques épaisses. Tout autour règne une petite enceinte de maçonnerie, au bas de laquelle on ménage trois ou quatre ouvertures qui tiennent lieu de soufflets pour animer le foyer. Cette enceinte laisse entre elle et le fourneau un espace vide d'un demi-pied, excepté en trois ou quatre endroits, qui restent pleins et massifs, pour servir comme d'arcs-boutants au fourneau.

« On ne fait pas usage de caisses pour renfermer les porcelaines qu'on veut faire recuire. On les range par piles dans le fourneau en plaçant successivement, et par ordre de grandeur, les petites pièces dans les plus grandes. Mais il faut avoir l'attention d'empêcher que les porcelaines, ainsi emboîtées, ne se touchent par leurs côtés peints : ce seraient autant de pièces perdues. Quand l'inégalité des grandeurs ou la diversité des formes empêche cet emboîtement, on dispose les porcelaines par lits, qu'on élève les uns au-dessus des autres en les séparant par de larges plaques en terre cuite. Dès que le fourneau est ainsi rempli, on le couvre des mêmes matériaux dont on a formé ses parois. Les pièces de cette toiture sont disposées comme les tuiles, et fortement unies avec du mortier : on laisse seulement au haut une ouverture, qu'on ferme d'un tesson quelconque.

« Aussitôt que tous les préparatifs sont faits, on allume un feu vif sous le fourneau ; l'espace vide que forme autour du foyer la petite enceinte de briques, est rempli de charbons ardents, et on les répand avec profusion jusque sur le toit. Quand le feu est dans toute son activité, on regarde de temps en temps par l'ouverture supérieure : lorsqu'on voit, jusqu'au fond du fourneau, toutes les pièces rouges et embrasées ; lorsque les couleurs, bien incorporées avec la porcelaine, ne laissent plus apercevoir de saillie ni d'inégalité sur sa surface, on juge que les pièces ont atteint leur juste degré de cuisson, et l'on cesse le feu (*). »

Porcelaine craquelée.

« A la Chine comme en Europe, dit M. Stanislas Julien, les amateurs de porcelaine recherchent avec avidité, et achètent à des prix exorbitants, les vases à fond blanc ou grisâtre dont l'émail est fendillé de mille manières, tantôt en dehors, tantôt en dehors et en dedans : c'est ce qu'on appelle des *vases craquelés*. Il arrive quelquefois, chez nous, que, dans une fournée de trois à quatre cents vases de porcelaine, il s'en trouve un ou deux dont la couverte (l'émail) est en partie craquelée ; mais jusqu'ici, quoiqu'on connaisse bien la cause de la craquelure (elle tient à ce que l'émail n'a pas le même retrait que la pâte du vase), on n'avait pas encore pu la produire en grand et d'une manière infaillible sur toute une fournée.

« Les Chinois la font par un procédé des plus simples ; le voici tel qu'il se trouve décrit dans l'ouvrage intitulé : *King-te-tchin-tao-lou* (liv. VI, fol. 7) :

Tchoui-khi ou *vases craquelés.*

« Les vases de genre qui ont été fa-
« briqués sous la dynastie des Song du
« sud (entre 1127 et 1278) sont d'une
« pâte grossière et dure : ils sont épais
« et lourds. Il y en a d'un blanc de riz

(*) Voyez Grosier, t. VII, p. 46 à 59.

« et d'un bleu clair. Pour obtenir la
« craquelure, on combine du *hoa-chi*
« (de la stéatite) avec la matière de l'é-
« mail. Après que le vase a été soumis
« à l'action du feu, l'émail se divise en
« un nombre infini de raies légères qui
« courent en tous sens (en formant une
« sorte de réseau continu), comme si le
« vase était fendu en mille pièces. On
« prend ensuite de l'encre grossière ou
« de la sanguine, et l'on en remplit les
« fentes du craquelé ; puis on essuie et
« l'on nettoie le vase. Il y a des vases
« ainsi fendillés sur le fond uni des-
« quels on dessine des fleurs bleues. »

« L'auteur de l'ouvrage précité nous
apprend que l'on imite parfaitement
ces anciens vases craquelés, à la manufacture impériale de King-te-
tchin (*). »

*Porcelaines extraordinaires ou d'une exécu-
tion difficile.*

« Les ouvriers chinois avaient autrefois le secret de faire une porcelaine
très-singulière : ils peignaient, sur les
parois d'un vase, des poissons, des insectes ou d'autres animaux qu'on ne
pouvait apercevoir que lorsque la porcelaine était remplie de quelque liqueur. Ce secret s'est perdu en partie ;
voici cependant quelques-uns des procédés dont le souvenir s'est conservé.
La porcelaine qu'on veut peindre de
cette manière doit être très-mince :
lorsqu'elle est sèche, on applique la
couleur un peu épaisse, non en dehors,
selon la pratique ordinaire, mais en dedans et sur les côtés. On y peint communément des poissons, comme plus
analogues avec l'eau dont on remplit le
vase. Lorsque la couleur, qui est communément un bleu d'azur, a bien séché, on la recouvre d'une légère couche
d'une espèce de colle faite de la terre
même de la porcelaine. Cette couche
serre l'azur, qui se trouve ainsi renfermé entre deux lames de pâte de porcelaine. Quand la couche est sèche, on
jette de l'huile ou du vernis dans l'intérieur du vase, et quelque temps après
on le met sur le moule et au tour.

(*) Extrait des Comptes rendus des séances de l'Académie des sciences, t. XXIV
(séance du 21 juin 1847).

Comme cette pièce de porcelaine a reçu
de la consistance et du corps par le dedans, on la rend par dehors aussi
mince qu'il est possible, sans cependant pénétrer jusqu'à la couleur ; ensuite on plonge dans l'huile le dehors
de la porcelaine et, lorsqu'elle est sèche, on la cuit dans le fourneau ordinaire. L'art de fabriquer ces vases
exige des soins délicats et une dextérité
que les Chinois n'ont peut-être plus
aujourd'hui. Ils font néanmoins, de
temps en temps, quelques tentatives
pour retrouver le secret de cette peinture magique ; mais ils n'obtiennent
que des succès très-imparfaits. Cette
porcelaine est connue sous le nom de
kia-tsin, azur mis en presse.

« On cite encore une autre espèce de
porcelaine, que la difficulté de son exécution rend assez rare à la Chine même.
Cette porcelaine a très-peu de corps :
les parois du vase sont minces, légères,
transparentes, et la surface, tant en dedans qu'au dehors, est parfaitement
unie. Cependant ses côtés extérieurs
font voir des moulures, des cannelures
et d'autres ornements qui produisent
l'illusion du relief. Voici, dit-on, la
manière dont on travaille cette porcelaine. Au sortir de dessus la roue,
lorsque sa pâte est encore molle et
flexible, on l'applique intérieurement
sur un moule, qui porte l'empreinte en
relief des ornements qu'on veut lui
donner. Ces dessins s'impriment en
dedans de la pièce, qu'on s'efforce ensuite d'amincir en dehors le plus qu'il
est possible, en la travaillant avec le
ciseau sur le tour. Si l'ouvrier a été
assez adroit pour réussir, il donne le
vernis à toute la porcelaine et la fait
cuire dans le fourneau ordinaire.

« Les magots, les grotesques, les figures d'animaux sont les sujets que les
ouvriers chinois entreprennent avec le
plus de succès. Ils exécutent des canards et des tortues si légères, qu'elles
flottent sur l'eau. Le P. Dentrecolles
parle d'un chat de porcelaine, parfaitement imité : on plaçait dans sa tête
une lampe dont la flamme formait ses
deux yeux et les rendait étincelants ;
l'effet de cette figure était tel, que les
rats, pendant la nuit, ne l'avaient pas plutôt aperçu qu'ils fuyaient épouvantés.

« Plusieurs causes concourent à rendre la belle porcelaine de la Chine très-chère en Europe. Outre le gain considérable des marchands qui vont la chercher et celui que font sur eux leurs commissionnaires chinois, il est rare, comme nous l'avons observé, qu'une fournée réussisse complètement. Ces pertes, souvent réitérées, doivent être compensées par un surcroît de prix mis à tout ce qui sort des fournées qui suivent et qui sont plus heureuses. D'ailleurs, la porcelaine qu'on transporte en Europe est toujours faite d'après des modèles nouveaux, qu'il est plus difficile d'exécuter. Il suffit aussi qu'elle offre quelque défaut, pour que le marchand européen la rejette, et elle reste alors entre les mains de l'ouvrier chinois, qui ne peut s'en défaire, parce qu'elle n'est pas selon le goût de sa nation : d'où il résulte qu'il faut que les pièces que l'Européen emporte payent pour celles qu'il n'a point agréées.

« Les Chinois partagent leur porcelaine en plusieurs classes, selon ses divers degrés de finesse et de beauté. Toute celle de la première classe est réservée pour l'empereur. Si quelques-uns de ces ouvrages passent dans le public, c'est qu'ils sont déparés par des taches et des imperfections qui les ont fait juger indignes d'être offerts au souverain. Parmi les porcelaines destinées pour l'empereur, il en est cependant d'une qualité inférieure ; mais celles-ci ne sont point pour son usage : on les réserve pour être distribuées en présents que prescrit l'étiquette. Il doit dès lors paraître assez douteux qu'on ait jamais vu en Europe la grande et belle porcelaine de la Chine : les missionnaires assurent du moins qu'on n'en vend pas de ce genre à Canton. Quant à la porcelaine de l'espèce moyenne et commune, elle est répandue avec profusion dans toutes les classes de la société. Elle orne les appartements, les bureaux, les toilettes, les tables, les buffets, les cuisines même. Toutes les personnes aisées boivent et mangent dans la porcelaine. Elle fournit la matière dont on façonne une foule de petits meubles ; on en fait des urnes, des corbeilles, des vases pour les fleurs, de petites cuves pour les poissons dorés. Les architectes en recouvrent les élégantes toitures de certains bâtiments, et s'en servent quelquefois au lieu de marbre pour en incruster les édifices. On connaît, à la Chine, des tours très-élevées (*) toutes revêtues de porcelaine (**). »

PYROTECHNIE CHINOISE.

« La pyrotechnie, dit encore l'abbé Grosier, est un art que les Chinois ont poussé fort loin et dans lequel ils sont restés longtemps sans rivaux. A l'aide de leurs nombreuses espèces de poudre et des diverses substances qu'ils y mêlent, les artificiers chinois obtiennent les feux les plus vifs et les plus variés, des feux rouges, blancs, noirs, ou qui réunissent cinq couleurs à la fois ; des feux qui s'arrondissent en globes étincelants, d'autres qui ébranlent l'air par leurs détonations précipitées, d'autres encore qui mêlent l'éclat dont ils brillent à de longues et majestueuses ondulations de fumée, dans lesquelles ils se perdent.

« Les représentations de fleurs et de fruits en feu, ornés de leurs couleurs naturelles, furent longtemps les pièces d'artifice qui étonnèrent le plus les spectateurs européens, lorsqu'ils étaient admis aux fêtes données par l'empereur. Le secret de la composition de ces fleurs était ignoré ; mais il nous a été révélé par le P. d'Incarville, qui en a fait l'objet d'un mémoire particulier :
« La matière de ces fleurs, dit cet ha-
« bile missionnaire, n'est autre chose
« que de la fonte de fer réduite en sa-
« ble ; selon que ce sable de fer a passé
« par des tamis plus ou moins fins, les
« fleurs qu'il donne sont plus ou moins
« grandes. On fait ce sable avec de vieil-
« les marmites cassées ou hors d'état
« de servir ; on les brise par morceaux
« de la largeur de la main, après quoi
« on les fait rougir à un feu de forge ;
« au sortir du feu, on les jette dans un
« baquet rempli d'eau fraîche, où on
« les laisse refroidir ; ainsi calcinés, on
« les réduit bien plus facilement en sa-

(*) Voyez plus haut, p. 62.
(**) Voyez Grosier, Description de la Chine, t. VII, p. 59 à 67.

« ble. On les casse premièrement en
« parcelles de la largeur d'un doigt. Il
« faut que l'enclume et le marteau
« dont on se sert pour réduire ces par-
« celles en sable soient aussi de fonte,
« parce que l'acier aplatit les grains.
« Les angles des grains de sable doivent
« être vifs; ce sont ces angles qui for-
« ment les fleurs. Quand, par la force
« du feu, le sable fond en l'air, il re-
« tombe en grains arrondis, percés et
« vides. »

« Pour obtenir un feu brillant dans les fleurs, on doit choisir de la fonte dont le grain soit fin. Le fer des environs de Pe-king est d'une texture grossière et donne des fleurs peu brillantes, qui tirent sur le rouge; tandis que celui des provinces méridionales, qui est très-fin, produit des fleurs blanches, brillantes et à six rayons. Le fer de Pe-king ne donne des fleurs qu'à quatre rayons. Outre cet avantage, le sable fait de fonte fine se conserve longtemps sans se rouiller; celui de fonte grossière se rouille d'abord et ne peut plus servir à la production des fleurs.

« Pour donner à ces fleurs les couleurs qui leur sont propres, on mêle au sable de fonte les matières convenables. L'orpiment, par exemple, donne les feux jaunes; le camphre et la céruse les feux blancs; l'indigo les feux bleus, le cinabre minéral les feux rouges. Cependant le missionnaire ne garantit pas ces deux dernières substances colorantes, dont il n'a pas vu et vérifié l'effet.

« Chaque espèce de sable de fonte, selon qu'il est plus ou moins gros, produit des fleurs d'une forme différente, et d'après la ressemblance qu'elles ont avec certaines fleurs naturelles, les Chinois leur en donnent les noms, comme de matricaire, de rose, d'œillet, de grenade, etc.

« Lorsque la fonte de fer est pulvérisée, on la tamise pour la séparer selon ses différentes grosseurs. On la fait passer successivement par trois tamis de soie et trois tamis de crin, tous progressivement moins fins, moins serrés et plus clairs, en sorte que le dernier soit propre à laisser passer de gros son. On obtient ainsi six sortes de sable, qui doivent donner des fleurs plus ou moins larges. Cependant les artificiers de l'empereur ne distinguent que trois sortes de sable, le sable fin, le moyen et le gros sable. Le sable fin ou premier sable est de la grosseur de la petite cendrée dont nous nous servons pour tirer aux moineaux; le moyen sable est comme du plomb à cailles, et le gros sable, comme du plomb à perdrix. Le missionnaire remarque que du gros sable, comme du plomb à lièvre, donnerait des fleurs plus larges et plus belles, mais qu'on n'en fait pas usage à la cour de l'empereur, parce qu'on y préfère que les fleurs s'élèvent davantage et ne soient pas si grandes.

« Les Chinois ornent les scènes d'artifices d'animaux de toute espèce; ils y représentent des lions, des tigres, des dragons, des serpents: souvent ils y joignent, comme décoration, des treilles chargées de pampres et de raisins. Ils excellent surtout dans l'imitation de ces raisins, lesquels, malgré le feu qui les pénètre, conservent la couleur qui leur est propre. La matière qu'ils emploient pour figurer ces fruits est une pâte composée de soufre réduit en poudre impalpable et de colle de farine. Il faut que cette pâte soit d'une consistance épaisse, ferme et solide. Les artificiers chinois, pour donner aux raisins une couleur plus foncée de violet pourpré, substituent à la colle de farine la chair des jujubes, qu'ils font cuire et dont ils retranchent la peau et le noyau.

« Cette même pâte leur sert également à former différents dessins, des devises, des inscriptions. On garnit les contours des dessins ou des lettres qu'on a tracées d'un double fil de fer, afin que la matière qu'on applique sur ces traits s'y maintienne facilement. Veulent-ils faire paraître des animaux en feu au milieu de leurs pièces d'artifice, ils préparent des tiges de gros mil, dont ils construisent la charpente intérieure de ces figures, comme nous façonnons des chevaux d'osier pour nos représentations théâtrales. Ils enduisent cette bâtisse d'argile ou terre grasse pour empêcher qu'elle ne brûle, et après en avoir ragréé toutes les parties, selon la forme qu'ils veulent lui donner, ils la recouvrent en entier d'une couche de la pâte de soufre et de colle de farine, à laquelle ils attachent un grand nombre de petites mèches ou étoupilles destinées à opérer la rapide communication du feu. Lorsque le simulacre est à ce point, ils collent sur toute sa surface un fort papier, qu'ils peignent ensuite des couleurs propres à l'animal représenté. Ces animaux en feu durent autant de temps qu'on le veut et proportionnellement à l'épaisseur de la couche de pâte de soufre dont on les a revêtus. Comme celle-ci n'est point sujette à couler, leurs formes ne s'altèrent point.

« La pyrotechnie chinoise a aussi ses pièces d'artifice destinées à courir sur les eaux, dont elle se plaît à embellir la surface, en la peuplant de cygnes et de canards en feu. Elle ne connaît point l'usage de nos soleils, de nos pots à feu, ni des étoiles dont nous ornons nos fusées (*). »

On trouve dans le *Voyage en Chine* de Barrow la description d'une fête magnifique donnée à T'ching-te-fou (Je-ho), dans la Tartarie orientale, par l'empereur Khang-hi, fête qui fut terminée par un très-beau feu d'artifice. « Parmi les différentes choses que j'admirai dans ce feu, dit lord Macartney, il y avait une caisse verte de cinq pieds carrés, qu'on éleva à cinquante ou soixante pieds de terre, au moyen d'une poulie. Le fond de cette caisse était construit de manière que, lorsqu'elle fut à cette hauteur, elle s'ouvrit tout à coup et il en sortit vingt à trente cordons, garnis de lanternes qui se déployèrent graduellement : il y en avait au moins cinq cents ; et toutes éclairaient et étaient superbement colorées par la flamme qui était dedans. Les lanternes étaient, je crois, de gaze ou de papier. Leur descente et leur déploiement se répétèrent plusieurs fois, et chaque fois elles offraient de nouvelles formes et de nouvelles couleurs. De chaque côté et à quelque distance de la grande caisse, il y en avait de petites qui s'ouvraient de la même manière et d'où il sortait un immense réseau de feu, avec des divisions de toute forme et de toute grandeur. Il y avait des sphères, des carrés, des hexagones, des octogones et des losanges ; les réseaux brillaient comme le cuivre bruni le plus éclatant, et dès que le moindre vent les agitait, il en sortait des flammes qui ressemblaient à des éclairs et réunissaient toutes les couleurs de l'arc-en-ciel. Les feux d'artifice se terminèrent par un volcan, c'est-à-dire par une explosion générale de fusées, de serpenteaux, de pétards, de bombes et de grenades (*). »

FÊTES RELIGIEUSES ET CIVILES DES CHINOIS.

Voici, d'après l'almanach de 1850, publié à Canton par M. S. Wells-Williams, le tableau des fêtes religieuses et civiles, observées pendant l'année :

JANVIER.

1. — 16e jour de la 11e lune. FÊTE SOLENNELLE DE KOUAN-YIN. Kouan-yin est la vierge des Chinois, la divinité tutélaire des femmes. Son culte est presque universel à la Chine ; mais les bouddhistes ont pour cette idole une vénération particulière.

20. — 8e jour de la 12e lune. OUVERTURE DES CHASSES IMPÉRIALES (Commémoration). Fête solennelle de Jou-lai-Bouddha (en sanscrit Tathâgata).

FÉVRIER.

4. — 23e jour de la 12e lune. FÊTE DU PRINTEMPS. Elle se solennise le même jour dans toutes les provinces de l'empire. Le *tchi-fou*, ou premier magistrat du département, sort le matin de son palais ; il est couronné de fleurs, porté dans sa chaise au bruit de divers instruments et précédé d'une troupe nombreuse. Sa chaise est entourée ou suivie de plusieurs brancards ornés de riches tapis de soie, sur lesquels sont placées des figures qui représentent des personnages mythologiques. Toutes les rues sont tapissées et garnies de lanternes, et l'on y élève d'espace en espace des arcs de triomphe.

« On promène, dans cette cérémonie,

(*) Description générale de la Chine, par M. l'abbé Grosier, t. VII, p. 201 à 216.

(*) Voyage en Chine, par J. Barrow ; t. Ier, p. 346.

(**) An anglo-chinese Calender for 1850; Canton, 1850.

un grand buffle de terre cuite et dont les cornes sont dorées : quarante hommes ont quelquefois beaucoup de peine à le porter. Un enfant le suit, ayant un pied chaussé et l'autre nu ; on le nomme *l'esprit du travail et de la diligence.* Il frappe sans cesse avec une verge ce simulacre de buffle, comme pour le faire avancer. Il est suivi de tous les laboureurs, armés de leurs instruments aratoires. Des masques, des comédiens ferment la marche, et donnent au peuple des spectacles plus ou moins grotesques.

« Le gouverneur s'avance vers la porte orientale de la ville, comme s'il voulait *aller à la rencontre du printemps* (ying-t'chun), et de là il retourne à son palais, dans le même ordre. Lorsqu'il y est arrivé, on dépouille le buffle de tous ses ornements ; on tire de son ventre un nombre prodigieux de petits buffles d'argile, et on les distribue à tout le peuple. On met en pièces le grand buffle et les morceaux en sont également distribués. Le gouverneur termine la cérémonie par un discours à la louange de l'agriculture et par une exhortation (*). »

5. — 24ᵉ jour de la 12ᵉ lune. C'est le jour où le DIEU DU FOYER (Tsaochin), qui, dans l'intérieur de chaque maison, enregistre l'une après l'autre toutes les actions des hommes, bonnes ou mauvaises, monte au ciel, pour y en rendre un compte fidèle et véridique. Le nom de famille de ce dieu est Tchang, son nom propre Tan, et son nom d'honneur Tseu-kouo. On le représente ordinairement vêtu de rouge, comme une belle femme. Son épouse, nommée *King-ki*, lui a donné six filles, qui toutes se nomment *Thsa* (**).

Les Tao-sse ont pour Tsao-chin une dévotion tout à fait exemplaire.

11. — 30ᵉ jour de la 12ᵉ lune. DESCENTE DES DIEUX SUR LA TERRE.

12. — 1ᵉʳ jour de la 1ʳᵉ lune. FÊTE DU PREMIER JOUR DE L'AN. « C'est une fête que les Chinois célèbrent avec appareil et qui produit un grand mou-

(*) Grosier, Description de la Chine, tome V, p. 383 et 384.

(**) Voyez le Livre des récompenses et des peines, traduit du chinois par M. Stanislas Julien, p. 17.

vement dans tout l'empire. Elle commence dès la veille, dernier jour du douzième mois. Toutes les affaires, tant du gouvernement que de la nation, sont suspendues. Les tribunaux sont fermés dix jours à l'avance, le service des postes est interrompu, tous les travaux cessent dans les ateliers. Dès le grand matin, une foule immense assiège les temples ; on accomplit les rites sacrés. Les mandarins inférieurs vont saluer leurs supérieurs ; les enfants rendent le même devoir à leurs pères, les domestiques à leurs maîtres. Toutes les familles s'assemblent le soir, et terminent leurs mutuels compliments de congratulation par un grand repas (*).

« Pendant les deux ou trois jours qui suivent, on ne s'occupe que de jeux, de festins, de spectacles. Chacun revêt son plus riche habit. On visite ses voisins, ses amis, ses protecteurs ; on se félicite, on s'accable de protestations d'amitié, on se fait réciproquement des dons et des cadeaux. Rien à cet égard, disent les missionnaires, ne ressemble mieux à nos visites du jour de l'an et à nos étrennes. Comme chez nous, on consacre les derniers jours de l'année qui finit à régler les comptes arriérés. »

13. — 2ᵉ jour de la 1ʳᵉ lune. FÊTE DE TCHI-TA, célèbre guerrier, mis au rang des dieux.

17. — 6ᵉ jour de la 1ʳᵉ lune. FÊTE DE TING-KOUANG. Elle a été instituée par les bouddhistes.

18. — 7ᵉ jour de la 1ʳᵉ lune. NAISSANCE DE L'HOMME (Jin-ji). On a cru voir dans l'institution de cette fête une tradition altérée, un souvenir confus de la création du monde et de la célébration du sabbat.

20. — 9ᵉ jour de la 1ʳᵉ lune. NATIVITÉ DE YU-HOANG-CHANG-TI. C'est une divinité des Tao-sse.

21. — 10ᵉ jour de la 1ʳᵉ lune. FÊTE DES CINQ LARES ou dieux domestiques. Comme gardiens de chaque maison et de chaque famille, on leur fait des offrandes et on implore leur protection. — On renouvelle cette cérémonie le

(*) Grosier, Description de la Chine, t. V, p. 385.

dixième jour des quatre mois suivants.

26. — 15ᵉ jour de la 1ʳᵉ lune. FÊTE DES LANTERNES. « C'est la plus brillante des fêtes chinoises, dit l'abbé Grosier, celle qui est célébrée avec le plus d'ivresse, de pompe et de dépenses. Elle est fixée, comme on le voit, au quinzième jour du premier mois; mais elle commence dès le 13 au soir et ne finit que dans la nuit du 16 au 17. Elle est générale dans tout l'empire; et l'on peut dire que, pendant ces trois ou quatre nuits, toute la Chine est en feu. Les villes, les villages, les rivages de la mer, les bords des chemins et des rivières sont garnis d'une multitude innombrable de lanternes de toutes les grandeurs et de toutes les formes. Les villes, les rues, les places publiques, les façades, les cours des palais en sont ornées; on en voit aux portes et aux fenêtres des maisons les plus pauvres. Tous les ports de mer sont illuminés par celles qu'on suspend aux mâts et aux agrès des jonques et des sommes chinoises. On allume peut-être dans cette fête plus de deux cents millions de lanternes. Les Chinois opulents rivalisent de magnificence dans ce genre d'illumination et se piquent de suspendre devant leur maison les plus belles lanternes; celles que font faire les grands mandarins, les vice-rois et l'empereur même sont d'un travail si recherché, que chacune d'elles coûte quelquefois jusqu'à quatre et cinq mille francs. On en construit de si vastes, qu'elles forment des salles de vingt à trente pieds de diamètre, où l'on pourrait manger, coucher, recevoir des visites et représenter des comédies. On y donne en effet, par l'artifice de gens qui s'y cachent, plusieurs spectacles pour l'amusement du peuple. « Ils y font paraître, « dit le P. Duhalde, des ombres qui « représentent des princes et des prin- « cesses, des soldats, des bouffons et « d'autres personnages, dont les gestes « sont si conformes aux paroles de ceux « qui les font mouvoir, qu'on croirait « véritablement les entendre parler. » Quelques-unes de ces lanternes reproduisent aussi toutes les merveilles de nos lanternes magiques, autre invention joyeuse que nous devons peut-être aux Chinois.

« Outre ces lanternes monstrueuses qui sont en petit nombre, une infinité d'autres se font remarquer par leur élégante structure et la richesse de leurs ornements. La plupart sont de forme hexagone, composées de six panneaux de quatre pieds de haut sur un pied et demi de large, encadrés dans des bois peints, vernis ou dorés. Le panneau est formé d'une toile de soie fine et transparente, sur laquelle on a peint des fleurs, des rochers, des animaux et quelquefois des figures humaines. Les couleurs employées dans ces peintures sont d'une vivacité admirable, et reçoivent un nouvel éclat par le grand nombre de lampes ou de bougies allumées dans l'intérieur de ces machines. Les six angles sont ordinairement surmontés de figures sculptées et dorées, qui forment le couronnement de la lanterne : on suspend tout autour des banderoles de satin de toutes les couleurs, qui retombent avec grâce le long de ces mêmes angles, sans rien dérober de la lumière ni des six tableaux.

« Ces lanternes sont aussi variées par leurs formes que par la matière qu'on emploie pour les faire. Les unes sont triangulaires, carrées, cylindriques, en boules, pyramidales; on donne aux autres, suivant un missionnaire, la forme de vases, de fleurs, de fruits, de poissons, de barques, etc. On en construit de toutes les dimensions, en soie, en gaze, en corne peinte, en nacre, en verre, en écailles transparentes d'huîtres, en papier fin. Le travail fini et délicat qu'on remarque dans un grand nombre de ces lanternes, contribue surtout à les rendre d'un très-grand prix.

« Toutes les merveilles de la pyrotechnie se joignent à celles de l'illumination, pour donner le plus grand éclat à ces fêtes de nuit. Il n'est pas de Chinois aisé qui ne prépare quelque pièce d'artifice; tous tirent au moins des fusées; et de toutes parts des gerbes, des flots d'étoiles et des pluies de feu éclairent et embrasent l'atmosphère.

« Il est plus facile de décrire cette fête singulière, continue l'abbé Grosier, que d'en assigner la date et l'origine. Les auteurs chinois citent des faits et des anecdotes anciennes pour en expliquer l'institution ; mais les histoires qu'ils racontent ont tellement l'air de fables, que nous nous dispensons de les rapporter. Il est plus vraisemblable de supposer que cette fête nocturne avait quelque rapport avec l'ancien culte religieux de la nation (*). »

MARS.

2. — 19ᵉ jour de la 1ʳᵉ lune. NAISSANCE DE TCHANG-TCHUN, célèbre médecin, dont les Tao-sse ont fait un dieu. Depuis le matin jusqu'au soir, la châsse de Tchang-tchun est exposée dans toutes les boutiques des médecins.

4. — 21ᵉ jour de la 1ʳᵉ lune. — On place derrière la porte de chaque appartement deux images représentant chacune un enfant. (Cérémonie propitiatoire.)

15. — 2ᵉ jour de la 2ᵉ lune. NATIVITÉ DES DIEUX DOMESTIQUES. Pendant tout le jour de la fête, on représente des drames, des comédies sur les places et dans les rues ; à l'approche de la nuit, on tire des feux d'artifice.

16. — 3ᵉ jour de la 2ᵉ lune. NAISSANCE DE WÊN-TCHANG TI-KIUN, ou du dieu de la littérature. On place son image dans les temples de Confucius, dans les académies et les amphithéâtres des concours. Les lettrés lui rendent une espèce de culte.

19. — 6ᵉ jour de la 2ᵉ lune. NATIVITÉ DE TONG-HOA TI-KIUN ou du *souverain de la fleur orientale*, dieu des Tao-sse. Il figure dans le drame intitulé : le Songe de Liu-thong-pin. (Voyez plus haut, page 427.)

26. — 13ᵉ jour de la 2ᵉ lune. NAISSANCE DE HONG-CHING, dieu de la mer du Sud. Son culte ne subsiste guère que dans la province de Canton, où on le célèbre avec beaucoup de pompe et de magnificence.

28. — 15ᵉ jour de la 2ᵉ lune. NAISSANCE DE LAO-KIUN. Lao-kiun ou Lao-tseu, contemporain de Confucius, est, comme on l'a vu dans le premier volume de cet ouvrage (p. 112), le fondateur de la secte des Tao-sse ou *docteurs de la raison*. Cette secte a beaucoup de dogmes communs avec les lettrés ; seulement, comme l'observe M. Abel Rémusat, l'existence individuelle des génies et des démons indépendants des parties de la nature auxquelles ils président y est mieux reconnue. Ce culte a dégénéré en polythéisme et en idolâtrie par l'ignorance de ceux qui l'admettent. Les prêtres et les prêtresses, voués au célibat, pratiquent la magie, l'astrologie, la nécromancie et mille autres superstitions ridicules (*).

AVRIL.

1. — 19ᵉ jour de la 2ᵉ lune. NATIVITÉ DE KOUAN-YIN ou de la Vierge. On a déjà parlé de cette déesse.

5. — 23ᵉ jour de la 2ᵉ lune. FÊTE DES MORTS ou Tsing-ming. Le Tsing-ming commence cent cinq jours après le solstice d'hiver, vers le temps où le soleil entre dans le seizième degré du Bélier, c'est-à-dire le 5 avril. C'est l'époque à laquelle chacun va sur le tombeau de ses parents accomplir les devoirs prescrits par les rites. On commence par arracher les herbes et les broussailles qui environnent le monument ; après quoi on renouvelle les marques de respect, de reconnaissance et de douleur, dans les mêmes formes qu'au moment même des obsèques ; puis on dépose sur le tombeau du vin et des viandes, qui ensuite forment le repas des assistants. On élève quelquefois dans les cimetières des autels, où les prêtres de Bouddha récitent l'office des morts. Les Tao-sse y ont aussi des autels.

7. — 25ᵉ jour de la 2ᵉ lune. NAISSANCE DU HIOUEN-THIEN-CHING-FOU. C'est le père du souverain des enfers, selon les Tao-sse.

14. — FÊTE DU HIOUEN-THIÊN CHANG-TI ou dieu des enfers. C'est le Pluton des Chinois et la seconde divinité des *docteurs de la raison*.

C'est aussi vers cette époque qu'a lieu la fameuse CÉRÉMONIE DU LABOURAGE (**), où l'empereur, après avoir

(*) Voyez Grosier, Description de la Chine, t. V, p. 386, 387, 388 et 389.

(*) Nouv. mélanges asiatiques, t. Iᵉʳ, p. 38.
(**) M. G. Pauthier a traduit du *Taï-thsing-hoeï-tien* le cérémonial usité dans cette fête. (Voyez plus haut, p. 274 et 275.)

jeûné trois jours, sacrifie au Chang-ti, en le suppliant d'accorder à son peuple une heureuse année et conduit ensuite lui-même la charrue, suivi des princes du sang et des ministres, qui ensemencent les sillons derrière lui. D'après les règlements établis par la cour des rites, l'empereur doit tracer trois sillons, les princes cinq et les ministres neuf.

26. — 15ᵉ jour de la 3ᵉ lune. NAISSANCE DE I-LING-TAI-TI. C'est un médecin célèbre, auquel les malades offrent des vœux et des prières.

29. — 18ᵉ jour de la 3ᵉ lune. FÊTE DE LA DÉESSE DE LA TERRE.

MAI.

1. — 20ᵉ jour de la 3ᵉ lune. FÊTE DE LA MÈRE DES ENFANTS, Tseu-sun-niang-niang. Les Chinois qui n'ont pas d'enfants et qui en désirent, lui offrent des sacrifices.

4. — 23ᵉ jour de la 3ᵉ lune. FÊTE DE LA REINE DU CIEL. Comme elle est originaire du Fó-kien, son culte s'est affermi dans cette province, où la reine du ciel a beaucoup de temples. Elle est devenue la déesse des matelots.

19. — 8ᵉ jour de la 4ᵉ lune. FÊTE DU BOUDDHA CAKYA-MOUNI (*).

25. — 14ᵉ jour de la 2ᵉ lune. FÊTE DE LIU-THONG-PIN. (Voyez plus haut, pages 427-431, l'analyse du drame taosse intitulé : *le Songe de Liu-thong-pin.*)

28. — 17ᵉ jour de la 4ᵉ lune. NAISSANCE DE KIN-HOA-FOU-JIN. C'est une sainte que les femmes invoquent avec beaucoup de foi et de piété, quand leurs enfants se trouvent atteints de la petite vérole.

29. — 18ᵉ jour de la 4ᵉ lune. FÊTE DE HOA-TO, médecin fameux, dont il est parlé dans le roman intitulé : *San-koue-tchi* (Histoire des trois royaumes). Hoa-to reçut les honneurs divins, peu de temps après sa mort. Il est invoqué par les malades.

31. — 20ᵉ jour de la 4ᵉ lune. C'est un jour consacré à la patronne des aveugles, que les Chinois appellent Yen-kouang-ching-mou (*la sainte mère aux yeux brillants et pleins de feu*). On sait que les maladies des yeux sont très-communes à la Chine. La patronne des aveugles est invoquée par les malades.

JUIN.

4. — 28ᵉ jour de la 4ᵉ lune. FÊTE DE YŌ-WANG ou du dieu de la médecine. C'est l'Esculape de la mythologie chinoise. On croit qu'il rendit la vie à un mort.

14. — 5ᵉ jour de la 5ᵉ lune. JOUTES SUR L'EAU. C'est un grand divertissement dans les provinces maritimes. On y voit des bateaux d'une forme singulière, très-longs, très-étroits et qu'on appelle *long-tchouen*, à cause de la ressemblance qu'ils ont avec les dragons (long). Ces barques sont conduites par quarante, soixante et quelquefois quatre-vingts matelots qui rivalisent avec les autres bateliers. Les fêtes nautiques sont presque toujours troublées par des accidents funestes.

JUILLET.

14. — 6ᵉ jour de la 6ᵉ lune. C'est le jour où l'on expose tous les vêtements à l'air.

21. — 13ᵉ jour de la 6ᵉ lune. FÊTE DE LONG-WANG ou du roi des dragons. C'est la fête de tous les mariniers, qui honorent particulièrement le roi des dragons. Le 13ᵉ jour de la 6ᵉ lune est aussi consacré au patron des charpentiers et des maçons.

24. — 16ᵉ jour de la 6ᵉ lune. NAISSANCE DE WANG-LING, célèbre ministre, dont on a fait l'apothéose.

27. — 19ᵉ jour de la 6ᵉ lune. ASSOMPTION DE KOUAN-YIN ou de la Vierge.

31. — 23ᵉ jour de la 6ᵉ lune. NATIVITÉ DU DIEU DU FEU. C'est un jour de spectacles. On élève dans toutes les rues des théâtres où l'on joue la comédie. Le public assiste à ces représentations.

AOÛT.

8. — 1ᵉʳ jour de la 7ᵉ lune. C'est encore un jour consacré aux mânes. On brûle du papier, on récite des prières et l'on fait des libations.

(*) Voyez l'intéressant ouvrage intitulé : Rgya-tch'er-rolpa, ou Développement des jeux, contenant l'histoire du Bouddha Cakya-Mouni, traduit sur la version tibétaine, et revu sur l'original sanscrit, par Ph. Ed. Foucaux; Paris, 1848, 1 vol. in-4°.

14. — 7ᵉ jour de la 7ᵉ lune. — Les déesses des sept palais descendent sur la terre. Elles attirent généralement les hommages des femmes.

29. — 22ᵉ jour de la 7ᵉ lune. Fête du Tseng-fou-tsaî-chin ou du dieu des richesses. C'est le Plutus des Chinois. (Voyez plus haut, p. 434, l'analyse de la comédie intitulée *l'Avare*.)

31. — 24ᵉ jour de la 7ᵉ lune. C'est le jour où, dans chaque ville de la Chine, les magistrats, plus superstitieux que religieux, offrent un sacrifice au dieu protecteur de la ville.

SEPTEMBRE.

5. — 30ᵉ jour de la 7ᵉ lune. Fête de Ti-tsang wang-ching, bouddhiste déifié. On lui rend un culte pour obtenir la rémission de ses péchés.

6. — 1ʳᵉ jour de la 8ᵉ lune. Fête des moissons. « Elle a lieu après toutes les récoltes, dit l'abbé Grosier, et a été instituée pour célébrer, par des actions de grâce et des réjouissances publiques, la constante fécondité de la terre et la fin des travaux de l'année. Cette fête dure depuis le 1ᵉʳ jusqu'au 16ᵉ jour de la lune, c'est-à-dire plus de quinze jours, pendant lesquels on fréquente les miao (temples), et l'on mêle à la joie des festins l'amusement qu'offrent de toutes parts des représentations de comédies. Dans toutes les villes, et de distance en distance dans les campagnes, surtout dans le voisinage des grands miao, sont des théâtres en plein air, fixes et solidement construits. Tous les chemins sont alors couverts d'une foule d'habitants des campagnes qui sortent de leurs villages pour assister aux comédies (*). »

7. — 2ᵉ jour de la 8ᵉ lune. Fête consacrée aux dieux de l'agriculture.

8. — 3ᵉ jour de la 8ᵉ lune. Fête du Sse-ming-tsao-kiun ou du souverain qui commande au dieu du foyer (tsao-chin).

10. — 5ᵉ jour de la 8ᵉ lune. Fête de Loui-ching ou du dieu du tonnerre.

(*) Grosier, Description de la Chine, t. V, p. 390 et 391.

OCTOBRE.

Du 5 au 13. — Depuis le 1ᵉʳ jusqu'au 9ᵉ jour de la 9ᵉ lune, les neuf dieux de la grande Ourse descendent sur la terre et reçoivent les hommages des Tao-sse.

13. — 9ᵉ jour de la 9ᵉ lune. On visite les sépultures, comme pendant le tsing-ming; les enfants lancent des cerfs-volants.

C'est aussi l'époque où l'impératrice jeûne, se purifie et offre un sacrifice à l'esprit des vers à soie. Elle se rend dans un jardin et cueille elle-même des feuilles de mûrier (*).

Cette cérémonie, qui est fort ancienne, peut être regardée comme la contre-partie de la cérémonie du labourage.

NOVEMBRE.

4. — 1ᵉʳ jour de la 10ᵉ lune. Fête de Tong-hoang-ta-ti. C'est une divinité des Tao-sse.

18. — 15ᵉ jour de la 10ᵉ lune. Fête de Theou-chin-liu-sse. C'est le dieu qui préside à la petite vérole. Sa statue est dans tous les temples.

30. — 27ᵉ jour de la 10ᵉ lune. C'est le jour où les dieux qui président aux cinq montagnes sacrées reçoivent les hommages des Chinois. Les cinq montagnes sacrées sont : 1° la montagne de l'Est ou le *Thaï-chan*, dans la province de Chan-tong; 2° la montagne du Sud ou le *Heng-chan*, dans la province de Hou-kouang; 3° la montagne de l'Ouest ou le *Hoa-chan*, dans la province de Chen-si; 4° la montagne du Nord ou le *Heng-chan*, dans la province de Chan-si; 5° la montagne du milieu, ou le *Song-chan*, dans la province de Ho-nan.

DÉCEMBRE.

17. — 4ᵉ jour de la 11ᵉ lune. Naissance de Confucius. Il reçoit les hommages des officiers du gouvernement dans les temples qui lui sont consacrés.

20. — 17ᵉ jour de la 11ᵉ lune. Fête du Bouddha vivant.

(*) Voyez plus haut, p. 21.

JEUX DES CHINOIS.

Jeu des échecs. Les Chinois connaissent les échecs depuis un temps immémorial. L'échiquier, dont ils se servent est, comme le nôtre, composé de soixante-quatre cases; mais elles ne sont pas, de même que chez nous, alternativement noires et blanches : elles sont toutes de la même couleur, et des raies seules les distinguent les unes des autres. Voici, d'après M. Joseph Lavallée, à qui M. Stanislas Julien, de l'Institut, avait fourni plusieurs renseignements, la description exacte d'un échiquier chinois. Cette description se trouve dans le *Palamède* du 15 décembre 1842.

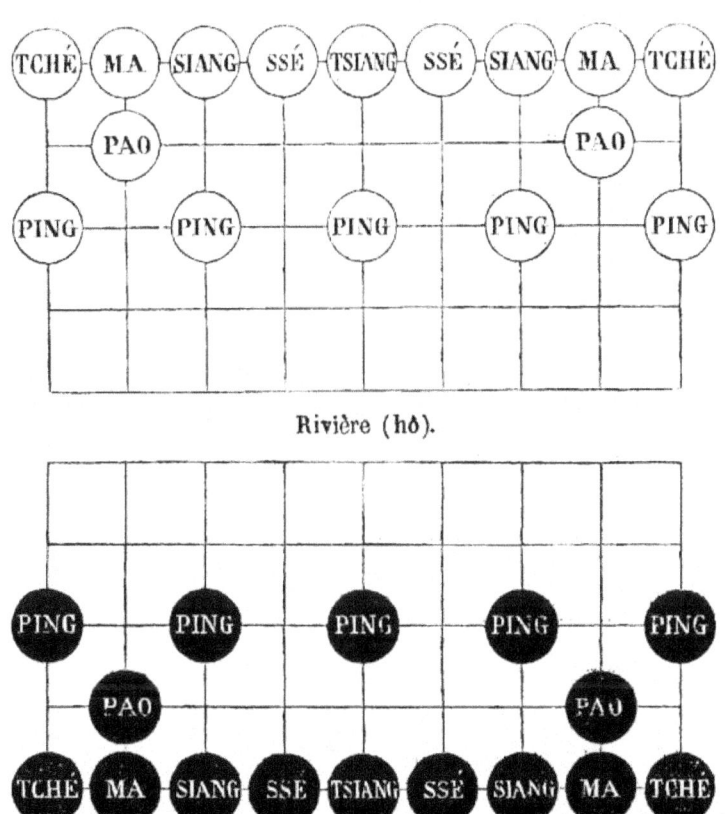

« L'échiquier chinois, dit M. Joseph Lavallée, est traversé d'un côté à l'autre, par une bande de la largeur d'une rangée de cases. Cette bande s'appelle *ho* (rivière); elle partage l'échiquier en deux camps de trente-deux cases chacun. Le plus souvent les pièces sont simplement des disques d'ivoire ou de bois, sur chacun desquels est tracé le caractère qui indique son nom. Elles sont de deux couleurs; ordinairement les unes sont noires et les autres rouges. Elles ne se placent pas sur le centre de la case, mais au point d'intersection des lignes qui circonscrivent les cases; en sorte que, bien que l'échiquier n'ait que huit cases de largeur, chaque rangée peut cependant contenir neuf pièces. Les lignes qui divisent l'échiquier parallèlement à la rivière, y compris les deux bords de celle-ci, sont au nombre de dix, ce qui donne sur l'échiquier chinois quatre-vingt-dix positions.

« Le gain de la partie consiste à mettre en prise, sans qu'il puisse échapper, le général adverse, le *tsiang*, qui correspond au roi du jeu européen. Lorsqu'il est échec, il faut qu'il change de case ou qu'il couvre l'échec à l'aide d'une autre pièce. Le tsiang se place à la première intersection de la ligne du milieu. Ensuite vient le lettré ou ministre *sse*, qui remplace la dame de notre jeu, avec cette différence toutefois que chez nous la dame est unique, tandis que le *sse* est double. L'un se place à droite, l'autre à gauche du *tsiang*; à côté de chaque ministre se tient un éléphant, *siang*. C'est notre *fou* français, le *bishop* anglais, etc. Ensuite vient le cheval *ma*. Aux deux extrémités de la ligne sont les chars *tche*, qui font à peu près l'office de nos *tours*.

« Sur la seconde ligne, devant chaque cheval, se tient un *pao* (canon). Le *pao* peut sauter par-dessus les autres pièces. Sa marche a même cela de particulier, que pour qu'il attaque une autre pièce, il faut qu'entre le *pao* et celle qu'il attaque il s'en trouve une troisième qui, comme on dit, lui sert d'affût. Au reste, ce peut aussi bien être une pièce de l'adversaire qu'une de la couleur du canon. Mais quand le *pao* n'a pas d'affût, il ne peut pas frapper. Ainsi le *tsiang* qui, couvert par une pièce de son jeu, est attaqué par un canon, se débarrasse de son attaque en se mettant à découvert; car, de cette manière, il prive le *pao* de son affût.

« Cinq fantassins ou pions (*ping*) occupent les intersections impaires de la troisième ligne. En sorte qu'il n'y a de *ping* ni devant les ministres ni devant les canons.

« Parmi les pièces, il en est qui sont destinées à la défense et qui ne peuvent traverser la rivière ; ce sont les chars (*tche*), les canons (*pao*) (*) et le général (*tsiang*).

(*) D'après Grosier, les chars et les canons peuvent traverser la rivière.

« Le pion, qu'on appelle le plus souvent *ping* (fantassin), mais aussi quelquefois *jin* (homme), ne fait qu'un pas. Il attaque à droite et à gauche, traverse la rivière dans sa largeur et avance ou recule (*), sans laisser de trace de son passage.

« Le cheval peut sortir et passer la rivière. La traversée de la rivière est comptée pour un pas (**). »

Cerfs-volants. « Suivant l'Encyclopédie chinoise, *Khe-tchi-king-youen* (liv. LX, fol. 8), dit M. Stanislas Julien, la tradition attribue l'invention des *cerfs-volants* au célèbre général chinois Han-sin, qui vivait l'an 206 avant Jésus-Christ. Ce ne fut que plusieurs siècles plus tard que l'on songea à les faire servir à l'amusement des enfants.

« Ce général (dit l'ouvrage intitulé *Tching-tchaï-tsa-ki*) convint avec Tchin-y qu'il entrerait par le centre même de la ville qu'il assiégeait ; mais comme il ignorait la distance qui séparait son camp du palais Weï-yang-kong, où il voulait pénétrer par un chemin souterrain, il fit construire un grand cerf-volant qu'il lança, par un vent favorable, dans la même direction (en tenant compte sans doute, de la longueur de la corde et de la courbe qu'elle décrivait).

« Dans la troisième année de la période Thaï-thsing, du règne de l'empereur Wou-ti, de la dynastie des Liang (l'an 549 de Jésus-Christ), Heou-king assiégeait la ville de King-thaï. Comme les habitants de la ville ne pouvaient faire connaître au loin leur position critique, ils construisirent, en papier, un grand nombre de cerfs-volants, et les lancèrent pour demander du secours au dehors.

« Heou-king, les voyant s'élever dans les airs, consulta ses officiers : « Par« tout où arriveront ces cerfs-volants, « dit l'un d'eux, nommé Wang-weï, ils « donneront des nouvelles des assiégés

(*) D'après Grosier, le pion ne recule jamais.

(**) Voyez le *Palamède*, Revue mensuelle des échecs et autres jeux, 15 décembre 1842, 2ᵉ série, p. 281 et 282 (article de M. Joseph Lavallée).

« et feront connaître leurs besoins (*). »

« Les cerfs-volants chinois, dit l'abbé Grosier, l'emportent sur les nôtres par leur ingénieuse composition ; ils ont des formes plus variées, plus agréables, des couleurs plus riches et plus éclatantes. Tantôt ils offrent l'image d'un immortel qui s'élève majestueusement, porté sur un nuage ; tantôt ils représentent des oiseaux de proie, des dragons ailés, de brillants papillons, des animaux, des monstres (**). »

Les dés, les cartes et les dominos sont connus des Chinois. Quelques savants ont pensé que Marco-Polo, à son retour de la Chine, apprit aux Vénitiens l'usage des cartes et que ceux-ci les introduisirent dans le reste de l'Occident. Le sabot qu'on fouette avec des lanières, la toupie, le petit palet, la boule, l'escarpolette, la balançoire, font à la Chine l'amusement de l'enfance et de l'adolescence.

BIBLIOGRAPHIE.

Catalogue des principaux ouvrages relatifs à la Chine (***).

1477. Hie hebt sich an das Puch des edeln Ritters un Landtfarers Marcho Polo. In dem er scnreibt die grossen wunderlichen Ding dieser Welt. Sunderlichen von den grossen Künigen und Keysern die da herrschen in den selbigen Landen, und von irem Volk und seine Gewonheit daselbs. — Hie endet sich das Puch des edeln Ritters Marcho Polo das so sagt von mangerley Wunder der Landt und Lewt. Und wie er die selbigen gesehen und durchfaren hat von dem Aufgang piss zu dem Nydergang der Sunen seliglich : diss hat gedruckt Fricz Creussner zu Nürnberg. Nach Cristi gepurdt towsent vier hundert unn im sieben und siebenczigten jar. (Ici commence le Livre du noble chevalier et voyageur Marc-Paul, dans lequel il décrit les choses admirables de ce monde, et particulièrement les grands rois et empereurs qui gouvernent ces pays, leurs habitants et leurs mœurs. — Ici finit le Livre du noble chevalier Marc-Paul, qui raconte beaucoup de choses admirables des pays et des habitants, comme il l'a heureusement vu et parcouru lui-même depuis le levant jusqu'au couchant. Imprimé par Frédéric Creussner, à *Nuremberg*.) In-folio de 57 f., sans titre, pagination, réclame, ni signature (*).

1486. Marco Polo. Delle maraviglie del mundo da lui vedute. *Venezia*, per J. B. da Sessa, in-8.

1502. Valentin Fernandez. Relaçam da viagem de Marco Pola a India, China e Japam. *Lisboa*, in-folio.

1529. L'Hystoire merueilleuse, plaisante et recreatiue du grand empereur de Tartarie, seigneur des Tartares, nomé le grand Can, contenant six liures ou parties, dont le premier traicte des singularitez et condition des XIIII royaulmes de Asie subiectz au dict grand Chan. Le second parle des empereurs qui depuis l'incarnation ont regné, et encore à présent règnent en Asie. Et aussi dont le premier porta le nom de grand Chan et la seigneurie des Tartares. Le tiers descript quelle chose on doibt faire avant que commencer la guerre. Le quart parle du voyage que fit un religieux des freres Prescheurs allant par le commande-

---

(*) Notice sur l'emploi militaire des cerfs-volants, par M. Stanislas Julien. (Extrait des Comptes rendus des séances de l'Académie des sciences, tome XXIV, p. 13).

(**) Voyez Grosier, Description générale de la Chine, tome V, p. 422.

(***) On ne doit pas s'attendre à trouver dans notre catalogue tous les ouvrages relatifs à la Chine. Le lecteur curieux de mémoires, de dissertations, de notices, pourra consulter les *Mémoires des missionnaires de Pékin*; les *Lettres édifiantes et curieuses*, écrites des missions étrangères; les *Nouvelles Lettres édifiantes des missions de la Chine et des Indes orientales*; les *Royal asiatic Transactions*; le *Indo-Chinese Gleaner*; le *Chinese Repository*; les *Notices et extraits des manuscrits*; les *Mémoires de l'Académie des inscriptions et belles-lettres*; le *Journal des Savants*; les journaux publiés par les Sociétés asiatiques de Paris, de Londres, de Calcutta, de Madras, de Bombay, etc. Un catalogue complet de tous les ouvrages et de tous les mémoires relatifs à la Chine formerait un volume in-8°; ce qu'il y a d'essentiel à connaître occuperait moins d'espace encore que notre catalogue.

(*) Voyez la Bibliothèque asiatique de M. Ternaux-Compans, p. 1 et suivantes.

ment du pape oultre mer prescher les mescreans ; et sont en ceste partie contenuz les royaulmes, les gens, les prouinces, les loix, les sectes, les heresies et les nouuelles que le dit frere trouva ès parties d'Orient. Le cinquiesme contient comment ung aultre religieux des freres Mineurs alla oultre mer pour prescher les infidelles et fut jusques en la terre du Prebstre-Jan, où il vit plusieurs aultres choses fort admirables et dignes de grant mémoire, comme il racompte ci-dedans. Le sixième parle du pays de Surie et des villes sur mer, d'Égipte, du desert, du mont de Sinay, d'Arabes et des saincts lieux qui sont entre le fleuve Jourdain et Hierusalem, et signalement des choses monstrueuses qu'il a veues selon la diuersité des pays, contrées et regions. Et plusieurs aultres choses, comme on pourra veoir par la table cy-après. *Paris*. Iehan Sainct-Denis. In-fol. goth. — On a du même ouvrage deux autres éditions, imprimées en un vol. petit in-4, par S. D., sous le titre suivant ; l'une chez Ph. le Noir, et l'autre chez Denys Janot(*).

1556. La Description géographique des provinces et villes les plus fameuses de l'Inde orientale, mœurs, lois et coutumes des habitants d'icelle, mesmement de ce qui est soubz la domination du grand Chan, empereur des Tartares, par Marc-Paul. *Paris*, E. Groulleau, in-4.

1569. Gaspar da Cruz. Tractado em que se contam muy por extenso as cousas da China, com suas particularidades y assi do reyno de Ormuz. *Evora*, in-4.

1577. Bernardo de Escalante. Discurso de la navigacion al oriente y grandeza de la China. *Sevilla*, in-8.

1578. The strange and marveilous news lately come from the great Kingdom of China which adjoyneth with the East-India ; translated out of the castlyn tongue by T. N. *London*, F. Gardyner and F. Dawson.

1580. Lettere annue del Giappone e della Cina. *Roma*, in-8.

1585. G. de Mendoça. Historia de las cosas mas notables, ritos y costumbres del gran reyno de la China. *Roma*, Grassi, in-8.

1585. Libro y relacion de las grandezas del reyno de la China hecho por un frayle descalço de la orden de S. Francisco de seys que fueron pressos en el dicho reyno en la isla de Haynam en el año de 1585. S. l. et a., in-4.

1585. Mendoça. Historia della Cina. *Venezia*, in-8.

1585. *Kiao-yao* ou Catéchisme en langue chinoise, par le P. Michel Ruggieri. *Quam-tum*.

1586. Historia de las cosas mas notables, ritos y costumbres del reyno de la China, por Juan Gonzalez de Mendoça, con un itinerario del nuevo mundo. *Madrid*, G. Flaminio, in-8.

1586. Le même ouvrage, *Barcelona* (*).

1586. Mendozza. Historia della China, tradotta di T. Avanzo. *Roma*, Grassi, in-4.

1586. Id. *Venezia*, in-8.

1586. Id. *Genova*, in-4.

1587. Id. *Vinegia*, Muschio, petit in-12.

1588. Id. *Venezia*, in-8.

1588. Mendoça. Histoire du grand royaume de la Chine, traduite par Luc de la Porte. *Paris*, in-8.

1588. R. Parke. History of the great and mightie Kingdome of China, and the situation thereof, together with great riches, huge cities, politicke, governement and rare inventions of the same. *London*, in-4 goth.

1589. Beschreibung des Königreichs China samt dessen Fruchtbarkeit, Reichthum, etc. (Description du royaume de la Chine, de sa fertilité, de sa richesse, etc.) *Francfurt*, in-4.

1589. Marci Henningii Nova et succincta, vera tamen historia de regno China, ex hispanica lingua. *Francofurti*.

1595. Mendoça. Historia de la China. *Medina del Campo*, in-8.

1595. Fernando de Vargas y Contreras. Historia del grand reyno de la China. *Medina del Campo*, in-8.

(*) Les éditions ou versions de Marco-Polo et de Mendoça sont très-nombreuses ; nous nous bornerons à en citer quelques-unes.

(*) Note de M. H. Ternaux-Compans. (Bibliothèque asiatique et africaine, p. 19 et 20.)

1599. Girard le Ver. Vraye description de trois voyages de mer vers le royaume de China et Cathay. *Paris*, Chaudier, in-8.

1599. Historica relatio de legatione regis Sinensium ad regem Japonum. *Romæ*, in-8.

1600. Histoire de la Chine, avec un itinéraire du nouveau monde et la découverte du Nouveau-Mexique, traduite de l'espagnol (Mendoça) par Luc de la Porte. *Paris*, in-8.

1600. *Henningii*. Chinæ descriptio. *Moguntiæ*, Albinus, in-8.

1601. Historia de las islas del archipelago y reyno de la gran China, Tartaria, Cochinchina, Malaca, Sian, Camboxa y Jappon, y de lo succedido en allas a los religiosos de la orden de S. Francisco, por Fr. Marcello de Ribadeneyra. *Barcelona*, G. Grael et G. Dotil, in-4.

1601 et 1610. Historia de las missiones que han hecho los religiosos de la compania de Jesus para predicar el santo evangelio en la India oriental y los reynos de China y Japon, escrita por el P. Luis de Guzman. *Alcala*, Vinda de J. Gracian, 2 vol. in-fol.

1601. Longobardi recentissima de regno China epistola, id. de statu christianæ apud regem Mogor et de morte Taïcosamæ Japoniæ monarchiæ. *Moguntiæ*, Albinus, in-8.

1601. Japonica, Sinensia, Mogorana, hoc est de rebus apud eas gentes a patribus soc. Ies. 1598 et 1599 gestis. *Leodii*.

1602. Nouveaux advis du grand royaume de la Chine, escripts par le P. Nicolas Lombard, de la compagnie de Jésus, et traduits en français par le P. J. de Bordes. *Paris*, jouxte la copie imprimée à Agen, Rolin Thierry et Eustache des Bordes, in-8.

1603. Divers voyages et missions du P. Alexandre de Rhodes en la Chine et autres royaumes de l'Orient, avec son retour en Europe par la Perse et l'Arménie. *Paris*, in-4.

1605. Diego de Pantoja. Relacion de la entrada de algunos padres de la compania de Jesus en la China, y particulares successos que tuvieron y de cosas muy notables que vieron en el mismo reyno. *Sevilla*, in-8.

1605. Variorum librorum Chinensium bibliotheca, sive libri qui nunc primum ex China seu regno Sinarum advecti sunt. *Amstelodami*, C. Nicolai.

1606. Histoire du grand royaume de la Chine, situé aux Indes orientales, plus, trois voyages faits vers iceluy, en 1577, 1579 et 1581 ; ensemble un itinéraire du nouveau monde et le descouvrement du Nouveau-Mexique en l'an 1583. *Paris*, J. Arnaud, in-8.

1607. J. de Pantoie. Advis envoyés de Péquin, capitale de la Chine, sur le succès de la religion chrétienne audit royaume. *Rennes*, Harran, in-8.

1609. Histoire du grand royaume de la Chine, contenant la situation, antiquité, fertilité, religion, etc. *Lyon*, in-8.

1609. Linton's News of the art of navigation, and of the mighty empire of Cathaio together with the Straight of Anian. *London*, in-4.

1614. F. M. Pinto. Peregrinaçam em que da conta de muytas e muy estranhas cousas que vio no reyno da China, no da Tartaria e em otros muytos reynos das partes orientaes. *Lisboa*, in-fol.

1615. Trigautius. De christiana expeditione apud Sinas, ex P. Martini Riccii commentariis. *Augustæ Vindelicorum*, in-8.

1615. Trigautius. Litteræ a regno Sinarum annis 1610 et 1611 conscriptæ. *Antwerpiæ*, Bellerus, in-8.

1616. Histoire de l'expédition chrétienne au royaume de Chine, entreprise par les Pères de la compagnie de Jésus ; traduit du latin de Nic. Trigaut. *Lyon*, in-8.

1620. Franciso de Herrera Maldonado. Epitome historial del reyno de la China, con la descripcion de aquel imperio y la introduccion en el de nuestra santa fe catholica. *Madrid*, Andreas Parra, in-8.

1621. Historia y relacion de lo succedido en los reynos de China y Japon, en la qual se continua la gran persecucion que ha havido en aquella iglesia, por Pedro Morejon. *Lisboa*, in-4.

1622. Nouvelle Histoire de la Chine, où la mort de la royne mère du roy de la Chine, lequel est aujourd'hui, les cérémonies qui se firent à ses funérailles et les dernières guerres que les Chinois eurent contre les Tartares, sont fidèlement racontées et traduites de l'espagnol de Herrera Maldonado, par J. J. Bellefleur. *Paris*, veuve Chatellain, in-8.

1623. Nouveaux mémoires de l'état de la Chine, par Louis Legrand. *Cologne*, in-8.

1625. Rerum mirabilium in regno Sinæ gestarum litteræ annuæ. S. J. *Antwerpiæ*, in-8.

1626. Antonio de Andrade. Novo descubrimiento do gran Catayo e dos reynos do Tibet. *Lisboa*, A. Pinieyro, in-4.

1628. Ordoñez de Cevallos. Tratado de las relaciones verdaderas de los reynos de la China, Cochinchina y Champaa. *Jaen*, Pedro de la Cuesta, in-4.

1628. Advis certain d'une plus ample découverte du royaume de Catai avec quelques autres particularités notables de la coste de Cocincina et de l'antiquité de la foy chrestienne dans la Chine, tiré des lettres des Pères de la compagnie de Jésus de l'année 1626. *Bourdeaux*, in-8.

1628. Les Voyages aventureux de Fernand Mendez Pinto, traduits du portugois en françois, par Bernard Figuier. *Paris*, M. Henault, in-4.

1628. Relation de la nouvelle du grand Cathay, ou bien du royaume de Thibet, par le P. A. d'Andrade. *Pont-à-Mousson*, in-8.

1630. Voyage fait par terre, depuis Paris jusqu'à la Chine, par le sieur de Feynes, avec son retour par mer. *Paris*, Rocollet, in-8.

1630. Terrentius. Epistolium ex regno Sinarum ad mathematicos Europæos missum cum commentario Johannis Kepleri. *Sagani*, in-4.

1635. Adamus Schall. Historica Narratio de initio et progressu missionis societatis Jesus apud Sinenses. *Viennæ Austriæ*, Cosmerovius, in-8.

1639. Trigautii Regni Chinensis descriptio. *Lugduni*, in-24.

1642. Alvaro Semmedo. Imperio de la China y cultura evangelica en el; publicado por Manuel de Faria y Sousa. *Madrid*, in-4.

1643. A. Semmedo. Relazione della grande monarchia della Cina. *Roma*, in-4.

1649. M. Martin. China illustrata. *Amstelodami*, in-fol.

1650. Relaçam da conversam da rainha e principesa da China a nossa santa fe. *Lisboa*, in-4.

1650. Barentz. Verhael van de eerste Ship-vaert der Hollander door Waygat by noorden, Norweghen, Moscovien en de Tartarien, na Cathay ende China. *Amsterdam*, in-4.

1653. Sommaire de divers voyages et missions apostoliques du révérend P. A. de Rhodes, à la Chine et autres royaumes d'Orient, avec son retour de Chine à Rome, depuis l'année 1618 jusqu'à l'année 1633. *Paris*, Lambert, in-8.

1653. Divers voyages et missions du P. A. de Rhodes, en la Chine et autres royaumes d'Orient, avec son retour en Europe par la Perse et l'Arménie, le tout divisé en trois parties. *Paris*, Cramoisy, in-4.

1654. Martini. Historie delle guerre seguite in queste ultimi anni fra Tartari e Cinesi. *Milano*, in-8.

1654. Briefve relation de la conversion notable des personnes royales et de l'estat de la religion chrestienne en la Chine, faicte par le P. Michel Boym de la compagnie de Jésus et récitée par lui-même dans l'église de Smyrne, en 1652. *Paris*, petit in-8.

1654. Martini. Brevis relatio de numero et qualitate christianorum apud Sinas. *Romæ*, in-4.

1654. Martinius. De Bello Tartarico in Sinis. *Coloniæ*, 1654.

1655. Artificia hominum miranda in Sina et Europa. *Francofurti ad Mœnum*, W. Serlinus, in-8.

1656. M. Boym. Flora sinensis. *Viennæ Austriæ*, in-fol.

1656. M. Martini. Atlas sinensis, hoc est Descriptio imperii Sinensis una cum tabulis geographicis. *Amstelodami*, in-fol.

1660. Spizelius. Commentarius de re litteraria Sinensium. *Lugduni Batavorum*.

1661. Regni Sinensis a Tartaris devastati narratio, autore M. Martini. *Amstelodami*, Valkenier, in-12.

1662. Michel Baudier. Histoire de

la cour du roi de la Chine. *Paris*, in-12.

1662. Sapientia sinica, exponente Johanne Acosta. *Kiunchan, in urbe Sinarum provinciæ Kiam-si*, in-fol.

1662. Ignace da Costa. Le Tai-hio, en chinois, publié par le P. Prosper Intorcetta. *Kiang-tchang-fou*.

1664. Nieuhof. Ambassade de la compagnie hollandaise des Indes orientales au Grand Khan de Tartarie, empereur de la Chine, avec la description du pays, traduite en français par J. Lecarpentier. *La Haye*, in-fol.

1665. Historica narratio de initio et progressu missionis societatis Jesu apud Chinenses, ex litteris J. A. Schall collecta. *Viennæ Austriæ*, Cosmerovius, in-8.

1666. Nieuhoff. Ambassade des Hollandais en Chine. *Paris*, in-fol.

1666. H. Ursini. Sacrorum miscellaneorum et philologicorum libri VI, accedit diatribe de Seribus seu Sinensibus. *Norimbergæ*, in-8.

1667. Bartoli. Historia della comp. de Gesu dell'Asia, della China et del Giappone. *Roma*, in-fol.

1667. Histoire universelle de la Chine, par Alvaro Semmedo, avec l'histoire des Tartares, par M. Martini. *Lyon*, Prost, in-4.

1667. Beskrifnning paa trenne resor gienom Asia, Africa, Japan, China. (Description de quelques voyages entrepris en Asie, en Afrique, au Japon, en Chine.) *Visingsborg*.

1667. Kircheri China illustrata. *Amsterdam*, in-fol.

1667. Intorcetta. Sinarum scientia politico-moralis. *Goa*, in-fol. — La première partie imprimée à Goa et la seconde à Canton, en 1667, selon Mongitore, et en 1669, selon Sotwel et Léon Pinelo. Léon Pinelo cite une réimpression de cet ouvrage également en latin et en chinois. (Note de M. Abel Rémusat.)

1668. Kircher. Toneel van China. (Kircher. Tableau de la Chine.) *Amsterdam*, in-fol.

1668. Liber organicus astronomiæ europeæ apud Sinas restitutæ sub imperatore Sino-Tartarico Cam-hi apellato, autore P. Ferdinand Verbiest, academiæ astronomicæ in Pekinensi præfecto. S. l., in-fol. — Imprimé à Pe-king, sur papier de soie.

1669. Webb. Historical essay on the probability that the language of the empire of China is the primitive language. *London*, in-8.

1670. Historia de la conquista de la China por el Tartaro, por J. de Palafox y Mendoza. *Paris*, petit in-8.

1670. L'Estat présent de la Chine et des autres royaumes voisins. *Paris*, in-12.

1670. Faits remarquables de la compagnie hollandaise des Indes orientales, sur les côtes et dans l'empire de la Chine, contenant la deuxième ambassade dans ce pays, par J. V. Campen et C. Nobel; et la troisième, sous les ordres du P. Van Hoorn, décrite par Dapper. *Amsterdam*, Van Meurs, in-fol., fig.

1670. Description de l'empire de la Chine par Dapper. *Amsterdam*, Van Meurs, in-fol., fig.

1670. La Chine d'Athanase Kirchere, de la compagnie de Jésus, illustrée de plusieurs monuments tant sacrés que profanes, et de quantité de recherches de la nature et de l'art, à quoi on a adjousté de nouveau les questions curieuses que le sérénissime grand-duc de Toscane a faites depuis peu au P. Jean Grubère touchant ce grand empire, avec un dictionnaire chinois et français lequel est très-rare, et qui n'a pas encores paru au jour, traduit par F. S. Dalquié. *Amsterdam*, in-fol., fig.

1670. Embassies from the dutch East India company to China and Japan, by J. Ogilby. *London*.

1670. C. W. Hagdorn. Aequian oder der Grosse Mogol, das ist Chinesische und Indische Staats, Kriegs und Lebensgeschichte. (C. W. Hagdorn. Æquian ou le Grand Mogol, c'est-à-dire, histoire politique, militaire et biographique de l'Inde et de la Chine.) *Amsterdam*, in-8.

1671. Francisco Gracia. Relacion de la persecucion de los predicadores de Christo en la China. *Sevilla*, J. de Ossuna, in-4.

1671. Intorcetta. Compendiosa narratione del stato della missione Cinese. *Roma, Cizzoni*, in-8.

1671. Le Secret de la médecine des Chinois. *Grenoble*, in-12.

1671. Marci Pauli, Venet., de Regionibus orientalibus libri III ; Haithoni historia orientalis, et Mulleri, de Cathaia, dissertatio. *Coloniæ Prandeburgicæ*, in-4.

1671. Antonii de Gouvea. Innocentia victrix sive sententia comitiorum Sinici imperii pro innocentia christianæ religionis, sinico-latine exposita. In *Quam-cheu* metropoli provinciæ *Quamtum* in regno Sinarum. In-fol.

1672. Sebastiam de Magalhaens. Relaçam do estado politico e espiritual da China, tirada do latin do P. Rogemont. *Lisboa*, in-4.

1672. Suite de l'Histoire de la Chine imprimée en 1671. *Paris*, Henaut, in-8.

1672. A. Schall. Historica relatio de ortu et progressu fidei in regno Sinensi. *Ratisbonæ*, Hankwich, in-8.

1673. F. de Rougemont. Historia tartaro-sinica ab anno 1660. *Lovanii*, Hallegaerde, in-8.

1674. Andreas Mulleri Observationes sinicæ. *Coloniæ Brandenburgicæ*, in-4.

1675. T'verwaerloosde Formosa of waerachtig verhael hoedanigh door verwaerloosinge der Nederlanders in Oost-Indien, het eylandt Formosa, van den Chinesen mandorin ende zeerovers Coxinja overrompelt ende geworden. (Formose négligée, ou Description véritable comment, par la négligence des Hollandais dans les Indes orientales, ils ont perdu l'île de Formose, conquise par le mandarin et pirate chinois Coxinja.) *Amsterdam*, in-4.

1676. Fernandez Navarrete. Tratados historicos, politicos y religiosos de la monarchia de China. *Madrid*, in-fol.

1676. Von der Schyffahrt by dem Nordpole nach Japan, China, etc. (De la navigation par le pôle nord vers le Japon, la Chine, etc.) *Hamburg*, in-4.

1680. Boym. Clavis medica ad Chinarum doctrinam de pulsibus. *Francfort*, in-4.

1682. Ferdinand Verbiest. Lettre écrite de Pe-king à tous les jésuites de l'Europe le 15 août 1678. *Paris* G. Martin, in-12.

1682. Le même. Lettre écrite de la Chine, où l'on voit l'état présent du christianisme dans cet empire et le bien qu'on y peut faire pour le salut des âmes. *Paris*, in-4.

1682. Grammaire chinoise et espagnole. Fo-kien. — Cette grammaire, qui se trouve à la Bibliothèque royale, paraît avoir été composée par un religieux de l'ordre de S. François. (Note de M. Abel Rémusat.)

1683. Relation d'un voyage de l'empereur de la Chine dans la Tartarie, par le P. Verbiest. *Paris*, in-12.

1684. Lettre écrite par le P. F. Verbiest, de la cour de Pékin, sur un voyage que l'empereur de la Chine a fait l'an 1623 dans la Tartarie orientale. *Paris*, Bouillerot, in-4.

1686. Catalogus Patrum S. J. qui post obitum sancti Francisci Xavieri, ab anno 1581 usque ad 1681, in imperio Sinarum Jesu-Christi fidem propagarunt, ubi singulorum nomina, patria, ingressus et libri sinice editi recensentur. In-4.

1687. Nouveaux Mémoires sur l'état présent de la Chine, par le P. le Comte. *Amsterdam*, 2 vol. in-12.

1687. Défense des nouveaux chrestiens et des missionnaires de la Chine, du Japon et des Indes, contre la morale pratique des jésuites et l'esprit de M. Arnaud, par le P. Letellier. *Paris*, Michallet, in-12.

1687. Lettre d'un théologien (M. Arnaud) contre la défense des nouveaux chrétiens. In-12.

1687. Confucius Sinarum philosophus, sive scientia Sinarum latine exposita studio et opera P. Intorcetta, C. Herdtrich, F. Rougemont et P. Couplet. Adjecta est tabula chronologica Sinensis monarchiæ. *Parisiis*, in-fol.

1688. Nouvelle Description de la Chine, contenant la description des particularités les plus considérables de ce grand empire, composée en l'année 1668, par G. de Magaillans. *Paris*, in-8, fig.

1688. E. Francisci ost und West-Indischer so wie auch sinesischer Lustgarten. (E. Francisci. Jardin des Indes orientales et occidentales et aussi de la Chine.) *Nürnberg*, 3 vol. in-fol.

1689. Das mächtige Kayserreich

China und die Asiatische Tartarey vor Augen gestellt. (Le puissant empire de la Chine et la Tartarie asiatique présentés aux yeux.) *Augsburg*, in-fol.

1689. Abdallah. Historia Sinensis, persice et latine ab A. Mullero. *Jena*, in-4.

1692. Histoire des différends entre les missionnaires jésuites, d'une part, et ceux de l'ordre de Saint-Dominique et de Saint-François de l'autre, touchant le culte que les Chinois rendent à leur maître Confucius et à l'idole Chin-hoang. S. l., in-8.

1696. Mentzelii. Zeitregister aller Chenesischen Kayser. *Berlin*, in-4.

1697. Notizie varie del imperio della Cina con la vita di Confucio. *Firenze*, in-12.

1697. E. Roland. De magno Sinarum imperio dissertatio. *Holmiæ*, in-8.

1698. Portrait historique de l'empereur de la Chine, par le P. Bouvet. *Paris*, Pepie, in-12.

1698. Adam Brand. A Journal of the embassy from their majestys, John and Peter Alexiewitz over land into China. *London*, in-8.

1699. Relation du voyage de M. Evert Isbrand, envoyé de S. M. Czarienne à l'empereur de la Chine. *Amsterdam*, in-8, fig.

1699 J. Bouvet. The life of Cang-hy, the present emperor of China. *London*, in-8.

1699. Novissima sinica historiam nostri temporis illustrantia, edente Leibnitzio. In-8.

1700. G. Ghirardini. Relation du voyage fait à la Chine en 1698, sur le vaisseau *l'Amphitrite*. *Paris*, in-12.

1700. Conformité des cérémonies chinoises avec l'idolâtrie grecque et romaine. *Cologne*, Corneille, in-12.

1700. Relation de ce qui s'est passé à la Chine en 1697, 1698 et 1699, à l'occasion d'un établissement que M. l'abbé de Lionne a fait à Nien-tcheou, ville de la province de Tche-kiang. *Liége*, in-8.

1700. Bracati. De Sinensium ritibus *Parisiis*, in-12.

1700. Historia cultus Sinensium. *Colonia*, in-12.

1700. Lefavre. De Sinensium ritibus politicis, sive de avita Sinarum pietate. *Lugduni* et *Parisiis*, 5 vol. in-8.

1703. Arte de la lengua mandarina, compuesto por el M. R. P. Francisco Varo, de la sagrada orden de N. P. S. Domingo, acrecentado y reducido a mejor forma, P. N. H. Fr. Pedro de la Piñuela, por y commissario prov. de la mission serafica de China. Añadio se un confesionario muy util y provechoso para alivio de los nuevos ministros. *Canton*. — Le P. Horace de Castorano nous apprend que le P. Placide a Valsio est celui qui a gravé ce livre espagnol en planches de bois. *Parva elucubratio*, ms. de la Prop. 1739, p. 13. (Note de M. Abel Rémusat.)

1710. P. F. Noël. Observationes mathematicæ et physicæ in India et China factæ, ab anno 1684 usque ad annum 1708. *Pragæ*, in-4.

1711. Le même. Sinensis imperii libri classici sex, nimirum adultorum schola, immutabile medium, Liber sententiarum, Mencius, filialis observantia, parvulorum schola, e sinico idiomate in latinum traducti. *Pragæ*, petit in-4.

1711. Le même. Philosophia sinica. *Pragæ*, in-4.

1718. E. Renaudot. Anciennes relations des Indes et de la Chine, de deux voyageurs mahométans qui y allèrent dans le IXe siècle de notre ère. In-8.

1724. Voyages de François Bernier, contenant la description des Etats du Grand Mogol. *Amsterdam*, 2 vol. in-12.

1729. P. J. F. Fouquet. Tabula chronologica historiæ sinicæ. *Rome*.

1730. Theoph. Sigef. Bayeri Museum sinicum, in quo sinicæ linguæ et litteraturæ ratio explicatur. *Petropol.*, 2 vol. in-8.

1737. Description géographique, historique, chronologique, politique et physique de l'empire de la Chine et de la Tartarie chinoise, enrichie des cartes générales et particulières de ces pays, de la carte générale et des cartes particulières du Thibet et de la Corée; et ornée d'un grand nombre de figures et de vignettes gravées en taille-douce; par le P. J. B. du Halde, de la compagnie de Jésus; avec un avertissement préliminaire, où l'on rend compte des principales améliorations qui ont été faites dans cette nouvelle édition. *La Haye*, 4 vol. in-4.

1737. Nouvel Atlas de la Chine, de la Tartarie chinoise et du Thibet........, par M. d'Anville. Grand in-fol. (42 cartes.)

1737. Steph. Fourmont. Meditationes sinicæ, in quibus 1° consideratur linguæ philosophicæ atque universalis natura qualis esse, aut debeat, aut possit; 2° lingua Sinarum mandarinica, tum in hieroglyphis, tum in monosyllabis suis, ea mente inventa ac talis esse ostenditur; 3° datur eorumdem hieroglyphorum et monosyllaborum atque inde characterum linguæ sinicæ omnium, quamvis innumerabilium, et lectio et intellectio, seu ars legendi et intelligendi tota, qualis Pekinii ab ipsis doctoribus sinis traditur; 4° idque omne progressu a libris mere europæis, de Sina tamen, ad libros mere sinicos facto. *Lutetiæ Parisiorum*, in-fol.

1739. Histoire de Gentchiscan et de toute la dynastie des Mongous ses successeurs, conquérans de la Chine, tirée de l'histoire chinoise et traduite par le R. P. Gaubil, de la compagnie de Jésus, missionnaire à Pé-king. *Paris*, in-4.

1742. Steph. Fourmont. Linguæ Sinarum mandarinicæ hieroglyphicæ grammatica duplex, latine et cum characteribus Sinensium. *Lutetiæ Parisiorum*, in-fol.

1765. Delisle et Pingré. Description de la ville de Pé-king. *Paris*, in-4.

1766. Hao-kiou-choaan. Histoire chinoise, traduite de l'anglais par *** (Eidous). *Lyon*, 4 vol. in-12.

1770. Le Chou-king, un des livres sacrés des Chinois, qui renferme les fondements de leur ancienne histoire, les principes de leur gouvernement et de leur morale; ouvrage recueilli par Confucius, traduit et enrichi de notes par feu le P. Gaubil, missionnaire à la Chine, revu et corrigé sur le texte chinois, accompagné de nouvelles notes, de planches gravées en taille-douce et d'additions tirées des historiens originaux, par M. de Guignes. *Paris*, grand in-4.

1771. A voyage to China and the east Indies, by Peter Osbeck, together with a voyage to Suratte, by Olof Torren and an account of the chinese Husbandry, by capt. Ch. Gustav. Eckeberg; translated from the german by John Reinhold Forster: to which are added a faunula and Flora sinensis. *London*, 2 vol. in-8.

1772. Kitaiskiia mysli (Pensées chinoises), traduites du mandchou en russe, par Alexis Leontief. *Saint-Pétersbourg*, in-8.

1773. État actuel de l'art et de la science militaire à la Chine, tiré des livres militaires des Chinois......, par de S. Maurice, de Saint-Leu et de Puységur. *Paris*, in-12.

1778. Krattchaïchee opisanie gorodam' dokhodam'i protchemou kitaïskago gosoudarstva..... Description très-succincte des villes, des revenus et des autres particularités de l'empire de la Chine, et en outre de tous les empires, royaumes et principautés connus des Chinois, extraite de la Géographie impériale chinoise, imprimée à Pé-king en langue chinoise, par ordre du khan actuel Khien-long (trad. en russe par Leontief). *Saint-Pétersbourg*, in-8.

1778. Kitaiiskia pooutcheniia (Instructions chinoises données par le khan Young-tching pour les militaires et le bas peuple, la deuxième année de son règne, 1724), traduit du chinois en russe. *Saint-Pétersbourg*, in-8.

1780. Sy-chou-gheï, to iest'tchetyre Knighi.(Les quatre livres avec les commentaires.) Premier livre du philosophe Confucius, traduit du chinois et du mandchou en russe par Alex. Leontief. *Saint-Pétersbourg*, in-8.

1782. Voyage aux Indes orientales et à la Chine....., depuis 1774 jusqu'en 1781, dans lequel on traite des mœurs, de la religion, des sciences et des arts des Indiens, des Chinois, des Pégouins, des Madégasses, etc., par Sonnerat. *Paris*, 2 vol. in-4.

1783. Histoire générale de la Chine, ou annales de cet empire, traduites du Tong-kien-kang-mou, par le feu P. Joseph-Anne-Marie de Moyriac de Mailla, jésuite français, missionnaire à Pé-kin; publiées par M. l'abbé Grosier et dirigées par M. le Roux des Hautesrayes, avec des figures et de nouvelles cartes géographiques de la Chine ancienne et moderne, levées par ordre du feu empereur Kang-hi, et gravées pour la première fois. *Paris*, 12 vol. in-4.

1788. Manjourskago i Kitaïskago Khana Kan'-siia Kniga..... (Le livre du Khan mandchou et chinois Khanghi; préceptes de politique et règles de morale, recueillis par son fils le khan Young-tching, traduit du mandchou en russe par Alexis Agafonof.

1790. Joa. de Loureiro. Flora cochinchinensis, sistens plantas in regno Cochinchina nascentes, quibus accedunt aliæ observatæ in Sinensi imperio, Africa orientali, Indiæque locis variis, omnes dispositæ secundum systema sexuale linnæanum. *Ulyssipone*, 2 vol. in-4.

1797. An authentic account of an embassy from the king of Great-Britain to the emperor of China, together with a relation of the voyage to the Yellow sea and gulf of Pekin, as well as of their return to Europa, taken chiefly from the papers of the earl of Macartney, by G. Staunton. *London*, 2 vol. in-4.

1797. Voyage de l'ambassade de la compagnie des Indes orientales hollandaises, vers l'empereur de la Chine, dans les années 1794 et 1795, où se trouve la description de plusieurs parties de la Chine inconnues aux Européens, et que cette ambassade a donné occasion de traverser, tiré du journal d'André Everart van Braam Houckgeest, et publié en français, par L. E. Moreau de Saint-Méry. *Philadelphie*, 2 vol. in-4.

1801. Jos. Hager. An explanation of the elementary characters of the Chinese; with an analysis of thier ancients symbols and hyeroglyphics. *London*, petit in-fol.

1802. De Murr. Litteræ patentes imperatoris Sinarum Kang-hi, sinice et latine. *Norimbergæ*, in-4.

1802. Monument de Yu, ou la plus ancienne inscription de la Chine; suivie de trente-deux formes d'anciens caractères chinois, avec quelques remarques....., par Jos. Hager. *Paris*, in-fol.

1804. Travels in China, containing descriptions, observations and comparisons made and collected in the course of a short residence at the imperial palace of Yuen-ming-yuen, and on a subsequent journey through the country from Pekin to Canton....., by John Barrow. *London*, in-4.

1805. Description des médailles chinoises du cabinet impérial de France, précédée d'un essai de numismatique chinoise, avec des éclaircissements sur le commerce des Grecs avec la Chine, et sur les vases précieux qu'on y trouve encore, par J. Hager. *Paris*, gr. in-4.

1806. Panthéon chinois, ou Parallèle entre le culte religieux des Grecs et celui des Chinois, avec de nouvelles preuves que la Chine a été connue des Grecs et que les Sères des auteurs classiques ont été des Chinois, par J. Hager. *Paris*, Didot aîné, grand in-4.

1806. Versurch einer geschichte der Juden in Sina..... (Essai d'une histoire des Juifs en Chine, avec une description de leurs livres saints dans la synagogue de Khaï-fong-fou, par le P. Ign. Kœgler, et un appendice sur l'origine du Pentateuque), publié par C. G. de Murr. *Halle*, in-8.

1809. Marshman. The works of Confucius, with a translation, vol. I, to which is prefixed a dissertation on the chinese language and characters. *Serampore*. Printed at the mission press.

1809. Die russische Gesandtschaft nach China.... (L'Ambassade russe en Chine en 1805, avec une relation de la dernière persécution contre les chrétiens à Péking.) *Saint-Pétersbourg* et *Leipsig*, in-12.

1810. Ta-tsing-leu-lee; being the fundamental laws and a selection from the supplementary statutes of the penal code of China, translated from the chinese and accompanied with an appendix consisting of authentic documents and a few occasional notes, by sir G. Th. Staunton. *London*, grand in-4.

1811. Abel Rémusat. Essai sur la langue et la littérature chinoises, avec cinq planches, contenant des textes chinois, accompagnés de traductions, de remarques et d'un commentaire littéraire et grammatical, suivi de notes. *Paris*, Treuttel et Wurtz, in-8.

1811. Inschrift des Yü.... (Inscription de Yu, trad. et expliquée par M. Jules Kalproth, *Berlin*, in-4.

1812. Ta-tsing-leu-leè, ou les lois fondamentales du code pénal de la Chine, avec le choix des statuts supplémentaires, traduit du chinois par G. Th. Staunton, mis en français avec des notes, par M. Félix Renouard de Sainte-Croix. *Paris*, 2 vol. in-8.

1812. Horæ sinicæ; translations from the popular litterature of the chinese, by the rev. Robert Morrison. *London*, in-8.

1813. Lepage. Recherches sur la médecine des Chinois, avec cette épigraphe: Educens nubes ab extremo terræ. *Paris*, in-4.

1813. Dictionnaire chinois-français et latin (du P. Basile de Glemona), publié d'après l'ordre de sa majesté l'empereur et roi Napoléon le Grand, par M. de Guignes. *Paris*, grand in-fol.

1813. W. Milburn. Oriental commerce containing a geographical description of the principal places of the east Indies, China and Japan, with their produce, manufactures and trade, including the coasting or country trade from port to port. *London*, 2 vol. grand in-4.

1813. Abel Rémusat. Dissertatio de glossosemeiotice, sive de signis morborum quæ e lingua sumuntur præsertim apud Sinenses. *Paris*, Didot, in-4.

1814. Journal of a voyage in 1811 and 1812 to Madras and China; returning by the cape of Good-Hope and Saint-Helena.... by James Wathen; illustrated with twenty four coloured prints from drawings by the author. *London*, in-4.

1815. R. Morrison. A grammar of the chinese language. *Serampore*, in-4.

1815. San-yu-low, or the three dedicated rooms, a tale, translated from the chinese, by J. F. Davis. *Canton*.

1815 à 1823. A Dictionary of the chinese language, in three parts. Part the first containing chinese and english, arranged according to the radicals; part the second chinese and english arranged alphabetically, and part the third english and chinese; by R. Morrison. *Macao*, 6 t. in-4.

1816. R. Morrison. Dialogues and detached sentences in the chinese language. *Macao*, grand in-8.

1816. Abel Rémusat. Le Livre des récompenses et des peines, traduit du chinois, avec des notes et des éclaircissements. *Paris*, in-8.

1817. L'invariable milieu, ouvrage moral de Tseu-sse, en chinois et en mandchou, avec une version littérale latine, une traduction française et des notes, précédé d'une notice sur les quatre livres moraux communément attribués à Confucius, par Abel Rémusat. *Paris*, in-4.

1817. R. Morrison. Parallel drawn between the two intended chinese dictionaries. *London*, in-4.

1817. The sacred edict containing sixteen maxims of the emperor Kanghe, amplified by his son, the emperor Yoong-ching, together with a paraphrase on the whole, translated from the chinese original, by the R. William Milne. *London*, grand in-8.

1817. Laou-seng-urh, or « an Heir in his old age, » a chinese drama. *London*, 1817, in-12.

1817. Journal of the proceedings of the late embassy to China, comprising a correct narrative of the public transactions of the embassy, of the voyage to and from China, and of the journey from the mouth of the Pei-ho to the return to Canton, by H. Ellis. *London*, in-4.

1817. R. Morrison. A view of China, for philological purposes, containing a Sketch of chinese chronology, geography, government, religion and customs; designed for the use of persons, who study the chinese language. *Macao*, in-4.

1818. De la Chine ou description générale de cet empire, rédigée d'après les mémoires de la mission de Pékin, ouvrage qui contient la description topographique des quinze provinces de la Chine, celle de la Tartarie, des îles et des divers États tributaires qui en dépendent; le nombre de ses villes, le tableau de sa population, les trois règnes de son histoire naturelle, rassemblés et donnés pour la première fois avec quelque étendue, et l'exposé de toutes les connaissances acquises et parvenues jusqu'ici en Europe sur le gouvernement, la religion, les lois, les mœurs, les usages, les sciences et les arts des Chinois; troisième édition, revue et considérablement augmentée, par M. l'abbé Grosier. *Paris*, 7 vol. in-8.

1818. Narrative of a journey in the interior of China, and voyage to and from that country, in 1816 and 1817, containing an account of the most interesting transactions of lord Amherst's embassy to the court of Pekin, by Cl. *London*, in-4.

1819. Lao-seng-eul, comédie chinoise; suivie de San-iu-leou ou les trois étages consacrés, conte moral; traduits du chinois en anglais par J. F. Davis, et de l'anglais en français par A. Bruguière de Sorsum. *Paris*, in-8.

1819. Supplément au Dictionnaire chinois-latin du P. Basile de Glemona (imprimé en 1813, par les soins de M. de Guignes), publié par J. Klaproth. *Paris*, in-fol.

1820. William-Milne. Retrospect of the first ten years of the protestant mission to China..... Accompanied with miscellaneous remarks on the literature, history and mythology of China. *Malacca*, in-8.

1820. Abel Rémusat. Histoire de la ville de Khotan, tirée des annales de la Chine et traduite du chinois; suivie de recherches sur la substance minérale appelée par les Chinois *pierre de Yu* et sur le jaspe des anciens. *Paris*, in-8.

1820. Abel Rémusat. Recherches sur les langues tartares, ou Mémoires sur différents points de la grammaire et de la littérature des Mandchous, des Mongols, des Ouigours et des Tibétains. *Paris*, tome Ier et unique, in-4.

1820. The affectionate pair, or the history of Sung-kin; a chinese tale, translated by P. P. Thoms. *London*.

1821. Narrative of the chinese embassy to the Khan of the Tourgouth Tartars, in the years 1772, 73, 74 et 75; by the chinese ambassador, and published:.... at Pekin; translated from the chinese and accompanied by an appendix of miscellaneous translations, by sir G. Th. Staunton. *London*, in-8.

1822. Sir G. Th. Staunton. Miscellaneous notices relating to China and our commercial intercourse with the country, including a few translations from the chinese language. *London*, in-8.

1822. Chinese novels translated from the originals, to which are added proverbs and moral maxims, etc., by J. F. Davis.

1822. Historique de l'instruction du Chinois qui a été présenté au roi, le 8 octobre 1821, par madame Celliez. *Blois*, in-4.

1822. Éléments de la grammaire chinoise, ou principes généraux du Kouwen, ou style antique, et du Kouanhoa, c'est-à-dire de la langue commune généralement usitée dans l'empire chinois, par M. Abel Rémusat. *Paris*, grand in-8.

1823. J. F. Davis. Hien-wun-shoo, chinese moral maxims, with a free and literal translation, affording examples of the grammatical structure of the language. *Macao*, in-8.

1823. J. Klaproth. Asia polyglotta. *Paris*, A. Schubart.

1823. History of a voyage in the China sea, by John White. *Boston*, in-8.

1824. J. Marshman. Clavis sinica, or elements of chinese grammar, with a preliminary dissertation on the characters and the colloquial medium of the chinese, and an appendix containing the *Ta-hyoh* of Confucius, with a translation. *Serampore*, in-4.

1824. Meng-tseu vel Mencium inter sinenses philosophos ingenio, doctrina, nominisque claritate Confucio proximum, edidit, latina interpretatione, ad interpretationem tartaricam utramque recensita et perpetuo commentario e sinicis deprompto illustravit Stanislaus Julien. *Lutetiæ Parisiorum*, grand in-8.

1824. J. Klaproth. Mémoires relatifs à l'Asie, contenant des recherches historiques, géographiques et philologiques sur les peuples de l'Orient. *Paris*, in-8.

1824. G. Staunton. Notes on proceedings and occurrences during the british embassy to Pekin, in 1816. In-8.

1824. Chinese courtship in verse, to which is added an appendix, treating of the revenue of China, etc. By Peter Perring Thoms. *London*, grand in-8.

1824. Poutechestvie v'kitai tchrez' Mongoliiou..... (Voyage en Chine à travers la Mongolie, en 1820 et 1821, par Timkovsky, avec une carte, des plans et des dessins.) *Saint-Petersbourg*, grand in-8.

1825. Traité de l'acupuncture ou zin-king des Chinois et des Japonais, par J. M. Churchill; traduit de l'anglais par M. R. Charbonnier. *Paris*, in-8.

1825. Sarlandière. Mémoires sur l'électro-puncture. In-8.

1825. Abel Rémusat. Mélanges asiatiques ou choix de morceaux de critique et de mémoires relatifs aux religions, aux sciences, aux coutumes, à l'histoire et à la géographie des nations orientales. *Paris*, 2 vol. in-8.

1825. Th. Myers. An essay on the nature and structure of the chinese language with suggestion on its more extensive study. *London*, in-8.

1825. Chinese miscellany; consisting of original extracts from chinese authors, in the native character; with translations and philological remarks, by Rob. Morrison. *London*, in-4.

1826. Werke des tchinesischen weisen Kung-fu-dsu..... (OEuvres du philosophe chinois Confucius et de ses disciples, traduites pour la première fois en allemand, d'après les originaux et enrichies de remarques, par W. Schott.) *Halle*, petit in-8.

1826. The english and chinese student's assistant, or colloquial phrases, letters, etc., in english and chinese; the chinese, by Shaou-tih, a native chinese student, in the anglo-chinese college. *Malacca*, in-8.

1826. Iu-kiao-li ou les Deux cousines, roman chinois, traduit par Abel Rémusat, précédé d'une préface où se trouve un parallèle des romans de la Chine et de ceux de l'Europe. *Paris*, 4 vol. in-12.

1827. Lettre à M. Abel Rémusat sur la nature des formes grammaticales en général, et sur le génie de la langue chinoise en particulier, par M. G. de Humboldt. *Paris*.

1827. Voyage à Péking à travers la Mongolie, en 1820 et 1821, par M. G. Timkovski, traduit du russe. *Paris*, 2 vol. in-8.

1827. Tableau des éléments vocaux de l'écriture chinoise, divisé en deux parties, par Levasseur et Kurtz. *Paris*, lithog., in-8.

1827. Contes chinois, traduits par MM. Davis, Thoms, le P. d'Entrecolles, etc., et publiés par M. Abel Rémusat. 3 vol. in-12.

1828. R. Morrison. Vocabulary of the Canton dialect. *Macao*, in-8.

1828. The chinese classical works, commonly called the four books, translated and illustrated with notes by the late rev. Davis Collie. *Malacca*, grand in-8.

1829. J. A. Gonçalves. Arte China, constante de alphabeto e grammatica comprehendendo modelos das differentes composiçoens. *Macao*, petit in-4.

1829. The fortunate union, a romance, translated from the chinese original with notes and illustrations; to which is added a chinese tragedy, by John Francis Davis. *London*, in-8.

1829. San-tsi-tsin, ili trocslovie.... (San-tseu-king, avec le texte chinois lithog.), traduit du chinois en russe, par le P. Hyacinthe. *Saint-Pétersbourg*, in-4.

1829. Le P. Hyacinthe. Description de Pékin avec un plan de cette capitale, traduit du russe par M. Ferry de Pigny. *Saint-Pétersbourg*, in-8.

1829. Han koong tsew or the sorrows of han; a chinese tragedy; translated from the original with notes, by J. F. Davis. *London*, in-4.

1830. Vindiciæ philologicæ in linguam sinicam. Dissertatio prima de quibusdam litteris sinicis quæ nonnunquam, genuina significatione deposita, accusandi casum mere denotant. Conscripsit et exemplis sinice impressis instruxit et illustravit Stan. Julien. *Parisiis*, in-8.

1830. Confucii Chi-king, sive Liber carminum. Ex latina P. Lacharnu interpretatione edidit Julius Mohl. *Stuttgartiæ* et *Tubingæ*, in-8.

1831. Notitia linguæ sinicæ, auctore P. Premare. *Malaccæ*, in-4.

1831. G. Pauthier. Mémoire sur l'origine et la propagation de la doctrine du Tao ou de la Raison suprême, fondé, en Chine, par Lao-tseu, etc., suivi de deux oupanichads des Védas, avec le texte sanscrit et la traduction persane. *Paris*, in-8.

1831. Medhurst. Dictionary of the hokkeen dialect. *Macao*, in-4.

1831-1833. Diccionario china-portuguez, e portuguez-china; por J. A. Goncalves. *Macao*, 2 vol. petit in-4.

1832. Hoeï-lan-ki ou l'histoire du cercle de craie, drame en prose et en vers, traduit du chinois et accompagné de notes par Stanislas Julien. *London*, in-8.

1832. Le P. Hyacinthe Bitchourin. Histoire du Tibet et du Kukunoor, en russe. *Saint-Pétersbourg*, 3 vol. in-8.

1832. Neumann. History of the pirates. *London*, in-8.

1834. Y-king antiquissimus Sinarum liber, quem ex latina interpretatione P. Regis aliorumque ex soc. Jesu P. P. edidit Julius Mohl. *Stuttgartiæ* et *Tubingæ*, v. I, cum quatuor tabulis, in-8.

1834. Blanche et Bleue, ou les Deux couleuvres fées; roman chinois, traduit par Stanislas Julien. *Paris*, in-8.

1834. Report of proceedings on a voyage to the northern ports of China, in the ship lord Amherst (by M. Lindsay). *London*, in-8.

1834. Journal of three voyages along the coast of China, in 1831, 32 and 33, with notices of Siam, Corea and the Loochoo islands, by Ch. Gutzlaff, to which is prefixed an introductory essay on the policy, religion, etc., of China, by the rev. W. Ellis. *London*, in-8.

1834. China. An outline of its government, laws, and policy; and of the british and foreign embassies to and intercourse with that empire; by Peter Auber. *London*, in-8.

1835. Le Livre des récompenses et des peines, en chinois et en français; accompagné de quatre cents légendes, anecdotes et histoires, qui font connaître les doctrines, les croyances et les mœurs de la secte des Tao-sse, traduit du chinois par Stanislas Julien. *Paris* (printed for the Oriental translation Fund of Great Britain and Ireland), in-8.

1836. Fŏe-kŏue-ki, ou Relation des royaumes bouddhiques, traduit du chinois et commenté par M. Abel Rémusat, ouvrage posthume, revu, complété et augmenté d'éclaircissements nouveaux par MM. Klaproth et Landresse. *Paris*, in-4.

1836. P. Gonçalves. Vocabularium latino-sinicum. *Macao*, in-8.

1836. An historical and descriptive account of China, etc., by Hug Murray, John Crawfurd, Peter Gordon, capt. Th. Lyon, William Wallace and Gilbert Burnett, with a map and thirty six engravings by Jackson. *Edinburgh*, petit in-8, 3 vol.

1837. Le Ta-hio ou la Grande étude, le premier des quatre livres de philosophie morale et politique de la Chine; ouvrage de Khoung-tseu et de son disciple Thseng-tseu, en chinois, en latin et en français, avec le commentaire de Tchou-hi et des notes. *Paris*, Didot, grand in-8.

1837. Stanislas Julien. Résumé des principaux traités chinois sur la culture des mûriers et l'éducation des vers à soie. *Paris*, in-8.

1837. La Chine ou description générale des mœurs et des coutumes, etc.; par J. F. Davis, ouvrage traduit de l'anglais par A. Pichard. *Paris*, 2 vol. in-8.

1838. Le Tao-te-king, ou le Livre révéré de la raison suprême et de la vertu, par Lao-tseu; traduit en français et publié pour la première fois en Europe, avec une version latine et le texte chinois en regard; accompagné du commentaire complet de Si-hoei, d'origine occidentale, et de notes tirées de divers commentateurs chinois. *Paris*, première livraison, grand in-8.

1838. G. Pauthier. Chine ou description historique, géographique et littéraire de ce vaste empire, d'après des documents chinois. Première partie. *Paris*, Didot, 1 volume in-8 à deux colonnes, avec soixante-douze planches.

1838. Tchao-chi-kou-eul ou l'Orphelin de la Chine, drame en prose et en vers, accompagné de pièces historiques qui en ont fourni le sujet, de nouvelles et de poésies; traduit du chinois, par Stanislas Julien. *Paris*, in-8.

1838. Théâtre chinois ou Choix de pièces de théâtre composées sous les empereurs mongols, traduites pour la première fois sur le texte original, précédées d'une introduction et accompagnées de notes, par M. Bazin. *Paris*, in-8.

1839. Y-king, antiquissimus Sinarum liber quem ex latina interpretatione P. Regis aliorumque ex soc. Jesu P. P. edidit Julius Mohl. *Stuttgartiæ et Tubingæ*, vol. 2 in-8.

1839. P. Gonçalves. Lexicon manuale latino-sinicum. *Macao*, in-18.

1839. Th. Pavie. Choix de contes et nouvelles, traduits du chinois. *Paris*, in-8.

1839. R. Thom. Lasting resentment of miss Wang-kiaou-lwan, a chinese tale, founded on fact. *Canton*, in-8.

1840. Les Livres sacrés de l'Orient, traduits ou revus et publiés par M. G. Pauthier. *Paris*, in-fol.

1840. Portfolio chinensis, by J. L. Shuck. *Macao*, in-8.

1840. Æsop's fables, written in chinese by the learned Mun-mooy, and compiled in their present from, with a free and literal translation, by his pupil Sloth (Rob. Thom). *Macao*, in-fol.

1841. Documents statistiques et officiels sur l'empire de la Chine, traduits du chinois, par G. Pauthier. *Paris*, Didot, in-8.

1841. Confucius et Mencius, ou les Quatre livres de philosophie morale et politique de la Chine, traduits du chinois. *Paris*, 1 vol. in-12.

1841. Systema phoneticum scripturæ sinicæ, auctore J. M. Callery. *Macao*, in-8, 2 vol.

1841. Lexicon magnum latino-sinicum, auctore Gonçalves. *Macao*, in-fol.

1841. A Lexilogus of the english, malay and chinese languages, comprehending the vernacular idioms of the last in the Hok-keen and Canton dialects. *Malacca*, in-8.

1841. Le Pi-pa-ki ou l'Histoire du luth, drame chinois de Kao-tong-kia, représenté à Peking en 1404, avec les changements de Mao-tseu, traduit sur le texte original par M. Bazin. *Paris*, in-8.

1841. A chinese Chrestomathy in the Canton dialect, by E. C. Bridgman. *Macao*, in-4.

1842. Lao-tseu-tao-te-king, le Livre de la voie et de la vertu, composé dans le vi^e siècle avant l'ère chrétienne par le philosophe Lao-tseu, traduit en français, et publié avec le texte chinois et un commentaire perpétuel, par Stanislas Julien. *Paris*, in-8.

1842. Dictionnaire des noms anciens et modernes des villes et arrondissements de premier, deuxième et troisième ordre compris dans l'empire chinois, indiquant les latitudes et les longitudes de tous les chefs-lieux de cet empire, et les époques auxquelles leurs noms ont été changés, par Édouard Biot. *Paris*, in-8.

1842. Hao-khieou-tchouan, ou la Femme accomplie, roman chinois, traduit sur le texte original par M. Guillard d'Arcy. *Paris*, in-8.

1842. Sinico-Ægyptiaca, Essai sur l'origine et la formation similaire des écritures figuratives chinoise et égyptienne; 1. Histoire et synthèse, par G. Pauthier. *Paris*, in-8.

1842. Notices on chinese grammar, part. 1, orthography and etymology, by philo-sinensis (Gutzlaff). *Batavia*, in-8.

1842. Chinese and english dictionary; containing all the words in the chinese imperial dictionary, arranged according to the radicals, by W. H. Medhurst, missionary. *Batavia*, in-8, 2 vol.

1842. Easy lessons in chinese, especially adapted to the Canton dialect, by S. Wells Williams. *Macao*, in-8.

1842. Recueil de monnaies de la Chine, du Japon, de la Corée, d'Annam et de Java, précédé d'une introduction historique, par le baron de Chaudoir. *Saint-Pétersbourg*, in-fol. (avec 64 planches).

1843. The Rambles of the emperor Ching-tih in Keang-nan, translated by Kin-shen, student of the anglo-chinese college, Malacca, with a preface by J. Legge, d. d. president of the college. *London*, 2 vol. in-8.

1843. Rob. Thom. Chinese-english vocabulary, first part. *Canton*, in-8.

1843. Mélanges posthumes d'histoire et de littérature orientales, par M. Abel Rémusat, publiés sous les auspices du ministre de l'instruction publique. *Paris*, in-8.

1844. L'Agriculture en Chine, accompagnée de 72 figures d'instruments (en russe). *Saint-Pétersbourg*, in-8.

1844. An english and chinese vocabulary, in the court dialect, by S. Wells Williams. *Macao*. Printed at the office of the chinese repository, in-8.

1844. Vocabularium sinicum, concinnavit G. Schott. *Berlin*, in-4.

1845. Anfangsgründe der chinesischen grammatik, von Endlicher. *Vienne*, in-8.

1845. San-koue-tchy, Histoire des trois royaumes, roman historique, traduit sur les textes chinois et mandchou de la Bibliothèque royale, par Théodore Pavie. Premier vol. *Paris*, in-8.

1845. Mémoire sur les principes généraux du chinois vulgaire, par M. Bazin. *Paris*, in-8.

1845. Essai sur l'histoire de l'instruction publique en Chine, depuis les anciens temps jusqu'à nos jours, ouvrage entièrement rédigé d'après les documents chinois, par Édouard Biot, première partie. *Paris*, in-8.

1845. Anfangsgründe der chinesischen grammatik, von Endlicher, deuxième partie. *Vienne*, in-8.

1845. Dictionnaire encyclopédique de la langue chinoise, par M. Callery, tome 1, première partie. *Macao*, in-4.

1846. Manuel pratique de la langue chinoise vulgaire, contenant un choix de dialogues familiers, de différents morceaux de littérature; précédés d'une introduction grammaticale et suivis d'un vocabulaire de tous les mots renfermés dans le texte, par Louis Rochet. *Paris*, in-8.

1846. The Shoo-king, or the historical classic, being the most ancient authentic record of the annals of the chinese empire, illustrated by later commentators, translated by W. H. Medhurst. *Shanghae*, in-8.

1846. The chinese speaker, or extracts from works written in the mandarin language as spoken in Peking, compiled R. Thom. *Ning-po*, in-8.

1846. A manual for youth and students, or chinese vocabulary and dialogues, containing an easy introduction to the chinese language Ning-po dialect; compiled and translated into english by P. Strenenassa Pilay. *Chusan*.

1847. Essai sur l'histoire de l'instruction publique en Chine, par E. Biot. *Paris*, in-8. Deuxième partie.

1847. Voyage en Chine, Cochinchine, Inde et Malaisie, par Auguste Haussmann. *Paris*, in-8.

1847. The beginners first book in the chinese language (Canton vernacular) prepared for the use of the housekeeper, merchant, physician and missionary. *Hong-kong*, in-8.

1848. An enquiry into the proper mode of rendering the word God in translating the sacred Scriptures into the chinese language, by W. H. Medhurst. *Shanghae*, in-8.

1848. Description méthodique des produits divers recueillis dans un voyage en Chine, par Isidore Hedde. *Saint-Etienne*, in-8.

1850. S. Wells Williams. An anglo-chinese calender for the year of Our-Lord 1850, corresponding to the year in the chinese cycle æra 4487, or the 47th year of the 75th cycle of sixty; being the 30th year of the reign of H. I. M. Taukwang. *Canton*, in-8.

1850. Recherches sur l'agriculture et l'horticulture des Chinois et sur les végétaux, les animaux et les procédés agricoles que l'on pourrait introduire avec avantage dans l'Europe occidentale et le nord de l'Afrique, suivies d'une analyse de la grande encyclopédie *Cheou-chi-thong-kao*, par le baron Léon d'Hervey Saint-Denys. *Paris*, in-8.

1851. An anglo-chinese calender for the year of Our-Lord 1851, being the first year of the reign of H. I. M. Hieng-fung (by. S. Wells Williams). *Canton*, in 8.

1851. Le Tcheou-li, ou Rites des Tcheou, traduit pour la première fois du chinois par feu Édouard Biot. *Paris*, 3 vol. in-8.

1851. Histoire de la vie de Hiouenthsang et de ses voyages dans l'Inde, traduite du chinois; fragment lu à l'Académie des inscriptions, par M. Stanislas Julien. *Paris*, in-8.

1851. San-koue-tchy, Histoire des trois royaumes, roman historique, traduit par Théodore Pavie, tome 2. *Paris*, in-8.

1852. Le Siècle des Youên, ou Tableau historique de la littérature chinoise, depuis l'avénement des empereurs mongols jusqu'à la restauration des Ming, par M. Bazin. *Paris*, in-8

1852. China, during the war and since the peace, by sir John-Francis Davis. *London*, 2 vol. in-8.

FIN.

TABLE DES MATIÈRES

CONTENUES

DANS LA SECONDE PARTIE DE CE VOLUME.

ARTS, LITTÉRATURE ET MŒURS.
THÉATRE.
Pages.

Origines du théâtre chinois	391
Coup d'œil sur l'histoire de l'art dramatique	393
Forme extérieure du drame; système dramatique des Chinois sous les Youën; rôle du personnage qui chante	394
	396
Langue du théâtre; diction des pièces	397
Description du théâtre; appareil scénique	398
Des acteurs et des actrices	398
Liste des principaux auteurs dramatiques de la dynastie des Youën	399
Classification des pièces de théâtre	401

Drames historiques.

La Boîte mystérieuse	405
L'Orphelin de la famille de Tchao	410
Le Trompeur trompé	ib.
Sie-jin-kouei	411
La Chute des feuilles du ou-thoung	414
Sou-thsin, transi de froid	ib.
Le Petit Commandant	ib.
Ou-youan, jouant de la flûte	415
La Route de Ma-ling	ib.
La Pagode du ciel	ib.

Drames Tao-sse.

La Transmigration de Yo-cheou	419
Le Pavillon de Yo-yang	425
Le Mal d'amour	ib.
Le Songe de Liu-thong-pin	427
Fleur de pêcher	431
Histoire du caractère jin	ib.

Comédies de caractère.

L'Avare	434
Le Libertin	439
Le Fanatique	ib.

Comédies d'intrigue.

La Housse du lit nuptial	440
Le Mari qui fait la cour à sa femme	442
Les Secondes noces de Weï-kao	445
Le Gage d'amour	ib.
La Soubrette accomplie	450
Le Mariage forcé	456
La Fleur de poirier	ib.

Drames domestiques.

Le Vieillard qui obtient un fils	457

13ᵉ *Livraison.* (CHINE MODERNE.)

Le Sacrifice de l'an et de Tchang... 460
Le Dévouement de Tchao-li... ib.

Drames mythologiques.

T'chang, l'anachorète.. 461
Les Métamorphoses... 462
La Déesse qui pense au monde.. ib.
La Grotte des pêchers... 463

Drames judiciaires.

Le Créancier ennemi... 464
Le Plat qui parle... ib
Le Magot.. ib
Histoire de la Pantoufle laissée en gage...................................... 465
.... ib.

LITTÉRATURE MODERNE

Écrivains du premier ordre.

Les Thsaï-tseu.. 466
  Notices biographiques et littéraires sur les anciens Thsaï-tseu........... 467
  Œuvres des Thsaï-tseu modernes. — Origines et caractère de cette littérature.... 474

Premier Thsaï-tseu.

San-koue-tchi, ouvrage du premier Thsaï-tseu. — Appréciation littéraire....... 476
  Révolte des Bonnets-Jaunes. (Fragment.)................................... 477

Deuxième Thsaï-tseu.

Hao-khieou-tchouen, ouvrage du deuxième Thsaï-tseu. — Appréciation littéraire.. 482
  Cérémonies du mariage... ib.
  Analyse du Hao-khieou-tchouen... 484

Troisième Thsaï-tseu.

Yu-kiao-li, ouvrage du troisième Thsaï-tseu. — Appréciation littéraire........ 490
  Cérémonial des visites à la Chine... 491
  Histoire de Yang-ko. (Fragment.).. 493

Quatrième Thsaï-tseu.

P'ing-chan-ling-yen, ouvrage du quatrième Thsaï-tseu. — Appréciation littéraire... 496
  Description d'un banquet impérial. (Fragment.)............................ 497

Cinquième Thsaï-tseu.

Choui-hou-tchouen, ouvrage du cinquième Thsaï-tseu. — Appréciation littéraire.. 500
  Table des matières contenues dans les deux premiers volumes du Choui-hou-tchouen. — Extraits de cet ouvrage... 506

Sixième Thsaï-tseu.

Si-siang-ki, ouvrage du sixième Thsaï-tseu. — Sujet du Si-siang-ki............ 520
  Appréciation littéraire... 521

Septième Thsaï-tseu.

Pi-pa-ki, ouvrage du septième Thsaï-tseu. — Appréciation littéraire........... ib.
  Analyse et extraits du Pi-pa-ki... 522
  Opinions de deux critiques chinois sur le Pi-pa-ki........................ 531

Huitième Thsaï-tseu.

Hoa-tsien, ouvrage du huitième Thsaï-tseu. — Sujet. — Appréciation littéraire.. 534

Neuvième Thsaï-tseu.

Ping-kouei-tchouen, ouvrage du neuvième Thsaï-tseu. — Analyse de cet ouvrage.. 537

Dixième Thsaï-tseu.

Pe-kouei-tchi, ouvrage du dixième Thsaï-tseu. — Prologue du Pe-kouei-tchi..... 538

Écrivains du second ordre.

Des romans chinois.. 543
Fragments du Kin-p'hing-mei... 544
Des contes et des nouvelles... 545
.... 552

TABLE DES MATIÈRES.

HISTOIRE NATURELLE.

Minéraux de la Chine.. 554
Des minéraux chinois appartenant à la collection du Muséum d'histoire naturelle...... 555
Traitement des métaux ; procédés chinois... 558

Botanique chinoise.. 564
Index **botanique** de M. S. Wells-Williams... 565
Travaux de **MM.** J. Hoffmann et H. Schultes, sur la flore du Japon et de la Chine..... 568

Zoologie... 571
Les abeilles.. 571
La cigale... 572
Papillons de la Chine... 574
Les termès ou fourmis blanches.. 575
Vers à soie sauvages.. 577
L'hirondelle dite de la Chine. Célèbres nids d'oiseaux.......................... 580
Le tapir de la Chine.. 587

AGRICULTURE.

Parallèle de l'agriculture de la Chine et de celle de l'Europe ; culture du riz..... 588

HORTICULTURE... 595

Cultures particulières.
Des cultures du thé, d'après les missionnaires et les voyageurs................... 598
Classification des thés... 602
Nouveaux renseignements sur la culture des arbres à cire, extraits des auteurs chinois
  par M. Stanislas Julien, de l'Institut... 606
Plantes textiles.. 610
Culture des mûriers... 613
Éducation des vers à soie... 616

INDUSTRIE.

Coup d'œil sur l'industrie des Chinois... 621
Description des procédés chinois pour la fabrication du papier.................... 622
  Fabrication du papier de bambou.. 623
  Fabrication du papier d'écorces.. 625
Documents sur l'art d'imprimer, extraits des livres chinois par M. Stanislas Julien.... 626
Travail de la laque à Canton... 631
Notice sur le vermillon chinois.. 635
Miroirs magiques.. 637
Fabrication des tam-tams.. *ib.*
Porcelaine de la Chine.. 639
Pyrotechnie chinoise.. 647

FÊTES.

Fêtes religieuses et civiles des Chinois... 649

JEUX.

Jeu des échecs.. 655
Cerfs-volants... 656

BIBLIOGRAPHIE.

Catalogue des principaux ouvrages relatifs à la Chine........................... 657

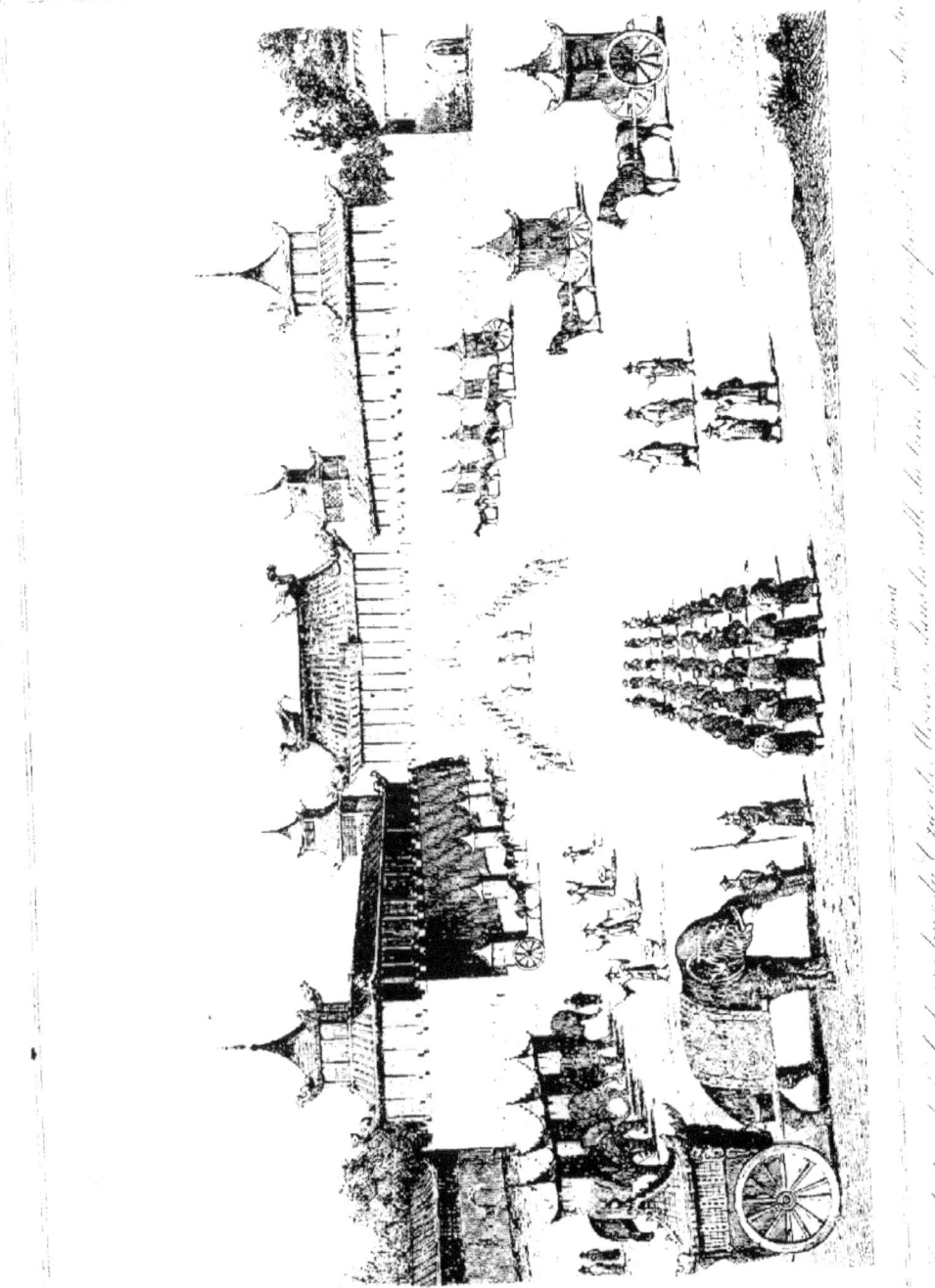

Vue des Jardins du Palais supérieur et de la montagne vis à vis.

CHINE

L'Empereur prenant un divertissement sur la glace.

CHINE.

Pirmyn de la salle d'audience dans le palais impérial de Yuen-Ming-Yuen.

CHINE.

Cérémonie du tuhi-ououm faite par l'Empereur de la Chine.

CHINE

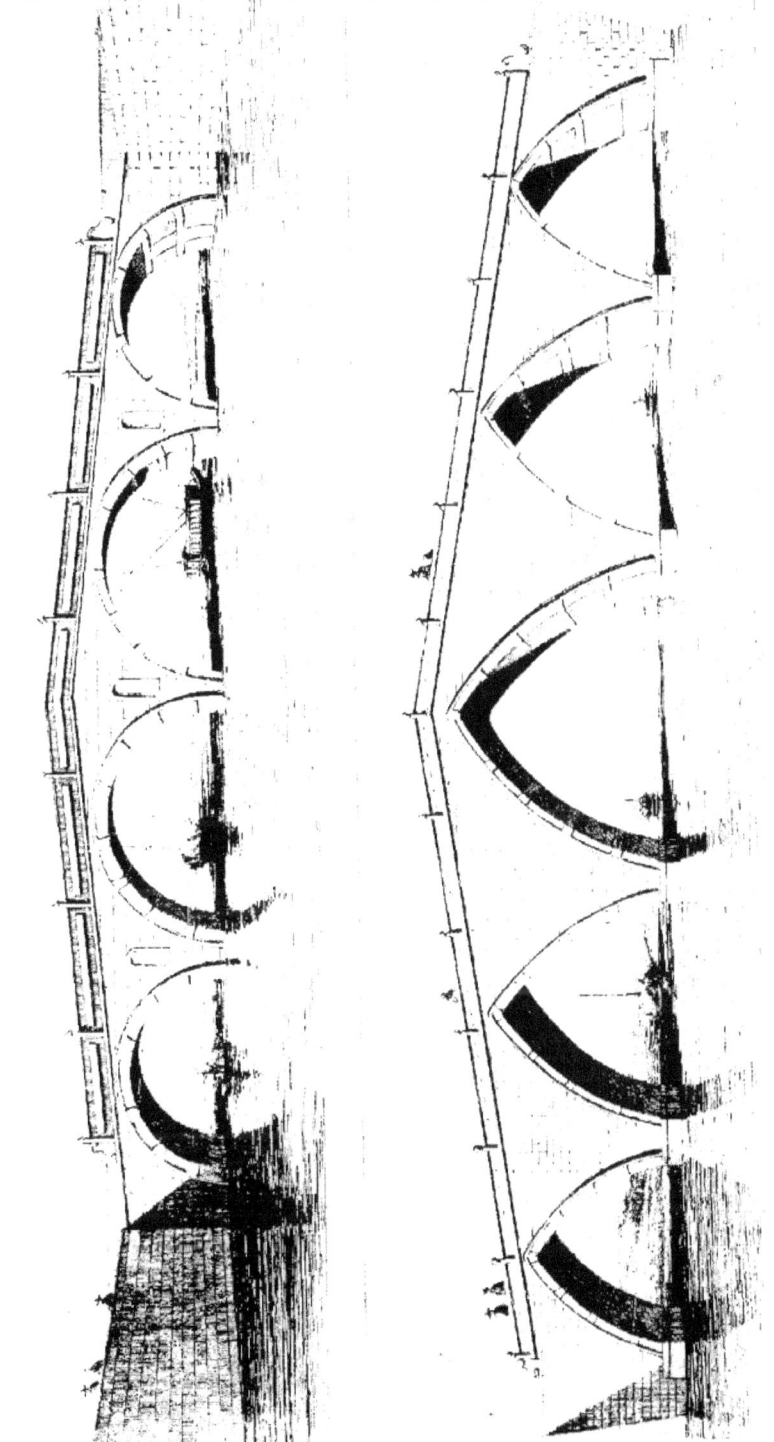

Barques et radeaux.

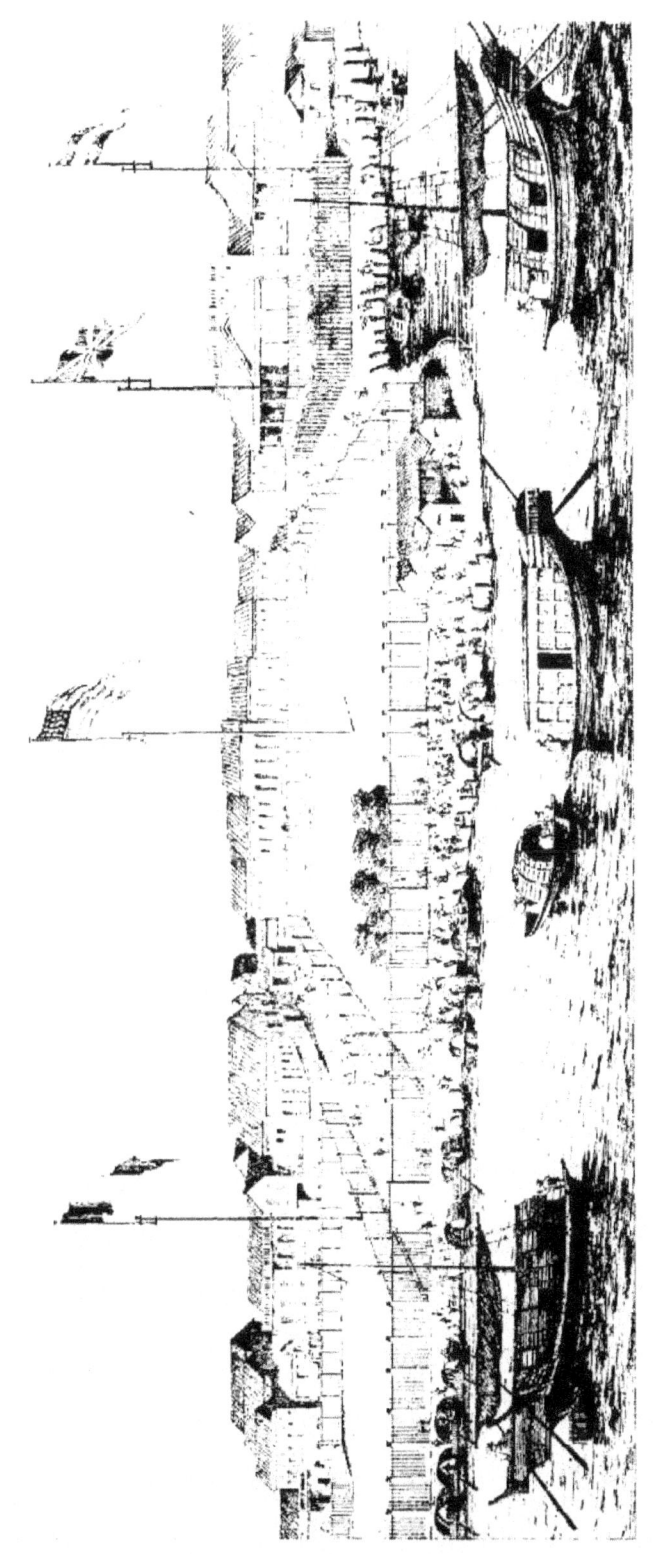

www.ingramcontent.com/pod-product-compliance
Lightning Source LLC
Chambersburg PA
CBHW050320020526
44117CB00031B/1312